VERÖFFENTLICHUNGEN
DER HISTORISCHEN KOMMISSION FÜR HESSEN
65,4

Veröffentlichungen
der Historischen Kommission für Hessen
65,4

Marburg
2015

NS-Justiz in Hessen
Verfolgung · Kontinuitäten · Erbe

herausgegeben von
**Wolfgang Form,
Theo Schiller
und
Lothar Seitz**

Marburg
2015

Gedruckt mit Unterstützung
des Landes Hessen

Bibliografische Information der Deutschen Bibliothek:

Die Deutsche Nationalbibliothek verzeichnet diese Publikation in der Deutschen Nationalbibliographie; detaillierte bibliografische Daten sind im Internet über http://dnb.d-nb.de abrufbar.

NS-Justiz in Hessen
Verfolgung · Kontinuitäten · Erbe
herausgegeben von
Wolfgang Form, Theo Schiller und Lothar Seitz

Das Werk ist in allen seinen Teilen urheberrechtlich geschützt. Jede Verwertung ist ohne Zustimmung des Verlages unzulässig. Das gilt insbesondere für Vervielfältigungen, Übersetzungen, Mikroverfilmungen und die Einspeicherung in und Verarbeitung durch elektronische Systeme.

Gestaltung & Satz: Tom Engel, Ebsdorfergrund-Roßberg
Druck und Bindung: BELTZ, Bad Langensalza

Printed in Germany
© 2015 Historische Kommission für Hessen
35037 Marburg

ISBN: 978-3-942225-28-1

Inhalt

Vorwort der Herausgeber
Wolfgang Form, Theo Schiller und Lothar Seitz VII

Grußwort *Eva Kühne-Hörmann* XI
Grußwort *Roman Poseck* XV
Grußwort *Hans-Josef Blumensatt* XIX
Grußwort *Peter Müller-Engelmann* XXIII

ZEIT DES NATIONALSOZIALISMUS

IDEOLOGIE UND STRUKTUREN

Grundstrukturen nationalsozialistischer Moral
Werner Konitzer 3

Die deutschen Richter im Jahre 1933
Jens-Daniel Braun und Georg D. Falk 21

Die Präsidenten des Oberlandesgerichts Frankfurt am Main
in der Zeit des Nationalsozialismus
Arthur von Gruenewaldt 45

POLITISCHE NS-JUSTIZ

Politische NS-Justiz in Hessen – ein Überblick
Wolfgang Form 77

Das Sondergericht Darmstadt
Zwischen vorauseilendem Gehorsam und widerstrebender Gefolgschaft
Harald Hirsch 105

Militärgerichte – der Fall Krauss • Wie die Wehrmachtsjustiz
funktionierte und warum sie eine Unrechtsjustiz war
Gerd Hankel 149

STRAFVOLLZUG / ARBEITSERZIEHUNGSLAGER / KONZENTRATIONSLAGER

Strafvollzug im »Dritten Reich«
Rolf Faber 169

Justizvollzug im »Dritten Reich« am Beispiel der JVA Diez
Adolf Morlang 187

Schutzhaft und Konzentrationslager im Regierungsbezirk Kassel 1933
Dietfrid Krause-Vilmar 213

Zusammenwirken von Justiz und Gestapo am Beispiel des frühen
Konzentrationslagers (1933/34) und Arbeitserziehungslagers
Breitenau (1940–1945) in Guxhagen
Gunnar Richter 232

Justiz und politische Polizei – »Schutzhaft« im KZ Osthofen und
Strafverfahren vor dem Sondergericht Darmstadt
Angelika Arenz-Morch 256

WIDERSTAND
Wilhelm Leuschner und sein antinazistisches Vertrauensleutenetzwerk
Axel Ulrich und Stephanie Zibell 293

NACH 1945
RICHTER UND KONTINUITÄTEN
Die ungesühnten Verbrechen der NS-Justiz
Georg D. Falk 337

Entnazifizierung in der hessischen Justiz – am Beispiel der politischen
Strafsenate der Oberlandesgerichte Kassel und Darmstadt
Theo Schiller 373

VERFAHREN ZU
NATIONALSOZIALISTISCHE GEWALTVERBRECHEN
Die Probleme bei der Aufarbeitung von NS-Verbrechen, dargestellt
an Hand von Strafprozessen am Landgericht Darmstadt
Volker Hoffmann 409

Der Frankfurter Auschwitz-Prozess: »Rechtsstaatliches Verfahren«
oder »Strafrechtstheater«?
Kann mithilfe der Strafjustiz politische Aufklärung geleistet werden?
Werner Renz 431

DIE AUSSTELLUNG
VERSTRICKUNG DER JUSTIZ IN DAS NS-SYSTEM 1933–1945
FORSCHUNGSERGEBNISSE FÜR HESSEN
Inhaltsverzeichnis des Katalogteils 446
Grußwort *Rudolf Kriszeleit* 449
Einführung *Wolfgang Form* 453
Der Ausstellungskatalog 463

ANHANG
Index der Personen und Orte 677
Verzeichnis der Autorinnen und Autoren 689

Vorwort der Herausgeber

Dieses Buch versteht sich als ein Beitrag zur Auseinandersetzung mit der Verstrickung der Justiz in das NS-System und zeigt die Entwicklung von der Justiz der Weimarer Republik über die nationalsozialistische Zeit bis hin zu den Nachwirkungen in der Bundesrepublik. Grundlage dieses Bandes ist die am 28. Februar 2012 erstmals im Studienzentrum der Finanzverwaltung und Justiz Rotenburg a. d. Fulda gezeigte Ausstellung »Verstrickung der Justiz in das NS-System 1933–1945. Forschungsergebnisse für Hessen«, in der auf das heutige Bundesland Hessen bezogene neuere Forschungen thematisiert werden. Die Ausstellung wurde von einer aus Wissenschaftlern und Vertretern der Justiz gebildeten Arbeitsgruppe erarbeitet und von 2012 bis 2014 als Wanderausstellung an allen hessischen Landgerichtsstandorten und am Oberlandesgericht Frankfurt am Main präsentiert.

Ein wesentliches Anliegen der Ausstellung war es, über viele Jahre hinweg gepflegte Geschichtsbilder richtigzustellen und die wahre Rolle der Justiz in der NS-Zeit aufzuhellen. In der Ausstellung konnten viele Themenkomplexe nur angerissen, aber nicht in der gebotenen Tiefe dargestellt werden. Dieses Buch will in seinem ersten Teil das gesamte Themenspektrum der Ausstellung mit vertiefenden Beiträgen näher beleuchten. Im zweiten Teil des Buches wird die Ausstellung in vollem Umfang dokumentiert.

70 Jahre nach dem Zusammenbruch des Dritten Reiches und dem Ende der NS-Schreckensherrschaft, also im Jahr 2015, möchte dieses Werk – für das Gebiet des heutigen Bundeslandes Hessen – dazu beitragen, die Rolle der Justiz im Nationalsozialismus, ihre Vorgeschichte in der Weimarer Republik sowie die Art und Weise, wie die bundesdeutsche Justiz mit der Vergangenheit umgegangen ist, besser zu verstehen. Einige werden sagen: »Viel zu spät, das wäre vor 50 Jahren notwendig gewesen, damals, als die Mentalität des Verdrängens und Verschweigens herrschte und viele der Täter in der Justiz wieder in Amt und Würden waren.« Andere werden denken: »Müssen diese alten Geschichten wieder ausgegraben werden, insbesondere erst jetzt, wo niemand mehr zur Rechenschaft gezogen werden kann und wen interessiert das heute noch?«

Dieser Beitrag kommt jedoch nicht zu spät, auch wenn er 50 Jahre früher mit Sicherheit einen anderen politischen und juristischen Stellenwert gehabt hätte. Die Herausgabe dieses Buches sowie die Ausstellung geben – wenn auch erst 70 Jahre nach dem Ende der NS-Schreckensherrschaft – deutliche Antworten, warum dieser Teil deutscher Geschichte auch heute noch notwendig und wichtig ist. Nur das Bewusstsein und die Kenntnis historischer Zusammenhänge werden uns in die Lage versetzen, Entwicklungen richtig einzuschätzen und unsere demokratische und rechtsstaatliche Verfassungsordnung zu schützen.

Die Justiz hatte dem Wesen des bürokratischen Staatsverbrechens der Nationalsozialisten nichts entgegen gesetzt. Sie gehörte mehrheitlich zu den Stützpfeilern des NS-Regimes. Wo immer der NS-Staat zur Durchsetzung seiner Ziele Richter und Staatsanwälte brauchte und zum Einsatz brachte, war der »furchtbare Jurist«[1] im Zweifel die Regel und nicht die Ausnahme.

Sowohl die Ausstellung als auch dieses Buch sind auch deshalb erst jetzt entstanden, weil lange Zeit eine historische Aufarbeitung vieler Verfahren bei den Oberlandesgerichten Darmstadt und Kassel, Sondergerichten und Militärgerichten, nicht möglich war, da ein Großteil der einschlägigen Quellen nicht verfügbar waren und wichtige Akten des Reichsjustizministeriums erst in ehemaligen DDR-Archiven gefunden wurden. Erst neue Quellen und Forschungen zur politischen NS-Strafjustiz für das Gebiet des heutigen Landes Hessen haben es ermöglicht, diesen Bereich der deutschen Zeitgeschichte aufzuhellen, unter anderem durch ein Dokumentationsprojekt des Hessischen Hauptstaatsarchivs Wiesbaden.

Den thematischen Kern dieses Werkes bildet die politische Strafjustiz im »Dritten Reich«. Im ersten Abschnitt werden ihre ideologischen Hintergründe und Entwicklungen reflektiert. Der »Moralität des Bösen« und den Zusammenhängen zwischen NS-Ideologie und der Legalisierung des organisierten Unrechts geht Werner Konitzer nach, die ideologischen Traditionen der deutschen Richterschaft bis 1933 erörtern Jens-Daniel Braun und Georg D. Falk, und Arthur von Gruenewaldt durchleuchtet die Biographien und Denkmuster der Präsidenten des Oberlandesgerichts Frankfurt am Main. Im zweiten Abschnitt wird untersucht, wie das System der politischen Strafjustiz in der damaligen Praxis funktionierte. Wolfgang Form konkretisiert das für den Volksgerichtshof und die Oberlandesgerichte Darmstadt und Kassel, Harald Hirsch für das Sondergericht Darmstadt und Gerd Hankel für die Militärgerichtsbarkeit. Diese Organe der Justiz fügten sich ein in ein breites Instrumentarium von Repression und Unterdrückung, das der NS-Staat aufgebaut hatte, um alle politischen Gegner und diskriminierten Gruppen auszuschalten und Widerstand von Anfang an zu unterdrücken.

Hierzu gehören auch der Strafvollzug und das System der Konzentrationslager, dem der dritte Abschnitt gewidmet ist. Die Verhältnisse im Strafvollzug im Allgemeinen analysiert Rolf Faber, die örtlichen Mechanismen in Diez beschreibt Adolf Morlang. Die frühe Entwicklung der Konzentrationslager im Kasseler Raum zeigt Dietfrid Krause-Vilmar auf, während Gunnar Richter über das Lager Breitenau und seine Funktion unterrichtet. Der Beitrag von Angelika Ahrens-Morch dokumentiert die Kollaboration von Justiz und politischer Polizei am Fall des KZ Osthofen. Der fünfte Abschnitt ist den Bemühungen um Widerstand gewidmet, die von Axel Ulrich und Stephanie Zibell am Beispiel von Wilhelm Leuschners Vertrauensleute-Netzwerk gewürdigt werden.

Der Zeit ab 1945 gehen die Beiträge nach, die zum einen das Kontinuitätsproblem in der Richterschaft verfolgen und zum anderen die Aufarbeitung der NS-Gewaltverbrechen durch die Justiz hinterfragen. Georg D. Falk gibt einen kritischen Überblick über die ungesühnten Verbrechen der Justiz selbst, Theo Schiller überprüft die Ergebnisse von Spruchkammerverfahren für die Richter des Strafsenats des Oberlandesgerichts Kassel.

---

1 Ingo MÜLLER, Furchtbare Juristen – Die unbewältigte Vergangenheit unserer Justiz. München 1987, Berlin ²2014.

Wie das Landgericht Darmstadt NS-Gewaltverbrechen verfolgt hat, zeigt der Beitrag von Volker Hoffmann. Der Frankfurter Auschwitz-Prozess erfährt eine Würdigung durch Werner Renz mit der Frage, wieweit mit Hilfe der Strafjustiz politisch Aufklärung geleistet werden konnte.

Die verschiedenen Themenblöcke analysieren und dokumentieren Verfahren und Einzelschicksale exemplarisch im Textteil und im Katalogteil. Die meisten Beiträge zeigen konkrete Entwicklungen und Zusammenhänge im Gebiet des heutigen Landes Hessen auf und machen Opfer und Täter sichtbar. Ein besonderes Augenmerk gilt auch der Zeit nach dem Untergang des NS-Regimes, als die Bundesrepublik nach 1945 bei der Aufarbeitung der Verbrechen kläglich versagt hat. Die große Mehrheit der Juristen begriff ihre NS-Vergangenheit nach dem Krieg als »Dienst am Recht«. Sie qualifizierten die Verfahren vor dem Volksgerichtshof, den Sondergerichten und die Militärgerichtsverfahren als reguläre und normale Gerichtsverfahren. Es ging nicht um späte Gerechtigkeit, sondern um Rechtfertigung. In den ersten zwei Jahrzehnten nach Kriegsende hatte die notwendige Auseinandersetzung mit der NS-Vergangenheit weithin nicht stattgefunden.

Die Herausgabe dieses Buches ist ein Beitrag zur deutschen Justizgeschichte und wendet sich nicht nur an Juristen, sondern an alle politisch und historisch interessierten Bürgerinnen und Bürger. Die Beiträge zeigen auch, dass der demokratische Rechtsstaat keine Selbstverständlichkeit ist, sondern machen deutlich, welchen Gefährdungen er ausgesetzt sein kann und wie sehr es auf die Unterstützung durch Bürgerinnen und Bürger mit entwickeltem Rechtsbewusstsein ankommt.

Für neue wissenschaftliche Erkenntnisse sei allen Autoren der Beiträge des vorliegenden Buches gedankt, ebenso für die erfolgreiche Zusammenarbeit bei der Koordination des Ausstellungsprojekts und der Erarbeitung dieses Bandes. Darüber hinaus begleitete eine Arbeitsgruppe aus Historikern, Politikwissenschaftlern und Juristen die Bemühungen um die Aufarbeitung der NS-Justiz in Hessen, woraus sich im Verlauf der Projektarbeit ein stets befruchtendes Miteinander und die fachliche Ergänzung von praktischen und universitären Erfahrungen entwickelten. Unser Dank für den erfolgreichen Abschluss des Ausstellungs- und des Buchprojektes gilt daher den Mitgliedern dieser Arbeitsgruppe Diether Degreif, Rolf Faber, Peter Gast, Gerd Hankel, Andreas Hedwig, Rainer Jurczyk, Werner Konitzer, Werner Renz, Helmut Scheffer, Werner Schnitzlein, Wolfgang Thiele und Thorsten Weise.

Weiterhin danken wir allen Institutionen und Organisationen, die das Ausstellungs- und Buchprojekt unterstützt und so wesentlich zum Gelingen beigetragen haben. Das gilt insbesondere für das Hessische Justizministerium, den Präsidenten des Oberlandesgerichts Frankfurt/M. Dr. Poseck, den Generalstaatsanwalt Herrn Blumensatt, die Historische Kommission für Hessen, die Landeszentrale für politische Bildung, die Leitungen der Land- und Amtsgerichte und der Staatsanwaltschaften sowie die hessischen Staatsarchive und das Bundesarchiv.

Wir hoffen, dass dieses Buch breites Interesse findet und zu historischen Einsichten und politischer Bildung im besten Sinne beitragen kann.

Marburg an der Lahn und Rotenburg an der Fulda
Im März 2015
Wolfgang Form, Theo Schiller und Lothar Seitz

Grußwort

Die Ausstellung über die Verstrickung der deutschen Justiz und speziell auch der Justiz auf dem Boden des heutigen Landes Hessen in das nationalsozialistische Unrechtssystem ist nicht nur von historischem Interesse, sondern hat durchaus auch Gegenwartsbezug. Denn die nationalsozialistische Ideologie und ihre bösartigsten Ausprägungen, Antisemitismus und Hass auf alle, die als andersartig empfunden wurden, sind nicht 1933 entstanden und nicht 1945 einfach verschwunden.

Von 1933 bis 1945 waren sie zur Staatsdoktrin erhoben, und ihre Propagandisten, vor 1933 überwiegend Zukurzgekommene, Deklassierte und im bürgerlichen Leben Gescheiterte, waren an der Macht und konnten ihre niederträchtigsten Phantasien erst in Deutschland und dann in weiten Teilen des unterjochten Europa in die Tat umsetzen. Obwohl das alles in einer nie dagewesenen Katastrophe geendet ist, sind nazistische Ideen, Antisemitismus und aggressive Feindseligkeit gegen Minderheiten in Teilen der Gesellschaft virulent geblieben. Der Zivilisationsbruch der Jahre 1933 bis 1945 hatte eben nicht nur eine politisch-soziale und mentale Vorgeschichte, sondern auch entsprechende Nachwirkungen, und zwar nicht nur in der Bundesrepublik, sondern auch in der DDR.

Sie waren meist untergründig-latent, sind aber immer wieder, gerade in Zeiten wirtschaftlicher und sozialer Verunsicherung, an die Oberfläche gekommen und manifestieren sich dann auch in hemmungslosen Gewalttaten, wie der Mordserie des sogenannten »Nationalsozialistischen Untergrunds«. Es ist für unsere freiheitlich-demokratische Ordnung von existentieller Bedeutung, dass der Staat hier Flagge zeigt.

Auf der politischen Ebene ist es wichtig, dass die Auseinandersetzung mit den Kräften, die nazistische, antisemitische, fremden- und minderheitenfeindliche Positionen propagieren, offensiv geführt wird und dass die Repräsentanten unseres Gemeinwesens hier deutliche Worte finden. Soweit es um die Verfolgung und Ahndung von ideologisch motivierten Straftaten geht, liegt die Durchsetzung des Rechts in der Hand unserer Staatsanwaltschaften und Gerichte.

Im Hinblick auf die Gewaltenteilung und die richterliche Unabhängigkeit ist es natürlich nicht Sache des Ministeriums der Justiz, die hessische Rechtsprechung in diesem Bereich in irgendeiner Weise zu bewerten. Wer aber, wie die Presse, die Tätigkeit der hessischen Justiz beim Umgang mit rechtsextremen Straftaten beobachtet, wird sicherlich zu dem Ergebnis kommen, dass die hessischen Staatsanwaltschaften und Gerichte auch nicht ansatzweise »auf dem rechten Auge blind« sind, sondern hier mit großer Aufmerksamkeit und rechtsstaatlicher Festigkeit vorgehen.

Dies ist wohl auch Ausdruck einer jahrzehntelangen Tradition, die für die Staatsanwaltschaften von dem hessischen Generalstaatsanwalt Fritz Bauer begründet worden ist. Er hat es in den frühen 1960er Jahren gegen erhebliche Widerstände durchgesetzt, dass der sogenannte Auschwitz-Prozess in Frankfurt am Main stattfinden konnte. Dies ist nicht nur für die strafrechtliche, sondern auch für die historische Aufarbeitung und die öffentliche Wahrnehmung des mit dem Topos Auschwitz bezeichneten Menschheitsverbrechens von hoher Bedeutung gewesen.

Und nicht zuletzt wegen dieses besonderen Engagements fanden in der Folge des Auschwitzprozesses weitere Verfahren wegen nationalsozialistischer Gewaltverbrechen vor dem Landgericht Frankfurt am Main statt, so ab 1971 die Strafsache gegen Angehörige des Polizeibataillons 306 wegen der Beteiligung an Massenmorden im besetzten Polen.

Aber auch schon lange vor dem Auschwitzprozess hat sich die hessische Justiz mit den Euthanasiemorden in der Heil- und Pflegeanstalt Hadamar befasst.

Und selbst vor kurzem noch wurden in Hessen neue Ermittlungsverfahren gegen zwei Angehörige der Mannschaften des Lagers Auschwitz eingeleitet. Wir können sicher sein, dass diese Verfahren ebenso wie etwaige Verfahren wegen aktueller nazistischer, antisemitischer und sonstiger Hassdelikte kompetent und engagiert geführt werden.

Für uns Heutige ist es zur Selbstverständlichkeit geworden, dass die Justiz Garant des demokratischen Rechtsstaats ist.

Wie anders war dies in den Jahren 1933 bis 1945!
Dies vermittelt die Ausstellung »Verstrickung der Justiz in das NS-System«, die das Studienzentrum der Finanzverwaltung und Justiz in Rotenburg a. d. Fulda präsentiert hat und die in den vergangenen zwei Jahren an Gerichtsstandorten in ganz Hessen, jeweils ergänzt durch regionale Bezüge und begleitende Veranstaltungen, gezeigt worden ist, in sehr einprägsamer und keinen Betrachter kalt lassender Weise. Der vorliegende Sammelband dokumentiert, vertieft und reflektiert dies unter vielfältigen Aspekten.

Ausstellung und Begleitband geben uns allen, die wir in unterschiedlichen Funktionen in der hessischen Justiz oder für die hessische Justiz tätig sind, und natürlich auch dem juristischen Nachwuchs Anstoß, darüber nachzudenken, wie man sich denn damals selbst verhalten hätte oder verhalten würde, wenn sich die Verhältnisse in eine vergleichbare Richtung veränderten. Wie konnte es dazu kommen, dass sich die Justiz, die ja ihrem Selbstverständnis nach Garant des Rechts und normgemäßer Verfahren ist und die auch seinerzeit über richterliche Unabhängigkeit verfügte, die übrigens in der Nazizeit formal niemals aufgehoben worden ist, so reibungslos in den Dienst des NS-Systems stellen ließ?

Denn von Protest, Widerstand oder gar offener Auflehnung gegen die gleich 1933 einsetzenden Maßnahmen des Regimes zur Ausschaltung jüdischer Rechtsanwälte, Richter und Justizbeamten und gegen die weiteren Maßnahmen zur sogenannten »Gleichschaltung der Justiz«, etwa die Auflösung der Berufsverbände, bis hin zur Selbstermächtigung Hitlers als »oberster Gerichtsherr« bei den Erschießungen im Rahmen des sogenannten »Röhm-Putsches« im Juni 1934 ist nichts Nennenswertes bekannt geworden. Wir wissen, dass die Richter- wie die Beamtenschaft der Weimarer Republik überwiegend ablehnend oder skeptisch gegenüberstand. Und wir können uns auch vorstellen, dass der Anbruch der nationalsozialistischen Herrschaft für manchen Richter und Justizbeamten unerwartete Vorteile mit sich brachte.

Mit der Ausschaltung jüdischer und politisch missliebiger Kollegen eröffneten sich, natürlich vor allem für bereits aktive Nationalsozialisten, aber auch für bloße Opportunisten und solche, die sich jedenfalls anpassten, neue Karrierechancen. Viele mögen auch nachvollziehbare Angst vor Repressalien oder zumindest vor beruflichen und wirtschaftlichen Nachteilen gehabt haben. Dies erklärt aber noch nicht, warum es in der Rechtsprechung schon bald nach der Machtübernahme der Nationalsozialisten viele Beispiele eines »vorauseilenden Gehorsams« gab. Schon lange vor Erlass der »Nürnberger Rassegesetze« 1935 wandten Richter Vorschriften des Bürgerlichen Gesetzbuches zum Eherecht, zum Mietrecht oder im Arbeitsrecht gegen Wortlaut und herkömmliche Dogmatik zu Lasten jüdischer Verfahrensbeteiligter an, was sogar den zum Staatssekretär im Reichsjustizministerium avancierten Roland Freisler – späterer Präsident des Volksgerichtshofs – 1934 veranlasste, in der Zeitschrift »Deutsche Justiz« darauf hinzuweisen, dass »der Richter nicht etwa dazu da ist, die geltenden Gebote des Staates abzuändern«.

Und es erklärt auch nicht, warum vor allem die Strafjustiz schon ab 1933 und dann ganz entfesselt nach Beginn des Zweiten Weltkriegs zum Kampf- und Vernichtungsinstrument gegen Minderheiten und politische Gegner geworden ist – allein im Gebiet des heutigen Landes Hessen wurden Tausende Männer und Frauen wegen ihrer Gesinnung oder aus nichtigen Anlässen angeklagt und zu schweren Strafen bis hin zum Tod verurteilt –, ohne dass sich irgendein erkennbarer Widerstand oder wenigstens ein bekannt gewordenes Widerwort von Richtern und Staatsanwälten gezeigt hätte, geschweige denn öffentlich geäußerte Gewissensbisse nach 1945.

Es ist bezeichnend, dass als Beispiel für Widerstand aus der Justiz immer fast ausschließlich der Fall des Amtsrichters Lothar Kreissig aus Brandenburg genannt wird.

Dieser mutige Mann, Mitglied der Bekennenden Kirche und späterer Mitgründer der »Aktion Sühnezeichen«, war im Rahmen seiner Tätigkeit als Vormundschaftsrichter auf die Ermordung von kranken und behinderten Anstaltsinsassen aufmerksam geworden. Er erstattete deswegen Strafanzeigen wegen Mordes, sogar gegen den ihm namentlich bekannt gewordenen Verantwortlichen in der sogenannten »Kanzlei des Führers«, die natürlich im Sande verliefen. Er wandte sich auch an das Reichsjustizministerium, wo ihn im November 1940 der damalige Minister Gürtner persönlich empfing und zur Legitimierung der Tötungen auf einen Führerbefehl verwies. Da Kreissig auf seinen Rechtsbedenken beharrte, wurde er erst beurlaubt und dann in den Ruhestand versetzt. Er überlebte das Ende des Naziregimes, ohne dass er weiteren Repressalien ausgesetzt gewesen wäre.

Demgegenüber haben die 34 Präsidenten der Oberlandesgerichte und Generalstaatsanwälte keine Einwände erhoben und nicht einmal eine Frage gestellt, als ihnen der damalige Staatssekretär Schlegelberger im April 1941 bei einer Zusammenkunft im Reichsjustizministerium die unter dem Decknamen »Aktion T 4« als »Gnadentod« verbrämte Ermordung von Anstaltsinsassen erläuterte und sie anwies, in diesem Zusammenhang eingehende Anzeigen und Eingaben entgegen dem auch damals geltenden Legalitätsprinzip unbearbeitet vorzulegen. Hierüber kann man lange nachdenken.

Dass die Spitzen und weite Teile der Justiz in die Verbrechen des NS-Systems maßgeblich verstrickt waren, darüber bestand in der unmittelbaren Nachkriegszeit auch noch ein breiter, parteiübergreifender Konsens. Hierzu hat ein hessisches Mitglied des parlamentarischen Rates, Heinrich von Brentano, sich eindrucksvoll wie folgt geäußert:

»*Die deutsche Justiz hat zum großen Teil zu den Verbrechen des Dritten Reichs geschwiegen; sie hat zu großen Teilen die Verbrechen des Dritten Reiches gedeckt und sie hat zu großen Teilen Verbrechen begangen...*«

Nur wenige Jahre später löste sich dieser Konsens auf und an seine Stelle traten weithin der Versuch der Rechtfertigung – Motto: »Ich habe nur dem Recht gedient« –, die Verdrängung der Mitschuld und letztlich das fast vollständige Ausbleiben der Aufarbeitung des Justizunrechts durch die Nachkriegsjustiz in den 1950er und -60er Jahren. In der Tat wurde keiner der Richter eines Sondergerichts oder der 570 Richter und Staatsanwälte des Volksgerichtshofs wegen eines der zahlreichen Unrechtsurteile von bundesdeutschen Gerichten rechtskräftig verurteilt. Eine Ursache hierfür ist sicher auch die personelle Kontinuität. Dreiviertel der Richter und Staatsanwälte in der frühen Bundesrepublik waren bereits vor 1945 in der Justiz tätig gewesen. Ob dies ganz so auch auf Hessen zutrifft oder ob sich hier die in den Nachkriegsjahren besonders ausgeprägten Bemühungen um unbelastetes Personal und die Mitentscheidung des 1946 in der Verfassung des Landes Hessen verankerten Richterwahlausschusses positiv ausgewirkt haben, wird in den Beiträgen des Begleitbands diskutiert.

Mein besonderer Dank gilt allen, die an der Konzeption und Organisation dieser beeindruckenden Ausstellung, der Präsentation an den einzelnen Standorten, der Darstellung der regionalen Bezüge und am jeweiligen Begleitprogramm mitgewirkt und zu dem vorliegenden Dokumentationsband beigetragen haben.

Eva Kühne-Hörmann
Hessische Ministerin der Justiz

Grußwort

Die Ausstellung über die »Verstrickung der Justiz in das NS-System 1933–1945. Forschungsergebnisse für Hessen« hat in den Jahren 2012 bis 2015 große Aufmerksamkeit in Hessen erzielt und zahlreiche Menschen erreicht. Bei dem Oberlandesgericht und der Generalstaatsanwaltschaft in Frankfurt am Main sowie an den Standorten aller Landgerichte und Staatsanwaltschaften wurde die Ausstellung von mehreren tausend Interessierten besucht. Auch das reichhaltige und vielschichtige Rahmenprogramm, in dem regionale Akzente gesetzt werden konnten, hat großen Zuspruch erfahren.

Vorträge und Ausstellungstafeln zeichneten ein gleichermaßen erschreckendes wie anschauliches Bild einer ideologisch verblendeten Justiz in der Zeit des Nationalsozialismus. Es besteht kein Zweifel: die Richter der NS-Zeit waren willfährige Vollstrecker eines menschenverachtenden Systems.

Viele Besucherinnen und Besucher der Ausstellung und des Rahmenprogramms haben ihr Interesse an einer Dokumentation der Inhalte geäußert. Das vorliegende Werk trägt diesem Anliegen Rechnung. Wichtige Aussagen und Erkenntnisse bleiben so erhalten und können weiter Gegenstand von Aufarbeitung und Diskursen sein.

Wir schreiben das Jahr 2015. In diesem Jahr erinnern wir uns an das Ende der NS-Schreckensherrschaft vor 70 Jahren. Seit vielen Jahrzehnten haben wir das Glück, in einem gefestigten und erfolgreichen Rechtsstaat leben und arbeiten zu dürfen. Es mag daher auch kritische Fragen nach der Notwendigkeit der Befassung mit der Verstrickung der Justiz in das NS-System in unserer heutigen Zeit geben. Dieses Werk, die Ausstellung und das Rahmenprogramm geben klare Antworten, warum der Blick zurück in die Vergangenheit auch heute noch erforderlich und wichtig ist. Nachfolgend möchte ich einige Punkte hervorheben, die aus meiner Sicht ganz besonders für die Bedeutung und den Aktualitätsbezug des Themas sprechen.

Nur das Bewusstsein der historischen Zusammenhänge wird uns in die Lage versetzen, künftige Entwicklungen richtig einzuschätzen, die Zukunft also nicht schicksalsergeben hinzunehmen, sondern im Interesse der nachfolgenden Generationen selbst zu bestimmen.

Diese Worte hat der langjährige hessische Justizminister Herbert Günther im Jahre 1979 aus Anlass des 100-jährigen Bestehens des Oberlandesgerichts Frankfurt am Main gewählt. Weiter führte er damals aus:

Die Geschichte der letzten 50 Jahre hat uns gelehrt, dass es gilt, wachsam zu sein, dass es gilt, unser demokratisches System zu schützen und den Apologeten der Unfreiheit energischen Widerstand entgegenzusetzen.

Die Verstrickung der Justiz in das NS-System schärft den Blick für die hohe Bedeutung eines funktionierenden Rechtsstaats. Die Anpassungsbereitschaft großer Teile der Richterschaft, ihre Anfälligkeit für Versuchungen eines autoritären Staatswesens muss uns, die wir heute in der Justiz Verantwortung tragen, Mahnung und Verpflichtung sein, möglichen Angriffen auf den demokratischen Rechtsstaat im Sinne der Worte Herbert Günthers wachsam und selbstbewusst entgegenzutreten.

Die Lehren aus der Vergangenheit sind deshalb unverzichtbar für unser heutiges richterliches Selbstverständnis. Gemäß Artikel 92 des Grundgesetzes ist die rechtsprechende Gewalt den Richtern anvertraut. Danach verpflichtet das Grundgesetz jede Richterin und jeden Richter zu einer unparteiischen, rechtstreuen und gewissenhaften Amtsführung. Das ist ein hoher Anspruch, der gerade im historischen Kontext für die Gegenwart und Zukunft unverrückbar sein muss. Ein funktionierender Rechtsstaat braucht politisch unbeeinflusste, unabhängige und selbstbewusste Richterinnen und Richter. Es war daher ein wichtiger Schritt, das (verpflichtende) Tagungsprogramm für junge Richterinnen und Richter sowie Staatsanwältinnen und Staatsanwälte in Hessen vor einigen Jahren um die Befassung mit der Geschichte der Justiz in der Zeit des Nationalsozialismus zu ergänzen.

Als Justiz sind wir es aber auch den vielen Opfern der NS-Justiz schuldig, sie nicht zu vergessen. Viele von ihnen hatten den Mut, den die allermeisten Richter und Staatsanwälte damals nicht hatten. Sie blieben ihrer Überzeugung treu, traten einem menschenverachtenden System entgegen und sprachen Wahrheiten aus. Die Handlanger des Nationalsozialismus verurteilten sie, nicht selten zum Tode, indem sie rechtliche und rechtsstaatliche Maßstäbe pervertierten. Die Ausstellung und die sie begleitenden Veranstaltungen haben die Schicksale vieler Opfer wieder lebendig werden lassen. Es ist deutlich geworden, dass sich das Unrecht der NS-Justiz nicht auf den Volksgerichtshof beschränkt, sondern alle Gerichte in der Fläche und auch im heutigen Hessen eingeschlossen hat. Die Ausstellung konnte deshalb auch wichtige Impulse für eine Erinnerung an die Opfer der NS-Justiz auf lokaler Ebene setzen.

Die intensive Resonanz auf die Ausstellung hat auch spürbar werden lassen, dass wir immer noch einen Nachholbedarf bei der Aufarbeitung der Verstrickung der Justiz in das NS-System haben. So positiv die rechtsstaatliche Entwicklung unmittelbar nach 1945 grundsätzlich gewesen ist, so sehr steht dazu im Kontrast, dass von der Justiz der Bundesrepublik nur ein Teil der nationalsozialistischen Gewaltverbrechen geahndet worden ist und die Täter aus den eigenen Reihen gänzlich straflos geblieben sind. Die Nachkriegsjustiz hat sich einem weit verbreiteten und auch politisch unterstützten »Schlussstrichdenken« angepasst. Die Gründe mögen vielschichtig sein. Sie liegen vielleicht auch in dem Vermeiden einer Überforderung der jungen, fragilen Bundesrepublik, in dem Vermeiden von Zerreißproben. Aber ein wesentlicher Grund war ohne Zweifel auch, dass sich ehemalige Richter des NS-Staates nach dem Krieg gegenseitig geschützt und unterstützt haben. Nur so konnte es zu der Kontinuität vieler Karrieren von NS-Richtern und Staatsanwälten in der Bundesrepublik kommen.

Daher trifft die Feststellung der ehemaligen Präsidentin des Zentralrates der Juden in Deutschland, Charlotte Knobloch, zu, die anlässlich des 50. Jahrestages der Errichtung der Zentralen Stelle der Landesjustizverwaltungen zur Aufklärung nationalsozialistischer Verbrechen in Ludwigsburg 2008 ausgeführt hat:

Im Hinblick auf eine gerechte Verurteilung der Täter haben wir den Wettlauf mit der Zeit verloren. Aber der Wettlauf gegen das Vergessen darf niemals verloren gehen.

Immerhin: Gerade die hessische Justiz ist unter maßgeblicher Mitwirkung jüdischer Exilanten auch von Richtern und Staatsanwälten wiederaufgebaut worden, die in der NS-Zeit verfolgt wurden und den Versuchungen der NS-Zeit trotz erheblicher persönlicher Nachteile widerstanden haben und sich durch sehr bemerkenswerte Lebensläufe auszeichnen. Die Lebensleistung des Generalstaatsanwalts Fritz Bauer dient dafür als exemplarisches Beispiel und wird zu Recht immer wieder hervorgehoben. Für das Oberlandesgericht Frankfurt am Main möchte ich beispielhaft die besonderen Verdienste von Curt Staff nennen. Er hat das Oberlandesgericht von 1951 bis 1970 als Präsident geleitet und geprägt. Er wurde als Landgerichtsrat – damals in Braunschweig – aufgrund des sogenannten Gesetzes zur Wiederherstellung des Berufsbeamtentums im Juni 1933 von den Nationalsozialisten aus dem Dienst entfernt und in das KZ Dachau verbracht, weil er Sozialdemokrat war. Gemeinsam mit Fritz Bauer und Verantwortlichen im hessischen Justizministerium, allen voran Georg August Zinn, hat er nach dem Krieg eine rechtsstaatliche, verantwortungsbewusste und unabhängige Justiz in Hessen geformt und dazu beigetragen, dass die Zahl personeller Kontinuitäten nach dem Krieg hier zumindest geringer als andernorts war.

Ich wünsche dem Buch viele interessierte Leserinnen und Leser. Möge es zu weiteren Diskussionen und Forschungen über die Verstrickung der Justiz in das NS-System motivieren!

Das Oberlandesgericht Frankfurt am Main hat sich im zeitlichen Zusammenhang zu der Ausstellung entschieden, seine eigene Geschichte in der Zeit des Nationalsozialismus und des Wiederaufbaus in einer Arbeitsgruppe unter der Leitung von Vorsitzendem Richter am OLG a. D. Dr. Georg D. Falk aufzuarbeiten. Derzeit werden zum einen Entscheidungen des Oberlandesgerichts aus der NS-Zeit im Hinblick auf ihre Durchdringung mit nationalsozialistischer Ideologie untersucht, zum anderen wird den beruflichen Biographien der Richterinnen und Richter, die für die Rechtsprechung des Oberlandesgerichts nach 1945 verantwortlich waren, nachgegangen. Dabei können die biographischen Forschungen auch an die jüngst abgeschlossene lesenswerte Dissertation von Arthur von Gruenewaldt mit dem Titel: »Die Richterschaft des Oberlandesgerichts Frankfurt am Main in der Zeit des Nationalsozialismus – Die Personalpolitik und Personalentwicklung« anschließen.

Schließlich bleibt mir nur der Dank an die vielen Mitwirkenden, die zu dem Erfolg von Ausstellung und Rahmenprogramm an den unterschiedlichen Standorten in Hessen beigetragen haben. Überall ist ein außergewöhnliches, weit über die unmittelbare berufliche Tätigkeit hinausgehendes Engagement geweckt worden. Die Justiz konnte so auch nach außen wirken und beispielsweise mit interessierten Bürgerinnen und Bürgern sowie Schulklassen in Kontakt treten. Ein ganz besonderer Dank gilt den Initiatoren und fachlichen Begleitern der Ausstellung, allen voran den Verantwortlichen des Studienzentrums der Finanzverwaltung und Justiz in Rotenburg an der Fulda sowie Dr. Wolfgang Form von der Universität Marburg, der auch die Initiative für dieses Buch ergriffen hat.

Roman Poseck
Präsident des Oberlandesgerichts Frankfurt am Main

Grußwort

Das Buch geht auf die Ausstellung »Verstrickung der Justiz in das NS-System 1933–1945. Forschungsergebnisse für Hessen« zurück, die seit November 2012 mit entsprechenden umfangreichen Begleitveranstaltungen in hessischen Landgerichtsbezirken zu sehen war. Zweifelsohne ist die Aufarbeitung dieses Themas nicht nur eine gesamtgesellschaftliche, sondern auch eine politische Aufgabe. Und ich füge hinzu, auch wir als Justiz müssen uns dieser – manchmal durchaus schmerzlichen Aufgabe – in besonderer Weise stellen. Das vorliegende Buch versucht, diesem Anliegen gerecht zu werden.

Das Thema ist derzeit aktueller denn je: Am 20. Dezember 1963 begann in Frankfurt am Main der Auschwitz-Prozess. Er gilt als Wendepunkt hinsichtlich der Erinnerung der Deutschen an die von ihnen begangenen Verbrechen während der NS-Zeit. Das Fritz Bauer Institut begleitete den 50. Jahrestag im Jahre 2013 mit einer Veranstaltungsreihe und zahlreichen Vorträgen. Das Jüdische Museum in Frankfurt präsentierte im Jahr 2014 eine Ausstellung zum Thema »Fritz Bauer – Der Staatsanwalt – NS-Verbrechen vor Gericht«. Das Hessische Hauptstaatsarchiv in Wiesbaden befasste sich mit einer im Mai 2014 präsentierten Ausstellung mit der justiziellen Aufarbeitung von NS-Verbrechen in Hessen. Und erstmals im November 2014 wurde in einem Frankfurter Kino der Film »Das Labyrinth des Schweigens« gezeigt, der die mühsamen Ermittlungen und die Vorgeschichte, wie es zum Auschwitz-Prozess kam, thematisiert.

Die Wanderausstellung mit ihren zahlreichen qualitativ hochwertigen Begleitveranstaltungen, Vorträgen im Rahmen der Frankfurter Juristischen Gesellschaft, der Goethe Universität und des Fritz Bauer Instituts fielen auf ein reges Interesse der Öffentlichkeit. Die Besucher der zahlreichen Veranstaltungen waren aufgewühlt, sie hatten insbesondere diejenigen, die sich wie wir mit der Justiz besonders verbunden fühlen, sehr nachdenklich und betroffen gemacht. Die Frage, die uns alle bewegt, ist, wie konnte das alles nur geschehen? Und nicht zuletzt wurde die Rolle der NS-Justiz zum zentralen Bestandteil der jährlich von der Generalstaatsanwaltschaft in Frankfurt ausgerichteten Fortbildungsveranstaltung für junge Richter und Staatsanwälte. Das Interesse gerade der Berufsanfänger an diesem Thema war enorm. Es war, wie mir zahlreiche Tagungsteilnehmer berichteten, aus ihrer Sicht der interessanteste Teil dieser Tagung.

Die Rolle der Justiz wird in dem vorliegenden Buch ausführlich dargestellt. Und wir haben leider erkennen müssen, es war keine rühmliche Rolle. Oder, man kann es auch anders ausdrücken, und möglicherweise kann man ein Fazit vorwegnehmen: Auch die Justiz insgesamt hat in dieser Zeit versagt. Und in den Nachkriegsjahren ist die justizielle Aufarbeitung der NS-Verbrechen nur unzureichend gelungen. Die Justiz hat zwar Anstrengungen unternommen, solche Verbrechen zu ahnden, aber das Buch zeigt ernst zu nehmende Schwächen auf.

Keiner der Richter eines Sondergerichts oder der 570 Richter und Staatsanwälte des Volksgerichtshofs sind wegen eines der zahlreichen Unrechtsurteile von bundesdeutschen Gerichten rechtskräftig verurteilt worden. Möglicherweise wohl auch deshalb, weil etwa drei Viertel der Richter und Staatsanwälte der frühen Bundesrepublik identisch waren mit den Justizjuristen des NS-Staates. Und weil kurz vor Fritz Bauers Tod ein Gesetz verabschiedet wurde, das über die Hintertür die meisten Schuldigen an den nationalsozialistischen Massenmorden straffrei ausgehen ließ. Mit der Änderung des § 50 Abs. 2 StGB wurde die Gehilfenrechtsprechung neu aufgestellt. Nur, wenn einem Gehilfen die Mordmerkmale des Täters nachzuweisen waren, konnte er mit lebenslangem Zuchthaus (oder später einer lebenslangen Freiheitsstrafe) bestraft werden.

Aber die Justiz bemüht sich. Ein Blick in die Statistik (Stand: 1. Januar 2012) soll dies verdeutlichen: Die Staatsanwaltschaften in Deutschland haben seit den 8. Mai 1945 insgesamt gegen 106.496 Beschuldigte ein Ermittlungsverfahren eingeleitet; rechtskräftig verurteilt wurden jedoch nur 6.498 Angeklagte. Am 1. Januar 2012 waren noch bei Gerichten und Staatsanwaltschaften 498 Verfahren gegen eine unbekannte Zahl von Personen anhängig.

Uns allen ist noch der aufsehenerregende Strafprozess gegen John Demjanuk vor dem Landgericht München II in Erinnerung. Demjanuk wurde wegen Beihilfe zum Mord aufgrund seiner Tätigkeit als Wachmann im Jahre 1943 im Vernichtungslager Sobibor nach 93 Verhandlungstagen im Mai 2011 zu einer Freiheitsstrafe von fünf Jahren verurteilt. Obwohl Demjanuk nur ein untergeordneter Befehlsempfänger war und ihm keine konkrete Tat nachgewiesen werden konnte, sah es das Gericht als ausreichend an, dass er »ein Teil der Vernichtungsmaschinerie« gewesen sei. Bei der Strafzumessung wurde besonders berücksichtigt, dass die Taten fast 70 Jahre zurücklagen und der Angeklagte zur Tatzeit gerade 23 Jahre alt war. John Demjanuk starb, bevor das Urteil auf seine Revision vom Bundesgerichtshof in Karlsruhe überprüft werden konnte.

Mord, und damit auch nationalsozialistischer Massenmord, verjährt nicht. Deshalb mussten und müssen sich auch jetzt noch Greise vor Gericht verantworten, die jüngeren Greise eventuell noch vor einer Jugendkammer, weil sie seinerzeit noch nicht 21 Jahre alt waren. Eine Prozesswelle droht jedoch nicht, da nur noch wenige Verantwortliche am Leben sind. Letztlich geht es bei diesen Verfahren nicht (mehr) um Resozialisierung, sondern um Sühne und Zeichen. Und nicht zuletzt auch aufgrund dieser Rechtsprechung des Landgerichts München ist die strafrechtliche Verfolgung dieser Taten auch heute noch relevant: Die in Ludwigsburg ansässige Zentralstelle für die Aufklärung von nationalsozialistischen Verbrechen hat Vorermittlungen wegen Beihilfe zum Mord gegen 30 frühere KZ-Aufseher des Vernichtungslagers Auschwitz-Birkenau eingeleitet und diese Verfahren Ende 2013 an die zuständigen Staatsanwaltschaften abgegeben. In Hessen wohnen zwei noch lebende Täter. Die Staatsanwaltschaft Frankfurt hat das Hessische Landeskriminalamt mit den hierzu erforderlichen sehr schwierigen und aufwendigen Ermittlungen beauftragt.

Die Bekämpfung der NS-Justiz und NS-Verfahren sind zweifellos untrennbar mit dem Namen des früheren Generalstaatsanwalts Fritz Bauer verknüpft. Bauer war in den Jahren 1956 bis 1968 Generalstaatsanwalt in Frankfurt. Er war der wohl bedeutendste Generalstaatsanwalt der Bundesrepublik Deutschland. Kaum einer hat die Auseinandersetzung mit den Verbrechen der NS-Justiz in den Nachkriegsjahren stringenter angepackt als er. Er war die zentrale Person bei der Aufarbeitung der NS-Verbrechen. Sein Beispiel erinnert Generationen von Juristinnen und Juristen an ihre große Verantwortung. Und aller Wahrscheinlichkeit nach hätte es die Auschwitz-Prozesse ab Dezember 1963 ohne ihn in dieser Form nicht gegeben. Auschwitz, der Name steht für das Grauen schlechthin, für das deutsche Menschheitsverbrechen. Unter den etwa sechs Millionen Holocaust-Opfern waren nach historischen Erkenntnissen mindestens 1,1 Millionen Juden, die im größten Vernichtungslager des »Dritten Reiches« grausam umgebracht worden waren. Auf Anregung von Fritz Bauer entschied der Bundesgerichtshof im April 1959, dass das Landgericht Frankfurt für dieses Verfahren zuständig sei. Bauer beauftragte junge Staatsanwälte der Staatsanwaltschaft Frankfurt mit den Ermittlungen. Er wollte nicht einzelne Taten, sondern den Gesamtkomplex Auschwitz vor Gericht bringen und die deutsche Gesellschaft über ihre Vergangenheit aufklären.

Mehrere Sachverständigengutachten, zum Beispiel zur Entwicklung der Konzentrationslager, zur nationalsozialistischen Juden- und Polenpolitik, zu Fragen des Befehlsnotstandes und zur Organisation von Polizei und SS, wurden auf seine Veranlassung erstellt, um die historischen Hintergründe aufzuzeigen. Die dem Gericht vorgelegten Akten nebst Duplikatsakten für die Angeklagten und deren Verteidiger umfassten 75 Bände. Allein die Anklageschrift gegen 22 Angeklagte hatte einen für die damalige Zeit außergewöhnlich großen Umfang von etwa 700 Seiten. Das Landgericht Frankfurt vernahm an 183 Verhandlungstagen insgesamt 360 Zeugen, darunter 211 Auschwitz-Überlebende aus der ganzen Welt. Nach 20 Monaten endete der erste von insgesamt drei Auschwitz-Prozessen. Sechs Angeklagte wurden zu lebenslangen Zuchthausstrafen verurteilt, andere erhielten Freiheitsstrafen zwischen 3½ und 14 Jahren, drei Angeklagte wurden aus Mangel an Beweisen freigesprochen. Die Urteilsverkündung dauerte zwei Tage. Auch wenn in diesem Verfahren nur 17 Angeklagte verurteilt wurden – die historische Forschung geht davon aus, dass zu Prozessbeginn noch etwa 6.000 KZ-Aufseher und Aufseherinnen sowie administratives Personal lebten – hatte der Prozess, an dem insgesamt wohl etwa 20.000 Zuschauer bei Gericht das Geschehen verfolgten, eine große öffentliche Wirkung: Das Grauen wurde sichtbar und ins deutsche Wohnzimmer gebracht! Den Stimmen der Überlebenden ist Gehör verschafft worden. Und die Deutschen kamen nicht mehr umhin, sich mit der NS-Vergangenheit zu befassen.

Zu Ehren von Fritz Bauer und zur Erinnerung an die juristische Aufarbeitung der Auschwitz-Prozesse plant die Stadt Frankfurt ein Denkmal an prominenter Stelle zu errichten. Und eine Mahnung, die Fritz Bauer nach seiner Ernennung zum hessischen Generalstaatsanwalt am Gebäude der Frankfurter Staatsanwaltschaft anbringen ließ, ist uns allen ja wohlbekannt: »Die Würde des Menschen ist unantastbar. Sie zu achten und zu schützen ist Verpflichtung aller staatlichen Gewalt.« (Artikel 1 Abs. 1 GG).

Das Buch gibt Gelegenheit, sich intensiv mit dem Thema zu befassen. Es ist ein Stück nicht ganz fernliegender Geschichte, deren Aufarbeitung wir uns stellen, ja stellen müssen. Auf der Grundlage der neuesten Forschung werden Ergebnisse dargestellt und wesentliche Einblicke in die unmittelbare Justizvergangenheit in Hessen vermittelt. Es ist eine interessante Darstellung, wie das deutsche Justizsystem von den Nationalsozialisten nach und nach so verändert worden ist, dass es in ihre Maschinerie des Bösen hineinpasste und die Gräueltaten eine (scheinbare) juristische Legitimation besaßen. Aufgabe dieses Buchs wird es aber auch sein, mit nachwachsenden Generationen ins Gespräch zu kommen. Viele Fragen über die Rolle der Justiz im NS-Staat sind noch offen, nicht erforscht oder nicht diskutiert. Das Buch unternimmt den Versuch, diesen Auftrag weiter zu verfolgen.

Hans-Josef Blumensatt
Generalstaatsanwalt Frankfurt am Main

Grußwort

Der vorliegende Band wäre ohne das Ausstellungsprojekt des Studienzentrums der Finanzverwaltung und Justiz in Rotenburg an der Fulda »Im Namen des Deutschen Volkes – Justiz und Nationalsozialismus / Verstrickung der Justiz in das NS-System 1933–1945« vom 28. Februar 2012 bis zum 16. September 2012 in dieser Form nicht entstanden. Ohne Zweifel war die Ausstellung ein auslösender Faktor, ein wichtiger Meilenstein für die vorliegenden Arbeiten zur NS-Justizgeschichte. Darum erscheint ein Blick zurück in die Motivation des Studienzentrums für das Projekt und den pädagogischen Ansatz angemessen.

Nach der erfolgreichen Ausstellung im Studienzentrum »Legalisierter Raub. Der Fiskus und die Ausplünderung der Juden in Hessen 1933–1945« war es uns ein ganz besonderes Anliegen, in einer weiteren Ausstellung auch die Justizverbrechen der NS-Zeit zu zeigen.

Bei der Doppelausstellung handelte es sich um ein Gemeinschaftsprojekt des Studienzentrums der Finanzverwaltung und Justiz in Rotenburg an der Fulda mit dem Bundesministerium der Justiz in Zusammenarbeit mit der Universität Marburg, dem Fritz Bauer Institut Frankfurt am Main und dem Hauptstaatsarchiv Wiesbaden. Es war eine Ausstellung, die in dieser Konzeption noch nie gezeigt worden war und voraussichtlich zukünftig auch nicht mehr zu sehen sein wird.

Die Ausstellung behandelte eine dunkle Phase der deutschen Rechtsgeschichte, in der sich das juristische Berufsethos, das richterliche Verantwortungsbewusstsein leider kaum gegen politisches Verbrechertum aufbäumten. Der Einsatz der Justiz für geordnete moralisch-ethische und rechtliche Verhältnisse war nicht spürbar. Ein juristischer Aufstand für das Recht, insbesondere Menschenrechte fand nicht statt.

Der erste Teil der Ausstellung »Im Namen des Deutschen Volkes Justiz und Nationalsozialismus« des Bundesministeriums der Justiz wurde bereits 1989 der Öffentlichkeit vorgestellt. 45 Jahre nach dem Zusammenbruch des NS-Regimes präsentierte das BMdJ unter Federführung des früheren Justizministers Hans A. Engelhard in einer ersten überregionalen Ausstellung die Justiz im Nationalsozialismus, ihre Vorgeschichte in der Weimarer Republik und die Art und Weise, wie die bundesdeutsche Justiz mit dieser Vergangenheit umgegangen ist. Diese Ausstellung überspannte zunächst das Kaiserreich und die Weimarer Republik, während der Hauptteil die NS-Justiz und ihre Folgen bildete. Sie beschäftigte sich vor allem mit denjenigen Bereichen der Justiz, für die das Reichsjustizministerium zuständig war; mit dem Schwerpunkt auf dem Strafrecht, da dieses im Brennpunkt des Interesses der nationalsozialistischen Machthaber lag. Ausgespart wurde dabei zum Beispiel auch die Wehrgerichtsbarkeit.

In der zweiten Ausstellung »Verstrickung der Justiz in das NS-System 1933–1945«, die von einer Arbeitsgruppe aus hessischen Wissenschaftlern, Juristen und Historikern in 1½-jähriger Vorbereitung erarbeitet worden war, wurden die Verfolgungsstrukturen wegen politischer Delikte am regionalen Beispiel Hessen gezeigt. Die Erweiterung und

Ergänzung der ersten Ausstellung betrafen in verschiedenen Themenblöcken die Strafgerichtsbarkeit, die Sondergerichtsbarkeit, die Wehrmachtsjustiz, den NS-Strafvollzug und die Zwangssterilisationen. Es war das Anliegen der Arbeitsgruppe, anhand von Einzelschicksalen sowie einzelnen Opfergruppen die NS-Strafjustiz exemplarisch zu dokumentieren. Auch die Zeit nach 1945 wurde durch eine ausführliche Darstellung des Frankfurter Auschwitzprozesses und der Würdigung der justizpolitischen Entwicklung im Zusammenhang mit der Aufhebung von NS-Urteilen seit den 1990er Jahren behandelt. Das besondere dieser Ausstellung war die Verzahnung der beiden Ausstellungsteile, die Einarbeitung neuester wissenschaftlicher Erkenntnisse und der regionale Bezug auf Täter- und Opferseite.

Adressaten der Doppelausstellung waren nicht nur unsere Studierenden und die Angehörigen der Justiz, der politisch und historisch interessierte Bürger, sondern sie sollte das gesamte Spektrum der schulischen Ausbildung und außerschulischen Bildung erreichen. Der pädagogische Ansatz war ein Informationsangebot über die Schreckensherrschaft der Nationalsozialisten und eine Veranschaulichung wie zerbrechlich die Gewaltenteilung bei einem Bruch in unserer Zivilisation sein kann. Es sollte der Funktionsmechanismus der NS-Justiz aufgezeigt werden, um anhand von Präsentationstafeln und aufschlussreicher Quellen, den Blick hinter die Kulissen eines Produktionsprozesses politischer, systemunterstützender Strafurteile zu werfen. Während der Zeit einer Generation war die deutsche Justiz in zwei Unrechtssysteme verstrickt und sah sich danach jeweils vor die Aufgabe gestellt, Justizunrecht zu beurteilen.

Die Justiz in der Bundesrepublik war bis in die 1980er Jahre nicht bereit, sich ihrer Vergangenheit zu stellen, Ursachen und Hintergründe ihrer Unterstützung des NS-Unrechtssystem, sogar durch vorauseilenden Gehorsam, zu erörtern und daraus Konsequenzen zu ziehen. Der Vorwurf des Verdrängens und auch des Vergessens wird bei dieser Fehlleistung der bundesdeutschen Justiz zu Recht erhoben. Warum sollen wir uns heute mit einer Justiz, die vor mehr als 80 Jahren versagt hat, beschäftigen? Was bringt es, den Blick erneut zurück zurichten? Umgang mit der Justizgeschichte ist über weite Strecken mühsam. Die Geschichte wiederholt sich bekanntlich nicht. Dennoch gibt es Anlass und Gründe, auch heute noch des Unrechts der Justiz in der Nazizeit nicht nur als rechtshistorisches Phänomen zu gedenken. Aus folgenden Gründen ist auch gegenwärtig und gerade für die Angehörigen der Justiz eine Beschäftigung mit den Justizverbrechen der jüngeren deutschen Geschichte geboten:

Wir müssen uns mit der Justizgeschichte der Nazi-Zeit ebenso wie mit der Zeit der ehemaligen DDR auseinandersetzen, um der Wahrheit zu dienen, der Legendenbildung vorzubeugen, dem Vergessen entgegenzuwirken und der Opfer zu gedenken. Justizgeschichte als Gegenstand der Darstellung ist zwar Betrachtung etwas Vergangenem, jedoch längst nicht Abgestorbenem. Wie die Auseinandersetzung mit der Strafjustiz der DDR bietet auch die Erforschung der Auseinandersetzung mit der NS-Justiz eine Anschauungsgrundlage für die Problematik der Perversion des Rechts und der Korrumpierung von Justizangehörigen durch Machthaber eines totalitären Staates. Wie in der Nazi-Zeit erwies sich auch in der DDR die Mehrheit der Strafrichter und Staatsanwälte als willige Handlanger des Unrechtssystems. Auch wenn diese beiden Unrechtssysteme mit Rücksicht auf die sehr unterschiedliche Dimension des Grauens, des Leidens und der Menschenrechtsverletzungen nicht gleichzusetzen sind, zeigen die Parallelen in der Geschichte doch erschreckend deutlich, dass der Missbrauch der Juristen zu politischen Zwecken/Weltanschauungen nicht nur eine historische, sondern eine ständige Gefahr darstellt.

Wir können uns nicht dadurch der Verantwortung entledigen, dass wir das Augenmerk auf die Wannseekonferenz und die Gaskammern von Auschwitz, Treblinka, Majdanek, Buchenwald, Dachau richten und die Justizverbrechen verdrängen. Gerade die Auseinandersetzung mit der NS-Justiz bietet eine Anschauungsgrundlage für die Problematik der strafrechtlichen Aufarbeitung von Unrechtsstaaten, die durch einen totalitären staatlichen Machtapparat ausgelöst worden sind.

Es gibt auch im Interesse der damaligen Justizopfer eine notwendige Kultur des Erinnerns. Die zunehmend rechtsradikalen Tendenzen, die zu verbalen und physischen Angriffen gegenüber jüdischen und ausländischen Menschen führen, müssen uns alle vor dem Vergessen, dem Verdrängen und dem Verharmlosen der Erinnerung an die NS-Zeit warnen. Wir haben Anlass, uns mit der Problematik zu befassen, wie Fremdenhass und Antisemitismus entstehen. Wir dürfen nicht erlauben, dass sich Gruppen bilden, die ausgrenzen und erniedrigen wollen. Wir haben die Antwort darauf noch nicht, warum auch heute noch fremdenfeindliche, menschenverachtende rechtsextremistische Gewalt mitten unter uns unbemerkt geschehen konnte.

Freiheit und Rechtsstaat sind nichts Statisches, sondern sie sind auf aktive Demokraten angewiesen. Das Versagen der Juristen im NS-Regime ist ein besonders lehrreicher und notwendiger Gegenstand des Lernens gerade für junge Leute, die die Justiz als ihren Arbeitsplatz gewählt haben. Die Urteile und sonstigen Dokumente aus der NS-Zeit sind dahingehend zu analysieren, dass daraus konkrete Lehren für die gegenwärtige und künftige Arbeit der Juristen zu ziehen sind. Gerade aufgrund der Erfahrungen der Nazi-Zeit ist nach dem Grundgesetz der Richter nicht nur an das Gesetz gebunden, sondern an Gesetz und Recht. Das Recht ist mehr als nur die Summe der Paragraphen. Es ist die Idee des Rechts, die Gerechtigkeit, die Gesetze legitimiert und das Gewissen und die Moral der Juristen bei der Rechtsanwendung prägen sollte.

Unsere Aufgabe muss es sein, das Bewusstsein einer hohen Anfälligkeit der Justiz durch eine politische Herrschaftsidee zu erzeugen, um den Rechtsstaat stets von Neuem mit Substanz zu erfüllen und zu verteidigen. Denn die Gefahr für Demokratie und Rechtsstaat ist nicht nur eine Kategorie der Vergangenheit, sondern auch sehr real in der Gegenwart zu finden. Unserer Verantwortung werden wir wohl am ehesten gerecht, wenn in der Justiz dieses staatsbürgerliche Denken und Verhalten: Wahrung, Verteidigung, Herstellung der Gerechtigkeit und Mut zu solidarischer Einmischung in gesellschaftliche Vorgänge, als Aufgabe der Ausbildung ernst genommen und verwirklicht wird.

Peter Müller-Engelmann, Rechtsanwalt
Direktor des Studienzentrums a. D.

ZEIT DES NATIONALSOZIALISMUS

IDEOLOGIE UND STRUKTUREN

Grundstrukturen nationalsozialistischer Moral

Werner Konitzer

I.

Die Auffassungen nationalsozialistischer Rechtstheoretiker folgten einigen wenigen Leitgedanken.[1] Erstens: Sie fassten einen besonderen Typ von Gemeinschaft, nämlich die »Volksgemeinschaft«, als Quelle allen Rechts auf; daher räumten sie auch dem öffentlichen Recht vor dem Privatrecht absoluten Vorrang ein. Den Begriff subjektiver öffentlicher Rechte (Rechte, die das Individuum vor dem Zugriff des Staates schützen sollen), wiesen sie generell zurück.[2] Zweitens: Sie erklärten den Führergedanken zum zentralen Prinzip aller staatlichen und gesellschaftlichen Institutionen. Dem obersten Führer (Hitler) sprachen sie dabei eine einzigartige Stellung außerhalb und oberhalb des Rechts zu.[3] Drittens: Sie gaben das Konzept der Gleichheit vor dem Gesetz auf. An dessen Stelle trat die Rede von der Artgleichheit als einer gedachten Gleichheit von Denken, Fühlen und Handeln. Vorstellungen von Rasse, deren Bedeutung nirgends näher definiert wurde – man verwies unbestimmt auf die empirischen Wissenschaften – wurden auf diese Weise in das Recht hineingenommen, so dass den Individuen je nach ihrer wie auch immer festgestellten Zugehörigkeit zu einer willkürlich festgelegten Gruppe Rechte zu- oder abgesprochen werden konnte.[4] Viertens: Im Strafrecht wurde das Willensstrafrecht, bei dem »der verbrecherische Wille des Täters und nicht vorrangig der Taterfolg für die strafrechtliche Schuldzumessung ausschlaggebend« war, favorisiert. Die Beurteilung der Gesinnung trat also gegenüber der der Tat in den Vordergrund. Zugleich damit wurden Tätertypologien (wie etwa »der Sittlichkeitsverbrecher«, »der Gewohnheitsverbrecher« oder »der Korruptionsverbrecher«) große Bedeutung beigemessen. Rechtsverletzungen wurden als Verletzungen von Treuepflichten gegenüber der Volksgemeinschaft umgedeutet; Strafe als Abschreckungs- und Vergeltungsinstrument aufgefasst. An die Stelle des Grundsatzes, dass nur bestraft werden kann, wer gegen ein ausdrücklich und klar verfasstes Gesetz verstoßen hat (*nulla poena sine lege*), trat der Grundsatz »kein Verbrechen ohne Strafe«. Das Verbot, durch Analogien neue Straftatbestände qua Rechtssprechung zu erzeugen, wurde aufgehoben. Ehrenstrafen, die lange abgeschafft worden waren, wurden wieder eingeführt.[5] Fünftens: Auf theoretischer Ebene war man sich in der Polemik gegen den Rechtspositivismus und gegen alle an den Rechten des Individuums orientierten Rechtslehren einig. Entsprechend lehnte man eine scharfe Trennung zwischen Sollensbegriffen ab und formulierte das Ideal der Identität

---

[1] Herlinde PAUER-STUDER / Julian FINK (Hrsg.), Rechtfertigungen des Unrechts. Das Rechtsdenken im Nationalsozialismus in Originaltexten. Frankfurt/M. 2014.
[2] Ebenda, S. 40 f.
[3] Ebenda, S. 57 f.
[4] Ebenda, S. 72.
[5] Ebenda, S. 80 ff.

von Recht und Moral: In der konkreten Ordnung der Gemeinschaft sollte beides zusammenfallen.[6] Dem entsprachen in Rechtssetzung und Rechtsprechung die häufigen Bezüge auf das »gesunde Volksempfinden« und ähnliche Begriffe, in denen das Recht an die moralische Ordnung einer Gemeinschaft – eben der Volksgemeinschaft – verwiesen wurde. So waren in der Vorstellungswelt der nationalsozialistischen Rechtstheoretiker zwei Annahmen von grundlegender Bedeutung. Die eine, dass es so etwas wie eine Moral des deutschen Volkes oder der Volksgemeinschaft gebe. Die zweite, dass die Rechtspraxis dieser vorgestellten »konkreten Sittlichkeit« des Volkes so weit zu folgen hätte, dass das Recht sich nicht nur an ihr orientieren, sondern geradezu mit ihr identisch werden sollte.

II.

Gab es eine nationalsozialistische Moral? Anders als Recht ist Moral nicht kodifiziert, und die Frage, ob bestimmte moralische Vorstellungen bei einer eingegrenzten Gruppe von Menschen zu einem gegebenen Zeitraum gegolten haben, ist in Bezug auf die Moral nicht so leicht zu beantworten wie in Bezug auf das Recht. Weil moralische Urteile sich auf vielfältige Weise ausdrücken lassen, haben wir hier eher zu viele als zu wenige Anhaltspunkte.

Einen wichtigen Anhaltspunkt in Bezug auf den Nationalsozialismus finden wir in einer Reihe von mehr oder weniger ausgearbeiteten Ethiken, die von Autoren stammen, die sich für den Nationalsozialismus unterschiedlich stark engagierten und die in der Zeit zwischen 1920 und 1945 erschienen sind. Von den Entwürfen, die in solchen Ethiken gemacht werden, kann man zwar nicht wie von Gesetzen sagen, dass sie gelten oder gegolten haben. Aber die Tatsache, dass sie geschrieben, veröffentlicht und gedruckt wurden, kann schon einen Hinweis auf relevante Einstellungen einer bestimmten Zeit darstellen und wird in Bezug auf andere historische Kontexte auch so gedeutet. Wir finden nun nicht nur eine oder zwei, sondern eine durchaus beachtliche Zahl von Ethiken, die (mehr oder weniger eindeutig) im Kontext der nationalsozialistischen Bewegung situiert werden können. Dabei lassen sich zwei verschiedene Typen von Ethiken unterscheiden. Zu dem ersten Typ gehören eine beträchtliche Zahl von mehr oder weniger gründlich ausgearbeiteten Texten, die zum Teil von Philosophen oder Theologen, zum Teil von nationalsozialistisch engagierten Laien geschrieben wurden mit dem Ziel, Ethik bzw. Moralphilosophie in nationalsozialistischer Ausprägung zu formulieren.[7]

---

6 Ebenda, S. 20 f.
7 Siehe u. a.: Paul ALTHAUS, Grundriß der Ethik. Erlangen 1931; Bruno BAUCH, Grundzüge der Ethik, Stuttgart 1935; Julius BINDER, Staatsraison und Sittlichkeit. Berlin 1929; Otto Friedrich BOLLNOW, Das neue Bild des Menschen und die pädagogische Aufgabe. Frankfurt/M. 1934; Herbert VON BORCH, Probleme der Gemeinschaft. In: »Blätter für deutsche Philosophie«. Berlin 1934/35, S. 235–240; Hugo DINGLER, Das Handeln im Sinne des Höchsten Zieles (Absolute Ethik). München 1935; Hans FREYER, Pallas Athene. Ethik des Politischen Volks. Jena 1935; Kurt HILDEBRANDT, Norm, Entartung, Verfall. Bezogen auf den Einzelnen, die Rasse, den Staat. Berlin 1934; Emanuel HIRSCH, Deutschlands Schicksal. Staat, Volk und Menschheit im Lichte einer ethischen Geschichtsansicht. Göttingen 1922; Rudolf KÖHLER, Ethik als Logik. Breslau 1933; Herman NOHL, Grunderfahrungen. Eine Einführung in die Ethik. Frankfurt/M. 1939; Friedbert SCHULTZE, Das Sittengesetz des nordischen Menschen. Leipzig

Der zweite Typ sind solche Ethiken, die sich selbst als nationalsozialistisch definieren, Ethiken, die keinen theoretischen und akademischen Anspruch erhoben, sondern für die Verwendung und Schulung in nationalsozialistischen Organisationen entworfen wurden.[8]

Sehen wir uns nun zuerst diese mit wissenschaftlich-akademischem Anspruch verfassten Ethiken im Überblick ein wenig genauer an: Bei manchen handelt es sich um ausgearbeitete und systematisch angelegte Monographien, bei anderen um in Zeitschriftaufsätzen entworfene, auf die jeweilige Situation hin formulierte ethische Konzepte. Sie sind in Anlage, Aufbau und Stil durchaus unterschiedlich. Ihre Verschiedenheit weist darauf hin, dass sie nicht aus Anpassung an eine »von oben« vorgegebene Ideologie heraus geschrieben wurden, sondern Überzeugungen ihrer Autoren ausdrückten. Aber es gibt zwischen ihnen auch viele Ähnlichkeiten. Sie zeigen einen hohen Grad von Übereinstimmung in Bezug auf das an, was geboten, gefordert und erwartet wurde. Diese Ähnlichkeiten sind aber nicht so beschaffen, dass alle in etwa dieselben Gedankengänge aufwiesen. Es gibt Überlappungen, aber kaum durchgängig vorfindbare Merkmale. Insofern bilden diese Ethiken eine Gruppe dadurch, dass zwischen ihnen, wie man mit Wittgenstein sagen könnte, Familienähnlichkeiten bestehen. Diese Familienähnlichkeiten sind der Grund dafür, sie alle als Ausdruck derselben Normativität anzusehen.

Ein Merkmal ist jedoch durchgängig vorhanden, nämlich die Bedeutung, die der »Gemeinschaft« für die ethisch-moralische Orientierung zugesprochen wird; grob gesprochen, sind also alle diese Ethiker Kommunitaristen. Andere Merkmale sind nicht in allen, wohl aber in den meisten Ethiken zu finden; so, dass die von Kant klar vollzogene Unterscheidung zwischen dem Ethischen im weiteren Sinne, also der Ethik des guten Lebens und der Moral als einem Kernbereich von Pflichten, die in der Konstruktion der Kantischen Ethik angelegt ist, gänzlich aufgegeben wird. Insofern tendiert die Mehrzahl dieser Ethiken dazu, alle Handlungen und Eigenschaften moralischer Beurteilung zu unterwerfen und keinen Bereich moralischer Indifferenz zuzulassen. Für viele von ihnen ist auch eine Art Hyperaltruismus charakteristisch; jede Form von Individualismus wird verurteilt und mit Egoismus gleichgesetzt, der immer als verwerflich gilt. In vielen dieser Ethiken – das mag für Menschen, die die Vorstellung der Pflicht für das Zentrum des Nationalsozialismus halten, überraschend sein – findet sich auch der Versuch, den Gegensatz von Neigungen und moralischem Bewusstsein zu überwinden, Pflicht und Neigung also möglichst weitgehend zu versöhnen.

Verschieden voneinander sind diese Ethiken auch dadurch, dass sie auf jeweils andere Grundbegriffen aufbauen. Manche sind wertorientiert und stützen ihren Katalog von Aufgaben auf die Geltung bestimmter Werte; und die Gemeinschaft, der sich die einzelnen verpflichtet fühlen sollen, wird nach ihrer Überzeugung dadurch gebildet, dass

---

1933; Hermann SCHWARZ, Ethik. Breslau 1925; Max WUNDT, Deutsche Weltanschauung. Grundzüge des völkischen Denkens. München 1926.

8 Am bekanntesten sind hier die Tugendkataloge in den verschiedenen Reden Himmlers, so etwa in der bekannten Posener Rede. Etwas systematischer angelegt ist eine Schrift, auf die ich weiter unten genauer eingehe: Georg USADEL, Zucht und Ordnung. Grundlagen einer nationalsozialistischen Ethik. Hamburg 1935.

besondere Werte durch sie tradiert werden. Andere wiederum lehnen eine Bindung der Ethik an Werte überhaupt ab: für sie zählt allein die Gemeinschaft selbst und es ist fraglich, ob man hier von einer Wertorientierung noch sprechen kann. Diese sind insofern in einem außergewöhnlichen Ausmaße antinormativ; Orientierung an Werten weisen sie – wie etwa Hermann Schwarz – verächtlich als »Maßstabsittlichkeit«[9] zurück.

Die Ethiken unterscheiden sich auch darin, wie sehr sie zentrale Begriffe der nationalsozialistischen Ideologie aufnehmen. Bei manchen etwa spielt das Wort Rasse eine herausragende Rolle, andere versuchen zu zeigen, dass es sich bei Rasse nicht um einen Ausgangsbegriff, sondern um einen Zielbegriff handelt, andere erwähnen das Wort kaum oder gar nicht.

Einige Autoren, wie etwa von Borch oder Hans Freyer, binden Ethik, Politik und Staat unmittelbar aneinander. Bei ihnen wird so die Möglichkeit von Zwang und Gewalt konstitutiver Bestandteil von Ethik überhaupt. Die meisten dagegen versuchen, ihre extreme Gemeinschaftsorientierung mit Vorstellungen von Autonomie des Individuums zu verbinden; auch wenn sie (durchweg) betonen, dass Gemeinschaftsbindung die Voraussetzung für diese Autonomie sei, ist ihnen doch sehr daran gelegen, dass die Einzelnen sich gleichsam aus sich heraus in dieser radikalen Form binden.

Unterschiedlich ist auch der Bezug auf den Aspekt religiöser Überzeugungen. Manche, wie etwa Paul Althaus (oder in anderer Weise Friedrich Gogarten[10]), gründen ihre Ethik unmittelbar auf religiöse, nämlich christliche Überzeugungen: Das Richtige zu tun bedeutet nach Auffassung von Althaus, den Geboten Gottes zu folgen – aber diese Gebote fallen an einer bestimmten Stelle mit dem zusammen, was der völkischen Gemeinschaft dient. Andere dagegen verstehen ihre Entwürfe als Resultat einer philosophischen Reflexion, sei es einer gleichsam analytisch-konstruktivistisch angelegten, wie es bei Hugo Dingler der Fall ist, sei es einer Reflexion, die sich, wie bei Bruno Bauch, in die Tradition der akademischen Philosophie, der neukantischen Wertphilosophie einordnet. Auch gibt es Autoren, die sich an der Tradition des Neukantianismus Windelbands und Rickerts orientieren (so Bruno Bauch), andere, wie Freyer oder Binder, an Hegels Rechtsphilosophie beziehungsweise an seiner Theorie des objektiven Geistes,[11] wieder andere, wie Max Wundt,[12] an Fichtes Konzeption von Sittlichkeit.

Keine dieser Ethiken ist eine reine Pflichtethik, auch wenn manche den kategorischen Imperativ Kants in ihre Konzeptionen aufnehmen oder sich in anderen Aspekten auf Kant berufen. Manche der Ethiken sind ausgearbeitete Tugendethiken. Bei den meisten dagegen handelt es sich weder um explizite Tugend- oder Wertethiken; das hängt damit zusammen, dass sie, wie etwa Bollnow,[13] versuchen, die Forderungen der Gemeinschaft an das Individuum so flexibel und damit so unbestimmt wie möglich zu hal-

---

9 Hermann SCHWARZ (siehe Anm. 7).
10 Friedrich GOGARTEN, Politische Ethik. Jena 1932.
11 Hans FREYER, Theorie des objektiven Geistes: eine Einleitung in die Kulturphilosophie. Leipzig 1923.
12 Max WUNDT, Johann Gottlieb Fichte. Stuttgart 1927.
13 Otto Friedrich BOLLNOW, Das neue Bild des Menschen und die pädagogische Aufgabe. Frankfurt/M. 1934.

ten. Entsprechend findet man in keiner dieser Ethiken Textpassagen, in denen Forderungen des Individuums an die Gemeinschaft gerechtfertigt, die Ansprüche der Gemeinschaft also ausdrücklich begrenzt werden.

III.

Der zweite Typ von ethischen Schriften im Nationalsozialismus sind solche, die keinen theoretischen und akademischen Anspruch erhoben, sondern für die Verwendung und Schulung in nationalsozialistischen Organisationen verfertigt wurden. Zu dieser Gruppe würde ich die skizzenhaften Entwürfe zählen, bei denen es um die unmittelbare Einflussnahme auf eine bestimmte Organisation oder Gruppe geht, wie etwa die Tugendkataloge, die Himmler in seinen Reden immer wieder speziell für die SS formulierte. Zu ihr gehören auch Texte, die sich an ein deutlich weiter gefasstes, dennoch aber begrenztes Publikum wendeten: an die Angehörigen der nationalsozialistischen Bewegung ganz allgemein und darüber hinaus alle »arischen« Deutschen. Exemplarisch erscheint mir hier vor allem die Broschüre »Zucht und Ordnung. Grundlagen einer nationalsozialistischen Ethik« von Georg Usadel.[14] Von den ethischen Entwürfen, die von nationalsozialistisch orientierten Philosophen oder Theologen geschrieben wurden, unterscheidet sich dieser Text durch die ausdrückliche Selbstbezeichnung der dort entfalteten Überlegungen als »Grundsätze nationalsozialistischer Ethik«. Anders als die meisten Philosophen, die die Grundsätze, die sie in ihren Ethiken verkündeten, unbestimmt mit einem Anspruch von Allgemeingültigkeit verbanden, bezeichnete Usadel die von ihm geschriebene Ethik also explizit als eine partikulare, zu deren Selbstverständnis es gehörte, sich von den ethischen Vorstellungen anderer Gruppen abzusetzen und die insofern ihren Anspruch auf Verbindlichkeit auch nur für eine eingegrenzte Gruppe von Menschen erhob. Charakteristisch ist auch der pragmatische Kontext, in dem der Text entstand: Er wurde als Einführungstext in eine nationalsozialistische Ethik geschrieben und diente der Hitler-Jugend als Schulungsmaterial zur Verbreitung und Einübung nationalsozialistischer Haltungen. Anders als die Anweisungen und Tugendkataloge für die SS richtete Usadels Text sich jedoch nicht an eine Elite innerhalb der Nationalsozialisten, sondern formulierte solche Ansprüche, die für alle Nationalsozialisten verbindlich sein und sich so zugleich über deren Kreis hinaus auch an alle Angehörigen der »Volksgemeinschaft« richteten.

Die Broschüre ist in fünf Abschnitte gegliedert. An die Einleitung mit dem Titel »Versuch einer lebenskundlichen Begründung«, in der Usadel versucht, seinen Lesern den Sinn einer nationalsozialistischen Ethik nahezubringen, schließt ein Kapitel mit dem Titel »Formung des Willens« an. Dort wird die grundlegende Haltung des Dienens an der Gemeinschaft entworfen. Dann wird ein Abschnitt mit dem Titel »Von der Ehe« eingeschoben. Die Schilderung der nach Auffassung Usadels für Nationalsozialisten wichtigsten Tugenden, die den Hauptteil des Textes bildet, ist in zwei Kapitel aufgeteilt, von denen das erste sich den Tugenden des Gefolgsmannes, das zweite denen des Führers

---

[14] Georg USADEL (siehe Anm. 8).

widmet. Das Dienen als grundlegende Haltung wird von beiden gefordert. »Führer« und »Gefolgsmann« werden als Positionen entworfen, die die meisten Nationalsozialisten einnehmen und miteinander vereinbaren können sollen – die meisten, denn nicht alle, die Gefolgsleute sind, können auch Führer sein; und es gibt eine Person, die nur Führer, und nicht auch Gefolgsmann ist, und daher mit bestimmtem Artikel angesprochen wird: »der« Führer. Diesen Positionen von »Führer« und »Gefolgsmann« ordnet Usadel dann verschiedene Tugenden zu: den Gefolgsleuten unter anderem Ehre, Treue, Wahrhaftigkeit und »Haltung zum Glauben«; den Führern Macht, Gerechtigkeit, Anwendung von Macht und Entschlusskraft. Das Buch schließt mit Bemerkungen zur Erziehung der Jugend.

Aus dieser Aufteilung lassen sich Grundzüge der in dieser Ethik entworfenen Normativität erschließen. Wichtig erscheinen mir sechs Momente: Erstens, die zentrale Rolle, die dem Begriff des Dienens in dem Aufbau des Ganzen zugesprochen wird. Zweitens die Aufteilung der Ethik auf die zwei Positionen oder »Rollen« Führer und Gefolgsmann, drittens die verschiedenen Tugenden, die ihnen zugeordnet werden, viertens die eigentümliche Zwischenstellung der Ehre als einer Tugend einerseits, einem System der Anerkennung andererseits, fünftens die Ausführungen über die Familie und sechstens die eigentümliche Stellung, die Usadel der Tätigkeit der ethischen Reflexion insgesamt zuweist. Die beiden letzten Aspekte sind vor allem deshalb interessant, weil sie helfen können, die Rolle des Rassenbegriffs in der nationalsozialistischen Ethik richtig einzuschätzen und zu verstehen. Ich betrachte zunächst diese verschiedenen Momente für sich und frage dann nach ihrem Zusammenhang.

Zunächst zur der grundlegenden Forderung nach Dienstbereitschaft. »Wir wollen unserem Volke dienen, weil wir ihm unser Leben verdanken. Wir wollen dienen, um es zu stärken und zu bessern«,[15] schreibt Usadel und betont zugleich, dass Dienen Ehre und Pflicht zugleich sei. Nur wer die Fähigkeit und Bereitschaft zu dienen habe, erklärt er dann, sei auch zu Herrschen berechtigt. Dienen sollen sowohl Führer wie Gefolgsleute; insofern ist Dienen die grundlegende von allen »Volksgenossen« verlangte Einstellung. Aus ihr sollen sich nach Usadel dann die spezifischen Tugenden und auch alle weiteren Verpflichtungen ergeben.

Was mit dieser Haltung, einer Sache beziehungsweise einem Volk dienen zu wollen, gemeint ist, lässt sich vielleicht zunächst am besten in einem Vergleich von Usadels Konzeption mit Überlegungen des amerikanischen Philosophen Harry Frankfurt[16] herausarbeiten. Frankfurt hat gezeigt, dass wir neben Verpflichtungen, die sich auf rechtliche oder moralische Gründe zurückführen lassen, einen anderen Typ von Verpflichtungen kennen, die er als eine eigene Quelle von Normativität ansieht. Frankfurt verwendet dafür aber nicht den Ausdruck »Dienen«, sondern er spricht von »Liebe« oder auch von

---

15 Ebenda, S. 25.
16 Harry FRANKFURT, Die Notwendigkeit von Idealen. In: Harry G. FRANKFURT, Freiheit und Selbstbestimmung. Hrsg. von Monika BETZLER / Barbara GUCKES. Berlin 2001, S. 156 ff.; Harry FRANKFURT, Gründe der Liebe, Frankfurt/M. 2005.

der »Bindung an Ideale«. Liebe wird von ihm nicht als intime Liebe, auch nicht als allgemeine Menschenliebe verstanden: als eine Form dieser Liebe erwähnt er ausdrücklich die zur eigenen Nation. Bei diesen Formen von »Liebe« handelt es sich Frankfurt zufolge um eine tieferliegende emotionale Struktur: Wenn wir lieben, so entwickeln wir aus dieser Liebe heraus – und das ist für ihn der wichtige Punkt – Wünsche zweiter Ordnung. So nennt er Wünsche, aus denen heraus wir andere Wünsche bejahen oder verwerfen können. Weil wir uns an bestimmte Ziele längerfristig binden können, können wir andere, unmittelbar herandrängende Wünsche zurückstellen und unser Leben bekommt eine feste Struktur. Liebe in diesem Sinne tritt Frankfurt zufolge mit einem Anspruch auf Unbedingtheit auf: Wenn wir Gründen der Liebe folgen, tun wir das seiner Auffassung zufolge ohne Bedingungen.

Frankfurt charakterisiert diese Art von Bindungen durch drei Strukturmerkmale. Erstens: Sie beruhen nicht auf Wertschätzungen;[17] weder folgen sie unseren Werturteilen noch hängen sie unmittelbar von ihnen ab. Wir können etwas für wertvoll halten, ohne uns darum zu sorgen, umgekehrt kann man sich auch um etwas sorgen oder gar etwas lieben, ohne es tatsächlich für wertvoll zu halten. Diese Unabhängigkeit der Liebe oder Sorge von Werturteilen hat etwas damit zu tun, dass wir uns durch unsere Liebe oder Sorge als Einzelne binden. Würde sie unseren Werturteilen folgen, dann würden wir ja von allen anderen erwarten, dass sie sich auf gleiche Weise binden. Das ist aber gerade nicht der Fall. Daher haben wir es hier – und das ist der Punkt, auf den es Frankfurt ankommt – mit individuellen Bindungen von einer eigentümlichen Geltung zu tun.

Usadels Konzept unterscheidet sich von Frankfurts durch drei Eigentümlichkeiten. Erstens: Für Frankfurt ist es wichtig, festzustellen, dass Gründe der Liebe und der Moral voneinander zu unterscheiden sind, dass es sich um zwei verschiedene Quellen von Verpflichtungen handelt.[18] Dagegen ist für Usadel Dienen, also die Hingabe an das eigene Volk, Pflicht. Bei Usadel gibt es daher zweitens auch keinen Konflikt zwischen Gründen der Moral und Gründen des Dienens. Gründe der Liebe und Gründe der Moral fallen in seinem Verständnis unmittelbar zusammen. Schließlich wird bei Frankfurt der Gegenstand der Liebe (oder »Hingabe«) gefunden:[19] Er ist zufällig, und jeder muss ihn gewissermaßen für sich finden. Bei Usadel dagegen ist der Gegenstand, das Volk, dem die Hingabe gilt, von vornherein für alle vorgegeben.

Noch wichtiger als diese drei aber scheint mir ein weiterer Unterschied zu sein: Für Frankfurt ist die Fähigkeit, bestimmte Ziele gegenüber anderen wichtig zu nehmen, sich an Personen oder Ideale zu binden, geradezu eine Bedingung von Autonomie. Auch Usadel setzt voraus, dass die Einzelnen aus sich heraus dienen; ausdrücklich redet er vom »Willen« zu dienen. Aber Usadel verweist bei seinem Bekenntnis zum Dienen auf einen paradigmatischen Fall, nämlich die Opferbereitschaft der Soldaten im Ersten Weltkrieg. »Wenn der Tod von mehr als 2 Millionen den Beweis erbracht hat, dass der Dienst für

---

[17] Harry FRANKFURT: Gründe (siehe Anm. 16), S. 43.
[18] Harry FRANKFURT, Autonomie, Nötigung und Liebe. In: FRANKFURT, Freiheit und Selbstbestimmung (siehe Anm. 16), S. 181.
[19] Harry FRANKFURT: Gründe (siehe Anm. 16), S. 54.

das Volk ohne Rücksicht auf das eigene Ich möglich ist, dann muss sich das in unserem Leben wiederholen lassen.«[20] Die bereits für den gewöhnlichen Nationalismus außerordentlich bedeutsame Bereitschaft, für das Vaterland zu sterben, wird von Usadel also zur Grundlage einer Haltung, die das ganze Leben bestimmen soll. Hier geht es nicht mehr nur darum Wünsche erster Ordnung zugunsten von solchen zweiter Ordnung zurückzustellen zugunsten einer Sache oder einer Person, um die man sich sorgt oder kümmert, sondern der Anspruch reicht weiter: Es soll das »Ich« oder »Selbst« insgesamt zurückgestellt werden; es geht nicht nur um »Hingabe« an etwas, an das eine Person sich dauerhaft bindet; es geht um Selbstaufgabe. Die Übertragung der Todesbereitschaft aus der Situation des Krieges auf das Leben bedeutet jedoch nicht eine Erweiterung, sondern eine grundlegende Veränderung der Struktur. Im einen Fall geht es darum, den eigenen Willen zu leben zugunsten des Willens, andere Ziele zu erreichen, zurückzustellen. Hier aber soll der Wille zu einem Leben mit eigenen Zielen insgesamt zugunsten eines unbestimmt gefassten gemeinschaftlichen Wollens aufgegeben werden.

Das zweite charakteristische Moment von Usadels Ethik ist die Propagierung des Gefolgschaftsverhältnisses als ein ethisch-moralisches Konzept. Usadel nimmt an, dass sich aus dem Willen des Einzelnen, der Gemeinschaft, der er angehört, zu dienen, unmittelbar auch die Bereitschaft ergeben müsste, sich in eine Hierarchie zu stellen, Befehlen zu gehorchen und so den eigenen Willen mit dem anderer Personen auf eine spezifische Weise zu verbinden. Es ist wichtig zu sehen, dass dieser Zusammenhang, der Usadel ganz selbstverständlich erscheint, nicht notwendig gegeben ist. Wer sich in den Dienst einer Gemeinschaft stellt, muss deshalb natürlich nicht akzeptieren, dass es in dieser Gemeinschaft Hierarchien gibt, noch dass die, die es gibt, gut begründet sind. Für Usadel ist beides aber direkt miteinander verbunden. Ebenso ist für ihn eindeutig, dass diese Hierarchien als ein Verhältnis von Führer und Gefolgsleuten verstanden werden müssen. Damit wird ein spezifisches Verständnis des Verhaltens zur Autorität zu einem grundlegenden Bestandteil von Moral oder Ethik. Sich moralisch verstehen ist geradezu gleichbedeutend damit, sich in die Matrix von Führer und Gefolgschaft einzuordnen. Die Tatsache, dass Usadel die Tugenden in Führer- und Gefolgschaftstugenden einteilt, zeigt, wie eng für ihn Moralität mit diesem eigentümlichen Modell des Verhältnisses von Führer und Gefolgschaft verknüpft ist.

Dabei deutet sich in dem sprachlichen Ausdruck »Führerprinzip« eine Spannung, ja ein Gegensatz[21] an. »Prinzipien« sind allgemeine Grundsätze, aus denen speziellere Handlungsregeln – Gebote, Verbote, Erlaubnisse – abgeleitet werden könnten sollen. Wenn also vom Führerprinzip die Rede ist, müsste es sich um eine in allgemeinen Regeln ausformulierbare normative Struktur handeln. Auf der anderen Seite aber wird

---

20 Georg Usadel (siehe Anm. 8), S. 28.
21 Es wird deutlich, wenn man sich die verschiedenen juristischen Arbeiten, die das Führerprinzip zu erläutern versuchen, anschaut. Eher prinzipienorientiert deutet es Carl Hermann Ule, Herrschaft und Führung im nationalsozialistischen Reich. Berlin 1941. Eher ausnahmeorientiert dagegen interpretiert Herbert Krüger, Führer und Führung. Breslau 1935.

in derselben Literatur – oft sogar gleichsam im selben Atemzug – betont, dass der oberste Führer, also Hitler, einmalig, dass er in seiner Einmaligkeit von der Vorsehung geschickt und weder im eigentlichen Sinne durch legitime Instanzen eingesetzt noch in irgendeiner Form absetzbar sei und dass seine Entscheidungskompetenzen nicht durch irgendwelche Regeln von Institutionen begrenzt werden dürften. Diese eigentümliche Spannung zwischen »Führer« und »Prinzip«, zwischen Vorbildhaftigkeit und Ausnahmestellung durchzieht die gesamte NS-Literatur zu diesem Thema, und kommt auch in Usadels Darstellung mit zum Ausdruck. Der Gegensatz ist für diese Theoretiker offensichtlich nicht auflösbar; wer sich an dem, was Führerprinzip genannt wurde, orientierte, entschloss sich, in dieser Spannung zu leben.

Der Kern des Führerprinzips aber ist die nahezu absolute Befehlsgewalt des Führers. »Der Gefolgsmann«, schreibt Usadel, »muss jeden Befehl ausführen, den ihm sein Führer gibt. Die Begrenzung der Befehlsgewalt liegt nur beim Führer, nicht in der Erkenntnis des Gefolgsmannes, außer wenn es sich um Befehle gegen übergeordnete Führer, also um Meuterei handelt.«[22] Nun ist aber auf der anderen Seite jeder Führer, der nicht der oberste Führer ist, auch Gefolgsmann und muss sich insofern für alles Verhalten derer, denen er befiehlt, nach oben »absolut« verantworten. Usadel beschreibt das folgendermaßen: »Niemals ist die Gefolgschaft schuldig, wenn sie nichts taugt, sondern immer nur ihr Führer, weil er sie nicht zu gestalten wusste. Denn zur Gestaltung einer Gefolgschaft gehört die Aufgabe, sie richtig zusammenzusetzen, das heißt Unwürdige zu entfernen, Wertvolle heranzuziehen und Schwankende zu stärken.«[23]

Usadel beschreibt das Verhältnis von Führer und Volk als eines, in dem verschiedene »Willen« sich gleichsam wechselseitig durchdringen, einander »überströmen«. Er bezieht das nur auf das Verhältnis zwischen »Volk« und »Führer«; aber wenn man die Struktur, durch die Verantwortlichkeit, und das heißt vor allem die Vorwerfbarkeit und Einklagbarkeit von Handlungen und Einstellungen, geregelt wird, betrachtet, zeigt sich, dass seine Metaphorik tatsächlich das Phänomen einigermaßen trifft. Nimmt man nämlich die Beschreibung des Verhältnisses von Verantwortung und Befehlsgewalt ernst, so wirkt die Gefolgschaft gegenüber dem jeweils höheren Führer wie eine Person. Weil alle Führer auch Unterführer sind, gibt es für alle mindestens einen, der für ihr Verhalten so verantwortlich gemacht werden soll, als sei es sein eigenes Verhalten. Das Modell, nach dem im Nationalsozialismus Autorität gedacht und gehandhabt wird, ist also – metaphorisch gesprochen – ein Konzept vollständiger hierarchischer Willensverschmelzung. Der Befund wird auch dadurch bestätigt, dass Usadel als ein wichtiges Kriterium für die Führerauswahl die Fähigkeit einer Person nennt, den Willen einer Gruppe nicht auszudrücken oder zu repräsentieren, sondern sogar zu bilden, das heißt, eine Gruppe von Menschen überhaupt erst zu einer Gemeinschaft zu formen. Es ist insofern kein Zufall, dass in diesem Modell theoretische und praktische Autorität nicht mehr voneinander zu unterscheiden sind. Das kommt auch in der Wahl der Bezeichnung »Führer/Gefolgschaft« für dieses eigentümliche Autoritätsverhältnis zum Ausdruck.

---

22 Georg USADEL (siehe Anm. 8), S. 26.
23 Ebenda, S. 54.

Damit komme ich zu dem dritten charakteristischen Moment der Ethik Usadels – den Tugenden, die mit der Konzeption von Führer und Gefolgschaft in engem Zusammenhang stehen: Wahrhaftigkeit, Treue, Entschlusskraft, usw. Sie sind so etwas wie Positions- oder Funktionstugenden. Gegenüber der grundlegenden Einstellung des Dienens und der damit verbundenen Einordnung in diese eigentümliche Hierarchie sind sie sekundär. Usadels Zuordnung der Tugenden zu den beiden Positionen ist übrigens nicht ganz eindeutig. Erstens sollen ja alle Tugenden des Gefolgsmannes auch Führertugenden sein, die Führertugenden sind also nur zusätzliche Tugenden; und zweitens führt er auch solche Tugenden an, die er gar nicht erst zuordnet, etwa die Schweigsamkeit. Seine besondere Ausdeutung dieser verschiedenen Tugenden kann ich hier nicht im Einzelnen darstellen.

Man könnte wegen der großen Bedeutung, die Tugenden ganz allgemein in diesen NS-Ethiken zugemessen werden, annehmen, dass es sich bei der NS-Ethik um eine Restitution der Tugendethik, wie wir sie von der Antike her kennen, handelt. Aber eine solche Annahme wäre – zumindest in Bezug auf die Tugendkataloge, die wir bei Usadel und Himmler finden – verfehlt. Nach einer verbreiteten Definition sind Tugenden erworbene, feste Dispositionen eines Menschen zu bewundernswerten oder lobenswerten Handlungen. Das bedeutet aber, dass eine Tugend, etwa die Wahrhaftigkeit oder die Großzügigkeit oder die Offenherzigkeit, gleichsam der Person vorgeben, wie sie sich in einer bestimmten Situation verhält. Charakteristisch für die Mutige ist gerade, dass sie in einer Situation, in der andere kein Maß haben und nicht wissen, wie sie sich verhalten sollen, weil sie von ihren Gefühlen hin- und hergerissen werden, weiß, wie zu handeln ist. Sie ist gerade darin ausgezeichnet, dass sie in der Lage ist, der Besonderheit, der Einzigartigkeit der Handlungssituation gerecht zu werden. Tugenden sind Fähigkeiten, im Einzelnen das Gute zu treffen, also genau dort richtig zu entscheiden, wo ein Handlungsziel nicht feststeht, wo zwischen verschiedenen Zielen abgewogen werden muss. Daher sind sie auf der einen Seite erlernbar; auf der anderen Seite aber heißt sie zu lernen etwas anderes als irgendeine Fähigkeit oder eine Fertigkeit, die auf ein bestimmtes Ziel hin orientiert ist, zu erwerben. Der Feige, der lernt, tapfer zu sein, lernt nicht irgendeine Fähigkeit, sondern lernt gleichsam, ein anderer Mensch – ein Mutiger – zu werden. Diese Eigenständigkeit haben die Tugenden, so wie Usadel sie entwickelt, nicht; immer dort, wo aus ihnen Ansprüche hervorgehen könnten, die mit der Position im Gemeinschaftsgefüge kollidieren – wie etwa im Falle der Wahrhaftigkeit – stutzt Usadel sie entsprechend zurecht.

Wie ist es aber mit der Eigenschaft des Dienens? Könnte man nicht sie als eine grundlegende Tugend verstehen, so dass man zumindest in Bezug auf sie von der NS-Ethik als einer Tugendethik sprechen könnte? Manches könnte dafür sprechen; so etwa, dass Usadel behauptet, dass der Einzelne durch die Dienstbereitschaft gegenüber der Gemeinschaft nicht nur seinen Selbsterhaltungswillen veredele, sondern auch eine Festigkeit gegenüber seinen eigenen Trieben und Wünschen gewinne und auf diese Weise frei werde. Dagegen spricht aber folgende Überlegung: Das Dienen ist hier nicht eingeführt als eine allgemeine Bereitschaft jedem gegenüber; es ist auf einen besonderen Gegenstand gerichtet und gleicht aus diesem Grunde eben eher der Liebe oder Sorge im

Sinne Frankfurts als einer allgemeinen Tugend. Zwar ist in den letzten Jahrzehnten von verschiedenen kommunitaristischen Philosophen wiederholt behauptet worden, Tugenden seien für die Gemeinschaft funktional; das gelte auch für die antiken Tugendethiken. Aber in antiken Tugendethiken lässt sich gerade diese Auffassung nicht finden. Diese Behauptungen stellen insofern eine Rückprojektion moderner Vorstellungen in die antike Tugend-und Glücksethik dar.[24] In ihr vermengt sich die sehr moderne historische und soziologische Frage nach der Bedeutung der Moral für die Funktionsweise bestimmter Gesellschaftsformen mit der ethischen Fragestellung nach begründeten Normen des Zusammenlebens. Diese Vermengung ist auch charakteristisch für viele NS-Ethiken, für die der Gedanke, dass ein Mensch dann überhaupt gut ist, wenn er für die Gemeinschaft, der er angehört, gut ist, ein Axiom ist. Die Auflistung von Tugenden, die sich nicht nur bei Usadel, sondern auch bei anderen NS-Theoretikern findet, steht also von vornherein unter dem Gesichtspunkt, dass Tugenden menschliche Eigenschaften sind, die wünschenswert für die Gemeinschaft sind. Und eben deshalb, weil sie bereits normativ als relativ auf die Gemeinschaft gedacht werden, kann man hier weder von einer Tugend- noch von einer Glücksethik im antiken Sinn sprechen.

Wie groß der Unterschied zwischen den antiken Tugendethiken und Usadels Tugendkonzeption ist, wird auch deutlich daran, dass Usadel als eine der Gefolgschaftstugenden die Ehre anführt. Sie hat einen merkwürdigen Doppelstatus. Einmal bezeichnet Usadel sie als Tugend und zählt sie so als eine unter anderen auf. Auf der anderen Seite sieht er sie als Quelle aller anderen Tugenden an: »Aus ihr«, so schreibt er, entwickelten sich erst »all jene Werte, die unser Leben bewegen: Pflicht, Gerechtigkeit, Wahrhaftigkeit und Heldentum«.[25] Und er fügt noch zwei weitere Erklärungen zum Ehrbegriff hinzu: Auch wenn der Begriff Ehre letztlich »unbestimmbar« sei, könne man immerhin doch so viel sagen, dass die Ehre des Einzelnen »ihre Bezogenheit nur vom Volk her erhalten« könne. »Weil wir wollen, dass unser Volk ein Volk der Ehre ist, darum wollen wir, dass jeder unter uns als selbstverständlich Voraussetzung vom anderen denkt, dass er ein anständiger, pflichtbewußter und treuer Diener seines Volkes ist.«[26] Aus diesem Grunde gebe es auch keine Unterscheidung zwischen innerer und äußerer Ehre.[27] Und noch etwas fügt er hinzu: Bei der Ehre, so schreibt er, handele es sich um diejenige Tugend, die am ehesten dem »Fünklein im Seelengrunt« verwandt sei. Usadel bezieht sich mit diesem Ausdruck auf Meister Eckhart, einen christlichen Theologen und Mystiker, der im 13. Jahrhundert lebte. Eckhart lehrte, dass Gott sich zwar einerseits von allem Geschaffenen grundlegend unterscheide, dass aber die menschliche Seele einen göttlichen, nichtgeschaffenen Teil habe, in dem die Gottheit (die er von dem persönlichen Gott der Dreifaltigkeit unterschied) immerwährend präsent sei. Diesen göttlichen Kernbereich der Seele, den »zeitlose[n] Seelengrund«, in dem völlige Ruhe herrsche und

---

[24] Das hat Ernst Tugendhat in seiner Kritik an Alasdair MacIntyres »After Virtue« deutlich gemacht. Ernst TUGENDHAT, Vorlesungen über Ethik. Frankfurt/M. 1993, S. 197 ff.
[25] Georg USADEL (siehe Anm. 8), S. 34.
[26] Ebenda, S. 35.
[27] Ebenda.

der nicht geschaffen sei, nannte er auch das »Fünklein«. Bei Usadel steht dieser Ausdruck aber nun nicht nur für den göttlichen Funken in der menschlichen Seele, sondern bezeichnet zugleich und in einem damit das Gefühl der Zugehörigkeit zur arischen Rasse, die innere Erfahrung des rassischen Kerns. Ehre ist für ihn somit unmittelbar mit Rassebewußtsein verknüpft. Ehre zu haben und sich als Träger oder Glied einer Rasse zu fühlen, ist in seinen Augen in etwa dasselbe; das ist der wohl auffälligste Zug des Begriffes von Ehre, den er in seinem Büchlein vorstellt, wohl aber auch derjenige, der am schwersten zu analysieren ist. Bevor ich auf ihn zurückkomme, betrachte ich zunächst die anderen Strukturmomente.

In der Vorstellung von Ehre, die Usadel entwickelt, werden verschiedene Überzeugungen und Haltungen zu einem komplexen Entwurf verbunden, in dem das Verhältnis von Anerkennung und Moral auf spezifische Weise gefasst wird. Ich will vier Elemente unterscheiden. Erstens die radikal kommunitaristische Auffassung, nach der jede Sittlichkeit in einem besonderen Typ von Ehre, nämlich einer, die auf das Volk als anerkennende Instanz bezogen ist, ihren Ursprung haben soll. Zweitens: Ehre bezieht sich auf das Dienen. Was »Dienen« heißt, bestimmt sich aber jeweils von der besonderen Situation der Gemeinschaft, des Volkes, her. Eine Folge davon ist, dass das Anerkennungssystem, das im NS entworfen wird, den Unterschied zwischen zwei grundlegend verschiedenen Arten von Anerkennung leugnet: Der grundlegenden Anerkennung als Person (*recognition respect*) und der Anerkennung, die eine Person für besondere Fähigkeiten erfährt (*appraisal respect*).[28] Zwar machen manche nationalsozialistische Ideologen noch Unterschiede zwischen solchen Eigenschaften, die für so etwas wie moralische Ehre und anderen Formen von Anerkennung wichtig sind. Bei der Frage, welche Eigenschaften unabdingbar und daher immer in gleicher Weise anerkennenswert sind, gibt jedoch immer das Kriterium, ob diese Eigenschaften zum Erhalt der Gemeinschaft wesentlich sind, den Ausschlag. Drittens: Ebenso soll der Unterschied zwischen den beiden Anerkennungsstrukturen, die als »äußere« und »innere« Ehre bezeichnet werden, aufgehoben werden. Was genau mit der Entgegensetzung gemeint ist, wird wiederum verschieden dargestellt; dennoch ist hinter den verschiedenen Äußerungen, die dieses Verhältnis betreffen, die einheitliche Intention zu erkennen, den Unterschied möglichst weitgehend aufzulösen. Viertens wird, wie ich schon sagte, Ehre eigentümlich substanzialisiert, so dass sie als Eigenschaft von Personen aufgefasst wird.

Die Rede von Ehre als »Bewusstsein der eigenen Art« und die explizit rassistischen Vorstellungen, mit denen Usadel seine Ethik einleitet, sind wohl eher eine Konsequenz der anderen Auffassungen und Haltungen, die ich dargestellt habe, und nicht deren Ausgangspunkt. Rassevorstellungen sind Resultate praktischer Haltungen; und entsprechend sind auch die Überzeugungen, die sie beinhalten, als Resultat solcher Haltungen zu verstehen, und nicht als deren Ausgangspunkt. Der Ausdruck »Rasse« ist ein dichter Begriff, das heißt, ein Ausdruck, in dem normative und deskriptive Bedeutungsintentionen sich auf unbestimmte Weise so miteinander verbinden, dass die in ihnen enthal-

---

28 Stephen L. DARWALL, Two Kinds of Respect. Ethics, 10/1/1977, Vol. 88, Issue 1, S. 36–49.

tenen Forderungen und Behauptungen nur durch eine differenzierte Analyse zu erschließen sind. Klar ist aber auf jeden Fall: Die grundlegenden Behauptungen über Fakten, die in die Verwendung von »Rasse« eingeflossen sind, sind falsch. Weder lassen sich Charaktereigenschaften und moralische Einstellungen auf Abstammung zurückführen, noch gibt es irgendwelche Übereinstimmungen zwischen großen kulturellen Gruppen – die Kultur des Abendlandes, die christliche, die jüdische Kultur – und biologischen Vererbungslinien. Das ist ein klares Indiz für den projektiven Charakter der Rassevorstellung. Wer behauptet, dass nationalsozialistische Ethiken auf dem Begriff der Rasse »aufgebaut« seien oder sich auf den »Höchstwert der Rasse« in irgendeiner Weise »gründen«, muss sich entsprechend klar darüber sein, dass er den Ausdruck »gründen« nicht mehr dem Wortsinn verwendet, in dem wir ihn gewöhnlich verwenden.

In der Normativität, die Usadel entwarf, spielten Vorstellungen von Rasse faktisch in zweierlei Hinsicht eine Rolle. Die erste ist die Moralisierung der Wahl des Geschlechtspartners – vor allem eben des Partners für die Zeugung – im Sinne der Gemeinschaft, die Usadel in seiner Ethik vollzieht. So wie Usadel ihn schildert, wirkt er wie eine bloße Erweiterung ethischer Ansprüche auf einen Bereich, der – seiner eigenen Darstellung zufolge – bis dahin ethischen Erörterungen nicht unterworfen war. Also wie eine bloße Radikalisierung des Gemeinschaftsgedankens: »Je mehr wir das Volk als Gemeinschaftsgebilde betrachten, dessen Förderung und Gesundheit unsere Aufgabe auf dieser Welt ist, umso mehr sind wir das Geschlechtsleben dem Leben des Volkes einzuordnen verpflichtet.«[29] Und er ergänzt: »Es kann in unserem Leben der Geschlechtstrieb keine Stellung einnehmen, als ob er außerhalb der Kräfte stünde, die die Gemeinschaft formen sollen, sondern er muss ebenfalls als ihr dienend eingefügt werden.«[30] Usadel selbst hebt diese Normierungen, die mit dem Rassediskurs verbunden sind, von den Vorstellungen anderer Sexualethiken ab, so als handele es sich bloß um eine neue Variante einer Sexualmoral; sie unterscheide sich ebenso von der asketischen und leib- und lustfeindlichen Haltung christlicher Sexualmoral wie von dem modern gewordenen Laisser-faire, das jede Kontrolle der Sexualität als »Muckertum«[31] denunziere. Aber es ist wichtig zu sehen, dass die Gründe für eine Bewertung des Sexualverhaltens bei Usadel ganz andere sind als etwa die in der christlichen Tradition. Dort waren zwei Begründungslinien maßgeblich: Einmal der Verweis auf die Heiligkeit der Ehe als ein von Gott gegebenes Gebot; das Verbot des Ehebruchs findet sich bereits im Dekalog; zweitens die Verbindung von Heiligkeit und Askese, die die Forderung nach priesterlicher Enthaltsamkeit stützte. Bei Usadel dagegen geht es um die Auswahl des Geschlechtspartners unter dem Gesichtspunkt, ob die Zeugung der Nachkommen »bessere« Individuen hervorbringt, wobei »besser« heißt: besser für die Gemeinschaft und besser im Sinne der Gemeinschaft. Was »besser« ist, wird daher immer neu bestimmt, aber in der Linie, die einmal durch die Orientierung an der Rasse vorgegeben wurde. Der Züchtungsprozess wird als ein unend-

---

29 Georg USADEL (siehe Anm. 8), S. 16.
30 Ebenda.
31 Ebenda.

licher Prozess der Selbstverbesserung verstanden. »Wir werden uns niemals zu einem göttlichen Zustand emporzüchten können, auch wenn das Gesetz zur Verminderung erbkranken Nachwuchses Jahrtausende Gültigkeit hat. Denn was von uns heute noch als erbgesund angesehen wird, das wird in Jahrtausenden schon als krank gelten. Auch hier gilt der Grundsatz, dass das bessere der Feind des Guten ist.«[32]

Bei dem zweiten Aspekt geht es um die Bedeutung, die der ethischen Reflexion allgemein zugemessen wird. Usadel spricht sie gleich zu Anfang an, wenn er schreibt: »An sich müsste dieses Buch überflüssig sein, denn die Gesetze für unser Handeln sollten in unserer Brust verankert sein. Aber wir leben in einer Zeit des Übergangs zum neuen Deutschen, um den göttlichen Funken in uns liegt viel Asche, die weggeblasen werden muss. Diese Aufgabe will das Buch erfüllen.«[33] Wir haben oben schon gesehen, dass Usadel mit dem »Fünklein« so etwas wie das Bewusstsein vom eigenen rassischen Kern meint. Ethische Reflexionen und moralische Zurechtweisungen, so kann man die Metapher verstehen, sind notwendig, solange das Rassebewusstsein noch nicht angemessen zum Durchbruch gekommen ist. Dieser Konstruktion zufolge ist also jede ethische Reflexion wie auch jede ethische Zurechtweisung, jede Differenz über das moralisch richtige Symptom einer Ausnahmesituation. Ihre Bedeutung besteht darin, erst hinzuleiten zu einer Situation, in der moralisch richtiges Handeln nicht nur gleichsam spontan gewusst, sondern dann auch gleichsam intuitiv umgesetzt werden soll. Die Disposition dazu hat, wie wir gesehen haben, nicht jeder oder jede. Aber sie ist auch bei denen, die sie haben, nicht unbedingt bewusst; das bedeutet auch: sie leitet nicht oder zumindest nicht angemessen die ethische Beurteilung. Es ist nur eine Disposition, noch kein aktuell und immer wirksames Urteil.

So bekommt also durch die Rassevorstellung die Ethik bei Usadel eine besondere zeitliche Struktur. Die Rasse, also das richtige Erbgut, ist gleichsam verschüttet, und mit ihr zugleich das Wissen über das richtige Verhalten wie auch die Motivation dazu. Wenn, wie Usadel schreibt, ein »gesundes Erbgut [...] die Voraussetzung für [...] gesunde, im Volke gelebte Werte«[34] ist, und zu dem Zeitpunkt, an dem er schreibt, mit dem Prozess der Verbesserung des Erbgutes erst begonnen wird, dass die Grundsätze, nach denen jetzt gehandelt wird, nur provisorisch sein können. Sie haben den Status von praktischen Hypothesen, von Annahmen, die den Weg zu einer Situation bahnen sollen, in der das richtige Handeln selbstverständlich ist. »Das Wissen über die nationalsozialistischen Worte Rasse, Vererbung und Volk ist nicht die Hauptsache, sondern unser Leben nach ihren Forderungen.«[35]

---

32 Ebenda, S. 9.
33 Ebenda, S. 7.
34 Ebenda, S. 9.
35 Ebenda, S. 13.

IV.

In Usadels Text sind die verschiedenen Elemente, die sich in den philosophischen und akademischen Ethiken von Nationalsozialisten finden lassen, zu einem Projekt verbunden. Was ist es, was die verschiedenen Elemente in dieser Ethik zusammenhält? Was macht ihre Struktur aus? Gewiss kann man sagen, dass sie sich nicht auf einem argumentativ geführten Nachdenken darüber aufbaut, welche moralischen Normen für alle begründbar sind: Sie setzt ihre Forderungen fast durchweg thetisch, ohne zu begründen. Dort, wo Usadel dann doch Begründungsversuche unternimmt, verweist er auf die göttliche Ordnung, auf Gott in seiner »unendlichen Unbegreiflichkeit«.[36] Ist sie also religiös oder gar theologisch begründet? Dass hier religiöse Momente eine Rolle spielen, scheint klar, aber auf der anderen Seite dient Gott doch nur dazu, bestimmte Intuitionen und affektive Haltungen für begründet zu erklären: »Die unbegreifliche Gottheit richtete es ein, dass wir nur in Gegensätzen zu denken vermögen, neben dem Ungesunden nur das Gesunde kennen [...]. In den Kampf zwischen Gut und Böse, Gesund und Ungesund, sind wir hineingestellt.«[37] Weder werden die einzelnen Forderungen nach Wahrhaftigkeit, Schweigsamkeit, Dienen durch den Verweis auf Gottes Gebot gegründet, noch wird auf geteilte religiöse Überzeugungen verwiesen. Der Verweis auf Gott scheint insofern eher ein Behelf zu sein, um die in der Ethik aufgestellten Forderungen nachträglich zu rechtfertigen.

Was macht dann aber den Zusammenhang der verschiedenen Momente dieses normativen Gebildes aus? Der Forderung nach der Haltung des Dienens, das zugleich als innere Notwendigkeit und als Pflicht angesehen werden soll, die eigentümliche Auflistung von Tugenden, die als Anhängsel der Positionen von Führer und Gefolgschaft verstanden werden, das Zusammenfallen von Verpflichtung und innerer Aufgabe, die große Bedeutung, die der Ehre zugemessen wird. Schließlich die Hervorhebung von Erbgut und Gesundheit, die Normierung von Sexualität, die sich auf die Rassevorstellungen beruft?

Ernst Tugendhat hat vorgeschlagen, eine Moral »im formal-allgemeinen Sinn durch die wechselseitigen Imperative zu definieren, die innerhalb einer Gruppe bestehen, so dass diese insofern eine moralische Gemeinschaft ausmacht.«[38] Diese würden von den Mitgliedern der Gemeinschaft gleichsam wechselseitig voneinander eingefordert, »getragen durch die wechselseitigen Affekte von Empörung und Schuld, womit dann zugleich Lob und Tadel verbunden sind, wechselseitige Bewertungen als gut und schlecht.«[39] Tugendhat unterscheidet drei Typen von Moral: Traditionale Moralen, also solche, wie sie vor der Zeit der Aufklärung bestanden. Diese waren religiös und das heißt, sie begründeten die jeweiligen Normen durch Verweis auf eine höhere Instanz, die sie setzte, Gott. Zwei-

---

36 Ebenda, S. 10.
37 Ebenda, S. 11.
38 Ernst TUGENDHAT, Der moralische Universalismus in der Konfrontation mit der Nazi-Ideologie. In: Raphael GROSS / Werner KONITZER (Hrsg.), Moralität des Bösen. Frankfurt/M. 2009, S. 68.
39 Ebenda, S. 69.

tens das, was er die Moral der Aufklärung nennt, nämlich jene Moral, welche sich ergibt, wenn »die Autorität wegfällt«,⁴⁰ also ein besonderer religiöser Glauben nicht mehr als verbindlich für alle gilt. Dann ergebe sich als Ausgangspunkt für die Überlegung, welche Moral die begründete sei, eine Art anthropologischer Ursituation; aus ihr folge dann die Annahme universaler und egalitärer Normen. Als dritten Typ nennt Tugendhat die »partikularistischen Moralen in der Moderne«.⁴¹ Zu ihnen zählt er dann auch die nationalsozialistische Moral. Für diesen Typ sei wie für die moderne Aufklärungsmoral charakteristisch, dass die religiöse Begründung nicht mehr glaubwürdig sei. Damit sei auch die Differenz zwischen der eigenen Gruppe und der der anderen nicht mehr selbstverständlich.

Tugendhat weist darauf hin, dass das Bedürfnis, aus dem heraus diese partikularen Moralen entstehen, nicht das Bedürfnis jedes Einzelnen sei, mit anderen Menschen möglichst nach sicheren Regeln zusammenleben zu können, sondern »das allgemein menschliche Bedürfnis nach einer überschaubaren Gruppenidentität.«⁴² Zwar suchten sie, die Leerstelle, die sich dadurch ergeben habe, dass »die Verbote der religiös fundierten herkömmlichen Moral keine Überzeugungskraft mehr haben«,⁴³ auszufüllen; aber ausgefüllt würden sie aus Emotionen, »aus einem Konglomerat konkreter, in einer bestimmten historischen Situation vorhandenen Ressentiments einer Gruppe.«⁴⁴

Betrachten wir die Konstruktion von Usadels Ethik vor dem Hintergrund dieser Diagnose, so fallen eine Reihe von Eigentümlichkeiten auf. Erstens die Tatsache, dass die Ethik Usadels keine Normen nennt, die wechselseitig geteilt werden. Der Grund dafür ist, wenn man sich Aufbau und Gehalt dieser Ethik ansieht, ein struktureller. Denn die eigentümliche Vorstellung der Identität von Individuum und Gemeinschaft, die die Auffassung der Ehre wie das Konzept des Dienens bestimmt, bringt mit sich, dass eine intersubjektive Gültigkeit von Normen gar nicht gedacht werden kann. Ein gemeinsames Festhalten an identischen Normen setzt, metaphorisch gesprochen, so etwas wie einen Abstand zwischen den Individuen und dem, was sie als ihren Zusammenhang definieren, voraus. Zweitens: Ebenso wenig, wie in dieser Konstruktion intersubjektiv geteilte Tugenden möglich sind, lässt diese Konstruktion so etwas wie eine gemeinsame Orientierung an Werten zu. Dieser Befund wird durch die eigentümliche Erklärung der Tugenden bestätigt. Sie stellen keine Bezugnahme auf Werte unabhängig von der Gemeinschaft dar, sondern bleiben immer auf diese relativ. So bleibt als einziger Wert, den man als geteilten angeben könnte, »die Gemeinschaft« als solche, normativ gesprochen, die Zugehörigkeit. Dem entspricht drittens, dass ein Moment in verschiedenen Facetten wiederkehrt: Das eigentümliche Verlangen nach einem direkten Zusammenfallen, einer unmittelbaren Gleichsetzung von Individuum und Gemeinschaft im Bereich des

---

40 Ebenda.
41 Ebenda, S. 72.
42 Ebenda.
43 Ebenda.
44 Ebenda.

Praktischen. Es kommt zum Ausdruck in der Forderung nach unbedingter und absoluter Selbstaufgabe in Bezug auf das eigene Leben im Ganzen (nicht nur in einer Situation der Bedrohung oder der Gefahr), in dem Versuch, die Unterscheidung von innerer und äußerer Ehre einzuebnen und in dem Entwurf von Tugenden, die ihre Funktion allein in dem Bezug auf diese Gemeinschaft finden. »Die Hauptschwierigkeit bei der Bildung einer Gefolgschaft liegt darin, dass die einzelnen Mitglieder verschiedenartige Wesen sind«,[45] schreibt Usadel.

Diese eigentümliche Unterbestimmtheit der Normativität »im Inneren« der Gemeinschaft lässt vermuten, dass den beiden anderen Momenten in Usadels Text, der Bezugnahme auf die Rasse und der Aufteilung nach Führer und Gefolgschaft, strukturelle Bedeutung zukommt, und dass sie aufeinander verweisen. Denn das, was die Gemeinschaft ist, und wer zu ihr gehört, ergibt sich nicht aus den Werten, die als Werte der Gemeinschaft genannt werden. Usadel selbst verweist darauf, dass es die Leistung des Führers ist, eine Gruppe erst zur Gemeinschaft zu formen, und das heißt, »sie richtig zusammenzusetzen, das heißt Unwürdige zu entfernen, Wertvolle heranzuziehen und Schwankende zu stärken.«[46] Das Projekt der Züchtung, mit dessen Rechtfertigung Usadel seine Ethik beginnt, erscheint vor diesem Hintergrund als eine einfache Verlängerung der Handlung jedes Führers, Unterführers und Unterunterführers dieser Gemeinschaft. Rassismus, so kann man daraus wohl schließen, war insofern nicht eine Ideologie der nationalsozialistischen Gesellschaft, sondern ihre Form gesellschaftlicher Synthesis.

---

[45] Georg USADEL (siehe Anm. 8), S. 33.
[46] Ebenda, S. 52.

Die deutschen Richter im Jahre 1933

Jens-Daniel Braun und Georg D. Falk

I.

Mit der sogenannte Reichstagsbrandverordnung vom 28. Februar 1933 und dem am 24. März 1933 verkündeten Ermächtigungsgesetz war die Demokratie von Weimar abgeschafft.[1] Die Durchsetzung der nationalsozialistischen Diktatur im Frühjahr 1933 beruhte indes nicht allein auf administrativen Maßnahmen und dem Terror der Straße. Schon vor vollständiger Ausschaltung der politischen Opposition war es auch die Justiz, die mit den Mitteln der Rechtsprechung bereitwillig das neue System zu etablieren half. Innerhalb nur weniger Tage wurden Ende März 1933 in den 26 Oberlandesgerichtsbezirken des Deutschen Reiches Sondergerichte[2] gebildet, deren zentrale Aufgabe zunächst darin bestand, jeglichen politischen Widerstand zu brechen.[3] Die Justiz funktionierte dabei schon im Frühjahr 1933 so, wie es der NS-Staat erwartete.[4] Die Richter waren da, man musste sie nicht suchen. Es waren in der Regel keine neuen Richter, keine jungen nationalsozialistischen Aktivisten, sondern es waren altgediente Richter, die ihre juristische Ausbildung in der Demokratie von Weimar oder noch im Kaiserreich erfahren hatten.[5] Was waren das für Richter? Wie konnten Richter sich so verhalten?

---

[1] Vgl. dazu etwa Werner FROTSCHER/Bodo PIEROTH, Verfassungsgeschichte. 13. Aufl. 2014, Rdnr. 610 ff.; Michael KOTULLA, Deutsche Verfassungsgeschichte. 2008, Rdnr. 2425; Christian BICKENBACH, Vor 75 Jahren: Die Entmächtigung der Weimarer Reichsverfassung durch das Ermächtigungsgesetz. In: JuS 2008, S. 199 ff.

[2] Die Verordnung zur Einrichtung der Sondergerichte datiert vom 21. März 1933. Zeitgleich mit dieser Verordnung hatte der Staatssekretär im Reichsjustizministerium Franz Schlegelberger dem Kabinett eine weitere »Verordnung gegen die Diskreditierung der nationalen Regierung« (die später die Bezeichnung »zur Abwehr heimtückischer Angriffe gegen die Regierung der nationalen Erhebung« erhielt) vorgelegt, um dem Vorwurf entgegenzutreten, die Justiz unterstütze die Regierung nicht genügend im Kampf gegen oppositionelle Kräfte; siehe Lothar GRUCHMANN, Justiz im Dritten Reich 1933–1940. Anpassung und Unterwerfung in der Ära Gürtner. 3., verbesserte Auflage, München 2001, S. 946 ff.

[3] Harald HIRSCH, Die Sondergerichte Darmstadt und Frankfurt/M. im Rahmen der politischen NS-Strafjustiz 1933–1934. In: Wolfgang FORM/Theo SCHILLER (Hrsg.), Politische NS-Justiz in Hessen. Bd. 2. Marburg 2005, S. 789–1041. In der Diktion der damaligen Administration dienten die Sondergerichte als »Notgerichte« des Staates zur Bekämpfung von »Verbrechen, die seine Existenz zur Zeit besonders bedrohn«; so der seinerzeitige Ministerialdirektor im preußischen Justizministerium Wilhelm Crohne. In: DJ 1933, S. 384 f. Zu den jeweils ersten Verfahren der Sondergerichte Darmstadt und Frankfurt/M. Siehe auch den Beitrag von Georg D. Falk in diesem Band.

[4] Dies wurde selbst von Demokraten nicht immer zutreffend erkannt. Vgl. etwa die Einschätzung der späteren SPD-Landtagsabgeordneten Elisabeth Selbert. »Bis 1938 hatte Hitler die Justiz noch nicht erobert, es ging noch nicht nach dem Grundsatz ›gesundes Volksempfinden‹«; zitiert nach Heike DRUMMER/Jutta ZWILLING, Elisabeth Selbert. Eine Biographie. In: Hessische Landesregierung (Hrsg.), Ein Glücksfall für die Demokratie. Elisabeth Selbert (1896–1986) – Die große Anwältin der Gleichberechtigung. 2. Aufl., Wiesbaden 2008, S. 11 (56).

[5] Die am Sondergericht im Oberlandesgerichtsbezirk Frankfurt/M. im Jahr 1933 tätigen Richter waren erfahrene Richter. Die Vorsitzenden wiesen mindestens 20 Dienstjahre auf; vgl. Gerd WECKBECKER, Zwischen Freispruch und Todesstrafe. Baden-Baden 1998, S. 356 f. Beispielhaft lässt sich dies am ersten

Was war da scheinbar über Nacht mit der Justiz passiert, dass solche Urteile möglich waren?[6] Auf diese Fragen gibt es keine einfachen, keine monokausalen Antworten. Vorverständnis, Verhalten und Urteilen der Richter im Jahre 1933 lassen sich jedoch besser auf der Grundlage einer Schilderung von Vorgeschichte, Vorbedingungen und Strukturen der deutschen Justiz verstehen.

II.

Ein rechtssoziologischer Ansatz definiert die juristische Sozialisation durch »Tradition und Lebenswelt« als eine unabhängig von den jeweiligen politischen Systemen maßgebliche Komponente zum Verständnis der handelnden Juristen.[7] Denn die Rechtsanwendung durch Juristen ist nicht statisch, sie hängt von vielen Umständen ab, die sich verändern können; sie wird von dem beeinflusst, was die Gesellschaft denkt. Auch Richter und Staatsanwälte sind Teil dieser Gesellschaft und deshalb von dem gesellschaftlich dominierenden Denken und den dort herrschenden Werten nicht frei.[8] Möglich war die Entwicklung der Justiz ab 1933 nur, weil die NS-Rechtsideologie auf eine Juristengeneration stieß, die der Verführungskraft der mit Hilfe hochrangiger Rechtsgelehrter[9] formulierten neuen Anschauungen nur wenig an eigener Sicherheit bezüglich gegenteiliger rechtlicher Grundpositionen entgegenzustellen hatte. Der »furchtbare Jurist« – diesen Begriff hat der Schriftsteller Rolf Hochhuth für die NS-Richter geprägt – war kein selbstbewusster, sondern ein anpassungsbereiter Jurist. Anpassung an das, was der neue Staat und seine Ideologen von der Justiz erwarteten, war das wesentliche Merkmal der Richter des Jahres 1933. Diese Anpassungsbereitschaft der deutschen Richter hing nicht zuletzt mit der besonderen Tradition des Richterberufes in Deutschland zusammen, die sich signifikant von den Traditionen in anderen europäischen Staaten – etwa in England – unterschied.

Vorsitzenden des dortigen Sondergerichts erläutern, dem Landgerichtsdirektor Dr. Friedrich Rehorn. Er war seit dem 1. Juni 1913 Amtsgerichtsrat in Frankfurt/M. Am 16. September 1920 wurde er dort zum Landgerichtsrat und vier Jahre später zum Landgerichtsdirektor am Landgericht Frankfurt/M. befördert. Er war Präses des Presbyteriums der deutsch-reformierten Gemeinde und in der Zeit von 1919 bis Anfang 1933 Mitglied der Deutschen Volkspartei und des Preußischen Richtervereins. 1939 wurde er Vizepräsident des Oberlandesgerichts Frankfurt/M. Die Funktion des Vorsitzenden des Sondergerichts übte er zunächst bis 1938 und später noch einmal im Jahr 1942 aus. Insgesamt führte er 547 Verfahren als Vorsitzender des Sondergerichts. Vgl. Arthur VON GRUENEWALDT, Die Richterschaft des Oberlandesgerichts Frankfurt am Main in der Zeit des Nationalsozialismus. Die Personalpolitik und Personalentwicklung, noch unveröffentlichte Dissertation (vorauss. Tübingen 2015), Kap. 4, § 3 A. II. Vgl. den Beitrag von Arthur von Gruenewaldt in diesem Band.

6 Vgl. etwa die vom Zweitverfasser dargestellten beiden ersten Verfahren der Sondergerichte Frankfurt und Darmstadt (Siehe Anm. 3).

7 Theo RASEHORN, Der Richter zwischen Tradition und Lebenswelt. Baden-Baden 1989, S. 24 ff.

8 Vgl. Friedrich Karl KÜBLER, Der deutsche Richter und das demokratische Gesetz. AcP 162 (1963), S. 104 (106); Adolf ARNDT, Das Bild des Richters. In: Ernst-Wolfgang BÖCKENFÖRDE / Walter LEWALD (Hrsg.), Adolf Arndt. Gesammelte juristische Schriften. München 1976, S. 325 (334); Bernd RÜTHERS, Entartetes Recht. Rechtslehren und Kronjuristen im Dritten Reich. 2. Auflage, München 1989, S. 182.

9 Beispielhaft genannt sei Karl LARENZ, Rechtsperson und subjektives Recht. Zur Wandlung der Rechtsgrundbegriffe. In: Georg DAHM / Ernst Rudolf HUBER / Karl LARENZ / Karl MICHAELIS / Friedrich SCHAFFSTEIN / Wolfgang SIEBERT (Hrsg.), Grundfragen der neuen Rechtswissenschaft. Berlin 1935,

Wenn man die Rechtssysteme vergleichbarer mitteleuropäischer Länder untersucht, fällt auf, dass es bei der materiellen Regelung von Rechtsproblemen mehr Gemeinsames als Trennendes gibt. Anderes gilt auch heute noch für das Verfahrensrecht.[10] Prozessrecht und richterliches Selbstverständnis hängen offenbar eher von nationalen, kulturellen Eigenheiten und damit von der Sozialisation durch Tradition und Lebenswelt ab.[11] Die Sozialisationsergebnisse waren in der ersten Hälfte des 20. Jahrhunderts in Deutschland ausgeprägter und festgefügter und wohl auch determinierender als heute. Es wurde deutlich mehr in Standeskategorien gedacht.[12] Es gab keine vergleichbaren Individualisierungsprozesse, wie sie für die heutige Berufsrealität auch der Juristen kennzeichnend sind. Deshalb kann man mit gewisser Berechtigung bei der Beschreibung von damaligen Denkstrukturen und Handlungsmustern von der Justiz sprechen.

Anders als etwa in Frankreich oder England konnte die deutsche Justiz im Jahre 1933 nicht auf eine über Jahrhunderte gewachsene, gesicherte und selbstbewußte Justiztradition aufbauen. Dies hängt mit einer vollkommen anderen, ruhigeren und stetigeren Entwicklung der Justiz in vergleichbaren europäischen Ländern zusammen. Englische Richter verbindet noch heute eine Traditionslinie mit ihren Vorgängern vor 400 Jahren. Dort war es den Richtern sehr früh gelungen, Distanz zu der Macht des Herrschers und zu der Verwaltung zu wahren. Schon 1701 wurde in England das Prinzip der richterlichen Unabhängigkeit etabliert.[13] Den preußischen Richtern hingegen wurde erst in der (oktroyierten) Verfassung vom 5. Dezember 1848 die Unabsetzbarkeit zugestanden.[14]

S. 225 (241, 244, 258): »Rechtsgenosse ist nur, wer Volksgenosse ist; Volksgenosse ist, wer deutschen Blutes ist. Dieser Satz könnte an Stelle des die Rechtsfähigkeit ›jedes Menschen‹ ansprechenden § 1 BGB an die Spitze unserer Rechtsordnung gestellt werden. [...] Unter Rechtsfähigkeit darf somit überhaupt nicht mehr die Fähigkeit verstanden werden, subjektive Rechte zu haben, sondern nur die Fähigkeit, in bestimmten Rechtsstellungen zu stehen. [...] Nur darf man nicht glauben, dass damit noch ein Rest des alten ›Privatrechtes‹ übrig bliebe, denn auch dieser dem einzelnen noch überlassene Kreis von Angelegenheiten muss von der Gemeinschaft her gesehen werden, die ihn jederzeit beschränken oder anders gestalten kann«. Zur Rolle der Staatsrechtslehre in dieser Zeit vgl. ausführlich Horst DREIER, Die deutsche Staatsrechtslehre in der Zeit des Nationalsozialismus. In: VVDStRL 60 (2001), S. 9 (12 ff.).

10 Heutzutage nehmen diese Unterschiede jedoch eher ab, da zum einen die Rechtsetzungsaktivitäten der Europäischen Union und die dazu ergangene Rechtsprechung des Europäischen Gerichtshofes und zum anderen die Rechtsprechung des Europäischen Gerichtshofes für Menschenrechte immer wieder auch verfahrensrechtliche Fragen betreffen und dabei eine tendenziell rechtsharmonisierende Wirkung entfalten.

11 Theo RASEHORN (siehe Anm. 7), S. 31 ff.

12 Vgl. Friedrich Karl KÜBLER (siehe Anm. 8), S. 104 (109 f.).

13 Gary SLAPPER / David KELLY, The English legal system. 14. Auflage London 2013, S. 406; Andrew LE SEUER, In: Peter CANE / Joanne CONAGHAN (Hrsg.), The new Oxford companion to law, Oxford 2008, S. 652.

14 Art. 86 der Verfassungsurkunde für den preußischen Staat vom 5. Dezember 1848 lautete: »(1) Die Richter werden vom Könige oder in dessen Namen auf ihre Lebenszeit ernannt. (2) Sie können nur durch Richterspruch aus Gründen, welche die Gesetze vorgesehen und bestimmt haben, ihres Amtes entsetzt, zeitweise enthoben oder unfreiwillig an eine andere Stelle versetzt und nur aus den Ursachen und unter den Formen, welche im Gesetze angegeben sind, pensioniert werden. (3) Auf die Versetzungen, welche durch Veränderungen in der Organisation der Gerichte oder ihrer Bezirke nötig werden, findet diese Bestimmung keine Anwendung«. Eine wortgleiche Bestimmung enthielt sodann die revidierte Preußische Verfassung vom 31. Januar 1850; vgl. dazu Theo RASEHORN (siehe Anm. 7), S. 45.

Bis zum Beginn der Neuzeit war der König selbstständiger und unabhängiger Träger der mittelalterlichen Rechtskultur. Er reiste über Land, hielt »Gerichtstag« und sprach Recht. Zu Beginn der Neuzeit kam es in Deutschland zu einem Bruch mit dieser mittelalterlichen Tradition. Die richterliche Gewalt wurde immer mehr vom König, also von der einen Zentralmacht auf die vielen Territorialherren delegiert.[15] Die großen und kleinen Fürsten waren in ihren jeweiligen partikularen Bereichen verantwortlich für das Recht; sie delegierten die Aufgaben weiter an nachgeordnete Chargen. Das waren im Laufe der geschichtlichen Entwicklung zunächst Höflinge, später sogenannte Hofbeamte, welche die Befehle des Fürsten ausführten. Es liegt auf der Hand, dass es in einer solchen Struktur kaum Ansätze für eine unabhängige Justiz geben kann. Später verwandte man für diese Juristen den Begriff »Justizbeamte« und schließlich »richterliche Beamte«, eine Bezeichnung, für die erst seit Inkrafttreten des Grundgesetzes kein Raum mehr ist.[16] Diese Richter zu Beginn der Neuzeit entsprechen daher nicht unserer heutigen Vorstellung von unabhängigen Richtern, sondern es waren niedrigrangige, schlecht besoldete, abhängige Beamte. Da das Einkommen dieser »Richter« für eine standesgemäße Lebensführung spätestens ab 1700 nicht mehr ausreichte, waren Amtsmissbrauch und Korruption damals weit verbreitet. Was uns heute in Kleists »Der zerbrochene Krug« mit dem korrupten Dorfrichter Adam als Komödie erscheint, reflektierte damals als Satire die gesellschaftliche Realität.[17] Das Bemühen im aufgeklärten Absolutismus insbesondere des Preußenkönigs Friedrich II. um eine korrekte Rechtsprechung geschah nicht im Interesse der Anerkennung oder Herausbildung einer unabhängigen Justiz. Motiv war vielmehr ganz im Sinne der aufgeklärten Staatsphilosophie das Interesse an allgemeiner Akzeptanz der Herrscher im Volk, wohl aber auch die Sorge um das Wohlergehen der Untertanen.[18] Allerdings gab es schon zu Zeiten der preußischen Kurfürsten Auseinandersetzungen, die aus dem Spannungsverhältnis zwischen dem Wunsch der richterlichen Hofbeamten nach Unabhängigkeit und Rechtlichkeit im Sinne einer Bindung an das geschriebene Gesetz einerseits und der absolutistischen Staatsphilosophie der Landesherren andererseits resultierten. Beispielhaft lässt sich dies am Konflikt um die von Kurfürst Friedrich Wilhelm 1643 angeordnete Aufhängung eines Bildes im Kammergericht verdeutlichen.[19]

Auf diesem damals sehr bekannten, aus der Schule von Lukas Cranach dem Älteren stammenden Bild wird die von Herodot berichtete Geschichte des bestochenen Richters

---

15 Theo RASEHORN (siehe Anm. 7), S. 35 ff.; Ulrich EISENHARDT, Deutsche Rechtsgeschichte. 4. Auflage, München 2004, Rdnr. 153 ff.
16 Vgl. BayVerfGH, Entscheidung vom 28. Dezember 1960 – Vf. 8 - VIII - 60, JZ 1961, 418: »Mit dem Inkrafttreten des GG ist die Gruppe der Berufsrichter aus der Beamtenschaft herausgelöst und ihr ein eigener Status zugewiesen worden«, a. A. wohl BVerwG, Urteil vom 28. April 2011 – 2 C 39/09, BVerwGE 139, 357, Tz. 21: »[...] die Herausnahme der Richter aus der Beamtenhierarchie geschah durch die Schaffung des Deutschen Richtergesetzes vom 8. September 1961«.
17 Theo RASEHORN (siehe Anm. 7), S. 37 ff.
18 Theo RASEHORN (siehe Anm. 7), S. 39; Jürgen VON GERLACH, Ein Königtum für das Recht. Zum 200. Todesjahr Friedrichs des Großen. In: NJW 1986, S. 2292 und 2293 ff.
19 Vgl. dazu etwa Wolfgang SELLERT, Recht und Gerechtigkeit in der Kunst. Göttingen 1993, S. 70.

Abb. 1: Die Häutung des Richters Sisamnes.
[Original im Groeningemuseum, Brügge]

Sisamnes dargestellt, der ein ungerechtes Urteil gefällt hatte. Der Fürst Kambyses ließ ihn töten, ihm die Haut abziehen und mit dieser den Richterstuhl bespannen. Anschließend ernannte er den Sohn des Getöteten Otantes zum neuen Richter und setzte ihn auf diesen Richterstuhl mit der Ermahnung, er möge sich stets des Schicksals seines Vaters erinnern. Erst viele Jahre später wurde dem Wunsch der Richter des Kammergerichts entsprochen und das Bild in die königliche Gemäldesammlung zurückgenommen.[20]

III.

Zu den Prägungen »durch Tradition und Lebenswelt« gehört auch, wie Richter gesellschaftlich wahrgenommen wurden und sich selbst wahrnahmen. Dabei ging es vor allem um Sozialprestige, das seinerzeit angesichts des weithin dominierenden ständischen Bewusstseins eine noch größere Bedeutung hatte als heute.

Nach der Zuweisung der Rechtsprechung an höfische Beamte zu Beginn der Neuzeit hatte sich im Laufe der Jahrhunderte in Ansätzen eine juristische Profession der Richter entwickelt, deren Sozialprestige allerdings wenig ausgeprägt war. In einer Standesrangordnung Mitte des 18. Jahrhunderts standen die *Direktorien der Justizkollegien*, also die Direktoren der Amtsgerichte und Präsidenten der Landgerichte, erst an 20. Stelle, die Oberjägermeister hingegen schon an 12. Stelle.[21] Innerhalb der Profession der juristisch Ausgebildeten gab es wiederum eine Rangordnung, die eine Äußerung von Friedrich Wilhelm I. zum Verhältnis von Verwaltungs- und Justizjuristen deutlich macht: *Die dum-*

---

20 Dass in Preußen Richter durchaus Mut vor dem Königsthron bewiesen – einen entsprechenden Ruf hatten sich zumindest einige Richter des Kammergerichts in der Auseinandersetzung mit Friedrich II. in der sog. Müller-Arnold-Affäre erworben – soll nicht verschwiegen werden, ist jedoch nicht kennzeichnend für die Justiz als Ganzes. Vgl. dazu etwa Marco BRAND, Beim alten Fritz bricht Kauf die Miete nicht! In: JZ 2012, S. 349; Uwe WESEL, Ja, wenn das Berliner Kammergericht nicht wäre. In: KritV 1987, S. 157; Horst SENDLER, Friedrich der Große und der Müller Arnold. In: JuS 1986, S. 759; Rudolf WASSERMANN, Auch die Justiz kann aus der Geschichte nicht aussteigen. Baden-Baden 1990, S. 25 ff.

21 Albert LOTZ, Geschichte des Deutschen Beamtentums. 2., durch einen Nachtrag ergänzte Auflage. Berlin 1914, S. 141.

men *Deuffel in die Gerichtskollegien*.²² Der Justiz blieb also vom Nachwuchs nur das, was die Verwaltung verschmäht hatte.²³ Bis in die Kaiserzeit rangierte der Richter unter dem Status eines Staatsanwalts. Das heute noch bekannte Wort von der Staatsanwaltschaft als der »Kavallerie der Justiz« hatte damals eine andere Bedeutung; während man heute gelegentlich despektierlich-ironisch hinzufügt »[...] – schneidig, aber dumm«,²⁴ war damals damit gemeint, dass die Richterschaft auf die Rolle der Infanterie verwiesen werden müsse, was vom Gesellschaftsprestige her einen riesigen Unterschied (zu Lasten der fußläufigen Infanterie) ausmachte.²⁵ Vor diesem Hintergrund trachteten viele deutsche Richter danach, das fehlende Selbstbewußtsein aus der Profession durch Erlangung eines militärischen Ranges zu kompensieren.²⁶ Noch 1979 wurde der Zweitverfasser als junger Richter schon beim Vorstellungsgespräch von dem Präsidenten des Landgerichts Marburg mit der Frage konfrontiert: »Haben Sie gedient?« Die alte Tradition wirkte immer noch fort.

Folgt man der modernen Richtersoziologie und schreibt der Berufssozialisation besonderen Einfluss auf Verhalten und Einstellung der Richter zu, so muss auch damals dieser fehlenden Tradition einer selbstbewußten, unabhängigen deutschen Richterschaft eine erhebliche Bedeutung zugekommen sein. Umgekehrt war das Verhältnis der politischen Machthaber zur Justiz sehr ambivalent. Musste auf der einen Seite den Richtern eine gewisse Selbstständigkeit eingeräumt werden, wurde andererseits immer befürchtet, die Richterschaft könnte »zu unabhängig« werden. Darum erwartete der Staat von der Justizverwaltung nicht nur die Überwachung der Untertanen durch die Justizbehörde, sondern zugleich auch eine dichte Kontrolle der Richter.²⁷

In diesem Zusammenhang wäre die Darstellung unvollständig, würde man den gescheiterten Emanzipationsversuch der deutschen Richterschaft im Jahre 1848 unerwähnt lassen. Diese Entwicklung ist eng verbunden mit der Vorgeschichte der bürgerlichen Revolution. Nach dem Wartburg-Fest von 1817 und der Ermordung des Dichters August von Kotzebue kam es im Zusammenhang mit den Karlsbader Beschlüssen zu einer massiven Verfolgung sogenannter demagogischer Umtriebe, um so die Durchsetzung der bürgerlichen Gesellschaft zu verhindern. In dieser Zeit war das preußische Rechtswesen eher durch liberale Richter geprägt.²⁸ Richter wie E.T.A. Hoffmann am Kammergericht

---

22 Ebenda, S. 159.
23 Vgl. Hans HATTENHAUER, Geschichte des deutschen Beamtentums. 2. Auflage, Köln 1993, S. 316 f.; Erich DÖHRING, Geschichte der deutschen Rechtspflege seit 1500. Berlin 1953, S. 75.
24 Vgl. etwa Erardo C. RAUTENBERG. Die deutsche Staatsanwaltschaft: »Objektivste Behörde« mit viel Macht, aber geringem Ansehen – Was ist zu tun? In: DRiZ 2014, S. 214 (215).
25 Theo RASEHORN (siehe Anm. 7), S. 41; Heinrich HANNOVER / Elisabeth HANNOVER-DRÜCK, Politische Justiz 1918–1933. Frankfurt/M. 1966, S. 25 f.
26 Vgl. Ernst FRAENKEL, Zur Soziologie der Klassenjustiz. In: Ernst FRAENKEL, Zur Soziologie der Klassenjustiz und Aufsätze zur Verfassungskrise 1931/32. Darmstadt 1968, S. 1 (10). In den Personalerfassungsbögen der Justizverwaltung vom Kaiserreich bis in den NS-Staat wurden Kriegsdienst und militärischer Rang und Orden in einer eigenen Rubrik erfasst.
27 Theo RASEHORN (Siehe Anm. 7), S. 43.
28 Vgl. Theo RASEHORN. Justizkritik in der Weimarer Republik: Das Beispiel der Zeitschrift »Die Justiz«. Frankfurt/M. 1985, S. 111 f.; Friedrich Karl KÜBLER (siehe Anm. 8), S. 104 (107); Rudolf WASSERMANN

setzten sich gegen den Missbrauch der Justiz zu Polizeizwecken zur Wehr.[29] In einer Verordnung des preußischen Justizministers aus dem Jahre 1830 wurden die Richter des Kammergerichts davor gewarnt, sich über Staatsverfassung, Regierungsfragen und andere politische Gegenstände »unangemessen, unüberlegt und ansprechend« zu äußern.[30] Diese Verordnung konnte jedoch letztlich die Kritik vieler richterlicher Hofbeamten nicht mundtot machen; im Gegenteil, sie weitete sich aus. Als dann im Jahr 1848 in Frankfurt/M. die Nationalversammlung zusammentrat, befanden sich unter den über 400 Juristen, die ihr angehörten, mindestens 110 Richter und Staatsanwälte.[31]

Dieser Emanzipationsversuch deutscher Richter scheiterte jedoch genauso wie die bürgerliche Revolution des Jahres 1848. Die 1848er Richter wurden aus dem Dienst entfernt, kriminalisiert und zum Teil aus dem Land gejagt. So wurde beispielsweise Oberlandesgerichtsvizepräsident Temme aus Münster im Jahre 1850 in einem politischen Strafprozess angeklagt. Er hatte gefordert, die in der Paulskirche beschlossene Reichsverfassung mittels eines noch zu schaffenden Reichsheeres durchzusetzen.[32] Zwar wurde er im Strafprozess freigesprochen, aber im anschließenden Disziplinarverfahren vom Obertribunal in Berlin ohne Pension seines Amtes enthoben; er emigrierte sodann in die Schweiz.[33] Im Zuge der Bismarckschen Repressionspolitik gegenüber den Beamten[34] trat eine »Metamorphose liberaler Honoratioren zu Reserveoffizieren« ein, die

---

(siehe Anm. 20), S. 31 f.; Erich DÖHRING (siehe Anm. 23), S. 48 f.

29 Vgl. Bernd HESSE, Die Kriminalerzählung »Das Fräulein von Scuderi« als Spiegel des Richteramts E.T.A. Hoffmanns. In: NJW 2008, S. 698 (699 ff.); Ingo MÜLLER, Furchtbare Juristen. Die unbewältigte Vergangenheit unserer Justiz. München 1989, S. 14; Rudolf WASSERMANN (siehe Anm. 20), S. 32 ff.

30 Diether HUHN, Oppositionelle Richter. In: DRiZ 1968, S. 81 ff.

31 Theo RASEHORN. Der Untergang der deutschen linksbürgerlichen Kultur. Baden-Baden 1988, S. 35 f.; Joachim RÜCKERT, Die deutsche Nationalversammlung 1848/49 und die Advokaten. In: AnwBl 2014, S. 982 (987); Rudolf WASSERMANN (siehe Anm. 20), S. 39.

32 Vgl. Diether HUHN (siehe Anm. 30), S. 81 (83); Karoline PETERS, J.D.H. Temme und das preußische Strafverfahren in der Mitte des 19. Jahrhunderts. Berlin 2010, S. 34 ff.

33 Vgl. Ingo MÜLLER (siehe Anm. 29), S. 15.

34 Beispielhaft steht dafür die Geschichte von Carl Twesten, einem Berliner Stadtgerichtsrat, der im preußischen Verfassungskonflikt eine hervorragende Rolle als Gegenspieler Bismarcks spielte. Gegen ihn wurde wegen Unterzeichnung des Wahlaufrufs der Fortschrittspartei im Jahre 1863 ein Disziplinarverfahren eröffnet. Als dieses ohne Erfolg blieb, versuchte es der reaktionäre Justizminister Graf Lippe auf andere Weise. Die Gelegenheit kam, als Twesten 1865 bei der Beratung des Justizetats im Abgeordnetenhaus die Korrumpierung der preußischen Justiz durch den Justizminister anprangerte. Nach der preußischen Verfassung konnte an sich ein Abgeordneter wegen seiner im Abgeordnetenhaus ausgesprochenen Meinungen nur vom Abgeordnetenhaus selbst zur Verantwortung gezogen werden. Dennoch wurde Twesten auf Veranlassung des Justizministers angeklagt, aber von beiden gerichtlichen Instanzen zunächst freigesprochen. Die Staatsanwaltschaft erhob jedoch Nichtigkeitsbeschwerde und setzte schließlich die Verurteilung Twestens zur Höchststrafe von zwei Jahren Gefängnis durch. Zuvor hatte das Abgeordnetenhaus die Nichtigkeitsbeschwerde und die Verfahrenseröffnung diskutiert. Bismarck hielt Twesten ein später berühmt gewordenes Zitat aus der Gesindeordnung entgegen: »Reizt das Gesinde durch ungebührliches Betragen seine Herrschaft zum Zorn, so kann es wegen der Injurien, die es von der Herrschaft erfährt, nicht klagen«. Die Abstimmung im Abgeordnetenhaus im Februar 1866 brachte der Regierung Bismarck eine schwere Niederlage: 263 Abgeordnete stimmen gegen die Regierung, nur 35 für sie. Die strafrechtliche Verurteilung aber hatte für Twesten den Verlust des Richteramtes zur Folge. Die liberale bürgerliche Opposition, für die auch dieser Richter gestanden hatte, endete wenig

Richter veränderten ihren politischen Standort nach rechts.[35] Die Richtergenerationen nach 1848 waren »kaisertreu bis in die Knochen«.[36] Im Traditionsbild dieser Richter tauchten die 1848er Vorgänger nicht mehr auf. Die Richter definierten ihre Aufgabe ausschließlich dahin, den Tatbestand unter eine Gesetzesnorm zu subsumieren; der »Subsumtionsautomat« im Sinne einer streng funktional-rationalen Rechtsanwendung erschien ihnen als Ideal.[37] Für Selbstverständnis und Eigenwahrnehmung der Richter in der zweiten Hälfte des 19. Jahrhunderts bis zum Ende des Kaiserreichs 1918 ist daher das Bild des kaisertreuen, obrigkeitsstaatlich-autoritären, von der Rechtswissenschaft missachteten kleinen Beamten mit geringem Sozialprestige, kennzeichnend.[38]

IV.

Über diesen eher kleinbürgerlich lebenden und streng obrigkeitsstaatlich denkenden Richtern brach 1918 ihr Weltbild zusammen: Abdankung des Kaisers, Untergang der Monarchie! Es blieben die Generäle und die alten Eliten, die den Krieg und die Niederlage mit allen katastophalen Folgen zu verantworten hatten. Und erst recht blieben die nationalbewussten wilhelminischen Richter, die aber ihre Orientierung auf den Kaiser verloren hatten.[39] Weimar 1918 – das ist am 9. November die Ausrufung der Republik durch einen Sozialdemokraten, das ist der Verlust eines Teils des Reichs, das ist eine neue, bald von der konservativen Reaktion bekämpfte Flagge.[40] Der ersten demokratischen Verfassung wird von Beginn an seitens der alten Eliten – der Offiziere, Beamten, Junker, Agrarier, Industriellen, Kirchen, Professoren – vorgeworfen, sie sei das Produkt der von »Novemberverbrechern« herbeigeführten Revolution. Die durch diese Verfassung begründete Diskontinuität der Staatsform hatte auf die personelle Zusammensetzung der Dritten Gewalt nahezu keine Auswirkungen. Aber ausgerechnet auf der Grundlage dieser neuen Reichsverfassung waren Richter erstmals in der deutschen Geschichte in der Lage, mehr Unabhängigkeit einzufordern. Denn die richterliche Unabhängigkeit war in der Weimarer Reichsverfassung garantiert (Art. 102 und 104 WRV).

Ökonomisch blieben Richter allerdings abhängig, denn weder im Referendariat noch in der folgenden Assessorenzeit, in der sie an unterschiedlichen Gerichten bei entsprechendem Bedarf als Hilfsrichter eingesetzt wurden, verdienten sie Geld.[41] Es mussten

---

später im Rausch der Siegesklänge auf dem Schlachtfeld von Königgrätz. Vgl. Diether HUHN (siehe Anm. 30), S. 81 (83 f.); Thomas ORMOND, Richterwürde und Regierungstreue: Dienstrecht, politische Betätigung und Disziplinierung der Richter in Preußen. Baden und Hessen 1866–1918. Frankfurt/M. 1994, S. 38 ff.; Ingo MÜLLER (siehe Anm. 29), S. 16; Rudolf WASSERMANN (siehe Anm. 20), S. 45 ff.

35 Friedrich Karl KÜBLER (siehe Anm. 8), S. 104 (107).
36 Vgl. Theo RASEHORN (siehe Anm. 7), S. 46.
37 Theo RASEHORN (siehe Anm. 28), S. 113.
38 Vgl. Ernst Fraenkel (siehe Anm. 26), S. 1 (10 ff.).
39 Vgl. Helmut KRAMER / Wolfram WETTE, Pazifisten im Visier der Justiz. Ein bedrückendes Kapitel der deutschen Geschichte des 20. Jahrhunderts. In: dies. (Hrsg.). Recht ist, was den Waffen nützt. Justiz und Pazifismus im 20. Jahrhundert. Berlin 2004, S. 11 (26 f.).
40 Vgl. dazu die in der Zeitschrift »Die Justiz« dokumentierten Fälle; beispielsweise Bd. I, S. 321 und 624.
41 Ralph ANGERMUND, Deutsche Richterschaft 1919–1945. Frankfurt/M. 1990, S. 22; Ernst FRAENKEL (siehe Anm. 26), S. 1 (10 f.); Christoph JAHR, Antisemitismus vor Gericht. Debatten über die juristische

also Personen sein, die sich und gegebenenfalls ihre Familien in dieser Zeit selbst ernähren konnten – »ein informeller, aber wirkungsvoller sozialer Numerus clausus«.[42] Aus diesem Grunde rekrutierten sich die Richter in der Regel aus der oberen Mittelschicht und der Oberschicht, also aus eben jenen alten Eliten, die der neuen demokratischen Gesellschaftsordnung ablehnend oder zumindest kritisch gegenüberstanden.

Die Richter in Weimar beriefen sich jetzt auch auf ihre Unabhängigkeit, allerdings ganz anders als es sich die Väter der Weimarer Reichsverfassung vorgestellt hatten: Die Richter wollten die Unabhängigkeit, aber nicht die Demokratie. Mit dem auf der Grundlage der Verfassung ermöglichten richterlichen Emanzipationsprozess ging eine stetige Distanzierung der Richterschaft von der positivistischen Forderung des zwingenden Gehorsams an das Gesetz einher. Das Leitbild eines ausschließlich formal-rational urteilenden Richters zerbrach.[43] Der dadurch angelegte Konflikt prägte dauerhaft das Selbstverständnis der Richter der Weimarer Republik. Es gab deutliche Tendenzen, sich von der bisherigen Tradition eines an gesellschaftlichen Machtstrukturen und obrigkeitsstaatlichem Denken orientierten Beamtentums zu lösen. Die Forderung nach der Unabhängigkeit der Richter war nunmehr aber häufig nicht Ausdruck eines republikanischen Engagements, sondern es ging in erster Linie um eine berufsständische Emanzipation. Viele Richter verfolgten ihre Emanzipation gegen den demokratischen Staat, sie verstanden sich als »Monarchist[en] aus innerer Notwendigkeit«[44] und kämpften für eine gesellschaftspolitisch reaktionäre und rückwärts gewandte Emanzipation.[45] Die erste deutsche Republik verlangte von ihnen nicht, gegen ihre Überzeugung im Namen der Demokratie Recht zu sprechen; vielmehr ermöglichte sie Richtern unter Wahrung ihrer materiellen Interessen die Frühpensionierung. Dieses Angebot nahmen in Preußen aber nur 0,15 % der Richter an.[46]

Ahndung judenfeindlicher Agitation in Deutschland (1879–1960). Frankfurt/M. 2011, S. 65; Gotthard JASPER. Justiz und Politik in der Weimarer Republik. In: Vierteljahreshefte für Zeitgeschichte 30 (1982), S.167 (198); Hermann WEINKAUFF, Die deutsche Justiz und der Nationalsozialismus. Ein Überblick. Stuttgart 1968, S. 21; Heinrich HANNOVER / Elisabeth HANNOVER-DRÜCK (siehe Anm. 25) S. 24 f. Allein die Freie Hansestadt Hamburg machte insofern eine Ausnahme, da sie es »mit ihrer republikanischen Würde für unvereinbar [hielt], ihre Gerichtshöfe mit Hilfsrichtern zu besetzen«. Ernst FRAENKEL, a. a. O.

42 Christoph JAHR (siehe Anm. 41), S. 65.

43 Vgl. Friedrich Karl KÜBLER (siehe Anm. 8), S. 104 (112 ff.); Manfred WALTHER, Hat der juristische Positivismus die deutschen Juristen wehrlos gemacht? In: Redaktion Kritische Justiz (Hrsg.). Die juristische Aufarbeitung des Unrechts-Staats. Baden-Baden 1998, S. 299 ff.; Dieter DEISEROTH, War der Positivismus schuld? Betrifft Justiz 2013, S. 5 (7); Everhardt FRANSSEN, Positivismus als juristische Strategie. In: JZ 1969, S. 766 (773); Peter KAUFFMANN, Zur Konstruktion des Richterberufs durch Richterleitbilder. Eine empirische Untersuchung. Frankfurt/M. 2003, S. 50.

44 Ernst FRAENKEL (siehe Anm. 26), S. 1 (8).

45 Vgl. Horst DREIER, Die Radbruch'sche Formel – Erkenntnis oder Bekenntnis? In: Heinz MAYER et al. (Hrsg.). Festschrift für Robert Walter zum 60. Geburtstag, 1991, S. 117 (121); Everhardt FRANSSEN. In: JZ 1969, S. 766 (770); zu Ausnahmen vgl. etwa Theo RASEHORN (siehe Anm. 28), S. 38 ff.

46 Christoph GUSY, Die Weimarer Reichsverfassung. Tübingen 1997, S. 200; Dieter SIMON, Die Unabhängigkeit des Richters. Darmstadt 1975, S. 49; Ingo MÜLLER (siehe Anm. 29), S. 19 f.; Heinrich HANNOVER / Elisabeth HANNOVER-DRÜCK (siehe Anm. 25), S. 22; Werner HIMMELMANN, Das »Funktionieren« der Justiz – Kontinuitäten und Brüche. In: Justizministerium des Landes Nordrhein-Westfalen. Juristische Zeitgeschichte Band 8. Düsseldorf 1999, S. 1 (4).

Die Absage an den demokratischen Staat wurde den Richtern durch die von den Richtervereinen ganz offiziell als »Zwei-Seelen-Theorie«[47] bezeichnete Unterscheidung zwischen dem Wesen des Staates an sich, dem die Treue galt, und der »zufälligen« und »auswechselbaren« Staatsform erleichtert.[48] Dabei handelte es sich nicht etwa um eine Minderheitsposition; diese Unterscheidung entsprach vielmehr der Haltung der Mehrheit der Richter. Kennzeichnend dafür ist der Ausspruch eines Ministers im braunschweigischen Landtag im Jahre 1928, unter den 108 Richtern seines Landes gebe es nur acht erklärte Republikaner, die anderen 100 *schwämmen bei den Rechtsparteien, welche die Demokratie bekämpften*.[49] Viele Richter fühlten sich schon deshalb nicht zur Treue zur demokratischen Regierung verpflichtet, weil ja die »Novemberverbrecher« 1918 der legitimen Regierung in den Rücken gefallen seien. Damit waren die Demokraten, die Parteien des Verfassungskonsenses gemeint, die das von den alten Eliten an den Rand des Abgrunds gebrachte Staatswesen trotz der enormen wirtschaftlichen Schwierigkeiten und des als schmachvoll empfundenen Friedensvertrages von Versailles wieder zu stabilisieren versuchten. Auf diese Weise verweigerte die ganz überwiegende Mehrheit der deutschen Richter der Entscheidung für die demokratische Staatsform in Art. 1 der Weimarer Reichsverfassung den Gehorsam. Die Justiz nutzte die ihr gewährte größere Unabhängigkeit nicht, um mitzuhelfen, den schwachen Staat zu stützen, die Demokratie zu stärken und aufzubauen, Rechtsstaatlichkeit herzustellen und zu sichern. Weil aber für viele Richter die Revolution von 1918 Rechtsbruch und die Republik daher illegal war, fiel es ihnen leicht, sich mit der antidemokratischen, antiparlamentarischen, konservativen Reaktion zu verbünden. Dass diese Bewertung keineswegs allein die Beurteilung der klassenkämpferisch orientierten und daher tendenziell justizkritischen Linken war, belegt eine Äußerung eines prominenten liberalen Reichstagsabgeordneten der DDP. Ludwig Haas, ein Rechtsanwalt, schreibt 1927: *Ich habe das peinliche Gefühl, dass ich das Unglück haben kann, vor einen politisch so fanatisierten Richter zu kommen, dass er unfähig ist, in einem Streit zwischen seinem rechtsradikalen Gesinnungsgenossen und einem Demokraten gerecht zu prüfen und gerecht zu entscheiden*.[50]

Gerade angesichts der gesellschaftlichen Rahmenbedingungen wäre eine rechtsstaatliche Justiz von großer Bedeutung gewesen. Denn die Republik war politisch instabil, von Putschisten bedroht und in vielen historischen Phasen durch Straßenkämpfe politischer Gegner erschüttert. Große Massen der Bevölkerung, auch viele aus dem Felde

---

47 Vgl. Gotthard JASPER (siehe Anm. 41), S. 167 (196); Theo RASEHORN (siehe Anm. 28), S. 113.
48 Vgl. Richard FRÄNKEL, Richter und Republikaner. In: DRiZ 1923, Sp. 68; Georg DE NIEM, Morituri. Eine Sylvesterbetrachtung. In: DRiZ 1921, Sp. 3.
49 Gotthard JASPER (siehe Anm. 41), S. 167 (198); Theo RASEHORN (siehe Anm. 28), S. 113.
50 Judith SCHRAAG-HAAS, Ludwig Haas – Erinnerungen an meinen Vater. In: Mitteilungsblatt des Oberrates der Israeliten Badens, Jahrgang 13, Nr. 9 (Sept. 1961), S. 15 ff., hier zitiert nach Ludwig Luckemeyer. Ludwig Haas als Reichstagsabgeordneter der Fortschrittlichen Volkspartei (FVP) und der Deutschen Demokratischen Partei (DDP). In: Günter SCHULZ (Hrsg.), Kritische Solidarität. Betrachtungen zum deutsch-jüdischen Selbstverständnis. Für Max Plaut zum 70. Geburtstag. Bremen 1971, S. 119 (153 f.); vgl. auch Friedrich Karl KÜBLER (siehe Anm. 8), S. 104 (115); Everhardt FRANSSEN (siehe Anm. 43), S. 766.

heimgekehrte Soldaten, die sich als Elite des Kaiserreichs hatten fühlen dürfen, waren verarmt. Politische Morde, wie der an dem wohl fähigsten Politiker der Weimarer Republik, dem deutschen Außenminister Walther Rathenau, erschütterten das Vertrauen in den Staat.[51] Die Mörder Rathenaus kamen von »rechts«. Ihnen ging es um die Vernichtung der als »Erfüllungspolitik« diskreditierten Realpolitik, welche die Ergebnisse des von eben diesen national-konservativen Kräften vom Zaun gebrochenen und verlorenen Krieges verwalten mussten. Reichskanzler Joseph Wirth von der Zentrumspartei, ein überzeugter Demokrat, hielt am Tag nach dem Attentat die Gedenkrede im Reichstag, in der er den berühmten Satz prägte: »Der Feind steht rechts!«.[52] Auch die Mörder Rathenaus fanden verständnisvolle Richter.[53]

Der allgemeine Befund, die Weimarer Republik sei in erster Linie daran zugrunde gegangen, dass es zu wenige Demokraten gegeben habe,[54] gilt in besonderer Weise für die Justiz. Das demokratiefeindliche richterliche Selbstverständnis vieler Richter wurde auch außerhalb des Berufshandelns im engeren Sinne deutlich. Das noch im Kaiserreich als materialisierter Machtausspruch des Monarchen[55] streng positivistisch befolgte Gesetz wurde jetzt als Ergebnis politisch widerstreitender Interessen und deshalb als den Richter nicht bindendes »Partei-, Klassen- und Bastardrecht«[56] diskreditiert.[57] Recht könne nicht sein, »was der Gesetzgeber nach seiner subjektiven Meinung [...] willkürlich«[58] verordnet habe. Deshalb solle der Richter im Zweifel gegen das demokratische Gesetz und zu Gunsten der »Gerechtigkeitsidee«[59] entscheiden. Ein Gedicht des Vorsitzenden des Deutschen Richterbundes Wilhelm Reichert zum 50-jährigen Bestehen des Reichsgerichts offenbarte in diesem Zusammenhang eine bemerkenswerte Mischung von Provinzialität und Nationalismus: *So war das deutsche Reichsgericht gegründet als des geeinten Reiches stolzes Mal und eine Ritterschaft wart ihm verbündet, zu hüten Volkes Recht als heil'gen Gral.*[60]

Neben diesem nur scheinbar unpolitischen provinziell-kleinbürgerlichen Kitsch entlarvte sich am Ende der Weimarer Republik das politische Vorverständnis dieser höchs-

---

51 Vgl. etwa Gotthard JASPER (siehe Anm. 41), S. 167 (171); Bernhard WECK, Kurt Tucholsky und der Prozeß wegen des Attentats auf den Publizisten Maximilian Harden. In: NJW 1993, S. 1436.
52 Verhandlungen des Reichstags. I. Wahlperiode 1920. Band 356. Stenographische Berichte. 236. Sitzung. Berlin 1922, S. 8058.
53 Vgl. die Autobiografie eines der Mittäter: Ernst VON SALOMON, Der Fragebogen. 18. Auflage, Hamburg 2007, S. 92 ff.
54 In diesem Sinne etwa Maximilian STEINBEIS / Marion DETJEN / Stephan DETJEN, Die Deutschen und das Grundgesetz. Bonn 2009, S. 121.
55 Vgl. dazu Adolf ARNDT (siehe Anm. 8), S. 315 (317).
56 Johannes LEEB, Dreierlei. In: DRiZ 1921, Sp. 130 f. Dr. Leeb war der damalige Vorsitzende des Deutschen Richterbundes.
57 Horst DREIER (siehe Anm. 45), S. 117 (121); vgl. auch Christoph GUSY (siehe Anm. 46), S. 200 f.
58 Wilhelm REICHERT, Rechtswende? In: JW 1926, S. 2791. Reichert war Senatspräsident am Reichsgericht und der damalige Vorsitzende des Deutschen Richterbundes.
59 Vgl. Everhardt FRANSSEN (siehe Anm. 43), S. 766 (770f.); Horst DREIER (siehe Anm. 45), S. 117 (121); Dirk QUASTEN, Die Judikatur des Bundesgerichtshofs zur Rechtsbeugung im NS-Staat und in der DDR. Berlin 2003, S. 79.
60 DRiZ 1929, Sp. 301. Vgl. dazu Theo RASEHORN (siehe Anm. 28), S. 105 u. 115.

ten Richter deutlich auch in folgenden Äußerungen des Nachfolgers von Reichert als Vorsitzender des Deutschen Richterbundes, der damals führenden richterlichen Standesorganisation, in der nahezu alle deutschen Richter organisiert waren.[61] Senatspräsident am Reichgericht Karl Linz schreibt im Jahre 1932: *Der Richterstand, der einzige, der bisher allen Versuchungen zum Trotz seine Ehre rein und seinen Schild blank erhalten hat, ist in höchster Gefahr und mit ihm die Rechtsprechung und das Staatswohl.*[62]

Welche Gefahr ist hier gemeint? Gemeint war die demokratische, die Weimarer Republik verteidigende Presse, diese sei Gegner der Richter und der Gerichte. Und wenn es dann weiter heißt: »Mancher Verbrecher hat sich bei seinem Tode umfangreicherer Nekrologe zu erfreuen gehabt als sie früher regierenden Fürsten zuteil wurden«, darf man den Begriff »Verbrecher« nicht falsch übersetzen; es geht nicht etwa um Nachrufe auf irgendwelche Straftäter, sondern gemeint sind überzeugte Republikaner, es geht um die sogenannten »Novemberverbrecher«, ein das politische Denken vieler Konservativer konstituierender Begriff, der in der unterschiedlichen Behandlung politischer Straftaten durch die Justiz seine Entsprechung fand. Bereits in der frühen Phase der Weimarer Republik hat Emil Julius Gumbel, ein großer deutscher Mathematiker und politischer Publizist, nach dem Rathenau-Mord in einer Dokumentation den Nachweis geführt, dass der vor allem in den ersten Jahren der Republik erhobene politische Vorwurf, die Justiz sei *auf dem rechten Auge blind*, nicht nur die innere Haltung der Richter richtig beschrieb, sondern auch angesichts der Arbeitsergebnisse der Justiz zutreffend war.[63]

Nach dieser Studie auf der Grundlage der Auswertung der Akten über die politischen Morde zwischen 1919 und 1922 waren bei insgesamt 22 von »links« gegen »rechts« begangenen Morden 18 Verurteilungen mit acht Hinrichtungen und Haftstrafen von durchschnittlich 14 Jahren erfolgt, während auf 354 namentlich ermittelte Morde von »rechts« nur durchschnittlich vier Monate Haft entfielen. Warum? Schlicht deshalb, weil 90 % dieser – aufgeklärten – Morde durch skandalöse Freisprüche und gezielte Amnestien ungesühnt blieben und nur 28 teilweise geahndet wurden. Eine von dem seinerzeitigen Justizminister Gustav Radbruch in Auftrag gegebene Untersuchung des Reichsjustizministeriums bestätigte den Befund Gumbels. »Aus Kostengründen« – wie es hieß – wurde die Untersuchung jedoch nicht als Reichstagsdrucksache veröffentlicht.[64]

Diese Tendenz wird auch bei der Behandlung der im Zusammenhang mit dem Kapp-Putsch begangenen Verbrechen deutlich. Amtlich bekannt waren 705. Davon fielen 412 unter Amnestie, 176 Verfahren wurden eingestellt, nur eine Strafe wurde vollzogen. Dem

---

61 Vgl. auch Hans Wrobel, Der Deutsche Richterbund im Jahre 1933. In: Redaktion Kritische Justiz (Hrsg.), Der Unrechtsstaat, Band II. Baden-Baden 1984, S. 73 ff. Zum (konkurrierenden) Republikanischen Richterbund vgl. etwa Robert M. W. Kempner, Der Republikanische Richterbund. In: RuP 1967, S. 129 ff.; Chaim Seeligmann / Givat Brenner, Noch ein Kapitel zu den Jahren der Weimarer Republik – Der Republikanische Richterbund und »Die Justiz«. In: DRiZ 1988, S. 248 ff.

62 Karl Linz, Zum neuen Jahre! In: DRiZ 1932, S. 1.

63 Emil Julius Gumbel, Vier Jahre politischer Mord. Reprint, Heidelberg 1980, S. 81. Dort findet sich auch eine Tabelle wie die im folgenden Text abgebildete.

64 Vgl. Gotthard Jasper (siehe Anm. 41), S. 167 (173); Rudolf Wassermann (siehe Anm. 20), S. 63; Heinrich Hannover / Elisabeth Hannover-Drück (siehe Anm. 25), S. 18 f.

Politische Morde 1919–1922

	Politische Morde begangen von Linksstehenden	Politische Morde begangen von Rechtsstehenden
Gesamtzahl der Morde	22	354
davon ungesühnt	4	326
Verurteilungen	38	24
geständige Täter freigesprochen	—	23
Dauer der Einsperrung je Mord	15 Jahre	4 Monate
Hinrichtungen	10	—

entspricht, dass umgekehrt die Verurteilungen der linken Revolutionäre der bayrischen Räterepublik drastisch ausfielen, während zwei am Hitler-Putsch beteiligte Richter am bayerischen Obersten Landesgericht eine geradezu hymnische Würdigung in der Deutschen Richterzeitung erfuhren.[65]

Wie war eine solche parteiische Rechtsprechung[66] vereinbar mit den Arbeitsergebnissen jener obrigkeitstreuen Subsumtionsautomaten, die früher die richterliche Profession in Deutschland kennzeichneten? Jetzt waren aus obrigkeitstreuen richterlichen Beamten, die zum Gesetzespositivismus neigten, Herrscher über das Recht geworden, die ihre Legitimation im Naturrecht und in den Generalklauseln zu finden glaubten. Nunmehr wurde plötzlich – ohne gesetzliche Grundlage – ein richterliches Prüfungs- und Normverwerfungsrecht gegenüber dem demokratischen Gesetzgeber in Anspruch genommen.[67] Richter und Staatsanwälte gingen dabei in der Regel recht geschickt vor. Das Muster war häufig dasselbe: Fehler in der juristischen Methode wurden in aller Regel vermieden, das Gesetz vielfach, wenn auch nicht immer, vertretbar angewandt (»selektiver Positivismus«[68]).[69] Dagegen schlug bei der Tatsachenfeststellung und der Strafzumessung die antidemokratische und antirepublikanische Einstellung voll durch.

Auch nach der Ermordung Rathenaus änderte sich wenig. Zwar wurde aus diesem Anlass am 21. Juli 1922 das Republikschutzgesetz erlassen.[70] Es sollte sich nach dem Willen des Gesetzgebers ausdrücklich gegen die reaktionären Kräfte aus dem deutschnationalen Bereich richten, welche die Demokratie bekämpften. Tatsächlich wurde das Gesetz in der Justizpraxis entgegen der positivistischen Auslegungslehre jedoch fast ausschließlich gegen linke, bürgerlich-liberale, sozialistische und kommunistische Gesin-

---

65 Vgl. RISS, Richter als Angeklagte. Der Prozeß Hitler. In: DRiZ 1924, Sp. 118 ff. und 121.
66 Für weitere Beispiele vgl. etwa Christoph JAHR (siehe Anm. 41), S. 262 ff.
67 Vgl. dazu Christoph GUSY (siehe Anm. 46), S. 216 ff.; Joachim WIELAND, in: Horst DREIER (Hrsg.), Grundgesetz. Kommentar. Band III, 2. Auflage, Tübingen 2008, Art. 100, Rdnr. 1; Theo RASEHORN (siehe Anm. 7), S. 53; Horst DREIER (siehe Anm. 45), S. 117 (121); Hubert ROTTLEUTHNER, Rechtspositivismus und Nationalsozialismus. In: DuR 1987, S. 373 (378 ff.).
68 Gotthard JASPER (siehe Anm. 41), S. 167 (187).
69 Vgl. die Kritik in der Zeitschrift »Die Justiz«, Bd. I S. 320 ff.; Bd. III S. 375; Bd. VI S. 62 ff.
70 Ausführlich dazu Christoph GUSY, Weimar – die wehrlose Republik? Tübingen 1991, S. 139 ff. Zur Entstehungsgeschichte und dem Gesetzgebungsverfahren vgl. auch Gotthard JASPER (siehe Anm. 41), S. 56 ff.

nungstäter angewandt.⁷¹ In den Fällen aber, in denen das Republikschutzgesetz nach dem Willen des Gesetzgebers hätte Anwendung finden sollen, wurden dessen Bestimmungen von den Gerichten in aller Regel unterlaufen. Prominentestes Beispiel ist sicherlich das Urteil des Münchener Volksgerichts gegen Adolf Hitler wegen dessen Putsches vom 9. November 1923. Nach § 9 Abs. 2 des Republikschutzgesetzes war bei Ausländern in Hochverratsfällen eine Ausweisung zwingend vorgeschrieben. Gleichwohl lehnte das Volksgericht eine Ausweisung mit folgenden Worten ab: [A]*uf einen Mann, der so deutsch denkt und fühlt wie Hitler, [...] kann [...] die Vorschrift ihrem Sinn und ihrer Zweckbestimmung nach keine Anwendung finden.*⁷²

Aber auch in anderen – weniger prominenten – Fällen wurde das Republikschutzgesetz von den Gerichten in seinem originären Anwendungsbereich mit bisweilen völlig unvertretbaren Argumenten nicht angewandt. So begründete noch im Jahre 1930 ein Landgericht den Freispruch vom Vorwurf eines Verstoßes gegen das Republikschutzgesetz damit, die Revolution von 1918 sei »Meineid und Hochverrat«⁷³ gewesen; deshalb sei es nicht rechtswidrig, die Symbole der Republik zu schänden.

Auch der Antisemitismus war auf der »Rechten« zu Hause. Die Weimarer Verfassung hatte die demokratische Gleichheit verwirklicht, eine Idee, welche die Antisemiten schon Jahrzehnte bekämpft hatten. Jetzt war es für sie nur konsequent, für subjektives Unbehagen wie für objektive Missstände die junge Republik und das jetzt gleichberechtigte Judentum verantwortlich zu machen.⁷⁴ Republik und Judentum, das war in der »rechten« Propaganda ein- und dasselbe. Die »Judenrepublik« müsse zerstört werden, lautete der ständig wiederholte Slogan der rechts-konservativen Presseorgane.⁷⁵ Als jüdisch wurde kurzerhand alles bezeichnet, was demokratisch, liberal oder sozialistisch war. Dass die deutschen Juden, gerade die Wohlhabenden, seit Generationen assimiliert waren und zum Teil sogar eher konservativ dachten,⁷⁶ störte bei dem antisemitisch eingestellten Teil der Gesellschaft niemanden.

Zu diesem Teil der Bevölkerung, der Weimar – die »Judenrepublik« – ablehnte, gehörten nicht nur Richter aus der Kaiserzeit, sondern vor allem gegen Ende der 1920er Jahre auch viele junge Richter aus der sogenannte Nachkriegsgeneration der zwischen 1900 und

---

71 Friedrich Karl KÜBLER (siehe Anm. 8), S. 104 (118); Fritz Bauer hat diese Rechtsprechung als Sabotage bezeichnet. Vgl. Fritz BAUER, Justiz als Symptom. In: Hans Werner RICHTER (Hrsg.). Bestandsaufnahme. Eine deutsche Bilanz 1962. München 1962, S. 221 (225). Vgl. auch Manfred WALTHER (siehe Anm. 43), S. 299 (301 ff.).
72 Volksgericht für den Landgerichtsbezirk München I, Urteil vom 1. April 1924 - 20, 68, 97/1924, abgedruckt in: Otto GRITSCHNEDER, Bewährungsfrist für den Terroristen Adolf H.: Der Hitler-Putsch und die bayerische Justiz. München 1990, S. 67 ff. Die hier zitierte Passage findet sich auf S. 94.
73 Theo RASEHORN (siehe Anm. 28), S. 113 unter Hinweis auf die Zeitschrift »Die Justiz«, Bd. VI, S. 223.
74 Vgl. etwa Ralph ANGERMUND (siehe Anm. 41), S. 31.
75 Zur strafrechtlichen Bewertung dieses politischen Kampfbegriffes durch das Reichsgericht s. unten V.
76 Vgl. jedoch Heinrich August WINKLER, Die deutsche Gesellschaft der Weimarer Republik und der Antisemitismus – Juden als Blitzableiter. In: Wolfgang BENZ / Werner BERGMANN (Hrsg.), Vorurteil und Völkermord. Entwicklungslinien des Antisemitismus. Freiburg im Breisgau 1997, S. 341 (345), nach dem das »Gros der Juden« in der Weimarer Republik die linksliberale Deutsche Demokratische Partei unterstützten.

1910 geborenen.⁷⁷ Die Zeitgenossen Ernst Niekisch und Peter Suhrkamp kennzeichnen die daraus entstandenen Einstellungen – also Tradition und Lebenswelt – dieser »Sozialisationskohorte«⁷⁸ so:⁷⁹ *Insgeheim verachtet sie bereits die Sache der Zivilisation, des Fortschritts, der Humanität; [...] [und sie] erschaudert nicht vor einer Barbarisierung des Lebens.*⁸⁰

Und Suhrkamp kritisiert damals nahezu seherisch:⁸¹ *Das Bezeichnendste an ihnen ist ihr Mangel an Humanität, ihre Achtlosigkeit gegen das Menschliche.*⁸²

V.

Für diese republikfeindliche Haltung steht insgesamt auch das Reichsgericht.⁸³ Das lässt sich mit seiner Rechtsprechung belegen. Zum einen legitimierte das Reichsgericht die kritische Distanz gegenüber dem mit der alleinigen Gesetzgebungskompetenz ausgestatteten Reichstag, indem es dem Drängen der Richter folgte und ihnen – wie oben bereits erwähnt – ohne gesetzliche Grundlage ein richterliches Prüfungs- und Normverwerfungsrecht durch selbst geschaffenes Richterrecht zubilligte.⁸⁴ Dies ermutigte den Richterverein beim Reichsgericht, um in einer Eingabe vom 8. Januar 1924 an die Reichsregierung mit der Aufkündigung des gesetzlichen Gehorsams wegen eines Gesetzesvorhabens zu drohen.⁸⁵ Zum anderen lassen sich auch zahlreiche Entscheidungen des

---

77 In einer Studie des rechtsnationalistischen Günther Gründel aus dem Jahre 1932 wird die in dieser Zeit sozialisierte Generation der damals zwanzig bis dreißig Jährigen so beschrieben: Der »Kriegsjugendgeneration« fehle zwar »das Fronterlebnis«, dennoch sei für sie der Krieg »zu einem ganz ungewöhnlich starken und einzigartigen Jugenderlebnis« geworden, »Kriegsbegeisterung 1914; Siegesschulfeiern und Heeresberichte; (...) Hunger, Not und Entbehrungen, (...) Kohleferien und immer wieder: Hunger und Entbehrungen (...). Schließlich: Zusammenbruch der Welt der Väter und alles dessen, was bisher gegolten hatte; Umsturz und „Umwertung aller Werte", dadurch aber »die ungewöhnlich frühe Erschließung der Kinderseele für das große Ganze, für völkische (...) Belange und für das kollektive Erleben überhaupt. (...) Das Volk, die Nation und die bösen Feinde waren bereits aktivste Faktoren in unserer harmlosen Kinderwelt.«; Günther GRÜNDEL, Die Sendung der Jungen Generation. Versuch einer umfassenden revolutionären Sinndeutung der Krise, München 1932, S. 31 ff. Vgl. näher zum generationellen Selbstverständnis dieser Alterskohorte Ulrich HERBERT, Best. Biographische Studien über Radikalismus. Weltanschauung und Vernunft 1903–1989. Bonn 1996, S. 522 ff.
78 Zu diesem Begriff etwa Bernd RÜTHERS, Hatte die Rechtsperversion in den deutschen Diktaturen ein Gesicht? In: JZ 1997, S. 556 (561).
79 Vgl. zu allem Ulrich HERBERT (siehe Anm. 77), S. 42 ff. und 45.
80 Vgl. ebenda.
81 Zitiert nach Ulrich HERBERT (siehe Anm. 77), S. 45.
82 Zitiert nach ebenda, S. 45.
83 Siehe etwa Max HIRSCHBERG, Das Fehlurteil im Strafprozess. 1960, S. 153 ff.; Rudolf WASSERMANN, Ist die Justiz auf dem rechten Auge blind? In: NJW 1994, S. 833. Vgl. auch die zeitgenössische Einschätzung des Strafverteidigers Alfred APFEL, Behind the scenes of German justice. London 1935, S. 116 ff. Das Buch ist rückübertragen aus der französischen und englischen Übersetzung unter dem Titel: »Hinter den Kulissen der deutschen Justiz. Erinnerungen eines deutschen Rechtsanwalts 1882–1933«. Berlin 2013, kürzlich neu publiziert worden.
84 Reichsgericht, Urteil vom 4. November 1925 – V 621/24, RGZ 111, S. 320 (322f.). 15 Jahre später verwehrte das Reichsgericht den Richtern gegenüber jeglicher Normsetzung des NS-Staates ein entsprechendes Prüfungsrecht. Reichsgericht, Urteil vom 17. Juni 1940 – VIII 75/40, RGZ 164, S. 193 (194); vgl. insoweit Manfred WALTHER (siehe Anm. 43), S. 299 (309 ff.).
85 JW 1924, 90; näher zu dieser Eingabe etwa Friedrich Karl KÜBLER (siehe Anm. 8). S. 104 (114 f.); Horst

Reichsgerichtes finden, die das politische Vorverständnis und die Bereitschaft zur Lösung vom Gesetz dokumentieren:

Der Maler George Grosz, ein führender Karikaturist Weimars, hatte eine Bildserie zum Thema Kirchen und Krieg gefertigt und sich darin darüber empört, dass die Kirchen »Waffen segneten«. Kernstück des angegriffenen Bildes war ein Christus am Kreuz mit Gasmaske und Soldatenstiefeln und der Unterschrift: »Maul halten und weiterdienen«. Das Landgericht Berlin hatte in zweiter Instanz Grosz und dessen Verleger vom Vorwurf der Gotteslästerung freigesprochen, weil es richtig erkannt hatte: So wenig Gasmaske und Soldatenstiefel zum Christusbild passen, genauso wenig passte die Lehre der kriegshetzenden Vertreter der Kirche zur christlichen Lehre; dies sei es, was der Maler habe sagen wollen, dies sei der Aussagekern und daher keine Gotteslästerung im Sinne des damaligen § 166 StGB. Das Reichsgericht hob das freisprechende Urteil auf.[86] Die Art der Darstellung sei abstoßend und roh und verletze das religiöse Gefühl der Gläubigen. Das sei entscheidend.

Abb. 2: Grosz-Karikatur »Christus mit Gasmaske« [u. a. quaekernachrichten.blogspot.de/2011_11_01_archive.html]

Es war ein Affront gegenüber dem Reichsgericht, dass das Landgericht Berlin im zweiten Anlauf mit einem intellektuell brillanten Urteil vom 4. Dezember 1930, das der Berichterstatter, der spätere sogenannte Kronjurist der SPD und Vater der Hessischen Verfassung, Adolf Arndt, als junger Assessor durchsetzte, wieder freisprach.[87] Auf die erneute Revision der Staatsanwaltschaft ließ der 2. Strafsenat des Reichsgerichts mit Urteil vom 5. November 1931 wenigstens den Freispruch unbeanstandet, bestätigte aber zugleich das behördliche Verbot der Grafik »Christus mit Gasmaske« und verfügte die Vernichtung der entsprechenden Druckplatten.[88] Das erste der beiden genannten Urteile

---

DREIER (siehe Anm. 45), S. 117 (121 f.); Hubert ROTTLEUTHNER (siehe Anm. 67), S. 373 (378); Dirk QUASTEN (siehe Anm. 59), S. 79.

86 Reichsgericht, Urteil vom 27. Februar 1930 - II 750/29, RGSt 64, S. 121, 126 und 129. Vgl. dazu etwa Helmuth SCHREINER, Die Hintergründe des Grosz-Prozesses. In: Zeitwende 7 (1931), S. 193 ff.; Bernhard VON BECKER, »Gegen Grosz und Genossen« – Der Gotteslästerungsprozess gegen George Grosz. In: NJW 2005, S. 559 (561).

87 Vgl. dazu näher Dieter GOSEWINKEL, Adolf Arndt. Bonn 1991, S. 41 ff.; Helmut KRAMER / Wolfram WETTE (siehe Anm. 39), S. 11 (35 ff.).

88 Vgl. zur zweiten Revisionsentscheidung Dieter GOSEWINKEL (siehe Anm. 84), S. 41 ff.; Helmut KRA-

des Reichsgerichts kommentier Robert M. W. Kempner (viele Jahre später Ankläger in den Nürnberger Kriegsverbrech prozessen, damals preußischer Regierungsrat) seinerzeit in der Zeitschrift »Justiz« des Republikanischen Richterbundes schlicht dadurch, dass er auf eine andere Entscheidung des Reichsgerichts zu einer anderen Karikatur verwies:[89] Das NS-Organ »Stürmer« hatte in seiner Ausgabe vom 14. April 1931 auch ein Bild veröffentlicht mit der Überschrift »Karfreitag« und darunter den Spruch: »Herr, sie wollen mein Volk verraten, wie sie Dich verraten haben«. Das Bild stellt Jesus Christus am Kreuz dar, links von ihm steht ein Nationalsozialist mit gefalteten Händen, der offenkundig die zitierten Worte spricht. Rechts unter dem Kreuz der katholische Geistliche, Arm in Arm mit einer Gestalt mit Ballonmütze, auf der anderen Seite des Pfarrers ein kleinerer Mann mit asiatischem Aussehen und »verbrecherischem« Gesichtsausdruck, dahinter ein »jüdisch« aussehender Mann, in der Hand ein Blatt mit verzerrtem Kruzifix. Die weitere Veröffentlichung dieses Bildes war verboten worden. Das Reichsgericht hob das Verbot der Veröffentlichung auf und erklärte, die Begründung für das Verbot, das Bild des Gekreuzigten sei in der widerlichsten Weise in den Parteienkampf hineingezogen und dadurch beschimpft worden, werde dem Sachverhalt nicht gerecht. Die Figur des katholischen Geistlichen unter den Volksverrätern solle doch »nur« die Zentrumspartei und nicht die katholische Kirche darstellen.

Es ist weniger diese – wenig überzeugende, eher zynisch wirkende – Begründung des Reichsgerichts, die verstört. Auch der Umstand, dass das Reichsgericht nunmehr – anders als in früheren Entscheidungen – das Tatbestandsmerkmal der Beschimpfung offenbar eng auslegt, weckt für sich genommen keine Bedenken. Aber die Gegenüberstellung der beiden Entscheidungen zeigt überdeutlich, dass das unterschiedliche Ergebnis allein dem unterschiedlichen politischen Vorverständnis geschuldet ist, mit dem das Reichsgericht den jeweiligen Angeklagten begegnet ist. Ganz offensichtlich hat das Reichsgericht hier willkürlich mit zweierlei Maß gemessen.[90]

Beispielhaft ist auch die Behandlung der sogenannten Boxheimer Protokolle. Am 5. August 1931 hatten sich in Lampertheim NS-Größen aus Hessen versammelt, darunter Dr. Werner Best.[91] Best war der Mann, der einige Jahre später Rechtsberater der Gestapo und bald danach auch der wichtigste Mann neben Heydrich im Reichssicherheitshauptamt werden sollte, aus dem die für die Planung und Ausführung der Genozidpolitik verantwortliche etwa 300 Männer umfassende Kerngruppe hervorgegangen ist. Werner Best war ein junger Richter aus Hessen mit besten Examina. Ab 1929 war er an verschiedenen hessischen Amtsgerichten tätig. 1930 trat er in die NSDAP, 1931 in die SS ein. Als damaliger Leiter der Rechtsabteilung der hessischen NSDAP-Führung erstellte Best 1931 Pläne zur gewaltsamen Machtübernahme der NSDAP in Hessen, die als »Boxheimer Doku-

---

MER / Wolfram WETTE (siehe Anm. 39), S. 11 (37); Alfred APFEL, Causa finita. In: Jo HAUBERG / Giuseppe DE SIATI / Thies ZIEMKE, Der Malik-Verlag 1916–1947. Kiel 1986, S. 131 (131 f.); hier ist das zweite Revisionsurteil teilweise abgedruckt.
89 In: »Die Justiz« Band VI S. 552; vgl. dazu Theo RASEHORN (siehe Anm. 28), S. 199.
90 Zu weiteren Beispielen vgl. noch Everhardt FRANSSEN (siehe Anm. 43), S. 766 (771 f.).
91 Zum Folgenden vgl. Ulrich HERBERT (siehe Anm. 77), S. 112 ff.; siehe auch Heinrich HANNOVER / Elisabeth HANNOVER-DRÜCK (siehe Anm. 25), S. 281 f.

mente« in die Geschichte eingingen. In diesen Dokumenten wurde vor dem Hintergrund einer fiktiven kommunistischen Revolution ein Szenario für die Machtübernahme der NSDAP entwickelt und unter anderem die Verhaftung und Ermordung von politischen Gegnern gefordert. Die Pläne schlugen in der Öffentlichkeit hohe Wellen, denn hier wurden sozusagen schwarz auf weiß die Befürchtungen der republikanischen Kräfte und der Reichswehr über den gewalttätigen Charakter der Politik der Nationalsozialisten bestätigt. Best wurde nach dem Bekanntwerden aus dem Staatsdienst des Volksstaates Hessen entlassen. Trotz nachdrücklichen Verlangens des hessischen Innenministers Wilhelm Leuschner verweigert die Oberreichsanwaltschaft zunächst die Strafverfolgung. Erst auf erheblichen öffentlichen Druck beantragte der Oberreichsanwalt Werner viele Monate später die gerichtliche Voruntersuchung gegen Best wegen Vorbereitung zum Hochverrat. Die Nationalsozialisten dankten Werner später öffentlich für dieses Zögern. Ähnlich zögerlich verfuhr auch das Reichsgericht. Der 4. Strafsenat verzögerte die Entscheidung nämlich um ein weiteres Jahr, um Best dann im Oktober 1932 mit der Begründung außer Verfolgung zu setzen, »die Nationalsozialisten planten die Machtübernahme doch nur gegen die Kommunisten, nicht gegen die legale Regierung«, so dass Hochverrat ausscheide.[92]

Ein anderes Beispiel belegt die mit Händen zu greifende Distanz des Reichsgerichts zu der neuen Staatsform. Der 1. Strafsenat des Reichsgerichts entschied 1923, dass die Sätze »Wir brauchen keine Judenrepublik, pfui Judenrepublik«, die Mitglieder des sogenannten Jungdeutschen Ordens während einer Versammlung in Gotha skandiert hatten, keine Beleidigung der »verfassungsmäßig festgestellten Staatsform« darstellten. Sie beinhalteten »lediglich« eine Beleidigung der »gegenwärtigen Staatsform«.[93] Zur Begründung führte das Reichsgericht u. a. aus: *Der Ausdruck »Judenrepublik« kann in verschiedenem Sinne gebraucht werden. Er kann die besondere Form der demokratischen Republik bezeichnen, welche durch die Weimarer Nationalversammlung verfassungsmäßig festgestellt ist; er kann auch die gesamte Staatsform umfassen, die in Deutschland seit dem gewaltsamen Umsturz im November 1918 bestanden hat. Gemeint kann sein die neue Rechts- und Gesellschaftsordnung in Deutschland, die unter hervorragender Beteiligung deutscher und ausländischer Juden aufgerichtet wurde. Gemeint kann auch sein die übermäßige Macht und der übermäßige Einfluß, den die im Verhältnis zur Gesamtbevölkerung kleine Anzahl der Juden nach Ansicht weiter Volkskreise in Deutschland tatsächlich ausübt. [...] Es ist nicht einmal ausdrücklich festgestellt, daß die Angeklagten die verfassungsmäßig festgestellte Staatsform des Reiches beschimpft haben, sondern nur, daß sie die gegenwärtige Staatsform des Reiches beschimpft haben. Die Möglichkeit eines Rechtsirrtums ist hienach nicht ausgeschlossen.*[94]

---

92 Reichsgericht, Beschluss vom 12. Oktober 1932. In: ZStAPo, 15.01/26140, S. 273, 276ff.; Ulrich HERBERT (siehe Anm.77), S. 118.

93 Aktenzeichen 1D 459/1923 VIII 805.

94 Der 3. Strafsenat des Bundesgerichtshofes hat im Jahr 1961 u. a. diese Entscheidung des Reichsgerichts ausdrücklich als verfehlt gerügt: »Die Gesetze sind gegen staats- und verfassungsfeindliche Bestrebungen rechts- wie linksradikaler Kräfte gleichermaßen anzuwenden. Es darf sich nicht wiederholen, dass die vom Gesetz besonders geschützten Repräsentanten, Symbole und Einrichtungen der Bundesrepublik bei Gerichten in berechtigten Fällen keinen oder keinen ausreichenden Schutz finden, wie

Unrühmlich ist – zumindest in der Endphase der Weimarer Republik – auch die Rolle des Staatsgerichtshofes, dem die höchsten Richter der obersten Reichsgerichte angehörten. Die verfassungswidrige gewaltsame Absetzung der preußischen Regierung (sogenannter »Preußenschlag«) blieb vor dem Staatsgerichtshof nahezu folgenlos.[95] Hier trat als maßgeblicher Vertreter der sich ankündigenden nationalsozialistischen Staatsideologie der berühmte Jurist Carl Schmitt für das beklagte Reich auf und verteidigte den Verfassungsbruch.[96]

Sicherlich ist richtig, dass man sich vor Pauschalisierungen hüten sollte. Mit den zitierten Beispielen lässt sich der Alltag der Justiz in Weimar nicht vollständig erfassen. Natürlich gab es auch das Bemühen, trotz aller Schwierigkeiten angesichts der überwiegend völkisch gesinnten Nachwuchsjuristen bei der Neueinstellung demokratietreue Richter zu bevorzugen.[97] Das kann man auch an konkreten Rechtsprechungsergebnissen erkennen, in denen engagiert die Demokratie, die Republik oder die Grundrechte der Mitglieder von Minderheiten – wie etwa der jüdischen Bevölkerung – verteidigt wurden. Auch auf den Deutschen Richtertagen 1925 und 1926 gab es erste Anzeichen für eine positivere Einstellung zur Republik, zumindest im Sinne eines Bekenntnisses als »Vernunftrepublikaner«.[98] Diese von gegenläufigen Strukturen geschwächten Tendenzen einer Stabilisierung der Republik waren indes nicht von Dauer. Ende der 1920er Jahre war deutlich erkennbar, dass sich die Mehrheit der Richter von der Demokratie – endgültig – distanziert hatte. Man setzte auf die am Horizont herannahenden Veränderungen, die Hoffnung auf eine neue Ordnung in all den politischen Wirren machten. Republikanische Richter, die die Demokratie verteidigten, wurden von den Gegnern der Republik ins Visier genommen. Was sich diese demokratischen Richter anhören mussten, belegt folgender Auszug aus einer Rede Roland Freislers im Preußischen Landtag am 3. Juni 1932:

Preußischer Landtag, 5. Sitzung am 3. Juni 1932
Abg. Dr. Freisler (NSDAP):

---

das bei vereinzelten Entscheidungen des früheren Reichsgerichts zutraf [vgl. JW 1929, S. 1148: »schwarz-rot-hühnereigelb« und das Zitat in RGSt 65, S. 5; ferner Reichsgericht 1 D 459/1923: »Judenrepublik«], aber auch sonst bei Strafgerichten der Weimarer Zeit vorkam«; BGH, Urteil vom 1. Dezember 1961 - 3 StR 38/61, BGHSt 16, S. 338 (340 f.).

95 Vgl. dazu etwa den informativen Überblick von Werner FROTSCHER / Bodo PIEROTH (siehe Anm. 1), Rdnr. 563 ff.

96 Vgl. Gabriel SEIBERTH, Anwalt des Reiches. Carl Schmitt und der Prozess »Preußen contra Reich« vor dem Staatsgerichtshof. Berlin 2001, passim.

97 Vgl. etwa Christoph GUSY (siehe Anm. 46), S. 203 und 207; Ralph ANGERMUND (siehe Anm. 41), S. 34 f.; Rudolf WASSERMANN (siehe Anm. 20), S. 80. Vgl. jedoch auch die kritischere Einschätzung von Christoph JAHR (siehe Anm. 41), S. 67: »Systematische Versuche, die Richterschaft nach 1918 zu ›republikanisieren‹, blieben aus [...]«. Ähnlich Heinrich HANNOVER / Elisabeth HANNOVER-DRÜCK (siehe Anm. 25), S. 24: »Die SPD nutzte ihre Macht nicht; die Richter blieben«.

98 Christoph GUSY (siehe Anm. 46), S. 204 ff. und 207. Siehe auch die differenzierten Analysen von Donald L. NIEWYK, Jews and the Courts in Weimar Germany. Jewish Social Studies 37 (1975), S. 99 (101 ff.); Udo BEER, The Protection of Jewish Civil Rights in the Weimar Republic. Jewish Self-Defence through Legal Action. Leo Baeck Institute Year Book XXXIII (1988), S. 149 (157 ff.); vgl. ferner Rudolf WASSERMANN (siehe Anm. 20), S. 71 ff.

»Wir kennen Hunderte von Fällen. Wir erinnern uns daran, wie hier bei dem Kurfürstendamm-Prozess ein Richter öffentlich im Gerichtssaal eine skandalöse Urteilsbegründung verkündet hat, die man als die Parteienrede eines Patentrepublikaners der Systemparteien in einer Wahlversammlung ansehen könnte, eine Urteilsbegründung, in der es unter anderem hieß: ›Wenn große politische Parteien etwa die Absicht haben sollten, die Saison der Terrorakte zu eröffnen, dann muss das Gericht die Saison der hohen Strafen eröffnen‹.«
(Abg. Kube (NSDAP): »Wie hieß denn dieser Bursche?«) »Das kann man ruhig sagen, der Landgerichtsdirektor Schmitz.«[99]

Nicht die Richter haben den Untergang von Weimar bewirkt. Aber es bleibt der Befund, dass sich Richter zu wenig und zu spät für die demokratische Ordnung engagiert haben. Es waren nicht orientierungslose, durch den Zusammenbruch ihrer Welt 1918 erschütterte Richter, die als »wehrlose Opfer zur leichten Beute« der über sie herein brechenden NS-Gewalt wurden.[100] Justiz und Richtern fehlte es zwar in der Tat nach 1918 an einem gesicherten, demokratischen Selbstverständnis; viele Richter waren »ideologisch erschüttert«.[101] Aber viele hatten schon bald ihre Sicherheit in einer das Bild der Justiz prägenden Distanz oder gar Ablehnung der Demokratie gefunden. Und diese Haltung – Abstand und Distanz zum demokratischen Staat – hatte sich angesichts der bürgerkriegsähnlichen Zustände, der Verarmung staatstragender Mittelschichten (auch der Richter[102]), scheinbarer staatlicher Führungslosigkeit und der Massenarbeitslosigkeit Ende der 1920er Jahre in der Gesellschaft und damit auch in der Justiz immer stärker verbreitet. Deshalb ereignete sich für die meisten Richter mit der Machtergreifung der Nationalsozialisten im Jahre 1933 eben kein solcher »Weltuntergang« wie 1918.[103] Im Gegenteil: Die Bereitschaft der Richter zur Identifikation mit dem neuen autoritären nationalen Staat ist groß. Dies hängt sicherlich auch mit ihrer sozialen Herkunft zusammen, die überwiegend eine national und konservativ orientierte Haltung zur Folge hatte und eine Affinität zu den neuen »nationalen« Zielen der nationalsozialistischen Führung bewirkte.[104] Auch wenn viele Richter und Staatsanwälte den braunen Teror auf der

---

99 Dieses und weitere Beispiele werden in einem kritischen Rundschreiben vom Juli 1932 an Richter, Staatsanwälte und Rechtsanwälte aufgeführt; das aus dem Archiv der Rechtsanwaltskammer Frankfurt/M. stammende Schreiben ist abgebildet in: Rechtsanwaltskammer Frankfurt/M. (Hrsg.), Rechtsanwälte und ihre Selbstverwaltung 1878 bis 1998. Wiesbaden 1998, S. 69 ff.

100 Vgl. Joachim WENZEL, Erinnerung an die Gründung des Reichsgerichts vor 125 Jahren. In: NJW 2004, S. 3388.

101 Vgl. Hans HATTENHAUER (siehe Anm. 23), S. 359; Adolf ARNDT (siehe Anm. 8), S. 315 (318).

102 Dieser Umstand kam etwa in dem Schlagwort »Der Richterstand war proletarisiert« zum Ausdruck. Vgl. dazu etwa Ernst FRAENKEL (siehe Anm. 26), S. 1 (15). Das Schlagwort geht wohl auf Eugen Schiffer zurück; vgl. Horst BÖHM, Einkommensvergleich: Was soll das? Was bringt das? In: DRiZ 2008, S. 193. Zur ökonomischen Lage der Richterschaft während der Weimarer Republik vgl. ferner Hubert ROTTLEUTHNER (siehe Anm. 67), S. 373 (378).

103 Vgl. Richard SCHMID, Über die politische Haltung der Richterschaft seit Weimar. Gewerkschaftliche Monatshefte 1961, S. 660 (662).

104 Lothar GRUCHMANN (siehe Anm. 2), S. 289; Christoph JAHR (siehe Anm. 41), S. 65; vgl. auch die Nachweise in Anm. 45.

Straße ablehnten, begrüßten sie die »nationale Erhebung«, die eine Beseitigung pluralistischer Einflüsse der verschiedenen, einander bekämpfenden politischen und sozialen Gruppen auf den Staat versprach. Von der neuen NS-Staatsführung erhofften sie die Wiedererrichtung einer autoritären Ordnung, die ihrer Wunschvorstellung vom Staat entsprach. Die Entschließung des Präsidiums des Deutschen Richterbundes vom 19. März 1933 macht diese Haltung der Richter deutlich: *Der Deutsche Richterbund begrüßt den Willen der neuen Regierung, der ungeheuren Not und Verelendung des Deutschen Volkes ein Ende zu machen. [...] Deutsches Recht gelte in Deutschen Landen! Der deutsche Richter war von jeher national und verantwortungsbewusst. Stets war er von sozialem Empfinden erfüllt, er hat nur nach Gesetz und Gewissen Recht gesprochen. Das muß so bleiben!*[105]

In ganz ähnlicher Weise äußerte sich einen Tag später auch der Preußische Richterverein: *Die preußischen Richter und Staatsanwälte nehmen die nationale Erneuerung Deutschlands zum Anlass für das Bekenntnis, dass es ihr heißes Bestreben ist, auf dem Gebiete der Rechtspflege am Neuaufbau des deutschen Rechts und der deutschen Volksgemeinschaft mitzuarbeiten. Auch für sie gilt es, die Ehre und die Würde des durch die nationale Revolution geschaffenen neuen Staates zu unterbauen und zu stützen!*[106]

Und schon im Herbst 1933 wird der Vorsitzende des Deutschen Richterbundes, der bereits erwähnte Karl Linz, in einer Rede noch emphatischer: *Hohe Verehrung, aber auch unverbrüchliche Treue schlingen ein unauflösliches Band zwischen dem, der die Geschicke des deutschen Volkes leitet, seinem Führer, und den deutschen Richtern. Eng um ihn geschart, wie der Heerbann um seinen Herzog, werden wir im Kampfe ihm zur Seite stehen und das Schlachtfeld entweder nie oder erst dann verlassen, wenn der Sieg errungen ist: die Rettung des deutschen Volkes.*[107]

Im Oktober 1933 folgte dann vor dem Reichsgerichtsgebäude der so bezeichnete feierliche »Rütli-Schwur« der deutschen Juristen.[108] Hans Frank, Chefjurist der NSDAP und Führer des Bundes Nationalsozialistischer Deutscher Juristen, sprach vor mehr als 12.000 auf dem Juristentag in Leipzig versammelten Juristen: *Deutsche Juristen, ich fordere Sie auf, mit mir einzustimmen: Wir schwören beim ewigen Herrgott, wir schwören bei dem Geist unserer Toten, wir schwören bei all denen, die das Opfer einer volksfremden Justiz einmal geworden sind, wir schwören bei der Seele des deutschen Volkes, dass wir unserem Führer auf seinem Weg als deutsche Juristen folgen wollen bis an das Ende unserer Tage.*[109] Der sich daran anschließende Schwur ist auf dem Titelblatt des Oktoberheftes 1933 der Deutschen Richterzeitung festgehalten.

Nicht nur bei überzeugten Nationalsozialisten, auch bei vielen bürgerlich-konservativen oder politisch indifferenten Richtern herrschte große Erleichterung über die neue staatliche Ordnung. Endlich dem Chaos ein Ende! Endlich Ordnung! Die von manchen als nur vorübergehend angesehene Einschränkung von Rechtsstaatlichkeit wurde mit dem Schutz des Staates vor linksradikalen, revolutionären Bestrebungen legitimiert, die einen Umsturz planten und damit auch die Grundlagen der Existenz der Justizbeamten-

---

105 Zitiert nach Karl LINZ, Zeitspiegel. In: DRiZ 1933, S. 121 (122).
106 Ebenda.
107 Karl LINZ, Zeitspiegel. In: DRiZ 1933, S. 292 (293).
108 DRiZ 1933, 265, (272).
109 Ebenda.

schaft bedrohten. Die Wenigsten erkannten, dass die national-sozialistische Führung von Anfang an entschlossen war, zur Durchsetzung ihrer Ziele den Rechtsstaat für immer zu beseitigen. Bereits im Mai 1933 gehörte fast die Hälfte der Richter und Staatsanwälte der NSDAP an.[110] Die schnelle Anbiederung der Richterschaft an den NS-Staat ist dabei nicht zu verstehen als Rückfall in die alte Rolle einer machtlosen Institution. Es war sicherlich eher der Entschluß, genau dies zu vermeiden; man wollte oben mitmischen, den Anschluss nicht verpassen.[111] Gerade deshalb kam es in der Rechtsprechung zu dieser »überschießenden Anpassung«. Eine »lahme« Justiz wie im Ersten Weltkrieg, als »nur« 48 Todesurteile gefällt wurden, sollte es nicht mehr geben, kein neuer Dolchstoß in den Rücken der Nation, kein neues 1918! Angesichts dessen, dass die neuen gesellschaftlichen Rahmenbedingungen, die politische Macht und die Auffassungen der Richter, was Recht und Ordnung sei, im Wesentlichen übereinstimmten, stellten sich Probleme der Legitimität des (neuen) Rechts ebenso wenig wie Fragen nach Auslegungsspielräumen.

VI.

In den Anfangsjahren der Etablierung des NS-Staates bildete im Rahmen der propagandistischen Darstellung der juristischen Berufe durch die Nationalsozialisten der Anwalt das Feindbild, der als »typisch jüdisch und liberalistisch« und als »Komplize der Verbrecher« beschimpft wurde. Im Gegensatz dazu stand geradezu als Vorbild der deutsche Richter, der den nationalen Aufbruch begriffen habe und in seiner Person die Autorität des Staates verkörpere.[112] Das mag auch damit zusammenhängen, dass sich die Ausschaltung jüdischer Rechtsanwälte, von denen einige als sogenannten Konsulenten weiterarbeiteten, nicht so kurzfristig realisieren ließ wie dies bei den Richtern der Fall war. Die Ergebnisse der »Säuberungen« beider Berufsgruppen durch das Gesetz zur Wiederherstellung des Berufsbeamtentums und die entsprechende Verordnung für die Anwaltschaft sowie die verschiedenen späteren administrativen Maßnahmen fielen gleichwohl nur in begrenztem Umfang unterschiedlich aus. Nach Reifner wurden von den im Jahre 1933 tätigen 19.276 zugelassenen Rechtsanwälten etwa 4.400, also etwa 23 % mit Berufsverbot belegt, ins Exil getrieben, verschleppt oder ermordet.[113] Für die Richter und Staatsanwälte geht Rottleuthner davon aus, dass circa 15 % von ihnen 1933 aus politischen oder »rassischen« Gründen aus dem Dienst scheiden mussten.[114]

---

110 Vgl. die Zahlenangaben bei Hans-Eckhard NIERMANN, Die Durchsetzung politischer und politisierter Strafjustiz im Dritten Reich. Düsseldorf 2005, S. 66; Dieter DEISEROTH, Nordrhein-westfälische Justiz und NS-Vergangenheit. In: KJ 2002, S. 90 (93); Michael LOJOWSKY, Richter und Staatsanwälte der politischen Strafsenate der Oberlandesgerichte Darmstadt und Kassel in der Zeit des Nationalsozialismus. In: Wolfgang FORM / Theo SCHILLER (siehe Anm. 3), S. 1043 (1080).
111 Rudolf WASSERMANN (siehe Anm. 20), S. 82; Theo RASEHORN (siehe Anm. 7), S. 58.
112 Rudolf WASSERMANN (siehe Anm. 20), S. 87 ff.
113 Udo REIFNER, Die Zerstörung der freien Advokatur im Nationalsozialismus. In: KJ 1984, S. 380; vgl. auch Udo BEER (siehe Anm. 96), S. 149 (157); Rudolf WASSERMANN (siehe Anm. 20), S. 87 ff.
114 Hubert ROTTLEUTHNER, Karrieren und Kontinuitäten deutscher Justizjuristen vor und nach 1945, Berlin 2010, S. 14.

Zur Erklärung der Anpassungs- und Mitwirkungsbereitschaft der im NS-Staat weiter tätigen Richter und Staatsanwälte ist neben der »Positivismus-These« häufig das Argument verwandt worden, viele Richter hätten zwar den Unrechtscharakter des Regimes erkannt, aber aus der Überzeugung mitgemacht, sie könnten noch Schlimmeres verhüten. Wer damals so argumentierte, war aber schon im System gefangen. Denn wer Ungeheuerlichkeiten wie etwa die Morde im Zusammenhang mit der »Röhm-Affäre« oder die Pogrome im November 1938 duldete, fand selten Grund, im Rahmen seiner eigenen professionellen Tätigkeit als Richter oder Staatsanwalt seine persönliche Gefolgschaft im Einzelfall aufzukündigen. Auf diese Weise wurde Anpassung zur Normalität. Ebenso wenig taugt die »Opfer-These« zur Erklärung dieser Anpassungsbereitschaft. Es ist eine Legende, dass derjenige, der nicht alles mitzumachen bereit gewesen wäre, Angst vor Versetzung, Entlassung oder Bestrafung hätte haben müssen.[115] Die große Mehrzahl der Richter hat sich mit dem NS-System arrangiert, es begrüßt und gestützt, weil sie mit den grundlegenden Überzeugungen des Regimes in wesentlichen Teilen übereinstimmten und die Arbeitsbedingungen ein hohes Maß an Berufszufriedenheit gewährleisteten.[116] Selbst die Entfernung der jüdischen Berufskollegen aus dem Dienst wurde von vielen Richtern und auf Anstellung wartenden Assessoren sowie zahlreichen in wirtschaftlicher Not lebenden Rechtsanwälten eher unter dem Aspekt der eigenen Beförderungschance oder der Sicherung der eigenen materiellen Lebensgrundlage bewertet.[117] Insoweit kann letztlich dahinstehen, ob es sich bei den handelnden Juristen immer um überzeugte Nationalsozialisten oder lediglich angepasste Mitläufer handelte. Im Rahmen der Untersuchung *Politische NS-Justiz in Hessen* hat Lojowsky u. a. überprüft, ob sich hinsichtlich der an den politischen Strafsenaten der Oberlandesgerichte, also der vermeintlich staatstragendsten Teile der Justiz, tätigen Richtern und Staatsanwälten ein signifikanter »Juristentyp« feststellen lässt, bei dem sich aufgrund seines persönlichen und beruflichen Profils eine besondere Staatsnähe identifizieren lässt.[118] Das Ergebnis ist negativ und bestätigt andere Untersuchungen.[119] Weniger nachgewiesene langjährige NS-Organisationszugehörigkeit vor 1933 (»Alte Kämpfer«) noch ein bestimmtes persönliches Profil hat zur Tätigkeit an den besonders systemtreuen Spruchkörpern geführt, sondern wohl eher der Umstand, dass die, die über die Besetzung entschieden, sich dabei an der Zuverlässigkeit im Sinne des NS-Regimes und der Bereitschaft zu einer an dessen Erwartungen angepassten Rechtsprechung orientierten.[120]

---

115 Vgl. dazu Georg D. FALK (siehe Anm. 3).
116 Hubert ROTTLEUTHNER (siehe Anm. 114), S. 15.
117 Lothar GRUCHMANN (siehe Anm. 2), S. 1114.
118 Vgl. Michael LOJOWSKY (siehe Anm. 110), S. 1043 (1080 ff.).
119 Vgl. die Einschätzung von Richard SCHMID, Über die politische Haltung der Richterschaft seit Weimar. In: Gewerkschaftliche Monatshefte 1961, S. 660 (667): »[...] dass es nicht in erster Linie die Nazis unter den Richtern waren, mit denen diese grausame Justiz vorwiegend betrieben wurde; es waren die begabten Karrieremacher und gefügige, gewandte Juristen ohne bestimmte politische Orientierung.« Vgl. auch Rudolf WASSERMANN (siehe Anm. 20), S. 108; Dieter DEISEROTH (vgl. Anm. 110), S. 90 (93). Zu den Karriereverläufen Hamburger Justizjuristen siehe Hubert ROTTLEUTHNER (siehe Anm. 114), S. 195 ff.
120 So heißt es 1936 etwa in der Beurteilung eines für den politischen Strafsenat am OLG Kassel vorge-

Angesichts dieser Befunde wird deutlich, dass der immer wieder apologetisch gebrauchte Hinweis, die meisten Richter seien keineswegs Nationalsozialisten gewesen, für eine Beurteilung ihrer Rolle im NS-Staat vollkommen untauglich ist. Aus der Perspektive der Staatsführung war es offenkundig so, dass die Justiz die ihr zugedachte Rolle verlässlich, korrekt und im Wesentlichen zur Zufriedenheit der politischen Führung ausübte. Natürlich gab es systemimmanente Spannungen, Kompetenzstreitigkeiten, auch die jeder Diktatur eigene Unzufriedenheit über eine gelegentliche Zurückhaltung der Justiz und ebenso Verärgerungen der Machthaber über einzelne Urteile.[121] All das und die grundsätzliche Justizfeindlichkeit der Nationalsozialisten, die natürlich zu Spannungen zwischen Justiz und Partei führen musste, dürfen jedoch nicht überbewertet werden. Insgesamt funktionierte die Justiz, wie es der NS-Staat erwartete.

---

sehenen Richters: »Landgerichtsrat Heynatz ist mir persönlich bekannt [...] Parteipolitisch ist Heynatz vor der Machtergreifung nicht gebunden gewesen. Seit dem 01.05.1933 ist er Mitglied der NSDAP. Seine volle charakterliche Eignung für ein gehobenes Richteramt und seine innere Verbundenheit mit der Bewegung stehen außer Zweifel [...]«. HHStW Abt. 505 Nr. 4511.
[121] Vgl. etwa Lothar GRUCHMANN (siehe Anm. 2), S. 658 ff.

Die Präsidenten des Oberlandesgerichts Frankfurt am Main in der Zeit des Nationalsozialismus[1]

Arthur von Gruenewaldt

Diesem Beitrag über die Präsidenten des OLG Frankfurt am Main, ihre Viten und ihrem Verhalten während der NS-Zeit sind einige Erläuterungen voranzustellen.

Der OLG-Bezirk Frankfurt am Main besaß zur Zeit der nationalsozialistischen Herrschaft einen anderen geographischen Zuständigkeitsbereich als heute. Für den damaligen Volksstaat Hessen (bis 1918 das Großherzogtum Hessen), dessen Gebiete heute zum OLG-Bezirk Frankfurt/M. gehören, war das OLG Darmstadt zuständig, welches die LG-Bezirke Darmstadt, Mainz und Gießen umfasste.[2] In der damaligen preußischen Provinz Hessen-Nassau gab es zwei OLG-Bezirke: den OLG-Bezirk Kassel mit den LG-Bezirken Kassel, Hanau und Marburg[3] sowie den OLG-Bezirk Frankfurt am Main, der sich aus den LG-Bezirken Frankfurt/M., Limburg und Wiesbaden zusammensetzte.[4]

Wichtig ist auch, darauf hinzuweisen, dass für die Bewertung der OLG-Präsidenten ihre Mitgliedschaft in der NSDAP und Angaben im und das Ergebnis des Entnazifizierungsverfahren nicht ausreichen. Als Quellen wurden daher ebenfalls Dienst- und Verwaltungsakten einschließlich dienstlicher Korrespondenzen berücksichtigt und den Karriereverläufen besondere Beachtung geschenkt. Soweit vorhanden, wurden ergänzend Einschätzungen von Zeitzeugen nach 1945 herangezogen. Ferner ist anzumerken, dass eine genaue und kritische Bewertung selbstverständlich nicht von einer ignoranten Sichtweise »der späten Geburt« getrübt werden darf.[5]

Die Präsidenten des Oberlandesgerichts Frankfurt am Main 1933–1945

In der Zeit der nationalsozialistischen Herrschaft übten drei Juristen das Amt des OLG-Präsidenten von Frankfurt/M. aus. Dies waren Dr. Bernhard Hempen vom 1. März 1930

---

[1] Dieser Beitrag ist ein gekürzter und leicht geänderter Auszug aus der noch unveröffentlichten Dissertation des Autors: Arthur von GRUENEWALDT, Die Richterschaft des Oberlandesgerichts Frankfurt am Main in der Zeit des Nationalsozialismus. Die Personalpolitik und Personalentwicklung, erscheint in der Schriftenreihe: »Beiträge zur Rechtsgeschichte des 20. Jahrhunderts«, Tübingen Frühjahr 2015.

[2] Vgl. Bundesarchiv Berlin (BArchB) Best. R 3001 Nr. 8527; Moritz von KÖCKRITZ, Die deutschen Oberlandesgerichtspräsidenten im Nationalsozialismus (1933–1945). Frankfurt/M. 2011, S. 275 ff., 353 ff. und 411 ff. Darin über die OLG-Präsidenten von Darmstadt Adolf Müller, Dr. Wilhelm Stuckart und Dr. Ludwig Scriba in der NS-Zeit.

[3] Vgl. KÖCKRITZ (siehe Anm. 2), S. 86 ff. und 546. Darin über die OLG-Präsidenten von Kassel Dr. Heinrich Anz und Dr. Kurt Delitzsch in der NS-Zeit.

[4] Vgl. Arthur von GRUENEWALDT (siehe Anm. 1), Kap. 1., Kap. 3. §2. A.

[5] Vgl. Michael STOLLEIS, Geschichte des öffentlichen Rechts in Deutschland, Bd. 3. Staats- und Verwaltungsrechtswissenschaft in Republik und Diktatur 1914–1945. München 1999, S. 248; Heinz MÜLLER-DIETZ, Recht und Nationalsozialismus. In: Jura 1991, S. 505 ff.

bis zum 30. Mai 1933, Otto Stadelmann bis zu seinem Ruhestand am 1. April 1939 sowie Prof. Dr. Arthur Ungewitter, der das Präsidentenamt am 1. Juni 1939 antrat und bis zur Schließung des OLG am 29. März 1945 führte.[6]

Den OLG-Präsidenten kam eine besondere Rolle zu, da sie die Verwaltungsvorgaben des Reichsjustizministeriums und der politischen Führung in Bezug auf die nationalsozialistische Personalpolitik und Rechtsprechung federführend umsetzen mussten. Sie fungierten auch als Bindeglied zwischen dem Reichsjustizministerium und der politischen Führung ihres OLG-Bezirks. Sie mussten Beziehung zur NSDAP bzw. zur Gauleitung und den der NSDAP angeschlossenen Organisationen und Verbänden halten. Unter den letzteren ist vor allem der Nationalsozialistische Rechtswahrerbund,[7] als nationalsozialistischer Dachverband und Standesvertretung der Juristen zu nennen, der einen wesentlichen Einfluss auf alle Bereiche der Justiz auszuüben versuchte.

Untersucht wurde auch das Verhalten der Präsidenten bei wichtigen Gesetzen und Ereignissen während ihrer Amtszeit. Bei Hempen liegt daher der Schwerpunkt auf seinem Verhalten bei den »wilden Maßnahmen« im Zusammenhang mit der ›Säuberung‹ der Justiz im Frühjahr 1933, bei der Einsetzung des Sondergerichts Ende März 1933 sowie auf den Umständen seiner Zwangsversetzung an das Kammergericht nach Berlin im Juni 1933. Bei Stadelmann steht sein Verhalten bei der Ausführung von drei Gesetzen zur ›Säuberung‹ der Justiz in den Jahren 1933, 1935 und 1937 im Mittelpunkt. Ungewitters Präsidentschaft, die fast ausschließlich in die Zeit des Zweiten Weltkriegs fiel, wird im Hinblick auf den Krieg untersucht sowie auf seine Positionierung hinsichtlich der Durchsetzung der immer radikaler werdenden Vorgaben der juristischen und politischen Führung in der NS-Zeit.

Dr. Bernhard Hempen – OLG-Präsident vom 1. März 1930 bis 30. Mai 1933

Vita[8]

Bernhard Hempen wurde am 24. Januar 1881 in Meppen an der Ems als Sohn eines Prokuristen geboren und katholisch getauft. Er bestand am 6. Juni 1903 die Erste Staatsprüfung mit der Note »gut« und promovierte 1905 an der juristischen Fakultät der Univer-

---

6 Vgl. GRUENEWALDT (siehe Anm. 1), Kap. 4. §2., §3. Hier werden weitere Juristen in exponierter Stellung, wie die Vizepräsidenten, Senatspräsidenten und Generalstaatsanwälte des OLG Frankfurt/M. vorgestellt. Insbesondere ist auf die Biographie von Vizepräsident Heinrich Heldmann zu verweisen. Bemerkenswert und in dieser Form einmalig unter den Richtern am OLG ist seine auch öffentlich gezeigte ablehnende Haltung gegenüber dem NS-Regime. Auch die Senatspräsidenten Daltrop und Moehrs sind hervorzuheben, da sie als Opfer der NS-Personalpolitik degradiert und an das OLG Frankfurt/M. zwangsversetzt wurden.

7 Siehe Michael SUNNUS, Der NS-Rechtswahrerbund: (1928–1945). Zur Geschichte der nationalsozialistischen Juristenorganisation (Rechtshistorische Reihe, 78). Frankfurt/M. 1990.

8 Über ihn und seine Laufbahn vgl. BArchB Best. R 3001 Nr. 82258, Personalakte Hempen; R 3001 / Personalkartei RJM, Hempen; Geheimes Staatsarchivs Preußischer Kulturbesitz in Berlin-Dahlem GStAPK I. HA Rep. 84 a Nr. 23005; Institut für Stadtgeschichte Frankfurt am Main (ISG Frankfurt/M.) Zsf Nr. 338; »Frankfurter Nachrichten«, Pressemitteilung vom 1. Juni 1933 zum Dienstantritt Hempens als

sität Rostock über das Thema »Die Anfechtung von Erfüllungs- und Sicherungsgeschäften wegen betrügerischer Gläubigerbenachteiligung«.[9] Am 21. Januar 1909 legte er sein Assessorexamen mit der Note »ausreichend« ab. Er wurde in den Staatsdienst übernommen und am 1. Juni 1913 zum Landrichter in Bochum ernannt. Diese Anstellung übte er nur etwas länger als ein Jahr aus, da er vom 3. August 1914 bis zum 6. Januar 1919 Kriegsdienst leistete. Während des Ersten Weltkriegs war er als »Frontkämpfer« Kompanieführer in einem Landwehr-Infanterieregiment. Hempen erlitt eine Verwundung, die jedoch nicht zu bleibenden Schäden führte.[10] Er verließ die Armee im Dienstrang eines Oberleutnants der Reserve und kehrte in den Justizdienst zurück. Am 1. April 1920 wurde er zum Landgerichtsrat in Duisburg befördert und bereits ein Jahr später am 1. April 1921 zum Oberlandesgerichtsrat in Düsseldorf ernannt. Im Mai des gleichen Jahres heiratete er die katholische Charlotte Wachendorf, die Tochter eines Rechtsanwalts. Aus dieser Ehe gingen zwei Töchter und ein Sohn hervor.

Vom 1. Januar 1925 bis zum 31. März 1925 war Hempen als wissenschaftlicher Mitarbeiter[11] im preußischen Justizministerium tätig. Er leitete fünf Jahre lang im Rang eines Ministerialrats die Personalabteilung. Zum 1. März 1928 wurde er für fünf Jahre zum Mitglied des Landesamts für Familiengüter bestellt. Diese Tätigkeit konnte er jedoch nur bis zum März 1930 ausüben, da er am 1. April 1930 im Alter von 49 Jahren als Nachfolger von OLG-Präsident Ernst Dronke[12] die Leitung des OLG Frankfurt/M. übernahm.[13] Die »Volksstimme Frankfurt am Main« berichtete in ihrer Ausgabe vom 2. April 1930 von der offiziellen Einführung Hempens im Plenarsaal des Oberlandesgerichts.[14] Schon vor Hempens Dienstantritt in Frankfurt/M. war sein Wechsel an die Spitze der Frankfurter Justiz Thema in der Presse. Die »Berliner Zeitung« schrieb in ihrer Ausgabe vom 17. Januar 1930, dass Hempen mit den Justizverhältnissen im Westen genau vertraut

---

OLG-Präs. von Frankfurt/M.; Hubert ROTTLEUTHNER, Karrieren und Kontinuitäten deutscher Justizjuristen vor und nach 1945. Mit allen Grund- und Karrieredaten auf beiliegender CD-ROM. Berlin 2010, S. 185. Die nachfolgenden Daten und Informationen zu seiner Vita entstammen diesen Quellen.

9 Bernhard HEMPEN, Die Anfechtung von Erfüllungs- und Sicherungsgeschäften wegen betrügerischer Gläubigerbenachteiligung. Diss. jur., Duisburg 1905.

10 Für seinen Einsatz wurde er mit dem Eisernen Kreuz I. und II. Klasse, dem Verwundetenabzeichen in Schwarz und dem Ehrenkreuz für Frontkämpfer ausgezeichnet.

11 In der Kaiserzeit, der Weimarer Republik und der NS-Zeit wurde die Funktion als wissenschaftlicher Mit- oder Hilfsarbeiter zumeist von Akademikern mit abgeschlossenem Hochschulstudium ausgeübt und stellte keine Ausbildungstätigkeit dar.

12 Vgl. BArchB »Akten der Reichskanzlei. Weimarer Republik« online, Biographien: »Dronke, Ernst, Jurist, Oberlandesgerichtspräsident (7.1.1865 Koblenz – 23. Oktober 1933 n.e.), 1890 Gerichtsassessor in Trier, Koblenz und Elberfeld, 1895 Amtsrichter in Sulzbach/Saar, 1901 Landrichter in Köln, 1906 Landgerichtsdirektor, 1909 Kammergerichtsrat, hauptamtliches Mitglied der Prüfungskommission in Berlin, seit 1910 GehORegR und Vortragender Rat im Reichsjustizamt, 1920–1930 Präsident des Oberlandesgerichts in Frankfurt/Main«, http://www.bundesarchiv.de/aktenreichskanzlei/1919-1933/0001/adr/adrag/kap1_4/para2_150.html (abgerufen am 12. Dezember 2013).

13 Vgl. hierzu auch Acta Borussica. Die Protokolle des Preußischen Staatsministeriums, Bd. 12/II: 4. April 1925 bis 10. Mai 1938. Bearb. von Reinhold ZILCH, Hildesheim 2004, S. 587.

14 Vgl. GStAPK I. HA Rep. 84 a Nr. 23005, Bl. 200. Laut dem Bericht stellte sich Hempen der Beamtenschaft vor und würdigte anschließend die Verdienste seines Vorgängers Dronke. Danach wurden ihm von Vizepräsident Heldmann die Beamten vorgestellt.

sei, da er lange Zeit in Duisburg, Bochum und Düsseldorf als Richter gewirkt habe und danach in Düsseldorf als Oberlandesgerichtsrat tätig gewesen sei. Hervorhebenswert ist die Tatsache, dass der zukünftige OLG-Präsident Mitglied der Zentrumspartei war.[15] Der genaue Zeitpunkt seines Parteieintritts lässt sich nicht ermitteln. Laut Aktenlage erfolgte er in den Jahren 1926/27. Hempen gehörte dem Zentrum bis zum 29. April 1933 an, eine aktive parteipolitische Betätigung ist nicht feststellbar. Von 1930 bis 1933 war er außerdem Mitglied im katholischen Beamtenverein.

Der NSDAP trat er zum 1. Mai 1933 bei. Weitere Mitgliedschaften in der NSDAP angeschlossenen Organisationen und Verbänden folgten: im Nationalsozialistischen Rechtswahrerbund ab Oktober 1933, in der Nationalsozialistischen Volkswohlfahrt ab August 1934, im Reichsluftschutzbund ab November 1934 und in der NS-Kulturgemeinde ab 1935.[16]

Die Umstände von Hempens Zwangsversetzung an das Kammergericht in Berlin zum 1. Juni 1933 sind nur teilweise rekonstruierbar. Eine Ursache dafür könnte in einem Vorgang vom April 1933 liegen, der im Zusammenhang steht mit einer Allgemeinen Verfügung der Weimarer Reichsregierung vom 9. Juli 1930. Der kommissarische Justizminister in Preußen, Hanns Kerrl, nahm eine im August 1932 aufgehobene Verfügung der preußischen Regierung von 1930[17] zum Anlass einer massiven Attacke auf die OLG-Präsidenten und verband dies mit der Forderung einer »politischen Gesinnungsprüfung« der Präsidenten. Er forderte sie am 4. April 1933 auf, zu ihrem damaligen Verhalten hinsichtlich der Allgemeinen Verfügung Stellung zu nehmen.[18] Bereits Morsey hat darauf hingewiesen, wie aufschlussreich in Formulierung und Argumentation die Antwortschreiben der preußischen Chefpräsidenten für ihre Denkweise sind.[19] So antwortete Hempen am 9. April 1933, dass aus Anlass eines 1930 in seinem Bezirk anhängigen Ver-

---

15 Vgl. BArchB Best. R 3001 Nr. 82258, Personalakte Hempen, Bl. 57.

16 Vgl. BArchB Best. R 3001 Nr. 82258, Personalakte Hempen, (Personalbogen / Befähigungsnachweis, Einlage).

17 Es handelte sich um die Allgemeine Verfügung der preußischen Regierung unter Otto Braun (SPD) vom 9. Juli 1930 (JMBl. 1930, S. 22), die preußischen Beamten unter Hinweis auf ihre Treuepflicht gegenüber dem Staat verbot, sich für politische Organisationen zu betätigen oder diese zu unterstützen, »deren Ziel der gewaltsame Umsturz der bestehenden Staatsordnung ist«. Als solche Organisationen wurden die KPD und die NSDAP eingestuft.

18 Hanns Kerrl: »Mit Erstaunen musste ich feststellen, daß nicht ein einziger Chefpräsident der Oberlandesgerichte (bzw. des Kammergerichts) dem Justizministerium gegenüber den Standpunkt zum Ausdruck gegeben hat, daß derjenige Beamte, der die Allgemeine Verfügung des Staatsministeriums vom 9. Juli 1930 (JMBl. 1930, S. 22) ausführte, verfassungs- und damit pflichtwidrig handelte. Die erwähnte Verfügung verbot Beamten u. a. die Zugehörigkeit zur NSDAP. An der Verfassungswidrigkeit dieser Verfügung konnten Zweifel nicht bestehen. Mit Rücksicht auf die verfassungsmäßig garantiert gewesene richterliche ›Unabhängigkeit‹ wäre der Richter derjenige gewesen, der sich gegenüber dem Staatsministerium zum Sprecher des Gewissens der Nation hätte machen müssen. Ich ersuche mit Rücksicht hierauf um umgehenden Bericht, warum trotz dieser klaren Rechtslage und Aufgabe Bedenken gegen den Staatsministerialerlaß nicht geltend gemacht worden sind.« Zitiert nach Rudolf MORSEY, Politische Gesinnungsprüfung der Oberlandesgerichtspräsidenten in Preußen 1933. Ein Beitrag zur Gleichschaltung der Justiz zu Beginn des »Dritten Reiches«. In: Verwaltung im Rechtsstaat. Festschrift für Carl Hermann Ule zum 80. Geburtstag. Köln 1987, S. 209–222, hier S. 214f.

19 Ebenda, S. 215 ff.

fahrens gegen einen Beamten, der sich für die Nationalsozialisten betätigt hatte, Bedenken gegen die Rechtsgültigkeit des Beschlusses von 1930 offenkundig geworden seien und man daher das Urteil auf »andere Beschuldigungen« gestützt habe. Zu seiner eigenen Rechtsauffassung erklärte er, wie der Disziplinarsenat und in Übereinstimmung mit einem Beschluss des Reichsgerichts habe er die Auffassung vertreten, dass die Treuepflicht den Beamten die »Betätigung für die NSDAP mit Rücksicht auf die damals noch darin vorhandenen und später abgestoßenen revolutionären Strömungen verboten« habe. Er führte ein weiteres Disziplinarverfahren an, in dem er Ende 1931 – also schon vor Aufhebung der Allgemeinverfügung – als Vorsitzender des Disziplinarsenats festgestellt habe, »daß die NSDAP wegen der wirksamen Maßnahmen ihres Führers zwecks Entfernung revolutionärer Elemente aus der Bewegung seit Frühjahr 1931 als legal angesehen werden müsse, so daß es den Beamten gestattet sei, sich in ihr zu betätigen.«[20]

Auf seine Versetzung nahm Hempen auch in einem Schreiben vom 23. April 1933 an den Staatssekretär im preußischen Justizministerium Bezug. Dieses Schreiben spricht dafür, dass Hempen seine persönliche Lage sowie die Anwendung des Gesetzes zur »Wiederherstellung des Berufsbeamtentums« (BBG)[21] bei der ›Säuberung‹ der Justiz auf politisch unzuverlässige Beamten falsch einschätzte. Er schreibt:

Hoch verehrter Herr Staatssekretär,

Das Gefühl, daß ich in eine Stelle minderen Ranges versetzt werden soll, schmerzt doch sehr, als ich zunächst in Berlin verspürte. Nur das Bewusstsein, daß ich persönlich schuldlos bin und die Versicherung des Herrn Ministerialdirektors Dr. Freisler, daß die beabsichtigte Regelung nur eine vorübergehende sei, und der Herr Minister mich wieder in eine planmäßige Oberlandesgerichtspräsidentenstelle zurückversetzen wolle, wenn eine geeignete Stelle frei werde, lässt die Veränderung erträglich erscheinen.

Nach Marienwerder würde ich an sich gehen, weil ich dann bliebe, was ich bin. Ich habe nur Bedenken, ob mir in Marienwerder konfessionelle Schwierigkeiten erwachsen müssten. Soviel ich weiß, ist der Generalstaatsanwalt dort schon katholisch und die Bevölkerung ganz überwiegend evangelisch. Ich bin zwar stets mit den Angehörigen anderer Konfessionen gut ausgekommen. Es könnten sich aber aus der Konstellation Wiederstände ergeben [...]. Anderenfalls müsste aber eine Versetzung in die Obergerichtspräsidentenstelle nach Düsseldorf die günstigste Lösung sein, weil ich die dort gegebenen Verhältnisse kenne und auch mit den Obergerichtsräten in ein gutes Verhältnis kommen müsste. Sollte es für den Fall meiner Versetzung nach Berlin, [...] mich zum stellvertretenen Vorsitzenden des dortigen Prüfungsamtes zu bestellen, so wäre mir das sehr lieb. Ich würde die interessante Prüfungstätigkeit nur ungerne aufgeben. Von meiner Versetzung nach Köln bitte ich aus persönlichen Gründen abzusehen. Besonders schmerzlich wäre es mir, wenn ich nach Beuthen oder Hamm versetzt werden würde. Eine Versetzung nach Beuthen käme fast einer Strafversetzung gleich. Wenn sich meine Versetzung nicht nachträglich vermeiden lässt, so bitte ich den Staatssekretär dahin zu wirken, [...] daß die Stelle und der Ort der Versetzung günstig ist. Jedenfalls bin ich dem Herrn Minister und dem Herrn Staatssekretär für die Art und Weise, wie meine Angelegenheit befürwortet worden ist, äußerst dankbar.

Ich verbleibe in treuer Verehrung ihr stets ergebener Hempen.[22]

---

20 MORSEY (Siehe Anm. 18), S. 220; GRUENEWALDT (siehe Anm. 1), Kap. 2. §1.
21 RGBl. I S. 175.
22 BArchB Best. R 3001 Nr. 82258, Personalakte Hempen, Bl. 65 f.

Offenbar war Hempen vor dem 23. April 1933 im preußischen Justizministerium von seiner bevorstehenden Versetzung unterrichtet worden. Zimmer schreibt in seiner Kurzbiographie über diesen Vorgang, dass Freisler im Mai 1933 bei Hempen in Frankfurt/M. erschienen sei und ihm erklärt habe, er sei nicht mehr der rechte Mann am rechten Ort. Stattdessen habe er ihm eine Stelle als Senatspräsident am Kammergericht in Berlin angeboten.[23]

Als entscheidender Faktor für Hempens Zwangsversetzung nach Berlin und seine Degradierung vom OLG-Präsidenten zum Senatspräsidenten ist seine Mitgliedschaft in der Zentrumspartei anzusehen.[24] Dies belegen zwei Hinweise in seiner Personalakte. In seinem Personalbogen wurde vermerkt, dass § 5 BBG (Versetzung aus dienstlichem Erfordernis) auf ihn angewandt wurde. Ferner steht in einem Personalvermerk des Kammergerichtspräsidenten Heinrich Hölscher von 1934, dass Hempen durch Erlass vom 29. Mai 1933 – II c 2203 – gemäß § 5 BBG zum Senatspräsidenten am Kammergericht ernannt wurde und dem Zentrum von 1926 bis zum 29. April 1933 angehört hat.[25] Aufgrund seiner politischen Einstellung bis zum Jahre 1933 war er für die Nationalsozialisten auf dem Posten des OLG-Präsidenten im Jahre 1933 nicht länger tragbar.[26] 1933 wurden zudem gezielt nahezu alle preußischen OLG-Präsidenten abgelöst, um das wichtige Schlüsselressort des höchsten Justizbeamten im jeweiligen OLG-Bezirk mit einem linientreuen Justizbeamten zu besetzen. Gruchmann gibt an, dass lediglich einer von den 13 preußischen OLG-Präsidenten im Frühjahr 1933 nicht abgesetzt wurde. Alle anderen traten unter Ausübung von Druck durch das preußische Justizministerium mehr oder weniger freiwillig in den Ruhestand oder wurden zwangsversetzt.[27]

In den »Frankfurter Nachrichten« wurde Hempen am 1. Juni 1933 zwar wegen seines konzilianten Wesens und seines Einsatzes für die Beamtenschaft gewürdigt, zugleich aber heißt es dort systemkonform, dass er mit seiner Zustimmung an das Kammer-

---

23 Erhard ZIMMER, Die Geschichte des Oberlandesgerichts in Frankfurt am Main. Frankfurt/M. 1976, S. 148.
24 Vgl. GStAPK I. HA Rep. 84 a Nr. 23005, Bl. 196.
25 Vgl. BArchB Best. R 3001 Nr. 82258, Personalakte Hempen, (Personalbogen / Befähigungsnachweis, Einlage).
26 Vgl. ISG Frankfurt am Main Zsf Nr. 338, »Frankfurter Nachrichten« vom 31. Mai 1933; Lothar GRUCHMANN, Justiz im Dritten Reich 1933–1940. Anpassung und Unterwerfung in der Ära Gürtner. 3. Aufl., München 2001, S. 225.
27 GStAPK I. HA Rep. 84 a Nr. 6335, Bl. 44. In einem Zeitungsartikel aus Frankreich vom 1. Februar 1934 u.d.T. »Justiz enthauptet«, der dem preußischen Justizminister vorgelegt wurde, heißt es: »Nach Angaben des preußischen Justizministers Kerrl sind, seit Hitler zur Macht kam, allein in Preußen entlassen worden: von 13 Oberlandesgerichtspräsidenten: 11, von 13 Generalstaatsanwälten: 9, von 87 Landgerichtspräsidenten: 50, von 86 Oberstaatsanwälten: 46, von 1040 planmäßigen Richtern in Berlin sind heute nur noch 370 an ihrer früheren Stelle«; GRUCHMANN (Siehe Anm. 26), S. 225; MORSEY (siehe Anm. 18), S. 220 f.; Carl-Hermann ULE, Über den Einfluß der politischen Parteien auf die Verwaltungsgerichtsbarkeit (in der Weimarer Republik und unter dem Grundgesetz). In: Staat und Parteien. Festschrift für Rudolf Morsey zum 65. Geburtstag. Berlin 1992, S. 59, 63 f. Ule stellt dazu fest, dass die Mehrheit der preußischen Chefpräsidenten von den Nationalsozialisten als Anhänger der Weimarer Republik angesehen wurden. Die OLG-Präsidenten hätten als höchste Justizbeamten in den Provinzen und als Chefs der Justizverwaltung erhebliche Einwirkungsmöglichkeiten auf die ihnen unterstellte Richterschaft besessen und seien als Repräsentanten der bisherigen Ordnung entfernt worden.

gericht nach Berlin versetzt worden sei.[28] Am gleichen Tag trat Hempen dort seinen Dienst an.[29] Er übernahm am Kammergericht einen Zivilsenat und gehörte ab dem 1. Juli 1933 dem juristischen Landesprüfungsamt an, das für die Abnahme des Assessorexamens verantwortlich war.[30] In einer Beurteilung Hölschers vom November 1938 wird er für seine vorzügliche Begabung und reiche Erfahrung gelobt, mit der er den 23. Zivilsenat umsichtig, arbeitsfreudig und mit gutem Erfolg geleitet habe. Hempen wird als vornehmer und taktvoller Richter bezeichnet, der fest zum neuen Staat stehe.[31] Eines der letzten Schreiben seiner Personalakte vom April 1941 betrifft seine ›unabkömmlich-Stellung‹, da er zur Erfüllung kriegswichtiger behördlicher Aufgaben benötigt wurde und somit nicht zum Kriegsdienst herangezogen werden konnte.[32] Über das weitere Schicksal Hempens berichtet Zimmer, dass er am 21. Mai 1945 aus seiner Berliner Wohnung abgeholt und in das russische Gefangenenlager in Landsberg an der Warthe verbracht wurde, wo er am 18. August 1945 starb.[33]

Hempens Verhalten während der ›Säuberung‹ der Justiz – seine Haltung gegenüber dem Nationalsozialismus

Unter Hempens Führung begann im Frühjahr 1933 die ›Säuberung‹ der Justiz durch Zwangsbeurlaubungen und -versetzungen im OLG-Bezirk Frankfurt/M. Eine Einschätzung über sein damaliges Verhalten im Frühjahr 1933 lässt sich aus den Erinnerungen vom Frankfurter Landgerichtsrat Ernst E. Hirsch, »Als Rechtsgelehrter im Lande Atatürks«,[34] gewinnen. Hirsch wurde aufgrund seiner jüdischen Religion von Hempen im März 1933 zwangsbeurlaubt.[35] Er beschreibt diesen Vorgang wie folgt:

Am 30. März, d. h. bereits zwei Tage vor diesem »Judenboykott«, wurde ich telefonisch gebeten, mich noch am Nachmittag im Dienstzimmer des Oberlandesgerichtspräsidenten Dr. Hempen einzufinden. Dieser kannte mich als einen der »professoralen« Mitglieder des Justizprüfungsamtes beim Oberlandesgericht. Er teilte mir mit, daß er mich auf die Weisung des damaligen Reichskommissars für die ehemalige Provinz Hessen-Nassau Dr. Roland Freisler bitten müsse, bis auf weiteres auf die

---

28 Vgl. ISG Frankfurt am Main Zsf Nr. 338. »Frankfurter Nachrichten« vom 1. Juni 1933.
29 Vgl. ZIMMER (siehe Anm. 23), S. 148; nach Zimmer behielt er sogar seine bisherigen Amtsbezeichnung und das Einkommens bei; ROTTHLEUTHNER (siehe Anm. 8), S. 185.
30 Vgl. ISG Frankfurt am Main Zsf Nr. 338. »Frankfurter Nachrichten« vom 1. Juni 1933.
31 Vgl. BArchB Best. R 3001 Nr. 82258, Personalakte Hempen (Personalbogen / Befähigungsnachweis, Einlage).
32 Vgl. BArchB Best. R 3001 Nr. 82258, Personalakte Hempen, Bl. 72.
33 Vgl. ZIMMER (siehe Anm. 23), S. 148.
34 Ernst E. HIRSCH, Als Rechtsgelehrter im Lande Atatürks. Berlin 2008. Erstveröffentlichung u.d.T.: Aus des Kaisers Zeiten durch die Weimarer Republik in das Land Atatürks, München 1982.
35 Vgl. HIRSCH (siehe Anm. 34), S.9 ff. Hirsch promovierte im Alter von 22 Jahren an der Universität Gießen. Mit 27 Jahren habilitierte er sich an der Universität Frankfurt/M. und übernahm 1930 als Privatdozent Vorlesungen im Handelsrecht und internationalen Privatrecht. 1931 wurde er zum Landgerichtsrat am Landgericht Frankfurt/M. ernannt. Nach seiner Zwangsbeurlaubung am 30. März 1933 entschloss er sich ins Exil in die Türkei zu gehen, wo er knapp 20 Jahre an den Universitäten Istanbul und Ankara lehrte und forschte. 1952 kehrte er nach Berlin zurück und lehrte dort an der Freien Universität 15 Jahre bis zu seiner Emeritierung. Vgl. Horst GÖPPINGER, Juristen jüdischer Abstammung im »Dritten Reich«. Entrechtung und Verfolgung. 2. Auflage, München 1990, S. 340.

Ausübung meines Richteramtes zu verzichten. Als ich – im Gegensatz zu den meisten anderen durch die gleiche Maßnahme betroffenen Kollegen – diese Zumutung ablehnte, fragte der Präsident, ob ich ihm Schwierigkeiten machen wollte. Darum gehe es nicht, erwiderte ich, sondern um die richterliche Unabhängigkeit und die Erfüllung des von uns beiden abgelegten Richtereides. »Dann eröffne ich Ihnen hiermit dienstlich, daß Sie bis auf weiteres beurlaubt sind.« Erst unter dem 10. April, d. h. einige Tage nach dem Inkrafttreten des »Gesetzes zur Wiederherstellung des Berufsbeamtentums« vom 7. April, wurde mir die mündliche Eröffnung schriftlich bestätigt. Die acht Tage vor dem Gesetz ausgesprochene Zwangsbeurlaubung eines auf Lebenszeit angestellten Richters durch den Chefpräsidenten des Oberlandesgerichts auf Weisung des Leiters einer Provinzialverwaltung entbehrte nicht nur jeder gesetzlichen oder sonstigen rechtlichen Grundlage, sondern war ein schwerer Verstoß gegen das Prinzip der Trennung der Gewalten, gegen die richterliche Unabhängigkeit und gegen das öffentliche Dienstrecht.[36]

Ungeachtet ihrer Subjektivität ist Hirschs Darstellung der Umstände seiner Zwangsbeurlaubung eine substanzielle Quelle hinsichtlich Hempens Verhalten bei der ›Säuberung‹ der Justiz. Hirsch zufolge sorgte Hempen für eine rigorose und zügige Umsetzung der Zwangsbeurlaubung. Dies wird auch dadurch belegt, dass Hempen nach Freislers Rede am 31. März 1933 zur Einsetzung des Sondergerichts den jüdischen Richtern am gleichen Tag in seinem Dienstzimmer eröffnet haben soll, dass eine geheime Anordnung ihren Boykott bzw. ihre Zwangsbeurlaubung vorsehe. Mit dem Hinweis, dass ihnen das Betreten des Gerichtsgebäudes gewaltsam untersagt werden würde, legte er ihnen nahe, auf unbestimmte Zeit Urlaub einzureichen.[37] Hempen stellte sich also nicht schützend vor seine jüdischen Richter, sondern duldete und förderte vielmehr die nationalsozialistischen Boykottmaßnahmen gegenüber jüdischen Juristen in seinem OLG-Bezirk. Am 11. April 1933 versandte das OLG Frankfurt/M. auf die Anforderung Hanns Kerrls vom 6. April 1933 eine Liste mit den Namen von 36 Richtern, die »mit Rücksicht auf ihre Zugehörigkeit zur jüdischen Rasse« vom Dienst beurlaubt worden waren.[38] Die Durchsetzung des temporären Hausverbots für jüdische Rechtsanwälte im April 1933 und die Umsetzung des Gesetzes über die »Zulassung zur Rechtsanwaltschaft« vom 7. April 1933[39] unter dem Ausschluss »nichtarischer« Rechtsanwälte und Notare des OLG-Bezirks Frankfurt am Main oblag ebenfalls Hempen.[40]

---

36 HIRSCH (siehe Anm. 34), S. 20 f.

37 Vgl. Horst HENRICHS / Karl STEPHAN (Hrsg.), Studien zur Frankfurter Geschichte. Ein Jahrhundert Frankfurter Justiz Gerichtsgebäude A: 1889–1989. Frankfurt a. M. 1989; Heinz FISCHER, in: Ebd. Die Entlassung mißliebiger Richter, S. 110 ff.; GRUCHMANN (siehe Anm. 26), S. 127 f.; HIRSCH (siehe Anm. 34), S. 20 f.

38 FISCHER (siehe Anm. 37), S. 110; GRUENEWALDT (siehe Anm. 1), Kap. 5. §1. zur ›Säuberung‹ der Richterschaft aus rassistischen und politischen Gründen.

39 RGBl. I S. 188 ff.

40 Werner SCHUBERT, »Sentimentalität sei nicht am Platze, sondern Brutalität« (Kerrl). In: Zeitschrift der Savigny-Stiftung für Rechtsgeschichte, Germanistische Abt., Bd. 126, 2009, S. 281–295; Frankfurt am Main 1933–1945, Terror und Verfolgung, »Die Entfernung jüdischer Richter und Anwälte«. »Am 31. März 1933 fordern die Präsidien des Oberlandesgerichts und des Landgerichts die zugelassenen jüdischen Rechtsanwälte auf, wegen der ›erregten Volksstimmung‹ die Gerichtsgebäude bis auf weiteres nicht mehr zu betreten«. http://www.frankfurt1933-1945.de (abgerufen am 27. Februar 2014); Barbara DÖLEMEYER. Die Frankfurter Anwaltschaft zwischen 1933–1945. In: Festschrift 50 Jahre Rechtsanwalts-

Aus einer weiteren Quelle geht hervor, dass es unter Hempens Amtsführung Anfang April 1933 zu Übergriffen auf jüdische Richter in Frankfurt/M. kam. Der Rechtsanwalt und Notar Wolfgang Tiffert, der als Referendar und Assessor das Dritte Reich miterlebt hat,[41] erinnerte sich, dass am 1. April 1933, als er das Justizgebäude (ohne dieses genauer zu benennen) zur Referendarausbildung betreten wollte, SA-Leute durch das Haus gingen und alle jüdischen Richter aufforderten, sofort ihre Arbeitsplätze zu verlassen. Wer nicht freiwillig ging, wurde entfernt.[42]

Hempens Haltung gegenüber dem Nationalsozialismus im Frühjahr 1933 war systemkonform. Bezeichnend dafür ist die Versammlung anlässlich der Einsetzung des Sondergerichts in Frankfurt/M. am 31. März 1933 im Hof des Justizneubaus.[43] Zu dieser Versammlung war Freisler aus Berlin angereist und hielt eine Rede über die grundlegenden Änderungen in der Rechtsprechung. Er führte aus, dass man keine Objektivität in der Rechtsprechung gegenüber der Lebenslage des Volkes kenne. Statt Objektivität benötige man eine Richtschnur. Heute stehe man in einem furchtbaren Abwehrkampf. Da gelte es nur, Leben, Freiheit, Brot, Ehre und die Würde des deutschen Volkes zu retten. Das Volk sei einer unerträglichen Spannung zwischen Rechtsempfinden und Rechtspflege ausgesetzt; es sei von der Finanzmacht der Welt und vom Aushungern bedroht. Jüdische Richter müssten daher boykottiert werden.[44] Hempen gab als Antwort auf Freislers Ansprache das Versprechen ab, dass alle Justizbeamten in Frankfurt/M. ihre ganze Kraft in den Dienst der Rechtspflege und des deutschen Volkes stellen würden. Man wolle dem neuen Staat im Sinne der von der Regierung angegebenen Richtlinie tätig sein.[45] Dass man Freislers radikalen Thesen in Bezug auf den Wandel der Justiz auch kritisch entgegentreten konnte, beweist das Verhalten des Vize-Präsidenten Heldmann, der nach Hempen als Redner öffentlich erklärte, der Gedankengang Freislers führe zu Gesetzlosigkeit und Anarchie.[46]

---

kammer Frankfurt am Main. Frankfurt/M. 1998, S. 64 ff.; GÖPPINGER (siehe Anm. 35), S. 54 ff.; Tillmann KRACH, Jüdische Rechtsanwälte in Preußen. Über die Bedeutung der freien Advokatur und ihre Zerstörung durch den Nationalsozialismus. München 1991, S. 183; GRUCHMANN (siehe Anm. 26), S. 129. Zeitgleich mit dem Vertretungsverbot für jüdische Rechtsanwälte wurde auch den jüdischen Notaren eine Amtsausübung vorläufig untersagt.

41 Inge RIEGER, in: Ein Jahrhundert Frankfurter Justiz, Erinnerungen aus der Justiz während der NS-Zeit, S. 117 ff.; GRUENEWALDT (siehe Anm. 1), Kap. 5. §1. B.

42 RIEGER (siehe Anm. 41), S. 117.

43 Armin und Renate SCHMID, Frankfurt in stürmischer Zeit 1930–1933. Stuttgart 1987, S. 178. Darin enthalten sind die Erinnerungen des jüdischen Richters Eduard Schreiber, der als Augenzeuge die Geschehnisse am 31. März 1933 erlebte: »Am 31.3. rasselten die Gefängniswagen durch die Straßen Frankfurts. Massenverhaftungen jüdischer Kaufleute erfolgten. Der Boykott aller jüdischen Geschäfte, Ärzte und Anwälte wurde verkündet. Am Vormittag hatte Herr Roland Freisler, ein Kasseler Anwalt, in seiner Eigenschaft als Sonderbeauftragter des Justizministeriums eine blutrünstige Rede auf dem Römerberg gehalten. Eine ähnliche Ansprache fand im Hof des Gerichtsgebäudes, wo die Justizbeamten versammelt waren, statt.«

44 ISG Frankfurt am Main Zsf Nr. 338. »Frankfurter Nachrichten«, 1. Beiblatt vom 31. März 1933; Rainer RAASCH, in: Ein Jahrhundert Frankfurter Justiz, Sondergerichtsrechtsprechung und Spruchpraxis zum »Blutschutz«, S. 123.

45 Ebenda.

46 Ebenda; Frankfurt am Main 1933–1945, NS-System und Alltag, Justiz, Polizei und Fiskus: Die Einset-

Bewertung Hempens als Präsident des Oberlandesgerichts

Hempen kann man als gescheiterten Opportunisten bezeichnen. Durch seine angepasste Haltung und Umsetzung der Vorgaben aus dem preußischen Justizministerium versuchte er im Frühjahr 1933 seine Karriere in der NS-Zeit fortzusetzen. Aktiv stellt er sich dabei in den Dienst der Nationalsozialisten und führte erste ›Säuberungsmaßnahmen‹ in der Justiz im OLG-Bezirk Frankfurt/M. wie vorgesehen aus. Zugleich bekannte er sich öffentlich zu den neuen Richtlinien der nationalsozialistischen Regierung. Dass er dann selbst im April/Mai 1933 zwangsversetzt wurde, entbehrt nicht einer gewissen Ironie.

Bezeichnend für ihn ist die Fehleinschätzung seiner persönlichen Situation zu Beginn der NS-Zeit. Er verkannte, dass er als ehemaliges Zentrums-Mitglied für die Nationalsozialisten in einer Funktion als OLG-Präsident untragbar war. In seinem Schreiben vom 23. April 1933 an das preußische Justizministerium ging er fest von einer späteren Wiederverwendung als Präsident eines anderen Oberlandesgerichts aus, weil Freisler ihm dies anscheinend zugesichert hatte. Hempen beurteilte auch die ›Säuberung‹ der Justiz völlig falsch: Als er persönlich seine jüdischen Kollegen Ende März 1933 ohne jede gesetzliche Grundlage zwangsbeurlaubte, erkannte er nicht, dass diese ›Säuberungswelle‹ erst der Anfang war und wenig später auch auf alle vom NS-Staat als politisch unzuverlässig angesehenen Staatsbeamten ausgeweitet werden würde. Stattdessen attestierte er sich in seinem Schreiben vom April 1933, dass ihm persönlich nichts vorzuwerfen sei.

Hempen lässt sich trotz seiner Zwangsversetzung nicht als ein wirkliches Opfer der ›Säuberung‹ der Justiz einordnen. In seinen fünf Monaten als OLG-Präsident von Frankfurt/M. in der NS-Zeit tat er alles, um der politischen Führung zu gefallen und deren Vorgaben umzusetzen. Seine Äußerungen und Mitwirkung bei der ›Säuberung‹ der Justiz im Frühjahr 1933 lassen den Rückschluss zu, dass er durch systemkonformes Verhalten seine politische Zuverlässigkeit belegen wollte und dafür bewusst Teile seiner Beamtenschaft opferte. Auch sein öffentliches Bekenntnis zur nationalsozialistischen Rechtsauffassung ist ein Beleg dafür. Er gehörte zwar nominell bis Ende April 1933 noch dem Zentrum an, stellte sich aber sogleich in den Dienst des neuen Regimes.

Die Bewertung Hempens nach seiner Zwangsversetzung nach Berlin ist wegen der begrenzten Quellenlage schwierig. Einzelne Informationen lassen den Schluss zu, dass er weiterhin mit dem Nationalsozialismus sympathisierte. Dafür sprechen die zahlreichen Organisations- und Verbandsbeitritte, die erst nach seiner Zwangsversetzung zwischen den Jahren 1933–1935 erfolgt sind. Systemkritische Äußerungen oder ein entsprechendes Verhalten sind nicht überliefert.

---

zung des Sondergerichts, »Der deutschnationale Senatspräsident Heldmann antwortete Freisler, die Frankfurter Justiz habe schon immer objektiv und ohne Ansehen der Person Recht gesprochen und werde dies weiter tun, der Gedankengang Freislers führe zu Gesetzlosigkeit und Anarchie. Der persönliche Mut des Senatspräsidenten blieb eine Marginalie und hielt das, was beschlossen war, nicht auf. Zeitgleich begann die Säuberung der Frankfurter Justiz von jüdischen Richtern und Anwälten«. http://www.frankfurt1933-1945.de (abgerufen am 27. Februar 2014); GRUENEWALDT (siehe Anm. 1), Kap. 4. §3. A. I.

Otto Stadelmann – OLG-Präsident vom 1. Juni 1933 bis 1. April 1939

Vita[47]

Otto Stadelmann trat die Nachfolge Hempens als OLG-Präsident von Frankfurt/M. an. Er wurde am 2. Februar 1874 in Oberlahnstein als Sohn des Fabrikanten Theodor Stadelmann und seiner Ehefrau Sophie, geb. Bingel, geboren und evangelisch getauft. Er entstammte einer alten nassauischen Familie. Nach seiner Schulausbildung studierte er Rechtswissenschaften in Gießen, Berlin und Marburg. Er bestand die Erste juristische Staatsprüfung mit der Note »ausreichend«. Im Dezember 1896 wurde Stadelmann als Referendar im preußischen Staatsdienst vereidigt. Nach absolviertem Referendariat und Assessorexamen, erneut mit der Note »ausreichend«, wurde er im Juli 1901 als Gerichtsassessor in den preußischen Justizdienst übernommen. Im Juli 1905 wurde er zum Landgerichtsrat am Landgericht Saarbrücken ernannt und im Juli 1914 erfolgte seine Beförderung zum Landgerichtsdirektor am Landgericht in Potsdam. Stadelmann war verheiratet.

Im Ersten Weltkrieg diente er beim Feldartillerie-Regiment 23 in Koblenz und verließ die Armee bei Kriegsende im Rang eines Hauptmanns der Reserve.[48] Nach dem Krieg kehrte Stadelmann in den Justizdienst zurück und wurde im Juni 1925 zum ständigen Vertreter des Landgerichtspräsidenten in Potsdam bestellt. Im September 1925 folgte seine Beförderung zum Senatspräsidenten des Senats für Handelssachen am OLG Frankfurt/M.

Stadelmann trat am 1. April 1933 der NSDAP bei.[49] Auf Vorschlag des preußischen Justizministers wurde er am 1. Juni 1933 im Alter von 59 Jahren zum OLG-Präsidenten von Frankfurt/M. ernannt.[50] Stadelmann wurde am 1. März 1939 mit 65 Jahren in den Ruhestand verabschiedet.[51] Nach seiner Pensionierung kehrte er nach Potsdam zurück. Ab Februar 1942 übernahm er eine Funktion im Reichsministerium für Volksaufklärung und Propaganda. Unter der Bezeichnung »Selbständige Beschäftigung als juristischer

---

47 An Quellen sind über ihn und seine Laufbahn nur seine Personalkarteikarte des Reichsjustizministeriums und ein Karteiblatt aus dem Reichsministerium für Volksaufklärung und Propaganda erhalten geblieben. BArchB Best. R 3001 / Personalkartei RJM, Stadelmann; BArchB Best. R 9361 V Nr. 2924 (Sammlung Berlin Document Center), Karteiblatt des Reichsministeriums für Volksaufklärung und Propaganda, Stadelmann. Daher basiert die Darstellung seiner Person primär auf Verwaltungsakten seiner Amtszeit. Vgl. auch ISG Frankfurt am Main, Magistratsakte Nr. 3977, Bl. 235 f.; ISG, Zsf Nr. 338. »Frankfurter Nachrichten« vom 1. Juni 1933; die nachfolgenden Daten und Informationen zu seiner Vita entstammen diesen Quellen.

48 Für seine Verdienste im Krieg wurde Stadelmann mit dem Eisernen Kreuz I. und II. Klasse ausgezeichnet.

49 Vgl. BArchB Best. 3200 / NSDAP-Ortskartei, Stadelmann, Otto, 2. Februar 1874; BArchB Best. R 9361 / V Nr. 2924, Karteiblatt des Reichsministeriums für Volksaufklärung und Propaganda, Stadelmann.

50 Vgl. BArchB Best. R 3001 / Personalkartei RJM, Stadelmann; ISG Frankfurt am Main, Zsf Nr. 338. »Frankfurter Nachrichten« vom 1. Juni 1933; ZIMMER (siehe Anm. 23), S. 148; siehe auch Acta Borussica, Die Protokolle des Preußischen Staatsministeriums, Bd. 12/II, S. 704: »Stadelmann, Otto (1874–1952), Jurist, 1901 GerAss. Frankfurt/M., 1905 LGR Saarbrücken, 1914 Dir. LG Potsdam, 1925 Senatspräs. OLG Frankfurt/M., 29.5./1.6.1933-1939 (i.R.) Präs. OLG«; ISG Frankfurt am Main, Magistratsakte Nr. 3977, Bl. 238.

51 Vgl. BArchB Best. R 3001 / Personalkartei RJMin, Ungewitter, Bl. 65, 87 ff.

Hilfsarbeiter« war er dort bis zum 31. März 1945 halbtags beschäftigt und bis zum Kriegsende in Potsdam gemeldet.[52] Über das weitere Schicksal Stadelmanns ließen sich keine Informationen finden.

Die ›Säuberung‹ der Justiz des OLG-Bezirks unter Stadelmann

In Stadelmanns Amtszeit fand die unter Hempen begonnene ›Säuberung‹ von jüdischen und politisch unzuverlässigen Richtern im OLG-Bezirk Frankfurt/M. ihre Fortsetzung und endgültige Durchsetzung. Stadelmann kam als einer der Profiteure der umfangreichen Ablösungen und Zwangsversetzungen an den preußischen Oberlandesgerichten in sein Amt. Unter seiner Führung wurden alle drei einschlägigen Gesetze zur ›Säuberung‹ der Justiz im OLG-Bezirk Frankfurt/M. ausgeführt: ab 1933 das Gesetz zur »Wiederherstellung des Berufsbeamtentums« (BBG)[53], ab 1935 das »Reichsbürgergesetz« (RBG)[54] und ab 1937 das »Deutsche Beamtengesetz« (DBG)[55].

Aufschlussreich für die Einstellung und Sichtweise Stadelmanns zur ›Säuberung‹ der Justiz und den in diesem Zusammenhang durchgeführten Maßnahmen sind seine Berichte an das preußische Justizministerium und Reichsjustizministerium. In einem Bericht vom Juni 1933 setzte sich Stadelmann zwar zunächst beim preußischen Justizminister für die beiden jüdischen Oberlandesgerichtsräte Dreyer und Weigert ein, die unter die »Frontkämpferregelung« des § 3 Abs. 2 BBG fielen,[56] und erwirkte dadurch deren kurzzeitige Weiterbeschäftigung. Im Zuge der Umsetzung des BBG schrieb er am 14. Juni 1933 an den Justizminister:

> Anliegend überreiche ich das Verzeichnis der nichtarischen Richter des hiesigen OLG, auf dessen Inhalt ich mich beziehen zu dürfen bitte. Bei 23 richterlichen Planstellen sind m. E. zwei jüdische Richter für das OLG tragbar. Das ist auch die Auffassung der Gauleitung der NSDAP, mit deren Vertreter, Rechtsanwalt Dr. Weber in Frankfurt am Main, die Angelegenheit mündlich erörtert wurde. Weigert und Dreyer sind hervorragend begabte Juristen von bescheidenem, zurückhaltendem Wesen, die sich allgemeiner Beliebtheit erfreuen. Als Beisitzer im Zivilsenat kommen sie im allgemeinen mit dem Rechtsuchenden verhältnismäßig wenig in nähere Berührung, so dass ihre Weiterbeschäftigung in der bisherigen Dienststellung beim Oberlandesgericht Frankfurt am Main tragbar erscheint. Der Vertreter der Gauleitung der NSDAP, Herr Rechtsanwalt Dr. Weber, hat sich auch mit der persönlichen Belassung dieser beiden Richter in ihren jetzigen Dienststellen mündlich ausdrücklich einverstanden erklärt. Ich bitte daher, die Beurlaubung der OLG-Räte Weigert und Dreyer aufzuheben [...].[57]

---

52 Vgl. BArchB Best. R 9361 / V Nr. 2924, Karteiblatt des Reichsministeriums für Volksaufklärung und Propaganda, Stadelmann.

53 RGBl. I S. 175.

54 RGBl. I S. 1146.

55 RGBl. I S. 39.

56 Vgl. Hans MOMMSEN, Beamtentum im Dritten Reich. Mit ausgewählten Quellen zur nationalsozialistischen Beamtenpolitik. Stuttgart 1966, S. 48. Die Ausnahmeregelung des § 3 Abs. 2 BBG ging auf die Intervention des Reichspräsidenten Hindenburgs zurück, der sich gegen die Zwangspensionierung der jüdischen »Frontkämpfer« gewandt hatte; GRUENEWALDT (siehe Anm. 1), Kap. 5. § 1. C. I., D.: zu den Viten der Oberlandesgerichtsräte Dreyer und Weigert.

57 GStAPK, I. HA Rep. 84 a Nr. 22973, Bl. 5; GStAPK, I. HA Rep. 84 a Nr. 6334, Bl. 267. Der Bericht Sta-

Im gleichen Bericht trat Stadelmann jedoch gezielt für die Versetzung aller weiteren jüdischen Richter von den Frankfurter Gerichten ein, um dadurch das Ansehen der Justiz wiederherzustellen.

Die Verwendung der sämtlichen übrigen nicht arischen Richtern beim AG und LG in Frankfurt am Main ist wegen der in Frankfurt am Main herrschenden besonderen Verhältnisse nicht durchführbar. Frankfurt ist jahrzehntelang ein Sammelpunkt jüdischer Richter gewesen. Dieser Umstand hat in erheblichem Umfang dazu beigetragen, dass das Ansehen der Rechtspflege stark erschüttert worden ist. Es erscheint daher dringend geboten, die sich jetzt bietende Gelegenheit zur Versetzung jüdischer Richter von Frankfurt am Main nicht ungenutzt vorübergehen zu lassen. Die Rechtspflege und das Vertrauen des Volkes zur Justiz können dadurch nur gewinnen. Es ist zudem auch unmöglich, die nicht arischen Richter in einer Tätigkeit unterzubringen, in der Reibungsmöglichkeiten mit der rechtsuchenden Bevölkerung tunlichst ausgeschaltet sind. Eine genaue Prüfung der Unterbringungsmöglichkeiten, die in gemeinsamer Besprechung mit dem LG-Präs. und dem AG-Dir. und dem RA [Rechtsanwalt] Dr. Weber, dem Vertreter der Gauleitung, erfolgt ist, hat ergeben, dass äußerstenfalls beim AG in Frankfurt am Main 5 und beim Landgericht in Frankfurt am Main 2 jüdische Richter beschäftigt werden können, ohne dass ernsthafte Schwierigkeiten zu erwarten sind. [...][58]

Dem Vorschlag Stadelmanns wurde entsprochen, und so durften nach Juli 1933 am OLG und im LG-Bezirk Frankfurt/M. lediglich neun von 23 jüdischen Richtern ihre Tätigkeit dort weiter ausüben. Aus Berichten Stadelmanns und des Landgerichtspräsidenten vom 29. und 31. August sowie 4. September 1933 geht hervor, dass knapp drei Monate später weitere drei der neun Richter den Antrag auf Versetzung in den Ruhestand gestellt hatten, da sie sich Angriffen bei Ausübung ihres Berufs ausgesetzt sahen.[59] Somit war auch für die im Dienst belassenen jüdischen Richter eine ›geschützte‹ Amtsausübung unter Stadelmann nicht möglich. Dieser beugte sich zudem im September 1933 der Forderung des Gauführers des Bundes Nationalsozialistischer Deutscher Juristen, später Nationalsozialistischer Rechtswahrerbund, der die Versetzung zweier weiterer der jüdischen Religion zugehöriger Richter verlangte.[60] Davon betroffen war auch der Oberlandesgerichtsrat Wilhelm Dreyer, der an das Landgericht Wiesbaden zwangsversetzt wurde.

---

delmanns erging offenbar auf Aufforderung des preußischen Justizministers, wie sich aus einem Schreiben dieses vom 27. Juni 1933 ergibt; HHStAW Abt. 458 Nr. 1010, Bl. 191.

58 HHStAW Abt. 458 Nr. 1010, Bl. 209 ff.

59 Ebenda, Bl. 417 ff.; Frankfurt am Main 1933–1945, Terror und Verfolgung, »Die Entfernung jüdischer Richter und Anwälte«. »Am 27. Juni 1933 dringen, trotz der SA-Wache an den Eingängen, randalierende Gruppen als inszenierter Volkszorn im Gerichtsgebäude ein und bedrohen, misshandeln und entführen ›jüdische‹ Rechtsanwälte, die aufgrund des Frontkämpferparagrafen wieder zugelassen sind. [...] Am 17. Juli gilt die Aktion den ›jüdischen‹ Richtern, die aus gleichem Grund wieder Dienst tun. Drahtzieher der Terroraktionen, die geltende Bestimmungen unterlaufen und die Säuberung des Gerichts zum Abschluss bringen sollen, ist Georg Wilhelm Müller, der gleichzeitig am Gericht als Referendar ausgebildet wird«. http://www.frankfurt1933-1945.de (abgerufen am 27. Februar 2014); Petra BONAVITA, Die Karriere des Frankfurter NS-Studentenführers Georg-Wilhelm Müller. In: Nassauische Annalen. Jahrbuch des Vereins für Nassauische Altertumskunde und Geschichtsforschung, Bd. 115 (2004), S. 441–460.

60 HHStAW Abt. 458 Nr. 1010, Bl. 417 ff.; GStAPK I. HA Rep. 84 a Nr. 22973, Bl. 111.

Im Zusammenhang mit den Nürnberger Gesetzen wandte sich Stadelmann erneut an das Reichsjustizministerium. Anfang des Jahres 1936 nahm er zur Frage der mit Jüdinnen verheirateten Richter Stellung. Er führte aus, dass er es mit Rücksicht auf die §§ 1, 5 des »Gesetzes zum Schutz des deutschen Blutes und der deutschen Ehre« vom 15. September 1935[61] für untragbar halte, dass jüdisch verheiratete Richter noch im Dienst verblieben. Er bezog sich dabei auf das Rechtsempfinden der Rechtsuchenden, das verletzt würde, wenn weiterhin solche Richter Recht sprächen. Ferner könne es in Anbetracht des Gesetzes auch deutschen Richtern nicht zugemutet werden, mit solchen Kollegen im Dienste des deutschen Rechtes zusammenzuarbeiten.[62] In einem weiteren Bericht vom Oktober 1936 begründet er seine Haltung zu »jüdisch versippten« Beamten wie folgt:

Im Bezirk des Oberlandesgerichts zu Frankfurt a/M. sind folgende jüdisch versippte (d. h. mit einer Jüdin im Sinne des § 5 der Ersten Durchführungsverordnung zum Reichbürgergesetz verheiratete) Beamten vorhanden: [...] Was zunächst die zu 1 bis 5 genannten Richter angeht, so kann keiner von ihnen weiter im Dienst belassen werden. Wenn auch eine allgemeine Bestimmung dahin, dass jüdische versippte Beamten aus dem Dienst zu entlassen seien, nicht besteht, so widerspricht die weitere Belassung von Richtern in ihrem Amt doch dem Interesse der Rechtspflege. Es kann einem deutschen Volksgenossen nicht zugemutet werden, bei einem jüdisch versippten Richter sein Recht zu suchen. Das widerspricht dem Volksempfinden und ist bei der Ausbreitung, die der Rassengedanken gefunden hat und der bis in die letzten Volkskreise gedrungen ist, weiterhin nicht möglich. Die Tatsache der Verheiratung eines Richters mit einer Jüdin ist auch geeignet, das Vertrauen des rechtsuchenden Volksgenossen in die deutsche Gesinnung und damit in die Rechtsgesinnung des Richters in Frage zu stellen. Dies gilt für sämtliche Rechtsgebiete. Weiterhin ist es im Besonderen ausgeschlossen, jüdisch versippte Richter in Ehestreitigkeiten und in sämtlichen familienrechtlichen Angelegenheiten zu beschäftigen. Auch ihre Beschäftigung in Strafsachen ist allgemein unmöglich. Die Rücksichtnahme hat auch in der Geschäftsverteilung zu den allergrößten Schwierigkeiten geführt, und es haben sich Mißstände in der Verwendung jüdisch versippter Richter gleichwohl nicht vermeiden lassen. Diese bereits bisher entstandenen Schwierigkeiten würden in Anbetracht des Fortschreitens des Rassengedankens bei weiterem Verbleiben dieser Richter sich in einer Weise vergrößern, die mit dem dienstlichen Interesse nicht vereinbar ist. Im Kollegialgericht bedeutet die Verwendung jüdisch versippter Richter insofern eine Störung, als die Mitwirkung eines jüdisch versippten Richters bei der Beratung geeignet ist, eine hemmungsfreie Erörterung von Tatsachen und Rechtsfragen, die jüdische Geschäftspraktiken oder jüdisch beeinflußte Rechtsauffassungen betreffen, zu erschweren. Aus diesem Grund können die unter 1 bis 5 genannten Richter nicht im Dienst belassen werden, vielmehr erscheint ihre Versetzung in den Ruhestand gemäß § 6 BBG angezeigt. Von einer Würdigung der Persönlichkeit und der bisherigen Leistungen dieser Richter habe ich bei dieser Stellungnahme geglaubt absehen zu sollen.[63]

Bemerkenswert ist die Reaktion von Reichsjustizminister Franz Gürtner auf diesen Bericht, mit der er Stadelmanns radikale Ansichten und Personalvorschläge zurückwies:

Wie sich aus der Fassung meiner RV vom 5.9.1936 – II a 163/36 g – mit hinreichender Deut-

---

61 RGBl. I S. 1146 f.
62 HHStAW Abt. 458 Nr. 1012, Bl. 254 f.
63 HHStAW Abt. 505, Personalakte Berndt, Bl. 67 ff.

lichkeit ergibt, besteht nicht die Absicht, alle jüdisch versippten Beamten innerhalb der deutschen Justizverwaltung auf Grund des § 6 BBG in den Ruhestand zu versetzen. Der Antrag der Zurruhesetzung der jüdisch versippten Beamten Ihres Bezirkes kann daher nicht mit Erwägungen begründet werden, die für jüdisch versippte Richter allgemein zutreffen. Vielmehr ist der Vorschlag auf die Umstände des Einzelfalles abzustellen. Demgemäß ersuche ich, unter eingehender Würdigung aller für die Entscheidung kommenden Verhältnisse bei jedem der in Ihrem Bericht aufgeführten Beamten einschließlich [...] Stellung zu nehmen, ob die Zurruhesetzung gemäß § 6 BBG angebracht ist oder nicht. Dabei ist insbesondere auch die Frage zu erörtern, ob und gegebenenfalls inwieweit in jedem Einzelfall die Verwendung der genannten Beamten im Justizdienst bei der besonderen Art ihrer Beschäftigung in den letzten Jahren dem dienstlichen Interesse abträglich geworden ist.[64]

Die letzte ›Säuberungswelle‹ in Stadelmanns Amtszeit betraf die im Jahre 1938 nach den Nürnberger Gesetzen noch in ihrem Beruf verbliebenen jüdischen Rechtsanwälte. Durch die »Fünfte Verordnung zum Reichsbürgergesetz«[65] verloren am 30. November 1938 alle bis dahin noch zugelassenen jüdischen Rechtsanwälte ihre Zulassung. Von diesem Berufsverbot waren 1938 im OLG-Bezirk Frankfurt/M. 84 Rechtsanwälte betroffen (davon beim OLG 25). Lediglich eine sehr geringe Anzahl von Rechtsanwälten durfte ihre anwaltliche Tätigkeit als sogenannte »jüdische Konsulenten« fortsetzen, wobei sie einer Vielzahl von Auflagen und Einschränkungen unterlagen.[66]

Bewertung Stadelmanns als Präsident des Oberlandesgerichts

Stadelmann war ein Unterstützer und Profiteur der nationalsozialistischen Machtübernahme. Er stellte sich aus karrieristischen und ideologischen Motiven in den Dienst des neuen Regimes. Als ein Indiz kann man dabei den Zeitpunkt seines Beitritts zur NSDAP heranziehen. Er war einer von wenigen Frankfurter Richtern, die bereits vor dem 1. Mai 1933 der NSDAP beitraten. Stadelmann ist somit nicht als Mitläufer des ›Masseneintritts‹ der Frankfurter Richter in die NSDAP Ende April/Anfang Mai 1933 einzustufen,[67] sondern man kann in seinem Fall von einem auf Überzeugung beruhenden Beitritt ausgehen, der nicht durch die drohende Aufnahmesperre der NSDAP Anfang Mai 1933 beeinflusst wurde. Auch seine Ernennung zum OLG-Präsidenten zum 1. Juni 1933 belegt, dass Stadelmann mit der Ideologie des NS-Staates übereinstimmte und ihm deshalb die Unterstützung bei der Etablierung des Systems zugetraut wurde. Zu diesem Zeitpunkt besaß zwar das Fachbeamtenprinzip durchaus noch Gewicht und Stadelmanns berufliche Karriere vor dem Jahre 1933 deutet daraufhin, dass ihm gute juristische Fähigkeiten attestiert worden waren. Zugleich aber wurde bei der Neubesetzung der Chefposten der OLG-Bezirke gerade in dieser revolutionären Anfangszeit des NS-Staates Wert drauf gelegt, dass linientreue und politisch zuverlässige Beamten zum Zuge kamen. Stadelmann muss daher als ein solcher gegolten haben. Seine Ernennung zum OLG-Präsidenten beruhte somit nur zum Teil auf seiner fachlichen Qualifikation. Stadelmann

---

64 HHStAW Abt. 505, Personalakte Berndt, Bl. 71 f.
65 Fünfte Verordnung zum Reichsbürgergesetz vom 27. September 1938, RGBl. I S. 1146.
66 DÖLEMEYER (siehe Anm. 40), S. 77 ff.
67 GRUENEWALDT (siehe Anm. 1), Kap. 6. §8. B. I.

stellte sich nach seiner Ernennung aktiv in den Dienst des Regimes und übte auf die ihm unterstellte Beamtenschaft in Bezug auf den Beitritt zur NSDAP und der ihr angeschlossenen Verbände Druck aus.[68]

Eindeutige Belege für Stadelmanns nationalsozialistische Überzeugung sind seine Berichte im Zusammenhang mit der ›Säuberung‹ der Justiz. Sie beweisen, dass er die nationalsozialistische Rassenideologie und die Verfolgung von ›Regimefeinden‹ befürwortete und unterstützte. Ein schützendes Verhalten bzw. ein Eintreten für die verfolgten jüdischen und in den Augen des NS-Regimes politisch unzuverlässigen Juristen seines OLG-Bezirks ließ sich nicht feststellen. Im Gegenteil: Stadelmann arbeitete aktiv mit der politischen Führung zusammen und duldete deren Intervention in die Personalpolitik.[69] Wenn er sich auch im Juni 1933 für die Aufhebung der Zwangsbeurlaubung der jüdischen Oberlandesgerichtsräte Dreyer und Weigert aussprach,[70] so forderte er zugleich die Versetzung von 30 der 37 jüdischen Richtern und Assessoren seines OLG-Bezirks in den Ruhestand.[71] Sein Schreiben vom Oktober 1936, worin er die Versetzung sämtlicher »jüdisch versippter« Richter forderte, ist ein weiterer Beleg für seine rassistischen Ansichten. Beachtenswert ist in diesem Zusammenhang, dass er zu einer solchen Stellungnahme nicht von Seiten des Reichsjustizministers aufgefordert worden war, sondern laut dem Erlass lediglich die mit jüdischen Ehefrauen verheirateten Richter benennen sollte. Was er zur Entrechtung der betroffenen Personen und dem angeblich negativen Einfluss »jüdisch versippter« Richter auf das Rechtswesen äußerte, lässt keinen Zweifel an seiner regimekonformen und antisemitischen Haltung.

Wie sehr Stadelmann darum bemüht war, die Vorgaben des Reichsjustizministeriums auch in Bezug auf die Lenkung der Rechtsprechung zügig umzusetzen, zeigt ein Beispiel vom September 1936. Freisler hatte in einer Rundverfügung vom 1. September 1936 an die OLG-Präsidenten und Generalstaatsanwälte Vorgaben hinsichtlich des Strafmaßes bei Fällen betreffend des »Gesetzes zum Schutze des deutschen Blutes und der deutschen Ehre«[72] gemacht.[73] Bereits am 10. September 1936 reagierte die Frankfurter Justizverwaltung und errichtete nach Vorgaben des Reichsjustizministeriums gemäß

---

68 RIEGER (siehe Anm. 41), S. 121; GRUENEWALDT (siehe Anm. 1), Kap. 4. §1. B. III.
69 GRUENEWALDT (siehe Anm. 1), Kap. 5. §1. B., C. II.
70 Eine andere Auffassung vertritt Rolf FABER, Der Wiesbadener Oberlandesgerichtsrat Dr. Wilhelm Dreyer (1882–1938). Sein Leben und Schicksal im Kaiserreich, in der Weimarer Republik und in der Nazizeit. In: Nassauische Annalen. Jahrbuch des Vereins für Nassauische Altertumskunde und Geschichtsforschung. Bd. 115 (2004), S. 430. Faber wertet das Schreiben Stadelmanns als Fürsprache für die zwei der jüdischen Religion angehörenden OLG-Räte Dreyer und Weigert.
71 FISCHER (siehe Anm. 37), S. 113.
72 RGBl. I S. 1146.
73 HHStAW Abt. 461 Nr. 624. »Bei der Überwachung der Rechtsprechung in den Verfahren wegen Zuwiderhandlung gegen die §§ 2, 5 Abs. 2 des Blutschutzgesetzes ist es aufgefallen, daß die von den Gerichten verhängten Strafen auch bei gleichgelagerten Fällen im Strafmaß außerordentliche Unterschiede aufweisen und daß weiter einzelne Strafkammern es trotz der Ausführungen in der RV vom 2. März 1936 – 1211 II a 1850IF36 – anscheinend grundsätzlich vermeiden, auch in schweren Fällen auf die angebrachte Zuchthausstrafe zu erkennen. Es ist z. B. unverständlich, wenn ein Gericht gegen einen »Volljuden«, der einem ihm vertrauenden Mädchen sich als Arier ausgibt und es dadurch zum Beischlaf verleitet, entgegen dem zutreffenden Zuchthausantrag des Staatsanwalts auf 8 Monate Gefängnis erkennt.«

§§ 64 ff. Gerichtsverfassungsgesetz[74] eine zentrale Strafkammer am Landgericht für die Verfahren betreffend Zuwiderhandlungen gegen das »Blutschutzgesetz« mit der Maßgabe, dass diese Verfahren jeweils dem Landgerichtspräsidenten sowie dem OLG-Präsidenten nach rechtskräftiger Erledigung vorzulegen seien. Nach Freislers Verfügung und der Einrichtung der zentralen Strafkammer für die betreffenden Verfahren verschärften sich die Urteile drastisch; es wurde nur noch zu Zuchthausstrafe verurteilt.[75] Unter Stadelmanns Führung wurde somit auch die Rechtsprechung im nationalsozialistischen Sinne gelenkt.

Als weiterer Beleg für seine nationalsozialistische Überzeugung und Regimetreue ist seine Ansprache vom Juni 1936 zu nennen, die er bei der Verleihung der Hoheitszeichen an der Richterrobe vor allen Beschäftigten des OLG Frankfurt/M. hielt. Er betonte darin die Verpflichtung für die Justizbeamten, ihr ganzes Tun nach der nationalsozialistischen Weltanschauung auszurichten. Nur dann könne die Rechtsprechung ihren hohen Zweck im nationalsozialistischen Staat erfüllen. Stadelmann führte aus, dass ein jeder immer weiter an sich arbeiten müsse, um die Ideen des Nationalsozialismus innerlich zu erfassen und zum Bestandteil seiner Persönlichkeit zu machen. Die Treue zum Nationalsozialismus müsse alles Tun und Lassen durchdringen und bestimmen. Die Treue aber, so Stadelmann, sei die Treue zum Führer und nur ihm gehöre die Treue.[76] Zimmer schreibt über Stadelmanns Verhältnis zu den führenden politischen Instanzen, dass er das volle Vertrauen der neuen Machthaber besessen habe.[77] Faber bestätigt, dass sich Stadelmann alsbald zu den »neuen Herren« bekannt und so deren Vertrauen erlangt habe.[78]

Das Fazit lautet daher, dass Stadelmann überzeugter Nationalsozialist war und als solcher auch sein Amt als OLG-Präsident von Frankfurt/M. geführt hat.

Prof. Dr. Arthur Ungewitter – OLG-Präsident vom 1. Juni 1939 bis 29. März 1945

Vita[79]

Prof. Dr. Arthur Georg Sigismund Ungewitter war der dritte und letzte Präsident des OLG in der NS-Zeit. Er wurde am 8. März 1885 in Naumburg als Sohn des späteren Landgerichtsdirektor und Geheimen Justizrats Gustav Ungewitter und dessen Ehefrau

---

74 Der Untersuchung liegt das GVG vom 27. Januar 1877 (RGBl. I S. 41) in der Fassung vom 22. März 1924 (RGBl. I. 299.) zugrunde.

75 RAASCH (siehe Anm. 44), S. 135; Ingo MÜLLER, Furchtbare Juristen. Die unbewältigte Vergangenheit unserer Justiz. München 1987, S. 102 ff., 112, 118 und 123; Ernst NOAM / Wolf-Arno KROPAT, Juden vor Gericht 1933–1945. Dokumente aus hessischen Justizakten (Schriften der Kommission für die Geschichte der Juden in Hessen 1). Wiesbaden 1975, S. 17 und 22.

76 HHStAW Abt. 458 Nr. 936.

77 ZIMMER (siehe Anm. 23), S. 148.

78 FABER (siehe Anm. 70), S. 427.

79 Zu ihm und seiner Laufbahn vgl. BArchB Best. R 3001 Nr. 81610, Personalakte Ungewitter, (Personalbogen / Befähigungsnachweis, Einlage); BArchB Best. R 3001 / Personalkartei RJMin, Ungewitter;

Anne, geb. Heinemann, geboren und evangelisch getauft. Ungewitter entstammte aus einer alten Beamten- und Richterfamilie; bereits sein Großvater, Urgroßvater und Ururgroßvater waren Richter gewesen. Seine Jugend verbrachte Ungewitter im Rheinland und in Westfalen. Er besuchte das Gymnasium in Duisburg und begann nach bestandener Reifeprüfung im März 1903 das Studium der Rechtswissenschaften. Sein Erstes Staatsexamen legte er im Mai 1906 mit der Note »gut« ab. Am 11. Juni 1906 wurde Ungewitter vereidigt und begann sein Referendariat im OLG-Bezirk Düsseldorf. Er unterbrach seinen Vorbereitungsdienst jedoch bereits zum 1. Oktober 1906, um bis zum 30. September 1907 einen einjährigen Freiwilligen Militärdienst abzuleisten. Anschließend setzte er den Vorbereitungsdienst fort und bestand am 6. November 1911 die Zweite juristische Staatsprüfung ebenfalls mit der Note »gut« und wurde am 10. November zum Gerichtsassessor ernannt. Im Januar 1913 heiratete Ungewitter Line Lehr, die Tochter des Duisburger Oberbürgermeisters und Geheime Regierungsrats Karl Lehr und dessen Ehefrau Marie, geb. Oechelhäuser. Aus der Ehe gingen neben dem späteren Oberlandesgerichtsrat Reinhard Ungewitter noch zwei weitere Kinder hervor.[80]

Am 1. Februar 1914 wurde er zum Amtsrichter am Amtsgericht Frankfurt/M. bestellt. Diese Funktion übte er jedoch nur kurz aus, da er bereits ab August 1914 bis 1918 als Soldat im Ersten Weltkrieg diente. Ungewitter verließ die Reichswehr bei Kriegsende hochdekoriert im Rang eines Oberleutnants der Reserve.[81] 1919 nahm Ungewitter seine Tätigkeit als Richter wieder auf und wurde am 1. Juni 1919 zum Landrichter in Frankfurt/M. befördert. Seit dem 1. Januar 1922 war er Hilfsrichter am OLG Frankfurt/M. und übernahm im Verlauf des Jahres 1922 den stellvertretenden Vorsitz einer Kammer für Handelssachen am Landgericht Frankfurt/M. Im Dezember 1924 erfolgte seine Ernennung zum Landgerichtsdirektor.[82] Über Ungewitters Tätigkeit in den 20er Jahren sind wenige Informationen erhalten. Bekanntheit erlangte er jedoch 1926 als Vorsitzender des Frankfurter Schwurgerichts durch seine Verhandlungsführung im Flessa-Prozess.[83]

HHStAW Abt. 520 F (A-Z), Ungewitter, Arthur, R. 4192 K. 377; Universitätsarchiv Frankfurt/M. (UAF) Abt. 14 Nr. 1159; ZIMMER (siehe Anm. 23), S. 149; KÖCKRITZ (siehe Anm. 2), S. 441; die nachfolgenden Daten und Informationen zu seiner Vita entstammen diesen Quellen.

80 BArchB Best. R 3001 Nr. 81610, Personalakte Ungewitter, (Personalbogen / Befähigungsnachweis, Einlage); seine drei Kinder waren: Gerhard geb. 1914, Annemarie geb. 1919 und Reinhard geb. 1926. Laut der Entnazifizierungsakte Ungewitters war die Tochter 1948 bereits verstorben.

81 Ungewitter wurde mit folgenden Orden ausgezeichnet: Eisernes Kreuz I. und II., das Ritterkreuz des königlichen Hausordens von Hohenzollern mit Schwertern, das Ritterkreuz II. Klasse des Ordens vom Zähringer Löwen mit Schwertern, das Verwundetenabzeichen und das Frontkämpfer-Ehrenkreuz. Er erlitt während des Krieges eine Verwundung an beiden Augen, die allerdings keine bleibenden Schäden zur Folge hatte.

82 ISG Frankfurt am Main, Magistratsakten Nr. 3979, Bl. 25f.; BArchB Best. R 3001 Nr. 81610, Personalakte Ungewitter, (Personalbogen / Befähigungsnachweis, Einlage); BArchB Best. R 3001 / Personalkartei RJM, Ungewitter; Vorschlag zur Ernennung des Vize-Präsidenten beim Oberlandesgericht Frankfurt / Main, Arthur Ungewitter, (Regest 13364), in: Nationalsozialismus, Holocaust, Widerstand und Exil 1933–1945. Online-Datenbank. De Gruyter (letzter Zugriff: 24. September 2013).

83 Paul SCHLESINGER (alias Sling), Richter und Gerichte. München 1969 (erstmals erschienen Berlin 1929), S. 48 ff. »Und man vernahm schließlich aus dem Munde des Landgerichtsdirektors Ungewitter nach einer bewundernswert geleiteten Verhandlung ein menschlicheres, wenn auch sehr hartes Urteil:

Ungewitters fachliche Leistung lässt sich auch in den weit überdurchschnittlichen Beurteilungen über ihn erkennen. 1928 wurde er zur vorzugsweisen Beförderung zum Reichsgerichtsrat, Senatspräsidenten oder Landgerichtspräsidenten vorgeschlagen. Im September 1930 trat er der Deutschen Staatspartei bei, wobei laut seiner Personalakte diese Parteimitgliedschaft nur für einen kurzen Zeitraum bestand, zugleich war er Mitglied im Preußischen Richterverein bis zu dessen Auflösung.[84]

Zum 1. Mai 1933 erfolgte sein Beitritt zur NSDAP im Rahmen des ›Masseneintritts‹ der Frankfurter Richter.[85] Während der NS-Zeit trat er zudem folgenden, der NSDAP angeschlossenen Organisationen und Verbänden bei: dem Nationalsozialistischen Rechtswahrerbund im Oktober 1933, der SA Reserve II im Juli 1934, der Nationalsozialistischen Volkswohlfahrt im November 1934, dem Reichsluftschutzbund im Februar 1935, dem Nationalsozialistischen Deutschen Dozentenbund Ende 1936, dem Reichskolonialbund im Oktober 1937 und der NS-Studentenkampfhilfe-Altherrenbund der Studenten im November 1937.[86]

Beachtenswert in Ungewitters Werdegang ist seine Berufung zum Stellvertretenden Vorsitzenden des Sondergerichts im Mai 1933.[87] Die Funktion übte er von 1933–1937 aus und führte dabei den Vorsitz in 37 Verfahren.[88] Die Anpassung an die NS-Rechtsprechung fiel ihm offenbar nicht schwer. Dies belegt ein Urteil des Sondergerichts Frankfurt/M. vom 8. November 1933, welches unter seinem Vorsitz zustande gekommen ist. Darin wird ein Leser der im Saargebiet verbotenen Zeitung »Deutsche Freiheit« zu sechs Wochen Gefängnis verurteilt. Begründet wurde dieses Urteil damit, dass der Angeklagte durch die Weitergabe der Zeitung unwahre, die Regierung verleumdende Behauptungen verbreitet habe.[89] Der Urteilsspruch, der nicht einmal den konkreten Gegenstand der strafrechtlich relevanten Tathandlungen wiedergab, ist ein Nachweis dafür, dass Ungewitter in seiner Funktion am Sondergericht bereits im Jahre 1933 im Sinne der neuen politischen Führung Recht sprach. Es ist ebenfalls ein Beleg für Ungewitters Opportunismus und Karrierismus. Er passte sich den Erwartungen der neuen politischen Führung an, um als politisch zuverlässig zu gelten.

---

sieben Jahre Zuchthaus wegen Totschlags.« Theo RASEHORN, Justizkritik in der Weimarer Republik. Das Beispiel der Zeitschrift »Die Justiz«. Frankfurt/M 1985, S. 212. In »Die Justiz« erfolgte durch Henriette Fürth eine wesentlich kritischere Bewertung der Prozessführung des Gerichts im Flessa-Prozess. Die Krankenschwester wurde als Opfer der gesellschaftlichen Verhältnisse angesehen; GRUENEWALDT (siehe Anm. 1), Kap. 4. §1. C. II.

84 BArchB Best. R 3001 Nr. 81610, Personalakte Ungewitter (Personalbogen / Befähigungsnachweis, Einlage).

85 HHStAW Abt. 520 F (A-Z), Ungewitter, Arthur, R. 4192 K. 377; GRUENEWALDT (siehe Anm. 1), Kap. 6. §8. B. I.

86 BArchB Best. R 3001 Nr. 81610, Personalakte Ungewitter, u. a. Bl. 55 f.; UAF Abt. 14 Nr. 1159, Bl. 1 (R); HHStAW Abt. 520 F (A-Z), Ungewitter, Arthur, R. 4192 K. 377.

87 HHStAW Abt. 460 Nr. 793, Bl. 210.

88 Gerhard WECKBECKER, Zwischen Freispruch und Todesstrafe. Die Rechtsprechung der nationalsozialistischen Sondergerichte Frankfurt/Main und Bromberg. Baden-Baden 1998, S. 361. Weckbecker hat die Richter, die am Sondergericht Frankfurt/M. tätig waren, in seiner Übersicht anonymisiert. Ungewitter ist unter dem Kürzel »U1« aufgeführt.

89 RAASCH (siehe Anm. 44), S. 125 f.

Zeitgleich zu seiner Funktion als Landgerichtsdirektor und stellvertretender Vorsitzender des Sondergerichts übernahm er eine Vielzahl von Nebentätigkeiten. Bereits im August 1932 wurde er Vorsitzender eines Bühnen-Schiedsgerichts und Mitglied des juristischen Prüfungsamtes beim OLG. 1932 wurde er auch zum Staatskommissar bei der Frankfurter Börse und im Zuge des Übergangs der Börsenaufsicht vom Land auf das Reich im September 1934 zum Reichskommissar bei der Börse ernannt. Er war überdies Schiedsgerichtsobmann und Schiedsrichter in diversen Schiedsverfahren. 1934 erfolgte seine Ernennung zum Mitglied des Dienststrafsenats beim Kammergericht.[90] Die Akademie für Deutsches Recht bildete im Jahre 1937 einen Ausschuss für das GmbH-Recht, dem Ungewitter als einer der Vertreter der Frankfurter Johann Wolfgang Goethe-Universität angehörte.[91] Dort lehrte er ab Mai 1933 als Universitätsrat und hielt Vorlesungen und Übungen im Bürgerlichen Recht, Zivilprozessrecht und Konkursrecht ab. Für seine akademischen Verdienste wurde Ungewitter im Mai 1939 zum Honorarprofessor ernannt.[92]

Ungewitters beruflicher Aufstieg in das OLG stieß jedoch zunächst auf den Widerstand von Gauleiter Jakob Sprenger. Die Umstände seiner Ernennung zum Senatspräsidenten 1937 und zum OLG-Präsidenten 1939 sind daher aufschlussreich für die gelenkte Beförderungspolitik durch die NSDAP.[93] In Schreiben an das Reichsjustizministerium betreffend anstehender Beförderungen im Gau Hessen-Nassau versuchte Sprenger die Personalbesetzungen nach seinen Vorstellungen zu lenken. 1936 hatte er eine Ernennung Ungewitters zum Landgerichtspräsidenten von Frankfurt/M. verhindert. Zur Begründung scheint Sprenger zwischenzeitlich die politische Zuverlässigkeit Ungewitters in Frage gestellt zu haben, wie aus seinem Schreiben an das Reichsjustizministerium vom 11. November 1936 hervorgeht:

Ihr Schreiben vom 31. Oktober 1936 bezüglich des Landgerichtsdirektors Arthur Ungewitter, gezeichnet im Auftrag Dr. Nadler, ist dahin zu beantworten, dass Bedenken gegen die politische Zuverlässigkeit nicht mehr bestehen. Es muss aber festgehalten werden, dass Ungewitter der Deutschen Staatspartei zu einem Zeitpunkt noch angehörte, in dem ein Mann seines Werdegangs die Verderblichkeit der Theorie der Demokratie bereits hätte einsehen müssen. Der Eifer, mit dem er jetzt politisch tätig ist, kann diesen Mangel an Fingerspitzengefühl nicht ausgleichen. Der Beschäftigung auf einem leitenden Posten kann daher von mir nicht das Wort gesprochen werden.[94]

Dank der Fürsprache aus dem Reichsjustizministerium und seitens des Frankfurter nationalsozialistischen Oberbürgermeisters Dr. Friedrich Krebs, der Ungewitter aus seiner richterlichen Tätigkeit zwischen 1928–1933 am Landgericht Frankfurt/M. kannte,

---

90 BArchB Best. R 3001 Nr. 81610, Personalakte Ungewitter, Bl. 21, 22 f., 25, 27 f., 32, 34, 36 f., 39, 52; HHStAW Abt. 520 F (A-Z), Ungewitter, Arthur, R. 4192 K. 377.
91 Werner SCHUBERT / Werner SCHMID / Jürgen REGGE (Hrsg.), Akademie für Deutsches Recht 1933–1945 Protokolle der Ausschüsse, Bd. 2. Ausschuß für GmbH-Recht. Berlin 1986, S. XXVII u. 4.
92 UAF Abt. 14 Nr. 1159, Bl. 6, 11 R, 15; UAF Abt. 114, Nr. 170, Bl. 7 R; ISG Frankfurt am Main, Magistratsakten Nr. 3979, Bl. 27 f.; BArchB Best. R 3001 Nr. 81610, Personalakte Ungewitter, Bl. 24, 26 und 78; HHStAW Abt. 458 Nr. 954.
93 GRUENEWALDT (siehe Anm. 1), Kap. 5. §2.
94 BArchB Best. R 3001 Nr. 81610, Personalakte Ungewitter, Bl. 41.

konnte Sprenger jedoch von Ungewitters politischer Zuverlässigkeit überzeugt werden und stimmte einer weiteren Beförderung zu. Im April 1937 wurde Ungewitter mit Wirkung zum 1. Mai 1937 zum Senatspräsidenten ernannt und zugleich zum Vizepräsidenten des OLG bestellt.[95]

Da Stadelmanns Versetzung in den Ruhestand zum März 1939 anstand, beriet das Reichsjustizministerium mit Sprenger Ende 1938 über dessen Nachfolge. Sprengers erster Vorschlag für die Neubesetzung der Stelle des OLG-Präsidenten war der damalige Landgerichtspräsident von Bonn, Dr. Eduard Weber,[96] der nach seinen Angaben fachlich und weltanschaulich gut qualifiziert und dessen Leistung ihm auch persönlich bekannt sei.[97] Reichsjustizminister Gürtner schlug Karl Siegel, OLG-Präsident von Zweibrücken, und Richard Kulenkamp, OLG-Präsident von Stettin, vor. Bemerkenswerterweise scheiterten diese Vorschläge am Widerstand Sprengers, der sich nun ausdrücklich für Ungewitter einsetzte und sogar seine Beförderung zum OLG-Präsidenten in einem Schreiben an das Reichsjustizministerium vom 15. Dezember 1938 forcierte:

[Ablehnung OLG Präsidenten Siegel aus Zweibrücken] *Das Oberlandesgericht Frankfurt am Main benötigt einen Leiter, der den Belangen der Justiz und der Rechtspflege unbeirrt Geltung zu verschaffen mag, zu diesem Zweck aber auch als überzeugter Nationalsozialist genügend Anschluß an das Leben der Volksgemeinschaft besitzt, und die berechtigten Forderungen der nationalsozialistischen Weltanschauung vertritt. Diese Voraussetzungen scheint mir Dr. Siegel nicht zu genügen. Hinzukommt, daß er Junggeselle ist. In der Annahme, dass Sie sich meinen Gründen nicht verschließen, schlage ich Ihnen nunmehr als Nachfolger des OLG-Präs. Stadelmann den Senatspräsidenten Ungewitter, Frankfurt am Main, vor. Zwar habe ich mich mit meinem Schreiben vom 11. November 1936 gegen die Berufung des Pg. Ungewitter auf einen leitenden Posten unter Berücksichtigung der Tatsache ausgesprochen, dass er früher der Deutschen Staatspartei angehört hat. Während seiner Tätigkeit als Vize-Präsident des OLG in Frankfurt am Main hat er jedoch bewiesen, dass Bedenken gegen seine Berufung auf eine leitende Stelle nicht mehr geltend gemacht werden können. Er ist ein ruhiger, objektiver und bei aller Bescheidenheit mit starker Sicherheit auftretender Mann, der bei pflichtgetreuer Wahrung der Interessen seines Amtes es verstanden hat, eine erfreuliche Zusammenarbeit mit der Bewegung und der ihm unterstellten Beamtenschaft zu erreichen. Die Berufung Ungewitters würde meines Erachtens einen außerordentlichen Gewinn für das Ansehen der Justiz in meinem Gau bedeuten.*[98]

Sprenger konnte sich mit seinem Personalvorschlag gegenüber Gürtner durchsetzen.[99] Am 1. Juni 1939 wurde Ungewitter im Alter von 54 Jahren zum Präsident des OLG

---

[95] HHStAW Abt. 458 Nr. 739, Bl. 14 und 20; HHStAW Abt. 458 Nr. 884, Bl. 140; ISG Frankfurt am Main, Magistratsakte Nr. 3978, Bl. 226 ff. und 242; BArchB Best. R 3001 Nr. 81610, Personalakte Ungewitter (Personalbogen/Befähigungsnachweis, Einlage); GRUENEWALDT (s. Anm. 1), Kap. 4. §1. C. II., Kap. 5. §1. C. II.

[96] GRUENEWALDT (siehe Anm. 1), Kap. 2. §3. A. Dr. Eduard Weber war ein Karrierist und Sprenger aus seiner Zeit als Rechtsanwalt in Frankfurt/M. und Landgerichtspräsident von Hanau bekannt.

[97] GRUCHMANN (siehe Anm. 26), S. 279.

[98] BArchB Best. R 3001 Nr. 81610, Personalakte Ungewitter, Bl. 60 f.

[99] Ebenda; vgl. GRUCHMANN (siehe Anm. 26), S. 222 ff. und 288. Gruchmann führt aus, dass das Reichsjustizministerium bei der Besetzung der Posten der OLG-Präsidenten und Generalstaatsanwälte die Personalwünsche der Gauleiter weitgehend berücksichtigte, sich aber auch im Falle von fachlicher Inkompetenz widersetzte.

Frankfurt/M. ernannt und am 7. Juni 1939 feierlich von Staatssekretär Schlegelberger in sein Amt eingeführt.[100] Bei der Amtseinführung Ungewitters sprach u. a. der stellvertretende Gauleiter Karl Linder, der betonte, dass die Ämterübergabe keine interne Angelegenheit der Justizbehörden sei, sondern ein politischer Akt, für welchen er das Mitspracherecht der politischen Führung proklamierte.[101] Als OLG-Präsident erhielt Ungewitter 1942 das Kriegsverdienstkreuz II. Klasse und 1943 das Treudienst-Ehrenzeichen in Gold für 40 Jahre treu geleistete Dienste.[102]

Ungewitter verblieb bis zur Befreiung Frankfurts am 29. März durch die alliierten Truppen OLG-Präsident und wurde am 6. April 1945 verhaftet.[103] Von diesem Zeitpunkt an war er bis zum 26. März 1947 in mehreren Lagern interniert, u. a. in Frankreich und später in Dachau und die längste Zeit im CI Camp 91 in Darmstadt. Dort fungierte er als Dekan der juristischen Fakultät in der von der amerikanischen Verwaltung eingerichteten Lageruniversität.[104] Unmittelbar nach dem Zusammenbruch des Dritten Reiches wurde im Mai 1945 in Hessen ein Untersuchungsausschuss im Auftrag des amtierenden Bürgermeisters von Frankfurt/M. gebildet, der belastete Beamte benennen sollte.[105] Zu diesen gehörte auch Ungewitter, der daraufhin offiziell seines Amtes unter Sperrung der halben Bezüge enthoben wurde, mit der Begründung des »Verdachts auf fahrlässige

---

100 BArchB Best. R 3001 Nr. 81610, Personalakte Ungewitter, Bl. 87. Zur Amtsübergabe an Ungewitter fand ein Festakt in der Ehrenhalle des neuen Gerichtsgebäudes statt, an dem u. a. Staatssekretär Schlegelberger, der stellvertretende Gauleiter Linder, Bürgermeister Kremmer, der Gauführer des Rechtswahrerbundes Dr. Wirth, die Präsidenten der Rechtsanwaltskammer und Notarkammer, der Generalstaatsanwalt und der Landgerichtspräsident teilnahmen. BArchB Best. R 3001 / Personalkartei RJM, Ungewitter; HHStAW Abt. 458 Nr. 739, Bl. 112; HHStAW Abt. 458 Nr. 884, Bl. 267; DJ (Deutsche Justiz) 1939, S. 799 und 1053 f.

101 BArchB Best. R 3001 Nr. 81610, Personalakte Ungewitter, Bl. 87.

102 BArchB Best. R 3001 Nr. 81610, Personalakte Ungewitter, Bl. 125 und 132; GRUENEWALDT (siehe Anm. 1), Kap. 4. §1. C. III.

103 HHStAW Abt. 458 Nr. 739, Bl. 112; HHStAW Abt. 458 Nr. 884, Bl. 267; HHStAW Abt. 520 F (A-Z), Ungewitter, Arthur, R. 4192 K. 377; Walter MÜHLHAUSEN, Hessen 1945–1950. Zur politischen Geschichte eines Landes in der Besatzungszeit. Frankfurt/M. 1985, S. 19 f.; Armin SCHUSTER, Die Entnazifizierung in Hessen 1945–1954. Vergangenheitspolitik in der Nachkriegszeit. Wiesbaden 1999, S. 18.

104 »Zusammenfassung von Internierten im CI Camp 91 in Darmstadt, Ende 1945«, in: Zeitgeschichte in Hessen »Zusammenfassung von Internierten im CI Camp 91 in Darmstadt, Ende 1945. Im Civil Internment Enclosure 91 (CI Camp 91) in Darmstadt werden bei Auflösung kleinerer Internierungslager bis zu 25.000 Internierte aus ganz Hessen zusammengefasst. Dazu gehören örtliche Parteifunktionäre, belastete Lehrer und Universitätsprofessoren, Polizisten und Gestapoangehörige, Führer der SA und der SS sowie höhere Beamte und Funktionsträger. [...] Das Lager verfügt über eine gewählte Selbstverwaltung«. http://www.lagis-hessen.de/de/subjects/idrec/sn/edb/id/2981 (Stand: 1.Juni 2012 – abgerufen am 5. Mai 2014); HHStAW Abt. 520 F (A-Z), Ungewitter, Arthur, R. 4192 K. 377. »Civilian Internment Camp 91, Darmstadt Re-Education Department [...] 2. The work accomplished by Prof. Dr. Ungewitter, Arthur as a Dean of the Faculty of Law and Lecture in Civil Law, Camp University, has been highly satisfactory.«

105 ISG Frankfurt am Main, Magistratsakten Nr. 3984, Bl. 17. Ausschussmitglieder durften nur politisch völlig unbelastet und möglichst von der NSDAP benachteiligte Personen sein; OLG Frankfurt am Main, Archiv, Generalakte, Betr. Befreiung von Nationalsozialismus und Militarismus (Entnazifizierung), Az. 105, Bl. 109 ff.

Schädigung Anderer durch Lenkung der Strafrechtspflege und Personalpolitik nach den ihm erteilten Weisungen«.[106]

Nach Ungewitters Entlassung erhob der öffentliche Kläger des Ministeriums für politische Befreiung der Kammer Frankfurt/M. am 15. November 1947 Anklage gegen ihn, mit dem Antrag, ihn in die Kategorie I der »Hauptschuldigen« einzureihen.[107] In erster Instanz wurde er im Februar 1948 in die Gruppe III der »Minderbelasteten« eingestuft und zu einer Bewährungsfrist von zwei Jahren und einem Sühnegeld in Höhe von 2500 Reichsmark verurteilt. Nach Änderung einzelner Vorschriften des »Befreiungsgesetzes« und der dazu ergangenen Rundverfügung Nr. 119 vom 27. März 1948, die nach Ziff. 2 eine Anrechnung einer längeren Lagerhaft auf die Bewährungszeit ermöglichte, wurde auf seinen Antrag am 18. Mai 1948 das Ende seiner Bewährungsfrist auf den 31. März 1949 festgesetzt und Ungewitter in die Kategorie IV als »Mitläufer« eingestuft.[108] Sein umfangreiches Spruchkammerverfahren soll hier nicht dargestellt werden, denn es ist wie die meisten dieser Entnazifizierungsverfahren nur bedingt aussagekräftig. Auch Ungewitters Verfahren wurde von vielen entlastenden Zeugen bestimmt, die ihm »Persilscheine« ausstellten. Die Subjektivität seines Verfahrens wird besonders durch die nahezu vollständig unterbliebene Heranziehung von belastenden Beweismitteln deutlich.[109] Ungewitter arbeitete nach seiner Haftentlassung und während seines Spruchkammerverfahrens zwischenzeitlich in untergeordneter Stellung bei einem Rechtsanwalt namens Boesebeck und lebte in der Burnitzstrasse in Frankfurt/M.[110] Er verstarb am 8. Januar 1955 im Alter von 70 Jahren.[111]

---

106 ISG Frankfurt am Main, Magistratsakten Nr. 3984, Bl. 22 ff.; Matthias MEUSCH, Von der Diktatur zur Demokratie. Fritz Bauer und die Aufarbeitung der NS-Verbrechen in Hessen (1956–1968). Wiesbaden 2001, S. 216.
107 KÖCKRITZ (siehe Anm. 2), S. 27. Gemäß des Gesetzes »Nr. 104 zur Befreiung von Nationalsozialismus und Militarismus« vom 5. März 1946, Anlage, Teil A, Letter N in Verbindung mit Artikel 34 Absatz 1 wurden alle OLG-Präsidenten, die nach dem 31. Dezember 1938 in das Präsidentenamt berufen worden waren, widerlegbar als »Hauptschuldige« der Kategorie I eingestuft. Gemäß Artikel 58 Abs. 1 durften Personen, die als »Hauptschuldige« in Kategorie I oder als »Belastete« in Kategorie II der Entnazifizierung eingestuft wurden, nicht in ihre bisherigen Stellungen bis 1945 zurückkehren und zukünftig nur in »gewöhnlicher« Funktion tätig werden. Clemens VOLLNHALS, Entnazifizierung. Politische Säuberung und Rehabilitierung in den vier deutschen Besatzungszonen 1945–1949. München 1991, S. 263 ff. Im Rahmen der Entnazifizierung wurden Spruchkammern gebildet, die die Entnazifizierungsverfahren durchführten. Dabei wurden fünf Belastungsstufen aufgestellt. »Hauptschuldige« (I), »Belastete« (II), »Minderbelastete« (III), »Mitläufer« (IV) und »Entlastete« (V); SCHUSTER (siehe Anm. 103), S. 25; GRUENEWALDT (siehe Anm. 1), Kap. 7. §3.
108 HHStAW Abt. 520 F (A-Z), Ungewitter, Arthur, R. 4192 K. 377; ZIMMER (siehe Anm. 23), S. 149.
109 Beispielsweise wurde weder Ungewitters frühe Tätigkeit beim Sondergericht noch die beim Besonderen Strafsenat des Reichsgerichts in seinem Spruchkammerverfahren berücksichtigt. Ebenso wenig wurden seine Kenntnis und Verantwortung als OLG-Präsident über die Verfahren des Sondergerichts am Landgericht Frankfurt/M. als belastende Beweismittel angeführt. Auch seine Lenkung der Rechtsprechung und die von ihm ausdrücklich befürwortete Absprache bzgl. des Strafmaßes – »Vorverurteilung« von Angeklagten bzw. seine radikalen Ansichten in Bezug auf die Aufgabe der richterlichen Unabhängigkeit – fanden keine Berücksichtigung.
110 HHStAW Abt. 520 F (A-Z), Ungewitter, Arthur, R. 4192 K. 377.
111 SCHUBERT, Akademie für Deutsches Recht 1933–1945 Protokoll der Ausschüsse, Bd. 2, S. XXVII; ZIMMER (siehe Anm. 23), S. 149.

Tätigkeit und Bewertung Ungewitters als Präsident des Oberlandesgerichts

Ungewitter legte nach der Übernahme seines neuen Amtes im April und Mai 1939 seine Nebenämter als Universitätsrat und als Vorsitzender des Bezirksbühnen-Schiedsgerichts nieder.[112] Zugleich wurde er ab Juli 1940 zum Vorsitzenden des Gau-Ehrengerichts des Nationalsozialistischen Rechtswahrerbund des Gaus Hessen-Nassau berufen[113] und im Mai 1942 erfolgte auf Vorschlag Freislers seine Bestellung zum Mitglied des Besonderen Strafsenats des Reichsgerichts.[114] Die Zuständigkeit dieses Strafsenats betraf u. a. die Fälle des »außerordentlichen Einspruchs«. Das Rechtsinstrument des »außerordentlichen Einspruchs« diente dazu, dass die NS-Führung nachträglich durch den Oberreichsanwalt gegen rechtskräftige Urteile Einspruch einlegen konnte und damit die Möglichkeit zur Aufhebung und Neuverhandlung bestand.[115] Ungewitter wirkte in drei Verfahren dieses Senats in den Jahren 1942 und 1943 mit und war als Senatsmitglied u. a. an einem Richterspruch beteiligt, der einen Angeklagten zum Tode verurteilte.[116]

Als Präsident des OLG war Ungewitter verpflichtet sogenannte Lageberichte zu verfassen.[117] Diese wurden unter Reichsjustizminister Franz Gürtner im Herbst 1935 eingeführt, mit der Intention anhand von zuverlässigen Informationen durch die OLG-Präsidenten und Generalstaatsanwälte einen Gesamtüberblick über die Lage der Justiz im Besonderen, aber auch über die Lage in den Gauen im Allgemeinen zu gewinnen. Vorgabe für diese obligatorischen Berichte war, dass sie aus eigener Beobachtung zu erstellen waren und auch »ungünstige Sachverhalte und Entwicklungen« enthalten sollten. Da sie direkt an den Reichsjustizminister zu senden waren, wurde die Vertraulichkeit garantiert.[118]

---

112 BArchB Best. R 3001 Nr. 81610, Personalakte Ungewitter, Bl. 70b und 77.

113 Ebenda, Bl. 107.

114 Ebenda, Bl. 119.

115 Cornelius BROICHMANN, Der außerordentliche Einspruch im Dritten Reich. Urteilsaufhebung durch den Führer. Berlin 2014, S. 165, 177 und 351 f.; Ralph ANGERMUND, Deutsche Richterschaft 1919–1945. Krisenerfahrung, Illusion, politische Rechtsprechung, Frankfurt/M. 1990, S. 221 f. Sachlich zuständig war der Besondere Strafsenat des Reichsgerichts dabei für Fälle der kleineren, mittleren und schweren Kriminalität, in denen Amtsgerichte, Landgerichte oder Sondergerichte als Tatsachen- oder Rechtsmittelinstanz bzw. das Reichsgericht als Rechtsmittelinstanz entschieden hatten.

116 BArchB Best. R 3002 / Prozessliste Besonderer Strafsenat; BArchB Best. R 3002 / Urteilssammlung Besonderer Strafsenat / BStS 12 / 42 / Verfahren gegen Möhle; BArchB Best. R 3002 / Urteilssammlung Besonderer Strafsenat / BStS 8 / 42 / Verfahren gegen Sennsfelder; BArchB R 3001 Nr. 81610, Personalakte Drescher, Bl. 146; BROICHMANN (siehe Anm. 115), S. 491 ff.

117 Thomas KLEIN, Die Lageberichte der Justiz aus Hessen 1940–1945. Darmstadt 1999; Hans MICHELBERGER, Berichte aus der Justiz des Dritten Reiches. Die Lageberichte der Oberlandesgerichtspräsidenten von 1940–1945 unter vergleichender Heranziehung der Lageberichte der Generalstaatsanwälte. Pfaffenweiler 1989. Die Berichte aus Frankfurt/M. sind erst ab dem Jahre 1940 überliefert, und zwar liegen sie bis 1945 nahezu vollständig vor. Vgl. hierzu BArchB Best. R 3001 Nr. 23364; HHStAW. Abt. 458 Nr. 624. Die erhaltenen Berichte zeichnen ein sehr genaues Bild von den Gegebenheiten in der Justiz sowie von der Lebenssituation der Bevölkerung des OLG-Bezirks während des Zweiten Weltkriegs und sind daher wichtige Dokumente für diesen Bezirk in jener Zeit. Zur Untersuchung der Lageberichts Ungewitters, insbesondere des viel beachteten Bericht vom 26. Juni 1941 über die »Euthanasie« in der Landesheil- und Pflegeanstalt Hadamar bei Limburg an der Lahn. Vgl. GRUENEWALDT (siehe Anm. 1), Kap. 4. §1. C. III. 2., 3.

118 BArchB Best. R 3001 Nr. 21187, Bl. 12; GRUCHMANN (siehe Anm. 26), S. 1094; KLEIN (siehe Anm.

Ungewitters Berichte sind im Vergleich zu denen der Generalstaatsanwälte von Frankfurt/M. Wackermann und Vetter äußerst knapp gehalten und umfassen im Durchschnitt nur drei Seiten.[119] Analysiert man seine Berichte inhaltlich, fällt besonders auf, wie wenig er sich an die Vorgaben des Reichsjustizministeriums gehalten hat. Statt der geforderten »politischen Wetterberichte aus eigener Beobachtung« zog er die Weiterleitung von Informationen nachgeordneter Behörden vor und suchte zudem eigene Stellungnahmen und Bewertungen zu vermeiden. Man könnte in einem vertraulichen Lagebericht beispielsweise Informationen über die Deportation der jüdischen Bevölkerung und deren Vermögenseinzug, den Geschäftsanfall bei den Sondergerichten und Statistiken über Todesurteile oder Mitteilungen über die Zusammenarbeit bzw. Differenzen der Justiz mit der Gestapo erwarten. Solche Informationen sucht man in Ungewitters Berichten nahezu vergeblich. Wenn er politische Themen ansprach, wie etwa die NSDAP und ihre angeschlossenen Organisationen und Verbände oder Auswirkungen des Krieges, dann versteckte er sich hinter Ausführungen und Gedanken Dritter oder er schrieb von Gerüchten und Stimmungen. Auch war er darum bemüht, die Verhältnisse in seinem OLG-Bezirk möglichst positiv darzustellen, obwohl eine solch einseitige Berichterstattung nicht dem Wunsch des Ministeriums entsprach. Es ist offensichtlich, dass sich Ungewitter in keiner Weise angreifbar machen und schon gar nicht gefährden wollte. Diese Art der Anpassung charakterisiert ihn, die Berichte selbst sagen dementsprechend wenig über ihn und seine politische Haltung aus bzw. darüber ob er keine Kritik für erforderlich gehalten hat und mit den Vorgaben und Zielen der politischen Führung übereinstimmte.

Zugleich lesen sich seine Berichte nicht wie die eines ideologisch voll überzeugten Nationalsozialisten. Auch die von ihm verwendete Ausdrucksweise entsprach nur vereinzelt und in abgeschwächter Form der bei den Nationalsozialisten verbreiteten drastischen Diktion.

Zwei Verfahren von 1937 und 1941 belegen, dass Ungewitter vor und zu Beginn seiner Präsidentschaft zunächst teilweise darum bemüht war, die Unabhängigkeit der Justiz nach außen hin aufrechtzuerhalten. In einem Schreiben vom 21. Mai 1937 an den Reichsjustizminister, welches er noch als Vertreter Stadelmanns verfasste, kritisierte Ungewitter die Behandlung von Angehörigen der Internationalen Bibelforscher-Vereinigung, die unmittelbar nach ihrem Freispruch durch das Sondergericht im Gerichtsgebäude von der Gestapo in Schutzhaft genommen worden waren. Er führte aus, dass der Vorsitzende des Sondergerichts und der Landgerichtspräsident in diesem Vorgehen eine

---

117), S. I; MICHELBERGER (siehe Anm. 117), S. 11 ff. Durch Rundverfügung vom 25. November 1935 an die Generalstaatsanwälte und vom 9. Dezember 1935 an die OLG-Präsidenten bestand die turnusmäßige Berichtspflicht alle zwei Monate und war zudem so gewählt, dass die Generalstaatsanwälte und OLG-Präsidenten zeitlich versetzt berichten mussten, womit das Reichsjustizministerium monatlich aus den OLG-Bezirken unterrichtet wurde. Die Berichtspflicht wurde wegen des Krieges in einer Rundverfügung vom 29. Oktober 1942 erleichtert durch die Verdopplung des Berichtszeitraums, so dass die Generalstaatsanwälte und OLG-Präsidenten jeweils im Wechsel nur noch alle vier Monate einen Bericht zu verfassen hatten.

119 BArchB Best. R 3001 Nr. 23364. Dagegen weisen die Berichte der Generalstaatsanwälte aus dem OLG-Bezirk Frankfurt/M. im Durchschnitt einen Umfang von ca. 5,5 Seiten auf.

Schädigung des Ansehens der Justiz und eine Erschütterung des Vertrauens in die Rechtspflege erblickten, da durch das Verhalten der Gestapo eine Korrektur eines unmittelbar vorausgegangenen Urteils erweckt würde und Verfahrenserwägungen zunichte gemacht würden.[120]

Das zweite Eintreten Ungewitters für eine Unabhängigkeit der Justiz fand im Zusammenhang mit einem Urteil des Amtsgericht Frankfurt/M. vom 20. April 1941 statt. Der Angeklagte wurde wegen Beleidigung zu vier Monaten Gefängnisstrafe verurteilt, da er jedoch der NSDAP seit dem Februar 1930 angehörte und somit ein »Alter Kämpfer« war, verhängte das Reichspropaganda-Amt Hessen-Nassau eine Veröffentlichungssperre über den Urteilsspruch. Ungewitter setzte sich beim Reichsjustizministerium für eine Aufhebung dieser Sperre ein, da sowohl der Geschädigte als auch die Allgemeinheit ein Interesse an der Veröffentlichung hätten. Zudem sei die Sperre für das Ansehen der Gerichtsbehörde äußerst abträglich.[121] Weitere kritische Stellungnahmen Ungewitters gegenüber staatlichen Interventionen in Bereiche der Justiz, die durchaus zu einer Konfrontation mit der Partei hätten führen können, ließen sich nicht finden.

Eine Stellungnahme Ungewitters über die Lenkung der Rechtspflege, den er auf die Anfrage eines Ministerialdirektors aus dem Reichsjustizministerium am 4. Januar 1944 verfasste, belegt, dass er seine Vorstellungen über die Funktion und Rolle der Justiz dem nationalsozialistischen Machtgefüge angepasst hatte. Es heißt dort u. a.:

Dabei glaube ich voranstellen zu sollen, daß nach den bisherigen Erfahrungen eine Lenkung der Rechtspflege, insbesondere der Strafrechtspflege, auch in Zukunft nicht wird verzichtet werden können. Bei Ihren Ausführungen haben Sie mit Recht betont, daß manche Fragen, namentlich politischen Charakters, nur zentral einer Lösung zugeführt werden können, daß ihre Lösung nicht dem einzelnen Richter überlassen werden kann, dem die Probleme vielfach nicht bekannt sind und der sie jedenfalls in ihrer Tragweise sehr oft nicht überblicken kann. [...] Bei allen Maßnahmen der Lenkung wird darauf zu achten sein, daß der Eindruck vermieden wird, als wenn die Grenzen der Weisungsfreiheit überschritten werden sollten. [...] Für das Gebiet der Strafrechtspflege möchte ich betonen, daß Lenkungsmaßnahmen stets nur im engsten Einvernehmen mit dem Generalstaatsanwalt erfolgen, mit dem ich auch in grundsätzlichen Fragen stets eine volle Übereinstimmung der Auffassungen habe feststellen können. [...] Mit dem Vorsitzenden des Sondergerichts stehe ich, wie schon in anderem Zusammenhang hervorgehoben, in ständiger Fühlung. [...] Das Sondergericht genießt überall uneingeschränktes Vertrauen. Insbesondere gilt das, wie ich bei Besprechungen mit dem Gauleiter wiederholt feststellen konnte, für die örtlichen Parteidienststellen. Seiner Besetzung widme ich meine besondere Aufmerksamkeit. [...] Insgesamt dürfen die mit der Lenkung der Rechtsprechung gemachten Erfah-

---

120 BArchB Best. R 3001 Nr. 21467, Bl. 168. Dem Bericht Ungewitters lag eine Meldung des Vorsitzenden des Sondergerichts Frankfurt/M. zugrunde. Dieser hatte berichtet, dass Angehörige der verbotenen Internationalen Bibelforscher-Vereinigung lange Zeit in Schutz- und Untersuchungshaft gesessen haben, obwohl deren Beteiligung daran unerheblich war. Durch die erlittene Schutz- und Untersuchungshaft musste die Strafe daher als verbüßt erklärt werden und somit die Haftbefehle nach der Verkündung der Urteile aufgehoben und die Entlassungsbefehle erteilt werden. Unmittelbar nach der Verkündung dieser Urteile seien die gerade aus der Haft Entlassenen erneut von der Gestapo festgenommen worden; HHStAW Abt. 458 Nr. 642, Bl. 81 ff.
121 HHStAW Abt. 458 Nr. 645, Bl. 133 ff.

rungen, wie ich zusammenfassend nochmals feststellen möchte, durchaus positiv zu bewerten sein.[122]

Auch in dieser elfseitigen Stellungnahme wird erkennbar, dass Ungewitter primär darum bemüht gewesen ist, sich in keiner Weise angreifbar zu machen. Er beschränkte sich darauf, durch Wiederholungen das NS-Justizsystem zu legitimieren und das Führerprinzip und die in der NS-Zeit eingeführten ›Rechtsinstrumente‹ zu idealisieren. Ungewitters Berichte sind bezeichnend für einen Juristen, der sich in das NS-System gänzlich eingegliedert und sich diesem unterworfen hatte.

Wie bewerteten Zeitzeugen nach 1945 die Tätigkeit Ungewitters während der NS-Zeit? Dazu zwei Quellen: Der erste Text stammt aus Max Hermann Maiers Autobiographie »Erinnerungen eines Achtzigjährigen«.[123] Maier, der der jüdischen Religion angehörte, berichtet darin u. a. von seiner Zeit als Referendar und Rechtsanwalt in Frankfurt/M. bis zu seiner Emigration nach Brasilien im Jahre 1937 und bestätigt den Wandel Ungewitters in Bezug auf Rechtsstaatlichkeit und richterliche Unabhängigkeit:

Der Frankfurter LG-Dir Ungewitter, ein tüchtiger Jurist, hatte mir einige Jahre zuvor erklärt, er sei ein Mitglied der Demokratischen Partei, wolle aber als Richter nicht mit seiner Parteizugehörigkeit hervortreten. Ehrgeizig wie er war, ist er Nationalsozialist geworden, wahrscheinlich auch beeinflusst durch seinen Beisitzer, den Landgerichtsrat Krebs. Für mich war es nicht zu verstehen, dass gerade die Richter, die auf Unabhängigkeit und auf Unverletzlichkeit wohlerworbener Rechte bisher größten Wert gelegt haben, sich fast ausnahmslos gleichschalten ließen und – man muss schon sagen – schwerste Rechtsbrüche bewusst rechtfertigten.[124]

Die zweite Quelle ist ein Schreiben, das Rechtsanwalt Ulrich Burmann, der spätere Präsident der Anwaltskammer von Frankfurt/M., am 17. April 1945 an den vom US-Militärgouverneur eingesetzten Bürgermeister Wilhelm Hollbach richtete. Auf acht Seiten geht er auf die Rolle der Justiz im Allgemeinen und speziell in Frankfurt/M. während des Nationalsozialismus ein[125] und berichtet:

In der Staatsanwaltschaft war der böse Geist der Generalstaatsanwalt und sein Stellvertreter, der Oberstaatsanwalt Wandel. Sie haben viele allzuviele Todesurteile auf dem Gewissen. Sie waren Werkzeuge der Gestapo. Das erschütterndste aber war, dass der Chef der Justizverwaltung, der Oberlandesgerichtspräsident Professor Dr. Ungewitter, vor 1933 ein Mann von hervorragender juristischer Ausbildung, von großem Können und starker Persönlichkeit war. Er war damals Landgerichtsdirektor. Er wurde nach 1933 zum Oberlandesgerichtspräsidenten befördert. Er beugte sich der Gestapo und der Parteileitung in helotenhafter Weise. Kein aufrechter Richter hatte Schutz bei ihm. Das gleiche galt für den Anwalt.[126]

Die Bewertungen von Zeitzeugen als auch die Auswertungen seiner Lageberichte und der Dienst- und Verwaltungsakten lassen den Rückschluss zu, dass Ungewitter ein extremer Opportunist und Karrierist war. Belege dafür, dass er ein ideologisch überzeugter Nationalsozialist war, gibt es hingegen nicht. Dies geht auch aus einem Bericht hervor,

---

122 HHStAW Abt. Nr. 775, Bl. 2 f., 5 f.
123 ISG Frankfurt am Main, S. 5 Nr. 320.
124 Ebenda.
125 ISG Frankfurt am Main, Magistratsakte Nr. 3984, Bl. 136 ff.; Schreiben Rechtsanwalt Burmann.
126 Ebenda, sowie S. 142.

der im Dezember 1942 von Ministerialrat Gramm für Staatssekretär Rothenberger verfasst wurde und sich auf die Feststellung von Gauleiter Sprenger bezog, dass OLG-Präsident Ungewitter keinerlei politische Verdienste habe.

So deutet vieles darauf hin, dass extremer Ehrgeiz handlungsleitend für Ungewitter gewesen ist. Er war ein hochbegabter und überragender Jurist und dürfte erkannt haben, dass seine fachliche Befähigung nicht ausreichte, um in der NS-Zeit Karriere zu machen. Deshalb stellte er sich ab 1933 bedingungslos in den Dienst des NS-Regimes. Es ist davon auszugehen, dass sich Ungewitter durch die zwischenzeitlichen Vorbehalte Sprengers gegenüber seiner Person noch weiter anpasste. Nach dieser Erfahrung tat er alles, was man von ihm erwartete und versuchte, sich in keiner Weise in seiner Amtsführung angreifbar zu machen. Mit seiner Beförderung zum OLG-Präsidenten im Jahre 1939 erreichte er als Folge seiner systemkonformen und opportunistischen Haltung sein Ziel. Seine fachliche Leistung, die von Gruchmann als entscheidend für die Beförderung angesehen wird,[127] war hingegen nicht allein ausschlaggebend. Denn ohne seine politische Zuverlässigkeit hätten Sprenger und Oberbürgermeister Krebs seine Ernennung nicht unterstützt.

Die Einordnung Ungewitters als Opportunisten und Karrieristen und nicht als überzeugten Nationalsozialisten hat lediglich Bedeutung für die Charakterisierung seiner Person. Für die Wirkung seines Handelns ist sie unerheblich. Ob die justizielle Entrechtung, Verfolgung und Ermordung von Menschen durch die Justiz in der NS-Zeit unter der Führung eines ideologisch voll überzeugten Nationalsozialisten als OLG-Präsidenten stattfand oder unter der Führung eines Karrieristen wie Ungewitter, macht im Ergebnis keinen Unterschied. Ungewitter hat als OLG-Präsident von Frankfurt/M. viel Unrecht zu verantworten. Seine Tätigkeit am Sondergericht und seine Berichte über die Lenkung der Rechtsprechung belegen, dass er nicht nur Kenntnis von den Todesurteilen in seinem OLG-Bezirk hatte, sondern er diese Urteile auch aktiv durch »Fühlungnahme« beeinflusste.[128]

Resümee

Angesichts der vorgestellten Viten lässt sich auch für die Präsidenten des OLG Frankfurt/M. in den Jahren 1933–1945 das Resümee ziehen, dass diese die Vorgaben des NS-Regimes an die Justiz rigoros durchgesetzt haben. Entscheidend hierfür waren die Prä-

---

127 GRUCHMANN (siehe Anm. 26), S. 279. Gruchmann vertritt die Auffassung, dass die Ernennung Ungewitters ausschließlich auf fachlicher Leistung beruht habe. Er begründet dies damit, dass Ungewitter im Jahre 1930 einige Zeit der Deutschen Staatspartei angehörte, erst im Mai 1933 der NSDAP beitrat und vom Reichsjustizminister als hochbegabter Richter und vorzüglicher Kenner des Zivil- und Strafrechts eingestuft wurde.

128 BArchB Best. R 3001 Nr. 25046, Bl. 188. Ungewitter setzte sich besonders für eine konstante und qualifizierte Besetzung des Sondergerichts ein, wie ein Schreiben vom 21. Juli 1941 an das Reichsjustizministerium belegt: »[...] angesichts der stets wachsenden Bedeutung des Sondergerichts auf eine gewisse Stetigkeit in der Besetzung desselben größter Wert gelegt werden muß.«; RAASCH (siehe Anm. 44), S. 131. Raasch stellt fest, dass ab 1940 die Berufung neuer Mitglieder des Sondergerichts unmittelbar durch Verfügung Ungewitters geschah.

sidenten Stadelmann und Ungewitter, von denen der eine mehr aus nationalsozialistischer Überzeugung, der andere mehr aus Karrierismus um jeden Preis agierte. Protest und Schutz hatten sowohl die aus rassistischen Gründen verfolgten Richter als auch die als politisch unzuverlässig beurteilten Richter von diesen nicht zu erwarten. Im Gegenteil wurden unter diesen Präsidenten alle vorgegebenen gesetzlichen Maßnahmen, auch wenn sie offensichtliches Unrecht waren, bewusst befolgt und ausgeführt.

POLITISCHE NS-JUSTIZ

Politische NS-Justiz in Hessen – ein Überblick

Wolfgang Form

»Wir sitzen in der Wilhelmstraße. Hitler ist Reichskanzler. Wie ein Märchen!«[1] notierte Joseph Goebbels am 31. Januar 1933 in seinem Tagebuch. Nachdem Hindenburg für von Papens Plan eines vereinigten rechten Kabinetts unter Hitler gewonnen war, vereidigte der Reichspräsident am Mittag des 30. Januar die neue Regierung und Hitler war Reichskanzler.

Daran war bis zu diesem Punkt nichts Illegales![2] Alles ging formell seinen geregelten Gang. Aber schon in den Jahren zuvor war die Weimarer Verfassung durch die Praxis der Präsidialkabinette, die nur mit der Notverordnungsautorität des Reichspräsidenten regierten,[3] unterhöhlt und de facto außer Kraft gesetzt worden. Das gewählte Parlament war schon vor Ende Januar 1933 deutlich geschwächt; die Weimarer Republik hatte sich bereits vor der Regierungsübernahme Hitlers von einer parlamentarischen Demokratie entfernt. Dennoch: der weite Rahmen der Verfassung war noch gewahrt, aber zum äußersten ausgereizt. Durch Terror und die weitere Aushöhlung der Verfassung gelang den Nationalsozialisten die Ausschaltung des Rechtsstaats und der Übergang zur Diktatur in nur wenigen Monaten. Politische Gegner[4] und vor allem die jüdische Bevölkerung waren Terror und Willkür ausgesetzt.[5]

Die Fackelzüge in Berlin und überall in Deutschland (auch in Hessen) in den ersten Wochen des NS-Regimes zeigten, dass die NSDAP es ernst meinte mit ihrer »nationalen Erhebung«.[6] Nicht die Einbindung der NS-Führung in die Kabinettsdisziplin, sondern

---

1 Joseph Goebbels Tagebücher. Bd. 2: 1930–1934. Hrsg. von Ralf Georg REUTH. 2. Auflage München 2000, S. 757.
2 Siehe zum Begriff »Machtergreifung« Norbert FREI, »Machtergreifung«. Anmerkungen zu einem historischen Begriff. Vierteljahreshefte für Zeitgeschichte (VfZ) 31 (1983), Heft 1, S. 136–145.
3 Art. 48 Abs. 2 Weimarer Reichsverfassung (WRV). Siehe Eberhard KOLB / Dirk SCHUMANN, Die Weimarer Republik. München 2013, S. 132 ff.
4 Siehe Wolfgang FORM / Theo SCHILLER (Hrsg.), Politische NS-Justiz in Hessen. Die Verfahren des Volksgerichtshofs, der politischen Senate der Oberlandesgerichte Darmstadt und Kassel 1933–1945, sowie Sondergerichtsprozesse in Darmstadt und Frankfurt/M. (1933/34). 2 Bde, Marburg 2005.
5 Inzwischen liegen zahlreiche lokalhistorische Forschungen zur Verfolgung von Juden und Jüdinnen in Hessen während des NS-Regimes vor. Siehe u. a. Ernst NOAM / Wolf Arno KROPAT (Hrsg.), Juden vor Gericht 1933–1945. Dokumente aus hessischen Justizakten. Wiesbaden 1975; Erwin KRAUSS, Die jüdische Bevölkerung Gießens 1933–1945. Eine Dokumentation. 4. erweiterte Auflage, Wiesbaden 1987; Bernhard POST / Ulrich KIRCHEN, Juden in Wiesbaden von der Jahrhundertwende bis zur »Reichskristallnacht«. Wiesbaden 1988; Barbara HÄNDLER-LACHMANN / Ulrich SCHÜTT (Hrsg.), »Unbekannt verzogen« oder »weggemacht«. Schicksale der Juden im alten Landkreis Marburg 1933–1945. Marburg 1992; Wolf-Arno KROPAT, Die Verfolgung der Juden in Hessen und Nassau. In: Renate KNIGGE-TESCHE / Axel ULRICH, Verfolgung und Widerstand 1933–1945 in Hessen. Frankfurt/M. 1996, S. 86–101; Monika Ilona PFEIFER / Monika KINGREEN, Hanauer Juden 1933–1945. Entrechtung, Verfolgung, Deportation. Hanau 1998; Andreas HEDWIG (Hrsg.), Die Verfolgung der Juden während der NS-Zeit: Stand und Perspektiven der Dokumentation, der Vermittlung und Erinnerung. Marburg 2011.
6 Zu Hessen siehe u. a. Hinweise in Landesgeschichtliches Informationssystem Hessen (LAGIS) zu Kassel

die Zurückdrängung der Deutschnationalen in der Reichsregierung und die nationalsozialistische Machteroberung zeichneten die nächsten Monate aus.

Nicht nur Parteimitglieder und Sympathisanten unterstützen die NS-Bewegung, gewichtige Unterstützung erhielt sie auch aus der Wissenschaft. Einer der »Kronjuristen des Dritten Reiches«[7] war Carl Schmitt, der wohl bekannteste und umstrittenste deutschsprachige Staats- und Völkerrechtler des 20. Jahrhunderts.[8] Für ihn war es bereits im Herbst 1933 klar, dass sich der Nationalsozialismus als in Deutschland vorherrschende Weltanschauung durchgesetzt hatte: »Die herrschenden Wertanschauungen und -auffassungen eines Volkes prägen sich stets in den Auffassungen einer bestimmten führenden und maßgebenden Gruppe oder Bewegung aus. Herrschend, führend und maßgebend sind nicht Auffassungen und Anschauungen im Allgemeinen, sondern die Ansichten bestimmter Menschen. Im heutigen Staat der Gegenwart ist die nationalsozialistische Bewegung führend. Von ihren Grundsätzen aus muss daher bestimmt werden, was gute Sitten, Treu und Glauben, zumutbare Anforderungen, öffentliche Sicherheit und Ordnung usw. sind.«[9]

In März 1934 schreibt Carl Schmitt, dass Rechtsstaat nicht bedeute, überkommene Rechtsgrundsätze – und damit waren demokratische Prinzipien gemeint – aufrecht zu erhalten. Ganz im Gegenteil: Die Rechtspraxis, die Justizjuristen wären dazu da, um die Grundlagen der »nationalen Erhebung«, eines »wahren« Deutschen Rechts, umzusetzen. Er äußerte sich entsetzt darüber, dass es nach einem Jahr NS-Herrschaft noch nicht in allen Bereichen gelungen sei, das Recht gleich zu schalten. So sei es bedauerlich, dass immer noch Standesbeamte dazu gezwungen werden könnten, Juden und Nichtjuden zu verheiraten. Auch habe es sich noch nicht bis in die letzte Amtsstube durchgesetzt, dass »auf vielen Gebieten des Rechtslebens die Nichtariereigenschaft nicht ohne weiteres ein wichtiger Kündigungsgrund«[10] sei. Dies bedeutete allerdings nicht, dass Deutschland noch zu keiner NS-Diktatur geworden war. Vielmehr wollte Schmitt verdeutlichen, dass der mentale politische Veränderungsprozess in Deutschland nicht

---

(http://www.lagis-hessen.de/de/subjects/xsrec/current/3/sn/bd?q=YToxOntzOjU6InNhY2hlIjtzOjc6IkbDvGhyZXIiO30=, Zugriff 30. Dezember 2014); Die Machtübernahme 1933 in Gießen (http://www.uni-giessen.de/cms/kultur/universum/archiv/universum-2009/geschichte-giessens/1933, Zugriff 30. Dezember 2014); Daniel HANKE, Die Geschichte der Juden in Gelnhausen 1933–1938. In: Zeitschrift für hessische Geschichte und Landeskunde (ZHG), 2004, S. 267–322, hier S. 280; 1933: Offenbach unter dem Hakenkreuz. Offenbach.de. Das Portal der Stadt Offenbach (http://www.offenbach.de/offenbach/themen/unterwegs-in-offenbach/stadtinfo/stadtgeschichte/jahrestage/article/1933-offenbach-unter-dem-hakenkreuz.html, Zugriff 30. Dezember 2014). 3. Februar 1933 in Marburg siehe Hessisches Staatsarchiv Marburg (HStAM) Best. 330 Marburg C Nr. 5037. Nationalsozialistische Festkultur in Wiesbaden 1933. Ein Projekt des Leistungskurses Geschichte 12 des Gymnasiums am Mosbacher Berg 2010/11. Wiesbaden 2011 (Online unter: http://mosbacher-berg.de/sites/mosbacher-berg.de/files/binaries/MS%20Festkultur.pdf – Zugriff 2. Dezember 2014), S. 7.

7 Siehe zum Begriff Alfons SÖLLER, »Kronjurist des Dritten Reichs« – Das Bild Carl Schmitts in den Schriften der Emigranten. In: Deutsche Politikwissenschaftler in der Emigration. Wiesbaden 1996, S. 98–117.

8 Reinhard MEHRING, Carl Schmitt. Aufstieg und Fall. Eine Biographie. München 2009.

9 Carl SCHMITT in: Juristische Wochenschrift (JW) 1933, S. 2794.

10 Carl SCHMITT in: JW 1934, S. 716.

abgeschlossen sei. Das Ziel den Staat zum »Organ des Führers zu machen« war in Sicht und der Weg in die totale Diktatur bereitet.

Da im NS-Deutschland eine große Anzahl von Gesetzen und Verordnungen aus der Zeit vor dem 30. Januar 1933 in Kraft getreten waren, kam es darauf an, wie sie nunmehr ausgelegt und angewendet werden sollten. Nicht im Sinne der überwundenen liberalen demokratischen Traditionen, sondern als Funktionsnorm des staatlichen Behördenapparates. So konstatiert Carl Schmitt: »Das gesamte heutige deutsche Recht, einschließlich der weiter geltenden, positiv nicht aufgehobenen Bestimmungen, muss ausschließlich und allein vom Geist des Nationalsozialismus beherrscht sein. [...] Jede Auslegung muss eine im nationalsozialistischen Sinne sein.«[11]

Für Carl Schmitt stand außer Frage, dass es sich hierbei um Rechtsstaatlichkeit[12] handele – allerdings um eine NS-Rechtsstaatlichkeit. Rechtsstaatlichkeit ist zunächst unausweichlich an die Bedingtheit allen staatlichen Handelns, an das Recht gebunden. Nicht Willkür, sondern materielle Gerechtigkeit muss gegeben sein. Dazu gehört auch der Schutz der Selbstbestimmung des Einzelnen. NS-Recht hingegen fügte eine weitere Bedingung in die Rechtsstaatsformel ein: das Volk – oder besser: der völkische Gedanke. Doch stehen nicht alle drei NS-Rechtsstaatselemente gleichberechtigt nebeneinander, sondern es herrscht das Primat des völkischen Staates: »Alle unbestimmten Begriffe, alle sog. Generalklauseln sind unbedingt und vorbehaltlos im nationalsozialistischen Sinne anzuwenden«.[13] Recht konnte demnach nur noch nationalsozialistisches Recht sein. Dass sich diese Einstellung nicht erst nach und nach entwickelte oder es allein die Meinung eines unversöhnlichen Außenseiters war, zeigt bereits die 1933 verfasste Kommentierung des Gesetzes zur Verhütung erbkranken Nachwuchses,[14] des NS-Zwangssterilisierungsgesetzes: »Das Gesetz ist demnach als eine Bresche in das Geröll und die Kleinmütigkeit einer überholten Weltanschauung und einer übertriebenen selbstmörderischen Nächstenliebe der vergangenen Jahrhunderte aufzufassen. Es ist aber noch etwas anderes, was als Grundgehalt des Gesetzes Bedeutung erlangt, das ist das Primat der Autorität des Staates, die er sich auf dem Gebiet des Lebens, der Ehe und der Familie endgültig gesichert hat.«[15]

Und darin waren sich viele Justizjuristen einig. Sie leisteten einen Eid auf die neue

---

11 Ebenda, S. 717.

12 Zur aktuellen Diskussion siehe Christian CALLIESS/Wolfgang KAHL/Kirsten SCHMALENBACH (Hrsg.), Rechtsstaatlichkeit, Freiheit und soziale Rechte in der Europäischen Union. Deitesheimer Kollequium 2012 zu Ehren von Detlef Merten anlässlich seines 75. Geburtstages. Berlin 2014. B. Sharon BYRD (Hrsg.), Themenschwerpunkt: Das Rechtsstaatsprinzip. Berlin 2013. Zu Carl Schmitt siehe Karl-Heinz LADEUR, Verfassungsgerichtsbarkeit und politisches System: Studien zum Rechtsstaatsproblem in Deutschland. Frankfurt/M. 1980.

13 Carl SCHMITT (siehe Anm. 10), S. 717.

14 RGBl. I 1933, S. 529. Vgl. Wolfgang FORM, Das Gesetz zur Verhütung erbkranken Nachwuchses und seine Entwicklung nach 1945 am Beispiel von Hessen. Symposium: Hochschulmedizin nach 1945. In: Kontinuität und Neuanfang in der Hochschulmedizin 1945. Hrsg. von Gerhard AUMÜLLER u. a., Marburg 1997, S. 84–101.

15 Artur GÜTT/Ernst RÜDIN/Falk RUTTKE, Das Gesetz zur Verhütung erbkranken Nachwuchses vom 14. Juli 1933. Kommentar. München 1934, Vorwort S. 5.

Staatsführung und schalteten ihre Standesorganisation bereits 1933 gleich. In der Wissenschaft wird in diesem Zusammenhang von »Konsensdiktatur« gesprochen.[16] Ohne die Bestätigung von unten, aus der breiten Masse der Juristen, ohne den späterhin ausufernden so genannten vorauseilenden Gehorsam, ist die Umgestaltung Deutschlands in eine Diktatur des Völkisch-Nationalen nicht zu verstehen. Oberlandesgerichtspräsident Scriba (Darmstadt) kam zu dem Schluss: »Sicherlich werden alle Probleme erst restlos beseitigt werden können, wenn [...] vom Nationalsozialismus ganz durchdrungene und im Volk und seinem Gemeinschaftsleben und seinen Forderungen verwurzelte Richter wirken.«[17]

Auf dem Weg zu einer nationalsozialistischen Rechtspraxis konnte sich die Justiz an konservativen preußisch-deutschen Traditionslinien orientieren. In der praktischen Arbeit der Gerichte ab 1933 wurde die Rechtssicherheit zunehmend aufgeweicht.[18] Es wurden Ansatzpunkte für die Verfolgungslogiken geschaffen, nach denen das NS-Regime die aus der »Volksgemeinschaft« ausgeschlossenen sogenannten »Gemeinschaftsfremden«, »Staatsfeinde«, »Volksfeinde« oder »Volksschädlinge« behandelte.[19] Der Bruch des Rechtsstaatsprinzips zeigte sich vor allem in der gegenseitigen Durchdringung von Politik und Verwaltung. Einbezogen in diese Verfolgungsmaßnahmen waren Polizei und Justiz gleichermaßen.

Ein Blick auf die Arbeit der Polizei zeigt, dass unter anderem die Verfolgung von Juden und Jüdinnen bereits zu Beginn des NS-Regimes evident war.[20] In den Rapporten des ehemaligen Volksstaats Hessen an die Zentralregierung in Berlin finden sich eine Reihe von einschlägigen Hinweisen unter der Rubrik: Judenfragen und Freimaurerwesen.[21] So wurden zum Beispiel im August 1934 das Einwerfen von Fensterscheiben und der Einbruch in die Garage eines jüdischen Kaufmannes in Staden (Wetterau)

---

16 Zum Begriff siehe u. a. Hans-Ulrich THAMER, NS-Justiz- und Täterforschung. Neue Ansätze der NS-Forschung. In: Joachim ARNTZ / Hans-Peter HAFERKAMP / Margit SZÖLLÖSI (Hrsg.), Justiz im Nationalsozialismus. Positionen und Perspektiven. Hamburg 2006, S. 12.

17 Bericht des Oberlandesgerichtspräsidenten an das Reichsjustizministerium vom 10. November 1941; Thomas KLEIN, Die Lageberichte der Justiz aus Hessen 1940–1945. Hrsg. unter Mitarbeit von Oliver UTHE. Darmstadt u. Marburg 1999, S. 350.

18 Vgl. Otto KIRCHHEIMER, Staatsgefüge und Recht im Dritten Reich. In: Ders., Von der Weimarer Republik zum Faschismus. Die Auflösung der demokratischen Rechtsordnung. Hrsg. von Wolfgang LUTHARDT. Frankfurt/M. 1976.

19 Die Untersuchung des OLG-Bezirk Hamm hat gezeigt, dass das gespannte Verhältnis von Justiz und Polizei sowohl ein reichsweites Phänomen war als auch regionale Besonderheiten aufwies. Hans-Eckhard NIERMANN, Die Durchsetzung politischer und politisierter Strafjustiz im Dritten Reich. Ihre Entwicklung aufgezeigt am Beispiel des OLG-Bezirks Hamm. Juristische Zeitgeschichte Bd. 3, S. 118 ff. Siehe auch Eginhard SCHARF, Justiz und Politische Polizei. In: Ministerium der Justiz Rheinland-Pfalz (Hrsg.), Justiz im Dritten Reich – Rheinland-Pfalz. Frankfurt/M. 1995, S. 623–755, insbesondere S. 632 ff. und 665 ff.

20 Zur Zusammenarbeit von Justiz und Polizei siehe auch die Aufsätze von Angelika Arenz-Morch, Dietfrid Krause-Vilmar und Gunnar Richter in diesem Band.

21 Siehe zur Überlieferung von Halbwochen- und Tagesrapporten der Gestapo Leitstelle Darmstadt BArchB Best. R 58 Nr. 3734; Thomas KLEIN, Die Lageberichte der Geheimen Staatspolizei über die Provinz Hessen-Nassau 1933–1936. 2 Bde. Köln 1998.

gemeldet.²² Zur »alltäglichen Diskriminierung« gehörten die Bespitzelung von politisch aktiven und / oder sich für Organisationen engagierende Jüdinnen und Juden. Ein besonderes Augenmerk wurde auf Alternativen der Berufsausübung gelegt. Ein Halbmonatsbericht des Hessischen Staatspolizeiamtes Darmstadt vom September 1934 beschreibt, dass das Herausdrängen der jüdischen Bevölkerung aus Teilen des Berufslebens zu einer Umorientierung in der maßgeblich betroffenen Bevölkerung geführt habe. Da viele Berufe nicht mehr in Frage kamen, blieben oftmals nur noch Agrarberufe oder das Handwerk als legale Beschäftigung. »Diese Tatsache mache eine sofortige radikale Berufsumschichtung erforderlich. Hierbei soll aber berücksichtigt werden, dass die Ausbildung, insbesondere in der Landwirtschaft, so erfolgt, dass die infrage kommenden Personen jederzeit befähigt sind, den neuerlernten Beruf auch überall im Auslande auszuüben. Personen über 35 Jahren wird von Berufsumschichtung abgeraten. Die Wirtschaftsstellen der jüdischen Gemeinden sollen als Beratungsstellen benutzt werden. [Unterschrieben von] Zentralstelle für die Leitung und Überwachung der Berufsumschichtung ›Zentralausschuss der Deutschen Juden für Hilfe und Aufbau‹.«²³

Besonderer Verfolgungsdruck richtete sich gegen jüdische Jugendverbände, denen ein besonders ausgeprägtes staatsfeindliches Potential unterstellt wurde. Ab dem 20. September 1934 durften Angehörige dieser Vereinigungen nicht mehr öffentlich auftreten und vor allem keine »Bundestracht« mehr tragen. »Unter diese Verbotsordnung fällt auch das Tragen von Bundestracht oder zur Kluft gehörigen Kleidungsstücken und Abzeichen unter Verdeckung durch zivile Kleidungsstücke (z.B. Mäntel), sowie jede sonstige einheitliche Kleidung, die als Ersatz für die bisherige Bundestracht anzusehen ist [...].«²⁴ Verboten waren zudem sämtliche Gelände- und wehrsportlichen Übungen oder gemeinsame Aufmärsche in so genannter »feldmarschmäßiger Ausrüstung«.²⁵ Die andauernde Propaganda gegen Jüdinnen und Juden verfehlte in den Augen der politischen Polizei ihre Wirkung nicht. So konstatierten die Berichterstatter des Darmstädter Staatspolizeiamtes: »In den letzten Monaten hat wie im übrigen Reich die Stimmung gegen die Juden allgemein zugenommen. Sie erhielt sichtbaren Ausdruck durch die Anbringung von Schildern und Transparenten mit dem Hinweis, daß Juden unerwünscht und das Unglück des deutschen Volkes seien. Ein besonders wachsames Auge schenkte die Bevölkerung den Fällen, wo Juden mit Ariern gesehen oder vermutet wurden und der Verdacht der Rasseschändung bestand. Wiederholt mußten daher die betreffenden Personen zum Schutze ihrer eigenen Sicherheit in Schutzhaft genommen werden.«²⁶

---

22 Halbmonatsberichte des Hessischen Staatspolizeiamtes Darmstadt vom 4. September 1934. BArchB Best. R 58 Nr. 3734.
23 Halbmonatsbericht des Hessischen Staatspolizeiamtes Darmstadt vom 18. September 1934. BArchB Best. R 58 Nr. 3734.
24 Halbmonatsbericht des Hessischen Staatspolizeiamtes Darmstadt vom 3. Oktober 1934. BArchB Best. R 58 Nr. 3734.
25 Ebenda.
26 Monatsbericht des Hessischen Staatspolizeiamtes Darmstadt Juli 1935 vom 3. August 1935. BArchB Best. R 58 Nr. 3734. Nach dem Ende des NS-Regimes sind eine ganze Anzahl von Denunziationen vor Gericht gebracht worden, insbesondere in den Besatzungszonen, deren Militärverwaltungen es deut-

Was hier beschrieben wird, war der Beginn eines sich insbesondere im Krieg vehement ausbreitenden Denunziantentums.[27]

Die stetige NS-Propaganda, nicht nur gegen Jüdinnen und Juden, führte fast unausweichlich zu zunehmenden – auch physischen – Angriffen auf segregierte Teile der Bevölkerung. Was geschah, wenn Gewaltakte eskalierten? In den ersten Jahren des NS-Regimes reagierte die Staatsmacht mit einer inszenierten Verfolgung von Straftaten, wie ein Beispiel aus Oberhessen dokumentiert: »Am 6. Dezember 1935 geriet in der Nähe von Büdingen (Oberhessen) ein SS-Scharführer mit einem Juden aus Gedern in eine Auseinandersetzung, weil dieser mit seinem Kraftwagen verkehrswidrig gefahren und dadurch den SS-Angehörigen, der ihm gleichfalls in einem Kraftwagen entgegenkam, gefährdet haben soll. Im Verlauf der Auseinandersetzung schoß der SS-Scharführer auf den Juden und brachte ihm einen Halssteckschuß bei, worauf er auf Antrag der Staatsanwaltschaft in Gießen am 9. Dezember 1935 wegen Totschlagsversuchs unter Haftbefehl gestellt wurde. Dieser Haftbefehl wurde am 24. Dezember 1935 wieder aufgehoben und der SS-Scharführer am gleichen Tage aus der Untersuchungshaft entlassen.«[28] Auch wenn Rechtstrukturen scheinbar eingeführt sind, bedeutet dies noch nicht, dass sie auch rechtens im Sinne von Rechtsstaatlichkeit und Menschenwürde sind. Ganz im Gegenteil: Recht ist keine wertfreie Erscheinung. Wenn es zur Durchsetzung von politischen Interessen, zum Beispiel zum Ausschluss Andersdenkender, zur ausschließlichen Durchsetzung eines Weltbildes statuiert und angewandt wird, verliert es seine rechtsstaatliche Legitimität. Genau dies ist während der NS-Zeit geschehen und lässt sich als typisches NS-Recht festhalten.

Bereits wenige Tage nach der Ernennung Adolf Hitlers zum Reichkanzler setzten groß angelegte Verfolgungswellen in ganz Deutschland ein. In der Regel wurden in politischen Organisationen tätige Männer und Frauen in Schutzhaft genommen.[29] Sie sollten in größerer Zahl juristisch belangt werden. Dadurch drohte das Reichsgericht[30] – das zu Beginn der NS-Zeit allein für politische Strafsachen zuständig war[31] – in Verfahren zu versinken.

---

schen Gerichten erlaubt hatten Verbrechen gegen die Menschlichkeit nach dem Kontrollratsgesetz Nr. 10 anzuwenden. Siehe hierzu Wolfgang FORM, Der Oberste Gerichtshof für die Britische Zone: Gründung, Besetzung und Rechtsprechung in Strafsachen wegen Verbrechen gegen die Menschlichkeit. In: Verbrechen gegen die Menschlichkeit – Der Oberste Gerichtshof der Britischen Zone. Juristische Zeitgeschichte Nordrhein-Westfalen Bd. 19. Hrsg. vom Justizministerium des Landes NRW. Düsseldorf 2012, S. 8–63, insbesondere S. 54ff.

27 Siehe zur Denunziation während der NS-Zeit Martin BROSZAT, Politische Denunziation in der NS-Zeit. Aus Forschungserfahrungen im Staatsarchiv München. In: Archivalische Zeitschrift Bd. 73 (1977), S. 221–238; Giesela DIEWALD-KERKMANN, Politische Denunziation im NS-Regime oder die kleine Macht der ›Volksgenossen‹, Bonn 1995.

28 Monatsbericht des Staatspolizeiamtes Darmstadt für Dezember 1935 vom 6. Januar 1936. BArchB Best. R 58 Nr. 3734.

29 Siehe hierzu auch die Beiträge von Angelika Arenz-Morch, Dietfrid Krause-Vilmar und Gunnar Richter in diesem Band.

30 Ingo MÜLLER, Kein Grund zur Nostalgie: das Reichsgericht. In: Betrifft Justiz 2001, S. 12 m.w.N.

31 Wolfgang FORM, Politische NS-Justiz in Hessen – Gegenstand und Konzeption der Untersuchung. In: Wolfgang FORM / Theo SCHILLER, NS-Justiz in Hessen (siehe Anm.4), S. 1ff.

Mehrere 10.000 als Regimegegner ausgemachte politische Aktivisten verschwanden in Gefängnissen und wilden Folterkellern.[32] Um auch nur einen Bruchteil von ihnen den Prozess zu machen, hätte das Reichsgericht erheblich vergrößert werden müssen. Dies schien wenig praktikabel zu sein. Deshalb erhielten Oberlandesgerichte am 18. März 1933 eine besondere Zuständigkeit für Hoch- und Landesverratsverfahren.[33] Auf dem Gebiet des heutigen Bundeslandes Hessen gab es 1933 drei Oberlandesgerichte: Darmstadt sowie Frankfurt und Kassel (beide in Preußen gelegen). Der politische Senat des OLG Darmstadt war für den Volksstaat Hessen zuständig und der in Kassel für das gesamte preußisch-hessische Territorium. Hinzu kamen die Landgerichtsbezirke (LG) Göttingen (Niedersachsen) und Erfurt (Thüringen).[34]

Ab April 1933 gerieten viele Hundert politisch aktive Männer und Frauen auch aus Hessen in die Mühlen der politischen Justiz oder mussten emigrieren. An der Spitze der Verfolgungspyramide stand die Oberreichsanwaltschaft. Schon Ende März 1933 verwies sie Verfahren nach Hessen. Die Kasseler Staatsanwaltschaft reichte am 5. April 1933[35] und die Darmstädter[36] fünf Tage später die erste Anklageschrift ein.

Zwei in Darmstadt angeklagte Männer hatten ihre Taten am Tag des Reichstagsbrandes, am 28. Februar 1933, begangen. Ihnen wurde vorgeworfen, in Mainz-Weisenau ein kommunistisches Flugblatt mit der Überschrift »Heraus aus Not und Elend« verbreitet zu haben. Das Flugblatt endete mit dem Aufruf, am 5. März 1933 KPD zu wählen. Die Generalstaatsanwaltschaft Darmstadt sah in der Werbung für die KPD einen Angriff auf die Verfassung, weil eine politische Richtung wie die in der Sowjetunion angestrebt werde.[37] Auch die Richter (Senatspräsident Adolf Müller sowie die beisitzenden Richter Gauf, Hildebrandt, Schade und Schnitzspahn) folgten dieser Argumentation und verurteilten Karg und Keller wegen eines minderschweren Falles der Vorbereitung zum Hochverrat zu 15 und 18 Monaten Gefängnis.[38]

Um die Sachlage noch einmal zu verdeutlichen: Es handelte sich um ein Wahlkampfflugblatt der KPD. Die Regierung Hitler-Papen war erst einen Monat im Amt. Es war nicht die Zeit der späten 1930er Jahre, als das NS-Regime nach allen Seiten abgesichert war. Die an den Verfahren beteiligten Staatsanwälte und Richter hatten keine langjährige Erfahrung in Hochverratsprozessen oder sie waren aufgrund ihrer loyalen Haltung zum

---

32 Siehe auch die Beiträge von Angelika Arenz-Morch, Dietfrid Krause-Vilmar und Gunnar Richter in diesem Band.
33 Verordnung des Reichspräsidenten zur Beschleunigung des Verfahrens in Hoch- und Landesverratssachen vom 18. März 1933, RGBl. I S. 131.
34 Siehe ausführlich bei Wolfgang FORM (siehe Anm. 4), S. 7 ff.
35 OJs Kassel, Verfahren gegen Georg Renker. Wolfgang FORM / Theo SCHILLER (Hrsg.), Widerstand und Verfolgung in Hessen 1933–1945. Die Verfahren vor dem Volksgerichtshof und den Oberlandesgerichten Darmstadt und Kassel. Bearbeitet von Karin BRANDES und Wolfgang FORM. Mikrofiche Edition, München 2008, Fiche Nr. 35.
36 OJs 2/33 Darmstadt, Verfahren gegen Adam Karg und Simon Friedrich Keller. Edition NS-Justiz in Hessen (siehe Anm. 35); Fiche Nr. 16.
37 Anklageschrift vom 10. April 1933, ebenda.
38 Urteil vom 12. Mai 1933, ebenda.

NS-Regime in entsprechende Posten eingesetzt. Von keinem von Ihnen ist bekannt, dass er in der NSDAP gewesen wäre. Dies ist kein Einzelfall und betraf auch nicht nur das Oberlandesgericht Darmstadt.[39]

In einem der ersten nordhessischen Urteile, datiert auf den 29. Juli 1933, finden wir ganz ähnliche Argumentationslinien. Was dem Angeklagten Hans Siebert vorgeworfen wurde, soll hier nicht näher beleuchtet werden. Bemerkenswert ist, dass das Gericht in seiner Urteilsbegründung explizit herausstellte: »Bei ihm galt es, die Volksgemeinschaft solange wie möglich vor seinem Treiben zu bewahren und gleichzeitig zu zeigen, dass die Zeit unangebrachter Milde für derartige Volksfeinde vorbei ist.«[40]

Wenige Monate später verfestigte sich diese Argumentation. Eine prägnante Begründung für NS-Feindstrafrecht[41] lieferte das Kasseler Urteil vom 23. Februar 1934. Die Richter stellten fest, dass bereits im Herbst 1933 allen Deutschen hätte klar sein müssen, dass der nationalsozialistische Staat sich »restlos durchgesetzt hatte und nur noch härtnäckigster verbrecherischer Wille glauben konnte, gegen ihn vorgehen zu können.«[42]

Der vorsitzende Richter war Vizepräsident August Konrad Auffarth, als Beisitzer fungierten die Oberlandesgerichtsräte Wolfram Bruno Faber, Friedrich Hermann Junghans und Friedrich Wolff sowie Landgerichtsrat Heinrich Karl Dehnert. Alle Richter prägten die Rechtsprechung des Oberlandesgerichts Kassel über viele Jahre hinweg. Friedrich Wolff wirkte an insgesamt 282 Verfahren mit, Heinrich Karl Dehnert an 226 und Wolfram Bruno Faber an 222. Zusammen entschieden sie über mindestens 1.855 Angeklagte – von insgesamt 2.980.[43] Sie gehörten zu den Richtern mit der höchsten »Tagungsquote«. In ihrer Bewertung der »nationalsozialistischen Revolution« spürte man förmlich ihren Wunsch nach Vergeltung für alles, was der »Neuen Zeit« entgegen stand. Mit diesem Selbstverständnis richteten sie auch in den nachfolgenden Jahren: Dehnert bis zum 26. Februar 1938[44], und Wolff saß am 28. Januar 1941[45] das letzte Mal im Kasseler Strafsenat. Die letzte bekannte Hauptverhandlung unter Beteiligung von Wolfram Bruno

---

39 Vgl. zu Hessen Michael LOJOWSKY, Richter und Staatsanwälte der politischen Strafsenate der Oberlandesgerichte Darmstadt und Kassel in der Zeit des Nationalsozialismus. In: Wolfgang FORM / Theo SCHILLER (siehe Anm. 4), S. 1043–1103.

40 OJs 38/33 Kassel, Urteil gegen Hans Siebert vom 29. Juli 1933, S. 26; Edition NS-Justiz in Hessen (siehe Anm. 35); Fiche Nr. 36.

41 Siehe zum Begriff Feindstrafrecht u. a. Günther JAKOBS, Kriminalisierung im Vorfeld einer Rechtsgutsverletzung. In: Zeitschrift für die gesamte Strafrechtswissenschaft 97 (1985), S. 751–785.

42 OJs 6/34 Kassel, Urteil vom 23. Februar 1934, S. 10; Edition NS-Justiz in Hessen (siehe Anm. 35); Fiche Nr. 49.

43 Das entsprach rund zwei Drittel aller beim Oberlandesgericht angeklagten Personen. Zusammen verhängten sie 44.046 Monate oder 3.670 Jahre Freiheitsentzug. Faber war an acht Todesurteilen beteiligt.

44 OJs 73/37 Kassel, Urteil vom 26. Februar 1938; Edition NS-Justiz in Hessen (siehe Anm. 35); Fiche Nr. 114 f. Begonnen hatte er spätestens mit OJs 147/33 Kassel, Urteil vom 12. Dezember 1933; Edition NS-Justiz in Hessen (siehe Anm. 35), Fiche Nr. 44 f.

45 OJs 95/40 Kassel, Urteil vom 28. Januar 1941; Edition NS-Justiz in Hessen (siehe Anm. 35); Fiche Nr. 159. Seine erste bekannte Hauptverhandlung fand am 7. Oktober 1933 statt. OJs 31/33 Kassel, Edition NS-Justiz in Hessen (siehe Anm. 35); Fiche Nr. 35 f.

Faber fand am 22. Oktober 1943[46] statt. Er konnte damit auf eine zehnjährige Praxis in politischen Strafsachen zurückblicken.[47]

Versucht man einen »Standard-Staatsfeind« zu beschreiben, so finden sich in den Urteilen der politischen Strafjustiz eine handvoll durchgängig anzutreffender Charakterisierungen und Zuschreibungen, die sich wie ein roter Faden durch die gesamte NS-Zeit ziehen:
- männlich,
- unter 40 Jahre alt,
- angeklagt wegen Vorbereitung zum Hochverrat bzw. ab 1943 auch Wehrkraftzersetzung,
- Mitglied oder Sympathisant einer linken Partei beziehungsweise Gruppierung und damit kein Mitglied des Volkskörpers (= Völksschädling),

Der Staatskommissar für das Polizeiwesen in Hessen, Werner Best, beschrieb im März 1933 die Stoßrichtung des NS-Feindstrafrechts: »In erster Linie [ist es] gegen Kommunisten [gerichtet], dann aber auch gegen diejenigen [...] die mit den Kommunisten zusammenarbeiten und deren verbrecherische Ziele, wenn auch nur mittelbar unterstützen oder fördern.«[48]

Im Gros aller politischen Strafsachen zwischen 1933 und dem Ende des Zweiten Weltkrieges ging es tatsächlich um das breite Spektrum der politischen Linken. Dabei zeichnen sich Verfolgungsschwerpunkte ab: erstens 1933 bis 1937 und zweitens 1943 bis 1945. In der ersten Phase konzentrierten sich die Verfolgungsbehörden in Hessen in großem Umfang auf das weitere Umfeld der Deutschen Kommunistischen Partei (KPD). Gut 60 Prozent aller Verfahren vor den politischen Senaten der Oberlandesgerichte Darmstadt und Kassel waren bis zum 31. Dezember 1937 eingeleitet. Bezogen auf die Zahl der Angeklagten fällt der Anteil noch deutlicher aus. Von 3.550 Angeklagten insgesamt waren für 2.819 die Ermittlungsakten bei den Generalstaatsanwaltschaften in Darmstadt (570) und Kassel (2.249) eingegangen, was einen Anteil von knapp 80 Prozent ausmacht. Der Befund zeigt zudem, dass bis 1937 deutlich mehr Männer und Frauen in einem Verfahren angeklagt wurden als in der späteren Zeit. Die größten Massenprozesse umfassten 86[49], 73[50] und 45[51] Angeklagte.

---

46 OJs 160/43 Kassel, Urteil vom 22. Oktober 1943, Edition NS-Justiz in Hessen (siehe Anm. 35); Fiche Nr. 183.
47 OJs 40/33 Kassel, Urteil vom 10. August 1933; Edition NS-Justiz in Hessen (siehe Anm. 35); Fiche Nr. 36.
48 Durchführung der Verordnung vom 13. März 1933 an alle Kreisämter und Polizeiämter; HStAD Abt. G 21 A Konv. 1.709, Fasc. 1.
49 OJS 44/35 Kassel, Urteil vom 7. Juni 1935; Edition NS-Justiz in Hessen (siehe Anm. 35); Fiche Nr. 69 ff.
50 OJs 147/33 Kassel, Urteil vom 19. Dezember 1933; Edition NS-Justiz in Hessen (siehe Anm. 35); Fiche Nr. 44 f.
51 OJs 126/33 Kassel, Urteil vom 1. Dezember 1933; Edition NS-Justiz in Hessen (siehe Anm. 35); Fiche Nr. 41 f.

Die Delikte

Die politische Strafjustiz während der NS-Zeit war durchgehend für die Delikte Hoch- und Landesverrat zuständig. Mit Beginn des Krieges kamen kriegsspezifische Straftatbestände wie zum Beispiel Feindbegünstigung[52] (§ 91b StGB) hinzu. Ab Januar 1943 übertrug das NS-Regime die Ahndung von Wehrkraftzersetzung[53] in den Aufgabenbereich des Volksgerichtshofs und der politischen Oberlandesgerichtssenate.[54] In der überwiegenden Zahl der Verfahren spielte Vorbereitung zum Hochverrat eine zentrale Rolle. Das Delikt war keine Erfindung des NS-Regimes. Bis April 1934 galten die §§ 85 und 86 StGB (dazu die folgende Übersicht).

Übersicht § 85 und 86 StGB

§ 85 StGB: Wer öffentlich vor einer Menschenmenge, oder wer durch Verbreitung oder öffentlichen Anschlag oder öffentlicher Ausstellung von Schriften oder anderen Darstellungen zur Ausführung einer hochverräterischen Handlung auffordert. Strafe: 10 Jahre Zuchthaus, bei mildernden Umständen ein bis fünf Jahre Gefängnis.

§ 86 StGB: Jede andere, ein hochverräterisches Unternehmen vorbereitende Handlung. Strafe: Zuchthaus oder Gefängnis von einem bis drei Jahren, bei mildernden Umständen ein halbes bis drei Jahre Festungshaft.

Die Anklagebehörden klagten regelmäßig nach § 85 StGB an, doch gelang es ihnen in keinem für Hessen bekannten Fall. Durchgängig wurde der Strafrahmen dem § 86 StGB entlehnt, was zur Folge hatte, dass Freiheitsstrafen über drei Jahren nicht möglich waren. Zwar sind höhere Freiheitsstrafen unter Anwendung von § 86 StGB verhängt worden, jedoch immer in Verbindung mit Delikten mit einer Strafandrohung von mehr als drei Jahren Freiheitsentzug wie zum Beispiel § 7 Sprengstoffgesetz.[55] Insgesamt fanden aufgrund von Verstößen gegen § 86 StGB 193 Verfahren bei den Oberlandesgerichten Darmstadt (44) und Kassel (149) statt. Für Kassel muss berücksichtigt werden, dass seine örtliche Zuständigkeit deutlich größer war; sie umfasste schließlich zwei Oberlan-

---

52 Vgl. Wolfgang FORM, Politische Strafjustiz in Hessen (siehe Anm. 4), S. 449 ff.
53 Vgl. Wolfgang FORM, Öffentliche Wehrkraftzersetzung als Verteidigung der Inneren Front. Politische NS-Strafjustiz im Spannungsfeld zwischen militärischer und allgemeiner Rechtsprechung. In: Albrecht KIRSCHNER (Hrsg.), Deserteure, Wehrkraftzersetzer und ihre Richter. Marburger Zwischenbilanz zur NS-Militärgeschichte vor und nach 1945. Veröffentlichungen der Historischen Kommission für Hessen Bd. 74, Marburg 2010, S. 225–245.
54 Zur Zuständigkeit der politischen NS-Strafjustiz siehe ausführlich Wolfgang FORM, Politische Strafjustiz in Hessen (siehe Anm. 4), S. 65 ff.
55 Gesetz gegen den verbrecherischen und gemeingefährlichen Umgang von Sprengstoffen vom 9. Juni 1884. RGBl. S. 61. Siehe Urteil des Reichsgerichts vom 23. Mai 1933 (Az. I 478/33); Entscheidungen des Reichsgerichts in Strafsachen Bd. 76, S. 233 ff. Als Beispiele für Hessen: Georg EBERTS, Oberlandesgericht Darmstadt (OJs 61/33), Urteil vom 14. April 1934 – 5 Jahre Zuchthaus; Edition NS-Justiz in Hessen (siehe Anm. 35); Fiche Nr. 19 f.; Adolf FRIES, Oberlandesgericht Kassel (OJs 40/33), Urteil vom 10. August 1933 – 5 Jahre Zuchthaus; ebenda, Fiche Nr. 36.

desgerichtsbezirke, zudem noch thüringische und niedersächsische Gebiete und ab 1937 auch den OLG-Bezirk Darmstadt.[56]

Um die Bedeutung der regionalen politischen NS-Gerichtsbarkeit einzuschätzen, ist wichtig zu wissen, dass bis April 1934 nur wenige Angeklagte aus Hessen beim Reichsgericht in Leipzig vor Gericht standen (siehe Übersicht).[57] Damit wirkte politische NS-Strafjustiz fast ausschließlich regional.

Übersicht Reichsgericht: Verfahren wegen § 86 StGB 1933–1934

Az.	Anklage	Urteil	Name	Sanktion[1]	Besonderheiten
XII H 48/33	23.08.1933	29.11.1933	Karl Leinweber	16 G	5000 Flugblätter
			Martin Mook	16 G	Aufforderung
			Wilhelm Engel	9 G	zum Streik
XV H 59/33		10.02.1934	Wilhelm Steigner	96 Z	Waffen,
			Philipp Nikolay	60 Z	Sprengstoff
			Adolf Appel	84 Z	
			Heinrich Frenz	84 Z	
XV H 5/34	11.01.1934	02.03.1934	Karl Wendel	20 G	»AM-Apparat«[2]
			Alfred Rauschdorf	24 G	Unterwanderung

1 Angaben in Monaten: Z = Zuchthaus; G = Gefängnis.
2 »AM-Apparat« = Geheimdienst der KPD.

Den NS-Justizpolitikern waren die Strafen für politische Strafsachen von höchstens drei Jahren Zuchthaus deutlich zu niedrig. Eine Neuorientierung der Justiz begann im Frühjahr 1934. Einige bis dahin verstreut gelegene Bestimmungen finden sich nunmehr kondensiert im Reichsstrafgesetzbuch wieder und ein neues Gericht wird ins Leben gerufen: der Volksgerichtshof, dem die Aufgabe zugeschrieben wurde, den Volkskörper – wie es hieß – von seinem linken Rand zu säubern. Einer der führenden Strafrechtler Deutschlands, Georg Dahm, forderte: »Soll das Strafgesetz wirklich ein schlagkräftiges Mittel im Kampfe des Staates mit seinen Gegnern werden, dann darf die Strafgewalt nicht durch eine allzu zurückhaltende Auslegung und durch ein Haften am Wortlaut um seine Wirkung gebracht werden.«[58]

Umgesetzt wurde diese Forderung am 24. April 1934[59] mit neuen Hochverratsregelungen. Nun galt für Vorbereitung zum Hochverrat: § 83 StGB Abs. 1: Wer öffentlich zu einem hochverräterischen Unternehmen auffordert oder anreizt, wird mit Zuchthaus bis zu 10 Jahren bestraft. Die eigentliche Stoßrichtung der NS-Justizpolitiker richtete sich

---

56 Allgemeine Verfügung des Reichsjustizministers betr. die Zuständigkeit der Oberlandesgerichte in Hoch- und Landesverratssachen vom 19. Dezember 1936 (4021 – III a 16643; Deutsche Justiz 1936 S. 1910).
57 Vgl. Wolfgang FORM, Politische Strafjustiz in Hessen (siehe Anm. 4), S. 156 ff.
58 Georg DAHM, in: JW 1934, S. 1911.
59 Gesetz zur Änderung von Vorschriften des Strafrechts und des Strafverfahrens vom 24. April 1934; RGBl. I S. 341.

allerdings auf Veränderungen des alten §86 StGB, der für die Arbeit der politischen Strafjustiz entsprechend angepasst wurde: §83 Abs. 2: Ebenso wird bestraft, wer ein hochverräterisches Unternehmen in anderer Weise vorbereitet. Darunter wurde in aller Regel hochverräterische Mundpropaganda verstanden. Reinhard Heydrich, als einer der ranghöchsten deutschen Polizisten, meinte 1936 hierzu: »Der Nationalsozialismus sieht im Staatsfeind den Volksfeind. Alle Äußerungen staatsfeindlicher Kräfte führen immer wieder auf den Volksfeind zurück, werden von hier aus gestützt, gelenkt und in ihrem Vorgehen bestimmt.«[60] Das Ziel bestand darin den angeblichen »Volksfeind auszulöschen«. Um dies ohne große rechtliche Verrenkungen in die Wege zu leiten, schuf man vier Spezifizierungen der eben vorgestellten sonstigen Vorbereitung zum Hochverrat. §83 Abs. 3 StGB: Auf Todesstrafe oder lebenslanges Zuchthaus oder auf Zuchthaus nicht unter zwei Jahren ist zu erkennen, wenn die Tat (1) der Aufrechterhaltung eines politischen Zusammenhangs diente; (2) darauf gerichtet war, die Wehrmacht oder die Polizei zu unterwandern; (3) dies mittels Schriften und Ähnlichem erfolgte oder (4) die Tat aus dem Ausland aus begangen wurde.

Nicht zu vergessen ist die Novellierung der Landesverratsparagraphen, wovon die meisten erst mit Kriegsbeginn relevant werden sollten:
– Verrat und/oder Verschaffung von Staatsgeheimnissen (§§89, 90, 90f + 90g),
– Herbeiführung einer Kriegsgefahr (§91),
– Waffenhilfe an dem Feind (§91a),
– Feindbegünstigung (§91b),
– Landesverräterischer Komplott (§92).

Ähnlich wie bei der Vorbereitung zum Hochverrat, handelte es sich um unbestimmte Straftatbestände. Es war kein fester Tatrahmen vorgegeben, vielmehr steuerte das NS-Regime über die Arbeit der Strafverfolgungsbehörden den Fokus der Verfolgung mit juristischen Mitteln.

Eine weitere Strafrechtszäsur datiert auf den Beginn des Zweiten Weltkriegs. Zwischen August und Dezember 1939 wurden tiefgreifende Umstrukturierungen als sogenanntes Kriegsstrafrechts vorgenommen. Zudem kamen nun die für den Kriegsfall vorgesehenen Landesverratsregelungen zur Anwendung, vor allem die so genannte Feindbegünstigung: §91b StGB: »Wer im Inland oder als Deutscher im Ausland es unternimmt, während eines Krieges gegen das Reich [...] der feindlichen Macht Vorschub zu leisten [...] wird mit dem Tode oder lebenslangem Zuchthaus bestraft.«

Ein weiterer Straftatbestand gelangte Anfang 1943 in die Zuständigkeit des Volksgerichtshofs und der Oberlandesgerichte, die öffentliche Wehrkraftzersetzung: §5 Nr. 1 Kriegssonderstrafrechtsverordnung (KSSVO): »Wegen Zersetzung der Wehrkraft wird mit dem Tode bestraft, wer öffentlich dazu auffordert oder anreizt, die Erfüllung der Dienstpflicht [...] zu verweigern, oder sonst öffentlich den Willen des deutschen oder verbündeten Volkes zur wehrhaften Selbstbehauptung zu lähmen oder zu zersetzen sucht.«

Mit dem Delikt öffentliche Wehrkraftzersetzung expandierte die politische Strafjustiz über den ihr seit 1933 zugewiesenen Rahmen hinaus. Waren bislang die politische Op-

---

60 Reinhard HEYDRICH, in: Deutsches Recht 1936, S. 121.

position beziehungsweise alle Gruppen andersdenkender Menschen ins Visier des Volksgerichtshofs und der politischen Senate der Oberlandesgerichte geraten, fielen nunmehr alle Schranken. Jede Person, die sich im Machtbereich des NS-Regimes befand, konnte zum Wehrkraftzersetzer werden. Eine politische Ausrichtung oder eine nicht NS-konforme Weltanschauung war nicht mehr von Nöten. Es reichte, den so genannten Wehrwillen zu tangieren, die »Heimatfront« zu gefährden. Was darunter genau zu verstehen war, wurde nicht explizit geregelt. Vom Wortlaut her waren die Grenzen der Verfolgung erst dort überschritten, wo die Äußerung oder Handlung nicht mehr öffentlich vorgenommen wurde. Aber was war öffentlich? Wenn man auf einem öffentlichen Platz gegen den Krieg polemisierte, in einem Gasthaus seiner Meinung freien Lauf ließ, abends mit seiner Familie über das baldige Ende des NS-Regimes diskutierte oder in der Pause am Arbeitsplatz einem Kollegen die eigenen Zukunftsängste offenbarte. Alles dies konnte öffentliche Wehrkraftzersetzung sein.[61]

Bereits im Februar 1943, nur wenige Tage nach Inkrafttreten der neu geregelten Zuständigkeiten, beschäftigte sich die Oberreichsanwaltschaft beim Volksgerichtshof mit den hinzugekommenen Straftatbeständen. Darunter befanden sich auch bereits vor Sondergerichten anhängige Verfahren aus Hessen.[62] Aus Heimtückefällen wurden quasi über Nacht öffentliche Wehrkraftzersetzung, aus zeitigen Freiheitsstrafen wurden Todesstrafen.[63] Wie sich dies im Oberlandesgerichtsbezirk Frankfurt 1944 darstellt, beschreibt Generalstaatsanwalt Vetter wie folgt: »Unter den politischen Strafsachen haben besonders die wegen staatsabträglicher Äußerungen zugenommen. Die Zunahme beträgt, verglichen mit dem gleichen Zeitraum vorigen Jahres, etwa 40 Prozent. In auffallender Weise hat sich in letzter Zeit das Verhältnis von Sachen, die als Verstoß gegen das HTG [Heimtückegesetz, d. Verf.] zur Anklage gebracht worden sind, zu den Wehrkraftzersetzungssachen verschoben, in denen das Verfahren an den Oberreichsanwalt beim Volksgerichtshof abgegeben wurde. Im Zeitraum September bis Dezember 1943 standen 30 Anklagen wegen Vergehens gegen das HTG 10 Abgaben wegen Verdachts der Wehrkraftzersetzung an den Oberreichsanwalt entgegen. Im Berichtsabschnitt dagegen beträgt das Verhältnis 7 Anklagen zu 49 Abgaben. Das dürfte darauf zurückzuführen sein, daß infolge der Rückschläge im Osten und Westen, der Terrorangriffe und der Vorgänge vom 20.7.1944 überhaupt eine größere Neigung zu staatsfeindlichen Äußerungen festzustellen war, und daß die meisten Äußerungen sich jetzt auf das Kriegsgeschehen beziehen, einen immer stärker werdenden defaitistischen Charakter annehmen und daher ohne weiteres als wehrkraftzersetzend anzusehen sind.«[64]

Im Grunde hätte jede Kritik am Regime, so sie öffentlich bekundet wurde, mit einer Todesstrafe geahndet werden können. Pointiert resümiert ein Oberstaatsanwalt: »Eine

---

61 Zur Geschichte der öffentlichen Wehrkraftzersetzung siehe vgl. Wolfgang FORM, Politische Strafjustiz in Hessen (siehe Anm. 4), S. 474 ff.
62 Schreiben des Darmstädter Oberstaatsanwalts an den Reichsjustizminister, BArchB Best. R 3001/30.01 Nr. IVg1 5163/43.
63 Zur Geschichte der öffentlichen Wehrkraftzersetzung vgl. Wolfgang FORM, Politische Strafjustiz in Hessen (siehe Anm. 4), S. 483 ff.
64 Lagebericht vom 25. Januar 1945; Thomas KLEIN, Die Lageberichte (siehe Anm. 17), S. 281.

der Hauptwaffen ist – von schwersten Fällen der echten Feindbegünstigung und dem Komplex der Wehrdienstentziehung abgesehen – der §5 KSSVO. Wie viele Rechtsgüter sich im härteren Stadium des Krieges gewandelt haben, so ist vieles Wehrkraftzersetzung geworden, was vor einiger Zeit noch als Heimtücke abzutun war.«[65] Darüber hinaus lassen sich vergleichbare Entwicklungstendenzen ablesen, wie bei Feindbegünstigung. Die Anklagen lauteten neben Vorbereitung zum Hochverrat auf Wehrkraftzersetzung und in nicht wenigen Fällen zusätzlich auf Feindbegünstigung.

Der Volkgerichtshof

Ein Blick auf das höchste politische NS-Gericht zeigt folgendes Ergebnis: Mit dem Gesetz zur Änderung von Vorschriften des Strafrechts und des Strafverfahrens vom 24. April 1934[66] wurde der Volksgerichtshof ins Leben gerufen.[67] Zwischen dem 3. August 1934 und dem 29. März 1945 standen 284 Personen (239 Männer und 45 Frauen) aus Hessen in 135 Prozessen vor dem Volksgerichtshof. Zum Zeitpunkt der Hauptverhandlung war der jüngste beim Volksgerichtshof Angeklagte 18 Jahre[70] und der älteste 74 Jahre alt.[51] 244 Angeklagte hatten die deutsche Staatsangehörigkeit und 40 kamen aus dem Ausland. Knapp ein Viertel aller Angeklagten standen mindestens zum zweiten Mal vor einem politischen Gericht. Sie waren demnach »Wiederholungstäter« und in einer politischen Organisation tätig oder zählten zu deren Sympathisantenkreis. Über 28 Prozent bekleideten leitende Funktionen. Ein Wert, der für die beiden Oberlandesgerichte nicht ermitteln werden konnte. Etwa 30 Prozent aller Angeklagten wohnten in Frankfurt/M. und Umgebung. Der jährliche »Arbeitsanfall« des Volksgerichtshofs war recht unterschiedlich. Er reichte von vier Prozessen in 1945 bis zu 44 Verfahren mit 80 Angeklagten ein Jahr zuvor. Es gab 241 Verurteilungen, 20 Freisprüche und 14 Einstellungen sowie 168 zeitige Freiheitsstrafen und 69 Todesurteile.[72]

In der ersten Prozessperiode bis Ende 1937 waren gegen 94 Beschuldigte Ermittlungen bei der Oberreichanwaltschaft anhängig (etwa ein Drittel aller Prozesse). Gegenüber den Ergebnissen bei den hessischen Oberlandesgerichten ein signifikanter Unterschied. Wie ist dieser Befund zu bewerten? Da die Zuständigkeit der regionalen Gerichts-

---

65 Undatierter Aktenvermerk des Reichsjustizministeriums aus der Kriegszeit (wohl von Mitte 1944). BArchB Best. R 3001/R-22 Nr. 5.007, Bl. 150.
66 RGBl. I S. 341.
67 Ebenda, Artikel III, S. 345. Vgl. Wolfgang FORM (siehe Anm. 4), S. 19 f. m.w.N.
68 VGH 3 L 3/34, Urteil vom 3. August 1934; Edition NS-Justiz in Hessen (siehe Anm. 35); Fiche Nr. 1.
69 VGH 3 L 56/45; Edition NS-Justiz in Hessen (siehe Anm. 35); Fiche Nr. 14.
70 Walter Höxter, 2 H 62/40 Urteil vom 3. August 1940. Höxter wurde wahrscheinlich im KZ Auschwitz ermordet. BArchB Best. NJ Nr. 544, Hessisches Hauptstaatsarchiv Wiesbaden (HHStAW) Abt. 518 Nr. 2607.
71 Oktavian Robert Louis Magnée, 3 L 56/45 Urteil vom 29. März 1945; Edition NS-Justiz in Hessen (siehe Anm. 35); Fiche Nr. 14.
72 In neun Fällen konnte bisher keine Entscheidung des Volksgerichtshofs ermittelt werden.

barkeit in allen Fällen durch einen Verweis von höchster Stelle (Oberreichanwaltschaft) zustande kam, liegt es auf der Hand, dass die abgegebenen Ermittlungsverfahren offensichtlich nicht dazu geeignet erschienen, beim Volksgerichtshof angeklagt zu werden. Einen frühen Beleg für die Arbeitsaufteilung zwischen dem zentralen politischen Strafgericht und den regionalen Gerichten (Oberlandesgerichte) finden wir bereits in der Verordnung des Reichspräsidenten zur Beschleunigung des Verfahrens in Hoch- und Landesverratssachen vom 18. März 1933, die die Überweisung von politischen Prozessen an untere Instanzen regelte: »Es sollen nur Strafsachen von minderer Bedeutung abgegeben werden«.[73] An diese Grundregel hielt sich die Oberreichsanwaltschaft bis zum Ende des NS-Regimes.

Wir haben es hier nicht nur mit einem sogenannten »Trop Down«-Phänomen zu tun. Wichtig waren ebenso Impulse von den regionalen Justizbehörden an die Spitzen der Justiz in Berlin. So wie die Verfahren in politischen Strafsenaten bei den Oberlandesgerichten durchgeführt wurden, konnten sich die Zentralbehörden auf eine reibungslose Umsetzung in ihrem Sinne verlassen, was sich zuletzt auch in den Sanktionen niederschlug. In über 3.500 Oberlandesgerichtsentscheidungen in Hessen sind 15 Todesurteile gesprochen worden. Im Gros der Urteile wurden Freiheitsstrafen verhängt. Das betraf 3,6 Prozent aller deutschen Angeklagten. Wer vor hessischen Oberlandesgerichten politisch verfolgt wurde, hatte – um es zugespitzt zu formulieren – fast schon Glück im Unglück, da das Strafniveau beim Volksgerichtshof deutlich höher lag als bei den Oberlandesgerichten – nicht nur in Hessen. Der Volksgerichtshof hatte 69 Männer und Frauen zum Tode verurteilt (von 284 Angeklagten, was einen Anteil von knapp einem Viertel entspricht). Er übernahm damit auch Aufgaben eines »Standgerichts der inneren Front«, in deren Gefährdung man einen schwerwiegenden Treuebruch und Verrat am nationalsozialistischen Staat sah.

Übersicht: Vom Volksgerichtshof zum Tode verurteilte Männer und Frauen aus Hessen mit Urteilsdatum

Heinrich Johannes Schäffner; 18.11.1938
Friedrich Sperzel; 5.6.1939
Heinz Müller; 7.12.1939
Paul Georg Schurr; 28.1.1941
Oskar Hübschmann; 20.10.1941
Emil Erich Deibel; 6.6.1942
Julius Nees; 24.6.1942
Wilhelm Adam Hugo; 24.6.1942
Anton Breitinger; 24.6.1942
Edmund Germann; 24.6.1942
Wilhelm Klöppinger; 25.6.1942
Adam Leis; 26.6.1942

Otto Oskar Hermann Häuslein; 26.6.1942
Heinrich Will; 21.7.1942
Alfred Emil Kaufmann; 21.7.1942
Jan Martinek; 23.10.1942
Milan Matuska; 23.10.1942
Antonin Strnad; 23.10.1942
Josef Krska; 23.10.1942
Walter Hermann Erich Rietig; 26.10.1942
Hermann Geisen; 12.1.1943
Kurt Garbarini; 12.1.1943
Louis Philipp Biese; 13.1.1943
Georg Viktor Kunz; 2.6.1943

---

[73] RGBl. I S. 131. Artikel 1 Abs. 2 Satz 2 Überweisung von Hochverratssachen an die Oberlandesgerichte.

Wilhelm Lai; 22.6.1943
Louis Birck; 13.7.1943
Kurt Erich Granzow; 19.8.1943
Arndt Wedekind; 1.9.1943
Johann Zimmermann; 29.9.1943
Erwin Karl Granget; 8.10.1943
Emma Granget; 8.10.1943
Hans Wilhem Bernhard Zwehl; 29.10.1943
Wilhelm Zwilling; 5.1.1944
Rudolf Papsdorf; 22.2.1944
Wilhelm Kölsch; 8.3.1944
Georg Wilhelm Weitzel; 17.3.1944
Valentin Schmidt; 21.3.1944
Johannes Volz; 28.3.1944
Johanna Schmidt; 21.4.1944
Friedrich Johannes Coy; 24.5.1944
Emil Streiter; 24.5.1944
Georg Nebel; 2.6.1944
Gerhard Grein; 9.6.1944
Oskar Billion; 13.6.1944
Elisabeth Groß; 21.7.1944
Albert Kamradt; 27.7.1944
Willi Seng; 27.7.1944

Friedrich Wilhelm Beuttel; 27.7.1944
Karl Rabold; 28.7.1944
Eva Katharina Duchmann; 29.8.1944
Georg Johann Fröba; 6.9.1944
Philipp Ludwig Mann; 12.9.1944
Georg Holz; 12.9.1944
Rudolf Malter; 25.9.1944
Johannes Leodegar Kremer; 4.10.1944
Hans Menges; 26.10.1944
Paul Johannzen; 28.11.1944
Marcel Pierre Holder; 13.12.1944
Wilhelm Käß; 20.12.1944
Gustav Böcker; 20.12.1944
Ludwig Schwamb; 13.1.1945
Busso Thoma; 17.1.1945
Hermann Kaiser; 17.1.1945
Gustav Oskar Tellgmann; 18.1.1945
Alfred Kramer; 20.2.1945
Gustav Heinrich Paustian; 20.2.1945
Paul Gustav Anton Sonntag; 21.2.1945
Paul Heinrich Karl Janke; 21.2.1945
Alois Josef Funk; 21.2.1945

Die ersten Todesstrafen sind nicht wegen politischer Delikte verhängt worden. Die drei Männer kamen wegen Spionage vor Gericht (Landesverrat). Der Erste war Heinrich Johannes Schäffner aus Gießen. Ihm wurde Landesverrat (§ 89 StGB) vorgeworfen.[74] Als Zweiten traf es Friedrich Sperzel aus Frankfurt/M.-Höchst.[75] Er wurde 1938 wegen angeblicher Spionage für Frankreich festgenommen und am 5. Juni 1939 zum Tode verurteilt, weil er im Auftrag des französischen Geheimdienstes einen Fliegerhorst ausgespäht hatte. Er starb am 28. August 1939 in Berlin-Plötzensee. Alle anderen Anklagen hatten zumindest einen politischen Hintergrund oder ihnen wurde so genannte öffentliche Wehrkraftzersetzung vorgeworfen.[76]

Der erste »politische« Prozess mit Todesstrafe fand am 28. Januar 1941 gegen Paul Schurr statt. Im Grunde handelte es sich um einen verwirrten Einzelgänger, der davon

---

[74] Heinrich Johannes Schäffner, 4 L 47/38 Urteil vom 18. November 1938; Edition NS-Justiz in Hessen (siehe Anm. 35); Fiche Nr. 6 f.

[75] Friedrich Sperzel, 4 L 15/39 Urteil vom 5. Juni 1939 – hingerichtet am 28. August 1939 (Haftanstalt Berlin-Plötzensee); Ebenda, Fiche Nr. 7 sowie BArchB Best. 30.01 Mordregister 1939, Bl. 83. Das Dritte Urteil vom 7. Dezember 1939 betraf Heinz Müller (4 L (?)/39) – hingerichtet am 9. Februar 1940 (Haftanstalt Berlin-Plötzensee); ebenda sowie BArchB Best. 30.01 Mordregister 1940, Bl. 39.

[76] § 5 Abs. 1 der Verordnung über das Sonderstrafrecht im Kriege und bei besonderem Einsatz (KriegssonderstrafrechtsVO) vom 17. August 1938, veröffentlicht am 26. August 1939. RBGl. I S. 1455.

träumte, einen alemannischen Staat zu gründen. Eher ein weltferner Idealist denn ein politischer Aktivist. Eine seiner Forderungen, die er in Kettenbriefen verbreitete, war die Autonomie für alle »Alemannen und Alemanninnen«, weil die deutsche Reichsregierung sich ausschließlich auf das Deutschtum konzentriere und dabei die verschiedenen Eigenarten der deutschen Stämme, darunter das »kulturell hochstehende alemannische Volk«, verloren gingen.[77]

Bis Anfang 1941 verurteilte der Volksgerichtshof keine Angeklagten aus Hessen mit einem dezidiert politisch-organisatorischen Hintergrund. Ab Herbst 1941 änderte sich das Bild grundlegend. Als Ersten traf es am 20. Oktober 1941 Oskar Hübschmann, ein Funktionär der Internationalen Arbeiterhilfe (IAH).[78] Er war bereits vor 1933 Bezirkskassierer der IAH im Bezirk Hessen-Frankfurt und später deren Bezirksleiter in Frankfurt/M. Dabei soll er Verbindungen zu den Unterbezirken aufrechterhalten und für deren Aufbau sowie für Herstellung und Vertrieb von Schriftmaterial (»Junge Garde«, »Mahnruf«, »Es lebe der 1. Mai«) gesorgt haben. Als im Sommer 1934 zahlreiche politische Verhaftungen in Frankfurt/M. erfolgten, emigrierte er am 9. September 1934 ins Saargebiet. Dort übernahm er die Organisationsleitung der IAH-Saar. Nach der Saar-Abstimmung[79] war Hübschmann gezwungen Deutschland zu verlassen und setzte sich am 17. Januar 1935 nach Frankreich ab von wo aus er nach Luxemburg abgeschoben wurde. Seine Emigrations-Odyssee brachte ihn nach Brüssel, wo er sich in einer kommunistischen Emigrantenzelle organisierte. Am 29. November 1936 meldete er sich in Antwerpen zur Teilnahme am Spanischen Bürgerkrieg auf »rot-spanischer« Seite und flüchtete im Februar 1939 nach Frankreich. Wie viele »Rot-Spanien-Kämpfer« wurde Hübschmann nach dem Sieg der Franko-Truppen in Frankreich verhaftet und im Lager Gurs[80] interniert.[81] Im Zuge der Besetzung der Stadt Bordeaux durch deutsche Truppen wurde er am 7. Juli 1940 von französischen Sicherheitsbehörden festgenommen, am 17. Juli an die Gestapo übergeben und nach Frankfurt/M. überführt. Wegen der Anklage vor dem Volksgerichtshof verlegte man ihn in das Gefängnis Berlin-Moabit. Am 20. Oktober 1941 wurde Hübsch-

---

77 2 H 9/41 Urteil vom 28. Januar 1941; BArchB Best. NJ Nr. 16832 sowie Best. 30.01 Mordregister 1941 Bl. 108.

78 Zur Geschichte der IAH siehe Willi MÜNZENBERG, Solidarität. Zehn Jahre Internationale Arbeiterhilfe 1921–1931. Berlin 1931.

79 Hans-Christian HERRMANN / Ruth BAUER (Hrsg.), Wiederstand, Repression und Verfolgung. Beiträge zur Geschichte des Nationalsozialismus an der Saar. St. Ingbert 2014, hier insbesondere die Beiträge von Andreas MERL (S. 125 ff.) und Michelle KLÖCKNER (S. 149 ff.).

80 Klaus FRAHM / Angela GRAF / Michael PHILIPP / Frithjof TRAPP (Hrsg.), Gurs. Ein Internierungslager in Südfrankreich 1939–1943. Literarische Zeugnisse, Briefe, Berichte. Stiftung zur Förderung von Wissenschaft und Kultur. 2. Auflage Hamburg 1993. Claude LAHARIE, Le camp de Gurs 1939–1945. Un aspect méconnu de l'histoire de Vichy. Societé Atlantique d'Impression, Biarritz 1993; Claude LAHARIE, Gurs 1939–1945: Ein Internierungslager in Südwestfrankreich. Von der Internierung spanischer Republikaner und Freiwilliger der Internationalen Brigaden bis zur Deportation der Juden in die NS-Vernichtungslager. Hrsg. von der Evangelischen Landeskirche in Baden 2007.

81 Siehe u. a. Wolfgang FORM / Albrecht KIRSCHNER, Verfahren gegen ehemalige Spanienkämpfer. In: Wolfgang FORM / Wolfgang NEUGEBAUER / Theo SCHILLER (Hrsg.), NS-Justiz und politische Verfolgung in Österreich 1938–1945. Analysen zu den Verfahren vor dem Volksgerichtshof und dem Oberlandesgericht Wien. München 2006, S. 403 ff.

mann wegen Hoch- und Landesverrats zum Tode verurteilt und am 23. Januar 1942 in Berlin-Plötzensee hingerichtet.[82] Seine Verfolgungsgeschichte ist kein Einzelfall. Nach der Besetzung der Beneluxstaaten und Frankreichs 1940 gelangte eine Reihe von Exilanten in die Hände der Strafverfolgungsbehörden. Am Ende stand oftmals eine Anklage beim Volksgerichtshof.

In den Jahren 1942 und 1943 wurden viele Todeskandidaten nicht nur wegen Vorbereitung zum Hochverrat, sondern auch wegen Feindbegünstigung (§ 91b StGB) verurteilt. Schaut man in die Urteile, stellt sich heraus, dass es keine anderen Tathandlungen waren, wie in den Hochverratsprozessen vor dem Krieg. Es ist offensichtlich, dass Feindbegünstigung zusätzlich zur Vorbereitung zum Hochverrat angeklagt wurde. Der Unterschied der beiden Straftatbestände liegt in ihrer Strafandrohung. Auf Feindbegünstigung stand als Regelstrafe lebenslanges Zuchthaus oder Todesstrafe, wobei Vorbereitung zum Hochverrat auch zeitige Freiheitsstrafen kannte. Über § 91b StGB ließen sich Todesstrafen demnach einfacher begründen. Es stellt sich jedoch die Frage, weshalb Feindbegünstigung nicht schon seit dem Überfall auf Polen am 1. September in politischen Strafsachen zur Regelstrafe wurde. Ein weiterer Aspekt spielte offensichtlich eine Rolle. Das Urteil des Volksgerichtshofs gegen Oldrich Večera vom 29. Juli 1942 belegt exemplarisch die Gründe der anklagepolitischen Umorientierung in politischen Strafsachen: »Das Deutsche Reich kann unter keinen Umständen dulden, dass, während seine besten Söhne im Kampfe auf Leben und Tod gegen den Bolschewismus in Russland stehen und dort zu Tausenden für die Freiheit Deutschlands und Europas ihr Leben lassen müssen, im Rücken dieser Front der Kommunismus sein Haupt erhebt und bestrebt ist, die Früchte dieses heldenhaften Einsatzes der besten Deutschen zu vereiteln. Es muss deshalb jedem, der es wagen sollte, auch nur im Geringsten den Kommunismus im Reich zu fördern, auf das nachdrücklichste klar gemacht werden, dass er damit sein Leben verwirkt hat. Nur auf diese Weise kann die Gefahr der Wiederholung der Zustände von 1918 gebannt werden. [...] Kommunisten, die sich [...] noch nach Kriegsausbruch mit der Sowjetunion hoch- und landesverräterisch betätigt haben, haben sich im Übrigen als so gefährliche Feinde des Staates und des Nationalsozialismus erwiesen, dass sie für alle Zeiten unschädlich gemacht werden müssen.«[83]

Es ging nicht nur um die Handlung selbst, sondern um den Tatzeitpunkt und den Tätertyp. Wurde ein Beschuldigter als Kommunist bewertet, war sein Leben in akuter Gefahr.

---

82 Zum Verfahren siehe BArchB Best. NJ Nr. 2413. Zum Schicksal von Rot-Spanien-Kämpfern aus Hessen siehe Wolfgang FORM, Politische Strafjustiz in Hessen. In: Wolfgang FORM / Theo SCHILLER, NS-Justiz in Hessen (siehe Anm. 4), S. 319 ff.

83 Urteil v. 29. Juli 1942 gegen Oldrich Večera (Az. 1 H 158/42). BArchB Best. VGH Nr. Večera, Oldrich. Eine vergleichbare Äußerung von Thierack ist in einem Brief an Freisler vom 9. September 1942 belegt: »Wenn im Sinne des Kommunismus nach dem 22. Juni 1941 von einem Deutschen im Reich gehetzt oder auch nur versucht wird, das Volk in kommunistischem Sinne zu beeinflussen, so ist das nicht nur Vorbereitung zum Hochverrat, sondern auch Feindbegünstigung – nämlich der Sowjetunion.« BArchB Best. R 3001/R-22 Nr. 4.694, Bl. 156 (RS).

Oberlandesgerichte

Während seiner Gerichtstätigkeit (1933 bis Ende 1944) ordnete das Oberlandesgericht Kassel mindestens 1.041 Hauptverhandlungen[84] gegen 2.980 Angeklagte an. Der Generalstaatsanwalt in Darmstadt verfasste 114 Anklageschriften (570 Personen). Insgesamt wuren 3.550 Personen angeklagte, darunter 3.328 Männer und 322 Frauen. Es betraf in großem Umfang kommunistische und sozialdemokratische sowie auch bürgerliche Widerstandsstrukturen. Hinzu kam ab 1943 der vielfältige Bereich der so genannten Angriffe auf die Innere Front – die Wehrkraftzersetzung.

Unschwer sind zwei Phasen zu erkennen. Die Masse der Verfahren lag im Zeitraum zwischen 1933 und 1937 – 2.751 Angeklagte – mithin knapp 80 Prozent. Die Zweite betraf die Kriegszeit. In der Aufgabenverteilung zwischen VGH und OLG unterscheiden sich die beiden Phasen signifikant. Phase 1 hat ein Verhältnis zwischen 1:20 und 1:45. Im Krieg hingegen sinkt es auf 1:2,4 und 1:8,5. Was bedeutet, dass verhältnismäßig mehr Personen beim VGH angeklagt wurden. Man kann resümieren, dass die politische Verfolgung in Hessen – und damit wohl auch im gesamten Deutschen Reich in den Grenzen von 1937 – im großen Ausmaß ein Vorkriegsphänomen war. Und weiter, dass die Widerstandsstrukturen zerschlagen oder so konspirativ umstrukturiert wurden und staatliche Zugriffe immer seltener wurden. Welche Strafen verhängt wurden, zeigt die folgende Übersicht.

Übersicht Sektionen OLG Darmstadt (bis 1937) und Kassel

	Kassel	Darmstadt
Angeklagte	2.980	570
Verurteilungen (nachgewiesen)	2.502	487
darunter:		
Todesurteile	15	—
Gefängnis	1.382	274
Zuchthaus	1.067	210
Jugendstrafen	9	—
Straflager (für Polen)	8	—
Haftstrafen	11	1
Freisprüche	372	68
Einstellungen	45	4
Unbekannt	61	11

Eine typische Urteilsbegründung war: »Für die Strafzumessung musste strafschärfend ins Gewicht fallen, dass die Angeklagten sehr wichtige Funktionärstellungen eingenommen haben. [...] Das Treiben der Angeklgten muss [...] als besonders gefährlich

---

84 Nach dem Abschluss der Erhebungen konnten noch einige weitere Verfahren ermittelt werden, die jedoch in der Untersuchung nicht mehr berücksichtigt werden konnten. Es handelt sich jedoch um eine Größenordnung von unter 10.

und schädlich gegenüber den Bestrebungen angesehen werden, das ganze Volk in einer nationalsozialistischen Gemeinschaft zusammenzufassen.«[85]
oder
»Bei der Hartnäckigkeit des Angeklagten in der Verfolgung der kommunistischen Ziele, die nicht einmal durch die Untersuchungshaft unterdrückt werden konnte, musste den Angeklagten die volle Schwere des Gesetzes treffen. [...] Bei der Verwerflichkeit der Tat, die sich in höchsten Maße gegen die Sicherheit und das Wohl des Deutschen Volkes richtete, ist [...] auf (den) Verlust der bürgerlichen Ehrenrechte erkannt (worden).«[86]

In den Jahren 1933 bis 1936/37 finden wir in den Anklageschriften bei beiden Oberlandesgerichten eine für diese Zeit typische »Vorbereitung zum Hochverrat«. Damit ist die Verbreitung von Schriften und die Aufrechterhaltung von politischen Strukturen die gängige Spruchpraxis. Dies änderte sich nachdem die »Aktiven« der Linksparteien abgeurteilt waren (ab 1937/1938). Nun wandte man sich einer weiteren Gruppe von »Staatsfeinden« zu, den politisch links sozialisierten Sympathisanten. Sie waren keine Mitglieder der KPD oder der SPD. Zu Beginn der NS-Zeit wurden sie von den Sondergerichten wegen heimtückischer Äußerungen angeklagt, ab 1936/37 zunehmend wegen kommunistischer Mundpropaganda. 1941 machte diese Deliktgruppe etwa ein Drittel aller Prozesse beim OLG Kassel aus.[87]

Einen weiteren Hinweis für den Rückgang der Spruchtätigkeit der Oberlandesgerichte ab 1936 mutmaßt der Darmstädter Generalstaatsanwalt in einem Bericht an das Reichsjustizministerium Anfang 1936: »1. Hochverratssachen: Sie haben sehr nachgelassen. In den letzten 2 Monaten sind nur 2 anhängig geworden (mit zusammen 12 Angeklagten), denen eine besondere Bedeutung nicht beikommt. Ob dies daher rührt, daß die Wühlereien nachgelassen haben – was zu bezweifeln ist – oder ob die Polizei, vielleicht auch im Hinblick auf die Überfüllung der Strafanstalten, gegen die Flugzettel verteilenden kleineren Sünder nicht mehr mit der gleichen Rührigkeit einschreitet, oder ob diese gerissener geworden sind und sich nicht mehr erwischen lassen, entzieht sich meiner Kenntnis.«[88]

Mit Beginn der großen militärischen Rückschläge im Osten kondensierte sich der NS-Verfolgungswahn in einer verschärften Anwendung des Wehrkraftzersetzungsparagrafen. Was vormals als kommunistische Mundpropaganda verfolgt wurde, wandelte sich ab Ende Januar 1943 zur öffentlichen Wehrkraftzersetzung. Signifikant ist, dass dadurch der Strafrahmen bis auf das Äußerste ausgedehnt werden konnte, allerdings mit einem deutlich anderen Ergebnis als beim Volksgerichtshof. Der politische Senat in Kassel verhängte nur in Ausnahmefällen die Todesstrafe, insgesamt 15 Mal von 2.502 Verurteilungen.

---

85 OJs 273/36 Kassel, Urteil vom 23. Februar 1937, S. 14 f. Edition NS-Justiz in Hessen (siehe Anm. 35); Fiche Nr. 105.
86 OJs 82/33 Kassel, Urteil vom 19. August 1933, S. 6. Edition NS-Justiz in Hessen (siehe Anm. 35); Fiche Nr. 38.
87 Vgl. Wolfgang FORM, Politische Strafjustiz in Hessen (siehe Anm. 4), S. 273 ff.
88 Bericht vom 31. Januar 1936; Thomas KLEIN, Die Lageberichte (siehe Anm. 17), S. 285.

Im Lagebericht von Generalstaatsanwalt Eckert (Darmstadt) vom 23. Januar 1944 resümiert dieser: »In dem am 1. September 1943 erstatteten letzten Lagebericht wurde hervorgehoben, daß die politischen Strafsachen, insbesondere die Heimtückevergehen, zugenommen haben. [...] Dabei verdient Erwähnung, daß mehr als sonst [...] Personen zur Anklage gelangten, die man nach ihrer früheren und jetzigen, durch ihre Äußerungen bewiesenen politischen Einstellung als Staatsfeinde bezeichnen muß (frühere Angehörige oder Anhänger der KPD, SPD und des Zentrums). Im übrigen waren die Äußerungen der Beschuldigten zum Teil derart, daß der Oberreichsanwalt beim Volksgerichtshof sich zur Übernahme des Verfahrens, namentlich unter dem Gesichtspunkte der Wehrkraftzersetzung (§5 Abs. 1 Nr. 1 Kriegssonderstrafrechts-VO), veranlaßt gesehen hat. So hat er z. B. das Verfahren gegen eine vor der Machtübernahme sehr aktive Wormser Kommunistin übernommen, die gegenüber einem Soldaten nicht nur schwerwiegende staatsfeindliche Äußerungen getan, sondern auch für den Bolschewismus Stimmung zu machen versucht und dem Soldaten nahegelegt hat, seine ›Knarre‹ wegzuwerfen.«[89]

Die Regelstrafe bei den Oberlandesgerichten war zu Beginn der NS-Zeit Gefängnis. Später wandelte sich dies in deutlich mehr Zuchthausstrafen (1.067) – insbesondere ab 1937/38 und während der Kriegszeit. 1944 wurden 78 von 95 Zuchthausstrafen wegen Wehrkraftzersetzung ausgesprochen. Eine typische Urteilsbegründung war: »Die Äußerungen [...] über das Verlieren des Krieges durch Deutschland waren geeignet, den Willen des deutschen Volkes zur wehrhaften Selbstbehauptung zu lähmen und zu zersetzen. Im Rahmen der [...] zur Anwendung kommenden Strafandrohung des §5 Abs. 2 [Kriegssonderstrafrechtsverordnung][90] [...] mussten die Strafen aber sehr hart ausfallen. Straferschwerend war bei sämtlichen Angeklagten zu berücksichtigen, dass sie als alte Kommunisten besonderen Grund hatten, sich hinter die Regierung in dem Schicksalskampfe des Deutschen Volkes zu stellen. [...] Unter Abwägung aller Umstände und des Umstandes, dass die Taten ins 3. und 4. Kriegsjahr fallen, erschienen die erkannten Zuchthausstrafen, bei Schmellenkamp und Hofmann je 7 Jahre, bei Hildebrand, der sich nur einmal verging, 2 Jahre, die angemessene Sühne.«[91] So das Richtertrio Keßler, Massengeil und Henseling in Ihrem Urteil vom 22. Mai 1944, das von Januar bis Dezember 1944 fast ausschließlich den politischen Senat der Oberlandesgerichts Kassel besetzte.

Die Richter machten demnach durchaus auch strafmildernde Umstände geltend. Daraus lässt sich schließen, dass es sich – so unwahrscheinlich es auch klingen mag – um ein eher mildes Urteil handelte. Damit soll in keiner Weise das Unrechtsurteil gegen Gustav Adolf Schmellenkamp, Karl Hildebrand und Karl Hoffmann relativiert werden. Ganz im Gegenteil: Es offenbart sich die menschenverachtende Justizpraxis während des NS-Regimes in besonderer Weise. Staatsanwälte klagten Nichtigkeiten im vollen Wissen über die zu erwartenden Folgen für die Angeschuldigten an. Richter argumentierten mit dem Schutz der deutschen Volksgemeinschaft, mit dem Schutz der Inneren Front, um

---

89 Ebenda, S. 414.
90 Ein minderschwerer Fall von öffentlicher Wehrkraftzersetzung, der mit Gefängnis oder Zuchthaus bestraft werden konnte.
91 OJs 37/44 Kassel Urteil vom 22. Mai 1944; NS-Justiz in Hessen (siehe Anm. 35), Fiche Nr. 189.

mit voller juristischer Überzeugung Männer und Frauen hinter Gitter zu bringen. Es war in allen Fällen die jeweilige Entscheidung Einzelner und auch deren Verantwortung.

Der Oberste Gerichtshof für die Britische Zone, ein Revisionsgericht mit Sitz in Köln, das zwischen 1948 und 1950 bemerkenswerte Urteile zur Verantwortung von NS-Unrecht sprach, fasste dies wie folgt zusammen: »Der gewissenlose Täter ist noch niemals wegen der Gewissenlosigkeit seines Vorgehens für schuldlos erachtet worden. Wenn es um eine objektiv unmenschliche Handlung geht, kann für den nichts anderes gelten, dessen Gewissen einer unverantwortlichen Verhetzung soweit erlegen ist, dass er Böses für gut, Unreines für rein, Unrecht für Recht oder Verbrechen als Pflicht angesehen hat. Die Verantwortung für unmenschliche Taten trägt jeder selbst; sie kann nicht von dem Staat, dem man dienen wollte, abgenommen oder auf ihn überwälzt werden. Ein Verbrechen, das im Gefühl heiligster Berufung oder höchster Pflichterfüllung begangen worden ist, ist, auch wenn es unter dem Täter günstigen Machtverhältnissen straffrei ausgeht, von der Kulturgemeinschaft noch nie als eine schuldlose uns straffreie Tat gewertet worden.«[92]

In einem anderen Verfahren fokussiert das Gericht auf die Funktion und Verantwortung der politischen NS-Strafjustiz: »[...] so gehört es doch zu den offenkundigen Erfahrungstatsachen, dass auch zahlreiche Gerichte, vor allem der Volksgerichtshof und viele Sondergerichte, das Strafrecht in einer Weise handhaben, die dazu führte, dass das Recht, statt begangenes Unrecht zu sühnen, mehr und mehr zum Mittel der terroristischen Unterdrückung und Ausmerzung ganzer Bevölkerungsgruppen wurde. Teils wurden Handlungen, die nach allgemeiner Auffassung der gesamten Kulturmenschheit überhaupt nicht strafwürdig waren, mit Strafe belegt, teils wurden wegen eines an sich strafwürdigen Verhaltens Strafen ausgesprochen, die in keinem menschlich erträglichen Verhältnis zu dem veranlassenden Vorgang standen. Die Opfer dieser die Grundsätze der Menschlichkeit verletzenden Handlungen des Rechts waren so zahlreich, dass es sich dabei nicht um Einzelfälle, sondern um eine Massenerscheinung handelte.«[93]

Die Spruchtätigkeit des Oberlandesgerichts Kassel weist im Herbst 1943 eine Auffälligkeit auf. Zwischen dem 23. Oktober 1943 und 13. Januar 1944 klafft eine Lücke im Prozessregister. In keinem anderen Zeitraum gab es eine Sitzungspause von 2½ Monaten. Dass alle Richter gleichzeitig Urlaub hatten oder einberufen worden waren, ist eher unwahrscheinlich. Was war geschehen? Am 22./23. Oktober 1943 erlebte Kassel die schwersten Bombenangriffe während des Zweiten Weltkrieges.[94] Unter anderem ging das Justizgebäude in Flammen auf. Daraufhin wurde der politische Senat des Oberlandesgerichts nach Marburg in die Räume des Landgerichts verlegt, das sich damals in der Neuen Kanzlei unterhalb des Schlosses (heute »religionskundliche Sammlung«) befand. Es begann seine Arbeit in Marburg am 14. Januar 1944.[95] Oberlandesgerichtspräsident

---

92 Entscheidungen des Obersten Gerichtshofes für die Britische Zone in Strafsachen. Bd. 1. Berlin und Hamburg 1949, S. 9 f.
93 StS 39/49, Urteil vom 10. Mai 1949, S. 23; Bundesarchiv Koblenz (BarchK) Best. Z 38 Nr. 477.
94 Vgl. Werner DETTMAR, Die Zerstörung Kassels im Oktober 1943. Fuldabrück 1983.
95 OJs 170/43 Kassel, Urteil vom 14. Januar 1944 gegen Rudolf Ganster wegen Wehrkraftzersetzung. NS-Justiz in Hessen (siehe Anm. 35), Fiche Nr. 184.

Delitzsch berichtet ausführlich im April 1944 in dieser Angelegenheit an das Reichsjustizministerium:

»Diese Verlegung nach Marburg und die damit erfolgte Verteilung des Risikos hat sich bewährt, wie sich jüngst bei der schweren Beschädigung der Kasseler Notunterkunft des Oberlandesgerichts wieder gezeigt hat. Die in der Rechtsprechung des Oberlandesgerichts eingesetzten Richter wohnen jetzt zum weitaus größten Teile in Marburg und haben dort günstige Arbeitsbedingungen. Auch die in Kassel gegebene starke Beengung im Raum und der Mangel an Sitzungssälen und gesicherten Vorführungsmöglichkeiten haben mich bewogen, von der Zurückverlegung der Senate bis auf weiteres Abstand zu nehmen. [...] Die bei den Senaten durch die vollständige Aktenvernichtung vorübergehend entstandene Lücke im Geschäftsgang ist durch Wiederherstellung von Akten in größerer Zahl sowie durch Neueingänge wieder aufgefüllt. Besonders gilt dies für den Strafsenat, an den zahlreiche vom Oberreichsanwalt beim Volksgerichtshof abgegebenen Strafsachen, meistens wegen Wehrkraftzersetzung, gelangt sind. Wenn auch bei der Verhandlung der Sachen in Marburg gewisse Unbequemlichkeiten in Kauf genommen werden müssen und sich aus der starken Belegung des Gefängnisses in Marburg Schwierigkeiten ergeben, so haben sich doch diese Nachteile durch verständnisvolle Zusammenarbeit und gegenseitige Rücksichtnahme von Richter-, Staatsanwalt- und Rechtsanwaltschaft weitgehend herabmindern lassen, so daß ein reibungsloser und rascher Geschäftsgang gewährleistet ist.«[96]

Der »Marburger Senat« tagte bis zu seiner Schließung im Dezember 1944[97] insgesamt 161 Mal. Das sind rund ein Drittel aller Hauptverhandlungen während des Zweiten Weltkrieges (insgesamt 204 Angeklagte).[98] Als Stammbesetzung richteten Dr. Eduard Keßler, Dr. Jacob Henseling und Werner Massengeil.[99] Sie führten die bisherige Arbeit ungebrochen weiter und fällten fünf der insgesamt 15 Todesurteile des Oberlandesgerichts Kassel (siehe Übersicht). Darüber hinaus ergingen 95 Mal Zuchthaus, 58 Mal Gefängnis, neun Jugendstrafen sowie 26 Freisprüche.

Übersicht: Oberlandesgericht Kassel, Todesstrafen verhängt in Marburg 1944

Heinrich Wilhelm Schäfer
Schäfer wurde aufgrund seiner Vorstrafen von der Kriminalpolizeistelle Kassel als »Gewohnheitsverbrecher« am 27. Februar 1934 als »Berufsverbrecher« eingestuft und in Polizeihaft genommen. Am 9. April 1934 erfolgte seine Überführung in das Konzentrationslager Lichtenburg. Zwischen 1934 und 1939 war er in den Konzentrationslagern Lichtenburg,

---

96 Lagebericht vom 29. April 1944; Thomas KLEIN, Die Lageberichte (siehe Anm. 17), S. 108f.
97 Die letzten drei Urteile datieren auf den 22. Dezember 1944: OJs Kassel 101/44, 185/44 und 221/44; NS-Justiz in Hessen (siehe Anm. 35), Fiche Nr. 193, 196 und 198.
98 Der politische Stafsenat des Oberlandesgerichts Kassel reiste auch zu anderen Orten wie Erfurt (8), Darmstadt (4), Gießen (2), Hanau (2), Frankfurt (1) und Kirchhain bei Marburg (1).
99 Auf den Tafeln 37–39 im Katalogteil dieses Buches wird ausführlich auf einen Nachkriegsprozess gegen Kessler, allerdings wegen eines Urteils des Sondergerichts Kassel, eingegangen. Dazu auch den Beiträge von Georg Falk und Theo Schiller in diesem Band.

Esterwegen, Sachsenhausen und Flossenbürg inhaftiert, aus dem er am 24. Januar 1939 entlassen wurde und am darauf folgenden Tag nach Marburg zurückkehrte. Am 30. September 1943 wurde er erneut festgenommen und war bis April 1944 im Marburger Gerichtsgefängnis inhaftiert. Am 27. April 1944 verurteilte das Oberlandesgericht Kassel ihn wegen »fortgesetzter schwerwiegender Äußerungen über einen ungünstigen Ausgang des Krieges und Wehrkraftzersetzung« zum Tode. Am darauf folgenden Tag erfolgte seine Verlegung in das Strafgefängnis Frankfurt/M.-Preungesheim, wo er am 6. Juni 1944 durch Enthaupten hingerichtet wurde.
Quelle: NS-Justiz in Hessen (siehe Anm. 35), Fiche Nr. 188.

Ernst Schmidtseifer
Schmidtseifer wurde am 16. Dezember 1943 festgenommen. Man beschuldigte ihn, durch »Äußerungen schwerwiegender Natur« in einem »besetzten Eisenbahnzug« Wehrkraftzersetzung betrieben zu haben. Im Juli 1944 gab der Oberreichsanwalt beim Volksgerichtshof das Ermittlungsverfahren an den Generalstaatsanwalt beim Oberlandesgericht in Kassel ab. Das Oberlandesgericht in Kassel verurteilte Schmidtseifer am 7. Oktober 1944 zum Tode. Nach der Ablehnung seines Gnadengesuchs am 3. November 1944 wurde er am 21. November 1944 im Strafgefängnis Frankfurt/M.-Preungesheim durch Enthaupten hingerichtet.
Quelle: NS-Justiz in Hessen (siehe Anm. 35), Fiche Nr. 196.

Heinrich Dolde
Dolde wurde am 31. Mai 1943 festgenommen und befand sich vom 6. Juni 1943 an in Untersuchungshaft. Er soll sich an seiner Arbeitsstelle, dem zahntechnischen Laboratorium der Firma Schwerzmann in Frankfurt/M., unter anderem häufig prokommunistisch geäußert, den »Hitlergruß« verweigert und die Wehrmachtsberichte als »Schwindel« bezeichnet haben. Auch soll er sich bei französischen Kriegsgefangenen, die in der Firma arbeiteten, in propagandistischer Weise für Sowjetrussland eingesetzt haben. Das Oberlandesgericht Kassel verurteilte ihn am 11. Februar 1944 zum Tode. Am folgenden Tag wurde er in das Strafgefängnis Frankfurt/M.-Preungesheim überstellt und dort am 28. März 1944 durch Enthaupten hingerichtet.
Quelle: NS-Justiz in Hessen (siehe Anm. 35), Fiche Nr. 181.

Paul Kroll
Kroll, spätestens seit März 1944 in Untersuchungshaft, soll sich 1943 in einem Kurheim für Kriegsbeschädigte in Bad Pyrmont mehreren Angestellten gegenüber abfällig über die militärische Lage Deutschlands geäußert haben. So soll er zum Beispiel gesagt haben, dass Deutschland den Krieg verlieren werde und »Hitler und Mussolini der Kopf zuerst abgeschnitten« werde. Er wurde am 7. Juli 1944 vom Oberlandesgericht Kassel zum Tode verurteilt. Nach der Ablehnung seines Gnadengesuchs am 12. August 1944 wurde er am 29. August 1944 im Strafgefängnis Frankfurt/M.-Preungesheim durch Enthaupten hingerichtet.
Quelle: NS-Justiz in Hessen (siehe Anm. 35), Fiche Nr. 189.

Jakob Nester
Nester wurde Ende 1933 wegen Körperverletzung an einem SA-Sturmführer zu einer Gefängnisstrafe von 3 Monaten verurteilt. Im November 1938 wurde vom Oberstaatsanwalt in Hanau wegen Hochverrats gegen ihn ermittelt. Nester stand im Verdacht, im August 1938 gegenüber einem Arbeitskollegen bei der Fa. Weissensee in Fulda erklärt zu haben, dass die deutsche Berichterstattung über die Sowjetunion unwahr sei. Das Verfahren gegen ihn wurde später eingestellt. Am 18. Juli 1944 erfolgte seine erneute Festnahme und Einlieferung in das Gerichtsgefängnis Fulda. Er stand im Verdacht, seit 1942 ausländische Rundfunksender abgehört und die empfangenen Nachrichten verbreitet zu haben. Am 13. Dezember 1944 verurteilte ihn das Oberlandesgericht Kassel wegen Vorbereitung zum Hochverrat zum Tode. Am 6. März 1945 wurde er im Strafgefängnis Frankfurt/M.-Preungesheim durch Enthaupten hingerichtet.
Quelle: NS-Justiz in Hessen (siehe Anm. 35), Fiche Nr. 197 f.

Generalstaatsanwalt Trautmann beschreibt die Situation bei politischen Strafsachen im Juni 1944 anschaulich: »Bei meiner Behörde ist allerdings vor allem wegen der erhöhten Zuweisung von Strafsachen wegen Wehrkraftzersetzung, Feindbegünstigung usw. eine erhebliche Steigerung der Neueingänge zu verzeichnen. Die gerade hier wegen der besonderen Art der Straftaten besonders gebotene beschleunigte Erledigung der einzelnen Strafsachen hat bislang mit den vorhandenen Arbeitskräften durchgeführt werden können. Die Strafanträge entsprechen der notwendigen Härte bei der Bekämpfung defaitistischer Erscheinungen. Von besonderem Wert für die Bearbeitung dieser Strafsachen und die Wahl der in den einzelnen Sachen zu stellenden Strafanträge sind die wichtigen Gesichtspunkte geworden, die auf der Arbeitstagung für die Vorsitzenden der Hochverratsstrafsenate und die entsprechenden Sachbearbeiter der Generalstaatsanwaltschaften auf der Reichsburg Cochem herausgestellt und vermittelt worden sind.«[100]

Auffallend ist in der Marburger Zeit der hohe Anteil von Frauen in Verfahren des politischen Strafsenats. Er lag mit 21 Prozent (43 Frauen) rund doppelt so hoch wie vorher. Gut 80 Prozent wurden wegen Wehrkraftzersetzung angeklagt. Dies betraf nun nicht mehr die politische Opposition alleine, sondern alle Deutschen und Ausländer, die sich kritisch zur Politik des NS-Regimes – insbesondere zur Kriegslage – äußerten. Im Oktober 1944 berichtet Generalstaatsanwalt Trautmann: »Bemerkenswert ist das Ansteigen der bei meiner Behörde vor allem wegen öffentlicher Wehrkraftzersetzung anfallenden Strafsachen (bis jetzt im Jahre 1944 rund 250 Strafsachen), bei denen es nur in den seltensten Fällen zu einer Einstellung oder Abgabe an das Sondergericht wegen Heimtückevergehens, in den weitaus meisten Fällen zur Anklageerhebung vor dem Strafsenat kommt. Die beantragten und verhängten Strafen entsprechen den zwingenden Erfordernissen der jetzigen Kriegszeit.«[101]

Die Staatsanwälte Gonnermann, Trautmann und Vornbäumen, die abwechselnd die Anklage vertraten, scheuten sich nicht davor, auch gegen gerade mal 15 Jahre alte Ju-

---

100 Lagebericht vom 2. Juni 1944; Thomas KLEIN, Die Lageberichte (siehe Anm. 17), S. 115.
101 Lagebericht vom 4. Oktober 1944; ebenda, S. 126 f.

gendliche in politischen Strafsachen zu ermitteln. Am 25. September 1943 wurde Helmut E. aus Erfurt eine Woche nach seinem 15. Geburtstag verhaftet. Er saß insgesamt 252 Tage in Untersuchungshaft und ist am 2 Juni 1944 zu einem halben Jahr Jugendgefängnis verurteilt worden. Was wurde ihm und seinen vier 15 und 16 Jährigen Mitangeklagten vorgeworfen? Sie hatten unerlaubt Radio gehört und waren kritisch gegenüber dem NS-Regime eingestellt. Die Anklage lautete auf »Rundfunkverbrechen und Vorbereitung eines hochverräterischen Unternehmens«. Die Richter Keßler, Henseling und Massengeil schrieben in Ihrem Urteil: »Andererseits erforderte aber bei allen das Bedürfnis der Volksgemeinschaft nach Schutz und Sühne wegen der Größe ihrer Schuld und Schwere der Tat, deren Gefährlichkeit und Auswirkungen, dass eine Bestrafung mit Jugendstrafrecht erfolgte.«[102]

Das letzte Urteil des »Marburger Senats« ist datiert auf den 22. Dezember 1944. Gerda Wende aus Limburg wurde wegen staatsfeindlicher Äußerungen und einer Beziehung zu einem Franzosen zu zwei Jahren und sechs Monaten Zuchthaus verurteilt. Die Marburger »Stammbesetzung« urteilte über Frau Wende: »Der Verkehr mit dem – früheren – französischen Kriegsgefangenen und das Rundfunkverbrechen zeigt ebenfalls einen erheblichen Mangel vaterländischen und volksbewusten Empfindens.«[103]

Ein gesundes Volksempfinden, ein gesunder Volkskörper oder der Schutz der Volksgemeinschaft waren häufig genutzte Phrasen der NS-Justiz. Das Schicksal des Marburgers Heinrich Wilhelm Schäfer steht für viele Justizopfer des NS-Regimes. Die Gestapo verhaftete ihn am 30. September 1943. Sein Prozess fand am 27. April 1944 in Marburg statt (siehe Übersicht der Todesstrafen). Die Anklage lautete: »Er ist dringend Verdächtigt im Sommer 1943 in Marburg/Lahn, fortgesetzt das Unternehmen, mit Gewalt oder durch Drohung mit Gewalt die Verfassung des Reiches zu ändern, durch kommunistische Zersetzungspropaganda vorbereitet, in Tateinheit damit öffentlich den Willen des deutschen Volkes zur wehrhaften Selbstbehauptung zu lähmen und zu zersetzen gesucht zu haben«.[104] Schäfer wurde zum Tode verurteilt und hingerichtet.

Der Fall Schäfer sollte seine Schatten noch bis in die 1950er Jahre werfen. Zu dieser Zeit bemühte sich seine Witwe um die Anerkennung ihres hingerichteten Ehemannes als politisch Verfolgten nach dem Bundesentschädigungsgesetz (BEG).[105] Nun hätte man davon ausgehen können, dass Frau Schäfer ohne Weiteres eine Rente zugesprochen worden wäre, denn keiner der Ausschlussgründe[106] des BEG traf auf ihren ermordeten

---

102 OJs 189/43 Kassel, Urteil vom 2. Juni 1944; NS-Justiz in Hessen (siehe Anm. 35), Fiche Nr. 184.
103 OJs 221/44 Kassel, Urteil vom 22. Dezember 1944; NS-Justiz in Hessen (siehe Anm. 35), Fiche Nr. 198.
104 NS-Justiz in Hessen (siehe Anm. 35), Fiche Nr. 188.
105 Zum Bundesentschädigungsgesetz siehe Walter SCHWARZ (Hrsg.), Die Wiedergutmachung nationalsozialistischen Unrechts durch die Bundesrepublik Deutschland. 6 Bde. München 1973 ff.; Constantin GOSCHLER / Ludolf HERBST (Hrsg.), Wiedergutmachung in der Bundesrepublik Deutschland. München 1989.
106 §6 Bundesentschädigungsgesetz. (1) Von der Entschädigung ausgeschlossen ist, 1. wer Mitglied der NSDAP oder einer ihrer Gliederungen gewesen ist oder der nationalsozialistischen Gewaltherrschaft Vorschub geleistet hat; die nominelle Mitgliedschaft in der NSDAP oder in einer ihrer Gliederungen schließt den Anspruch auf Entschädigung nicht aus, wenn der Verfolgte unter Einsatz von Freiheit, Leib

Mann zu, schließlich war er wegen Vorbereitung zum Hochverrat und Wehrkraftzersetzung verurteilt worden. Wie die Sachlage von der zuständigen Behörde, dem Regierungspräsidium in Kassel, im März 1951 beurteilt wurde, spricht eine andere Sprache: »Trotz des schweren Verlustes, den die Antragstellerin durch den Tod ihres Ehemannes erlitten hat, kann ihr eine Wiedergutmachung nicht zuerkannt werden, da die Voraussetzungen nach § 1 (1) des Entschädigungsgesetzes nicht vorliegen. Es kann dahingestellt bleiben, ob der Ehemann der Antragstellerin Gegner des nationalsozialistischen Systems war, seine Gegnerschaft entsprang jedoch nicht einer achtbaren politischen Überzeugung. Der Ehemann der Antragstellerin kam von Jugend an ununterbrochen mit dem Strafgesetz in Konflikt und ist einer geregelten Arbeit nie nachgegangen. Er wurde bereits im Jahre 1934 zum Berufsverbrecher erklärt und in Polizeihaft genommen. Für die Schäden solcher Personen ist im Entschädigungsgesetz eine Wiedergutmachung nicht vorgesehen, weil ihnen eine achtbare politische Überzeugung nicht zuerkannt werden kann. Eine solche liegt nur dann vor, wo dem Träger einer Überzeugung in öffentlichen Angelegenheiten Achtung entgegengebracht werden kann. Notorische Rechtsbrecher, die Gegner jeder Staatsform sind und die unter jedem System straffällig werden – wie der Ehemann der Antragstellerin –, können, auch wenn sie politisch verfolgt wurden, nicht für würdig befunden werden, Träger einer politischen Überzeugung genannt zu werden. Sinn und Zweck des Entschädigungsgesetzes ist nicht, jedes unter der nationalsozialistischen Gewaltherrschaft begangene Unrecht wiedergutzumachen, sondern nur dessen schwerste Formen, wobei der Kreis der Berechtigten auf die würdigsten zu beschränken ist. Im Auftrag: gez. Mayr.«[107]

Vor dem Hintergrund, dass die Familie 1949 von den zuständigen Behörden in Marburg (Sozialamt) erneut als asozial bezeichnet wurde, wundert es nicht, dass das bereits in der NS-Zeit aufgedrückte Stigma, nicht zum ehrenwerten Teil der Bevölkerung zu gehören, auch noch nach dem Ende des NS-Regimes weiter wirkte. In ungebrochener gedanklicher Linie wurde Heinrich Schäfer weiterhin als für die Gesellschaft unwürdig etikettiert, was für den politischen Senat 1944 mitentscheidend für das Todesurteil gewesen war und weshalb der Witwe sogar noch in der Bundesrepublik bis 1958 die Rente vorenthalten wurde.

Resümee

Mit der Wahl Adolf Hitlers zum Reichskanzler folgte innerhalb weniger Wochen die systematische Verfolgung der linken Opposition. Sie betraf zunächst vorrangig die KPD und deren Unterorganisationen. Ab März 1933 war es der Oberreichsanwaltschaft möglich, Hochverratsprozesse an die Landesjustizverwaltungen abzugeben. Das NS-Regime

---

oder Leben den Nationalsozialismus aus Gründen, die den Verfolgungsgründen des § 1 entsprechen, bekämpft hat und deswegen verfolgt worden ist; 2. wer nach dem 23. Mai 1949 die freiheitliche demokratische Grundordnung im Sinne des Grundgesetzes bekämpft hat; 3. wer nach dem 8. Mai 1945 wegen eines Verbrechens rechtskräftig zu einer Freiheitsstrafe von mehr als drei Jahren verurteilt worden ist.

107 Ablehnungsbescheid vom 14. März 1951 (Reg.-Nr. der Zentralanmeldestelle Wiesbaden: 29.715, Bescheid-Nr. 3.764). HHStAW Abt. 518 Nr. 612 Bd. 2.

durchbrach damit die bisherige Praxis eines einzig zuständigen zentralen Spruchkörpers, des Reichsgerichts, und eröffnete eine zweite dezentrale Zugriffsebene, die sich aus den Hochverratssenaten bestimmter Oberlandesgerichte zusammensetzte. In Hessen waren dies die beiden Oberlandesgerichte Darmstadt und Kassel. Die Umsetzung der über die Oberreichsanwaltschaft zentral gelenkte Strafverfolgungspolitik oblag in großem Umfang den politischen Senaten der Oberlandesgerichte.

Die politische NS-Strafjustiz hatte im Rahmen des allgemeinen Staatsschutzes eine zentrale Funktion. Neben und in Zusammenarbeit mit dem anderen Organ der politischen Verbrechensbekämpfung, der Polizei, oblag ihr vor allem die Ausschaltung der politischen Opposition, die in aller Regel über die Anwendung der Hochverratsparagraphen erfolgte. An dieser grundsätzlichen Aufgabenzuweisung änderte sich bis Kriegsende nichts Wesentliches. Ein weiteres Teilgebiet umfasste den Landesverrat. Ab Februar 1943 übertrug das NS-Regime dem Volksgerichtshof sowie den politischen Senaten der Oberlandesgerichte mit der strafrechtlichen Ahndung des §5 Abs. 1 Nr. 1 KSSVO (öffentliche Wehrkraftzersetzung) ein neues Aufgabengebiet, den Schutz der so genannten »Inneren Front«. Die Oberreichsanwaltschaft stand im Zentrum des politischen Machterhalts von vorauseilendem Gehorsam und kontinuierlicher Modifikation der Rechtsanwendung sowie der präjudikativ wirkenden Verteilungsfunktionen der Anklage beim Volksgerichtshof oder Abgabe in die Region.

Mit dem politischen Strafrecht schuf das NS-Regime ein fast grenzenlos einsetzbares Instrumentarium zur Aufrechterhaltung, zur Festigung und zum Ausbau seines alleinigen Machtanspruchs. Darüber hinaus ist eine große Anzahl weiterer Gesetze und Verordnungen erlassen worden, die demselben machtpolitischen Kalkül Rechnung trugen wie zum Beispiel das Verbot aller politischen Parteien,[108] die Errichtung von Sondergerichten[109] mit ihren multiplen Zuständigkeiten und später der gesamte Bereich des Kriegsstrafrechts.[110] Das NS-Regime konzipierte ein uneingeschränktes »Feindstrafrecht« und überließ es sich selbst zu bestimmen, wer zu welcher Zeit in den Fokus des politischen Strafrechts geriet. Mit der Umsetzung waren die Gerichte eher als »Reagierende« befasst. Den agierenden Part übernahmen die Staatsanwaltschaften.[111] Innerhalb dieses Systems, so zeigen die Resultate der Verfahrensanalyse, brauchte weniger Recht gebeugt oder analog angewandt zu werden. Es war ein gewollt schrankenloses »Recht im Unrecht«.[112]

---

108 Gesetz gegen die Neubildung von Parteien vom 14. Juli 1933; RGBl. I S. 479.
109 Verordnung über die Bildung von Sondergerichten vom 21. März 1933; RGBl. I S. 136.
110 Vor allem Verordnung über außerordentliche Rundfunkmaßnahmen vom 1. September 1939; RGBl. I S. 1683. Kriegswirtschaftsverordnung vom 4. September 1939; RGBl. I S. 1609. Volksschädlingsverordnung vom 5. September 1939; RGBl. I S. 1679. KSSVO v. 17. August 1938 (veröffentlicht am 26. August 1939); RGBl. I S. 1455.
111 Hinrich RÜPING, Staatsanwaltschaft und Provinzjustizverwaltung im Dritten Reich. Baden-Baden 1990, S. 144 ff.
112 So der Buchtitel von Michael STOLLEIS, Recht im Unrecht. Studien zur Rechtsgeschichte des Nationalsozialismus. Frankfurt/M. 1994.

Das Sondergericht Darmstadt
Zwischen vorauseilendem Gehorsam und widerstrebender Gefolgschaft*

Harald Hirsch

Die Einordnung des Sondergerichts Darmstadt als Ausnahmegericht

Die Vorstellung und Beschreibung der Tätigkeit des Sondergerichts Darmstadt folgt der These, dass es sich bei der nationalsozialistischen Sondergerichtsbarkeit um Ausnahmegerichte handelte. Nicht in die Volksgemeinschaft passende Personen – so genannte Gemeinschaftsfremde – sollten von Beginn an aus der ordentlichen Strafjustiz herausgenommen und ihrem gesetzlichen Richter entzogen werden, indem sie einem stigmatisierenden, ausgrenzenden Sonderstrafrecht unterworfen wurden, welches von den als Sondergerichte bezeichneten Spruchkörpern ausgeübt wurde. Die mit dieser Bezeichnung suggerierte Kontinuität zu den nicht unumstrittenen Sondergerichten der Weimarer Republik, war nur eine scheinbare. Eine zeitgenössische Dissertation beschreibt diesen Bruch ganz deutlich, indem sie als Ziel der Weimarer Sondergerichtsbarkeit die Herstellung des politischen Friedens zwischen den Parteien durch eine strenge Justiz kennzeichnete.[1] Die Aufgabe der neuen Spruchkörper beschrieb Idel jedoch in der vollständigen Ausrottung der Gegner des Dritten Reichs, die den neugeschaffenen Staatsbau heimtückisch zu untergraben versuchten, um die Revolution illusorisch zu machen.[2] Er erkannte, dass es sich bei den Sondergerichten um Revolutionstribunale der nationalen Erhebung beziehungsweise Tribunale der nationalen Revolution handelte.

Das Reichsgericht verstand unter einem nach §16 GVG beziehungsweise Art. 105 WRV unzulässigen Ausnahmegericht einen Spruchkörper, der nach oder auch vor der Begehung einer Straftat für einen Einzelfall oder für eine nach individuellen Merkmalen bestimmte Gruppe von Einzelfällen zur Entscheidung eingesetzt wird.[3] Von einem Ausnahmegericht ist auszugehen, wenn ein Spruchkörper *ad hoc ad personam* in Abweichung von der gesetzlichen Zuständigkeit besonders gebildet und zur Entscheidung einzelner

---
* Für Xenia, Maxim, Sophia und Philipp.
1 Wolfgang IDEL, Die Sondergerichte für politische Strafsachen. Freiburg i. Breisgau 1935, S. 39.
2 Ebenda.
3 RG = JW 1924, 193 [194]; Reinhard BÖTTCHER in: Ewald LÖWE / Werner ROSENBERG, GVG. Berlin/New York ²⁶2010, §16 Rn. 5.

konkreter oder individuell bestimmter Fälle gebildet wird.[4] Dies gilt auch dann, wenn im Voraus nach scheinbar abstrakten und generellen Merkmalen seine Zuständigkeit bestimmt wird und die Abweichung von der allgemeinen Zuständigkeit willkürlich ist.[5]

Die Einrichtung des Hessischen Sondergerichts in Darmstadt

Wenige Wochen nach der Ernennung Adolf Hitlers zum Reichskanzler erließ die Reichsregierung am 21. März 1933 – dem Tag zu Potsdam – eine Verordnung zur Bildung von Sondergerichten (SondergerichtsVO).[6] Demnach war reichsweit in jedem Oberlandesgerichtsbezirk ein Sondergericht einzurichten, das dem dort befindlichen Landgericht anzugliedern war. Unmittelbar nach dem Erlass der Verordnung bat das Reichsjustizministerium am 22. März 1933 bei der hessischen Landesjustizverwaltung um eine »baldgefällige Mitteilung«, an welchem Ort das Hessische Sondergericht gebildet worden und zu welchem Zeitpunkt seine Zusammensetzung erfolgt sei.[7] Mit Schreiben vom 28. März 1933 bestimmte der Hessische Justizminister Heinrich Müller[8] Darmstadt als Sitz des künftigen Hessischen Sondergerichts und beauftragte den dortigen Landgerichtspräsidenten, die »erforderlichen geschäftsordnungsmäßigen Anordnungen« zu treffen.[9] Bereits am Vortag hatte das Präsidium des Landgerichts Darmstadt durch Beschluss[10] Landgerichtsdirektor Gustav Weiß[11] zum Vorsitzenden des Sondergerichts und als Beisitzer Landgerichtsrat Dr. Mickel und Amtsgerichtsrat Karl Heckler bestimmt.[12]

---

4 Christoph SOWADA, Gesetzlicher Richter. Berlin/New York 2002, S. 139 ff.

5 BÖTTCHER (siehe Anm. 3), §16 Rn. 5.

6 RGBl. I, S. 136; vgl. hierzu Lothar GRUCHMANN, Justiz im Dritten Reich. Anpassung und Unterwerfung in der Ära Gürtner. München ²2001, S. 946 ff. sowie Robert v. HIPPEL, Der deutsche Strafprozess. Marburg 1940, S. 201 ff.

7 Schreiben des Reichsjustizministers vom 22. März 1933 an die Landesjustizverwaltung Hessen; HStAD Abt. G 21 A Nr. 760/3.

8 Heinrich Müller (1896–1945) – nicht zu verwechseln mit dem Leiter der Geheimen Staatspolizei und SS Gruppenführer – studierte Rechtswissenschaften und Volkswirtschaft an der Universität Würzburg, wo im Dezember 1920 zum Dr. jur. et rer. pol. promoviert (Diss.: »Der Begriff der geminderten Schuldfähigkeit«) wurde. Am 21. Februar 1921 trat er der NSDAP erstmals bei und schloss sich ihr nach ihrem Verbot 1925 im November 1930 erneut an. Ab 1930 leitete er das Finanzamt Alsfeld und gehörte dem hessischen Landtag als Abgeordneter der NSDAP von 1931–1933 an, wo er den Vorsitz des Finanzausschusses führte. Während der gewaltsamen Gleichschaltung des Landes Hessen am 6. März 1933 setzte ihn die Reichsregierung als Reichskommissar ein. Ferner übernahm er vorübergehend bis zum 15. Mai das Hessische Staatsministerium für Inneres, Justiz und Finanzen. Danach kehrte er in die Reichsfinanzverwaltung zurück, wo er bis 1934 Direktor des Hessischen Landesfinanzamtes wurde und 1935 zum Oberfinanzpräsidenten in Köln aufstieg. 1938 avancierte er zum Präsidenten des Rechnungshofes des Deutschen Reichs und zum Chefpräsidenten der Preußischen Oberrechnungskammer in Potsdam. Ausführlich: Hermann A. DOMMACH / Eckhart G. FRANZ, »Müller, Heinrich«. In: Neue Deutsche Biographie 18 (1997), S. 406 f.

9 Schreiben des Reichsjustizministers vom 22. März 1933 an die Landesjustizverwaltung Hessen; HStAD Abt. G 21 A Nr. 760/3.

10 Präsidiumsbeschluss des Landgerichts Darmstadt vom 27. März 1933; HStAD Abt. G Nr. 21 A 760/3.

11 Landgerichtsdirektor Gustav Weiß (*5. Juli 1874) nahm den Vorsitz am Sondergericht Darmstadt bis

Seine Tätigkeit nahm das Hessische Sondergericht mit Sitz in Darmstadt am 5. April 1933 auf. Es trat in Bad Nauheim zusammen, wo es eine neunköpfige Gruppe von KPD-Mitgliedern um die kommunistische Landtagsabgeordnete Cäcilie Schäfer[13] wegen eines Verstoßes gegen die Reichstagsbrandverordnung zu Gefängnisstrafen von einem Jahr verurteilte.[14] Den Tatvorwurf bildete ein Treffen im Wald bei Bad Nauheim am 10. März 1933, das durch einen Förster beobachtet und denunziert worden war. Der Haftbefehl gegen die Beschuldigten erging bereits am Folgetag. Am 18. März erhob die Staatsanwaltschaft die öffentliche Klage beim Amtsgericht Bad Nauheim. Der dort bereits auf den 27. März 1933 anberaumte Hauptverhandlungstermin wurde aufgehoben, da nach §17 der SondergerichtsVO alle bereits anhängigen Strafverfahren, welche in die Zuständigkeit der Sondergerichtsbarkeit fielen, an diese abzugeben waren. Zwischen dem Treffen und der Verurteilung lagen 26 Tage.

Seine letzte Hauptverhandlung hielt es am 21. März 1945 in Darmstadt ab. Die Staatsanwaltschaft hatte am 27. Februar 1945 Anklage[15] vor der Ersten Kammer des Sondergerichts gegen einen polnischen Zwangsarbeiter wegen eines Verbrechens gegen die Polenstrafrechtsverordnung[16] erhoben. Ihm wurde zur Last gelegt, am 24. Januar 1945 eine

---

zum 30. September 1933 wahr. Danach wurde er durch Karl Heckler abgelöst. In einem Schriftsatzentwurf des Reichsjustizministers an den Reichsminister des Inneren und den Stellvertreter des Führers aus dem Februar 1940 zur Wiederbeschäftigung von Ruhestandsbeamten ergibt sich der Hintergrund für seine frühzeitige Entbindung vom Vorsitz des Sondergerichts: »Er [...] hatte auch längere Zeit den Vorsitz des dortigen Sondergerichts inne, von dem er allerdings später wegen der nicht deutschblütigen Abstammung seiner Ehefrau entbunden wurde«, Personalakte Gustav Weiß; BArchB Best. R 3001, PA Gustav Weiß.

12 Karl Heckler (1877–1944) nahm den Vorsitz des Sondergerichts Darmstadt vom 1. Oktober 1933 bis zum 31. Dezember 1942 wahr. Ab 1942 war er Vorsitzender der Ersten Kammer des Sondergerichts Darmstadt für Volksschädlings-, Gewaltverbrecher und Polenstrafsachen. Er war kein Mitglied der NSDAP. In einer Beurteilung des Oberlandesgerichtspräsidenten vom 15. Februar 1943 heißt es über ihn: »Infolge zunehmender Schwerhörigkeit hat er vom 1. Januar 1943 an den Vorsitz im Sondergericht niedergelegt und den Vorsitz einer Zivilkammer des Landgerichts (ausschließlich Ehescheidungen) übernommen. Getragen vom tiefen Verantwortungsbewusstsein hat er mit offenem Blick für die Bedürfnisse der Strafrechtspflege im Kriege – sowie mit Hingabe seiner ganzen Kraft fast 10 Jahre lang dem Sondergericht vorgestanden und sich in der Ausrichtung und Führung der jüngeren Beisitzer des Sondergerichts bleibende Verdienste geschaffen.« Personalakte BArchB Best. R 3001/PA Nr. 59383.

13 Cäcilie Barbara Schäfer, geb. Tannenberg (25. Januar 1898 – 18. Januar 1981). Im Oktober 1918 trat sie in Friedberg der FSJ bei, 1920 schloss sie sich der USPD und am Ende des Jahres der VKPD an. 1921 heiratete sie den KPD-Funktionär Jakob Schäfer, Mitglied des hessischen Landtags ab 1927, und zog mit ihm nach Bad Nauheim. Im Juni 1932 errang sie einen Sitz im Hessischen Landtag. Am 10. März 1933 wurde sie in Bad Nauheim verhaftet und am 5. April vom Sondergericht Darmstadt zu einem Jahr Gefängnis verurteilt. Danach Übersiedlung zu ihrem Schwager nach Marburg. Im August 1944 erfolgte die erneute Festnahme. Cäcilie Schaefer kam in das KZ Ravensbrück, konnte beim Todesmarsch im April 1945 fliehen und gelangte im Mai 1945 nach Hessen. Sie gehörte zu den Gründerinnen der VVN in Marburg, übte ehrenamtliche Funktionen für die KPD aus und wurde 1951 gemeinsam mit ihrem Mann ins Marburger Stadtparlament gewählt. Nach dem KPD-Verbot wirkte sie in der Deutschen Friedensunion und der Ostermarschbewegung. Sie trat 1968 der DKP bei.

14 Urteil vom 5. April 1933 – SM 1/33; HStAD Abt. G Nr. 27/1.

15 Anklage vom 27. Februar 1945 – 1 SJs 148/45; HStAD Abs. G 27 Nr. 1460.

16 Verordnung über die Strafrechtspflege gegen Polen und Juden in den eingegliederten Ostgebieten vom 4. Dezember 1941, RGBl. I, S. 759; vgl. hierzu Gerhard WERLE, Justizstrafrecht und polizeiliche Verbre-

Damenbluse und ein Paar Damenstrümpfe an sich genommen zu haben, die bei einer Volksopfersammlung gespendet worden waren. Da der Angeklagte aus dem Staatspolizeigefängnis in der Haftanstalt Darmstadt nicht vorgeführt wurde, setzte das Sondergericht unter dem Vorsitz von Oberlandesgerichtsrat Dr. Willy Wellmann[17] die Hauptverhandlung ab.[18] Zwischen der mutmaßlichen Tat und der Hauptverhandlung lagen 57 Tage.

Die Kürze der beiden Strafverfahren verdeutlicht das vereinfachte Strafverfahren der Sondergerichtsbarkeit, das sich durch die Aufgabe wichtiger rechtsstaatlicher Verteidigungsgrundsätze auszeichnete. Der nationalsozialistische Gesetzgeber hatte in der SondergerichtsVO das vor diesen Spruchkörpern stattfindende Verfahren von der gerichtlichen Voruntersuchung und dem Zwischenverfahren befreit, indem der Eröffnungsbeschluss, welcher der Kontrolle der Anklage diente, wegfiel.

Innerhalb der Hauptverhandlung war das Beweisantragsrecht als eines der wichtigsten Mittel der Verteidigung bei der Wahrheitsfindung massiv verkürzt worden. Das Sondergericht konnte einen Beweisantrag ablehnen, wenn es der Überzeugung war, dass dieser zur Aufklärung der Sache nicht erforderlich sei. Das Beweisantragrecht, das belegt seine wechselvolle Geschichte, ist ein sensibler Indikator für die Liberalität und die Rechtsstaatlichkeit von Strafverfahren, dessen Widerpart eine einseitige Politik effektiver und funktionstüchtiger Strafrechtspflege sowie die Geringschätzung von Beschuldigtenrechten darstellen.[19] Aufschlussreich ist allerdings, dass in den Hauptverhandlungsprotokollen des Sondergerichts Darmstadt kein Beschluss nach § 244 Abs. 3 StPO bzw. § 13 der SondergerichtsVO zu finden war, in dem ein Beweisantrag der Verteidigung abgelehnt wurde. Vielmehr finden sich Hinweise, dass das Sondergericht Darmstadt seine Aufklärungspflicht durchaus ernst nahm und Verfahren aussetzte, um etwa Auslandszeugen zu laden.[20]

---

chensbekämpfung im Dritten Reich. Berlin/New York 1989, S. 351 ff.; Dietmut MAJER, Fremdvölkische im Dritten Reich. Boppard am Rhein 1993, S. 606 ff. Ausführlich zur Entstehung dieser Verordnung Martin BROSZAT, Nationalsozialistische Polenpolitik 1939–1945. Frankfurt/M. und Hamburg 1965, S. 128 ff. und Uwe Dieter ADAM, Judenpolitik im Dritten Reich. Düsseldorf 1979, S. 274 ff.

17 Dr. Willy Ludwig Friedrich Wellmann (1901–1983) war bereits 1933 zeitweise als Beisitzer am Sondergericht Darmstadt tätig. Am 1. Mai 1933 trat er der NSDAP bei. Ab April 1935 wird er als Hilfsrichter an das Oberlandesgericht Darmstadt abgeordnet, wo er vermutlich dem politischen Strafsenat bis zu dessen Auflösung 1936 angehörte. Am 22. März 1937 übernahm er die Leitung der Justizpressestelle in Darmstadt, am 1. Dezember 1938 erfolgt seine Beförderung zum Oberlandesgerichtsrat in Darmstadt und am 1. Januar 1943 wurde ihm der Vorsitz der ersten Kammer des Sondergerichts Darmstadt übertragen, den er bis zum Zusammenbruch des Dritten Reiches inne hatte. Im Oktober 1946 stufte ihn die Spruchkammer Darmstadt als Aktivist der Gruppe II ein. Auf seine Berufung erfolgte durch die Berufungskammer die »Zurückstufung« als Mitläufer der Gruppe IV. Spruchkammerakte HHStAW Abt. 520 Nr. Dz 517 337.
18 Beschluss vom 21. März 1945 – (4) 1 SLs 23/45; HStAD G 27 Nr. 1460.
19 So Rainer HAMM / Winfried HASSEMER / Jürgen PAULY, Beweisantragsrecht. Heidelberg ²2007, S. 5 f. Rn. 10.
20 Vgl. Harald HIRSCH, Justizalltag im Dritten Reich dargestellt an einem Sitzungstag des Sondergerichts Darmstadt. In: Martin POLASCHEK / Anita ZIEGERHOFER (Hrsg.), Recht ohne Grenzen, Grenzen des Rechts. Europäisches Forum junger Rechtshistorikerinnen und Rechtshistoriker, Frankfurt/M. 1998, S. 163 (171 f.). Allerdings überliefert das Hauptverhandlungsprotokoll nur die wesentlichen Förmlichkeiten der Hauptverhandlung, nicht aber die Interaktionen zwischen Verteidigung und Gericht. Vgl. zur

Die Urteile der Sondergerichte waren zudem sofort rechtskräftig, da gegen sie keine ordentlichen Rechtsmittel[21] zulässig waren. Das hiergegen zulässige und erleichterte Wiederaufnahmeverfahren hatte keine aufschiebende Wirkung und konnte den sofortigen Antritt der Strafhaft nicht hinausschieben, zudem versprach es kaum Erfolg.[22]

Der Geschäftsanfall des Sondergerichts Darmstadt

Nach den vorhandenen Aktenzeichen des Sondergerichts Darmstadt lässt sich ablesen, dass es insgesamt 2.044 Verfahren durchführte, wovon 1.635 mit 2.316 Angeklagten überliefert sind. Verteilt auf den Untersuchungszeitraum zeigte sich, dass die Schwerpunkte seiner Tätigkeit vorwiegend am Beginn und am Ende der NS-Herrschaft lagen. 1933 waren 231 Hauptverfahren mit 452 Angeklagten zu verzeichnen. Eine vergleichbare Verfahrensdichte erreichte das Sondergericht Darmstadt erst 1943 mit 247 Hauptverfahren wieder, in denen im Vergleich zu 1933 ›lediglich‹ 341 Personen von der Staatsanwaltschaft angeklagt wurden. Ähnlich hoch, aber mit rückläufiger Tendenz war der Geschäftsanfall für das Jahr 1944, in dem es zu 227 Hauptverfahren mit 301 Angeklagten kam. Zwischen 1934 und 1938 nahm der Geschäftsanfall des Sondergerichts stetig ab und erreichte 1938 mit gerade einmal 40 Hauptverfahren seinen Tiefpunkt.

Dieser erste Blick auf die Entwicklung des Geschäftsaufkommens zeigt, dass es vorwiegend in Zeiten von politischer Instabilität in Anspruch genommen wurde, nämlich zu Beginn, als die Nationalsozialisten alles daran setzten, ihre Macht zu festigen, und am Ende, als die Zivilbevölkerung zur Erlangung der Kriegsziele zu unbedingtem Zusammenhalt angehalten werden sollte. Anhand des Wandels im Aufgabenbereich des Gerichts wird diese Entwicklung sichtbar. Wurde das Sondergericht in der Phase der nationalsozialistischen Machtformierung gezielt eingesetzt, um den politischen Gegner auszuschalten, diente es in der Phase der Machtkonsolidierung dazu, politisch, aber auch ethisch/religiös abweichende Einstellungen oder Handlungen zu erfassen.

---

heutigen Problematik von Auslandszeugen § 244 Abs. 5 Satz 2 StPO: Frank Guido ROSE, Beweisanträge auf Vernehmung von Auslandszeugen: Entwicklung und Tendenzen der neueren Rechtsprechung. In: NStZ 32 (2012), H. 1, S. 18–28.

21 Damit sind die in der Strafprozessordnung vorgesehenen Rechtsmittel der Berufung und Revision gemeint. Um aber die Rechtskraft als »fehlerhaft« oder »zu mild« empfundener Urteile durchbrechen zu können, schuf der nationalsozialistische Gesetzgeber zwei außerordentliche Rechtsmittel, mit denen die Staatsanwaltschaft derartige Urteile angreifen konnte: den außerordentlichen Einspruch, Gesetz zur Änderung von Vorschriften des allgemeinen Strafverfahrens vom 16.09.1939, RGBl. I, S. 1841 und die für die Praxis der Sondergerichte wichtige Nichtigkeitsbeschwerde, die zu einer Überprüfung des Urteils durch das Reichsgerichts führte, Verordnung über die Zuständigkeit der Strafgerichte, die Sondergerichte und sonstiger verfahrensrechtlicher Vorschriften vom 21.02.1940, RGBl. I, S. 405. Vgl. hierzu ausführlich Frank DIETMEIER, Außerordentlicher Einspruch und Nichtigkeitsbeschwerde. In: Wolfgang FORM / Theo SCHILLER (Hrsg.), NS-Justiz in Hessen. Bd. 2. Marburg 2005, S. 1105 ff.; sowie Friedrich Karl KAUL, Die Geschichte des Reichsgerichts IV. Glashütten im Taunus 1971, S. 181 ff. und 218 ff.

22 Vgl. hierzu Harald HIRSCH, Die Sondergerichte Darmstadt und Frankfurt/M. im Rahmen der politischen Strafjustiz 1933–1934. In: Wolfgang FORM / Theo SCHILLER (Hrsg.), NS-Justiz in Hessen. Bd. 2. Marburg 2005, S. 830 ff.

In der Phase der Machtradikalisierung, also der Kriegszeit, rückten so genannte Volksschädlinge und Kriegsverbrecher, welche die Geschlossenheit der inneren, der sogenannten Heimatfront bedrohten, in den Blick des Gerichts.

Sowohl Anzahl als auch Aufkommen der Geschäftsfälle weisen darauf hin, dass es sich beim Sondergericht Darmstadt um ein besonderes Gericht für den Ausnahmezustand handelte, das das zeitliche, das ad hoc Element der Definition von Ausnahmegericht erfüllte.

Die Machtformierung (1933) – die Verfolgung des politischen Gegners

Zunächst beschränkte sich die sachliche Zuständigkeit der Sondergerichte nach § 2 SondergerichtsVO auf Zuwiderhandlungen gegen die ReichstagsbrandVO[23] und die HeimtückeVO.[24] Kurz darauf erweiterte der Gesetzgeber die sachliche Zuständigkeit der Sondergerichte noch für eine Reihe neugeschaffener Gesetze zur Bekämpfung seiner Gegner,[25] die in der Praxis nur eine untergeordnete Rolle spielte und daher nur bei gesondertem Bedarf erläutert werden soll.

In 91 Verfahren klagte der Oberstaatsanwalt beim Sondergericht Darmstadt 287 Personen wegen des Verdachts eines Vergehens oder Verbrechens gegen die ReichstagsbrandVO an. Das sind mit 63,5 % fast zwei Drittel aller Angeklagten. In 138 Verfahren mit 154 Angeklagten sah der Oberstaatsanwalt einen hinreichenden Tatverdacht für ein Vergehen oder Verbrechen nach der HeimtückeVO als gegeben an, die einen Anteil von 34,1 % ausmachen. Das Gesetz zur Abwehr politischer Gewalttaten fällt mit zwei Verfahren und elf Angeklagten nicht weiter ins Gewicht und könnte eigentlich wegen übereinstimmender Tatbestände der ReichstagsbrandVO zugeordnet werden.[26] Es lässt sich klar erkennen, dass der Verfolgungsschwerpunkt des Sondergerichts 1933 auf der ReichstagsbrandVO lag und Verstöße gegen die HeimtückeVO geringer ausfielen.

Die Reichstagsbrandverordnung

Die ReichstagsbrandVO enthielt zwei Strafbestimmungen, die §§ 4 und 5, auf deren Grundlage eine Verurteilung erfolgen konnte. § 4 Abs. 1 ReichstagsbrandVO war als Blankettnorm ausgestaltet und stellte Zuwiderhandlungen gegen Anordnungen der

---

23 Verordnung des Reichspräsidenten zum Schutz von Volk und Staat vom 28. Februar 1933, RGBl. I, S. 83; vgl. hierzu Thomas RATHEL / Ingrid STRENGE, Die Reichstagsbrandverordnung. Grundlegung der Diktatur mit den Instrumenten des Weimarer Ausnahmezustands. In: VfZ 48 (2000), 413 (439 ff.).

24 Verordnung des Reichspräsidenten zur Abwehr heimtückischer Angriffe gegen die Regierung der nationalen Erhebung vom 21. März 1933, RGBl. I, S. 135.

25 Gesetz zur Abwehr politischer Gewalttaten vom 4. April 1933, RGBl. I, S. 62; Gesetz gegen Verrat der Deutschen Volkswirtschaft vom 12. Juni 1933, RGBl. I, S. 360; Gesetz zur Gewährleistung des Rechtsfriedens vom 13. Oktober 1933, RGBl. I, S. 763.

26 WERLE (siehe Anm. 16), S. 65, wonach § 5 Abs. 1 ReichstagsbrandVO kurze Zeit später durch das Gesetz zur Abwehr politischer Gewalttaten gegenstandslos geworden sei.

obersten Landesbehörden oder der Reichsregierung unter Strafe. §5 Abs. 1 ReichstagsbrandVO führte für bestimmte Delikte[27] zwingend die Todesstrafe ein. Mit §5 Abs. 2 führte der Gesetzgeber Unternehmenstatbestände für Anschläge auf den Reichspräsidenten und Mitglieder der Reichs- und Landesregierungen, die mit dem Tod, lebenslangem oder 15 Jahren Zuchthaus geahndet werden konnten (§5 Abs. 2 Nr. 1). Das gleiche Strafmaß konnte bei schwerem Aufruhr (§115 Abs. 2 StGB) und Landfriedensbruch (§ 125 Abs. 2 StGB) verhängt werden (§5 Abs. 2 Nr. 2 ReichstagsbrandVO). Das galt auch für Geiselnahme im politischen Kampf (§5 Abs. 2 Nr. 3 ReichstagsbrandVO).

Den Schwerpunkt der Anklagepraxis in Darmstadt bildeten Anklagen auf der Grundlage der Blankettnorm des § 4 Abs. 1 ReichstagsbrandVO, welche Anordnungen der obersten Landesbehörden oder der Reichsregierung strafbewehrte. 230 Angeklagten legte die Staatsanwaltschaft in 86 Verfahren eine Zuwiderhandlung gegen Anordnungen der obersten Landesbehörden oder der Reichsregierung zur Abwehr kommunistischer staatsgefährdender Gewaltakte zur Last, wie es in der Präambel der ReichstagsbrandVO hieß. 46 Angeklagten wurde in drei Verfahren ein Verbrechen nach §5 Abs. 1 oder 2 ReichstagsbrandVO vorgeworfen. Da sich die Tatbestände des §1 Abwehrgesetzes mit denen des §5 Abs. 1 ReichstagsbrandVO überschnitten, seien die auch die beiden Verfahren mit elf Angeklagten nach dem Abwehrgesetz hier erwähnt.

Die Blankettnorm des §4 ReichstagsbrandVO und die sie ausfüllenden Landesanordnungen

Der Einsatz der Sondergerichte durch die oberste Landesbehörde oder die Reichsregierung als Ausnahmegericht lässt sich an der Blankettnorm des §4 Abs. 1 ReichstagsbrandVO deutlich ablesen. Mit dem Erlass von Anordnungen zur Kriminalisierung der kommunistischen Opposition konnten die örtlichen Sondergerichte gezielt auf den politischen Gegner ausgerichtet und seine Verfolgung aus der ordentlichen Strafjustiz herausgelöst werden. Geschah dies durch die obersten Landesbehörden nicht in dem von Berlin gewünschten Ausmaß, ermächtigte §2 ReichstagsbrandVO die Reichsregierung, die Befugnisse der obersten Landesbehörden vorübergehend selbst wahrzunehmen, um die öffentliche Sicherheit und Ordnung wiederherzustellen. Damit durchbrach diese Norm die föderale Struktur des Deutschen Reiches, denn die nationalsozialistische Reichsregierung konnte so unmittelbar Landesrecht auf dem Gebiet des Polizeirechts setzen und derart die Bekämpfung der politischen Opposition namentlich der KPD auch regional steuern.

Die Wirksamkeit dieses Mechanismus lässt sich am Beispiel des Volksstaats Hessen sehr gut nachvollziehen, wo bis zum 6. März 1933 noch eine aus SPD und Zentrum gebildete Koalition kommissarisch regierte. Nachdem es der NSDAP bei der Wahl am 5. März 1933 nicht gelang, die absolute Mehrheit der Stimmen zu erreichen, sondern es im Hessischen Landtag wieder zu einem Patt kam, setzte der Reichsinnenminister am 6. März 1933 die kommissarisch im Amt stehende Landesregierung ab, indem er dem

---

27 Hochverrat, Giftbeibringung, Brandstiftung, Herbeiführung einer Explosion oder Überschwemmung und gemeingefährliche Vergiftung.

hessischen Staatspräsidenten telegraphisch mitteilte: »Infolge starker Gefährdung öffentlicher Sicherheit und Ordnung im Lande Hessen, die Ausbruch von Unruhen besorgen lässt, übernehme ich für die Reichsregierung gemäß § 2 der Verordnung zum Schutz von Volk und Staat die Befugnisse oberster Landesbehörden, soweit zur Erhaltung öffentlicher Sicherheit und Ordnung notwendig, und übertrage die Wahrnehmung dieser Befugnisse auf Regierungsrat Dr. Müller, Finanzamt Alsfeld. Ersuche diesem sofort Geschäfte zu übergeben. Drahtnachricht von Übergabe erbeten. Reichsinnenminister Dr. Frick.«[28]

Unter Protest, die Voraussetzungen des § 2 ReichstagsbrandVO lägen nicht vor, übergab Bernhard Adelung am 7. März 1933 die Regierungsgeschäfte an Dr. Heinrich Müller, der seinerseits Dr. Werner Best[29] zum Staatskommissar für das Polizeiwesen in Hessen ernannte.[30] Nachdem schon der sozialdemokratische Innenminister Wilhelm Leuschner auf Druck des Reichsinnenministers Frick am 1. März 1933 ein umfassendes Versammlungs- und Publikationsverbot gegenüber der KPD erlassen hatte, womit diese gezielt an der Teilnahme zur Reichstagswahl am 5. März ausgeschlossen werden sollte, ordnete Best am 13. März 1933 an, dass sämtliche in privatem Besitz befindlichen Schusswaffen bei den örtlichen Polizeibehörden bis zum 15. März anzumelden und gegen Quittung abzuliefern seien.[31] Am 16. März erfolgte mit der Auflösung sämtlicher marxistischen Verbände im Volksstaat Hessen das Totalverbot der KPD.[32] Entsprechend diente auch das kurz darauf eingerichtete Darmstädter Sondergericht der Absicherung der nationalsozialistischen Machtposition im Volksstaat. Zudem war mit seinem abgekürzten und rechtsmittellosen Strafverfahren die Strafverfolgung der politischen Systemgegner aus dem Bereich der ordentlichen Strafjustiz herausgelöst worden. Dies zeigt der bereits geschilderte Fall um die kommunistische Landtagsabgeordnete Cäcilie Schäfer, die zunächst beim Amtsgericht Bad Nauheim angeklagt war.[33]

---

28 Zit. nach Dieter REBENTISCH, Nationalsozialistische Revolution, Parteiherrschaft und totaler Krieg in Hessen. In: Uwe SCHULTZ (Hrsg.), Die Geschichte Hessens. Stuttgart 1983, S. 237 f.
29 Werner Best (1903–1989). Zur Person umfassend Ulrich HERBERT, Best. Biographische Studien über Radikalismus, Weltanschauung und Vernunft. 2. Auflage, Bonn 1996.
30 Zum Verlauf der gewaltsamen Verdrängung der demokratisch gewählten hessischen Landesregierung durch den Nationalsozialismus und die Gleichschaltung des Volksstaats Hessen vgl. Heinrich PINGEL-ROLLMANN, Widerstand und Verfolgung in Darmstadt. Darmstadt-Marburg 1985, S. 53 ff.; Eckhard G. FRANZ / Manfred KÖHLER (Hrsg.), Parlament im Kampf um die Demokratie – Der Landtag des Volksstaats Hessen 1919–1933. Darmstadt 1991, S. 63 ff.
31 »Darmstädter Tageblatt« Nr. 73 vom 14. März 1933, S. 2. Diese Anordnung ergänzte er am 16. März um eine Ermächtigung der Ortspolizeibehörden, abgelieferte Schusswaffen auf Verlangen solchen Personen zurückzugeben, gegen deren Zuverlässigkeit keine Bedenken bestünden, so dass eine missbräuchliche Benutzung der Waffe auszuschließen sei. Dagegen waren abgelieferte Schusswaffen einzuziehen, die sich im Besitz von solchen Personen befanden, deren Zuverlässigkeit nicht garantiert werden konnte. Dies war bei Angehörigen marxistischer Verbände und sonst linksstehenden Personen der Fall.
32 »Darmstädter Tageblatt« Nr. 76 vom 16. März 1933, S. 2.
33 Beschluss des Amtsgerichts Bad Nauheim vom 25. März 1933 – St.D 5/33; HStAD G 27 Nr. 1: »Gemäß § 2 der genannten Verordnung [Sondergerichtsverordnung – d. Verf.] ist das unterzeichnende Gericht für die Aburteilung der vorliegenden Vergehen gegen die Verordnung des Reichspräsidenten zum Schutz von Volk und Staat vom 28. Februar 1933 (RGBl. I, Seite 83) nicht mehr zuständig. Vielmehr geht nach § 17

Ein Verstoß gegen Anordnungen der Hessischen Landesregierung oder der Reichsregierung auf der Grundlage des § 2 ReichstagsbrandVO zur Aufrechterhaltung der öffentlichen Sicherheit und Ordnung war nach der Blankettnorm des § 4 Abs. 1 ReichstagsbrandVO mit einer Gefängnisstrafe nicht unter einem Monat bis zu fünf Jahren (§ 16 Abs. 1 StGB a.F.) oder mit einer Geldstrafe von 150 bis zu 15.000 Reichsmark strafbewehrt.

Das Verbot kommunistischer Versammlungen und Publikationen im Volksstaat Hessen durch den sozialdemokratischen Hessischen Innenminister vom 1. März 1933
Bei 75 Beschuldigten sah der Oberstaatsanwalt einen hinreichenden Tatverdacht wegen eines Verstoßes gegen das vom Hessischen Innenminister erlassene Verbot von kommunistischen Versammlungen sowie Herstellung und Verteilung von periodischen kommunistischen Druckschriften als gegeben an, so dass er Anklage zum Hessischen Sondergericht erhob. Bei 38 Angeklagten sah das Sondergericht nach der Durchführung der Hauptverhandlung die Teilnahme an Versammlungen sowie das Verbreiten oder Herstellen von kommunistischen Druckschriften als gegeben an und sprach eine dementsprechende Gefängnisstrafe aus, die sich zwischen vier und 15 Monaten bewegte. Bei sämtlichen Angeklagten in diesen Strafverfahren wurde eine Verbindung zur KPD hergestellt.

In einem Verfahren erklärte sich das Sondergericht für unzuständig, nachdem der Oberreichsanwalt am 15. November 1933 bei der Staatsanwaltschaft in Darmstadt intervenierte und diese aufforderte, Maßnahmen zu ergreifen, um den Verbrauch der Strafklage zu verhindern.[34] Auf Antrag der Staatsanwaltschaft erklärte sich das Sondergericht, dem die Anklage bereits vorlag, mit Beschluss vom 5. Dezember 1933 für unzuständig, da sich die angeklagte Tat als Hochverrat darstelle.[35]

36 Angeklagte sprach das Gericht von dem Vorwurf eines Vergehens gegen das Versammlungsverbot des Hessischen Innenministers vom 1. März 1933 frei. Maßgebend für den hohen Anteil von Freisprüchen war ein Strafverfahren gegen 29 Personen, denen die Teilnahme an einer verbotenen Demonstration in Offenbach vorgeworfen wurde. Da aber keinem der Angeklagten eine Verbindung zur KPD nachzuweisen war und auch die Zeugen in der Hauptverhandlung niemanden zweifelsfrei wiedererkannten, sah das Gericht den Tatvorwurf als nicht erwiesen an.

---

der genannten Verordnung das vorliegende Strafverfahren, das bei in Kraft treten dieser Verordnung wegen einer strafbaren Handlung anhängig ist, das zur Zuständigkeit der Sondergerichte gehört, in das in der Verordnung geregelte Verfahren über. [...] Der Hauptverhandlungstermin vom 27.03.1933 ist deshalb abzusetzen und das Verfahren dem Sondergericht zuzuleiten.«

34 Schreiben des Oberreichsanwalts (ORA) vom 15.11.1933 zu SM 213/33; HStAG Abt. G 27 Nr. 187.
35 Beschluss vom 5. Dezember 1933 zu SM 213; HStAD Abt. G 27 Nr. 187; den damals 22-jährigen Angeklagten, der sich vorübergehend in das Saarland absetzen konnte, verurteilte der Volksgerichtshof im Oktober 1934 zu einer Zuchthausstrafe von drei Jahren wegen Vorbereitung zum Hochverrat wegen des Herstellens der Mainzer Stadtteilzeitung »Rote Vilzbach« Mitte April 1933. Urteil des Volksgerichtshofs (VGH) vom 2. Oktober 1934 – 2 H 16/34; BArchB Best. NJ Nr. 9666. Die Mitbeteiligten hatte das SG Darmstadt bereits am 20. Juni 1933 zu Gefängnisstrafen von jeweils 15 Monaten verurteilt, Urteil vom 20. Juni 1933 – SM 90/33; HStAD Abt G 27 Nr. 68.

*Die Auflösung aller marxistischen Verbände im Volksstaat Hessen
durch den Sonderkommissar für das Polizeiwesen Werner Best vom 16. März 1933*

Die Auflösung aller marxistischen Verbände auf der Grundlage der ReichstagsbrandVO im Volksstaat Hessen war ein Betätigungsverbot für KPD und SPD sowie ihre Unterorganisationen. Die Anordnung erfasste sämtliche Tätigkeiten, welche sich als Aufrechterhaltung eines dieser Verbände deuten ließ. Damit überlagerte diese Anordnung das ihr vorausgegangene Verbot aller kommunistischen Zusammenkünfte und periodischen Druckschriften. Als Anklagepunkte tauchten daher neben der Herstellung und Verteilung von Druckschriften, Treffen, der Verkauf von Beitragsmarken, das Entbieten des Grußes der Eisernen Front[36] oder das Warnen vor Haussuchungen auf.[37] Einen hinreichenden Tatverdacht für eine Zuwiderhandlung gegen diese Anordnung nahm der Oberstaatsanwalt bei 56 Personen in 16 Sondergerichtsverfahren an. Bei allen Angeklagten wurde eine Mitgliedschaft bei KPD beziehungsweise SPD oder einer ihrer Unterorganisationen hergestellt. 35 Angeklagte wurden als überführt angesehen und zu Gefängnisstrafen zwischen zwei und 18 Monaten verurteilt. Bei 16 Angeklagten traf dies nicht zu und sie wurden freigesprochen. Bei fünf Angeklagten ließ sich kein Verfahrensabschluss feststellen. Von daher bleibt offen, ob das Verfahren gegen sie abgetrennt und in die ordentliche Strafjustiz abgegeben wurde oder eine polizeiliche Erledigung durch eine Einlieferung in das KL Osthofen fand.[38]

*Die Waffenablieferungsanordnung durch den Sonderkommissar
für das Polizeiwesen in Hessen vom 13. März 1933*

In 57 Verfahren klagte der Oberstaatsanwalt 98 Personen vor dem Sondergericht Darmstadt wegen des Verdachts des illegalen Waffenbesitzes an. Bei 93 Angeklagten bestätigte sich der Anklagevorwurf, so dass 84 Angeklagte zu einer Gefängnisstrafe zwischen einer Woche und 16 Monaten verurteilt wurden. In neun Fällen kam es zu einer Geldstrafe zwischen 150 und 400 Reichsmark aus, nur in zwei Fällen zu einem Freispruch. Bei drei Angeklagten ließ sich kein Verfahrensabschluss feststellen. Bei 52 Angeklagten stellte das Sondergericht eine Verbindung zur KPD her, bei 13 Angeklagten zur SPD. Es überrascht nicht, dass diese Angeklagten sämtlich zu einer Gefängnisstrafe verurteilt wurden. Aber auch Angeklagte mit einer so genannten »nationalen« Einstellung mussten mit einer Bestrafung rechnen. Die Mitgliedschaft oder Nähe zur NSDAP war keine Garantie, dass die Darmstädter Sonderrichter bei unbefugtem Waffenbesitz Nachsicht walten ließen. Bei drei Angeklagten gab es Hinweise auf eine Mitgliedschaft in der NSDAP. Hier lagen die Gefängnisstrafen bei einem[39] und drei Monaten,[40] also im unteren Strafrahmenbereich.

---

36 Urteil vom 24. November 1933 – SM 203/33; HStAD Abt. G 27 Nr. 177: Das Sondergericht Darmstadt folgte der Einlassung des 31-jährigen Angeklagten, sich das Auge ausgewischt zu haben, und sprach ihm vom Vorwurf frei, einem Kollegen den Gruß der Eisernen Front entboten zu haben.

37 Urteil vom 12. Juni 1933 – SM 85/33; HStAD Abt. G 27 Nr. 64: Das Sondergericht sah in der Warnung eine Stärkung und Aufrechterhaltung des organisatorischen Zusammenhalts des KgF, welchen es als eine in besonders hohem Maße staatsgefährliche Organisation einstufte.

38 Siehe hierzu den Beitrag von Angelika Arenz-Morsch in diesem Band.

39 Urteil vom 4. November 1933 – SM 192/33; HStAD Abt. G 27 Nr. 167. Die ausgesprochene Gefängnis-

Die Sondertatbestände und Strafschärfungen des §5 der Reichstagsbrandverordnung

Das Reichsstrafgesetzbuch sah für Hochverrat (§§ 81), Giftbeibringung (§ 229), Brandstiftung (§ 307), Explosion (§ 311), Überschwemmung (§ 312), Beschädigung von Eisenbahnanlagen (§ 315 Abs. 2) und gemeingefährliche Vergiftung (§ 324) lebenslange Zuchthausstrafe vor. Durch § 5 Abs. 1 ReichstagsbrandVO wurde diese auf die Todesstrafe verschärft. Das am 4. April 1933 erlassene Gesetz zur Abwehr politischer Gewalttaten[41] erweiterte den in § 5 Abs. 1 ReichstagsbrandVO geschaffenen Anwendungsbereich der Todesstrafe erheblich. Diese konnte nun bei Verstößen gegen das Sprengstoffgesetz,[42] für Brandstiftung oder Sprengungen an öffentlichen Gebäuden sowie Sprengungen oder Brandstiftungen, welche in der Bevölkerung Angst und Schrecken verbreiten, verhängt werden. Daneben sah es die lebenslange oder zeitige Zuchthausstrafe vor. Bei elf Angeklagten nahm die Staatsanwaltschaft ein Verbrechen gegen dieses Gesetz an.[43]

§ 5 Abs. 2 Nr. 1 ReichstagsbrandVO führte eine Reihe von neuen Unternehmenstatbeständen ein, welche Anschläge auf das Leben des Reichspräsidenten, eines Mitglieds oder Kommissars der Reichsregierung oder einer Landesregierung mit Todesoder Zuchthausstrafe bedrohte. Die gleiche Strafe drohte für bewaffneten Aufruhr und Landfriedensbruch nach § 5 Abs. 2 Nr. 2 ReichstagsbrandVO.

Die Strafverschärfungen für bewaffneten Landfriedensbruch spielten in drei Hauptverhandlungen mit 46 Angeklagten eine Rolle. Hintergrund aller drei Verfahren waren Wahlkampfveranstaltungen zur Reichstagswahl am 5. März 1933, in denen es zu Zusammenstößen zwischen Anhängern der NSDAP und KPD gekommen war. Auch zeigt sich, wie bei dem Publikations- und Versammlungsverbot der KPD, dass die Intention der beschriebenen Gesetzgebung die Kriminalisierung des Wahlkampfes der KPD war.

Bei dem ersten Verfahren[44] ging es um eine Wahlkampfveranstaltung im rheinhessischen Siefersheim am Abend des 4. April 1933. Die NSDAP hatte die Einwohner eingeladen, sich auf dem freien Platz am Kreuz die Radioübertragung der Königsberger Rede Adolf Hitlers anzuhören. Anschließend sollte ein Fackelzug durch die Straßen des Städtchens veranstaltet werden. Bereits bei der Rede des Reichskanzlers kam es zu Störungen in Form von Zwischenrufen und dem Betätigen von Fahrradklingeln. Als sich der Fackel-

---

strafe wurde in diesem Fall nicht vollstreckt, sondern der nach Ansicht der Sonderrichter dem neuen Staat gegenüber nicht feindlich eingestellte 62-jährige Verurteilte begnadigt.

40 Urteil vom 16. Juni 1933 – SM 81/33; HStAD Abt. G 27 Nr. 60. Auch in diesem Fall wurde die ausgesprochene Freiheitsstrafe von drei Monaten gegen den 20-jährigen Verurteilten, den die Sonderrichter als einen jungen, politisch unreifen Menschen einschätzten, unter Einrechnung der erlittenen Untersuchungshaft nur bis zum 29. Juli 1933 vollstreckt. Der Strafrest von knapp 18 Tagen wurde ihm auf fünf Jahre Bewährung erlassen. Am 20. August 1934 wurde er aufgrund des Amnestiegesetzes von 7. August 1934 amnestiert.

41 RGBl. I, S. 162.

42 Gesetz gegen den verbrecherischen und gemeingefährlichen Gebrauch von Sprengstoffen vom 9. Juni 1884 RGBl., S. 61.

43 Urteil vom 24. Juli 1933 – SL 5/33; HStAD Abt. G 27 Nr. 214 und Urteil vom 15. Januar 1934 – SL 9/33; HStAD Abt. G 27 Nr. 218.

44 Ermittlungsakte SL 1/33; HStAD Abt. G 27 Nr. 3387.

zug formierte, brach ein Handgemenge aus, bei dem einige Personen leicht verletzt wurden. Die Staatsanwaltschaft erhob am 5. April 1933 zunächst Anklage bei der Großen Strafkammer des Landgerichts Mainz.[45] Eine Woche später legte man die Anklageschrift dem Oberstaatsanwalt beim Landgericht Darmstadt als Leiter der Anklagebehörde beim dortigen Sondergericht vor, da die Tat als bewaffneter Landfriedensbruch bewertet werden könne, so dass die Zuständigkeit des Sondergerichts bestünde.[46] Erstaunlicherweise lehnte der dortige Sachbearbeiter die Übernahme des Verfahrens mit der Begründung ab, dass die Voraussetzungen eines bewaffneten Landfriedensbruchs nicht vorlägen: »Als Waffe im Sinne dieser Bestimmung (= §5 Abs. 2 Nr. 2 ReichstagsbrandVO) ist nur eine Waffe im technischen Sinn zu verstehen. Ein Taschenmesser ist keine Waffe; erst recht nicht eine Fackel oder ein ähnliches Werkzeug. [...] Die Behauptung des D. bezüglich eines feststehenden Messers beruht offenbar auf einem Irrtum, zum mindesten ist seine Angabe nicht durchschlagend beweiskräftig. Es kommt hinzu, dass nach den Ermittlungsergebnissen die Nationalsozialisten keine Stichwunden erhalten haben, so dass man noch nicht einmal sagen kann, dass die Taschenmesser als Waffe benutzt worden sind.«[47]

Daraufhin legte die Staatsanwaltschaft Mainz am 21. April die Akte dem Generalstaatsanwalt mit dem Hinweis zur Entscheidung vor, dass es sich bei den beigefügten Überführungsstücken um Waffen im Sinne des §5 Abs. 2 Nr. 2 ReichstagsbrandVO handle.[48] Der wies den Oberstaatsanwalt beim Landgericht Darmstadt an, die Anklage beim dortigen Sondergericht zu erheben. Für den Generalstaatsanwalt lag der Tatbestand zweifelsfrei vor, wenn die Tat mit Waffen oder im bewussten und gewollten Zusammenwirken mit einem Bewaffneten begangen worden war. Demnach reichte es aus, wenn der Angeklagte die Waffe bei sich geführt hatte, auch wenn sie nicht zur Ausführung des Landfriedensbruchs eingesetzt wurde. In seiner Sitzung vom 23. Mai 1933 verneinte das Sondergericht Darmstadt die im Vorfeld aufgeworfene Frage, ob die ReichstagsbrandVO Waffen im technischen Sinne voraussetze: »Wenn dies richtig wäre, könnte man die Gewalttaten einer mit Beilen, Mistgabeln und Sensen bewaffneten Menge nicht nach der Verordnung bestrafen. Gerade die kommunistischen Umstürzler, gegen die sich die Verordnung richtet, werden bei Zusammenrottungen nicht immer technische Waffen besitzen, wohl aber jedes gefährliche Werkzeug, dessen sie habhaft werden können, als Waffe benützen. Es widerspräche vollkommen dem Zwecke und dem Sinne der Verordnung, wenn man eine solche im höchsten Grade gefährliche Rotte von Kommunisten, die mit Beilen u.s.w. ausgerüstet ist, nicht mit der Verordnung treffen könnte. Das Gericht versteht deshalb mit Frank (Vorbemerkung zu Zweikampf II) unter Waffe alle zum Angriff gegen Menschen tauglichen Gegenstände der äußeren Natur, falls in konkreto zum Kampfmittel bestimmt werden.«[49]

---

45 Anklage der Staatsanwaltschaft Mainz vom 5. April 1933 – J 1422/33; ebenda.
46 Schreiben der Staatsanwaltschaft Mainz vom 11. April 1933 – J 1422/33, ebenda.
47 Schreiben der Staatsanwaltschaft Darmstadt vom 19. April 1933 – SJ 39/33; HStAD Abt. G 27 Nr. 3387.
48 Schreiben der Staatsanwaltschaft Mainz vom 21. April 1933, ebenda.
49 Urteil vom 23. Mai 1933 – SL 1/33, S. 22; HStAD Abt. G 27 Nr. 3387.

Auch wenn das Gericht bei den Angeklagten keine Mitgliedschaft in der KPD oder einer ihrer Unterorganisationen festzustellen vermochte, so stand für die Sonderrichter fest, dass die Gruppe der Angeklagten der Kundgebung feindlich gegenüberstand. Es verurteilte von den 13 Angeklagten drei zu einer Zuchthausstrafe von einem Jahr, da es den Tatbestand des schweren Landfriedensbruchs mit Waffen nach §5 Abs. 2 Nr. 2 ReichstagsbrandVO als erfüllt ansah. Bei drei weiteren Angeklagten sah es den Tatbestand des schweren Landfriedensbruchs ohne Waffen als gegeben an und verhängte Gefängnisstrafen von sechs Monaten[50] und bei zwei Angeklagten ging es von einfachem Landfriedensbruch aus, den es mit Gefängnisstrafen von je drei Monaten ahndete. Die übrigen fünf Angeklagten sprach es frei. Die verhängten Mindeststrafen begründete es damit, dass der Zusammenstoß keine ernstlichen Verletzungen und keine Gefährdung der öffentlichen Ordnung zur Folge hatte. Strafmildernd berücksichtige das Sondergericht das jugendliche Alter der Angeklagten sowie den Umstand, dass der Bürgermeister des Ortes ihnen ein gutes Führungszeugnis ausstellte.

Völlig anders waren die Reaktionen nach zwei Zusammenstößen von Angehörigen der NSDAP mit ihren politischen Gegnern in Lindenfels und Höchst im Odenwald, bei denen es zu Verletzten und Toten kam. Allerdings sind die Urteile nicht überliefert, sondern nur zum Teil rekonstruierbar. In Lindenfels war es am 26. Februar 1933 zu gewaltsamen Auseinandersetzungen zwischen HJ-Angehörigen und Anhängern der Eisernen Front gekommen. Die Hitler-Jungen waren unter Absingen des Spottliedes »Drei Pfeilchen, drei Pfeilchen, die pflanz' ich auf mein Grab« in ein Privatgrundstück eingedrungen, um die dort mit dem Drei-Pfeile-Logo der Eisernen Front wehende Fahne zu entfernen. Hierbei kam es zu erheblichen Gewalttätigkeiten als der Eigentümer sich den Eindringlingen zur Wehr setzte, bei denen ein 18-jähriger Hitler-Junge mit einem Messerstich tödlich verletzt wurde. Ein 17-jähriger Hitler-Junge wurde gleichfalls durch Messerstiche schwer verletzt. Einer der Verteidiger wurde mit einer Scheckschusspistole am Auge erheblich verletzt.[51] In diesem Verfahren wandte das Sondergericht Darmstadt die ReichstagsbrandVO rückwirkend an. Hierfür zog es das Gesetz über die Verhängung und den Vollzug der Todesstrafe vom 29. März 1933 heran, dessen §1 die rückwirkende Anwendung des §5 ReichstagsbrandVO auch auf zwischen dem 31. Januar und dem 28. Februar 1933 begangene Taten erstreckte.[52] Von den 15 Angeklagten verurteilte es Ludwig Büchler, den es für den Tod des Hitler-Jungen verantwortlich machte, am 5. August 1933 zum Tode. Vier Angeklagte verurteilte es zu Zuchthausstrafen zwischen zehn und vier Jahren wegen schweren bewaffneten Landfriedensbruchs und zwei Angeklagte erhielten Gefängnisstrafen von einem und drei Jahren wegen einfachen Landfriedensbruchs. Die übrigen acht Angeklagten sprach es frei.

Zu gewaltsamen Zusammenstößen zwischen Anhängern der NSDAP und ihren Gegnern war es auch in Höchst im Odenwald am 2. März 1933 gekommen. Anlass war eben-

---

50 Ebenda, S. 24 f. Bei einem Angeklagten, den das Gericht als Auslöser des Zusammenstoßes ansah, verhängte es eine Gefängnisstrafe von acht Monaten.
51 Vgl. zu dem Verfahren und der rückwirkend verhängten Todesstrafe HIRSCH (siehe Anm. 22), S. 934 ff.
52 RGBl. I, S. 151.

falls die öffentliche Übertragung der Königsberger Rede Adolf Hitlers. Hier verloren zwei Menschen während tätlicher Auseinandersetzungen durch Schusswaffen ihr Leben. Am 19. Mai 1933 erhob die Staatsanwaltschaft beim Sondergericht Darmstadt gegen 18 Personen Anklage wegen bewaffneten schweren Landfriedensbruchs. In der Anklage heißt es, dass mit Bestimmtheit anzunehmen sei, dass sich die Schützen nur auf Seiten der Einheitsfront befunden und zum Teil ihre eigenen Parteigenossen getroffen hätten. Wer die Schüsse im Einzelnen abgegeben habe, sei nicht zu klären.[53] Von den 18 Angeklagten wurden vier zu Zuchthausstrafen zwischen 18 Monaten und acht Jahren verurteilt, zehn zu einjährigen Gefängnisstrafen und vier freigesprochen. 1946 strengten sämtliche Verurteilte ein Wiederaufnahmeverfahren an.[54] Im Mai 1951 befasste sich daher das Schwurgericht beim Landgericht Darmstadt nochmals mit den Vorgängen in Höchst im Odenwald. Angeklagt waren nun Anhänger der NSDAP, die an den gewalttätigen Ausschreitungen am 2. März 1933 beteiligt gewesen waren, und wegen schweren und leichten Landfriedensbruchs zu Gefängnisstrafen zwischen sieben und elf Monaten verurteilt wurden.[55] Sämtliche Strafen erklärte das Gericht mit der Untersuchungshaft und Internierung als verbüßt.

Die Verordnung des Reichspräsidenten zur Abwehr heimtückischer Angriffe gegen die Regierung der nationalen Erhebung vom 21. März 1933

Der Erlass der HeimtückeVO erfolgte zeitgleich mit der Errichtung der Sondergerichtsbarkeit am 21. März 1933. Die Verordnung bezweckte den Schutz der Regierung Hitler und der hinter ihr stehenden Verbände, also der NSDAP und ihrer Gliederungen,[56] indem sie unbefugtes Tragen, Besitz und Gebrauch von Parteiuniformen oder Abzeichen der NSDAP mit einer Gefängnisstrafe bis zu zwei Jahren ahndete (§1 HeimtückeVO). Wurde ein Parteiabzeichen oder eine Parteiuniform zur Begehung einer Straftat genutzt, war dies strafschärfend zu berücksichtigen und eine Zuchthausstrafe von bis zu fünf Jahren zu verhängen (§2 Abs. 1 HeimtückeVO). In den Anwendungsbereich dieser Verordnung fielen auch Mitglieder der NSDAP und ihrer Gliederungen, die ihre Mitgliedschaft dort »erschlichen« hatten (§4 HeimtückeVO). Die Strafbarkeit eines eigentlich berechtigten Uniformträgers hing also davon ab, ob ein strafrechtlich relevantes Verhalten seitens der NSDAP gebilligt wurde oder nicht. Herausragende praktische Bedeutung kam dem § 3 der Verordnung zu, der jegliche Kritik an der neuen Regierung, der NSDAP und ihrer Verbände sowie den führenden Persönlichkeiten untersagte und mit einer Gefängnisstrafe von bis zu zwei Jahren bedrohte. Mit ihm sollte das als kommunistische Propaganda geltende Gerücht, dass die Brandstifter des Reichstags in den Reihen der Nationalsozialisten zu suchen seien, strafrechtlich bekämpft werden.

---

53 Anklageschrift vom 19. Mai 1933 – SJ 29/33; HStAD Abt. G 27 Nr. 213.
54 Wiederaufnahmeantrag vom 8. Mai 1946 zu SJ 29/33; HStAD Abt. G 27 Nr. 213. Über den Ausgang dieses Verfahrens ist nichts bekannt.
55 Urteil Landgericht Darmstadt vom 19. Mai 1951 – 2a Ks 1/51; HStAD Abt. G 27 Nr. 213.
56 WERLE (siehe Anm. 16), S. 71f.

Insgesamt legte der Oberstaatsanwalt in seinem ersten Tätigkeitsjahr 154 Angeklagten in 138 Verfahren eine Zuwiderhandlung gegen die HeimtückeVO zur Last.

Auch in dieser Deliktgruppe waren Angehörige der KPD und SPD bei den Kundgabe-/Äußerungsdelikten des § 3 HeimtückeVO mit über 54,5 % deutlich vertreten. Eine Anklage auf dieser Grundlage war in der Regel erfolgreich und zog eine Verurteilung zu einer Gefängnisstrafe nach sich, deren Höhe sich regelmäßig zwischen sechs und zehn Monaten bewegte.

Der nachfolgend geschilderte Fall zeigt, wie problemlos sich die Sondergerichtsbarkeit bereits zu Beginn der NS-Herrschaft im Bereich der allgemeinen Kriminalität einsetzen ließ, wenn dies aus politischen Gründen geboten schien. Mit politisch aufgeladenen Spezialgesetzen und der Sondergerichtsbarkeit hatte die Regierung in Berlin den regionalen Staatsanwaltschaften vor Ort ein Instrumentarium an die Hand gegeben, mit dem es unschwer bestimmte Straftäter und Straftaten aus den Verfahren der ordentlichen Strafjustiz herauslösen konnte, um diese mittels der Sondergerichtsbarkeit öffentlichkeitswirksam einem autoritärem und der Abschreckung verpflichteten Sonderstrafrecht zu unterwerfen, in welchem sie zu einem Objekt herabsanken, an dem das nationalsozialistische Unrechtsregime auf der Ebene der Strafjustiz demonstrierte, was mit Abweichlern zu geschehen hatte. Von dem Verfahren ist nur eine Urteilsabschrift aus dem Strafgefangenenlager Papenburg-Walchum/Ems aus dem Jahre 1944 erhalten. Einer der beiden Verurteilten verbüßte seine Strafe in dem dortigen Moorlager. Zugleich zeigt der Fall eine vom Grundsatz des Rückwirkungsverbots und dem des gesetzlichen Richters gänzlich entkleidete Sonderstrafjustiz, deren einziges Ziel die Durchsetzung des Bestrafungswillens der politischen Führung war.

Am 14. Dezember 1932 war gegen 22.00 Uhr im Wormser Festspielhaus ein Brand ausgebrochen, bei dem der Bühnenraum völlig ausbrannte und ein Sachschaden in Höhe von 300.000 Reichsmark entstand. Die Urheber des aufsehenerregenden Brandes blieben zunächst unentdeckt. Erst bei Ermittlungen in einer Diebstahlssache stellte sich heraus, dass der Brand von zwei zur Tatzeit 19- und 20-Jährigen anlässlich eines dort verübten Einbruchs gelegt worden war. Für die Aburteilung von Verbrechen war nach dem damaligen Gerichtsverfassungsgesetz die Strafkammer beim Landgericht zuständig, so dass eigentlich Anklage vor der Großen Strafkammer des Landgerichts Mainz hätte erhoben werden müssen. Dennoch fand die Hauptverhandlung am 15. Januar 1934 vor dem Sondergericht Darmstadt statt. Die herausgehobene Bedeutung des Falles zeigte sich an der Annahme der Staatsanwaltschaft, es liege ein besonders schwerer Fall von Brandstiftung vor. Dies war der Fall, wenn sie in der Absicht begangen wurde, einen Mord oder Raub zu begehen beziehungsweise einen Aufruhr zu erregen (§ 307 Nr. 2 StGB). Den besonders schweren Fall der Brandstiftung erfasste die Strafschärfung des § 5 Abs. 1 ReichstagsbrandVO, der nach § 2 der SondergerichtsVO vom 21. März 1933 in die ausschließliche Zuständigkeit der Sondergerichte fiel. Abweichend von § 270 StPO, der für den Fall, dass sich während der Hauptverhandlung die Unzuständigkeit des erkennenden Gerichts herausstellte, die Verweisung an das zuständige Gericht vorschrieb, hatte das Sondergericht nach § 14 SondergerichtsVO auch dann in der Sache zu erkennen, soweit nicht eine die Zuständigkeit des Reichsgerichts beziehungsweise Volksgerichtshofs begründende Straftat vorlag. Damit war das Prinzip des gesetzlichen Richters abgeschafft, und im geschilderten Fall eine öffentlichkeitswirksame Aburteilung und Zurschaustellung der beiden Brandstifter gesichert. Obwohl die Brandstiftung vom Dezember 1932 nicht in den Anwendungsbereich des Gesetzes über den Vollzug der Todesstrafe fiel, das die Rückwirkung des § 5 ReichstagsbrandVO auf Taten erstreckte, die im Februar 1933 begangen worden waren, sah der inzwischen zum Landgerichtsdirektor beförderte Vorsitzende des Sondergerichts Darmstadt Karl Heckler die gesetzlichen Voraussetzungen für die Anordnung der Hauptverhandlung als gegeben an. Diese Vorgehensweise bestätigt erneut, dass das Gesetz zu einem Instrument herabgesunken war, das einzig der Durchsetzung des Bestrafungswillens der Regierung diente.[57] Durch die *contra legem* erfolgte Abdrängung des Verfahrens zum Sondergericht, war eine rasche Aburteilung der beiden mutmaßlichen Täter garantiert. Da das Sondergerichtsverfahren ohne Rechtsmittel war, hatte man zugleich sichergestellt, dass das Urteil nicht im Wege der Revision angegriffen werden konnte.

Die Beweisaufnahme des Sondergerichts beruhte überwiegend auf den geständigen Einlassungen der beiden Angeklagten. Darüber hinaus waren zwei Sachverständigen-Gutachten eingeholt worden, welche die Schuldfähigkeit der Täter in vollem Umfang bestätigten. Beide Angeklagte beschreibt das Urteil als gefährliche Straftäter: »Beide haben zusammen in etwa zwei Jahren etwa 50 schwere Einbruchdiebstähle gemeinschaftlich ausgeführt. [...] Vor der hier zu behandelnden Brandstiftung haben sie etwa 15 Einbrüche gemeinschaftlich ausgeführt. ›Wir hatten‹, wie sie sagen, ›die Gedanken immer gleich gehabt‹. Sie trieben sich in der Stadt umher, immer ein Eisen zum Einbruch in der Tasche, und verabredeten dann ihre Taten, die sie zumeist durch Einsteigen in Dachfenster und Einbrechen der Decke begingen. Gelegentlich eines längere Zeit nach der Brandstiftung verübten solchen Diebstahls kam man auf ihre Täterschaft auch im vorliegenden Fall, worauf sie beide ein Geständnis ablegten.«[58]

Bei der rechtlichen Einordnung der Tat ging das Sondergericht mit keinem Wort auf die ReichstagsbrandVO und die damit verbundene Rückwirkungsproblematik ein, mit der es seine Zuständigkeit begründet hatte. Vielmehr ging es von schwerer gemeinschaftlicher Brandstiftung nach §§ 306 Nr. 3, 47 StGB aus, da beiden Angeklagten bewusst war, dass sich zur Zeit des Brandes im Südflügel Personen aufgehalten hatten. Da somit das Vorliegen der vorsätzlichen schweren Brandstiftung erwiesen war, waren die Voraussetzungen eines besonders schweren Falles nach Ansicht des Gerichts nicht mehr zu prüfen. Im Rahmen der Strafzumessung blieb das Gericht zwar mit zwölf Jahren Zuchthaus unter dem Antrag der Staatsanwaltschaft, die die Höchststrafe von 15 Jahren gefordert hatte, jedoch deutlich über der vorgesehenen Mindeststrafe von zehn Jahren blieb. Ihre Entscheidung begründeten die Richter wie folgt: »Die aus der ruchlosen Tat sprechende vollkommene Verachtung fremden Eigentums zeugt von der Gemeinschaftsgefährlichkeit der Täter. Wenn gleichwohl das Gericht von der beantragten Höchststrafe von 15 Jahren Zuchthaus abgesehen hat, so tat es dies nur, weil immerhin den Angeklag-

---

57 WERLE (siehe Anm. 16), S. 73.
58 Urteil vom 15. Januar 1934 – SL 9/33, S. 2; HStAD Abt. G 27 Nr. 218.

ten zu Gute gehalten werden kann, dass offenbar sie nur eine sehr mangelhafte Erziehung genossen haben und ihnen der Zweck der Strafgerichtsbarkeit noch nicht handgreiflich vor Augen getreten ist. Denn ihre bisher erlittenen Strafen sind wegen ihrer Jugend im Wege des Bewährungsverfahrens noch nicht vollstreckt worden und ihre dem Brand vorausgegangenen Einbrüche waren unentdeckt geblieben. Auch haben sich irgendwelche politischen Beweggründe oder Hintergründe nicht nachweisen lassen, ebenso wenig gegen den Staat gerichtete Tendenzen. Besonders aber wurde den Angeklagten zu Gute gehalten, dass sie noch nicht zu den routinierten Gewohnheitsverbrechern gehören; denn sonst hätten sie sich anders verteidigt. Gerade durch ihre eigenen, trotz allen freimütigen Angaben, war es möglich, sie überhaupt der Tat und dazu der schweren vorsätzlichen Begehungsform zu überführen.«[59]

Das Verfahren zeigt deutlich, dass die Sondergerichte nicht nur zur Ausschaltung der noch aktiven politischen Opposition genutzt, sondern auch gezielt dazu eingesetzt wurden, aufsehenerregende Straftaten herausgehoben abzuurteilen. Das Sondergericht Darmstadt setzte ein deutliches Signal, dass alle Kräfte, die sich dem neuen Staat und seiner Volksgemeinschaft entgegenstellten, mit einer harten und unnachsichtigen Strafjustiz zu rechnen hatten. Beeindruckend an dem Vorgang ist, mit welcher Leichtigkeit zumindest die Richter am Sondergericht Darmstadt gewillt waren, dem neuen Strafrecht zu folgen, wenn es politisch geboten erschien.

Die Zuständigkeit der Sondergerichtsbarkeit in der Phase der Machtkonsolidierung (1934–1938) – die Verfolgung von Nonkonformisten

In der Konsolidierungsphase des nationalsozialistischen Regimes verschob sich der Tätigkeitsschwerpunkt des Sondergerichts Darmstadt von der ReichstagsbrandVO auf die HeimtückeVO, welche Ende 1934 durch das HeimtückeG[60] modifiziert und ersetzt wurde. Insgesamt erhob die Staatsanwaltschaft in dieser Zeitspanne Anklage gegen 651 Personen. Betrug der Anteil der Angeklagten, denen ein Vergehen oder Verbrechen nach der ReichstagsbrandVO zur Last gelegt wurde 1933 noch zwei Drittel, so ging er in der Folge auf etwas mehr als ein Viertel zurück.[61] Demgegenüber stieg der Anteil von Angeklagten, denen ein Vergehen oder Verbrechen nach der HeimtückeVO/-gesetz zur Last gelegt wurde von einem Drittel 1933 auf 71 %[62] an und wurde damit zum Justizalltag beherrschenden Normenkomplex.

---

[59] Ebenda.

[60] Gesetz gegen heimtückische Angriffe auf Staat und Partei und zum Schutz der Parteiuniformen vom 20. Dezember 1934, RGBl. I, S. 1269.

[61] In diese Zahl sind auch Anklagen auf der Grundlage des Gesetzes zur Gewährleistung des Rechtsfriedens vom 13. Oktober 1933, RGBl. I, S. 723; Gesetz zur Abwehr politischer Gewalttaten vom 4. April 1933 und das Gesetz gegen verrat der Deutschen Volkswirtschaft vom 12. Juni 1933, RGBl. I, S. 360 mit einbezogen, da diese thematisch in den Bereich der ReichstagsbrandVO gehören.

[62] In diese Zahl sind auch die Anklagen nach den §§ 134a und b StGB einbezogen, da es sich wie bei der HeimtückeVO um Äußerungsdelikte handelt, also thematisch in deren Bereich gehören.

Zwischen 1934 und 1938 ging der Geschäftsanfall des Sondergerichts kontinuierlich von 151 Verfahren 1934 auf 40 Verfahren im Jahr 1938 zurück. Mit der Stabilisierung der nationalsozialistischen Gewaltherrschaft und deren Akzeptanz in der Bevölkerung ging ein Bedeutungsverlust der Sondergerichtsbarkeit einher.[63] 1938 fanden auf ministerieller Ebene Überlegungen statt, die Sondergerichte aufzulösen und ihren Aufgabenbereich den politischen Strafsenaten der Oberlandesgerichte zuzuweisen.[64]

Die Reichstagsbrandverordnung

Der Bedeutungswandel der Sondergerichtsbarkeit schlug sich am deutlichsten im Anwendungsbereich der ReichstagsbrandVO nieder. 1933 war diese Verordnung das Hauptinstrument zur umgehenden Ausschaltung der noch aktiven kommunistischen Opposition. Die Blankettnorm des §4 ReichstagsbrandVO erfasste über die Landesanordnungen sämtliche Handlungen, welche den organisatorischen Zusammenhalt der KPD und ihrer Unterorganisationen herstellten und aufrechterhielten. Mit der Novellierung der Hoch- und Landesverratstatbestände in der so genannten Verratsnovelle im April 1934[65] liefen die Landesanordnungen leer, da die hierunter fallenden Handlungskomplexe[66] als Vorbereitung zum Hochverrat durch den neugefassten §83 Abs. 2 und 3 StGB erfasst wurden und damit in die Zuständigkeit des neu geschaffenen Volksgerichtshofs fielen.

Die März-Anordnungen Werner Bests in seiner Funktion als Sonderkommissar für das Polizeiwesen in Hessen waren ab 1934 nicht mehr kennzeichnend für den Justizalltag des Sondergerichts Darmstadt. Sofern sie noch vorkamen, handelte es mehrheitlich um Altfälle aus dem Jahr 1933, die erst Anfang 1934 zur Anklage gebracht wurden. Die Verfolgung politischer und ideologischer Feinde war an den Volksgerichtshof oder die politischen Strafsenate der Oberlandesgerichte übergegangen.[67]

Waren 1933 unter den Angeklagten, denen die Staatsanwaltschaft ein Vergehen oder Verbrechen auf der Grundlage der ReichstagsbrandVO vorwarf, rund drei Fünftel noch nachweislich Angehörige der KPD oder einer ihrer Nebenorganisationen, so erreichte deren Anteil im Zeitraum der nationalsozialistischen Machtkonsolidierung – rechnet man die der Sozialdemokratie angehörigen Angeklagten hinzu – mit 19 Angeklagten etwas mehr als zehn Prozent.[68] Da sich diese Fälle bis auf einen[69] auf das Jahr 1934 be-

---

63 Beim Sondergericht Braunschweig ging der Geschäftsanfall der 1933 von 54 Hauptverhandlungen auf nur noch neun in Jahre 1934 zurück. Vgl. Hans-Ulrich LUDEWIG / Dietrich KUESSNER, »Es sei also jeder gewarnt«. Das SG Braunschweig. Braunschweig 2000, S. 33 Tab. 2.
64 Otto THIERACK, Die einzinginstanzlichen Gerichte. In: Franz GÜRTNER (Hrsg.), Das kommende deutsche Strafverfahren. Berlin 1938, S. 82.
65 Gesetz zur Änderung von Vorschriften des Strafrechts und des Strafverfahrens vom 24. April 1934, RGBl. I, S. 341.
66 WERLE (siehe Anm. 16), S. 116f.
67 Ein solcher Strafsenat bestand am Oberlandesgericht Darmstadt bis 1936. Danach ging die Zuständigkeit auf das Oberlandesgericht Kassel über, dessen politischer Strafsenat bis 1944 tätig war. Danach übernahm das Oberlandesgericht Stuttgart für den Bereich Darmstadt dessen Tätigkeit.
68 Bei 11 Angeklagten wurde eine Mitgliedschaft bei KPD oder ihren Unterorganisationen als erwiesen

schränken, wird deutlich, dass eine andere Instanz die Verfolgung politischer Gegner übernommen hatte.

Eine Anordnung des Hessischen Staatsministeriums Abteilung 1c (Polizei) vom 18. Oktober 1933, welche das Blankett des §4 Abs. 1 ReichstagsbrandVO ausfüllte, zielte nun auf die Auflösung und das Verbot der Internationalen Bibelforschervereinigung, der Zeugen Jehovas,[70] womit sich das Sondergericht Darmstadt nun gegen Gruppierungen mit religiösem Hintergrund richtete. Auch die hier nicht weiter behandelten Verfügungen der Geheimen Staatspolizeistelle Darmstadt richteten sich gegen entsprechende Vereinigungen.[71] Eine Wendung, welche das Sondergericht Darmstadt zunächst jedoch nicht vollzog. In einem reichsweit aufsehenerregenden Urteil sprach es 30 Zeugen Jehovas am 26. März 1934 frei,[72] da es die Verbotsanordnung des Hessischen Staatsministeriums als verfassungswidrig ansah. Nach seiner Auffassung handelte es sich bei den Zeugen Jehovas um eine Religionsgemeinschaft, welche in den Schutzbereich des Art. 137 Abs. 2 WRV fiel, der durch die ReichstagsbrandVO nicht suspendiert worden war. Damit hatten die Sonderrichter die Geltung der Weimarer Reichsverfassung bestätigt. Dieser klaren Haltung wurde in der darauffolgenden Diskussion in der Fachpresse eine deutliche Absage erteilt und das Urteil als rechtsirrig hingestellt.[73] Auch wenn das Sondergericht in seiner weiteren Rechtsprechung an der Fortgeltung der Weimarer Reichsverfassung festhielt, verurteilte es die Zeugen Jehovas später zu zum Teil empfindlichen Gefängnisstrafen. In seiner Sitzung am 29. April 1935 gelangte es zu der Einsicht, dass es sich bei den Zeugen Jehovas nicht um eine Religionsgemeinschaft im Sinne des Art. 137 Abs. 2 WRV handle, sondern um einen religiösen Verein, der in den Schutzbereich des durch die ReichstagsbandVO suspendierten Art. 124 WRV falle, wonach die Verbotsanordnung des Hessischen Staatsministeriums vom 18. Oktober 1933 rechtmäßig sei.[74]

Durch Verfügung vom 26. März 1934 und 27. Oktober 1936 verbot die geheime Staatspolizeistelle Darmstadt die »Menschenfreundliche Versammlung«[75] und die Zionsgemeinde,[76] deren Angehörige vor dem Sondergericht verfolgt wurden.

An dem Verbot und der Verfolgung der Zeugen Jehovas durch die Sondergerichte zeigt sich, wie mühelos die regionalen Polizeibehörden auf der Grundlage des §4 Abs. 1

---

an (= 6,5 %), bei neun eine Zugehörigkeit zur SPD oder einer ihrer Unterorganisationen (= 4,8 %).
69 Urteil vom 15. Januar 1937 – SM 107/26; HStAD Abt. G 27 Nr. 588. Es handelte sich hier um ein Verfahren wegen illegalen Waffenbesitzes bei einem Sozialdemokraten, der unter Anrechnung der erlittenen Untersuchungshaft zu einer zweimonatigen Gefängnisstrafe verurteilt wurde.
70 »Darmstädter Zeitung« vom 19. Oktober 1933, S. 2.
71 Vgl. hierzu HIRSCH (siehe Anm. 22), S. 856 ff.
72 SG Darmstadt Urteil vom 26. März 1934 – SM 26/34. In: JW 1934, S. 1744 ff., mit einer ablehnenden Anmerkung von Prof. E. R. Huber, Kiel.
73 Vgl. die ausführliche zeitgenössische Zusammenfassung der Diskussion Rolf STÖDTER, Verfassungsproblematik und Rechtspraxis. In: AöR NF 27 (1936) S. 166 ff. Vgl. auch Detlef GARBE, Zwischen Widerstand und Martyrium. Die Zeugen Jehovas im »Dritten Reich«. 4. Auflage, München 1998, S. 136 (140 ff.).
74 Urteil vom 29. April 1934 – 19+20/35, S. 8; HStAD Abt. G 27 Nr. 391.
75 Urteil vom 10. Januar 1938 – SM 1/38; HStAD Abt. G 27 Nr. 677.
76 Urteil vom 5. April 1937 – SM 24/37; HStAD Abt. G 27 Nr. 616.

ReichstagsbrandVO abweichende Verhaltensweisen in der Bevölkerung kriminalisieren konnten. Die Betroffenen wurden durch die Sondergerichtsbarkeit massiv in ihrer Verteidigungsfähigkeit benachteiligt und eingeschränkt, wobei ihre Ausgrenzung auch als Warnung vor Fehlverhalten dienen sollte.

Das Heimtückegesetz

Bei 449 Beschuldigten ging die Staatsanwaltschaft beim Landgericht Darmstadt innerhalb des Zeitraums von 1934 bis 1938 von einem hinreichenden Tatverdacht eines Vergehens oder Verbrechens gegen die HeimtückeVO und das diese Ende Dezember 1934 ablösende HeimtückeG aus. Bei Betrachtung des politischen Hintergrundes der Angeklagten, zeichnet sich auch hier eine Verlagerung des Verfolgungsschwerpunktes ab.

Gehörten allerdings 1933 noch mehr als die Hälfte der Verfolgten der KPD oder SPD an, so stand zwischen 1934 und 1938 ihr politischer Hintergrund anscheinend nicht mehr im Zentrum der richterlichen Sachverhaltsaufklärung. Jedenfalls trafen die Richter bei mehr als der Hälfte der Angeklagten im Urteil keine Feststellung mehr zu Parteizugehörigkeit oder politischer Orientierung. Dies lässt sich als ein Zeichen dafür werten, dass die Verfolgung regimekritischer Äußerungen oder sonstige das Ansehen der NSDAP schädigende Handlungen nunmehr genereller erfolgte und weniger auf politische Gegner beschränkt blieb.

Ein Blick auf die Angeklagten, bei denen das Sondergericht entweder in den Feststellungen zur Person oder im Rahmen der Strafzumessung auf die politische Orientierung einging, bestätigt diesen Eindruck. Zwar lag die KPD mit 77 Angeklagten, bei denen das Gericht eine Verbindung zu der verbotenen Partei feststellte, an der Spitze, doch betrug ihr Anteil an der Gesamtheit der Angeklagten gerade einmal 17 %, gefolgt von 65 Angeklagten (14,5 %), die dem Spektrum der NSDAP, und 56 Angeklagten (12,5 %), die der Sozialdemokratie entstammten. Kaum eine Rolle spielten auch Angehörige des Zentrums, der DDP und der DNVP mit insgesamt 20 Angeklagten (4,5 %), während die große Mehrheit von 231 Angeklagten (51,5 %) keiner politischen Partei zuzuordnen war. Zu bedenken ist allerdings, dass die Staatsanwaltschaft als eine Art Filter fungierte, da regimekritische Äußerungen von Angehörigen der KPD als kommunistische Mundpropaganda als Vorbereitung zum Hochverrat galten und an den Oberreichsanwalt beim Volksgerichtshof abgegeben wurden.

Mit über 90 % klagte die Staatsanwaltschaft regimekritische Äußerungen vor dem Sondergericht nach dem § 3 HeimtückeVO und den §§ 1 und 2 HeimtückeG an. Der unbefugte Gebrauch von Parteiuniformen oder deren Ausnutzung zur Begehung von Straftaten spielten nur eine untergeordnete Rolle und kamen nur vereinzelt in der Rechtsprechung vor.

Vom 20. bis zum 23. November 1939 verhandelte das Sondergericht Darmstadt ein umfangreiches Devisenverfahren.[77] Das Gericht tagte in Mainz. Grundlage für solche Devisenverfahren bildete das Gesetz gegen den Verrat an der deutschen Volkswirtschaft

---

77 Urteil vom 23. September 1939 – SLs 3/39 GStA; HStAD Abt. G 24/2353.

vom 12. Juni 1933.[78] Es stellte das Verschweigen von ausländischen Vermögenswerten und Devisenbeständen von deutschen Reichsangehörigen unter Strafe, die es als Volksverräter brandmarkte. Im Ausland befindliche Vermögenswerte ab einem Wert von 1.000 Reichsmark sowie von Devisen, deren Höhe 200 Reichsmark überschritten, waren bis zum 31. August 1933 dem Reichsfiskus anzuzeigen.[79] Der Verstoß eines Reichsangehörigen wurde mit einer Zuchthausstrafe von mindestens drei Jahren und dem Verlust der bürgerlichen Ehrenrechte geahndet. Einem anzeigepflichtigen Ausländer hingegen drohte das Gesetz ›nur‹ eine Gefängnisstrafe an. Anklagebehörde war in diesen Fällen nicht die Staatsanwaltschaft am Landgericht Darmstadt, sondern der Generalstaatsanwalt wegen der zum Teil umfangreichen Ermittlungen. Die vor dem Sondergericht Darmstadt verhandelten sechs Devisenverfahren fallen bis auf eine Ausnahme[80] in den Zeitraum der Jahre 1937 bis 1939.

Dem Verfahren ging der Verkauf einer Apotheke in Mainz im Oktober 1938 voraus. Die Eigentümerin, eine 50-jährige Witwe, war nach der Nürnberger Rassegesetzgebung Jüdin. Nach der Entfernung Hjalmar Schachts aus dem Reichswirtschaftsministerium verstärkte sich die Ausschaltung und Verdrängung von Juden aus dem Wirtschaftsleben des Deutschen Reiches,[81] zudem hatte sich Hitler zu Beginn des Jahres 1938 mit dem Konzept des SD einverstanden erklärt, die jüdische Auswanderung nach Palästina zu unterstützen.[82] Vor diesem Hintergrund bot die Frau ihre Apotheke im März 1938 zum Verkauf an. Im Sommer verhandelte sie mit einem Apotheker aus Wuppertal, mit dem sie sich auf einen Gesamtverkaufspreis von 172.000 Reichsmark für das Grundstück, das Gebäude und sein Inventar einigte. Den Wert der ebenfalls darin enthaltenen Konzession veranschlagten sie mit 95.000 Reichsmark, wie ein Notar am 11. Oktober 1938 beurkundete. Darüber hinaus vereinbarten sie einen Betrag von 35.000 Schweizer Franken, den der Apotheker zusätzlich für die Konzession bezahlen sollte. Die Verkäuferin, die mit ihrer Tochter nach Palästina auswandern wollte, sollte das Geld auf dem Weg dorthin in der Schweiz erhalten, um so der Reichsfluchtsteuer zu entgehen und nicht gänzlich mittellos zu sein.

Kurz vor der Ausreise fiel einem Oberzollinspektor auf, dass die Konzession mit 95.000 Reichsmark angesichts der Umsätze, die die Apotheke seit ihrer Verpachtung erzielte, deutlich unterbewertet war, und erhöhte den Wert der Konzession auf 200.000 Reichsmark. Aus diesem Grund ließ er die Frau am 22. Dezember 1938 zur Vernehmung vorführen, bei der sie den geschilderten Sachverhalt rasch einräumte. Dennoch nahm man sie in Untersuchungshaft. Am 31. Dezember 1938 erfolgte die Festnahme des Apothekers, der bis zur Urteilsverkündung in Untersuchungshaft blieb.

---

[78] RGBl. I, S. 360; zum Gesetz und seinen Tatbeständen WERLE (siehe Anm. 16), S. 82.
[79] Diese Frist wurde mit dem Steueranpassungsgesetz vom 16. Oktober 1934 rückwirkend auf den 31. Dezember 1933 verlängert, dazu WERLE (siehe Anm. 16), S. 83.
[80] Urteil vom 14. Juni 1934 – SM 54/34; HStAD Abt. G 27 Nr. 276. Das Sondergericht Darmstadt sprach den Angeklagten frei, da er seine im Ausland befindlichen Vermögenswerte lediglich verspätet und diese freiwillig angezeigt hatte.
[81] ADAM (siehe Anm. 16), S. 172 ff.
[82] Ebenda, S. 200 f.

Das Urteil beruhte maßgeblich auf den Einlassungen der Angeklagten, was die Sonderrichter den beiden bei der Strafzumessung zu Gute hielten. Ebenfalls berücksichtigten sie strafmildernd, dass der Käufer sein verschwiegenes Auslandsvermögen zwischenzeitlich zurückgeholt und der Reichsbank angeboten hatte. Auch die 35.000 Schweizer Franken waren in das Deutsche Reich gebracht worden. Da der Apotheker sein Auslandvermögen 1930, also vor Erlass der Devisengesetze der Weimarer Zeit und des VolksverratsG angelegt hatte, nahmen die Richter einen minderschweren Fall von Volksverrat an. Damit sank der Strafrahmen von drei bis 15 Jahren auf das Mindestmaß von einem Jahr bis zu zehn Jahren Zuchthaus.

Der Käufer wurde zu einer Zuchthausstrafe von insgesamt drei Jahren und sechs Monaten verurteilt, worauf sich, neben den erwähnten Milderungsgründen, die Höhe des verschwiegenen Auslandsvermögens sowie der aus der Tat sprechende krasse Eigennutz strafverschärfend ausgewirkt hatten. Seine Mitgliedschaft in der NSDAP wurde ebenso wie der Umstand, dass die Initiative zur stillen Sonderzahlung von ihm ausgegangen war, als erschwerend angesehen. Die Untersuchungshaft rechnete man ihm mit zehn Monaten voll auf die erkannte Strafe an.

Bei der Verkäuferin bildete das Sondergericht Darmstadt eine Gesamtfreiheitsstrafe von zwei Jahren Gefängnis, auf welche es die erlittene Untersuchungshaft von acht Monaten voll anrechnete. In der Urteilsbegründung heißt es hierzu: »Während der Angeklagte durch seine Straftaten seine volksgenössischen Treuepflichten verletzt hat, war dies bei der Angeklagten als Jüdin nicht der Fall; freilich kann dieser Umstand keineswegs als Milderungsgrund angesehen werden, im Gegenteil, die gegen sie zu erkennenden Strafen mussten schon aus Gründen der Abschreckung streng bemessen werden. Mit Rücksicht darauf jedoch, dass es der Angeklagte war, der die naturgemäße große Versuchung an die Angeklagte herangetragen hat, dass diese eine alte, schwer Zuckerkranke Frau ist, für die die Verbüßung einer Freiheitsstrafe ein weit härteres Übel ist als für einen jüngeren oder gesunden Menschen darstellt, dass die Werte, auf die sich ihre Straftaten bezogen, viel niedriger waren und dass aus ihrem Tun, teilweise infolge ihrer eigenen nachträglichen Mitwirkung, der deutschen Volkswirtschaft kein dauernder Schaden zugefügt wurde, stellen ihre Zuwiderhandlungen keine besonders schweren Fälle dar.«

Auch wenn über das weitere Schicksal der Apothekeneigentümerin nichts weiter bekannt ist, so zeigt der Vorgang, wie der physischen Vernichtung der Juden im Sinne der Nürnberger Rassegesetzgebung die wirtschaftliche durch Ausplünderung voranging. Es werden aber auch die Handlungsspielräume und Gefahren deutlich, mit denen der Versuch, jüdisches Eigentum zu erwerben, verbunden war.[83] Erneut tritt aber auch der Ausnahmecharakter der Sondergerichte zutage – in diesem Fall als fiskalisches Spezialgericht, das die finanziellen Interessen des Reiches wahrte. Mit der Stigmatisierung der Verurteilten als Volksverräter kündigte sich bereits das Tätertypenstrafrecht des Krieges an.

---

83 Frank BAJOHR, »Arisierung« als gesellschaftlicher Prozess. In: Fritz Bauer Institut (Hrsg.), »Arisierung« im Nationalsozialismus. Frankfurt/New York 2000, S. 26.

Die Machtradikalisierung (1939–1945) – die Verfolgung so genannter Kriegsverbrecher an der Heimatfront

Die Phase der nationalsozialistischen Machtradikalisierung auf dem Gebiet der Sondergerichtsbarkeit leitete die Verordnung über die Erweiterung der Zuständigkeit der Sondergerichte vom 20. November 1938[84] ein. Sie ermöglichte das verkürzte und rechtsmittellose Sondergerichtsverfahren für schwere Straftaten (Verbrechen), welche in der Bevölkerung großes Aufsehen erregt hatten, indem es der Staatsanwaltschaft die Möglichkeit einräumte, Anklage vor dem Sondergericht zu erheben. Sie ist bereits im Zusammenhang mit den Kriegsvorbereitungen zu sehen, da sie der Bevölkerung eine rasch zupackende Strafjustiz vorführen sollte, welche das Land im Inneren absicherte. Auf der Grundlage dieser Verordnung klagte die Staatsanwaltschaft am 13. Februar 1939 einen in der Nacht vom 1. auf den 2. Februar 1939 verübten Überfall auf die Mainzer Autozentrale an, der bereits am 17. Februar in Mainz verhandelt wurde.[85] Mit Kriegsbeginn am 1. September 1939 wurde in der Verordnung über Maßnahmen bezüglich der Gerichtsverfassung und der Rechtspflege die Wahlmöglichkeit für die Staatsanwaltschaft auch auf Vergehen ausgedehnt.[86]

Als so genannte »Standgerichte der inneren Front« oder »Panzertruppe der Justiz« überwies der nationalsozialistische Gesetzgeber[87] ein Bündel von Verordnungen, welche das zivile Kriegsstrafrecht umfassten, in die Zuständigkeit der Sondergerichte. Diese Zuweisung lag in der so genannten Dolchstoßlegende begründet, bei der es sich um eine Verschwörungstheorie handelt, die die Schuld an der militärischen Niederlage des Deutschen Reichs im Ersten Weltkrieg auf die Sozialdemokratie abwälzte. Danach war das deutsche Heer im Felde unbesiegt geblieben und durch oppositionelle, so genannte vaterlandslose Gesellen (»Novemberverbrecher«) in der Heimat verraten worden, was ihm sozusagen den Dolchstoß versetzte. Damit war die Aufgabe der Sondergerichte bestimmt: Sie sollten den kämpfenden Truppen den Rücken freihalten und verhindern, dass ihnen die »Heimatfront« in den Rücken fiel.[88]

Die Staatsanwaltschaft klagte zwischen 1939 und 1945 in 914 Verfahren 1.213 Personen vor dem Sondergericht in Darmstadt an. Dreiviertel der Angeklagten (912 = 75,2 %) wurde ein Vergehen oder ein Verbrechen aus einer Norm des zivilen Kriegsstrafrechts vorgeworfen, hingegen hatte sich nur ein Viertel der Angeklagten (301 = 24,8 %) wegen Delikten zu verantworten, die in die ursprüngliche Zuständigkeit der Sondergerichte fielen.

---

84 Verordnung über die Erweiterung der Zuständigkeit der Sondergerichte, RGBl. I, S. 1632.
85 Anklage vom 13. Februar 1939 – SJs 35/39; HStAD Abt. G 27 Nr. 713 (das Urteil des Sondergerichts ist nicht überliefert).
86 RGBl. I, S. 1658.
87 WERLE (siehe Anm. 16), S. 203 ff.
88 Zu Entstehung der Dolchstoßlegende Heinrich August WINKLER, Weimar 1918–1933. Die Geschichte der ersten deutschen Demokratie. München 1993, S. 89 ff.

Das zivile Kriegsstrafrecht

Das zivile Kriegsstrafrecht umfasste alle Normen, mit denen das nationalsozialistische Regime versuchte, eine durch den Kriegszustand geschaffene oder durch diesen begünstigte Kriminalität effektiv zu bekämpfen.

Die KriegswirtschaftsVO[89] (KWVO) und die VolksschädlingsVO[90] bildeten neben der RundfunkVO[91] und der WehrkraftschutzVO[92] das Hauptinstrumentarium der Sondergerichte. In diesen Bereich fallen ferner für einen kürzeren Zeitraum der aus der Kriegssonderstrafrechtsverordnung[93] (KSSVO) stammende Tatbestand der Wehrkraftzersetzung und die GewaltverbrecherVO.[94] Diese Ausrichtung der Sondergerichtsbarkeit auf eine kriegsbedingte und begünstigte Kriminalität wird übersehen, wenn dieser Vorgang als ein Eindringen der Sondergerichtsbarkeit in den Bereich der ordentlichen Strafjustiz beschrieben wird, die mit zunehmender Kriegsdauer an den Rand gedrängt wurde.

Die Kriegswirtschaftsverordnung

Die Kriegswirtschaftsverordnung sollte die Fortführung eines geregelten Wirtschaftslebens während des Krieges sichern und eine gerechte Verteilung lebenswichtiger Güter in der Bevölkerung bewirken. Damit sollte die innere Widerstandskraft des deutschen Volkes stabilisiert und die »innere Front« vor dem Hintergrund der vorerwähnten Dolchstoßlegende gefestigt werden. Demnach war an der deutschen Niederlage im Ersten Weltkrieg auch die Mangelversorgung verantwortlich gewesen, welche die Bevölkerung zermürbt und dadurch zur Kapitulation beigetragen habe. Diesen Zusammenhang beleuchtet ein Urteil des Sondergerichts Darmstadt vom 11. Februar 1943.[95] In dem 75-jährigen wegen Schwarzschlachtens angeklagten Landwirt sah es einen »echten Kriegsschieber«, »der ohne Rücksicht auf den Existenzkampf seines Landes und die Not seines Volkes nur am Kriege verdienen wollte«.[96] Trotz einer geringfügigen Vorstrafe sah das Sondergericht unter Vorsitz von Landgerichtsdirektor Rode in dem Angeklagten keinen Ehrenmann, da er seinen Angaben nach bereits im vorigen Krieg in weit größerem Umfang schwarzgeschlachtet hatte. Dieser Umstand und die Tatsache, dass er trotz öffentlicher Warnungen sein Tun nicht aufgab, sondern intensivierte, so dass er nach Meinung der Richter skrupellos große Mengen wertvoller und knapper Nahrungsmittel der allgemeinen Volksernährung entzog, um sich selbst zu bereichern, hoben die ihm zur Last

---

89 Kriegswirtschaftsverordnung vom 4. September 1939, RGBl. I, S. 1609.
90 Verordnung gegen Volksschädlinge vom 5. September 1939, RGBl. I, S. 1679.
91 Verordnung über außerordentliche Rundfunkmaßnahmen vom 1. September 1939, RGBl. I, S. 1683.
92 Verordnung zur Ergänzung der Strafvorschriften zum Schutz der Wehrkraft des Deutschen Volkes vom 25. November 1939, RGBl. I, S. 2319.
93 Verordnung über das Sonderstrafrecht im Kriege und bei besonderem Einsatz vom 17. August 1938/26. August 1939, RGBl. I, S. 1455.
94 Verordnung gegen Gewaltverbrecher vom 5. Dezember 1939, RGBl. I, S. 2378.
95 Urteil vom 11. Februar 1943 – 2 SLs 18/42; HStAD Abt. G 27 Nr. 940.
96 Ebenda, S. 18 f.

gelegten Taten von der gewöhnlichen Erscheinungsform derart ab, dass ein besonders schwerer Fall im Sinne des § 1 Abs. 1 Satz 2 KWVO angenommen und ein Todesurteil ausgesprochen wurde. Trotz des hohen Alters des Verurteilten wurde das Urteil am 7. April 1943 in Frankfurt/M.-Preungesheim vollstreckt.

Die KriegswirtschaftsVO sicherte nicht nur die Kriegswirtschaft, sondern stand auch in einem inneren Zusammenhang mit den Tatbeständen der VolksschädlingsVO, der RundfunkVO, der WehrkraftschutzVO und der KSSVO, die das zivile Kriegsstrafrecht bildeten.[97] Die Bedeutung dieser Verordnung spiegelt sich in der hohen Anzahl von Angeklagten wider. Bei 317 Personen wurde wegen eines Vergehens oder Verbrechens nach § 1 Abs. 1 KWVO Anklage erhoben, das waren 26 % aller Angeklagten am Darmstädter Sondergericht im Zeitraum von 1939 bis 1945.

Als kriegsschädliches Verhalten bedrohte diese Norm, das Vernichten, Beiseiteschaffen und Zurückhalten von Rohstoffen und Erzeugnissen des Lebensbedarfs der Bevölkerung mit Gefängnis und Zuchthausstrafe, wenn dadurch böswillig die Bedarfsdeckung gefährdet wurde. In besonders schweren Fällen konnte die Todesstrafe verhängt werden. In den ersten Kriegsjahren spielte die KriegswirtschaftsVO mit 25 Angeklagten 1940 und 12 Angeklagten 1941 keine nennenswerte Rolle. Dies änderte sich 1942 mit einem sprunghaften Anstieg auf 71 und 1943 auf 121 Angeklagte. Erst 1944 ging die Zahl auf 83 und 1945 auf fünf Angeklagte zurück. Typische Tathandlungen waren Schwarzschlachten, Abgabe, Bezug wie auch das Beiseiteschaffen und Horten von bezugsbeschränkten Lebensmitteln. Die Verordnung erfasste auch das Erschleichen oder den Diebstahl von Lebensmittelkarten. Eine Anklage wegen eines kriegsschädlichen Verhaltens im Sinne des § 1 KWVO führte in der Regel zu einer Verurteilung, wobei es zu acht Freisprüchen und 299 Verurteilungen kam. Bei zehn Angeklagten ließ sich der Verfahrensausgang nicht mehr ermitteln.

Die Volksschädlingsverordnung

Die zweite den Kriegsalltag der Sondergerichte prägende Verordnung war die VolksschädlingsVO. Sie sollte die innere Front im Krieg absichern und die Sabotage des nationalen Abwehrkampfes verhindern. Die Verordnung richtete sich gegen Täter, welche in der Kriegszeit den Abwehrkampf der um seine Existenz kämpfenden Volksgemeinschaft sabotierten oder durch Ausnutzung der kriegsbedingten Notlage in den Rücken fielen.[98] Mit der Stigmatisierung einer Tätergruppe als Volksschädlinge sollten diese aus der Gruppe der üblichen Straftäter herausgehoben und deutlich erkennbar für die gesamte Bevölkerung aus der Volksgemeinschaft ausgesondert werden. Beging ein Straftäter in einem freigemachten Gebiet einen Diebstahl (§ 1 VolksschädlingsVO), nutzte er eine Maßnahme zur Abwehr von Fliegergefahr für eine Straftat aus (§ 2 VolksschädlingsVO), beging er ein gemeingefährliches Verbrechen wie eine Brandstiftung und schädigte er damit die Widerstandskraft des deutschen Volkes (§ 3 VolksschädlingsVO) oder nutzte er sonst den Kriegszustand zum Begehen einer Straftat aus, war

---

[97] WERLE (siehe Anm. 16), S. 221.
[98] Ebenda, S. 243 f.

dies ein Indiz dafür, dass er ein Volksschädling war, der mit einer zeitigen oder lebenslangen Zuchthausstrafe oder dem Tode zu bestrafen war. Auch wenn die Volksschädlingsverordnung keinen Hinweis für eine Anwendung auf jugendliche Täter enthielt, durchbrach in der Praxis die Typisierung eines Jugendlichen als Volksschädling das Jugendstrafrechtsprivileg.[99] Volksschädlinge sollten der ordentlichen Justiz entzogen werden. Die Praxis im Oberlandesgerichtsbezirk Darmstadt scheint dem – soweit hierfür Hinweise vorliegen – nicht gefolgt zu sein.[100]

Die hohe praktische Bedeutung der VolksschädlingsVO zeigte sich darin, dass auf dieser Grundlage zwischen 1939 und 1945 gegen 289 Personen, also knapp ein Viertel aller Angeklagten, verhandelt wurde. Zwar stieg die Anzahl der Volksschädlingsverfahren während der Kriegszeit gleichmäßig an, doch besteht im Aktenbestand für das Jahr 1941 eine Überlieferungslücke, da bei einem Bombenangriff im September 1944 das Gebäude der Staatsanwaltschaft vollständig zerstört wurde. Da die Staatsanwaltschaft für die Vollstreckung der sondergerichtlichen Urteile zuständig war, rekonstruierte sie nur solche Akten, bei denen die Vollstreckung noch andauerte.

Eine Anklage wegen eines Volksschädlingsverbrechens führte in fast allen Fällen zu einer Verurteilung. Bei 17 Angeklagten ließen sich keine Angaben zum Verfahrensausgang ermitteln. Fünf Freisprüchen stehen 267 Verurteilungen gegenüber. Bei 22 Angeklagten verhängte das Sondergericht die Todesstrafe, bei 186 Angeklagten erkannte es auf die als Regelstrafe vorgesehene zeitige Zuchthausstrafe und bei 59 Angeklagten kam es zu einer Gefängnisstrafe.

§ 1 VolksschädlingsVO – die Plünderung in freigemachten Gebieten
Der Tatbestand der Plünderung spielte im Justizalltag des Sondergerichts Darmstadt keine nennenswerte Rolle. Die Plünderung wurde allein mit dem Tode bestraft, der durch Erhängen vollzogen werden konnte. Von der Anwendung dieser Norm berichtet nach dem Luftangriff der Royal Air Force am 12. und 13. August 1942 der Oberlandesgerichtspräsident Darmstadt, Dr. Scriba, in seinem Lagebericht an den Reichsjustizminister,[101] wonach das Sondergericht[102] in Mainz zwei Plünderungsverfahren durchgeführt hatte. Er habe selbst der Sitzung beigewohnt, bei der ein Arbeiter als Plünderer zum Tode verurteilt worden sei. Einen als Plünderer angeklagten Jugendlichen habe das Sondergericht auf-

---

99 RGSt 75, 202 (204 f.); vgl. dazu Christian AMANN, Ordentliche Jugendgerichtsbarkeit und Justizalltag im OLG-Bezirk Hamm von 1939–1945. Berlin 2003, S. 61.
100 Vgl. Lagebericht des OLG-Präsidenten Darmstadt vom 10. November 1941. In: Thomas KLEIN, Lageberichte der Justiz in Hessen. Darmstadt/Marburg 1999, S. 347, sub 7. Landgericht Darmstadt (Jugendstrafkammer) Urteil vom 8. Februar 1945 – (4) 3 KLs 3/45; HStAD Abt. G 27 Nr. 3285, welche eine 15-Jährige nicht als Volksschädling anklagte, sondern nur wegen Diebstahls und zu einer Jugendstrafe von sieben Monaten verurteilte. Das Mädchen hatte nach Aufräumarbeiten in Königstädten eine Damenarmbanduhr aus den Trümmern eines Hauses an sich genommen.
101 Lagebericht des OLG-Präsidenten vom 12. September 1942. Ebenda, S. 399.
102 Es spricht einiges dafür, dass hier das Sondergericht Darmstadt gemeint ist, das aus Gründen der Abschreckung oft vor Ort verhandelte. Auch fehlt in dem Bericht der Hinweis, dass es sich um das Plünderungssondergericht Mainz handelte, das unmittelbar nach den Luftangriffen die Täter an Ort und Stelle aburteilen sollte.

grund der Tatumstände[103] nach den §§ 2 und 4 VolksschädlingsVO unter Anwendung des JugendgerichtsG zur dort zulässigen Höchststrafe von zehn Jahren Gefängnis verurteilt. Lediglich 1945 gelangten drei Fälle zur Anklage: Am 6. Februar 1945 verurteilte das Sondergericht Darmstadt eine 36-jährige Frau wegen Plünderns zum Tode, die Strafe wurde jedoch nicht mehr vollstreckt und später in eine Gefängnisstrafe von 5 Jahren umgewandelt.[104] Am 7. und 8. Februar 1945 verhandelte es einen weiteren Plünderungsfall. Da der Diebstahl etwa drei bis vier Wochen nach dem alliierten Luftangriff vom 11. September von der Angeklagten begangen worden war, verneinten die Sonderrichter unter Vorsitz von Oberlandesgerichtsrat Dr. Willy Wellmann das Vorliegen einer Plünderung: »Als die Angeklagte die Tat beging waren seit dem Terrorangriff etwa 3 bis 4 Wochen verstrichen. Alle Merkmale, die dem Zustand unmittelbar nach einem schweren Luftangriff sein charakteristisches Gepräge geben: die völlige Störung und Lähmung der normalen Ordnung, das Versagen aller bisherigen Sicherheitseinrichtungen, die Not, die Bestürzung und die Hilflosigkeit der Bevölkerung, lagen in diesem Tatzeitpunkt nicht vor. Die Verhältnisse hatten sich, wenn auch nicht wieder normalisiert, so doch weitgehend beruhigt und gebessert.«[105] Eine Plünderung, die zwei italienische Zwangsarbeiter begangen haben sollen, klagte die Staatsanwaltschaft am 7. März 1945 vor dem Sondergericht an.[106] Der Fall wurde jedoch nicht mehr verhandelt.

§ 3 VolksschädlingsVO – gemeingefährliche Verbrechen

Auch der Norm der gemeingefährlichen Verbrechen der VolksschädlingsVO, die nur die Todesstrafe vorsah, kam mit drei Verfahren nur geringe Bedeutung zu. Bei dem ersten Verfahren verurteilte das in Nidda unter dem Vorsitz von Landgerichtsdirektor Karl Heckler tagende Sondergericht einen 41-jährigen Ranstädter Landwirt, der die Scheune seines Vaters in Brand gesetzt hatte, zu einer Zuchthausstrafe von zwölf Jahren.[107] Zugleich ordnete es seine Unterbringung in einer Heil- und Pflegeanstalt an. Hintergrund der Tat waren die völlig zerrütteten Familienverhältnisse des Landwirts, wie im Urteil geschildert: »Seine Familienverhältnisse waren denkbar ungünstig. Mit seinen Eltern lebte er auf sehr schlechtem Fuß; die Frau ist feindselig gegen ihn eingestellt, und bei der Tochter fehlt, wie die Vernehmung erschreckend gezeigt hat, jede Spur kindlicher Zuneigung zum Vater.«[108]

Aufgrund eines Gutachtens ging das Sondergericht von einer schweren schizoiden Psychopathie bei dem Angeklagten aus, die eine krankhafte Störung seiner Geistestätigkeit bedingte. Zwar besitze er die Fähigkeit, das Unerlaubte seiner Tat einzusehen, jedoch sei die Fähigkeit, sich dieser Einsicht entsprechend zu verhalten, erheblich einge-

---

103 Der Jugendliche hatte in der Angriffsnacht bei der Bergung von Lagervorräten eines Lebensmittelgeschäfts aus einem brennenden Haus geringfügige Mengen von Lagerbeständen an sich genommen.
104 HStAD Abt. G 30 GP DA 401.
105 Urteil vom 8. Februar 1945 – 1 SLs 4/45; HStAD Abt. G 27 Nr. 1444.
106 Anklage vom 7. März 1945 – 1 SJs 178/45; HStAD Abt. G 17 Nr. 1463.
107 Urteil vom 24. August 1940 – SLs 43/40; HStAD Abt. G 27 Nr. 792.
108 Ebenda.

schränkt. Gründe, den gesetzlich verankerten Strafmilderungsgrund des §51 Abs. 2 StGB nicht auf §3 VolksschädlingsVO anzuwenden, fanden die Richter nicht, so dass es für sie im tatrichterlichen Ermessen stand, ob von der nicht zwingend vorgeschriebenen Strafmilderung Gebrauch zu machen sei. Da bisher im Oberlandesgerichtsbezirk Darmstadt derartige Straftaten nicht vorgekommen seien, stünden Erwägungen der Abschreckung einer Strafmilderung nicht entgegen.[109]

Das zweite Verfahren betraf die Anklage eines 19-jährigen polnischen Zwangsarbeiters vom 11. August 1943 wegen eines gemeingefährlichen Verbrechens nach §3 VolksschädlingsVO, die allerdings am 13. September 1943 mit der Bemerkung zurückgenommen wurde, es sei zweifelhaft, ob das Sondergericht den Angeklagten als der Tat überführt ansehen werde, so dass es zu keiner Hauptverhandlung kam.[110] Wenn auch nicht aus der Rumpfakte ersichtlich, ist davon auszugehen, dass der 19-jährige an die Polizei rücküberstellt und von dieser dann wahrscheinlich umgebracht wurde.[111] Bei dieser Vorgehensweise wird deutlich, dass nur solche Straftaten vor dem Sondergericht angeklagt werden sollten, die ohne jeden Zweifel zur gewollten Verurteilung führten.

Von einem dritten Fall berichtete der OLG-Präsident von Darmstadt, wonach am 20. März 1941 eine landwirtschaftliche Gelegenheitsarbeiterin, welche landwirtschaftliche Gebäude in Brand gesetzt habe, wodurch volkswichtige Ernährungsvorräte vernichtet worden seien, nach §3 VolksschädlingsVO in drei Fällen zum Tode verurteilt worden sei.[112]

§ 2 VolksschädlingsVO – Verbrechen bei Fliegergefahr

Diese Norm erfasste gegen Leib, Leben oder Eigentum gerichtete Straftaten, wenn diese unter Ausnutzung von Maßnahmen zur Fliegerabwehr begangen wurden und der Täter sich damit als Volksschädling zu erkennen gab. Die Verordnung war also ebenfalls auf eine bestimmte Klasse von Straftätern ausgerichtet, die so genannten Volksschäd-

---

109 Ebenda.
110 Rücknahmeschreiben der Staatsanwaltschaft vom 13. September 1943 – SLs 52/43; HStAD Abt. G 27 Nr. 1060.
111 Im Herbst 1942 begann die Geheime Staatspolizei in Hessen gegen Juden, die in Mischehen lebten, entsprechend der Nürnberger Rassegesetze vorzugehen, indem sie sie wegen geringfügiger Verfehlungen, wie einem Kinobesuch oder Frechheit, in Schutzhaft nahmen, um dann beim RSHA die Einweisung in das Konzentrationslager Auschwitz zu erwirken. Daher versuchte die in Mühlheim/M. lebende 35-jährige Sofie (Sara) Spahn sich mit ihrer sechsjährigen Tochter das Leben zu nehmen, nachdem sie eine Ladung zur Evakuierung der Geheimen Staatspolizei in Offenbach zum 1. April 1943 erhalten hatte, da sie davon ausging, nicht mehr zurückzukehren. Das Vorhaben wurde entdeckt, doch das Kind konnte nicht mehr gerettet werden. Da der Oberstaatsanwalt nicht erwartete, dass das Sondergericht die Todesstrafe verhänge, verfügte er, »da der Entlassung aus anderen Gründen keine Bedenken entgegenstehen, habe ich gemäß der vertraulichen RV. des RJM vom 16. April 1942 – 4300 – IIIa4 586/42 die Aufhebung des Haftbefehls beantragt, die Sofie Spahn unmittelbar der Geheimen Staatspolizeileitstelle überstellt und das Verfahren eingestellt.« Schreiben vom 10. April 1943 – 1 SJs 343/43; BArchB Best. 3001/30.01 IVg13 5684a/43. Vgl. auch Monica KINGREEN, Die Aktion zur kalten Erledigung der Mischehen. In: Alfred GOTTWALDT / Norbert KAMPE / Peter KLEIN (Hrsg.), NS-Gewaltherrschaft – Beiträge zur historischen Forschung und juristischen Aufarbeitung. Berlin 2005, S. 200.
112 Lagebericht vom 10. Mai 1941, in: KLEIN (siehe Anm. 100), S. 320.

linge.[113] Beging jemand eine Straftat unter Ausnutzung der Verdunklungsmaßnahmen stellte das Gesetz die (widerlegbare) Vermutung auf, dass es sich um einen solchen handelte. Bei Antragsdelikten war die Verordnung nach einer am 7. September 1939 ergangenen Durchführungsverordnung nicht anwendbar.[114]

126 Personen[115] legte die Staatsanwaltschaft eine Straftat unter Ausnutzung von Fliegerabwehrmaßnahmen zur Last, wobei es sich in der Regel um Eigentumsdelikte handelte, während Tötungs- und andere Gewaltdelikte, wie Raub, Körperverletzungen oder auch Vergewaltigung, eher die Ausnahme bildeten. Das Merkmal der Ausnutzung einer Verdunklungsmaßnahme erfuhr eine weite Auslegung. So war es nicht erforderlich, dass die Ausführung der Tat durch die Verdunklungsmaßnahme begünstigt wurde, sondern es reichte aus, dass der Täter im Schutz der Verdunklung die Tat vorbereiten oder fliehen konnte. Bereits am 15. Dezember 1939 stellte das in Alsfeld und Gießen tagende Sondergericht bezüglich eines Vergewaltigungsfalles zur Ausnutzung von Verdunklungsmaßnahmen fest: »Die Erleichterung der eigentlichen Vergewaltigung durch die zur Abwehr der Fliegergefahr vorgenommene Verdunklung in der Grünbergerstraße, die Benutzung der Möglichkeit, sich den Frauen unerkannt zu nähern und ihnen unerkannt zu folgen, würde zur Annahme des Verbrechens nach §2 auch schon dann ausreichen, wenn der tätliche Angriff erst an einer Stelle natürlicher Dunkelheit erfolgt wäre, an einem Ort also, der auch in Friedenszeiten keine künstliche Beleuchtung erhält und deshalb nicht aufgrund der Maßnahmen zur Abwehr von Fliegergefahr verdunkelt wird. Tatsächlich ist dies aber nicht einmal der Fall. Die Stelle, an der der Angeklagte die Frauen anfiel, liegt nach dem Ergebnis des Augenscheins in Friedenszeiten noch im Lichtkegel aller Kraftfahrzeuge, welche die Reichsautobahn befahren. Sie wird umso besser erhellt, als die Autobahn nach der einen Richtung hin ansteigt und deshalb der Lichtkegel der Lampen der von dieser Seite herunterkommenden Fahrzeuge den Tatort stärker bestreicht. Durch die Verdunklungsmaßnahmen fällt dies weg.«[116]

Auch in einem späteren Urteil des Sondergerichts Darmstadt heißt es hierzu: »Darüber hinaus haben sich sämtliche Angeklagte des Verbrechens nach §2 der Verordnung gegen Volksschädlinge schuldig gemacht, weil der Raub von ihnen unter Ausnutzung der Verdunklung verübt worden ist. Die Tatausführung selbst ist zwar nicht durch die infolge der Verdunklung fehlenden Straßenbeleuchtung begünstigt worden, da die in der Nähe des Tatorts angebrachten 2 Lampen in Friedenszeiten nur bis 23 Uhr brannten, so dass für den Überfall, der sich erst gegen 2 Uhr ereignete, die Beleuchtungsverhältnisse durch die Verdunklung im Vergleich zur Friedenszeit nicht verändert waren. Den

---

113 Werle (siehe Anm. 16), S. 245.
114 RGBl. I, S. 1700; vgl. auch SG Darmstadt Urteil vom 30. November 1939 – SLs 11/39, S. 7; HStAD Abt. G 27 Nr. 721: Die einfache Körperverletzung ist gemäß §232 StGB nur auf Antrag zu verfolgen. Nach der Durchführungsverordnung vom 7. September 1939 sind aber solche Taten, die nur auf Antrag verfolgt werden dürfen, nicht Vergehen im Sinne des §2 der Verordnung gegen Volksschädlinge.
115 In dieser Zahl sind auch Anklagen enthalten, in denen die Staatsanwaltschaft zugleich den §4 VVO verwirklicht sah, da Verdunklungsmaßnahmen Ausdruck des Kriegszustands sind, also beide Normen erfüllen.
116 Urteil vom 15. Dezember 1939 – SLs 16/39, S. 11; HStAD Abt. G 27 Nr. 725.

Angeklagten ist aber die Verdunklung bei der Vorbereitung der Tat und bei der Flucht zunutze gewesen. Die Gefahr, bei der Verfolgung des Opfers und auf der Flucht nach der Tat in den sonst beleuchteten Straßen der Stadt erkannt zu werden, war durch sie wesentlich herabgemindert.«[117]

Trotz dieser breiten Auslegung des § 2 VolksschädlingsVO bedeutete eine Anklage nicht, dass das Sondergericht die staatsanwaltschaftliche Einschätzung eines Täters als Volksschädling uneingeschränkt übernahm. Zwar führten von den 126 Anklagen alle zu einer Verurteilung – bis auf sechs Fälle, deren Urteile nicht bekannt sind. In 31 Fällen wurde jedoch ›nur‹ eine Gefängnisstrafe verhängt, welche der Strafrahmen des § 2 VolksschädlingsVO nicht kannte, so dass die Täter nicht als Volksschädlinge galten. Das Urteil war zum Teil recht formelhaft: »Danach ist der Angeklagte nur wegen eines – dem Umfang der Beute nach unbeträchtlichen – einfachen Diebstahls zu bestrafen, der zwar unter Ausnutzung der Verdunklung und sonstiger Kriegsverhältnisse begangen wurde, aber dennoch nicht als Volksschädlingsverbrechen anzusehen ist, weil der unbestrafte Angeklagte nicht zu dem Tätertyp gehört, den die Verordnung gegen Volksschädlinge treffen will.«[118] Allerdings wurden 89 Angeklagte als Volksschädlinge verurteilt und 16 Todesurteile und 73 Zuchthausstrafen ausgesprochen.

§ 4 – Ausnutzung des Kriegszustands

Diese Norm war als Auffangtatbestand gedacht, um sämtliche Vergehen und Verbrechen zu erfassen, die nicht unter die vorgenannten Normen der VolksschädlingsVO fielen. Sie bestand aus zwei kriegsbedingten Fallgruppen: dem Unterschlagen von Feldpost sowie der überhöhten Schadensangabe beim Kriegsschädenamt, das durch Kriegseinwirkungen verursachte Schäden ausglich. Von insgesamt 139 Angeklagten warf die Staatsanwaltschaft 46 von ihnen, davon 28 Frauen, die Unterschlagung von Feldpost vor. Der erste Fall wurde bereits am 13. Juni 1941 verhandelt, als eine 20-jährige Postfachangestellte zu einer Gesamtzuchthausstrafe von zwei Jahren und sechs Monaten verurteilt wurde, die den Inhalt mehrerer Feldpostsendungen an sich genommen hatte: »Es war ihr schon bei Dienstantritt ausdrücklich mitgeteilt worden, dass ein Vergreifen an Feldpostsendungen ein mit schwerer Bestrafung zu ahndendes Kriegsverbrechen darstelle [...]. Das gesunde Volksempfinden verlangt in den fraglichen Fällen die Aburteilung der Angeklagten aus § 4 Volksschädlingsverordnung mit Rücksicht auf die besondere Verwerflichkeit ihrer Straftaten. Trotz ihrer Jugend und seitherigen Unbestraftheit gehört sie zur Täterklasse der Volksschädlinge. Nach der Volksanschauung ist die Zueignung eines Feldpostpäckchens eine derartig gemeine und schändliche Handlung, dass der Täter in der Regel selbst dann als Volksschädling zu betrachten ist, wenn er nach seiner seitherigen Lebensführung und nach dem sich daraus ergebenden bisherigen Urteil über seine Persönlichkeit noch nicht dieser Verbrecherklasse zuzurechnen gewesen wäre.«[119]

---

[117] Urteil vom 7. Oktober 1941 – SLs 42/41, S. 6; HStAD Abt. G 27 Nr. 922.
[118] Urteil vom 13. November 1943 – (4) 1 SLs 83/43, S. 7; HStAD Abt. G 27 Nr. 1149.
[119] Urteil vom 13. Juni 1941 – SLs 29/41, S. 15; HStAD Abt. G 27 Nr. 920.

In dieser Fallgruppe findet sich das einzige Todesurteil auf der Grundlage des § 4 VolksschädlingsVO. Über das nicht überlieferte Urteil berichtete der Oberstaatsanwalt beim Landgericht Darmstadt als Leiter der Anklagebehörde an seinen Dienstvorgesetzten Generalstaatsanwalt Dr. Eckert, dass die 49-jährige Angeklagte in etwa zweihundert Fällen Postsendungen, darunter auch Feldpost, unterschlagen habe. Sie wurde daher am 27. Mai 1942 als Volksschädling zum Tode verurteilt.[120]

Die Täuschung des Kriegsschädenamts mit überhöhten Schadensangaben war ab 1943 eine Folge des Luftkriegs. Insgesamt wurden 16 Personen eines solchen Betruges verdächtigt und angeklagt. In seinem Urteil vom 9. Februar 1944 schilderte das Sondergericht die Lage folgendermaßen: »Zweifellos haben die Angeklagten die durch den Kriegszustand verursachten außergewöhnlichen Verhältnisse ausgenützt, nämlich die Tatsache, dass die Folgen eines schweren Terrorangriffs sich nicht mit derselben Exaktheit feststellen lassen wie etwa die durch den Brand eines einzelnen Gehöfts entstehenden Schäden, sondern dass die Behörden zum guten Teil auf die Anständigkeit und Gewissenhaftigkeit der Anspruchsteller angewiesen sind. [...] Der Angeklagte wird nicht nur durch seine Vorstrafenliste als Volksschädling charakterisiert, sondern er war nach der Überzeugung des Gerichts auch gerade im vorliegenden Falle – vor allem bezüglich des Vermögensdelikts – die treibende Kraft.«[121]

Es verurteilte den Angeklagten zu einer Zuchthausstrafe von einem Jahr und sechs Monaten. Drei der fünf zu verzeichnenden Freisprüche bei Anklagen nach § 4 VolksschädlingsVO sind dieser Fallgruppe zuzuordnen,[122] was auf die nicht leichte Beweisführung bei Betrugsdelikten hindeutet. 132 Angeklagte verurteilte das Sondergericht, dabei sah es 105 als Volksschädlinge an, was zur Verhängung einer zeitigen Zuchthausstrafe führte. In fünf Fällen sah es die Eigenschaft des Täters als Volksschädling nicht gegeben und verhängte eine Gefängnisstrafe.

Die Wehrkraftschutzverordnung – der verbotene Umgang mit Kriegsgefangenen

Am 25. November 1939 ersetzte die Verordnung zur Ergänzung der Strafvorschriften zum Schutz der Wehrkraft des Deutschen Volkes[123] den Tatbestand der Wehrmittelbeschädigung im Strafgesetzbuch durch einen erweiterten § 1 WSchVO. Für den Justizalltag des Sondergerichts Darmstadt erlangte jedoch die Blankettnorm des § 4 Abs. 1 WSchVO, der den Umgang mit Kriegsgefangenen untersagte, besondere Bedeutung. Er bedrohte einen Verstoß gegen Regelungen über den Umgang mit Kriegsgefangenen mit einer Gefängnisstrafe oder in schweren Fällen mit einer Zuchthausstrafe bis zu 15 Jahren. Das Blankett füllte die am 11. Mai 1940 erlassene Umgangsverordnung[124] aus, wel-

---

120 Lagebericht des Generalstaatsanwalts vom 6. Juni 1942, in: Klein (siehe Anm. 100), S. 383.
121 Urteil vom 9. Februar 1944 – 1 SLs 2/44, S. 6f.; HStAD Abt. G 27 Nr. 1235.
122 Urteil vom 30. August 1944 – SLs 73/44; HStAD Abt. G 27 Nr. 1294 und Urteil vom 13. Dezember 1944 – SLs 113/44; HStAD Abt. G 27 Nr. 1391.
123 RGBl. I, S. 2319.
124 Verordnung über den Umgang mit Kriegsgefangenen, RGBl. I, S. 769.

che jedermann den Umgang mit Kriegsgefangenen untersagte, soweit dieser nicht durch Dienst- oder Berufspflichten bedingt war. Zwar legte die Verordnung keine besondere Zuständigkeit der Sondergerichte fest, dennoch wurden 132 Personen wegen eines Verstoßes gegen die Umgangsverordnung vor dem Sondergericht in Darmstadt angeklagt. Mit der Vereinfachungsverordnung vom 21. Februar 1940[125] konnte die Staatsanwaltschaft nunmehr Vergehen oder Verbrechen vor dem Sondergericht anklagen, wenn sie der Auffassung war, dass die sofortige Aburteilung aufgrund von Schwere und Verwerflichkeit der Tat geboten sei (§14 ZuständigkeitsVO).

Auffallend bei den Angeklagten ist, dass fast ausschließlich Frauen wegen eines Verstoßes gegen das Umgangsverbot angeklagt wurden, unter den insgesamt 138 Angeklagten befanden sich nur 19 Männer. Die Vorwürfe bezogen sich neben Geschlechtsverkehr vor allem auf die Beschaffung von Zivilkleidern, die Beherbergung und Versorgung mit Lebensmitteln sowie die Fluchthilfe für Kriegsgefangene.[126] Selbst Zwangsarbeiter, die sich gegenseitig halfen, hatten mit einer Anklage zu rechnen, wie die Verurteilung eines belgischen Zwangsarbeiters zu einer neunmonatigen Gefängnisstrafe zeigt. Die Urteilsbegründung lautet folgend: »Er hat als belgischer Zivilarbeiter dem französischen Kriegsgefangenen Fleury seinen Werksausweis überlassen, wissend, dass dieser fliehen wollte. Fleury hat den Ausweis zwar nicht selbst zu diesem Zweck verwendet, ihn vielmehr dem Kriegsgefangenen Segui gegeben, der auch tatsächlich damit die Flucht versucht hat. Der Angeklagte hat also mit einem Kriegsgefangenen Umgang gepflogen, der das gesunde Volksempfinden gröblich verletzt. Da er aber selbst Ausländer ist und aus Gutmütigkeit seinen rasseverwandten Arbeitskameraden helfen wollte in die Heimat zu entkommen, da es ferner zur Ausführung der Flucht mittels des Ausweises nicht gekommen ist, hat das Gericht keinen schweren Fall im Sinne der angeführten Strafvorschrift angenommen.«[127] Auch das Vermitteln von Briefen[128] konnte den Tatbestand erfüllen.

Eine Anklage wegen eines Verstoßes gegen die Umgangsverordnung führte in der Regel zu einer Verurteilung. 51 Angeklagte erhielten eine Zuchthausstrafe zwischen einem und drei Jahren, 66 Angeklagte eine Gefängnisstrafe zwischen einem Monat und zweieinhalb Jahren, während nur zwei Angeklagte freigesprochen wurden. Deutlich wird auch bei dieser Deliktgruppe die Kriegsbedingtheit der Tat sowie die herausgehobene Verfolgung durch die Sondergerichte.

Die Rundfunkverordnung

Mit zum Kern des zivilen Kriegsstrafrechts zählte die RundfunkVO,[129] welche das Abhören ausländischer Sender und die Verbreitung dort gehörter Nachrichten mit Frei-

---

125 Verordnung über die Zuständigkeit der Strafgerichte, die Sondergerichte und sonstige strafverfahrensrechtliche Vorschriften, RGBl. I, S. 405.
126 Urteil vom 20. Oktober 1942 – SLs 145/42; HStAM Best.251 Acc.1989/31 Nr. 964.
127 Urteil vom 18. Juni 1943 – (4) 1 SMs 45/43, S. 4; HStAD Abt. G 30 Kiste 124.
128 Urteil vom 27. August 1943 – 1 SMs 80/43; HStAD Abt. G 27 Nr. 1203. Hier verurteilte das Sondergericht einen französischen Zwangsarbeiter zu sechs Monaten Gefängnis.
129 Verordnung über außerordentliche Rundfunkmaßnahmen vom 1. September 1939, RGBl. I, S. 1683.

heitsstrafe bedrohte. Die Verordnung sollte dafür sorgen, dass einzig die deutsche Propaganda die öffentliche Meinung während des Krieges bestimmte. Mit ihr sollte die Beeinflussung von außen unterbunden werden. Sie sollte die »geistige und willensmäßige Einheit« des deutschen Volkes herstellen und seine seelische Einheit bewahren,[130] also die Propaganda- und Informationshoheit der Nationalsozialisten sichergestellt. Zuständig für die Aburteilung waren die Sondergerichte nach §4 RundfunkVO, wenn die Geheime Staatspolizei einer Strafverfolgung zustimmte. Mit diesem besonderen Antragserfordernis in §5 RundfunkVO sollte eine richtige Betrachtung des Einzelfalls gewährleistet und Bagatellsachen ausgenommen werden.[131] Unmittelbar nach dem Erlass der RundfunkVO kommentierte Werner Best in der Zeitschrift »Deutsches Recht« das Antragserfordernis. Dieses zeige den Charakter der RundfunkVO als ein Abwehrmittel gegen »Elemente, die sich zu Werkzeugen der Feinde des Volkes und Reichs machen ließen«.[132] Damit entschied die Geheime Staatspolizeistelle vor Ort unter Durchbrechung des Legalitätsprinzips (§152 Abs. 2 StPO), wann eine Anklage wegen eines Verstoßes gegen die RundfunkVO zu erheben war. So stellte das Sondergericht Darmstadt mit Beschluss vom 17. März 1941 ein Rundfunkverfahren nach §260 StPO auf Antrag der Staatsanwaltschaft ein,[133] nachdem die Staatspolizeistelle Darmstadt »mit Rücksicht darauf, dass es sich bei der Beschuldigten um eine schwer kranke Person handelt, deren Genesung überhaupt in Frage gestellt ist«,[134] ihren Antrag vom 17. August 1940 am 10. März 1941 zurückgezogen hatte, allerdings erst, nach Zahlung einer Geldbuße von 500 Reichsmark, die dem Winterhilfswerk in Mainz zur Verfügung gestellt wurde.

Zwischen 1939 und 1945 klagte die Staatsanwaltschaft auf Antrag der Geheimen Staatspolizeistelle Darmstadt 94 Personen wegen Verstoßes gegen die RundfunkVO an. Außer im Jahr 1944, als 50 Personen wegen eines Rundfunkdeliktes angeklagt waren, spielte diese Verordnung eine eher nebensächliche Rolle.

Auffallend ist, dass 31 Angeklagte ausländische Zwangsarbeiter waren, also knapp ein Drittel. 1944 machten sie sogar fast die Hälfte mit 24 Angeklagten aus. Es handelte sich hierbei bis auf eine Ausnahme[135] um Angehörige westlicher Nationen (Niederländer, Belgier, Franzosen und die ehemals verbündeten Italiener). Die geringe Anzahl von Rundfunkdelikten erklärt sich auch aus der Nähe dieses Deliktes zu den Hochverratstat-

---

130 WERLE (siehe Anm. 16), S. 214 m.w.N.
131 Ebenda, S. 219.
132 Zitiert nach ebenda.
133 Beschluss vom 17. März 1941 – SLs 60/41; HStAD Abt. G 27 Nr. 804.
134 Schreiben der Geheimen Staatspolizeistelle Darmstadt vom 10. März 1941; HStAD Abt. G 27 Nr. 804.
135 Die Ausnahme bildete ein staatenloser 20-jähriger Russe, der mit seiner Familie aufgrund der Revolution Russland 1920 verlassen hatte. Er hatte danach in Athen ein französisches Gymnasium besucht und nach dem Abitur in Löwen Elektromechanik studiert. Auf Vermittlung seiner Verwandten war er 1938 nach Deutschland gezogen, wo er aufgrund seiner hohen Sprachbegabung rasch Deutsch lernte und bei Opel in Rüsselsheim die Stelle eines Jungingenieurs antrat. 1940 rückte er in die Position eines Diplomingenieurs in der physikalischen Abteilung auf. Urteil vom 31. Juli 1942 – SLs 107/42, S. 2f.; HStAD Abt. G 30 Nr. 1958 GP Da.

beständen,[136] wie etwa der Fall des Gießener Freitagskränzchens[137] sehr anschaulich zeigt. Zumindest eruierte das Sondergericht Darmstadt den politischen Hintergrund der Angeklagten zum Teil: »Die Angeklagte hat zwar nach der Überzeugung des Gerichts nicht aus grundsätzlicher Staatsgegnerschaft oder aus sonstigen politischen Motiven gesündigt, sondern die Triebfeder ihres verbrecherischen Tuns war ausschließlich die Liebe zu dem französischen Kriegsgefangenen; sie war so sehr im Banne ihrer Leidenschaft, dass sie alles andere vergass.«[138]

Ein weiterer Grund dürfte in dem Antragsmonopol der Geheimen Staatspolizei gelegen haben, so dass nicht verurteilungsfeste Fälle durch polizeiliche Maßnahmen gegen die Beschuldigten, sei es mit einer Verwarnung oder Einweisung in ein Konzentrationslager als Schutzhäftling, erledigte. Dafür spricht die hohe Verurteilungsrate. Bei 83 Angeklagten ist der Ausgang des Verfahrens bekannt. Nur drei Angeklagte sprach das Sondergericht vom Vorwurf eines Rundfunkdeliktes frei. In dem bereits erwähnten Fall wurde das Verfahren eingestellt, da mit der Rücknahme des Strafantrags eine Verfahrensvoraussetzung weggefallen war. 79 Angeklagte wurden verurteilt, davon erhielten 43 eine Zuchthausstrafe zwischen einem und vier Jahren und 36 eine Gefängnisstrafe zwischen vier und 16 Monaten. Auch die RundfunkVO diente der Kriminalisierung von Verhaltensformen, die, als Erscheinungen der Kriegszeit, ähnlich den Hochverratstatbeständen waren und in diese übergehen konnten, wenn der politische Hintergrund eines Beschuldigten oder die politische Situation eine Anklage vor dem Volksgerichtshof nahelegten.

Die Wehrkraftzersetzung nach § 5 KSSVO – die Verfolgung von Defätisten

Berühmtheit erlangte der Tatbestand des § 5 Abs. 1 Nr. 1 KSSVO[139] unter dem Schlagwort der Wehrkraftzersetzung.[140] Er erfasste sämtliche öffentlichen Äußerungen, die sich als lähmend oder zersetzend für die wehrhafte Selbstbehauptung des deutschen oder eines verbündeten Volkes deuten ließen. Als besondere Form galt die öffentliche Aufforderung oder der Anreiz, seine Dienstpflichten in der deutschen oder einer verbündeten Wehrmacht zu verweigern. § 5 Abs. 1 Nr. 2 KSSVO erfasste die Verleitung eines Soldaten zur Fahnenflucht oder die sonstige Untergrabung der Manneszucht. § 5 Abs. 1 Nr. 2 KSSVO

---

136 Umfassend hierzu Wolfgang FORM, Politische Strafjustiz in Hessen, in: Wolfgang FORM / Theo SCHILLER, NS-Justiz in Hessen. Bd. 1, S. 529 ff.

137 Jörg-Peter JATHO, Das Gießener »Freitagskränzchen«. Dokumente zum Misslingen einer Geschichtslegende – zugleich ein Beispiel für Entsorgung des Nationalsozialismus. Fulda 1995. Bei dem Gießener Freitagskränzchen handelte es sich um einen Personenkreis um den Gießener Kunstmaler Heinrich Will und Dr. Alfred Kaufmann, der regelmäßig ausländische Sender abhörte. Kaufmann hatte Rudolf Hess unterrichtet, was den Kreis für die Gestapo interessant werden ließ, als Hess am 10. Mai 1941 nach England flog. Will wurde von dem in Darmstadt tagenden Volksgerichtshofs zum Tode verurteilt.

138 Urteil vom 12. April 1943 – SLs 20/43, S. 4; HStAD Abt. G 27 Nr. 1041. Das Sondergericht verurteilte die 21-jährige Angeklagte in Tateinheit mit einem Verstoß gegen § 4 Abs. 1 WSchVO zu einer Gesamtzuchthausstrafe von 42 Monaten.

139 Verordnung über das Sonderstrafrecht im Kriege und bei besonderem Einsatz (Kriegssonderstrafrechtsverordnung) vom 17. August 1938 / 26. August 1939, RGBl. I, S. 1455.

140 Siehe auch den Beitrag von Wolfgang Form in diesem Band.

erfasste das Unternehmen einen Soldaten zur Fahnenflucht verleiten zu wollen oder das sonstige Untergraben der Manneszucht. § 5 Abs. 1 Nr. 3 KSSVO erstreckte sich hingegen auf die Wehrpflichtentziehung. Als Regelstrafe drohte die Todesstrafe,[141] nur in minderschweren Fällen konnte eine Zuchthaus- oder Gefängnisstrafe verhängt werden.

Auch diese Norm erfuhr ihre Begründung in der Dolchstoßlegende, wonach die Erfahrungen des Ersten Weltkrieges gezeigt hätten, wie wichtig der Erhalt der Geschlossenheit des Volkes für die Verteidigung des Vaterlandes sei.[142]

Ursprünglich fiel diese Norm nach der Kriegsstrafverfahrensordnung vom 17. August 1938 in die alleinige Zuständigkeit der Wehrmachtsgerichtsbarkeit.[143] Mit der Verordnung zur Durchführung und Ergänzung der Kriegsstrafverfahrensordnung vom 8. Mai 1940 ging die sachliche Zuständigkeit zum 1. Juni 1940 auf die allgemeine Gerichtsbarkeit und Anfang 1943, beschränkt auf die öffentliche Wehrkraftzersetzung (§ 5 Abs. 1 Nr. 1 und 2 KSSVO), in die ausschließliche Zuständigkeit des Volksgerichtshof über.[144] Die Staatsanwaltschaften waren durch eine Allgemeinverfügung des Reichsjustizministeriums vom 27. Mai 1940 angewiesen, in Fällen der öffentlichen Wehrkraftzersetzung Anklage vor den Sondergerichten zu erheben,[145] bevor die Zuständigkeit zum Volksgerichtshof verschoben wurde.

Insgesamt klagte der Oberstaatsanwalt als Leiter der Anklagebehörde beim Sondergericht Darmstadt 36 Personen wegen eines Verbrechens nach § 5 KSSVO an. In zwölf Fällen legte er den Angeklagten eine öffentliche Wehrkraftzersetzung nach § 5 Abs. 1 Nr. 1 KSSVO zur Last. In fünf Fällen ging er von einer Verleitung zur Fahnenflucht aus und in 16 Fällen sah er den Tatbestand der Wehrpflichtentziehung als gegeben an. In zwei Fällen ließ sich die Tathandlung nicht rekonstruieren, so dass sich nicht ermitteln ließ, auf welchem Tatbestand die Anklage beziehungsweise das Urteil fußte. In 30 Fällen kam es zu einer Verurteilung der Angeklagten, wobei das Sondergericht stets von einem minderschweren Fall ausging: In nur sechs Fällen gelangte es zu einer Zuchthausstrafe, in 22 Fällen sprach es eine Gefängnisstrafe aus. Bei zwei Angeklagten ließ sich die verhängte Strafe nicht ermitteln.

Trotz der geringen Bedeutung des Deliktes der Wehrkraftzersetzung im Bereich des Sondergerichts Darmstadt verweisen diese Zahlen auf die Verschiebung der Zuständigkeit zum Volksgerichtshof Anfang 1943. Es ist zu vermuten, dass sich auch andere Sondergerichte der dekretierten Regelstrafe verweigerten und vor der Verhängung der Todesstrafe zurückschreckten. Das Sondergericht Darmstadt erwies sich in diesem Fall nicht als ein mit abschreckender Härte zuschlagendes Standgericht der inneren Front, sondern als »Weichspüler«, indem anstelle der Todesstrafe durch die fast regelhafte Annahme eines

---
141 Zu § 5 Abs. 1 KSSVO siehe auch den Beitrag von Wolfgang Form in diesem Band.
142 WERLE (siehe Anm. 16), S. 211.
143 Abgabeverfügung OStA Darmstadt vom 4. April 1940 – SJs 513/40; HStAD Abt. G 27 Nr. 794.
144 § 2 Nr. 4 KriegsstrafverfahrensO, RGBl. I 1939, S. 1457; Art. I Nr. 1 und Art. VIII der 7. DVO zur KriegsstrafverfahrensO vom 8 Mai 1940, RGBl. I, S. 787 und Verordnung zur Ergänzung und Änderung der ZuständigkeitsVO vom 29. Januar 1943, RGBl. I, S. 76.
145 Vgl. WERLE (siehe Anm. 16), S. 212.

minderschweren Falles oder der Einschätzung einer mutmaßlich wehrkraftzersetzenden Äußerung als eine Heimtückeäußerung Gefängnisstrafen verhängt wurden.

Die Richter umgingen Verurteilungen wegen Wehrkraftzersetzung, indem sie der Vorsätzlichkeit widersprachen. Am 3. Oktober 1940 musste die Äußerung eines 30-jährigen Friseurs beurteilt werden, der angeblich im Gespräch mit einem Soldaten auf Heimaturlaub gesagt habe »Geh doch überhaupt nicht mehr fort – ich an Deiner Stelle ginge nicht mehr hinaus in den Krieg«, wobei er gelacht habe. Das Urteil führte hierzu aus: »Die rechtliche Würdigung dieses Sachverhalts ergibt folgendes: was zunächst den unter b) oben geschilderten Vorfall anlangt, so erblickt die Anklage in dem Verhalten des Angeklagten ein Verbrechen nach §5 Abs. 1 Ziff. 2 der Kriegssonderstrafrechtsverordnung vom 17.08.1938. Nach dem Ergebnis der Beweisaufnahme ist jedoch kein ausreichender Nachweis dafür erbracht, dass Wolf mit einem auf Zersetzung der Wehrkraft gerichteten Vorsatz gehandelt hat. Nach den gesamten Umständen ist es sehr wohl möglich, dass eine Aufforderung an Knapp nur scherzweise gemacht und auch nur so von diesem verstanden worden ist. Hierfür sprechen das Lachen, mit dem der Angeklagte seine Aufforderung begleitet hat, und der Inhalt der von Knapp unmittelbar darauf zu der Ehefrau Nold gemachten Bemerkung. Der Angeklagte ist daher insoweit mangels ausreichenden Nachweises einer strafbaren Handlung freizusprechen.«[146]

Aufgrund von weiteren Bemerkungen, wie deutsche Truppen seien in neutrale Länder einmarschiert beziehungsweise eingefallen, verurteilte das Gericht den Angeklagten unter Anrechnung der zweimonatigen Untersuchungshaft nach § 2 HeimtückeG zu einer Gefängnisstrafe von einem Jahr. Dieser Argumentationslinie passte sich die Staatsanwaltschaft an, worauf verschiedene Berichte an das Reichsjustizministerium hindeuten. In einem anderen Fall hatte die Beschuldigte, die früher in der KPD engagiert war, in einem Gespräch um den Silvesterabend 1942/43 geäußert, dass der Krieg nach dem Überfall auf Russland nicht mehr zu gewinnen sei, und sie hoffe, sollte ihr Mann Soldat werden, er sich lieber Gefangennehmen als Erschießen lasse. Im Bericht an den Reichsjustizminister mit dem Antrag, die Strafverfolgung aus § 2 HeimtückeG anzuordnen, führte der Oberstaatsanwalt aus: »Ein Verbrechen gegen §5 Abs. 1 Nr. 1 KSSVO dürfte nicht vorliegen, da der Beschuldigten, die die Äußerung im Verlaufe einer Unterhaltung mit anderen Frauen gemacht hat, nicht nachzuweisen sein wird, dass sie mit der Vorstellung und dem Willen handelte, durch ihre Äußerung den Volkswillen zur wehrhaften Selbstbehauptung zu untergraben.«[147]

Eine derartige Bewertung bewahrte die Beschuldigte vor einer Abgabe des Verfahrens an den Oberreichsanwalt beim Volksgerichtshof, der seinerseits zu entscheiden hatte, ob er Anklage erheben oder die Sache als minderschweren Fall an den Generalstaatsanwalt in Kassel abgeben wolle, der dann vor dem politischen Strafsenat Anklage erhob.

Der folgende Fall demonstriert, wie stark der Druck auf das Sondergericht Darmstadt war, seine Rechtsprechung zur öffentlichen Wehrkraftzersetzung anzupassen. Es war der letzte Fall, den es nach §5 Abs. 1 Nr. 1 und 2 KSSVO am 15. Februar 1943 verhan-

---

146 Urteil vom 3. Oktober 1940 – SLs 57/40, S. 4 f.; HStAD Abt. G 27 Nr. 802.
147 Bericht des OStA Darmstadt vom 17. Juni 1943, S. 2; BArchB Best. 3001/30.01 IVg12 3064/43.

delte,[148] und bei dem es eine 34-jährige Frau zu einer Gefängnisstrafe von zwei Jahren verurteilte. Laut Hauptverhandlung waren die Richter davon überzeugt, dass sie einem Nachbarn einen anonymen Brief an die Front gesandt hatte, in dem sie dessen Ehefrau bezichtigte, sich zu prostituieren und fremde Männer auszuhalten. Dem Urteil zufolge hatte der Brief bei dem Frontsoldaten zu Suizid- wie auch zu Scheidungsgedanken geführt. Trotz dieser Folgen sah das Gericht entgegen der Anklage den Fall der Wehrkraftzersetzung als nicht gegeben an. Mit Hinweis auf die vermeintliche intellektuelle Beschränktheit der Angeklagten verneinte es einen wehrkraftzersetzenden Vorsatz: »Sie bestreitet von Anfang an, eine Einwirkung auf den Ehemann, den sie gar nicht kannte, ausüben haben zu wollen. Sie habe nur die Frau treffen und ihr durch ihren Ehemann Unannehmlichkeiten bereiten wollen. Das ist auch nach der Lage des Falles glaubhaft. Es ist nicht anzunehmen, zum mindesten nicht mit Sicherheit festzustellen, dass sie sich bei der Tat überhaupt eine Vorstellung gemacht hat, dass der Brief Wirkungen haben könnte, welche die Manneszucht des Soldaten untergraben könnten. Ihre geistige Beschränktheit lässt nicht annehmen, dass sie soweit gedacht hat. Eine Einwirkung dieser von ihr als rein private Auseinandersetzung zwischen Eheleuten angesehenen Angelegenheit auf das militärische Dienstverhältnis des Ehemannes hat sie zweifellos nicht vorausgesehen. Das Sondergericht konnte hier weder einen direkten noch auch einen bedingten Vorsatz feststellen.«[149]

Mit Blick auf die Vorgehensweise, einen Feldpostbrief derartigen Inhalts zu verfassen, erscheint die Konstruktion eines bedingten Vorsatzes allerdings ebenso begründbar, da eine Beeinträchtigung des Ehemanns und Auswirkungen auf seinen Frontdienst ebenfalls nahelagen.

Weiterhin lehnte das Sondergericht Darmstadt auch die Verurteilung nach § 4 VolksschädlingsVO ab, da die Angeklagte nicht diesem Tätertypus entsprach. Für eine solche Annahme sprach, dass der Krieg zur Trennung des Ehepaares geführt und verhindert hatte, dass der Mann die erhobenen Vorwürfe in Bezug auf den Lebenswandel seiner Frau aus eigener Anschauung widerlegen konnte. Damit begünstigte der Kriegszustand die Verleumdung, so dass es als Ausnutzen zu interpretieren wäre. Dennoch entschieden die Sonderrichter anders: »Auch der Tätertyp des Volksschädlings ist bei der Angeklagten nicht gegeben. Sie ist erstmalig straffällig geworden, genießt einen guten Ruf und die Tat ist spontan aus dem Affekt begangen. Eine Wiederholung ist unwahrscheinlich.«[150]

Die bisherige Straflosigkeit und die fehlende Wiederholungsgefahr waren keine

---

148 Urteil vom 15. Februar 1943 – SLs 05/43; HStAD Abt. G 27 Nr. 1033, die nachfolgenden Strafverfahren wegen Wehrkraftzersetzung wurden an den Oberreichsanwalt beim Volksgerichtshof verwiesen: SLs 06/43 = 9 J 74/43 verwies der ORA am 27. Februar 1943 an den GStA Kassel mit dem Bemerken: »Der Sachverhalt folgt aus dem Anklageentwurf 1329/42. Der Angeklagte ist bisher politisch nicht in Erscheinung getreten. Verhandlung vor dem VGH ist nicht geboten.« Das OLG Kassel verurteilte den Angeklagten unter dem Aktenzeichen OKs 23/43 am 21. April 1943 zu einer Gefängnisstrafe von acht Monaten wegen eines Vergehens gegen § 2 HeimtückeG; BArchB Best. BDC-S Nr. 249; ferner SLs 07/43 = 9 J 57/43 = OLG Kassel Urteil vom 16. April 1943 – OJs 21/43 zu drei Jahren Zuchthaus wegen § 5 Abs. 1 Nr. 1 und Abs. 2 KSSVO; BArchB Best. BDC-S Nr. 186.
149 Urteil vom 15. Februar 1943 – SLs 05/43, S. 3; HStAD Abt. G 27 Nr. 1033.
150 Ebenda.

zwingenden Gründe, die Annahme, dass es sich bei der Angeklagten um einen Volksschädling handelte, auszuschließen. Die in der Strafzumessung herangezogenen Gründe, mit denen der volle Strafrahmen ausgeschöpft und die Höchststrafe für Verleumdung von zwei Jahren Gefängnis verhängt wurden, lassen sich auch zur Begründung von Wehrkraftzersetzung und Volksschädlingsvorwurf unschwer heranziehen. »Die Art, wie die Tat begangen worden ist, ist ungewöhnlich gemein. Ein Soldat, der im härtesten Einsatz steht, ist seelisch auf das schwerste belastet worden. Seine Frau, die ein einwandfreies Leben geführt hat, ist ohne jeden Anlass ihrerseits in niederträchtigster Weise angegriffen und als Hure dargestellt worden. Die Angeklagte hat aus niedrigen Motiven heraus, getrieben von primitivem Hass und Neid, eine gute und für die Volksgemeinschaft wertvolle Ehe zu zerstören versucht und ohne das vermittelnde Eingreifen des Bürgermeisters wäre ihr dies vielleicht auch gelungen. Der Inhalt des anonymen Briefes verrät eine gemeine Gesinnung, die besonders in der breiten Darstellung abstoßender und perverser Einzelheiten zu Tage tritt. Der Angriff auf die Ehre einer Kriegerfrau ist feige aus dem Hinterhalt geführt und von einer raffinierten Boshaftigkeit. Hier hat eine Charakterlosigkeit schlimmster Art die Hand geführt. Der angerichtete Schaden war groß. Einem Frontkämpfer wurde die Freude am Leben genommen und sein Urlaub und das Wiedersehen mit seiner Familie getrübt.«[151]

Hinter den Kulissen erfuhr das Urteil harsche Kritik seitens des SD. In einem Schreiben des Chefs der Sicherheitspolizei an das Reichsjustizministerium vom 9. Juni 1943 heißt es, dass dieses Urteil insbesondere von Soldaten mit offener Empörung aufgenommen worden sei, da man wegen der Gehässigkeit und Schamlosigkeit der Tat eine Zuchthausstrafe erwartet hatte. Rechtswahrer hätten erklärt, so der zuständige Dezernent Dr. Gegenbach, dass eine Verurteilung auf der Grundlage des § 5 KSSVO durchaus möglich und notwendig gewesen wäre – zumal das Urteil selbst einräume, dass der betroffene Soldat durch den Brief stark beunruhigt und in seiner Lebensfreude beeinträchtigt worden sei.[152]

Der Reichsjustizminister sah in der Nichtanwendung des § 5 angesichts der geistigen Beschränktheit der Angeklagten und ihrer Absicht, nur die Ehefrau treffen zu wollen, keinen Rechtsfehler. Er bemängelte lediglich die Nichtanwendung der VolksschädlingsVO. Allerdings erschien ihm eine Nichtigkeitsbeschwerde als wenig erfolgversprechend, da – wie ausgeführt – die Verurteilte erstmalig straffällig geworden war, einen guten Ruf besaß und die Tat im Affekt begangen worden war. Damit billigte er das Urteil und stellte sich hinter das Sondergericht,[153] wie bereits 1941, als das Reichssicherheitshauptamt die Rechtsprechung des Sondergerichts verbunden mit der Forderung, den damaligen Vorsitzenden Landgerichtsdirektor Karl Heckler abzuberufen, wegen seiner Nichtanwendung des § 5 Abs. 1 Nr. 1 KSSVO heftig kritisiert hatte.[154]

---

151 Ebenda.
152 Schreiben des Chefs der Sicherheitspolizei und des SD vom 9. Juni 1943, S. 5; BArchB Best. R 22 Nr. 4203.
153 Antwortschreiben des Reichsjustizministers vom 7. Januar 1944, S. 4, BArchB Best. R 22 Nr. 4203.
154 Urteil vom 30. April 1941 – SLs 25/41; BArchB Best. R 3001/30.01 IIIg13 3021/41.

Festzuhalten bleibt, dass der damalige Vorsitzende der Ersten Kammer des Sondergerichts, Oberlandesgerichtsrat Dr. Willy Wellmann, in seiner Stellungnahme gegenüber der Staatsanwaltschaft ein Gnadengesuch des Ehemanns der Verurteilten am 5. April 1944 mit der Begründung ablehnte, dass dies mit Blick auf die kriegsbedingten Auswirkungen der Tat verfrüht sei. Ob zu einem späteren Zeitpunkt ein geringer Teil der Reststrafe erlassen werden könne, hing seiner Ansicht nach weniger von den persönlichen Verhältnissen der Verurteilten selbst als von der allgemeinen Lage ab.[155]

Insgesamt zeigen die wenigen Fälle von Wehrkraftzersetzung, dass es für die Richter eine Hemmschwelle gab, einen Menschen aufgrund einer bloßen Äußerung seines Lebens zu berauben. Daher scheiterte auf der Ebene der Sondergerichtsbarkeit das Vorgehen gegen Defätisten – ein weiterer Tätertypus –, die aufgrund ihrer Äußerungen aus der Volksgemeinschaft ausgeschieden werden sollten. Mit diesem Tatbestand musste als höhere Instanz der Volksgerichtshof betraut werden.

Die Verordnung gegen Gewaltverbrecher – die Verfügbarkeit der Todesstrafe für alle schweren Verbrechen

Die GewaltverbrecherVO vom 5. Dezember 1939 richtete sich gegen den Tätertyp des Gewaltverbrechers und erfasste in ihrem § 1 Vergewaltigung, Straßen- und Bankraub sowie andere schwere Gewalttaten, die mit einer Hieb-, Stoß- oder Schusswaffe beziehungsweise einem vergleichbaren Werkzeug begangen wurden, und mit dem Tod zu bestrafen waren. Neben der Abschreckung war erklärtes Ziel der Verordnung, Gewaltverbrecher aus der nationalsozialistischen Volksgemeinschaft auszuschließen. Zuständig für die unbegrenzt rückwirkende Verordnung waren die Sondergerichte, die durch rasche Aburteilung die allgemeine Rechtssicherheit, den Schutz der Rechtsordnung sowie die Standfestigkeit der inneren Front stärken sollten.[156]

Das Sondergericht verhandelte gegen 25 Personen, bei denen die Staatsanwaltschaft die Voraussetzungen der GewaltverbrecherVO als erfüllt ansah. Bei 21 Angeklagten gelangte es zu einem Schuldspruch und verhängte in neun Fällen die Todesstrafe. In zwei Fällen sprach es eine Zuchthaus- und in zehn Fällen eine Gefängnisstrafe aus. Vier Angeklagte sprach es sogar frei. 16 Angeklagte wurden also seitens des Gerichts nicht als Gewaltverbrecher angesehen. Verantwortlich für dieses Ergebnis war allerdings ein Großverfahren aus dem Jahre 1940, bei dem 13 Insassen des Strafgefangenenlagers Rollwald bei Nieder-Roden[157] nach § 2 GewaltverbrecherVO angeklagt waren, weil sie ihre

---

155 Stellungnahme vom 5. April 1944; HStAD Abt. G 27 Nr. 1033.
156 WERLE (siehe Anm. 16), S. 285 f.
157 Beim Lager Rollwald handelte es sich um das Stammlager II des Lagers Rodgau-Dieburg (Stammlager I). Später wurde noch dazugehörig das Stammlager III in Eich bei Alzey speziell für männliche polnische Gefangene eingerichtet. Dem Lagernetz waren mehr als 20 Außenkommandos zugeordnet, die sich auf den ganzen mittel- und südhessischen Raum bis nach Rheinland-Pfalz verteilten. Wie aus einem an alle Generalstaatsanwälte gerichteten Rundbrief des damaligen Staatssekretärs Roland Freisler vom 22. Juni 1938 hervorging, war das Lager Rollwald mit 500 Gefangenen im April 1938 in Betrieb genommen worden. Schon damals überlegte man eine Erweiterung für etwa 3.500 Gefangene. Ab Kriegsbeginn 1939 befanden sich dort etwa 1.500 Gefangene und 200 Mann Wachpersonal. Die Inhaftierten

Aufseher angegriffen hatten. Das Sondergericht, dessen Urteil nicht überliefert ist, sah nur einen Aufruhr nach den §§ 115, 116 StGB als gegeben an und sprach vier der Angeklagten frei, die übrigen neun verurteilte es zu Gefängnisstrafen zwischen sieben und 24 Monaten.[158]

Darüber hinaus wurde am 22. April 1941 ein zur Tatzeit 16-jähriger Landarbeiter wegen Totschlags und des versuchten schweren Einbruchdiebstahls zu einer Jugendstrafe von zehn Jahren verurteilt. Das Urteil, das den Jugendlichen nicht als gefährlichen Gewaltverbrecher ansah, ist nicht überliefert, jedoch wird es im Lagebericht des Oberlandesgerichtspräsidenten[159] erwähnt sowie im Lagebricht des Generalstaatsanwalt positiv besprochen.[160] Grund für die ausführliche Stellungnahme des letzteren, der der Ansicht des Sondergerichts folgte, dass es sich um eine Tat im Affekt gehandelt habe, war eine polizeiliche Urteilskorrektur, wonach der Verurteilte am 2. Oktober 1941 wegen Widerstands erschossen worden war. »Diese Nachricht hat – nicht nur in Kreisen der Rechtswahrer – peinlichstes Befremden hervorgerufen. Der bei Begehung seiner Tat – eines Totschlags – 16-jährige war nach den Feststellungen eines deutschen Gerichts weder ein Gewaltverbrecher, noch war er nach seiner geistigen und sittlichen Entwicklung einem 18-jährigen gleich zu achten. Seine Tat war, wie gleichfalls in dem Urteil ausdrücklich festgestellt, ein Affektverbrechen. [...] Der junge befand sich vor seiner Auslieferung an die Polizei seit Monaten im Jugendgefängnis Heilbronn im erfolgreichen Strafvollzug. Es bestand begründete Aussicht, in der lang bemessenden Strafzeit von zehn Jahren aus ihm einen ordentlichen Menschen zu machen.«[161]

Auch der Oberlandesgerichtspräsident berichtete, dass die eigenmächtige Erschießung unter den Richtern des Bezirks »besonderes Aufsehen und zum Teil Beunruhigung und Missstimmung hervorgerufen« habe, und mögliche Differenzen in der Beurteilung durch einen außerordentlichen Einspruch beziehungsweise dem Einlegen der Nichtigkeitsbeschwerde hätten beigelegt werden können.[162] Der Fall zeigt, ähnlich dem geschilderten Verleumdungsfall, dass die sondergerichtliche Strafjustiz unter strenger Beobachtung der Polizei stand und diese, wenn sie es für erforderlich erachtete, kurzer Hand Urteile in ihrem Sinne »berichtigte«, indem sie die Verurteilten »auf der Flucht« oder »wegen Widerstands« erschoss.[163]

---

stammten aus allen Teilen Deutschlands und den besetzten Gebieten, waren daher auch belgischer, französischer, luxemburgischer und norwegischer Staatsangehörigkeit. Die Gefangenen kamen zum Arbeitseinsatz nach Nieder-Roden und seine Umgebung. Waren die Einsatzorte für einen Fußmarsch zu weit, wurden sie mit Lastkraftwagen transportiert. Sie verlegten Drainagerohre, befestigten, begradigten oder veränderten Bach- und Flussufer, legten Wege an und bearbeiteten landwirtschaftliche Anbauflächen. Vgl. ausführlich Heidi FOGEL, Das Lager Rollwald. Strafvollzug und Zwangsarbeit 1938–1945. Rodgau 2004.

158 SLs 84/40; HStAD Abt. G 27 Nr. 820.
159 Lagebericht vom 10. Mai 1941, KLEIN (siehe Anm. 100), S. 320.
160 Lagebericht vom 17. Oktober 1941, ebenda, S. 339 f.
161 Ebenda, S. 339.
162 Lagebericht vom 10. November 1941, ebenda, S. 347 f.
163 Zum Komplex polizeilicher Urteilskorrekturen bzw. dem Verdrängungsprozess der Justiz durch die Polizei ausführlich MAJER (siehe Anm. 16), S. 627 ff.; WERLE (siehe Anm. 16), S. 599 ff.

Die Ursprungsdelikte

Von den Ursprungsdelikten, für die die Sondergerichte nach § 2 SondergerichtsVO vom 21. März 1933 zunächst zuständig waren, spielten während der Kriegszeit die ReichstagsbrandVO mit ihrer Blankettnorm in § 4 keine Rolle mehr. Auf ihrer Grundlage kam es nur noch zu drei Verfahren mit fünf Angeklagten, darunter einem Pfarrer der Bekennenden Kirche, der gegen eine Ausweisungsverfügung der Geheimen-Staatspolizeistelle Darmstadt aus Hessen verstoßen hatte.[164] In den beiden anderen Verfahren ging es um Verstöße gegen die polizeilichen Auflösungsverfügungen der Rosenkreuzervereinigung[165] und der christlichen Versammlung.[166]

Unter »Kundgabedelikte« waren alle Verfahren zusammengefasst, die von den §§ 1 und 2 des HeimtückeG erfasst wurden. In diese Deliktgruppe mit einbezogen waren Beschimpfungen des Reichs, seiner Länder und Hoheitszeichen (Flagge und Hymne), der Wehrmacht sowie der NSDAP und ihrer Gliederungen, die von den §§ 134a und b StGB erfasste wurden und wie Spezialregelungen neben die Bestimmungen des HeimtückeG traten. Aufgrund der erwähnten Aktenverluste bei dem Luftangriff auf Darmstadt lässt sich die zeitliche Entwicklung dieser Deliktgruppe anhand des vorhandenen Aktenmaterials nicht genau nachvollziehen. Da in diesem Bereich die ausgesprochenen Gefängnisstrafen nur selten zwei Jahre überstiegen, waren die in den Jahren 1941 bis 1943 ausgesprochenen Urteile in Heimtückeverfahren bereits vollstreckt, so dass für eine Rekonstruktion keine Notwendigkeit mehr bestand. Rund ein Viertel der Heimtückeurteile aus dieser Zeit stammt daher aus Beständen des Bundesarchivs oder aus Gefangenenpersonalakten, die im Hessischen Staatsarchiv Darmstadt überliefert sind. Aufgrund der Überlieferungslücke im Aktenbestand vermittelt die Anzahl der Delikte den Anschein von Rückläufigkeit, während aus den Lageberichten des Oberlandesgerichtspräsidenten oder des Generalstaatsanwalts eine gegenteilige Entwicklung hervorgeht. So sprach der Oberstaatsanwalt als Leiter der Anklagebehörde bei dem Sondergericht Darmstadt im Oktober 1941 von einer Zunahme der Sondergerichtssachen, die er »im wesentlichen auf ein Anwachsen der Volksschädlingsverbrechen und der politischen Vergehen (Vergehen gegen das HeimtückeG und die §§ 134a, 134b StGB usw.)«[167] zurückführte.

Eine Anklage nach dem HeimtückeG oder den §§ 134a und b StGB führte in der Regel zu einer Verurteilung. Von den 283 Angeklagten verurteilte das Sondergericht Darmstadt 249 zu einer Gefängnisstrafe. Bei 19 Angeklagten sah es den Anklagevorwurf als nicht erwiesen an und sprach sie frei. Das Verfahren gegen drei Angeklagte wurde aufgrund des Gnadenerlasses Adolf Hitlers vom 9. September 1939 eingestellt, da eine Gefängnisstrafe von mehr als drei Monaten nicht zu erwarten war. Hierher gehört auch das Verfahren eines Pfarrers aus Oberhessen, der 2.000 Exemplare einer Druckschrift mit dem Titel

---

[164] Urteil vom 4. April 1040 – SMs 19/40; HStAD Abt. G 27 Nr. 840.
[165] Urteil vom 3. November 1942 – SMs 46/42; HStAD Abt. G 30 Nr. 2534.
[166] Urteil vom 9. April 1943 – SMs 24/43; HStAD Abt. G 30 Nr. 1568.
[167] Lagebericht des GStA vom 17. Oktober 1941, Anlage 2 (Bericht des OStA vom 7. Oktober 1941), in: KLEIN (siehe Anm. 100), S. 343 f.

»Martin Niemöller im Konzentrationslager« hergestellt und an verschiedene, der »Bekenntnisfront« angehörende Pfarrer in Oberhessen und Starkenburg versandt hatte. Darin wurde laut Anklageschrift die Verurteilung und Inschutzhaftnahme Niemöllers gänzlich einseitig und mit der Tendenz dargestellt, Unzufriedenheit und Widerstand in der Bevölkerung gegen Maßnahmen des Staats auf kirchenpolitischem Gebiet hervorzurufen.[168] Mit Beschluss vom 12. Juni 1939 lehnte das Sondergericht Darmstadt nach § 12 SondergerichtsVO die Anordnung der Hauptverhandlung ab. Es bemängelte indirekt, dass die Akte des Sondergerichts Berlin II, welches Niemöller am 2. März 1938 verurteilt hatte, nicht beigezogen worden war, um den Sachverhalt aufzuklären.[169] Trotz Ausdehnung der Ermittlungen der Geheimen Staatspolizei, auch auf weitere Pfarrer, wurde das Verfahren am 5. April 1941 gegen sämtliche Beschuldigte eingestellt, nachdem man es fast zwei Jahre lang hatte ruhen lassen.[170]

Zusammenfassung

Die Sondergerichtsbarkeit des Dritten Reichs war eine Ausnahmegerichtsbarkeit, wie sich anhand des Sondergerichts Darmstadt nachvollziehen lässt. Sein Geschäftsanfall zeigt, dass es vornehmlich in Krisenzeiten beansprucht wurde: Zu Beginn der NS-Herrschaft diente es als ein Instrument der Machtusurpation, dessen Aufgabe in erster Linie die Bekämpfung und Ausschaltung der kommunistischen Opposition und die gleichzeitige Sicherung der nationalsozialistischen Position war. Eine dem Jahr 1933 vergleichbare Beanspruchung ist erst wieder ab 1943 zu beobachten, als sich mit der Kapitulation der 6. Armee in Stalingrad am 2. Februar 1943 das Ende des Zweiten Weltkriegs und damit auch des NS-Regimes abzuzeichnen begann. Die Aufgabe des Sondergerichts war es nun als »Standgericht der inneren Front« die Einheit dieser Front zu erhalten, wobei es den so genannten inneren Feind bekämpfen sollte, der die Geschlossenheit der propagierten Heimatfront untergrub bzw. bedrohte, indem er den Kriegszustand nutzte. Sowohl Aufbau als auch Zusammenbruch des Regimes lassen sich als Ausnahmezustand beschreiben, dessen typisches Gericht das Sondergericht war. Auf dieses wurde gerade in Krisenzeiten zurückgegriffen, da es den politischen Bedürfnissen entsprechend *ad hoc* eingesetzt werden konnte.

Dies belegt auch die gesetzliche Zuständigkeitskonstruktion, denn vordergründig waren die Sondergerichte für Zuwiderhandlungen gegen die Heimtücke- und ReichstagsbrandVO zuständig, doch die polizeilichen Anordnungen und Verfügungen im Rahmen der Blankettnorm des § 4 ReichstagsbrandVO, deren Auswirkungen dargelegt wurden, ermöglichten den obersten Landesbehörden vor Ort die Zuständigkeit des Sondergerichts *ad hoc* den aktuellen lokalen[171] politischen Erfordernissen bzw. Bedürfnissen bei

---

168 Anklageschrift vom 31. Mai 1939 – SJs 10/39, S. 2; HStAD Abt. G 27 Nr. 739.
169 Beschluss vom 10. Juni 1939 – SMs 14/39, S. 1; HStAD Abt. G 27 Nr. 739.
170 Beschluss vom 5. April 1941 – SMs 14/39; HStAD Abt. G 27 Nr. 739.
171 Vgl. für das Sondergericht Mannheim Christiane OEHLER, Die Rechtsprechung des Sondergerichts

der Bekämpfung des politisch-ideologischen Feindes 1933 anzupassen. Diese Vorgehensweise wurde dann auch bei der ethisch-religiös motivierten Verfolgung von Regimegegnern angewandt, die sich der propagierten Volksgemeinschaft entzogen – vornehmlich Zeugen Jehovas. In diesen Zusammenhang gehört auch die Erweiterung des staatsanwaltschaftlichen Ermessensspielraums, zunächst aufsehenerregende Verbrechen, später auch Vergehen vor dem Sondergericht anklagen zu können. Damit entschied die Staatsanwaltschaft vor Ort, wann sie das Sondergericht als Ausnahmegericht instrumentalisierte. Aber auch auf Reichsebene lässt sich der Einsatz der Sondergerichte als Ausnahmegerichte beobachten, indem ihre Zuständigkeit exklusiv auf politisch motivierte Gewalttaten erweitert wurde, solange diese nicht die Schwelle der Hoch- und Landesverratsdelikte überschritten. Gleiches galt für die strafrechtliche Verfolgung von Zuwiderhandlungen gegen die Devisenbewirtschaftung über das Volksverratsgesetz und für die Bekämpfung kriegsbedingter und kriegsbegünstigter Kriminalität, die den Sondergerichten zugewiesen worden war.

Darüber hinaus verfolgten die Sondergerichte bestimmte Menschengruppen gezielt *ad personam*. Dies waren zu Beginn vornehmlich Kommunisten, doch mit der Novellierung der Hoch- und Landesverratstatbestände wurde ihre Verfolgung auf den Volksgerichtshof und die politischen Strafsenate der Oberlandesgerichte übertragen. Danach waren vornehmlich Zeugen Jehovas und mit dem Regime Unzufriedene Ziel der Verfolgung durch die Sondergerichte und während des Krieges die sogenannten Volksschädlinge, wozu Schieber, Schwarzschlachter, Defätisten, Wehrkraftzersetzer, Gewaltverbrecher und Saboteure zählten. Hier spiegelt sich die Tätertypenlehre[172] wider, die auch den Funktionswandel der Sondergerichte zu Ausnahmegerichten sichtbar macht. Nur auf den ersten Blick und sehr vordergründig ging es um die Ahndung von Straftaten im Sinne eines Schuldausgleichs. Ihr Ziel war vielmehr die Bekämpfung und letztlich Ausschaltung von gemeinschaftsfremden Personen zur Reinigung des sogenannten Volkskörpers im Sinne der menschenverachtenden nationalsozialistischen Ideologie.

Inwiefern sich die Darmstädter Richter dieser Veränderungen bewusst waren, lässt sich nicht beantworten. An einzelnen Fällen wird aber sichtbar, dass sie keine Schwierigkeiten hatten, sich über den Grundsatz des Rückwirkungsverbotes hinwegzusetzen, etwa wenn sie im August 1933, noch vor dem Urteil des Reichsgerichts gegen Marinus van der Lubbe, Ludwig Büchler zum Tode verurteilten oder im Fall des Wormser Stadttheaterbrandes 1932 contra legem die Hauptverhandlung anordneten, anstatt einen Nichteröffnungsbeschluss wegen Unzuständigkeit zu erlassen. Bereits im Dezember 1939 ließen die Darmstädter Sonderrichter ihre Bereitschaft erkennen, auf der Grundlage der Volksschädlingsverordnung Todesurteile zu fällen, indem sie das Tatbestandsmerkmal des Ausnutzens von Verdunklungsmaßnahmen zur Tatbegehung auf Vorbereitungshandlungen oder Nachtatverhalten ausdehnten. Sie verurteilten Menschen nicht wegen des Versteckens von Waffen, sondern als unverbesserliche Kommunisten. Sie

---

Mannheim 1933–1945. Berlin 1997, S. 41 ff.
172 Ausführlich zur Tätertypenlehre Klaus MARXEN, Der Kampf gegen das liberale Strafrecht. Berlin 1975, S. 208 ff.

zogen einen Angeklagten nicht wegen der Wegnahme einer fremden beweglichen Sache zur Rechenschaft, sondern weil er als Volksschädling galt.

Dennoch sprachen die Richter zunächst unter Berufung auf die in der Weimarer Reichsverfassung gewährte Religionsfreiheit Zeugen Jehovas frei, so dass das Reichsjustizministerium entsprechend eingreifen musste. Auch bei wehrkraftzersetzenden Äußerungen übten sie äußerste Zurückhaltung bei der Anwendung der Todesstrafe als Regelstrafe, so dass ihnen die Zuständigkeit entzogen wurde. Soweit die vorhandenen Urteile oder Akten Einsicht in den Gang der Hauptverhandlung geben, erwecken sie den Eindruck, dass die Sonderrichter ihre Pflicht zur Wahrheitserforschung ernst nahmen, auch wenn dies zu unerwünschten Verfahrensverlängerungen oder Freisprüchen führte und man sich zum Teil erheblicher Kritik seitens der Polizei aussetzte. Insofern bot das Sondergericht mit seinem gestrafften Verfahren den Angeklagten nur geringen Schutz vor polizeilicher Sonderbehandlung. Dennoch war das Sondergericht Darmstadt nicht verstrickt in das System der nationalsozialistischen Gewaltherrschaft, sondern es war vielmehr integraler Bestandteil und damit Teil des menschenverachtenden Unterdrückungsapparats des NS-Staates.

Militärgerichte – der Fall Krauss

Der Senat hat nicht verkannt, daß der Angeklagte [...] völlig aus dem Rahmen des gesunden und aufrichtigen deutschen Mannes unserer Zeit herausfällt. –
Wie die Wehrmachtsjustiz funktionierte und warum sie eine Unrechtsjustiz war

Gerd Hankel

Am 18. Januar 1943 verurteilte das Reichskriegsgericht in Berlin neun Angeklagte wegen Vorbereitung zum Hochverrat. Sieben der Angeklagten wurden zum Tode verurteilt, zwei zu einer Zuchthaus- beziehungsweise Gefängnisstrafe. Nach der Auffassung des Gerichts gehörten die Verurteilten zum weiteren Kreis einer Gruppe namens »Rote Kapelle«, deren Mitglieder »fanatische Gegner des nationalsozialistischen Staates waren und sich in gefährlicher Weise als Staatsfeinde im kommunistisch-bolschewistischen Sinne betätigt haben. Um immer weiteren Kreisen ihre zersetzenden Ideen zugänglich zu machen, haben sie Hetzschriften verfasst und verbreitet, in denen die Staatsregierung in niedrigster Weise angegriffen und geschmäht wurde. Nach Ausbruch des Russlandkrieges wurde diese zersetzenden Tätigkeit noch verstärkt, wobei insbesondere darauf Wert gelegt wurde, Kreise der Intelligenz, der Polizei und der Wehrmacht mit der Staatsfeindlichen Propaganda zu erreichen.«[1]

Unter den Angeklagten, die das Reichskriegsgericht an diesem Tag zum Tode verurteilte, befanden sich auch der Gefreite Werner Krauss und die ihm freundschaftlich eng verbundene Studentin Ursula Götze. Werner Krauss war ein ungewöhnlicher Gefreiter. Als promovierter Romanist war er außerplanmäßiger Professor am romanistischen Seminar der Universität Marburg. 1940 war Prof. Dr. Werner Krauss einberufen und einer Dolmetscherkompanie in Berlin zugewiesen worden. Dort machte er die Bekanntschaft von Ursula Götze, der Tochter des Hoteliers, in dessen Hotel Werner Krauss – er hatte die Erlaubnis, außerhalb der Kaserne zu wohnen – ein Zimmer bezogen hatte. Ursula Götze war Studentin der Philologie und bereits im Widerstand aktiv. Über sie geriet auch Werner Krauss in Kontakt mit der Widerstandgruppe »Rote Kapelle«, einer »Katakombengesellschaft«, wie sie Werner Krauss in Anspielung auf die Zufluchtsorte der römischen Christen zur Zeit ihrer Verfolgung genannt hatte.[2]

Als im Mai 1942 in Berlin die Ausstellung »Das Sowjetparadies« eröffnet wurde, die die Menschen in der Sowjetunion als bolschewistische und/oder jüdische Untermenschen diffamierte und den NS-Krieg gegen Russland als zivilisatorische Mission feierte,

---

[1] Zitiert nach: Reichskriegsgericht, 2. Senat, StPL (HLS) II 4/43, S. 2 f.
[2] Zum Lebenslauf von Werner Krauss und Ursula Götze vgl. die Sachverhaltsdarstellung im Urteil des Reichsgerichts, ebenda, S. 23–26; zu Werner Krauss und der »Roten Kapelle« vgl. Anne NELSON, Die Rote Kapelle. Die Geschichte der legendären Widerstandgruppe. München 2010, S. 294.

entschloss sich die »Rote Kapelle«, ebenfalls aktiv zu werden, und zwar in einer Form, die möglichst viel Aufmerksamkeit erregen sollte. Man bestempelte kleine Zettel, die sich leicht an Hauswände oder öffentliche Flächen kleben ließen, mit den folgenden, die Goebbel'sche Ausdruckweise parodierenden Zeilen:

Ständige Ausstellung
Das NAZI PARADIES
Krieg Hunger Lüge Gestapo
Wie lange noch? [3]

Zum Unterstützerkreis der Roten Kapelle, dessen Mitglieder die Zettel in Berlin ankleb-ten, gehörte auch Ursula Götze. Sie wurde dabei von Werner Krauss begleitet, der ihr in einem gewissen Abstand folgte und darauf achtete, dass niemand sie entdeckte. In bei-den Fällen eine zum Hochverrat auffordernde Handlung, meinte dazu das Reichskriegs-gericht und verurteilte Ursula Götze wie Werner Krauss zum Tode. Dass Werner Krauss nur unterstützend tätig gewesen war, fiel dabei nicht strafmildernd ins Gewicht. Nach § 4 der Verordnung gegen Gewaltverbrecher vom 5. Dezember 1939 war für die Beihilfe zu einem strafbaren Verbrechen allgemein die Strafe zulässig, die für die vollendete Tat vor-gesehen war.[4] Die Beihilfetat sollte genauso verwerflich sein können wie die Haupttat. Daran hatte das Gericht bei Werner Krauss, dem eine »derartige abseitige Haltung zuzu-trauen« sci, keinen Zweifel.[5]

Mit dieser harten Urteilspraxis stand das Reichskriegsgericht völlig in Einklang mit den Erwartungen, wie sie am 26. September 1942 von Wilhelm Keitel, dem Chef des Oberkommandos der Wehrmacht, anlässlich der Ernennung von Carl Sack zum Leiter des Heeresjustizwesens, in einem Schreiben formuliert worden waren. Darin hatte Keitel hervorgehoben, dass die Militärjustiz künftig so arbeiten müsse, »dass der Richter jeden Ranges fest in der nationalsozialistischen Weltanschauung wurzelt und seine Arbeit da-nach ausrichtet«. Und weiter: »Dieses Gedankengut weiter zu vertiefen, ist eine Aufgabe, die ich dem Chef des Heeresjustizwesens besonders ans Herz lege. Die richtige Auswahl der Persönlichkeiten, die zu Heeresrichtern oder in verantwortlichen Stellen berufen werden, ständige Erziehung und entschlossene Steuerung der Rechtspflege schaffen die Grundlage für ein Richtercorps, das durch Haltung und Leistung hervorragt. Das Dienst-alter allein gewährt keinerlei Anspruch auf Beförderung; besondere Bewährung wird aber von mir stets anerkannt und entsprechend gewürdigt werden.« Dass es ihm hierzu nicht an Gelegenheit mangeln würde, davon war Keitel 1942 überzeugt. »Ich habe das Vertrauen zu ihr [der Heeresjustiz, G.H.], dass sie die Aufgaben, die der Führer gestellt hat, in unablässiger, hingebender Arbeit lösen und dabei einen wesentlichen Beitrag zur siegreichen Beendigung dieses Krieges leisten wird.«[6]

---

3 NELSON (wie Anm. 2), S. 342 f.
4 Heribert OSTENDORF, Dokumentation des NS-Strafrechts. Baden-Baden 2000, S. 105.
5 Reichskriegsgericht (wie Anm. 1), S. 31 f.
6 Zitiert nach: Norbert HAASE, Das Reichskriegsgericht und der Widerstand gegen die nationalsozialis-tische Herrschaft. Berlin 1993, S. 56.

Der nach Hitler ranghöchste Soldat der Wehrmacht war also mit der Arbeit der Kriegsjustiz zufrieden und für die Zukunft zuversichtlich. Und die Wehrmachtsjustiz war, wie wir sehen werden, bemüht, ihn nicht zu enttäuschen.

Entstehung, Aufbau, Kompetenzen und Selbstverständnis der Wehrmachtsjustiz

Dass es auch für das Militär eine besondere Justiz gibt, ist an sich nichts Ungewöhnliches. Wie im zivilen Bereich agieren auch dort Menschen, die sich an Regeln und Verfahren orientieren müssen. Werden diese verletzt, also Vergehen oder Verbrechen begangen, können sie nach den jeweils einschlägigen militärstrafrechtlichen Vorschriften geahndet werden.

Auch in Deutschland gab es, bevor das Land ins Dunkel des Nationalsozialismus glitt, eine Militärjustiz. Allerdings ist hier sogleich auf eine Besonderheit hinzuweisen, die später von fataler Konsequenz sein sollte. Denn in Deutschland existierte die Militärjustiz fast fünfzehn Jahre nicht, bevor sie zum 1. Januar 1934 wieder eingeführt wurde. Nach dem Ersten Weltkrieg war sie aufgelöst worden, um die Strafverfolgung wegen Kriegsverbrechen und Kriegsvergehen dem Reichsgericht in Leipzig, einer Einrichtung der ordentlichen Gerichtsbarkeit, zuweisen zu können.[7] Die siegreichen Alliierten hatten im Versailler Vertrag festgelegt, dass Deutschland mutmaßliche Kriegsverbrecher zur Aburteilung an das Ausland überstellen sollte (Artikel 228–230). Gegen diese Bestimmung hatte sich Deutschland erfolgreich mit der Zusage zur Wehr gesetzt, diese Verfahren selbst, gewissermaßen in Eigenregie, vor dem höchsten deutschen Gericht, dem Leipziger Reichsgericht, durchzuführen. Allerdings vermochte die Zusage nur sehr notdürftig das Gefühl der Zumutung zu kaschieren, mit dem die Prozesse in der deutschen Öffentlichkeit wahrgenommen wurden. Nicht nur hatte man, so die Meinung vieler, den Krieg völlig überraschend verloren, jetzt sollten auch noch deutsche Politiker und Militärs auf Druck der Alliierten strafrechtlich zur Verantwortung gezogen werden, dazu noch vor einem deutschen Gericht. Bis weit in das republikanische Spektrum hinein sorgte das für teilweise heftigen Unmut.[8] Im Umfeld der Prozesse, die 1921 vor dem Reichsgericht begannen, waren es darum Begriffe wie »Schande«, »Schmach« und »Demütigung«, die am häufigsten mit den Verfahren vor dem Leipziger Reichsgericht in Verbindung gebracht wurden.

Das Gericht judizierte entsprechend nachsichtig. Die allermeisten Verfahren wurden

---

7 RGBl. 1920, 1579.

8 Zur Stimmung in Deutschland im Hinblick auf den verlorenen Krieg vgl. die metaphorische Beschreibung bei Sebastian HAFFNER, Geschichte eines Deutschen. Erinnerungen 1914–1933. Stuttgart/München 2000, S. 31: »Wenn jemand, der jahrelang große Summen zur Bank getragen hat, eines Tages seinen Kontoauszug anfordert und erfährt, daß er statt eines Vermögens eine erdrückende Schuldenlast besitzt, mag ihm ähnlich zumute sein.« Zur Reaktion in Deutschland auf das Bestrafungsverlangen der Alliierten vgl. Gerd HANKEL, Die Leipziger Prozesse. Deutsche Kriegsverbrechen und ihre strafrechtliche Verfolgung nach dem Ersten Weltkrieg. Hamburg 2003, S. 9 und 59.

eingestellt, das letzte im März 1931.[9] Fast zeitgleich erschien ein Artikel in der Beilage zum »Völkischen Beobachter« mit dem bezeichnenden Titel »Der Kampf und deutsches Recht«, in dem der Autor Forderungen an die künftige Entwicklung in der Militärjustiz stellte, die von dem neuen, sich am Horizont bereits abzeichnenden Regime nur allzu bald eingelöst werden sollten. Er schrieb: »Auch dies ist ein Kampf um deutsches Recht: Die Wiederholung so unwürdiger Vorgänge, welche dem Ansehen der deutschen Justiz den größten Abbruch getan haben, durch eine Neuordnung der Dinge zu unterbinden. Dabei ist die Wiederherstellung einer besonderen Wehrgerichtsbarkeit, die den eigenen Lebensgesetzen des Soldatentums Rechnung trägt, nur ein Teil. Die Hauptarbeit liegt auch hier auf erzieherischem Gebiet. Das nationale Prinzip muss das Primat erhalten und der deutsche Richter muß lernen, die Ehre und das Wohl seines Volkes unter allen Umständen höher zu bewerten als formaljuristische Bedenken und Triebfedern.«[10]

Der erste Schritt zur geforderten »Wiederherstellung der besonderen Wehrgerichtsbarkeit« war folglich am 1. Januar 1934, als die Militärstrafgerichtsordnung wieder in Kraft trat, getan. Und an der Spitze der wieder eingeführten Militärgerichtsbarkeit und damit an besonderer Stelle bei der unbedingten Verfechtung des »nationalen Prinzips« stand das am 1. Oktober 1936 gegründete Reichskriegsgericht. Ihm untergeordnet waren Oberkriegsgerichte und Kriegsgerichte, allerdings fiel dieser Instanzenzug mit Beginn des Zweiten Weltkriegs weg. Kriegsgerichtliche Entscheidungen sollten nicht mehr mit Rechtsmitteln angefochten werden können. Erst- und zugleich letztinstanzliche Militärgerichte waren nunmehr allein das Reichskriegsgericht und die Kriegsgerichte, deren Zahl während des Krieges auf ca. 1.000 ansteigen sollte.[11] Die Urteile, die sie auswarfen, hießen Feldurteile oder Bordurteile.

Materielle Rechtsgrundlage der Wehrmachtsjustiz waren zunächst das aktualisierte Militärstrafgesetzbuch (MStGB) von 1872 sowie die Militärstrafgerichtsordnung (MStGO) von 1898. Weitere rechtliche Grundlagen folgten, darunter vor allem die Kriegssonderstrafrechtsverordnung (KSSVO) und die Kriegsstrafverfahrensordnung (KStVO), die beide 1939 in Kraft traten. Vom Wortlaut der aktualisierten Militärstrafgesetze und der neuen Verordnungen her wies nichts auf eine besondere Schärfe der neuen Kriegsgerichtsbarkeit hin. Die Gerichte der Wehrmachtjustiz waren für alle Straftaten zuständig. Im Zentrum ihrer Tätigkeit stand jedoch die Befassung mit Taten nach der KSSVO (Freischärlerei, Wehrkraftzersetzung) und nach dem MStGB (unerlaubte Entfernung beziehungsweise Fahnenflucht und Kriegsverrat). Bei Freischärlerei, das heißt bei der Teilnahme von Zivilisten an Kampfhandlungen oder Sabotageakten, sah das Gesetz die Todesstrafe vor (zusätzlich konnte noch die Vermögenseinziehung angeordnet werden). Wehrkraftzersetzung, worunter eine Vielzahl einzelner Tatbestände wie zum Beispiel

---

9 HANKEL (wie Anm. 8), S. 97–104.
10 BINZ, Boldt und Dithmar, zwei symbolische Opfer frontfremder Formaljustiz. In: Der Kampf und deutsches Recht (Beilage zum »Völkischen Beobachter«), 17. März 1931.
11 Christoph RASS / Peter M. QUADFLIEG, Die Kriegsgerichtsbarkeit der Wehrmacht im Zweiten Weltkrieg: Strukturen, Handlungsweisen, Akteure. In: Albrecht KIRSCHNER (Hrsg.), Deserteure, Wehrkraftzersetzer und ihre Richter. Marburger Zwischenbilanz zur NS-Militärjustiz vor und nach 1945. Marburg 2010, S. 46.

»Kriegsdienstverweigerung«, »defätistische Äußerungen« oder »Selbstverstümmelung« subsumiert wurden, konnte mit einer Gefängnis- oder Zuchthausstrafe oder mit dem Tod bestraft werden. Bei der unerlaubten Entfernung (bis zu einem Tag Abwesenheit) und Fahnenflucht (Abwesenheit darüber hinaus) reichte der Strafrahmen von der Verhängung einer Arreststrafe bis zur Todesstrafe. Und Kriegsverrat, nach einer zeitgenössischen Kommentierung gleichzusetzen mit »dem Feind vorsätzlich Vorschub zu leisten oder der Kriegsmacht des Reiches vorsätzlich Nachteile zu bereiten«, wurde mit Zuchthaus oder Tod bestraft.[12]

Trotz ihrer Härte waren das Strafbestimmungen, die durchaus internationalen Vorstellungen vom Kriegsrecht entsprachen. Auch dass es in verfahrensrechtlicher Hinsicht ein Zusammenspiel zwischen militärischen und justiziellen Instanzen gab, war etwas, das sich auch in anderen Rechtsordnungen fand. In der Wehrmachtsjustiz war es der Gerichtsherr, der zusammen mit den ihm zugewiesenen richterlichen Militärjustizbeamten das Gericht bildete (§ 4 Abs. 1 KStVO). Seiner Funktion als »Herr« des Gerichts entsprechend konnte er die Durchführung eines gerichtlichen Verfahrens verfügen, Vertreter der Anklage bestimmen oder Richter berufen. Urteile mussten außerdem, damit sie rechtskräftig wurden, von ihm bestätigt werden. Er konnte ein Urteil auch mildern, zur Bewährung aussetzen oder vollständig aufheben und ein neues erkennendes Gericht berufen (§§ 76–90 KStVO). Die richterlichen Militärjustizbeamten waren zwar formal unabhängig, durch ihre Zuweisung zu einem Gerichtsherrn – oberster Gerichtsherr war Adolf Hitler, weitere Gerichtsherrn waren der Präsident des Reichskriegsgerichts und andere hohe und höchste Offiziere – wurde die Militärjustiz aber zu einem Bestandteil der militärischen Führung. Das Urteil war nicht nur abhängig vom Fachwissen der Berufsrichter und ihrer Haltung zur NS-Ideologie, die leicht das justizielle Vorverständnis prägen konnte, es war auch abhängig vom Grad der Beeinflussung, den die Richter durch den Gerichtsherrn erfuhren.

In personeller Hinsicht erstreckte sich die Wehrmachtsjustiz im Wesentlichen auf zwei Personengruppen: Zum einen auf Soldaten und Wehrmachtsbeamte wegen aller Straftaten, zum anderen auf alle sonstigen Personen, mithin auch auf Zivilisten und Ausländer zum Beispiel im Operationsgebiet, sofern sie eine nach der KSSVO strafbare Tat begangen hatten. Strafbar war diese Personengruppe auch dann, wenn die Tat in einem Hoch-, Landes- oder Kriegsverrat bestand. Doch die gewöhnliche, schon sehr harte Strafbarkeit reichte dem NS-Staat nicht. Im Laufe des Krieges wurden die Kriterien für die Strafzumessung mehrfach geändert. Ziel war, das Strafmaß zu verschärfen und die Todesstrafe für eine Reihe von Tatbeständen zur Regelstrafe zu machen. So hieß es zum im Dezember 1939 neu eingefügten § 5a KSSVO, der mit »Überschreitung des regelmäßigen Strafrahmens« überschrieben war, in einem militärrechtlichen Kommentar zustimmend: »Er gestattet, ohne Rücksicht auf den Unrechtsgehalt der Grundtat [...] lediglich zur Aufrechterhaltung der Mannszucht oder zur Sicherheit der Truppe schwerste Strafe zu verhängen, mag damit der Täter auch härter bestraft werden, als es

---

12 Georg DÖRKEN / Werner SCHERER, Das Militärstrafgesetzbuch und die Kriegssonderstrafrechtsverordnung mit Erläuterungen. 3. erw. Aufl., Berlin 1942, S. 56.

das Maß seiner persönlichen Schuld sonst erfordert hätte.«[13] Und selbst diese Verschärfung musste noch weiter zugespitzt werden, bis nach der fünften Ergänzungsverordnung vom Mai 1944 auch bei Fahrlässigkeit die Todesstrafe verhängt werden konnte, wenn das »gesunde Volksempfinden« es erforderte.[14]

Die Wehrmachtsjustiz arbeitete mit tödlicher Energie. Die etwa 3.000 Kriegsrichter, die an den, je nach Kriegsverlauf, bis zu fast 1.000 Feldkriegsgerichten tätig waren, verurteilten ungefähr 30.000 Wehrmachtsangehörige zum Tode; in etwa 15.000 Fällen wurde das Urteil auch vollstreckt, wobei es wegen der unsicheren Quellenlage gut möglich ist, dass beide Zahlen deutlich höher liegen.[15] Und das Reichskriegsgericht verhängte zwischen August 1939 und Februar 1945 1.189 Todesurteile, von denen 1.049 vollstreckt wurden.[16] Ein Vergleich mit der Militärjustiz anderer Staaten zeigt den Unterschied, selbst wenn wir den variierenden Kriegseintritt dieser Staaten in Rechnung stellen: Im faschistischen Italien wurden zum Beispiel 156 Todesurteile verhängt und 88 vollstreckt, in den USA 763 beziehungsweise 146, in Großbritannien wurden 40 Todesurteile vollstreckt und in Frankreich 102.[17] Genauere Zahlen zur Sowjetunion sind nicht bekannt, doch sollen allein in Stalingrad innerhalb weniger Wochen 13.500 Mann exekutiert worden sein.[18] Allerdings reicht dieser Vergleich alleine nicht aus. Seine eigentliche Aussagekraft erhält er erst, wenn wir noch die Zahlen aus dem Ersten Weltkrieg hinzunehmen. Da vollstreckten die USA 35, Deutschland 48, Großbritannien 346, Frankreich etwa 600 und Italien zirka 750 Todesurteile.[19] Für Österreich-Ungarn sind keine genauen Zahlen bekannt, ebenso wenig für Russland, doch dürften sie in beiden Fällen ziemlich hoch liegen. Die entscheidende Botschaft dieser Zahlen ist allerdings, dass – bezogen auf die Kriegsdauer – in Deutschland im Ersten Weltkrieg die wenigsten von der Militärjustiz gefällten Todesurteile vollstreckt wurden, während dies im Zweiten Weltkrieg umgekehrt war, und zwar mit einem riesigen Abstand.

Was waren die Gründe dafür? – Es sind insbesondere zwei Gründe, die Antworten zu geben vermögen. Zum einen war nach dem Ersten Weltkrieg der Militärjustiz der Vorwurf von zu großer Milde gemacht worden. Sie trage eine Mitverantwortung für die Auflösungserscheinungen gegen Kriegsende, sie habe dazu beigetragen, der Armee den Dolch in den Rücken zu stoßen, hieß es.[20] Hitler im Rückblick: »Der Krieg ist verloren worden, weil die Todesstrafe ausgeschaltet worden ist.«[21] Es bestand also ein Bedürfnis nach Rehabilitierung der Militärjustiz in dem neuen Krieg, der geführt wurde, um den

---

13 DÖRKEN / SCHERER (wie Anm. 12), S. 167.
14 RGBl. I, 1944, S. 115.
15 Peter KALMBACH, Wehrmachtjustiz. Berlin 2012, S. 323.
16 HAASE (wie Anm. 6), S. 13.
17 Ulrich BAUMANN / Magnus KOCH / Stiftung Denkmal für die ermordeten Juden Europas (Hrsg.), »Was damals Recht war ...«. Soldaten und Zivilisten vor Gerichten der Wehrmacht. Berlin-Brandenburg 2008, S. 184.
18 Catherine MERRIDALE, Iwans Krieg. Die Rote Armee 1939–1945. Frankfurt/M. 2007, S. 178.
19 Manfred MESSERSCHMIDT, Die Wehrmachtjustiz 1933–1945. Paderborn 2005, S. 21.
20 Ebenda, S. 21.
21 Adolf HITLER, Mein Kampf. München 1939, S. 518.

vorhergehenden doch noch zu gewinnen und der darum noch entschlossener, noch rücksichtsloser, noch härter zu sein hatte. Wer als Soldat nicht funktionierte, nicht entschlossen, rücksichtslos und hart kämpfte, musste bestraft werden. Und für die Bestrafung sorgte – jetzt sind wir bei dem zweiten Grund – eine Juristengeneration, die entweder im Ersten Weltkrieg Reserveoffiziere gewesen war oder sonst prägende Phasen ihrer Sozialisation im Kaiserreich erlebt hatte. Sie sah Deutschland nach 1918 im Niedergang und nicht wenige formulierten immer radikalere Forderungen, um das als schmachvoll empfundene Unrecht des Versailler Vertrags zu beseitigen. Auch und vor allem die Militärjuristen richteten sich ein in dem Maßnahmenstaat, der staatlicher Willkür Tür und Tor öffnete und die Prinzipien des Normenstaats immer weiter aushöhlte.[22] Ein Beispiel ist hier Erich Schwinge, der 1936 forderte: »Der Richter ist verpflichtet, das Gesetz an die Bedürfnisse und Anschauungen der Gegenwart anzupassen, auch wenn dabei der Zweckgedanke des Gesetzgebers überschritten oder verlassen wird.«[23] Und Werner Hülle, Jurist in der Wehrmachtsrechtsabteilung, sah das Richteramt als ein »Lehen« aus der Hand des Führers. Hülle 1937 wörtlich: »Der Führer des Dritten Reiches ist ›des deutschen Volkes oberster Gerichtsherr‹. Die Entwicklung der Militärgerichtsbarkeit ist damit klar vorgezeichnet.«[24]

»Aufrechterhaltung der Mannszucht«, »Sicherheit der Truppe«, »Hitler als oberster Gerichtsherr« und »Anpassung der Gesetze an das gesunde Volksempfinden« waren die Maximen, die militärrichterliches Handeln prägten und diesem innerhalb des Rahmens der sich ständig radikalisierenden NS-Ideologie jeden Freiraum ließ. In welcher Weise das konkret geschah, zeigte sich in zweierlei Hinsicht. Verbrecherische Kriegshandlungen konnten justiziell verharmlost oder zu legalen umgedeutet werden und Härte, eine immer größer werdende Härte war die Antwort auf jede angebliche »Aufweichung des Wehrwillens«.

Die Militärjustiz als Instrument des Maßnahmenstaates

Willkür gegenüber gegnerischen Soldaten und Zivilisten

Wenn es, trotz allen Kriegsschreckens, nach Recht und Gesetz gegangen wäre, hätten deutsche Soldaten, die auf dem Kriegsschauplatz Verbrechen begehen, bestraft werden müssen. Es hätte so sein müssen, wie in einem Sonder-Korpstagesbefehl vom 5. September 1941 gefordert. Anlass für den Befehl war die Ermordung von vier russischen Zivilgefangenen. Ihnen war fälschlicherweise vorgeworfen worden, deutsche Verwundete verstümmelt zu haben. Deutsche Soldaten hatten sie daraufhin aus dem Arrestlokal herausgeholt, ausgepeitscht, nach stundenlanger Folter mit Benzin übergossen und lebendigen Leibes verbrannt. »Ich habe die Schuldigen vor das Kriegsgericht gestellt«, so der zuständige Gerichtsherr, General Max von Schenckendorff. Er fuhr fort: »Sie sind

---

22 Ernst FRAENKEL, Der Doppelstaat. Hamburg 2001.
23 Zitiert nach MESSERSCHMIDT (wie Anm. 19), S. 53.
24 Zitiert nach HAASE (wie Anm. 6), S. 10.

zu schweren Freiheitsstrafen verurteilt worden. Die schwerste Strafe hat den Offizier getroffen. Bei ihm hat das Kriegsgericht neben der Freiheitsstrafe auf Rangverlust erkannt. Ich ersuche, an Hand dieses tiefbetrüblichen Vorkommnisses die Truppe <u>eingehend und dringend</u> zu belehren. Ich bin nicht gewillt, solche unwürdige, das Ansehen der Wehrmacht und ihren guten Ruf schädigende Zuchtlosigkeiten in meinen Truppen zu dulden.«[25]

Der Korpsbefehl war allem Anschein nach eine Ausnahme. Schon bald ging auch Max von Schenckendorff in seinem Befehlsbereich (rückwärtiges Heeres-Gebiet Mitte) zu einer Praxis über, die von Beginn des Krieges gegen die Sowjetunion an (22. Juni 1941) intendiert war.[26] So bestimmte der unter maßgeblicher Beteiligung von Wehrmachtsjuristen ergangene sogenannte Kriegsgerichtsbarkeitserlass vom 13. Mai 1941, dass im Vernichtungskrieg gegen die Sowjetunion die Kriegsgerichtsbarkeit nur dann tätig werden sollte, wenn die »Aufrechterhaltung der Manneszucht« oder die »Sicherung der Truppe« es erforderten.[27] Der Krieg der Wehrmacht im Osten fand damit praktisch in einem rechtsfreien Raum statt. Erlaubt war alles, auch die Begehung von Verbrechen an der sowjetischen Zivilbevölkerung, solange Manneszucht oder Truppensicherheit nicht gefährdet waren. Allerdings wurde jetzt eine solche Gefährdung von den zuständigen Gerichtsherren und Militärjuristen beinahe durchweg verneint. Rudolf Lehmann, Generalstabsrichter und Leiter der Wehrmachtsrechtsabteilung, meinte dazu in einem Schreiben vom 9. Mai 1941: »Generaloberst Halder wollte für Fälle, in denen die Truppe keine Zeit hat, Ermittlungen anzustellen, die Gerichtsbarkeit gerne erhalten sehen, ebenso für die vielen Delikte kleinerer Art, die ein Erschießen nicht rechtfertigen. Ich habe dagegen Bedenken [...]. Wenn wir schon einmal diesen Schritt tun, dann muss er auch ganz getan werden. Es besteht sonst die Gefahr, dass die Truppe die Sachen, die ihr unbequem sind, an die Gerichte abschiebt und dass so [...], das Gegenteil von dem eintritt, was erreicht werden soll.«[28]

Wie viele Menschen in solcher Art für rechtmäßig erklärten Aktionen gegen Partisanen und den in Tateinheit damit durchgeführten Repressalien an der Zivilbevölkerung zum Opfer fielen, ist nicht bekannt. Schätzungen bewegen sich zwischen 160.000 und über 500.000.[29] Sicher ist aber, dass die deutschen Kriegsgerichte sich nicht ihrer

---

25 Zitiert nach: Bundesarchiv-Militärarchiv, Best. RH 26-221, Aktenband 176 (Hervorhebung im Original).

26 Zur Übernahme der Ziele des Vernichtungskrieges durch von Schenckendorff vgl. Christian GERLACH, Kalkulierte Morde. Die deutsche Wirtschafts- und Vernichtungspolitik in Weißrussland 1941 bis 1944. Hamburg 1999, S. 880–886, 1011 f.

27 Der »Erlass über die Ausübung der Kriegsgerichtsbarkeit im Gebiet ›Barbarossa‹ und über besondere Maßnahmen der Truppe« ist u. a. abgedruckt in Gerd R. UEBERSCHÄR/Wolfram WETTE (Hrsg.), Der deutsche Überfall auf die Sowjetunion 1941. »Unternehmen Barbarossa«. Frankfurt/M. 1991 (Sonderausgabe 1999), S. 242 f.

28 Zitiert nach Bundesarchiv-Militärarchiv, Bestand RW 4, Nr. 577.

29 Die Mindestzahl von 160.000 Getöteten findet sich bei Dieter POHL, Die Herrschaft der Wehrmacht. Deutsche Militärbesatzung und einheimische Bevölkerung in der Sowjetunion 1941–1944, München 2008, S. 296 f.; von mindestens 500.000 Opfern spricht, unter Hinweis auf Christian Hartmann, Felix RÖMER, »Im alten Deutschland wäre ein solcher Befehl nicht möglich gewesen.« Rezeption, Adaption

weitestgehenden Ausschaltung widersetzten. Wenn es, selten genug, Verfahren gegen Wehrmachtssoldaten gab, dann ging es in ihnen allein um die Wahrung der Disziplin, also um die Ordnung im Vorgang des Tötens, nicht um das durch das Verbrechen verwirklichte Unrecht. Und die Urteile, die die Kriegsgerichte in diesen Fällen auswarfen – die Gerichte setzten sich gewöhnlich aus drei Richtern zusammen, das heißt einen richterlichen Militärjustizbeamten als Verhandlungsleiter und zwei Beisitzern, von denen einer Offizier sein und einen höheren Dienstgrad als der Angeklagte haben musste (§ 9 KStVO) –, waren in der Strafhöhe entweder beschämend niedrig oder wurden umgehend durch den Gerichtsherren wieder aufgehoben.

Dazu zwei Beispiele:

Alwin Weisheit, Führer einer Jägerstaffel, wurde im September 1942 wegen der Erschießung von 75 Juden, die er der Kollaboration mit Partisanen verdächtigt hatte, und zwar »Männer, Frauen und Kinder bis herab zu zwei Jahren«,[30] zu einer Freiheitsstrafe verurteilt. Nicht wegen eines Mordverbrechens, für das ohnehin die Todesstrafe vorgesehen gewesen wäre, auch nicht wegen Totschlags, der im Mindestmaß mit fünf Jahren Zuchthaus zu bestrafen gewesen wäre, nein, er wurde vom Kriegsgericht wegen Totschlags in einem minder schweren Fall zu einer Freiheitsstrafe von einem Jahr verurteilt. Für die Misshandlung seines Hundes, den er mit Fußtritten traktiert und mit einem Stock »häufig halbtot« geschlagen hatte, erhielt er im selben Verfahren eine dreimonatige Gefängnisstrafe, neun Monate weniger als für den 75-fachen Mord.[31] Der Kriegsrichter übrigens, der das Verfahren ursprünglich durchführen sollte, hatte sich geweigert. Er verstehe nicht, so sein Einwand, wie eine Anklage wegen 75-fachen Mordes an Juden hatte ergehen können, wo doch die Vernichtung des Judentums das erklärte Ziel des NS-Staats sei. Der Richter wurde versetzt, jedoch nicht weiter belangt. Im Gegenteil: Drei Monate später wurde er vom Kriegsgerichtsrat zum Oberkriegsgerichtsrat befördert.[32]

Und das zweite Beispiel: Ein Offizier der Wehrmacht im Rang eines Majors hatte vier Menschen getötet, drei sowjetische Soldaten und eine ebenfalls bewaffnete Frau, die in Gefangenschaft geraten waren. Wahrscheinlich hatte er noch mehr Menschen getötet, doch sicher nachzuweisen waren ihm nur die vier Morde. Das zuständige Feldkriegsgericht verurteilte den Major wegen Totschlags, und zwar wiederum wegen eines minder schweren Falls, zu einer Freiheitsstrafe von zwei Jahren Gefängnis. Das Gericht sei zu der Überzeugung gelangt, dass »eine Zuchthausstrafe als Sühne trotz allem nicht am Platze wäre«.[33] Schließlich hätten die getöteten Russen die Uniform des erbittertsten Feindes des nationalsozialistischen Deutschland getragen, und da der Krieg bei manchen eine Verirrung aller ethischen Begriffe mit sich gebracht habe, könnten derartige

---

und Umsetzung des Kriegsgerichtsbarkeitserlasses im Ostheer 1941/42. In: Vierteljahrshefte für Zeitgeschichte 1 (2008), S. 53.

30 Zitiert nach Ilse STAFF (Hrsg.), Justiz im Dritten Reich. Eine Dokumentation. Frankfurt/M. 1964, S. 250.

31 Ebenda, S. 255.

32 Ebenda, S. 257.

33 Zitiert nach Bundesarchiv-Militärarchiv, Bestand Pers15, Gericht der 3. Infanterie-Division, St. L. Nr. 196/42.

Taten unmöglich mit gleichartigen, im Frieden begangenen Taten verglichen werden. Das Urteil erging im September 1942. Einen Monat später kam über Generalfeldmarschall Keitel folgender Befehl: »I. Ich hebe das Urteil auf. II. Das Verfahren schlage ich nieder. gez. Adolf Hitler.«[34]

Der Furor der Wehrmachtsjustiz blieb nicht allein auf den Ostkrieg beschränkt. Im September 1941 stellte Keitel in einem auch für den westlichen Kriegsschauplatz geltenden schriftlichen Befehl klar, dass bei Widerstandshandlungen gegen die deutsche Besatzungsmacht nur ausnahmsweise kriegsgerichtliche Verfahren durchgeführt werden sollten und dass dabei die schärfsten Strafen geboten seien. »Ein wirkliches Mittel der Abschreckung kann hierbei nur die Todesstrafe sein«, schrieb er, nachdem er den Adressaten seines Befehls vorher noch zu bedenken gegeben hatte, »dass ein Menschenleben in den betroffenen Ländern vielfach nichts gilt und eine abschreckende Wirkung nur durch ungewöhnliche Härte erreicht werden kann. Als Sühne für ein deutsches Soldatenleben muss in diesen Fällen im Allgemeinen die Todesstrafe für 50 bis 100 Kommunisten als angemessen gelten. Die Art der Vollstreckung muss die abschreckende Wirkung noch erhöhen.«[35]

Der eigene Soldat als Feind

So überaus nachsichtig die deutsche Militärjustiz war, wenn es um die Ahndung von verbrecherischen Kriegshandlungen deutscher Soldaten ging, so hart zeigte sie sich, wenn ihrer Meinung nach die Kampfkraft der Wehrmacht von eben diesen Soldaten gefährdet worden war.

Die Urteile bewegten sich nahezu durchweg an der oberen Grenze des vorgesehenen Strafrahmens. Die Subsumtion einer Handlung unter eine Strafnorm fand in einer Weise statt, die zwangsläufig auf die schärfste Rechtsfolge hinauslaufen musste. Wo dies nicht möglich war, wurde das Tatbestandsmerkmal kurzerhand inhaltlich erweitert. Das wohl bekannteste Beispiel ist der Begriff der Öffentlichkeit in §5 KSSVO. Danach war mit der Todesstrafe bedroht, wer »öffentlich den Willen des deutschen oder verbündeten Volkes zur wehrhaften Selbstbehauptung zu lähmen oder zu zersetzen sucht«. Das Reichskriegsgericht stellte dazu in einem Urteil vom 27. Februar 1940 fest: »Die Äußerungen sind zwar nicht öffentlich im Sinne der Auslegung gefallen, die der Begriff der Öffentlichkeit in Rechtsprechung und Schrifttum bisher gefunden hat. Die Auslegung kann aber für den Bereich des §5 KSSVO nicht genügen.« Als öffentlich müsse auch eine Äußerung verstanden werden, die, so das Gericht weiter, über den ursprünglichen Adressatenkreis hinaus »an eine bestimmte Anzahl von Personen herangetragen« werde. In subjektiver Hinsicht reiche aus, dass der Sprecher mit der Weitergabe seiner Äußerung rechne oder dieses zumindest in Kauf nehme,[36] wovon, so ist mit Blick auf die daraufhin ergangenen Urteile zu ergänzen, in aller Regel bereits der Sprechakt zeuge.

---

34 Ebenda.
35 Zitiert nach Regina M. DELACOR, Attentate und Repressionen. Ausgewählte Dokumente zur zyklischen Eskalation des NS-Terrors im besetzten Frankreich 1941/42. Stuttgart 2000, S. 121–123.
36 DÖRKEN / SCHERER (wie Anm. 12), S. 164 f.

Es fällt schwer zu glauben, dass Admiral Max Bastian, der langjährige Präsident des Reichskriegsgerichts (1939 bis 1944), noch nach dem Krieg behaupten konnte, die Rechtsprechung seines Gerichts sei von »Behutsamkeit«, »Rücksicht« und »Verantwortung« geprägt gewesen.[37] Ihm sei sogar zugestanden, dass es eine Reihe von Kriegsrichtern gegeben haben mag, die sich dem menschenverachtenden Fanatismus der NS-Militärjustiz verweigerten. Doch ändert das nichts daran, dass auch sie Teil eines Justizsystems waren, das durch Willkür und Radikalismus geprägt war und das die von Bastian so gepriesene »persönliche richterliche Unabhängigkeit in der Urteilsfindung und -fällung«[38] zunehmend und bereitwillig in den Dienst des Maßnahmenstaats stellte. Aufgrund ihrer Funktion und Machtfülle waren sie, ob nun gegen ihren Willen oder nicht, eine wichtige Stütze des Regimes. Der Angeklagte war ihnen vollständig ausgeliefert, denn einen Anspruch auf einen Verteidiger hatte ein Angeklagter lediglich in den Verfahren vor dem Reichskriegsgericht, und das auch nur bis Januar 1945. Danach war er wie zuvor schon in den Verfahren vor den Feld- oder Bordkriegsgerichten auf sich selbst gestellt, auch wenn ihm eine langjährige Haft oder Todesstrafe drohte.

Vier Beispiele mögen illustrieren, was das in der Realität bedeutete:

In dem Verfahren gegen den Gefreiten Karl Gerhold ging es um Selbstverstümmelung. Im Oktober 1942 hatte sich Gerhold mit seinem Gewehr einen Schuss in die linke Hand beigebracht, der seine Aufnahme in ein Lazarett nötig machte. Vor dem Feldkriegsgericht, das in Russland seinen Fall verhandelte, erklärte der Angeklagte, er sei in großer Sorge wegen seiner jungen Familie und wegen seines bäuerlichen Hofes gewesen. Auch habe er sehr unter den Fronteindrücken gelitten. Er sei darum in eine Art Depression verfallen und habe in einem Dämmerzustand gehandelt. Das Gericht hielt diese Erklärung für unwahr und auch für unbeachtlich. Es erklärte: »Es ist mit Rücksicht auf das soldatische Pflichtgebot erforderlich, dass in den Fällen, in denen Härte gegen sich selbst verlangt wird, die persönliche Belastbarkeit keine Beachtung finden darf.«[39] Mildernde Umstände, die einen minderschweren Fall der Wehrkraftzersetzung bedeutet hätte – als eine solche wurde die Selbstverstümmelung juristisch gewertet –, konnte das Gericht nicht finden. Aus seiner Sicht waren es vor allem zwei Punkte, die Milde verboten. Das Gericht: »Der Angeklagte hat sich zu einem Zeitpunkt zum Kampfe unfähig gemacht, als die Wiederholung schwerer feindlicher Angriffe bevorstand und als jeder Mann dringend gebraucht wurde.« Und außerdem: »Das Überhandnehmen der Selbstverstümmelung erfordert mit Rücksicht auf die Aufrechterhaltung der Mannszucht hartes Durchgreifen. Der Umstand, dass sich der Angeklagte, der später beim Tross verwendet war, bei feindlichem Beschuss in einem Einzelfall anständig verhalten hat, konnte hieran nichts ändern.« Der Angeklagte Gerhold wurde zum Tode verurteilt.[40]

In dem Verfahren gegen den Hauptwachtmeister Josef Wenzl und drei andere Unter-

---

37 HAASE (wie Anm. 6), S. 21.
38 Ebenda.
39 Gericht der 329. Infanterie-Division zitiert nach Otto GRITSCHNEDER, Furchtbare Richter: Verbrecherische Todesurteile deutscher Gerichte, München 1998, S. 124.
40 Ebenda, S. 125.

offiziere ging es um Fahnenflucht. Das Besondere an diesem Strafverfahren war, dass es sich auf eine Tat bezog, die am 8. Mai 1945, am Tag des Kriegsendes, begangen worden war. An diesem Tag erhielten die Angeklagten – sie waren mit ihrer Einheit in Norwegen stationiert – den Funkspruch von der Einstellung der Feindseligkeiten. Mit ihren Männern gingen die Angeklagten daraufhin in Richtung auf die nicht weit entfernte schwedische Grenze. Bevor sie jedoch das neutrale Schweden erreichen konnten, wurden sie abgefangen und festgenommen. Schon einen Tag später, am 9. Mai 1945 trat das Feldkriegsgericht zusammen und verurteilte die vier Angeklagten wegen Fahnenflucht zum Tode. Das Gericht: »Ohne Zweifel ist die Todesstrafe erforderlich gegenüber dem Hauptwachmeister als dem Ersten der Unteroffiziere seiner Batterie. Er hatte die Pflicht, das Verbrechen zu verhindern und hätte mit Leichtigkeit die Möglichkeit dazu gehabt. Seine früheren Verdienste und seine gute Führung, die ihn sogar zum Offizier geeignet erscheinen ließen, können ihn nicht retten. Seine Annahme, nach der Gesamtkapitulation der Wehrmacht könnte er keine Fahnenflucht mehr begehen, ist eine Vorspiegelung. Selbst nach Erhalt der Kapitulationsbedingungen empfangen die deutschen Soldaten wie bisher ihre Befehle von den vorgesetzten Dienststellen und sind mit Selbstverständlichkeit an ihre Pflichten gebunden. [...] Ein Verhalten wie das des Angeklagten und seiner Mittäter würde dazu führen, daß die deutschen Truppen zügel- und führerlos im Lande herumliefen oder unter Führung von Verbrechern strafbare Handlungen ausführen würden, deren Ergebnis schließlich ein Eingreifen der Besatzungsbehörden, Repressalien und Schwierigkeiten aller Art sein würde.«[41]

Wiederum einen Tag später, am 10. Mai 1945, erfolgte bereits der Vollzug der Todesstrafe. In dem Protokoll heißt es dazu: »Die Verurteilten standen um 10.15 Uhr auf dem Richtplatz. Sie wurden durch ein Kommando des Feldgendarmerie-Trupps 91 an den Richtpfahl gefesselt, die Augen waren verbunden.

Die angetretenen Kommandos standen auf Kommando mit ›Gewehr über!‹ still.

Der Divisionsrichter las den Verurteilten die Urteilsformel und die Bestätigung vor. Die Verurteilten gaben keine Erklärung ab.

Der Geistliche erhielt letztmalig Gelegenheit zum Zuspruch.

Die Vollzugskommandos von je 10 Mann waren fünf Schritte vor den Verurteilten aufgestellt.

Das Kommando ›Feuer‹ erfolgte um 10.16 Uhr. Die Verurteilten starben sofort.

Der Sanitätsoffizier stellte den Tod um 10.16 Uhr fest.

Die Leichen wurden durch das Vollzugskommando eingesargt und dem Gräberkommando 6. Gebirgsdivision zur Bestattung auf dem Friedhof in Kvesmenes übergeben.«[42]

Das Ganze geschah, noch einmal, am 10. Mai 1945, zwei Tage nach Ende des Zweiten Weltkriegs und wegen eines »Verbrechens«, das nach dessen offiziellem Ende begangen worden war.

---

[41] Gericht der 6. Gebirgs-Division zitiert nach Otto GRITSCHNEDER, Furchtbare Richter: verbrecherische Todesurteile. München 1998, S. 117 f.
[42] Ebenda, 119.

Adolf Zanker war wegen Kriegsdienstverweigerung angeklagt. Er gehörte zu den Ernsten Bibelforschern (Zeugen Jehovas) und verweigerte wegen seiner religiösen Überzeugung die militärische Ausbildung. Das Reichskriegsgericht – die Senate entschieden in der Besetzung mit einem Senatspräsidenten, einem Kriegsgerichtsrat und drei Offizieren – verurteilte ihn deshalb im Dezember 1943 wegen Zersetzung der Wehrkraft zum Tode. In dem Urteil hieß es lapidar: »Wer seinem Volk in schwerster Kriegszeit den Wehrdienst hartnäckig und unbelehrbar verweigert, kann nur zum Tod verurteilt werden. Der Senat hat darauf erkannt.«[43] Es dürfe keine Konservierung von Feiglingen und Saboteuren in Zuchthäusern geben, hatte Hitler schon im Dezember 1939 gefordert und der Senat war dem gefolgt. Die religiös motivierte Verweigerung war als ein Akt politischer Widerständigkeit behandelt worden, der so schwer wog, dass die Todesstrafe verhängt werden musste. Entscheidend war auch hier – am Maßstab des nationalsozialistischen Volksgemeinschaftsgedankens gemessen – die angebliche Sozial- oder Gemeinschaftsschädlichkeit der Straftat, nicht die individuelle Schuld.

In dem Strafverfahren gegen den Bausoldaten Anton Brezina schließlich ging es um Hochverrat und Feindbegünstigung. Das Reichskriegsgericht verurteilte ihn im Januar 1945 zum Tode. Das Besondere an diesem Verfahren war, dass Anton Brezina wegen derselben Tat zweimal verurteilt wurde. Weil er für die Rote Hilfe Geldspenden gesammelt haben soll, verurteilte ihn das Reichskriegsgericht im April 1944 wegen Vorbereitung zum Hochverrat zu drei Jahren Zuchthaus. Das Urteil wurde später vom Gerichtsherrn, der es als zu milde empfand, aufgehoben und eine nochmalige Hauptverhandlung vor dem Reichskriegsgericht angeordnet. Unter Zugrundelegung desselben Sachverhalts verurteilte ihn das Reichskriegsgericht in einer erneuten Verhandlung zum Tode. Ein minder schwerer Fall könne nicht angenommen werden, so das Gericht. »Vielmehr erfordert die Notwendigkeit einer wirksamen Bekämpfung des Kommunismus in der jetzigen Kriegszeit die härteste Strafe. Der Senat hat daher auf die Todesstrafe als allein angemessene Strafe erkannt.«[44]

Und nach 1945? Die späte Aufarbeitung der Wehrmachtsjustiz

Werner Krauss, der, wie eingangs geschildert, als Romanistikprofessor Wehrmachtsgefreiter war und den das Reichskriegsgericht wegen Vorbereitung zum Hoch- und Kriegsverrat zunächst zum Tode, dann, ein Jahr später, in einem bizarren Wiederaufnahmeverfahren zu fünf Jahren Zuchthaus verurteilt hatte,[45] hat den Krieg überlebt – knapp, denn kurz vor Kriegsende ist er noch mit anderen Mithäftlingen auf einen Marsch in Richtung Osten geschickt worden. Er sollte in einem KZ zum Arbeitseinsatz herangezogen wer-

---

43 Reichskriegsgericht, 4. Senat, zitiert nach ebenda, S. 54.
44 Reichskriegsgericht, 4. Senat, zitiert nach Hermine WÜLLNER (Hrsg.), »... kann nur der Tod die gerechte Sühne sein«: Todesurteile deutscher Wehrmachtsgerichte. Eine Dokumentation. Baden-Baden 1997, S. 54.
45 Urteil des Reichskriegsgerichts vom 14.9.1944, 2. Senat, StPL (100/43).

den, doch ist dieser Marsch von amerikanischen Soldaten aufgehalten worden, so dass Werner Krauss nach Kriegsende wieder nach Marburg zurückkehren konnte. Er erhielt eine Professur an der Universität, war – als Mitglied der KPD – für einige Monate im Beratenden Landesausschuss (dem Vorgänger des Hessischen Landtags), lebte aber in zweifacher Hinsicht angefeindet und isoliert. Als Kommunist galt er pauschal als unkritischer Sympathisant der Sowjetunion, und als verurteilter Widerstandskämpfer haftete ihm das Odium des Verräters an.

Das eine war so falsch wie das andere. Um Ersterem zu entgehen, verließ er Marburg und ging als Ordinarius an die Universität Leipzig. Bis jedoch das Letztere korrigiert werden würde, sollten noch Jahrzehnte vergehen. Denn die Wehrmachtsjustiz galt nicht als Unrechtsjustiz. Obwohl sie an zentraler Stelle an der Entgrenzung der deutschen Kriegsgewalt beteiligt gewesen war, war sie nie als gesonderter Komplex das Objekt strafrechtlicher Ermittlungen geworden, weder auf internationaler noch auf nationaler Ebene.

Im Nürnberger Hauptkriegsverbrecherprozess (November 1945 bis Oktober 1946) musste sich kein Militärjurist vor den alliierten Richtern verantworten. Lediglich in dem Verfahren gegen Wilhelm Keitel wurde kurz der Inhalt des Kriegsgerichtsbarkeitserlasses skizziert, Keitels erhebliche Mitverantwortung für die Verkündung des Erlasses festgestellt und er auch darum wegen der Begehung von Kriegsverbrechen und Verbrechen gegen die Menschlichkeit verurteilt.[46]

Im sogenannten Juristenprozess, dem dritten der Nachfolgeprozesse gegen hochrangige und einflussreiche Vertreter des nationalsozialistischen Deutschland (Februar bis Dezember 1947), war ebenfalls kein Militärjurist angeklagt. Anklage und Urteil in diesem Prozess bezogen sich auf die Mitwirkung der NS-Justiz am Zustandekommen und an der Anwendung von zum Beispiel, wie sie seinerzeit genannt wurden, »Volkschädlingsverordnung«, »Polenstrafrechtsverordnung«, »Blutschutzgesetz« oder »Nacht- und-Nebel-Erlass«, also auf gesetzliche Regelungen, deren Geltung insbesondere auf das Deutsche Reich beschränkt war. Zuständig für Verstöße gegen diese Regelungen waren dann auch zivile Strafgerichte, Sondergerichte und der Volksgerichtshof, nicht aber Kriegsgerichte. Und die Angeklagten im Juristenprozess waren dementsprechend Personen, die in diesen Justizbereichen aktiv waren, sei es als Staatssekretäre im Reichsjustizministerium oder hohe Reichsministerialbeamte, als Richter an Sondergerichten oder als Reichsanwälte beziehungsweise Richter beim Volksgerichtshof.[47]

Der einzige NS-Militärrichter, der in Nürnberg vor Gericht gestellt und verurteilt wurde, war Rudolf Lehmann. Angeklagt wurde Lehmann im Prozess gegen das Oberkommando der Wehrmacht, dem zwölften und letzten der Nachfolgeprozesse (Dezember 1947 bis April 1949). Das gegen ihn verhängte Urteil lautete auf sieben Jahre Freiheitsentzug. Vor allem durch Lehmanns Engagement bei der Formulierung des Kriegsgerichtsbarkeitserlasses sah das Gericht den Tatbestand des Kriegsverbrechens und des

---

46 Internationaler Militärgerichtshof Nürnberg, Der Nürnberger Prozess gegen die Hauptkriegsverbrecher vom 14. November 1945 – 1. Oktober 1946. Band I, Nürnberg 1947, S. 327
47 Lore Maria Peschel-Gutzeit (Hrsg.), Das Nürnberger Juristen-Urteil von 1947. Historischer Zusammenhang und aktuelle Bezüge. Baden-Baden 1996.

Verbrechens gegen die Menschlichkeit als erfüllt an. Seinen Rechtfertigungsversuch, wonach Hitler schon während des Krieges in Polen die Kriegsgerichte wegen ihrer allzu großen Milde gegenüber der Landesbevölkerung getadelt habe, was sich in Russland nicht wiederholen solle, wies das Gericht mit der vernichtenden Bemerkung zurück: »Um den Militärgerichten einen Tadel des Führers zu ersparen, war der Angeklagte offensichtlich bereit, das Leben unschuldiger Menschen zu opfern.«[48]

Auswirkungen auf die Rechtsprechung in der noch jungen Bundesrepublik hatte dieses Urteil über das Verhalten des höchsten Militärjuristen im NS-Deutschland nicht. Sofern Militärjuristen überhaupt angeklagt wurden, wurden sie freigesprochen. Dabei argumentierten die Gerichte, der Bundesgerichtshof eingeschlossen, mit Gründen, die sich sehr ähnlich waren: Das milde Licht, in dem das Geschehen in der Rückschau erscheine, dürfe nicht den Blick trüben für die wirkliche, bei Verhängung des Urteils bestehende Situation. Oder dass das Gericht infolge der militärischen Lage Sachzwängen unterworfen gewesen sei und einer Auflösung der Disziplin vorbeugen musste.[49] Dazu kamen später noch Argumente, die mehr auf Grundsätzliches abhoben. Sie sprachen den Richter bei der Verurteilung wegen Hoch-, Landes- oder Kriegsverrats von der Pflicht frei (schließlich habe es sich um ein einwandfreies Verfahren gehandelt), den Rechtfertigungsgrund des übergesetzlichen Notstands zu prüfen, der seinerseits ein Widerstandsrecht hätte legitimieren können. Sie forderten, dass ein Widerstand, damit er anerkannt und seine kriegsgerichtliche Verurteilung aufgehoben werden könne, »einen lebens- und entwicklungsfähigen Keim des Erfolges« in sich tragen müsse. Einzelaktionen wie die Weigerung, aus moralisch-politischen Gründen dem Einberufungsbescheid Folge zu leisten, vermochten, so der Bundesgerichtshof, die bestehenden Verhältnisse nicht zu ändern und zählten folglich nicht dazu. Sie dazu zu zählen würde bedeuten, jene zu benachteiligen, »die es – möglicherweise bei ebenfalls eindeutiger Ablehnung der NS-Gewaltherrschaft – aufgrund ebenso gewissenhafter Abwägung aller Umstände als ihre Pflicht angesehen haben, sich dem Wehrdienst, wie er von der staatlichen Gewalt von ihnen gefordert wurde, nicht zu entziehen.« Und sie erklärten, dass die Hinrichtung eines Bibelforschers wegen seiner Kriegsdienstverweigerung nicht zu beanstanden sei, weil es dem einzelnen Bürger nicht zustehe, über Recht- oder Unrechtmäßigkeit eines Krieges zu entscheiden. Ob es der nationalsozialistische Staat gewesen sei, der den Angriffskrieg geführt habe, sei insofern ohne Belang.[50]

Mit anderen Worten: Die höchste bundesdeutsche Justiz fand über Jahre hinweg nichts daran auszusetzen, dass Widerstand gegen das mörderische NS-Regime von der Militärjustiz hart bestraft wurde. In ihren Augen war der NS-Staat staats- wie auch völkerrechtlich ein Staat wie andere auch, so dass es dem einzelnen Rechtsunterworfenen nicht zustand, sich hoheitlichen Entscheidungen zu entziehen oder diese gar zu sabo-

---

48 Zitiert nach Fall 12. Das Urteil gegen das Oberkommando der Wehrmacht. 2. Aufl., Berlin (Ost) 1961, S. 286.
49 MESSERSCHMIDT (wie Anm. 19), S. 444.
50 Gerd HANKEL, Die Wehrmachtsjustiz und ihre Aufarbeitung. Eine Geschichte von Verbrechern, Fehlern und Versäumnissen. In: KIRSCHNER (wie Anm. 11), S. 305.

tieren. Die vielen Opfer, die die NS-Militärjustiz durch aktives Tun oder durch Unterlassen im europäischen Ausland gefordert hatte, gerieten nicht einmal in ihren Fokus. In völliger Verkehrung der Realität fühlten sich die Militärrichter als Opfer. Im Rückblick auf eines ihrer jährlichen Treffen schrieb zum Beispiel der Protokollant: »Ich wies darauf hin, dass das periodische Treffen dringend notwendig sei, nicht nur, um wichtige Probleme zu erörtern, sondern auch von dem Treffen wieder einmal mehr das Bewusstsein in den Alltag mitzunehmen, dass wir als Heeresrichter einer Gemeinschaft angehört haben, die bis zum Schluss des Krieges ernsthaft bemüht war, objektiv und unbeeinflussbar Recht zu sprechen. Dieses Bewusstsein brauchen wir, weil immer wieder aus dem Osten gesteuerte Angriffe gegen ehemalige Heeresrichter auftauchen; ich erinnere an die letzte ›Dokumentation‹. Hinzu kommen unflätige Beschimpfungen durch einzelne Individuen im Westen.«[51]

Geändert hat sich diese Situation erst aufgrund von Umständen, die gewissermaßen von außen über die bundesdeutsche Justiz kamen. Die deutsche Vereinigung und die in ihrem Gefolge absehbare justizielle Auseinandersetzung mit DDR-Systemunrecht schufen einen Handlungsdruck, der, gespeist durch die Angst vor Glaubwürdigkeitsverlust und Autoritätsdefiziten, übermächtig war. Wie auch sollte die bundesdeutsche Justiz mit nur einiger sozialer Akzeptanz Juristen aus der ehemaligen DDR zur Verantwortung ziehen können, wenn ihr zugleich der Vorwurf gemacht werden konnte, blind gegenüber den dunkelsten Kapiteln der eigenen Vergangenheit zu sein.

Das erste Gericht, das Position bezog, war das Bundessozialgericht. Gerade Sozialgerichte waren häufig inzident mit Fragen nach der Rechtsqualität von Kriegsgerichtsurteilen befasst, da sie letztlich darüber zu entscheiden hatten, ob Anträge auf Hinterbliebenenversorgung begründet waren oder nicht. Begründet waren sie nach §1 Abs. 2 Buchstabe d des Bundesversorgungsgesetzes in den Fällen, in denen eine Strafmaßnahme der NS-Justiz »den Umständen nach als offensichtliches Unrecht anzusehen ist«. Dass die bundesdeutsche Justiz, wenn es um das Schicksal von Wehrmachtsangehörigen ging, zunächst kein »offensichtliches Unrecht« in der NS-Militärjustiz zu erkennen vermocht hatte, haben die erwähnten Beispiele gezeigt. Jetzt aber, in seinem Urteil vom 11. September 1991, erklärte das Bundessozialgericht: »Die Todesurteile der Militärstrafjustiz während des Zweiten Weltkriegs schließen die Hinterbliebenen der von ihnen betroffenen Soldaten in der Regel nicht von allen Leistungen des Bundesversorgungsgesetzes aus, weil angesichts der Gesamtumstände die Rechtswidrigkeit der Urteile zu vermuten ist.«[52] Und an anderer Stelle heißt es im Urteil: »Die Bewertung der Militärstrafjustiz der nationalsozialistischen Wehrmacht muss sich an der Wirklichkeit ausrichten, wie sie sich heute darstellt. Nur ein beschränkter Teil der damaligen Strafpraxis war rechtstaatlich vertretbar.« Unter Verwendung der Fraenkelschen Terminologie vom Normen- und Maßnahmenstaat führte das Gericht weiter aus: »Die nationalsozialistische Herrschaftsordnung war [...] ein politisches Terrorsystem ›der unbeschränkten Willkür und Gewalt, das durch keinerlei rechtliche Garantien eingeschränkt‹ wurde, und bildete insoweit den

---

51 Hanns Dombrowski, zitiert nach HAASE (wie Anm. 6), S. 263 (Hervorhebungen im Original).
52 Zitiert nach Neue Juristische Wochenschrift, 1992, S. 934.

sogenannten ›Maßnahmestaat‹. [...] Zum Maßnahmestaat gehörte auch die Todesurteilspraxis der Wehrmachtsgerichte.«[53]

Im Mai 1997 erklärte der Deutsche Bundestag, dass die gewöhnlich wegen der Tatbestände der Kriegsdienstverweigerung, der Desertion beziehungsweise Fahnenflucht und der Wehrkraftzersetzung ergangenen Urteile der Wehrmachtsjustiz »unter Anlegung rechtsstaatlicher Wertmaßstäbe Unrecht waren«. Doch galt das nicht für alle Urteile. Tathandlungen, die auch nach heutigem Verständnis noch Unrecht wären, sollten ausgenommen sein.[54] Doch schon ungefähr ein Jahr später, im August 1998, beschloss der Bundestag, das »Gesetz zur Aufhebung nationalsozialistischer Unrechtsurteile in der Strafrechtspflege«.[55] Allerdings erstreckte sich die Aufhebung, die auf Antrag zu gewähren war, nicht auf alle Unrechtsurteile. Zwar sollten, wie der entsprechenden Auflistung zu entnehmen war, auf der Grundlage der Kriegssonderstrafrechtsverordnung ergangene Urteile aufgehoben werden, nicht aber solche, die nach dem Militärstrafgesetzbuch ergangen waren und zum Beispiel die Desertion/Fahnenflucht oder den Kriegsverrat betrafen. Das wurde erst, nach teilweise langwierigen, kontroversen Diskussionen, in den Jahren 2002 (Desertion)[56] und 2009 (Kriegsverrat)[57] durch zwei weitere Entscheidungen des Gesetzgebers nachgeholt.

Mehr als 60 Jahre nach dem Ende des Zweiten Weltkriegs waren damit die Opfer der NS-Militärjustiz rehabilitiert, pauschal, ohne Einzelfallprüfung. Werner Krauss war da schon über 30 Jahre tot. Er starb 1976.

---

53 Beide Zitate ebenda, 935.
54 Deutscher Bundestag, 13. Wahlperiode, Drucksache 13/7669, 3.
55 BGBl. I, 1998, S. 2501.
56 BGBl. I, 2002, S. 2714.
57 BGBl. I, 2009, S. 3150.

STRAFVOLLZUG

ARBEITSERZIEHUNGSLAGER

KONZENTRATIONSLAGER

Strafvollzug im »Dritten Reich«

Rolf Faber

Strafanstalten der Justiz stehen nicht gerade im Fokus des geschichtswissenschaftlichen Interesses. Dies trifft insbesondere auch auf die Zeit des »Dritten Reiches« zu – die Gefängnisse und Zuchthäuser stehen im Schatten der Konzentrations- und Vernichtungslager. Das noch lange Zeit nach 1945 vorherrschende Bild der angeblich, bis auf einige bedauerliche Ausnahmefälle, »unbelasteten Justiz« (einschließlich des Strafvollzugs), ließ auch die Beschäftigung mit dem Vollzug als wenig interessant erscheinen.[1] Dies führte unter anderem dazu, dass die Vollzugsanstalten lange Zeit als ein Stück »Normalität« im »Dritten Reich« angesehen wurden. Hinzu kam, dass viele Gefangene aufgrund von Delikten, für die sie auch nach 1945 belangt worden wären, inhaftiert waren: Sie waren oft keine »rassisch« oder politisch Verfolgten, sondern wurden vielfach beispielsweise wegen gewöhnlicher Eigentumsdelikte bestraft.

Kriminelle Gefangene wurden in den Erinnerungen ehemaliger KZ-Insassen fast durchgängig als äußerst negativ charakterisiert.[2] Das hatte zur Folge, dass an ihrem Schicksal, unabhängig davon, ob sie sich in Gefängnissen bzw. Zuchthäusern oder in Konzentrationslagern befunden hatten, wenig Interesse bestand. Dabei wurde übersehen, dass Kategorien wie »kriminell« oder »politisch« im Nationalsozialismus nicht so einfach auseinander zu halten sind. Auch Personen, die nach rechtsstaatlichem Verständnis als Kriminelle gelten mussten, waren in die Mühlen der NS-Justiz geraten. Sie galten schnell als »Gewohnheitsverbrecher« oder »Asoziale« und wurden nach Verbüßung ihrer Haft in Konzentrationslagern weiter inhaftiert. Nikolaus Wachsmann urteilt deswegen zutreffend: »Auch Verbrechen an Verbrechern sind Verbrechen«.[3]

Der Strafvollzug war Teil der Diktatur des NS-Regimes. Zwischen 1933 und 1945 waren mehrere Millionen Menschen im Deutschen Reich in Vollzugsanstalten der Justiz, Untersuchungsgefängnissen, Gerichtsgefängnissen, Gefängnissen, Zuchthäusern und Strafgefangenenlagern inhaftiert. Es existierten auf dem Reichsgebiet 167 größere Anstalten mit einer Kapazität von durchschnittlich 450 Gefangenen sowie zahlreiche kleinere Gerichtsgefängnisse, Gefängnisse und Zuchthäuser.

Mit dem Übergang der Hoheitsrechte der Länder auf das Reich waren ab 1935 nicht mehr die Landesjustizministerien sondern das Reichsjustizministerium für den Straf-

---

1 Siehe zum Justizvollzug allgemein: Heike JUNG / Heinz MÜLLER-DIETZ (Hrsg.), Strafvollzug im »Dritten Reich«. Am Beispiel des Saarlandes. Baden-Baden 1996; Kai NAUMANN, Gefängnis und Gesellschaft. Freiheitsentzug in Deutschland in Wissenschaft und Praxis 1920–1960. Berlin 2006.
2 Siehe u. a. Karin ORTH, Gab es eine Lagergesellschaft? »Kriminelle« und politische Häftlinge im Konzentrationslager. In: Norbert FREI, Ausbeutung, Vernichtung, Öffentlichkeit. Neue Studien zur nationalsozialistischen Lagerpolitik (= Darstellungen und Quellen zur Geschichte von Auschwitz. Bd. 4). München 2000, S. 109–133.
3 Nikolaus WACHSMANN, Gefangen unter Hitler. Justizterror und Strafvollzug im NS-Staat. München 2006.

vollzug zuständig.⁴ Damit unterstanden ihm auf dem Gebiet des Deutschen Reiches die 167 größeren Vollzugsanstalten sowie alle Zuchthäuser, Gefängnisse und Gerichtsgefängnisse.

Auf dem Territorium des heutigen Bundeslandes Hessen bestanden neben den Gerichtsgefängnissen folgende Zuchthäuser und Gefängnisse:
- Butzbach (Gefängnis/Zuchthaus)
- Kassel-Wehlheiden (Zuchthaus)
- Offenbach am Main (Gefängnis)
- Preungesheim (Strafanstalt »Strafgefängnis und Frauenjugendgefängnis Preungesheim«)
- Rockenberg (Zuchthaus Marienschloß)
- Ziegenhain (Frauenzuchthaus)
- Ziegenhain (Zuchthaus, »Männersicherungsanstalt«).⁵

Nachfolgend sollen neben einem Rückblick auf die Weimarer Zeit die Themen: Grundlagen des Strafvollzugs, die Situation der Strafgefangenen im nationalsozialistischen Strafvollzug, Arbeitseinsatz und Strafvollzug sowie Todesurteile und ihre Vollstreckung erörtert werden. Dabei soll versucht werden, den Bezug zu Hessen herzustellen, aber auch zur besseren Erläuterung der Gegebenheiten auf andere territoriale Bereiche zurückgegriffen werden.

Strafvollzug in der Weimarer Zeit

Der Zusammenbruch des Kaiserreichs und die Gründung der Republik machten auch den Weg frei für einen neuen Umgang der Gesellschaft mit Kriminalität und Strafvollzug. Der ehemalige kaiserzeitliche Strafvollzug sollte reformiert werden, statt Sühne und Strafe sollten zukünftig Erziehung und Veränderung der Gefangenen an erster Stelle stehen.

Als Beispiel sei ein Gefängnisdirektor angeführt, wie es beispielsweise Albert Krebs in Untermaßfeld in Thüringen war, der progressiven Reformen im Strafvollzug sehr aufgeschlossen gegenüber stand. Er versuchte, seine Anstalt dementsprechend umzugestalten. Dazu war er der Überzeugung, dass die große Mehrzahl der Gefallenen nichts Rechtes gelernt hätten – in recht vielen Fällen ohne eigenes Verschulden.

Für ihn waren deshalb gute sozialfürsorgerische Maßnahmen und eine solide Ausbildung der Gefangenen während der Strafzeit die effektivste Form des Strafvollzugs, um Kriminalität vorzubeugen. Damit unterschied er sich von zahlreichen anderen Gefängnisdirektoren der Weimarer Republik, welche den Neuerungen im Strafvollzug mit äußerster Skepsis und Ablehnung begegneten und drakonische Strenge und Bestrafungen bei geringster Widersetzlichkeit für die angemessensten Methoden hielten.

---

4 NAUMANN (siehe Anm. 1), S. 114 ff.
5 Eine Übersicht der Justizvollzugsanstalten findet sich hier: http://de.wikipedia.org/wiki/Liste_der_Justizvollzugsanstalten_in_Deutschland.

Allerdings wurde während der Weimarer Republik in einigen Gefängnissen, in denen ein »fortschrittlicher Geist« eingezogen war, darunter beispielsweise im Männerzuchthaus Untermaßfeld in Thüringen, ein Stufensystem eingeführt, das die Gefangenen in unterschiedliche Gruppen einteilen sollte. Gruppe 3 war die »Beobachtungsklasse«, Gruppe 2 die »Aufrückerklasse« und Gruppe 1 die »Oberklasse«.[6]

Gefangene, die neu in die Anstalt kamen, befanden sich auf der untersten Stufe, (Gruppe 3) und waren, so lange keine Gründe für ihre Absonderung vorlagen, in den großen Gruppenzellen mit durchschnittlich 35 Personen untergebracht. Rückten sie durch gute Führung in die zweite Stufe auf, kamen sie in Einzelzellen und erhielten Vergünstigungen, wie beispielsweise, dass sie sich ein Bild in der Zelle aufhängen oder Bücher aus der Bibliothek ausleihen durften. Die am weitesten gehende Neuerung war, dass Gefangene der obersten Stufe außerhalb der Anstalt in der Landwirtschaft arbeiten konnten und unter der Woche nachts nicht wieder zurück in die Anstalt mussten – eine frühe Form des heutigen offenen Vollzuges. Regelmäßig fanden an Sonntagen Konzerte und Vorträge statt, welche von den Gefangenen gerne besucht wurden.[7]

Die wenigen so geführten Strafanstalten mussten allerdings durchweg ohne zusätzliche finanzielle Unterstützung seitens der zuständigen Justizministerien auskommen. Die eingeführten Reformen konnten oft nur an der Oberfläche bleiben und beschränkten sich auf kleinere Erleichterungen, die nichts kosteten, am eintönigen Alltag mit meist eintöniger Arbeit aber nicht viel änderten. Auch ein großer Teil der unteren Beamtenschaft wollte die Reformen nicht konsequent mittragen. Die meisten Gefängniswärter setzten weiter auf strenge militärische Ordnung. Für die Reformer war dies eine ständige Quelle der Frustration.[8] So klaffte zwischen Anspruch und Wirklichkeit meist ein breiter Spalt. Der Strafvollzug bestand für die meisten Gefangenen letzten Endes doch nur daraus, die Zeit psychisch und physisch möglichst unbeschadet zu überstehen.

Strafvollzug im »Dritten Reich«

Neuausrichtung des Strafvollzugs nach der Machtübernahme

Mit der Machtübernahme durch die Nationalsozialisten erfuhren die Justizreformen und Reformbestrebungen der Weimarer Republik ein jähes Ende. Die in der Weimarer Republik entstandenen Reformansätze im Strafvollzug wurden unter der nationalsozialistischen Gewaltherrschaft abgeschafft. Dem Weimarer Strafvollzug wurde von der NS-Justiz generell vorgeworfen, dass er die Strafzwecke »Erziehung und Besserung« absolut gesetzt und damit dem Vollzug seinen eigentlichen Charakter als Strafe enthoben habe.

---

6 Vgl. Johannes FÜLBERTH, Strafvollzug im Strafgefängnis Spandau. Eine Fallstudie über 25 Jahre Gefängnis in zwei Systemen. Vortrag am 14. November 2010 in der Gedenkstätte Haus der Wannsee-Konferenz, S. 5. Online unter: http://www.ghwk.de/fileadmin/user_upload/pdf-wannsee/herbstveranstaltungen/fuelberth_strafgefaengnis-spandau.pdf (Zugriff 15. Januar 2015).

7 Ebenda.

8 Ebenda, S. 4.

Man berief sich darauf, dass die Gefängnisse in der Bevölkerung den Ruf von Sanatorien hätten, so der Staatssekretär im preußischen Justizministerium und seit 1942 machtbesessene Blutrichter des Volksgerichtshofs Roland Freisler 1933 in einer Denkschrift zum NS-Strafrecht. Die bisher vorhandene Rechtsstaatlichkeit im Strafvollzug wurde außer Kraft gesetzt.

»Sühnen soll der Rechtsbrecher, sich beugen unter der Rechtsordnung oder, wenn er nicht will, gebeugt werden«,[9] war das neue Credo für den Strafvollzug. Die Strafe zielte nicht mehr auf Besserung des Verurteilten durch Erziehung, sondern war nur noch Sühne für die begangene Tat und diente der Abschreckung potentieller Straftäter. Der preußische Ministerpräsident Hermann Göring fasste dies in einer Rede am 18. Mai 1933 zusammen: »Nur als Übel kann die Strafe abschreckend und sichernd wirken und gleichzeitig durch Gewöhnung und Ordnung dort Erziehungsarbeit leisten, wo Besserung noch möglich ist.«[10] Darüber hinaus wurde der »Schutz der Volksgemeinschaft« als besonderer Zweck der Strafe hervorgehoben.

Hans Frank, Bayerischer Justizminister und Präsident der Akademie für Deutsches Recht, nannte 1937 als Motto für den »neuen Strafvollzug«: »Der Strafvollzug im nationalsozialistischen Staat wird streng und gerecht, aber im Einklang mit dem Volksgewissen durchzuführen sein. Er teilt sich in drei große Gebiete: Vernichtung des gemeinen Verbrechers, Strafe des straffällig Gewordenen und Erziehung des Besserungsfähigen.«[11]

Schon 1933, also im ersten Jahr der NS-Herrschaft, kam es zu einer Zunahme der Zahl der Strafgefangenen. So stieg die durchschnittliche Tagesbelegung der preußischen Strafanstalten gegenüber den vorangegangenen Jahren um 50 Prozent auf 56.928. Im Sommer 1934 überstieg die Häftlingszahl in ganz Deutschland die Marke von 100.000 und sie nahm 1935 und 1936 weiter zu. Zum Anstieg der Gefangenenzahlen trug insbesondere der Terror gegen politisch Andersdenkende bei, der ab 1933 vor allem gegen Kommunisten, Sozialdemokraten und Gewerkschafter ausgeübt wurde. Den Vorkriegshöchststand erreichte die Häftlingszahl mit 122.305 (Stichtag 28. Februar 1937).[12] Gewiss befanden sich nicht alle dieser Gefangenen aufgrund der nationalsozialistischen Strafjustiz in Haft, aber schätzungsweise 50.000 von ihnen hätten in der Weimarer Zeit nicht hinter Gittern gesessen.

Die abschreckende Wirkung von Freiheitsstrafen wurde durch die Schaffung verschärfter Vollzugsbedingungen ab 1933 verstärkt. Die Haftbedingungen in den Strafanstalten wurden durch Überbelegung, Senkung der Kosten für die Versorgung der Gefangenen und verstärkten Arbeitseinsatz verschärft sowie Gefangenenrechte abgeschafft. Auch die Justiz leistete nicht nur durch die ordentlichen Gerichte, sondern vor allem

---

9 Herbert REINKE/Gerhard SÄLTER, Hinter Gittern: Zur Geschichte der Inhaftierung zwischen Bestrafung, Besserung und politischem Anschluss vom 18. Jahrhundert bis zur Gegenwart. Leipzig 2010, S. 178.
10 Hermann GÖRING, Der Geist des neuen Staates. Rede des Ministerpräsidenten Hermann Göring am 13. Mai 1933. Berlin 1933.
11 Justiz im Nationalsozialismus. Katalog zur Ausstellung, Baden-Baden 2002, S. 25.
12 Siehe WACHSMANN (siehe Anm. 3), S. 59.

durch die Sondergerichte, den berüchtigten Volksgerichtshof und die politischen Senate bei den Oberlandesgerichten ihren Beitrag.[13] Dabei zeigte die Justiz eine ungeahnte Bereitschaft, auch bei geringfügigen unpolitischen Straftaten lange Freiheitsstrafen zu verhängen.

Der »neue Strafvollzug«

Das Reichsjustizministerium setzte bis April 1935 eine einheitliche Regelung des Strafvollzugs für alle Länder durch. Grundlage für den »neuen Strafvollzug« bildete die Strafvollzugsverordnung von 1934.[14] Sie stellte einen radikalen Bruch mit der »Humanitätsduselei« des reformerischen Geistes der Weimarer Zeit dar.[15] In dieser Verordnung, deren Ziel es war, dass die Haft für die Gefangenen ein »empfindliches Übel« sein müsse, wurden die Dienst- und Vollzugsvorschriften für den Strafvollzug vereinheitlicht. Sie bestimmte Sühne und Abschreckung zu den Vollzugszielen wie beispielsweise in § 48: »Durch die Verbüßung der Freiheitsstrafe sollen die Gefangenen das begangene Unrecht sühnen [...] Die Freiheitsentziehung ist so zu gestalten, dass sie für den Gefangenen ein empfindliches Übel ist und auch bei denen, die einer inneren Erziehung nicht zugänglich sind, nachhaltige Hemmungen gegenüber der Versuchung, neue strafbare Handlungen zu begehen, erzeugt.«

Eine weitere gesetzliche Grundlage für den Strafvollzug bildete u.a. das »Gesetz gegen gefährliche Gewohnheitsverbrechen und über Maßregeln der Sicherung und Besserung« (sog. Gewohnheitsverbrechergesetz) vom 24. November 1933.[16] Dieses ordnete unter bestimmten Voraussetzungen eine Strafschärfung für »gefährliche Gewohnheitsverbrecher« an und brachte als »Maßregel der Sicherung und Besserung« unter anderem die Einführung der Sicherungsverwahrung (Art. 5 Nr. 2) und die Einführung der Entmannung »gefährlicher Sittlichkeitsverbrecher« (Art. 2 Abschnitt 1a – Maßregeln der Sicherung und Besserung). Die Vorschriften zur Bekämpfung »gefährlicher Täter« wurden im Zuge der weiteren Entwicklung noch verschärft. Nach § 1 des Gesetzes zur Änderung des Reichsstrafgesetzbuches vom 4. September 1941[17] verfielen der »gefährliche Gewohnheitsverbrecher (§ 20a des Strafgesetzbuches) und der Sittlichkeitsverbrecher (§§ 176–178 des Strafgesetzbuches) [...] der Todesstrafe, wenn der Schutz der Volksgemeinschaft oder das Bedürfnis nach gerechter Sühne es erfordern«.

Entmannung

Die Nationalsozialisten waren der Überzeugung, dass ein großer Teil der Gefangenen als »Gewohnheitskriminelle« und »Berufsverbrecher« für die »Volksgemeinschaft« dau-

---

13 Für Hessen siehe Wolfgang FORM / Theo SCHILLER, Politische NS-Justiz in Hessen. Die Verfahren des Volksgerichtshofs, der politischen Senate der Oberlandesgerichte Darmstadt und Kassel 1933–1945, sowie Sondergerichtsprozesse in Darmstadt und Frankfurt/M. (1933/34). 2 Bde, Marburg 2005.
14 Verordnung über den Vollzug von Freiheitsstrafen und von Maßregeln der Sicherung und Besserung, die mit Freiheitsentziehung verbunden sind vom 14. Mai 1934, RGBl. I S. 383.
15 Vgl. Cord GEBHARDT, Der Fall des Erzberger-Mörders Heinrich Tillessen. Tübingen 1995, S. 315.
16 RGBl. I, S. 995.
17 RGBl. I, S. 549.

erhaft »unbrauchbar« sei.[18] Zahlreiche Maßnahmen zielten daher darauf ab, diese Gruppen dauerhaft auszugrenzen. Sie erschienen als gefährliche, minderwertige Menschen, gegen die Maßnahmen zum Schutz der Volksgemeinschaft und Reinheit der Rasse zulässig waren. Hinzu kam die nationalsozialistische »Rassenhygiene«, die zwar Kriminalität nicht pauschal als Erbkrankheit definierte, aber für die Inhaftierten, die dem Gefängnisarzt oder dem Direktor aufgefallen waren, dennoch eine ständig schwebende Bedrohung bildete.[19] So wurden zahlreiche Gefangene nach dem »Gesetz zur Verhütung erbkranken Nachwuchses« zwangssterilisiert.[20]

Als Beispiel mag der Fall des 24-jährige Erwin P. erwähnt werden: 1938 wurde er vom Direktor und vom Anstaltsarzt beim zuständigen Erbgesundheitsgericht zur Sterilisation vorgeschlagen. Dass besonders das familiäre Umfeld den Ausschlag für seine Sterilisierung gab, zeigt die Begründung des Gerichts: »Schon die Sippe des Betroffenen zeigt fast durchweg eine minderwertige Erbmasse. Die Mutter ist schwachsinnig, eine Schwester ist wegen Schwachsinns sterilisiert, zwei Brüder sind vorbestraft, einer von ihnen ist Epileptiker. Daß bei dem Betroffenen Intelligenzdefizite vorliegen, ist außer Zweifel, wenn auch Teilgebiete des Denkvermögens in Ordnung sind. Der Betroffene hat bisher im Leben in jeder Beziehung versagt.«[21]

Schutzhaft

Bereits bevor die Justizministerien der Länder den Strafvollzug durch neue Dienst- und Vollzugsordnungen, Gesetze und Verordnungen im nationalsozialistischen Sinne verschärften, gerieten die Gefängnisse über Nacht in den Mittelpunkt der neuen Ereignisse: Nach dem Reichstagsbrand im Februar 1933 ließen die Nationalsozialisten Zehntausende ihrer politischen Gegner verhaften, so dass die Polizeigefängnisse sehr schnell völlig überfüllt waren.[22]

In Berlin griff man in dieser Situation beispielsweise auf das Strafgefängnis Spandau zurück, wo sich für Wochen und Monate Hunderte von Schutzhaftgefangenen[23] wiederfanden, darunter zahlreiche Prominente. Hier zeigte sich, dass die Justiz selbst im Anfangsjahr des »Dritten Reiches« zur Kooperation mit der Polizei bereit war. Diese Haftpraxis hätte aus juristischer Sicht als rechtswidrig betrachtet werden müssen. Die Justiz hat diese Polizeihaftpraxis hingenommen. Hätten die Strafanstalten nicht die Tore für

---

18 Siehe Carola von Bülow, Der Umgang der nationalsozialistischen Justiz mit Homosexuellen. S. 88 ff. Online Dissertation: http://oops.uni-oldenburg.de/374/2/bueumgoo.pdf (Download 15. Januar 2015).
19 Siehe u. a. Manfred Kretschmer, Das NS-Gesetz zur Verhütung erbkranken Nachwuchses. In: zfp Südwürttemberg, Januar 2011, S. 4.
20 Siehe Martina Pfeiffer, Das Erbgesundheitsgericht im Spiegel der Publikationen aus der Zeitschrift »Der Erbarzt« in den Jahren 1928 bis 1945. München 2008, S. 107 ff. Der Herausgeber von »Der Erbarzt« war der in Frankfurt lehrende Mediziner Otmar von Verschuer.
21 Fülberth (siehe Anm. 6), S. 8.
22 Vgl. Lexikon des Dritten Reichs: Schutzhaft. Online Ausgabe - http://www.lexikon-drittes-reich.de/Schutzhaft (letzter Zugriff 15. Januar 2015).
23 Reichstagsbrandverordnung vom 28. Februar 1933. RGBl. I, S. 83.

die Schutzhäftlinge geöffnet, hätte man niemals so viele politisch Missliebige festnehmen könnten.

Für viele Schutzhaftgefangene war wohl überraschend, dass sie im Spandauer Gefängnis, besonders im Vergleich zu den Folterkellern der SA, verhältnismäßig gut behandelt wurden. Diese relativ günstigen Umstände gingen hauptsächlich darauf zurück, dass die Gefangenen nicht als Strafgefangene inhaftiert waren und damit nach der Dienst- und Vollzugsordnung eine andere Behandlung als die gewöhnlichen Gefangenen erhielten. Sie befanden sich in Schutzhaft, die hier noch nach Kriterien der Rechtspflege der Weimarer Republik gehandhabt wurde.[24]

Die für die Schutzhaftgefangenen zuständigen Gefängnis-Inspektoren waren (noch) Beamte alten preußischen Typs und hatten keinerlei Unterlagen darüber bekommen, wegen welcher Vorwürfe die Schutzhaft-Gefangenen zu ihnen in die Anstalt gekommen waren. Diese entsprachen so gar nicht den sonst üblichen Gefangenen: zahlreiche Abgeordnete, Rechtsanwälte, Ärzte und Schriftsteller befanden sich unter ihnen. Die gebildeten und von ihrem sozialen Status überlegenen Gefangenen machten offensichtlich einen enormen Eindruck auf die meist aus einfacheren Verhältnissen stammenden Beamten Spandaus, die ihnen mit sehr viel Respekt und Achtung begegneten.[25]

Doch dieser »Schutz« war trügerisch. Das Gefängnis im »Dritten Reich« bot keineswegs Rettung vor der Gewalt, sondern hielt sowohl die Schutzhaftgefangenen als auch die »normalen« kriminellen Gefangenen nur für die weiteren Verfolgungen und Misshandlungen bereit. Bereits am 6. April 1933 wurde eine Anzahl der prominenten Schutzhaftgefangenen in das KZ Sachsenhausen verlegt. Bereits auf dem Weg dorthin wurden sie von SA-Männern schwer misshandelt. Die Folterungen, die in den nächsten Wochen folgten, waren so massiv, dass zahlreiche der Gefangenen starben, Selbstmord verübten oder ein Leben lang gezeichnet blieben. Im heutigen Hessen waren 1933 zwei sogenannte frühe Konzentrationslager für das Wegsperren von Schutzhaftgefangenen eingerichtet worden: Breitenau bei Kassel und Osthofen.[26]

Die Situation der Strafgefangenen

Da der nationalsozialistische Strafvollzug als »Krieg gegen die Verbrecherwelt«[27] (Hans Frank) angesehen wurde, wurde das Leben in den Gefängnissen und Zuchthäusern ab 1933 immer härter. Das Gefängnis müsse ein »Haus des Schreckens« werden, war die Forderung von Staatssekretär Roland Freisler in einer Rede 1933.[28] Alles in allem verschlechterten sich ab 1933 die Bedingungen in den Strafanstalten. Politische Gefangene

---

24 FÜLBERTH (siehe Anm. 6), S. 7.
25 Ebenda.
26 Siehe die Beiträge von RICHTER und ARENZ-MORSCH in diesem Band.
27 Hans FRANK, Der Sinn der Strafe. In: Blätter für Gefängniskunde, 66 (1935), S. 191 f.; zitiert nach: Jürgen SIMON, Kriminalbiologie und Zwangssterilisation. Eugenischer Rassismus 1920–1945. Münster 2001, S. 179.
28 Siehe Wolfgang SARODNICK, »Dieses Haus muß ein Haus des Schreckens werden ...«. Strafvollzug in Hamburg 1933–1945. In: Klaus BÄSTLEIN / Helge GRABITZ, Justizbehörde Hamburg. »Für Führer, Volk und Vaterland« Hamburger Justiz im Nationalsozialismus. Hamburg 1992, S. 333–381.

beschrieben den harten Umgangston der Strafvollzugsbediensteten, tätliche Übergriffe, Demütigungen und strenge Disziplinarmaßnahmen. Zudem ging jede Möglichkeit, gegen die schlechte Behandlung zu protestieren, verloren, nachdem die Gefangenenbeschwerden durch die neuen Vorschriften stark eingeschränkt worden waren. Entsprechend den Forderungen nach einem strengeren und eng disziplinierten Strafvollzug galt als Leitbild der gehorsame, saubere, fleißige Gefangene. Verstöße gegen die »Hausordnung« wurden streng bestraft.

Die Verschärfung der Haftbedingungen traf insbesondere die Gefangenen, die zu Zuchthausstrafen verurteilt worden waren. Sie hatten besondere Kleidung zu tragen, sie durften keine Tageszeitung beziehen, ihre tägliche Arbeitszeit betrug 10 Stunden, sie durften nur alle drei Monate Besuche empfangen und alle zwei Monate Briefe schreiben.

Der enorme Anstieg der Gefangenenzahlen nach 1933 bewirkte eine Überbelegung der Anstalten. Die Folgen waren knappe, einfachste Ernährung – viele Gefangenen litten Hunger –, unzureichende ärztliche und medizinische Betreuung sowie schlechte Arbeitsbedingungen zur Ausbeutung der Arbeitskraft der Gefangenen. Unter anderem nahm die Zahl der Arbeitskommandos außerhalb der Strafanstalten zu.[29]

Nach Kriegsbeginn 1939 trat eine weitere Verschlechterung der Lebensverhältnisse hinter Gittern ein: Überbelegung der Haftäume, Ausbeutung der Gefangenen, Hunger, Verwahrlosung oder Krankheiten – mit der Folge, dass die Zahl der Todesfälle in den Anstalten anwuchs. In der Zeit vom 30. Juni 1939 bis zum 30. Juni 1944 stieg die Zahl der Insassen der Strafanstalten von 108.685 auf 196.700 an. Im September 1944 kamen auf zwei Gefängnisinsassen drei Zuchthaushäftlinge.[30] Ein Zeichen dafür, dass alle »inneren Feinde« rücksichtslos unterdrückt werden sollten. Gegen politische Gegner und gewöhnlich Kriminelle wurde unnachgiebig vorgegangen. Durch die sich daraus ergebende mangelnde einfachste Hygiene kam es zum Auftreten von Ungeziefer, das wegen fehlender finanzieller Mittel nicht ausreichend bekämpft werden konnte. Dadurch drohten Seuchen bis zu Fleckfieber. Demgegenüber stand eine Verringerung der Ernährungsleistungen. Hunger herrschte bei den Häftlingen; viele verstarben an Tuberkulose. Bei Luftangriffen mussten die Häftlinge in ihren abgeschlossenen Zellen bleiben und waren so völlig ungeschützt den Bomben ausgesetzt oder mussten Bombenschäden beseitigen.

Jüdische Strafgefangene

Juden und Jüdinnen bildeten in den Strafanstalten eine kleine Minderheit. Doch auch hinter Gittern riss ihre Diskriminierung nicht ab. Seit 1933 breitete sich auch im Strafvollzug der Antisemitismus aus. Zahlreiche jüdische Gefangene wurden Opfer von Übergriffen antisemitischer Beamter. Aber nicht alle Gefängnisbeamten waren von Antisemitismus getrieben. Viele verhielten sich gleichgültig, andere waren wohlwollend. Doch selbst in den Gefängnissen mussten die jüdischen Gefangenen nach einer Anweisung

---

29 Siehe Haftanstalten und Straflager der Justiz (Deutsches Reich). Stiftung Erinnerung – Verantwortung – Zukunft. Online unter: https://www.bundesarchiv.de/zwangsarbeit/haftstaetten/index.php?tab=23 (Zugriff 15. Januar 2015).
30 WACHSMANN (siehe Anm. 3), S. 195.

von Staatssekretär Freisler vom 31. Oktober 1941 den Davidstern tragen. Jedenfalls wurden die jüdischen Gefangenen im »normalen« Strafvollzug weniger brutal behandelt als Juden in Konzentrationslagern.

Arbeitseinsatz in der Rüstungsindustrie

Das Reichsjustizministerium weitete ab 1938 die bestehende Arbeitsverpflichtung der Inhaftierten der Gefängnisse und Zuchthäuser aus.[31] Arbeit in den Gefängnissen und Zuchthäusern war zwar schon während der Weimarer Republik Bestandteil des Strafvollzugs gewesen, doch veränderte sie sich mit diesem Eingriff tiefgreifend. Am 28. Oktober 1939 ordnete das Reichsjustizministerium elf- bis zwölfstündige Arbeitszeiten für Häftlinge in den Gefängnissen, Zuchthäusern und Straflagern an. Dabei wurde eine strenge Bestrafung bei »Faulheit«, »schuldhaft schlechter Arbeitsleistung« und »Arbeitsverweigerung« angedroht und angewendet. Strafen waren u. a. Essensentzug, Arrest sowie Prügel.

Die Strafanstalten wurden als Reservoir billiger Arbeitskräfte angesehen. Unter anderem nahm die Zahl der Arbeitskommandos außerhalb der Strafanstalten zu. Viele Häftlinge wurden jeden Morgen von ihrem Gefängnis oder Zuchthaus zu einer Baustelle gebracht, oder sie wurden auf Dauer in Außenlagern untergebracht. Ab September 1944 waren fast neunzig Prozent der Justizhäftlinge, darunter 73.000 Ausländer, im Arbeitseinsatz für die Rüstungsindustrie tätig.[32]

Als ein Beispiel für die Arbeit der Gefangenen in Hessen können die Sprengstoffwerke in Allendorf (heute Stadtallendorf) gelten. Ab 1942 kamen Zuchthausgefangene in dortigen Sprengstoffwerken im Lager Falkenhahn zum Einsatz. Im Mai 1942 wurde das Lager Falkenhahn mit 100 polnischen Strafgefangenen eröffnet. Im September 1942 waren im Lager 72 Strafgefangene untergebracht. Für die Monate Januar bis August 1944 schwankte die Zahl der männlichen und weiblichen Strafgefangenen zwischen ca. 69 und 329 Menschen. Im März 1944 waren 79 polnische Strafgefangene für Erdarbeiten, u. a. bei den Entwässerungsanlagen, eingesetzt. 41 deutsche männliche und 32 deutsche weibliche Zuchthausgefangene waren mit der Herstellung von Granaten und Sprengstoffen beschäftigt und 6 Polen arbeiteten als Metallfacharbeiter. Zur gleichen Zeit beantragte die Verwert-Chemie (eine der Betreiber der Allendorfer Sprengstoffwerke) die Zuweisung von weiteren 200 weiblichen Zuchthausgefangenen für die Munitionsanfertigung. Die Aufnahmekapazität des Lagers Falkenhahn betrug im März 1944 500 Personen. Ihre Anzahl betrug mit Stichtag 10. Mai 1944: 88 Männer und 35 Frauen.[33]

Am 12. April 1944 erließ der Reichsminister der Justiz, dass auch weibliche Gefängnisgefangene mit Strafen über drei Monaten zur Arbeit eingesetzt werden sollten. Daraufhin beantragte der Generalstaatsanwalt bei dem Oberlandesgericht Kassel und bei den Generalstaatsanwälten Danzig, Hamburg, Braunschweig und Oldenburg Ende April 1944 die Zuführung von weiblichen Gefängnisgefangenen. Gegen Ende des Krieges

---

31 Ebenda.
32 Ebenda.
33 Siehe entsprechende Tafeln im Ausstellungsteil dieses Bandes, S. 587 ff.

wurde nochmals eine Ausdehnung der zum Arbeitseinsatz bestimmten Personengruppen vorgenommen. So forderte der Generalstaatsanwalt in Kassel am 24. Februar 1942 das Landgerichtsgefängnis Marburg auf, weibliche Gefängnisgefangene mit einem Strafrest von mehr als einem Monat in das Lager Allendorf zu überführen.[34]

Die während des Zweiten Weltkriegs eingeführte Arbeit in Bombenräumkommandos gehörte dabei zu den gefährlichsten Arbeiten, die Justizhäftlinge verrichten mussten. Viele der dafür nicht ausgebildeten Gefangenen wurden von Bomben in Stücke gerissen.

Zusammenarbeit von Justiz, Polizei und Gestapo

Die Justiz arbeitete eng mit der Polizei und der Gestapo zusammen. Ohne jegliche gerichtliche Kontrolle, das heißt völlig willkürlich, konnte die Gestapo nach dem Preußischen Gestapo-Gesetz vom 10. Februar 1936 handeln.[35] So konnten Straftäter nach Verbüßung der regulären Haftzeit im Gefängnis ohne weiteres von der Gestapo ins KZ eingewiesen werden. Ebenfalls ganz ohne Beteiligung von Gerichten fand die grausame Massenvernichtung der Juden und anderer für minderwertig oder schädlich erachteter Bevölkerungsgruppen statt, die man vor der Öffentlichkeit geheim zu halten versuchte.

Von Beginn des NS-Regimes an hatte das Reichsjustizministerium außerrechtliche Maßnahmen der Polizei und Gestapo unterstützt. Zwar existierten gewisse Konflikte, doch beide Institutionen versorgten sich laufend gegenseitig mit Gefangenen. Dazu gehörte auch, dass Strafgefangene nach der Verbüßung ihrer Strafe der Gestapo übergeben, in »Schutzhaft« genommen und in Konzentrationslager eingeliefert wurden. Sogenannte gefährliche Staatsfeinde wurden selbst nach einem Freispruch zur »Nachüberwachung« in »Schutzhaft« genommen. Die Zusammenarbeit von Justiz und Polizei ging sogar soweit, dass bei bevorstehenden Entlassungen von Gefangenen aus der Strafhaft sechs Wochen vorher von der Strafvollzugsanstalt benachrichtigt wurde, so dass diese entscheiden konnte, ob sie den Entlassenen in eine Konzentrationslager überführen sollte. Dies betraf insbesondere die politischen Gefangenen, bei hohen Strafen und in Fällen mehrerer Verhaftungen. Dasselbe Verfahren galt auch bei wegen Homosexualität verfolgten Männern. Waren ihnen mehrere Sexualkontakte vorgeworfen worden, so wurden sie kurz vor der anstehenden Entlassung der Gestapo gemeldet und übergeben und in ein Konzentrationslager eingewiesen.[36] Der Höhepunkt der Abgabepraxis an die Konzentrationslager war das seit 1942 laufende Programm »Vernichtung durch Arbeit«,[37] bei der bestimmte Gefangene, insbesondere Sicherungsverwahrte und als »asozial« eingestufte Gefangene, gezielt an die Lager überführt wurden. Mehr als 20.000 Justizgefangene wurden so der Polizei übergeben. Die meisten von ihnen wurden anschließend in Konzentrationslagern ermordet.

---

34 Schreiben des GStA Kassel vom 4. März 1942; Staatsarchiv Marburg (HStAM) Best. 251 Ziegenhain Acc. 1984 Nr.41.
35 Preußische Gesetzsammlung, S. 21.
36 Vgl. v. Bülow (siehe Anm. 18), S. 317 ff.
37 Siehe Herrmann Kaienburg, »Vernichtung durch Arbeit«. Bonn 1990.

Allerdings gab es im Strafvollzug Unterschiede zu den Gefangenen in den Konzentrationslagern: Bei der Verbüßung von Freiheitsstrafen war eine gerichtliche Verurteilung vorausgegangen oder diese stand – im Falle der Untersuchungshäftlinge – noch aus. Der Gefangene in den Zuchthäusern und Gefängnissen kannte seinen Entlassungstag. In den Strafvollzugsanstalten herrschten klare und strikte Regeln – insbesondere vor dem Krieg. Die Gefangenen hatten einen Anspruch, für ihre Arbeitsleistung entlohnt zu werden. Es waren Besuche von Angehörigen möglich und Freizeitaktivitäten konnten nachgegangen werden (Lesen, Spielen). Gewalttätige Angriffe auf Gefangene gehörten nicht zwangsweise zur Tagesordnung. Das KPD-Mitglied Emil Carlebach berichtete in seiner 1988 erschienenen Autobiographie über seinen Aufenthalt im Gefängnis in Hameln 1934/35: »Für mich war Hameln eine Erleichterung. Solange ich bei SA und Gestapo war, konnte ich jeden Moment totgeschlagen oder mindestens gefoltert werden. Die Strafjustiz, die Justiz, d. h. die Herren Richter und Staatsanwälte, waren inzwischen alle Naziverbrecher geworden. Aber im Strafvollzug hat sich dies kaum ausgewirkt. Da lief alles, so wie vorher auch, bürokratisch, primitiv, menschenunwürdig, aber nicht lebensgefährlich.«[38]

Trotzdem darf man nicht vergessen, dass es sich um Freiheitsentzug handelte und dass ein mehrjähriger Zuchthausaufenthalt keine Bagatelle darstellte. Zudem gab es Hierarchien unter den Gefangenen. Politische Häftlinge hatten es besonders schwer, vor allem was den Arbeitszwang anbelangt.

Strafgefangenenlager

Eine besondere Funktion übernahmen die Strafgefangenenlager der Justiz. Schon vor dem Krieg richtete die Justiz eine Reihe dieser Lager ein, die nicht zum Konzentrationslagersystem der SS gehörten. Die ersten von ihnen entstanden im Frühjahr 1934 mit der Einrichtung des Gefangenenlagerkomplexes im Emsland, den sogenannten Emslandlagern.[39] Ronald Freisler bezeichnete die Emslandlager intern als »den modernsten Teil des Strafvollzuges«. 1937 betrieb das Reichsjustizministerium allein im Emsland sieben Lager mit insgesamt rund 8.800 Insassen. Die Strafgefangenen dort wurden vor allem zur Kultivierung des Moores eingesetzt. Die Lebensbedingungen der dort Inhaftierten unterschieden sich kaum von denen der KZ-Häftlinge. Schwerstarbeit, willkürliche Gewalt und Folter waren hier alltäglich.

Die Besonderheit der Emslandlager war vor allem die enge Verknüpfung zwischen Reichsjustizministerium und nationalsozialistischen Terrororganen. Diese Lager bildeten eine Verknüpfung zwischen Strafvollzug und Konzentrationslagern und dienten zugleich der Kompetenzerweiterung der Justizbehörden im Bereich der »weltanschaulichen Neuordnung«. Die Bewachung des Strafgefangenlagers oblag der SA, während

---

38 Emil CARLEBACH [* 10. Juli 1914 in Frankfurt/M.; † 9. April 2001], »Am Anfang stand ein Doppelmord«. Kommunist in Deutschland. Autobiographie, Band 1 (bis 1937), Köln 1988. Emil CARLEBACH, Meine Haftzeit in Hameln. DKP-Hessen (Hrsg.). http://www.dkp-hessen.de/galerie/personen/carlebach-haft-hameln.htm (Download 15. Januar 2015).

39 Ausführlich siehe Homepage des Dokumentations- und Informationszentrum (DIZ) Emslandlager, Papenburg: http://www.diz-emslandlager.de/ (Zugriff 15. Januar 2015).

die Verwaltung durch die Justizbehörden erfolgte. Weitere Strafgefangenenlager entstanden Ende der 1930er-Jahre.[40] Die Gefangenen mussten im Wasser-, Straßen- und Brückenbau arbeiten, bei der Urbarmachung von Ödland oder Flussbegradigungen. In der Regel waren die Lebensbedingungen für die Gefangenen schlechter als in den regulären Haftstätten.

Im April 1938 wurde in Hessen das Gefangenenlager Rodgau in Betrieb genommen. Es bestand aus einem früheren Arbeitshaus in Dieburg und mehreren Außenlagern. Im Dezember 1938 befanden sich bereits über 1.000 Gefangene in Rodgau, die im Wasser-, Straßen- und Brückenbau beschäftigt waren. Hauptprojekt war der Bau eines Abwassersystems, das Frankfurt und Offenbach mit landwirtschaftlichen Flächen im Umland verbinden sollte.[41]

Todesurteile und Vollstreckung

Androhungen der Todesstrafe

Zwischen 1933 und 1945 wurden mehr als 16.000 Todesurteile vollstreckt. Besonders während des Krieges stieg die Zahl der Todesstrafen an – von 1.292 im Jahr 1941 auf 4.457 im folgenden Jahr; 1943 und 1944 wurden insgesamt 9.600 Angeklagte zum Tode verurteilt. Ein Zeichen dafür, dass der Justizterror unaufhörlich zugenommen hatte.[42]

Während bis 1933 nur drei Straftatbestände, darunter Mord und schwere Sprengstoffverbrechen, die Todesstrafe zur Folge hatten, so sorgte die nationalsozialistische Regierung bereits unmittelbar nach der Machtübernahme dafür, dass in folgenden Gesetzen die Todesstrafe angedroht wurde:
- Verordnung des Reichspräsidenten zum Schutz von Volk und Staat vom 28. Februar 1933, welche die Todesstrafe für eine ganze Reihe von Verbrechen statt der bisher lebenslangen Zuchthausstrafe als einzige Strafe einführte.[43]
- § 2 Abs. 2 Verordnung des Reichspräsidenten zur Abwehr heimtückischer Angriffe gegen die Regierung der nationalen Einheit vom 21. März 1933[44],
- Gesetz über Verhängung und Vollzug der Todesstrafe vom 29. März 1933[45],
- Gesetz zur Gewährleistung des Rechtsfriedens vom 13. Oktober 1933[46].

---

40 Vgl. Erich KOSTHORST/Bernd WALTER (Hrsg.). Konzentrations- und Strafgefangenenlager im Dritten Reich: Beispiel Emsland. 3 Bde. Düsseldorf 1983; Wolfgang BENZ/Barbara DISTEL (Hrsg.). Der Ort des Terrors. Geschichte der nationalsozialistischen Konzentrationslager. Frühe Lager. Dachau. Emslandlager. Bd. 2. München 2005.

41 Siehe u. a. Ulrike PUVOGEL, Gedenkstätten für die Opfer des Nationalsozialismus. Band 245 der Schriftenreihe der Bundeszentrale für politische Bildung. Bonn 1987, S. 364 und S. 385.

42 Siehe Bundeszentrale für politische Bildung. Justiz im Dritten Reich. Online unter: http://www.bpb.de/geschichte/nationalsozialismus/weisse-rose/61055/justiz-im-dritten-reich?p=all (letzter Zugriff 15. Januar 2015).

43 RGBl. I, S. 83

44 RGBl. I, S. 135.

45 RGBl. I, S. 151

46 RGBl. I, S. 723.

So wurde beispielsweise in § 5 der Verordnung des Reichspräsidenten zum Schutz von Volk und Staat festgelegt:

(1) Mit dem Tode sind die Verbrechen zu bestrafen, die das Strafgesetzbuch in den §§ 81 (Hochverrat), 229 (Giftbeibringung), 307 (Brandstiftung), 311 (Explosion), 312 (Überschwemmung), 315 Abs. 2 (Beschädigung von Eisenbahnanlagen), 324 (gemeingefährliche Vergiftung) mit lebenslangem Zuchthaus bedroht.

(2) Mit dem Tode oder soweit nicht bisher eine schwerere Strafe angedroht ist, mit lebenslangem Zuchthaus oder mit Zuchthaus bis zu 15 Jahren wird bestraft:

1. Wer es unternimmt, den Reichspräsidenten oder ein Mitglied oder einen Kommissar der Reichsregierung oder einer Landesregierung zu töten oder wer zu einer solchen Tötung auffordert, sich erbietet, ein solches Erbieten annimmt oder eine solche Tötung mit einem anderen verabredet;
2. Wer in den Fällen des § 115 Abs. 2 des Strafgesetzbuchs (schwerer Aufruhr) oder des § 125 Abs. 2 des Strafgesetzbuchs (schwerer Landfriedensbruch) die Tat mit Waffen oder in bewusstem und gewolltem Zusammenwirken mit einem Bewaffneten begeht;
3. Wer eine Freiheitsberaubung (§ 239 des Strafgesetzbuchs) in der Absicht begeht, sich des der Freiheit Beraubten als Geisel im politischen Kampfe zu bedienen.

Auch das Gesetz gegen heimtückische Angriffe auf Staat und Partei und zum Schutz der Parteiuniformen vom 20. Dezember 1934 ermöglichte das Verhängen der Todesstrafe in besonders schweren Fällen bei gehässigen Äußerungen über leitende Persönlichkeiten des Staates und der NSDAP. Bereits 1938 stand auf 25 Delikten die Todesstrafe. Schließlich waren bis 1945 in 46 Gesetzen und Verordnungen Delikte enthalten, die mit der Todesstrafe angedroht waren.

Während des Zweiten Weltkriegs wurden von der Justiz vermehrt Todesurteile verhängt, u. a. aufgrund der Verordnung über das Sonderstrafrecht im Kriege und bei besonderem Einsatz (Kriegsstrafrechtsverordnung, KSSVO) vom 17. August 1938,[47] der Verordnung gegen Volksschädlinge vom 5. September 1939 (RGBl. l S. 1679), die allen, die bei ihren Verbrechen eine Waffe benutzt hatten, die Todesstrafe androhte. In der Verordnung über die Strafrechtspflege gegen Polen und Juden in den eingegliederten Ostgebieten vom 4. Dezember 1941 (Polenstrafrechtsverordnung)[48] wurde die Todesstrafe für uferlos weit gefasste Delikttatbestände eingeführt. Ebenfalls die Todesstrafe sah die Verordnung über außerordentliche Rundfunkmaßnahmen für das Abhören ausländischer Sender und das Verbreiten ihrer Nachrichten vor.[49]

Alles Maß überschritt die 5. Verordnung zur Ergänzung des Kriegssonderstrafrechts vom 5. Mai 1940,[50] die es zuließ, für jede Straftat alle Strafen einschließlich der Todesstrafe zu verhängen, wenn der regelmäßige Strafrahmen »nach gesundem Volksempfinden« zur Sühne nicht ausreiche.

Auch die Gerichte legten z. B. das Kriegsstrafrecht weit aus, so dass auch Kleinkriminelle, Erst- und Gelegenheitstäter in großer Zahl zum Tode verurteilt wurden.

---

47 RGBl. I, 1939, S. 1455.
48 RGBl. I, S. 759.
49 RGBl. I, S. 1681.
50 RGBl. I, S. 115.

Darüber hinaus standen im Mittelpunkt vieler Verfahren die §§ 2 und 4 der »Volksschädlingsverordnung« vom 5. September 1939,[51] die die Anwendung der Todesstrafe bei Handlungen während der Verdunklung oder bei »Ausnutzung der kriegsbedingten Verhältnisse« ermöglicht. Nach § 1 der »Volksschädlingsverordnung« konnten »Plünderer«, die bei oder nach Luftangriffen Diebstähle begingen, zum Tode verurteilt werden.

Mit Kriegsbeginn wurden sogar bei jedem Landgericht sogenannten »Plünderer«-Kammern gebildet, die bei schweren Luftangriffen zusammentraten und im Schnellverfahren Todesurteile fällten, deren Vollstreckung unmittelbar nach den Angriffen zur Abschreckung auf roten Plakaten bekannt gemacht wurden. Den Angeklagten blieben dabei keine Möglichkeiten, ihre Unschuld zu beweisen oder sich sonst zu verteidigen.[52]

Die Verordnung über die Strafrechtspflege gegen Polen und Juden in den eingegliederten Ostgebieten vom 4. Dezember 1941[53] überbot an Brutalität alle bisherigen Regelungen. Hier wurde für uferlos weit gefasste Delikttatbestände die Todesstrafe angedroht. So sollten Polen und Juden mit dem Tode, in minderschweren Fällen mit Freiheitsstrafe bestraft werden, wenn sie »durch gehässige oder ketzerische Betätigung eine deutschfeindliche Gesinnung bekunden, insbesondere deutschfeindliche Äußerungen machen oder öffentliche Anschläge deutscher Behörden oder Dienststellen abreißen oder beschädigen, oder wenn sie durch ihr sonstiges Verhalten das Ansehen oder das Wohl des Deutschen Reiches oder des Deutschen Volkes herabsetzen oder schädigen« (§ 1 Abs. 3).

Auf Todesstrafe sollte nicht nur erkannt werden, wo das Gesetz sie androhte. Auch da, wo das Gesetz sie nicht vorsah, sollte sie verhängt werden, »wenn die Tat von besonders niedriger Gesinnung zeugt oder aus anderen Gründen besonders schwer ist, in diesen Fällen ist Todesstrafe auch gegen jugendliche Schwerverbrecher zulässig«.

Vollstreckungsstätten

Bis 1935 wurde die Vollstreckung von Todesurteilen an dem Ort durchgeführt, der dem aburteilenden Gericht am nächsten lag. Da nicht jede Justizvollzugsanstalt über ein Fallbeilgerät verfügte, musste dieses häufig erst an den Ort der Vollstreckung gebracht werden. Die Geräte mussten wegen des Gewichtes (rund 500 kg) und der sperrigen Abmessungen (zum Teil über vier Meter Höhe) in Kisten zerlegt, aufbewahrt und transportiert werden. Diese Probleme wurden mit der Bestimmung von ausgewählten Vollzugsstandorten zu zentralen Hinrichtungsstätten und dem Einbau stationärer Fallbeilgeräte gelöst. Von den 240 Justizvollzugsanstalten des Deutschen Reichs wurden 1936 elf zu beständigen Vollzugsorten der Todesstrafe bestimmt. Als mit Beginn des Krieges die Zahl der Todesurteile aufgrund der verschärften Strafgesetzgebung und der Radikalisierung der Gerichte stetig zunahm, erhöhte die Reichsjustizverwaltung die Zahl zentraler Hinrichtungsstätten bis zum Kriegsende auf 22.

---

51 RGBl. I, S. 1679.
52 Vgl. Harald HIRSCH, Die Sondergerichte Darmstadt und Frankfurt/M. im Rahmen der politischen SS-Strafjustiz 1933–1934. In: FORM / SCHILLER (Siehe Anm. 12). S. 794 (hier Anm. 43) und 816 f.
53 RGBl I, S. 759.

Es handelte sich um: Strafgefängnis Posen, Untersuchungsgefängnis Königsberg, Untersuchungshaftanstalt Danzig, Strafgefängnis Breslau, Haftanstalt Kattowitz, Strafgefängnis Berlin-Plötzensee, Zuchthaus Brandenburg-Görden, Untersuchungshaftanstalt Hamburg-Stadt, (Strafanstalten Dreibergen-Bützow) Strafgefängnis Wolfenbüttel, Untersuchungsgefängnis Dresden, Gerichtsgefängnis Weimar, Zuchthaus Halle (Saale), Strafgefängnis Köln, Untersuchungshaftanstalt Dortmund, Strafgefängnis Frankfurt/M.-Preungesheim, Strafgefängnis München-Stadelheim, Untersuchungsgefängnis Stuttgart, Zuchthaus Bruchsal, Untersuchungshaftanstalt Prag-Pankratz, Untersuchungshaftanstalt Wien I, Untersuchungshaftanstalt Graz.[54]

Vollstreckungsstätte Frankfurt-Preungesheim

Auf dem Gebiet des heutigen Bundeslandes Hessen befand sich die Vollstreckungsstätte zunächst in Butzbach und ab 1937 in Frankfurt-Preungesheim. Das Fallbeil aus Butzbach war nach dem Ersten Weltkrieg (vor der ersten Hinrichtung vom 5. November 1921) von Mainz nach Butzbach gelangt. Es handelte sich um die alte Mainzer Revolutions-Guillotine, mit der am 21. November 1803 der bekannte Räuberhauptmann Johann Bückler, genannt Schinderhannes,[55] hingerichtet wurde.

Das Fallbeil selbst wurde nach dem 14. Oktober 1937 in die Haftanstalt Frankfurt-Preungesheim verbracht: Am 2. November 1942 legte der Reichminister der Justiz erneut die Richtstätten fest. Danach war das Strafgefängnis Frankfurt-Preungesheim für die Vollstreckungsbehörden in den Oberlandesgerichtsbezirken Darmstadt, Frankfurt/M. und Kassel zuständig.

Die Zahl der aus politischen Gründen in Preungesheim Hingerichteten dokumentiert eine Akte der Generalstaatsanwaltschaft Frankfurt/M.[56] Dies zeigt, dass nicht alle Unterlagen beim Einmarsch der alliierten Truppen verbrannt wurden oder bei Kriegseinwirkungen verloren gegangen sind. Bekannt sind die Namen von mehr als 250 Menschen, die aus politischen Gründen in den Jahren 1934–1945 in Preungesheim hingerichtet wurden. Als Hinrichtungsgründe dienten »Fahnenflucht«, »Wehrkraftzersetzung«, der Vorwurf »Volksschädling« zu sein, »Rassenschande«, das Abhören ausländischer Sender, Hilfe für Kriegsgefangene und Juden, »Sabotage«, »Landesverrat«, sowie »Vorbereitung zum Hochverrat«.

Die Gräber der Ermordeten sind schwer aufzufinden. Einige wurden auf dem Hauptfriedhof Frankfurt/M. beigesetzt. Viele Naziopfer wurden in die anatomischen Institute der Universitäten Frankfurt/M., Gießen und Marburg gebracht. Bei Unzähligen bleiben die Gräber unbekannt.

---

54 Siehe Thomas WALTENBACHER, Zentrale Hinrichtungsstätten. Der Vollzug der Todesstrafe in Deutschland von 1937–1945. Scharfrichter im Dritten Reich. Zwilling-Berlin, Berlin 2008.

55 Hierzu siehe Helga ABRET, Schinderhannes – ein grenzüberschreitender Räuber. Ein regionaler Mythos und seine literarischen Adaptionen. In: Der literarische Zaunkönig Nr. 1/2014, S. 15–22.

56 HHStAW Abt. 458a Nr. 627 mit durchgängigen Hinweisen auf Todesurteile vom 1941 bis 1944: insgesamt 262 Hinrichtungen.

Die Vollstreckungsstätten Berlin-Plötzensee und Brandenburg-Görden

Auch in den Zuchthäusern Berlin-Plötzensee sowie Brandenburg-Görden fanden Hinrichtungen statt. So fielen in den zwölf Jahren des nationalsozialistischen Terrors zwischen 1933 und 1945 zum Beispiel allein im Zuchthaus Berlin-Plötzensee 2.891 Menschen justizförmigen Tötungen zum Opfer.[57] Im Vergleich dazu fanden hier zwischen 1890 und 1932 nur insgesamt 36 Hinrichtungen statt.

Von den 2.891 Hingerichteten waren 1.500 vom Volksgerichtshof und rund 1.000 von Sondergerichten verurteilt worden. Die übrigen 400 Opfer waren vom Reichskriegsgericht, vom Kammergericht oder von den Landgerichten zum Tode verurteilt worden. Rund die Hälfte der 2.891 Hingerichteten waren Deutsche, 677 Tschechoslowaken, 253 Polen, 245 Franzosen.

Im Zusammenhang mit dem Umsturzversuch des 20. Juli 1944 sind die meisten vom Volksgerichtshof Verurteilten durch Erhängen hingerichtet worden. Ende 1942 hatte man im Hinrichtungsraum einen Stahlträger eingezogen, an dem acht Eisenhaken befestigt waren. An diesem Galgen wurden Erhängungen vorgenommen, zuerst an den Angehörigen der Widerstandsbewegung »Rote Kapelle«[58] Ende 1942 / Anfang 1943, ab August 1944 an den am Umsturzversuch des 20 Juli 1944 beteiligten Widerstandskämpfer. Zwischen dem 8. August 1944 und dem 15. April 1945 wurden auf diese Weise 89 Menschen ermordet, die den Widerstandskreisen des 20. Juli 1944 zugerechnet wurden oder diese unterstützt haben könnten.[59]

Die Gestapo hatte bereits einen Tag nach dem Umsturzversuch im Berliner Zellengefängnis Lehrter Straße 3 eine »Sonderabteilung 20. Juli 1944« eingerichtet. In den folgenden Monaten wurden dort mehr als 350 Gefangene inhaftiert, zunächst Soldaten, Offiziere und Zivilisten, die im Zusammenhang mit dem Umsturzversuch festgenommen worden waren. Viele von ihnen wurden später vom nationalsozialistischen »Volksgerichtshof« unter dem Vorsitz von Roland Freisler zum Tode verurteilt und in Berlin-Plötzensee ermordet.

1935 wurde in Brandenburg-Görden das größte Zuchthaus im Deutschen Reich in Betrieb genommen, das fortan vor allem zur Inhaftierung politischer Gefangener diente. 1942 wurde das Zuchthaus zur Hinrichtungsstätte, nachdem in einer Garage ein Fallbeil und eine Vorrichtung zum Erhängen installiert worden waren. Bis 1945 fanden hier 2.743 Menschen wegen politischer Betätigung gegen das NS-Regime den Tod.[60]

Vollzug der Todesurteile

In den ersten Jahren zwischen 1933 und 1935 wurden die Verurteilten mit dem Handbeil getötet. Am 14. Oktober 1936 entschied Adolf Hitler auf Vorschlag von Justizminister

---

[57] Siehe Homepage der Gedenkstätte Plötzensee: http://www.berlin1.de/berlin-sehen/geschichte/gedenkstaette-ploetzensee-erinnert-ermordetete-nazi-gegner-2014885.

[58] Tina MAGER, Die Widerstandsgruppe Schulze-Boysen / Harnack. Marburg 2000; Anne NELSON, Die Rote Kapelle. Geschichte der legendären Widerstandsgruppe. München 2010.

[59] Armin RAMM, Der 20. Juli vor dem Volksgerichtshof. Berlin 2007; Manuel BECKER (Hrsg.), Der militärische Widerstand gegen Hitler im Lichte neuer Kontroversen. Königswinter 2008.

[60] Siehe Internetseite http://www.stiftung-bg.de/doku/doku02.htm.

Franz Gürtner, dass die Todesstrafe im Deutschen Reich künftig mit der Guillotine zu vollstrecken sei. Als Begründung wurde angeführt, dass diese Hinrichtungsart einen geringeren körperlichen Kraftaufwand erfordere und außerdem zahlreiche Hinrichtungen hintereinander ermögliche.

»Das Fallbeil war 4,80 Meter hoch. Beim Vollzug raste der Schlitten unter lautem Getöse ca. 2,90 Meter nach unten und trennte mit einem glatten Schnitt den Kopf vom Körper, der in einen Korb fiel. Der Vorgang dauerte vom Anschnallen des Körpers bis zum Tod meist weniger als eine Minute.« – so ein Bericht.[61]

Von den gefällten Todesurteilen wurden ca. 3.000 von Johann Baptist Reichhart (1893–1972) vollzogen. Er war Scharfrichter aus München, arbeitete in Deutschland und Österreich vor als auch während der Nazidiktatur. Reichart richtete die Geschwister Sophie und Hans Scholl hin, die bekannten Mitglieder der Widerstandsgruppe »Weiße Rose«. Die anderen beiden bekannten Henker im Dritten Reich waren Wilhelm Röttger (Berlin) und Wilhelm Reindel (Magdeburg). Die Scharfrichter erhielten jährlich 3.000 RM als feste Vergütung und pro Hinrichtung zusätzlich 60 RM, später 65 RM. Die Angehörigen der Hingerichteten mussten eine »Kostenrechnung« bezahlen. Die Staatsanwaltschaften forderten für die Hinrichtung 300 RM und für das Porto zur Übersendung der »Kostenrechnung« 12 Pfennige.[62]

Chaos am Ende

Bei dem sich nähernden Kriegsende zeigte sich das NS-Regime noch einmal von einer weiteren negativen Seite. Als seit Sommer 1944 die Truppen der Alliierten im Osten und Westen immer größere Fortschritte machten, musste damit gerechnet werden, dass sie die dort befindlichen Strafanstalten besetzen würden. Deshalb arbeitete das Reichsjustizministerium Pläne aus, die Strafanstalten zu räumen. So kam es Ende Januar/Anfang Februar 1945 zunächst zur Räumung der Vollzugsanstalten im Osten. In das Chaos von Flüchtlingstrecks, zurückflutenden Wehrmachtsteilen und den Todesmärschen von KZ-Insassen trafen nun die Marschkolonnen der Gefangenen. Wie viele Gefangene infolge von Hunger und Kälte in dieser Zeit ums Leben kamen, ist nicht bekannt. Wer nicht mehr mitkam, wurde zurückgelassen oder erschossen. Gelangte ein Trupp zu einem westlichen Gefängnis, so war dieses meist derart überfüllt, dass die Häftlinge nicht aufgenommen werden konnten. Auch im Altreich wurden viele Gefängnisse aufgegeben, insbesondere weil sie durch Luftangriffe zerstört worden waren. In den noch bestehenden Strafanstalten verschlechterten sich die Verhältnisse durch die Überbelegung weiter. Die Rationen wurden noch mehr gekürzt, bis es am Ende nur noch Wassersuppe gab.

---

61 Johann DACHS, Tod durch das Fallbeil. Der deutsche Scharfrichter Johann Reichhart (1893–1972), 2. Auflage München 2001, S. 78 f.

62 Siehe Helmut ORTNER, Der Mann mit dem Fallbeil. Johann Reichhart – ein deutsches Henkerleben. Internet Resource: http://www.helmutortner.de/pdf/der-mann-am-fallbeil.pdf (Zugriff 15. Januar 2015). Siehe auch ausführlich vom gleichen Autor: Das Buch vom Töten: Über die Todesstrafe. Springe 2013.

Hinrichtungen fanden allerdings weiterhin statt. Endlich kam der Tag der Befreiung durch die alliierten Truppen; doch auch danach starben noch viele Gefangene an den Folgen ihrer Gefangenschaft.[63]

Als im Nürnberger Juristenverfahren 16 führende NS-Juristen vor Gericht standen, wurden am Rande die Verbrechen im Bereich des Strafvollzugs erörtert.[64] Die Formulierung der Richter über die NS-Juristen: »Der Dolch des Mörders war unter der Robe des Juristen. Verborgen.« Das galt auch für diejenigen, die im »Dritten Reich« für den Strafvollzug verantwortlich waren.

---

[63] Siehe u. a. Bernhard GELDERBLOM, Mordbefehl und Todesmarsch. Das Hamelner Zuchthaus in den Jahren 1944 und 1945. In: Detlef CREYDT, Zwangsarbeit für die Industrie und Rüstung mm Hils 1943–1945. Bd. 4, Holzminden 2001, S. 165–212.

[64] Rudolf WASSERMANN, Fall 3: Der Nürnberger Juristenprozess. In: Gerd R. UEBERSCHÄR (Hrsg.), Der Nationalsozialismus vor Gericht. Die alliierten Prozesse gegen Kriegsverbrecher und Soldaten 1943–1952. 2. Auflage Frankfurt/M. 2000, S. 99 ff.

Justizvollzug im »Dritten Reich« am Beispiel der JVA Diez

Adolf Morlang

Vorbemerkungen

Es gab zwei Anlässe, sich mit diesem Thema zu befassen, nämlich zunächst das unerwartete Auftauchen eines Kassibers, der im November 2006 bei Renovierungsarbeiten unter der Fußleiste einer Zelle der JVA Diez gefunden wurde. Er ist in Französisch verfasst und stammt vom August 1943. Der zweite Anlass war ein kalkulierbares Ereignis: das hundertjährige Bestehen der Anstalt, das im September 2012 mit Chronik, Festakt und Ausstellung begangen wurde.

Im Laufe der Zeit änderten sich die Bezeichnungen für die Anstalt. Am Anfang 1912 hieß sie Zentralgefängnis Freiendiez, von 1936 bis 1939 Zuchthaus, danach bis 1943 Strafgefängnis, bis 1970 Strafanstalt und seitdem Justizvollzugsanstalt. 2013 bezogen Sicherungsverwahrte aus Rheinland-Pfalz und dem Saarland den Neubau hinter der JVA, die jetzt offiziell den sperrigen Namen »Justiz- und Sicherungsverwahranstalt Diez« führt. Als 1938 Freiendiez von der Stadt Diez eingemeindet wurde, änderte man auch die angefügte Ortsangabe dementsprechend. Außerdem darf man das 1912 neu gebaute Gefängnis nicht mit dem noch aus nassauischer Zeit stammenden Zuchthaus verwechseln, das von 1785 bis 1927 im alten Grafenschloss in Diez bestand.[1]

Strafvollzug in der Weimarer Republik und im »Dritten Reich«[2]

Nach dem Ersten Weltkrieg kam es zu tiefgreifenden Reformen bzw. Reformansätzen im Strafrecht und Strafvollzug, die vor allem auf den bekannten Rechtswissenschaftler Gustav Radbruch (1878–1949) zurückgingen, der auch im Kabinett Stresemann Justizminister war. Er setzte sich zum Beispiel dafür ein, dass mehr Frauen Richter werden sollten und statt Vergeltungsstrafen Besserungsstrafen eingeführt wurden. Er plädierte für die Abschaffung der Todesstrafe und des Zuchthauses. Für die Praxis der Strafanstalten war besonders der Drei-Stufen-Strafvollzug relevant. Danach konnten sich die Häftlinge durch Verhalten und Arbeit bewähren und vom geschlossenen Vollzug »hocharbeiten« in die 1. Stufe, die etwa dem heutigen Freigängerwesen entsprach. Auch für die Zeit nach der Haft gab es vielversprechende Ansätze zu einer erfolgreicheren Resozialisierung der Entlassenen.[3] In diesem Zusammenhang gehörte für unseren Raum das

---

1 Fred STORTO, Zur Geschichte des Strafvollzugs in Diez. Manuskript, Diez 1981.
2 Franz MAIER, Strafvollzug im Gebiet des nördlichen Teiles von Rheinland-Pfalz im Dritten Reich. In: Justiz im Dritten Reich, Teil 2. Schriftenreihe des Ministeriums der Justiz Rheinland-Pfalz 3. Frankfurt/M. 1995; Martin BROSZAT, Der Staat Hitlers. München 1969, hier S. 10; Kapitel: Recht und Justiz, S. 403–422.
3 de.wikipedia.org/wiki/Gustav_Radbruch.

Abb. 1: Der Haupteingang zur JVA Diez, ca. 1925.

Übergangsheim Langwiesen in einem Wasserschloss bei Montabaur.[4] Die Entlassenen sollten sich hier für sechs Monate aufhalten und hauptsächlich landwirtschaftliche und Meliorisierungsarbeiten durchführen. Unterkunft und Verpflegung waren frei, nach der Entlassung wurde angesparter Lohn ausgezahlt. Die Heimleitung stellte zum Schluss eine Arbeitsbescheinigung aus und bemühte sich darum, für die Insassen auf dem freien Arbeitsmarkt Stellen zu beschaffen. Der Grundgedanke der Heimerziehung steht im § 21 der Hausordnung: »Jeder in das Heim aufgenommene muss bestrebt sein, durch gutes Betragen und Fleiss zu zeigen, dass ihm wieder Vertrauen entgegengebracht werden kann. Dann wird es auch leichter fallen, ihm eine Stellung auf dem freien Arbeitsmarkt zu verschaffen.«

---

4 Archiv der JVA Diez (AJVAD), Akte mit dem Titel »Fürsorge für entlassene Gefangene 1920–1937«. Über das Wasserschloss und dessen interessante Geschichte informiert ausführlich Jens FRIEDHOFF, Schloß Langwiesen bei Montabaur. Geschichte, Baugestalt und Nutzung eines frühneuzeitlichen Adelssitzes. In: Nassauische Annalen Bd. 119 (2008), S. 147–187. Für das AJVAD fehlt noch ein Repertorium, deswegen können keine exakten Angaben, z. B. Seitenzahlen, zu den einzelnen Beständen gemacht werden.

Schon zu Beginn des NS-Regimes kehrte die Politik zu alten Zwangsmaßnahmen zurück. Der Drei-Stufen-Strafvollzug, erst 1929 eingeführt, und die Anstaltsbeiräte wurden wieder abgeschafft, ebenso die Möglichkeit des Hafturlaubs, auch das Beschwerderecht wurde stark eingeschränkt. Im Anstaltsalltag herrschte wieder ein strenger am Militärischen orientierte Stil vor, so wurde zum Beispiel die bisherige Freistunde durch militärischen Drill ersetzt. Der »Geist« des »Dritten Reiches« auf diesem Gebiet wird deutlich in einer Passage aus dem §48 der Verordnung vom 14. Mai 1934: »Durch die Verbüßung der Freiheitsstrafe sollen die Gefangenen das begangene Unrecht sühnen. Die Freiheitsentziehung ist so zu gestalten, daß sie für die Gefangenen ein empfindliches Übel ist […].«[5] Ab 1. Januar 1935 lag der Strafvollzug endgültig in der Kompetenz des Reiches und war nicht mehr Ländersache.[6]

Seit 1933 stieg die Zahl der Strafgefangenen stark an, besonders durch die politischen Häftlinge, die wegen der Kriminalisierung der Opposition verhaftet wurden. In Preußen zählte man 1930 knapp 30.000 Häftlinge, 1934 schon rund 64.000, im ganzen Reich im selben Jahr rund 150.000. In der Frühphase der Verfolgung 1933 wurden ca. 60.000 Aktivisten, vor allem der KPD und SPD, verhaftet, ca. 2.000 von ihnen starben in dieser Zeit.[7] Während des Krieges sind nach Schätzungen ca. 20.000 Häftlinge in deutschen Strafanstalten gestorben, die zahlreichen Hinrichtungen nicht mitgerechnet.

Beispiele zur »Gleichschaltung« der Anstalt im »Dritten Reich«

Wie sah es aus mit der Durchdringung der Anstalt mit der nationalsozialistischen Ideologie? Die drei Direktoren, die sie während des »Dritten Reiches« leiteten, waren alle Mitglieder der NSDAP, allerdings von unterschiedlichem Engagement. Werner Dommes, bis 1934 Direktor, war bereits 1932 in die NSDAP eingetreten. Ernst Gamradt, 1939 bis 1945 Anstaltsleiter, wurde erst 1937 Mitglied. Regierungsrat Schriever, der zwischen den beiden Vorgenannten dieses Amt bekleidete, wurde 1938 sogar von einem übereifrigen Parteigenossen beim Ortsgruppenleiter von Freiendiez angezeigt, weil er am Limburger Bahnhof den Rabbiner Laupheimer, der schon lange von Amts wegen die jüdischen Häftlinge betreute und daher Schriever unterstellt war, gegrüßt hatte.[8] Relativ spät im August 1936 schaffte die Anstalt eine Führerbüste an und stellte sie im Verwaltungstrakt auf. Die Festschrift von 1937 zeigt zwar großflächig auf dem Deckblatt das Hakenkreuz, der Inhalt dagegen ist eher konventionell-patriotisch gehalten. Nur an wenigen Stellen findet man NS-Gedankengut, so etwa beim Punkt Bücherei: »Die Neuanschaffungen der letzten beiden Jahre betraf vornehmlich nationalsozialistisches und geschichtspolitisches Schrift-

---

5 Verordnung über den Vollzug von Freiheitsstrafen und von Maßregeln der Sicherung und Besserung, die mit Freiheitsentziehung verbunden sind, vom 14. Mai 1934, RGBl. I, S. 383
6 Siehe auch den Beitrag von Rolf FABER in diesem Band, S. 214–216.
7 Carsten DAMS / Michael STOLLE, Die Gestapo. Herrschaft und Terror im Dritten Reich. München 2008, S. 107.
8 Hessisches Hauptstaatsarchiv Wiesbaden (HHStAW), Abt. 458a Nr. 554, S. 54.

tum. Eine nachhaltige Säuberung wurde nach nationalsozialistischen Gesichtspunkten durchgeführt.«[9] Auch in dem hauseigenen Handbuch für den Dienstgebrauch sind NS-Gedanken nur an einer Stelle zu finden, in der es um die ideologische Schulung der Beamten geht.[10] Allerdings achteten die vorgesetzten Behörden immer penibler auf die »Linientreue« des Personals. Daher berichtete der Anstaltsdirektor im November 1936 ausführlich über die politische Zuverlässigkeit eines in der Anstalt tätigen Werkmeisters, der in die Kritik geraten war.[11] Von allen Anstaltsbediensteten hat sich eindeutig nur Vertragsarzt Dr. Wilhelm Schäf als Nazi exponiert. Er war ein sogenannter »Alter Kämpfer«, SS-Hauptsturmführer und auf Gruppenfotos immer in SS-Uniform zu sehen.

Anzahl und Art der Häftlinge in der Diezer Haftanstalt

Auch im Diezer Gefängnis änderte sich ab 1933 die Zusammensetzung der Häftlinge grundlegend, besonders mit Kriegsbeginn. Zu den bisherigen »normalen« Gefängnis- und Zuchthausgefangenen, die meistens eine längere Haftstrafe verbüßten, kamen jetzt immer mehr auch kurzfristig inhaftierte politische Gefangene, darunter viele sogenannte »Schutzhäftlinge«. Für weitere Gefangene war das Gefängnis Durchgangsstation in KZs und sogenannte »Moorlager« im Emsland. Nach Kriegsbeginn kamen zahlreiche Ausländer (Zivilisten) hinzu, die wohl hauptsächlich durch den »Nacht-und-Nebel«-Befehl Hitlers vom 7. Dezember 1941 in den im Westen besetzten Ländern festgesetzt und hierher gebracht worden waren. Regelmäßig verbüßten auch ausländische Kriegsgefangene aus dem benachbarten Stammlager (Stalag XII A) kurzzeitige Disziplinarstrafen im Gefängnis. Gegen Kriegsende wurden immer häufiger Wehrmachtsstrafgefangene eingeliefert, die von Militärgerichten verurteilt worden waren. Darunter waren auch angebliche Deserteure, von denen einige in der Nähe der Anstalt hingerichtet wurden, vor allem in den Lehmgruben einer Diezer Ziegelei an der Limburger Straße.

Das Gefängnis war 1912 ursprünglich für 524 Häftlinge konzipiert. 1937 waren es 570, gegen Kriegsende, als wohl keine exakten Statistiken mehr geführt wurden, sollen es im Schnitt 700 bis 800 oder noch mehr gewesen sein. Ein frühes Zeugnis zu den politischen Häftlingen ist der Jahresbericht 1932/33 (verfasst am 3. Mai 1934) des evangelischen Anstaltsgeistlichen Emil Haas, der darin ca. 100 »Schutzhäftlinge« erwähnt.[12] In der darauffolgenden Zeit musste die Anstaltsleitung regelmäßig die Anzahl der politischen Gefangenen als auch deren Haftgründe ermitteln und der vorgesetzen Dienststelle melden, so zum Beispiel am 3. Juli 1935.[13] Am Stichtag 29. Juni 1935 waren danach 75 politische Gefangene in Freiendiez inhaftiert, davon 63 wegen Vorbereitung zum Hochverrat. In den folgenden Jahren war die Zahl der »Politischen« mehr als dop-

---

9 Festschrift: 25 Jahre Zentralgefängnis-Zuchthaus Freiendiez, 1937.
10 Handbuch für den Dienstgebrauch der Beamten am Zuchthaus Diez, 1937, S. 12.
11 HHStAW Abt. 458a Nr. 532, S. 9.
12 Zentralarchiv der Evangelischen Kirche in Hessen und Nassau Darmstadt (i. F.: ZAD), Best. 1, Nr. 1915.
13 HHStAW Abt. 458a Nr. 497, S. 135–138.

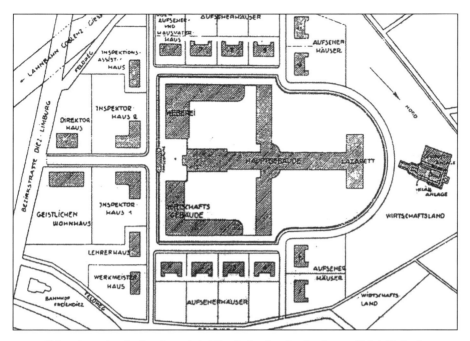

Abb. 2: Lageplan der Strafanstalt in Diez-Freiendiez. Der Baubestand blieb bis in die 1960er Jahre praktisch unverändert.

pelt so hoch wie 1935, dazu folgende Zahlen: 30. September 1936 = 137, 31. Dezember 1936 = 172, 31. März 1937 = 161 und 30. September 1937 = 163.[14] Das bedeutet für 1935, dass 16 % von alle Gefangenen politische Häftlinge waren; 1937 waren es bereits 29 %.

Da in diesem Jahr die Anstalt bereits überbelegt war, erhielt sie die Weisung, Häftlinge in die »Moorlager« in Ostfriesland zu überstellen. In diesem Zusammenhang wurde von der Bürokratie ein neues Unwort kreiert, denn der Anstaltsdirektor musste mit dem Arzt alle Gefangenen durchmustern und diejenigen aussondern, die *moorunfähig* waren.[15] Von den Transporten in die »Moorlager« erfuhr die Öffentlichkeit manchmal durch Presseberichte, so zum Beispiel im »Nassauer Boten« vom 16. September 1933, in dem steht, dass 43 »Schutzhäftlinge« von Freiendiez ins Emsland »verschickt« worden seien (s. Abb. 3).

Auch über ein weiteres Ereignis aus der Frühzeit des Nationalsozialismus wissen wir recht gut Bescheid. Es geht um die »wilde« Verhaftung von Regimegegnern in der »Freiendiezer Blutnacht« vom 1. August 1933. An diesem Tag verschleppten SA- und SS-Leute gewaltsam Juden, Kommunisten und Sozialdemokraten aus Diez und Umgebung ins Freiendiezer Rathaus, »verhörten« und misshandelten sie dort. Anschließend brachten die Schläger ihre Opfer, begleitet von ca. 30–50 Personen, zur »Schutzhaft« ins Freiendiezer Gefängnis.[16]

---

14 HHStAW Abt. 458a Nr. 579, S. 29 ff.
15 HHStAW Abt. 458a Nr. 531, S. 8.
16 Adolf MORLANG, Zwischen »Schutzhaft« und KZ. Strafvollzug im »Dritten Reich« am Beispiel der

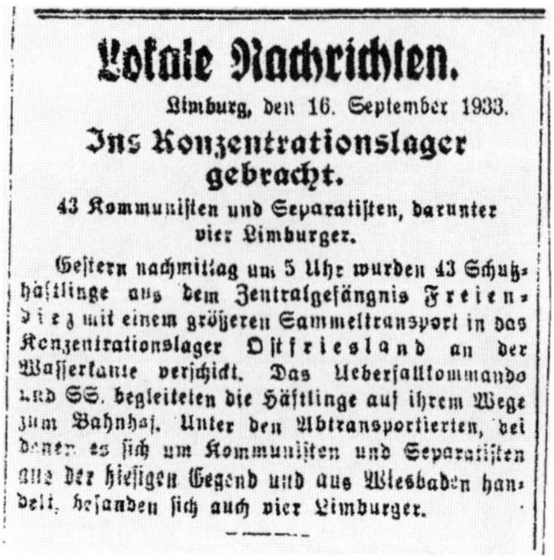

Lokale Nachrichten.

Limburg, den 16. September 1933.

Ins Konzentrationslager gebracht.

43 Kommunisten und Separatisten, darunter vier Limburger.

Gestern nachmittag um 5 Uhr wurden 43 Schutzhäftlinge aus dem Zentralgefängnis Freiendiez mit einem größeren Sammeltransport in das Konzentrationslager Ostfriesland an der Wasserkante verschickt. Das Ueberfallkommando und SS. begleiteten die Häftlinge auf ihrem Wege zum Bahnhof. Unter den Abtransportierten, bei denen es sich um Kommunisten und Separatisten aus der hiesigen Gegend und aus Wiesbaden handelt, befanden sich auch vier Limburger.

Abb. 3: Nachricht im »Nassauer Boten« vom 16. September 1933: die Strafanstalt als Durchgangsstation in die »Moorlager«.

Ein großes Problem für den Vollzug war die Abordnung von Beamten ab 1939 an andere Anstalten, die in den sogenannten eingegliederten Ostgebieten (zum Beispiel dem Warthegau) und im besetzten westlichen Ausland (zum Beispiel nach Frankreich) lagen. Die Anstaltsleitung versuchte daher immer wieder, für frei werdende Stellen Ersatz zu schaffen und Hilfskräfte anzuwerben, die zwar schnell ausgebildet, oft aber überfordert waren. Dies galt besonders im Umgang mit ausländischen Gefangenen, deren Zahl während des Krieges stark anwuchs und schließlich die Anzahl der deutschen Gefangenen überstieg. Am 31. März 1943 gab es 374 Ausländer in der Anstalt, davon 362 aus Frankreich, Belgien und Holland. Am 31. Juli 1944 waren von insgesamt 568 Gefangenen 326 Ausländer, davon 282 aus den okkupierten Staaten im Westen. Als Besonderheit ist zu vermerken, dass im Oktober 1941 für wenige Monate ca. 300 tschechische Untersuchungshäftlinge nach Diez verlegt worden waren.[17]

Was die Versorgung betrifft, so wurden schon 1933 die Tagessätze generell reduziert, zum Teil auf fast die Hälfte, wohingegen die Arbeitszeiten verlängert wurden. Zu diesem Bereich liegt für Diez eine originelle Quelle vor, nämlich Wiegeergebnisse für alle Gefangenen vom 3. April 1940.[18] Im Vergleich zu einer früheren Wiegung vom 20. November 1939 hatten rund 61 % der Gefangenen an Gewicht verloren, in Einzelfällen sogar bis zu 7 kg. Die Folgen waren: Erschöpfung, ein hoher Krankenstand, besonders viele Darmerkrankungen wegen der vitaminarmen Speisen und schließlich mehr Todesfälle auch wegen der strapaziösen Arbeitseinsätze.

Besonders beschwerlich war die harte Arbeit in einigen Anstaltswerkstätten und Außenkommandos, so zum Beispiel in der optischen Werkstätte, an den Handwebstühlen der Weberei und vor allem bei der Fertigung von U-Boot-Netzen, wo sich die Gefangenen immer wieder an groben Metallkabeln die Hände verletzten. Die Arbeitszeit betrug grundsätzlich neun Stunden, wurde aber oft auf 11 bis 13 Stunden ausgedehnt. Von den Außenkommandos wurden die in Eschhofen und Niedererbach besonders

---

Strafanstalt Freiendiez. Diez 2007, S. 25–27.

17 HHStAW Abt. 458a. Nr. 594.

18 HHStAW Abt. 458a. Nr. 544, S. 164 ff.

gefürchtet. Bei letzterem, wo eine V2-Abschussanlage entstand, mussten, weil immer häufiger die Bahn ausfiel, die Gefangenen zusätzlich zur langen Arbeitszeit und bei schlechtem Wetter den An- und Abmarsch – insgesamt 24 km – zu Fuß zurücklegen.[19] Das Außenkommando Eschhofen hatte noch im März 1945 die »Organisation Todt«[20] (OT) angefordert, um Eisenbahngleise auszubessern. Dieser Einsatz war offenbar schlecht vorbereitet, denn die dafür bestimmten Gefangenen, meist alte und kranke Leute, erhielten anfangs keine Verpflegung und mussten die kalten Nächte in Güterwagen verbringen.

Zu den größeren Außenkommandos gehörten auch Aufräumarbeiten nach Bombenangriffen im Limburger Bahnhofsgelände. Trotz aller Einschränkungen arbeitete die Anstaltsweberei im Sinne der NS-Kriegswirtschaft erfolgreich und vorbildlich, denn laut eines Berichtes des Reichsjustizministeriums vom 15. März 1943 erfüllten die meisten Anstaltswebereien ihre Vorgaben nicht, nur die in Ratibor, Diez und Ludwigsburg hätten ihre Anlagen voll ausgenutzt und sogar Mehrleistungen erzielt. Der Reichsminister sprach den »Gefolgschaftsmitgliedern« dieser Anstalten ausdrücklich Dank und Anerkennung aus.[21]

Noch in einem anderen Punkt gibt es einen wohl einmaligen Vorgang zu Diez zu berichten, der vom Anstaltsarzt Dr. Schäf ausging.[22] Ende Dezember 1939 und im Frühjahr 1940 hat er in Zusammenarbeit mit den Marburger Behringwerken Gefangenen Blutspenden abgenommen, die für Blutuntersuchungen und -konserven der Wehrmachtslazarette verwendet wurden. Dafür sollten die »freiwilligen« Spender nach der Blutabnahme eine Sonderzuteilung an Lebensmitteln (250 g Fleisch, 100 g Nährmittel) für eine Woche erhalten.

Bis heute ließen sich für die Zeit des Krieges 129 Todesfälle – Zivilisten und Soldaten – in der Anstalt nachweisen, darunter auch Hinrichtungen.[23] Davon waren 86 Ausländer, von diesen wiederum stellten 62 Franzosen die größte Gruppe. Sonder- und Militärgerichte hatten 21 Ausländer zum Tode verurteilt und hinrichten lassen: 16 Luxemburger, drei Franzosen und zwei Belgier. Die Strafanstalt Diez wurde ab Mitte November 1944 Ausweich-Hinrichtungsstätte für zivile Gefangene an Stelle des durch Bombenangriffe beschädigten Gefängnisses in Köln.[24]

---

19 Landeshauptarchiv Koblenz (LHAK) Best. 900 Nr. 742.
20 Die »OT« war zuständig für strategisch wichtige Baumaßnahmen und Befestigungsanlagen.
21 Betriebsakten im AJVAD.
22 HHStAW Abt. 458a Nr. 532.
23 LHAK Best. 605 Nr. 1; Friedhofsbücher der Stadt Diez; Bericht des katholischen Anstaltspfarrers Friedrich Kneip an den Luxemburgischen Justizminister im Frühjahr 1945; abgedruckt in: Rappel. Revue de la L.P.P.D, Heft 7/8 (1991), S. 301-303.
24 HHStAW Abt 458a Nr. 525, S. 114 f.

Datenbank zu politisch Verfolgten

Eine Fülle an Material enthält eine zwischen 1989 und 1996 im Hessischen Hauptstaatsarchiv Wiesbaden erstellte Datenbank mit dem Titel »Widerstand und Verfolgung unter dem Nationalsozialismus in Hessen«.[25] Auf die Strafanstalt Diez beziehen sich daraus 582 Dossiers, von denen rund 470 ausgewertet werden konnten (siehe Abb. 4). Die hier erfassten Gefangenen waren zwischen 1933 und 1945 in Diez inhaftiert, manche nur ganz kurz, einige für einen längeren Zeitraum. Auf diesen Dossiers ist vor allem die Rubrik Sachverhalt relevant, denn sie enthält die näheren Umstände der angeblichen Straftaten, Gerichtsurteile, Daten der Inhaftierung in verschiedenen Haftanstalten, KZs, Moorlagern, Versetzung in Strafbataillone und auch die »Überweisung« in die »Euthanasie«-Anstalt Hadamar. Das NS-Regime definierte die politische Straftat bzw. den politischen Gefangenen, um den es hier geht, wie folgt: »Als politische Straftat sind nicht nur Hoch- und Landesverrat, heimtückische Angriffe gegen Staat und Partei, sondern alle Straftaten zu zählen, zu deren Begehung der Täter durch politische oder kirchenpolitische Beweggründe veranlasst wurde, ferner alle Taten, denen wegen der Person des Täters oder des durch die Tat Betroffenen politische Bedeutung zukommt.«[26]

Auswertung der wichtigsten Daten: Von den insgesamt rund 470 Häftlingen kamen 118 anschließend in KZs, 96 in die »Moorlager«, 47 in Strafbataillone, 25 der KZ-Häftlinge starben. Die Haftdauer reichte von 15 Tagen Gefängnis bis zu 15 Jahren Zuchthaus. Zehn Mal wurde die Todesstrafe verhängt. An Deliktarten findet man: 60% verurteilt wegen Hochverrat, 16% wegen »Heimtücke«, je etwa 7% wegen »Rundfunkverbrechen«, »Blutschande« und Verstoßes gegen die Verordnung zum Schutz des deutschen Volkes vom 4. Februar 1933,[27] je ca. 3% wegen »Wehrkraftzersetzung« und verbotenem Umgang mit Kriegsgefangenen; mehrfach wird auch »Separatismus«[28] als Delikt erwähnt. 45 der Genannten waren Juden bzw. »Mischlinge«, davon starben 19 in Konzentrationslagern (vor allem in Auschwitz), 38 waren Ausländer, darunter als größte Gruppe 14 Franzosen.

Berufliche und soziale Herkunft: 65% Arbeiter und unselbständige Handwerker, 26% aus dem Bereich Handel und Dienstleistungen, 3% freie Berufe, der Rest zusammen 5,5% Landwirte, Invaliden, Rentner, Soldaten und Beamte. 120 dieser Häftlinge waren ausschließlich beziehungsweise vorwiegend in Diez inhaftiert, und ca. 50 stammten aus dem Raum Limburg/Weilburg/Diez. Mindestens drei Häftlinge sind vom Diezer Anstaltsarzt zur Zwangssterilisation an Krankenhäuser »überwiesen« worden.

---

25 HHStAW Abt. 3024 Datenbank »Widerstand und Verfolgung unter dem Nationalsozialismus in Hessen«. Siehe Herbert BAUCH u. a. (Bearb.), Quellen zu Widerstand und Verfolgung unter der NS-Diktatur in hessischen Archiven. Wiesbaden 2006, S. 57f.
26 Verfügung des Generalstaatsanwaltes Darmstadt 1935, in: 100 Jahre JVA Butzbach, 1894–1994, S. 39.
27 Diese frühe Verordnung schränkte die Presse- und Versammlungsfreiheit ein. Die NS-Regierung ging damit im Reichstagswahlkampf bis zum 5. März gegen konkurrierende Parteien vor.
28 Als »Separatisten« galten im Rheinland diejenigen Bürger, die sich kurz nach dem Ersten Weltkrieg, unterstützt von der französischen Besatzungsmacht, für eine »Rheinische Republik« eingesetzt hatten. Die NS-Regierung sah in ihnen »Vaterlandsverräter«, die daher verfolgt wurden.

```
Familienname:      Jung
Vorname:           Albert Joseph
Staatsangeh.:      deutsch                              Nr.:        000
Geschlecht:        m


Geburtsdatum:      01.11.1899
Geburtsort:        Köln


Wohnort/e:
    Niederselters                                      GKZ:        6533014040
    Köln

Beruf/e:           Stukkateur, Maurer


Verfolgtengruppe/n:
KPD
    Nr.: 1200
Kampfbund gegen den Faschismus
    Nr.: 1270


Delikt/e:
    Vergehen gegen die Verordnung zum Schutze des deutschen Volkes vom 4.2.1933
    Nr.: 0018

Zeit der Verfolgung:  1933, 1936-1937

Sachverhalt
    J., vor 1933 angeblich "Führer" der Ortsgruppe Niederselters des Kampfbundes
    gegen den Faschismus, wurde wegen Teilnahme an einer illegalen
    kommunistischen Versammlung am 24. März 1933 in einem Steinbruch bei
    Obertiefenbach in Schutzhaft genommen und bis zum 31. Mai 1933 ins
    Zentralgefängnis Freiendiez eingeliefert. Das Schöffengericht Limburg/L. verurteilte
    ihn am 17. August 1933 zu einer Geldstrafe von RM 30,- Am 14. November 1933
    wurde J. in Niederselters von SA-Männern verhaftet und 3 oder 4 Tage im
    Amtsgerichtsgefängnis festgehalten. Unter dem Vorwurf der Vorbereitung eines
    hochverräterischen Unternehmens wurde er am 02. November 1936 in Köln
    festgenommen. Vom 03. November 1936 bis zum 19. März 1937 befand sich J. in
    den Gefängnissen Köln und Hamm/Westfalen in Haft. Am 19. März 1937 sprach ihn
    das Oberlandesgericht Hamm vom Vorwurf der verbotenen kommunistischen
    Betätigung frei.

Biografie:
    J. lebte nach 1945 in Niederselters.
```

Abb. 4: *Beispiel eines Dossiers über einen politischen Gefangenen aus dem heimischen Raum, der zeitweise in der Haftanstalt Diez-Freiendiez inhaftiert war. Er wurde am 24. März 1933 im Basaltbruch bei Obertiefenbach festgenommen.*

Charakteristisch für den damaligen Strafvollzug sind dann noch folgende beiden Merkmale: (1) Die Gefangenen wurden sehr häufig zwischen den einzelnen Haftanstalten hin und her verlegt. Als extremes Beispiel sei der Gefangene Paul Apel genannt, der von Oktober 1935 bis Mai 1945 in 13 verschiedenen Anstalten einsaß. Besonders oft kam es zu Verlegungen von Diez nach Butzbach bzw. umgekehrt. (2) In vielen Fällen kann man

Mehrfachverhaftungen feststellen, das heißt manche politisch Verfolgte wurden zwar nach einer relativ kurzen Haftstrafe entlassen, blieben aber weiter unter Beobachtung, wurden erneut verhaftet usw., sodass sie nie wirklich frei waren.

Aus der lokalen Presse und den Dossiers kann man die erste Massenverhaftung politischer Gegner im Raum Limburg rekonstruieren. Am 28. März 1933 berichtete der »Nassauer Bote« Folgendes: »11 Kommunisten verhaftet. Geheime Zusammenkunft in einem Steinbruch. In einem Basaltsteinbruch in Obertiefenbach (Oberlahnkreis) hatten sich am Freitag Kommunisten aus dem Oberlahnkreis, dem Kreis Limburg und dem Westerwald zu einer geheimen Besprechung zusammengefunden. Sie wurden dabei beobachtet und die Landjägerei umstellte den Steinbruch, wobei sie von SA-Leuten unterstützt wurde. Sämtliche 11 Teilnehmer der Besprechung wurden verhaftet und dem Zentralgefängnis Freiendiez zugeführt.«

Gemeint war hier der Basaltbruch am Beselicher Kopf bei Obertiefenbach. Das Treffen hatte dort am Freitag, den 24. März 1933 stattgefunden. Vier der jetzt Verhafteten hatten sich bereits am 17. März heimlich im Linterer Wäldchen getroffen, vielleicht um die Besprechung eine Woche später vorzubereiten. Am 27. und 29. März verhaftete die Polizei noch vier weitere Verdächtige. Das Treffen war offenbar verraten worden, denn zu der geplanten Besprechung kam es gar nicht mehr. Von den insgesamt 15 Verhafteten kamen 14 als »Schutzhäftlinge« nach Freiendiez und einer nach Wiesbaden. Wenn man dieses Ereignis im Kontext der politischen Ereignisse dieser Tage sieht, kann man in etwa ahnen, warum sich diese KPD-Leute konspirativ getroffen haben: (1) Am 5. März fand die Reichstagswahl statt, bei der die NSDAP mit 43 % der Stimmen trotz massiver Behinderung der Linksparteien und großem Propagandaaufwand nicht die absolute Mehrheit erringen konnte. (2) Bei den Kommunalwahlen am 12. März erreichte die NSDAP auch auf lokaler Ebene keineswegs überall die Mehrheit, schon gar nicht in den katholisch geprägten Gemeinden im Raum Limburg.[29] (3) Am 21. März kam es zum pompös inszenierten »Tag von Potsdam« und (4) setzte Hitler am 23. März, also einen Tag vor dem Treffen im Basaltbruch, im Reichstag das sogenannte »Ermächtigungsgesetz« durch.[30] Führende KPD- und auch SPD-Mitglieder saßen zu dieser Zeit bereits in »wilden« KZs. Vermutlich wollten die im Basaltbruch versammelten KPD-Mitglieder angesichts dieser verzweifelten Lage überlegen, welche Strategien und Maßnahmen jetzt die Parteiorganisation an der Basis ergreifen, ob man weiter öffentliche Aktionen planen oder in den Untergrund gehen sollte.

Die Dauer der »Schutzhaft« dieser 15 politischen Gefangenen belief sich auf »nur« ein, zwei und drei Monate, ist aber leider nicht bei allen vermerkt. Bei nur fünf von ihnen finden wir anschließende Gerichtsurteile – alle 1933 und 1934 in Limburg gefällt – mit verschiedenen Strafen, darunter Geldstrafen von 30 bzw. 40 RM und einmal sechs Monate Haft in Freiendiez. Der vordergründige Eindruck, dass sowohl die »Schutzhaft« relativ schnell vorbeiging als auch die Strafen scheinbar recht milde waren, trügt, denn

---

29 Frank SCHMIDT, Wahlhandbuch Limburg-Weilburg 1919–1933, Limburg 1995, S. 86–89 zu den Wahlen vom 5. und 12. März 1933.
30 Gesetz zur Behebung der Not von Volk und Reich vom 24. März 1933. RGBl. I, S. 141.

in den meisten Dossiers dieser 15 KPD-Leute finden wir Vermerke über weitere Verhaftungen 1933 und den folgenden Jahren.

Unterricht

Es gab in der Freiendiezer Anstalt zwei hauptamtliche Oberlehrer. Bereits seit ihrer Gründung 1912 war Emil Haas (evangelisch)[31] hier angestellt, in den 1930er Jahren kam Josef Schneider (katholisch) hinzu. Mit Beginn des Krieges schränkten amtliche Erlasse ihre Tätigkeit immer mehr ein. Das Reichsjustizministerium verordnete zum Beispiel am 3. November 1939: »Die dem Strafvollzug verbliebenen hauptamtlichen Lehrkräfte sind ab sofort ausschließlich im Jugendstrafvollzug an erstbestraften Gefängnisgefangenen anzusetzen.«[32] Die erwachsenen Gefangenen sollten dafür mehr Arbeitseinsätze leisten. Auch der reduzierte Unterricht kam bald zum Erliegen, denn Schneider, Jahrgang 1901, wurde 1940 als Zahlmeister der Wehrmacht ins benachbarte Stalag XII A versetzt, Haas, Jahrgang 1878, bekam Tätigkeiten in der Anstaltsverwaltung zugewiesen.[33]

Für den vorher noch erteilten Unterricht galten wie an den öffentlichen Schulen die Vorgaben nationalsozialistischer Bildungspolitik. Im Lehrplan für den Unterricht am Zuchthaus Freiendiez 1937/38, den Oberlehrer Schneider aufgestellt hatte, zeigt sich dies ganz deutlich,[34] denn in der Einleitung steht u. a. folgender Passus: »In der Klasse IIa [...] wird erstrebt, die Schüler mit dem nationalsozialistischen Ideengut vertraut zu machen und sie unterrichtlich dahin zu beeinflussen, sich nach ihrer Entlassung im neuen Staat nicht nur zurechtzufinden, sondern sich auch Mühe zu geben, mit den kommunistischen Ideologien, denen sie bisher gehuldigt haben, zu brechen und sich der Volksgemeinschaft wieder einzugliedern.« Aus mehreren Jahresberichten beider Oberlehrer kann man Genaueres über die Durchführung des Unterrichts ablesen: »Der Elementarunterricht beschränkt sich auf Deutsch und Rechnen. Im Deutschunterricht wurde angestrebt, die Schüler in die Lage zu versetzen, sich einigermaßen verständlich mündlich und schriftlich auszudrücken. Der Unterricht erstreckte sich auf die Lektüre lebenskundlicher Lesestücke und die Anfertigung von Diktaten und Niederschriften. Der Rechenunterricht bestand aus mündlichen und schriftlichen Übungen in den vier Grundrechnungsarten unter Berücksichtigung der Bedürfnisse des praktischen Lebens. Die Schüler wurden mit der Berechnung einfacher geometrischer Figuren und Körper bekannt gemacht.« Weitere vorgeschriebene Fächer waren: Lebenskunde, nationalsozialistisches Gedankengut, Rassenkunde, Erblehre, Wirtschaftskunde und Gesundheitslehre. Auch Hinweise auf das eingesetzte Unterrichtsmaterial finden wir in diesen Berichten: »Im Vordergrund der unterrichtlichen Betrachtungen standen daher die großen Ereignisse unserer Zeit, die Reden führender Männer, Rückblicke und Ausblicke, wie sie das Tagesgeschehen täglich bietet.

---

31 Nicht zu verwechseln mit dem gleichzeitig hier tätigen evangelischen Pfarrer Emil Haas.
32 HHStAW Abt. 458a Nr. 548, S. 70.
33 HHStAW Abt. 458a Nr. 594, S. 74.
34 HHStAW Abt. 458a, Nr. 594 S. 6 ff.

Naturgemäß mußte die Behandlung des Fundamentalwerkes des Führers ›Mein Kampf‹ [...] einen breiten Raum im Unterricht einnehmen.«[35]

Aus dem pädagogischen Alltag weiß man, dass es oft eine Diskrepanz gibt zwischen theoretischen Vorgaben und deren praktischer Durchführung. In diesem Falle wissen wir aber nicht, ob beide Anstaltslehrer die oben erwähnten Lehrpläne, die hundertprozentig nationalsozialistisch formuliert sind, für sich verinnerlicht und auch in dieser Konsequenz umgesetzt haben.

Seelsorge

Am 19. September 2012 wurde im Zuge der Veranstaltungen zum hundertjährigen Bestehen der Anstalt vor dem ehemaligen Pfarrerwohnhaus ein Gedenkstein zu Ehren des katholischen Anstaltspfarrers Friedrich Kneip (1880–1960) eingeweiht. Er kam am 1. Oktober 1937 nach Freiendiez und hatte schon in den acht Jahren davor in Frankfurt-Preungesheim praktische Erfahrungen als Gefängnisgeistlicher gesammelt. Er war gleichzeitig zuständig für das Gerichtsgefängnis Limburg. Am 1. Oktober 1945 ging er in Pension. Eine Besonderheit der Anstaltspfarrer lag bzw. liegt darin, dass sie zwei vorgesetzte Behörden hatten bzw. haben, denn als Beamte müssen sie sich an die staatlichen Regelungen und die Hausordnung halten, in kirchenrechtlicher Hinsicht unterstehen sie dem Limburger Bischof. An Kneip kann man exemplarisch zeigen, dass es im »Dritten Reich« – allerdings begrenzte – Möglichkeiten gab, sich gegen die totale Vereinnahmung durch die NS-Ideologie und gegen schikanöse Maßnahmen der Anstaltsleitung zu wehren. Es waren vor allem die Anstaltsgeistlichen, die sich eine gewisse Unabhängigkeit bzw. sogar Widerständigkeit gegenüber Staat und Partei erhalten, besser gesagt erkämpfen konnten, denn diese waren für alle Häftlinge ihrer Konfession zuständig. Sie wurden damit fast automatisch alleinige und letzte Instanz für all diejenigen, die als politisch, rassisch und religiös Verfolgte unter den immer schlimmer werdenden Haftbedingungen ein wenig Halt und Trost suchten. Die einzelnen Geistlichen haben diese Aufgabe in den verschiedenen Haftanstalten sicher mit unterschiedlicher Intensität ausgefüllt und sicher nicht alle so wie Pfarrer Kneip.[36] Dieser kümmerte sich – unter Gefährdung des eigenen Lebens – vor allem um die französischsprachigen Zivilgefangenen im Gefängnis und die entsprechenden Kriegsgefangenen des Stalag XII A. Da Kneip während seines Studiums einige Zeit in der französischsprachigen Schweiz verbracht hatte, ist es verständlich, dass er sich dieser Gefangenengruppe besonders widmete und bei ihnen großes Vertrauen und Ansehen genoss. Sie bezeichneten ihn als *le consolateur et le soutien de tous les prisonniers* (= Tröster und Stütze aller Gefangenen).[37]

---

35 HHStAW Abt. 458a Nr. 594, S. 59, 117 und 137.
36 Auch in der Strafanstalt Wittlich hat sich der katholischer Anstaltspfarrer Anton Barz ähnlich couragiert verhalten und wurde später von ehemaligen Häftlingen hoch verehrt. Vgl. Festschrift 100 Jahre JVA Wittlich 1902–2002, S. 125–129.
37 Diözesanarchiv Limburg (DAL), Personalakte Fr. Kneip.

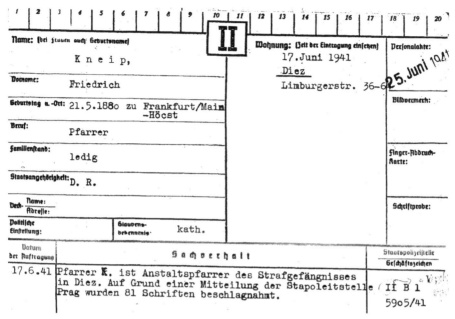

Abb. 5: Karteikarte der Gestapo Frankfurt für Pfarrer Friedrich Kneip. Das Kürzel II B unten rechts bezeichnet die »Abteilung für Kirchen und Sekten«.

Es gab mehrere Vorfälle, bei denen sich Kneip bei der Anstaltsleitung und den vorgesetzten Behörden durch sein Verhalten unbeliebt machte. Im September 1941 wollte er 77 Bücher für die Gefängnisbibliothek spenden, was ihm schließlich vom Generalstaatsanwalt verboten wurde. Dieser befürchtete, dass dadurch religiöses Schrifttum zu stark gegenüber dem nationalsozialistischen vertreten sei.[38] Aber es gab noch andere Maßnahmen von Seiten Kneips, die Direktor Gamradt sammelte und am 27. November 1941 an den Generalstaatsanwalt schickte.[39] Im Gottesdienst fiel zum Beispiel missliebig auf, dass er einen Gefangenen als Vorbeter bestimmt hatte und dass von ihm die Einrichtung eines Gebetes für die Führer des Staates (nicht den Führer) getroffen worden sei. Ein weiterer Vorwurf lautete: »Pfarrer Kneip unterließ es, am Geburtstag des Führers während des Gottesdienstes dieses Tages besonders zu gedenken, wie es seine Pflicht als Beamter und Anstaltspfarrer gewesen wäre.«

Die Einlieferung von ca. 300 (katholischen) tschechischen Häftlingen erweiterte den Aufgabenbereich Kneips erheblich, aber auch dies missfiel der Anstaltsleitung, denn Pfarrer Kneip »habe sich außergewöhnlich lebhaft für diese interessiert und sich um ihre religiöse Betreuung bemüht«. Die Gestapo durchsuchte sogar im Mai 1941 seine Wohnung und beschlagnahmte Gebetbücher (in tschechischer Sprache), die Kneip besorgt und verteilt hatte. Diese Bücher enthielten angeblich reichsfeindliche Tendenzen (siehe

---

38 HHStAW Abt. 458a Nr. 594, S. 202.
39 HHStAW Abt. 458a Nr. 594, S. 209a ff.

Abb. 5). Im Herbst 1942 setzte Kneip mit vielen Mühen durch, dass 50 französischsprachige Bücher zur Verfügung gestellt wurden,[40] und im Februar 1944 erhielt die Anstalt über die Pariser Niederlassung des Roten Kreuzes nochmal 100 Bücher.[41] Durch einen weiteren Vorstoß, der bis zum Justizminister ging, erreichte Kneip eine fühlbare Erleichterung für »seine« französischen und belgischen Gefangenen, die nun am gemeinsamen Gottesdienst in der Anstaltskirche teilnehmen durften. Für inhaftierte katholische Geistliche aus Belgien und Frankreich schmuggelte er Messgeräte und -gewänder in die Anstalt, um mit ihnen heimlich die Messe zu feiern.[42] Als Kneip im Mai 1950 als Zeuge bei »Entnazifizierungs«-Verfahren von Anstaltsbediensteten gehört wurde, erwähnte er eher beiläufig, was er Hilfreiches getan hatte: »Ich durfte nur die Kranken besuchen und erreichte nach langen Verhandlungen, dass ich wenigstens ein Militärgebetbuch den französischen Gefangenen vor die Zellen werfen durfte [...] Gut, dass er [= der vor der Spruchkammer Angeklagte] nie erfuhr, dass ich den Gefangenen heimlich Lebensmittel zukommen ließ, wenn er mich erwischt hätte, wäre ich zweifellos in's KZ gekommen.«[43] Ehemalige Gefangene erwähnten nach dem Krieg ausdrücklich *la noble attitude* (= die hochherzige Haltung) Kneips und dessen Bemühen, die Leiden der Gefangenen, wo es ging, zu lindern und dessen Trostworte gegenüber verhungernden und zum Tode verurteilten Gefangenen.

Der Neffe eines ehemaligen belgischen Gefangenen, der 1941 bis 1945 in Freiendiez inhaftiert war, wandte sich sogar 1961 an den damaligen Limburger Bischof Wilhelm Kempf zwecks Seligsprechung Kneips. Dieser hat allerdings seine segensreiche Tätigkeit während des »Dritten Reiches« nie herausgestellt oder sich als tapferer Widerständler aufgeführt. Als er im August 1945 aus gesundheitlichen Gründen beim Bischöflichen Ordinariat Limburg seinen Antrag auf Versetzung in den Ruhestand stellte, nannte er die zurückliegenden Gefahren und nervenaufreibenden dauernden Auseinandersetzungen nur verharmlosend »Chikanen der letzten Zeit«.[44]

Ein herausragendes Dokument ist in diesem Kontext Kneips Bericht, den er kurz nach Kriegsende 1945 an den luxemburgischen Justizminister schickte und in dem es um die Hinrichtung von zwangsrekrutierten Luxemburgern in Freiendiez geht.[45] Diese 16 jungen Luxemburger hatte ein Militärgericht in Trier, unter anderem wegen »Fahnenflucht«, zum Tode verurteilt. Ende 1944 war dieses Gericht von Trier nach Weilburg verlegt worden, und in diesem Zusammenhang kamen wohl auch die 16 Luxemburger aus dem Trierer Gefängnis nach Freiendiez. Hier wurden sie zwischen dem 19. September und 26. Oktober 1944 in drei Gruppen exekutiert. Vor und bei der Hinrichtung der ersten sieben war Kneip als Beichtvater dabei, davon handelt sein erschütternder Bericht.[46] Er lautet:

---

40 HHStAW Abt. 458a Nr. 594, S. 238 f.
41 HHStAW Abt. 458a Nr. 594, S. 264.
42 DAL, Personalakte Fr. Kneip.
43 LHAK, Best. 900, Nr. 100 643, S. 86. Zum Spruchkammer-Verfahren siehe unten »Entnazifizierung«.
44 DAL, Personalakte Fr. Kneip.
45 Adolf MORLANG, Die Rolle des Gefängnispfarrers Friedrich Kneip in Freiendiez (1937–1945), in: Nassauische Annalen 118 (2007), S. 509–520.
46 Rappel (siehe Anm. 23), S. 301–303.

Es ist mir geradezu ein Bedürfnis, dem luxemburgischen Volke von seinen Helden zu berichten, die ihr junges Leben freudevoll für ihr Luxemburg hingegeben haben. Noch nie erschütterte mich eine Exekution so, wie bei diesen Helden. – Sie wurden von Trier nach hier gebracht. Natürlich wurden die Akten streng geheim gehalten. Allen Leuten, auch mir, war jeder Zutritt streng verboten. Ich konnte nur die Erlaubnis erwirken, ihnen ein Gebetbuch zu übermitteln. Erst sollten sie alle 16 mit einmal erschossen werden. Ich durfte erst nach Verkündigung des Urteils, morgens um 4 Uhr zu ihnen kommen. Da ich glaubte, in dieser Zeit nicht alle 16 für ihre letzte Stunde vorbereiten zu können, wurde mir die Zuziehung des Domkapellmeisters Pabst gestattet. Schließlich waren es doch nur 7, die erschossen werden sollten, sodaß ich glaubte sie allein betreuen zu können.

In der schlaflosen Nacht zum Hinrichtungstag überlegte ich mir viel, wie ich den Übergang vom Verkünden der Vollstreckung des Todesurteils zur Vorbereitung zum Empfang der Sakramente finden könnte. Als ich um 4 Uhr 15 Min. den sogen. Luftschutzraum, wo die Verurteilten untergebracht waren, betrat, war ich höchst erstaunt, sie alle freudig gestimmt zu finden. Größte Bereitwilligkeit die hl. Sakramente zu empfangen fand ich bei allen vor. Sodann bereitete ich alles vor zum Abhalten der hl. Messe. Ich fragte, ob jemand in der Lage sei, die Gebete laut vorzusprechen, sie waren alle bereit. Kaiser wurde vorgeschlagen. Auf meine Verantwortung hin ließ ich die Fesseln abnehmen. Nun wohnten sie mit größter Andacht der hl. Messe bei. Ohne jegliche Unterbrechung betete Kaiser recht andächtig vor. Nach der hl. Kommunion sagte er: »Laßt uns ein Vaterunser beten, daß wir den Tod hinnehmen zur Sühne für unsere Sünden und für unser Vaterland.« Nach dem Gottesdienst nahmen sie das Frühstück ein, welches ihnen gut mundete. Allmählich rückte die Zeit heran. Wieder gefesselt, bestiegen sie den Wagen und es ging dem Hinrichtungsplatz (Kiesgrube) entgegen. Ich setzte mich unter sie, die Cigarette ging von Mund zu Mund. Wir beteten und sangen. Kaiser sagte auf einmal: »Wir wollen noch ein Vaterunser beten für unsere Jungen, damit sie werden wie wir sind.« Wir beteten für unsere Feinde, für das Land Luxemburg und für die Großherzogin. Sie fragten mich noch, ob sie alle 7 auf einmal oder nacheinander erschossen würden. Zu ihrer Beruhigung konnte ich es sagen: alle auf einmal. Nach 7 Minuten waren wir an den Platz gekommen. Sie hatten im Wagen so laut und begeistert gesungen, daß der Hauptwachmeister durch mich ihnen sagen ließ, sie möchten leiser sein, die ganzen Leute würden zusammenlaufen.

Nun wurden sie an den Pfahl gebunden. Ein jeder trug eine Nummer, groß mit Kreide auf den Rock geschrieben, damit es keine Verwechslung bei der Beerdigung gebe. Als die Augenbinde angelegt wurde, wehrten sie energisch ab, sie wollten dem Tod offen ins Gesicht schauen. Der Hauptmann sagte, es sei zur Sicherung der schießenden Mannschaft. Schließlich bat ich sie, sie möchten es geschehen lassen. Daraufhin taten sie es. Sie hatten mich schon vorher gefragt, ob sie nicht vor ihrem Ende die Nationalhymne singen könnten, was ich ihnen empfahl. Der kommandierende Offizier war freundlich genug, zu warten, bis die Hymne zu Ende gesungen war. Dann riefen sie: »Vive Charlotte, vive Prince Jean!« Alle Anwesenden waren tief ergriffen. Ich wurde gefragt, ob ich ihnen noch ein Wort zu sagen hätte. Darauf gab ich ihnen nochmals den Segen und bat: »Der Segen des allmächtigen Gottes, des Vaters, des Sohnes und des hl. Geistes steige über euch und eure Familien herab und führe euch in eine ewige Glückseligkeit.« Nun rief noch einer nach dem anderen: »Wir danken Ihnen, Herr Pfarrer.«

Darauf kam das Kommando: »Zum Schuß legt an, gebt Feuer!« Alle waren gut getroffen. Der Himmel hatte 7 tapfere und fromme Helden mehr. Ich blieb noch bei der Einsargung dabei und konnte nur mit größter Mühe meine Tränen zurückhalten. Noch nie hatte mich eine Hinrichtung so erschüttert.

Mit Rücksicht auf eine spätere Ausgrabung achtete ich darauf, daß es bei der Einbettung ins Grab keine Verwechslungen gebe. Zusammenfassend möchte ich sagen, daß alles in größter Ordnung und schonender Weise vor sich ging. Genauso gestaltete sich die Execution der übrigen. Auch sie waren Helden, die ebenso freudig ihr junges Leben für ihr Vaterland hingaben.

Das luxemburgische Volk verdient es, die Überreste dieser Blutzeugen in ihrer Heimat zu haben, worum sie baten, und ich spreche die sichere Hoffnung aus, daß es geschieht. – Bei allen benutzte ich denselben Rosenkranz, da ich beabsichtige, ihn als hehres Andenken dem luxemburgischen katholischen Volke zu geben. – Möge das Opfer der jungen Blutzeugen dem Vaterlande und seinem Herrscherhause Segen bringen!

Von ihm stammt sehr wahrscheinlich auch ein Verzeichnis der auf dem hiesigen Altstadtfriedhof beerdigten Luxemburger vom 17. Juli 1945. Darin und im Bestattungsbuch des Friedhofs erhalten wir genaue Angaben über die Exekutierten: Namen, Geburtsort, Alter, Dienstgrad, Tag der Hinrichtung und Lage des Grabes. Außerdem wurde bei jedem die Überführung nach Luxemburg am 6. Mai 1946 vermerkt.[47]

Während seines Ruhestandes, den Kneip in Oestrich im St. Clemens-Haus verbrachte, spielte er noch eine wichtige Rolle als Zeuge bei zwei Verfahren, die gegen ehemalige Anstaltsbedienstete vor einem französischen Militärgericht bzw. einer Spruchkammer stattfanden.[48]

Der Kassiber vom August 1943

Der überraschende Fund eines Kassibers (siehe Abb. 6) unter der Fußleiste einer Zelle im November 2006 bietet die Gelegenheit, einiges über das Innenleben der Anstalt während des Krieges zu erfahren. Der Kassiber, drei Blätter von ca. 10 × 10 cm Größe und in kleineres Format zusammengefaltet, trägt das Datum vom 3. August 1943. Er ist in einwandfreiem Französisch abgefasst und liefert einerseits einige sichere Informationen, andere Passagen aber bleiben aus der Rückschau nach wie vor unklar. Das fängt schon mit den Namen an. Der Absender heißt »Henry«, der Adressat »Roby«. Aus dem Kontext geht klar hervor, dass »Henry« der Vater von »Roby« war, der in besagter Zelle einsaß und den Brief versteckt hat. Von »Henry« wissen wir noch, dass er vorher im SS-Sonderlager Hinzert/Hunsrück inhaftiert war und dort schwere gesundheitliche Schäden erlitten hatte. In Diez war er in der anstaltseigenen Kleider- und Wäschekammer eingesetzt, wo er im Vergleich zur Haft in Hinzert mit der Haft einigermaßen zurechtkam. Im Text erwähnt »Henry« auch Losungsworte in Form von französischen Liedtiteln, die alle 14 Tage gewechselt wurden. Auf zwei beiliegenden Notizzetteln findet sich außerdem eine Abfolge von Kilometer- und Ortsangaben, ausgehend von Limburg über Frankfurt-Karlsruhe-Straßburg-Belfort-Nancy-Metz-Luxemburg nach Brüssel. Dies könnte eine gedachte Flucht- und Heimwegroute sein oder eine Kurierstrecke für Nachrichten. Sehr

---

47 Eintragungen im Bestattungsbuch Alter Friedhof (Verbandsgemeinde Diez), September und Oktober 1944.
48 Siehe unten Rastatter Prozess und »Entnazifizierung«.

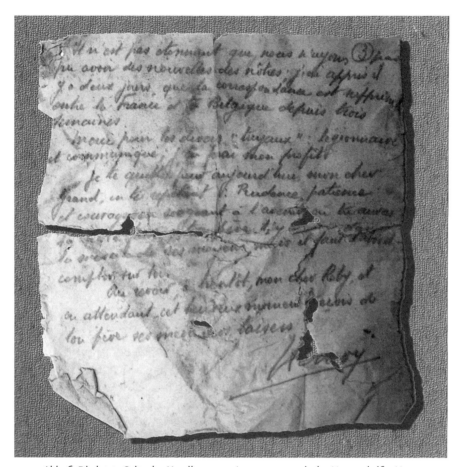

Abb. 6: Die letzte Seite des Kassibers vom August 1943 mit der Unterschrift »Henry«.

wahrscheinlich stammten daher beide Häftlinge aus dem Raum Brüssel. Ohne Nachnamen ließ sich beider Identität nicht feststellen trotz »Amtshilfe« einer Kriegsopferorganisation aus Brüssel.[49]

Überraschendes ergibt eine erste Textanalyse: Die Inhaftierten benutzten offenbar ein illegales und schnell funktionierendes Nachrichtensystem, durch das sie zuverlässig Mitteilungen nach außen absetzen konnten und aktuelle Informationen von außen erhielten. Im Text ist zum Beispiel die Rede von »neusten Nachrichten und diese(r) Offensive«, womit die Landung alliierter Streitkräfte in Sizilien und Süditalien Ende Juli und Anfang August 1943 gemeint ist. Vielleicht hatten die ausländischen Gefangenen auch schon vom Sturz Mussolinis (25. Juli 1943) gehört. »Henry« erwähnt auch am Anfang des Textes einen »tapferen und teuren Freund«, dem er und »Roby« viel zu verdanken

---

[49] Der *Service des Victimes de la Guerre/Brüssel* schickte am 8. August 2007 eine *Liste des Prisonniers détenues à Diez* mit den Namen von 45 überlebenden Strafgefangenen.

hätten, vielleicht als Glied der Informationskette von außen. Wir wissen nicht, ob dieser »Freund« ein Mithäftling war.

Im Kern geht es aber »Henry« nicht um Äußerlichkeiten, sondern um die Aufrechterhaltung der Moral seines Sohnes, damit dieser die Haft durchhält. Er nennt seinem Sohn fünf Dinge, die dieser besonders beherzigen soll: Mut (*courage*), Geduld (*patience*), Vorsicht (*prudence*), Achten auf die Gesundheit und das Gestalten der Zukunft nach der Befreiung. Denn voller Euphorie rechnete »Henry« mit einem schnellen Kriegsende und ihrer Rückkehr in die Heimat noch vor Jahresende 1943, was dann doch zu optimistisch gedacht war.

Ereignisse der letzten Kriegsmonate und Kriegsende

Ende August 1943 rügte der Justizminister einen Generalstaatsanwalt in einer durch Fliegerangriffe stark beschädigten Stadt, weil dieser notgedrungen Untersuchungshäftlinge und Gefangene, die bis zu fünf Jahren Haft verbüßten, aus der beschädigten Haftanstalt vorzeitig entlassen hatte. Unter ihnen waren auch viele politische Gefangene,[50] was von Seiten des Ministers besonders kritisiert wurde. Kurz danach trafen sich die Leiter der sechs Haftanstalten des Oberlandesgerichtsbezirks Frankfurt – darunter auch der aus Diez – zu einer Besprechung über Luftschutzmaßnahmen. Alle sechs hatten vorbeugend in etwa die gleichen Maßnahmen vorgesehen: a) Verlegung der Gefangenen aus den oberen Stockwerken nach unten, b) kein Nachtverschluss der Zellen, nur der Riegel wurde vorgeschoben und c) Aufbau einer Anstaltsfeuerwehr (auch mit Gefangenen). In der Besprechung ging es zudem um »Ausweichmöglichkeiten im Falle einer Beschädigung des Gebäudes«. Der Diezer Leiter Ernst Gamradt hatte für seinen Dienstbereich folgende Vorstellungen: Er wollte a) die gefährlichsten Gefangenen in das alte Schloss in Diez, das bis 1927 Zuchthaus gewesen war, bringen oder b) leerstehende Baracken im benachbarten Stalag XII A als Ausweichquartiere nutzen.[51]

Der angenommene Ernstfall trat am 23. Dezember 1944 bei einem Angriff auf Limburg ein, das vorher schon mehrfach Ziel alliierter Bomber gewesen war. Kriegswichtiges Ziel war das Bahngelände und dabei vor allem das Reichsbahnausbesserungswerk, eines der wenigen gegen Kriegsende noch arbeitsfähigen Werke dieser Art im Deutschen Reich. Auch der schwere Angriff britischer Bomber am Vorabend von Weihnachten 1944 galt eigentlich diesem Ziel, da aber die als Markierung gesetzten »Christbäume«[52] durch starken Ostwind Richtung Diez getrieben waren, fielen die Bomben und Luftminen der nachfolgenden Bomber hauptsächlich auf Freiendiez. Große Schäden und Verluste richteten die Bomben dabei aber unter den eigenen Leuten, vor allem unter amerikanischen Kriegsgefangenen, im Stalag XII A an.[53] Auch in unmittelbarer Nähe

---

50 HHStAW Abt. 458a Nr. 523, S. 271 f.
51 Ebenda, S. 273.
52 So hießen im Volksmund die von den Pilotflugzeugen über den Zielen gesetzten Leuchtkaskaden.
53 »Limburger Zeitung« vom 4. Januar 1945.

des Gefängnisses schlugen mehrere Bomben ein, deren Wirkung Direktor Gamradt in seinem Bericht vom 25. Dezember 1944 auflistete. Danach gab es folgende größere Schäden: Glasdach der Weberei abgedeckt, zwei Wände der Druckereibaracke zerstört, ebenso die Arbeitsbaracke der Firma Berkenhoff & Drebes, Volltreffer im Anschlussgleis an die Reichsbahn, Schäden an Dächern, Fenstern, Türen und Wänden der Beamtenwohnhäuser, Ausfall der Gas- und Stromversorgung und Unterbrechung der Fernsprechleitung. Menschen kamen in der Anstalt nicht zu Schaden.[54]

Ab Anfang März 1945, als US-Truppen die Rheinbrücke bei Remagen überschritten und die 1. US-Armee über den Westerwald und an der Lahn entlang nach Osten vorrückte, stand das Ende der Kampfhandlungen in unserem Raum unmittelbar bevor. In diesen Tagen wurden ca. 200 Häftlinge in die Haftanstalt Butzbach verlegt. Am 27. März marschierten US-Einheiten in Diez und Limburg ein. Sie besetzten dabei auch die Haftanstalt in Freiendiez, in der sich zu diesem Zeitpunkt ca. 600 Gefangene befanden, und ließen die Häftlinge sukzessive frei: das heißt erst wurden nur die Zellen ausländischer Gefangener geöffnet, die aber das Anstaltsgelände bis zu ihrer offiziellen Entlassung nicht verlassen durften. Etwas später kamen auch die deutschen Gefangenen stundenweise frei. Ein US-Offizier übernahm die Anstaltsleitung, ein Großteil der Anstaltsbeamten wurde in der eigenen Anstalt inhaftiert, einem anderen Teil das Betreten der Anstalt verboten bzw. unter Hausarrest gestellt und der Rest nur zeitweise zum Dienst herangezogen. Bisherige Häftlinge, die den Amerikanern vertrauenswürdig schienen, verrichteten unter ihrer Aufsicht den alltäglichen Anstaltsdienst. So übernahm zum Beispiel Dr. Wilhelm Schliefer,[55] der bereits als Häftling dem Anstaltsarzt Dr. Schäf im Lazarett geholfen hatte, jetzt dessen Funktion bis zu seiner Entlassung am 29. Mai 1945. Die ersten Tage und Wochen des Übergangs verliefen sehr chaotisch. Dies kann man recht gut an einer Liste mit dem Titel »Entwichene Gefangene seit 27. März 1945« ablesen.[56] Während im Zeitraum vom 3. Dezember 1937 bis zum 14. März 1945 nur 17 Gefangene entwichen oder ausgebrochen waren,[57] waren es zwischen dem 17. April und 29. Mai 1945 insgesamt 81 Gefangene, davon allein 71 im Mai.

Anfang April 1945 kamen die drei früheren Beamten Bromm, Schmidt und Müller, die jetzt im eigenen Gefängnis inhaftiert waren, in ihren Zellen ums Leben, gerüchteweise durch Lynchjustiz ehemaliger Häftlinge, sehr wahrscheinlich aber durch Selbstmord. Juristisch wurde dieser Fall erst viele Jahre später in einem Verfahren gegen Unbekannt aufgearbeitet, ausgelöst durch den Neffen Müllers, der sich zur Klärung von Rentenansprüchen seiner Tante bzw. der Witwe am 8. Mai 1961 an das Amtsgericht Diez gewandt hatte.[58] Die beiden wichtigsten Zeugen, die man schließlich für dies Verfahren finden konnte, waren der eben erwähnte »Hilfsarzt« Dr. Schliefer und Robert Thewellis,

---

54 HHStAW Abt. 458a Nr. 599, S. 114.
55 LHAK, Best. 584/1 Nr. 1458, S. 13. Schliefer war danach wegen Abtreibung zu zwei Jahren Haft verurteilt worden.
56 AJVAD.
57 HHStAW Abt. 458a Nr. 629 und 630.
58 LHAK Best. 584/1 Nr. 1458, Bl. 1 und 2.

ein ehemaliger politischer Häftling.⁵⁹ Mit Schliefers Aussagen vom Juli 1965 konnten die Ermittlungsbehörden nicht viel anfangen, denn sie waren unpräzise und wurden dauernd mit Floskeln wie: »Ich kann das heute nicht mehr mit Bestimmtheit sagen«,⁶⁰ relativiert. Thewellis dagegen machte Anfang November 1965 sehr genaue Angaben. Er war im November 1944 nach Diez verlegt und die meiste Zeit als Zentralschreiber eingesetzt worden. Dadurch konnte er sich in der Anstalt relativ frei bewegen und lernte die wichtigsten Beamten, darunter auch die drei Vorgenannten, gut kennen. In der Übergangszeit ab Ende März 1945 bekleidete er zwei wichtige Funktionen als Helfer Dr. Schliefers und als Dolmetscher für Englisch und Französisch. Das Fazit seiner Aussagen lautete: »Mit Sicherheit habe ich Bromm, Schmidt und Müller wie geschildert erhängt vorgefunden und sie sind von mir auch einwandfrei erkannt worden.«⁶¹ Ihm folgte im Prinzip auch der Oberstaatsanwalt, der am 18. Januar 1966 das Verfahren einstellen ließ.

»Vergangenheitsbewältigung« 1: Der Rastatter Prozess 1948 und 1949

Mit dem Ende des NS-Regimes war das Thema Justizvollzug noch lange nicht beendet, denn es beschäftigte verschiedene Gerichte bis in die 1960er Jahre. Den Anfang machte der Prozess gegen das Diezer Gefängnispersonal vor dem *Tribunal Supérieur* der französischen Zone in Rastatt. Das erste Verfahren gegen 14 ehemalige Anstaltsbedienstete endete mit dem Urteil vom 21. Dezember 1948, das Berufungsverfahren gegen elf von ihnen am 31. März 1949.⁶² Im Mittelpunkt der Verhandlungen standen vor allem der Anstaltsleiter Gamradt, Lazarettleiter Feller und Vertragsarzt Dr. Schäf. Die Anschuldigungen des Rastatter Gerichtes gegen das Diezer Gefängnispersonal lauteten: *Kriegsverbrechen und Verbrechen gegen die Menschlichkeit*.⁶³ Im ersten Verfahren kamen 36 Zeugen zu Wort, darunter auch ehemalige Gefangene aus Frankreich und Belgien. Der wichtigste Belastungszeuge war der frühere katholische Anstaltspfarrer Friedrich Kneip. Im Berufungsverfahren kamen weitere Zeugen, auch ausländische, zu Wort, und mehrfach war von »Bescheinigungen« die Rede, die die Angeklagten dem Gericht zu ihrer Entlastung vorgelegt hatten. Neben den Gesichtspunkten Überbelegung, Mangelernährung, Arbeitseinsätze, harte Disziplinarstrafen und psychische Schikanen nahm das Thema »medizinische Betreuung« bei der Verhandlung und in der Urteilsbegründung einen großen Raum ein. Den dafür Verantwortlichen warfen die ehemaligen Häftlinge »schwere Nachlässigkeit« und »besonders hassenswertes schlechtes Wollen« vor. Krankmeldungen wurden nicht genehmigt, Kranke meist zur Arbeit geschickt, und wenn jemand doch

---

59 Ebenda, Bl. 107. Thewellis war danach wegen Sabotage am Westwall verurteilt worden.
60 Ebenda, Bl. 106–110.
61 Ebenda, Bl. 125–131; Nachlass K. Müller, erhalten von seinem Enkel Herbert Wolf / Katzenelnbogen.
62 Die Protokolle beider Verfahren im LHAK Best. 900 Nr. 742 (Teil 1 zu 1948, Teil 2 zu 1949).
63 Diese Formulierungen verwandte auch schon die Anklage im Nürnberger Prozess gegen die »Hauptkriegsverbrecher« 1945/46. Die Vermutung liegt nahe, dass sich auch das Rastatter Gericht daran orientiert hat.

zum Lazarett zugelassen wurde, erfuhr er dort eine »spottschlechte und unsachgemäße Behandlung«. Die zahlreichen Tuberkulose-Erkrankten erhielten keine Spezialbehandlung, und als besonders verwerflich schilderten die Zeugen die Eigenmächtigkeit des Anstaltsarztes, der den ohnehin ausgemergelten Häftlingen Blut für die Wehrmachtslazarette abgenommen hatte. Das Gericht kam dann im ersten Teil der Urteilsbegründung zu dem ungeschminkten Ergebnis, »daß alle diese Umstände dazu geführt haben, aus Diez eines der schlechtesten Gefängnisse Deutschlands zu machen, eines von denjenigen, in denen das Leben am schlimmsten, die Verpflegung am schlechtesten und die Krankheit und Sterblichkeit am höchsten waren; dass das gesamte Gefängnispersonal, jeder an seiner Stelle, zu dieser Sachlage beigetragen hat.«[64]

Wenn man die Urteile beider Verfahren vergleicht, sieht man, dass bei fast allen Angeklagten in der 2. Instanz eine erhebliche Reduzierung des Strafmaßes erreicht wurde. Bei Direktor Gamradt zum Beispiel hatte der Staatsanwalt im ersten Verfahren eine lebenslange Freiheitsstrafe beantragt, das Gericht zuerst 15 Jahre, am Ende acht Jahre Freiheitsentzug verhängt. Bei Dr. Schäf war es ähnlich: Der Staatsanwalt beantragte lebenslänglich, das Urteil am Ende lautete »nur« sechs Jahre Freiheitsentzug. Lediglich bei Lazarettleiter Feller blieb das Gericht hart: In beiden Verfahren bestand es auf lebenslänglich, wobei der Staatsanwalt sogar in beiden Instanzen die Todesstrafe beantragte.

Leider liegen keine Unterlagen darüber vor, inwieweit die Verurteilten ihre Strafe tatsächlich abgebüßt haben, etwa der letztgenannte Feller. Fest steht nur, dass das Gericht die mehrjährige Untersuchungshaft der Angeklagten bei der Strafzumessung berücksichtigte, so dass diejenigen von ihnen mit relativ kurzen Strafen, die sie meistens in der Strafanstalt Wittlich verbüßten, sehr bald wieder entlassen wurden.

»Vergangenheitsbewältigung« 2: »Entnazifizierung«

Grundlage für die »Entnazifizierung« in Rheinland-Pfalz war die »Landesverordnung zur politischen Säuberung« vom 17. April 1947.[65] Die zu diesem Zweck eingesetzten Spruchkammern teilten die Betroffenen in fünf Kategorien ein und verhängten entsprechende Sühnemaßnahmen. Danach gab es 1. Hauptschuldige, 2. Belastete, 3. Minderbelastete, 4. Mitläufer und 5. Entlastete. Im Unterschied zum ordentlichen Strafverfahren, bei dem der Staatsanwalt die Schuld des Angeklagten zu beweisen hat, musste bei der »Entnazifizierung« der Beschuldigte seine Unschuld beweisen. Dementsprechend besorgten sich ehemalige NS-Funktionäre und NSDAP-Mitglieder von Freunden, Nachbarn, Bekannten und Arbeitskollegen sogenannte »Persilscheine«, um sich möglichst zu entlasten oder höchstens als Mitläufer eingestuft und bestraft zu werden. Die Verhandlungen der Spruchkammer waren nicht öffentlich. Ihr gehörten an: ein Oberamtsanwalt als Jurist und Vorsitzender, sechs Bürger als Beisitzer, ein »öffentlicher Ankläger« und ein Protokollant beziehungsweise Urkundsbeamter. Am 31. Mai 1952 beendete der Landtag von

---

64 LHAK Best. 900 Nr. 742, S. 19 (Teil 1).
65 Gesetz- und Verordnungsblatt für das Land Rheinland-Pfalz 1947, Nr. 9, S. 121.

Rheinland-Pfalz formell mit dem »Dritten Gesetz über den Abschluss der politischen Säuberung«[66] dieses Kapitel der Nachkriegsgeschichte.

Am 25. August 1947 erstellte das Freiendiezer Gefängnis ein »Verzeichnis nach dem Stande des Dienstpersonals«, in dem insgesamt 79 Bedienstete – vom Direktor bis zu den Hilfsaufsehern – mit Namen, Dienstgrad und Besoldungsgruppe erfasst sind.[67] Hier werden auch diejenigen 21 Beamten erwähnt, die bereits gleich nach dem Einmarsch der US-Truppen im Frühjahr 1945 verhaftet, entlassen oder in den vorzeitigen Ruhestand versetzt worden waren, darunter auch Direktor Gamradt und die anderen Verhafteten, die 1948 und 1949 in Rastatt vor Gericht standen. Unter der Rubrik »Ergebnis des Bereinigungsverfahren« finden wir 14 Beamte mit dem Vermerk »Belassung im Amt«. Fünf wurden wie folgt bestraft: »Bleibt im Amt«, »Kürzung der Dienstbezüge um 25 % für 1 Jahr«, bzw. »Zurücksetzung um eine Gehaltsstufe«, je einmal findet sich die Anmerkung »nicht betroffen« bzw. »Verfahren eingestellt«. Bei 35 Beamten lief das Verfahren noch, denn hier heißt es lapidar »Ergebnis noch nicht mitgeteilt!«. Ein Jahr später, am 17. August 1948, schickte die Anstaltsleitung eine weitere Liste mit 18 Namen von Hilfsaufsehern an das Justizministerium des Landes mit dem Vermerk »Dienstverhältnis gekündigt«.

Direktor Ernst Gamradt (1878–1958) stand als ehemaliger Leiter der Anstalt auch bei der »Entnazifizierung« am meisten im Blickpunkt.[68] Er hatte keine juristische Ausbildung, sondern war nach seiner Zeit als Berufsoffizier 1909 in den Vollzugsdienst übergetreten. Sein Spruchkammerverfahren wurde am 15. Mai 1950 in Koblenz abgeschlossen.[69] Die Spruchkammer hatte während des Verfahrens den Eindruck gewonnen, »daß es sich bei ihm um einen Beamten nach dem alten preußischen Kasernenhofstil handelt, bei dem Befehl Befehl, und Vorschrift eben Vorschrift war.« Die Kammer stufte ihn als »Belasteten der Gruppe II« ein. Als Sühnemaßnahmen wurden ihm auferlegt: »Entlassung aus dem Dienst. Versetzung in den Ruhestand, Kürzung der erdienten Ruhestandsbezüge um 25 %, Aberkennung des aktiven und passiven Wahlrechts [...] Kosten des Verfahrens.« Ab 1. April 1949 begann beamtenrechtlich ohnehin sein Ruhestand, so dass ihn die Versetzung in den Ruhestand im Mai 1950 gar nicht mehr traf. Die gekürzten Versorgungsbezüge erhielt er ab 1. August 1950. Aber auch hier dauerte die Strafe nicht sehr lang, denn am 11. März 1951 richtete er ein Gnadengesuch an Peter Altmeier (CDU), den Ministerpräsidenten von Rheinland-Pfalz, der »unter Würdigung der hier dargelegten Gründe« die Kürzung des Ruhegehaltes aufhob und ihm mit Wirkung vom 1. September 1951 die volle Pension bewilligte. Gamradt starb am 28. Dezember 1958 in Diez. Auf seiner Todesanzeige wurden seine Titel – Regierungsrat a.D. und Major a.D. – und seine Orden aus dem Ersten Weltkrieg aufgezählt, nicht aber seine frühere Funktion als Direktor der Strafanstalt Freiendiez.

---

66 Gesetz- und Verordnungsblatt für das Land Rheinland-Pfalz 1952, Nr. 22, S. 93.
67 LHAK Best. 900 Nr. 741 S. 140–143.
68 Es liegen noch Spruchkammerakten vor von den Beamten Feller, Hörle, Sahmer und Stillger im LHAK Best. 856 Nr. 100.643, 100.644, 100.647, 100.648.
69 LHAK Best. 605 P(ersonalakte) Nr. 5; Best. 605/1 Nr. 1867, daraus auch die folgenden Zitate.

»Vergangenheitsbewältigung« 3: NS-Verbrecher in der JVA

Aus einem Schriftverkehr im Zusammenhang mit der Arbeit der Anstaltspfarrer geht hervor, dass im Februar 1964 in der JVA Diez vier bereits verurteilte NS-Verbrecher einsaßen, vom Jahrgang 1890 bis 1922 und mit Strafen von sieben, acht, 15 Jahren und lebenslänglich Zuchthaus. Zu diesen gehörte auch Georg Heuser, der ab 1963 seine ursprünglich 15jährige Haftstrafe verbüßte, 1969 aber vom damaligen Ministerpräsidenten Helmut Kohl (CDU) begnadigt wurde.[70] Heuser steht paradigmatisch für viele ehemalige NS-Funktionäre der mittleren und höheren Ebene, die nach 1945 mit falschen Angaben um eine wirkliche »Entnazifizierung« herumkamen, eine Zeit lang in nicht erlernten Berufen »überwinterten« und danach wieder ihre frühere Karriere fortsetzen konnten. Heuser war sogar so dreist, dass er 1954 bei seiner Bewerbung zum Wiedereintritt in den Kriminaldienst eine gefälschte Promotionsurkunde der Karls-Universität Prag von 1941 vorlegte.[71] Er hatte Jura studiert und begann ab Dezember 1938 als Anwärter seinen Dienst bei der Kriminalpolizei. Ungefähr ab September 1941 war er als Kriminalkommissar abkommandiert zum »Osteinsatz« bei der Einsatzgruppe A in Riga. Im Rang eines SS-Obersturmführers diente er ab Mai 1942 als Abteilungsleiter beim Kommandeur der Sicherheitspolizei (KdS). Er war in dieser Zeit u. a. an Massenexekutionen in Weißrussland beteiligt und hatte an der als Vergeltung befohlenen Erschießung von rund 300 Einwohnern von Minsk mitgewirkt. Belegt sind weiterhin die eigenhändigen Erschießungen eines Priesters und angeblicher russischer Spioninnen und Partisanen. Bei Kriegsende tauchte er bei seiner Schwester in Goslar unter und übte ab 1948 verschiedene Tätigkeiten wirtschaftlicher Art in Mutterstadt und Ludwigshafen aus. Dort erhielt er auch 1948 die Bescheinigung »politischer Unbedenklichkeit«. Eine erste Bewerbung um Wiederaufnahme in den Polizeidienst scheiterte 1953, aber am 1. Mai 1954 trat er auf Grund von Art. 131 GG in den Polizeidienst des Landes Rheinland-Pfalz ein. Zunächst leistete er Dienst in Ludwigshafen und Kaiserslautern, war ab Juli 1956 abgeordnet an das Landeskriminalamt in Koblenz, zu dessen Leiter er als Kriminaloberrat am 1. Januar 1958 aufstieg. Im Zusammenhang mit Ermittlungen 1959 gegen seinen früheren Vorgesetzten in Minsk fiel auch sein Name. Daraufhin wurde er am 15. Juli 1959 während eines Kuraufenthaltes in Bad Orb festgenommen. Der Prozess gegen Heuser und zehn weitere Angeklagte, der in der Presse große Schlagzeilen machte, begann am 15. Oktober 1962 vor dem Landgericht Koblenz und dauerte bis Mai 1963. Das Gericht zog im Urteil die Summe der Einzelstrafen von 48 Jahren zu einer Gesamtstrafe von 15 Jahren Zuchthaus zusammen. Nach Heusers vorzeitiger Entlassung 1969 kam es noch zweimal zu weiteren Ermittlungen gegen ihn, die aber wegen mangelnder Beweise eingestellt wurden. Heuser starb Ende Januar 1989 in Koblenz während des zweiten Ermittlungsverfahrens.

---

70 LHAK Best. 900 Nr. 650.
71 »Befehl ist Befehl«? – Eine Ausstellung über die Polizei in der NS-Zeit auf dem Gebiet des heutigen Rheinland-Pfalz. Hrsg. vom Ministerium des Innern Rheinland-Pfalz, Dokumentation, Mainz 2004, S. 55–57; de.wikipedia.org/w/index.php?title=Georg_Heuser&oldid=93875769.

Spurensuche und späte Versöhnung

In den Jahren 1973 und 1988 zog der *Conseil National de la Résistance* aus Luxemburg in Diez Erkundigungen ein, um das Schicksal der 16 im Herbst 1944 hingerichteten Landsleute zu klären und veröffentlichte die Ergebnisse.[72] Ab 1990 ergriff die Diezer Ortsgruppe von »Terre des Hommes« die Initiative, um diesen Opfern ein angemessenes Denkmal zu setzen. Nach längerem Hin und Her und heftiger Diskussion verschiedener Standorte, Denkmalsentwürfe und Inschriften wurde die Luxemburger-Gedenkstätte im »Robert-Heck-Park« (früher Alter Friedhof) im September 1998 eingeweiht. Sie befindet sich an der Stelle, wo die 16 Luxemburger bis zu ihrer Überführung in die Heimat im Mai 1946 bestattet waren.[73]

Zur Mitte der 1990er-Jahre erschien eine ganze Reihe von Publikationen, und es wurde eine Vielzahl an Ausstellungen und Fernsehsendungen gezeigt, die sich den Ereignissen des Kriegsendes 1945 widmeten. In diesem Rahmen kam es auch zu einem bemerkenswerten Besuch, den ehemalige Häftlinge Anfang Mai 1995 der JVA Diez abstatteten. Die Besuchergruppe umfasste etwa 40 Franzosen, die 1945 aus der Haft befreit worden waren. Einige waren damals in Freiendiez, andere in Trier, Wittlich und im SS-Sonderlager Hinzert inhaftiert gewesen. Bei einer Gedenkveranstaltung in der Kirche der JVA legten die Besucher einen Kranz zur Erinnerung an ihre während der Haft gestorbenen Kameraden nieder. Trotz des persönlichen Leids, das sie nicht vergessen können, stellten die ehemaligen Häftlinge diese Veranstaltung unter das Motto »Wir sind hergekommen ohne Hass.«[74]

Schlussgedanken

Trotz der Fülle des vorgestellten Materials zur JVA Diez fällt es nicht gerade leicht, dies abschließend im Kontext der Geschichte des NS-Vollzugs zu werten. Es ergeben sich vielmehr weitere Fragen, besonders dann, wenn man sich an das harte Urteil der Rastatter Richter erinnert, die die Anstalt in Diez als »eines der schlechtesten Gefängnisse Deutschlands« während des NS-Regimes bezeichneten. War es ein hoher Prozentsatz, wenn 14 von 79 (im Jahr 1947) Angehörigen des Diezer Gefängnispersonals als Kriegsverbrecher angeklagt wurden? Hat sich also die überwiegende Mehrheit des Personals mehr oder weniger korrekt verhalten im Umgang mit den Gefangenen? Wie viele Bedienstete von vergleichbaren anderen Anstalten wurden ebenfalls angeklagt?

Es gibt leider von anderen Anstalten nicht genug Vergleichszahlen zu den relevanten Gesichtspunkten wie Todesfällen, Anteil der politischen beziehungsweise ausländischen Gefangenen, Überbelegung, medizinische Versorgung, Deliktarten. Zu letzterem Punkt gibt es einige Zahlen von der Strafanstalt Berlin-Tegel, deren Kapazität aber mit ca. 800 Haftplätzen viel größer war als die von Freiendiez. Hier hat man Karteien von rund

---

72 Rappel 7/8 (siehe Anm. 23), S. 309–311 und Rappel 3 (1995), S. 447–454.
73 »Rhein-Lahn-Zeitung« und »Nassauische Neue Presse« vom 21. September 1998.
74 »Rhein-Lahn-Zeitung« vom 12. Mai 1995.

24.000 Häftlingen aus den Jahren 1933 bis 1945 ausgewertet, allerdings ohne Ausländer und Aufschlüsselung der Deliktarten.[75] Danach waren 16 % der Gefangenen politische Häftlinge (1937 waren es in Diez 29 %). Zum Punkt Todesfälle gibt es ein paar Zahlen aus Wittlich. Hier sind zwischen 1933 und 1945 »nur« 29 Todesfälle unter den deutschen Häftlingen vermerkt, allerdings 135 Tote unter den Ausländern zwischen 1941 und 1945. In Diez starben in dem etwas kürzeren Zeitraum (1942 bis 1945) 86 ausländische Gefangene.[76] Was aber die Haftbedingungen angeht, scheint sich die Wittlicher Anstalt von der Diezer sehr unterschieden haben, denn Heinz Wagner, der Sohn des dortigen Anstaltsleiters, berichtete, dass ein Leutnant der ersten U.S.-Einheiten, die die Strafanstalt am 10. März 1945 übernahmen, 24 Stunden lang alle Gefangenen hinsichtlich der Behandlung befragt habe. Anschließend habe besagter Leutnant ausdrücklich seinem Vater gedankt für die, den Zeitumständen entsprechend, korrekte Behandlung: »Kein einziger Gefangener hatte eine Beschwerde gegen ihn vorgebracht.«[77] Aber auch zur Diezer Anstalt findet man Entlastendes. Ein ehemaliger jüdischer Insasse berichtete, dass »seine Behandlung erträglich gewesen sei, weil in den Zuchthäusern noch die alten Beamten der Justizverwaltung tätig waren und noch keine SS-Leute«.[78] Das Gericht in Rastatt erfuhr zum Beispiel durch Zeugenaussagen, dass Hauptwachtmeister Georg Lang die Flucht eines Gefangenen gedeckt habe. Laut Vorschrift hätte Lang schießen oder zumindest Meldung machen müssen.

Die Mehrzahl der Diezer Anstaltsbediensteten dürfte nach den Kriterien der »Entnazifizierung« als »Mitläufer« einzustufen sein. Von den 14 in Rastatt Angeklagten war – bis auf Dr. Schäf – keiner ein »Alter Kämpfer«, keiner hatte in der »Partei« oder anderen NS-Formationen einen Führungsposten. Diese Bediensteten versuchten, angepasst über die Runden zu kommen und praktizierten, weil sie einer auf Befehl und Gehorsam begründeten Institution angehörten, Strenge gegenüber den Häftlingen, was aber nicht ausschloss, dass einige ab und zu versuchten, den Gefangenen – etwa durch zugesteckte Essensrationen – zu helfen. Es gab aber unter ihnen auch den großgewordenen Kleinbürger, der – ausgestattet mit besonderer Befehlsgewalt – den »arischen« Herrenmenschen spielen konnte und unter Umständen über Leben und Tod entschied, zum Beispiel im Lazarett oder bei der Einteilung zu Arbeitseinsätzen. Einen anderen Typ repräsentierte Anstaltsarzt Dr. Schäf durch seine Ambivalenz, die wir heute nur schwer nachvollziehen können: Einerseits war er akademisch gebildet und in der Bevölkerung als Hausarzt geachtet, andererseits war er früh der »Bewegung« beigetreten und hat sich mit SS-Dienstgrad deutlich exponiert. Es bleibt uns außerdem unverständlich, wie er es mit seinem Ethos als Arzt vereinbaren konnte, geschwächten Gefangenen Blut für die Wehrmachtslazarette abzunehmen.

Es gab aber in Freiendiez auch Beispiele für Zivilcourage, unkonventionelles Handeln

---

75 100 Jahre JVA Tegel, Berlin 1998, S. 68.
76 100 Jahre JVA Wittlich 1902–2002, S. 45–48.
77 Ebenda.
78 Nikolaus WACHSMANN, Gefangen unter Hitler. Justizterror und Strafvollzug im NS-Staat. München 2006, S. 164 und Anm. 243.

und Einsatz für Bedrängte bei eigenem Risiko für Leib und Leben. Als Beispiel dafür steht der katholische Anstaltspfarrer Friedrich Kneip, der nach der Definition des Freiburger Historikers Wolfram Wette zu den »Stillen Helden« zu zählen ist. Wette hat sich bei seinen Forschungen vor allem dem wenig spektakulären Widerstand »von unten«, den »Rettern in Uniform« und eben den »Stillen Helden« gewidmet. Ausgangspunkt ist für ihn folgende Frage: »Woher bezogen diese Menschen die innere Kraft, die sie instand setzte, gegen den Strom zu schwimmen?« In seiner Antwort charakterisiert er die »Stillen Helden« wie folgt: »Die Entscheidung dieser Menschen, zu helfen oder zu retten, kam meist spontan zustande, ausgelöst durch den Hilferuf eines Verfolgten. Insoweit reagierten sie also. Den Wertehintergrund für ihren Entschluss bildete in der Regel eine politisch oder religiös begründete Humanität. Nicht selten verstanden die Retter ihr Handeln als etwas Selbstverständliches, als eine natürliche Hinwendung zu verfolgten Mitmenschen – und nicht etwa als eine außergewöhnliche Heldentat. Sie wollten keine Helden sein. Häufig entstand die Bereitschaft, Rettungswiderstand zu leisten, aus der Empörung über Verbrechen, deren Augenzeuge sie geworden waren oder von denen sie zuverlässig gehört hatten. [...] Sie folgten der realistischen Einsicht, dass sie ohnehin nicht in der Lage waren, das NS-System aus den Angeln zu heben. [...] Sie entschlossen sich daher, das Naheliegende und ihnen Mögliche zu tun, nämlich wenigstens einzelne verfolgte Menschen ganz praktisch zu unterstützen und, wenn alles gut ging, sogar zu retten.«[79]

---

[79] Wolfram WETTE, Karl Plagge – Ein Judenretter in Wehrmachtsuniform, in: Dokumentation der »Frankfurter Rundschau« vom 8. Februar 2006, S. 7, hier auch weitere Angaben zu Wettes Veröffentlichungen.

Schutzhaft und Konzentrationslager im Regierungsbezirk Kassel 1933

Dietfrid Krause-Vilmar

Erstaunlich erscheint uns heute, wie der Begriff der Schutzhaft und der des Konzentrationslagers in die politische und Verwaltungssprache im Jahre 1933 eindringen konnten und in den Tageszeitungen und Veröffentlichungen »normalisiert« wurden, obwohl beide Begriffe die Wirklichkeiten der tatsächlichen Verfolgung und Terrorisierung von Menschen sowie die Einrichtung von repressiven Lagern propagandistisch fälschten und als Erziehungseinrichtungen darzustellen versuchten.

Am Beispiel des Regierungsbezirks Kassel wird im Folgenden die Entwicklung und Einrichtung eines in und um Kassel gefürchteten Apparates politischer Verfolgung nachgezeichnet. Bei diesem Prozess im Jahre 1933 spielte das Instrument der »Schutzhaft« auf dem Weg zum nationalsozialistisch geprägten Polizeistaat eine entscheidende Rolle. Kai Cornelius hat die einschneidenden Veränderungen der Schutzhaft ab 1933 dargestellt.[1] Während des Ersten Weltkriegs wurde die seinerzeitige Praxis der Inhaftierung Oppositioneller erstmals mit dem am 4. Dezember 1916 erlassenen »Gesetz betreffend die Verhaftung und Aufenthaltsbeschränkung auf Grund des Kriegszustandes und Belagerungszustandes«[2] geregelt. In diesem Gesetz waren mit dem Beschwerderecht des Verhafteten, dem Recht auf einen Verteidiger und der richterlichen Vernehmung am folgenden Tag über Einwendungen des Verhafteten noch »gewisse Sicherungen« eingebaut.[3]

Im republikanischen Weimarer Rechtsstaat wurde unter Schutzhaft die kurzfristige polizeiliche Verwahrung zum Schutz und im eigenen Interesse der Person verstanden. Im nationalsozialistischen Staat wurde das Instrument der Schutzhaft sämtlicher Sicherungen beraubt und politisch zur Ausschaltung von Gegnern aus dem öffentlichen Leben, ihrer Diskriminierung und Erniedrigung, vielfach auch ihrer Misshandlung eingesetzt. Wichtigste Grundlage für diese seit dem 27. Februar 1933, dem Tag der Reichstagsbrands in Berlin, systematisch betriebenen polizeilichen Verhaftungen war die »Verordnung des Reichspräsidenten zum Schutz von Volk und Staat« vom 28. Februar 1933, mit der durch Paul von Hindenburg die Freiheitsrechte der demokratischen Weimarer Reichsverfassung außer Kraft gesetzt wurden.[4] Unter Missbrauch des Notverordnungsrechts des Artikel 48 der Weimarer Verfassung hatten Reichsregierung und Reichspräsident die Fundamente des demokratischen Rechtsstaates – unter anderem das Recht auf

---

1 Kai CORNELIUS, Vom spurlosen Verschwindenlassen zur Benachrichtigungspflicht bei Festnahmen (= Juristische Zeitgeschichte, Abt. 1, Band 18). Berlin 2006, S. 70–73.
2 RGBl. I, S. 1329.
3 CORNELIUS (siehe Anm. 1), S. 70.
4 RGBl I, S. 83.

freie Meinungsäußerung, die Pressefreiheit, die Vereins- und Versammlungsfreiheit und das Eigentumsrecht – mit einem Schlag beseitigt. »Die in dieser Verordnung angeordnete Aufhebung der Unverletzlichkeit der persönlichen Freiheit hielt als Begründung für Schutzhaftmaßnahmen jeder Art her.«[5] Die politische Polizei und bald darauf die Geheime Staatspolizei begannen sofort, Menschen willkürlich zu inhaftieren. Nach wenigen Monaten kam es an vielen Orten im Deutschen Reich zur staatlichen Einrichtung von festen Schutzhaftlagern, für die sich bald der Begriff ›Konzentrationslager‹ durchsetzte. Die Einrichtung dieser Konzentrationslager des nationalsozialistischen Staates – und dies blieb bis zum Ende des Krieges unverändert und war auch für die Vernichtungslager gültig – erfolgte polizeirechtlich gestützt auf neu definierte Schutzhaftverordnungen, die sämtliche bislang geltenden rechtsstaatlichen Prinzipien aushebelten. Die Inhaftierten der Konzentrationslager blieben in dieser sprachlich diskriminierenden Form »Schutzhäftlinge«. Schutzhaft erwies sich auch in zahlreichen anderen Fällen als Vorstufe sondergerichtlicher oder anderer strafrechtlicher Verurteilungen, insbesondere in den sogenannten Hochverratsprozessen gegenüber kommunistischen Schutzhaftgefangenen.

Bereits ab Mai 1935 hatte »das Preußische Oberverwaltungsgericht entschieden, dass Maßnahmen der Gestapo nicht mehr einer verwaltungsgerichtlichen Überprüfung unterstünden«.[6] Und 1936 wurden Gestapomaßnahmen im preußischen Gesetz über die Geheime Staatspolizei »ausdrücklich einer gerichtlichen Nachprüfung entzogen«.[7] Cornelius fasst zusammen: »Durch diese gerichtlich nicht nachprüfbare Schutzhaftpraxis wurden sämtliche bestehenden Normen der StPO, die dem Beschuldigten gewisse Rechte einräumen, umgangen.«[8] Schutzhaft wurde zum »flankierenden« geheimpolizeilichen Instrument neben und außerhalb der nach wie vor arbeitenden Justiz und Rechtsordnung, die zum Beispiel das Recht auf Verteidigung und auf richterliche Nachprüfbarkeit noch nicht beseitigt hatten.

I.

Wir möchten an einem regionalen Beispiel aus dem Regierungsbezirk Kassel diesen Prozess von den ersten Schutzhaftstationen im März 1933 bis zur Etablierung eines Konzentrationslagers im Juni 1933 darstellen. Dabei stütze ich mich auf meine Forschungen zum Konzentrationslager Breitenau, in Guxhagen (heute: Schwalm-Eder-Kreis) 15 Kilometer südlich von Kassel gelegen.[9]

In den wenigen Monaten nach der Notverordnung vom 28. Februar 1933 waren, teils in Form von Massenverhaftungswellen, teils als Inhaftierung Einzelner oder kleiner Gruppen, politische Gegner des Nationalsozialismus in Schutzhaft genommen worden.

---

[5] CORNELIUS (siehe Anm. 1), S. 71.
[6] Ebenda, S 72.
[7] Ebenda, S. 73.
[8] Ebenda.
[9] Dietfrid KRAUSE-VILMAR, Das Konzentrationslager Breitenau. Ein staatliches Schutzhaftlager 1933/34, Marburg 1998.

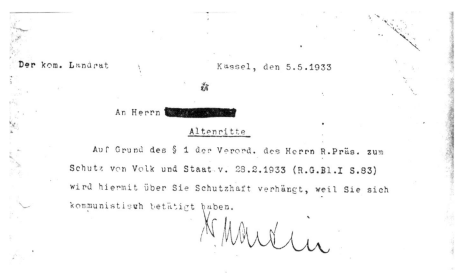

Abb. 1: Schutzhaftbefehl

Die genannte Notverordnung war ausdrücklich »zur Abwehr kommunistischer staatsgefährdender Gewaltakte« erlassen worden. In diesem Sinne wurde sie von der Verwaltung verstanden und praktisch angewandt (s. Abb. 1). Der Kasseler Polizeipräsident Fritz von Pfeffer sprach Anfang Juli 1933 davon, dass »die Schutzhaft doch im Wesentlichen nur für solche Personen notwendig und aufrecht zu erhalten [ist], die als Funktionäre der marxistischen Parteien und Organisationen zu gelten haben, und bei denen die Gefahr besteht, dass sie sich weiterhin als solche betätigen [...]«.[10]

Für den Regierungsbezirk Kassel lassen sich die ersten Schutzhaftmaßnahmen bereits für den 27. und den 28. Februar 1933 nachweisen.[11] Eine am 28. Februar 1933 vom Kasseler Regierungspräsidenten Konrad von Monbart ausgegebene Verfügung löste erste Verhaftungen aus. Im Landkreis Eschwege wurden auf diese Verfügung hin fünfzehn kommunistische Funktionäre, darunter Karl Küllmer (II) aus Reichensachsen – er war für die KPD im März 1933 zum Abgeordneten im Reichstag gewählt worden, ohne das Mandat allerdings noch wahrnehmen zu können – verhaftet.[12] Verhaftungswellen gingen des Weiteren von einer Verfügung von Monbarts vom 26. März 1933 aus; sie

---

10 Hessisches Staatsarchiv Marburg (HStAM) Best. 165 Nr. 3982, Band 11. Polizeipräsident Kassel (PP) an die Landräte (LR) im Regierungsbezirk (Regbez.) Kassel am 7. Juli 1933.

11 Bereits am 27. Februar waren aus Witzenhausen politische Gegner in Schutzhaft genommen worden; HStAM Best. 165 Nr. 3878. Nachweisung über Haftkosten für die Monate März bis April 1933 von den in Schutzhaft genommenen Personen [LR Witzenhausen berichtet]). — Zwei Kommunisten aus Niederzwehren und aus Harleshausen gehörten zu den ersten politischen Gefangenen im Landkreis Kassel. Beide waren »auf Grund des Polizei Rundfunks vom 27. Februar 1933 [Reichstagsbrandstiftung und erhöhte Aktivität der KPD]« bereits am 28. Februar gemeinsam mit drei weiteren »Funktionären« und acht »KPD-Mitgliedern« verhaftet worden. HStAM Best. 165 Nr. 3886, Band 1.

12 HStAM Best. 165 Nr. 3886, Band 1. LR Eschwege an RP Kassel am 2. März 1933.

führte zur Verhaftung von 33 Gegnern des Nationalsozialismus im Landkreis Kassel.[13]

Eine entscheidende Voraussetzung dafür, die die Behörden in der Frage der Einrichtung eines Sammellagers zum Handeln veranlasst hatte, war die Tatsache, dass die Polizei- und Gerichtsgefängnisse im Regierungsbezirk Kassel durch die plötzlich hinzugekommenen Einweisungen politischer Gefangener voll belegt bzw. überbelegt waren. Der normale Gang des Strafvollzugs sollte daher so bald als möglich wiederhergestellt werden. Dieses Motiv fand seinen Ausdruck im Drängen der Justiz bzw. der ihr unterstehenden Strafanstalten auf eine baldige Lösung dieser Frage. So forderte der Präsident des Strafvollzugsamtes in Kassel, Dr. jur. Paul Steimer, am 6. Mai 1933 vom Kasseler Polizeipräsidenten: »Das dauernde Steigen der Belegungsziffer in der Strafanstalt Wehlheiden erfordert die Freimachung der mit Schutzhäftlingen belegten Zellen. Ich bitte um gefällige Nachricht, wann mit dem Abtransport der Schutzhäftlinge gerechnet werden könnte, den ich möglichst zu beschleunigen bitte.«[14]

Der langjährige NSDAP-Funktionär Fritz Lengemann, über Nacht kommissarischer Landrat des Kreises Kassel geworden, brachte in seinem Schreiben an den Regierungspräsidenten vom 26. April 1933 Ähnliches zum Ausdruck. Er bezog sich dabei auf die Einrichtung einer Schutzhaftstation im Karlshospital in Kassel: »Da in den Gemeinden keine geeignete Unterbringungsmöglichkeit bestand und das Gefängnis des Polizeipräsidiums in Kassel mit Schutzhäftlingen aus der Stadt Kassel überfüllt war, musste das Karlshospital als Schutzhaftstelle in Anspruch genommen werden.«[15]

Das Karlshospital war in der Weimarer Zeit Fürsorgeheim für Gestrauchelte und Hilfsbedürftige geworden. Sein Leiter Wilhelm Kröning mahnte seinerseits die Behörden in mehreren Schreiben an, das Karlshospital wieder seiner ursprünglichen Bestimmung zu übergeben: »Wir wären dankbar, wenn wir die anderen Häftlinge [fünf gesunde Schutzhaftgefangene] entweder einem Konzentrationslager möglichst bald zuführen könnten oder aber, wenn dies noch längere Zeit in Anspruch nimmt, sie der dafür vorgesehenen Abteilung in der Strafanstalt Wehlheiden überweisen würden.«[16] In einem weiteren Schreiben vom 7. Juni 1933 bat Kröning »nochmals dringend, uns die gesunden Schutzhäftlinge aus dem Hospital zu nehmen. Immer mehr haben wir die Betreuung kranker Schutzhäftlinge zu übernehmen [...].«[17] Neben den Strafanstalten, den Unter-

---

13 HStAM Best. 165 Nr. 3982, Band 10. Kommiss. LR Kassel an RP Kassel am 26. April 1933 nennt eine »dortige Verfügung vom 26. März«. Diese Verfügung konnte nicht ermittelt werden; sie stützte sich auf die »Verordnung des Reichspräsidenten zur Abwehr heimtückischer Angriffe gegen die Regierung der nationalen Erhebung, vom 21. März 1933«; RGBl. I, S. 135.

14 HStAM Best. 165 Nr. 3878. Von Pfeffer reichte diesen Brief an von Monbart mit der Bemerkung weiter: »[...] eine Überführung der in Frage kommenden Häftlinge in ein Konzentrationslager ist auch m. E. dringend erforderlich.«

15 HStAM Best. 165 Nr. 3982, Band 10. Stadtarchiv Kassel (StAKa) Best. A.5.55 Akten der Betreuungsstelle (im Folgenden zitiert: StAKa Betreuungsstelle). Justus Kragelius. Diesem Bericht zufolge soll es sich um sechzig Schutzhaftgefangene im Karlshospital gehandelt haben.

16 HStAM Best. 165 Nr. 3878. Schreiben W. Krönings an den RP Kassel vom 21. Mai 1933.

17 Ebenda. Kröning sprach in diesem Schreiben von der »völligen Beengtheit der Räume und dem Übermaß der Belegung«. Zu fragen ist, auf Grund welcher Ereignisse so viele Schutzhaftgefangene (überwiegend bekanntlich junge Männer) krank bzw. pflegebedürftig geworden waren.

suchungs- und Gerichtsgefängnissen sowie dem Karlshospital wurden im März und April 1933 im Kasseler Regierungsbezirk zahlreiche weitere Schutzhaftstellen eingerichtet, teils amtlich, das heißt durch die Polizei, teils privat, das heißt von Seiten der NSDAP beziehungsweise deren Kampf- und Terrorformationen SA und SS. Die zeitgeschichtliche Forschung unterscheidet diese unter SA- oder SS-Regie stehenden von den staatlichen Schutzhaftstellen beziehungsweise Konzentrationslagern. Von diesen SA-Schutzhaftstellen waren die Übergänge zu den Folterkellern und ›Tribunal‹-stätten, die SA- und SS-Gruppen zur Peinigung ihrer politischen Gegner provisorisch eingerichtet hatten, fließend.[18] Einige solcher Folterstätten im Regierungsbezirk Kassel sind bekannt: so die Keller der Gaststätte Bürgersäle in der Oberen Karlstraße[19], das Adolf-Hitler-Haus in der Wilhelmshöher Allee[20], das Wassersporthaus am Fuldadamm[21] – alle in der Stadt Kassel –, die Walkemühle bei Melsungen[22], der Karlshof bei Wabern[23], das Amtsgerichtsgefängnis in Oberkaufungen[24] und der Brauereikeller in Hofgeismar[25]. In den umliegenden Gemeinden Immenhausen, Sandershausen, Frommershausen, Niederzwehren, Crumbach, Ihringshausen, Niedervellmar,[26] Niederkaufungen, Wolfsanger und Heiligenrode wissen wir von ähnlichen Misshandlungen[27] und Terror. Überliefert wird zum

---

18 Christine FISCHER-DEFOY, Arbeiterwiderstand in der Provinz. Arbeiterbewegung und Faschismus in Kassel und Nordhessen 1933–1945. Eine Fallstudie. Berlin 1982, S. 59–63.

19 Über die Misshandlungen der politischen Gegner im Frühjahr 1933 im Nazilokal »Die Bürgersäle« liegen zahlreiche Berichte vor; z. B. der »Bericht des städtischen Angestellten K. über seine Misshandlungen in den Bürgersälen am 24. März 1933«, in: Volksgemeinschaft und Volksfeinde. Kassel 1933–1945. Eine Dokumentation. Herausgegeben von Jörg KAMMLER / Dietfrid KRAUSE-VILMAR. Band 1. Kassel 1984, 29. Vgl. »Hessische Nachrichten« vom 13. Oktober 1948 (»März 1933 in den Bürgersälen«); HN vom 14. Oktober 1948 (»Angeklagte leugnen weiter«); HN vom 15. Oktober 1948 (»Willy Becker gesteht«); HN vom 16. Oktober 1948 (»Urteil im Kasseler Bürgersäleprozess«); HN vom 3. Mai 1949 (»Urteile im Prozess ›Bürgersäle‹ zum Teil aufgehoben«). In dieser Strafsache »wegen Landfriedensbruch« kam es am 13.–15. Februar 1950 vor der Strafkammer I des Landgerichts Kassel erneut zu einer Verhandlung, in der die Urteile der vorigen Instanzen abgeändert wurden.

20 Volksgemeinschaft und Volksfeinde I (siehe Anm. 19), S. 63.

21 Ebenda. Vgl. auch: Jörg KAMMLER, Ich habe die Metzelei satt und laufe über ... Kasseler Soldaten zwischen Verweigerung und Widerstand (1939–1945). Eine Dokumetation. 2. verbreitete Auflage Kassel 1985, S. 86 (zu Arno Schminke) und S. 194 (zu Georg Lörper).

22 Im Marburger Staatsarchiv befinden sich Akten zur Walkemühle im Jahre 1933, besonders zu den Enteignungen dieser bemerkenswerten sozialistischen Bildungsstätte, die auf den Göttinger Philosophen Leonard Nelson und auf die Pädagogin Minna Specht zurückgeht. HStAM Best 180 Melsungen Nr. 3729. Betr. Landerziehungsheim Walkemühle [Walkemühle] 1932–1937.

23 100 Jahre Jugendheim Karlshof 1886–1986. Eine Chronik. Zusammengestellt von Ernst BÄSSE. Kassel 1986, S. 34 ff.

24 Jörg KAMMLER. Widerstand und Verfolgung – illegale Arbeiterbewegung, sozialistische Solidargemeinschaft und das Verhältnis der Arbeiterschaft zum NS-Regime, in: Volksgemeinschaft und Volksfeinde. Kassel 1933–1945. Band 2. Studien. Kassel 1987, S. 332–338; dort wird der Terror gegen die politische Arbeiterbewegung im Frühjahr 1933 eingehend dargestellt.

25 FISCHER-DEFOY (siehe Anm. 18), S. 61 und 261, gibt einen »Bericht Hermann Trost, Kassel« wieder: »In Hofgeismar werden an Ostern 1933 alle politisch verdächtigen Personen verhaftet und im Brauereikeller vor ein ›Femegericht‹ gestellt, das sie zu jeweils 50 Stockschlägen verurteilt, die sofort vollstreckt werden.«

26 »Hessische Nachrichten« vom 14. Oktober 1948.

27 KAMMLER (siehe Anm. 24) S. 338; Dietfrid KRAUSE-VILMAR, Hitlers Machtergreifung in der Stadt Kassel. In: Volksgemeinschaft und Volksfeinde. Kassel 1987, S. 13–36 und 24 ff.; Volksgemeinschaft und

Beispiel ein Vorfall bei einem später bekannten Schulrat in Hofgeismar: »Andere Nöte bedrückten die Lehrer, gegen die die schulischen Sorgen weit zurücktraten, und der Schulrat war sofort bereit, hier helfend einzuspringen. Das hatte er schon am 26. März 1933 gezeigt. Ein von der SA zusammengeschlagener Lehrer hatte sich mit unsäglicher Mühe bis vor die Tür seines Schulrats schleppen können, dann war er bewusstlos zusammengebrochen. Er war auch in den nächsten Stunden nicht fähig, ein Wort zu sprechen. Etwa 200 Hiebe hatte er aushalten müssen. Von den Schultern bis zu den Kniekehlen war keine heile Stelle mehr, überall nur rohes Fleisch. Der Schulrat verband ihn mit Hilfe seines Sohnes, telefonierte nach einem Sanitätswagen oder einer Tragbahre, ließ sich auch von den Drohungen eines unmenschlichen SA-Mannes nicht bewegen, ›das Schwein‹ hinauszuwerfen, und gab sich erst zufrieden, als er seinen ›Nächsten‹ nach zwei Stunden in ärztlicher Obhut wusste.«[28]

Aus Obervellmar ist überliefert, dass das Haus des Bürgermeisters für Misshandlungen benutzt wurde: »Ich wohnte in Obervellmar seit meinem 6. Lebensjahr. Obervellmar ist ein Arbeiterdorf, durchsetzt mit Landwirten, großen Landwirten auch, und einer großen Mühlenfabrik, die hieß Landgrebe. Das Bemerkenswerte für mich heute ist, dass vor der Machtübernahme Hitlers mein Freund Christoph Börner und ich die beiden letzten öffentlichen Antifaschisten waren. Dadurch war ja auch sehr leicht abzusehen, dass sie uns eines Tages verhaften würden. Genauso ist es auch gekommen. Wir haben da eine Brücke, wo die Bahn Kassel-Paderborn drüberfährt. Dort sollten Waffen gefunden worden sein, und aufgrund dessen hat man uns verhaftet. [...] Wir wurden auf den Wagen verfrachtet und nach Heckershausen gebracht [...] in das Haus des Bürgermeisters Homburg. Man hat uns kaum etwas gefragt. Sie sagten: ›Ihr seid Kommunisten. Ihr seid Krebsgeschwüre am deutschen Volke. Wir müssen Euch irgendwie dingfest machen.‹ Das wäre alles schön und gut gewesen, aber dann sollten wir etwas über den Waffenfund aussagen, und wir konnten beim besten Willen nichts aussagen, weil wir damit nichts zu tun hatten. Dann bekamen wir ganz fürchterliche Schläge von den SS-Leuten. Man war ja ziemlich groggy, wenn man so durchgehauen wird. Ich war 23 Jahre alt, man ist ja noch nicht so ganz gefestigt. Während wir dann so schrien, und der eine gegen den andern ausgespielt wurde, schrie die Frau des Bürgermeisters – eine sicherlich sehr überzeugte Christin –: ›Das lasse ich mir in meinem Haus nicht bieten. Hier wird keiner geschlagen!‹ Aber die haben da keine große Rücksicht drauf genommen, und der Ehemann rief: ›Marie, Du hast hier nichts zu sagen!‹ Das war eine der einschneidendsten Empfindungen damals, dass es trotzdem noch Menschen gab, die sich öffentlich gegen die SS aufbäumten. Das werde ich nie vergessen, wie sich diese Frau für uns eingesetzt hat.«[29]

Der Terror in diesen privaten Haftstätten und frühen Schutzhaftstationen stellte für viele Menschen den Anfang einer lange Zeit anhaltenden politischen Verfolgung dar. Oft

---

Volksfeinde I (siehe Anm. 19), 206 f. (Oberkaufungen).
28 Justus SCHÜLER, Schulrat des Kreises Hofgeismar. In: Heinrich Grupe 80 Jahre. Ein Leben für die Schule. Hrsg. von der Volkshochschule des Kreises Hofgeismar e.V. u.a. Melsungen 1958, S. 64 f.
29 HStAM Vorlass Krause-Vilmar. Notiz über ein Gespräch mit Walter Leng und Frau Leng am 17. September 1981 in Kassel. Teilnehmer: Wolfgang Prinz, Dietfrid Krause-Vilmar.

waren diese ›wilden‹ Haft- und Folterstätten von ausuferndem brutalen Terror beherrscht, während in den staatlichen Konzentrationslagern zunächst noch retardierende Momente wirksam waren – zumal wenn es sich um bereits bestehende staatliche und seit Jahrzehnten im Umgang mit ›Insassen‹ eingespielte rechtsstaatlich verfasste Einrichtungen mit Ordnungen und Regeln wie zum Beispiel die Landesarbeitsanstalt Breitenau gehandelt hat.

II.

Das Schutzhaftlager beziehungsweise das Konzentrationslager Breitenau – beide Bezeichnungen finden sich in den zeitgenössischen Akten – wurde am 16. Juni 1933 durch eine Initiative des Polizeipräsidenten in Kassel, Fritz von Pfeffer, begründet und eingerichtet. Im Juni 1933 bestanden im Deutschen Reich bereits zahlreiche Konzentrationslager; zu den bekannteren zählten Dachau, Oranienburg, Sonnenburg, Lichtenburg und Moringen. In der preußischen Provinz Hessen-Nassau gab es bis zu diesem Zeitpunkt noch kein staatliches Konzentrationslager. Im Volksstaat Hessen hatte man am 15. April 1933 das Konzentrationslager Osthofen, in Rheinhessen nördlich von Worms (heute Rheinland-Pfalz) gelegen, in einem leer stehenden Fabrikgebäude untergebracht.[30] Die Einrichtung von Konzentrationslagern im Jahre 1933 in Preußen erfolgte nicht zentral von Berlin aus, sondern war oft das Ergebnis eines vielschichtigen politischen Entscheidungsprozesses, bei dem regionale Behörden – wie der Regierungspräsident oder der Polizeipräsident – eine entscheidende Rolle spielten. Johannes Tuchel hat dargelegt, wie widersprüchlich und schwerfällig seitens des preußischen Innenministeriums die institutionelle Begründung und bürokratische Vereinheitlichung der Konzentrationslager abgelaufen ist. Sämtliche diesbezüglichen Planungen in Preußen bis zur Gestapo-Machtübernahme durch Himmler und Heydrich waren zunächst gescheitert.[31] Einzig der systematische Aufbau der Konzentrationslager in den Moorgebieten des Emslandes (die späteren Konzentrationslager Börgermoor, Esterwegen und Neusustrum) als zentrale preußische Konzentrationslager wurde seit Ende Mai 1933 vorangetrieben. Gleichwohl hat sich in der Zeit vom Frühjahr 1933 bis zum für die Schutzhaft entscheidenden Runderlass vom 12./26. April 1934,[32] in dem neue »Anordnungen« die Zuständigkeit für die Schutzhaft den zentralen Staatsregierungen (in Preußen zuerst dem Geheimen Staatspolizeiamt) zuschrieben, eine Tendenz zur Vereinheitlichung durchgesetzt.

Die Planungen des preußischen Innenministers Göring zur Einrichtung von Konzentrationslagern waren bereits Ende April 1933 den nachgeordneten Behörden bekannt gegeben worden. Staatssekretär Ludwig Grauert hatte am 24. April 1933 den Regie-

---

30 Zu den frühen Konzentrationslagern vgl. Wolfgang BENZ / Barbara DISTEL, Der Ort des Terrors. Geschichte der nationalsozialistischen Konzentrationslager. Band 2: Frühe Lager, Dachau, Emslandlager. München 2005.

31 Johannes TUCHEL, Konzentrationslager. Organisationsgeschichte und Funktion der »Inspektion der Konzentrationslager« 1934–1938. Boppard 1991, S. 35–120 (Die Planungen für die Konzentrationslager in Preußen).

32 HStAM Best. 180 Wolfhagen Nr. 2329. Durchführung der Verordnung zum Schutz von Volk und Staat vom 28. Februar 1933.

rungspräsidenten folgendes mitgeteilt: »[...] wird davon auszugehen sein, dass grundsätzlich alle diejenigen Häftlinge auch in Zukunft in Haft zu halten sein werden, bei denen im Hinblick auf ihre frühere politische Tätigkeit mit Sicherheit zu erwarten steht, dass sie nach einer etwaigen Freilassung sich erneut im staatsfeindlichen Sinne betätigen würden [...]«[33] Tatsächlich waren jedoch bis Mitte Juni erst Sonnenburg bei Küstrin (im Regierungsbezirk Frankfurt/Oder) und Lichtenburg bei Prettin (im Regierungsbezirk Merseburg) ausdrücklich als Konzentrationslager bestätigt worden.[34] Diese ersten beiden von staatlicher Seite ausdrücklich anerkannten Konzentrationslager waren bald überbelegt, so dass der Plan zur Errichtung eines ›eigenen‹ Lagers im Regierungsbezirk Kassel auch vor diesem Hintergrund entstanden sein dürfte.[35]

In den Akten taucht der Plan eines Konzentrationslagers im Regierungsbezirk Kassel zum ersten Male in seinem Schreiben an den Regierungspräsidenten in Kassel vom 27. Mai 1933 auf. Breitenau schien zu diesem Zeitpunkt als Ort noch nicht festzustehen; zumindest wurde der Name nicht erwähnt. Von Pfeffers Argument für eine geschlossene Unterbringung war die Überlegung, die Schutzhaftgefangenen arbeiten zu lassen. »Bis jetzt wurden die Schutzhäftlinge hier zur produktiven Arbeit nicht angehalten. Es erscheint jedoch angebracht, die Schutzhäftlinge geschlossen unterzubringen, damit die Möglichkeit der Beschäftigung gegeben ist. Da die Schutzhäftlinge hier [in Kassel, zum Beispiel im Polizeipräsidium, im Zuchthaus Wehlheiden] nicht zur produktiven Arbeit herangezogen werden können, verbringen sie ihre Zeit damit, die zuständigen Dienststellen mit Gesuchen und Beschwerden[36] zu beschäftigen, die zwar durchweg unbegründet sind, deren Bearbeitung aber vielfach einen nicht unerheblichen Aufwand an Zeit und Arbeitskraft erfordert. Auch aus diesem Grunde erscheint es angebracht, die Schutzhäftlinge geschlossen unterzubringen und zur Arbeit heranzuziehen.«

Der Brief von Pfeffers schließt: »Sofern ein Konzentrationslager für die hiesigen Schutzhäftlinge nicht von dort [von Seiten des Innenministers] bestimmt wird, beabsichtige ich, selbst ein Lager anzulegen.«[37] Regierungspräsident von Monbart schloss sich diesem Vorschlag von Pfeffers an. Bereits zwei Tage später bat er in einem als dringend aufgegebenen Schnellbrief den preußischen Innenminister, die gemäß Runderlass vom 24. April 1933 in Aussicht genommenen Konzentrationslager »möglichst umgehend einzurichten, damit die Möglichkeit gegeben ist, die Häftlinge in nutzbringender Weise zu beschäftigen.«[38] Andernfalls werde der Kasseler Polizeipräsident ein »Sammel-

---

33 TUCHEL (siehe Anm. 31), S. 67.
34 HStAM Best. 165 Nr. 3982, Band 10. Der PrMdI an die Herren RP.en pp. vom 16. Juni 1933.
35 Ab November 1933 kam es zu »Verlegungen« von Gefangenen aus dem KZ Breitenau nach Sonnenburg und nach Lichtenburg. HStAM Best. 165 Nr. 3982, Band 12. PP Kassel an RP Kassel vom 3. November 1933; betr. Abtransport von Schutzhäftlingen in das Konzentrationslager Sonnenburg. PP Kassel an RP Kassel vom 7. November 1933; betr. Abtransport von Schutzhäftlingen.
36 Tatsächlich befinden sich in den Akten des Kasseler Regierungspräsidenten zahlreiche Gesuche von Schutzhaftgefangenen, die in der Regel ohne nähere Nachprüfung abschlägig beschieden wurden. HStAM Best. 165 Nr. 3982, Band 11 und Band 12; HStAM Best. 165 Nr. 3886, Band 2.
37 HStAM Best. 165 Nr. 3878. PP Kassel an RP Kassel vom 27. Mai 1933.
38 HStAM Best. 165 Nr. 3878. Handschriftlicher Entwurf eines Schreibens des RP an den H. Pr. MdI vom

lager« einrichten. Im preußischen Innenministerium war man noch nicht so weit. Staatssekretär Grauert hatte am 16. Juni 1933 den Regierungspräsidenten nur mitteilen können, dass die »erforderlichen Vorarbeiten hierfür [...] im Gange sind. Nähere Anweisungen werden alsbald ergehen.«[39] Bis zum Eintreffen dieser näheren Anweisungen wollte von Pfeffer offensichtlich nicht warten. Als vordringlich erschien ihm das Problem aus drei Gründen: einmal waren sämtliche vorhandenen Polizei- und Untersuchungshaftanstalten restlos überbelegt; zweitens hatte man mit den politischen Gefangenen nur »Ärger« (der zahlreichen Beschwerden wegen) und drittens verursachten sie dem Staat Kosten.[40]

Alle drei Probleme könne man nach Auffassung von Pfeffers mit der Gründung eines »eigenen« Konzentrationslagers im Regierungsbezirk Kassel, in dem die Gefangenen produktiv arbeiten sollten, lösen.

III.

Der Polizeipräsident und der Landeshauptmann in Hessen als Chef des Bezirkskommunalverbandes Kassel, dem die Landesarbeitsanstalt Breitenau unterstand, wurden sich in den Fragen der sofortigen Einrichtung des Konzentrationslagers schnell einig. Die Vereinbarung kam in ungewöhnlich kurzer Frist zustande, zumal wenn man sich den traditionellen Charakter beider Behörden bewusst macht. Es bestand offenbar auf beiden Seiten – bei der politischen Polizei wie beim Landeshauptmann – Interesse an einem schnellen Abschluss. Landesrat von Hugo führte auf Seiten des Bezirkskommunalverbandes zwei Verhandlungen am 14. und am 15. Juni 1933 – die erste mit von Pfeffer selbst, die zweite mit Polizeirat Schubert – und hielt die getroffenen Vereinbarungen in einem Schreiben an den Polizeipräsidenten vom 15. Juni 1933 fest. Dieses Schreiben formulierte die Vereinbarung über die Einrichtung des Konzentrationslagers Breitenau und beschrieb die Bedingungen im Einzelnen.[41]

---

29. Mai 1933, das den Vermerk »noch heute absenden!« trägt.
39 HStAM Best. 165 Nr. 3982, Band 10. MdI an RP.en vom 16. Juni 1933.
40 »Haftkosten sind von den politischen Schutzhäftlingen nicht einzuziehen«, hieß es in Abs. (1) des Runderlasses des MdI vom 20. Mai 1933 und Abs. (3) bestimmte: »Die bei den staatlichen Pol.-Verwaltungen und in den Konzentrationslagern für Schutzhäftlinge entstehenden Kosten sind bei den Fonds der staatlichen Pol. und Landj. zu verrechnen, zu denen sie ihrer Art nach gehören.« Ministerial-Blatt für die Preußische innere Verwaltung. Herausgegeben vom Preußischen Ministerium des Innern. Berlin. Teil I (Allgemeine Polizei-, Kommunal-, Wohlfahrts- usw. Angelegenheiten) 94 (1933), S. 594. Vor dieser Verordnung hatten der preußische und der sächsische Staat versucht, die Kosten für die Schutzhaft den Häftlingen oder ihren Angehörigen selbst aufzuerlegen; vgl.: Klaus DROBISCH, Hinter der Torinschrift ›Arbeit macht frei‹. Häftlingsarbeit, wirtschaftliche Nutzung und Finanzierung der Konzentrationslager 1933 bis 1939. In: Hermann KAIENBURG (Hrsg.). Konzentrationslager und deutsche Wirtschaft 1939–1945. Opladen 1996, S. 21: »Ab April 1933 übernahm der preußische Staat die Schutzhaftkosten. [...] Da die anderen Länder auf eine zentrale Finanzierung drängten, willigte das Reichsinnenministerium im August 1933 auf Begleichung der Hälfte ein.« Aus der Südpfalz wird berichtet, dass noch im August 1933 ehemaligen jüdischen Schutzhaftgefangenen eine überzogene Rechnung (10 RM Verpflegungskosten pro Tag!) über ihre Haftkosten zugestellt wurde. Vgl. Rolf ÜBEL, Das Landauer Schutzhaftlager (März bis Juli 1933). In: Heimat-Jahrbuch des Landkreises Südliche Weinstraße 11 (1989), S. 47–50 (hier S. 49).
41 Die Vereinbarung ist einmal in einer maschinenschriftlichen Durchschrift des Landeshauptmanns

Der Vereinbarung zufolge stellte »die Anstalt« – wie die Landesarbeitsanstalt abkürzend genannt wurde – »die Abteilung im Hauptgebäude (Kirchengebäude) nebst Einrichtung und fertigen Betten« zur Verfügung. Sie »übernimmt in der sonst in der Anstalt üblichen Art und Menge die Beköstigung« und stellt Essgeschirre und Bestecke für die Insassen. Auch übernimmt sie »die laufende Instandhaltung der Bekleidung und Leibwäsche [...], ferner die Reinigung der Leibwäsche.« Sie leitet die unentgeltliche Arbeit der Insassen zu den in der Anstalt üblichen Arbeiten. Für diese in der Tat nicht geringen Leistungen war vom Polizeipräsidenten für jeden Insassen für jeden angefangenen Tag 1 RM zu entrichten. Bereits am Tage nach dieser Vereinbarung wurden Schutzhaftgefangene aus dem Kasseler Polizeigefängnis am Königstor nach Breitenau gebracht.[42] Woche um Woche kamen weitere Gruppen von Gefangenen hinzu. Der Regierungspräsident teilte dem Innenministerium in Berlin[43] und am 27. Juni 1933 den Kreispolizeibehörden im Bezirk die Einrichtung eines »Konzentrationslager[s] für politische Schutzhäftlinge« förmlich mit. »Durch den Herrn Polizeipräsidenten in Kassel ist kürzlich in der Landesarbeitsanstalt Breitenau, Kreis Melsungen, ein Konzentrationslager für politische Schutzhäftlinge eingerichtet worden. Dieses Lager steht allen Polizeibehörden des Regierungsbezirks Kassel für die Unterbringung von Schutzhäftlingen zur Verfügung. Die Häftlinge sind dem Lager jedoch nicht unmittelbar, sondern zunächst dem Polizeigefängnis in Kassel zuzuführen. Die Polizeibehörden haben sich vorher mit dem Polizeipräsidenten in Kassel in Verbindung zu setzen und ihm unter Überreichung der Akten des betreffenden Schutzhäftlings die Gründe mitzuteilen, die zur Verhängung der Schutzhaft geführt haben. Der Herr Polizeipräsident veranlasst sodann die Überführung der Häftlinge in das Lager. Für die Aufnahme in das Konzentrationslager kommen grundsätzlich nur solche Schutzhäftlinge in Betracht, die voraussichtlich längere Zeit - mindestens 4 Wochen – festgehalten werden müssen.«[44]

An dieser Bekanntgabe werden die dominante Rolle des Polizeipräsidenten und die zuarbeitende Rolle des Regierungspräsidenten deutlich. Thomas Klein hat auf den die allgemeine Entwicklung in Kassel vorwegnehmenden Prozess der »Ausgliederung der Staatspolizei aus ihrem bisherigen organischen Zusammenhang mit der Bezirksregierung und der staatlichen Polizeiverwaltung« hingewiesen,[45] der hier auch erkennbar ist.

überliefert, die sich bei den Anstaltsakten befand (Archiv des LWV-Hessen: KZ Breitenau) und zweitens als Abschrift, die im Polizeipräsidium für den RP gefertigt wurde (HStAM Best. 165 Nr. 3878. Landeshauptmann in Hessen an den Herrn Polizeipräsidenten in Kassel, Kassel den 15. Juni 1933). Beide Fassungen stimmen überein; in unwesentlichen Details finden sich geringe Abweichungen.

42 HStAM Best. 165 Nr. 3878. PP Kassel an RP Kassel vom 17. Juni 1933.
43 HStAM Best. 165 Nr. 3878. PrMdI an RP Kassel vom 24.7.1933. Der PrMdI erwähnt darin zwei Berichte des RP Kassel, in denen die Einrichtung des Lagers Breitenau mitgeteilt wurde: vom 22. Juni 1933 und vom 10. Juli 1933 (A II 2358a/33 und 7446/33). Beide Berichte ließen sich in den Akten des preußischen Innenministeriums nicht auffinden; die handschriftlich bzw. maschinenschriftlich gefertigten Entwürfe des RP Kassel sind erhalten; HStAM Best. 165 Nr. 3878.
44 HStAM Best. 165 Nr. 3982, Band II; HStAM Best. 180 Wolfhagen Nr. 2329.
45 Thomas KLEIN (Hrsg.), Die Lageberichte der Geheimen Staatspolizei über die Provinz Hessen-Nassau 1933–1936 (= Veröffentlichungen aus den Archiven preußischer Kulturbesitz, Band 22). Köln und Wien 1986, S. 14.

Abb. 2: Breitenau heute.

Bei den Kasseler Gerichten tauchte diese Bezeichnung (»Konzentrationslager Breitenau«) übrigens noch im Jahre 1937 auf.[46]

In einem Schreiben an den Regierungspräsidenten hob der Kasseler Polizeipräsident die Tatsache hervor, dass Breitenau für die staatlichen Kassen als besonders kostengünstig zu gelten habe: »[...] die Häftlinge kosten dort dem Staate pro Tag nicht nur 30 Pfg. weniger an Bargeld als im Polizeigefängnis, sondern sie leisten auch noch produktive Arbeit für die Provinz.«[47] In der Tat hatte die Landesarbeitsanstalt mit 1,20 RM – verglichen mit anderen Schutzhaftstellen, nicht nur derjenigen im Kasseler Polizeipräsidium – einen günstigen Tarif anzubieten. Zunächst war – ab 16. Juni 1933 – sogar nur 1,– RM als Tagessatz vereinbart worden; dann wurde ab dem 1. Juli 1933 der Satz auf 1,20 RM erhöht, da die Anstalt einige zusätzliche Leistungen übernahm.[48] In der Strafanstalt Wehlheiden zum Beispiel waren 1,50 RM zu entrichten,[49] das Karlshospital in Kassel erhob gar 1,50 RM und einen »Betriebskostenanteil für Bewachung, Verwaltung und Arzt usw. pro Tag von Mk. 0,30.«[50]

Wieso war Breitenau so billig? Zwei Umstände dürften die Anstalt zu diesem Entgegenkommen bewogen haben. Zum einen war die Anstalt im Sommer 1933 empfindlich

---

46 StAKa Best. INN, Sammlung Georg Merle. Urteil des Strafsenats des Oberlandesgerichts in Kassel gegen Hermann Himmelreich, Wilhelm Loose u. a. vom 20. Juli 1937: »Im Jahre 1933 war er [Friedrich Loose] 7 Wochen in Schutzhaft und im Konzentrationslager Breitenau.«

47 HStAM Best. 165 Nr. 3878. PP Kassel an RP Kassel vom 3. August 1933.

48 LWV KZ Breitenau. Landeshauptmann an PP Kassel vom 13. Juli 1933.

49 Justizvollzugsanstalt (JVA) Kassel [Wehlheiden] Archiv. Akte »Schutzhaftgefangene«. Vereinbarung zwischen dem Direktor der Strafanstalt Kassel-Wehlheiden und dem Vertreter des Polizeipräsidenten zu Kassel, Herrn Polizeihauptmann Traute, vom 29. März 1933.

50 HStAM Best. 165 Nr. 3878. W. Kröning an LR in Ziegenhain vom 9. Mai 1933.

unterbelegt, das heißt Rentabilitätsrechnungen erforderten – bei der in der Anstalt vorherrschenden Art des Denkens und Planens – dringend die Zulieferung neuer Insassen. Im Kaiserreich war die Anstalt mit Hunderten von Insassen belegt, in der Wirtschaftskrise 1932 nur mit 40 bis 50 Insassen.[51] Einige Aussagen deuten darauf hin, dass man in der Anstalt diesen Sachverhalt der Unterbelegung als Problem sah, wenn man zum Beispiel davon sprach, dass das »bis dahin leerstehende Hauptgebäude« als KZ eingerichtet werden konnte.[52] Dieses Motiv, leerstehende Gebäude zu nutzen beziehungsweise überhaupt wieder auf rentable Größenordnungen der Belegung zu kommen, erklärt jedoch noch nicht die ungewöhnliche Bereitschaft, die Kosten für die Schutzhaftgefangenen um ½ bzw. um ⅓ zu senken. Eine Überlegung könnte folgende gewesen sein: Warum sollte man nicht einen günstigeren Tarif beim Tagessatz anbieten, wenn man durch die vertraglich gesicherte kostenlose Ausnutzung der überwiegend jungen Facharbeiter gewinnen könnte? Die Arbeit der Schutzhaftgefangenen diente nicht nur der vereinbarten Aufforstung des Ödlandes im Fuldaberg.[53] Zahlreiche Instandsetzungsarbeiten und Unterhaltungsarbeiten der Anstalt selbst wurden von den Schutzhaftgefangenen durchgeführt. Die Anstalt hat nicht nur »sächlichen« Nutzen aus der unbezahlten Arbeit[54] gezogen, die überwiegend sogar Facharbeit war, wie die Anstaltsleitung lobend hervorhob; sie vermerkte im Haushaltsjahr 1933 auch »eine günstige Gestaltung der Einnahmen«.[55] Auch die folgende Formulierung bezieht sich auf denselben Sachverhalt: »Sämtliche Mehrausgaben [immerhin über 30.000 RM!] konnten durch Mehreinnahmen gedeckt werden.«[56] In diesem denkwürdigen Haushaltsjahr 1933 brauchten die Zuschüsse nicht voll in Anspruch genommen zu werden; sogar Schulden konnte man abtragen: »Anstelle des mit 38.748,– RM vorgesehenen Unterhaltungszuschusses waren im Berichtsjahr nur 20.727,58 RM für laufende Aufgaben erforderlich. Weitere 18.000 RM des Unterhaltungszuschusses wurden abgehoben und als außerordentlicher Abtrag auf die Schuldenlast der Anstalt geleistet.«[57] Diese Mehreinnahmen – dies geht aus dem Jahresbericht der Anstalt eindeutig hervor – entstammten nicht etwa Vergütungen für Arbeitsleistungen oder dem Verkauf von Fußmatten (diese beiden Posten waren im

---

51 Wolfgang Ayass, Das Arbeitshaus Breitenau. Bettler, Landstreicher, Prostituierte, Zuhälter und Fürsorgeempfänger in der Korrektions- und Landarmenanstalt Breitenau. Kassel 1992, S.78 (Schaubild Gesamtbelegung) und 259 ff. Die Belegungszahlen gingen seit 1928 zurück und stagnierten ab 1929 auf niedrigem Niveau (ca. 27.000 Verpflegungstage im Jahr).

52 Bericht über die Ergebnisse der Verwaltung des Bezirksverbandes des Regierungsbezirks Kassel 1932–1936; hier: Bericht über das Jahr 1933, 8.

53 Archiv des LWV Hessen. Nr. 9794. Breitenau I B 1. Jahresbericht der Landespflegeanstalt und des Altenheims zu Breitenau für das Rechnungsjahr 1933, S. 10: »Auf dem Fuldaberg wurden die im Vorjahre durch den freiwilligen Arbeitsdienst begonnenen Rodungsarbeiten durch politische Schutzhäftlinge fortgesetzt und vollendet. Die gesamte Ödlandfläche wurde mit Mischwald aufgeforstet.«

54 So war es vertraglich vereinbart und so wurde es auch eingehalten, wie der Jahresbericht vermerkt hat. Ebenda, S. 4: »Die Arbeitsbelohnungen wurden je nach Fleiß bzw. der Güte der geleisteten Arbeiten 6–40 Pfennig für den Kopf und Arbeitstag gezahlt, jedoch nicht für Schutzhäftlinge [...]«.

55 Ebenda, S. 9.

56 Ebenda, S. 7.

57 Ebenda.

Haushaltsjahr 1933 rückläufig); sie entstammten den sogenannten Verpflegungsgebühren. Die Anstalt hatte hier Einnahmen in Höhe von 63.400,– RM veranschlagt. Aufgrund der Einrichtung des Konzentrationslagers und aufgrund der leicht gestiegenen Zahl der eingewiesenen Korrigenden (überwiegend wegen »Bettelns und Landstreichens«) konnte sie nun über 130.073,90 RM verfügen.[58] Da die Gesamtausgaben für die »Beköstigung« pro Kopf und Tag bei 0,53 RM lagen[59] – obendrein um 8 Pfennige niedriger als im Jahre 1932 –, verblieben der Anstalt bei den 27.080,– Verpflegungstagen (der Schutzhaftgefangenen) mehr als 18.000,– RM, von denen lediglich die Kosten für die Wäsche zu bestreiten war.[60] Der erwähnte niedrige tatsächliche Verpflegungssatz (0,53 RM) hing damit zusammen, dass die Anstalt über landwirtschaftlich geführte Betriebe, eine Mühle, eine Bäckerei usw. selbst verfügte, so dass sie die Grundnahrungsmittel nicht auf dem Markt kaufen musste. Nach alledem hat man als eine Konstante auf Seiten der Anstalt ein finanzielles Interesse, bedingt durch die Vorgabe rentabler Wirtschaftsführung, vorauszusetzen.

Dass die politische Verfolgung Andersdenkender und politischer Gegner den Hintergrund für die »günstige Gestaltung der Einnahmen« der Anstalt bildete, schien weder dem Bezirkskommunalverband, dem Landeshauptmann in Hessen noch der Anstaltsleitung in Breitenau ein Hinderungsgrund zu sein.

IV.

Das Konzentrationslager Breitenau diente der allgemeinen Einschüchterung und Abschreckung sowie der Zerschlagung des gegen den Nationalsozialismus gerichteten Widerstands. Insbesondere sollten die entschlossenen Gegner »herausgefiltert« werden. Breitenau bildete den Anfang eines in den folgenden Jahren umfassend errichteten KZ-Systems, an dessen Ende Auschwitz-Birkenau stand.

Sobald ein Mensch zum Schutzhaftgefangenen erklärt und nach Breitenau gebracht worden war, setzte ein Prozess der bürokratischen Prüfung und Auslese ein, dessen Ausgang für den Betroffenen ungewiss blieb. Spuren der bürokratischen Korrespondenzen solcher Überprüfungen haben sich in den Verwaltungsakten des Kasseler Regierungspräsidenten, der Landräte im Regierungsbezirk und des Polizeipräsidenten erhalten, so dass in einigen Fällen ein genaues Bild des Ablaufs und der Stationen der politischen Verfolgung entsteht. Verfügte der Gefangene über gute Beziehungen, zu denen zum Beispiel Fürsprecher in Politik oder Wirtschaft außerhalb des Lagers zählten, konnte es geschehen, dass er nach wenigen Wochen mit oder ohne Auflagen, zumeist mit der Auflage der regelmäßigen Meldung bei der Ortspolizeibehörde, und entsprechenden

---

58 LWV Hessen Breitenau. Jahresbericht 1933, S. 5: »Dem Voranschlag des Berichtsjahres war eine Durchschnittsbelegung von 75 Köpfen mit 27.375 Verpflegungstagen zu Grunde gelegt. In Wirklichkeit wurde indessen eine Durchschnittsbelegungsziffer einschließlich Konzentrationslager von 199,47 [!] Köpfen mit 72.810 Verpflegungstagen erreicht. [...] An Einnahmen für Verpflegungsgebühren waren voranschlagsmäßig 63.400,– RM vorgesehen. Die tatsächliche Einnahme betrug 130.073,90 RM [...]«.
59 Ebenda, S. 4.
60 Ebenda, S. 5. Die insgesamt im Jahre 1933 angefallenen 4.096 Verpflegungstage für »S.S. bzw. S.S. Wache des Konzentrationslagers« wurden in dieser Rechnung nicht berücksichtigt.

»Verwarnungen« entlassen wurde. Dies betraf vor allem ausländische Gefangene, für die ein Konsulat oder die Botschaft intervenierten; es galt auch für die als »politisch unbedeutend« eingestuften Gefangenen, die nicht grundsätzlich in Widerspruch zum System in Erscheinung getreten waren (zum Beispiel eine abfällige Bemerkung über einen der NS-Prominenten geäußert hatten). Deren Entlassung erfolgte auch, – so der preußische Ministerpräsident Hermann Göring im September 1933 – damit nicht »durch vorzeitige Überlastung der Konzentrationslager und sonstigen Gefangenenanstalten mit politisch unbedeutenden Persönlichkeiten und die damit verbundene Überanspruchnahme der zuständigen Dienststelle durch Schreibarbeiten die erforderliche Bewegungsfreiheit der Polizeibehörden im entscheidenden Zeitpunkt Schaden leiden soll.«[61]

Die »objektive Gefährlichkeit« vieler in Schutzhaft genommener Personen – so Göring weiter – sei im Grunde nicht gegeben. »Wiederholt sind sogar Blinde, Schwerbeschädigte und Geisteskranke in Schutzhaft genommen worden«. Die Mitglieder der Reichsregierung legten übrigens keinen Wert darauf, dass wegen des Tatbestandes der Beleidigung ihrer Person gleich Strafmaßnahmen in Gang gesetzt würden. »Grundsätzlich sollen Schutzhaftanordnungen nur gegen solche Personen aufrecht erhalten bleiben, bei denen im Hinblick auf ihre frühere politische Betätigung zu befürchten steht, dass sie sich nach der Entlassung erneut im staatsfeindlichen Sinne betätigen werden.«[62]

Die politische Polizei, die sich Zug um Zug von Berlin aus Kompetenzen zueignete und die Landräte als Kreispolizeibehörden im Frühjahr 1934 in Sachen Schutzhaft bereits entmachtet hatte,[63] ließ von Zeit zu Zeit überprüfen, für wen die Schutzhaft »bis auf weiteres« aufrechtzuerhalten sei. Regelmäßig folgten diesen Überprüfungen, die sich für Breitenau im September 1933[64], im Dezember 1933[65], im Januar 1934[66] und im März 1934[67] nachweisen[68] lassen, auf der einen Seite Entlassungen und auf der anderen Seite immer häufiger Überstellungen von Schutzhaftgefangenen in andere preußische Konzentrationslager, in die sogenannten staatlichen Großkonzentrationslager wie Lichten-

---

61 HStAM Best. 165 Nr. 3982, Band 11. Schnellbrief Görings vom 19 September 1933.
62 Ebenda.
63 HStAM Best. 180 Wolfhagen Nr. 2329: Am 14. März 1934 teilte Dr. Hütteroth (Staatspolizeistelle Kassel) den Polizeibehörden im Regierungsbezirk mit, dass entsprechend »den Ausführungen des Herrn Regierungspräsidenten in der Landratskonferenz [...] die Anordnung von Schutzhaftmaßnahmen, für die nunmehr die Kreispolizeibehörden nicht mehr zuständig sind, in erster Linie bei der Staatspolizeistelle zu beantragen sind.«
64 HStAM Best. 165 Nr. 3982, Band 11. Schnellbrief Görings vom 19. September 1933.
65 HStAM Best. 165 Nr. 3982, Band 12. Der Preuß. Ministerpräsident Göring an den Inspekteur der Geheimen Staatspolizei, Herrn Ministerialrat Diels vom 5. Dezember 1933.
66 Verfügung der Gestapo Berlin vom 29. Januar 1934. Diese Verfügung ist uns nicht bekannt; allerdings existiert ein Schreiben des PP Kassel an das Gestapa im HStAM vom 22. Februar 1934, in dem auf diese Verfügung Bezug genommen wurde; HStAM Best. 165 Nr. 3982, Band 12.
67 HStAM Best. 165 Nr. 3982, Band 12. Gestapo Kassel vom 14. März 1934.
68 Die Nachprüfungen entsprechend den Runderlassen vom 24. April 1933 und vom 11. August 1933 lassen sich für Breitenau nicht nachweisen. Beide werden genannt; HStAM Best. 165 Nr. 3982, Band 11. Schnellbrief Görings vom 19. September 1933.

burg, Sonnenburg und die Emslandlager. Hintergrund hierfür war die Absicht der preußischen Regierung, die kleinen Lager wie Breitenau so bald als möglich wieder aufzulösen. Die Überprüfung der Schutzhaftsachen im September 1933 offenbarte erneut die Linie Görings, den »harten Kern« der politischen Gegner aus der großen Zahl der in Schutzhaft oder in ein KZ Geratenen herauszulesen. Das Geheime Staatspolizeiamt in Berlin behielt sich selbst die Entscheidung über Entlassung bei den drei »härteren« Haftkategorien »Funktionär«, »Rückfälliger« und »nach dem 21.3.1933 aktiv«[69] vor. In den anderen Fällen durfte »der Regierungspräsident im Einvernehmen mit der örtlich zuständigen Staatspolizeistelle über Haftbeschwerden und Gesuche um Freilassung«[70] entscheiden. Bei der »Überprüfung« der Schutzhaftvorgänge im September 1933 wurden 43 von insgesamt 213 Schutzhaftgefangenen im Regierungsbezirk Kassel – diese Zahl schloss Schutzhaftgefangene Breitenaus ein – entlassen.

Die ersten Überstellungen in die sogenannten Großkonzentrationslager sind Mitte Oktober 1933 von Breitenau aus erfolgt. Es hat drei größere Transporte gegeben. Der erste ging in die Konzentrationslager Börgermoor und Esterwegen im Emsland, der zweite in das KZ Sonnenburg, der dritte in das KZ Lichtenburg. Wir wissen, dass fünfundzwanzig Schutzhaftgefangene am 17. Oktober 1933 von Breitenau in das KZ Börgermoor überführt worden sind.[71] Ihr folgte ein zweiter Transport von neunzehn Gefangenen am 24. Oktober in das KZ Esterwegen (III). Der Polizeipräsident machte deutlich, dass man für die Transporte in die Emslandlager ein bestimmtes Kriterium angelegt hatte: »Es handelt sich um Schutzhäftlinge, für die eine Haftdauer von mindestens einem Jahr in Frage kommt.«[72]

Unter diesen befanden sich zum Beispiel Ernst Lohagen, Ludwig Pappenheim, Hans Schramm, Ernst Schädler, Willi Walberg und andere regional führende Nazigegner; bis auf den Sozialdemokraten Ludwig Pappenheim waren es Kommunisten. Die nächste »Überprüfung« der Gefangenen fand wie erwähnt im Dezember 1933 statt. Göring hatte in einem Schreiben an Rudolf Diels, den Inspekteur der Geheimen Staatspolizei, »im Hinblick auf das günstige Ergebnis der Reichstagswahlen, insbesondere in den Konzen-

---

69 Ebenda. Schnellbrief Görings betr. Nachprüfung von Schutzhaftanordnungen vom 19.9.1933. Darin heißt es u. a.: »Die Weiterführung des Kampfes gegen Staat und Regierung über diesen Tag hinaus [dem sogenannten »Tag von Potsdam« – d.Vf.] kennzeichnet sich somit als Auflehnung gegen den übereinstimmenden Willen des deutschen Volkes selbst. Während die Betätigung für die marxistischen Parteien bis zum 21. März 1933 bei den untergeordneten Mitläufern der KPD und SPD von diesem Standpunkt aus in der Regel nicht mehr als hinreichender Grund für die Verhängung bzw. Aufrechterhaltung der Schutzhaft wird erachtet werden können, muss aus dem Umstand, dass sich der Häftling nach dem 21. März 1933 für eine marxistische politische Organisation betätigt hat, gefolgert werden, dass er auch nach einer etwaigen Entlassung aus der Schutzhaft von der Fortsetzung seiner illegalen Betätigung nicht abstehen wird.«
70 HStAM Best. 165 Nr. 3982, Band 11. Schnellbrief Görings vom 19. September 1933.
71 Ebenda. PP an RP Kassel vom 25. Oktober 1933. In diesem Schreiben teilte der Polizeipräsident mit, dass aus dem Lager Breitenau »am 17.10.33 25 Schutzhäftlinge in das Konzentrationslager Börgermoor, Regierungsbezirk Osnabrück und am 24.10. 33 19 Schutzhäftlinge in das Konzentrationslager III Esterwegen, Regierungsbezirk Osnabrück in Marsch gesetzt worden« sind. Diese Zahlen lassen sich aus Nachweisungen belegen.
72 Ebenda. PP an RP Kassel vom 25. Oktober 1933.

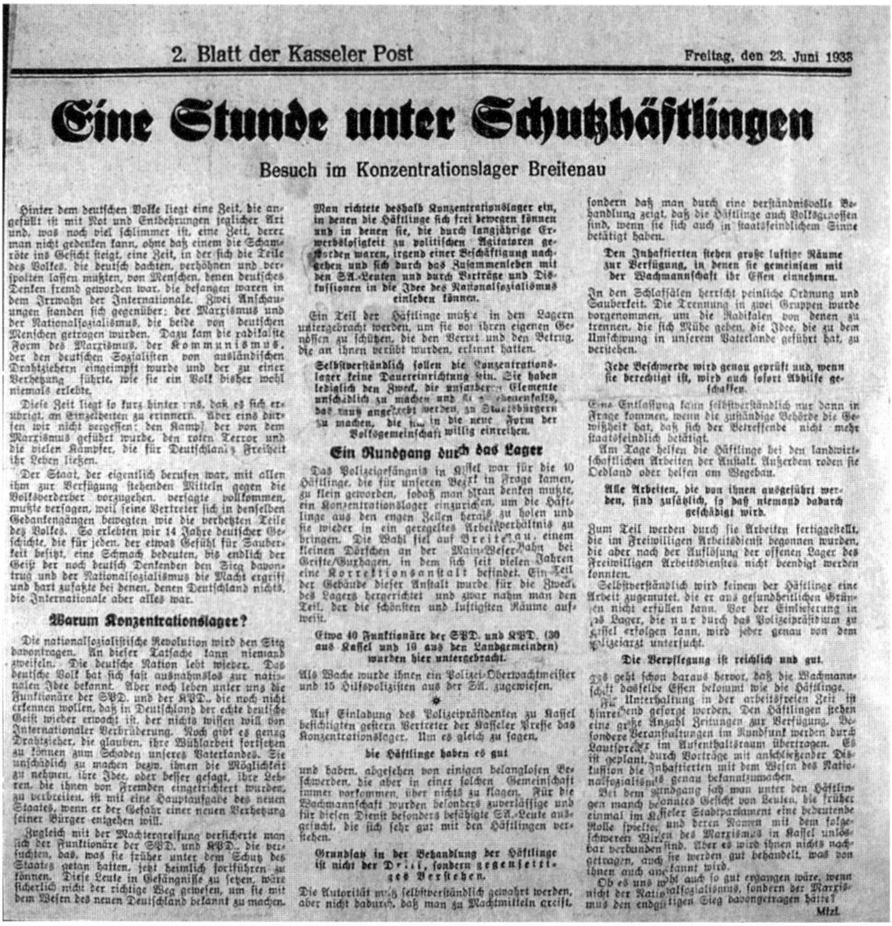

Abb. 3: »Kasseler Post«, 1933

trationslagern[73] und aus Anlass des Weihnachtsfestes« die Absicht bekundet, »in großzügiger Weise Entlassungen aus den Konzentrationslagern vorzunehmen.«[74] Diels reichte diesen Wunsch seines Chefs an die Staatspolizeistellen weiter. Allerdings galt auch für diese sogenannte Weihnachtsamnestie: »Führende Persönlichkeiten sollen auch

---

73 In den preußischen Konzentrationslagern – auch im KZ Breitenau – haben die Schutzhaftgefangenen an der Reichstagswahl teilnehmen können. Die Ergebnisse wurden zum Teil in den Tageszeitungen mit den anderen Wahlergebnissen veröffentlicht. Vgl. Klaus DROBISCH / Günther WIELAND, System der NS-Konzentrationslager 1933–1939. Berlin 1993, S. 118f.

74 HStAM Best. 165 Nr. 3982, Band 12. PrMP und Chef d. Gestapo an Insp. d. Gestapo vom 5. Dezember 1933. Dieses Schreiben ist auch deshalb bemerkenswert, weil es die Tendenz Görings, die Himmlers Plänen und seiner Praxis unmittelbar zuwiderlief, die Schutzhaft nämlich weitgehend zurückzudrängen, klar zum Ausdruck bringt. Göring hielt es für geboten, »dass mehr und mehr von der Verhängung der Schutzhaft abgesehen wird und Personen, die sich politisch betätigt und strafbar gemacht haben, den ordentlichen Gerichten zugeführt werden. [...] Soweit Schutzhaftverhängung notwendig wird, ist in jedem Fall mein persönliches Einverständnis einzuholen.«

diesmal von der Entlassung ausgeschlossen sein.«[75] Im März 1934 erfolgte erneut eine Überprüfung der Schutzhaftvorgänge, verbunden mit einer Aufstellung der noch in Schutzhaft sich befindenden Personen. Einige Unterlagen hierzu haben sich erhalten.[76] Von den insgesamt 470 Schutzhaftgefangenen des frühen Konzentrationslagers Breitenau waren im März 1934 25 Personen für eine weitere Haftzeit vorgemerkt. Sie waren ausnahmslos aktiv in der kommunistischen Bewegung tätig oder tätig gewesen. Das KZ Breitenau war die erste Station für sie; sie sind fast alle nach ihrer Zeit im KZ Breitenau von der ganzen Härte politischer Verfolgung getroffen worden. Hierfür zwei Beispiele:

Paul Joerg war Stadtverordneter und Kreistagsabgeordneter in Witzenhausen. Vom 23. Juli 1935 bis 1. Juli 1937 war er in Untersuchungshaft in Kassel [fast zwei Jahre!]. Dann erfolgte seine Verurteilung zu sechs Jahren Zuchthaus wegen Vorbereitung zum Hochverrat: vom 2. Juli 1937 bis zum 2. August 1942 war er Gefangener im Zuchthaus Kassel-Wehlheiden. Am 3. August 1942 kam er in das KZ Sachsenhausen, wo er am 3. Mai 1945 befreit wurde.[77]

Ernst Schädler kam unmittelbar vom KZ Breitenau in das KZ Neusustrum (16. Oktober 1933 bis 1. September 1934). Vom 27. Januar 1936 bis zum 3. November 1936 kam er in Untersuchungshaft. Am 3. November 1936 wurde er zu fünf Jahren Zuchthaus wegen Vorbereitung zum Hochverrat verurteilt. In der Strafanstalt Vechta war er vom 4. November 1936 bis zum 27. Januar 1941. Am Entlassungstag wurde er in das KZ Sachsenhausen transportiert; von dort kam er am 10. November 1944 zur berüchtigten »Einheit Dirlewanger«,[78] die gegen sowjetische Truppen kämpfte. Er geriet im Dezember 1944 in sowjetische Kriegsgefangenschaft, aus der er 1946 frei kam.[79]

Am 6. Mai 1934 waren im Regierungsbezirk Kassel noch »28 Schutzhäftlinge vorhanden«,[80] ein Sammelbogen hielt die Herkunft dieser Gefangenen nach Landkreisen fest; am 15. Mai 1934 waren es noch 20.[81] An diesen Zahlen lässt sich der Prozess des Filterns deutlich erkennen. Zurückbleiben sollten jene vermeintlich »Unbelehrbaren«, die sich zu keiner Art von Umerziehung und Anpassung hergaben. Im Mai 1934 waren bereits zahlreiche ehemalige Schutzhaftgefangene wegen »Hochverrat« zu langjährigen Zuchthaus- oder Gefängnisstrafen verurteilt worden; sie befanden sich in Strafanstalten, so

---

75 Ebenda. Abschrift. Gestapa an Stapostellen vom 7. Dezember 1933.
76 HStAM Best. 180 Wolfhagen Nr. 2329. Schreiben PP/Stapo Kassel an LR RegBez vom 14. März 1934; HStAM Best. 165 Nr. 3982, Band 13. »Sammelbogen« von Ende März 1934, der die Anzahl und Hafторte der Schutzhaftgefangenen des RegBez., nach Kreisen gegliedert, aufführt; HStAM Best. 165 Nr. 3982. Band 13. »Nachweisung der Schutzhäftlinge, für die auf Grund des Erlasses [...] vom 16.3.1934 [...] und der Verfügung des RP Kassel vom 20.3.1934 [...] über den 31. März 1934 hinaus Schutzhaft verlängert wird.«
77 Joachim TAPPE. Die Geschichte der Arbeiterbewegung in Witzenhausen. Witzenhausen 1984, S. 340 ff.
78 Zu den Strafeinheiten vgl. KAMMLER (siehe Anm. 21), S. 164 f.
79 HHStAW: Dokumentation der biographisch aufgebauten Forschungen zu Verfolgung und Widerstand 1933–1945; Schriftliche Mitteilung von Frau Bambey, Kulturbeauftragte der Gemeinde Frielendorf, an Vf. vom 17. August 1995; Schriftliche Mitteilung von Frau Höppner, der Schwester von Ernst Schädler vom 18. September 1995.
80 HStAM Best. 165 Nr. 3982, Band 13. Sammelbogen zur Verfügung vom ... Generalakten.
81 Ebenda. Sammelbogen Schutzhäftlinge. Funkspruch.

dass sie nicht mehr in der Statistik »Schutzhaftgefangene« geführt wurden, weil sie Strafgefangene geworden waren.

»Eine Stunde unter Schutzhäftlingen« – so war ein großer Artikel in der konservativen »Kasseler Post« am 23. Juni 1933 überschrieben (s. Abb. 3). Ausführlich wurde über die Einrichtung des Konzentrationslagers, die Bedingungen und Gefangenen und die Wachmannschaften nach einem »Rundgang durch das Lager« anlässlich einer Pressekonferenz berichtet. Nicht nur in diesem beschönigenden und um Rechtfertigung bemühten Artikel tauchen wie selbstverständlich der Begriff der Schutzhaft und derjenige der Schutzhäftlinge auf. Auch in zahlreichen der anderen insgesamt 49 Meldungen, Berichten und Artikeln der zeitgenössischen nordhessischen Presse über das Konzentrationslager Breitenau werden beide Begriffe häufig verwandt ohne diese selbst zu problematisieren.[82] Der aufmerksamen Öffentlichkeit konnte dieser – teilweise vor aller Augen (wie z.B. in Kaufungen, Hofgeismar und Kassel) sich ereignende – exzessive Terror nicht verborgen geblieben sein. Die Selbstdarstellung des Nationalsozialismus als einer Recht, Freiheit und Ordnung stiftenden politischen Bewegung kontrastierte mit der Fortsetzung der »Parteikämpfe« und besonders mit der »Rache« an den politischen Gegnern wie der praktizierten rohen Gewalt und dem Sadismus.

V.

Es waren gesellschaftlich und politisch übergreifende nationale Bedingungen und Voraussetzungen, die zur Aushöhlung des Weimarer Rechtsstaates, wie am Beispiel der Perversion des Schutzhaftprinzips deutlich wurde, beigetragen haben. Die Entgleisung der demokratisch verfassten Rechtsordnung der Weimarer Republik, zu der auch die mit gewissen Sicherungen normierte Schutzhaft gehörte, hatte politische Ursachen. Die staatsbürgerlichen Bindungen der Menschen an den demokratischen Rechtsstaat erwiesen sich in letzter Instanz nicht stark genug, um die Angriffe seiner Feinde abwehren und zurückschlagen zu können. Die von Berlin ausgehende nationalsozialistische Durchdringung der staatlichen, insbesondere polizeilichen Gewalt (Landräte und Oberbürgermeister als Kreispolizeibehörden, Polizeipräsident und Regierungspräsident) bildete im Frühjahr 1933 eine entscheidende Voraussetzung für die Umwandlung zum Führerstaat, die auf Grund der großen Wahlerfolge der NSDAP allein nicht herzustellen gewesen wäre.

Auch im regionalen Rahmen lassen sich antidemokratische Strömungen in den Jahren vor 1933 nachweisen, die den Übergang in die Diktatur vorbereiteten. Vorherrschend war eine fehlende Nähe der Mehrheit (auch) des (Kasseler) Bürgertums nach 1918 zur noch nicht gefestigten Demokratie und Republik. Um dies mit zwei Schlaglichtern zu beleuchten:

Es war charakteristisch, wie das Kasseler Bürgertum nach 1919 mit Philipp Scheidemann umgegangen ist, nachdem er zum Oberbürgermeister gewählt worden war. Die Bürgerschaft hat ihm selbst ein Minimum an Respekt und Zusammenarbeit verweigert.

---

[82] KRAUSE-VILMAR (siehe Anm. 9), S. 92–114.

Sie wollte nicht akzeptieren, dass Republik und parlamentarische Demokratie bedeuten können, dass ein Sozialdemokrat in die Arkana einer für ewig als uneinnehmbar angesehenen bürgerlichen Macht eindringt und die Stadt regiert und repräsentiert.[83]

Es gab ein weiteres Ereignis, das verdeutlichte, inwieweit in den 30er Jahren noch in Zeiten der Republik demokratische Haltung, rechtsstaatliches Denken und Toleranz in der Stadt auf der Strecke geblieben waren. Es handelte sich um eine im ersten Vierteljahr 1932 inszenierte politische Kampagne gegen den am Realgymnasium II tätigen Studienassessor Hein Herbers.[84] Anlass war der erneute Abdruck seines zuerst 1929 veröffentlichten Artikels »Willst Du lange leben – werde General!« in der »Sozialistischen Arbeiterzeitung« am 1. Januar 1932. Auf das hohe Lebensalter vieler Generale verweisend folgerte der Verfasser, dass diese sich »dem Heldentod mit allem Geschick entzogen« hätten. Die »Kasseler Post« veröffentlichte etwa 20 Artikel zum »Fall Herbers«, die auf die Vernichtung der beruflichen und moralischen Existenz dieses »Feiglings«, »Volksfeindes« beziehungsweise »pazifistischen Verbrechers« zielten. Die »Frankfurter Zeitung« berichtete von einer in Kassel stattfindenden »Hetze«, gegen die sich »jeder Anständige wehren« müsse. Öffentliche Unterstützung für Herbers gab es nicht. Der preußische Kulturminister Adolf Grimme leitete wegen des Artikels gegen ihn ein Disziplinarverfahren ein und schloss ihn bis zu dessen Erledigung vom Schuldienst aus. Im April 1933 erfolgte seine Dienstentlassung durch den preußischen Kultusminister Bernhard Rust (NSDAP).

---

83 Dietfrid KRAUSE-VILMAR, Die Stadt und das politische Leben 1918–1933. In: Kassel in der Moderne. Studien und Forschungen zur Stadtgeschichte. Hrsg. von Jens FLEMMING / Dietfrid KRAUSE-VILMAR. Marburg 2013, S. 397–408.

84 Volksgemeinschaft und Volksfeinde I (siehe Anm. 19), S. 38–45.

Abb. 1: Die Landesarbeitsanstalt Breitenau Ende der 30er Jahre
[Archiv Gedenkstätte Breitenau]

Zusammenwirken von Justiz und Gestapo am Beispiel des frühen Konzentrationslagers (1933/34) und Arbeitserziehungslagers Breitenau (1940-1945) in Guxhagen

Gunnar Richter

In dem ehemaligen Kloster und späteren Arbeitshaus Breitenau in Guxhagen, etwa 15 km südlich von Kassel, bestanden während der NS-Zeit, parallel zum Arbeitshaus, zunächst ein frühes Konzentrationslager für überwiegend deutsche politische Gegner und während des Zweiten Weltkrieges ein Arbeitserziehungslager der Geheimen Staatspolizeistelle Kassel. Beide Lager waren zentrale Haftstätten der Gestapo Kassel für Gefangene aus dem gesamten Regierungsbezirk Kassel, der damals bis nach Hanau reichte. Außerdem wurde das Arbeitserziehungslager zusätzlich von der Gestapo Weimar für inhaftierte Frauen aus Thüringen genutzt. Bei zahlreichen Gefangenen lässt sich ein Zusammenwirken von Justiz und Gestapo feststellen, was besondere Auswirkungen auf deren Verfolgungswege hatte. Unter diesen Gefangenen befanden sich politische Gegner und Gegnerinnen, jüdische Verfolgte, Zeuginnen Jehovas und einzelne Geistliche. Darüber hinaus waren fast alle Leiter der Gestapostelle Kassel während des Zweiten Weltkrieges, denen das Arbeitserziehungslager unterstand, ausgebildete Juristen. Im folgenden Beitrag sollen diese Zusammenhänge erläutert und Einzelschicksale von Gefangenen dargestellt werden.

Zur Geschichte Breitenaus während der NS-Zeit

Am 16. Juni 1933 wurde in Breitenau, parallel zum Arbeitshaus,[1] ein frühes Konzentrationslager eingerichtet, das bis zum 17. März 1934 bestand.[2] Eingerichtet wurde das frühe KZ auf Initiative des damaligen Kasseler Polizeipräsidenten Fritz von Pfeffer, der ab dem 23. Juli 1933 auch gleichzeitig die Leitung der Staatspolizeistelle Kassel übernommen hatte. In dem Konzentrationslager waren in den folgenden neun Monaten 470 Gefangene inhaftiert, unter denen sich vor allem Kommunisten, Sozialdemokraten und Gewerkschafter befanden. Unter den Gefangenen waren aber auch 22 jüdische Männer, die aus antisemitischen Gründen verfolgt worden sind. Die Häftlinge kamen aus etwa

---

[1] Zur Geschichte des Arbeitshauses siehe: Wolfgang AYASS, Das Arbeitshaus Breitenau. Bettler, Landstreicher, Prostituierte, Zuhälter und Fürsorgeempfänger in der Korrektions- und Landarmenanstalt Breitenau (1874–1949). Kassel 1992.

[2] Dietfrid KRAUSE-VILMAR, Das Konzentrationslager Breitenau. Ein staatliches Schutzhaftlager 1933/34. 2. durchgesehene Auflage, Marburg 2000.

140 hessischen Gemeinden des damaligen Regierungsbezirks Kassel, der im Osten bis nach Hanau reichte.³ Das zweite hessische Konzentrationslager für Gefangene aus Mittel- und Südhessen (aus dem damaligen Volksstaat Hessen) befand sich in Osthofen bei Worms, das heute zu Rheinland-Pfalz gehört.⁴ Die politischen Gegner sollten in Breitenau, wie auch in den anderen frühen Konzentrationslagern, durch Demütigungen und Schikanen dazu gebracht werden, sich dem NS-Staat bedingungslos unterzuordnen. Außerdem gibt es Schilderungen von schweren Misshandlungen. Ab dem Herbst 1933 wurde das frühe KZ allmählich aufgelöst, und zahlreiche Gefangene kamen von Breitenau in die ersten zentralen Konzentrationslager. Im März 1934 wurde das frühe KZ endgültig geschlossen, und Breitenau war zunächst wieder ausschließlich ein Arbeitshaus.⁵ Allerdings wurden auch für die Arbeitshausgefangenen die Haftbedingungen immer unmenschlicher.⁶

Im Mai 1940 wurde in Breitenau, parallel zum Arbeitshaus, ein Arbeitserziehungslager (AEL) eingerichtet, das bis Ende März 1945 bestand. Es handelte sich um ein Straflager der Geheimen Staatspolizei Kassel für ausländische Zwangsarbeiter und Zwangsarbeiterinnen aus dem gesamten Regierungsbezirk. Außerdem wurde das Lager von der Gestapo Weimar für weibliche Gefangene aus Thüringen mitgenutzt.⁷ Im Verlauf des Zweiten Weltkrieges waren in dem Lager etwa 7.000 ausländische Zwangsarbeiter und Zwangsarbeiterinnen aus über zwanzig europäischen Ländern inhaftiert, weil sie die Arbeit verweigert, Fluchtversuche unternommen, Widerstand ausgeübt oder gegen die zahlreichen diskriminierenden NS-Bestimmungen verstoßen hatten. In dem AEL Breitenau sollten sie durch harte Arbeit, Misshandlungen und Schikanen in einem Zeitraum von ein bis zwei Monaten für den bedingungslosen Arbeitseinsatz gefügig gemacht werden. Viele Gefangene kamen nach ihrer Haftzeit ausgehungert, krank und geschunden an ihre alte Arbeitsstelle zurück und sollten dadurch, wie es im Erlass Himmlers über die »Errichtung von Arbeitserziehungslagern« heißt, Anderen »ein abschreckendes und warnendes Beispiel [...] geben«.⁸ Neben den ausländischen Gefangenen waren in dem Lager auch etwa 1.300 deutsche Gestapo-Gefangene inhaftiert. Unter ihnen befanden sich politische Gegner, evangelische und katholische Geistliche, Zeugen Jehovas, deutsche Frauen, die Liebesbeziehungen mit polnischen Zwangsarbeitern hatten, und etwa 150 jüdische Männer und Frauen. Rund 1.700 der über 8.000 Gefangenen wurden von Brei-

---

3 Krause-Vilmar (siehe Anm. 2). Siehe auch den Beitrag von Dietfrid Krause-Vilmar in diesem Band.
4 Siehe hierzu: Angelika ARENZ-MORCH / Martina RUPPERT-KELLY, Die Gedenkstätte KZ Osthofen. Osthofen 2010 (hrsg. von der Landeszentrale für politische Bildung Rheinland-Pfalz.); Susanne URBAN-FAHR / Angelika ARENZ-MORCH, Das Konzentrationslager Osthofen 1933/34, Osthofen 2000 (hrsg. vom Förderverein Projekt Osthofen e.V.).
5 KRAUSE-VILMAR (siehe Anm. 2), S. 163 ff.
6 AYASS (siehe Anm. 1), S. 264 ff.
7 Gunnar RICHTER, Das Arbeitserziehungslager Breitenau (1940–1945). Ein Beitrag zum nationalsozialistischen Lagersystem. Straflager, Haftstätte und KZ-Durchgangslager der Gestapostelle Kassel für Gefangene aus Hessen und Thüringen. Kassel 2009.
8 RICHTER (siehe Anm. 7), S. 73. Bundesarchiv Berlin (BArchB) Best. R 58 Nr. 1027, S. 142 ff. Erlass des Reichsführers-SS und Chef der deutschen Polizei vom 28. Mai 1941 betr.: »Errichtung von Arbeitserziehungslagern«.

tenau in verschiedene SS-Konzentrationslager, wie Buchenwald, Ravensbrück, Dachau, Sachsenhausen und auch nach Auschwitz deportiert.[9] Eine der Deportierten war die Ärztin Lilli Jahn, die als Jüdin verfolgt und in Auschwitz ermordet wurde.[10] Unmittelbar vor Kriegsende wurde in Breitenau noch ein Massenmord an 28 Gefangenen verübt.[11]

Zusammenwirken von Justiz und Gestapo auf der Grundlage von Vereinbarungen

Betrachtet man die Schicksale der Gefangenen, dann wird in zahlreichen Fällen ein Zusammenwirken von Gestapo und Justiz ersichtlich, was bei vielen Gefangenen zu langen und zum Teil dauerhaften Verfolgungswegen führte. Bei zahlreichen Verfolgten wechselten sich Haftzeiten in Konzentrationslagern mit Haftzeiten in Gefängnissen und Zuchthäusern ab. So gab es etliche Verfolgte, die zunächst im frühen KZ Breitenau inhaftiert waren, anschließend zu mehrjährigen Gefängnis- oder Zuchthausstrafen verurteilt worden sind und unmittelbar nach ihrer Haftverbüßung wieder in Konzentrationslager überführt wurden. Dies betraf zum Teil auch Gefangene, die von Gerichten zunächst freigesprochen wurden.

Dies alles wurde ermöglicht durch eine enge Zusammenarbeit der Justizbehörden mit der Geheimen Staatspolizei. In der Ausstellung des Bundesministers der Justiz mit dem Titel »Im Namen des Deutschen Volkes. Justiz im Nationalsozialismus« werden schriftliche Übereinkommen aufgeführt.[12] So gab Reichsjustizminister Gürtner 1937 den Generalstaatsanwälten die Weisung, die Staatspolizeistellen zu benachrichtigen, wenn ein »Hoch- und Landesverräter« aus dem Zuchthaus oder einem Gefängnis entlassen wird. Die Benachrichtigung sollte einen Monat vor dem Entlassungstermin stattfinden, um der Staatspolizei Gelegenheit zu geben, für die entlassenen politischen Gefangenen »Maßnahmen« ihrer Wahl (Überwachung oder Schutzhaft) zu treffen.[13] Dies wurde noch ausgedehnt auf die »Zeugen Jehovas« und sogenannte »Rassenschänder«.[14] Aus den Dokumenten geht außerdem hervor, dass es bereits vor den Anweisungen des Reichsjustizministeriums regionale »Sonderabmachungen« gab. So heißt es in einem Schreiben des Geheimen Staatspolizeiamtes in Berlin an den Reichsminister der Justiz vom 24. November 1936, dass es für unumgänglich notwendig gehalten werde, »dass die Geheime Staatspolizei rechtzeitig von jeweils bevorstehenden Entlassungen aller Art von Hochverrätern benachrichtigt wird. Die Notwendigkeit der Praxis haben die einzelnen Staatspolizeistellen, Strafvollstreckungs- und Strafvollzugsbehörden veranlasst, von sich

---

9 RICHTER (siehe Anm. 7), S. 380 ff.
10 Martin DOERRY, »Mein verwundetes Herz«. Das Leben der Lilli Jahn 1900–1944. Stuttgart und München 2002.
11 RICHTER (siehe Anm. 7), S. 424–432.
12 Bundesminister der Justiz (Hrsg.). Im Namen des Deutschen Volkes. Justiz und Nationalsozialismus. Katalog zur Ausstellung des Bundesministers der Justiz. Köln 1989, S. 261–263.
13 Ebenda, S. 261.
14 Ebenda, S. 263.

aus Sonderabmachungen zu treffen, die jedoch wegen der häufig über das ganze Reich verteilten Unterbringung der Gefangenen als nicht ausreichend angesehen werden können. So hat eine Umfrage bei den Staatspolizeistellen ergeben, dass zur Zeit im Reichsgebiet 21 verschiedene Regelungen vorliegen.«[15] Aus der anschließenden Auflistung der unterschiedlichen Regelungen geht hervor, dass die Staatspolizeistellen Kassel, Kiel und Potsdam von den Strafanstalten ihres Bezirks regelmäßige Meldungen [über die bevorstehenden Entlassungen von politischen Gegnern, G.R.] erhielten, während sie diese Meldungen von den Anstalten fremder Bezirke nicht oder nicht rechtzeitig bekamen.[16] Weiter heißt es dort, dass die Staatspolizeistelle Halle an der Saale hervorhebe, dass ihr von den Strafanstalten Kassel-Wehlheiden, Herford und Gräfentonna rechtzeitig Mitteilung gemacht werde, wenn ein politischer Häftling entlassen werden solle, dass dagegen die Entlassung der in anderen Strafanstalten, selbst der in Halle selbst Einsitzenden nicht gemeldet werde.[17] Es gab demnach bereits vor den reichsweiten Anweisungen des Reichsjustizministeriums einen sehr gut funktionierenden Austausch zwischen der Gestapo Kassel und den Strafanstalten im Regierungsbezirk Kassel hinsichtlich der bevorstehenden Entlassung von politischen Gegnern, und in Bezug auf die Strafanstalt Kassel-Wehlheiden wird hervorgehoben, dass sie auch die Gestapo Halle rechtzeitig informiert.[18] Schließlich wurde in einem Geheimerlass des Reichsministers der Justiz vom 5. Januar 1939 an die Justizbehörden angeordnet, dass auch bei denjenigen »Tätern«, die wegen Hoch- oder Landesverrat oder ähnlicher staatsgefährlicher Verbrechen von der Polizei vorläufig festgenommen wurden, und ein Richter einen Haftbefehl ablehnt, dieser Richter »vor der Entlassung des Täters die vorführende Polizeibehörde von seinem Beschluss zu verständigen und ihr Gelegenheit zu geben [hat], selbst Verwahrungsmaßnahmen zu treffen«.[19] Inwieweit es auch hierzu bereits vorher ähnliche »Sonderabmachungen« zwischen Justiz, Polizei- und Gestapobehörden gab, ist nicht ersichtlich, aber die Verfolgungswege von verschiedenen Gefangenen, die von Gerichten freigesprochen wurden, deuten darauf hin.

Juristen als Leiter der Staatspolizeistelle Kassel

Es gab jedoch noch einen weiteren (indirekten) Bezug zwischen Justiz und Geheimer Staatspolizei, auf den hier hingewiesen werden soll. So waren der überwiegende Teil der Gestapostellenleiter ausgebildete Juristen. 1938/39 hatten 87% sämtlicher Leiter der Gestapostellen im »Altreich«, in Österreich und in der besetzten Tschechoslowakei nach dem Abitur ein Studium der Rechtswissenschaften absolviert.[20] Sie hatten damit aus-

---

15 Ebenda, S. 261.
16 Ebenda, S. 262 - (Auflistung unter »m«).
17 Ebenda, S. 262 - (Auflistung unter »o«).
18 Ebenda, S. 262.
19 Ebenda, S. 263.
20 Vgl. Gerhard PAUL, Ganz normale Akademiker. Eine Fallstudie zur regionalen staatspolizeilichen

gesprochen hohe Bildungsabschlüsse, und dies wird noch deutlicher, wenn man berücksichtigt, dass in der Gesamtbevölkerung nur 5 Prozent Abitur hatten, 13 Prozent den Realschulabschluss und 82 Prozent sich mit der Volksschulbildung zufrieden geben mussten.[21] Dieser hohe Anteil an ausgebildeten Juristen lässt sich auch für die Leiter der Staatspolizeistelle Kassel nachweisen. So hatten von den insgesamt acht ehemaligen Leitern der Gestapostelle Kassel sechs Rechtswissenschaften studiert. Dies galt für Dr. jur. Fritz Elze, Dr. jur. Walter Adolf Wilhelm Lindenborn, Regierungsrat und SS-Untersturmführer Günther Herrmann, Regierungsrat und SS-Sturmbannführer Rudolf Korndörfer, Oberregierungsrat und SS-Obersturmbannführer Dr. Max Nedwed und Regierungsrat und SS-Sturmbannführer Franz Marmon. Eine Ausnahme bildeten lediglich der SA-Gruppenführer Friedrich Pfeffer von Salomon sowie der Regierungs- und Kriminalrat und SS-Sturmbannführer Dr. Karl Lüdcke.

Friedrich Pfeffer von Salomon war als Polizeipräsident und Leiter der Staatspolizeistelle Kassel für das frühe KZ Breitenau zuständig. Auf seine Initiative hin wurde das Konzentrationslager begründet und eingerichtet.[22] Er wurde 1892 in Berlin-Charlottenburg als Sohn eines damaligen Regierungsrates im Ministerium des Innern geboren und hatte das Studium der Rechtswissenschaften zwar begonnen, aber dann abgebrochen. Danach absolvierte er eine Lehre in Obst- und Gemüseanbau und war als Pächter eines Gutes tätig. Fritz von Pfeffer, wie er sich ab 1933 nannte, machte vor allem eine politische Karriere als jüngerer Bruder des ehemaligen Obersten SA-Führers, Franz Felix Pfeffer von Salomon. 1928 trat Fritz von Pfeffer in die NSDAP ein und 1929 in die SA. 1931 wurde er als SA-Gruppenführer Stabsführer des Generalinspekteurs der SA und SS in Kassel und im April 1933 zum Kasseler Polizeipräsidenten ernannt. Dieses Amt hatte er bis 1936 inne.[23] Am 14. Juli 1933 wurde ihm vom Regierungspräsidenten zusätzlich die Leitung der Staatspolizeistelle Kassel übertragen.[24] Friedrich Pfeffer von Salomon hatte zwar keine juristische Ausbildung, aber seine Stellvertreter, die Regierungsräte Dr. jur. Walter Lindenborn und dessen Nachfolger, Dr. jur. Ferdinand Hütteroth, waren beide promovierte Juristen. Walter Lindenborn wurde 1900 in Gießen als Sohn eines Apothekers geboren. Er hatte in Marburg und Göttingen Rechtswissenschaften studiert und 1923 in Marburg promoviert.[25] Ferdinand Hütteroth wurde 1902 in Wasenberg als Sohn des späteren Treysaer Pfarrers Oskar Hütteroth geboren. Er hatte in Marburg Rechtswissenschaften studiert und dort 1927 mit einer Arbeit im Öffentlichen Recht promoviert.[26]

Funktionselite. In: Gerhard PAUL / Klaus-Michael MALLMANN, Die Gestapo – Mythos und Realität. Darmstadt 1995, S. 236–254, hier S. 236 ff.

21 Jens BANACH, Heydrichs Elite. Das Führerkorps der Sicherheitspolizei und des SD 1936–1945. 3. durchgesehene und erweiterte Auflage, Paderborn u. a. 2002, S. 82.

22 KRAUSE-VILMAR (siehe Anm. 2), S. 25–46.

23 Thomas KLEIN (Hrsg.), Die Lageberichte der Geheimen Staatspolizei über die Provinz Hessen-Nassau 1933–1936, Teil I: A und B sowie Teil II: C. Mit ergänzenden Materialien herausgegeben, eingeleitet und erläutert von Thomas KLEIN, Köln und Wien 1986, S. 20 f.

24 Ebenda, S. 10 f.

25 Ebenda, S. 22.

26 Ebenda, S. 22 f.

Dr. jur. Fritz Elze, der noch vor Pfeffer von Salomon zum ersten Leiter der Staatspolizeistelle Kassel ernannt worden war, wurde 1897 in Halle a.d.S. geboren und hatte 1924 an der Universität Halle promoviert.[27] 1936 wurde Pfeffer von Salomon zum kommissarischen Regierungspräsidenten in Wiesbaden ernannt und verließ damit Kassel.[28]

Sein Nachfolger wurde Regierungsrat und SS-Untersturmführer Günther Herrmann. Er wurde 1908 in Minden geboren und hatte in Kiel, Göttingen und Münster Rechts- und Staatswissenschaften studiert. Herrmann leitete die Staatspolizeistelle Kassel von 1936 bis 1939 und war seit 1937 auch Führer des SD-Unterabschnitts Kassel.[29] In seine Amtszeit fiel die Ausdehnung der Verfolgung von den zunächst politischen Gegnern auf die jüdische Bevölkerung und auf die Sinti und Roma.[30]

Nachfolger von Günther Herrmann wurde Regierungsrat und SS-Sturmbannführer Rudolf Korndörfer. Er wurde 1906 in Reichenbach im Vogtland geboren und studierte nach dem Abitur an der Universität Leipzig Rechtswissenschaften. 1929 absolvierte er die 1. und 1933 die 2. Juristische Staatsprüfung in Dresden, und war dann bei einem Rechtsanwalt und bei der Staatsanwaltschaft beschäftigt. Rudolf Korndörfer war von Juli 1939 bis September 1941 Leiter der Gestapo Kassel.[31] In seine Amtszeit fallen die beginnende Überwachung und Verfolgung von Zwangsarbeitern und Zwangsarbeiterinnen, die sich dem Arbeitseinsatz widersetzten, die Einrichtung des Arbeitserziehungslagers Breitenau sowie die Verhaftungen und Deportationen von Zwangsarbeitern und anderen Gestapo-Gefangenen in die Konzentrationslager.[32]

Sein Nachfolger war Regierungs-, Kriminalrat und SS-Sturmbannführer Dr. Karl Lüdcke. Er wurde 1897 in Berlin geboren und hatte nach seinem Abitur Staatswissenschaften und Geschichte an den Universitäten Berlin und Würzburg studiert. 1927 promovierte er an der Universität Würzburg zum Doktor der Staatswissenschaften. Dr. Lüdcke war von September 1941 bis Juli 1943 Leiter der Gestapostelle Kassel.[33] In seine Amtszeit fallen die drei Deportationen der jüdischen Bevölkerung aus dem Regierungsbezirk Kassel.[34] In Bezug auf das Arbeitserziehungslager Breitenau gab es während sei-

---

27 Ebenda, S. 21.
28 Ebenda, S. 26.
29 Oldrich SLÁDEK, Standrecht und Standgericht. Die Gestapo in Böhmen und Mähren. In: Gerhard PAUL / Klaus-Michael MALLMANN (Hrsg.). Die Gestapo im Zweiten Weltkrieg. »Heimatfront« und besetztes Europa. Darmstadt 2000, S. 322 f.
30 Zur Geschichte Kassels in der NS-Zeit siehe: Jörg KAMMLER / Dietfrid KRAUSE-VILMAR (Hrsg). Volksgemeinschaft und Volksfeinde. Kassel 1933–1945, Eine Dokumentation, Fuldabrück 1984; Wilhelm FRENZ / Jörg KAMMLER / Dietfrid KRAUSE-VILMAR (Hrsg.), Volksgemeinschaft und Volksfeinde. Kassel 1933–1945, Band 2. Studien. Fuldabrück 1987.
31 RICHTER (siehe Anm. 7), S. 33 f.
32 Ebenda, S. 66 ff.
33 Ebenda, S. 34 f.
34 Zu den Deportationen siehe: Wolfgang PRINZ. Die Judenverfolgung in Kassel. In: FRENZ / KAMMLER / KRAUSE-VILMAR (siehe Anm. 30), S. 144–222; Monica KINGREEN, Die gewaltsame Verschleppung der Juden aus den Dörfern und Städten des Regierungsbezirks Kassel in den Jahren 1941 und 1942. In: Helmut BURMEISTER / Michael DORHS (Hrsg), Das achte Licht. Beiträge zur Kultur- und Sozialgeschichte der Juden in Nordhessen. Hofgeismar 2002, S. 223–242. Zur Bedeutung der Gestapostelle Kas-

ner Amtszeit zahlreiche Exekutionen von ausländischen Zwangsarbeitern wegen Liebesbeziehungen mit deutschen Frauen.[35]

Nachfolger von Dr. Karl Lüdcke wurde Oberregierungsrat und SS-Obersturmbannführer Dr. Max Nedwed. Er wurde 1902 in Hallein / Österreich geboren und ist in Klagenfurt aufgewachsen. Nach seinem Abitur auf dem Realgymnasium in Klagenfurt studierte er an den Universitäten Wien und Innsbruck Rechts- und Staatswissenschaften und schloss sein Studium 1927 mit der Promotion ab. Nach dem Absolvieren der Rechtspraxis am Landgericht Klagenfurt war er als Polizeikommissar in Klagenfurt, Villach und Wien tätig. Dr. Max Nedwed war von August 1943 bis August 1944 Leiter der Staatspolizeistelle Kassel.[36] In seine Dienstzeit fallen die Zerstörung Kassels im Oktober 1943 und damit auch die verstärkten Fluchten und Verhaftungen von ausländischen Zwangsarbeitern und Zwangsarbeiterinnen.[37] Außerdem fallen in seine Amtszeit die Verhaftungen von Lilli Jahn[38] und Kurt Finkenstein.[39]

Nachfolger von Dr. Max Nedwed und damit letzter Leiter der Gestapostelle Kassel wurde Regierungsrat und SS-Sturmbannführer Franz Marmon. Er wurde 1908 in Sigmaringen als Sohn eines Bildhauers geboren. Nach dem Abitur am humanistischen Gymnasium in Sigmaringen studierte er Rechtswissenschaften an den Universitäten München und Frankfurt/Main. 1933 erlangte er das Referendarexamen in Frankfurt/Main. Danach begann er den Vorbereitungsdienst für die große juristische Staatsprüfung beim Amtsgericht in Sigmaringen und setzte ihn später beim Landgericht und der Staatsanwaltschaft in Frankfurt/M. sowie beim Kammergericht Berlin fort. Dort erlangte er 1938 die große juristische Staatsprüfung. Von Herbst 1941 bis Frühjahr 1943 war er Leiter der Exekutivabteilung bei der Staatspolizeileitstelle München. In dieser Funktion war er dort auch für die Verhaftung der Geschwister Scholl zuständig. Von August 1944 bis zum Kriegsende war Franz Marmon Leiter der Gestapostelle Kassel.[40] In seine Amtszeit fallen die von der Gestapo begangenen Massenmorde am Kriegsende in Breitenau, Kassel-Wehlheiden und Kassel-Wilhelmshöhe sowie die Auflösung des Arbeitserziehungslagers Breitenau und die Evakuierung von Gefangenen in andere Lager.[41]

---

sel bei den Deportationen siehe auch: Gunnar RICHTER, Die Geheime Staatspolizeistelle Kassel 1933–1945. In: Zeitschrift des Vereins für hessische Geschichte und Landeskunde (ZHG), Band 106 (2001), S. 229–270, hier S. 255 ff.
35 RICHTER (siehe Anm. 7), S. 343–379.
36 Ebenda, S. 35 ff.
37 Ebenda, S. 152 ff.
38 DOERRY (siehe Anm. 10).
39 Dietfrid KRAUSE-VILMAR (Hrsg.), Kurt Finkenstein. Briefe aus der Haft 1935–1943. Herausgegeben, kommentiert und eingeleitet von Dietfrid KRAUSE-VILMAR, Mitarbeit: Susanne SCHNEIDER. Kassel 2001.
40 RICHTER (siehe Anm. 7), S. 37–40 sowie S. 483–488.
41 Zum Kriegsende und dem Gestapomord in Breitenau siehe RICHTER (siehe Anm. 7), S. 420–434; zu dem Gestapomord in Kassel-Wehlheiden siehe Michael JÄGER, Gestapomord in Kassel-Wehlheiden Karfreitag 1945. Kassel 1987; Zu dem Massenmord am Bahnhof Wilhelmshöhe siehe Dietfrid KRAUSE-VILMAR. Ausländische Zwangsarbeiter. In: FRENZ / KAMMLER / VILMAR (siehe Anm. 30), S. 407–414; Gunnar Richter. Der Massenmord am Bahnhof Wilhelmshöhe vom 31. März 1945. In: Rundbrief des

Michael Wildt, der sich mit Führungseliten des Reichssicherheitshauptamtes (RSHA) beschäftigte, stellte einige Merkmale heraus, die durchaus auch auf die Kasseler Gestapostellenleiter zutreffen:[42] So stellte er die Jugendlichkeit des Führungspersonals fest. Über drei Viertel von ihnen (77 %) gehörten dem Jahrgang 1900 oder jünger an.[43] Sie hatten durchweg eine gute Ausbildung. Deutlich mehr als drei Viertel hatte das Abitur erworben, mehr als zwei Drittel hatte studiert, und nahezu ein Drittel hatte einen Doktorgrad erworben.[44] Ein weiterer Aspekt ist »Rechter Radikalismus«. Die Hinwendung zum nationalsozialistischen Verfolgungsapparat erfolgte keineswegs aus Opportunismus. Zahlreiche RSHA-Angehörige waren bereits während ihrer Studienzeit und häufig schon vor 1933 aktive Mitglieder des Nationalsozialistischen Deutschen Studentenbundes. Was sie aus ihrer Studentenzeit als politische Erfahrung mitnahmen, so Michael Wildt, waren »Aktivismus und antisemitische Militanz«.[45] Außerdem spielte auch das Überangebot an jungen Juristen bis in die Mitte der dreißiger Jahre eine besondere Rolle. Der Einstieg in Gestapo und SD wirkte auf junge Rechtsintellektuelle attraktiv, weil ihnen dort eine berufliche Karriere geboten wurde, die ihrer politischen Weltanschauung entsprach und ihnen bereits in jungen Jahren Aufstiegsmöglichkeiten eröffnete, die ihnen – auch angesichts dieses Überangebotes an jungen Juristen – kaum möglich gewesen wäre.[46] Schließlich waren die ideologischen Elemente ihrer Weltanschauung weniger spezifische politische Inhalte als vielmehr eine bestimmte Struktur politischen Denkens. Im Mittelpunkt stand dabei die Verbindung von »Führerschaft, Tat und Idee«. Die Politik, so Wildt, zielte immer auf Unbedingtheit, auf das Ganze und durfte nach dieser Vorstellung weder einer regulierenden Norm noch irgendeinem Moralgesetz unterworfen sein.[47] Dem entsprach auch die »Biologisierung des Sozialen«, nach der diejenigen, die den NS-Normen nicht entsprachen oder sich dem NS-Staat entgegenstellten, nicht mehr als Individuen angesehen wurden, sondern als »Zerstörungskeime« des »deutschen Volkskörpers«. Um den »politischen Gesundheitszustand des deutschen Volkskörpers zu erhalten«, so Werner Best, der promovierter Jurist war,[48] sollten die »Zerstörungskeime [...] mit jedem geeigneten Mittel beseitigt«[49] werden.

Fördervereins der Gedenkstätte Breitenau e.V., Nr. 24. Kassel 2005, S. 67–73; Gunnar RICHTER, Zum Umgang mit der nationalsozialistischen Zeit am Beispiel des Massenmordes am Bahnhof Wilhelmshöhe. In: Rundbrief des Fördervereins der Gedenkstätte Breitenau, Nr. 28. Kassel 2009, S. 50–56.

42 Michael WILDT, Generation des Unbedingten. Das Führungskorps des Reichssicherheitshauptamtes. Hamburg 2002.
43 Ebenda, S. 45 (Anm. 11).
44 Ebenda, S. 74.
45 Ebenda, S. 81 ff., hier S. 88.
46 Ebenda, S. 166 f.
47 Ebenda, S. 864.
48 Ulrich HERBERT, Best. Biographische Studien über Radikalismus, Weltanschauung und Vernunft, 1903–1989. 3. Auflage, Bonn 1996.
49 Werner BEST, Die Geheime Staatspolizei. In: Deutsches Recht (DR). 6. Jg., Heft 7/8, S.125–128.

Auswirkungen auf die Verfolgungswege von Gefangenen des frühen Konzentrationslagers

Aus den Kurzbiografien der Schutzhaftgefangenen des Konzentrationslagers Breitenau, die im Anhang der Studie von Dietfrid Krause-Vilmar enthalten sind, geht hervor, dass von den 470 Gefangenen mehr als 80 im Verlauf der NS-Zeit vom Oberlandesgericht Kassel (OLG), vom Sondergericht Kassel und in einigen Fällen auch vom Volksgerichtshof wegen »Vorbereitung zum Hochverrat« zu Gefängnis- und Zuchthausstrafen verurteilt worden sind. Es handelte sich vor allem um Mitglieder und Funktionäre der KPD.[50] Eine ganze Reihe dieser Gerichtsverfahren und Verurteilungen richteten sich gegen ganze Widerstandsgruppen und eine große Anzahl von Personen. Viele von diesen Verfolgten wurden nach ihrer Haftverbüßung wieder in Konzentrationslager eingewiesen. Die Inhaftierung im frühen KZ Breitenau war für sie der Beginn eines langen Verfolgungsweges durch verschiedene Haftstätten und Konzentrationslager, den etliche nicht überlebten. Andere starben an den Haftfolgen.

Ein Beispiel für einen Verfolgungsweg aus Konzentrationslager- und Gefängnishaft ist das Schicksal von Willi Belz aus Kassel. Er wurde 1915 geboren und war von Beruf Technischer Zeichner. In der Zeit vom 8. Dezember 1933 bis zum 6. Februar 1934 war er, im Alter von 18 Jahren, als führendes Mitglied des Kommunistischen Jugendverbandes Deutschlands (KJVD) für den Bereich Hessen-Waldeck, im frühen KZ Breitenau inhaftiert.[51] Am 15. Januar 1934 verfasste der Generalstaatsanwalt in Kassel die Anklageschrift gegen Willi Belz und 23 weitere Männer und Frauen aus Kassel und Umgebung mit der Begründung, »ein hochverräterisches Unternehmen vorbereitet zu haben«. Elf der 23 Angeklagten befanden sich zu dem Zeitpunkt im Konzentrationslager Breitenau.[52] Etwa sechs Wochen nach seiner Entlassung aus dem Konzentrationslager, am 23. März 1934, wurde Willi Belz, gemeinsam mit elf der Angeklagten, vom Oberlandesgericht Kassel wegen »Vorbereitung zum Hochverrat« verurteilt. Er erhielt eine Haftstrafe von zwei Jahren Gefängnis, die anderen Mitangeklagten Haftstrafen von bis zu zwei Jahren.[53] Die Strafe verbüßte Willi Belz bis Oktober 1935 im Strafgefängnis Halle/Saale, und anschließend kam er bis Oktober 1936 in das Konzentrationslager Lichtenburg.[54] Während er dort inhaftiert war, starb sein Vater Konrad Belz, Mitglied der Bezirksleitung der KPD, an den Folgen der Misshandlungen, die er in den »Bürgersälen« in Kassel und im Kon-

---

50 Krause-Vilmar (Siehe Anm. 2), S. 227–284.
51 Krause-Vilmar (siehe Anm. 2), S. 230.
52 Willi Belz, Die Standhaften. Über den antifaschistischen Widerstand in Kassel und im Bezirk Hessen Waldeck 1933–1945. Ludwigsburg 1960, S. 134–136 (Abdruck der Anklageschrift).
53 Das Aktenzeichen lautet: OJs. 181/33, Verweis in Wolfgang Form / Theo Schiller / Karin Brandes (Hrsg.). Die Verfolgung der politischen NS-Strafjustiz in Hessen. Ein Gedenkbuch. 2. Auflage, Marburg 2012, S. 21; Wolfgang Form / Theo Schiller (Hrsg.). Widerstand und Verfolgung in Hessen 1933 bis 1945. Die Verfahren vor dem Volksgerichtshof und den Oberlandesgerichten Darmstadt und Kassel. Mikrofiche Edition und Erschließungsband, Fiche Nr. 47; Krause-Vilmar (siehe Anm. 2), Kurzbiographien der Schutzhaftgefangenen des KZ Breitenau im Anhang, S. 227 ff.
54 Krause-Vilmar (siehe Anm. 2), S. 230.

zentrationslager Breitenau erlitten hatte.[55] Willi Belz betätigte sich nach seiner Entlassung aus dem KZ Lichtenburg weiter im Widerstand. 1941 wurde er zur Wehrmacht eingezogen, und 1943 als Kriegsgefangener Mitglied im Nationalkomitee Freies Deutschland.[56] 1989 erhielt Willi Belz die Stadtmedaille der Stadt Kassel. Im Jahre 2003 ist er verstorben.

Auch am Schicksal von August Fuhrmann wird das Zusammenwirken von Justiz und Gestapo sehr deutlich. Er wurde 1899 in Kassel geboren und war von Beruf Elektriker. Aufgrund seiner Zugehörigkeit zur KPD war er seit dem 5. März 1933 in Schutzhaft im Untersuchungsgefängnis Kassel. In einem gemeinsamen Verfahren gegen 15 Angeklagte vor dem OLG Kassel wegen »Vorbereitung eines hochverräterischen Unternehmens« wurde er zunächst am 17. Februar 1934 mangels Beweises freigesprochen. Unmittelbar danach wurde er vom 22. Februar bis zum 16. März 1934 im Konzentrationslager Breitenau inhaftiert. Am 23. Oktober 1936 wurde er vom Oberlandesgericht Kassel wegen »Vorbereitung zum Hochverrat« zu zwei Jahren und sechs Monaten Zuchthaus verurteilt. Die Haft verbüßte er vom Januar 1936 bis April 1938 im Zuchthaus Wehlheiden. Sofort danach wurde er erneut in Schutzhaft genommen und bis Juni 1938 im Polizeigefängnis Kassel inhaftiert. Anschließend kam August Fuhrmann in das Konzentrationslager Sachsenhausen. Nach etwa drei Jahren KZ-Haft, wurde er am 21. Mai 1941 von dort in das Konzentrationslager Natzweiler-Struthof bei Straßburg überführt. Ab dem Spätherbst 1944 kam er in ein KZ-Außenkommando bei Neckargerach und wurde erst am 22. April 1945 befreit. Während seiner Haftzeit im Konzentrationslager erlitt August Fuhrmann eine schwere Lungenerkrankung, von der er sich nicht mehr erholte. Nachdem er zehn qualvolle Jahre in Gefängnissen und Konzentrationslagern verbracht hatte, blieben ihm noch zwei Jahre zum Leben. Am 2. Dezember 1947 starb er in Kassel im Alter von 48 Jahren.[57]

Auswirkungen auf die Verfolgungswege von Gefangenen des Arbeitserziehungslagers (1940–1945)

Auch bei zahlreichen Gefangenen des Arbeitserziehungslagers führte das Zusammenwirken von Justiz und Gestapo zu langjährigen Verfolgungswegen. Hier sollen einige Schicksale dieser Verfolgten dargestellt werden.

Einer dieser Verfolgten war Kurt Finkenstein, der als politischer Gegner der Nationalsozialisten und als Jude verfolgt worden ist. Er war bereits von Juni 1933 bis August 1933 im frühen KZ Breitenau inhaftiert, weil er in Kassel seit den 20er Jahren nicht nur als kunst- und kulturliebender Intellektueller, sondern auch als entschiedener Gegner

---

55 BELZ (siehe Anm. 52), S. 30a, 119 und 137.
56 Zum Verfolgungsweg von Willi Belz und seinem Vater Konrad siehe: KAMMLER / KRAUSE-VILMAR (siehe Anm. 30), S. 356 ff.
57 KRAUSE-VILMAR (siehe Anm. 2), S. 239. Siehe auch: Nachlass von August Fuhrmann im Archiv der Gedenkstätte Breitenau (Archiv-Breitenau) Nr. B-169 bis B-171.

des Nationalsozialismus bekannt war. Kurt Finkenstein wurde 1893 in Straßburg als Sohn einer jüdischen Mutter, die aus Polen stammte, und wahrscheinlich eines deutschen Offiziers geboren. 1919 zog er nach Kassel, wo er ein zahntechnisches Labor eröffnete und gleichzeitig aktiv am kulturellen Leben der Stadt in den 20er Jahren teilnahm. Außerdem gehörte er der November-Revolution der USPD und später zeitweise der KPD an. 1935 wurde er erneut verhaftet und nach über zwei Jahren Untersuchungshaft im November 1937 vom OLG Kassel zu siebeneinhalb Jahren Zuchthaus wegen »Vorbereitung zum Hochverrat« verurteilt. Anschließend war er sechs Jahre im Zuchthaus Wehlheiden inhaftiert. Während seiner Haftzeit erfuhr er nicht nur vom Tod seiner ersten Frau, sondern auch vom Tod seiner beiden Söhne, die als deutsche Soldaten in Russland umgekommen waren. Noch am Tage seiner Entlassung aus dem Zuchthaus, am 9. November 1943, wurde Kurt Finkenstein von der Gestapo Kassel in das Arbeitserziehungslager Breitenau eingewiesen und am 8. Januar 1944 von dort nach Auschwitz deportiert, wo er bereits drei Wochen später, am 29. Januar 1944, den Tod fand.[58]

Unter den jüdischen Verfolgten befand sich auch Josef Rosener aus Kassel. Er war wegen angeblicher »Rassenschande« am 5. Oktober 1942 in Untersuchungshaft genommen worden. Am 15. Januar 1943 wurde er in das Arbeitserziehungslager Breitenau eingewiesen, »weil er mit deutschblütigen Frauen unzüchtige Handlungen vorgenommen und sich von einer deutschblütigen Frau häusliche Arbeiten verrichten ließ.«[59] Josef Rosener war, wie es in seiner Akte heißt, »evangelisch (früher mosaisch)« und zum Zeitpunkt seiner Verhaftung 81 Jahre alt. Am 4. Februar 1943 wurde er in die Untersuchungshaftanstalt Kassel überführt, und einen Tag später fand gegen ihn vor dem Sondergericht Kassel eine Verhandlung wegen »Rassenschande« statt.[60] Josef Rosener wurde zu einer Zuchthausstrafe von 6 Jahren verurteilt und in das Zuchthaus Ziegenhain eingewiesen, wo er bereits am 28. Juni 1943 starb.[61] Hiltraut S., die ihm im Haushalt geholfen hatte, wurde am 25. September im AEL Breitenau inhaftiert. Sie wohnte zuvor im gleichen Haus wie Josef Rosener und war 28 Jahre alt. Als Beruf hatte sie Putzfrau angegeben. Am 20. Mai 1943 wurde sie von Breitenau in das Frauenkonzentrationslager Ravensbrück deportiert. Wie aus ihrer Akte hervorgeht, hat sie das KZ Ravensbrück überlebt und wohnte nach dem Krieg in Fulda.[62]

---

58 Zum Schicksal von Kurt Finkenstein siehe KRAUSE-VILMAR (siehe Anm. 39); ders. (siehe Anm. 2), S. 187–189 und 238; Archiv des LWV-Hessen Best. 2 (LWV-Breitenau) Nr. 7633 – Eintrag von Kurt Finkenstein im Hauptaufnahmebuch. Im Jahre 2012 wurde am ehemaligen Untersuchungsgefängnis in der Leipziger Straße 11 in Kassel eine Gedenktafel für Kurt Finkenstein und seine damalige Lebensgefährtin Käte Westhoff wiederhergestellt, die an deren Verfolgung erinnert. Außerdem wurde 2013 vor dem Haus der Karthäuserstraße 5a, in dem Kurt Finkenstein lebte, ein Stolperstein verlegt.
59 Archiv LWV-Hessen Best. 2 Nr. 6828; Zusätzliche Informationen aus der Datenbank des Hessischen Hauptstaatsarchiv Wiesbaden (HHStAW) Abt. Abt. 518 Nr. 4081.
60 Archiv LWV-Hessen Best. 2 Nr. 6828. Schreiben des Vorsitzenden des Sondergerichts für den Oberlandesgerichtsbezirk Kassel in Kassel vom 25. Januar 1943 an die Landesarbeitsanstalt in Breitenau.
61 Bundesarchiv Koblenz (Hrsg.). Gedenkbuch. Opfer der Verfolgung der Juden unter der nationalsozialistischen Gewaltherrschaft in Deutschland 1933–1945. 4 Bände und CD-ROM. Bearbeitet und herausgegeben vom Bundesarchiv Koblenz. Koblenz 2006, Band III, S. 2850 (unter Joseph Rosener).
62 Archiv LWV-Hessen Best. 2 Nr. 7142.

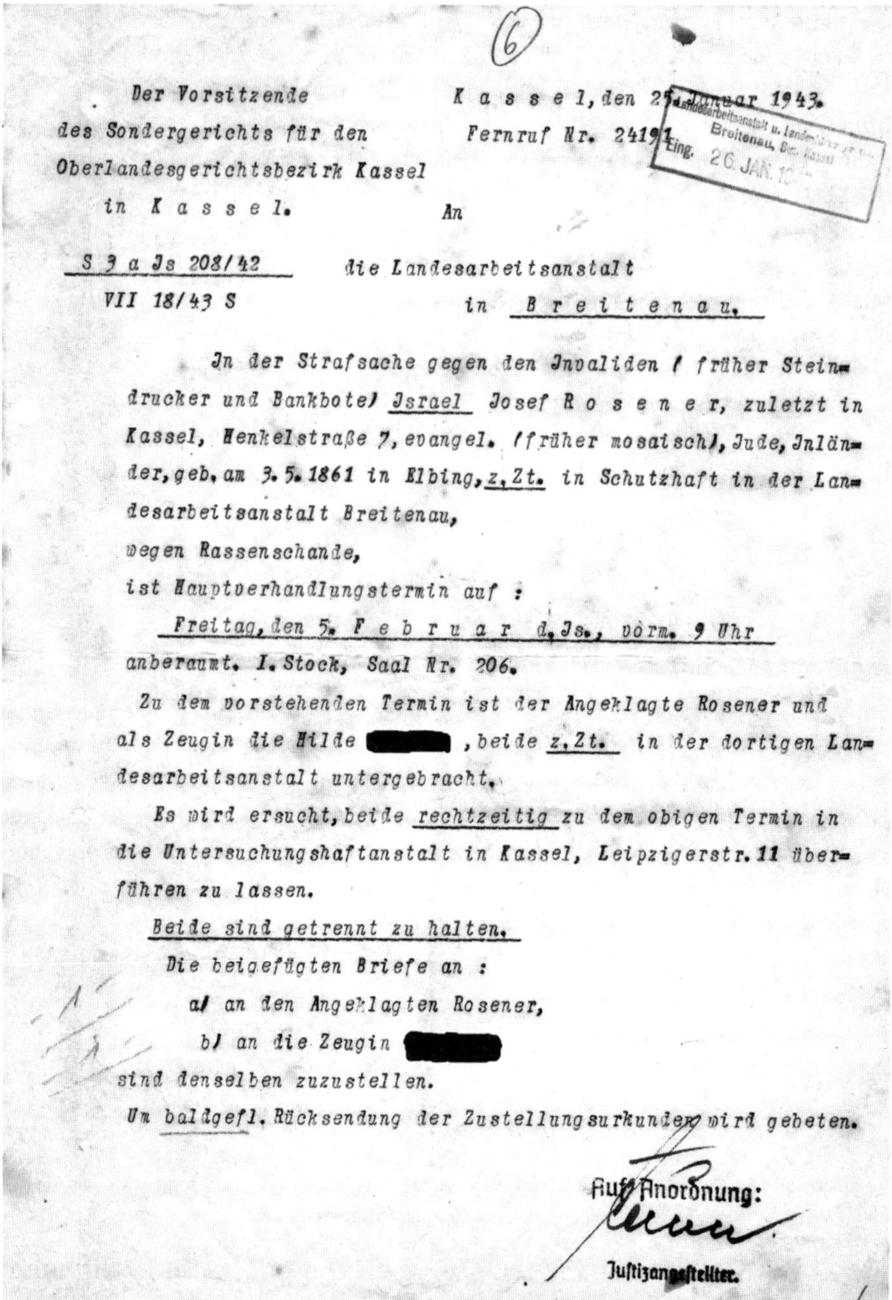

Der Vorsitzende   K a s s e l, den 25. Januar 1943.
des Sondergerichts für den   Fernruf Nr. 24191
Oberlandesgerichtsbezirk Kassel
 in K a s s e l.   An

S 3 a Js 208/42   die Landesarbeitsanstalt
VII 18/43 S   in B r e i t e n a u.

  In der Strafsache gegen den Invaliden (früher Steindrucker und Bankbote) Israel Josef R o s e n e r, zuletzt in Kassel, Henkelstraße 7, evangel. (früher mosaisch), Jude, Inländer, geb. am 3.5.1861 in Elbing, z.Zt. in Schutzhaft in der Landesarbeitsanstalt Breitenau,
wegen Rassenschande,
ist Hauptverhandlungstermin auf :
 Freitag, den 5. F e b r u a r d. Js., vorm. 9 Uhr
anberaumt. I. Stock, Saal Nr. 206.
  Zu dem vorstehenden Termin ist der Angeklagte Rosener und als Zeugin die Hilde ▬▬▬ , beide z. Zt. in der dortigen Landesarbeitsanstalt untergebracht.
  Es wird ersucht, beide rechtzeitig zu dem obigen Termin in die Untersuchungshaftanstalt in Kassel, Leipzigerstr. 11 überführen zu lassen.
  Beide sind getrennt zu halten.
  Die beigefügten Briefe an :
   a) an den Angeklagten Rosener,
   b) an die Zeugin ▬▬▬
sind denselben zuzustellen.
Um baldgefl. Rücksendung der Zustellungsurkunden wird gebeten.

              Auf Anordnung:
                Justizangestellter.

Abb. 2: Aus der Gefangenenakte von Josef Rosener
[Archiv LWV-Hessen, Best. 2 Nr. 6828]

Neben Kurt Finkenstein waren einige weitere deutsche politische Gefangene bereits im frühen Konzentrationslager Breitenau inhaftiert gewesen. Sie waren anschließend wegen »Hochverrats« verurteilt worden und hatten bei ihrer zweiten Einweisung in das Lager Breitenau schon einen langen Verfolgungsweg hinter sich. Zu ihnen gehörte Paul Joerg aus Witzenhausen. Er war bereits vom 24. Juni bis zum 16. Oktober 1933 im frühen KZ Breitenau inhaftiert, da er in Witzenhausen als führender Kommunist sowohl in der Stadtverordnetenversammlung als auch im Kreistag tätig war. Er gehörte zu denjenigen Verfolgten, die fast die gesamte NS-Zeit über in Haft waren. Aus dem frühen KZ Breitenau wurde er bis Juni 1934 in die Konzentrationslager Esterwegen, Börgermoor und Neusustrum überführt. Etwa ein Jahr später, am 23. Juli 1935 wurde er erneut festgenommen und kam für fast zwei Jahre in Untersuchungshaft. Am 1. Juni 1937 wurde er vom Strafsenat des Oberlandesgerichts Kassel wegen »Vorbereitung eines hochverräterischen Unternehmens« zu sechs Jahren Zuchthaus verurteilt. Die erlittene Untersuchungshaft wurde lediglich in Höhe von zehn Monaten auf die Strafe angerechnet.[63] Nachdem er diese Strafe verbüßt hatte, wurde er sofort wieder in Schutzhaft genommen und in das Arbeitserziehungslager Breitenau eingewiesen.[64] Paul Joerg war vom 18. August bis zum 2. Oktober 1942 im Arbeitserziehungslager Breitenau inhaftiert und wurde anschließend in das KZ Sachsenhausen deportiert.[65] Er überlebte die KZ-Haft und wohnte nach dem Krieg wieder in Witzenhausen.[66]

Reinhold Stehl aus Kassel-Niederzwehren war ähnlich wie Paul Joerg fast die gesamte NS-Zeit in Haft. Im August 1933 wurde er zunächst im frühen KZ Breitenau inhaftiert, weil er sich abfällig über die NS-Regierung geäußert habe. Anschließend wurde er durch das Sondergericht Kassel wegen »Heimtücke« zu zwei Jahren Gefängnis verurteilt, die er in der Strafanstalt Hameln verbüßte. 1939 wurde er erneut verhaftet und 1940 vom Sondergericht Kassel wegen »böswilliger gehässiger Äußerungen über den Führer« zu drei Jahren Gefängnis verurteilt.[67] Nach der Haftverbüßung wurde Reinhold Stehl in Schutzhaft genommen und in das Arbeitserziehungslager Breitenau eingewiesen, wo er vom 21. März bis zum 10. Mai 1943 inhaftiert blieb.[68] Von Breitenau wurde er nach Lublin deportiert, wo er schwere Misshandlungen durch die SS erlitt. Reinhold Stehl überlebte die Haftzeit und wohnte nach dem Krieg in Kassel.[69]

Auch Wilhelm Zanger aus Kassel, Mitglied im Roten Frontkämpferbund und der KPD, war fast die gesamte NS-Zeit in Haft. Nachdem er im Sommer 1933 im frühen KZ Breitenau inhaftiert und 1935 vom Oberlandesgericht Kassel (OLG) in einem politischen Prozess freigesprochen worden war, wurde er im Februar 1936 erneut verhaftet und am

---

63 Anklage und Urteil mit dem Aktenzeichen OJs 163/36. FORM / SCHILLER / BRANDES (siehe Anm. 53), S. 77 und 145; FORM / SCHILLER (siehe Anm. 53), Fiche Nr. 94 f.
64 KRAUSE-VILMAR (siehe Anm. 2), S. 242.
65 Archiv LWV-Hessen Best. 2 Nr. 5761.
66 KRAUSE-VILMAR (siehe Anm. 2), S. 248.
67 Ebenda, S. 277.
68 Archiv LWV-Hessen Best. 2 Nr. 7131.
69 KRAUSE-VILMAR (siehe Anm. 2), S. 277.

19. Juni 1936 durch das OLG Kassel zu fünf Jahren Zuchthaus verurteilt. Ihm war vorgeworfen worden, sich am Neuaufbau der freien Gewerkschaften beteiligt zu haben.[70] Nach seiner Haftverbüßung wurde Wilhelm Zanger, wie Paul Joerg und Reinhold Stehl, in Schutzhaft genommen und in das Arbeitserziehungslager Breitenau eingewiesen, wo er vom 28. März 1941 bis zum 9. November 1941 inhaftiert blieb.[71]

Ein weiterer politischer Gefangener im Arbeitserziehungslager Breitenau war Philipp Jörg aus Kleinauheim bei Hanau. Er wurde 1887 in König im Odenwald geboren und war von Beruf Diamantschleifer.[72] In Kleinauheim besaß er eine Diamantschleiferei. Im März 1935 wurden 88 Kommunisten, Sozialdemokraten und Parteilose aus dem Raum Hanau vom Generalstaatsanwalt in Kassel wegen »Vorbereitung eines hochverräterischen Unternehmens und zwar mittels Herstellung eines organisatorischen Zusammenhalts und Beeinflussung der Massen durch Herstellung und Verbreitung von Schriften« angeklagt.[73] Am 17. Juli 1935 wurden 72 der Angeklagten vom Oberlandesgericht Kassel zu Gefängnis- und Zuchthausstrafen verurteilt, die meisten von ihnen zwischen einem und drei Jahren.[74] Hauptangeklagter in diesem Massenprozess war Philipp Jörg, in dessen Diamantschleiferei mindestens eine Ausgabe der Zeitung »Die Freiheit« gedruckt worden war. Über Hanau bestand ein Verteilernetz mit Stützpunkten im Raum Hanau sowie in Orten des Landkreises Offenbach und im mainfränkischen Raum.[75] In dem Verfahren vor dem OLG Kassel wurde Philipp Jörg am 7. Juni 1935 zu acht Jahren Zuchthaus verurteilt.[76] Er verbüßte die Strafe bis zum 4. Februar 1943 u. a. in Butzbach und im Zuchthaus Hohenasperg in Ludwigsburg.[77] Anschließend wurde er in das Kasseler Polizeigefängnis überstellt und von dort am 2. März 1943 von der Gestapo Kassel in das Arbeitserziehungslager Breitenau eingewiesen. Am 27. April 1943 wurde er von Breitenau in das Konzentrationslager Dachau deportiert.[78] Etwa eineinhalb Jahre später, am 5. August 1944, kam er in Dachau ums Leben.[79]

Auch Willi Mai aus Kassel war als politischer Gefangener im AEL Breitenau inhaftiert und wurde von dort in das Konzentrationslager Dachau deportiert.[80] Er stammte aus einer sozialdemokratischen Kasseler Familie, war von Beruf Pflasterer und schloss sich

---

70 Ebenda, S. 283.
71 Archiv LWV-Hessen Best. 2 Nr. 9670.
72 Archiv LWV-Hessen Best. 2 Nr. 5762.
73 Anklageschrift vom 16. März 1935, Aktenzeichen OJs 44/35. FORM/SCHILLER/BRANDES (siehe Anm. 53), S. 146; FORM/SCHILLER (siehe Anm. 53), Fiche Nr. 69 ff.
74 Ebenda.
75 Studienkreis Deutscher Widerstand (Hrsg.). Heimatgeschichtlicher Wegweiser zu Stätten des Widerstands und der Verfolgung 1933–1945. Band 1. Hessen I. Frankfurt/M. 1995, S. 210.
76 Urteil des OLG Kassel vom 17. Juli 1935, Aktenzeichen OJs 44/35. FORM/SCHILLER/BRANDES (siehe Anm. 53), S. 146; FORM/SCHILLER (siehe Anm. 53), Fiche Nr. 69 ff.
77 Archiv Breitenau. Datenbank AEL Breitenau; Informationen zu Philipp Jörg.
78 Archiv LWV-Hessen Best. 2 Nr. 5762.
79 Staatskommissariat für rassisch, religiös und politisch Verfolgte in Bayern (Hrsg.), Die Toten von Dachau. Deutsche und Österreicher. Ein Gedenk- und Nachschlagewerk. München 1947, S. 49.
80 Zu Willi Mai siehe KAMMLER/KRAUSE-VILMAR (siehe Anm. 30), S. 350 f.

1924 der Freien Arbeiter-Union Deutschlands (FAUD) an, einer anarcho-syndikalistischen Vereinigung, die basisdemokratische und antiparlamentarische Prinzipien vertrat. Die FAUD verstand sich auch als eine antifaschistische Gruppierung und beteiligte sich an Aktionen gegen die Nationalsozialisten.[81] In der Kasseler Gruppe der FAUD, zu der auch Erna und Willi Paul gehörten, war Willi Mai Literaturobmann. Gemeinsam mit anderen Mitgliedern organisierte er Aufklärungskampagnen in Kassel und Umgebung. Ihr Ziel war die »Entfaltung des ganzen Menschen« und ein »neues Bewusstsein«, was auch praktische Lebenshilfe in Erziehungsfragen und Fragen der Empfängnisverhütung einschloss. Von der Freien Arbeiter-Union Deutschlands wurde eine Wochenzeitung mit dem Titel »Der Syndikalist« herausgegeben. Willi Mai nahm auch nach 1933 weiterhin an den illegalen Treffen der FAUD-Gruppe teil und betätigte sich als Kurier zwischen dem Ruhrgebiet und Kassel, wobei er Zeitungen und Informationsschriften aus Holland nach Deutschland schmuggelte. Außerdem gehörte zu seinen Aufgaben das Sammeln von Unterstützungsgeldern für geflohene, untergetauchte und hilfsbedürftige Mitglieder der Vereinigung, so u. a. für den nach Holland geflohenen Willi Paul. Im Mai 1941 wurde Willi Mai festgenommen und im August 1941 vom Polizeigefängnis Kassel in die Untersuchungshaftanstalt Kassel überführt. Am 15. Mai 1942 verurteilte ihn das Oberlandesgericht Kassel wegen »Vorbereitung zum Hochverrat« zu einem Jahr und sechs Monaten Gefängnis unter Anrechnung von neun Monaten der Untersuchungshaftzeit.[82] Unmittelbar nach Verbüßung der Haft, am 15. Februar 1943, wurde er in Schutzhaft genommen und vom Kasseler Polizeigefängnis am 2. März 1943 in das Arbeitserziehungslager Breitenau eingewiesen. Am 18. April wurde Willi Mai von dort in das Konzentrationslager Dachau deportiert.[83] Bei der Evakuierung des KZ Dachau kurz vor Kriegsende wurde er auf einem Evakuierungsmarsch in Richtung Bad Tölz von amerikanischen Truppen befreit. Willi Mai starb im Dezember 1986 in Kassel.[84]

Unter den deutschen politischen Gefangenen des Arbeitserziehungslagers Breitenau befanden sich auch mehrere Frauen. Eine von ihnen war Erna Paul aus Kassel. Sie war im August 1942 von der Gestapostelle Kassel in das AEL Breitenau eingewiesen worden, weil sie gemeinsam mit ihrem Mann Willi Paul der Freien Arbeiter-Union Deutschlands (FAUD) angehörte. Bereits in den 20er Jahren hatte sie mitgeholfen, Flugblätter gegen die Nazis zu drucken und zu verteilen. 1939 floh sie mit ihren zwei Kindern nach Holland. Ihr Mann war bereits 1937 nach Holland geflohen und dann über Frankreich nach

---

[81] Zur Freien Arbeiter-Union Deutschlands (Anarcho Syndikalisten) FAUD siehe Jörg KAMMLER, Zur historischen Ausgangslage des Arbeiterwiderstandes: Die Kasseler Arbeiterbewegung vor 1933. in: FRENZ/KAMMLER/KRAUSE-VILMAR (siehe Anm. 30), S. 291–324, hier S. 322–324.

[82] KAMMLER/KRAUSE-VILMAR (siehe Anm. 30), S. 350. Urteil des OLG Kassel vom 15. Mai 1942, Aktenzeichen OJs 152/41. FORM/SCHILLER/BRANDES (siehe Anm. 53), S. 199; FORM/SCHILLER (siehe Anm. 53), Fiche Nr. 170.

[83] Archiv LWV-Hessen Best. 2 Nr. 7633. (Eintrag von Willi Mai im Hauptaufnahmebuch unter der Nummer 2092. Es existiert von Willi Mai keine Schutzhaftakte; möglicherweise ging sie nach dem Krieg verloren.)

[84] Zum Verfolgungsweg von Willi Mai siehe auch: Archiv Breitenau Nr. 583, Protokoll eines Gesprächs mit Willi Mai vom 29. Oktober 1979 (Gesprächspartner: Dietfrid Krause-Vilmar).

Spanien gelangt, wo er sich den Kommunisten im Spanischen Bürgerkrieg anschloss und später verhaftet wurde. Zu seiner Unterstützung hatte Willi Mai Unterstützungsgelder gesammelt. Erna Paul wurde 1941, ein Jahr nach der Besetzung der Niederlande, in Amsterdam von dem Kasseler Gestapo-Angehörigen Christian H. verhaftet und ins Kasseler Untersuchungsgefängnis überführt. Am 15. Mai 1942 wurde sie – im gleichen Verfahren wie Willi Mai – vom Kasseler Oberlandesgericht wegen »Vorbereitung zum Hochverrat« zu einem Jahr und drei Monaten Gefängnis verurteilt, wobei ihr die Untersuchungshaft angerechnet wurde.[85] Unmittelbar nach der Haftverbüßung kam sie am 25. August 1942 in das Arbeitserziehungslager Breitenau. Von dort wurde sie am 19. Oktober 1942 in das Konzentrationslager Ravensbrück deportiert,[86] wo sie bis zur Befreiung inhaftiert blieb. Am Kriegsende gelang es Erna Paul, sich über Lübeck nach Kassel durchzuschlagen, wo sie nach vier Jahren ihre beiden Kinder wieder sah, die von Verwandten versorgt worden waren. Ihr Ehemann kehrte erst 1946 aus amerikanischer Gefangenschaft zurück, in die er mit dem Strafbataillon 999 geraten war.[87]

Auch die Lehrerin Hildegard Fischer, die aus Greiz in Thüringen stammte, war aus politischen Gründen im AEL Breitenau inhaftiert worden. Am 18. April 1935 wurde sie, gemeinsam mit fünf anderen Mitgliedern einer kommunistischen Widerstandsgruppe, vom Oberlandesgericht Jena wegen »Vorbereitung zum Hochverrat« zu sieben Jahren Zuchthaus verurteilt, die sie im Zuchthaus Waldheim in Sachsen verbüßten musste.[88] Nach ihrer Entlassung wurde sie von der Gestapostelle Weimar in Schutzhaft genommen und in das Arbeitserziehungslager Breitenau eingewiesen, wo sie vom 5. März bis zum 17. April 1942 inhaftiert blieb. Anschließend wurde sie von dort in das KZ Ravensbrück deportiert.[89] Ihr weiteres Schicksal ist bisher ungeklärt.

Martha Beer aus Gera war am 19. April 1940 vom Sondergericht Weimar zu einem Jahr und sechs Monaten Zuchthaus verurteilt worden, weil sie gegen die »Verordnung über außerordentliche Rundfunkmaßnahmen« vom 1. September 1939 verstoßen und ausländische Sender abgehört hatte. Nachdem sie ihre Strafe bis zum 28. September 1941 verbüßt hatte, wurde sie ebenfalls von der Gestapostelle Weimar in das AEL Breite-

---

85 Urteil des OLG Kassel vom 15. Mai 1942, Aktenzeichen OJs 152/41. FORM/SCHILLER/BRANDES (siehe Anm. 53), S. 199; FORM/SCHILLER (siehe Anm. 53), Fiche Nr. 170.
86 Archiv LWV-Hessen Best. 2 Nr. 9710.
87 Zum Verfolgungsweg von Erna Paul und Willi Paul siehe Artur MEHMET, Das »Kasseler Volksblatt« 1932/1933. Unveröffentlichte Examensarbeit an der Gesamthochschule Kassel, Kassel 1986, S. 224f. und 260f.; Archiv Breitenau Nr. 597 (Auszüge aus einem Interview mit Erna Paul vom März 1984, Gesprächspartner: Gunnar Richter und Hanne Wiltsch); »Erna Pauls Privatkrieg gegen die Nazis: Hausfrau, Mutter und im Widerstand«. In: »Für uns«, wöchentliche Lokalzeitung der »Hessischen-Niedersächsischen Allgemeine« vom 6. März 1986; Jörg KAMMLER, »Ich habe die Metzelei satt und laufe über ...« Kasseler Soldaten zwischen Verweigerung und Widerstand (1939–1945). Eine Dokumentation. Mitarbeit: Marc POULAIN. Fuldabrück 1985, S. 3. Sowie ders. erweiterte Auflage, Fuldabrück 1997, S. 168–176.
88 Thüringer Verband der Verfolgten des Naziregimes – Bund der Antifaschisten und Studienkreis Deutscher Widerstand 1933–1945 (Hrsg.), Heimatgeschichtlicher Wegweiser zu Stätten des Widerstands und der Verfolgung 1933–1945. Band 8. Thüringen, Frankfurt/M. 2003, S. 112.
89 Archiv LWV-Hessen Best. 2 Nr. 5335.

Geheime Staatspolizei
Staatspolizeistelle Weimar

II A - B.Nr. 196/42

Bitte in der Antwort vorstehendes Geschäftszeichen
und Datum angeben

Weimar, den 4. März 1942.
Regelplatz 1 / Fernruf 2880, 2881

An den
Leiter der Landesarbeitsanstalt
in B r e i t e n a u
Krs. Melsungen

Betrifft: Ehem. Strafgefangene Lehrerin a.D. Hildegard
F i s c h e r , geb. am 22.1.1904 in Greiz,
z.Zt. im hies. Hausgefängnis.

Vorgang : Ohne.

Hildegard F i s c h e r wurde am 18.4.1935 vom OLG.
in Jena wegen Vorbereitung zum Hochverrat zu sieben Jahren
Zuchthaus verurteilt. Sie hat diese Strafe im Zuchthaus
Waldheim verbüßt und wurde anschließend in das hiesige Hausgefängnis überführt.
Ich beabsichtige, weitere staatspolizeiliche Maßnahmen
gegen die Fischer in Anwendung zu bringen und bitte, sie bis
zur endgültigen Unterbringung in einem Konzentrationslager
in der dortigen Anstalt aufzunehmen.

Beglaubigt
gez. vom F e l d e .

Kanzlei-Angestellte

Abb. 3: Aus der Gefangenenakte von Hildegard Fischer
[Archiv LWV-Hessen, Best. 2 Nr. 5335]

nau eingewiesen. Nach knapp drei Monaten, am 15. Dezember 1941, wurde sie von Breitenau in das Konzentrationslager Ravensbrück deportiert.[90] Ihr weiteres Schicksal ist ebenfalls bisher ungeklärt.

Im Arbeitserziehungslager Breitenau waren auch mindestens fünf Frauen inhaftiert, die der Internationalen Bibelforschervereinigung (IBV), der damaligen Bezeichnung für die Zeugen Jehovas, angehörten.[91] Die Internationale Bibelforschervereinigung war am

---

90 Archiv LWV-Hessen Best. 2 Nr. 4912.
91 RICHTER 2009 (siehe Anm. 41), S. 312–316.

26. April 1933 durch eine Anordnung des Preußischen Ministers des Innern auf der Grundlage der §§ 1 und 4 der Verordnung des Reichspräsidenten zum Schutze von Volk und Staat vom 28. Februar 1933 aufgelöst und verboten worden.[92] Daraufhin wurden im Verlauf der NS-Zeit von den etwa 25.000 Menschen, die sich in Deutschland zu den Zeugen Jehovas bekannten, etwa 10.000 für eine unterschiedlich lange Dauer inhaftiert. Über 2.000 von ihnen wurden in Konzentrationslager eingewiesen.[93]

Die fünf Frauen, die im AEL Breitenau inhaftiert waren, lebten im heutigen Thüringen und wurden über die Gestapostellen Weimar und Kassel eingewiesen. Zwei der Frauen, Erna Kluge und Hulda Wiesel, hatten vor der Einweisung in Breitenau bereits eine Gefängnisstrafe verbüßt.

Erna Kluge wurde im Jahre 1900 in Langenleuba-Niederhain geboren und war von Beruf Damenschneiderin. Am 4. Juni 1942 wurde sie von der Gestapostelle Weimar in das Arbeitserziehungslager Breitenau eingewiesen, nachdem sie kurz vorher aus der Gefängnishaft entlassen worden war. Bis zum 19. Mai 1942 hatte sie eine Gefängnisstrafe von vier Jahren und neun Monaten »wegen illegaler Betätigung für die IBV« verbüßt.[94] Zum Zeitpunkt ihrer Einweisung in das Lager Breitenau befand sich ihre Schwester Lilli im Konzentrationslager Ravensbrück. Ihr Bruder Paul war sieben Jahre zuvor, am 22. April 1935, vom Sondergericht zu 21 Monaten Gefängnis verurteilt worden, weil er nach dem Begräbnis seiner Schwiegermutter Flugblätter der »Internationalen Bibelforscher Vereinigung« verteilt hatte.[95] In einem Begleitschreiben der Gestapo Weimar vom 3. Juni 1942 an den damaligen Leiter des Arbeitshauses und Arbeitserziehungslagers wurde Erna Kluge als »fanatische Bibelforscherin« bezeichnet. Außerdem erklärte die Gestapostelle, dass sie gegen Erna K. Schutzhaft beantrage, und sie bis zur Entscheidung des Reichssicherheitshauptamtes als Polizeigefangene in der Landesarbeitsanstalt untergebracht werden solle.[96] Auch ihre weitere Verfolgung als Zeugin Jehovas geschah – wie dies für die angeblichen »Hoch- und Landesverräter« oben beschrieben wurde – auf Grundlage einer Zusammenarbeit zwischen den Justizbehörden und der Geheimen Staatspolizei.[97] Einen Monat später, am 3. Juli 1942, wurde Erna Kluge von Breitenau in das Frauenkonzentrationslager Ravensbrück deportiert.[98] Sie überlebte die KZ-Haft und kehrte wieder in ihren Heimatort zurück, wo sie 1959 im Alter von 59 Jahren verstarb.[99]

---

92 Bundesminister der Justiz (siehe Anm. 12), S. 264 f.
93 Vgl. Detlef GARBE, Gesellschaftliches Desinteresse, staatliche Desinformation, erneute Verfolgung und nun Instrumentalisierung der Geschichte? In: Hans HESSEN (Hrsg.), »Am mutigsten waren immer die Zeugen Jehovas«. Verfolgung und Widerstand der Zeugen Jehovas im Nationalsozialismus. Bremen 1998, S. 302–317, hier S. 302.
94 Archiv LWV-Hessen Best. 2 Nr. 5886.
95 Thüringer Verband der Verfolgten des Naziregimes (siehe Anm. 88), S. 20.
96 Archiv LWV-Hessen Best. 2 Nr. 5886.
97 Bundesminister der Justiz (siehe Anm. 12), S. 263–265. So heißt es dort, dass »Hoch- und Landesverräter, Zeugen Jehovas und Rasseschänder« mit der Billigung des Reichsministers Gürtner nach der Justizhaft der Staatspolizei überlassen werden; ebenda, S. 263.
98 Archiv LWV-Hessen Best. 2 Nr. 5886.
99 Mitteilung der Gemeinde Langenleuba-Niederhain vom 19. Oktober 2013.

An den
Leiter der Landesarbeitsanstalt

in B r e i t e n a u

Betrifft: Wirtschafterin Hulda W i e s e l, geb. 27.4.91 in
Oldisleben, ledig, z.Zt. hier in Haft.
Vorgang: Ohne.

Die Wiesel hat bis zum 8.11.41 eine 2-jährige Gefängnisstrafe wegen illegaler Betätigung für die IBV und Vergehens gegen das Heimtückegesetz verbüßt. Sie ist heute noch Anhängerin der IBV. Ich habe gegen sie beim RSHA. Schutzhaft beantragt.

Ich bitte, die W. vorübergehend in die dortige Anstalt als Schutzhaftgefangene aufzunehmen.

Die Staatspolizeistelle Kassel hat von der Überführung der W. Kenntnis erhalten.

In Vertretung:
gez. B l u h m.

Abb. 4: Aus der Gefangenenakte von Hulda Wiesel
[Archiv LWV-Hessen, Best. 2 Nr. 7436]

Hulda Wiesel stammte aus Oldisleben und wurde dort 1891 geboren. Auch sie hatte vor ihrer Einweisung in das Arbeitserziehungslager Breitenau eine Gefängnisstrafe von zwei Jahren wegen »illegaler Betätigung für die IBV« und »Vergehens gegen das Heimtückegesetz« (HeimtückeG) verbüßt. Ihre Haftstrafe war am 8. November 1941 beendet. Aus einem Artikel der »Frankenhäuser Zeitung« vom 9. Januar 1940 geht Näheres über ihre Verhaftung hervor. Darin heißt es: »In den ereignisreichen Tagen des Kriegsbeginns hatte die 49-jährige Ehefrau Hulda Wiesel aus Oldisleben sich zu mehreren auf der Straße beisammen stehenden Frauen gesellt und sich abfällig geäußert über die Einberufung der Ehemänner zum Wehrdienst. Da Frau Wiesel aus ihrer ›geistigen‹ Gegner-

schaft zum Dritten Reich keinen Hehl machte und auch andere zu ihrer Ansicht zu
›bekehren‹ versucht hatte, war es nunmehr an der Zeit, sich näher mit ihr zu befassen.
Sie wurde am 22. September vorigen Jahres in Untersuchungshaft genommen.«[100] Nach
der Entlassung aus dem Gefängnis, am 8. November 1941, wurde auch sie in Schutzhaft
genommen und am 20. November 1941 in das AEL Breitenau eingewiesen. Am 5. Januar
1942 wurde sie von dort in das KZ Ravensbrück deportiert, kam aber bereits vier Tage
später aufgrund einer Lagersperre wieder nach Breitenau zurück. Ihre endgültige Deportation in das Frauenkonzentrationslager Ravensbrück erfolgte dann am 9. Februar
1942.[101] Von Ravensbrück kam Hulda Wiesel am 26. März 1942 mit mehreren Zeuginnen
Jehovas nach Auschwitz.[102] Im Zuge der Evakuierung des Lagers Auschwitz kam sie nach
Bergen-Belsen, wo sie die Befreiung des Lagers erlebte. In Bergen-Belsen lebte sie noch
im August 1945 im DP-Camp.[103] Ihr weiteres Schicksal ist bisher nicht bekannt.

Unter den Gestapo-Gefangenen des Arbeitserziehungslagers Breitenau waren auch
katholische Geistliche, bei deren Verfolgungsweg sich ein Zusammenwirken von Justiz
und Gestapo feststellen lässt.

Der katholische Ordenspriester und Ökonom des Klosters der Oblaten in Hünfeld,
Paul Köthe, war wegen angeblicher Wirtschaftsvergehen verhaftet und im Februar 1941
kurzzeitig im Arbeitserziehungslager Breitenau inhaftiert worden.[104] Anschließend
wurde er vom Sondergericht in Kassel wegen Wirtschaftsvergehen im Klostergut Molzbach bei Hünfeld zu fünf Jahren Zuchthaus verurteilt.[105] Das Kloster der Oblaten in Hünfeld wurde (ähnlich wie das Kloster Frauenberg in Fulda im Dezember 1940)[106] Anfang
1941 durch die Gestapo Kassel wegen angeblicher Verstöße gegen die Lebensmittelbewirtschaftung geschlossen, und die 80 Ordensleute mussten bereits einen Tag danach
den Gau Hessen-Nassau verlassen.[107]

Das Franziskanerkloster Frauenberg in Fulda wurde am 14. Dezember 1940 auf Anordnung der Geheimen Staatspolizei Kassel aufgelöst und beschlagnahmt, und die etwa
60 Ordensleute wurden aus dem Land Hessen-Nassau ausgewiesen. Die offizielle Begründung lautete (wie später beim Kloster der Oblaten in Hünfeld) auf Vergehen gegen
das Lebensmittelgesetz. Seit 1936 gab es ein Gesetz, das eine Ablieferungspflicht für

---

100 Thüringer Verband der Verfolgten des Naziregimes (siehe Anm. 88), S. 172.
101 Archiv LWV-Hessen Best. 2 Nr. 7436.
102 Teresa WONTOR-CICHY, Wiezieni za wiare. Swiadkowie jehowy w KL Auschwitz. Oswiecim 2003, S. 16, 39 und 53.
103 Schriftliche Mitteilung von Herrn Reiner Hermann vom 15. Februar 2006 an den Verfasser, der über das Schicksal der Zeugen Jehovas im Lager Bergen-Belsen forscht.
104 Archiv LWV-Hessen Best. 2 Nr. 7633. Eintrag von Paul Köthe im Hauptaufnahmebuch. Er war vom 20. bis zum 23. Februar 1941 inhaftiert.
105 Bernhard OPFERMANN, Das Bistum Fulda im Dritten Reich (Ostteil und Westteil). Priester, Ordensleute und Laien, die für Christus Zeugnis ablegten. Fulda 1987, S. 101.
106 Michael WERNER, Das Franziskanerkloster Frauenberg im »Dritten Reich«. Verfolgung und Auflösung 1933–1945, Hünfeld o.J.
107 Helmut MOLL (Hrsg.), Zeugen für Christus. Das deutsche Martyrologium des 20. Jahrhunderts. Hrsg. im Auftrag der Deutschen Bischofskonferenz, Bd. I. 2. durchgesehene Auflage, Paderborn u. a. 2000, S. 246.

landwirtschaftliche Produkte vorsah. Die Franziskaner lebten fast ausschließlich von Almosen und Lebensmitteln, die die Bewohner des Fuldaer Landes in das Kloster brachten, und dort wurden von den Mönchen auch Vorräte angelegt. Ende November 1940 fanden im Kloster mehrere Hausdurchsuchungen von Beamten der Schutzpolizei und der Gestapo statt, bei denen, nach deren Ansicht, zu viele Lebensmittel gefunden wurden, was zu der genannten Anklage führte. Tatsächlich ging es der Gestapo jedoch um die Zerschlagung des Ordens. Noch am Tage der Auflösung wurden der Guardian des Klosters, Pater Thaddäus (Wilhelm) Brunke, der für die Bewirtschaftung zuständig war, und der Franziskanerbruder Firnim (Matthäus) Dehm verhaftet.[108] Das Amtsgericht Fulda lehnte jedoch eine Verhandlung ab.[109] Daraufhin übernahm die Geheime Staatspolizei die Verfolgung, und Thaddäus Brunke und Firnim Dehm wurden am 26. Dezember 1940 in das AEL Breitenau eingewiesen.[110] Firnim Dehm wurde nach vier Monaten Haft, am 24. April 1941, aus dem AEL Breitenau entlassen. Thaddäus Brunke jedoch wurde am 13. Mai 1941 von Breitenau in das Konzentrationslager Dachau deportiert, wo er nach 15 Monaten Haft ums Leben kam.[111] In den beschlagnahmten Klostergebäuden in Fulda wurden zunächst eine Schule des Sicherheitsdienstes der SS und danach ein Lazarett eingerichtet. Im April 1945 kehrten die ersten Franziskaner auf den Frauenberg zurück.[112]

Ein weiterer katholischer Geistlicher im Arbeitserziehungslager Breitenau war der Priester Alfons Mersmann.[113] Er stammte aus Greven in Westfalen und begann seine theologischen Studien in Innsbruck bei den Jesuiten, wo er auch Englisch und Polnisch lernte. Nachdem Alfons Mersmann 1931 in Innsbruck seine Priesterweihe erhalten hatte, ging er für drei Jahre mit einem Studienfreund in die USA, wo er in der Nähe von Chicago als sehr beliebter Hilfspriester tätig war. Nach seiner Rückkehr arbeitete er als Priester in Schneidemühl in der Grenzmark Posen an der polnischen Grenze. In den folgenden Jahren lieferte er sich immer wieder Auseinandersetzungen mit den NS-Behörden. 1935 wurde gegen ihn ein Ermittlungsverfahren wegen Verstoßes gegen das HeimtückeG und 1937 wegen Kanzelmissbrauchs eingeleitet. Nachdem diese ersten beiden Verfahren eingestellt worden waren, wurde Alfons Mersmann schließlich in einem dritten Verfahren im Jahre 1942 vom Sondergericht Schneidemühl wegen Vergehens gegen

---

108 WERNER (siehe Anm. 106), S. 57–103; Helmut MOLL (Hrsg.), Zeugen für Christus. Das deutsche Martyrologium des 20. Jahrhunderts. Hrsg. im Auftrag der Deutschen Bischofskonferenz. Bd. II. 2. durchgesehene Auflage, Paderborn u. a. 2000, S. 746 f.
109 Provinzial Georg ROTH, Die »Gründe« zur Aufhebung des Frauenberges. In: Thuringia Franciscana 1948, Heft 1, S. 3; zitiert in WERNER (siehe Anm. 106), S. 67.
110 Archiv LWV-Hessen Best. 2 Nr. 7596 u. 7603.
111 Zum Verfolgungsweg von Wilhelm (Thaddäus) Brunke und Matthäus (Firnim) Dehm siehe WERNER (siehe Anm. 106), S. 78–82; MOLL Band II (siehe Anm. 108), S. 746–747; Dietfrid KRAUSE-VILMAR, Evangelische und katholische Geistliche im Lager Breitenau (1941–1944). Ein Bericht. In: Jahrbuch der Hessischen kirchengeschichtlichen Vereinigung 44 (1993), S. 127–141, hier S. 133 f.; RICHTER (Siehe Anm. 7), S. 306 ff.
112 WERNER (siehe Anm. 106), S. 104–136.
113 Hessisches Staatsarchiv Marburg (HStAM) Best. 274, Acc. 1987/51, Band I, Bl. 57 f., Aussage von Herbert Fraedrich vom 12. Januar 1951 über die Inhaftierung des katholischen Pfarrers Mersmann aus Treysa in Breitenau.

das HeimtückeG zu Gefängnishaft mit nachfolgender Ausweisung aus der Pfarrei und der Grenzmark verurteilt. Darüber hinaus wurde er »zwangsweise kirchlich pensioniert« und in den »von der Staatspolizei aufgenötigten Ruhestand ohne Ruhegehalt versetzt.« Er war beschuldigt worden, dass er durch »böswillige Äußerungen« das »Deutschtum inmitten einer überwiegend polnischen Volksgruppe geschädigt« und »mit Äußerungen gegen den Staat bei Kanzelmissbrauch das Vertrauen des Volkes zur politischen Führung und die Erreichung des Endsieges untergraben« habe.[114] In den folgenden zwei Jahren zog Alfons Mersmann von Pfarrhaus zu Pfarrhaus, ohne eine dauerhafte Bleibe zu finden, denn niemand traute sich, ihn aufzunehmen. In der zweiten Jahreshälfte 1944 gewährte ihm schließlich doch eine Eisenbahnerfamilie mit sechs Kindern aus Treysa Obdach. Kurz vor seinem 40. Geburtstag, dem 7. März 1945, zeigte ihn eine Frau wegen erneuter negativer Äußerungen über den NS-Staat an, woraufhin Alfons Mersmann an seinem Geburtstagsabend verhaftet wurde. Über das Zuchthaus Wehlheiden kam er in das Arbeitserziehungslager Breitenau und wurde bei der Evakuierung in das Quarantänelager des KZ Buchenwald deportiert. Am 10. April 1945, einen Tag vor der Befreiung des Konzentrationslagers, wurde Alfons Mersmann mit seinem Block 52 evakuiert und kam bei einem der so genannten »Todesmärsche« ums Leben.[115]

Heute befindet sich auf dem Gelände des ehemaligen Klosters Breitenau in Guxhagen die Gedenkstätte Breitenau, die an die Verfolgten und Ermordeten während der NS-Zeit erinnert. Die Gedenkstätte ging aus einem Forschungsprojekt an der damaligen Gesamthochschule Kassel, unter der Leitung von Prof. Dr. Dietfrid Krause-Vilmar, hervor und wurde 1984 von der Universität mit Unterstützung des Landeswohlfahrtsverbandes Hessen in der ehemaligen Zehntscheune des Klosters eingerichtet. In den übrigen Gebäuden befindet sich heute eine Einrichtung für seelisch kranke Menschen von Vitos Kurhessen. Seit 1986 wird die Gedenkstätte von einem Förderverein getragen und vom Land Hessen und weiteren Förderern unterstützt. In den vergangenen dreißig Jahren hat sich die Gedenkstätte mit vielfältigen pädagogischen Angeboten und Veranstaltungen zu einem bedeutenden Gedenk- und Bildungsort für die nordhessische Region entwickelt. Es gibt dort eine künstlerisch gestaltete Dauerausstellung, einen Medienraum, eine Bibliothek und ein Archiv. Auf der Grundlage der erhaltenen Akten und zahlreicher Informationsmaterialien kann man sich mit vielen Einzelschicksalen von ehemaligen Gefangenen auseinandersetzen. Außerdem gibt es viele regionale Bezüge, und die erhaltenen Unterlagen werfen viele Fragen zu dem bürokratischen Verfolgungsapparat auf, in den zahlreiche Behörden und Institutionen einbezogen waren – einschließlich der Justiz. Die Beschäftigung mit diesen Fragen soll an die Opfer und Verfolgten erinnern, sie soll aber auch dazu beitragen, heutige gesellschaftliche Entwicklungen kritisch zu hinterfragen, um darüber aktiv für eine demokratische Gesellschaft mit Menschenwürde, Gleichberechtigung und Toleranz einzutreten.[116]

---

114 MOLL Band II (siehe Anm. 108), S. 694–697, hier S. 695.
115 Ebenda, S. 696. Es gibt zwei unterschiedliche Mitteilungen über den Tod von Alfons Mersmann. So berichtete ein Mitgefangener, er habe gehört, dass Mersmann auf einem Transport an Erschöpfung ge-

Abb. 5: Ein Blick in die Dauerausstellung der Gedenkstätte
[Foto Gunnar Richter]

storben sei, während auf einer Postkarte überliefert ist, dass Mersmann am 12. April 1945 auf einem Transport von Buchenwald nach Wohlau erschossen wurde.

116 Zur Entwicklung der Gedenkstätte Breitenau und zur Bildungsarbeit siehe RICHTER (siehe Anm. 7), S. 536–545; Monika HÖLSCHER (Hrsg.), Arbeitskreis Synagoge in Vöhl e.V. und Gedenkstätte Breitenau. Hessische GeschichteN 1933–1945. Heft 6 mit Beiträgen von Monika Hölscher, Gunnar Richter und Karl-Heinz Stadtler. Hessische Landeszentrale für politische Bildung. Wiesbaden 2015; Stephan VON BORSTEL / Dietfrid KRAUSE-VILMAR, Breitenau 1933–1945. bilder, texte, dokumente. Images, texts, documents. Kassel 2008; Dietfrid KRAUSE-VILMAR, Der Nationalsozialismus als Gegenstand historisch-politischen Lernens oder: Die Geschichtswerkstatt als Bildungsort. In: Thomas ALTMEYER / Christoph CORNELISSEN / Wolfgang FORM / Monika HÖLSCHER / Dietfrid KRAUSE-VILMAR, NS-Geschichte vermitteln gestern – heute – morgen: Aspekte der hessischen Erinnerungskultur; Hessische GeschichteN. 1933–1945 aktuell Nr. 7/2014. Wiesbaden: Hessische Landeszentrale für politische Bildung, 2014.

Abb. 1: Gebäude KZ Osthofen.
[Stadtarchiv Butzbach]

Justiz und politische Polizei – »Schutzhaft« im KZ Osthofen und Strafverfahren vor dem Sondergericht Darmstadt

Angelika Arenz-Morch

Am 28. Februar 1933, einen Tag nach dem Brand des Reichstags, erließ Reichspräsident von Hindenburg eine »Verordnung zum Schutz von Volk und Staat« (Reichtagsbrand-Vcrordnung), die der Abwehr »kommunistischer staatsgefährdender Gewaltakte« dienen sollte.[1] Sie setzte die wichtigsten Grund- und Freiheitsrechte (persönliche Freiheit, Recht auf freie Meinungsäußerung, Vereins- und Versammlungsrecht, Eingriffe in das Brief-, Post-, Telegraphen- und Fernsprechgeheimnis, Anordnungen von Hausdurchsuchungen und von Beschlagnahmungen sowie Beschränkungen des Eigentums auch außerhalb der sonst hierfür bestimmten gesetzlichen Grenzen) der Reichsverfassung außer Kraft. Insbesondere durch die Aufhebung des Artikels 114 der Weimarer Verfassung, die die Unverletzbarkeit der Person garantiert hatte, konnten Festgenommene beliebig lang und ohne Einspruchsmöglichkeiten inhaftiert werden. Somit konnten die Nazis politische Gegner ohne richterlichen Beschluss in »Schutzhaft« nehmen. Zum 1. Mai 1933 ordnete der 1903 in Darmstadt geborene Staatskommissar für das Polizeiwesen in Hessen, Dr. Karl Rudolf Werner Best als Durchführungsverordnung dieser Verordnung die Schaffung des Konzentrationslagers Osthofen an.[2] Für den damaligen Volksstaat Hessen war als Haftort für politischc Schutzhäftlinge ausschließlich das KZ Osthofen vorgesehen, sofern die Haft eine Woche oder länger dauern sollte. Abweichungen davon bedurften seiner ausdrücklichen Genehmigung.[3] Damit hatte er sich ein Instrument zur Gegnerbekämpfung geschaffen. Grundlage für die Schaffung war der § 1 der ReichtagsbrandVO. Musste für ein Verfahren vor dem Sondergericht, in der Regel auf Grund einer Denunziation oder infolge einer polizeilichen Maßnahme, von der zuständigen Staatsanwaltschaft ein Ermittlungsverfahren eingeleitet und ein Haftbefehl erlassen werden, so war dies für die Verhängung der polizeilichen »Schutzhaft« und Einweisung in das KZ Osthofen nicht erforderlich. Bereits am 13. März hatte das Kreisamt Dieburg die Praxis der »Schutzhaft«nahmen moniert und belehrte die Gendarmerie: »Eine Person kann in Schutzhaft genommen werden, wenn 1. Gründe der öffentlichen Sicherheit und 2. Gründe des Schutzes der persönlichen Sicherheit die Inhaftierung zweckmäßig erscheinen lassen. Gründe der öffentlichen Sicherheit sind dann gegeben, wenn im öffentlichen Interesse eine Freiheitsbeschränkung nötig wird, um den Betroffenen von der Begehung strafbarer Handlungen abzuhalten. Ist eine strafbare Handlung im

---

[1] Verordnung des Reichspräsidenten zum Schutz von Volk und Staat vom 28. Februar 1933. RGBl. I, S. 83.

[2] Durchführungsverordnung der Verordnung des Reichspräsidenten zum Schutze von Volk und Staat vom 28. Februar 1933; hier Schaffung eines Konzentrationslagers in Osthofen. Hessisches Staatsarchiv Darmstadt (HStAD) Abt. G 24 Nr. 360.

[3] Zu den allgemeinen Haftbedingungen siehe Katalog zur Dauerausstellung in der Gedenkstätte KZ Osthofen: Landeszentrale für politische Bildung (Hrsg.), Verfolgung und Widerstand in Rheinland-Pfalz 1933–1945, Bd. 1: Gedenkstätte KZ Osthofen – Ausstellungskatalog, o. J. S.16–87.

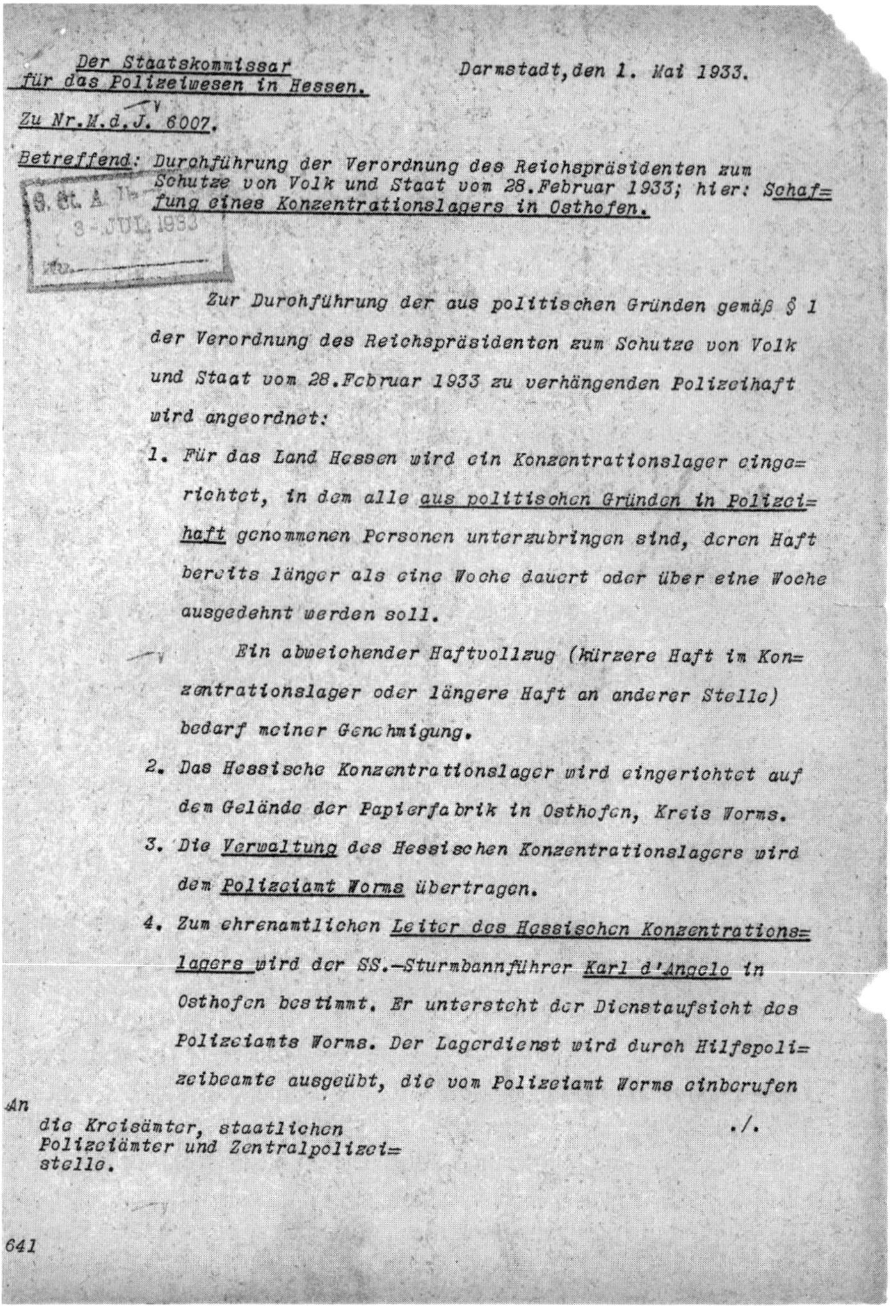

Der Staatskommissar
für das Polizeiwesen in Hessen.   Darmstadt, den 1. Mai 1933.

Zu Nr. M.d.J. 6007.

Betreffend: Durchführung der Verordnung des Reichspräsidenten zum Schutze von Volk und Staat vom 28. Februar 1933; hier: Schaf= fung eines Konzentrationslagers in Osthofen.

    Zur Durchführung der aus politischen Gründen gemäß § 1 der Verordnung des Reichspräsidenten zum Schutze von Volk und Staat vom 28. Februar 1933 zu verhängenden Polizeihaft wird angeordnet:

1. Für das Land Hessen wird ein Konzentrationslager einge= richtet, in dem alle <u>aus politischen Gründen in Polizei= haft</u> genommenen Personen unterzubringen sind, deren Haft bereits länger als eine Woche dauert oder über eine Woche ausgedehnt werden soll.

    Ein abweichender Haftvollzug (kürzere Haft in Kon= zentrationslager oder längere Haft an anderer Stelle) bedarf meiner Genehmigung.

2. Das Hessische Konzentrationslager wird eingerichtet auf dem Gelände der Papierfabrik in Osthofen, Kreis Worms.

3. Die <u>Verwaltung</u> des Hessischen Konzentrationslagers wird dem <u>Polizeiamt Worms</u> übertragen.

4. Zum ehrenamtlichen <u>Leiter des Hessischen Konzentrations= lagers</u> wird der SS.-Sturmbannführer <u>Karl d'Angelo</u> in Osthofen bestimmt. Er untersteht der Dienstaufsicht des Polizeiamts Worms. Der Lagerdienst wird durch Hilfspoli= zeibeamte ausgeübt, die vom Polizeiamt Worms einberufen

An
die Kreisämter, staatlichen   ./.
Polizeiämter und Zentralpolizei=
stelle.

Abb. 2: Schaffung des KZ Osthofen.
[HStAD G 24, Nr. 360]

Sinne eines Vergehens oder ein Verbrechen bereits begangen, so muss vorläufige Festnahme und Vorführung an den zuständigen Richter nach allgemeinen Vorschriften erfolgen, nicht aber Schutzhaft ausgesprochen werden. Die Schutzhaft wird vom Kreisamt verhängt.«[4]

Best hatte sich zudem die Politische Polizei, vorher Teil des Polizeipräsidiums Darmstadt, unterstellt und zu einem eigenständigen Hessischen Staatspolizeiamt Darmstadt gemacht. Der Volksstaat Hessen war somit das erste Land im Reich mit einer von der regulären Polizei organisatorisch geschiedenen Politischen Polizei, die mit umfassenden Befugnissen ausgestattet war. Es sei nur am Rande erwähnt, dass am 1. Mai 1933 das Konzentrationslager in Osthofen längst erschreckende Realität war und bis zu diesem Zeitpunkt bereits mindestens 250 Personen dort malträtiert worden waren.

Schon vor dem 1. Mai 1933, nämlich ab dem 20. April, zu einem Zeitpunkt also, als das KZ Osthofen offiziell noch überhaupt nicht existierte, hatten alle Polizeidienststellen auf Bests Anweisungen hin über 100 Männer nach Osthofen eingeliefert. Er hatte ausdrücklich befohlen, Handarbeiter und keine Funktionäre oder »Wiederholungstäter« nach Osthofen zu bringen.[5] Vor allem die einfachen KPD-Mitglieder oder mit ihr sympathisierende Arbeiter sollten getäuscht und gegen die »Bonzen«, damit waren die Funktionäre vor allem der Sozialdemokraten und Gewerkschaften gemeint, aufgehetzt werden. Dies belegt ein Zeitungsbericht über das gerade errichtete KZ: »[...] Jetzt aber dämmert es bei den Moskaukämpfern, die doch auch nur für Arbeit und Brot kämpfen [...], dass die bösen Nazi gar nicht so sind. Ja sie wurden verhetzt, belogen und betrogen, mit dem Gummiknüppel von SPD-Bonzen traktiert [...]. Diese Bonzen wollen wir auch bei uns sehen, das sind die Forderungen, die der Kommunist in seiner Gefangenschaft fordert [...].«[6] Nur einige Wochen später, nämlich am 21. Juni 1933, wurde der Sozialdemokrat Dr. Carlo Mierendorff, bis zum Frühjahr 1933 Pressesprecher des hessischen Innenministers Wilhelm Leuschner, mit der an die Kommunisten gerichteten Aufforderung, »hier habt ihr euren Arbeiterverräter«,[7] zu diesen in eine gemeinsame Zelle gesperrt. In der darauf folgenden Nacht wurde der SPD-Reichstagsabgeordnete so schwer misshan-

---

4 Schreiben des Hess. Kreisamtes Dieburg vom 14. März betreffend: Verfahren bei Verhängung von Schutzhaft, HStAD Abt. G 15 Dieburg Nr. 86, Bl. 33 f.

5 Schreiben und Telefonnotiz vom hessischen Staatspolizeiamt Darmstadt über die Einlieferung von Häftlingen. Landesarchiv Speyer (LA Speyer) Best. H 53 Nr. 304, Bl. 24 f.

6 »Niersteiner Rheinwarte« vom 6. April 1933: Vom Konzentrationslager Osthofen. Wider die Lügen von schlechter Behandlung und Misshandlung.

7 Transkribiertes Videointerview mit Kurt Moog, der im Juni 1933 zusammen mit Carlo Mierendorff in das KZ Osthofen eingeliefert wurde, NS-Dokumentationszentrum RLP, Sign.: 55/1166. Damals behauptete die Lagerwache des KZ Osthofen, Mierendorff sei durch Lagerinsassen misshandelt worden. Es kursierten Gerüchte im Lager, die Tat sei von den »Mainzelmännchen« begangen worden, dies deutet auf kommunistische Mithäftlinge aus Mainz hin. Die Diskussion darüber, wer tatsächlich die Täter waren, wird bis in die Gegenwart recht emotional und kontrovers geführt. Nicht zuletzt die 1989 publizierten Erinnerungen Ernst VON HARNACKS, Jahre des Widerstands 1932–1945, hrsg. von Gustav-Adolf von Harnack bestärkt die These, dass es tatsächlich Mitgefangene waren, die Mierendorff misshandelt haben. Darin notierte Harnack, dass er bereits im Sommer 1933 durch Theodor Haubach, einen langjährigen engen Freund Mierendorffs, die Nachricht von dessen Verhaftung und Misshandlungen durch kommunistische Häftlinge erhalten hatte.

delt, dass er für mehrere Wochen auf die Krankenstation im 1. Stock des Hauptgebäudes verlegt werden musste.

Unmittelbar nach der propagandistisch geschickt inszenierten Massenentlassung vom 1. Mai,[8] wurden die Lücken ab dem Tag danach bereits wieder mit den als »Bonzen« diffamierten Funktionären der Arbeiterparteien gefüllt. Vor allem diejenigen Gewerkschafter mussten den Weg nach Osthofen antreten, die sich von den offiziellen Mai-Feierlichkeiten ferngehalten oder gar zu Gegenveranstaltungen aufgerufen hatten.

Am 19. Mai hatte Best in einem Telefonat mit dem Polizeiamt Mainz seine Vorstellungen darüber, wie mit den politischen Gegnern zu verfahren sei, dargelegt: »Staatskommissar Dr. Best sei der Ansicht und habe angeordnet, daß Kommunisten usw., die nach Osthofen überführt würden, in der Regel nicht länger als 14 Tage dort festgehalten werden sollten, da es sich durchweg um von ihren Führern verhetzte und verführte Arbeiter handele. Man solle diese Leute wegen ihrer Zugehörigkeit zur KPD nicht Verbrechern gleichstellen und man müsse von dem Gedanken ausgehen, den Arbeitern den Nationalsozialismus näher zu bringen. Anders verhalte es sich natürlich bei SPD-Bonzen [...]. In diesen Fällen würde ein strengerer Maßstab angelegt.«[9]

Entsprechend der ReichstagsbrandVO sollte das Konzentrationslager Osthofen der Abwehr kommunistischer staatsgefährdender Gewaltakte dienen. In Wahrheit wurden von Anfang an alle aus politischen oder anderen Gründen missliebige Personen in das hessische Konzentrationslager eingesperrt. Zunächst wurden vor allem Angehörige der linken Arbeiterparteien, an vorderster Stelle der KPD und der SPD sowie der Gewerkschaften in »Schutzhaft« genommen. Ab Sommer 1933 kamen verstärkt auch Angehörige der christlichen Konfessionen und Gemeinschaften hinzu, wie zum Beispiel Mitglieder des Katholischer Jungmännerverbands und der Zeugen Jehovas, sowie Juden, Sinti und als »Asoziale« diffamierte Personen.

Best hatte sich mit der Umgestaltung der Politischen Polizei in Hessen eine entscheidende Machtbefugnis hinsichtlich der »Gegnerbekämpfung« im Volksstaat Hessen gesichert. Zudem ließ er Tausende von SA- und SS-Angehörigen zu »Hilfspolizisten« vereidigen, die dem Oberbefehl der Polizei und damit seinem Befehl unterstanden. Auch das Wachpersonal des Konzentrationslagers Osthofen rekrutierte sich anfangs ausschließlich aus diesen Hilfspolizisten.[10]

Bereits im Sommer 1933 wurden die politischen Abteilungen der Polizeidirektionen Mainz, Worms, Gießen und Offenbach dem Staatspolizeiamt Darmstadt unterstellt. Leiter des Hessischen Staatspolizeiamt war vom März bis Juli 1933 Regierungsrat Wilhelm Schneider, sein Nachfolger bis 1937 wurde Regierungsdirektor Dr. Richard Schulze, der gleichzeitig auch Leiter der Polizeiabteilung der hessischen Landesregierung in Darm-

---

8 »Mainzer Anzeiger« vom 2. Mai 1933: Der 1. Mai im hessischen Konzentrationslager Osthofen. 115 politische Häftlinge entlassen.
9 Schreiben Bests in der Schutzhaftangelegenheit Martin Kloos. LA Speyer Best. H 53 Nr. 303, Bl. 119.
10 HStAD Abt. G 12A Nr. 26/2. Alle dort überlieferten Namen von Wachleuten des KZ Osthofen betreffen bis Sommer 1933 ausschließlich SS- und SA- Angehörige, die im März 1933 als Hilfspolizisten vereidigt worden waren.

stadt war. Die Außenstelle Mainz leitete von 1933 bis 1936 Kriminalrat Gustav Meier, in Offenbach übte diese Funktion bis zu seinem Tod 1934 Kriminalkommissar Paul Müller aus, in Gießen war als Leiter bis März 1935 der Kriminalinspektor Christian Janz tätig, der Leiter der Außenstelle Worms war bis Sommer 1940 Johann Johannes.[11]

Als weitere Exekutivorgane der Politischen Polizei in Hessen stellte Best am 6. April 1933 per Anordnung bewaffnete »Sonderkommandos zur besonderen Verwendung« auf.[12] Sie waren den Staatspolizeistellen zugeteilt. Die jeweilige Stärke betrug zehn Mann, davon sollte einer ein Polizeibeamter sein, der der NSDAP angehörte, bei den übrigen neun handelte es sich um Angehörige von SS oder SA teilweise auch des Stahlhelms. Zu ihren Aufgaben gehörten Haussuchungen, Festnahmen sowie Transporte von Verhafteten in das KZ Osthofen. Laut Mitteilung der Staatspressestelle vom 15. August 1933 hatten »sie sich schon bisher in jeder Weise durch Hingabe an den Dienst und energisches Zugreifen«[13] bewährt.

Ein SPD-Mitglied aus Oppenheim schilderte 1947 in einem Spruchkammerverfahren das brutale Vorgehen bei der Verhaftung: »Bis zum Jahr 1933 war ich Mitglied der SPD, des Reichsbanners als Spielmannszugführer und der Eisernen Front. Im März wurde ich durch die SS-Männer H.W., A.B., und ein G. aus Bodenheim festgenommen und in das Stadthaus in Oppenheim verbracht. Hier waren bereits 10 Mitglieder der SPD anwesend [...]. B. wurde hier von den SS-Männern geschlagen. [...] Am Abend wurden wir auf dem Marktplatz mit Blitzlicht fotografiert. Anschließend wurden wir auf einen Lastkraftwagen verladen und nach Osthofen verbracht. [...] Unterwegs wurden wir teilweise mit Gummiknüppeln durch die begleitenden SS-Männer geschlagen. In der Dunkelheit konnte man aber nicht feststellen, wer dieses getan hat. Nachdem wir in Osthofen waren, wurden diejenigen, die nicht schnell genug von dem Wagen kamen, mit Gummiknüppeln geschlagen. Der Lagerführer d'Angelo hat uns dann die Lagerordnung vorgelesen und dabei furchtbar geschrien und geschimpft. Als am darauffolgenden Abend ein neuer Transport von SPD Mitgliedern aus Oppenheim und Nierstein ankam, sprang plötzlich der SS-Mann Plewa aus Nierstein mit einem Messer auf mich zu und wollte mir den Hals abschneiden.«[14]

Ab Herbst 1933 bestanden die Sonderkommandos nur noch aus SS-Angehörigen. Im Laufe des Jahres 1934 beziehungsweise 1935 wurden sie bereits wieder aufgelöst. Die Ausbildung des Sonderkommandos Oppenheim leitete SS-Sturmführer Hans Rudolph Bösel, er gehörte außerdem dem Wachkommando des KZ Osthofen an. Der Leiter des Kommandos war SS-Scharführer Georg Blüm, ebenfalls ein Angehöriger der Wachmannschaft.[15]

---
11 Liste Personal der Gestapo Darmstadt incl. Außendienststellen Offenbach/M., Mainz, Gießen, Worms (ca. 250 Namen), angefertigt in den Monaten März/April 1948 in dem Gebäude der Spruchkammer Darmstadt-Lager, Studienkreis Dt. Widerstand, Frankfurt/M., NL Karl Schreiber, Nr. 11.
12 HStAD Abt. G 24 Nr. 360.
13 Meldung der »Oberhessischen Tageszeitung« vom 16. August 1933. Mitteilung der Staatspressestelle, HStAD Abt. G 12 A Nr. 21/4.
14 Spruchkammerverfahren gegen A.B., Landeshauptarchiv Koblenz (LHAK) Best. 856 Nr. 135397, Bl. 44.
15 Kreisamt Oppenheim, betreffend Hilfspolizei HStAD Abt. G 12 A Nr. 21/9.

Hessisches Staatsministerium
Abtlg.Ia (Polizei)

Darmstadt, den 12.Oktober 1933.

Gesch.Nr. 16498.

Betreffend: Verschärfte Polizeihaft.

Kreisamt Friedberg
14.OKT.1933   50166

Die Anordnung der verschärften Polizeihaft im Sinne des Ausschreibens vom 6. Juli 1933 zu Nr.M.d.I. 10210 wird mit sofortiger Wirkung dem Staatspolizeiamt Darmstadt übertragen. Den Anträgen darf nur stattgegeben werden, wenn sie ausreichend begründet sind und die mitgeteilten Beweise die Verhängung der Massnahme rechtfertigen.

In Vertretung:

An
die Kreisämter,
die Polizeidirektionen,
die Polizeiämter,
das Staatspolizeiamt, Darmstadt und
die Leitung des Konzentrationslagers, Osthofen.

43/33.

Abb. 3: Anordnung der verschärften Polizeihaft vom 12. Oktober 1933.
[HStAD G 15 Friedberg, Q 290, Bl. 53]

Das Lager II für verschärfte Polizeihaft

Die Verhängung der verschärften Polizeihaft behielt Best sich laut Anordnung vom 7. August 1933 persönlich vor. Anträge mussten mit Begründung an ihn gerichtet werden.[16] Beleidigungen Adolf Hitlers stellten offenbar so schwere Verstöße dar, dass verschärfte Haft angeordnet wurde. Obwohl die Mainzer Staatsanwaltschaft keinen Anlass sah, ein Strafverfahren einzuleiten, ordnete das hessische Kreisamt Mainz auf ausdrückliche Weisung Bests diese Form der Haft für einen Arbeiter aus Ober-Olm wegen Beleidigung an.[17] Auch bei Wiederholungsfällen verhängte Best verschärfte Polizeihaft, die im sogenannten Lager II in Osthofen vollzogen wurde. Dafür diente in der Anfangszeit ab dem 30. März 1933 das seit dem 1. Februar 1932 geschlossene Amtsgerichtsgefängnis in Osthofen.[18] Zu anderen Zeiten befand sich das Lager II in der ehemaligen Holzmühle in der Schwerdstraße.[19] Die Haftbedingungen im Lager II waren härter als im Hauptlager. Auch die Essensrationen waren im Vergleich zur ansonsten ohnehin kargen Gefängniskost nochmals deutlich verringert.

Die schlimmsten Schilderungen von Folter und Misshandlungen betrafen die Haft in der Holzmühle. Berüchtigt war das dort eingesetzte sogenannte »Einpeitscher Kommando«.[20] Die Häftlinge mussten im Freien in einem umzäunten Käfig campieren,[21] oder sie waren in einem feuchten Raum, in dem das Wasser von den Wänden lief, eingepfercht. Zum Schlafentzug brannte Tag und Nacht Licht und die Häftlinge mussten auf einem schräg angebrachten runden Holzgestell »schlafen«. Die Häftlinge nannten es das »Teufelsrad«. Andere Häftlinge mussten dort längere Zeit in völliger Dunkelheit verbringen.[22]

---

[16] HStAD Abt. G 24 Nr. 360.

[17] LA Speyer Best. H 53 Nr. 303, Bl. 169–172.

[18] HStAD Abt. G 24 Nr. 296.

[19] Von etlichen ehemaligen Häftlingen sind mündliche oder schriftliche Berichte überliefert; viele betreffen die Zustände im Lager II.

[20] Aussage des ehemaligen Häftlings Johann Boller vom 28. August 1948 im Spruchkammerverfahren gegen Günther Klingsporn; LHAK Best. 856 Nr. 132089.

[21] »Es bestand für diese Häftlinge [Häftlinge des verschärften Arrestes] ein Drahtkäfig von etwa 10 auf 20 Meter, in dem die Häftlinge kampieren mussten. Dieser Drahtkäfig befand sich in der früheren Mühle, die Haft für diese Freunde war wohl die schwerste im Lager zu meiner Zeit.« Aussage von Johann Lossa aus Offenbach zu den Zuständen im Lager II. Johann Lossa gehörte nach eigenem Bekunden einer »illegalen« Lagerleitung an, die eingesperrte Kameraden mit zusätzlichen Essensrationen versorgten. Die Lebensmittel mussten allerdings ins Lager eingeschmuggelt werden. Schriftlicher Bericht vom 30. April 1976 im NS-Dokumentationszentrum, Sign.: 55/1162.

[22] Ermittlungsverfahren der zentralen Stelle der Justizverwaltung Ludwigsburg gegen Richard Hofmann wegen Mordes. Stadtarchiv Mainz (StA Mainz) 3 Js 1219/67.

Strafverfahren versus »Schutzhaft« im KZ Osthofen[23]

Durch die Verordnung über die Bildung von Sondergerichten vom 21. März 1933 wurde in jedem OLG-Bezirk ein Sondergericht errichtet.[24] Für den Volksstaat Hessen war dies das Sondergericht beim Landgericht Darmstadt. Anklagebehörde war die Staatsanwaltschaft des Landgerichts. Die Zuständigkeit beschränkte sich auf Vergehen nach §§ 2 und 4 der Reichstagsbrandverordnung sowie auf die HeimtückeVO. Diese Verordnung wurde am 1. Dezember 1934 durch das Heimtückegesetz (HeimtückeG) abgelöst. Nach § 4 der ReichtagsbrandVO fielen alle Verstöße gegen landesrechtliche Verordnungen, die auf Grund der ReichstagsbrandVO erlassen wurden, ebenfalls in die Zuständigkeit der Sondergerichte.

Damit dienten die Sondergerichte, deren Urteile unmittelbar nach der Verkündung in Kraft traten und gegen die keine Rechtsmittel eingelegt werden konnten, ausschließlich der Bekämpfung der politischen Gegner des neuen Regimes. Werner Best nutze die Blankettvorschrift des § 4 ReichstagsbrandVO und erließ für den Volksstaat drei Landesverordnungen zu deren Ausgestaltung.[25] Bereits am 1. März, also unmittelbar nach Inkrafttreten der ReichstagsbrandVO, hatte der damalige sozialdemokratische hessische Innenminister Leuschner, offenbar unter Druck von Reichsinnenminister Frick, alle kommunistischen periodischen Druckschriften und kommunistische Versammlungen verboten.[26]

Im Volksstaat Hessen spielte die von Best bereits am 13. März 1933 erlassene Ablieferungspflicht von Waffen und Munition eine besondere Rolle.[27] Bereits am 16. März erließ Best die nächste Anordnung, sie verbot mit sofortiger Wirkung »marxistische« Verbände.[28] Diese wurde am 14. Juli durch das Gesetz gegen die Neubildung von Parteien verdrängt.[29] Am 19. April 30 verbot Best schließlich auch Versammlungen und Werbetätigkeiten der Zeugen Jehovas, eine Anordnung die allerdings auf Grund eines Formfehlers keine Wirksamkeit erlangte. Die Auflösung der »Bibelforscher« erfolgte am 18. Oktober 1933 durch das Hessische Staatsministerium.[31] Diese Reglungen waren

---

23 Siehe auch Harald Hirsch, Die Sondergerichte Darmstadt und Frankfurt/M. im Rahmen der politischen NS-Strafjustiz 1933–1934, in: Wolfgang Form / Theo Schiller (Hrsg.), Politische NS-Justiz in Hessen Bd. 2. Marburg 2005, S. 789–1039.

24 Verordnung der Reichsregierung über die Bildung von Sondergerichten vom 21. März 1933. RGBl I S. 136 f.

25 Harald Hirsch analysiert in seinem Beitrag ausführlich die daraus resultierenden unterschiedlichen Verfahrensweisen des Sondergerichts des OLG in Darmstadt im Vergleich zum preußischen Frankfurt. Er begründet dies sehr einleuchtend damit, dass im Volksstaat Hessen bis Anfang März 1933 eine sozialdemokratisch geführte Minderheitenregierung im Amt war (siehe Anm. 23). Siehe auch Beitrag von Harald Hirsch in diesem Band.

26 Hirsch (siehe Anm. 23), S. 850 f.

27 »Darmstädter Tageblatt« Nr. 73 vom 14. März 1933, S. 2.

28 »Darmstädter Tageblatt« Nr. 76 vom 16. März 1933, S. 2.

29 RGBl. I, S. 479.

30 HStAD Abt. G 24 Nr. 360.

31 »Darmstädter Zeitung« vom 19. Oktober 1933, S. 2.

neben den zentralstaatlichen Anordnungen Grundlage der Verfahren des Sondergerichts Darmstadt.

Für die »Schutzhaft«verhängung hingegen genügte es, wenn die zuständigen Polizeistellen, also entweder die Zentralpolizeistelle in Darmstadt, ein Kreisamt oder ein Polizeiamt, ein ausgefülltes Muster I bezeichnetes Formular mit der stereotypen Bemerkung »ist aus politischen Gründen erfolgt« oder »hat in einer Gastwirtschaft den Reichskanzler beleidigt« zusammen mit dem Verhafteten der Lagerleitung in Osthofen übergab. Abschriften gingen an das für die Verwaltung zuständige Polizeiamt Worms und an den Staatskommissar Best. Nach der Amtsenthebung Bests und der Umstrukturierung der hessischen Polizei im Herbst 1933 ging die Verwaltung des KZ-Lagers auf die Personalabteilung des hessischen Staatsministeriums über.[32] In den letzten Monaten des Bestehens lag die Zuständigkeit für die Verhängung der »Schutzhaft« beim hessischen Staatspolizeiamt und somit bei Staatsminister Philipp Wilhelm Jung.[33] An der Einweisungspraxis selbst hatte sich jedoch wenig verändert. Politische »Schutzhaft« wurde aus vielen Gründen verhängt, ab Sommer 1933 erfolgte sie häufig mit explizit antisemitischen Begründungen. Ein junger Mann wurde zum Beispiel nach Osthofen gebracht, »weil er auf der Kirchweih mit Christenmädchen tanzte«,[34] ein jüdischer Kaufmann kam nach Osthofen, weil er angeblich die Arbeitsschutzbestimmungen nicht eingehalten hatte.[35] Auch sehr persönliche Gründe, wie Rachegelüste oder Bereicherungsabsichten konnten zur »Schutzhaft« führen. Das Staatspolizeiamt war nach einer Beschwerde tätig geworden und hatte die Verbringung nach Osthofen angeordnet, weil ein jüdischer Viehhändler aus Dieburg sich geweigert hatte, seinem Nachbarn einen Geländestreifen unentgeltlich zu überlassen. Der Nachbar hatte versucht, ihn durch die Hinzuziehung des Kreisbauernführers und des NSDAP-Ortsgruppenleiters unter Druck zu setzen.[36] Zu »Schutzhaft« und Einweisung in das KZ Osthofen kam es auch wegen allgemeiner »Delikte« wie »Betteln« oder »Wilderei«. Dieses Vorgehen rügte das Staatsministeramt in einem Schreiben vom 10. Oktober 1933 mit dem Hinweis, »dass für die Einweisung in das Konzentrationslager Osthofen nur politische Gründe maßgebend sein können. Für die Bestrafung allgemeiner Vergehen, wozu u. a. auch Forst- und Feldfrevel gehören, sind nach wie vor die Gerichtsbehörden zuständig.«[37]

---

32 Schreiben des Hess. Staatsministeriums vom 12. Oktober 1933 betreffend das Konzentrationslager Osthofen, HStAD Abt. G 15 Friedberg Q 280, Bl. 44.

33 Schreiben an das hessische Polizeiamt, die Polizeidirektionen, die Staatspolizeistellen, Kreis und Polizeiämter, betreffend Durchführung der aus politischen Gründen gemäß §1 der VO des Reichspräsidenten zum Schutz von Volk und Staat vom 28. Februar 1933 verhängten Polizeihaft.

34 Schutzhaftangelegenheiten; hier Schutzhaftanordnung von S.B nach Osthofen: HStAD Abt. G 15 Friedberg Q 280, Bl. 156.

35 Schreiben des Kreisamtes Dieburg vom 9. März 1934. HStAD Abt. G 15 Dieburg Q 86.

36 Schreiben hessisches Kreisamt Dieburg vom 9. Februar 1934. HStAD Abt. G 15 Dieburg Q 86, Bl.14.

37 Schreiben des Hess. Staatspolizeiamt vom 10. Oktober 1933 an die hessischen Polizeidirektionen und Kreisämter. Es wird wiederholt moniert, dass die Überweisungsschreiben für die Einlieferungen nach Osthofen vielfach nicht ordnungsgemäß seien, so fehlte häufig die Angabe des Entlassungstages sowie die enormen Unterschiede, die bei der Bemessung der Haftstrafe gemacht würden. Manchmal seien Haftstrafen von bis zu vier Wochen angegeben.

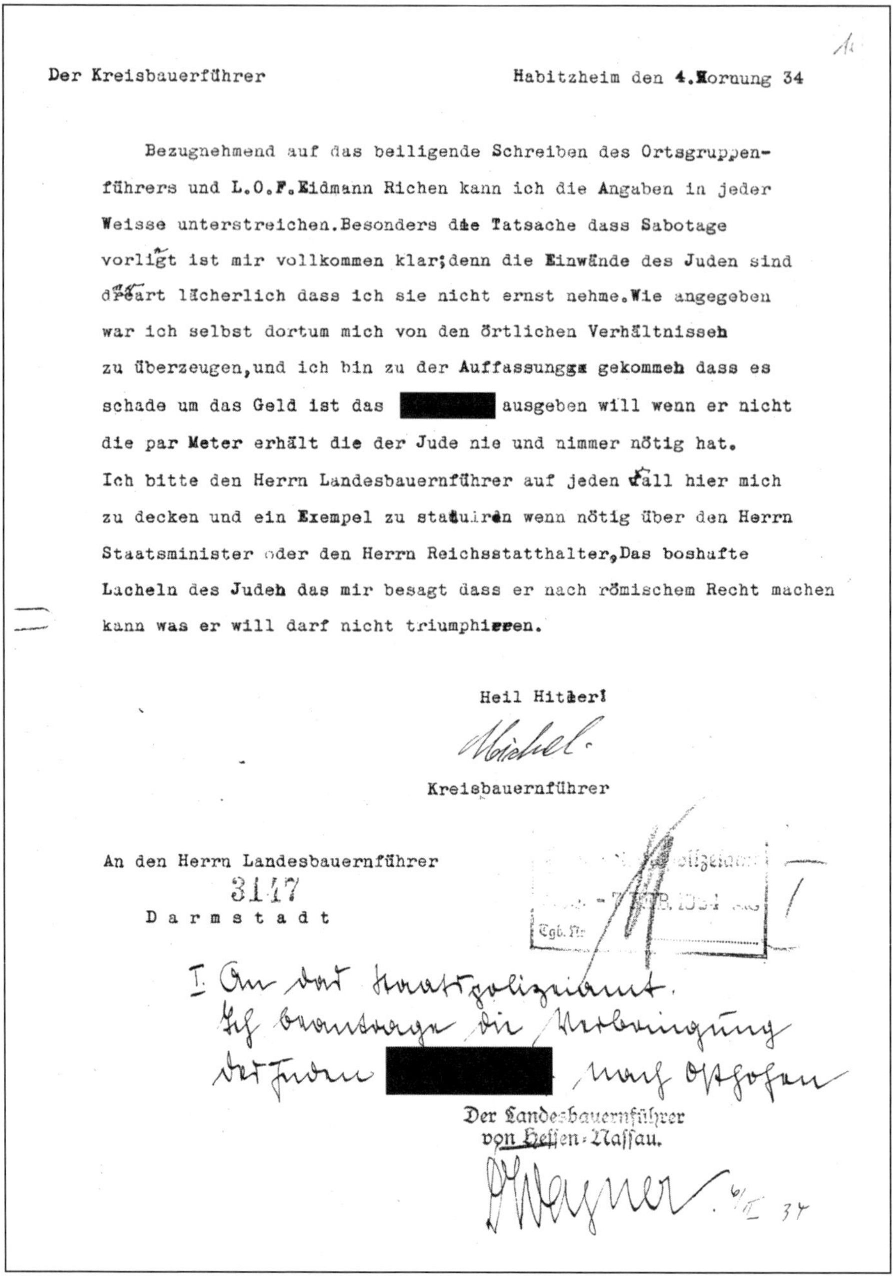

Der Kreisbauerführer   Habitzheim den 4. Hornung 34

Bezugnehmend auf das beiliegende Schreiben des Ortsgruppenführers und L.O.F. Eidmann Richen kann ich die Angaben in jeder Weisse unterstreichen. Besonders die Tatsache dass Sabotage vorligt ist mir vollkommen klar; denn die Einwände des Juden sind derart lächerlich dass ich sie nicht ernst nehme. Wie angegeben war ich selbst dortum mich von den örtlichen Verhältnissen zu überzeugen, und ich bin zu der Auffassungga gekommen dass es schade um das Geld ist das ███████ ausgeben will wenn er nicht die par Meter erhält die der Jude nie und nimmer nötig hat. Ich bitte den Herrn Landesbauernführer auf jeden Fall hier mich zu decken und ein Exempel zu statuiren wenn nötig über den Herrn Staatsminister oder den Herrn Reichsstatthalter. Das boshafte Lächeln des Juden das mir besagt dass er nach römischem Recht machen kann was er will darf nicht triumphieren.

Heil Hitler!

[Unterschrift]

Kreisbauernführer

An den Herrn Landesbauernführer
3147
Darmstadt

[handschriftliche Notiz]

Der Landesbauernführer
von Hessen-Nassau.

[Unterschrift] Wagner 6/II 34

Abb. 4: Schreiben des Kreisbauernführer an den Landesbauernführer vom 4. »Hornung« 1934. [HStAD G 15 Dieburg Q 86]

Kreisamt Dieburg.   Dieburg, den .9. Februar 1934..

Betreffend: Unterbringung des **Juden** ▇▇▇▇▇▇▇ **jun.in.Klein-Umstadt**
            in das Konzentrationslager Osthofen.

            An
               die Leitung des Konzentrationslagers
                                                   Osthofen.
            Es wird hierdurch   Kreis Worms

(Name) . .**der. Jude** ▇▇▇▇▇▇▇**, Metzger und Viehhändler** . . . . .

(Geburtstag und Geburtsort) . . . .

(Staatsangehörigkeit) . **Deutscher** . . . .

dem Konzentrationslager Osthofen zwecks Vollzug der polizeilichen Haft
überwiesen.

    Wir bitten, den Genannten - einwandfreie Führung im Sammellager
vorausgesetzt -

am . . . . **Montag,. den. 12.März 1934,. vormittags,.** . . . .

aus der Haft zu entlassen. +)

    Wir bitten, den Genannten bis auf weiteren Antrag in Haft zu behalten. +)

    Die Haft wurde angeordnet, weil ▇▇▇▇▇▇▇ **nach vorausgegangener Verhandlung des Kreisbauernführers und Ortsgruppenleiters wegen freiwilliger Abgabe eines Geländestreifens an seinen Nachbar** ▇▇▇▇▇▇▇ **diesem gegenüber äusserte: "Wenn du(**▇▇▇▇▇▇▇**)nicht mit den Kerlen (Kreisbauernführer und Ortsgruppenleiter) gekommen wärest, hätte ich dir ein Stück Land gegeben; aber jetzt erhältst du nichts."**

Untersuchung auf Haftfähigkeit muss noch erfolgen. +)

    Die Verbringung des ▇▇▇▇▇▇▇ **in das Konzentrationslager Osthofen wurde durch das Staatspolizeiamt Darmstadt angeordnet.**
                                   I.V.

+) Nichtzutreffendes durchstreichen.

Abb. 5: »In ›Schutzhaft‹ weil er nicht freiwillig und unendgeldlich Besitz an seinen Nachbarn abtreten wollte«.
[HStAD G 15 Dieburg Q 86]

Die Polizei hatte vielfältige Möglichkeiten ohne richterliche Kontrolle Maßnahmen gegen politische Gegner oder aus anderen Gründen beschuldigte Personen zu ergreifen. Sie unterlag dabei kaum einschränkenden Rechtsgrundsätzen.[38] Rein präventiv und ohne Vorliegen einer Straftat, konnten freiheitsberaubende Maßnahmen ergriffen werden, private Räumen und Büros zu Tags- und Nachtzeiten durchsucht, Bücher und Wertgegenstände beschlagnahmt, Briefe geöffnet und Telefonate abgehört werden. Die Staatspolizei konnte auch gegen Funktionäre und bekannte Persönlichkeiten aller illegalisierten Parteien und Organisationen vorgehen, wenn bei einer Verteilung von Flugblättern und Flugschriften die Verantwortlichen nicht ermittelt werden konnten. Aus diesem Grund kam es wiederholt zu Massenverhaftungen und Einlieferungen in das KZ Osthofen. Kurioserweise kam es sogar zu Verhaftungen von Kommunisten, als verbotene Flugschriften der Exil-SPD aufgefunden worden sind. Die Politische Polizei nahm es auch nicht so genau mit ihrer Verpflichtung, Fälle die in die Zuständigkeit der Gerichte fielen, auch an diese abzugeben. So kamen etliche Männer auf Grund der HeimtückeVO nach Osthofen, obwohl für diese Fälle eigentlich die Sondergerichte zuständig waren.

An die »Schutzhaft« schloss sich in vielen Fällen ein Sondergerichtsverfahren an, Vorladungen wurden den Häftlingen direkt nach Osthofen zugestellt. Schilderungen über die Zustände im KZ Osthofen, in Form eigener Erfahrungen oder als Weitergabe von »Gehörtem«, konnten ebenfalls zu einem Sondergerichtsverfahren führen.

Bislang wurden 79 Sondergerichtsverfahren ermittelt, die in einem Zusammenhang mit dem KZ Osthofen oder einem Insassen dieses Lagers stehen. Betroffen von einem SG-Verfahren waren mindestens 86 Häftlinge dieses Lagers (Tabelle 1).[39] Auch drei Personen, eine Frau und zwei Männer, die selbst nicht in Osthofen waren, wurden wegen kritischer Äußerungen über die Existenz des KZs oder die dort herrschenden Zustände

Tabelle 1: Partei- bzw. Gruppenzugehörigkeit

Gruppe	Anzahl
KPD	40
SPD	14
Zentrum	1
NSDAP	2
Juden	4
IBV	8
unbekannt	17
	86

---

38 HIRSCH (siehe Anm. 23), S. 867.

39 Die Diskrepanz der Zahlenangaben ergibt sich daraus, dass in einigen Verfahren mehrere Personen angeklagt waren. Von den 101 in den 79 Verfahren angeklagten Personen, waren 86 zu irgendeinem Zeitpunkt Häftlinge KZ Osthofen gewesen.

40 SG Frankfurt Az. 6 SM. 8/34, Hessischen Hauptstaatsarchiv Wiesbaden (HHStAW) Abt. 461 Nr. 7370; SG Frankfurt Az. 6 SJ. 317/33, HHStAW Abt. 461 Nr. 4315.

```
                              ab 10
              M u s t e r 1.
                    ........Alzey...., den 10. Juli 1933.
        Es wird hierdurch
(Name)  ....Jakobs, Georg II., Makler..............
(Geburtstag und Geburtsort) ...4. Januar 1876, Lonsheim
(Staatsangehörigkeit) ..Hesse................
        dem Konzentrationslager Osthofen zwecks Vollzug der polizei=
lichen Haft überwiesen.
        Wir bitten, den Genannten - einwandfreie Führung im Sam=
mellager vorausgesetzt -
am 17. Juli 1933
aus der Haft zu entlassen. +)
        Wir bitten, den Genannten bis auf weiteren Antrag in Haft
zu behalten.=+)
        Die Haft wurde angeordnet, weil er sich wegen Vergehen gegen die
Verordnung des Reichspräsidenten zur Abwehr heimtückischer Angriffe
gegen die Regierung der nationalen Erhebung vom 21. März 1933 § 3
strafbar gemacht hat= dadurch verstoßen hat, daß er zu dem Stützpunkt=
leiter der N.S.D.A.P. sagte:" Jhr braune Bube, seitdem ihr dran seit,
Untersuchung auf Haftfähigkeit ist bereits erfolgt. +) meint ihr, ihr
                                                        könnt mache was
Untersuchung auf Haftfähigkeit muß noch erfolgen. +)    ihr wollt."
                Kreisamt
                Polizeiamt
                Zentralpolizeistelle

        An
                die Leitung des Konzentrations=
                lagers
                        Osthofen
                        Kreis Worms.

II. Jn Abschrift
                a) dem Polizeiamt W o r m s übersandt
                b) dem Herrn Staatskommissar für das
                   Polizeiwesen in Hessen, D a r m s t a d t
                   vorgelegt.

+) Nichtzutreffendes durchstreichen.

III. Zu den Akten.

                639
```

Abb. 6: Vergehen gegen die »Heimtückeverordnung § 3« fielen in den Zuständigkeitsbereich der Sondergerichte. Die Polizei hätte daher den »Fall« abgeben müssen.
[LA Speyer H 53, Bl. 639]

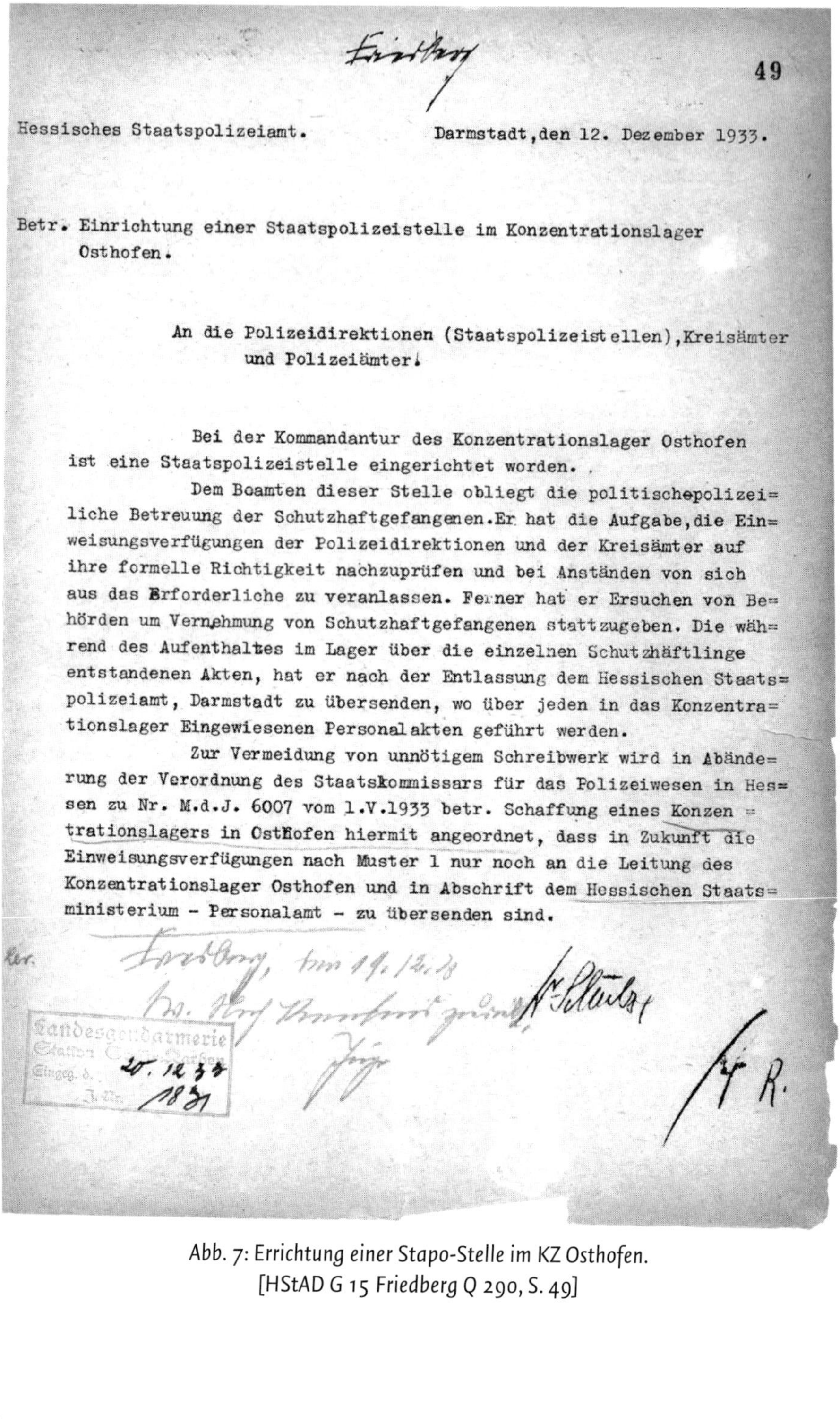

49

Hessisches Staatspolizeiamt. Darmstadt, den 12. Dezember 1933.

Betr. Einrichtung einer Staatspolizeistelle im Konzentrationslager Osthofen.

An die Polizeidirektionen (Staatspolizeistellen), Kreisämter und Polizeiämter!

Bei der Kommandantur des Konzentrationslager Osthofen ist eine Staatspolizeistelle eingerichtet worden.

Dem Beamten dieser Stelle obliegt die politischepolizeiliche Betreuung der Schutzhaftgefangenen. Er hat die Aufgabe, die Einweisungsverfügungen der Polizeidirektionen und der Kreisämter auf ihre formelle Richtigkeit nachzuprüfen und bei Anständen von sich aus das Erforderliche zu veranlassen. Ferner hat er Ersuchen von Behörden um Vernehmung von Schutzhaftgefangenen stattzugeben. Die während des Aufenthaltes im Lager über die einzelnen Schutzhäftlinge entstandenen Akten, hat er nach der Entlassung dem Hessischen Staatspolizeiamt, Darmstadt zu übersenden, wo über jeden in das Konzentrationslager Eingewiesenen Personalakten geführt werden.

Zur Vermeidung von unnötigem Schreibwerk wird in Abänderung der Verordnung des Staatskommissars für das Polizeiwesen in Hessen zu Nr. M.d.J. 6007 vom 1.V.1933 betr. Schaffung eines Konzentrationslagers in Osthofen hiermit angeordnet, dass in Zukunft die Einweisungsverfügungen nach Muster 1 nur noch an die Leitung des Konzentrationslager Osthofen und in Abschrift dem Hessischen Staatsministerium - Personalamt - zu übersenden sind.

Landesgendarmerie

Eingeg. d. 20.12.33

J. Nr. 1831

Abb. 7: Errichtung einer Stapo-Stelle im KZ Osthofen.
[HStAD G 15 Friedberg Q 290, S. 49]

angeklagt und verurteilt. Insgesamt liegen der Darstellung 18 Verfahren zugrunde in denen Schilderungen der Zustände im KZ-Lager Osthofen als »Gräuelmärchen« verfolgt und hart bestraft wurden. Dies betraf auch die Verfahren des SG Frankfurt, das in beiden Fällen auf Vergehen gegen § 3 HeimtückeVO erkannte und zu hohen Freiheitsstrafen verurteilte.[40] Das Gericht in Kassel verurteilte einen Offenbacher Sozialdemokraten aufgrund des HeimtückeG zu zehn Monaten Gefängnis.[41] Die restlichen 76 Verfahren wurden vor dem SG Darmstadt verhandelt. Viele »Schutzhäftlinge« mussten oft mehrere Wochen KZ-Haft in Osthofen erdulden, bevor Anklage erhoben und sie zur Untersuchungshaft in ein Landgerichtsgefängnis überführt wurden. Dies traf für mindestens 16 Männer zu. In anderen Fällen mussten vom Sondergericht freigesprochene Männer ihren Weg nach Osthofen antreten. Einige Beispiele sollen die Praxis der »Schutzhaft« und der sondergerichtlichen Verfahren näher beleuchten.

Misshandlungen im KZ Osthofen – Sondergerichtsverfahren wegen angeblicher »Gräuelmärchen«

Ein 25-jähriger Maurer aus Westerfeld, heute Stadtteil von Neu-Anspach im Taunus, hatte nach seiner Entlassung aus dem Konzentrationslager Osthofen im September 1933 seinem Arbeitgeber von Misshandlungen durch die Wachmannschaft berichtet. Damit habe er, so das Sondergericht in seinem Urteil vom 9. März 1934 »Greuelmärchen« über die Zustände im Konzentrationslager Osthofen verbreitet. Für das Gericht war erwiesen, dass »der Angeklagte die angeführten Behauptungen aufgestellt hat, dass sie unwahr sind und dass sie geeignet sind, das Ansehen der Reichsregierung, insbesondere des Reichskanzlers und der für das KZ Osthofen zuständigen Landesregierung, schwer zu schädigen.« Es seien »außerordentlich bösartige und fälschliche Verleugnungen, [...] die Behauptungen über das Lager Osthofen [seien einige] jener gefährlichen Greuellügen [...], die von den Wühlern im Lande und draußen verbreitet werden [...]. Der Anklagte« sei ein »verbohrter böswilliger Hetzer«.[42] Das Frankfurter Sondergericht erkannte auf eine Gefängnisstrafe von einem Jahr. Der Gesamttenor des Urteils erlaubt einige Rückschlüsse auf die Haltung und Einstellung der Richter zum neuen Regime.

Ebenfalls wegen Verbreitung angeblicher »Gräuelmärchen« wurde ein Schuhmacher aus Hüttenfeld festgenommen. Der 46-Jährige war Teilnehmer im Ersten Weltkrieg und hatte nach seiner Entlassung aus dem KZ Osthofen Anfang August 1933 einem SA-Mann erzählt, er sei bei seiner Festnahme derart misshandelt worden, dass er noch heute Pflaster auf seinem Kopf trage. Er sei von SA und SS mit Gummiknüppel so brutal geschlagen worden, dass er die Besinnung verloren hätte und der Arzt in Osthofen ihn in das Revier

---

41 Studienkreis Dt. Widerstand, Frankfurt/M., Wiedergutmachungsakten. Während eines Urlaubes in seinem Geburtsort Korbach im Sommer 1935 traf der Angeklagte einen Schulfreund in der Gaststätte Volke. Beim Bier äußerte er sich kritisch über das Nazi-Regime. Durch eine Denunziation wurde er beim Sondergericht Kassel angeklagt, gegen das Heimtückegesetz vom 20. Dezember 1934 verstoßen zu haben.

42 SG Frankfurt Az. 6 SM. 8/34 HHStAW Abt. 461 Nr. 7370.

gesteckt habe. Wegen angeblich »unwahrer Behauptungen« wurde er vom Sondergericht Frankfurt zu sechs Monaten Gefängnis verurteilt.[43]

In einem ähnlich gelagerten Fall ließen die Darmstädter Richter vergleichsweise Milde walten. Mitgliedern eines Schwimmvereins berichtete ein junger Kommunist: »Im Lager Osthofen habe er seine Knüppel bekommen nach schönster Manier, die diensthabenden SS-Leute würden die Häftlinge beschimpfen, herum stoßen und treten, am schlimmsten seien die Offenbacher SS Leute. Man meine, man wäre ein Sklave oder ein Stück Vieh.«[44] Die Richter werteten die Äußerung als Aufschneiderei und hielten dem Angeklagten seine Jugend und die Tatsache, dass die Schilderungen nicht öffentlich sondern intern im Kreise des Sportvereins gemacht wurden, zu Gute. Die Richter erkannten auf eine Gefängnisstrafe von sechs Wochen.

Der Dachdecker Karl Becker berichtete am 29. April 1934 in einer Wirtschaft in Nieder-Ramstadt, dass er im KZ Osthofen »gepeitscht« worden sei. Er verglich das KZ Osthofen mit dem österreichischen Anhaltelager Wöllersdorf,[45] über das die Presse offenbar kritisch berichtet hatte. Der Darmstädter Gestapo-Beamte Gottfried Lebherz, Leiter der seit Dezember 1933 im KZ Osthofen eingerichteten Stapo-Stelle, bestritt vehement den Vorwurf. Er habe »während [seines] Kommandos hier von Misshandlungen keine Wahrnehmung gemacht. [...] die Insassen [würden] auf der Staatspolizeistelle in Empfang genommen und nach Aufnahme der ganzen Personalien in die Zellen verwiesen.« Im Übrigen bescheinigte er Becker Fleiß und eine gute Führung. Das Sondergericht Darmstadt verurteilte Becker am 14. Mai 1934 »wegen [Äußerungen von] Unwahrheiten über das KZ Osthofen« zu einer Gefängnisstrafe von sechs Monaten. Er verbüßte die Strafe bis zum 4. November 1934 in der Hessischen Zellenstrafanstalt Butzbach.[46]

Gegen den Bäcker Ludwig Weigold fand am 20. Juli 1934 ein Strafverfahren vor dem Amtsgericht Offenbach wegen eines Vergehens gegen die HeimtückeVO statt. Er hatte durch Hörensagen erfahren, dass es in Osthofen ein verschärftes Lager gäbe, »in welchem die Insassen misshandelt würden«.[47] Durch Vernehmung weiterer Zeugen wurden Existenz des Lagers II und Fälle von Misshandlungen belegt. Daraufhin leitete die Mainzer Staatsanwaltschaft ein Ermittlungsverfahren wegen Körperverletzung gegen zwei SS-Männer und weitere unbekannten Täter ein. Dem Reichstatthalter Jakob Sprenger war sehr daran gelegen, ein Verfahren gegen die SS-Männer zu verhindern. Die Ermittlungen

---

43 HHStAW Abt. 461 Nr. 7315; Abt. 409/4 Kartei.
44 Urteil vom 21. Juli 1933, Az. S.J. 443/33. HStAD Abt. G 27 Nr. 79.
45 Im Jahre 1933 richtete die Regierung des österreichischen Ständestaates in einigen Hallen der Wöllersdorfer Werke ein sogenanntes Anhaltelager ein. Im Oktober wurden die ersten Häftlinge, Nationalsozialisten und ein Kommunist, nach Wöllersdorf gebracht. Im Zuge des Anschlusses von Österreich an Hitlerdeutschland im März 1938 wurde das Lager für die Inhaftierung von Regimegegnern reaktiviert.
46 Urteil vom 14. Mai 1934, Az. SM. 47/34. Vielfältige Zeugenaussagen und Zeitzeugenberichten belegen Misshandlungen im KZ Osthofen. HStAD Abt. G 27 Nr. 269.
47 Schreiben an die Staatsanwaltschaft Mainz betreffend des Vorbereitenden Verfahrens gegen Unbekannt wegen Körperverletzung zum Nachteil Ludwig Weigold in Offenbach/M. vom 15. Mai 1935, HStAD Abt. G 12A Nr. 8/2.

wurden verschleppt und verliefen offenbar im Sande. Am 29. Mai 1936 konnte das Geheime Staatspolizeiamt Darmstadt ihn wunschgemäß von der Einstellung des Verfahrens gemäß § 3 Ziff. 3 des Straffreiheitsgesetzes vom 7. August 1934[48] informieren. Leider ist die Aktenlage zu diesem Vorgang insgesamt sehr dürftig, weder das Verfahren gegen Weigold wegen Heimtücke noch die Akten der ermittelnden Staatsanwaltschaft sind überliefert.[49]

Bestechlichkeit der Lagerwache in Osthofen – als »heimtückische Äußerung« gebrandmarkt

Nicht nur Schilderungen der Zustände im KZ Osthofen waren mit einem Sondergerichtsverfahren wegen Heimtücke bedroht und wurden in der Regel mit hohen Freiheitsstrafen geahndet, sondern auch Berichte, die Charaktereigenschaften des Wachpersonals zum Inhalt hatten. Etliche ehemalige Häftlinge erwähnen übereinstimmend Vorfälle von Bestechungen der Lagerwache in Osthofen und allen voran des Lagerleiters Karl d'Angelo. So konnten sich Häftlinge in Osthofen »freikaufen«, zum Beispiel indem sie »freiwillig« Wein für die Wachmannschaft oder Decken für die Ausstattung des KZ-Lagers »spendeten«. Aber auch »freiwillige« Arbeitsleistungen für den Lagerleiter wurden durch vorzeitige Entlassungen belohnt.[50] Bestechlichkeit von Mitgliedern der NSDAP konnte parteiinterne Verfahren nach sich ziehen, da es nicht der propagandistischen Selbstdarstellung der NSDAP-Führung entsprach. Noch schwerwiegender waren die Folgen für die Personen, die derartige Vorgänge schilderten.

Hugo Marquardt berichtete nach seiner Entlassung aus dem KZ Osthofen: »Das ganze Jahr schreit der Hitler über die Juden und will sie fort jagen, jetzt nehmen die Hitler aber auch Schmiergelder an. In Osthofen war auch der hier wohnhafte Dr. Hirsch, der an einem schönen Tag verschwunden war. Im Lager Osthofen habe ich von Hitlern gehört, Dr. Hirsch hätte Geld gestiftet für Betten für das Lager und sei deshalb entlassen worden. Ich habe mich mit einem Hitler deshalb unterhalten, der mir sagte, Dr. Hirsch

---

48 Das Straffreiheitsgesetz vom 7.8.1934 sollte insbesondere Straferlass für Handlungen »zu denen sich der Täter durch Übereifer im Kampfe für den nationalsozialistischen Gedanken hat hinreißen lassen« gewähren. §3.3 des Gesetzes über die Gewährung von Straffreiheit vom 7. August 1934, RGBl I, S. 769.

49 HStAD Abt G 12A Nr. 8/2, Strafsachen gegen SS-Männer und Hilfspolizei. Darin auch Schreiben des Geheimen Staatspolizeiamtes Darmstadt an den Reichsstatthalter in Hessen betreffend des Sonderkommando; hier: Verfahren gegen Unbekannte zum Nachteil des Ludwig Weigold in Offenbach/M. vom 29. Mai 1936.

50 Der Kupferschmied Wilhelm Lempert fertigte für d'Angelo eine kupferne Rauchtischplan, als Lohn sollte er früher entlassen werden. Das machte er nicht mit: »Sie können mich nur zusammen mit allen Arheilgern entlassen.« So geschah es nach einigen Tagen. Philipp Benz, schriftl. Erinnerungen vom 5. Februar 1990. Nach Auflösung des KZ Osthofen wird Karl d'Angelo Führer des Schutzhaftlagers Dachau. Dort erfährt seine NS-Karriere ein vorläufiges Ende, ihm wird von Theodor Eicke u. a. vorgeworfen, »eine Sonderkasse zur Beschaffung von Materialien für Ölbilder, Korbbilder eingerichtet zu haben, um Privatarbeiten für SS-Angehörige ausführen zu können.« Zitiert nach Volker GALLÉ, Karl d'Angelo – Lagerleiter des KZ Osthofen. In: Die Zeit des Nationalsozialismus in Rheinland-Pfalz. Bd. 2 »Für die Außenwelt seid ihr tot!«. Hrsg. von Hans-Georg MEYER / Hans BERKESSEL, Mainz 2000, S. 75.

Tabelle 2: Sondergerichtsverfahren – angeklagte Vergehen

	Reichstagsbrand VO	Gesetz vom 14.7.1933*	Heimtücke-Verordnung	HG	Verordnung 13.3.1933	Unbefugter Waffenbesitz	VO 19.4.1933	VO 18.10.1933	Gesetz vom 13.10.1933**
KPD	2	4	21	10	2	5			
SPD		1	7	5	1	1			
Zentrum			1						
NSDAP			2						
Juden			4						
IBV	5								
unbekannt			10	5		1	2	8	
insgesamt (98)	7	5	45	20	3	7	2	8	1

* Aufrechterhaltung oder Neubildung von Parteien [RGBl. I 1933, S. 479]
** Gesetz zur Gewährleistung des Rechtsfriedens [RGBl 1933 I, S. 723–724]

Tabelle 3: Strafmaß

	bis 3 Mon.	3 bis 6 Mon.	7 bis 9 Mon.	10 bis 12 Mon.	mehr als 1 Jahr	Freispruch	Gesamtstrafe	eingestellt	verwiesen
KPD	7	9		7	1	6	4	1	1
SPD	2	3	3		2	3	2	1	
NSDAP					1				
Juden				2		1			
Zentrum									
IBV	2		2	1	3		4		
insgesamt	11	12	6	10	7	10	10	2	1

sei auf den Heuberg[51] gekommen. Wie ich aber nach Lampertheim kam, musste ich feststellen, dass Dr. Hirsch nicht auf dem Heuberg war, sondern er befand sich zu Hause. Siehst du nun, da haben die Großen im Lager das Geld eingesteckt und die kleinen Hitler werden im Lager belogen und wissen nichts davon. Man sieht doch, dass die Spitzbuberei auch heute weiter geht und dass auch heute mit Geld alles gemacht wird.«[52] Der wegen schwerem Landfriedensbruch vorbestrafte Kommunist wurde wegen Vergehen gegen die HeimtückeVO zu einem Jahr und neun Monate Gefängnis verurteilt. In den Augen der Richter handelte es sich bei ihm »um einen Fanatiker aller schlimmster Art [...]. Derartigen Leuten kann nur mit schwersten Strafen zum Bewusstsein gebracht werden, dass ein weiterer Kampf gegen die Regierung der nationalen Erhebung für sie völlig aussichtslos ist und letzten Endes zu ihrer eigenen vollständigen Vernichtung führt.«[53]

Auch ganz allgemeine Schilderungen zur Errichtung und Existenz des KZ Osthofen wurden als »heimtückische Äußerungen« verfolgt. »Die nach Osthofen kämen seien rechte Deutsche und die sie hinbringen, müssten eigentlich hin.«[54] So ähnlich äußerte sich im August 1933 eine Sozialdemokratin aus Gießen gegenüber ihren Arbeitskolleginnen: »Es sei nicht recht, dass die Männer nach Osthofen kämen, sie wären fast alle unschuldig, die dort hin kämen, dort würden die Leute drangsaliert und schikaniert, die Leute bekämen nicht ordentlich zu essen und was in den Zeitungen stünde, sei nicht wahr, die Zeitungen dürften die Wahrheit nicht sagen.« Das Darmstädter Sondergericht verurteilte sie deswegen zu sechs Wochen Gefängnis, die durch die U-Haft verbüßt waren.[55]

Vor Eröffnung eines Sondergerichtsverfahrens in »Schutzhaft« in Osthofen

Am 10. Juni 1933 wurde der Sozialdemokrat und frühere Direktor des Arbeitsamtes Offenbach, Peter Winnen, festgenommen, weil er in einer Wirtschaft behauptet habe, die »Zeitungen würden die Leute belügen«.[56] Ein Monteur aus Offenbach hatte ihn beim Offenbacher Sonderkommando denunziert. Der SS-Führer des Kommandos begab sich in die Wirtschaft und verhaftete Winnen. Er bezeichnete den Festgenommenen als »noch heute fanatischen Sozialdemokraten«.[57] Nach viertägiger Polizeihaft wurde Winnen in das KZ Osthofen verlegt. Am 29. Juni 1933 beantragte die gegen ihn ermittelnde Staatsanwaltschaft wegen Vergehen gegen § 3 HeimtückeVO einen Hauptverhandlungstermin beim Sondergericht Darmstadt und es wurde Haftbefehl gegen ihn erlassen. Zu diesem Zeitpunkt befand Winnen sich noch im KZ Osthofen. Am 4. Juli 1933 wurde er dort ent-

---

51 KZ-Lager in Württemberg/Baden (März bis Dezember 1933).
52 Aussage von Otto V. vom 18. August 1933 in Lampertheim; HSTAD Abt. G 27 Nr. 128.
53 Urteil SM 152/32, Urteil vom 7. September 1933; HSTAD Abt. G 27 Nr. 128.
54 Urteil SM 32/34; HStAD Abt. G 27 Nr. 254.
55 Urteil SM 150/33; HStAD Abt. G 27 Nr. 126.
56 Zeugenaussagen in einem Prozess des Sondergerichts Darmstadt, SM 99/33; HStAD Abt. G 27 Nr. 77.
57 Meldung des Sonderkommandos I Offenbach vom 10. Juni 1933, SM 99/33; HStAD Abt. G 27 Nr. 77.

lassen und schon am 12. Juli 1933 erneut festgenommen. Bis zu seiner Verlegung in das Landgerichtsgefängnis Offenbach/M. (17. Juli 1933) befand er sich im dortigen Amtsgerichtsgefängnis. Mit dem Urteil vom 21. Juli 1933 wurde er mangels ausreichender Beweise freigesprochen. Eine Haftentschädigung stehe ihm jedoch auf Beschluss des Gerichts nicht zu, weil ein begründeter Verdacht vorgelegen habe. Die Anordnung von »Schutzhaft« in Osthofen unterlag sowieso keine richterlichen Überprüfungen, daher konnte dagegen kein Einspruch eingelegt oder Anträge wegen Haftentschädigung gestellt werden.[58]

Die Vorgehensweise, »Schutzhäftlinge« unmittelbar nach Festnahme beziehungsweise nach einigen Tagen in örtlichem Polizeigewahrsam im KZ Osthofen zu internieren, bevor gegen sie Anklage erhoben wurde, war durchaus geläufig. Diese Praxis stieß jedoch auf den Widerstand der Justiz, die ihre Kompetenzen behaupten wollte.[59] Auch gegen einen Autoschlosser aus Obbornhofen wurde wegen einer ihm zur Last gelegten abfälligen Äußerung über die »Winterhilfe« Anklage vor dem Sondergericht erhoben. Er wurde unmittelbar vor Anklageerhebung von Osthofen in das Amtsgericht Bad Nauheim, wo das Sondergericht am 4. August 1933 tagte, verlegt. Wie bei Winnen endet das Verfahren mit Freispruch.[60] Unabhängig vom Gerichtsurteil hatten sie dennoch mehrere Wochen »Schutzhaft« auf Anordnung der Politischen Polizei im Osthofen erleiden müssen.

Gustav Paul Schmidt war 1923 der KPD beigetreten und dann zur SPD übergewechselt. Gewerkschaftlich war er im Verband der Sattler, Tapezierer und Portefeuiller (ADGB) organisiert und gehörte zeitweise dem Betriebsrat an. 1933 war er arbeitslos. Das Darmstädter Sondergericht wertete seine Äußerung, »Hitler habe ein entsetzliches Gesicht, wenn sein Glorienschein zu groß wäre, würde er verschwinden und dann würde es heißen, Hitler sei einem kommunistischen Attentat zum Opfer gefallen«, nur als Formalbeleidigungen und sprach ihn in der Verhandlung am 11. Dezember 1933 vom Vorwurf gegen die HeimtückeVO verstoßen zu haben frei. Seine Äußerung zu Hitler lasse eine so verschiedene Auslegung zu, dass eine Bestrafung nicht angebracht erschien. Aber auch er hatte zum Zeitpunkt des Freispruches bereits mehrere Wochen Drangsalierungen im KZ Osthofen hinter sich.[61]

Schrieben die Sonderrichter den Angeklagten Eigenschaften wie »Verbohrter Hetzer« oder »fanatischer Kommunist« zu und war er darüber hinaus vorher bereits im KZ Osthofen gewesen, so konnte er nicht mit einem milden Urteil rechnen, im Gegenteil. Auch Erwerbslosigkeit und Bezug von Wohlfahrtsunterstützung wirkte, wie bei dem seit 1928 arbeitslosen Kommunisten Georg Brehm, strafverschärfend. 1913 bis 1914 hatte Brehm kurzfristig der SPD angehört. Er soll sich am 11. November 1933 in einer Wirtschaft in Offenbach-Bürgel abfällig über die Regierung geäußert haben. Die Regierenden seien

---

58 Die Errichtung des KZ Osthofen erfolgte als Durchführungsverordnung der Verordnung des Reichspräsidenten zum Schutz von Volk und Staat vom 28. Februar 1933. RGBl. I, S.83, damit unterlagen freiheitsbeschränkende Maßnahmen keiner richterlichen Überprüfung.
59 HIRSCH (siehe Anm. 23), S. 868f.
60 Urteil im Prozess des Sondergerichts Darmstadt gegen F.B., SM 99/33; HStAD Abt. G 27 Nr. 77.
61 Urteil vom 11. Dezember 1933, SM 218/33; HStAD Abt. G 27 Nr. 192.

»ganz gemeine Lumpen«. Am nächsten Tag wurde er verhaftet und bis zu seiner Verurteilung im KZ Osthofen eingesperrt. Wegen Vergehen gegen die HeimtückeVO und §§ 1 (Maßnahmen gegen Waffenmissbrauch) und 2 (Schusswaffen) der 4. VO des Reichspräsidenten zum Schutz des inneren Friedens vom Dezember 1931[62] verurteilte ihn das Sondergericht Darmstadt am 11. Dezember zu einer Gefängnisstrafe von zehn Monaten. »Als Wohlfahrtsempfänger hätte er am allerwenigsten Grund [zu derartigen Äußerungen]«.[63] Brehm musste die Strafe bis zum 15. August 1934 in der hessischen Zellenstrafanstalt Butzbach verbüßen. Ein Gnadengesuch seines Sohnes und seiner Frau war abgelehnt worden. Im August/September 1935 soll Brehm sich in einem Gespräch in einer Wirtschaft in Offenbach/M. über Armut und Hunger der Arbeiter in Deutschland geäußert haben. Dafür wurde er vom 30. September bis 31. Oktober 1935 in »Schutzhaft« genommen und vom Sondergericht Darmstadt am 27. Januar 1936 wegen Vergehen gegen §§ 2 des HeimtückcG[64] zu einem Jahr Gefängnis verurteilt. In der Urteilsbegründung hieß es, er »habe sich agitatorisch für die KPD betätigt«.[65] Die Strafe verbüßte er bis 10. Februar 1937 im Strafgefängnis Zweibrücken. Am 14. Mai des gleichen Jahres vertrat er wiederum in einer Wirtschaft in Offenbach die Meinung, »die im Kriege gewesen seien, hätten nichts zu essen, aber die oben, die Dickpelze, hätten zu fressen«. Am gleichen Tag wurde er in Untersuchungshaft genommen und in die Haftanstalt in Darmstadt eingeliefert. Das Sondergericht Darmstadt verurteilte ihn am 19. Juli 1937 zu einer Gefängnisstrafe von zwei Jahren und drei Monaten. Er verbüßte seine Strafe bis zum 1. September 1939 im Strafgefängnis Zweibrücken.[66] Brehm hat die NS-Zeit überlebt und stellte 1950 einen Antrag auf Wiedergutmachung.[67]

Ein 19-Jähriger, ein der KPD nahestehender Schneiderlehrling, geriet gleich nach der »Machtergreifung« in die Fänge der Polizei. Bereits im März 1933 war er zum ersten Mal aus politischen Gründen verhaftet worden. Am 19. September 1933 soll er sich in Echzell öffentlich abfällig über Hitler geäußert haben. Kurz danach wurde er deswegen in das Konzentrationslager Osthofen eingeliefert und verblieb dort bis zu seiner Vorführung zum Sondergericht Darmstadt. Seine aufgrund der HeimtückeVO verhängte Strafe von fünf Monaten verbüßte er bis zum 16. Februar 1934 in der Hessischen Zellenstrafanstalt Butzbach. Die Reststrafe wurde ihm durch Amnestie erlassen.[68]

Am 19. Juni 1933 beantragte die NSDAP Ortsgruppe Mittelgründau den Maurer Johannes Weinel wegen »Kommunistentätigkeit« nach Osthofen zu bringen. Der Zellen-

---

62 Am 13. Oktober 1933 war die Zuständigkeit der Sondergerichte auch für das »Gesetz zur Gewährleistung des Rechtsfriedens« (RGBl. I S. 699) erfolgt. (RGBl I, S. 723).
63 Urteil vom 10. Dezember 1933, Az SM 223/33; HStAD Abt. G 27 Nr. 197.
64 § 1 HeimtückeG regelte das unberechtigte Tragen einer Uniform oder Parteiabzeichen der NSDAP, § 2 stellt das Begehen einer strafbaren Handlung im Zusammenhang mit § 1 unter Strafe. RGBl. 1934 I, S. 1269 f.
65 Az SM 2/36; HStAD Abt. G 27 Nr. 485.
66 Auszug aus dem Strafregister, HStAD Abt. G 27 Nr. 633, S. 21.
67 Wiedergutmachungsakte beim Studienkreis Deutscher Widerstand in Frankfurt/M.
68 HStAD Abt. G 27 Nr. 157.
69 Protokollierte Aussage des Zellenwarts vom 22. Juni 1933; SM 116/33, HStAD Abt. G 27 Nr. 142.

wart, ein Lehrer aus Haingründau, hatte ihn denunziert: »Er fährt mehrmals wöchentlich mit seiner Aktenmappe versehen nach Langenselbold und Hanau (mit dem Fahrrad)«, das deute darauf hin, »dass er auch heute noch wie früher ein radikaler gehässiger Kommunist ist, der es versucht, selbst auf der Arbeitsstätte, der Bewegung nahestehende Arbeiter zum Kommunismus zu gewinnen. [...] Es besteht im Dorf allgemein die Ansicht, dass für ihn eine Unterbringung im Konzentrationslager zwecks Bezähmung dringend notwendig wäre. Dies ist auch meine Ansicht.«[69] Die NSDAP Kreisleitung verlangte am 13. August 1933 in einem Schreiben an die Stapo-Stelle Gießen die Verhaftung Weinels. »Dieser Bursche ist unbedingt reif für Osthofen.«[70] Der Leiter der Ortsgruppe der KPD Haingründen war der NSDAP in Büdingen ein Dorn im Auge, sie hatte, so die Angabe Weinels in seinem Antrag auf Wiedergutmachung, schon vorher seine Zulassung zur Meisterprüfung verhindert.[71] Aus politischen Gründen war er 1933 mehrmals in Haft u. a. auch im KZ Osthofen. Infolge der Haftbedingungen hatte er einen Gesundheitsschaden davon getragen. Der Haftbefehl der Staatsanwaltschaft war an die Anschrift »Konzentrationslager Osthofen« adressiert, konnte aber nicht in Vollzug gesetzt werden, da Weinel bereits am 15. September 1933 entlassen worden war. Seine erneute Festsetzung erfolgte am 28. September 1933. Das Sondergericht Darmstadt verurteilte ihn am darauf folgenden Tag als »fanatischen Kommunisten« wegen Vergehen nach §3 der HeimtückeVO[72] sowie §2 Neubildung von Parteien vom 14. Juli 1933[73] zu einer Gefängnisstrafe von zehn Monaten. Er verbüßte die Strafe bis zum 28. Juli 1934 in der hessischen Zellenstrafanstalt Butzbach.[74]

Das Sondergericht Darmstadt verhängte rückwirkend das Todesurteil gegen den Steinhauer Ludwig Büchler aus Lindenfels.[75] Am 26. Februar 1933 war es zu gewalttätigen Auseinandersetzungen zwischen einer HJ-Gruppe und Arbeitern gekommen. Ausgangspunkt war ein »Propagandazug« der SA, an dem sich auch die HJ beteiligt hatte. Hitler-Jungen drangen auf ein Grundstück in einem Arbeiterwohnviertel in Lindenfels ein und versuchten einen Fahnenmast auszugraben, um die dort befestigte Fahne herunter zu holen. Der Grundstücksbesitzer versuchte sie daran zu hindern und erhielt Unterstützung von seinen Gesinnungsgenossen. Die tätliche Auseinandersetzung eskalierte,

---

70 Schreiben der NSDAP Kreisleitung Büdingen an die Staatspolizeistelle Gießen vom 13. August 1933, SM 116/33; HStAD Abt. G 27 Nr. 142.

71 Urteil vom 3. August 1933, SM 116/33, HStAD Abt. G 27 Nr. 142 sowie Wiedergutmachungsakte beim Studienkreis Deutscher Widerstand 1933–1945, Frankfurt/M., Bl. 5.

72 Mit §3 der HeimtückeVO sollte der »bösartigen Gerüchtemacherei« entgegengewirkt werden. Denjenigen wurde Strafe angedroht, die vorsätzlich oder grob fahrlässig falsche Behauptungen aufstellten, die dem Reich, der Reichsregierung und einer Landesregierung oder den hinter diesen Regierungen stehenden Parteien oder Verbänden schwer schädigen. RGBl 1933 I, S. 135.

73 Gesetz gegen die Neubildung von Parteien vom 14. Juli 1933. §2: Wer es unternimmt, den organisatorischen Zusammenhalt einer anderen politischen Partei aufrechtzuerhalten oder eine neue politische Partei zu bilden (wird mit) Zuchthaus bis zu drei Jahren oder mit Gefängnis von sechs Monaten bis zu drei Jahren bestraft. RGBl. I, S. 479.

74 Urteil vom 29. September 1933, SG Darmstadt SM 166/33; HStAD Abt. G 27 Nr. 124.

75 SG Darmstadt SL 4/33, Urteil vom 5. August 1933; HStAD Abt. G 27 Nr. 3393, zitiert nach HIRSCH (siehe Anm. 23), S. 934–938.

als ein Hitler-Junge dem Grundstücksbesitzer mit einer Schreckschusspistole ins Gesicht schoss und ihn damit schwer verletzte. Der zu Hilfe geeilte Ludwig Büchler verletzte im Verlauf der Schlägerei einen Hitler-Jungen mit einem Messerstich tödlich. Ein weiterer Hitler-Junge erlag drei Wochen später einer Verletzung durch einen Schlag in die Nierengegend. Ludwig Büchler wurde am 21. Juli 1933 zum Tode verurteilt und am 26. August 1933 in der Zellenstrafanstalt in Butzbach hingerichtet. Harald Hirsch kommt in seiner Würdigung des Urteils gegen Büchler zu der Einschätzung, dass der Urteilsspruch »nicht ausschließlich politisch motiviert war«.[76] Neben der Verhängung von Zuchthausstrafen, zum Beispiel gegen den Vater Josef Büchler, erfolgten acht Freisprüche. Dennoch mussten die Freigesprochenen vom Gerichtssaal aus ihren Weg in das KZ Osthofen antreten. Sie wurden dort offenbar besonders malträtiert, es sei dort »schlimmer als in Darmstadt« berichtete einer dieser Männer; ein anderer erinnerte sich daran, dass dort geprügelt wurde.[77]

Besitz oder Nichtablieferung von Waffen

Harald Hirsch kommt in dem bereits erwähnten Beitrag zu den Sondergerichten Darmstadt und Frankfurt/M. zu dem Schluss, dass im Unterschied zum Sondergericht Frankfurt/M. beim Darmstädter Gericht unbefugter Waffenbesitz in etwa einem Drittel der von ihm für den Zeitraum von 1933 bis 1934 ausgewerteten Verfahren eine Rolle gespielt hatte.[78] Auch für Personen, die zuvor im KZ Osthofen eingesperrt waren, lassen sich Verfahren wegen eines Verstoßes gegen die Landesanordnung Bests, der den Besitz von Waffen für Angehörige marxistischer Verbände untersagte, nachweisen. Philipp Koch, Vorsitzender der KPD in Neustadt/Odenwald und Kandidat bei den Reichstags- bzw. Landtagswahlen im März 1933, wurde bereits am 17. März 1933 verhaftet und vorübergehend in »Schutzhaft« genommen. Danach stand er unter ständiger Beobachtung und war regelmäßig von Hausdurchsuchungen betroffen. Der Sozialdemokrat Wilhelm Scheidler schilderte in seinem Tagebuch den Terror, den SS und SA in der ersten Tagen und Wochen des NS-Regimes ausübten. »Heute Mittag wurde unser von braunen Mordbanden erschossener Genossen Wilhelm Fröhlich[79] zu Grabe getragen. Ich bin Sozialdemokrat und bleibe es, weil ich überzeugt bin. So eben musste ich hören, dass durch die SA Bürgermeister Herr Phil. Karg V. abgesetzt worden sei, außerdem seien unsere Genossen Heinrich Müller und Wilh[elm] Koch verhaftet worden. Wo soll das hinführen. (30. März) Die Polizei mit 2 Krim. Beamten und SA Hilfspolizisten hielten heute wieder in Neustadt Haussuchungen bei kommunistischen Funktionären. Wie lange wird

---

76 HIRSCH (siehe Anm. 23) S. 937.
77 SG Darmstadt SL 4/33, Strafsache gegen Ludwig Büchler. Beglaubigte Abschrift des Urteils vom 5. August 1933; HStD Abt. G 24 Nr. 906/7.
78 HIRSCH (siehe Anm. 23) S. 959 ff.
79 Tagebucheintrag Scheidlers vom 30. März 1933; HStDA Abt. 27, G 27 Nr. 217. Der SPD-Vorsitzende aus Höchst i. O. war am 2. März 1933 von der SS erschossen worden.

Abb. 8: Das Tagebuch von Wilhelm Scheidler wurde anlässlich einer Hausdurchsuchung beschlagnahmt. Allerdings wurde gegen ihn keine Anklage erhoben, da nicht nachgewiesen war, dass das Tagebuch anderen zugänglich gemacht worden war.
[NS-Dokumentationszentrum Rheinland-Pfalz]

es währen und sie werden wieder zu mir kommen. (11. April) Heute Nacht riegelte ich meine Schlafzimmertür ab, da ich Angst vor Gewalttaten der hiesigen Nationalsozialisten hatte.«[80] Seine Angst war durchaus berechtigt. Am 9. September 1933 fand eine groß angelegte Razzia auf alle Nazigegner in Neustadt statt. Bei der Hausdurchsuchung bei Scheidler wurde dessen Tagebuch gefunden. Schwerer wog der Fund einer Armeepistole mit Munition und kommunistischer Zeitschriften bei Philipp Koch. Gegen Koch u. a. wurde deswegen am 2. Oktober der Prozess vor dem Sondergericht Darmstadt eröffnet. Bis zu diesem Zeitpunkt waren sie in Osthofen in »Schutzhaft«. Scheidler wurde wieder auf freien Fuß gesetzt; es konnte keine Anklage gegen ihn erhoben werden, da man ihm nicht nachweisen konnte, dass einer anderen Person der Inhalt seines Tagebuches zugänglich gemacht worden war. Philipp Koch hingegen wurde am 4. Oktober 1933 wegen »Nichtablieferung von Waffen« zu einer Gefängnisstrafe von sechs Monaten verurteilt. Er verbüßte die Strafe bis zum 4. April 1934 in der Hessischen Zellenstrafanstalt Butzbach.[81]

Bereits im August waren auch in Pfungstadt groß angelegte Hausdurchsuchungen nach nicht abgelieferten Waffen durchgeführt worden. Anlass war eine »vertrauliche Mitteilung an das Staatspolizeiamt Darmstadt«. Infolge der Razzia wurden 15 Personen, davon 14 Kommunisten und ein Sozialdemokrat wegen »Nichtablieferung von Waffen« sowie »Herstellung und Verteilung illegaler Flugblätter« angeklagt. Nach ihrer Festnahme durch das SS-Sonderkommando Pfungstadt wurden einige von ihnen mit Gummiknüppeln schwer misshandelt. Etliche der Angeklagten hatten sich bereits vorher zum

---
80 Tagebucheintrag Scheidlers vom 11. April 1933; HStAD Abt. G 27 Nr. 217.
81 HStDA Abt. 27 Nr. 217. Urteil vom 4. Oktober 1933.

Teil mehrmals in Osthofen befunden und waren Ende Juli 1933 gerade erst wieder entlassen worden. Pfungstadt war als »rote« Arbeiterstadt mit vielen zum Widerstand gegen den Naziterror bereiten Mitgliedern oder Anhängern der KPD in der ganzen Umgebung bekannt. Jakob Delp V. zum Beispiel war bereits am 22. Mai 1933 wegen des Verdachtes, er habe illegale Flugblätter hergestellt und verbreitet sowie Schusswaffen besessen, zusammen mit anderen Pfungstädtern schon einmal verhaftet worden und bis Ende Juli in KZ-Haft in Osthofen gewesen. Bei ihm war eine Armeepistole 08 mit langem Lauf und 19 Schuss Munition gefunden worden. Vor Gericht behauptete er, »er habe sie im Jahre 1921 gekauft und auf dem Speicher aufgehoben ohne sie zu benutzen. Später habe er sie, eingefettet in die Pfuhlgrube geworfen.«[82] Dieser Version schenkte das Sondergericht in Darmstadt keinen Glauben und verurteilte ihn zu acht Monaten Gefängnis. Er verbüßte die Strafe bis zum 8. Mai 1934 in der Hessischen Zellenstrafanstalt in Butzbach.

Vergehen gegen die Reichtagsbrandverodnung und wegen »Heimtücke«

Weil er sich kritisch zur Rolle der Nationalsozialisten beim »Reichstagsbrand« geäußert hatte, verurteilte das Sondergericht einen 23-jährigen Juden aus Offenbach/M., auch er war bereits vorher im KZ Osthofen gefangen gehalten worden, am 20. November 1933 zu zehn Monaten Gefängnis. Die Strafe verbüßte er bis zum 13. September 1934 in der Hessischen Zellenstrafanstalt Butzbach.[83] Nach seiner Entlassung verließ er Deutschland und wanderte nach Manizales in Kolumbien aus.[84]

Ein arbeitsloser Schlosser aus Mainz-Mombach wurde 1933 für einige Wochen in das Konzentrationslager Osthofen eingeliefert. Am Tag nach seiner Entlassung aus Osthofen (am 29. November 1933) soll er in einer Gastwirtschaft in Mainz-Kastel behauptet haben, die Unterstützungssätze der alten Regierung seien bedeutend höher gewesen als aktuell. Der Haftbefehl konnte aber vorerst nicht vollstreckt werden, da er im Februar 1934 in das Saargebiet geflüchtet war. Wegen Einbruchdiebstahl wurde er kurz darauf an Deutschland ausgeliefert und am 22. März 1934 in das Landgerichtsgefängnis in Mainz überführt. Von dort schrieb er seiner Familie einen ausführlichen Brief, den diese wegen der Beschlagnahmung jedoch nicht erhalten hatte. »Liebe Frau, lieber Bub! Vor allen Dingen wie geht es euch, hoffentlich gut, was ich auch von mir berichten kann. Hätte euch schon früher geschrieben, was aber unmöglich war [...], was mich zur Flucht trieb, war lediglich meine antifaschistische Tätigkeit, daß es so ist, zeugen ja meine wiederholten Verhaftungen, ferner meine Internierung in Osthofen und der jetzige Fall, daß sie Arbeiterzeitungen fanden. Vielleicht lassen die Rechtsbeuger von den Zeitungsfunden überhaupt nichts verlauten und erwähnen nur die Beschlagnahmungen der anderen Sachen. Laß dich nicht einschüchtern und betone, daß ein kriminelles Vergehen meinerseits nicht in Frage kommt, daß meine Flucht nur die Folge der sechs Arbeiter-

---

82 SJ 770/33; HStAD Abt. 27 Nr. 199.
83 Urteil vom 20. November 1933; HStAD Abt. G 27 Nr. 183.
84 Häftlingsdatenbank im NS-Dokumentationszentrum Rheinland-Pfalz.

zeitungen ist [...].«[85] Das Sondergericht in Darmstadt, das sich lediglich mit dem politischen Aspekt befasste, bewertete am 5. April 1934 die geschilderten Äußerung in der Gastwirtschaft allein aufgrund seiner früheren Mitgliedschaft in der KPD als Tat eines Hetzers und Wühlers, der nur ein Ziel kenne, nämlich die Untergrabung des Aufbauwerkes des nationalsozialistischen Staates. Der Wahrheitsgehalt seiner Behauptungen wurde gar nicht erst überprüft. Für das Gericht stand fest, dass die Behauptung »eine freche Lüge« sei, die er »bewusst wahrheitswidrig zur Verhetzung« aufgestellt habe.[86] Auch die wirtschaftliche Not, in der sich der Angeklagte und seine Familie befunden hatten, blieb im Urteil unberücksichtigt. Er wurde zu einer Gefängnisstrafe von acht Monaten verurteilt. In einem anschließenden Verfahren vor dem Oberlandesgericht wurde er am 6. Juli 1934 unter Einbeziehung dieses Urteils zu einer Zuchthausstrafe von zwei Jahren verurteilt. Seine Strafe verbüßte er bis zum 31. Mai 1935 im Zuchthaus Marienschloß, von dort wurde er in das Strafgefangenenlager Papenburg (Ems) verlegt.[87]

Auch Mitglieder der NSDAP hatten mit zum Teil empfindlichen Strafen zu rechnen, wenn sie von den Sonderrichtern als Gegner der NSDAP aus den eigenen Reihen eingestuft worden sind. Ein 42-jähriger Besitzer einer Autoreparaturwerkstatt, seit 1931 Mitglied der NSDAP, wurde im Juni 1933, nachdem seine separatistische Betätigung aus dem Jahr 1923 bekannt geworden war, in »Schutzhaft« genommen und in das KZ Osthofen eingewiesen. Als selbsternannter »Hauptmann« hatte er in seiner Heimatstadt Simmern im Hunsrück aus einer Gruppe Erwerbsloser eine »separatistischen Miliztruppe« gebildet. Im Oktober 1933 wurde er angeklagt, seine Kunden aufgefordert zu haben, den Straßburger Sender einzustellen und internationale Zeitungen zu lesen. Da er bei der ersten Hauptverhandlung sowohl seine Äußerungen als auch sein separatistisches Wirken bestritt, wurde die Verhandlung abgesetzt, um dem Gericht die Gelegenheit zu weiteren Ermittlungen zu geben.[88] Die Verhandlung am 13. Januar 1934 erbrachte den Beweis seiner separatistischen Tätigkeiten und kam zu dem Ergebnis, dass es sich bei dem Nationalsozialisten um einen »Konjunkturritter« handele, der sein Fähnchen nach dem Wind ausrichte. Das Gericht sprach ihm deswegen eine nationale Gesinnung ab und versagte ihm mildernde Umstände. Wegen »Gräuelpropaganda« sowie wegen Betätigung für den Separatismus wurde er zu 15 Monaten Gefängnis verurteilt. Seine Charakteranlage und die schwerwiegende Tat erfordere, so die Richter, eine deutlich erhöhte Strafe, die der Verurteilte auch restlos absitzen müsse. Nach seiner Entlassung floh er im März 1935 nach Frankreich.[89]

Ein Nationalsozialist aus Offenbach/M. hatte sich Mitte Dezember 1933 gegenüber dem Kassenwart der NSDAP kritisch über die Volksabstimmung am 12. November 1933 geäußert, sie sei ein großer Schwindel gewesen. Deswegen war er bereits vorher in das

---

85 Urteil vom 15. April 1934, SM 13/34; HStAD Abt. G 27 Nr. 237.
86 Ebenda.
87 Urteil vom 6. Juli 1934, OLG 18/34 unter Einbeziehung dieser Strafe nach §86 STGB n F. § 1 Z 3 des Gesetzes zur Gewährleistung des Rechtsfriedens vom 31. Oktober 1933.
88 SG Darmstadt SM 199/33; HStAD Abt. G 27 Nr. 173. In einem Spruchkammerverfahren wird er als »nicht betroffen« eingestuft; LHAK Best 856 Nr. 135519.
89 SG Darmstadt SM 199/33; HStAD Abt. G 27 Nr. 173.

KZ Osthofen eingewiesen worden. Nun sollte er sich vor dem Darmstädter Sondergericht rechtfertigen. Da er sich vor der Hauptverhandlung nach Basel abgesetzt hatte, wurde das Verfahren in Abwesenheit des Angeklagten eingestellt.[90] Am 22. Februar 1934 schrieb er aus Basel einen vierseitigen Brief, in dem er die Anschuldigung gegen sich als falsche Denunziation zurückwies. In seinem Schreiben beschwerte er sich eingehend über den vormaligen Gauleiter im Gau Hessen, Friedrich Ringshausen, der höchstpersönlich und lediglich aus Rache seine »Schutzhaft« angeordnet habe. Außerdem habe Ringshausen anlässlich eines Besuches im KZ Osthofen gesagt: »Was ihr treibt, ist nur Allotria, ich möchte ab und zu lesen, der und der wurde auf der Flucht erschossen.«[91]

Auflösung marxistischer Verbände

Am 16. März 1933 hatte Best sämtliche marxistischen Verbände in Hessen aufgelöst. Von Strafverfolgung wegen eines Verstoßes gegen diese Anordnung betroffen waren in erster Linie kommunistische Verbände wie der Kommunistische Jugendverband der KPD (KJVD), die »Rote Hilfe«, die Rote Gewerkschaftsopposition (RGO) sowie auf sozialdemokratischer Seite das Reichsbanner Schwarz-Rot-Gold und die Eiserne Front. Der führende Sozialdemokrat und Vorsitzende des Reichsbanners Wilhelm Mehm aus Erbach im Odenwald stand unter staatspolizeilicher Beobachtung und musste sich täglich auf der Bürgermeisterei melden. Er wurde beschuldigt, am 25. Oktober 1933 gegenüber einem Arbeitskollegen die Aufrüstung Deutschlands kritisiert zu haben: »Mir gefallen die Uniformen nicht, wenn wir uns danach benehmen würden, dann würden auch die Anderen abrüsten.«[92] Außerdem soll er einen anderen Kollegen mit dem Gruß der Eisernen Front, dem ausgestreckten Arm mit geballter Faust, gegrüßt haben. Er wurde verhaftet und am darauf folgenden Tag in das KZ Osthofen überführt. Die Staatsanwaltschaft klagte ihn zunächst wegen Aufrechterhaltung eines aufgelösten Verbandes an, zog aber auch einen Verstoß gegen §2 des »Parteienverbots« in Betracht.[93] Mehm wurde am 24. November 1933 freigesprochen und aus der Haft entlassen.

Verbot der »Missionarstätigkeit« der Zeugen Jehovas

Die Landesanordnung vom 19. April 1933 verbot jegliche Werbetätigkeiten und Versammlungen der Zeugen Jehovas. Die Religionsgemeinschaft war auch unter den Namen »Ernste Bibelforscher« oder Internationale Bibelforscher-Vereinigung (IBV)

---

90 Protokoll der Hauptverhandlung vom 20. Februar 1934. SG Darmstadt SM 21/34; HStAD Abt. G 27 Nr. 244.
91 Abschrift des Schreibens Paul Hammer an die Staatsanwaltschaft Darmstadt vom 22. Februar 1934, S.2, Az. SM 21/34; HStAD Abt. G 27 Nr. 244.
92 Az. SM 203/33; HStAD Abt. G 27 Nr. 177.
93 Ebenda.

bekannt.⁹⁴ Bests Anordnung blieb jedoch formal ungültig, da ihre gesetzlich vorgeschriebene Publikation in der »Darmstädter Zeitung« unterblieben war, so dass sie keine Wirksamkeit erlangte. Dennoch verurteilte das Sondergericht im Frühjahr 1933 einen Angeklagten auf Grund dieser Anordnung, ohne die unterbliebene Veröffentlichung auch nur zu erwähnen.⁹⁵ 1934 endete ein Massenverfahren gegen 30 Angeklagte aus der Umgebung von Offenbach/M. mit einem aufsehenerregenden Freispruch. Die Darmstädter Richter begründeten ihr Urteil mit der Schutzwürdigkeit der freien Religionsausübung entsprechend Art. 137 Weimarer Reichsverfassung. Wegen der Annahme, dass die Weimarer Verfassung weiterhin Gültigkeit habe, wurden die Darmstädter Richter vielfach gescholten. Obwohl diese die potentielle Gefährlichkeit der Zeugen Jehovas mehrfach in ihrer Urteilsbegründung hervorhoben, gaben sie vorerst den Grundsatz »keine Strafe ohne Gesetz« nicht auf.⁹⁶ Von dieser Haltung rückten sie bereits in der Urteilsbegründung am 11. Februar 1935 im Sondergerichtsverfahren gegen Wormser und Mainzer Zeugen Jehovas ab.⁹⁷ In der Folgezeit verhängten die Darmstädter Sonderrichter auf Grund der VO des hessischen Staatsministeriums vom 18. Oktober 1933 empfindliche Freiheitsstrafen gegen diese Religionsgemeinschaft. Bereits im Juni 1935 hatten die Darmstädter Sonderrichter in einem Prozess gegen 13 Zeugen Jehovas aus dem Kreis Bergstraße verhandelt. Franz Egle und Georg Nickels, die beiden Hauptangeklagten, hatten zuvor mehrere Monate wegen »Staatsverneinender Einstellung« im KZ Osthofen verbringen müssen. Die Angeklagten hatten vor dem Sonderrichter geltend gemacht, die VO vom 18. Oktober 1933 sei ungültig, weil sie im Widerspruch zur freien Religionsausübung stehe. Das Sondergericht Darmstadt blieb bei seiner Beurteilung der Rechtsmäßigkeit der VO und verurteilte am 17. Juni 1935 Egle wegen »Aufrechterhaltung einer verbotenen Organisation« zu einer Gefängnisstrafe von vier Monaten und Nickels zu einem Monat.⁹⁸

Der Mühlenarbeiter Johannes Degen aus Lorsch wurde im Jahre 1933 wegen seiner Zugehörigkeit zur Internationalen Bibelforscher-Vereinigung von seiner Arbeitsstelle entlassen. Vom 30. August bis zum 26. September 1933 befand er sich im Konzentrationslager Osthofen. Wegen »illegaler Betätigung für den IBV« wurde er vom Sondergericht Darmstadt am 25. März 1935 zu einer Gefängnisstrafe von einem Monat verurteilt. Er gab zu, am 6. Januar 1935 Schriften der Zeugen Jehovas in Lorsch verkauft zu haben. Die Richter begründeten ausführlich, dass die Hess. VO als rechtsgültig anzusehen sei. Seine Strafe verbüßte Degen vom 13. Mai bis 13. Juni 1935 im Amtsgerichtsgefängnis Bensheim. Am 15. September 1936 wurde bei ihm eine Wohnungsdurchsuchung vorgenommen, bei der Druckschriften der verbotenen Vereinigung beschlagnahmt wurden. Am gleichen Tag kam er in Untersuchungshaft. Er wurde beschuldigt, 1935/1936 Druck-

---

94 HStAD Abt. G 24 Nr. 360.
95 HIRSCH (siehe Anm. 23), S. 856.
96 Hirsch (siehe Anm. 23), S. 906. Verfahren gegen Karl Kerber u. a. SM 26/34. HStAD Abt. G 27 Nr. 249.
97 HIRSCH (siehe Anm. 23), S. 908.
98 Urteil SM 26/35 vom 17. Juni 1935, Bl. 140 f.; HStAD Abt. G 27 Nr. 396.

schriften der IBV entgegengenommen und verbreitet sowie an einer Tagung der IBV vom 4. bis 7. September 1936 in Luzern teilgenommen zu haben. Das Sondergericht Darmstadt verurteilte ihn am 30. November 1936 in einem weiteren Massenprozess gegen Zeugen Jehovas zu einer Gefängnisstrafe von zwei Jahren und sechs Monaten. Die Darmstädter Richter sahen in ihm »das geistige Haupt für den illegalen Fortbestand der Organisation« in Südhessen. In ihrer Urteilsbegründung gingen die Richter wiederum ausführlich auf die Rechtmäßigkeit ein: »In Hessen hat zunächst der Staatskommissar für das Polizeiwesen am 19. April 1933 [...] alle Versammlungen [...] und jede Propaganda [der IBV], insbesondere durch Verbreitung von Druckschriften verboten. Am 18. Oktober 1933 hat ferner das Hessische Staatsministerium [...] die IBV in Hessen verboten und aufgelöst und [...] jeden mit Strafe bedroht, der sich an der aufgelösten Organisation als Mitglied beteiligt oder sie in anderer Weise unterstützt oder ihren organisatorischen Zusammenhalt weiter aufrecht erhält. Die Rechtsgültigkeit dieses Verbotes ist inzwischen durch mehrere Urteile des Sondergerichts Darmstadt festgestellt worden.«[99] Degen verbüßte seine Strafe bis zum 15. März 1937 im Strafgefängnis Zweibrücken. Am 22. April 1939 wurde er in das Konzentrationslager Dachau und im September in das Konzentrationslager Mauthausen überführt. Dort starb er am 11. Februar 1940 völlig entkräftet an den Folgen der unmenschlichen Haftbedingungen.[100] Zwei weitere ehemalige Häftlinge des KZ Osthofen wurden im gleichen Prozess zu einem Jahr bzw. zu einem Jahr und sechs Monate Gefängnis verurteilt.

Kritik der antijüdischen Maßnahmen

Unter dem Eindruck der antijüdischen Boykottmaßnahmen vom 1. April 1933 übte in Gießen ein 55-jähriger arbeitsloser Familienvater öffentlich Kritik an der Politik der Regierung gegenüber der jüdischen Bevölkerung. Öffentlich prangerte er an, dass »Hitler ein hergelaufener Ausländer [sei], [der] die Juden so behandelt, da guckt einer, den kannst du mal fragen.«[101] Er wurde denunziert, verhaftet und am 1. Juni in das KZ Osthofen eingeliefert. Dort blieb er bis zur Eröffnung des Verfahrens wegen »Heimtücke«. Das Sondergericht Darmstadt verurteilte ihn am 23. Juni 1934 zu einer Gefängnisstrafe von vier Monaten. Diese Strafe konnte er aber erst am 14. August 1934 antreten, da er noch wegen eines anderen Vergehens inhaftiert war.[102]

Juden wurden sogar in Bagatellfällen mit hohen Gefängnisstrafen belegt, alle gängigen antijüdischen Vorurteile fanden Eingang in die Urteilsbegründungen. Der jüdische Metzgermeister Bernhard Frankfurter aus Heusenstamm hatte durch die Boykottmaß-

---

99 Urteil vom 30. November 1936, Az SM 93/36, gegen Johannes Degen und weitere 16 Angeklagte, S. 291 und 292; HStAD Abt. G 27 Nr. 574.
100 Archiv KZ-Gedenkstätte Dachau. Er hatte dort die Haftnummer 33017. Seine Häftlingsnummer in Mauthausen war 41277.
101 Urteil vom 23. Juni 1934; HStAD Abt. G 27 Nr. 72.
102 Ebenda.

nahmen am 1. April 1933 große wirtschaftliche Einbußen erlitten. Einem Mitbewohner gegenüber äußerte er: »Der verdammte Hitlerkram macht mir das ganze Geschäft kaputt.«[103] Dafür wurde er zu sieben Monaten Gefängnis verurteilt. Die Anklageschrift beschrieb ihn stereotyp als ein »moralisch tiefstehend[er] Mensch, der jede Arbeit scheut.«[104] Ausführlich schildert das Gericht, dass der Frankfurter seiner Unterhaltspflicht gegenüber seiner Ehefrau und seinen Kindern bisher nicht nachgekommen sei. Deswegen sei er bereits sechs Wochen im KZ Osthofen gewesen. Die Richter kamen zu dem Schluss, dass die wirtschaftliche Not in der Person des Angeklagten zu suchen sei und nicht etwa in den wirtschaftlichen gegen Juden gerichteten Boykottmaßnahmen. Die Richter erläuterten anschließend den April-Boykott und kamen zu dem Schluss, dass es die Regierung jedem Einzelnen frei gestellt habe, in jüdische Geschäften zu kaufen oder nicht. Sie betonten ihr Verständnis für die Notwendigkeit, Juden gänzlich aus dem Wirtschaftsleben heraus zu drängen, damit die »Gesundung des Vaterlandes« gelingen könne. Nur eine empfindliche Gefängnisstrafe könne ihm, so die Richter in ihrem Urteil am 30. Juli 1934, »die Lust an der Wiederholung solcher Behauptungen« nehmen. »Gerade er hätte allen Grund, sich ruhig zu verhalten und dankbar dafür zu sein, dass das deutsche Volk als Steuerzahler den Unterhalt für seine Familie aufbringt.«[105] Frankfurter verbüßte seine Strafe bis zum 14. August 1934 in der Hessischen Zellenstrafanstalt Butzbach. Die Reststrafe wurde ihm durch Amnestie erlassen. 1942 wurde er vom Durchgangslager im belgischen Mechelen nach Auschwitz deportiert und dort im gleichen Jahr ermordet.[106]

Nur weil er einen Feldmeister des freiwilligen Arbeitsdienstes im Juni 1934 auf dem dortigen Sportplatz einen »Menschenschinder« genannt hatte, wurde ein jüdischer Kaufmann in »Schutzhaft« genommen und drei Tage später bis zur Hauptverhandlung am 16. Juli 1934 in das Konzentrationslager Osthofen eingeliefert. Das Sondergericht Darmstadt verurteilte ihn zu einer Gefängnisstrafe von einem Jahr. Am 23. Dezember 1935 emigrierte er über Paraguay nach Argentinien.[107]

Unmittelbar nach Überführung des angeklagten Kaufmanns zur Verhandlung vor dem Sondergericht Darmstadt wurde das KZ Osthofen im Juli 1934 als eines der letzten frühen Konzentrationslager geschlossen. Zu diesem Zeitpunkt hatten sich noch 84 Personen aus Hessen in »Schutzhaft« befunden. Noch am 28. März 1934 hatte der hessische Staatsminister Jung eine neue »Schutzhaft«anordnung erlassen und damit alle bisherigen Anordnungen der »Schutzhaft« zum 15. April 1934 außer Kraft gesetzt, es sei denn das Staatspolizeiamt hätte bis dahin einer Verlängerung zugestimmt. Ab diesem Zeitpunkt waren auch die Zuständigkeiten der Kreisämter und Polizeiämter für die »Schutzhaft« nicht mehr gegeben.[108] Zum 11. Mai 1934 wurde außerdem die Stapostelle KZ Ost-

---
103 HIRSCH (siehe Anm. 23), S. 1020.
104 SG Darmstadt 92/34, Urteil vom 30. Juli 1934; HStAD Abt. G 27 Nr. 314.
105 Ebenda.
106 Häftlingsdatenbank im NS-Dokumentationszentrum Rheinland-Pfalz.
107 Ebenda.
108 HStAD G 24 Nr. 360.

Der Hessische Staatsminister. Darmstadt, den 28. März 1934.

An das Hess. Staatspolizeiamt,
die Polizeidirektionen-Staatspolizeistellen-, Kreis-
und Polizeiämter.

Betreffend : Durchführung der aus politischen Gründen gemäss § 1 der VO. des Reichspräsidenten zum Schutze von Volk und Staat vom 28. Februar 1933 verhängten Polizei-haft.

1. In Abänderung von Ziffer 6 der Verordnung des Staatskommissars für das Polizeiwesen in Hessen zu Nr. M.d.J. 6007 vom 1. Mai 1933 betr.: Durchführung der Verordnung des Reichspräsidenten zum Schutze von Volk und Staat vom 28. Februar 1933 wird folgendes angeordnet :

   Zur Verhängung der Haft sind für das ganze hes-sische Staatsgebiet ausschliesslich zuständig :
   a. Der Staatsminister
   b. Das Staatspolizeiamt.

2. Die Anordnung der verschärften Haft (Lager II) steht sowohl im Sinne des Ausschreibens des Staats-kommissars für das Polizeiwesen in Hessen zu Nr. M.d.J. 10210 vom 6. Juni 1933 auch als in anderen An-wendungsfällen dem Staatspolizeiamt zu.

3. Über jede Anordnung der Schutzhaft durch das Staatspolizeiamt ist mir innerhalb 24 Stunden zu be-richten.   ./.

Abb. 9 und 9a: Zuständigkeit für die Verhängung der Polizeihaft ab 28. März 1934
[HStAD G 24, Nr. 360]

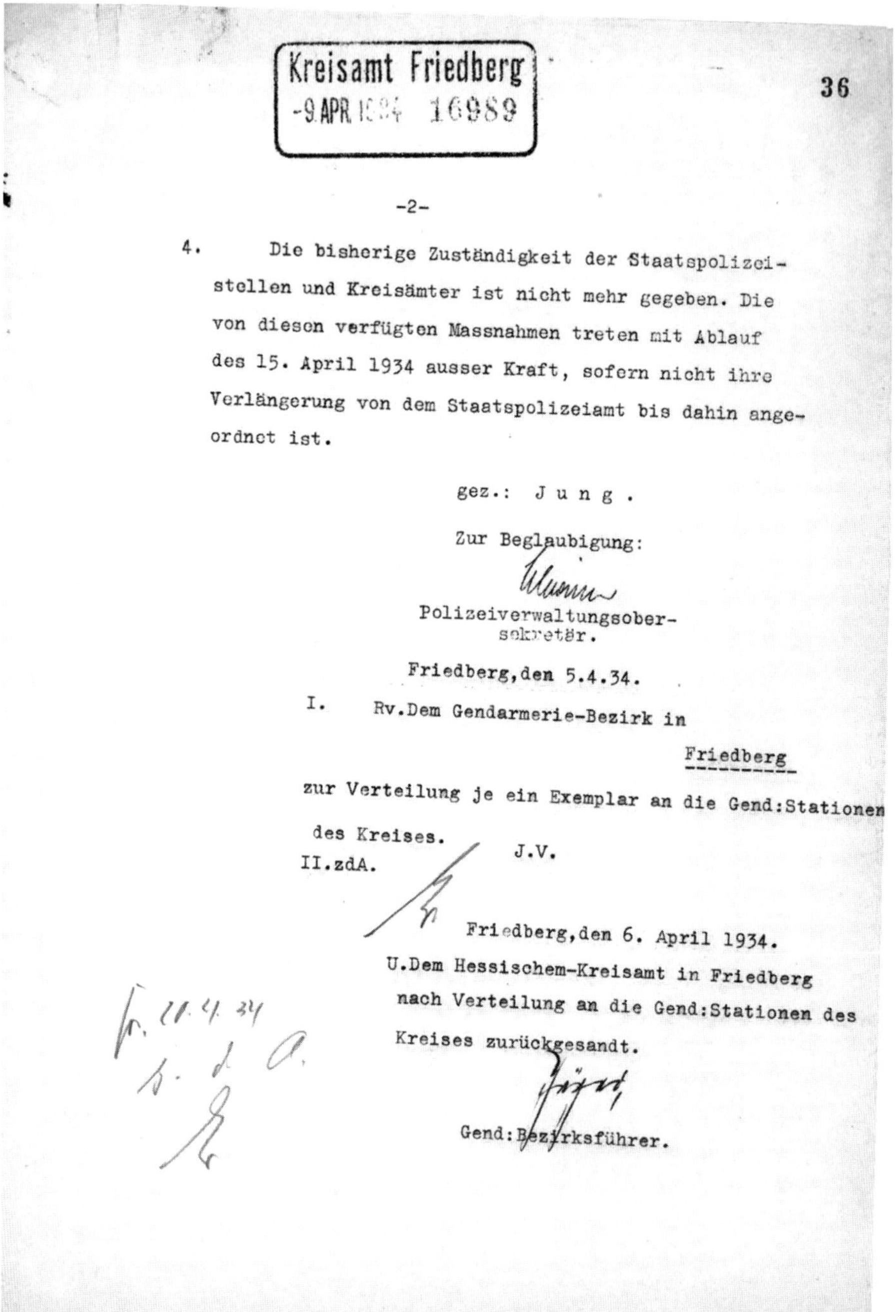

Kreisamt Friedberg
-9 APR 1934 16989

-2-

4. Die bisherige Zuständigkeit der Staatspolizeistellen und Kreisämter ist nicht mehr gegeben. Die
von diesen verfügten Massnahmen treten mit Ablauf
des 15. April 1934 ausser Kraft, sofern nicht ihre
Verlängerung von dem Staatspolizeiamt bis dahin angeordnet ist.

gez.: J u n g .

Zur Beglaubigung:

[Unterschrift]

Polizeiverwaltungsober-
sekretär.

Friedberg, den 5.4.34.

I. Rv. Dem Gendarmerie-Bezirk in

<u>Friedberg</u>

zur Verteilung je ein Exemplar an die Gend:Stationen
des Kreises.

II. zdA.   J.V.

Friedberg, den 6. April 1934.
U. Dem Hessischem-Kreisamt in Friedberg
nach Verteilung an die Gend:Stationen des
Kreises zurückgesandt.

[Unterschrift]

Gend:Bezirksführer.

Abb. 9a

hofen nicht mehr besetzt. Zu diesem Zeitpunkt hatte der formale Leiter des Staatspolizeiamtes in Hessen, Heinrich Himmler, den Dachauer KZ-Kommandanten Theodor Eicke beauftragt, die bestehenden Konzentrationslager zu übernehmen, umzuorganisieren und zu vereinheitlichen. Auch nach der Konsolidierung der NS-Herrschaft blieb die »Schutzhaft« ein Mittel zur Bekämpfung von vermeintlichen Staatsfeinden im Deutschen Reich und mit Kriegsbeginn auch in den überfallenen Ländern in fast ganz Europa.

Schlussbemerkung

Die Politische Polizeihaft im Volksstaat Hessen wurde auf der Grundlage der ReichstagsbrandVO verhängt und hatte den Zweck der Gegnerbekämpfung. Vergehen gegen §§ 2 und 4 dieser Verordnung sowie gegen die zu ihrer Durchführung erlassenen Landesanordnungen und Vergehen gegen die HeimtückeVO beziehungsweise das HeimtückeG gehörten aber in die Zuständigkeit der neugeschaffenen Sondergerichten, sie waren zur schnellen Aburteilung der politischen Gegner des NS-Regimes errichtet worden. Das führte in der Praxis dazu, dass selbst in vergleichbaren Fällen der verhaftete NS-Gegner in das KZ Osthofen überführt oder aber von einem Sondergericht zu einer mehrmonatigen Gefängnisstrafe verurteilt werden konnte. Dies war besonders häufig bei Vergehen gegen die HeimtückeVO der Fall. Es ließ sich aber anhand der Quellen nicht klären, welche Gründe entscheidend waren, einen Vorgang an die Gerichte abzugeben oder aber die Unterbringung in Osthofen anzuordnen.

Im Vergleich zu einem Sondergerichtsverfahren bedurfte es für die Einlieferung ins KZ Osthofen keines Verstoßes gegen ein Gesetz oder eine Verordnung, sowie keines Haftbefehls und es erfolgte auch keine richterliche Überprüfung. Die Verhängung der »Schutzhaft« sollte lediglich aus politischen Gründen erfolgen; dennoch finden sich in den »Schutzhaft«anordnungen, also bereits vor der Proklamation der Nürnberger Rassegesetze, schon eindeutig antijüdische Begründungen. Schließlich wurde »Schutzhaft« auch dann angeordnet, wenn der Denunziant oder die Denunziantin rein persönliche Gründe dafür anführte, warum jemand unbedingt ins KZ Osthofen eingeliefert gehöre. Selbst offensichtliche Bereicherungsabsichten oder persönliche Feindschaften und Nachbarschaftsstreitigkeiten der Anzeigenden veranlassten mitunter die zuständigen Kreis- und Polizeiämtern die »Schutzhaft« anzuordnen. Dies geschah dann besonders häufig, wenn es sich gegen Juden richtete. Gelangte das Verfahren hingegen vor einem Sondergericht, so konnte der Angeklagte freigesprochen werden, falls dem Belastungszeugen persönliche Motive nachgewiesen wurden. Auch die Haftsituation unterschied sich beträchtlich. KZ-Häftlinge wurde häufig über ihr weiteres Schicksal im Ungewissen gelassen, sie kannten weder den Verhaftungsgrund noch die voraussichtliche Haftdauer. Zudem waren sie im stärkeren Ausmaß als in den Gefängnissen der Willkür der Wachmannschaft und damit Fußtritten, Schlägen und Schikanen aller Art ausgesetzt. Letztlich bleibt aber festzuhalten, dass Justiz und Politische Polizei von Anfang an willfährige Instrumente des NS-Regimes waren, die sich in den folgenden Jahren ständig weiter brutalisierten und vor keinem Verbrechen gegen die Menschheit halt machten.

WIDERSTAND

Wilhelm Leuschner und sein antinazistisches Vertrauensleutenetzwerk

Axel Ulrich und Stephanie Zibell

Am 26. September 1952 schrieb der Politikwissenschaftler und sozialdemokratische Politiker Prof. Dr. Ludwig Bergsträsser an den Schriftsteller Carl Zuckmayer, bei seiner Arbeit über Wilhelm Leuschner und den deutschen Widerstand würde ihn »die Feststellung« leiten, »dass bisher zwar recht viel über die militärischen Männer des Widerstandes und über die konservativen Widerständler (Goerdeler, Kreisauer Kreis) geschrieben worden« sei, während »die linke Seite dieses Widerstandes«, der er selbst angehört habe, demgegenüber »bisher in allen Darstellungen sehr zu kurz kam.«[1]

Im Fokus der von Bergsträsser seit Anfang der 1950er Jahre vorbereiteten, von ihm wegen seines Todes im Jahr 1960 jedoch nicht mehr realisierten Arbeit zum Widerstand von links sollte Wilhelm Leuschner stehen. Just zu jener Zeit arbeitete Prof. Dr. Gerhard Ritter übrigens noch an seiner speziell die antinazistische Opposition nationalkonservativ-bürgerlicher Prägung veranschaulichenden Goerdeler-Biographie, die dann 1954 veröffentlicht wurde und in der sich – ebenso wie in manch anderer Publikation zuvor – bereits etliche Hinweise auf die Widerstandsarbeit Leuschners finden. Für Bergsträsser stand fest, dass ohne diesen bedeutenden SPD-Politiker und Gewerkschafter und dessen Widerstandsnetzwerk, das sich nicht nur über das ganze deutsche Reichsgebiet erstreckt, sondern konspirative Verbindungen sogar bis ins Ausland unterhalten hatte, ein Staatsstreichversuch, wie er am 20. Juli 1944 unternommen worden ist, gewiss nicht möglich gewesen wäre. Hinter Leuschner hatten nämlich durchaus erkleckliche Teile der nichtkommunistischen Arbeiterschaft, genauer gesagt zahlreiche ihrer Aktivisten und Anführer bereitgestanden, um einen von den oppositionellen Militärs herbeizuführenden Umsturz durch einen Generalstreik zu unterstützen beziehungsweise jenes Unternehmen dann im Zivilbereich zwecks alsbaldiger Rückkehr zu demokratischen Verhältnissen weiterhin zu flankieren. Leuschner habe, so Bergsträsser prononciert in einem knappen Erinnerungsbericht zum zehnten Jahrestag des Aufstandsversuchs, »innerhalb der Gruppe, die den 20. Juli vorbereitete«, die Position »eines politischen Führers der Linken« innegehabt.[2] Dass er darüber hinaus nicht nur der führende Kopf des Wider-

---

[1] Schreiben Bergsträssers vom 26. September 1952 an Carl Zuckmayer, Hessisches Staatsarchiv Darmstadt (HStAD) Abt. NL O 29 Nr. 18; dasselbe Monitum hatte Bergsträsser bereits fünf Jahre zuvor in einem Brief an den SPD-Parteivorstand vorgebracht, siehe: Walter MÜHLHAUSEN, Eine Denkschrift für Wilhelm Leuschner – Ludwig Bergsträsser und die Widerstandsbewegung. In: Renate KNIGGE-TESCHE / Axel ULRICH (Hrsg.), Verfolgung und Widerstand in Hessen 1933–1945. Frankfurt/M. 1996, S. 593–611, hier: S. 593.

[2] Gerhard RITTER, Carl Goerdeler und die deutsche Widerstandsbewegung. Stuttgart 1954; Ludwig BERGSTRÄSSER, Erinnerungen an Wilhelm Leuschner. Das Parlament, Nr. 29/1954, Sondernummer zum 20. Juli 1954, S. 8; siehe auch z. B. die entsprechende Einschätzung in der erstmals 1949 in deutscher Sprache erschienenen Monographie von Hans ROTHFELS, Die deutsche Opposition gegen Hitler. Eine Würdigung. Mit einer Einführung von Friedrich Freiherr VON GAERTRINGEN. Neuausg. Zürich

standes sozialdemokratischer, christlicher und liberaler Gewerkschafter gewesen ist, sondern zu den wichtigsten Männern jenes zum Coup d'État bereiten Oppositionsbündnisses aus Bürgertum, Linkskräften und Militärs überhaupt gehört hatte, war gleich nach dem Krieg noch vielen seiner Zeitgenossen bewusst. Denn »die Verschworenen« seien »sich einig darin« gewesen, »dass die Arbeiterschaft« die bedeutendste »Stütze für den neuen Staat« nach der Beseitigung der NS-Gewaltherrschaft darstellen würde und demzufolge »den Gewerkschaften dabei sehr wichtige Aufgaben zufallen müssten«, wie Fritz Tarnow, der einstige Vorsitzende des Deutschen Holzarbeiter-Verbandes (DHV) sowie Freund und Kollege Leuschners, in einem Ende 1945 in Schweden veröffentlichten Rückblick auf den gewerkschaftlichen Widerstand festgehalten hat.[3]

Auch Bergsträsser ist Teil des Widerstandsnetzwerks um Wilhelm Leuschner gewesen. In dessen Auftrag hatte er in den Jahren 1942 und 1943 zwei Denkschriften erstellt, die sich mit dem demokratischen Wiederaufbau und mit dem Bildungswesen im zukünftigen Deutschland beschäftigten. Doch im Gegensatz zu Leuschner, der am 16. August 1944 verhaftet und am 29. September 1944 in der Strafanstalt Berlin-Plötzensee hingerichtet worden war, ist Bergsträsser nach dem Scheitern des Attentats auf Hitler und des daran gekoppelten Umsturzvorhabens unbehelligt geblieben. Weder seine Verbindung zu Leuschner noch seine für ihn verfassten Denkschriften sind entdeckt worden. Dabei war nachweislich wenigstens einer jener jeweils an die zehn engbeschriebene Schreibmaschinenseiten umfassenden Texte, nämlich die mit dem Titel »Wiederherstellung« versehene Ausarbeitung hinsichtlich der Wiedereinführung des »parlamentarischen Systems im eigentlichen Sinne«, nicht nur Leuschner, sondern auch anderen Widerständlern zur Kenntnis gebracht worden, so etwa dem früheren zweimaligen preußischen und zwischenzeitlichen Reichsinnenminister Carl Severing, ebenfalls SPD.[4]

Demnach hat Leuschner – trotz der schweren Misshandlungen, denen er nach seiner Festnahme ausgesetzt war – sein Wissen um die von ihm und seinen Mitstreitern in jahrelanger beharrlicher konspirativer Arbeit geschaffenen zivilen Untergrundstrukturen sowie um die darin involvierten Personen allenfalls partiell preisgegeben. Folglich ist es der im Reichssicherheitshauptamt, also im Zuständigkeitsbereich des Reichsführers-SS und Chefs der Deutschen Polizei Heinrich Himmler, bei der Gestapo eingerichteten »Sonderkommission 20. Juli 1944« lediglich gelungen, diesen hinsichtlich seiner Umsturzrelevanz zweifellos bedeutendsten Teilbereich des zivilen deutschen Widerstandes rudimentär zu enttarnen, obwohl doch immerhin 600 bis 700 Festnahmen erfolgt waren, die damit in kausalem beziehungsweise auch nur in indirektem Zusammenhang gestanden haben.[5]

1994, S. 191 ff. und Index.
3 Fritz TARNOW, Rückblick. Mitteilungsblatt. Landesgruppe deutscher Gewerkschafter in Schweden. 3. Jg., 13/1945, S. 3–5, hier: S. 5.
4 MÜHLHAUSEN (siehe Anm. 1), S. 599 ff.; Wiederherstellung, HStAD Abt. NL O 29 Nr. 45, S. 8 – siehe auch den handschriftlichen Vermerk Bergsträssers auf deren erster Seite: »Denkschrift von mir an Severing gegeben«, desgleichen deren Datierung auf das Jahr 1942 sowie den Hinweis auf seine Verfasserschaft auf der letzten Seite des Typoskriptes vom 20. Januar 1947.
5 Ulrike HETT / Johannes TUCHEL, Die Reaktionen des NS-Staates auf den Umsturzversuch vom 20. Juli

Als die Alliierten 1944/45 ins deutsche Reichsgebiet einmarschierten und der nationalsozialistischen Herrschaft ein Ende bereiteten, konnte bei den in den von ihnen befreiten Gebieten sogleich einsetzenden, anfänglich großenteils basisdemokratischen Bestrebungen zur sukzessiven Rekonstruktion politischer und administrativer Strukturen vielerorts auf Personen zurückgegriffen werden, die vordem in Leuschners Widerstandsnetzwerk eingebunden gewesen sind. Hiervon waren viele nie ins Visier der Gestapo geraten, und etliche andere hatten alle Verfolgungsmaßnahmen des Regimes nach dem »20. Juli 1944« mehr oder minder gut überstanden, zum Teil auch weil ihnen nichts oder kaum etwas hatte nachgewiesen werden können beziehungsweise weil es ihnen gelungen war, rechtzeitig auf Tauchstation zu gehen oder – in zwar sehr seltenen Fällen nur – sogar aus der Haft zu entfliehen.

Zu den Menschen, die sich 1945 sofort in den Dienst des demokratischen Wiederaufbaus stellten und hierbei oftmals gleich eminent wichtige Funktionen übernehmen durften, gehörte auch Ludwig Bergsträsser, Leuschners vormaliger Rat- und Ideengeber. So wirkte der seinerzeit berühmte Darmstädter Parteienforscher zunächst als Verbindungsmann zwischen den deutschen Behörden und der amerikanischen Besatzungsmacht und sodann als »Präsident der Regierung des Landes Hessen«, und zwar mit Zuständigkeit für Starkenburg und Oberhessen einschließlich der Kreise Offenbach und Friedberg. Anschließend amtierte er bis zu seiner Pensionierung im Jahr 1948 als Regierungspräsident in Darmstadt. Gleichzeitig beschäftigte er sich intensiv mit der Frage, wie die Schüler- und Studentenschaft zu beständigem demokratischen Denken und Handeln erzogen werden könnte. Besonders vonnöten erschien ihm hierfür staatsbürgerkundlicher Unterricht an den Schulen, den er in seinem Einflussbereich konsequenterweise auch bereits im Oktober 1945 einführte, sowie die Schaffung des Fachs Politikwissenschaft im Hochschulbereich.[6] Außerdem hatte Bergsträsser maßgeblichen Anteil sowohl an der Erarbeitung der hessischen Landesverfassung als auch an der des Grundgesetzes für die Bundesrepublik Deutschland.

Mit der Festnahme und Hinrichtung Wilhelm Leuschners und einiger seiner engsten Mitstreiter waren deren Widerstandsstrukturen – wie gesagt – keineswegs zur Gänze entdeckt und destruiert worden. Es hatte demnach aus seinem Umfeld erheblich mehr couragierte Regimegegner gegeben als von den NS-Fahndern – und jahrzehntelang auch von den meisten Widerstandsforschern – angenommen worden ist, was nebenbei bemerkt ebenso für die bürgerliche, kommunistische und sonstige linksorientierte Opposition gilt.[7] Dabei war es exempli causa den Fahndern der »Sonderkommission 20.

1944. In: Peter STEINBACH / J. TUCHEL (Hrsg.), Widerstand gegen die nationalsozialistische Diktatur 1933–1945. Bonn 2004 (Bundeszentrale für politische Bildung: Schriftenreihe, Bd. 438), S. 522–538, hier: S. 523; Arnim RAMM, Der 20. Juli vor dem Volksgerichtshof. Berlin 2007 (Schriften zur Rechtswissenschaft, Bd. 80), S. 64 f.

6 Stephanie ZIBELL, Politische Bildung und demokratische Verfassung. Ludwig Bergsträsser (1883–1960). Bonn 2006 (Historisches Forschungszentrum der Friedrich-Ebert-Stiftung – Reihe: Politik- und Gesellschaftsgeschichte, Bd. 71), S. 14.

7 Hinweise auf die beachtliche Breite des antinazistischen Widerstandes in toto bietet die Zusammenstellung von Axel ULRICH, Schätzungen und Statistiken zum Umfang des deutschen antinazistischen Wi-

Juli 1944« durchaus gelungen, einen recht »weiten Kreis von Personen« festzunehmen, »der in alle Bezirke Deutschlands und in alle politischen, wirtschaftlichen und konfessionellen Kreise« hineingereicht hatte, wie ein weiterer Vertrauter Leuschners, der vormalige Jugendsekretär des Allgemeinen Deutschen Gewerkschaftsbundes (ADGB) Walter Maschke, schon bald nach dem Krieg in einem Vortrag über den gewerkschaftlichen Widerstand hervorgehoben hat.[8]

Wer jenem Widerstandsnetzwerk Leuschners und seiner Konfidenten angehörte, wie dieses arbeitete und wie weit es strukturell entwickelt war, ist Gegenstand der folgenden Darstellung. An deren Anfang muss aber die Beschäftigung auch mit der dieser dramatischen Geschichtsperiode vorausgehenden Vita Wilhelm Leuschners stehen, und zwar weil sein unermüdliches Agieren gegen die Feinde der Demokratie nicht erst mit der »Machtübernahme« der Nationalsozialisten am 30. Januar 1933 begonnen hatte, sondern schon in den 1920er Jahren. Zu den erklärten Gegnern des demokratischen Staatswesens hatten damals sowohl die Deutschnationalen, viele völkische Verbände sowie die NSDAP und deren Anhängerschaft als auch die Kommunisten gehört. Insbesondere die beiden Letztgenannten hat Leuschner, der zwischen 1928 und 1933 als Innenminister des Volksstaats Hessen amtierte, mit großem Engagement bekämpft, weshalb er namentlich von diesen Parteien mannigfach massiv angegriffen worden ist. Leuschners Weigerung, nach 1933 den Schulterschluss mit den Kommunisten zu suchen, um mit ihnen am Ende doch noch gemeinsam den faschistischen Feind zu bekämpfen, resultierte zweifelsfrei aus seinen reichlich negativen Erfahrungen mit der KPD in den Jahren zuvor. Nach der Ernennung Hitlers zum Reichskanzler hat Leuschner dann einmal mehr bestätigt sehen müssen, wie sehr doch seine Einschätzung zutraf, dass die Nationalsozialisten von Grund auf unmenschlich, gnadenlos, brutal und mörderisch waren und jederzeit ohne Zögern Recht und Gesetz mit den Füßen traten. Doch statt Deutschland zu verlassen und ins Exil zu gehen, wozu er dank seiner internationalen gewerkschaftlichen Kontakte sehr wohl die Möglichkeit gehabt hätte, entschied er sich, zu bleiben, um den Widerstand gegen den sich soeben etablierenden NS-Staat auf konspirative Weise aufzunehmen.

Dass es ihm im Laufe der Jahre gelingen sollte, derart weitreichende und umfassende Widerstandsstrukturen zu schaffen, welche nie vollständig enttarnt werden konnten, beweist, mit welchem Geschick und welcher Umsicht er und seine Mitstreiter zu Werke gegangen sind. So haben sie nach Möglichkeit schriftliche Aufzeichnungen sowie Klarnamen vermieden und dafür gesorgt, dass selbst Beteiligte in führender Funktion keinen Überblick über die Gesamtstruktur oder auch nur über größere Teilbereiche davon bekamen und genauso wenig Bescheid wussten über die Anzahl und Aufgaben der übrigen Involvierten. Denn was die Einzelnen nicht wussten, konnten sie selbst während härtes-

---

derstandes (Stand: Juli 2014), Stadtarchiv Wiesbaden (StAWi) Best. NL 75 Nr. 2627.

8 Vorbereitung gewerkschaftlichen Wiederaufbaus während der Nazi-Diktatur. Vortrag von Walter Maschke am 18. März 1946 in Berlin. In: Ulla PLENER, Zwei Dokumente über den gewerkschaftlichen Widerstand 1933–1945. Aus dem Nachlass von Walter Maschke (1891–1980). In: Beiträge zur Geschichte der Arbeiterbewegung. 40. Jg., 3/1998. Berlin, S. 97–103, hier: S. 102.

ter Verhöre niemals offenbaren.⁹ Leuschners Erfahrungen aus seiner Zeit als hessischer Innenminister mit Zuständigkeit auch für die Politische Polizei waren ihm demnach nach 1933 von größtem Nutzen.

Lebensweg bis zum Einzug in das hessische Landesparlament

Wilhelm Leuschner wurde am 15. Juni 1890 in Bayreuth geboren. Nach der nur siebenklassigen Volksschule absolvierte er eine vierjährige Lehre als Holzbildhauer¹⁰ und ging anschließend auf Wanderschaft. Diese führte ihn zunächst nach Leipzig, dann nach Darmstadt, wo er erstmals zwischen 1908 und 1909 lebte und sich schließlich auch als ehrenamtlicher Leiter des kleinen dortigen, später vom DHV absorbierten Centralvereins der Bildhauer Deutschlands betätigte.¹¹

Zwischen 1909 und 1910 hielt er sich abwechselnd in Bayreuth, München, Nürnberg und abermals Darmstadt auf. Ab dem Spätsommer 1910 wohnte und arbeitete er dann dauerhaft in Darmstadt.¹² Dort heiratete er im Jahr darauf Elisabeth Batz, mit der er bereits zwei Kinder hatte, nämlich Wilhelm und Katharina.¹³ In den folgenden Jahren engagierte er sich noch stärker in der Gewerkschaftsbewegung und trat im Frühjahr 1913 ferner dem Sozialdemokratischen Verein für den Wahlkreis Darmstadt/Groß-Gerau bei. Im Jahr 1914 rückte Leuschner zum stellvertretenden Vorsitzenden des Darmstädter Gewerkschaftskartells auf.¹⁴

1916 wurde er zum Kriegsdienst einberufen und an der West- wie an der Ostfront eingesetzt. Als Vorsitzender des Soldatenrates seiner Einheit führte er diese im November 1918 in die Heimat zurück.¹⁵ Im folgenden Jahr übernahm er sowohl den Vorsitz des Darmstädter als auch des hessischen Gewerkschaftskartells und erhielt zudem eine Anstellung als hauptamtlicher Gewerkschaftssekretär. Gleichfalls 1919 zog er für die SPD in die Darmstädter Stadtverordnetenversammlung ein und übernahm obendrein die

---

9 Vgl. hierzu: Schreiben Bergsträssers vom 1. Oktober 1952 an Hermann Schlimme, Schreiben Wilhelm Leuschners jun. vom 8. September 1960 an Annedore Leber und Schreiben Robert Lehrs vom 12. September 1952 an Bergsträsser, alle: HStAD Abt. NL O 29 Nr. 18.
10 Wolfgang HASIBETHER, Ein Streiter für Einigkeit und Recht und Freiheit. Wilhelm Leuschner (1890 bis 1944). Ein Lebensbild. In: Hessische Staatskanzlei (Hrsg.), Im Dienste der Demokratie. Die Trägerinnen und Träger der Wilhelm-Leuschner-Medaille 1965–2011. Wiesbaden (2012), S. 13–37, hier: S. 14.
11 Hasibether (siehe Anm. 10), S. 15.
12 Axel ULRICH, Wilhelm Leuschner. Ein deutscher Widerstandskämpfer. Für Freiheit und Recht, Einheit der Demokraten und eine soziale Republik. Wiesbaden 2012, S. 18.
13 HASIBETHER (siehe Anm. 10), S. 16; ULRICH (siehe Anm. 12), S. 18; Eugen KOGON, Wilhelm Leuschners politischer Weg. In: Hessendienst der Staatskanzlei (Hrsg.), Wilhelm Leuschner. Auftrag und Verpflichtung. Biographische Würdigung des Innenministers des Volksstaates Hessen und Widerstandskämpfers gegen den Nationalsozialismus. Dokumentation des Festaktes der Verleihung der Wilhelm-Leuschner-Medaille zum hessischen Verfassungstag am 1. Dezember 1992 in Schloss Biebrich. Lebenswege der Träger der Medaille. Neuauflage. Wiesbaden 1993, S. 7–28, hier: S. 7.
14 HASIBETHER (siehe Anm. 10), S. 16 f.; ULRICH (siehe Anm. 12), S. 18.
15 HASIBETHER (siehe Anm. 10), S. 17 ff.; ULRICH (siehe Anm. 12), S. 18.

Funktion des 2. Landessekretärs seiner Partei.[16] Im Jahr 1920 wurde er außerdem in den Provinzialausschuss für Starkenburg gewählt. Als Vorsitzender der Darmstädter SPD fungierte er von 1922 bis 1925, und überdies hatte er in jenen Jahren noch etliche weitere ehrenamtliche Funktionen inne, so zum Beispiel den Vorsitz der Sozialistischen Arbeiterjugend (SAJ), der Jugendorganisation seiner Partei in Hessen.[17]

Landtagsabgeordneter

Nach der Landtagswahl vom 7. Dezember 1924 zog Leuschner in das Parlament des Volksstaates Hessen ein, in dem er bis 1928 auch als Vizepräsident amtierte.[18] Zu seinen Arbeitsschwerpunkten in dieser Wahlperiode zählten der Staatshaushalt, kulturelle sowie verkehrspolitische Fragen und vor allem die Organisation der Polizei.[19] Dass dieser eine herausragende Bedeutung für die Sicherung des republikanisch-demokratischen Staates zukam, stand für ihn völlig außer Zweifel, weshalb er danach trachtete, den Polizeiapparat entsprechend zu strukturieren. Konkret ging es ihm um die Schaffung einer »Einheitspolizei«,[20] das heißt Leuschner wollte die verschiedenen Polizeien in Hessen aus finanziellen wie politischen Gründen nach preußischem Vorbild vereinheitlichen. Außerdem forderte er die Einrichtung einer allgemeinen Polizeischule, um eine einheitliche Polizeiausbildung zu gewährleisten, sowie die Schaffung eines Landeskriminalpolizeiamts.[21]

Zusätzlich zu seinen vielfältigen Darmstädter Verpflichtungen hatte er im Frühjahr 1926 dann auch noch die Aufgaben des von Frankfurt/M. aus agierenden Bezirkssekretärs des ADGB für Südwestdeutschland übernommen, wozu damals Hessen, Hessen-Nassau und Waldeck gehörten.[22]

Im Herbst 1927 endete diese Wahlperiode des hessischen Landesparlaments. Kurz zuvor hatte Leuschner sein Darmstädter Stadtverordnetenmandat niedergelegt.[23] Am 13. November 1927 wurde ein neuer Landtag gewählt. Die Wahlbeteiligung war dabei gegenüber den Wahlen drei Jahre zuvor erheblich zurückgegangen: Waren 1924 noch 75,3 Prozent der Wahlberechtigten zur Stimmabgabe geschritten, so sind es nun nur noch 54,7 Prozent gewesen.[24]

---

16 HASIBETHER (siehe Anm. 10), S. 19 f.; ULRICH (siehe Anm. 12), S. 18.
17 HASIBETHER (siehe Anm. 10), S. 20 f.; ULRICH (siehe Anm. 12), S. 18.
18 KOGON (siehe Anm. 13), S. 11; HASIBETHER (siehe Anm. 10), S. 22 f.; ULRICH (siehe Anm. 12), S. 18.
19 HASIBETHER (siehe Anm. 10), S. 22 f.
20 Leuschner in der Sitzung des Hessischen Landtags vom 14. April 1926, Plenarprotokolle, Wahlperiode (WP) III, 86. Sitzung, S. 1994.
21 Leuschner in der Sitzung des Hessischen Landtags vom 14. April 1926, Plenarprotokolle, WP III, 86. Sitzung, S. 1994–1998; siehe hierzu auch die Hinweise in der ersten und für lange Zeit einzigen größeren, übrigens mit Unterstützung durch den DGB bzw. durch Willi Richter produzierten Würdigung seines Wirkens durch Joachim G. LEITHÄUSER, Wilhelm Leuschner. Ein Leben für die Republik. Köln 1962, S. 48.
22 HASIBETHER (siehe Anm. 10), S. 23; ULRICH (siehe Anm. 12), S. 19.
23 LEITHÄUSER (siehe Anm. 21), S. 49; HASIBETHER (siehe Anm. 10), S. 23.
24 Landtagswahlen 1918–1933 – Hessen; abrufbar unter: http://www.wahlen-in-deutschland.de/wlHessen.htm [18.06.2014].

Einen Mann, der wie Leuschner ein überzeugter Demokrat und engagierter Verteidiger der Republik war[25] und diese als »eine Heimstätte von Freiheit und Gerechtigkeit«[26] verstand, musste jene Entwicklung über die Maßen beunruhigen, denn sie konnte einzig und allein als Ausdruck einer weitverbreiteten Unzufriedenheit mit den politischen Verhältnissen im Volksstaat Hessen verstanden werden.

Hessischer Innenminister

Dieser Misere galt es, entgegenzutreten.[27] Nicht zuletzt aus diesem Grund dürfte Leuschner bereit gewesen sein, als Innenminister in die hessische Landesregierung einzutreten, die damals als Gesamtministerium bezeichnet wurde. Seine Ernennung erfolgte am 14. Februar 1928.[28] In seiner neuen Funktion geriet er zwangsläufig regelmäßig mit jenen politischen Kräften in Konflikt, die danach trachteten, die Republik möglichst bald wieder zu beseitigen. Neben den Kommunisten, die sich die Errichtung einer Rätediktatur nach sowjetrussischem Vorbild zum Ziel gesetzt hatten, gehörten hierzu von Anfang an vor allem die Nationalsozialisten, die Leuschner folglich beide gleichermaßen unnachgiebig bekämpfte.[29]

Den Hass der Letzteren zog er beispielsweise dadurch auf sich, dass er am 20. September 1928 das seit April des Vorjahres in Worms erscheinende, extrem aggressiv und antijüdisch auftretende NS-Organ »Die Faust«, eine »Nationalsozialistische Wochenschrift für Hand- und Kopfarbeiter«, für vier Wochen verbot.[30] Daraufhin gaben die Wormser Faschisten eine neue Publikation unter dem Titel »Die Stirn« heraus. Diese Zeitung unterschied sich aber sonst durch nichts vom Vorgängerblatt. Daher ließ Leuschner im Oktober 1928 auch »Die Stirn« zeitweilig verbieten.[31] Im Februar 1929 ordnete er sodann an, uniformierte Hitler-Anhänger nach Waffen zu durchsuchen. Dabei habe man, so erklärte er daraufhin auf einer Kundgebung, »meist Hieb-, Schlag- und Mordwerkzeuge aller Art zutage gefördert«. Schlagringe und Revolver seien die po-

---

25 Siehe vor allem: Wilhelm LEUSCHNER, Vom deutschen Volksstaat. Die Bedeutung der Weimarer Verfassung. In: Julius REIBER / Karl STORCK (Hrsg.), Zehn Jahre Deutsche Republik. Ein Gedenkbuch zum Verfassungstag 1929. Darmstadt 1929, S. 25–31; auszugsweise auch wiedergegeben in: LEITHÄUSER (siehe Anm. 21), S. 59–61; KOGON (siehe Anm. 13), S. 11f.
26 LEUSCHNER (siehe Anm. 25), S. 26f.
27 Zu seiner Überzeugung, dass es noch Menschen gebe, die der Demokratie mit Sorge oder gar Ablehnung gegenüberstanden, und seinem Wunsch, dies zu ändern, siehe: LEUSCHNER, ebenda, S. 31.
28 Sitzung des Hessischen Landtags vom 14. Februar 1928, Plenarprotokolle, WP IV, 4. Sitzung, S. 48.
29 ULRICH (siehe Anm. 12), S. 21ff.; HASIBETHER (siehe Anm. 10), S. 25f.; Leuschner in den Sitzungen des Hessischen Landtags vom 29. und 30. April 1931, Plenarprotokolle, WP IV, 104. und 105. Sitzung, S. 2716–2717 und 2770–2774.
30 Gerold BÖNNEN, Von der Blüte in den Abgrund: Worms vom Ersten bis zum Zweiten Weltkrieg (1914–1945). In: ders. (Hrsg.), Geschichte der Stadt Worms. Stuttgart 2005, S. 545–605, hier: S. 574; Die Faust (Titelblatt), Oktober 1928, HStAD Abt. O 29 Nr. 38.
31 LEITHÄUSER (siehe Anm. 21), S. 55; Hallo Herr Leuschner (Publikationsorgan unbekannt, wahrscheinlich: Die Faust, ohne Datum), HStAD Abt. O 29 Nr. 38.

litischen Argumente jener Leute, kritisierte er die NS-Aktivisten scharf. Hieran könne man erkennen, dass es der NSDAP nicht darum gehe, die Menschen »mit geistigen Waffen« von ihren politischen Vorstellungen zu überzeugen. Stattdessen seien Gewalt und Einschüchterung ihre Mittel. Eine solche Vorgehensweise aber gefährde die Republik. Deshalb müsse man im Interesse der Sicherung des Staates und zum Schutz von »Leben und Eigentum der Bürger« entschlossen hiergegen vorgehen.[32]

Auch weiterhin kam es immer wieder zu erbitterten Auseinandersetzungen zwischen Nationalsozialisten und politisch Andersdenkenden. Regelmäßig musste die Polizei einschreiten, um die samt und sonders mit körperlicher, häufig sogar mit Waffengewalt ausgetragenen Konflikte zu unterbinden. Dass der Einsatz der Polizei auf Leuschner zurückging, der im Übrigen dafür gesorgt hatte, dass diese nun personell, materiell sowie organisatorisch deutlich besser dastand als in den Jahren zuvor und somit auch effizienter eingesetzt werden konnte, machte den hessischen Innenminister nur noch unbeliebter bei seinen politischen Gegnern und speziell bei der NSDAP.[33]

Nach den Reichstagswahlen vom September des Jahres 1930 mit ihrem – unter anderem infolge der Weltwirtschaftskrise und des durch die Feierlichkeiten und Presseberichte aus Anlass der »Rheinlandbefreiung« immens befeuerten nationalistischen Begeisterungsrauschs breitester Bevölkerungskreise – geradezu dramatischen Anstieg der für die NSDAP abgegebenen Stimmen von 2,6 Prozent im Frühjahr 1928 auf nunmehr deutlich über 18 Prozent[34] nahmen die politischen Streitereien und Feindseligkeiten noch mehr zu. Hierzu erklärte Leuschner am 29. April 1931 im hessischen Landtag, dass er »überall da, wo es nötig sein sollte«, jener »Verhetzung und Unterwühlung der öffentlichen Ordnung« mit allen verfügbaren polizeilichen Mitteln und der notwendigen »Strenge und Schärfe« entgegengetreten werde.[35]

Nach den Landtagswahlen vom 15. November 1931 wurde die Situation noch schwieriger, denn die Machtverhältnisse im Parlament hatten sich weiterhin zugunsten der Nationalsozialisten verschoben. Statt wie bisher mit nur einem einzigen NSDAP-Mitglied, nämlich dem im Vorjahr von der DNVP übergewechselten Dr. Ferdinand Werner, hatte man es dort fortan mit 27 Abgeordneten jener Partei zu tun. Diesen standen 15 Sozialdemokraten, ein DDP-Mitglied und zehn Abgeordnete des Zentrums gegenüber, insgesamt also 26 Parlamentarier der drei Parteien, die bis dahin den Volksstaat regiert hatten. Hinzu kamen noch zehn Vertreter der KPD sowie sieben weitere Abgeordnete, welche insgesamt fünf verschiedene kleinere Parteien vertraten.[36]

---

32 LEITHÄUSER (siehe Anm. 21), S. 59; HASIBETHER (siehe Anm. 10), S. 25; Leuschner in der Sitzung des Hessischen Landtags vom 29. April 1931, Plenarprotokolle, WP IV, 104. Sitzung, S. 2716 (hier Zitat); siehe hierzu auch: LEUSCHNER (siehe Anm. 25), S. 28.
33 Zur Umstrukturierung der Polizei vgl.: Eckhart G. FRANZ (Bearb.), Abteilung G 12 A-B Polizei (Einleitung). Repertorien des Hessischen Staatsarchivs Darmstadt. Darmstadt 1988, S. VIII.
34 Reichstagswahlergebnis 1930; abrufbar unter: http://www.dhm.de/lemo/objekte/statistik/wa19303 [27.06.2014].
35 Leuschner in der Sitzung des Hessischen Landtags vom 29. April 1931, Plenarprotokolle, WP IV, 104. Sitzung, S. 2717.
36 Landtagswahlen 1918–1933 – Hessen (siehe Anm. 24).

Da es den Mitgliedern des Landtags nicht gelang, sich auf eine neue Regierungskoalition zu einigen, blieben sowohl Staatspräsident Bernhard Adelung, SPD, als auch das Kabinett geschäftsführend im Amt.[37]

Boxheimer Dokumente

Zu jener Zeit zeigte sich, wie richtig Leuschner mit seiner Einschätzung lag, dass der von Hitler am 25. September 1930 vor dem Reichsgericht in Leipzig während des so genannten Ulmer Reichswehrprozesses abgelegte »Legalitätseid« alles andere als ehrlich gemeint war.[38] Nun wurden nämlich von dem hessischen NSDAP-Landtagsabgeordneten und Juristen Dr. Werner Best ausgearbeitete Putschpläne bekannt, die Furore machten.[39] Im Sommer 1931 waren auf dem Boxheimer Hof bei Bürstadt führende Funktionäre des NSDAP-Gaues Hessen-Darmstadt zusammengekommen, um über Bests Darlegungen zur Frage zu beraten, wie der demokratische Staat auf gewaltsame Weise in eine faschistische Diktatur verwandelt werden könne. Danach mussten alle, die sich nach einem etwa durch soziale Unruhen ausgelösten kommunistischen Aufstandsversuch weigerten, den Anweisungen der NSDAP beziehungsweise der SA und den »Landwehren« als selbsternannten neuen Ordnungskräften zu folgen, damit rechnen, unverzüglich erschossen zu werden. Auch Arbeitsverweigerung, Sabotagehandlungen, Waffenbesitz und dergleichen mehr sollten mit dem Tode bestraft werden.[40]

Nachdem Leuschner diese Pläne bekannt geworden waren, ließ er verschiedene Büros und Wohnungen der Darmstädter NS-Parteiführung durchsuchen und beauftragte, nachdem seine Beamten entsprechendes Beweismaterial sichergestellt hatten, seinen Pressereferenten Dr. Carlo Mierendorff damit, diesen Skandal sogleich ins Zentrum ihres antinazistischen Abwehrkampfes zu rücken.[41] Außerdem wollte der Minister zusammen mit seinem preußischen Amtskollegen Carl Severing erreichen, dass sich Best wegen »Planung zur Beseitigung der verfassungsmäßigen Ordnung« vor dem Reichsgericht in Leipzig verantworten musste. Das Unterfangen scheiterte jedoch, weil dem zuständigen Oberreichsanwalt die vorgelegten Beweismittel nicht genügten, um ein Hochverratsverfahren einzuleiten.[42] Die hessischen Nationalsozialisten triumphierten und überzogen daraufhin die Landesregierung und vor allem natürlich Leuschner so-

---

37 KOGON (siehe Anm. 13), S. 15.
38 Leuschner in der Sitzung des Hessischen Landtags vom 30. April 1931, Plenarprotokolle, WP IV, 105. Sitzung, S. 2771.
39 LEITHÄUSER (siehe Anm. 21), S. 72 ff.; Stephanie ZIBELL, Jakob Sprenger (1884–1945). NS-Gauleiter und Reichsstatthalter in Hessen. Darmstadt, Marburg 1999 (Hessische Historische Kommission Darmstadt und Historische Kommission für Hessen: Quellen und Forschungen zur hessischen Geschichte, Bd. 121), S. 200 ff.; Ulrich (siehe Anm. 12), S. 22 ff.; Hasibether (siehe Anm. 10), S. 26.
40 ULRICH (siehe Anm. 12), S. 22 ff.; ZIBELL (siehe Anm. 39), S. 201 f.
41 KOGON (siehe Anm. 13), S. 16; ULRICH (siehe Anm. 12), S. 22.
42 KOGON (siehe Anm. 13), S. 16; ULRICH (siehe Anm. 12), S. 22; ZIBELL (siehe Anm. 39), S. 203; HASIBETHER (siehe Anm. 10), S. 26.

Abb. 1: Plakat der SPD Michelstadt zu einer Veranstaltung mit der Landtagsabgeordneten Lily Pringsheim und Innenminister Wilhelm Leuschner am 30. Januar 1932

wohl im Parlament als auch in ihren Presseorganen mit weiteren Schmähungen und Verbalattacken, wobei selbst vor Morddrohungen nicht zurückgeschreckt wurde.[43]

In Hessen droht ein »Preußen-Schlag«

Die massiven Angriffe der NSDAP auf die hessischen Regierung und insbesondere auf den Innenminister, der seit Ende 1931 zugleich für das Arbeitsministerium zuständig war, nahmen nach den am 19. Juni 1932 erfolgten Neuwahlen zum Landesparlament noch weiter zu,[44] in dem fortan von 70 Landtagsabgeordneten sogar 32 der NSDAP angehörten.[45] Auch im Sommer 1932 gelang es nicht, eine neue, von einer Parlamentsmehrheit getragene Regierung zu bilden. Aus diesem Grund blieb das bisherige Gesamtministerium unter Führung von Bernhard Adelung weiterhin geschäftsführend im Amt.[46]

Noch besorgniserregender sah die Situation mittlerweile in Preußen aus. Hier war es nach der Landtagswahl vom 24. April 1932 gleichfalls unmöglich gewesen, eine von

---

43 LEITHÄUSER (siehe Anm. 21), S. 76f.; ULRICH (siehe Anm. 12), S. 23f.
44 Sitzungen des Hessischen Landtags 1931/32, WP V, und Sitzungen des Hessischen Landtags 1932/33, WP VI.
45 Landtagswahlen 1918–1933 – Hessen (siehe Anm. 24).
46 1. Sitzung des Hessischen Landtags vom 7. Juli 1932, Plenarprotokolle, WP VI, S. 6f.

der Mehrheit des Parlaments getragene Regierung zu bilden. Deshalb ist die von dem Sozialdemokraten Otto Braun geführte dortige Landesregierung ebenfalls geschäftsführend im Amt geblieben. Reichskanzler Franz von Papen aber war dies ein Dorn im Auge, weshalb er danach trachtete, Braun und dessen Regierung alsbald zu entmachten. Der »Altonaer Blutsonntag« vom 17. Juli 1932, in dessen Verlauf es zu heftigen Zusammenstößen zwischen Nationalsozialisten, Kommunisten und der Polizei mit 18 Toten und 285 Verletzten gekommen war, hatte ihm dann den willkommenen Vorwand geboten. Papen behauptete kurzerhand, die preußische Staatsführung sei nicht in der Lage, Sicherheit und Ordnung für das Land zu garantieren, und erklärte die Regierung Braun am 20. Juli 1932 für abgesetzt. Das Amt des Reichskommissars für Preußen übernahm der Reichskanzler höchstpersönlich.[47]

Nicht nur Adelung registrierte jene Entwicklung mit größter Sorge, zumal zu befürchten stand, dass der hessischen Landesregierung das gleiche Schicksal drohte, da ja die Reichstagswahl vom 31. Juli 1932 für die Nationalsozialisten ein geradezu triumphales Ergebnis gebracht hatte.[48] Man musste auf der Hut sein. Mit ziemlicher Wahrscheinlichkeit gehörte auch der Verzicht auf Redebeiträge Leuschners im Landtag zu den im Volksstaat nun ergriffenen Vorsichtsmaßnahmen. Letztmalig meldete sich der Innenminister jedenfalls in der dritten Sitzung des Parlaments am 28. Juli 1932 zu Wort.[49] In den folgenden Plenarsitzungen, die erst wieder im Oktober 1932 stattfanden, war Leuschner zwar anwesend, bewahrte aber Stillschweigen,[50] obschon er sich nach wie vor heftigen Hetztiraden der Hitleristen ausgesetzt sah.[51]

Amtsverzicht und neue Aufgaben

Zu diesem Zeitpunkt hat er bereits überlegt, ob es nicht sinnvoll wäre, den Posten des hessischen Innenministers aufzugeben.[52] Hierzu rieten ihm zumindest alte Freunde aus der Gewerkschaftsbewegung, so vor allem Theodor Leipart, einstmals Vorsitzender des DHV und seit 1921 Chef des ADGB sowie seit dem Jahr darauf auch stellvertretender Vorsitzender des Internationalen Gewerkschaftsbundes (IGB).[53] Bereits im Frühjahr 1932 hatte Leipart in der Hoffnung, ihn beizeiten als seinen Nachfolger an der ADGB-Spitze aufbauen zu können, Leuschner einen entsprechenden Vorschlag unterbreitet.[54] Hiermit

---

47 ZIBELL (siehe Anm. 39), S. 207.
48 LEITHÄUSER (siehe Anm. 21), S. 83.
49 3. Sitzung des Hessischen Landtags vom 28. Juli 1932, Plenarprotokolle, WP VI, S. 76.
50 Zur Anwesenheit Leuschners in der 3. bis 7. Sitzung des Hessischen Landtags (Anwesenheits- und Rednerlisten), Plenarprotokolle, WP VI, S. 47, S. 95 f., S. 123, S. 158 und 189.
51 Jung in der Sitzung des Hessischen Landtags vom 5. Oktober 1932, Plenarprotokolle, WP VI, 5. Sitzung, S. 128.
52 KOGON (siehe Anm. 13), S. 17; LEITHÄUSER (siehe Anm. 21), S. 80.
53 KOGON (siehe Anm. 13), S. 17; LEITHÄUSER (siehe Anm. 21), S. 79; ULRICH (siehe Anm. 12), S. 26.
54 LEITHÄUSER (siehe Anm. 21), S. 79 f.; HASIBETHER (siehe Anm. 10), S. 26 f.; KOGON (siehe Anm. 13), S. 17.

konnten sich dieser und wohl auch Adelung anfreunden. »Zunächst übernahm Leuschner« daher »Ende 1932 den Sitz des deutschen Arbeitervertreters im Verwaltungsrat« der Internationalen Arbeitsorganisation (IAO) des Völkerbundes in Genf.[55] In der Zeit zwischen Anfang November 1932 und Anfang Februar 1933 pendelte er unter anderem deshalb zwischen Darmstadt, Stuttgart, Berlin, Prag, Paris und Genf hin und her.[56]

Am 30. Januar 1933 wurde Adolf Hitler von Reichspräsident Paul von Hindenburg zum Kanzler des Deutschen Reiches ernannt. Leuschner hielt sich damals gerade bei der IAO in Genf auf und erfuhr erst am Vormittag des nächsten Tages durch einen Anruf seines Freundes und Mitarbeiters Staatsrat Ludwig Schwamb von der Machtübertragung.[57] Nachdem er dann einige Tage später nach Darmstadt zurückgekehrt war,[58] suchte Leuschner den hessischen Staatspräsidenten auf, um die neue politische Lage zu beraten. Hierbei wurde ihm von Adelung nahe gelegt, sein Ministeramt doch besser aufzugeben. Auf diese Weise hoffte der hessische Regierungschef, ein dem »Preußen-Schlag« entsprechendes Vorgehen der Reichsregierung im Volksstaat verhindern zu können.[59] Daraufhin trat Leuschner de jure zum 1. April 1933, de facto aber sofort von seinem Amt zurück.[60] Die NS-Presse höhnte daraufhin: »Leuschner ade, Scheiden tut weh, Aber Dein Scheiden macht, Dass uns das Herze lacht, Leuschner ade.«[61] Gleichwohl engagierte sich dieser mit gewohntem Schneid im hessischen Wahlkampf zur Reichstagswahl vom 5. März. In Hessen erzielte die NSDAP dabei fast 47,5 Prozent der Stimmen und lag damit noch deutlich über ihrem im Reich insgesamt erzielten Wahlergebnis von 43,9 Prozent. Sogleich wurden in Darmstadt das Innenministerium und das Gewerkschaftshaus, desgleichen die Wohnungen Adelungs und Leuschners von der SA besetzt beziehungsweise durchsucht. Überall wurden Hakenkreuzfahnen gehisst, Missliebige aus ihren Ämtern entfernt. Auch der sich zunächst noch sträubende Staatspräsident wurde entmachtet. Zahlreiche Aktivisten der Linksparteien kamen in »Schutzhaft«, wie es den Sachverhalt gewaltig verharmlosend seinerzeit hieß, während ansonsten alle entscheidungsrelevanten Positionen mit Faschisten besetzt wurden.[62]

---

55 Reiner TOSSTORFF, Wilhelm Leuschner gegen Robert Ley. Ablehnung der Nazi-Diktatur durch die Internationale Arbeitskonferenz 1933 in Genf. Frankfurt/M. 2007, S. 10.
56 HASIBETHER (siehe Anm. 10), S. 27; Einträge in Leuschners Tagesnotizkalender vom 8. November 1932 bis 27. Dezember 1932, HStAD Abt. O 29 Nr. 9; Einträge in Leuschners Tagesnotizkalender von Januar/Februar 1933, HStAD Abt. O 29 Nr. 10.
57 KOGON (siehe Anm. 13), S. 17; LEITHÄUSER (siehe Anm. 21), S. 91; TOSSTORFF (siehe Anm. 55), S. 10.
58 KOGON (siehe Anm. 13), 17; LEITHÄUSER (siehe Anm. 21), S. 92.
59 ULRICH (siehe Anm. 12), S. 26 f.; HASIBETHER (siehe Anm. 10), S. 27.
60 HASIBETHER (siehe Anm. 10), S. 27; KOGON (siehe Anm. 13), S. 17 f.; ULRICH (siehe Anm. 12), S. 27.
61 Die Säuberung, Mainzer Warte, 18. Februar 1933, HStAD Abt. O 29 Nr. 38.
62 LEITHÄUSER (siehe Anm. 21), S. 97 ff.; HASIBETHER (siehe Anm. 10), S. 28; ULRICH (siehe Anm. 12), S. 26 ff.

Erste Festnahme Anfang Mai 1933

Nachdem Leuschner noch im März nach Berlin übergewechselt war,[63] arbeitete er dort ab dem 1. April nun auch hauptberuflich für den ADGB, in dessen Bundesvorstand er im Übrigen bereits am 21. Januar 1933 aufgenommen worden war und dem er seit 1926 schon als beratendes Mitglied angehört hatte. Leipart, Peter Graßmann und er setzten sich in jenem April sogar mit der NS-Betriebszellenorganisation (NSBO) an den Verhandlungstisch, weil die sozialdemokratischen Gewerkschafter die Hoffnung hegten, die drohende Zerschlagung ihrer Verbände vielleicht doch noch verhindern und die von ihnen schon lange herbeigesehnte Bildung einer Einheitsgewerkschaft womöglich durch Anpassung an die neuen politischen Gegebenheiten herbeiführen zu können. Aber weder ihre vorherige Empfehlung, für ihre Organisationen einen Reichskommissar einzusetzen, noch die Ende des Monats zusammen mit christlichen und liberalen Gewerkschaftern getroffene Vereinbarung zur Bildung eines »Führerkreises« der vereinigten nichtkommunistischen Gewerkschaften zeitigten den erhofften Erfolg. Dabei war dem NS-Staat darin sogar willfährig bescheinigt worden, dieser kenne »weder klassenmäßige Trennung noch volksabgewandte Internationalität«.[64] Selbst zur Teilnahme am im faschistischen Sinne zum »Feiertag der nationalen Arbeit« pervertierten »1. Mai« haben die sozialdemokratischen, christlichen und liberalen Gewerkschaftsfunktionäre ihre Mitglieder aufgerufen. Diesen Kniefall quittierten die Nationalsozialisten mit einer freilich längst geplanten reichsweiten Aktion am Vormittag des darauffolgenden Tages, in deren Verlauf sämtliche Gewerkschaftshäuser und viele andere Einrichtungen der sozialdemokratisch orientierten Arbeiterbewegung von SA-, SS- und NSBO-Leuten gestürmt und besetzt wurden. Zahllose Funktionäre wurden hierbei misshandelt und unter wüsten Beschimpfungen aus den Gebäuden beziehungsweise aus ihren Büros gejagt. Deren Einrichtungen wurden demoliert, die Kassen geplündert, Akten, Bücher und Fahnen auf die Straßen geworfen und in Brand gesetzt. Hunderte Gewerkschafter wurden allein an jenem Tag in Gewahrsam genommen, unter ihnen nicht zuletzt Theodor Leipart, Hermann Schlimme, Leuschner und die anderen Bundesvorstandsmitglieder des ADGB. Jahre später bezeugte dessen einstiger Sozialstatistiker Dr. Bruno Gleitze, dass Leuschner damals von seinen dann mit ihm in der Berliner Strafanstalt Plötzensee einsitzenden Vorstandskollegen insgeheim zum Nachfolger Leiparts als ADGB-Chef bestimmt worden ist, wodurch seine schließlich eingenommene Führungsrolle im antinazistischen Widerstand der Gewerkschaften gewissermaßen vorherbestimmt war.[65]

Derweil Leuschner in Haft war, wurden einige seiner damals unbehelligt gebliebenen Kollegen stante pede aktiv. Noch am Nachmittag des 2. Mai 1933 fand in der Reichshauptstadt eine erste illegale Zusammenkunft sozialdemokratischer Gewerkschafter

---

63 Seine Ummeldung dorthin erfolgte indes erst Mitte Mai 1933, siehe: HASIBETHER (siehe Anm. 10), S. 28 f.
64 TOSSTORFF (siehe Anm. 55), S. 12; ULRICH (siehe Anm. 12), S. 28.
65 LEITHÄUSER (siehe Anm. 21), S. 108 ff.; ULRICH (siehe Anm. 12), S. 28 f.; zu jenen Ereignissen ausführlich siehe z. B.: Gerhard BEIER, Das Lehrstück vom 1. und 2. Mai 1933. Frankfurt/M., Köln 1975.

statt, während der die Aufnahme des Widerstandes gegen den Nationalsozialismus verabredet worden ist. Im Laufe der nächsten Wochen wurde der zunächst recht kleine Kreis von Widerständlern sukzessive erweitert. Vertreter verschiedenster, zu Beginn noch fehlender Gewerkschaftsverbände stießen mit der Zeit hinzu, und es kam dann zur Bildung eines konspirativen Zentralausschusses, der, wie Fritz Tarnow berichtet hat, sogleich »ein Netz von Verbindungen über das ganze Reich herzustellen« begann. Vorsichtshalber wurde jener Führungsstab sehr bald auf ein nur fünfköpfiges Leitungsgremium reduziert. Heinrich Schliestedt, vordem Sekretär beim Hauptvorstand des Deutschen Metallarbeiter-Verbandes (DMV), kam in dieser Illegalen Reichsleitung der Gewerkschaften neben dem Sekretär des ADGB-Bundesvorstandes Hermann Schlimme anfänglich eine Führungsrolle zu. Von vornherein verzichteten diese Gewerkschafter darauf, ausgeprägte illegale Organisationsstrukturen zu schaffen, wie sie vor allem bei den Kommunisten üblich waren. Stattdessen gaben sie einem vergleichsweise locker geknüpften Vertrauensleutesystem den Vorzug, das dann zunehmend mit ebenfalls widerstandsgewillten SPD-Genossen zu »einer gemeinsamen Geheimorganisation zur Bekämpfung des Nationalsozialismus« ausgebaut wurde, so das Zeugnis Walter Maschkes. Ziemlich früh erkannten sie überdies, dass die zu jener Zeit noch von fast allen Widerstandsorganisationen praktizierte Verbreitung von mitunter in außerordentlich hohen Stückzahlen produzierten Flugblättern und Zeitungen, in welchen zum Beispiel nationalsozialistisches Unrecht angeprangert wurde, den NS-Fahndern das Aufspüren der jeweiligen Untergrundverbindungen nur exorbitant erleichterte und insofern regelmäßig zu Verhaftungswellen zum Teil größten Ausmaßes führte. Deshalb wurden die Aktivisten jener sozialdemokratisch-gewerkschaftlichen Widerstandsstruktur auch immer nachdrücklicher dazu ermahnt, von solch höchst riskanten Propagandaformen im Interesse ihrer aller Sicherheit wieder Abstand zu nehmen.[66]

Früher Widerstandsversuch in Hessen

Schon 1932 war mit Unterstützung des SPD-Vorsitzenden Otto Wels in einigen Bezirken, so auch im Volksstaat Hessen, damit begonnen worden, für den Fall einer längst befürchteten faschistischen Machtübernahme und eines in deren Folge verhängten Parteiverbotes den Prototyp eines konspirativen Pioniersystems zu entwickeln. Unter Rückgriff auf jene frühe Widerstandskonzeption versuchten einige SPD-Aktivisten aus dem Umfeld Leuschners im folgenden Frühjahr, eine erste funktionsfähige Untergrundstruktur zu schaffen. Diese basierte auf dem so genannten Fünfergruppenprinzip und sollte primär antinazistische »Zersetzungsarbeit« leisten, wozu ein illegaler Nachrichten- und Kurierdienst organisiert worden ist. Ebenso wurde bereits darangegangen, NS-Organi-

---

[66] TARNOW (siehe Anm. 3), S. 3; MASCHKE (siehe Anm. 8), S. 97 f.; ULRICH (siehe Anm. 12), S. 38 ff.; siehe z. B. hierzu auch: Gerhard BEIER, Die illegale Reichsleitung der Gewerkschaften 1933–1945. Köln 1981, S. 41 ff., sowie: Manfred SCHARRER (Hrsg.), Kampflose Kapitulation. Arbeiterbewegung 1933. Reinbek bei Hamburg 1984.

sationen zu infiltrieren sowie antinazistische Propagandamaterialien in Umlauf zu bringen. Dabei war man sich der damit einhergehenden enormen Risiken zu jenem Zeitpunkt überhaupt noch nicht vollends bewusst. Auch mit Aktivisten und Funktionären der seit Mitte März 1933 im Volksstaat verbotenen Republikschutzorganisationen »Reichsbanner Schwarz Rot Gold« und »Eiserne Front«, desgleichen mit solchen der sozialdemokratisch ausgerichteten Gewerkschaftsverbände sowie anderer befreundeter Organisationen ist verdeckt Kontakt aufgenommen worden. Perspektivisch sollte obendrein mit Polizei- und anderen Beamten, mit bürgerlichen Oppositionellen und sogar mit Anhängern der linksfaschistischen »Schwarzen Front« Fühlung gesucht werden. Des Weiteren hätten Trotzkisten, Rechtskommunisten, Mitglieder der Sozialistischen Arbeiterpartei Deutschlands und selbst KPD-Mitglieder absorbiert werden sollen, sofern sie – von dieser Einschränkung wird man ausgehen können – keine linientreuen Stalinisten waren. In ganz Südhessen fanden nun verschiedene Geheimtreffen zur Vorbereitung beziehungsweise Aktivierung dieser Widerstandsstruktur statt, wobei sich diese hauptsächlich auf Frankfurt und Umgebung, aber auch auf den Darmstädter Raum konzentrierten. Meist kam man nur in kleinerer oder kleinster Runde zur Beratung zusammen, zuweilen gab es mehrere Dutzend, in einem Fall wohl sogar deutlich über 60 Teilnehmer. An einer der kleineren, in Frankfurt durchgeführten Zusammenkünfte nahmen neben Wilhelm Leuschner auch die beiden hessischen SPD-Reichstagsabgeordneten Mierendorff und Heinrich G. Ritzel, der spätere SPD-Vorsitzende Kurt Schumacher, ebenfalls Mitglied des Reichstages (MdR), sowie der Vorsitzende des Sozialistischen Deutschen Studentenbundes an der Frankfurter Universität Siegfried Höxter teil. Mit gleicher Intention traf Leuschner sich zu jener Zeit außerdem mehrfach mit etlichen Parteifreunden und Gewerkschaftskollegen in Berlin und anderenorts.[67]

Wie höchst gefährlich antinazistisches Schrifttum nicht etwa nur für dessen Verfasser und Verbreiter sein konnte, sondern – wenn es nämlich, was regelmäßig geschah, den NS-Fahndern in die Hände fiel – auch für andere, bewies auf geradezu schockierende Weise eine von der Revolutionären Gewerkschafts-Opposition (RGO), einer Nebenorganisation der KPD, für die Belegschaft der Wiesbadener Verkehrsbetriebe in der zweiten Maihälfte 1933 herausgegebene Betriebszeitung. Unter der Überschrift »Achtung SPD-Arbeiter! Der Verrat Eurer Führer geht noch weiter!« fand sich in dem Organ ein Bericht über den soeben beginnenden konspirativen Widerstand der Sozialdemokraten im Bereich Südhessens. In dem Artikel wurden zwei der Anführer jenes frühen Versuchs der Schaffung eines geheimen, gegen die NS-Herrschaft gerichteten »Systems von Vertrauensleuten«, nämlich Carlo Mierendorff und Siegfried Höxter, sogar mit ihren Klarnamen genannt. Diese Bloßstellung war nicht nur ein grober Verstoß gegen die Regeln der Kon-

---

67 Siehe z. B. den von einem »Gewährsmann« im Sommer 1933 zunächst der Deutschen Gesandtschaft in Brüssel und von dort dem Auswärtigen Amt in Berlin zugeleiteten parteiinternen Bericht: Das Pioniersystem. Die illegale Organisationsform der SPD in Deutschland. In: Axel ULRICH, Freiheit! Das Reichsbanner Schwarz Rot Gold und der Kampf von Sozialdemokraten in Hessen gegen den Nationalsozialismus 1924–1938. Hrsg.: SPD-Bezirk Hessen-Süd und Union-Druckerei und Verlagsanstalt. Frankfurt/M. 1988, S. 159 ff.; Heinrich G. RITZEL, Kurt Schumacher in Selbstzeugnissen und Dokumenten. Reinbek bei Hamburg 1972, S. 32; ULRICH (siehe Anm. 12), S. 30 ff.

spiration, sondern lief eigentlich – wenn auch unausgesprochen – auf die Aufforderung an die Verfolgungsbehörden hinaus, jenen Aktivitäten tunlichst ein Ende zu bereiten. Die Kommunisten denunzierten übrigens führende sozialdemokratische und auch andere Widerständler seinerzeit keineswegs selten, um sodann zu versuchen, deren hierdurch möglicherweise nicht enttarnte Anhängerschaft für ihre eigenen politischen Zwecke abzuwerben, das heißt für ihren einer völlig verfehlten Lageeinschätzung folgenden revolutionären Massenwiderstand mit der Zielsetzung der Errichtung »eines neuen sozialistischen Sowjet-Deutschlands«. Doch hiermit mochten sich überzeugte Sozialdemokraten wie Wilhelm Leuschner nie und nimmer einverstanden erklären. Vielmehr war dieser felsenfest davon überzeugt, dass die von den Kommunisten betriebene Spaltung der Arbeiterschaft nur den Nationalsozialisten in die Hände gespielt hatte, weshalb die KPD mit dafür verantwortlich sei, dass der Faschismus in Deutschland derart problemlos hatte an die Macht gelangen können. Demgegenüber beabsichtigte Leuschner, wie er schon in seiner letzten Plenarrede vor der Novemberwahl des Jahres 1931 bekannt hatte, zwecks Bekämpfung von Faschismus und Kommunismus die Wiederzusammenführung der »gesamten Arbeiterschaft in einer einigen Partei«.[68]

Die entsprechende Reaktion der Faschisten auf diesen denunziatorischen Artikel der Wiesbadener RGO ließ nicht lange auf sich warten: Bereits nach wenigen Wochen waren etliche Anführer und Aktivisten jenes ersten Widerstandsversuchs der hessischen Sozialdemokraten verhaftet, darunter auch der am 13. Juni 1933 in Frankfurt festgenommene und gut eine Woche später ins KZ Osthofen verbrachte Carlo Mierendorff, wenn sie nicht mit knapper Not hatten ins Ausland entweichen können, wie zum Beispiel Heinrich G. Ritzel und Siegfried Höxter.

Verweigerung als NS-Fürsprecher in Genf

Schon am 5. Mai 1933 ist Leuschner wieder aus der Haft entlassen worden.[69] Beides, also sowohl seine erstmalige Inhaftierung als auch seine doch recht zügige Freilassung, verdankte er seiner Gewerkschaftstätigkeit. Am 2. Mai hatte man ihn festgenommen, weil er ein beinharter SPD-Gewerkschafter war, und drei Tage später wurde er aus demselben Grund wieder auf freien Fuß gesetzt. Letzteres geschah, weil im Juni 1933 in Genf turnusgemäß die Internationale Arbeitskonferenz der IAO stattfand.[70] Wenn Leuschner hierbei nicht zugegen gewesen wäre, hätte dies höchstwahrscheinlich bereits im Vorfeld

---

68 ULRICH (siehe Anm. 12), S. 32; R. G. O. Scheinwerfer, Organ der Belegschaft der Verkehrsbetriebe Wiesbaden, 2. Jg., Nr. 31, Mai 1933, Hessisches Hauptstaatsarchiv Wiesbaden (HHStAW) Abt. 483 Nr. 1948; der denunziatorische Artikel sowie ein diesbezüglicher Erinnerungsbericht von Paul Krüger, dem seinerzeitigen politischen Leiter der Wiesbadener RGO und dortigen KPD-Stadtverordneten, sind abgedruckt in: Lothar BEMBENEK / Axel ULRICH, Widerstand und Verfolgung in Wiesbaden 1933–1945. Eine Dokumentation. Hrsg.: Magistrat der Landeshauptstadt Wiesbaden – Stadtarchiv. Gießen 1990, S. 110 ff. und 122 ff.; LEITHÄUSER (siehe Anm. 21), S. 71.
69 LEITHÄUSER (siehe Anm. 21), S. 116; TOSSTORFF (siehe Anm. 55), S. 18.
70 TOSSTORFF (siehe Anm. 55), S. 18; ULRICH (siehe Anm. 12), S. 29.

zu erneuten internationalen Protesten gegen den antigewerkschaftlichen Kurs der NS-Regierung geführt, was diese aber unter allen Umständen vermeiden wollte. Deshalb wurde beschlossen, auch Leuschner als Mitglied der deutschen Delegation nach Genf reisen zu lassen. Die Nationalsozialisten gingen davon aus, dass dies dort als ein positives Signal aufgefasst werden würde: Ein langjähriger überzeugter sozialdemokratischer Gewerkschaftsfunktionär vertritt auf internationalem Parkett das neue, das faschistische Deutschland und dessen am 10. Mai 1933 als »Zwangsgemeinschaft von Arbeitnehmern und Arbeitgebern«[71] ins Leben gerufene Deutsche Arbeitsfront (DAF). Dadurch, so hofften die Nazis, würde den Gewerkschaftern und ihrer Anhängerschaft in Deutschland, aber auch in der ganzen Welt deutlich gemacht, dass mit der Durchsetzung der NS-Herrschaft »nun wirklich eine ›neue Zeit‹ für die deutsche Arbeiterschaft angebrochen« sei.[72]

Nachdem Leuschner noch die Haftentlassung etlicher Kollegen erwirkt hatte – auch auf die Fritz Tarnows hatte er zusammen mit dessen Sohn Reinhold und dem Berliner Polizeipräsidenten Einfluss nehmen können –, fuhren er und Bernhard Otte, der Vorsitzende des Gesamtverbandes der Christlichen Gewerkschaften und zugleich des Internationalen Bundes christlicher Gewerkschaften, mit der NS-Delegation nach Genf. Doch die beiden erfüllten die in sie gesetzten Erwartungen ganz und gar nicht.[73] Durch ihr betont distanziertes Auftreten machten sie vielmehr den übrigen Konferenzteilnehmern unmissverständlich klar, dass sie selbst die Hitler-Herrschaft weder unterstützten noch begrüßten. Gleichzeitig informierten sie die Abgesandten der internationalen Gewerkschaftsbewegung in vertraulichen Gesprächen über die wahren Zustände in Deutschland, und mit Bestimmtheit warb Leuschner bei seinen dort versammelten Kollegen zudem um deren Unterstützung für die nun hierzulande allmählich in Gang kommende gewerkschaftliche Widerstandsarbeit. Dass er aber die von ihm eigentlich erwartete Mandatsübergabe an Dr. Robert Ley, den Chef der DAF, verweigert hat, wurde ihm von diesem natürlich sehr verübelt.[74]

Obwohl er also genau wusste, dass sein Verhalten von den Nationalsozialisten als schwerwiegender Affront aufgefasst wurde und ihm deshalb bei Rückkehr nach Deutschland die Verhaftung gewiss war, entschloss sich Leuschner dennoch, die Schweiz nach drei Wochen wieder Richtung Heimat zu verlassen. Für die Faschisten war ihr Auftritt in Genf jedenfalls zu einem einzigen Debakel geraten, denn die IAO hatte – nachdem zuvor bereits die Sozialistische Arbeiter-Internationale und der IGB gegen den schier unglaub-

---

71 DAF, abrufbar unter: https://www.dhm.de/lemo/kapitel/ns-regime/ns-organisationen/deutsche-arbeitsfront.html [25.11.2014]; siehe hierzu auch: Michael SCHNEIDER, »Organisation aller Schaffenden der Stirn und der Faust«. Die Deutsche Arbeitsfront (DAF). In: Stephanie BECKER / Christoph STUDT (Hrsg.), »Und sie werden nicht mehr frei sein ihr ganzes Leben«. Funktion und Stellenwert der NSDAP, ihrer Gliederungen und angeschlossenen Verbände im »Dritten Reich«. Berlin 2012 (Schriftenreihe der Forschungsgemeinschaft 20. Juli 1944, Bd. 16), S. 159–178.
72 TOSSTORFF (siehe Anm. 55), S. 19.
73 LEITHÄUSER (siehe Anm. 21), S. 117 ff.; TOSSTORFF (siehe Anm. 55), S. 26 f. und 49; ULRICH (siehe Anm. 12), S. 29.
74 LEITHÄUSER (siehe Anm. 21), S. 121 ff.; TOSSTORFF (siehe Anm. 55), S. 45 ff.; HASIBETHER (siehe Anm. 10), S. 29; ULRICH (siehe Anm. 12), S. 29.

lichen Terror, der sich seit Monaten schon in Deutschland austobte, mit allem Nachdruck protestiert hatten – nicht nur Ley persönlich, sondern dem ganzen arbeiterfeindlichen und antijüdischen Agieren der Regierung Hitler ebenfalls eine deutliche Abfuhr erteilt.[75]

Zweite Festnahme und KZ-Haft

Unmittelbar nach seiner Einreise nach Deutschland wurde Leuschner am 23. Juni 1933 in Freiburg festgenommen, genauso wie es Ley avisiert hatte.[76] Bis zum 10. Juni 1934, also fast ein ganzes Jahr lang, blieb er inhaftiert, und zwar erst im Badischen Landesgefängnis Freiburg, seit dem 7. Juli im Landeszuchthaus Rockenberg bei Butzbach, ab 5. November dann im Emsland-KZ Börgermoor bei Papenburg und seit dem 6. Dezember 1933 schließlich im KZ Lichtenburg im Kreis Torgau. Überall waren Schikanen, Prügel, Folter, unzureichende Verpflegung, desolate hygienische Verhältnisse und dergleichen mehr an der Tagesordnung. Zu Leuschners Mithäftlingen gehörten sein alter Freund und Mitstreiter aus Darmstädter Tagen Carlo Mierendorff, der spätere schleswig-holsteinische Ministerpräsident Hermann Lüdemann sowie Ernst Reuter, nach dem Krieg Oberbürgermeister beziehungsweise Regierender Bürgermeister von Berlin, sowie viele andere sozialdemokratische Genossen und Kollegen. Die überwiegende Häftlingsmehrheit in den Lagern bildeten zu jener Zeit allerdings die Kommunisten. Der Schauspieler und Theaterregisseur Wolfgang Langhoff und ebenso der Erfurter Schaufensterdekorateur Alfred Marchand, seinerzeit noch linientreues Mitglied der KPD, berichteten unabhängig voneinander, dass in dieser Situation für keine Seite mehr, auch nicht für Leuschner, die alten politischen Zwistigkeiten eine besondere Rolle gespielt hätten.[77]

Für sämtliche der aus politischen Gründen Inhaftierten dürfte damals in der Tat außer Frage gestanden haben, dass die Spaltung der Arbeiterbewegung den Nationalsozialisten das Agieren ganz erheblich erleichtert hatte und dass der erste Widerstand, ob er nun von den Kommunisten oder den Sozialdemokraten ausgegangen war, inzwischen nahezu vollständig zerschlagen gewesen ist. Doch seien alle davon überzeugt gewesen, so Marchand in einem vor drei Jahrzehnten publizierten Erinnerungsbericht, dass die antinazistische Arbeit so bald wie möglich wieder aufgenommen werden müsse.[78] Aber garantiert werden Leuschner die unlauteren Methoden, mit denen die Kommunis-

---

[75] KOGON (siehe Anm. 13), S. 21; TOSSTORFF (siehe Anm. 55), S. 43 ff., 76 und 82–94; ULRICH (siehe Anm. 12), S. 29 und 44.

[76] LEITHÄUSER (siehe Anm. 21), S. 125; HASIBETHER (siehe Anm. 10), S. 29; ULRICH (siehe Anm. 12), S. 29.

[77] LEITHÄUSER (siehe Anm. 21), S. 128 f., 139 f. und 148 f.; ULRICH (siehe Anm. 12), S. 34 f.; KOGON (siehe Anm. 13), S. 21.

[78] Alfred MARCHAND, Mit Wilhelm Leuschner im KZ Lichtenburg. In: Axel ULRICH (Bearb.), Hessische Gewerkschafter im Widerstand 1933–1945. Hrsg.: DGB-Bildungswerk Hessen und Studienkreis zur Erforschung und Vermittlung der Geschichte des deutschen Widerstandes 1933–1945. Gießen 1983, S. 122–125, hier: S. 123 f.

ten verstärkt seit dem Sommer 1934 in mehreren Städten und Gemeinden, so auch in der Rhein-Main-Region, Sozialdemokraten zu »Einheitsfront«-Abkommen mit ihnen zu drängen versuchten,[79] zu Ohren gekommen sein, weshalb er sich dadurch in seiner alten Animosität der KPD gegenüber unweigerlich bestätigt gesehen haben wird.

Unterstützung des Widerstandes aus dem Ausland

Mehr oder weniger gut ausgebaut waren damals zwar nicht nur bereits die Stützpunkte in Berlin, Hamburg, Hannover und mehreren Städten des Rhein-Ruhr-Gebietes, sondern auch in verschiedenen süddeutschen Städten, im Bereich Mittel- und Ostdeutschlands sowie in der Region Rhein-Main. Aber zur Unterstützung eines von oppositionellen Militärs herbeizuführenden Umsturzes, wie er schon damals von Leuschner und seinen Mitstreitern erhofft wurde, hätte dies natürlich bei weitem noch nicht ausgereicht. Hierzu war in jedem Fall eine reichsweite Ausdehnung der zivilen Konspiration unabdingbar. Dies jedoch machte beispielsweise fortwährende kostenintensive Reiseaktivitäten erforderlich, denn Post und Telefon durften aus Vorsichtsgründen höchstens per vorher vereinbarten Geheimcodes benutzt werden. Deshalb war man auf Unterstützung dringend angewiesen, vor allem in finanzieller Hinsicht. Diesbezüglich erfuhren jene frühen Widerstandsaktivitäten Förderung durch etliche befreundete ausländische und internationale Arbeiterorganisationen, wenn auch längst nicht immer im erhofften Umfang. Zu den Unterstützern des deutschen nichtkommunistischen Gewerkschaftswiderstandes gehörten zum Beispiel der Internationale Metallarbeiter-Bund, die Internationale Transportarbeiter-Föderation, die Bergarbeiter-Internationale, der Internationale Textilarbeiter-Verband und der Internationale Bund der Privatangestellten, desgleichen etliche Einzelgewerkschaften aus vielerlei Ländern sowie die britische Labour Party und der Trades Union Congress.[80]

Mit der im Sommer 1935 in Komotau in der Tschechoslowakei mit Unterstützung des dortigen Metallarbeiter-Verbandes durch den im Vorjahresherbst dorthin geflüchteten Heinrich Schliestedt ins Leben gerufenen Auslandsvertretung der sozialdemokratisch orientierten deutschen Gewerkschaften (ADG) standen die Illegalen um Leuschner und seine Mitstreiter durch Kuriere ebenfalls in regelmäßigem Kontakt. Die ADG sollte in Verbindung mit der seit 1933 in Prag postierten Exil-SPD und mit Hilfeleistung durch den IGB und einige Internationale Berufssekretariate der Untergrundarbeit in Deutschland den Rücken stärken. Nach Schliestedts Tod im Jahr 1938 übernahm Fritz Tarnow, der sich damals noch in Kopenhagen befand, die Leitung dieser gewerkschaftlichen Exilvertretung. Über ihn, der am 23. März 1933 zusammen mit der SPD-Reichstagsfraktion gegen Hitlers »Ermächtigungsgesetz« votiert hatte, nach seiner Freilassung

---

[79] Siehe hierzu ausführlicher: ULRICH (siehe Anm. 67), S. 109–119; Axel ULRICH, Zum politischen Widerstand gegen das »Dritte Reich« in Mainz. In: Mainzer Zeitschrift. Mittelrheinisches Jahrbuch für Archäologie, Kunst und Geschichte, Jg. 103. Mainz 2008, S. 215–229, hier: S. 222 f.
[80] ULRICH (siehe Anm. 12), S. 44.

aus Plötzensee am 11. Mai jenes Jahres über Prag, Paris, Amsterdam und London nach Dänemark geflüchtet war und der im Frühjahr 1940 dann vor den Faschisten weiter nach Schweden auswich, liefen geheime Auslandsverbindungen des Widerstandsnetzwerks um Leuschner unter anderem nach Skandinavien und Großbritannien. Solche Kontakte bestanden selbst während des Krieges noch fort, wenngleich nun in zunehmend reduziertem Umfang. Überhaupt sind die illegalen gewerkschaftlichen Auslandsbeziehungen durch den Kriegsverlauf immer diffiziler geworden. Trotzdem führten auch weiterhin – und verschiedentlich sogar bis in die unmittelbare Vorphase des »20. Juli 1944« hinein – Verbindungswege der Leuschner-Konspiration sporadisch nach Schweden, in die Niederlande, in die Schweiz, nach Frankreich, nach Griechenland und auf die Iberische Halbinsel, von wo aus dann genauso wie über Schweden der Kontakt mit Großbritannien realisiert werden konnte. Hier wirkten die nach Kriegsbeginn von Paris dorthin übergewechselte Exil-SPD und außerdem unter Leitung des 1938 aus Deutschland entkommenen vormaligen Spitzenfunktionärs des Zentralverbandes der Angestellten Hans Gottfurcht eine Londoner Vertretung der freien Arbeiter-, Angestellten- und Beamtengewerkschaften beziehungsweise ab 1941 eine neu gegründete und recht rührige Landesgruppe deutscher Gewerkschafter. Diese wurde – nun aber unabhängig von der ADG, deren Bedeutung zudem immer mehr im Schwinden begriffen war – gleichermaßen von diesem langjährigen couragierten Widerstandsaktivisten angeführt.[81]

... und aus dem Inland

Mit seinem Freund Jakob Kaiser von den christlichen Gewerkschaften hatte Leuschner bereits im Mai 1933 vereinbart, dass sie im von ihnen schon damals beabsichtigten Widerstand gegen das NS-Regime eine völlig neue, nämlich endlich einheitlich organisierte Gewerkschaftsbewegung begründen würden. Während seiner Inhaftierung hatten Kaiser und Dr. Elfriede Nebgen, dessen damalige Vertraute sowie spätere Ehefrau und Biographin, in Berlin die Verbindung zur Familie Leuschners aufrechterhalten, und nun – nach dessen Haftentlassung – bemühten sich die beiden sogleich geradezu fürsorglich um dessen Restabilisierung.[82] Gleichzeitig halfen sie ihm bei der vorsichtigen Aufnahme seiner Widerstandtätigkeit, wobei der von jedweder Ideologie freie Einheitsgedanke ihr gemeinsames striktes Leitmotiv blieb. Vor geraumer Zeit bereits hatte auch Kaiser mit einigen seiner engsten Vertrauten damit begonnen, peu à peu ein im ganzen Reich weit verzweigtes Netzwerk oppositioneller christlicher Gewerkschafter sowie von Funktionären der Katholischen Arbeiterbewegung (KAB) zu schaffen, das natürlich

---

81 ULRICH (siehe Anm. 12), S. 40, 47 f., 90, 92 f., 114 ff. und 250 ff.; zur ADG während der Vorkriegsjahre siehe ausführlicher z. B.: Willy BUSCHAK, Arbeit im kleinsten Zirkel. Gewerkschaften im Widerstand gegen den Nationalsozialismus. Essen 2015, S. 309–329; siehe ferner: Max OPPENHEIMER, Aufgaben und Tätigkeit der Landesgruppe deutscher Gewerkschafter in Großbritannien. Ein Beitrag zur Vorbereitung der Einheitsgewerkschaft. In: Exilforschung. Ein internationales Jahrbuch. Bd. 5: Fluchtpunkte des Exils und andere Themen. München 1987, S. 241–256.
82 ULRICH (siehe Anm. 12), S. 38.

längst nicht die Dimensionen der Widerstandsstrukturen ihrer sozialdemokratischen Kollegen aufwies. Hierbei kamen ihnen Unterlagen und sonstige Hinweise zu den rund 600 von den Nazis entlassenen Beschäftigten der christlichen Gewerkschaften einschließlich deren Rentner zugute, um deren soziale Belange Kaiser sich fortan ganz offiziell kümmern durfte. Leuschner versuchte daraufhin auf ganz ähnliche Weise an die Adressen der vordem weit über 6.000 Funktionäre sowie Mitarbeiterinnen und Mitarbeiter des ADGB und ebenso der Redakteure seiner Presseorgane zu gelangen. Hierbei war er partiell auch erfolgreich, während er freilich eine Beauftragung staatlicherseits zur versorgungsrechtlichen Betreuung des einstigen Gewerkschaftspersonals auch auf juristischem Wege nicht herbeizuführen vermochte. Bald stießen dann noch Max Habermann vom früheren Deutschnationalen Handlungsgehilfenverband und Ernst Lemmer, einst Generalsekretär des kleinen liberalen Gewerkschaftsrings deutscher Arbeiter-, Angestellten- und Beamtenverbände, zu Leuschner und Kaiser hinzu und komplettierten damit den zentralen Führungsstab des von diesen koordinierten Widerstandes jener drei Gewerkschaftsrichtungen.[83]

Deren Neuordnungsüberlegungen entsprachen denen von immer mehr illegal operierenden Vertretern nichtkommunistischer Verbände durchaus. Dies demonstriert zum Beispiel eine Anfang 1936 in den »Deutschland-Berichten« der Exil-SPD erschienene Stellungnahme eines anonym gebliebenen christlichen Gewerkschaftsfunktionärs, der darin bekundete, keiner seiner Kollegen glaube an das »Wiederkommen einer Spaltung zwischen christlichen und freien Gewerkschaften«, wobei »sozialistische Forderungen« ganz bestimmt keinen Störfaktor darstellten.[84] Ganz ähnlich sah das wohl auch der Marburger Wirtschaftswissenschaftler Prof. Dr. Gerhard Albrecht, weshalb er gemeinsam mit Leuschner, Kaiser und Habermann ein – allerdings nicht erhalten gebliebenes – gewerkschaftliches Grundsatzprogramm ausarbeitete, das – wie vordem bereits die »Führerkreis«-Vereinbarung vom Frühjahr 1933 – die Schaffung einer »einzigen, umfassenden, nationalen« Gewerkschaft vorsah.[85]

Kontakte zur Militäropposition und zu Dr. Goerdeler

1937 ist zudem durch Prof. Albrecht dem damaligen Oberbefehlshaber des Heeres Generaloberst Werner Freiherr von Fritsch eine von Leuschner, Kaiser, Habermann und Nebgen erstellte Denkschrift übergeben worden, in welcher nicht nur die ebenso brutale wie beschämende Behandlung der Arbeiterschaft und der jüdischen Bevölkerung kritisiert wurde, sondern daneben auch das Erfordernis einer vereinheitlichten Arbeiterbewegung fernab jedweder weltanschaulichen Fundamentierung hervorgehoben worden ist. Jenem Memorandum soll, so hat es Elfriede Negben berichtet, noch eine ganze »Reihe

---

83 LEITHÄUSER (siehe Anm. 21), S. 169; ULRICH (siehe Anm. 12), S. 41f., 52ff. und 78; HASIBETHER (siehe Anm. 10), S. 31.
84 ULRICH (siehe Anm. 12), S. 49ff.
85 Ebenda, S. 42f.

von Denkschriften« an die Adresse von »Fritsch und später weiteren verantwortlichen Persönlichkeiten der Wehrmacht« gefolgt sein. Im Winter 1938/39 kam es sodann in Berlin bei Ernst von Harnack, vordem sozialdemokratischer Regierungspräsident in Merseburg, zu einer denkwürdigen Unterredung zwischen einigen bürgerlichen und sozialdemokratischen Gegnern des NS-Regimes. Beteiligt hieran waren außer Leuschner unter anderem der einstige mecklenburgische SPD-Reichstagsabgeordnete Dr. Julius Leber und deren Genosse, der seit 1934 in Frankfurt am Main im Ruhestand lebende vormalige Holzarbeitergewerkschafter, Reichswehrminister und letzte Oberpräsident der preußischen Provinz Hannover Gustav Noske sowie die beiden Juristen Dr. Otto John und Dr. Klaus Bonhoeffer. Diese verständigten sich hierbei auf die später im Aufstandsversuch vom 20. Juli 1944 kulminierende Strategie, der zufolge durch Zusammenführung der militärischen sowie aller nichtkommunistischen zivilen Widerstandskräfte die Erfolgschancen für eine Umsturzaktion deutlich erhöht werden könnten.[86]

Zu jener Zeit kam es tatsächlich endlich zu einem behutsamen Näherrücken der diversen Oppositionsbereiche, wobei sich der im Sommer 1938 aus Protest gegen die von Hitler beabsichtigte Niederwerfung der Tschechoslowakei als Generalstabschef des Heeres zurückgetretene, indes noch zum Generalobersten beförderte Ludwig Beck im Hintergrund allmählich zu einer der unangefochtenen Zentralfiguren des militärisch-bürgerlichen Widerstandes mit außerordentlicher Integrationskraft weit über seinen ursprünglichen Einflussbereich hinaus entwickelte. An dessen Beispiel wie auch an einem bereits im September jenes Jahres kreierten konkreten Staatsstreichplan ist ersichtlich, dass es schon vor Ausbruch des Zweiten Weltkriegs einige Militärs gab, welche die NS-Herrschaft nicht nur innerlich ablehnten, sondern diese sogar beseitigen wollten.[87]

Zu einem ersten persönlichen Gedankenaustausch zwischen Beck und Leuschner, der bei Kriegsbeginn ebenso wie Tausende andere Antifaschisten abermals vorübergehend inhaftiert worden war, kam es jedoch erst im Herbst 1939. Ihr Gespräch galt hauptsächlich der Frage, inwieweit es möglich wäre, einen flächendeckenden politischen Ausstand der arbeitenden Bevölkerung herbeizuführen, um hierdurch eine Militäraktion zur grundlegenden Änderung der politischen Verhältnisse zu unterstützen. Leuschner erklärte, dies sei nur machbar, wenn die militärischen Operationen zur Beseitigung des »Dritten Reiches« entweder schon angelaufen oder – besser noch – bereits zu einem erfolgreichen Abschluss gebracht worden wären. Beck leuchtete diese Argumentation ein, vor allem weil ein unter den damaligen Bedingungen ausgerufener Generalstreik unbestreitbar ein für alle daran Beteiligten lebensgefährliches Unterfangen dargestellt hätte. Leuschner sicherte gleichwohl seine Mitwirkung zu und bekräftigte dies dadurch, dass er dafür sorgte, die Zentren der sozialdemokratischen und gewerkschaftlichen Untergrundbewegung durch unverzüglich dorthin entsandte Boten auf einen möglicherweise in Kürze erfolgenden Streikaufruf vorzubereiten. Aber andere

---

[86] Elfriede NEBGEN, Jakob Kaiser. Der Widerstandskämpfer. Stuttgart, Berlin, Köln, Mainz 1967, S. 52 ff. und 54 ff.; ULRICH (siehe Anm. 12), S. 42, 76 ff. und 84.

[87] ULRICH (siehe Anm. 12), S. 79 ff.

Militärs, darunter Generaloberst Walther von Brauchitsch, der Oberbefehlshaber des Heeres, vertraten die Ansicht, zuerst solle die Arbeiterschaft aktiv werden, um den »Führer« durch eine reichsweite Arbeitsniederlegung zu entmachten. Danach werde das Militär ihr schon zur Seite stehen. Leuschner wies jenes Ansinnen kategorisch zurück, weil er an der diesbezüglichen Zuverlässigkeit des Militärs gewaltig zweifelte.

Die Offiziere, so argwöhnte er, könnten schließlich sofort wieder die Fronten wechseln, zumal sie bekanntermaßen sowieso stets gegen die Linke, nie aber gegen Rechtskräfte vorgegangen waren. Der Kontakt zwischen Leuschner und den oppositionellen Militärs drohte infolgedessen sogleich wieder abzureißen, dies aber auch deshalb, weil man ihm und seinen Freunden den Einblick in Ministerlisten und andere Ausarbeitungen für den Umsturzfall verwehrte, die von den beteiligten konservativen Zivilisten bereits erstellt worden waren. Daher bat Beck Ernst von Harnack, Leuschner doch möglichst umgehend wieder auf Kurs zu bringen. Harnack gelang dies auch, indem er ihm im Auftrag des Generals die Zusicherung überbrachte, er werde sofort bei Eintreten des Ausnahmezustands als Reichskommissar für die DAF mit allen ihren Unterorganisationen eingesetzt, und zwar bis wieder freie Gewerkschaften gebildet werden könnten. Mit dieser politischen Vollmacht hätte Leuschner sich zu gegebener Zeit umgehend an die Verwirklichung seiner lange gehegten Zukunftsvision machen können, nämlich an die Schaffung einer deutschen Volksgewerkschaft, das heißt einer allumfassenden, zentralistisch strukturierten und parteipolitisch gänzlich ungebundenen, dabei dezidiert demokratisch ausgerichteten Organisation zur Wahrnehmung der wirtschaftlichen, sozialen und kulturellen Belange aller lohn- und gehaltsabhängig Beschäftigten ab 18 Jahren.[88]

In jenem Winter 1939/40 fanden zwischen Beck und Leuschner mit Sicherheit noch weitere Treffen statt. Die erste konspirative Unterredung zwischen dem Gewerkschaftsführer und der – neben Beck – zweiten Zentralfigur des nationalkonservativ-bürgerlichen Widerstands, Dr. Carl Goerdeler, dem vormaligen Oberbürgermeister von Leipzig, erfolgte hingegen erst einige Zeit später, und zwar im Herbst 1940, während Goerdeler mit Jakob Kaiser bereits seit dem Vorjahr in Verbindung stand. Zwischen Ende 1941 und Anfang 1943 kam es außerdem zu verschiedenen Aussprachen zwischen Leuschner und zweien seiner engsten Vertrauten, nämlich dem einstmaligen Geschäftsführer des Reichsausschusses der Deutschen Jugendverbände Hermann Maaß und Carlo Mierendorff, mit den führenden Köpfen der bürgerlich-sozialdemokratisch kombinierten Widerstandsgruppe »Kreisauer Kreis« Helmuth James Graf von Moltke und Dr. Peter Graf Yorck von Wartenburg. Während dieser Kontakt wegen deren von den seinen doch erheblich abweichenden Gewerkschaftsvorstellungen mit der Zeit immer mehr abkühlte und zuletzt nur noch durch Mittelsleute, vor allem durch Julius Leber, aufrechterhalten wurde, sollten sich Goerdelers und Becks Positionen gerade in dieser Hinsicht zunehmend denen Leuschners annähern.[89] Gerade mit Beck verstand Leuschner sich

---

88 LEITHÄUSER (siehe Anm. 21), S. 191 und 194 f.; Otto JOHN, »Falsch und zu spät«. Der 20. Juli 1944. Epilog. Erweiterte, korrigierte Ausgabe. Frankfurt/M., Berlin 1989, S. 133 ff.; ULRICH (siehe Anm. 12), S. 97, 104 ff. und 183 ff.
89 ULRICH (siehe Anm. 12), S. 107, 130 f., 163–170 und 186 f.

bis zuletzt ganz vorzüglich. Beide waren wechselseitig von ihrer Verlässlichkeit überzeugt und schätzten einander auch sonst sehr. Bestimmte Unterschiede in ihren Auffassungen hinsichtlich der Gestaltung des postfaschistischen Deutschlands bestanden allerdings bis zum Schluss: So plädierte der General zum Beispiel spätestens im Mai 1944 für die Schaffung einer »antinazistischen Einheitspartei« unter Einbeziehung sogar der Kommunisten, wie es vom berühmten bürgerlich-liberalen Historiker Prof. Dr. Friedrich Meinecke kurz nach dem Krieg bezeugt wurde, wohingegen der Gewerkschaftsführer deren Einbindung nach wie vor entschieden ablehnte und vielmehr meinte, man werde in Zukunft sicherlich besser ohne eine eigenständige kommunistische Partei auskommen.[90]

Weitere Ausweitung des zivilen Widerstandsnetzwerks

In die von Leuschner beeinflussten konspirativen Strukturen waren – wie er 1941 seinem Freund und Mitstreiter Willi Richter anvertraut hat – inzwischen reichsweit »über 800 Personen« einbezogen.[91] Aber dieses äußerst respektable Kontingent reichte natürlich immer noch nicht aus, um nach einem Umsturz alle entscheidungsrelevanten Positionen in den Kommunal- und Landesverwaltungen sowie auf Reichsebene und ebenso in der DAF mit zuverlässigen, demokratisch gesinnten Kräften zu besetzen. Es galt folglich, die sozialdemokratisch-, christlich- und liberalgewerkschaftlichen Widerstandsstrukturen noch ganz erheblich zu erweitern und außerdem auch die Verbindungen zu bürgerlichen und anderen Oppositionellen weiter auszubauen.[92]

Die nun erfolgende Forcierung der Bemühungen um eine personelle, strukturelle und politische Verstärkung beziehungsweise Verbreiterung der Widerstandsnetzwerke um Leuschner, Kaiser und Habermann führte dementsprechend zu einer beträchtlichen Intensivierung der ohnehin schon recht regen Reiseaktivitäten der Spitzenkonspirateure und ihrer Emissäre. Diese mussten – wie gesagt – finanziert und zugleich optimal getarnt werden. Für Leuschner traf es sich geradezu ideal, dass er 1936 in Berlin Mitinhaber eines kleinen Fabrikationsunternehmens für Patentverwertung und Apparatebau, etwa für neu entwickelte Zubehörteile für Bierdruckanlagen und dergleichen, geworden war, für das im ganzen Deutschen Reich ständig neue Aufträge akquiriert werden mussten. Auch Zulieferbetriebe und andere Geschäftspartner waren regelmäßig aufzusuchen, darunter sogar an seinen Verfahren zur Aluminiumveredelung interessierte Beschaffungsstellen der Kriegsmarine. Jene Geschäftsreisen dienten der geschickten Verschleierung der unentwegten Vernetzungsanstrengungen im ganzen Land. Auch hessische Städte

---

90 Ebenda, S. 242 ff.; Friedrich MEINECKE, Die deutsche Katastrophe. Betrachtungen und Erinnerungen. Wiesbaden 1946, S. 150.

91 So das Zeugnis Willi Richters in seiner Ansprache während des Darmstädter Staatsaktes aus Anlass des 20. Jahrestages der Hinrichtung Leuschners am 29. September 1964. In: Gerhard BEIER, Willi Richter. Ein Leben für die soziale Neuordnung. Köln 1978, S. 507–517, hier: S. 515; siehe auch: ULRICH (siehe Anm. 12), S. 131 und 192.

92 Siehe hierzu z. B.: ULRICH (siehe Anm. 12), S. 131 f., 135 ff. und 144 ff.

Abb. 2: Ausweisfoto Wilhelm Leuschners (1941)

wurden turnusmäßig von ihm sowie seinen als Kundenwerber beziehungsweise -betreuer ganz vortrefflich getarnten Vertrauten angesteuert, wozu Kassel und Marburg genauso gehörten wie Frankfurt am Main, Darmstadt und Mainz.[93]

Aber auch andere Regimegegner, allen voran Goerdeler, entwickelten eine überaus rege Reisetätigkeit in Sachen Widerstand. Dessen Aktivitäten wurden durch den liberaldemokratisch gesinnten Stuttgarter Unternehmer Robert Bosch finanziell abgesichert, der ihm mit einem entsprechenden Beratervertrag obendrein noch ein exzellentes Alibi für sein illegales Agieren verschaffte.[94] Außerdem gehörten zum Beispiel die Industriellen Oscar und Reinhard Henschel aus Kassel sowie Dr. Walter Bauer aus Berlin zu jenen nicht selten beachtenswert großzügigen Finanziers des Widerstandes.[95]

Im Laufe der Zeit konnten demzufolge vielerorts immer mehr Oppositionelle in die Widerstandsstrukturen um Wilhelm Leuschner und seine Konfidenten eingeklinkt werden. Dabei handelte es sich zumeist um Aktivisten beziehungsweise Organisationsfragmente aus dem bisher schon von ihnen bearbeiteten Widerstandsspektrum, mit denen aber aus welchen Gründen auch immer bis dahin noch kein Kontakt hergestellt worden war, ebenso um Einzelpersonen anderer politischen Couleur, da und dort um minimale linkssozialistische und pazifistische Restgruppen sowie um oft nicht minder winzige bürgerliche Oppositionszirkel. Mitunter hatten einzelne jener Widerständler sogar Be-

---

93 Ebenda, S. 61 ff., 70, 89 und 97.
94 Ebenda, S. 82 und 85.
95 Ebenda, S. 88 und 174; viele diesbezügliche Hinweise präsentiert die Dokumentation der XVI. Königswinterer Tagung der Forschungsgemeinschaft 20. Juli 1944: Detlef J. BLESGEN (Hrsg.), Financiers, Finanzen und Finanzierungsformen des Widerstandes. Berlin 2006 (Schriftenreihe der Forschungsgemeinschaft 20. Juli 1944, Bd. 5).

rührung mit kommunistischen Widerstandskreisen, von denen Leuschner aber nichts wissen durfte und wohl auch nichts wusste.[96]

Die von ihm und seinen Mitstreitern geschaffenen, zur Verringerung der Gefahr von Gestapo-Einbrüchen nahezu gänzlich enthierarchisierten und dezentralisierten Widerstandsstrukturen beruhten aus demselben Grund auf dem Prinzip fast vollständiger konspirativer Abschottung. Dies bedeutete konkret: Verzicht auf jedwede agitatorische Außenwirkung und nur überaus vorsichtige Vernetzung der Stützpunkte in den jeweiligen Regionen beziehungsweise deren nicht weniger sorgsam abgesicherte Anbindung an den zentralen Führungsstab in Berlin. Jene Verbindungen wurden immer nur über versiert getarnte Einzelkontaktaufnahmen realisiert, nicht zuletzt auch durch die hierfür eigens eingesetzten Kuriere. Jenem solchermaßen eigentlich optimal abgeschirmten Vertrauensleutenetzwerk vermochten die faschistischen Fahnder trotz jahrelanger Observationen sowie ständigem Einsatz von Spitzeln sogar im Kernbereich sozialdemokratischer Widerstandsorganisationen nicht beizukommen.[97]

Einige jener Sicherheitsmaßnahmen seien hier an den konspirativen Methoden exemplifiziert, welche Leuschner und Bergsträsser anwandten, wenn sie einander in Darmstadt oder in der Reichshauptstadt kontaktierten: So wurde der frühere hessische Innenminister bei seinen Besuchen in Bergsträssers Darmstädter Domizil als »Herr von Preuschen aus Berlin« ausgegeben, den mit dem Gelehrten eine völlig unverdächtige Passion verband, nämlich die Philatelie. Folglich lagen bei jenen vorwiegend am Abend stattfindenden Visiten stets Briefmarkenalben auf dem Tisch und daneben Bergsträssers Dubletten. Damit sollten unter Umständen dennoch misstrauisch gewordene Hitlertreue Hausnachbarn getäuscht werden. Gleichzeitig diente dies dem Schutz von Bergsträssers Familienmitgliedern, die – da sie über den Besucher ja nichts Näheres wussten – im Ernstfall auch der Gestapo nichts verraten konnten. Zur Terminierung ihrer wechselseitigen Treffen benutzten die beiden überdies einen Geheimcode. So rief Bergsträsser als »Dr. Pampel« bei Leuschner an, wenn er sich mit ihm verabreden wollte. Mit unerwünschten Mithörern musste faktisch jederzeit gerechnet werden, weshalb die Zusammenkünfte dann selbstverständlich niemals zur angegebenen Zeit stattfanden, sondern stets einen Tag und eine Stunde eher. Dieser Trick habe sich bewährt, berichtete Bergsträsser später, sie seien tatsächlich niemals behelligt worden. Dass Leuschner in Darmstadt nicht nur ihn aufsuchte, sondern unter anderem auch den früheren Wormser ADGB-Vorsitzenden und dann Regierungsrat im Hessischen Arbeits- und Wirtschaftsministerium sowie SPD-Fraktionsvorsitzenden im Landtag des Volksstaates Heinrich Zinnkann, Tarnname »Kaffeemann«, desgleichen Ludwig Metzger, einst Vorsitzender des Bundes der religiösen Sozialisten in Hessen, war Bergsträsser damals genauso wenig bekannt, wie diese beiden nichts von der Verbindung des »Onkels«, so ein weiterer Deckname Leuschners, mit dem Professor wussten.[98]

---

96 ULRICH (siehe Anm. 12), S. 73 f.
97 Ebenda, S. 59 ff. 98 und 178.
98 LEITHÄUSER (siehe Anm. 21), S. 199 f.; MÜHLHAUSEN (siehe Anm. 1), S. 597 f.; ZIBELL (siehe Anm. 6), S. 105 f.; siehe auch: Gerhard BEIER, Wilhelm Leuschner und das Verbindungsnetz sozialistischer

Abb. 3: Leuschner mit Enkelin Hannelore bei Theodor Leipart (etwa 1941/42)

Vor allem beweist den außergewöhnlich hohen Grad an konspirativer Absicherung jener schließlich imponierend weit verzweigten Widerstandsstruktur, in die mit Sicherheit in ganz Deutschland mehrere Tausend Regimegegner einbezogen waren, der schon mehrfach erwähnte Umstand, dass die NS-Ermittlungsbeamten diese nach dem Scheitern des Umsturzversuchs vom »20. Juli« nur äußerst unvollständig aufzudecken vermochten.[99] Die meisten der seinerzeit nicht enttarnten Regimegegner konnten sich folglich nach der Niederringung der NS-Terrorherrschaft durch die Alliierten in ihren Heimatstädten und -gemeinden sofort an der politischen, gewerkschaftlichen und verwaltungsmäßigen Reorganisationsarbeit beteiligen. Einer von ihnen war, wie eingangs bereits erwähnt, Ludwig Bergsträsser.[100]

Die antinazistische Vertrauensleutestruktur in Hessen

Besonders gut ausgebaut war das weiterhin sozialdemokratisch-gewerkschaftlich dominierte Widerstandsnetzwerk naturgemäß in Leuschners früherem regionalen Wirkungsbereich als Gewerkschafter wie als Kommunal- und Landespolitiker. Die hessische Widerstandszentrale befand sich spätestens seit Anfang der 1940er Jahre in Frankfurt

---

Vertrauensleute in Hessen. In: KNIGGE-TESCHE/ULRICH (siehe Anm. 1), S. 565–592, hier: S. 581 ff.
99 ULRICH (siehe Anm. 12), S. 183.
100 ZIBELL (siehe Anm. 6), S. 123 ff.

am Main.[101] Von dort aus liefen die Verbindungswege des Vertrauensleutesystems ins ganze Hessenland, aber auch in andere Reichsregionen und selbstverständlich nach Berlin. Von Frankfurt aus operierten vor allem Willi Richter, dem von Leuschner die Zuständigkeit für die politische Konspiration nördlich der Mainlinie und dazu noch für die gewerkschaftlichen Widerstandsstrukturen im gesamten Bereich des nachmaligen Bundeslandes Hessen und im zu jener Zeit zum von den Nazis so genannten »Freistaat Hessen« gehörenden Rheinhessen übertragen worden war, und mit Bestimmtheit ab 1943 auch der seit etlichen Jahren schon unter anderem als reichsweiter Geheimkurier fungierende Ludwig Schwamb, der nun zugleich als konspirativer Regionalleiter für den gesamten Strukturbereich zwischen Kassel und dem Raum Mannheim/Heidelberg verantwortlich war. Der langjährige Leuschner-Vertraute war damals mit seiner Ehefrau Elisabeth von Berlin nach Frankfurt am Main umgezogen, weil die Schuhfabrik Tack, bei der Schwamb seit 1934 als Syndikus beschäftigt war, zur selben Zeit ihren Firmensitz von der Reichshauptstadt nach Aschaffenburg verlegt hatte, um den permanenten alliierten Luftangriffen auszuweichen. In der Mainmetropole wirkte außerdem in führender konspirativer Funktion Willy Knothe, vormals Parteisekretär im SPD-Unterbezirk Wetzlar sowie SAJ-Bezirksvorsitzender in Hessen-Nassau und dann – bis zu seiner ersten Verhaftung Mitte 1934 – Leiter des sozialdemokratischen Widerstandes in Südwestdeutschland. Auf lokaler Ebene angeleitet wurde der Frankfurter Stützpunkt, wie nebenbei bemerkt viele Stützpunkte anderenorts genauso, von einem Polizisten, nämlich von dem Kriminalbeamten Christian Fries, der dort einstmals Mitglied der »Eisernen Front« gewesen war. Die Einbeziehung von Polizisten in das Widerstandsnetzwerk war nicht zuletzt deshalb unabdingbar, weil sie überall für die möglichst rasche und umfassende Verhaftung der faschistischen Führungsriege gleich nach Anlaufen der Militäraktion zum Sturz des Regimes hätten sorgen sollen und ebenso für die Aufrechterhaltung von Sicherheit und Ordnung in der nicht minder störanfälligen Phase unmittelbar danach. Knothe wurde im September 1943 von seinem Parteifreund Julius Leber in Berlin die Aufgabe übertragen, geeignete Personen namhaft zu machen zur alsbaldigen Neubesetzung der wichtigsten kommunalpolitischen und gewerkschaftlichen Positionen nicht nur in Frankfurt/M., sondern auch in Darmstadt und in Wiesbaden. Für eine nichtnazistische Frankfurter Stadtverwaltung konnte er, wie er in einem zu seinen Lebzeiten wohl nicht mehr veröffentlichen Statement zum siebten Jahrestag des »20. Juli« berichtete, rund 50 Personalvorschläge unterbreiten. Für die Besetzung der Schlüsselpositionen der dortigen DAF hätten sogar ca. 100 weitere entsprechend qualifizierte Antifaschisten zur Verfü-

---

101 Zum Folgenden ausführlicher: Axel ULRICH, Politischer Widerstand gegen das »Dritte Reich« im Rhein-Main-Gebiet. Wiesbaden 2005, S. 203–223; sowie: ULRICH (siehe Anm. 12), S. 210–229; siehe außerdem: ders., Antinazistischer Arbeiterwiderstand in Süd- sowie Rheinhessen und dortige Stützpunkte im Rahmen Wilhelm Leuschners reichsweiter konspirativer Vertrauensleutestruktur. In: Angelika ARENZ-MORCH (Red.), Verfolgung und Widerstand: Der 80. Jahrestag der Zerschlagung der Gewerkschaften. Fachtagung am Samstag, 4. Mai 2013. Dokumentation. Hrsg.: Landeszentrale für politische Bildung Rheinland-Pfalz. Mainz, Osthofen 2014 (Gedenkarbeit in Rheinland-Pfalz, 11), S. 34–103, hier: S. 78 ff.; Axel ULRICH / Renate KNIGGE-TESCHE, Der »20. Juli 1944« und Hessen. Ein Rückblick nach 70 Jahren. Hrsg.: Angelika RÖMING. Wiesbaden 2014 (Hessische Landeszentrale für politische Bildung: Blickpunkt Hessen, Nr. 18), S. 18 ff.

gung gestanden. Über Willi Richter bestand zudem eine verdeckte Verbindung zu einer antinazistischen Solidargemeinschaft früherer Mitglieder der christlichen Gewerkschaften und der inzwischen ebenfalls vollständig illegalisierten KAB, die sich im Rhein-Main-Gebiet unter anderem um Josef Arndgen, den letzten Vorsitzenden des Zentralverbandes Christlicher Lederarbeiter, gebildet hatte. In jener Region ließ sich übrigens bislang ein Kontingent von wenigstens rund 550 Personen ermitteln, die meistenteils dem politischen und gewerkschaftlichen Umfeld Wilhelm Leuschners entstammten und zur zivilen Flankierung eines vom Militär herbeigeführten Staatsstreichs hätten herangezogen werden sollen.[102]

Weitere Vertrauensleutestützpunkte bestanden zum Beispiel in Neu-Isenburg, Oppenheim, Nierstein, Ingelheim und Bingen, in Bensheim an der Bergstraße wie auch in Groß-Gerau, in Friedberg, Butzbach, Gießen, Marburg und in Kassel. Dort, in Frankfurt, desgleichen in Mainz waren die Stützpunkte besonders umsturzrelevant. Letzterer wurde von Alfred Freitag, früher Mitglied des Mainzer Stadtrats, SPD-Parteisekretär für Rheinhessen und zugleich Bezirksvorsitzender des DHV, konspirativ angeleitet. Von diesem wichtigen Schienenverkehrsknotenpunkt aus hätte in der Stunde X eigentlich ein Eisenbahnerstreik als eine der unerlässlichen Initialzündungen für einen Generalstreik ausgelöst werden sollen. Ab 1940 operierte von Mainz aus zudem der vormalige hessische Landtags- und Reichstagsabgeordnete der SPD Jakob Steffan im Sinne einer sukzessiven Verbreiterung und Stabilisierung des Widerstandsnetzwerks Leuschners und seiner Freunde. Obwohl durch jahrelange Haft, zuletzt im KZ Dachau, schwerstsehbehindert, hatte er sich nur wenige Wochen nach seiner Freilassung von seinem früheren Landtagskollegen Leuschner, seinem Freund und Verwandten Ludwig Schwamb und von Mierendorff überzeugen lassen, nun für deren Widerstandsbewegung aktiv zu werden. Bald danach ist ihm die Zuständigkeit für die Organisierung des politischen Widerstands im Wehrkreis XII südlich der Mainlinie übertragen worden. Während in Offenbach die Konspiration durch zwei ehemalige DMV-Funktionäre angeleitet wurde, nämlich durch den einstigen Landtagsabgeordneten und Landesparteisekretär der SPD Wilhelm Widmann sowie den vormaligen ADGB-Gewerkschaftssekretär, SPD-Landesvorsitzenden sowie Landtags- und Reichstagsabgeordneten Wilhelm Weber, oblag Heinrich Zinnkann die Leitung des Darmstädter Stützpunktes. Mit diesem standen bis zu seinem Tod 1943 der frühere hessische Staatspräsident Bernhard Adelung, der einstmalige Gauleiter des Deutschen Tabakarbeiter-Verbandes für Südhessen, die Pfalz und Nordbaden sowie bis zum Frühjahr 1933 Direktor der Frankfurter Ortskrankenkasse Christian Stock und

---

[102] BEIER (siehe Anm. 98), S. 570 ff. und 575 ff.; ULRICH (siehe Anm. 12), S. 62 f., 131 f., 210 ff. und 229; Rechtfertigungsschrift des von einem zu den Kommunisten übergelaufenen Ex-Nazi fälschlicherweise als NS-Aktivist denunzierten Kriminalrats a. D. Christian Fries an die Spruchkammer Frankfurt am Main vom 12. Januar 1947, S. 5 ff., StAWi Best. NL 75 Nr. 1555; Willy KNOTHE, Menschen und Aktionen um den 20. Juli! Zum Gedenken Wilhelm Leuschners!, Juli 1951. Abgedruckt in: Lothar BEMBENEK / Axel ULRICH (Bearb.), Dokumente. In: Peter Joachim RIEDLE (Hrsg.), Wiesbaden und der 20. Juli 1944. Wiesbaden 1996 (Schriften des Stadtarchivs Wiesbaden, Bd. 5), S. 239–314, hier: S. 287–289; Axel ULRICH, Verfolgung und Widerstand christlicher Gewerkschafter im Rhein-Main-Gebiet während der NS-Diktatur. In: Nassauische Annalen. Jahrbuch des Vereins für nassauische Altertumskunde und Geschichtsforschung, Bd. 101. Wiesbaden 1990, S. 185–198, hier: S. 193 ff.

manch andere Gesinnungsfreunde in Verbindung. Für Wiesbaden war der ehemalige Wormser Polizeidirektor Heinrich Maschmeyer verantwortlich. In Worms wiederum wurde die Leuschner-Konspiration von zwei weiteren SPD-Genossen angeführt, und zwar von Heinrich Ahl, vor 1933 Chef der Politischen Polizei in Darmstadt, und vom Lehrer Dr. Ernst Kilb.[103] Darüber hinaus engagierten sich noch zahlreiche weitere sozialdemokratische Gewerkschafts- und Parteifunktionäre, auch etliche andere links positionierte Regimegegner sowie zunehmend mehr bürgerliche Oppositionelle für das Widerstandsnetzwerk, deren Namen fast durchweg in Vergessenheit geraten sind. Dies liegt einerseits daran, dass jene Personen von den nationalsozialistischen Verfolgungsbehörden nicht enttarnt worden sind, andererseits aber ist es Resultat jenes Umstandes, dass diese nach der Befreiung von der faschistischen Gewaltherrschaft meist selbst keinerlei Interesse daran zeigten, in der großenteils noch lange von der zwölfjährigen NS-Indoktrination geprägten Nachkriegsgesellschaft ihre vorherige aktive NS-Gegnerschaft kundzutun.

Pläne für die Zeit nach Hitler

Zum Zeitpunkt des Attentats von Oberst Claus Graf Schenk von Stauffenberg auf Hitler und des daran gekoppelten Umsturzversuchs erstreckte sich Leuschners Vertrauensleutenetzwerk von Hamburg über die Städte des Rhein-Ruhr-Gebiets sowie der Rhein-Main-Region bis nach Baden und Württemberg, von Bielefeld und Hannover über Potsdam und Berlin weiter bis nach Königsberg, von Rostock über Leipzig, Dresden, Görlitz und Breslau bis nach Nürnberg, München und sogar nach Wien. Es waren frühere politische und gewerkschaftliche Funktionsträger, Arbeiter, Angestellte und Beamte involviert, auch Hochschullehrer, Verwaltungsfachleute, Unternehmer und Juristen, kleine Gewerbetreibende, Handlungsreisende und so fort. Das berufliche wie das politische Spektrum waren außerordentlich breit. Verbindungen bestanden zur kirchlichen Opposition, zum Auswärtigen Amt, zu immer mehr endlich zum Mittun bereiten Militärs, selbst zu manchen desillusionierten NSDAP-Mitgliedern und sogar zu antinazistisch gesinnten Mitarbeitern der Gestapo, so zum Beispiel in Mainz, Frankfurt und Wiesbaden. Die Existenz dieser während des Krieges beständig weiter ausgedehnten »neuen und unaufdeckbaren Geheimorganisation zur aktiven Beseitigung Hitlers«, so die Einschätzung des Heidelberger Mitverschwörers Emil Henk in seinem recht zeitnah, nämlich schon 1946 publizierten Zeitzeugenbericht »Die Tragödie des 20. Juli 1944«, war jedenfalls eine

---

103 Emil HENK, Die Tragödie des 20. Juli 1944. Ein Beitrag zur politischen Vorgeschichte. 2., erweiterte Auflage. Heidelberg 1946, S. 49 ff.; ULRICH (siehe Anm. 12), S. 123, S. 146, 155 f. und 210 ff.; siehe den aus Anlass des ersten Jahrestages der Hinrichtung Ludwig Schwambs veröffentlichten Artikel von Jakob STEFFAN, Von der Tyrannei gemordet. Neuer Mainzer Anzeiger, 22. Januar 1946, S. 2; Sina SCHIFFEL, Jakob Steffan – Ein streitbarer Demokrat. Abgeordneter, KZ-Häftling, Innenminister. Hrsg.: Landeszentrale für politische Bildung Rheinland-Pfalz. Mainz, Osthofen 2012 (Gedenkarbeit in Rheinland-Pfalz, 5), S. 26–32; Axel ULRICH, Wilhelm Leuschner. Ein deutscher Widerstandskämpfer und seine Verbindungen nach Worms (unveröffentlichtes Typoskript, 2014), StAWi Best. NL 75 Nr. 3002.

der Grundvoraussetzungen, wenn nicht sogar die Conditio sine qua non dafür, dass im Sommer 1944 der Umsturz von den oppositionellen Militärs überhaupt gewagt wurde, nachdem sie das Vorhaben bis dahin immer wieder verschoben hatten.[104]

Doch welches Regierungssystem sollte nach dem Sturz der NS-Herrschaft in Deutschland geschaffen werden? Welche politischen Vorstellungen hegte die in das Netzwerk Leuschners, Kaisers, Habermanns usw. eingebundene, doch recht heterogene Schar von Widerständlern? Angestrebt wurde von etlichen zwar die Etablierung eines sehr links orientierten freiheitlichen Staatswesens, wofür sich etwa Carlo Mierendorff mit seinem berühmten, im Frühjahr 1943 ausgearbeiteten Aktionsprogramm einer »Sozialistischen Aktion« als »einer überparteilichen Volksbewegung zur Rettung Deutschlands« anführen lässt. Deren »Aktionsausschuss« sollte, so die allerdings weder damals noch späterhin realistische Hoffnung des einige Monate darauf bei einem alliierten Bombenangriff ums Leben gekommenen Antifaschisten, durch »Vertreter der christlichen Kräfte, der sozialistischen Bewegung, der kommunistischen Bewegung und der liberalen Kräfte als Ausdruck der Geschlossenheit und der Einheit« gebildet werden.[105] Illusorisch war dies mit Sicherheit hinsichtlich der Einbindung der kommunistischen Untergrundbewegung, mit der auch zum damaligen Zeitpunkt weder die bürgerlichen noch die sozialdemokratischen Regimegegner im Umfeld Leuschners in ihrer überwiegenden Mehrheit etwas zu tun haben wollten. Die allermeisten von ihnen beabsichtigten vielmehr, erneut einen parlamentarisch-demokratischen Verfassungsstaat zu erschaffen, und zwar auf dezidiert sozialstaatlicher Grundlage, der mit dem von den Kommunisten angestrebten Herrschaftssystem ganz gewiss nichts gemein gehabt hätte. Die Wiedererrichtung eines freiheitlich-demokratischen Rechtsstaates, das war das große Ziel, das Leuschner und seine Mitstreiter im Widerstand verfolgten. Bereits 1929 hatte er als hessischer Innenminister anlässlich des zehnten Jahrestages der »Deutschen Republik«[106] geschrieben: „Es wird der Tag kommen, wo von *allen* deutschen Bürgern die Weimarer Republik und ihre Verfassung anerkannt wird als die einzige Form, in der für ein Volk, wie das deutsche, ein politisches und staatliches Gemeinschaftsleben überhaupt möglich ist."[107] Schon zu jener Zeit stand für ihn aber fest, dass dieser Staat durchaus nicht das politische, wirtschaftliche, soziale und kulturelle Optimum war, sondern in vielem als verbesserungsbedürftig angesehen werden musste. Deshalb hatte er auch klargestellt, »das Große an dem Verfassungswerk von Weimar« sei, »dass es nicht Halt« mache »mit der Einführung der parlamentarischen Demokratie, sondern dass es *die Tür öffnet für den Vormarsch zur sozialen Republik*, der im Zeichen des gesellschaftlichen

---

[104] HENK (siehe Anm. 103), S. 8 f. und 48 ff.; siehe auch: Petra BONAVITA, Nie aufgeflogen. Gotthold Fengler: Ein Gestapo-Beamter als Informant einer Widerstandszelle im Frankfurter Polizeipräsidium. Berlin 2013; ULRICH (siehe Anm. 12), S. 122, 212 ff. und 247 ff.
[105] Siehe z. B. das Faksimile in: ULRICH. Politischer Widerstand (siehe Anm. 101), S. 199; ULRICH (siehe Anm. 12), S. 237 ff.; ausführlicher beispielsweise: Hans MOMMSEN, Carlo Mierendorffs Programm der »Sozialistischen Aktion«. In: ders., Alternative zu Hitler. Studien zur Geschichte des deutschen Widerstandes. München 2000, S. 341–351.
[106] Siehe hierzu: REIBER / STORCK (siehe Anm. 25).
[107] LEUSCHNER (siehe Anm. 25), S. 31.

Fortschritts vollzogen werden« müsse. Doch dazu bedürfe es obendrein noch wirtschaftsdemokratischer Maßnahmen und genauso der Herbeiführung der gerechten Teilhabe der arbeitenden Bevölkerung »an den kulturellen Gütern«, die »früher ein Privileg der besitzenden Schichten gewesen« seien.[108] Aber unterm Strich war für Leuschner der parlamentarisch-demokratische Verfassungsstaat Weimarer Ausprägung schon die »Heimstätte von Freiheit und Gerechtigkeit«, wobei er sich seinerzeit noch ebenso felsenfest davon überzeugt zeigte, dass »das Deutsche Volk« gewiss »keine Diktatur irgendeiner Gruppe oder eines Standes über die anderen« wolle.[109] Es ist schwerlich vorstellbar, dass Leuschner von diesen Überzeugungen später abgerückt ist und sich mit der Errichtung eines Ständestaats, wie er ja von manchen Widerständlern aus dem nationalkonservativen Bürgertum favorisiert wurde, oder aber mit einer Militärdiktatur auf Dauer einverstanden erklärt hat.

Hiergegen spricht nicht zuletzt die von Ludwig Bergsträsser eigens für ihn angefertigte Denkschrift »Wiederherstellung« aus dem Jahr 1942, die ganz klar auf ein parlamentarisch verfasstes Staatswesen abzielte. Allerdings riet dieser darin von einer zu schnellen Regierungsbildung unmittelbar nach der Beseitigung der nationalsozialistischen Terrorherrschaft ab, weil »nach dem Zusammenbruch einer Diktatur« durchgeführte Wahlen erfahrungsgemäß »noch mehr denn sonst von Gefühlen beherrscht« seien.[110] Er plädierte daher zunächst für die Schaffung einer »Auffangorganisation«, die sich in der Hauptsache auf die Untergrundstrukturen der Gewerkschaften sowie auf antinazistische Kräfte der katholischen Kirche stützen sollte, da sich die evangelischen Geistlichen für ihn wegen ihres mehrheitlichen Eintretens für den faschistischen »Führerstaat« diskreditiert hatten. Jene »Auffangorganisation« war aber damals bereits durch das weit verzweigte Vertrauensleutenetzwerk Leuschners und seiner Freunde schon in ganz erheblichem Maße präformiert. Sodann sollte eine »Reichsleitung« genannte Übergangsregierung gebildet werden, so Bergsträssers weitere Überlegung, ehe es endgültig zur Staats- und Regierungsbildung kommen könne. Eine solche Übergangsphase, so meinte er, gäbe allen Beteiligten Gelegenheit, in Ruhe über die verfassungsmäßige Ausgestaltung des künftigen Staatswesens, seine Gesetze und seinen Aufbau nachzudenken.[111] Auch wenn dies dann nach dem Krieg nicht in alleiniger deutscher Verantwortung geschehen konnte, was sich wahrscheinlich weder Leuschner und Bergsträsser noch die Mehrzahl der mit ihnen verbundenen Widerständler hatten vorstellen können, so antizipierten jene Reflexionen doch in sehr starkem Maße die Art und Weise der während der alliierten Besatzungszeit tatsächlich vonstatten gegangenen Re-Demokratisierungsprozesse.

Auch die frondierenden Offiziere wollten nach einer erfolgreichen Erhebung keineswegs eine Militärdiktatur errichten, zumindest nicht auf längere Zeit. Dabei ist fraglos Skepsis angebracht, ob sie die Macht dann wirklich so schnell wieder aus den Händen

---

108 LEUSCHNER (siehe Anm. 25), S. 30; ULRICH (siehe Anm. 12) S. 159 ff.
109 LEUSCHNER (siehe Anm. 25), S. 26.
110 Wiederherstellung (siehe Anm. 4), S. 1 f.
111 Wiederherstellung (siehe Anm. 4), S. 1 und 3 ff.; ZIBELL (siehe Anm. 6), S. 111 ff.; ULRICH (siehe Anm. 12), S. 191 ff.

zu geben gewillt gewesen wären. Sie selbst hatten freilich schon seit Anfang 1943 wiederholt darauf gedrungen, dass vorab bereits Listen der für die erste nichtnazistische Reichsregierung in Frage kommenden Regimegegner erstellt wurden. In jener Übergangsregierung hätten allerdings nur einige wenige Sozialdemokraten vertreten sein sollen, nämlich der frühere wehrpolitische Sprecher der SPD-Reichstagsfraktion Julius Leber an der Spitze des Innenministeriums, der – wie Lemmer – einstige stellvertretende Bundesvorsitzende des »Reichsbanners« Dr. Theodor Haubach unter Umständen als Propagandaminister, der Pädagoge Prof. Dr. Adolf Reichwein womöglich als Kultusminister, der letzte Vorsitzende des Einheitsverbandes der Eisenbahner Deutschlands Matthäus Herrmann vielleicht als Verkehrsminister, Leuschners Freund Fritz Tarnow nach seiner Rückkehr aus dem schwedischen Exil eventuell als Wirtschaftsminister, Paul Löbe mit Bestimmtheit abermals als Reichstagspräsident und Wilhelm Leuschner selbst, der übrigens zu den ganz wenigen von den Verschwörern ins Auge gefassten Ressortchefs mit Regierungserfahrung gehörte, mit Sicherheit als Vizekanzler und dies sogar mit der Option, später an die Regierungs- beziehungsweise Staatsspitze aufzusteigen. Nur das Kriegs- sowie das Rüstungsministerium und das Reichskriegsgericht sollten von Militärs geleitet werden, woran sich einmal mehr zeigt, dass der Primat der Politik auch durch die entscheidungsrelevanten oppositionellen Offiziere rundum anerkannt worden ist. Alle sonstigen Positionen hätten mit Regimegegnern aus dem konservativen und liberalen Bürgertum besetzt werden sollen. So war Goerdeler als Reichskanzler und der an Krebs erkrankte Generaloberst a. D. Beck als Staatsoberhaupt vorgesehen, wenigstens anfänglich. Aber dies bereitete Leuschner und seinen Freunden kein Kopfzerbrechen. Als politische Pragmatiker gingen sie davon aus, dass die Karten recht bald neu gemischt würden und sich ihre Regierungsbeteiligung dann gemäß der Stärke ihrer eigenen Anhängerschaft ohne größere Komplikationen durchsetzen ließe, zumal sie hierbei der nachdrücklichen Unterstützung durch die von ihnen geplante Volksgewerkschaft hätten gewiss sein können.[112]

Gegen die Absicht einer über einen längeren Zeitraum fortbestehenden Militärdiktatur spricht auch, dass auf Drängen der Offiziere für die einzelnen Wehrkreise beizeiten sogenannte Politische Beauftragte und zudem Unterbeauftragte bestimmt worden sind. Diese hätten sofort in der ersten Umsturzphase aktiv werden sollen, um zusammen mit zugleich mobilisierten Verbindungsoffizieren die Chefs der Stellvertretenden Generalkommandos zu beraten und darüber hinaus die Weichen des Unternehmens sukzessive auf Rückkehr zu demokratischen Verhältnissen umzustellen. Jene Politischen Beauftragten bildeten somit den Personalpool, aus dem die ersten Verwaltungschefs beziehungsweise in der Folge dann die Regierungschefs auf Länderebene im geplanten Nach-Hitler-Deutschland rekrutiert werden sollten. Ludwig Schwamb beispielsweise hätte Politischer Beauftragter im Wehrkreis XII Wiesbaden werden sollen, welcher sich über das westliche Rhein-Main-Gebiet und die entsprechenden Teile Südhessens, den Wester-

---

112 Siehe die rekonstruierten Varianten der Kabinettsliste bei Peter HOFFMANN, Widerstand, Staatstreich, Attentat. Der Kampf der Opposition gegen Hitler. 4. neu überarbeitete und ergänzte Ausgabe. München, Zürich 1985, S. 452 ff.; ULRICH (siehe Anm. 12), S. 264 f.; BEIER (siehe Anm. 66), S. 65.

wald, die Regierungsbezirke Koblenz und Trier, Rheinhessen, die Pfalz und das Saarland erstreckte. Er hätte dort somit als oberster ziviler Entscheidungsträger gewirkt, wodurch ihm höchstwahrscheinlich ziemlich zügig die Funktion des Regierungschefs in Hessen-Nassau, wenn nicht gar in einem nach Leuschners sowie Goerdelers Vorstellungen geeinten, größeren Hessenland zugefallen wäre. Gustav Noske sollte von Frankfurt aus als Politischer Beauftragter im Wehrkreis IX hervortreten, der von Kassel bis nach Offenbach und Aschaffenburg reichte und außerdem noch in etwa das Gebiet Thüringens umfasste. In jenem Bereich hätte der einstige dortige SPD-Ministerpräsident August Frölich als Noskes Unterbeauftragter tätig werden sollen. Als Schwambs Unterbeauftragter wiederum war der frühere Vorsitzende der katholischen Bergarbeitergewerkschaft in Neunkirchen Bartholomäus Koßmann aus Saarbrücken eingeplant.[113]

In jedem Fall hätte Leuschner zusammen mit Jakob Kaiser und Max Habermann als Stellvertretern umgehend die Führungsspitze der von ihnen zuvörderst demokratisch umgeformten DAF bilden wollen. Die sodann aus deren Organisationsstrukturen entwickelte, strikt zentralistisch aufgebaute und völlig autonome Einheitsgewerkschaft hätte sich – so die Erkenntnisse der »Sonderkommission 20. Juli 1944« – auf spezielle Fachabteilungen stützen sollen, nämlich für Presse, Schulung und Bildung, Jugend, Personalfragen und Organisation, für Angestelltenfragen, für Wirtschaftspolitik, Sozialpolitik, Rechtsberatung und für Finanzen. Der Reichsleitung zugeordnet gewesen wären dann des Weiteren Bezirkssekretariate für Berlin, Ost- und Westpreußen, für die Region Stettin, Mecklenburg und Pommern, für Hamburg zusammen mit Schleswig-Holstein und Oldenburg, für Hannover, das Rheinland, für Schlesien, Sachsen, Anhalt, Thüringen, für Südwestdeutschland, Württemberg, Bayern und für Wien. Ebenfalls der Gewerkschaftsführung unmittelbar unterstanden hätten bestimmte Industriegruppen, und zwar: Holz, Bau, Fremdenverkehr, Steine und Erde, Eisenbahn, Metall, Leder und Bekleidung, Buchdruck, Textil, Transport, Bergbau, Landwirtschaft, Angestellte sowie gegebenenfalls noch ein weiteres Ressort, das für die Gauleitungen und Ortsgruppen der Gewerkschaft hätte zuständig sein sollen. Jene parteipolitisch wie weltanschaulich neutrale, gleichwohl entschieden demokratisch ausgerichtete Großorganisation wäre auf jeden Fall für die Sozialverwaltung und Sozialversicherung, eventuell zum Teil auch für die Arbeitslosenversicherung verantwortlich gewesen, mit Sicherheit aber für Lohnverhandlungen, Arbeitsvermittlung, Arbeiterbildung, betriebliche Mitbestimmung sowie bestimmte Produktivgenossenschaften in Arbeiterselbstverwaltung und Ähnliches mehr. Da sie auf Pflichtmitgliedschaft aller Beschäftigten über 18 Jahren beruhen sollte, hätte sie die Interessen von gut einem Drittel der damaligen deutschen Gesamtbevölkerung zu vertreten gehabt. Insofern wäre sie fürwahr eine Volksgewerkschaft gewesen, welche die politischen Geschicke des postfaschistischen Deutschlands unweigerlich entscheidend beeinflusst hätte. Dies wäre mit Bestimmtheit bei der seinerzeit längst nicht nur von dezidiert links positionierten Gewerkschaftern und Sozialdemokraten propagierten Vergesellschaftung von Bodenschätzen und Schlüsselindustrien, von Banken und Versicherungen, von großen Verkehrs- und Versorgungsbetrieben sowie des Großgrundbesitzes zum Tragen ge-

---

113 HOFFMANN (siehe Anm. 112), S. 430 ff. und 439 ff; ULRICH (siehe Anm. 12), S. 221 ff. und 226 f.

kommen. Da von Leuschner selbst nichts Schriftliches zu jener neuen, im Übrigen auch von Beck und Goerdeler grundsätzlich akzeptierten »Deutschen Gewerkschaft« überliefert ist, zudem die Denkschrift zur Gewerkschaftsfrage, die Hermann Maaß für ihn wohl im Frühjahr 1943 erstellt hat, sowie gewiss noch mancherlei andere diesbezügliche Materialien nach dem gescheiterten Umsturzversuch rechtzeitig hatten vernichtet werden können, sind wir zur Rekonstruktion jener Sachverhalte vor allem auf die von beiden gegenüber der Gestapo gemachten Angaben angewiesen und auf manche Bekundungen einiger ihrer engsten Mitstreiter seit 1945. Die Beteiligung der allermeisten ihrer Genossen und Kollegen landauf, landab hatten Leuschner, Schwamb, Haubach und die sonstigen führenden konspirativen Funktionäre während ihrer Verhöre indes genauso zu verheimlichen vermocht, wie sie etliche andere, die ins Visier der Ermittlungsbeamten geraten beziehungsweise diesen bereits ins Netz gegangen waren, durch recht plausibel klingende Schutzbehauptungen vor dem Schafott oder dem Strang retten konnten. Erstaunlich vieles ist den NS-Verfolgern überhaupt verborgen geblieben, so zum Beispiel, dass Willy Knothe zu gegebener Zeit an die Spitze der »Deutschen Gewerkschaft« in ganz Hessen hätte rücken sollen, dass Jakob Steffan und Willi Richter dort zuvor wichtige konspirative Führungsaufgaben wahrgenommen hatten und auch, dass Letzterer nach einem Umsturz die Führungsriege des Berliner Gewerkschaftsapparates verstärken sollte.[114]

Über viele Detailfragen organisatorischer Art hätte man sich ohnehin erst nach einem geglückten Staatsstreich ernsthaft Gedanken machen können. Und bekanntlich ist die Praxis sowieso das Kriterium jedweder Theorie. Deshalb sind von den Verschwörern auch zur Frage, mit welchen politischen Parteien die demokratische Wiederaufbauarbeit am besten aufgenommen werden könnte, bis zum Schluss sehr unterschiedliche Vorschläge zur Diskussion gestellt worden, ohne dass dann eine diesbezügliche Festlegung getroffen worden wäre. Julius Leber beispielsweise hätten zwei Parteien vollauf genügt: eine für das Bürgertum sowie eine einzige Arbeiterpartei unter Einbeziehung auch der Kommunisten. Der frühere Reichslandwirtschafts- und -finanzminister sowie Reichstagsabgeordnete des Zentrums Dr. Andreas Hermes hingegen plädierte für die Schaffung einer einzigen großen, christlich ausgerichteten Volkspartei für alle Bürger, Bauern und Arbeiter gemeinsam. Von Max Habermann ist durch den früheren NS-Funktionär Albert Krebs überliefert worden, dass jener eigentlich ein Dreiparteiensystem favorisierte, und zwar bestehend aus je einer Partei für das Bürgertum, für die Bauernschaft und für die Arbeiterschaft, wobei dies im Hinblick auf die Zweitgenannte von Elfriede

---

114 Siehe hierzu z. B.: RITTER (siehe Anm. 2), S. 303 ff. und 546 ff., dort eine Zusammenfassung der Aussagen Leuschners vor der Gestapo; ULRICH (siehe Anm. 12), S. 173 ff., 179 ff., 183 ff., 212 f. und 220 ff.; die diesbezüglichen Angaben von Leuschners Prokuristen, wehrwirtschaftlichem Abwehrbeauftragten und illegalem Netzwerkaktivisten Maaß differieren z. T. erheblich von denen seines Chefs bzw. präzisieren andererseits dessen Hinweise auch verschiedentlich, siehe z. B.: ULRICH (siehe Anm. 12), S. 186; vgl. zudem die im schwedischen und britischen Gewerkschaftsexil recht kontrovers diskutierten »Richtlinien zur Gewerkschaftsfrage« vom Dezember 1941, in denen Fritz Tarnow seine Vorstellungen hinsichtlich einer Zurückverwandlung der DAF »zu Gewerkschaften, vereinigt in einem einheitlichen Gewerkschaftsbund«, dargelegt hat. In: Ulrich BORSDORF/Hans O. HEMMER/Martin MARTINY (Hrsg.), Grundlagen der Einheitsgewerkschaft. Historische Dokumente und Materialien. Köln, Frankfurt/M. 1977, S. 248–250.

Nebgen bestritten worden ist. Für die Bildung einer einzigen großen »Partei der Arbeit«, vielleicht nach dem Vorbild der britischen Labour Party, traten demgegenüber ganz zweifelsfrei Kaiser, Habermann und Leuschner gleichermaßen ein. Die große Volksgewerkschaft, welche die drei anstrebten, hätte womöglich als Kollektivmitglied jener freiheitlichen Partei für die gesamte schaffende Bevölkerung angehören sollen, wodurch deren politische Durchsetzungskraft ganz erheblich maximiert worden wäre. Leuschners früherer ADGB-Vorstandskollege Hermann Schlimme berichtete einige Jahre nach dem Krieg dem für seine geplante Leuschner-Publikation recherchierenden Ludwig Bergsträsser, dass zwischen diesem und ihm selbst zuletzt die Übereinkunft bestanden habe, dass er, Schlimme, sich nach dem Ende der NS-Gewaltherrschaft hauptsächlich um die gewerkschaftliche Reorganisationsarbeit kümmern sollte, während sich der frühere hessische SPD-Landespolitiker vordringlich der Lösung der vielfältigen politischen Neuordnungsprobleme anzunehmen gedachte, womit er nur die Übernahme einer der ihm in Aussicht gestellten Spitzenpositionen in der Staatsführung gemeint haben konnte.[115]

Leuschners Ende, sein Vermächtnis und der demokratische Wiederaufbau

Am 20. Juli 1944 standen Wilhelm und Elisabeth Leuschner gegen Abend auf dem Balkon ihrer Wohnung in der Bismarckstraße 84 in Berlin-Charlottenburg und beobachteten einen gerade vorbeifahrenden Panzer. Vis-à-vis hatte außerdem ein Wehrmachtoffizier auf einem Motorrad Posten bezogen. Da eröffnete Leuschner, der offenbar noch nicht wusste, dass der Anschlag auf Hitler misslungen war und das kürzlich erst angelaufene militärische Umsturzunternehmen bereits gleichermaßen zu scheitern drohte, seiner Frau, dass er noch am selben Tag im Rundfunk sprechen werde. Er erwarte, dass er demnächst von einem Uniformierten oder einem Zivilisten abgeholt werde. Tatsächlich hatte der Anführer der sozialdemokratisch-gewerkschaftlich dominierten Untergrundbewegung zur zivilen Flankierung der Erhebung widerständiger Militärs noch wenige Tage zuvor an dem Aufruf an die Bevölkerung gefeilt, den er jetzt zu verkünden gedachte. Und noch am Morgen hatte er sich mit seinen Freunden und Mitverschwörern Jakob Kaiser und Max Habermann sowie dem Rechtsanwalt und einstigen Syndikus des Kartellverbandes der katholischen Studentenvereine Josef Wirmer getroffen und unter anderem über das Schicksal ihres Konfidenten Carl Goerdeler gesprochen, der – so lautete jedenfalls die Warnung, die ihnen kurz zuvor zugegangen war – schon seit dem 17. Juli 1944 gesucht wurde. Zu diesem Zeitpunkt ahnte Leuschner noch nicht, dass er bald genauso auf der Fahndungsliste der Gestapo stehen würde, wie viele führende Köpfe jener reichsweiten militärisch-zivil kombinierten Widerstandsbewegung gegen den Nationalsozialismus auch. Leuschner gelang es, sich noch eine Weile verborgen zu halten, dann aber wurde er – übrigens genauso wie Goerdeler – denunziert. Am 16. August erfolgte seine Festnahme, in deren Folge er brutalen Verhören unterzogen worden ist.

---

[115] NEBGEN (siehe Anm. 86), S. 186 ff.; ULRICH (siehe Anm. 12), S. 112 und 240 ff.

Abb. 4: Wilhelm Leuschner vor dem »Volksgerichtshof« am 8. September 1944

Dabei gab er jedoch nur bestimmte Sachverhalte organisationsstruktureller Art preis sowie einzig und allein die Namen solcher Mitstreiter, um deren Beteiligung die Gestapo ohnehin wusste und die insofern kaum mehr zu retten waren. Dies betraf zum Beispiel die Politischen Beauftragten und Unterbeauftragten, welche am 20. Juli durch die Fernschreiben der militärischen Anführer der Verschwörung in Berlin an die Wehrkreise

> # Neue Todesurteile für den Verrat des 20. Juli
> ### Aburteilung der politischen Exponenten
> ### Verbindung der Verschwörer mit dem Feind vom Volksgerichtshof aufgedeckt
>
> Berlin, 10. 9.
>
> Nachdem am 7. und 8. August der Volksgerichtshof die an den Ereignissen des 20. Juli militärisch beteiligten Verräter abgeurteilt hatte, ist nunmehr auch über diejenigen Personen das Urteil gesprochen, die als Politiker an dem Anschlag des 20. Juli mitgewirkt haben und damals eine Regierung des Verrates unter Auslieferung des deutschen Volkes an seine Feinde aufrichten wollten. Es sind politische Ignoranten, skrupellose Ehrgeizlinge, abgewirtschaftete Parteipolitiker und ehrvergessene Reaktionäre, die die Anklagebank füllen.
>
> Sie hatten sich unter der Führung des ehemaligen Bürgermeisters und Preiskommissars Goerdeler zusammengefunden, bereit, ihrem persönlichen Ehrgeiz Leben, Freiheit und Zukunft des deutschen Volkes bedenkenlos zu opfern. Den „Liquidationsausschuß des Deutschen Reiches und Volkes" nannte der Präsident des Volksgerichtshofes mit Recht diese Anhäufung politischer Verbrecher, die sich als eine „deutsche Regierung" etablieren wollten.
>
> Ehemalige Parlamentarier wie der frühere Abgeordnete Paul Lejeune-Jung, ehemalige Systemminister wie der frühere hessische Innenminister Wilhelm Leuschner, ein ehemaliger Rechtsanwalt Josef Wirmer, ehemalige Diplomaten wie der frühere Botschafter Ulrich von Hassell und der ehemalige Legationsrat im Auswärtigen Amt von Trott zu Solz, der ehemalige Polizeipräsident von Berlin, der inzwischen aus der Partei, dem Beamtenstand und dem Reichstag ausgestoßene Graf Helldorf hatten sich zusammengefunden, um nach der beabsichtigten Ermordung des Führers zusammen mit eidbrüchigen ehemaligen Generälen eine Diktatur aufzurichten, die die kämpfende Front durch eine Kapitulation verraten und das ganze Volk seinen haßerfüllten Feinden ausliefern sollte.
>
> Die Verhandlungen vor dem Volksgerichtshof haben den Verdacht, daß die Verschwörerbande von Anfang an Verbindung zu den Feinden gehabt und von ihnen sowohl Weisungen als auch Mittel zur Durchführung des Attentats auf den Führer erhalten haben, nunmehr zur traurigen Gewißheit werden lassen.
>
> Bei Goerdeler, der als Kopf der Verschwörung für den Posten des „Reichskanzlers" ausersehen war, liefen alle Fäden zusammen. Er war es, der die Verrats- und Attentatspläne mit dem feindlichen Ausland abstimmte, der seit 1942 die Verbindung zwischen den militärischen Verrätern einerseits und den politischen Verschwörern andererseits herstellte und in zahlreichen Unterredungen alle Einzelheiten des Komplotts und des Attentats vorbereitete. Er hat von Anfang an darauf gedrängt, die Umsturzpläne durch einen direkten Mordanschlag auf den Führer einzuleiten. Nach dem Gelingen des Attentats wollte er eine Militärdiktatur einführen, Standgerichte einsetzen und vor dem Feinde kapitulieren. Schärfste Sozialreaktion nach innen und würdeloseste und feigste Unterwerfung nach außen — das waren die Grundzüge des von ihm aufgestellten „Regierungsprogramms".
>
> Leuschner, der zum „Vizekanzler" ausersehen war, war ebenfalls über die Absichten des Mordanschlages auf den Führer völlig unterrichtet. Im übrigen spielte Leuschner bereits mit dem Gedanken, noch vor dem Putsch mit Hilfe von Stauffenberg wieder den Goerdeler zu stürzen und selbst Kanzler zu werden.
>
> Hassell, den man auf Grund seiner früheren außenpolitischen Tätigkeit als zum „Außenminister" prädestiniert glaubte, hat ebenfalls gestanden, sich „an den Vorbereitungen und Handlungen, die eine gewaltsame Beseitigung der deutschen Reichsregierung zum Ziele hatten", beteiligt zu haben. Er hat laufend an den Aktionsbesprechungen teilgenommen und wußte seit spätestens im Frühjahr 1943, daß gegen den Führer ein Mordanschlag verübt werden sollte.
>
> Wirmer fand sich 1942 mit Goerdeler auf dem Boden der gemeinsamen Feindschaft gegen den Führer und das nationalsozialistische Deutschland. Er hat in mehreren Vorbesprechungen mit Stauffenberg die „Ministerliste" zusammengestellt, in der er selbst als „Justizminister" figurierte. Er gibt zu, daß er es war, der Goerdeler immer wieder gedrängt habe, die „Aktion" doch möglich zu beschleunigen, woraufhin Goerdeler seinerseits wieder Stauffenberg drängte, den Mord an dem Führer so schnell wie möglich zu vollziehen.
>
> Lejeune-Jung, der präsumtive „Wirtschaftsminister", gestand ebenfalls, daß er über alle Einzelheiten des Komplotts im Bilde war.
>
> Helldorf erklärte bei seiner Vernehmung, daß er sich schon seit längerer Zeit vom Führer und der nationalsozialistischen Bewegung aus gekränktem persönlichen Ehrgeiz entfernt habe. Er habe mit Olbricht und Beck Verbindung gehalten und sei von ihnen in alle Einzelheiten ihrer Pläne eingeweiht worden. Er selbst sollte dabei als Polizeipräsident von Berlin für die Aktion in der Reichshauptstadt alles notwendige vorbereiten und Kriminalbeamte zur Verhaftung der nationalsozialistischen Minister bereitstellen. Er bekannte, daß er durch sein Verhalten treulos und zum Verräter geworden sei.
>
> Zum Kreise des ehemaligen Botschafters von Hassell gehörte Trott zu Solz, der sich Stauffenberg als „außenpolitischer Berater" zur Verfügung stellte und u. a. seine dienstlichen Reisen nach Schweden dazu benutzte um wichtigste Geheimnisse der deutschen Kriegführung mit feindlichen Ausländern zu besprechen.
>
> Damit vollendet sich das Bild des Verrates. Nach der Anklagerede des Oberreichsanwaltes verkündet der Präsident des Volksgerichtshofes das Urteil: **Todesstrafe durch den Strang für sämtliche Angeklagten.**

Abb. 5: Deutsche Allgemeine Zeitung, 11. September 1944

zwecks ihrer Heranziehung offenbar geworden waren. Vieles wurde von ihm allenfalls vage angedeutet, während er etliche andere Fakten relativieren, wenn nicht gar eisern verschweigen konnte. Seine Verteidigungsstrategie bestand im Großen und Ganzen darin, vorzutäuschen, man habe lediglich für den Fall des möglicherweise verlorenen Krieges oder eines sonst wie verursachten Ausnahmezustandes rechtzeitig bestimmte Vorkehrungen treffen wollen, damit nicht am Ende alles aus dem Ruder liefe. Kaum anders versuchten sich nicht wenige seiner Kollegen und Genossen damit herauszureden, dass der Gedanke, es könne sich bei jenem Unterfangen um einen Putschversuch gehandelt haben, ihnen überhaupt nicht gekommen sei. Auch konnte den Vernehmungsbeamten da und dort pure Ahnungslosigkeit vorgespielt werden, oder sie bestand wegen der selbst innerhalb der Widerstandsstrukturen bemerkenswert konsequent praktizierten konspirativen Abschottung nicht selten sogar realiter. Gleichwohl verurteilte der »Volksgerichtshof« Wilhelm Leuschner am 8. September 1944 zum Tode. Drei Wochen später, am Abend des 29. September, wurde in Berlin-Plötzensee mit ihm einer der mutigsten und konsequentesten NS-Gegner überhaupt hingerichtet, in derselben Strafanstalt, in der er elfeinhalb Jahre zuvor von seinen dort ebenfalls einsitzenden Kollegen zum Anführer des gewerkschaftlichen Widerstandes bestimmt worden war.[116]

Etliche von Leuschners zuverlässigsten Gesinnungsfreunden haben aufgrund ihrer Beteiligung an den Staatsstreichvorbereitungen beziehungsweise wegen ihrer Bereitschaft, sich nach dem Umsturz für die Übernahme ziviler Funktionen zur Verfügung zu stellen, ihr Leben verloren. Hierzu gehörten unter anderem Hermann Maaß, einer seiner treuesten Mitarbeiter in seinem Berliner Betrieb wie im Widerstand, sodann sein Freund und Genosse Ludwig Schwamb, ferner Ernst von Harnack, Theodor Haubach, Adolf Reichwein und Julius Leber. Auch Max Habermann ist hier zu nennen, der aus Furcht, er könne unter der Folter zum Verräter werden, in der Haft Suizid beging, desgleichen Generaloberst a. D. Ludwig Beck, der nach misslungener Selbsttötung noch in der Nacht zum 21. Juli 1944 in der gerade von regimetreuen Einsatzkräften zurückeroberten Berliner Befehlszentrale der Verschwörer erschossen worden ist, ferner der kurz darauf dort zusammen mit drei weiteren Offizieren ebenfalls umgebrachte Hitler-Attentäter Oberst Claus Graf Schenk von Stauffenberg und viele andere mehr. Über hundert Mordopfer – Zivilisten wie Militärs – forderte allein die strafrechtliche Verfolgung des Aufstandsversuchs, darunter neben den Erstgenannten auch Carl Goerdeler. Etwa halb so viele wurden zu Freiheitsstrafen verurteilt, erwirkten erstaunlicherweise Freispruch oder kamen nicht mehr zur Aburteilung, so zum Beispiel Matthäus Herrmann, Bartholomäus Koßmann und Gustav Noske. Jakob Kaiser gelang es, unterzutauchen und sich bis zur Zerschlagung des »Tausendjährigen Reiches« in Potsdam-Babelsberg zu verstecken. Willy Knothe ist nach nicht ganz zweiwöchiger Inhaftierung die Flucht aus dem Frankfurter Polizeigefängnis geglückt, woraufhin er sich sieben Monate lang bis zum Kriegsende den NS-Fahndern zu entziehen vermochte. Willi Richter gelang es, sich während seiner polizeilichen Vernehmung so geschickt herauszureden, dass er unbehelligt blieb. Auch Jakob Steffan wurde nach vergleichsweise kurzem Verhör wieder nach Hause entlassen. Knothe wie Steffan blieben zweifellos durch ihre Tarnung als V-Leute geschützt, die sie ihnen gewogenen Mitarbeitern der Frankfurter beziehungsweise der Mainzer Gestapo

---

[116] NEBGEN (siehe Anm. 86), S. 191 ff.; ULRICH (siehe Anm. 12), S. 11, 223 ff., 262 ff. und 265 f.; siehe hierzu ausführlich: Johannes TUCHEL, Zur Verfolgung von Gewerkschaftern nach dem 20. Juli 1944. Die Gestapoermittlungen und der Schauprozess gegen Wilhelm Leuschner vor dem nationalsozialistischen »Volksgerichtshof«. In: Ursula BITZEGEIO / Anja KRUKE / Meik WOYKE (Hrsg.), Solidargemeinschaft und Erinnerungskultur im 20. Jahrhundert. Beiträge zu Gewerkschaften, Nationalsozialismus und Geschichtspolitik. Bonn 2009 (Historisches Forschungszentrum der Friedrich-Ebert-Stiftung – Reihe Politik- und Gesellschaftsgeschichte, Bd. 84), S. 329–360.

zu verdanken gehabt hatten. Viele andere wurden jedoch, nachdem die »Sonderkommission 20. Juli« die breite zivile Basis der Verschwörung nicht hatte aufdecken können, erst im Zuge der reichsweiten Festnahmeaktion »Gitter« beziehungsweise »Gewitter« um den 22. August 1944 inhaftiert, die sich zunächst gegen frühere Funktionäre und Aktivisten von SPD, KPD und Gewerkschaften, dann aber auch gegen solche des Zentrums richtete und von der schätzungsweise 5.000 bis 7.000 zumeist ältere Personen betroffen waren. Aus Hessen gehörten zum Beispiel Wilhelm Weber und Josef Arndgen zu den hierbei Verhafteten. Während diese – anders als zahlreiche ihrer damals gleichfalls gefangen genommenen, an dem misslungenen Umsturzvorhaben oftmals aber tatsächlich gänzlich unbeteiligten Kollegen und Genossen – das »Dritte Reich« überlebten, zählte Ernst Schneppenhorst, einst Geschäftsführer des Nürnberger DHV, Vorsitzender des dortigen SPD-Unterbezirks sowie MdR und ebenfalls einer der wichtigsten Mitarbeiter Leuschners in dessen Fabrik genauso wie im antinazistischen Widerstand, zu jenen, die noch unmittelbar vor der Befreiung ohne jedes Gerichtsurteil ermordet worden sind.[117]

Durchaus nicht nur an seine inhaftierten Konfidenten, sondern im Prinzip auch an die Tausenden und Abertausenden Regimegegner, die der NS-Verfolgung, dessen war sich Leuschner in Erwartung seiner Urteilsvollstreckung ganz und gar gewiss, dennoch entkommen würden, richtete sich sein berühmter letzter, wohl nur in Zeichensprache gegenüber dem mit ihm einsitzenden früheren Hamburger SPD-Reichstagsabgeordneten Gustav Dahrendorf zum Ausdruck gebrachter Appell: »Schafft die Einheit«. Im Abschiedsbrief an seinen Sohn Wilhelm, der gleichermaßen in die Widerstandsarbeit eingebunden war, artikulierte der in der Todeszelle auf seinen letzten Gang Wartende den nicht minder beschwörenden Mahnruf: »Haltet zusammen. Baut alles wieder auf.«[118]

Getreu dieser Weisungen zur Herbeiführung und Bewahrung der Einheit aller Demokraten machten sich sofort nach dem Einmarsch der Kampftruppen der Alliierten in die deutschen Städte und Gemeinden zahllose sozialdemokratische, christlich-konservative, liberaldemokratische sowie linkssozialistische Gewerkschafter und Politiker gemeinsam an die politische und gewerkschaftliche Wiederaufbauarbeit.[119] Anfänglich waren in den im Widerstand wurzelnden, diese Kräfte seitdem verbindenden antinazistischen Grund-

---

117 Hett/Tuchel (siehe Anm. 5), S. 525 ff.; Hoffmann (siehe Anm. 112), S. 623–658; Ramm (siehe Anm. 5), S. 63 ff. und 449–465 (Aufstellung über Prozesstermine, Angeklagte und Strafmaß); Ulrich (siehe Anm. 12), S. 212 ff. und 270; siehe auch: ders., Politischer Widerstand (siehe Anm. 101), S. 223 ff.

118 Ulrich (siehe Anm. 12), S. 265 und 267 ff. – Dieses durch Wilhelm Leuschner junior überlieferte Diktum war auch das Motto der wissenschaftlichen Tagung, welche anlässlich des 70. Hinrichtungstages Leuschners am 29. September 2014 im Haus der Geschichte in Darmstadt durchgeführt worden ist und während der wir die dieser Darstellung zugrunde liegenden Fachvorträge zur Diskussion gestellt haben.

119 Viele wichtige Hinweise hierzu finden sich z. B. in: Gerd R. Ueberschär (Hrsg.), Der 20. Juli. Das »andere Deutschland« in der Vergangenheitspolitik. Überarbeitete und teilweise aktualisierte Neuausgabe. Berlin 1998; siehe darin insbes.: Susanne Miller, Widerstand und Exil. Bedeutung und Stellung des Arbeiterwiderstands nach 1945, S. 294–312; sowie: Wilhelm Ernst Winterhager, Enttäuschte Hoffnungen: Zum Anteil der Überlebenden des 20. Juli 1944 am politischen Neuaufbau in Westdeutschland nach 1945, S. 313–329; siehe ferner: Joachim Scholtyseck/Stephen Schröder (Hrsg.), Die Überlebenden des deutschen Widerstandes und ihre Bedeutung für Nachkriegsdeutschland. Münster 2005 (Schriftenreihe der Forschungsgemeinschaft 20. Juli 1944, Bd. 6).

konsens sogar die Kommunisten einbezogen, bis deren abermalige Propagierung stalinistischer Positionen und der alsbald ausbrechende Kalte Krieg dem ein nachhaltiges Ende bereiteten. In der Phase des demokratischen Neubeginns konnte jedenfalls mit vereinten Kräften etliches von dem verwirklicht, ansatzweise realisiert oder zumindest angebahnt werden, für das Leuschner und seine Mitstreiter seit Jahren eingetreten waren: Neben der Wiederherstellung eines freiheitlich-demokratischen Rechtsstaates, der – sicherlich bei weitem nicht konsequent genug durchgeführten – Entnazifizierung von Staat und Gesellschaft sowie der Schaffung einer dementsprechenden, allerdings dann nur auf föderativer Grundlage nach dem Industrieverbandsprinzip aufgebauten, parteipolitisch unabhängigen Einheitsgewerkschaft in Gestalt des 1949 gegründeten DGB sind hierbei beispielsweise unser – obzwar erst nach langjährigen diesbezüglichen Bemühungen – sämtlichen Bevölkerungsschichten gleichermaßen offen stehendes Schul- und Hochschulwesen sowie die vielfältigen Weiterbildungsmöglichkeiten zu nennen, ebenso die diversen Einrichtungen der staatsbürgerlichen Bildungsarbeit, unser – trotz weiterhin bestehendem Optimierungsbedarf – eigentlich schon recht gut ausgeprägter Sozialstaat, in dessen Ausgestaltung sozialdemokratische genauso wie liberale und konservativ-christdemokratische Vorstellungen eingeflossen sind, ferner unser Streik- und Tarifvertragsrecht, das Montan-Mitbestimmungsgesetz, die Rentendynamisierung und vieles andere mehr. Dagegen konnten das von Leuschner spätestens seit der Weltwirtschaftskrise für dringend erforderlich erachtete Recht auf Arbeit, das Aussperrungsverbot und die nunmehr selbst von den allermeisten nichtkommunistischen beziehungsweise nichtsozialdemokratischen Gewerkschaftern und vorübergehend sogar von der überwiegenden Bevölkerungsmehrheit befürwortete Sozialisierung bestimmter relevanter Wirtschaftszweige lediglich in die hessische Landesverfassung von 1946, nicht aber in das Grundgesetz von 1949 integriert werden. Insbesondere das schließlich unter anderem durch entsprechende Einflussnahmen der US-Militärregierung unwirksam gebliebene Gebot zur Sofortsozialisierung des Artikels 41 der Verfassung des Landes Hessen, aber auch das in deren Artikel 150 verankerte generelle Diktaturverbot sind genauso wie das Vorgenannte und viele andere Verfassungsvorschriften nur auf die bitteren Erfahrungen zurückzuführen, welche die Väter und Mütter unserer zweiten Demokratie auf deutschem Boden während der zwölf Jahre zuvor hatten machen müssen.[120]

Unter diesen befanden sich bemerkenswert viele, die vordem zu Leuschners Weggefährten oder zu deren Umfeld gehört hatten. Auch im Bereich Hessens rückten nicht wenige davon ab 1945 in hohe und höchste politische und gewerkschaftliche Funktionen sowie Verwaltungspositionen, wofür hier nur einige markante Beispiele genannt werden können: so Heinrich Zinnkann, der unter anderem als Hessischer Minister des Innern, stellvertretender Ministerpräsident und Präsident des Hessischen Landtags hervortrat, desgleichen Christian Stock als erster gewählter Hessischer Ministerpräsident, Ludwig

---

[120] BEIER (siehe Anm. 98), S. 577 und 588 f.; ULRICH (siehe Anm. 12), S. 276 ff.; zu Leuschners Einheitsappell siehe auch die Reflexionen von Peter Steinbach in seiner eindrucksvollen Rede anlässlich der Eröffnung der Wilhelm-Leuschner-Gedenkstätte in Bayreuth im Jahr 2003. In: ders., Der 20. Juli 1944. Gesichter des Widerstands. München 2004, S. 111–127, hier: S. 125.

Metzger als Darmstädter Oberbürgermeister und anschließend als Hessischer Minister für Erziehung und Volksbildung, Josef Arndgen als stellvertretender CDU-Landesvorsitzender und Hessischer Minister für Arbeit und Wohlfahrt, nicht zu vergessen Willy Knothe, der sich beispielsweise als erster Landesvorsitzender der hessischen SPD, als Vorsitzender des SPD-Bezirks Hessen-Süd sowie als einer der beiden Stellvertreter Kurt Schumachers große Verdienste erwarb. Wie Ludwig Bergsträsser, auf dessen wichtige Nachkriegsfunktionen bereits eingangs hingewiesen wurde, gehörten die Genannten – mit Ausnahme von Arndgen – sämtlich der Verfassungberatenden Landesversammlung Groß-Hessen an. Gleiches galt übrigens für Leuschners Freund Willi Richter, der sich in besonderem Maße um den Wiederaufbau der Gewerkschaften verdient gemacht hat, demzufolge 1946 zum Ersten Landesvorsitzenden des Freien Gewerkschaftsbundes Hessen gewählt wurde, zehn Jahre später zudem an die Spitze des DGB aufstieg und mit Fug und Recht als Vater der Renten- und Sozialreform zu bezeichnen ist.

Als 1964 vom damaligen Ministerpräsidenten Dr. h. c. Georg August Zinn aus Anlass des 20. Jahrestages der Hinrichtung Leuschners auf Richters Anregung hin die nach ihm benannte höchste Verdienstauszeichnung Hessens, die Wilhelm-Leuschner-Medaille, gestiftet und hierzu in Darmstadt auch ein Staatsakt durchgeführt wurde, fasste der vormalige DGB-Bundesvorsitzende in seiner Gedenkrede in der ihm eigenen bündigen Art die Beweggründe der von Leuschner angeführten Widerstandsbewegung, der auch er einst angehört hatte, wie folgt zusammen: Es sei ihnen damals, so Willi Richter, »um den Frieden, um die Freiheit, um das Recht« gegangen, »um die demokratische Ordnung und um die soziale Gerechtigkeit«, wobei die Vision eines friedlich geeinten und sozial gerechten Europas stets mitreflektiert worden sei. Und so sähen sie, die sie »die Diktatur und ihre Folgen verspüren mussten«, es als ihre »vornehmste Aufgabe an, mit allen Mitteln für die Erhaltung der demokratischen Ordnung zu kämpfen«. Deshalb begrüßten sie es auch, dass der DGB »bereits vor Jahren beschlossen« habe, »im Notfall den allgemeinen politischen Streik auszurufen«.[121] Dies ist in der Tat die große Lehre, die aus dem schmählichen Versagen der Demokraten der Weimarer Republik gezogen werden muss, welche angesichts des an die Macht drängenden NS-Faschismus nicht zur allein Erfolg versprechenden kollektiven Gegenwehr zusammenzufinden vermochten.[122]

---

[121] Darmstädter Ansprache Richters vom 29. September 1964. In: BEIER (siehe Anm. 91), S. 516.

[122] So ein vom vormaligen politischen Häftling u. a. in den Konzentrationslagern Hinzert und Sachsenhausen und späteren Oberbürgermeister der Landeshauptstadt Wiesbaden sowie Präsidenten des Hessischen Landtags Georg Buch immer wieder vorgebrachtes Diktum. Dieser war übrigens zeitlebens ein großer Bewunderer Wilhelm Leuschners, weshalb er auch wiederholt darauf hinwies, dass für ihn von den vielen Ehrungen und Auszeichnungen, die ihm im Laufe seines langen Lebens zuteil geworden sind, die Wilhelm-Leuschner-Medaille die Wichtigste sei.

NACH 1945

RICHTER UND KONTINUITÄTEN

Die ungesühnten Verbrechen der NS-Justiz

Georg D. Falk

Es liegt auf der Hand, dass die diesem Begleitband zugrunde liegende Ausstellung »Verstrickung der Justiz in das NS-System 1933–1945. Forschungsergebnisse für Hessen« angesichts des Zeitbogens vom Beginn des NS-Staates bis mitten hinein in die Geschichte der Bundesrepublik Deutschland und des damit verbundenen breiten Themenspektrums vieles nur ansprechen, aber nicht in der gebotenen Tiefe darstellen kann. Mit diesem Beitrag[1] sollen drei zentrale Aspekte näher beleuchtet werden.

Im Hinblick auf die Sondergerichtsbarkeit[2] soll am Beispiel von Urteilen hessischer Sondergerichte aus dem April 1933 die Frage beantwortet werden: Wer waren die Richter, die bei der Etablierung der Diktatur zur Verfügung standen? Anschließend soll an einem in dieser Ausstellung dokumentierten[3] und zwei weiteren Fällen justiziellen Unrechts deutlich gemacht werden, was unter Justizverbrechen zu verstehen ist. Damit verbunden ist im letzten Teil die Beantwortung der Frage: Warum sind diese Verbrechen ungesühnt geblieben?

Kapitulation der Justiz?

6 SJ 1/33 – so lautet das Aktenzeichen des ersten Verfahrens,[4] das auf Grundlage der Verordnung der Reichsregierung über die Bildung von Sondergerichten vom 21. März 1933[5] vor dem im Oberlandesgerichtsbezirk Frankfurt/M. – wie in jedem der damals 26 Oberlandesgerichtsbezirke – neu gebildeten Sondergericht stattgefunden hat.[6] Durch Urteil des Sondergerichts vom 1. April 1933 wird ein 25-jähriger Kaufmann zu einer Gefängnisstrafe von einem Jahr verurteilt; er soll vor einem kleinen Kiosk – in Frankfurt werden sie irreführend »Wasserhäuschen« genannt – im Kreis einiger Zecher unter anderem

---

[1] Bei dem Beitrag handelt es sich um den überarbeiteten und ergänzten Vortrag »Die ungesühnten Verbrechen der deutschen Justiz 1933–1945«, den der Verfasser im Begleitprogramm der Ausstellung an verschiedenen Standorten gehalten hat. Der Text orientiert sich nicht an dem Erwartungsniveau eines juristischen Fachpublikums, sondern eines interessierten Ausstellungsbesuchers.

[2] Ausstellung Tafeln 15–19, Sondergerichtsbarkeit. Siehe Katalogteil dieses Bandes.

[3] Ausstellung Tafeln 37–39, Der Fall Kessler/Hassencamp. Siehe Katalogteil dieses Bandes.

[4] Akten des Strafverfahrens StA Frankfurt/M. 6 SM 1/33, HHStAW Abt. 461 Nr. 7273; dazu auch: »Frankfurter Nachrichten« vom 2. April 1933, ISG Frankfurt/M. Best. Zsf Nr. 338; Rainer RAASCH, Sondergerichtsrechtsprechung und Spruchpraxis zum »Blutschutz«. In: Horst HENRICHS/Karl STEPHAN (Hrsg.), Ein Jahrhundert Frankfurter Justiz. Gerichtsgebäude A: 1889–1989. Frankfurt/M. 1989, S. 123.

[5] RGBl. I S. 136.

[6] Einen guten Überblick über die nationalsozialistische Sondergerichtsbarkeit gibt der vom Justizministerium des Landes Nordrhein-Westfalen in der Reihe Juristische Zeitgeschichte Nordrhein-Westfalen herausgegebene Tagungsband Bd. 15. »... eifrigster Diener und Schützer des Rechts, des nationalsozialistischen Rechts ...«. Nationalsozialistische Sondergerichtsbarkeit. Düsseldorf 2007.

davon gesprochen haben, dass Nationalsozialisten in Worms einen Juden gehängt hätten. Angesichts der ersten Terrorwelle in diesen Wochen kann das durchaus so gewesen sein. Das Sondergericht behandelt die Behauptung indes ohne nähere Begründung als unwahr. Vor allem aber: Diese Behauptung sei geeignet, das Wohl des Deutschen Reichs, das Ansehen der Reichsregierung und der NSDAP schwer zu schädigen. Das soll den Tatbestand eines Vergehens gegen die zehn Tage zuvor am 21. März 1933, dem »Tag von Potsdam«,[7] erlassene »Verordnung des Reichspräsidenten zur Abwehr heimtückischer Angriffe gegen die Regierung der nationalen Erhebung«[8] erfüllen.

Nehmen wir an, der Mann hätte sich wirklich so geäußert und es wäre tatsächlich nur ein böses Gerücht gewesen. Mit dieser Äußerung eines vermutlich mittelschwer betrunkenen Mannes soll die Außenpolitik des Reichs kompromittiert werden können? Ein Jahr Gefängnis? Wie kam es zu einem solch drakonischen Urteil? Was ist da geschehen?

Es ist ein Irrtum zu glauben, an diesen neuen Sondergerichten, die zu der schnellen Etablierung des NS-Staates mit harten und sofort rechtskräftigen Urteilen beitragen sollten, seien neue Richter, junge dynamische nationalsozialistische Parteigänger eingesetzt worden. Es waren altgediente Richter, die ihre juristische Ausbildung in der ersten deutschen Demokratie von Weimar oder noch im Kaiserreich erfahren hatten.[9] Das lediglich mit politischen Glaubenssätzen begründete Urteil trägt auch hier die Unterschriften erfahrener Richter, unter anderen des damals 53-jährigen Landgerichtsdirektors Dr. Fritz Rehorn und des 48-jährigen Landgerichtsrats Dr. Ludwig Scriba.[10]

Wenige Wochen zuvor hatte der Reichspräsident von Hindenburg am 30. Januar 1933 Adolf Hitler zum Reichskanzler ernannt. Zugleich wurde das Parlament, der Reichstag, aufgelöst. Mit dem Reichstagsbrand in der Nacht vom 27. auf den 28. Februar 1933 war der Vorwand für die Nazis da, tausende Kommunisten, Sozialdemokraten und andere politische Gegner zu verhaften. Noch am gleichen Tag unterzeichnete der Reichspräsi-

---

7 Festakt zur Konstituierung des am 5. März 1933 gewählten Reichstages in der Kroll-Oper, an der der Reichspräsident, nicht aber die Abgeordneten der SPD und KPD teilnahmen; die von Goebbels organisierte Inszenierung sollte konservativ und monarchistisch eingestellte Deutsche für den »neuen« Staat begeistern.

8 RGBl. I S. 83.

9 Vgl. dazu in diesem Band Jens-Daniel BRAUN / Georg D. FALK, Die deutschen Richter im Jahre 1933. Zu den Richtern des Sondergerichts Frankfurt/M. siehe Gerd WECKBECKER, Zwischen Freispruch und Todesstrafe. Die Rechtsprechung der nationalsozialistischen Sondergerichte Frankfurt/Main und Bromberg. Baden-Baden 1998, S. 356 ff.

10 Rehorn war erster Vorsitzender des Sondergerichts; er war Mitglied der NSDAP seit dem 1. Mai 1933 und fungierte bis 1935 als Blockleiter, darüber hinaus gehörte er u. a. der SA an. 1934 wurde er zum ständigen Vertreter des LG-Präsidenten in Frankfurt/M. ernannt, am 1. Oktober 1939 zum Vizepräsidenten des Oberlandesgerichts. Zugleich war er stellvertretender Vorsitzender des Justizprüfungsamtes; siehe Arthur VON GRUENEWALDT, Die Richterschaft des Oberlandesgerichts Frankfurt am Main in der Zeit des Nationalsozialismus. Die Personalpolitik und Personalentwicklung. Dissertation, Kap. 4 § 3 A. II. Die Dissertation erscheint in der Schriftenreihe »Beiträge zur Rechtsgeschichte des 20. Jahrhunderts«, Tübingen 2015. Scriba war bereits im Sommer 1932 der NSDAP beigetreten, als die Mitgliedschaft Beamten in Preußen noch verboten war. Durch massive Förderung des hessischen Gauleiters der NSDAP Jakob Sprenger wurde Scriba innerhalb von drei Jahren vom Landgerichtsrat über das Amt des Landgerichtsdirektors in Frankfurt und des Landgerichtspräsidenten in Limburg bereits 1936 zum Oberlandesgerichtspräsidenten in Darmstadt befördert; HHStAW Abt. 505 Nr. 562, Bl. 3 (R) sowie Bl. 58 f.

dent die Notverordnung »Zum Schutz von Volk und Staat«. Die neuen Machthaber nannten sie Verordnung gegen den Kommunismus, aber diese Verordnung setzte die zentralen demokratischen Grundrechte außer Kraft. Strafbestimmungen wurden verschärft und die beschönigend mit »Schutzhaft« bezeichnete willkürliche Verhaftung ohne richterlichen Beschluss wurde legalisiert.[11] Allein in Nordrhein-Westfalen wurden in den Monaten März und April rund 25.000 Menschen gewaltsam in frühe Konzentrationslager gesteckt und körperlich misshandelt. Geschlagen, aus dem Richterdienst entfernt und ins KZ Dachau verbracht wurde auch der spätere Präsident des Oberlandesgerichts Frankfurt/M. Prof. Dr. Curt Staff, damals Landgerichtsrat in Braunschweig.[12] Mit dem Rechtsstaat von Weimar hatte dies alles nichts mehr zu tun. Die Etablierung des NS-Staates war nicht »legal«.[13] Der Terror, der jetzt auch durch die Gerichte tobte,[14] bedeutete aber nicht überall eine gewaltsame Überwältigung der die Gesellschaft tragenden Eliten, die den rechtswidrigen Entlassungen, Vertreibungen und Gewaltakten wohlwollend zuschauten oder wie gelähmt verharrten. Auch die Justiz wurde nicht überwältigt, sondern sie war sofort und freiwillig willfährige Dienerin des NS-Staates.[15]

Das eingangs vorgestellte Sondergerichtsverfahren zeigt: Die Anklage wird am 30. März 1933 erhoben, schon am 1. April ergeht das Urteil, obwohl die Verordnung zur Einrichtung dieser Sondergerichte erst vom 21. März 1933 stammt.[16] Also schon zehn

---

11 Arthur VON GRUENEWALDT (siehe Anm. 10) Kap. 2 §2.

12 Dieter MIOSGE, Prof. Dr. Curt Staff. In: Michael SCHLÜTER / Dieter MIOSGE: Die Zulassung ist zurückgenommen. Das Schicksal der Juristen im Bezirk Braunschweig von 1933–1945, Braunschweig 2006, S. 110 ff.; Thomas HENNE, Curt Staff zum 100. Geburtstag. In: NJW 2001, 3030 f. Zum sanktionierten Terror in dieser Zeit vgl. eindrucksvoll Lothar GRUCHMANN, Justiz im Dritten Reich 1933–1940. Anpassung und Unterwerfung in der Ära Gürtler. 3. Auflage, München 2001, S. 320 ff.

13 Vgl. Dieter DEISEROTH, Die Legalitäts-Legende. In: Blätter für deutsche und internationale Politik. Heft 2/2008, S. 93–104; Michael STOLLEIS, Geschichte des öffentlichen Rechts in Deutschland. Weimarer Republik und Nationalsozialismus. München 2002, S. 330 ff.

14 In Tagebucheintragungen des damaligen Rechtsanwalts Selmar Spier werden die Vorgänge in Frankfurt/M. exemplarisch deutlich: »10. Mai 1933 Gericht. Gegen 11 Uhr erscheint ein Sprechchor, hauptsächlich junge Burschen, der in den Gängen um das Anwaltszimmer herum brüllte: Achtung! Achtung! Hinaus mit den Juden Sinzheimer und Kohnen! [...] Am 27.6. drangen Banden junger Leute in das Gericht ein, ohne dass ihnen jemand entgegentrat, misshandelten jüdische Anwälte und verluden sie auf Lastwagen. Sie wurden im Laufe des Tages wieder freigelassen. Am 17.7. galt die Demonstration den nichtarischen Richtern, die aufgrund der Ausnahmebestimmung des Beamtengesetzes erstmalig an diesem Tage wieder ihren Dienst antreten sollten. Man muss dazu wissen, dass die Portale des Gerichts, soweit überhaupt geöffnet, von SA-Leuten in Uniform bewacht wurden, und dass niemand hineinkam, der sich nicht als dazu befugt im Sinne der Bestimmungen der neuen Zeit ausweisen konnte.« Aus Selmar SPIER, Das Gesetz zur Wiederherstellung des Berufsbeamtentums. In: Dokumente zur Geschichte der Frankfurter Juden 1933 bis 1945. Hrsg. von der Kommission zur Erforschung der Geschichte der Frankfurter Juden. Frankfurt/M. 1963, S. 58. Zu Selmar Spier vgl. http://www.rechtsanwaltskammer-ffm.de/raka/rub_aboutus/archive/AnwaltOhneRecht/17_Spier.PDF, (abgerufen am 5. Dezember 2014). Zum Schicksal des großen jüdischen Frankfurter Rechtsanwalts Hugo Sinzheimer und seines Assistenten Franz Mestitz in dieser Zeit siehe Theo RASEHORN, Der Untergang der deutschen linksbürgerlichen Kultur, beschrieben nach den Lebensläufen jüdischer Juristen. Baden-Baden 1988, S. 17 ff. und 67 ff.

15 Zu Selbstwahrnehmung, Haltungen und Rechtfertigungen dieser Richter siehe in diesem Band Jens-Daniel BRAUN / Georg D. FALK, Die deutschen Richter im Jahre 1933.

16 Die Verordnung über die Einführung von Sondergerichten konnte an Vorläufer aus der Endphase der

Tage nach ihrem Erlass in Berlin sind vor Ort in den Ländern die Sondergerichte etabliert. Die Justizverwaltung hatte sich offenbar in vorauseilendem Gehorsam auf die Einrichtung dieser Spruchkörper vorbereitet und handelte auch in Frankfurt/M. schnell. Nachdem über die Funkstelle des Polizeipräsidiums am Abend des 22. März ein Telegramm des Reichsjustizministeriums eingegangen war, in dem darauf hingewiesen wurde, dass die Verordnung am zweiten Tag nach Verkündung in Kraft treten werde (»Verkündung wahrscheinlich heute«), trat bereits am 25. März das Präsidium des Landgerichts Frankfurt/M. zusammen und berief die Mitglieder des neu zu bildenden Sondergerichts.[17]

Im Oberlandesgerichtsbezirk Darmstadt erging das erste Urteil des dortigen Sondergerichts am 5. April 1933.[18] Wegen einer als Spaziergang getarnten Zusammenkunft von Kommunisten wurden Verurteilungen bis zu einem Jahr Gefängnis verhängt. Mit derart harten Urteilen sollte tatsächlicher oder vermeintlicher politischer Widerstand ausgeschaltet werden.[19] Die nur politisch begründete Strafzumessung macht diese Funktion der Sondergerichte deutlich:

»Das Gericht hielt eine hohe Strafe für angebracht. Die neue nationale Regierung muss mit aller Schärfe vor Angriffen staats-, gesellschafts- und kulturfeindlicher Elemente geschützt werden. Es ist erforderlich, dass allen Feinden des Staates gezeigt werde, dass Angriffe auf Volk und Staat auf das Strengste geahndet werden. Je gründlicher die Feinde von Volk und Staat von Anfang an abgeschreckt werden, desto weniger wird es künftighin zu Angriffen gegen Volk und Staat kommen [...].«[20]

Diese Urteile aus dem April 1933 zeigen: Die Justiz kapitulierte nicht vor der Gewalt. Die Gerichte waren vielmehr schon zu »Beginn der neuen Zeit« zum aktiven Mitwirken bereit, nicht nur einzelne Richter, wie diese Erklärung des Vorsitzenden des Deutschen Richterbundes, des Senatspräsidenten am Reichsgericht Karl Linz, in der Vertreterversammlung des Richterbundes anlässlich des Juristentages 1933 in Leipzig eindrucksvoll belegt: »[...] Hohe Verehrung, aber auch unverbrüchliche Treue schlingen ein unauflösliches Band zwischen dem, der die Geschicke des deutschen Volkes leitet, seinem Führer, und den deutschen Richtern. Eng um ihn geschart, wie der Heerbann um seinen Herzog, werden wir im Kampfe ihm zur Seite stehen und das Schlachtfeld entweder nie oder erst dann verlassen, wenn der Sieg errungen ist: die Rettung des deutschen Volkes [...].«[21]

Weimarer Republik anknüpfen, mit denen die Regierungen Brüning und von Papen Sondergerichte »gegen den politischen Terror« eingerichtet hatten. Vgl. Ralph ANGERMUND, Deutsche Richterschaft 1919–1945. Frankfurt/M. 1990, S. 137; Gerd WECKBECKER (siehe Anm. 9), S. 28 ff.

17 Akten des Landgerichts Frankfurt/M. betreffend: Vertrauliche Verfügungen und Mitteilungen, HHStAW Abt. 460 Nr. 793, Bl. 206.
18 Urteil im Strafverfahren des Sondergerichts Darmstadt SM 1/33, HStAD Abt. G 27 Nr. 1, Bl. 66 ff.
19 Gerd WECKBECKER (siehe Anm. 9) S. 40 f.; Harald HIRSCH, Die Sondergerichte Darmstadt und Frankfurt/M. im Rahmen der politischen NS-Strafjustiz 1933–1934. In: Wolfgang FORM / Theo SCHILLER (Hrsg.). Politische NS-Justiz in Hessen. Marburg 2005, Bd. II, S. 821.
20 Siehe Anm. 18, Bl. 69 (R).
21 Zeitspiegel, DRiZ 1933, S. 293.

Die Richter wollten dabei sein, den Anschluss nicht verpassen, deshalb waren sie in ihrer überwältigenden Mehrheit – sei es aus Überzeugung, sei es aus Opportunismus – zum Mitmachen bereit.[22] An manchen Orten stellte sich in dem Bemühen um Mitgliedschaft in der NSDAP geradezu eine Art von Torschlusspanik ein. Der spätere Landgerichtspräsident in Frankfurt am Main Johannes Becker[23] berichtet in einem überwiegend apologetisch gehaltenen Schreiben vom 27. April 1945:

»Bis zum 27. April 1933 waren, wie sich später herausstellte, nur drei oder vier Richter und Staatsanwälte in Frankfurt/Main Parteimitglieder geworden. Am 30. April 1933, also drei Tage später, hatten fast sämtliche Richter und Staatsanwälte mit Ausnahme der wenigen, die jetzt noch hier als Nichtmitglieder der NSDAP vorhanden sind, ihren Beitritt erklärt [...] Den Anlass zu dem damaligen Masseneintritt gaben vielmehr zwei Umstände. [...] 1. Am 27. April erhielten die Mitglieder des Preußischen Richtervereins, dem praktisch alle Juristen angehörten, die letzte Nummer der Preußischen Richterzeitung mit der kurzen Mitteilung, dass der Verein aufgelöst sei und dass allen Mitgliedern empfohlen werde, sich dem Nationalsozialistischen Bund Deutscher Juristen als der einzigen künftig noch vorhandenen Berufs- und Standesvertretung anzuschließen. Darüber herrschte größte Bestürzung, da mit der Mitgliedschaft im Richterverein für viele wichtige Ansprüche (Sterbegeld- und Lebensversicherung) und sonstige soziale Einrichtungen verknüpft waren. [...] 2. In ihrer Ratlosigkeit wegen der künftigen Zugehörigkeit zu einer Berufsvertretung wandten sich nunmehr einige Richter am Morgen des 29. April 1933 an den damals zum kommissarischen Oberbürgermeister der Stadt Frankfurt ernannten Landgerichtsrat Dr. Krebs [...]. Man fragte ihn, der gleichzeitig als Bereichsleiter der NSDAP fungierte, vor allem, wie denn etwa vor dem Ablauf des 30. April ein Beitritt zur NSDAP noch bewerkstelligt werden sollte [...]. Krebs erklärte sehr kollegial und freundlich, die Richter und Staatsanwälte sollten nur ruhig ihren Beitritt erklären, [...], er würde auch für alles übrige sorgen. Nur müsse er zur Bedingung machen, dass die Richter und Staatsanwälte geschlossen und ausnahmslos der NSDAP beiträten, anders könne er sie nicht schützen! [...] Die Auslassungen von Krebs gingen von Mund zu Mund und diejenigen, die der Meinung waren, nun sei durch das freundliche Entgegenkommen des Kollegen Krebs ja alles in bester Ordnung, sorgten durch Überredung der noch Zögernden dafür, dass die anscheinend letzte Chance der Rettung der Richterschaft als Berufsgemeinschaft auch von anderen ergriffen würde und dass alle ›mitmachten‹.«[24]

---

22 Vgl. auch Hans WROBEL, Der Deutsche Richterbund im Jahre 1933. In: Redaktion »Kritische Justiz« (Hrsg.), Der Unrechtsstaat, Band II. Baden-Baden 1984, S. 73 ff.

23 Johannes Becker, der am 23. Dezember 1897 in Insterburg (Ostpreußen) geboren wurde, begann 1923 seine juristische Laufbahn als Referendar in Frankfurt/M. In der NS-Zeit blieben dem mit Anna Bendheimer verheirateten Richter berufliche Schwierigkeiten nicht erspart, weil er seine jüdische Frau nicht im Stich lassen wollte. Er wurde 1937 aus der 7. Zivilkammer des Landgerichts Frankfurt/M. in das Grundbuchamt des AG versetzt und im letzten Kriegsjahr zur Arbeit in einem Werk der Rüstungsindustrie abkommandiert; http://www.stolpersteine-langen.de/index.php?section=57, (abgerufen am 9. Dezember 2014)

24 In: ISG Frankfurt/M. Magistratsakten Nr. 3984, Bl. 160 ff.

Dem Engagement für einen Parteibeitritt entsprach die Bereitschaft, die an die Justiz gerichteten Erwartungen der neuen Regierung zu erfüllen. Vor diesem Hintergrund erklären sich viele Urteile, die mit Recht und Gesetz nichts zu tun haben. Zweifelhaft bleibt, ob dieser Erklärungsansatz für die vor allem in der Kriegszeit von ganz normalen Richtern begangenen Justizverbrechen ausreichend ist.

Verbrechen der Justiz

Die deutsche Justiz hat in der NS-Zeit – nach zurückhaltenden Schätzungen – wahrscheinlich mehr als 50.000 Todesurteile gefällt, etwa je zur Hälfte ausgesprochen von der ordentlichen (zivilen) Gerichtsbarkeit und den Militärgerichten.[25] Die meisten Todesurteile ergingen zwischen 1941 und 1945. Ab 1942 »schaffte« die in der Kriegszeit vor allem im Osten[26] deutlich brutalisierte deutsche Justiz monatlich rund 800 Todesurteile. Zum Vergleich: Im ersten Weltkrieg wurden in vier Jahren insgesamt 291 Todesurteile verhängt.[27] Für eine solche Anzahl von Todesurteilen brauchten die deutschen Richter jetzt durchschnittlich nicht einmal zwei Wochen. Dabei muss man sich im Klaren sein: Die bloße Zahl enthält immer eine unbeabsichtigte Trivialisierung von Einzelschicksalen. Erst die Kenntnis konkreter Fälle ermöglicht eine plastische Vorstellung von dem, was mit dieser Massenvernichtung von Menschen durch Justiz verbunden war.

Die Ermordung eines jungen Polen

Im ersten Fall geht es um die Ermordung eines jungen Polen.[28] Edward Sarzynski wurde im Februar 1940 17-jährig als Zwangsarbeiter nach Usingen im Taunus verschleppt. Hier war er bei einem Landwirt beschäftigt.

Am 6. Juni 1942 hackt er nachmittags Holz. Drei Kinder spielen in der Nähe. Eines von ihnen, die dreijährige Margarete, kommt und reicht ihm Holz zum Spalten. Sie kommt dabei dem Hackklotz zu nahe; deshalb jagt er sie fort – vielleicht mit einer Geste, denn er sprach nur polnisch. Das Kind weint und Edward Sarzynski will es trösten, er

---

25 Antwort der Bundesregierung vom 24. November 1986, BT-Drucks. 10/6566, auf eine Große Anfrage der Fraktion DIE GRÜNEN vom 5. März 1986. Die Schätzungen der Zahl verhängter Todesurteile gehen weit auseinander. So spricht Helmut Kramer von 60.000 Todesurteilen, von denen allein 15.000 auf die Sondergerichte und 5.200 auf den Volksgerichtshof entfallen; vgl. Helmut KRAMER, Richter vor Gericht: Die juristische Aufarbeitung der Sondergerichtsbarkeit. In: Justizministerium des Landes Nordrhein-Westfalen (siehe Anm. 6), S. 122 und 166. Hinzuzählen muss man die zahlreichen Todesurteile insbesondere der politischen Strafsenate der Oberlandesgerichte und die von den Kriegsgerichten der Wehrmacht verhängten Todesurteile, die (ohne solche gegen Kriegsgefangene und Zivilisten) auf 25.000 bis 30.000 geschätzt werden. Vgl. Manfred MESSERSCHMIDT, Das System Wehrmachtsjustiz, Aufgaben und Wirken deutscher Kriegsgerichte. In: Ulrich BAUMANN / Magnus KOCH / Stiftung »Denkmal für die ermordeten Juden Europas« (Hrsg.), »Was damals Recht war ...« – Soldaten und Zivilisten vor Gerichten der Wehrmacht. Berlin 2008, S. 32.

26 Vgl. Gerd WECKBECKER (siehe Anm. 9), S. 453.

27 Jörg FRIEDRICH, Freispruch für die Nazi-Justiz. Die Urteile gegen NS-Richter seit 1948. Eine Dokumentation. Überarbeitete und ergänzte Ausgabe Berlin 1998, S. 15.

28 Akten des Strafverfahrens StA Frankfurt/M. 6 SLs 64/42; HHStAW Abt. 461 Nr. 9314.

nimmt das Mädchen auf den Arm und setzt sich mit ihm auf das Rad einer landwirtschaftlichen Maschine. Dann soll Folgendes geschehen sein: »Er legte sie auf seinen Schoß, zog ihr nun die Hose etwas herunter und griff ihr in geschlechtlicher Erregung an den Geschlechtsteil und spielte kurze Zeit daran. Da er plötzlich Angst bekam, dass er von jemand gesehen werden könne, ließ er dann das Kind sofort wieder los.«[29]

Wie kamen die Richter zu diesen Feststellungen im Urteil? Es gab keine Augenzeugen. Das Sondergericht hatte nur die Kindesmutter und den Arbeitgeber als Zeugen vernommen und von einem Geständnis des Angeklagten ist im Urteil keine Rede. Die Richter, der Landgerichtsdirektor Dr. Kalb und die Amtsgerichtsräte Hardt und Börner, verurteilen den jungen Polen zum Tode. Warum? Ohne jede Begründung, ohne Würdigung der Beweise steht im Urteil nur dieser eine Satz: »Der Angeklagte hat an einem dreijährigen Kinde unsittliche Handlungen begangen, sich somit eines Sittlichkeitsverbrechens nach § 176 Ziff. 3 StGB schuldig gemacht [...].«[30]

Allein eine einzige Äußerung des dreijährigen Kindes – »*Der Edward hat mir am Bobbes gespielt*« – hatte die Mutter zur Anzeige veranlasst. In der südhessischen Mundart kennzeichnet der Begriff eigentlich kein männliches oder weibliches Geschlechtsteil. Der Usinger Arzt, der noch am Tage des Vorfalls das Kind untersucht und wohl ahnt, dass dem jungen Polen große Gefahr droht, bescheinigt ausdrücklich, dass er »*nicht die geringste Verletzung, oder auch nur eine Rötung der Haut*« habe feststellen können. Aus diesem Grund hätte man jetzt erst recht eine Begründung des Gerichts für seine Feststellung einer unsittlichen Handlung erwartet. Nichts dergleichen geschieht. Daher drängt sich der Eindruck auf, dass das Urteil auf Willkür beruht.

Sarzynski muss ein mutiger junger Mann gewesen sein. Denn er hat sich in der Verhandlung vor dem Sondergericht ausdrücklich zum polnischen Volkstum bekannt. Vielleicht war das mit ausschlaggebend dafür, dass der Vorsitzende des Sondergerichts am Ende der Verhandlung, die – trotz der Vernehmung des Angeklagten und von zwei Zeugen unter Mitwirkung eines Dolmetschers – nur siebzig Minuten von 9.00 Uhr bis 10.10 Uhr dauerte, ein Todesurteil verkündete. Das Gericht wandte dabei neben § 176 Nr. 3 StGB, der die Vornahme unzüchtiger Handlungen an unter 14-Jährigen verbot, die Verordnung über die Strafrechtspflege gegen Polen und Juden vom 4. Dezember 1941 an.[31]

Diese sogenannte Polenstrafrechtsverordnung ist ein typisches nationalsozialistisches Unrechtsgesetz. Normatives Recht wurde durch rassenideologische Diskriminierung und unverhältnismäßige Strafen zum Instrument des Terrors.[32] Schon die Normanwendung begründete die Rechtwidrigkeit jeder Verurteilung auf der Grundlage dieser Verordnung.[33] Nach ihrer Ziffer II werden »Polen und Juden [...] auch bestraft, wenn sie gegen die deutschen Strafgesetze verstoßen oder eine Tat begehen, die gemäß dem Grundgedanken eines deutschen Strafgesetzes [...] Strafe verdient.« Es handelt sich

---

29 Urteil des Sondergerichts Frankfurt/M. vom 29. Juni 1942 (siehe Anm. 28), Bl. 39 (R).
30 Ebenda, Bl. 40.
31 RGBl. I S. 759 ff. Der Text der Verordnung ist abgedruckt u. a. bei: Martin HIRSCH / Diemut MAJER / Jürgen MEINK (Hrsg.), Recht, Verwaltung und Justiz im Nationalsozialismus. 2. Auflage, Baden-Baden 1997, S. 496 ff.; Jörg FRIEDRICH (siehe Anm. 27), S. 35 f.

um einen Straftatbestand gegen bestimmte Bevölkerungsgruppen ohne präzise Normmerkmale, der bei der Feststellung des strafrechtlich relevanten Tatbestandes ebenso wie beim Strafausspruch der Willkür Tür und Tor öffnet. Das Ziel, jeden Polen und jeden Juden schlicht umbringen zu können, wenn sie in irgendeiner Weise gegenüber der nationalsozialistischen »Volksgemeinschaft« negativ auffällig geworden waren, wird durch Ziff. III Abs. 2 Satz 2 dieser Verordnung deutlich: »Auch da, wo das Gesetz Todesstrafe nicht vorsieht, wird sie verhängt, wenn die Tat von besonders niedriger Gesinnung zeugt oder aus anderen Gründen besonders schwer ist.«

Edward Sarzynski war ausdrücklich nach dieser Ziffer III der Verordnung angeklagt worden, denn § 176 StGB sah die Todesstrafe nicht vor. Aber die Richter merkten in der Verhandlung selbst, dass sich weder eine »besonders niedrige Gesinnung« noch eine »besondere Schwere der Tat« feststellen ließ. Deshalb haben sie bei Ziffer I Abs. 3 Zuflucht gesucht. Sie standen aber wegen des Normtextes[34] jetzt vor dem Problem begründen zu müssen, dass Edward Sarzynski »das Ansehen oder das Wohl des Deutschen Reiches oder des deutschen Volkes« vorsätzlich herabgesetzt oder geschädigt habe. Dieses Problem lösten die Richter Dr. Kalb, Börner und Hardt mit folgender Begründung: »Der Angeklagte ist Pole, also Angehöriger des Volkes, das durch die maßlosen Greueltaten, zu denen es sich vor und während des Krieges Volksdeutschen gegenüber in hemmungsloser Weise hinreißen ließ, sich in der Geschichte einen traurigen Ruf geschaffen und dem Deutschen Volke schwerstes Leid zugefügt hat. Anstatt ihn dies entgelten zu lassen, hat man ihm Gelegenheit gegeben, im Deutschen Reich zu arbeiten und ein Leben in Sicherheit und Ordnung zu führen.[35] Wenn nun der Angeklagte, statt sich eines ordentlichen Lebenswandels zu befleißigen, sich nicht scheute, ein kleines dreijähriges deutsches Mädchen, das zutraulich zu ihm kam und das selbst zu Abwehr außerstande war, zum Ziele seiner geschlechtlichen Ausschweifungen zu machen, so setzte er hierdurch nicht nur das Ansehen des Deutschen Volkes herab, sondern er schädigte auch das Wohl

---

32 Uwe WESEL, Geschichte des Rechts. München 1997, S. 478 f.; zur Charakteristik des NS-Strafrechts und der Entnazifizierung des Strafrechts siehe Joachim RÜCKERT, Strafrechtliche Zeitgeschichten – Vermutungen und Widerlegungen. In: KritV 2001, S. 235 ff.

33 Das hat der Bundesgerichtshof bereits in einer Entscheidung vom 12. Februar 1952 (BGHSt. 2, 173, 175) jedenfalls allgemein anerkannt: »Die Machthaber des nationalsozialistischen Staates haben, wie offenkundig ist und schon damals allen Einsichtigen klar war, zahlreiche Vorschriften erlassen, die mit dem Anspruch auftraten, ›Recht‹ zu entsprechen, die aber trotzdem der Rechtsnatur ermangelten, weil sie jene rechtlichen Grundsätze verletzten, die unabhängig von jeder staatlichen Anerkennung gelten und stärker sind als ihnen entgegenstehende obrigkeitliche Akte [...]. Obrigkeitliche Anordnungen, die die Gerechtigkeit nicht einmal anstreben, den Gedanken der Gleichheit bewusst verleugnen und allen Kulturvölkern gemeinsame Rechtsüberzeugung von Wert und Würde der menschlichen Persönlichkeit gröblich missachten, schaffen [...] kein Recht [...].«

34 In Ziffer I Abs. 3 der sog. Polenstrafrechtsverordnung heißt es: »Sie werden mit dem Tode, in minderschweren Fällen mit Freiheitsstrafe bestraft, wenn sie [...] durch ihr sonstiges Verhalten das Ansehen oder das Wohl des Deutschen Reiches oder des deutschen Volkes herabsetzen oder schädigen.«

35 Diese auch angesichts der Lebensverhältnisse von Zwangsarbeitern an Zynismus kaum zu übertreffende Formel ist wiederholt in Verurteilungen ausländischer Zwangsarbeiter anzutreffen. Zu den Lebensverhältnissen polnischer und russischer Zwangsarbeiter vgl. Ulrich HERBERT, Geschichte der Ausländerpolitik in Deutschland. Saisonarbeiter, Zwangsarbeiter, Gastarbeiter, Flüchtlinge. München 2001, S. 150 ff.

des Deutschen Reiches. Seine Handlungsweise ist geeignet, das Vertrauen insbesondere der im Felde stehenden Familienväter [...], dass ihre in der Heimat verbliebenen Familienangehörigen gegen derartige Übergriffe Volksfremder hinreichend geschützt sind, erheblich zu erschüttern und damit den Abwehrwillen der Front zu schwächen.«[36]

Unterstellen wir, dass das dreijährige Mädchen einen kurzen Augenblick lang an seinem Geschlechtsteil berührt worden ist. Durch diese Handlung soll das Ansehen des deutschen Volkes herabgesetzt und das Wohl des Deutschen Reiches geschädigt worden sein? Und darauf soll sich der für eine Verurteilung erforderliche Vorsatz von Edward Sarzynski bezogen haben? Was denken sich diese Richter?

Ziffer I Abs. 3 der Polenstrafrechtsverordnung sah aber sogar vor, dass »in minderschweren Fällen« nur mit Freiheitsstrafe bestraft werden sollte. Die Richter, die die Tat – wie sich später herausstellen wird – ausdrücklich als nicht schwerwiegend bewerten, verneinen dennoch Milderungsgründe: »Milderungsgründe mussten bei der Art der von dem Angeklagten begangen Straftat, eines Sittlichkeitsverbrechens an einem Kinde verneint werden. Die Jugend des deutschen Volkes ist dessen kostbarstes Gut. Wer sich hieran vergreift, kann nicht auf Milde rechnen, zumal wenn es sich bei dem Täter um einen Polen handelt. Es musste daher als gerechte Sühne die Todesstrafe gegen den Angeklagten verhängt werden.«[37]

Dass Milderungsgründe entgegen der Urteilsbegründung tatsächlich vorhanden waren, wussten die Richter. Denn aus dem Gnadenheft ergibt sich: Noch am gleichen Tage, an dem die Richter dieses Urteil verfassten, wohl noch in der Beratung über das Todesurteil, in dem sie das Vorliegen von Milderungsgründen verneinen, formulierten sie eine Stellungnahme zu der Frage eines Gnadenerweises. Und jetzt heißt es plötzlich, dass die *»Umstände der Tat milde liegen«*: »Der Angeklagte ist zwar Pole. Er ist aber noch minderjährig, befindet sich bereits seit Februar 1940 im Deutschen Reich, war als Arbeiter zufriedenstellend und hat sich nachweisbarer sonstiger Verfehlungen nicht schuldig gemacht. Die Umstände seiner Tat liegen verhältnismäßig milde. Er ist nicht mit Vorbedacht zu Werke gegangen, sondern einer augenblicklichen Versuchung erlegen. Außerdem ist ihm zugunsten anzurechnen, dass er sofort ein reumütiges Geständnis abgelegt hat, obwohl sonst eine Möglichkeit zu seiner Überführung nicht vorhanden gewesen wäre. Aus diesen Gründen wird die Umwandlung der Todesstrafe in eine Freiheitsstrafe befürwortet.«[38]

Hier außerhalb des Urteils wird die Minderjährigkeit des Angeklagten angesprochen. Und jetzt ist von einem Geständnis die Rede. Warum taucht dieses angebliche Geständnis im Urteil nicht auf? Waren die einzigen in der Akte befindlichen wenig präzisen Einlassungen von Sarzynski, er habe das Kind nur ganz kurz berührt und sofort wieder gehen lassen, denn überhaupt richtig übersetzt?[39] Was hatte er damit sagen wollen?

---

36 Urteil des Sondergerichts Frankfurt/M. vom 29. Juni 1942 (siehe Anm. 28), Bl. 40 f.
37 Ebenda, Bl. 40 (R).
38 Gnadenheft (siehe Anm. 28), Bl. 1.
39 »Der SPIEGEL« beschreibt in seiner Ausgabe vom 27. März 1951 in einem Bericht über das nach 1945 eingeleitete Ermittlungsverfahren den Sachverhalt so: »Die Polizei griff Edvard: ob er mit dem Mädchen

Wurde diese Einlassung im Urteil deshalb nicht erwähnt, weil sie nicht freiwillig erfolgt war? Hatte er sich etwa erst unter der Folter so geäußert? In einem anderen Fall des Frankfurter Sondergerichts finden sich in einem Vernehmungsprotokoll ganz konkrete Hinweise auf Folter; denn es heißt, die Vernehmung habe wegen »Unwohlseins« der Vernommenen unterbrochen werden müssen.[40] Wie auch immer: Jedenfalls finden sich in der Stellungnahme der Richter zum Gnadenerweis die Argumente, die bei Anwendung herkömmlicher juristischer Arbeitstechniken zwingend in das Urteil gehört hätten. Selbst seitens der Staatsanwaltschaft war das Sondergericht sowohl vor der Hauptverhandlung als auch im Plädoyer während der Verhandlung wegen der offen zu Tage liegenden Milderungsgründe um ein humanes und gerechtes Urteil gebeten worden, weil die weisungsgemäß beantragte Todesstrafe nicht gerechtfertigt sei.[41] Angesichts der jetzt hervorgehobenen Milderungsgründe hätten die Richter aber nicht auf die Todesstrafe erkennen dürfen. Auch das machte – selbst auf der Grundlage der Unrechtsnorm – das Urteil rechtswidrig. Im Urteil verweigern sich die Richter der Prüfung von mildernden Umständen, die sogar dieses NS-Gesetz von ihnen verlangt. Sie waschen ihre Hände in Unschuld und beruhigen ihr schlechtes Gewissen. Denn das notwendige Korrektiv zum Todesurteil, so erklären sie in dem gegen sie 1950 eingeleiteten Ermittlungsverfahren, sei eben das Gnadenverfahren.[42] Sie wussten aber selbst, dass praktisch nie begnadigt wurde. Sie haben es deshalb zumindest in Kauf genommen, dass Edward Sarzynski mit Hilfe ihres Urteils getötet wurde. Wie zu erwarten hatte das Gnadengesuch keinen Erfolg. Einen Monat nach dem 20. Geburtstag Edward Sarzynskis verfügt der Reichsminister der Justiz am 23. Juli 1942: »In der Strafsache gegen den durch Urteil des Sondergerichts Frankfurt am Main vom 29. Juni 1942 wegen Schändung eines deutschen Kindes zum Tode verurteilten Edward Sarzynski habe ich mit Ermächtigung des Führers beschlossen, von dem Begnadigungsrecht keinen Gebrauch zu machen, sondern der Gerechtigkeit freien Lauf zu lassen.«[43]

Eine Woche später, am Morgen des 1. August 1942 wurde Edward Sarzynski in Frankfurt/M. in der Strafanstalt Preungesheim hingerichtet. Alles hatte in Deutschland seine

---

gespielt habe und ob er es angefasst habe und ob es ihm etwa eine körperliche Freude bedeutet habe, mit kleinen Mädchen zu spielen. ›O ja‹, sagte der Junge, und ob denn das für Fremdarbeiter verboten sei. Man konnte, wenn man wollte, solche Antwort als ›Eingeständnis geschlechtlicher Erregung durch unsittliche Berührung‹ auffassen.« http://www.spiegel.de/spiegel/print/d-29193592.html (Zugriff 25. Februar 2015).

40 Strafsache gegen die Zwangsarbeiterin Valentina Archipowa, Akten des Strafverfahrens StA Frankfurt/M. 6 SLs 86/43, HHStAW Abt. 461 Nr. 8614, Bl. 41; vgl. zu dem Fall auch Rainer RAASCH (siehe Anm. 4), S. 131 ff.

41 Aussagen des angeschuldigten Richters Börner und des angeschuldigten Oberstaatsanwalts Wilhelm in der Voruntersuchung StA Frankfurt/M. 51 Js 1375/50; HHStAW Abt. 461 Nr. 30038, Bd. I Bl. 119 f. und Bl. 126. Auf diesen Umstand stützt das Oberlandesgericht Frankfurt/M. in einem Beschluss vom 12. Februar 1953 (2 Ws 361/52) seine Entscheidung, die dem Angeschuldigten Börner entstandenen notwendigen Auslagen nicht der Staatskasse, sondern ihm selbst aufzuerlegen.

42 Aussage des Angeschuldigten Börner in der Voruntersuchung, StA Frankfurt/M. 51 Js 1375/50; HHStAW Abt. 461 Nr. 30038, Bd. I, Bl. 233.

43 Gnadenheft (siehe Anm. 28), Bl. 23.

Ordnung, auch die Vollstreckung eines Todesurteils. Das zeigt dieses Protokoll der Hinrichtung: »In dem Strafgefängnis Frankfurt a/M-Preungesheim wurde dem unterzeichneten Staatsanwalt Ebert um 5.45 Uhr von dem Scharfrichter gemeldet, dass das Richtgerät in Ordnung sei und er mit seinen Gehilfen für die Hinrichtung bereit stehe. Der Unterzeichnete ordnete die Vorführung des Verurteilten zur Richtstätte an. Sarzynski wurde von drei Strafanstaltswachtmeistern und von dem Hauptwachtmeister Heil zur Richtstätte geführt. Der unterzeichnete Staatsanwalt verlas daraufhin den entscheidenden Teil des Urteils, gab die Entschließung des Reichsministers der Justiz bekannt, die von dem Dolmetscher übertragen wurde und beauftragte den Scharfrichter, das Urteil zu vollziehen. Die Vollstreckung verlief ohne Zwischenfall. Der Verurteilte verhielt sich vollkommen gefasst. Von der Vorführung des Verurteilten bis zur Übergabe an den Scharfrichter wurden 38 Sekunden, von der Übergabe bis zur Vollstreckung des Todesurteils 8 Sekunden benötigt.«[44]

Die Richter, die solche Urteile sprachen, waren da, man musste sie nicht suchen. Es waren keine besonderen Richter, es waren normale Richter, die morgens am Sondergericht solche Todesurteile verhängten und nachmittags am Amts- oder Landgericht über Kaufpreisklagen verhandelten.[45] Sie wollten dabei sein, den Anschluss nicht verlieren und Karriere machen. Das kann man beispielhaft mit zwei am Todesurteil gegen Sarzynski mitwirkenden Richtern des Frankfurter Sondergerichts belegen: Dr. Leonard Kalb – Vorsitzender des Sondergerichts – und einer seiner beiden Beisitzer, der Richter Paul Börner, befanden sich auf dem Karriereweg. Beide wurden an das Oberlandesgericht abgeordnet, nachdem sie sich nicht nur am Sondergericht bewährt, sondern auch das im NS-System besonders wichtige Amt des Leiters der Justizpressestelle innegehabt hatten.[46] In dieser Funktion stellten sie die ständige Verbindung zum Sicherheitsdienst und zu den örtlichen Parteidienststellen sicher.[47]

In der Akte der Strafsache Sarzynski sind noch drei Briefe vorhanden: Ein Brief des zum Tode Verurteilten an einen Freund kurz vor der Hinrichtung, einer an die Eltern, der nie abgesandt wurde, später ein Brief des Vaters an die Staatsanwaltschaft, in dem er besorgt nach seinem Sohn fragt. Eine Antwort wird er nicht erhalten haben.

---

44 Vollstreckungsheft (siehe Anm. 28), Bl. 29.

45 Nach den Geschäftsverteilungsplänen der organisatorisch den Landgerichten zugehörigen Kammern der Sondergerichte waren die Richter häufig nur mit einem Teil ihrer Arbeitskraft dort tätig und versahen im Übrigen ihren normalen Dienst am Landgericht, in Einzelfällen auch am Amts- oder Oberlandesgericht. Vgl. auch Lothar GRUCHMANN (siehe Anm. 12), S. 944 ff.; Ralph ANGERMUND (siehe Anm. 16), S.139.

46 OLG Frankfurt/M., Generalakten, Az. 127 E, »Unterrichtung der Öffentlichkeit durch Presse, Rundfunk, Film und Fernsehen und dergleichen«; HHStAW Abt. 458 Nr. 645, Bl. 235, 346. Kalb wurde 1943 vom OLG-Präsidenten Ungewitter als möglicher neuer Präsident des Amtsgerichts ins Gespräch gebracht, obschon die Gauleitung der NSDAP ihn wegen seiner vorzüglichen Bewährung am Sondergericht dort für unentbehrlich hielt; HHStAW Abt. 505 Nr. 561, Bl. 7.

47 Schreiben des Frankfurter Oberlandesgerichtspräsidenten Ungewitter vom 4. Januar 1944 an das Reichsjustizministerium zum Thema »Lenkung der Rechtspflege«; HHStAW Abt. 458 Nr. 775, Bl. 2 ff.; vgl. auch Arthur VON GRUENEWALDT (siehe Anm. 10), Kap. 4 § 1 C. III. 4.

Todesstrafe wegen Geschlechtsverkehr

Ein zweiter prominenterer »Justizmord«[48] ist in die Rechtsgeschichte eingegangen.[49]

In den frühen Morgenstunden des 30. Mai 1944 starb in Preungesheim unter dem Fallbeil der 29-jährige Diplom-Ingenieur Werner Holländer.

Holländer wurde 1914 in Köln als Sohn eines ungarischen Unternehmers geboren. Seine Eltern waren jüdischer Herkunft, gehörten aber der evangelischen Kirche an und ließen auch ihren Sohn 1920 evangelisch taufen. Er wurde weitgehend außerhalb des Elternhauses bei Lehrerfamilien erzogen.[50] Die Eltern zogen 1931 zunächst nach Wien und emigrierten 1939 nach Brasilien. Werner Holländer hatte einen ungarischen Pass und glaubte, von den antijüdischen Schikanen nicht betroffen zu sein. Sein Alltagsleben unterschied sich gerade in der Studentenzeit nicht von dem Gleichaltriger. Gut aussehend und charmant hatte er Erfolg bei den Frauen. Im Jahr 1940 schloss er sein Studium an der Technischen Hochschule Darmstadt als Diplom-Ingenieur ab und fand eine Anstellung bei den Henschel-Werken in Kassel. Zu spät begriff er, dass ihn seine ungarische Staatsangehörigkeit vor drastischen Verfolgungsmaßnahmen nicht würde schützen können. Als er im Jahr 1941 eine Ausreisegenehmigung nach Brasilien beantragte, war es zu spät. Die Staatspolizeistelle Kassel verweigerte die Genehmigung. Nicht einmal die Reise nach Ungarn erlaubte man ihm. Im Mai 1942 wurde ihm die Strafanzeige einer Geliebten zum Verhängnis. Aufgrund dieser Denunziation ermittelte die Gestapo, dass er zwischen 1936 und 1942 zu vier deutschen nicht-jüdischen Frauen Beziehungen unterhalten hatte.

Über diesen Sachverhalt hatte das Sondergericht in Kassel im April 1943 zu befinden. Das Sondergericht verurteilte Werner Holländer wegen der sexuellen Kontakte zum Tode. Dabei wandte es einmal das von den Nazis im Jahre 1935 erlassene Blutschutzgesetz[51] an, das den außerehelichen Geschlechtsverkehr zwischen jüdischen und nicht-jüdischen Deutschen verbot.[52] Der angedrohte Strafrahmen reichte aber nur

---

48 So die ausdrückliche Bewertung zu diesem Fall durch Günter SPENDEL, Rechtsbeugung durch Rechtsprechung, Sechs strafrechtliche Studien. Berlin / New York 1984, S. 4.

49 Der Fall ist u. a. dokumentiert in: Ernst NOAM / Wolf-Arno KROPAT, Justiz und Judenverfolgung. Band 1, Juden vor Gericht 1933–1945. Dokumente aus hessischen Justizakten. Schriften der Kommission für die Geschichte der Juden in Hessen. Wiesbaden 1975, S. 168 ff.; Klaus MORITZ / Ernst NOAM, Justiz und Judenverfolgung. Band 2, NS-Verbrechen vor Gericht, 1945–1955. Dokumente aus hessischen Justizakten mit einem Nachwort von Richard SCHMID. Schriften der Kommission für die Geschichte der Juden in Hessen. Wiesbaden 1978, S. 308 ff.; Jörg KAMMLER / Dietfrid KRAUSE-VILMAR (Hrsg.), Kassel in der Zeit des Nationalsozialismus. Band 1, Volksgemeinschaft und Volksfeinde. Kassel 1933–1945. Eine Dokumentation. Fuldabrück 1984, S. 330–335; Jörg FRIEDRICH (siehe Anm. 27), S. 397 ff.

50 Biographische Details aus: Jürgen RELKE, Justiz als politische Verfolgung – Rechtsprechung des Landgerichts und des Sondergerichts Kassel bei »Heimtücke«-Vergehen und in »Rassenschande«-Fällen 1933 bis 1945 – unter besonderer Berücksichtigung des »Rassenschande«-Prozesses gegen Werner Holländer. Wissenschaftliche Hausarbeit zur Ersten Staatsprüfung für das Lehramt für die Mittel-und Oberstufe im Fach Gesellschaftslehre. Gesamthochschule Kassel 1983 (nicht veröffentlicht).

51 RGBl. I, S. 1146; abgedruckt bei Martin HIRSCH / Diemut MAJER / Jürgen MEINK (siehe Anm. 31), S. 350 f.

52 Das Reichsgericht weitete mit einer Entscheidung vom 9. Februar 1940 den Anwendungsbereich des Gesetzes nach Sinn und Zweck »als eines der Grundgesetze des nationalsozialistischen Staates« sogar

bis zu Zuchthaus von höchstens zehn Jahren. Die Todesstrafe war nicht einmal von den fanatischen NS-Ideologen des Blutschutzgesetzes vorgesehen worden.[53]

Die zur Verhängung der Todesstrafe entschlossenen Richter fanden einen Ausweg. Sie definierten Holländer als »gefährlichen Gewohnheitsverbrecher« nach § 20 a StGB. Auf diese Idee waren zuvor auch schon andere Sondergerichte gekommen;[54] aber das Reichsgericht hatte die Anwendung dieser Bestimmung auf das Blutschutzgesetz noch nicht abgesegnet. Unter Gewohnheitsverbrechern verstand man bis dahin Berufskriminelle, die ihren Lebensunterhalt durch die Begehung von Straftaten bestritten, Diebe, Räuber, Betrüger.[55] Das Gericht musste nach dieser Bestimmung nicht nur drei Vorsatztaten feststellen, sondern auch eine Gesamtwürdigung vornehmen, ob es sich in diesem Sinne um einen »gefährlichen Gewohnheitsverbrecher« handelte. Das verlangte schon juristische Akrobatik. War der ansonsten völlig unbescholtene Werner Holländer ein Berufskrimineller? Eine solche Gesamtwürdigung der Persönlichkeit Holländers findet sich im Urteil des Sondergerichts an keiner Stelle.[56] Aber auch § 20 a StGB ermöglichte nur eine härtere Bestrafung, sah aber höchstens Zuchthaus bis zu 15 Jahren vor. Mit der Anwendung dieser Norm war aber das Tor aufgestoßen, um zu der gewünschten Todesstrafe zu kommen. Denn aufgrund einer weiteren von dem nationalsozialistischen Staat am 4. September 1941 erlassenen Strafrechtssonderverordnung sollte »der gefährliche Gewohnheitsverbrecher der Todesstrafe [verfallen], wenn der Schutz der Volksgemeinschaft oder das Bedürfnis nach gerechter Sühne es erfordern«.[57] Das »Bedürfnis nach gerechter Sühne« wegen verbotenen Geschlechtsverkehrs – hier stellte sich das nächste Begründungsproblem. Diese Herausforderung lösten die Richter mit dem von dem Richter Dr. Edmund Kessler in der Nacht vor der Urteilsverkündung entworfenen Urteil so: »Dass der Angeklagte, der in Deutschland Gastrecht genoss, trotz der Kriegszeiten […] die Stirn hatte, derartige Verbrechen zu begehen, lässt die Taten nach gesundem deutschen Volksempfinden todeswürdig erscheinen. Es ist nach deutschem Rechtsempfinden ein Gebot gerechter Sühne, dass der Angeklagte, der während eines Krieges Deutschlands mit den Anhängern des Weltjudentums die deutsche Rassenehre in den Schmutz zu treten wagte, vernichtet wird.«[58]

---

auf Fälle aus, in denen »von einem Juden nichtdeutscher Staatsangehörigkeit im Auslande mit einem deutschen Mädchen […] Rassenschande verübt wurde«. In: HRR 1940, Nr. 763.

53 Schon früh ist in der juristischen Literatur nach 1945 das Blutschutzgesetz als gesetzliches Unrecht angesehen worden; vgl. Wilhelm SAUER, System der Rechts-und Staatsphilosophie. 2. Auflage 1949, S. 246.

54 Vgl. Helmut KRAMER, Die Verrechtlichung des Unrechts. Der Beitrag der Juristen zur Entrechtung und Ermordung der Juden. In: Alfred GOTTWALDT / Norbert KAMPE / Peter KLEIN (Hrsg.), NS-Gewaltherrschaft. Beiträge zur historischen Forschung und juristischen Aufarbeitung. Publikationen der Gedenk- und Bildungsstätte Haus der Wannsee-Konferenz. Bd. 11, Berlin 2005, S. 96.

55 Adolf SCHÖNKE, StGB, Kommentar. 2. Auflage, Freiburg 1943, § 20 a, Anm. II 2 lit a.

56 Unabhängig von der grundsätzlichen Frage der Geltung der strafrechtlichen Grundlage der Verurteilung war das Todesurteil auch aus diesem Grunde evident rechtswidrig.

57 RGBl. I, S. 754 f.

58 Siehe Anm. 49; bei der Schreibweise des Nachnamens des Richters ist z. T. auch Keßler gebräuchlich.

Über die Vertretbarkeit eines solchen Urteils zu diskutieren, geht nicht mehr. Es bleibt nur Schweigen.

Auf Richter, die derartig rassistisch geifernde Urteile verfasst haben, scheint die Beurteilung des Nürnberger Militärgerichtshofs zu passen: »Der Dolch des Mörders war unter der Robe des Juristen verborgen« – so die plastische Bewertung des Gerichts über die von ihm verurteilten Juristen.[59] Auch dort hielten mehrere Angeklagte entgegen, sie hätten sich als Richter nur von ihrem Gewissen und den Gesetzen leiten lassen. Das war auch die Verteidigung des Richters Dr. Kessler. Noch 1952 erklärte er sich in einem gegen ihn immerhin eingeleiteten Strafverfahren überzeugt von der Richtigkeit dieses Urteils.[60] Kessler, Mitglied der NSDAP seit Mai 1933, hatte zwar im NS-Staat Karriere gemacht; seine fachliche Sozialisation, Studium und Referendariat, hatte aber noch in der ersten deutschen Demokratie von Weimar stattgefunden. Er war schon seit 1929 Richter und bei Abfassung dieses Urteils 41 Jahre. Er ist ein hervorragendes Beispiel für die vielseitige Verwendbarkeit der damaligen Richter und für die Vielgestaltigkeit ihres richterlichen Berufsalltags. Kessler war ein im höchsten Maße ehrgeiziger und hoch befähigter Richter. Eine ihm übertragene Planstelle als Kammergerichtsrat am Kammergericht in Berlin hatte er wegen eines Augenleidens nicht angetreten, sondern war in Hessen geblieben. Hier war er zunächst Richter am Landgericht Marburg, später Richter an zwei Zivilsenaten und am Strafsenat des Oberlandesgerichts in Kassel und zugleich Richter am Sondergericht. Von diesem Richter, von dem es einige Veröffentlichungen auf hohem fachlichen Niveau zu juristisch-dogmatischen Fragen gibt, dem Verständnis für die Jugend und wahres Rechtsempfinden attestiert wird, stammt nicht nur ein schlimmes Todesurteil. Der Oberlandesgerichtspräsident in Kassel beschreibt ihn so: »[Er] ist ein Mensch von seltenem Eigengepräge. Starken, in der Vergangenheit nicht immer beherrschten Ehrgeiz und ausgeprägtes Selbstbewusstsein verbindet er mit stets gleich bleibender Verbindlichkeit und Bescheidenheit im Auftreten. Ideenreich und mit Gestaltungskraft begabt, schwungvoll, volksnahe und verantwortungsbewusst, drängt er von der Dynamik der Zeit erfasst, zu Taten. Seine politische Zuverlässigkeit ist erwiesen. Er ist allzeit bereit, sich als Kämpfer für die Bewegung einzusetzen. [...]«[61]

Einsatz für den NS-Staat bewies Kessler auch als Leiter von Referendar-Arbeitsgemeinschaften. Dem später als Mitverschwörer des 20. Juli 1944 hingerichteten Adam von Trott zu Solz, der seine skeptische Haltung gegenüber dem neuen Staat in der Arbeitsgemeinschaft nicht hatte verbergen können, attestierte er in einem Zeugnis aus dem Jahr 1935 »Schwäche und Unfähigkeit, bei den Ereignissen des neuen Aufbruchs anzukommen«. Obwohl »in mehrerlei Hinsicht begabt, mangelt es ihm grundlegend an Ein-

---

59 Das Urteil ist wiederveröffentlicht in: Lore Maria PESCHEL-GUTZEIT (Hrsg.), Das Nürnberger Juristen-Urteil von 1947: Historischer Zusammenhang und aktuelle Bezüge. Baden-Baden 1996.
60 Auszug aus der Vernehmung des Angeklagten vor dem Landgericht Kassel am 1. Oktober 1951. In: Klaus MORITZ / Ernst NOAM (Anm. 49), S. 318 ff.
61 Dienstliche Beurteilung des Präsidenten des OLG Kassel vom 30. Mai 1938; Personalakte, Bundesarchiv Berlin (BArch) R 3001/ 63044.

gliederung«. Aus diesem Grund riet Kessler künftigen Vorgesetzten, von Trott zu Solz besonders zu beobachten.⁶²

Ein Todesurteil des Volksgerichtshofs

Ein letzter Fall: Dagmar Imgart, eine mit einem deutschen Lehrer verheiratete Schwedin, arbeitete seit Herbst 1941 als Gestapo-Spitzel auf »kirchenpolitischem Gebiet«. Durch den Gießener »Wingolf«, einer christlichen Studentenverbindung, hatte sie Zugang zu evangelischen und katholischen Pfarrerskreisen. Im Hinblick auf ihre Möglichkeit, auch während des Krieges als schwedische Staatsbürgerin nach Schweden zu reisen, hatte sie der Priester Dr. Max Josef Metzger darum gebeten, einen Brief an den Bischof von Uppsala zu überbringen, in dem er Überlegungen zu einer Nachkriegsordnung in Deutschland zu Papier gebracht hatte. Dagmar Irmgart sagte zu, übergab den Brief jedoch umgehend der Gestapo. Der Priester wurde am 14. Oktober 1943 vom Volksgerichtshof unter Vorsitz Roland Freislers zum Tode verurteilt.⁶³

Die Begründung für den zu Unrecht angenommenen Straftatbestand der Feindbegünstigung nach §91 b StGB lautet: »Max Joseph Metzger, ein katholischer Diözesanpriester, der von unserer Niederlage überzeugt ist, hat im vierten Kriegsjahr ein ›Memorandum‹ nach Schweden zu schicken versucht, um den Boden für eine feindhörige pazifistische-demokratische föderalistische ›Regierung‹ unter persönlicher Diffamierung der Nationalsozialisten vorzubereiten. Als für alle Zeit ehrloser Verräter wird er mit dem Tode bestraft. Wenn dem Feinde Metzgers Denkschrift in die Hände gefallen wäre, hätte er es zweifellos gegen das Deutsche Reich verwendet und den Anschein erweckt, als gäbe es Kräfte in Deutschland, die an eine Niederlage dächten und sich beim Feinde anschmeißen wollten, um im Rahmen des Unterdrückungssystems der Feinde eine undeutsche Regierung zu bilden. Die Ansichten, die Metzgers Handlungsweise zugrunde liegen, kann, darf und will kein deutsches Gericht berücksichtigen. Jeder muss es sich gefallen lassen, nach deutschem, nationalsozialistischem Maßstab gemessen zu werden. Und der sagt eindeutig, dass ein Mann, der so handelt, ein Verräter am eigenen Volk ist. [...] Das ist eben eine ganz andere Welt, eine Welt, die wir nicht verstehen. Und bei uns im Deutschen Reich kann jeder nur nach den Grundsätzen verurteilt werden, die bei uns gelten, nach nationalsozialistischen Ansichten, die davon so himmelweit entfernt sind, dass über sie eine Diskussion auf nationalsozialistischer Basis überhaupt nicht möglich ist.[...]«⁶⁴

Natürlich hat ein solches Urteil mit Recht und Gesetz und juristischer Methode nichts mehr gemein.

---

62 Benigna VON KRUSENSTJERN, »dass es Sinn hat zu sterben – gelebt zu haben«. Adam von Trott zu Solz 1909 bis 1944. Biographie. Göttingen 2009, S. 289 f.
63 BArchB Best. NJ Nr. 3555.
64 Vgl. Jörg Friedrich (siehe Anm. 27), S. 552.

Freispruch für die Nazi-Justiz?

Es sind hier nur drei von vielen Justizverbrechen geschildert worden. Justizunrecht geschah im NS-Staat tausendfach auch durch Urteile anderer Strafrichter, von Zivilrichtern und von Arbeitsrichtern.[65] Und deshalb stellt sich immer wieder die Frage: Wer waren diese Richter? Es waren im Wesentlichen die im Kaiserreich und in der Weimarer Republik sozialisierten Richter. Natürlich kamen in der NS-Zeit neue Richter hinzu. Aber es war keine neue Justiz. Nur etwa 15 Prozent der deutschen Richter wurden – vor allem, weil sie jüdischer Abstammung waren, und nur zu einem kleinen Teil, weil sie als politisch unzuverlässig galten – aus dem Dienst entfernt.[66]

Die »Entnazifizierung« der Justiz

Was ist aus den Richtern des NS-Staates geworden?

Zwölf Jahre waren diese Richter treue Vasallen Adolf Hitlers. Und dann kam 1945, das schien das Ende für diese Justiz. Mit der Zerschlagung des NS-Staates durch die Alliierten wurden auch alle Gerichte geschlossen und viele Richter entlassen. Manche Richter kamen für einige Monate oder auch länger in Internierungslager der Alliierten.[67] Aber wer auf einen wirklichen Neuanfang mit einer völlig neuen Justiz und mit unbelasteten Richtern gesetzt hatte, wurde enttäuscht. Schon drei Jahre nach der Kapitulation Nazi-Deutschlands waren die meisten Richter des NS-Staates wieder als Richter im Deutschland der Nachkriegszeit tätig.[68]

Als typisch für die epochenübergreifende richterliche Tätigkeit kann das Beispiel eines 1968 pensionierten Senatspräsidenten des Oberlandesgerichts Frankfurt/M. gelten. Die Tätigkeit dieses Richters, Ulrich Heinrich Stölzel, im NS-Staat ist noch nicht im Einzelnen erforscht. Aber einige Aspekte seiner Biografie, die sich aus der Personalakte[69] ergeben, machen die Problematik des Wiederaufbaus der deutschen Justiz deutlich.

---

65 Der Verfasser leitet eine vom Präsidenten des Oberlandesgerichts Dr. Roman Poseck unterstützte Projektgruppe von Richterinnen und Richtern zum Thema: »Das Oberlandesgericht Frankfurt/M. in der Zeit des Nationalsozialismus und des Wiederaufbaus«. Im Rahmen dieses Projekts werden auch Rechtsprechungsergebnisse ausgewertet; schon aus den Generalakten des Oberlandesgerichts »Unterrichtung der Öffentlichkeit durch Presse, Rundfunk, Film und dergleichen«; HHStAW Abt. 458 Nr. 641–645, ergeben sich einige offenbar vom Pressereferenten als besonders berichtenswert angesehene Entscheidungen, die eine an den Erwartungen des NS-Systems orientierte Rechtsprechung erkennen lassen. Gleichwohl wird man bei der Bewertung zwischen angepassten Urteilen und Willkürurteilen, die sich jenseits »einer juristischen Schmerzgrenze« befinden, differenzieren müssen; in diesem Sinne auch Joachim RÜCKERT, Einige Bemerkungen über Mitläufer, Weiterläufer und andere Läufer im Bundesministerium der Justiz nach 1949. In: Manfred GÖRTEMAKER / Christoph SAFFERLING (Hrsg.), Die Rosenburg. Das Bundesministerium der Justiz und die NS-Vergangenheit – eine Bestandsaufnahme. Göttingen 2013, S. 85.

66 Vgl. zur personellen »Säuberung« der Justiz und Anwaltschaft: Lothar GRUCHMANN (siehe Anm. 12), S. 124 ff.; Tillmann KRACH, Jüdische Rechtsanwälte und ihre Vertreibung im Nationalsozialismus. Recht und Politik. In: Vierteljahreshefte für Rechts- und Verwaltungspolitik, 1993, S. 84 ff.; Hubert ROTTLEUTHNER, Karrieren und Kontinuitäten deutscher Justizjuristen vor und nach 1945, Berlin 2010, S. 14.

67 Armin SCHUSTER, Die Entnazifizierung in Hessen 1945–1954. Vergangenheitspolitik in der Nachkriegszeit. Wiesbaden 1999, S. 18 ff. und 246 ff.

68 Zu den Kontinuitäten in den Folgejahren vgl. Hubert ROTTLEUTHNER (siehe Anm. 66), S. 73 ff.

Stölzel wird 1905 in Kassel geboren; sein Vater war Reichsgerichtsrat. Nach dem Studium an den Universitäten Leipzig, Freiburg und Marburg ist er ab 1930 Hilfsrichter an den Amtsgerichten Frankenberg, Gelnhausen, Eschwege und Marburg. 1934 wird er zum Amtsgerichtsrat in Frankenberg, fünf Jahre später zum Landgerichtsrat in Kassel ernannt. Im gleichen Jahr wird er dort mit erst 34 Jahren Hilfsrichter beim Oberlandesgericht.[70] Schon das Alter indiziert: Stölzel gehört zu den jungen NS-Karrieristen. Es bestätigt sich der Befund, den Arthur von Gruenewaldt für das Oberlandesgericht Frankfurt/M. herausgearbeitet hat: Solche schnellen Karrieren waren überzeugten oder jedenfalls überzeugend funktionierenden NS-Juristen vorbehalten.[71] Das waren keine dumpf-reaktionären, fachlich schlechten und nur durch die Parteizugehörigkeit qualifizierten Juristen, es waren vielmehr fachlich überdurchschnittliche Juristen, von deren Zuverlässigkeit die nationalsozialistische Justizverwaltung ausging.[72] Das war bei Stölzel nicht anders. Deshalb wird er nicht nur dem Sondergericht zugeteilt, sondern er ist auch an mindestens sieben Verfahren des politischen Strafsenats am Oberlandesgericht Kassel beteiligt.[73]

Ab 1940 leistet Stölzel Kriegsdienst. In einer Beurteilung des Landgerichtspräsidenten in Kassel vom November 1944 heißt es: »Stölzel ist ein kenntnisreicher und kluger Richter [...]; in Zivil- und Strafsachen wie auch in Verwaltungssachen offenbarten sich sein Scharfsinn und seine Gründlichkeit. [...] Politisch ist er unbedingt zuverlässig. Stölzel war viele Monate hindurch beim Kriegsgericht in Belgien als Hilfsarbeiter tätig, da er nicht Offizier war, leider nicht als Kriegsgerichtsrat. [...] Im Sommer dieses Jahres war er zur Bekämpfung der Terroristen eingesetzt [...].«[74]

Offenbar bewährt sich Stölzel auch dort: Zwei Monate später – es ist Januar 1945 und die Alliierten stehen an der deutschen Westgrenze – zeigt er dem Oberlandesgerichtspräsidenten stolz die Verleihung des Eisernen Kreuzes zweiter Klasse an.[75] Der Oberlandesgerichtspräsident urteilt: »Kluger und gewandter Richter von herausragenden Fähigkeiten, [...] ausgezeichnet durch Wahrheitssinn und Gerechtigkeitsliebe.«[76]

---

69 OLG Frankfurt/M., Archiv, Personalakten II St 87, bestehend aus Bd. 1 und 2 sowie einer weiteren Personalakte des LG Hanau S a 144.

70 Alle Angaben zur Person, zur Laufbahn und zu Organisationszugehörigkeiten sind dem jeweils den Personalakten vorgehefteten »Personal- und Befähigungsnachweis« entnommen.

71 Arthur VON GRUENEWALDT (siehe Anm. 10) Kap. 5 §2, Kap. 6 §9.

72 Eine auf Veranlassung der hessischen Justizverwaltung im Jahre 1954 eingeleitete umfangreiche Untersuchung des Oberlandesgerichtspräsidenten, welche Richter nicht wegen ihrer fachlichen Leistungen, sondern aus anderen Gründen in der Zeit vor 1945 bevorzugt befördert worden seien, kommt bei der Überprüfung von 18 an den Oberlandesgerichten Darmstadt, Frankfurt und Kassel beförderten Richtern zu dem Ergebnis, dass wohl nur ein Oberlandesgerichtsrat wegen enger Verbindung zum Nationalsozialismus befördert worden sei. In: OLG Frankfurt/M., Archiv, Generalakten, AZ. 2012 »Beförderung der Richter und Beamten und Beförderungsvorschläge«, Bd. I, Bl. 123–140.

73 Michael LOJOWSKY, Richter und Staatsanwälte der politischen Strafsenate der Oberlandesgerichte Darmstadt und Kassel in der Zeit des Nationalsozialismus. In: Wolfgang FORM/Theo SCHILLER (siehe Anm. 19), S. 1059.

74 OLG Frankfurt/M., Personalakten II St 87, Bd.1, Bl. 3.

75 Ebenda, Bd. 1 Bl. 7.

76 Ebenda, Bd. 1 Bl. 2.

Ein guter Richter? Die Umstände dürften die Bewertung rechtfertigen: Stölzel war ein überzeugter Anhänger des NS-Staates. Das verdeutlicht auch die Liste seiner Zugehörigkeiten zu NS-Organisationen: In der NSDAP ist er seit dem 1. Mai 1937, der SA gehört er bereits seit Oktober 1933 an, dort bekleidet er ab 1937 den Rang eines Rottenführers, er ist Mitglied in dem Nationalsozialistischen Rechtswahrerbund, der Nationalsozialistischen Volkswohlfahrt, dem Verein für das Deutschtum im Ausland und im Reichskolonialbund.[77] Im April 1945 wird er von englischen Truppen gefangen genommen. Bei den Engländern erreicht Stölzel, dass er als »aktiver Antifaschist« eingestuft wird.[78] Vergeblich sucht man nach einer Begründung, die diese Selbsteinschätzung wenigstens ansatzweise plausibel machte. Ein Jahr später bemühen sich Ehefrau und Vater, der Reichsgerichtsrat a.D., in intensiven persönlichen Kontakten mit dem neuen Präsidenten des Landgerichts Kassel Konrad Hübner zunächst vergeblich um eine Wiederaufnahme des Richters in die hessische Justiz.[79] Der Landgerichtspräsident ist skeptisch: »Nach den Bestimmungen der amerikanischen Militärregierung sind zunächst mit dem Augenblick der Besatzung alle Richter, Staatsanwälte und Rechtsanwälte ohne weiteres von jeder Handlung in ihrem Beruf vorläufig ausgeschlossen worden. [...] Sie sind erst am 01.05.1937 der NSDAP beigetreten. Sie waren seit 1933 in der SA und haben dort die Stelle eines Rottenführers gehabt. Bisher hat diese politische Belastung es allerdings fast in jedem Falle verhindert, dass ein Richter mit solcher Belastung wieder eingestellt wurde. [...] Der Herr Minister verweist jetzt alle politisch belasteten Bewerber auf die aufgrund dieses Gesetzes entstandenen Spruchkammern, vor denen sie sich reinigen können [...].«[80]

Im Januar 1947 fragt Vater Stölzel nach, ob sich der Sohn in der britischen oder amerikanischen Zone zum Dienstantritt melden soll. Der Landgerichtspräsident antwortet, dass nach seiner Kenntnis in der englischen Zone sehr viel weniger Juristen aus ihren Ämtern entfernt seien als in der amerikanischen; er hoffe auch immer noch, dass demnächst die berufliche und fachliche Eignung für Richter und Staatsanwälte wieder die Rolle spiele, die jetzt die politische Vertrauenswürdigkeit für sich in Anspruch nehme.[81] Schon die feinen sprachlichen Differenzierungen in diesem Schreiben des unbelasteten Landgerichtspräsidenten verdeutlichen, dass die Repräsentanten der neuen Justiz ihre Beurteilung von Wiedereinstellungsgesuchen häufig nicht von einer einzelfallbezogenen kritischen Bewertung der früheren richterlichen Spruchtätigkeit der Betroffenen im NS-Staat abhängig machten. Als maßgeblich wurde vielmehr in der Regel allein die fachliche Kompetenz der Richter angesehen.

Was passiert mit diesem überzeugten Nazirichter nach seiner Entlassung aus der Gefangenschaft im Frühjahr 1947? In seinem zum Zwecke der Wiedereinstellung vorgelegten Lebenslauf[82] verschweigt der clevere Stölzel ganz wesentliche Umstände: Unerwähnt

---

77 Siehe hierzu Anm. 70.
78 Personalakte LG Hanau Bl. 12, 24.
79 Ebenda, Bl. 6 ff.
80 Ebenda, Bl. 9 f.
81 Ebenda, Bl. 12 ff.
82 Personalakten Bd. 1 Bl. 24, 29.

bleibt die seine besondere juristische Qualifikation ausweisende Tätigkeit als abgeordneter Richter am Oberlandesgericht, erst recht natürlich seine Mitwirkung am politischen Strafsenat und sein Mitwirken am Sondergericht, und ebenso wenig erwähnt er seine Tätigkeit als Kriegsrichter in Belgien. Er muss sich sehr sicher gefühlt haben; denn er bemüht sich um eine beschleunigte Durchführung des Spruchkammerverfahrens.

Diese Spruchkammerverfahren, durch die auf der Grundlage des Befreiungsgesetzes eine in den ersten Monaten nach dem Ende der Diktatur sehr uneinheitliche Entnazifizierungspraxis der örtlichen Besatzungsbehörden[83] abgelöst werden sollte, wurden auf der Grundlage eines von den Beurteilten selbst ausgefüllten Fragebogens durchgeführt.[84] Mit 131 Fragen sollte ein genauer Einblick in Lebenslauf und politische Vergangenheit jedes einzelnen ermöglicht werden. Die vorgesehenen Maßregeln knüpften, soweit keine weiteren Belastungen hinzukamen, an die Mitgliedschaft in der NSDAP vor dem 1. Mai 1937 oder eine spätere Mitgliedschaft an, wenn diese durch mehr als eine nur nominelle Parteimitgliedschaft gekennzeichnet war.[85] Waren die Verfahren in der Anfangszeit noch wirkungsvoll, änderte sich dies in dem Maße, in dem die Bevölkerung die Entnazifizierung nicht mehr als wichtigen Teil der Vergangenheitsbewältigung akzeptierte.[86] Die meisten Opfer standen als Auskunftspersonen nicht zur Verfügung und die anderen Deutschen bescheinigten sich in sogenannten Persilscheinen wechselseitig nicht nur, nichts Schlimmes gemacht zu haben, sondern den NS-Staat immer abgelehnt zu haben. So wurde auch in Hessen nur ein kleiner Teil der durch ihr Handeln im NS-Staat belasteten Deutschen zur Verantwortung gezogen.

Etwa 3,2 Mio. Personen wurden in Hessen überprüft.[87] Gegen etwa 951.000 Hessen wurden auf Grund der eigenen Angaben im Fragebogen oder anderweitig bekannt gewordener Beschuldigungen Verfahren eingeleitet. Bei Abschluss der Entnazifizierung 1954 waren als »Hauptschuldige« (Gruppe I) eingestuft worden ganze 455, als »Aktivisten« (Gruppe II) nicht mehr als 5.682.[88] Zusammen sind das rund 0,6 Prozent der

---

83 Diese uneinheitliche Praxis örtlicher Besatzungsbehörden zeigt sich bspw. an der Karriere des Vizepräsidenten des Oberlandesgerichts Kassel Dr. Auffarth. Grundsätzlich wurden zwar die hohen Repräsentanten der früheren NS-Justiz aus den Ämtern entfernt; andererseits führte die in unterschiedlichen Nuancen als maßgebend angesehene Orientierung der Militärregierung an der früheren Mitgliedschaft der Betroffenen in der NSDAP dazu, dass diejenigen, die der Partei nicht angehört hatten, recht schnell wieder in ihre Ämter eingesetzt wurden. Aus diesem Grund wurde Dr. Auffarth mit Billigung der amerikanischen Militärverwaltung bereits im Mai 1945 wieder als Richter eingesetzt und bei Neuerrichtung des Oberlandesgerichts Frankfurt/M. im Frühjahr 1946 einer der beiden Vizepräsidenten. Vgl. HHStAW Abt. 505 Nr. 3481, Personalakte, Bl. 68; vgl. auch Erhard ZIMMER, Die Geschichte des Oberlandesgerichts in Frankfurt. Frankfurt/M. 1976, S. 90 f.
84 Vgl. im Einzelnen Armin SCHUSTER (siehe Anm. 67), S. 308.
85 Ebenda, S. 27; zu den Kriterien der Einstufung: Ebenda. S. 82 ff; Sonja BOSS, Unverdienter Ruhestand. Die personalpolitische Bereinigung belasteter NS-Juristen in der westdeutschen Justiz. Berlin 2009, S. 14 ff.
86 Armin SCHUSTER (siehe Anm. 67), S. 308.
87 Statistisches Handbuch für das Land Hessen. Offenbach 1948, S. 262.
88 Statistische Angaben zum Stand der Entnazifizierung in Hessen zum 31. Januar 1954; HHStAW Abt. 501 Nr. 247; vgl. auch Walter MÜHLHAUSEN, Hessen 1945 bis 1950. Zur politischen Geschichte eines Landes in der Besatzungszeit. Frankfurt 1985, S. 335.

Betroffenen.[89] Demgegenüber hatte aufgrund strengerer Maßstäbe das Wahlgesetz für die verfassungsberatende Landesversammlung im Jahre 1946 noch 152.440 Personen als besonders belastet angesehene NSDAP-Mitglieder vom Wahlrecht und der Wählbarkeit ausgeschlossen.[90] Die Träger des Nationalsozialismus hatten sich zehn Jahre nach der Beendigung seiner Gewaltherrschaft in Luft aufgelöst, plötzlich waren alle Deutschen schon immer dagegen gewesen. Bei den Richtern war es nicht anders. Freiwillig schied nur ein verschwindend kleiner Teil der Richter aus.[91] Da insgesamt nicht genügend Richter zur Verfügung standen, als die ersten Gerichte wieder arbeiten durften, wurde auf nicht belastete Rechtsanwälte und vor 1933 pensionierte und von den Nazis entlassene Richter zurückgegriffen.[92] Weil das auch nicht ausreichte, verfiel man in manchen Bundesländern auf ein »Huckepack«-Verfahren: Auf einen eingestellten unbelasteten Richter durfte ein belasteter eingestellt werden.[93] Auch so konnte man den Bedarf nicht decken, weil es eben fast keine unbelasteten Richter gab. Bald war aber klar: Alle, die nur als Mitläufer eingestuft wurden – und das war die Regel[94] –, durften wieder Richter sein. Die einsetzende Erosion der Maßstäbe führte dazu, dass sich die Spruchkammern auch in Hessen schon 1947 in die berüchtigten »Mitläuferfabriken« verwandelten.[95] Trotz skandalöser Einzelfälle trifft jedoch nach den bisherigen Ergebnissen im Rahmen des Projekts zur Geschichte des Oberlandesgerichts Frankfurt/M. der Befund einer »Massenrehabilitation« der Richter, von der nur extrem gelagerte Sonderfälle ausgenommen worden wären, nicht zu. In der Bundesrepublik insgesamt waren allerdings bereits 1947/ 1948 auch aufgrund großzügiger Amnestien 90 Prozent aller 1945 im Amt befindlichen Richter und Staatsanwälte wieder im Justizdienst beschäftigt.[96]

So lief es auch bei dem wendigen Herrn Stölzel: Mit Spruchkammerbescheid der Spruchkammer Frankenberg/Eder vom 2. Dezember 1947 erhält er bei einer Geldsühne von 300 Reichsmark die begehrte Einstufung als Mitläufer. Als Belastung gewertet wird

---

89 Der tatsächliche Anteil dürfte noch deutlich niedriger liegen, weil sich ein Teil der Belasteten den Spruchkammerverfahren entziehen konnte.
90 Georg August ZINN / Erwin STEIN, Die Verfassung des Landes Hessen. Kommentar. Erster Band. Bad Homburg v. d. Höhe und Berlin 1954. Einführung, S. 58; Eike HENNING, »Ohne Zellenleiter und Blockwart«: Die Staatsgründung des Landes Hessen 1945–1954. In: Michael Th. GREVEN / Hans-Gerd SCHUMANN (Hrsg.), 40 Jahre Hessische Verfassung – 40 Jahre Politik in Hessen. Opladen 1989, S. 63 f.
91 In Hessen waren es bis 1964 insgesamt zehn Richter und Staatsanwälte; Matthias MEUSCH, Von der Diktatur zur Demokratie. Fritz Bauer und die Aufarbeitung der NS-Verbrechen in Hessen (1956–1968). Wiesbaden 2001, S. 281.
92 Ebenda, S. 218.
93 Sonja BOSS (siehe Anm. 85), S. 13. Nach den Ergebnissen des Projekts zur Geschichte des Oberlandesgerichts Frankfurt/M. ist dieses Instrument der Integration belasteter Richter weder bezüglich der Richter des Oberlandesgerichts noch der übrigen hessischen Richter zur Anwendung gekommen.
94 Klaus-Detlef GODAU-SCHÜTTKE, Zwischen automatischem Arrest und Wiedereinstellung: Der personalpolitische Umgang mit NS-Sonderrichtern. In: Justizministerium des Landes Nordrhein-Westfalen (siehe Anm. 6), S. 112.
95 Der von Armin SCHUSTER (siehe Anm. 67, S. 175) genannte zeitliche Zusammenhang mit dem Erlass des Zweiten Änderungsgesetzes zum Befreiungsgesetz im April 1948 bestätigt sich bei Auswertung der Personalakten der Richter des Oberlandesgerichts Frankfurt/M. nicht.
96 Matthias MEUSCH (siehe Anm. 91), S. 225.

die Mitgliedschaft in der NSDAP und in den anderen NS-Organisationen. Vergebens sucht man nach Feststellungen zu der behaupteten antifaschistischen Überzeugung, stattdessen wird zu Gunsten des Betroffenen gewürdigt, dass er kein Amt, keinen Rang oder Funktion in der Partei gehabt habe, erst 1937 im Zuge der Gleichschaltung der Beamtenschaft eingetreten sei und auch der Beitritt zur SA – natürlich! – ohne innere Überzeugung erfolgt sei.[97] Hier findet sich schon ein Teil der typischen apologetischen Narrative, die der Gesellschaft der jungen Bundesrepublik die notwendige Auseinandersetzung mit der NS-Zeit erschwerten. Bei Ulrich Stölzel geht es danach schnell: Im Sommer 1948 wird er als Amtsgerichtsrat beim Amtsgericht in Kassel eingestellt. Dann kommt er im Oktober 1948 für zwei Jahre zum Landgericht Hanau, wird aber schon 1950 wieder als Hilfsrichter bei dem Oberlandesgericht in Frankfurt/M. eingesetzt. Er ist Mitglied des Justizprüfungsamtes. Am 1. April 1957 wird er zum Senatspräsidenten am Oberlandesgericht bestellt und übernimmt den Vorsitz eines Senats in Darmstadt.[98] Das ist auch im Bundesland Hessen keine untypische Karriere eines guten anpassungsbereiten Juristen.[99]

Wie viele der Richter des NS-Staates in hervorgehobenen Positionen der Justiz der Bundesrepublik tätig waren, hat eindrucksvoll die von Hubert Rottleuthner erstellte Studie »Karrieren und Kontinuitäten deutscher Justizjuristen vor und nach 1945« belegt. Interessanterweise ergeben sich daraus auf der Ebene der Obergerichte – des Bundesverfassungsgerichts, des Bundesgerichtshofs und der Oberlandesgerichte – signifikante Unterschiede hinsichtlich der beruflichen Kontinuitäten.[100]

Bei der Besetzung des neu geschaffenen Bundesverfassungsgerichts tritt deutlich der Wille hervor, an dieses höchste Gericht möglichst nur unbelastete Richter zu berufen. Dieser politische Wille war in den Bundesländern, die nach 1945 wieder für die Besetzung der Amtsgerichte, der Landgerichte und der Oberlandesgerichte zuständig waren, unterschiedlich ausgeprägt vorhanden. So rekrutierten sich beispielsweise die Richter an den Oberlandesgerichten des späteren Landes Baden-Württemberg bis zu 100 Prozent – in Tübingen – aus früheren Richtern des NS-Staates, während es am Oberlandesgericht Frankfurt/M. im Jahr 1953 ›nur‹ etwas mehr als 50 Prozent waren.[101] Nun war gewiss nicht jeder, der als Richter oder Staatsanwalt im NS-Staat gearbeitet hatte, ein Verbrecher. Aber angesichts dieser hohen personellen Kontinuitätsrate von früheren Richtern des NS-Staates gab es eben in der Justiz durchaus auch viele Richter, die tatsächlich nicht in die Justiz, sondern vor die Strafjustiz gehört hätten.

---

97 Personalakte LG Hanau Bl. 28 f.
98 Siehe Anm. 70.
99 Vorläufige Ergebnisse des Projekts zur Geschichte des Oberlandesgerichts Frankfurt/M. belegen einerseits die im Vergleich mit anderen Bundesländern deutlich kritischere Wiedereinstellungspraxis bei Verwendung früherer Richter des NS-Staates, offenbaren andererseits aber hinsichtlich belasteter Richter durchaus auch hier personelle Kontinuitäten bis zum Oberlandesgericht.
100 Hubert ROTTLEUTHNER (siehe Anm. 66), S. 65 ff., besonders S. 71.
101 Die Studie Rottleuthners erfasst vor allem die Amtskontinuitäten; dagegen versucht die Untersuchung zum Oberlandesgericht Frankfurt/M. die konkrete NS-Belastung durch Organisationszugehörigkeit und Rechtsprechung systematisch zu erfassen.

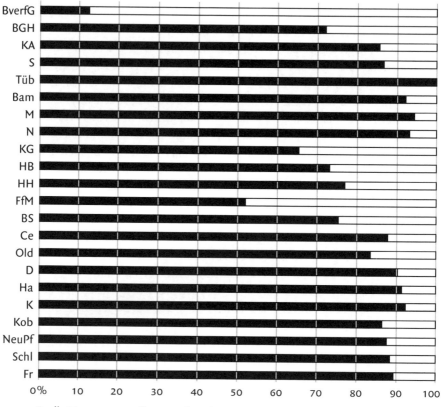

Belastung der Obergerichte mit Richtern des NS-Staates (1953)

Quelle: Zusammenstellung nach Hubert ROTTLEUTHNER (wie Anm. 68), S. 71.

Es ist nachvollziehbar, dass in einer solchen Justiz nicht die Richter des NS-Staates, sondern die wenigen nicht belasteten Richter die Außenseiter waren.[102]

Zurück zu Herrn Stölzel. Drei Jahre war er schon Senatspräsident. Dann kommt der Schock: Der hessische Generalstaatsanwalt leitet im Jahr 1960 ein Ermittlungsverfahren wegen Totschlags ein.[103] Den Gegenstand bilden vier Todesurteile des früheren Sondergerichts für den Oberlandesgerichtsbezirk Kassel, an denen der Beschuldigte als Richter mitgewirkt hat. Alle Urteile beruhen auf der Anwendung typisch nationalsozialistischer Normen.

---

102 Informativ ist die Beschreibung des Lebens des 1947 nach Frankfurt zurückgekehrten und kurze Zeit auch am Oberlandesgericht tätigen Richters Walter Zweig (»Walter Redlich«), geschildert aus der Sicht der Tochter Stefanie Zweig in ihrem autobiographischen Roman »Irgendwo in Deutschland« (8. Aufl. Bonn 1997).

103 Js 56/60 GStA Frankfurt/M. In: OLG Frankfurt/M., Archiv, Personalakten II St 87, Bd. 2 Bl. 45 ff.

- Gemäß § 2 der Verordnung gegen Volksschädlinge wird Walter Löser am 15. Dezember 1939 wegen strafbarer homosexueller Handlungen mit einem 12-jährigen Jungen mit dem Tode bestraft.
- Drei Tage später folgt das nächste Todesurteil auf der Grundlage dieser Norm. Der vorbestrafte Heinrich Haber wird wegen Diebstahls, den er während der Verdunkelung beging, zum Tode verurteilt.
- Auf der Grundlage von § 1 der Verordnung gegen Gewaltverbrecher vom 5. Dezember 1939 wird der erst 20-jährige, aber bereits zweimal vorbestrafte Heini Wagner am 18. März 1940 zum Tode verurteilt. Er hatte unter Ausnutzung der Verdunkelung am 11. Februar 1940 einen Einsteigediebstahl in eine Bahnhofswirtschaft versucht und auf der Flucht einen Beamten mit einem Pistolenschuss am Oberarm getroffen.
- Durch Urteil vom 3. April 1940 wird der Angeklagte Alfred Reith auf der gleichen Grundlage mit dem Tode bestraft. Der 36-jährige Angeklagte hatte sich in der Strafanstalt Kassel-Wehlheiden geweigert, zum Rasieren geführt zu werden und gedroht, denjenigen Beamten mit seiner Arbeitsschere ins Gehirn zu stechen, der zwangsweise gegen ihn vorgehen sollte. Passiert war nichts, der Bedienstete konnte rechtzeitig die Zelle verlassen. Dennoch Todesstrafe!

Das Ermittlungsverfahren gegen Stölzel wird jedoch eingestellt. Die Einstellungsverfügung vom 20. Februar 1961 ist vom hessischen Generalstaatsanwalt Fritz Bauer unterschrieben.[104]

Zu dieser Zeit waren von Fritz Bauer gegen zahlreiche frühere Richter und Staatsanwälte Ermittlungsverfahren eingeleitet worden wegen ihrer Beteiligung an Todesurteilen von Sondergerichten, des Volksgerichtshof oder von Kriegsgerichten. Alle Verfahren wurden jedoch von ihm eingestellt,[105] darunter auch ein neues Ermittlungsverfahren gegen Dr. Edmund Kessler (Js 82/60 GStA) wegen zwölf weiterer Todesurteile des Sondergerichts für den Bezirk des früheren Oberlandesgerichts Kassel.

Das war das letzte Wort der hessischen Justiz zu den Justizmorden des NS-Staates. Deshalb liegt die Frage nach den Maßstäben nahe, die bei der strafrechtlichen Bewertung von richterlichen Urteilen aus der Zeit des NS-Staates angelegt wurden.

Die strafrechtliche Aufarbeitung der Justizverbrechen

Die Behandlung der Justizverbrechen durch die Strafjustiz begann in Nürnberg vor dem amerikanischen Militärgerichtshof.

Hier wurden am 4. Dezember 1947 sechzehn Angeklagte, führende NS-Juristen und Vorsitzende von Sondergerichten überwiegend zu langjährigen Freiheitsstrafen ver-

---

104 Ebenda.
105 Friedrich HOFFMANN, Die Verfolgung der nationalsozialistischen Gewaltverbrechen in Hessen. Baden-Baden 2001, S. 164 ff. Die von Hoffmann angegebene, jedoch nicht näher belegte Zahl von 124 beschuldigten früheren Richtern und Staatsanwälten erscheint nach den Recherchen des Verfassers zu niedrig; nach derzeitigem Erkenntnisstand waren allein im Jahr 1960 vom Generalstaatsanwalt mindestens 138 Verfahren eingeleitet worden, darunter auch solche mit zahlreichen Beschuldigten. Vgl. ausführlich zu diesem Komplex Matthias MEUSCH (siehe Anm. 91), S. 251 ff.

urteilt.[106] Vier Jahre nach ihrer Verurteilung waren drei Viertel der Häftlinge auf freiem Fuß.[107] Der im Deutschlandvertrag vereinbarte gemischte Gnadenausschuss zur Überprüfung der Nürnberger Verurteilungen ließ schließlich bis 1956 nahezu alle in westalliierter Haft sitzenden Personen frei.[108]

Danach war die Justiz der Bundesrepublik an der Reihe.

Als Bilanz der Strafverfahren ganz allgemein bezogen auf alle NS-Verbrechen steht fest: Es gab insgesamt mehrere tausend Ermittlungsverfahren mit mehr als 100.000 Beschuldigten. Rechtskräftig verurteilt wurden nur etwa 6.500 Angeklagte, davon etwas mehr als 100 zu lebenslang.[109]

Was die Justizverbrechen angeht: Es sind im Bereich der Bundesrepublik rund fünfzig Urteile über richterliche Handlungen in der NS-Zeit, die zu Hinrichtungen führten, ergangen.[110] In diesen fünfzig Urteilen ist kein einziger NS-Richter oder NS-Staatsanwalt mit Erfolg zur Rechenschaft gezogen worden. Die immer wieder erwähnte Verurteilung von sechs Berufsrichtern knüpfte nicht an deren Mitwirkung als Richter an Gerichtsverfahren im eigentlichen Sinne an, sondern es ging jeweils um die Beteiligung als Soldaten an Standgerichtsverfahren.[111]

Man mag die personelle Kontinuität der Justiz der Bundesrepublik Deutschland vielleicht großzügig als der Not geschuldet ansehen. Denn einem auch infolge einer hohen Kriminalitätsrate in der Nachkriegszeit großen Personalbedarf stand eine ausgedünnte Personaldecke und ein nur geringes Angebot unbelasteter Richter gegenüber. Das Scheitern der strafrechtlichen Aufarbeitung der Justizverbrechen ist jedenfalls eine Geschichte der Schande.

Diese Geschichte soll am Beispiel der im vorigen Kapitel vorgestellten Fälle erläutert werden.

Das Todesurteil des Volksgerichtshofs gegen Dr. Metzger ist wie rund 231 weitere auch von dem Kammergerichtsrat Rehse unterzeichnet. Rehse kehrte 1956 in den Justizdienst in Schleswig-Holstein zurück. Die anderen Verfasser mörderischer Todesurteile, die Richter der Sonder- und Militärgerichte und die Richter der politischen Strafsenate an den Oberlandesgerichten waren ohnehin wieder überwiegend als Richter tätig.

In Hessen war der Versuch einer justitiellen Aufarbeitung der Justizverbrechen nicht erst mit der massenhaften Einstellung von Ermittlungsverfahren Anfang der 1960er Jahre gescheitert. Die strafrechtliche Ahndung des Justizunrechts misslang folgenreich letzt-

---

106 Lore Maria PESCHEL-GUTZEIT (siehe Anm. 59).
107 Sonja BOSS (siehe Anm. 85), S. 22.
108 Bernhard JAHNTZ/Volker KÄHNE, Der Volksgerichtshof. Berlin 1986, S. 46.
109 Albrecht GÖTZ, Bilanz der Verfolgung von NS-Straftaten, Bundesanzeiger vom 30. Juli 1986, S. 36, 89 und 149; Hubert ROTTLEUTHNER, Die strafrechtliche Verfolgung von DDR-Systemunrecht und NS-Verbrechen im Vergleich. In: Dirk FISCHER (Hrsg.), Transformation des Rechts in West und Ost, Festschrift für Herwig Roggemann zum 70. Geburtstag. Berlin 2006, S. 416.
110 Zu 149 Verurteilungen kam es in der sowjetisch besetzten Zone und später in der DDR; vgl. Sonja BOSS (siehe Anm. 85), S. 23 ff.
111 Hubert ROTTLEUTHNER (siehe Anm. 66), S. 95; Jörg FRIEDRICH (siehe Anm. 27), S. 78 ff., 102 ff., 436 ff. und 450 ff.

lich bereits 1952. Im Zentrum dieses Scheiterns stehen die hier vorgestellten Todesurteile des Frankfurter und des Kasseler Sondergerichts. Gegen die für den Justizmord an Edward Sarzynski verantwortlichen hessischen Richter und Staatsanwälte war 1950 in Frankfurt ein Ermittlungsverfahren wegen Rechtsbeugung und Mord eingeleitet worden. Es endete zehn Jahre nach der Ermordung Edward Sarzynskis im September 1952 damit, dass alle mangels Beweises außer Verfolgung gesetzt wurden.[112] Den Staatsanwälten sei nicht zu widerlegen, dass sie auf höhere Weisung gehandelt hätten, den Richtern sei nicht nachzuweisen, dass sie sich des Unrechts ihres Handelns bewusst gewesen seien, sie also mit dem notwendigen Vorsatz gehandelt hätten.

Von den an dem Todesurteil gegen Werner Holländer beteiligten drei Richtern kehrten der Vorsitzende des Sondergerichts und auch der Richter Dr. Kessler nicht in den Justizdienst zurück. Kessler fand eine andere viel lukrativere Aufgabe, der er sich mit Erfolg und Hingabe widmete: Er bildete nach 1945 bis in die 1980er Jahre als einer der führenden privaten Repetitoren in Marburg den juristischen Nachwuchs aus. 1950 wurde Kessler wegen Rechtsbeugung und Totschlag angeklagt. Im März 1952 wurde er, nachdem das im Rechtsmittelverfahren zuständige Oberlandesgericht Frankfurt/M. einen ersten Freispruch aufgehoben hatte, durch das Landgericht Kassel erneut freigesprochen.[113] 16 Jahre später wurde auch der Richter am Volksgerichtshof Rehse vom Landgericht Berlin freigesprochen.

Wie ist das zu erklären, dass keiner dieser Richter bestraft wurde?

Grundsätzlich kann nach deutschem Recht als Konsequenz aus der in § 1 Gerichtsverfassungsgesetz (GVG) verbürgten richterlichen Unabhängigkeit die Verurteilung eines Richters wegen einer Straftat, begangen durch ein Urteil, nur erfolgen, wenn der Richter sich bei der Entscheidung der Rechtsbeugung nach § 336 StGB[114] schuldig gemacht hat. Wegen dieses sogenannten Richterprivilegs kann ein Richter nicht bestraft werden, wenn er fahrlässig ein – möglicherweise – falsches Urteil fällt.

Die Freisprüche von Kessler und Rehse wurden jeweils mit der fehlenden Nachweisbarkeit des sogenannten direkten Rechtsbeugungsvorsatzes begründet. Die Kasseler Richter formulieren 1952: »Die Angeklagten waren Parteimitglieder seit 1933. Sie waren überzeugte, ja sogar fanatische Nationalsozialisten. Sie waren verblendet, ließen sich leiten und sind bedingungslos der Propaganda [...] gefolgt [...] daher konnte letztlich ein vorsätzliches Handeln gegen das Recht nicht festgestellt werden [...].«

---

112 Beschluss der 2. Strafkammer des Landgerichts Frankfurt/M. vom 8. September 1952, Az. 51 Js 1375/50; HHStAW Abt. 461 Nr. 30038, Bl. 322 ff.
113 Urteil des Landgerichts Kassel vom 28. März 1952, auszugsweise abgedruckt in Klaus MORITZ/Ernst NOAM (siehe Anm. 49), S. 320 ff. In späteren Ermittlungsverfahren wurde die Einstellung häufig unter Bezugnahme auf dieses Urteil bzw. den Beschluss des Landgerichts Frankfurt/M. (siehe Anm. 112) begründet. So wird beispielsweise ein neues Ermittlungsverfahren gegen den aufsichtsführenden Richter am Amtsgericht Hochheim, den früheren Richter am Frankfurter Sondergericht Paul Börner wegen elf weiterer Todesurteile vom hessischen Generalstaatsanwalt (Az. Js 97/60 GenStA) unter Verweis auf diesen Beschluss am 22. Februar 1961 eingestellt. In: OLG Frankfurt/M., Archiv, Personalakten II B 741.
114 Strafgesetzbuch; seit 1997: § 339 StGB.

Das bedeutet doch: Je fanatischer, desto rechtsblinder, desto weniger vorsätzlich. Trotz der evidenten Unhaltbarkeit einer derartigen Argumentation begründete sechzehn Jahre später Ende 1968 das Landgericht Berlin im zweiten Anlauf den Freispruch für Rehse ähnlich: »Nach der Rechtsprechung des BGH [...], die das Schwurgericht für richtig hält, kann ein Richter wegen einer durch richterliche Entscheidung (Todesurteil) verursachten Tötung [...] nur bestraft werden, wenn er die Entscheidung durch vorsätzliche Rechtsbeugung [...] getroffen hat; dabei ist der Nachweis des unbedingten Vorsatzes erforderlich. [...] Dieser Grundsatz gilt auch für den Angeklagten, der Berufsrichter am Volksgerichtshof war. Denn nach der Rechtsprechung des BGH [...] handelt es sich bei dem Volksgerichtshof um ein unabhängiges, nur dem Gesetz unterworfenes, Gericht im Sinne des § 1 GVG [...].«[115]

Diese Konstruktion begründet den klassischen Freispruch für die Nazi-Justiz insgesamt. Der entscheidende Satz lautet: »... ist der Nachweis des unbedingten Vorsatzes erforderlich«.

Das bedeutet: Eine »unbedingt«- oder »direkt«-vorsätzliche Rechtsbeugung hätte nur vorgelegen, wenn die Richter absichtlich oder wissentlich gegen Recht verstoßen hätten; hielten sie das nur für möglich und nahmen sie es in Kauf, dann hätten sie mit dem sogenannten »indirekten« Vorsatz gehandelt und es fehlte dann – so diese Auffassung – an einer Rechtsbeugung. Die Konsequenz dieser juristischen Konstruktion liegt auf der Hand: Der fanatische richterliche Überzeugungstäter bleibt immer straffrei. Konsequenz dieser Enthaltsamkeit der Justiz bei der strafrechtlichen Verfolgung von NS-Juristen wäre nicht nur gewesen, dass selbst der Vorsitzende des Volksgerichtshofs Freisler – gemeinhin als »der Mörder in der Richterrobe« bezeichnet – in den Genuss einer hohen Rente gekommen wäre,[116] hätte ihn nicht Anfang 1945 auf dem Weg in den Luftschutzkeller des Volksgerichtshofs ein Bombensplitter tödlich getroffen. Tatsächlich erhielt seine Witwe vom Freistaat Bayern neben ihrer normalen Grundrente eine zusätzliche Schadensausgleichsrente; man ging davon aus, Freisler hätte nach dem Krieg, hätte er ihn überlebt, als Rechtsanwalt oder höherer Beamter ein erhebliches Einkommen erzielt, für das seiner Frau wegen des ihr entgangenen Anteils ein Schadensausgleich zustehe.[117]

Die willkürliche Beschränkung des subjektiven Tatbestandes der Rechtsbeugung auf den sogenannten unbedingten Vorsatz durch die deutsche Strafjustiz kann nur mit irrationalen Motiven, insbesondere mit der eigenen Verstrickung vieler dieser Richter in das NS-Unrechtssystem erklärt werden. Rechtsdogmatisch ließ sich eine solche Beschränkung nicht überzeugend begründen. Schon nach herkömmlicher Strafrechtsdogmatik reicht, wenn sich aus dem Gesetz nichts anderes ergibt, grundsätzlich jede Form des Vorsatzes aus. Der Rechtsbeugungstatbestand setzte nach dem eindeutigen Gesetzeswortlaut den »direkten« Vorsatz, also eine absichtliche oder wissentliche Rechtsverletzung nicht voraus.

---

115 Ungekürzter Wortlaut des Urteils vom 6. Dezember 1968 in: Jörg FRIEDRICH (s. Anm. 27), S. 597 ff.
116 Manfred SEEBODE, Das Verbrechen der Rechtsbeugung. Würzburg 1969, S. 16.
117 Wikipedia, http://de.wikipedia.org/wiki/Roland_Freisler#Der_Umgang_der_Bundesrepublik_mit_dem_NachlassFreislers, Stand: 21. November 2014, (Zugriff 2. Dezember 2014)

Aber auch inhaltlich ist die damalige Rechtsprechung nicht nachvollziehbar. Der Schutz der richterlichen Unabhängigkeit, dem das sogenannte Richterprivileg dient, spricht gerade nicht dafür, die bedingt vorsätzliche Rechtsbeugung von der Strafbarkeit auszuschließen. Denn der selbstkritische, skrupulöse Richter, der nach Zweifeln an der Richtigkeit seiner rechtlichen Beurteilung oder im Bewusstsein der möglichen Aufhebung in der Rechtsmittelinstanz sein Urteil fällt, handelt nicht mit bedingtem Rechtsbeugungsvorsatz; er hält sein Urteil doch für richtig und nimmt deshalb ein Fehlurteil keineswegs in Kauf. Anders dagegen der Richter, der eine mögliche Fehlentscheidung billigt und deshalb nicht geringere Schuld auf sich lädt wie derjenige, der das Recht bewusst beugt.[118] In beiden Fällen handelt es sich um eine vorsätzliche Rechtsbeugung.

Diese Auffassung hatte auch der Bundesgerichtshof nach 1945 zunächst selbst vertreten. Im Jahre 1952 formulierte der 2. Strafsenat, für die innere Tatseite der Rechtsbeugung sei ausreichend, dass der Richter wenigstens damit rechne, dass das von ihm gefällte Todesurteil rechtswidrig sei.[119] Erst 1956 änderte er durch ein Urteil des 1. Strafsenats diese Rechtsprechung.[120] Zumindest vier der an diesem Urteil beteiligten fünf Richter des Bundesgerichtshofs waren schon in der NS-Justiz tätig gewesen.[121]

Dass die Rechtsprechung und ein Teil der Rechtswissenschaft nach dieser Entscheidung in der Folgezeit für die Dauer eines schmalen historischen Zeitfensters von etwa 40 Jahren ausgerechnet bei der juristischen Auseinandersetzung mit der NS-Justiz den Rechtsbeugungsvorsatz auf seine direkte Form beschränkten, ist nichts anderes als eine ganz bewusste Privilegierung der Richter des NS-Staates.[122]

---

118 So schon Eberhard SCHMIDT, Politische Rechtsbeugung und Richteranklage. 1948, S. 55 und 76; ebenso Günter SPENDEL (siehe Anm. 48), S. 50; Ursula SCHMIDT-SPEICHER, Hauptprobleme der Rechtsbeugung unter besonderer Berücksichtigung der historischen Entwicklung des Tatbestandes. Berlin 1982, S. 70, 91 ff. und 104; Dirk QUASTEN, Die Judikatur des Bundesgerichtshofs zur Rechtsbeugung im NS-Staat und in der DDR. Berlin 2003, S. 146 ff.

119 BGH, Urteil vom 29. Mai 1952. In: MDR 1952, 693.

120 BGH, Urteil vom 7. Dezember 1956, BGHSt. 10, 294.

121 Nach Hubert ROTTLEUTHNER (siehe Anm. 66), S. 102 ff., lassen sich für die beteiligten Richter des Bundesgerichtshofs folgende Feststellungen für ihre Tätigkeit in der NS-Zeit treffen: Dr. Max Hörchner war Oberstaatsanwalt bei der Reichsanwaltschaft, Dr. Ludwig Peetz war Oberlandesgerichtsrat in Zweibrücken, Dr. Hermann Hengsberger war Landgerichtsdirektor in Lüneburg und Dr. Ernst Mantel war Oberstrichter in der Wehrmacht. Im Schörner-Prozess 1957 (es ging unter anderem um die Mitwirkung an rechtswidrigen Standgerichtsurteilen) blieb Mantel als Zeuge unvernommen wegen des Verdachts der Mittäterschaft. Vgl. dazu Helmut KRAMER, Im Namen des Volkes: Vermummte Justiz. In: Margarethe FABRICIUS-BRANDT/Edgar ISERMANN/Jürgen SEIFERT/Eckhard SPOO (Hrsg.), Rechtspolitik »mit aufrechtem Gang«. Festschrift für Werner Holtfort zum 70. Geburtstag. Baden-Baden 1990, S. 107 ff.

122 Bemerkenswerterweise ist die Einschränkung des subjektiven Tatbestandes des § 336 StGB a.F. ausgerechnet von prominenten Richtern des BGH verteidigt worden, die bereits im NS-Staat Karriere gemacht hatten; dies gilt für die Beiträge von Werner Sarstedt (in: Hans LÜTTGER/Hermann BLEI/Peter HANAU (Hrsg.), Festschrift für Ernst Heinitz zum 70. Geburtstag. Berlin 1972, S. 427 ff.) und Paul-Heinz BALDUS (in: Beratungen der Großen Strafrechtskommission über § 462 des Entwurfs von 1959, Niederschriften, Band 13, S. 315 f.). Sarstedt hatte es bereits 1944 zum Oberlandesgerichtsrat in Celle gebracht (Hubert ROTTLEUTHNER (siehe Anm. 68), S. 105). Baldus war von 1933 bis 1937 im Reichsministerium der Justiz in der Strafrechtsabteilung als Richter tätig. Seit 1937 war er Mitglied der NSDAP und wurde in diesem Jahr auch zum Landgerichtsrat in Wiesbaden ernannt. Hier wirkte er u. a. als (zu-

Die Mörder waren mitten in der Gesellschaft angekommen. Denn diese Verweigerung der strafrechtlichen Aufarbeitung der Verbrechen der NS-Justiz ist bezeichnend für die gesellschaftliche Situation der Bundesrepublik Anfang der fünfziger Jahre. Die Haltung des »Jetzt-muss-Schluss-sein« kennzeichnet die politische und ökonomische Restauration der 1950er Jahre. Es war nicht anstößig, wenn konservative Parteien und selbst der erste Bundeskanzler nicht nur im Wahlkampf einen Mann wie Willy Brandt als vaterlandslosen Gesellen beschimpften, weil er als politischer Emigrant gegen Nazideutschland gekämpft hatte. Es war die Zeit der Heimatfilme, der heilen Welt. Alle Nazis waren wie durch ein Wunder verschwunden. Gegenteilige Hinweise aus dem Osten bezeichnete Bundeskanzler Adenauer als »von kommunistischer Seite gesteuerte Aktion«.[123] In den noch anhängigen Strafverfahren gegen Nichtjuristen wegen NS-Gewaltverbrechen hagelte es Freisprüche, die verhängten Strafen sogar wegen Tötungsdelikten bewegten sich auf dem Niveau der Bestrafung von Einbruchdiebstählen. Während im Jahr 1953 noch mehr als jedes dritte Ermittlungsverfahren gegen NS-Täter zu einer Verurteilung führte, war es 1955 und 1956 nur noch jedes zehnte.[124]

Dementsprechend setzte in der Zeit bis etwa 1960 ein ganz drastischer Rückgang der Strafverfahren wegen NS-Verbrechen ein. Erst danach kehrte sich die Tendenz um und seit 1961 nahm die Anzahl der Strafverfahren gegen NS-Täter wieder zu.[125]

Das erklärt sich so: Ende der 1950er Jahre hatte der Ulmer Einsatzgruppenprozess gegen zehn Gestapo-, SD- und Polizeiangehörige erstmals ein öffentliches Bewusstsein über die im Osten von SS-Einsatzgruppen begangenen ungesühnten Massenmorde geweckt. Die angeklagten Männer hatten zwischen Juni und September 1941 mehr als 5.500 jüdische Kinder, Frauen und Männer im damals litauisch-deutschen Grenzgebiet ermordet.[126] Ein weiterer Grund kam hinzu: Die Bundesrepublik war politisch auf dem Weg zurück nach Europa. Sie hatte auch außenpolitisch wieder etwas zu verlieren. Es war peinlich, wenn es der DDR gelang, die Bundesrepublik an den Pranger zu stellen, indem sie Material über unangefochten in hohe Positionen gelangte Nazis veröffentlichte.[127] Andererseits wäre es genauso blamabel gewesen, hätte eine Prozesswelle die hoch belastete westdeutsche Verwaltungs- und Justizelite bloßgestellt. Es musste etwas geschehen, es durfte aber nicht zu viel geschehen. Deshalb richtete man einerseits eine Zentralstelle für die effektive Ermittlung von NS-Verbrechen ein und sorgte andererseits

---

nächst stellvertretender) Leiter der Justizpressestelle (Generalakten des OLG Frankfurt/M. »Unterrichtung der Öffentlichkeit durch Presse, Rundfunk, Film und dergleichen«; HHStAW Abt. 458 Nr. 642, Bl.155). Zeitweise war Baldus zur Mitarbeit in der »Kanzlei des Führers« abgeordnet; 1943 erhielt er eine Planstelle als Oberlandesgerichtsrat in Frankfurt/M. (Hubert ROTTLEUTHNER (siehe Anm. 68), S. 103; Arthur VON GRUENEWALDT (siehe Anm. 10), Kap. 6 § 9 B.).

123 Schreiben vom 26. Januar 1959 an den Deutschen Richterbund. In: DRiZ 1959, S. 97.
124 Dirk QUASTEN (siehe Anm. 118), S. 29; Bernhard JAHNTZ / Volker KÄHNE (siehe Anm. 108), S. 46.
125 Albrecht GÖTZ (siehe Anm. 109), S. 39.
126 Das Urteil des Landgerichts Ulm vom 29. August 1958, Ks 2/57, ist im Volltext über Wikipedia zugänglich.
127 Zur sog. Blutrichterkampagne der DDR vgl. Sonja BOSS (siehe Anm. 85), S. 34 ff.; Matthias MEUSCH (siehe Anm. 91), S. 246 ff.

dafür, dass der Kreis der zu ermittelnden Taten klein gehalten wurde. Ausgeklammert wurden Verbrechen mit Tatort in Deutschland und alle Kriegsverbrechen.[128] Die erste Ausnahme führte dazu, dass jedenfalls von der Zentralstelle nicht nur die Deportation der Juden, sondern auch alle Gräueltaten in den Konzentrationslagern auf deutschem Boden in der Regel nicht verfolgt wurden. Die Ausklammerung der Kriegsverbrechen schützte diejenigen, die an einer verbrecherischen Kriegsführung mitgewirkt hatten. Später kam es zu einer weiteren Beschränkung: Wer die Opfer zusammengetrieben, bewacht, zur Exekution geführt oder als Mitglied von Erschießungskommandos erschossen hatte, sollte als »kleiner Befehlsempfänger« im Allgemeinen nicht angeklagt werden.[129] Das ist aus heutiger Sicht grotesk. Denn angesichts der dokumentierten Realität des Holocaust und der bezeugten Umstände bei der Räumung von Ghettos lassen sich die dabei geschehenen Morde, das Erschießen nicht gehfähig Zurückgebliebener, das Totschlagen von Kindern und Kranken gewiss nicht mit Befehlsnotstand rechtfertigen.[130] Im Ergebnis war das die nächste de-facto Amnestie für einen Teil der Bevölkerung und viele Wehrmachtsangehörige. Gegen John Demjanjuk, einen Wachmann im KZ Sobibor, 2011 in München wegen Beihilfe zum Mord in mehr als 28.000 Fällen zu fünf Jahren Freiheitsstrafe verurteilt, wäre daher damals gar nicht erst ermittelt worden. Das entsprach dem in der Gesellschaft der Bundesrepublik allgemein vorhandenen, zum Teil bis in den Polizeiapparat hineinreichenden Widerstand gegen die Verfolgung von NS-Gewalttätern: So kam es bei der Festnahme des Leiters des Landeskriminalamtes Rheinland-Pfalz Heuser, der später wegen seiner Taten als Mitglied einer Einsatzgruppe zu 15 Jahren Zuchthaus verurteilt wurde, zu massiven Behinderungen durch Angehörige des Landeskriminalamtes, die ihrem Behördenleiter auch später ihre Solidarität bekundeten.[131]

Das spezielle Versagen der Justiz bei der Aufarbeitung der Justizverbrechen hatte aber noch andere Gründe. Zum einen: Die Justiz hatte das Wesen des bürokratisch-individuellen Staatsverbrechens der Nationalsozialisten nicht erkannt. Eine Tyrannei funktioniert nicht allein durch Terror und Geheimpolizei. Die NS-Diktatur war kein Unwetter, das über ein hilf- und willenloses Volk hereingebrochen war. Sie gründete vielmehr auch auf der Loyalität der »Volksgemeinschaft« und ihrer Bereitschaft, die von der Staatsführung gestellten Aufgaben effizient und konsequent zu erfüllen. In diesem Sinne waren auch die Beamten der Reichsbahn, die in ausgeklügelten Plänen Millionen von Menschen quer durch Europa bis nach Polen zur Tötung transportierten, Teil des arbeitsteilig operierenden Gesamtsystems; ebenso aber auch die Richter und Staatsanwälte, die teils durch

---

128 Gerhard PAULI, Die Zentrale Stelle der Landesjustizverwaltung in Ludwigsburg – Entstehung und frühe Praxis. In: Justizministerium des Landes Nordrhein-Westfalen (Hrsg.), Juristische Zeitgeschichte Nordrhein-Westfalen Bd. 9. Düsseldorf 2001, S. 45 ff. und 50.
129 Ebenda, S. 59.
130 Zu dieser Wirklichkeit alltäglichen Mordens vgl. die Beiträge in: Frank BEER / Wolfgang BENZ / Barbara DISTEL (Hrsg.), Nach dem Untergang. Die ersten Zeugnisse der Shoah in Polen 1944–1947. Berlin 2014; siehe auch Dieter POHL, Nationalsozialistische Judenverfolgung in Ostgalizien 1941–1944. Organisation und Durchführung eines staatlichen Massenverbrechens. München 1997.
131 Gerhard PAULI (siehe Anm. 128), S. 54.

korrekte Rechtsprechung das Vertrauen in den Staat förderten, teils durch Anwendung der NS-Gesetze die Vernichtungsmaschinerie des NS-Staats massiv unterstützten. Dieser Einsicht verschlossen sich die Gerichte der Bundesrepublik, indem sie die Gerichte des NS-Staates als normale »ordentliche« Gerichte und die Gesetze der Nazis nahezu ausnahmslos als formal gültiges Recht akzeptierten.[132] Die Justiz der Bundesrepublik wollte nicht wahrhaben, dass ein Staatsverbrechen immer ein legalisiertes ist.

Der andere – bedrückendere – Grund für das Versagen der Justiz nach 1945 ist schlicht der fehlende Wille. Für zu viele Richter und Staatsanwälte wäre es eine Auseinandersetzung mit der eigenen persönlichen Vergangenheit gewesen. Das kann man im Fall des ermordeten Priesters Dr. Metzger direkt mit der Rechtsprechung des Bundesgerichtshofs belegen. Dort waren noch bis etwa 1964 in den Strafsenaten bis zu 80 Prozent frühere Richter des NS-Staates tätig.[133] Nach dem Krieg wurde zunächst die Denunziantin des Priesters unter anderem wegen dieses Falles vom Landgericht Kassel wegen Beihilfe zu schwerer Freiheitsberaubung zu einer Freiheitsstrafe von einem Jahr und drei Monaten verurteilt.[134] Der 3. Strafsenat des Bundesgerichtshofs bestätigte im Jahr 1956 mit einem respektablen Urteil diese Entscheidung: »Der Missbrauch des § 91 b StGB durch den Volksgerichtshof [...] hat daher mit Rechtsprechung nichts zu tun. Er ist nur eine Ausnutzung gerichtlicher Formen zur widerrechtlichen Tötung. Folgerichtig weiter gedacht erfasst eine derartige ›Rechtsanwendung‹ alle Menschen, die nicht jede Gelegenheit wahrnehmen, das Gewaltregime zu fördern, sondern die es stattdessen beim Namen nennen. Sie dient dann nur noch der Vernichtung des politischen Gegners und verletzt den unantastbaren rechtlichen Kernbereich. Gerade dadurch enthüllt eine derartige ›Rechtsprechung‹ ihr wahres Wesen als Terrorinstrument. [...] Die Verurteilung Dr. Metzgers und die Vollstreckung des Todesurteils gegen ihn waren daher eine vorsätzliche rechtswidrige Tötung unter dem Deckmantel der Strafrechtspflege [...].«[135]

Starke Worte: Eine vorsätzliche rechtswidrige Tötung unter dem Deckmantel der Strafrechtspflege! Wäre dieses Urteil ernst genommen worden, so hätte man zu dieser Zeit noch hunderte von Nazi-Richtern, von denen inzwischen viele zum Teil in hohen Ämtern wieder Recht sprachen, entsprechend verurteilen müssen. Noch war ja wenig verjährt. Das wollte die Justiz der Bundesrepublik nicht. Deutlich wurde dies aber erst, als der Bundesgerichtshof über den Richter am Volksgerichtshof Rehse zu entscheiden hatte. Es ging wieder um die juristische Aufarbeitung des Todesurteils gegen den Priester Dr. Metzger. Jetzt stand der Täter vor Gericht. Die Denunziantin hatte der Bundesgerichtshof 1956 als Gehilfin bei einer vorsätzlichen rechtswidrigen Tötung »unter dem Deckmantel der Strafrechtspflege« qualifiziert. Zwölf Jahre später verneint der Bundes-

---

132 Dagegen hat das Bundesverfassungsgericht schon früh und danach in ständiger Rechtsprechung darauf hingewiesen, dass einzelne in der NS-Zeit erlassene Gesetze wegen ihres extremen Unrechtsgehalts ex-tunc nichtig seien. Vgl. etwa Urteil vom 14. Februar 1968, BVerfGE 23, 98 ff. m.w.N.
133 Vgl. dazu Klaus-Detlev GODAU-SCHÜTTKE, Der Bundesgerichtshof. Justiz in Deutschland. Berlin 2005, S. 285 ff.; Hubert ROTTLEUTHNER (siehe Anm. 66), S. 97 ff.
134 Jörg FRIEDRICH (siehe Anm. 27), S. 561.
135 BGH, Urteil vom 28. Juni 1956, BGHSt. 9, 302, 307.

gerichtshof bei dem angeklagten Richter, der an diesem Justizmord als Täter selbst beteiligt war, die Strafbarkeit und hebt das erste Urteil des Landgerichts Berlin auf, das Rehse wegen Beihilfe zum Mord immerhin zu fünf Jahren Zuchthaus verurteilt hatte.[136]

Jetzt heißt es zwölf Jahre nach der Verurteilung der Denunziantin im Urteil vom 30. April 1968 über den Richter: »Als Mitglied eines Kollegialgerichts war der Angeklagte bei der Abstimmung nach dem auch damals geltenden Recht unabhängig, gleichberechtigt, nur dem Gesetz unterworfen und seinem Gewissen verantwortlich. Seine Pflicht forderte, allein der eigenen Rechtsüberzeugung zu folgen [...].«[137]

Zuständig war der 5. Strafsenat des Bundesgerichtshofs unter dem Vorsitz Werner Sarstedts, der schon im NS-Staat Karriere gemacht hatte,[138] mindestens zwei weitere der fünf beteiligten Richter waren bereits vor 1945 Richter.[139] Kein Wort mehr von Rechtsprechung als Terrorinstrument. Der Richter ist wieder der unabhängige Richter, der sich nur strafbar macht, wenn er gegen seine richterliche Überzeugung von der Rechtslage entscheidet. Nach diesem Revisionsurteil war der Freispruch für den Justizmörder am Volksgerichtshof Rehse durch das Landgericht Berlin vorprogrammiert.

Aber es kommt noch schlimmer. Es lässt sich nämlich unschwer beweisen, dass es sich um eine ganz bewusste Privilegierung gerade der Richter des NS-Staates handelt. Das belegt eindrucksvoll die eigene Rechtsprechung eben dieses 5. Strafsenats am Bundesgerichtshof aus dem Jahr 1960.

Ein in der Zeit des Kalten Krieges aus der DDR in den Westen geflüchteter früherer Vorsitzender der 6. Strafkammer des Landgerichts Magdeburg war angeklagt, weil er Angehörige der Zeugen Jehovas zu Zuchthausstrafen zwischen drei und zehn Jahren verurteilt hatte. Hier entschieden die fünf Richter dieses 5. Strafsenats des BGH kühl und knapp: »Ein Strafrichter begeht, mag auch sein Schuldspruch keine vorsätzliche Rechtsbeugung enthalten, dennoch Rechtsbeugung, wenn er bewusst eine Strafe verhängt, die nach Art oder Höhe in einem unerträglichen Missverhältnis zu der Schwere der Tat und der Schuld des Täters steht. [...] Der Angeklagte ist Volljurist, von dem erwartet werden kann, dass er ein Gefühl dafür hat, ob eine Strafe in unerträglichem Missverhältnis zur Schwere der Tat und zur Schuld des Täters steht.«[140]

Vor diesem Hintergrund versteht auch jeder Nichtjurist, was Ralph Giordano mit dem Begriff der »zweiten Schuld« meint.[141]

---

136 BGH, Urteil vom 3. Juli 1967, auszugsweise zitiert bei Jörg FRIEDRICH (siehe Anm. 27), S. 590 ff.
137 BGH, Urteil vom 30. April 1968 – 5 StR 670/67 –, Rn. 3 juris.
138 Siehe Anm. 122.
139 Das gilt jedenfalls für die Richter Dr. Rudolf Börker und Friedrich Kersting, vgl. Hubert ROTTLEUTHNER (siehe Anm. 66), S. 102 ff.
140 BGH, Urteil vom 16. Februar 1960 – 5 StR 473/59 –, Rn. 18 juris, NJW 1960, 974 f.
141 Ralph GIORDANO, Die zweite Schuld oder Von der Last Deutscher zu sein. Hamburg 1987.

Die Wende

Aber die Geschichte der Bundesrepublik Deutschland ist weitergegangen. Ende der 1960er, Anfang der 1970er Jahre hatten sich die Zeiten geändert, Willy Brandt war Bundeskanzler; es war die hohe Zeit der Entspannungspolitik. Da wagte sich 1971 auch die Berliner Staatsanwaltschaft an die Wiederaufnahme der Ermittlungen wegen der Justizmorde durch den Volksgerichtshof. 577 Richter und Ankläger waren dort tätig gewesen;[142] 87 davon konnten nach dem Kriege nicht mehr gefunden werden. Von den ermittelten 490 waren inzwischen 380 tot. Da waren es noch 110. Von diesen 110 starben im Laufe der zögerlichen Ermittlungen weitere 27. Bei den verbliebenen 83 noch Lebenden konnte man überwiegend nicht nachweisen, dass sie an Todesurteilen mitgewirkt hatten. Alles andere war ja verjährt. Da waren es nur noch 29. Von denen blieb zu guter Letzt nur noch ein einziger, ein Staatsanwalt, übrig.

Der war verhandlungsunfähig. Das war im Jahr 1986.[143]

Dennoch: Für die Justiz der Bundesrepublik, die bei der Aufarbeitung der Justizverbrechen so schändlich versagt hatte, ergab sich aus glücklichen historischen Gründen die Notwendigkeit, sich nochmals mit der Problematik beschäftigen zu müssen. Die Wende kam etwa zwanzig Jahre nach dem Kniefall von Warschau. Sie kam im Schatten der Wiedervereinigung der beiden deutschen Staaten und sie ereignete sich – welch eine Ironie der deutschen Zeitgeschichte! – anlässlich eines Strafverfahrens wegen Rechtsbeugung gegen DDR-Richter. Die DDR war kein Rechtsstaat. Aber es ist abwegig, ihre Justiz mit der NS-Justiz gleichzusetzen. Die westdeutschen Richter der »68er«-Generation, die nun über ihre Kollegen aus dem anderen Teil Deutschlands urteilen sollten, wollten sich nicht noch einmal den Vorwurf eines historischen Versagens machen lassen. Sie verurteilten ihre Ost-Kollegen, maßvoll im Strafmaß, wegen Rechtsbeugung. Daraufhin kamen die ersten Revisionen zum Bundesgerichtshof. Dort begann jetzt zunächst die interne Auseinandersetzung um die eigene Rechtsprechung zur Rechtsbeugung. Denn danach hätten die DDR-Richter auch freigesprochen werden müssen. Zuständig war wieder der 5. Strafsenat, jetzt aber andere Richter. Deren Urteil vom 16. November 1995 brachte die große historische Wende. Es wirkte wie ein Donnerschlag; niemand hatte es im Entferntesten für möglich gehalten, dass der Bundesgerichtshof die Revision eines DDR-Richters zum Anlass nehmen würde, das eigene Versagen bei der Auseinandersetzung mit der Nazi-Justiz offenzulegen, vor allem mit ungewöhnlich deutlichen Worten: »Die nationalsozialistische Gewaltherrschaft hatte eine ›Perversion der Rechtsordnung‹ bewirkt, wie sie schlimmer kaum vorstellbar war [...] und die damalige Rechtsprechung ist angesichts exzessiver Verhängung von Todesstrafen nicht zu Unrecht oft als ›Blutjustiz‹ bezeichnet worden. [...] Die vom Volksgerichtshof gefällten Todesurteile sind ungesühnt geblieben, keiner der am Volksgerichtshof tätigen Berufsrichter und Staatsanwälte wurde wegen Rechtsbeugung verurteilt; ebenso wenig Richter

---

142 Hubert ROTTLEUTHNER (siehe Anm. 68), S. 122.
143 Bernhard JAHNTZ/Volker KÄHNE (siehe Anm. 108), S. 45.

der Sondergerichte und der Kriegsgerichte. Einen wesentlichen Anteil an dieser Entwicklung hatte nicht zuletzt die Rechtsprechung des BGH. [...] Diese Rechtsprechung ist auf erhebliche Kritik gestoßen, die der Senat als berechtigt erachtet. Insgesamt neigt der Senat zu dem Befund, dass das Scheitern der Verfolgung von NS-Richtern vornehmlich durch eine zu weitgehende Einschränkung bei der Auslegung der subjektiven Voraussetzungen des Rechtsbeugungstatbestandes bedingt war. [...] Durch Willfährigkeit gegenüber den politischen Machthabern ›abgestumpfte‹ Täter einer Rechtsbeugung sind hiernach nicht aus subjektiven Gründen straflos. Damit wird zugleich eine schwer erträgliche Besserstellung des Überzeugungstäters gegenüber denjenigen vermieden, die sich [...] nach Vereinnahmung durch eine Unrechtsjustiz letztlich bewusste Skrupel und ein Gefühl für Menschlichkeit erhalten haben. Ein Richter, der in blindem Gehorsam gegenüber staatlichen Machthabern meint, sich auch dann im Einklang mit Recht und Gesetz zu befinden, wenn er über die Grenzen des gesetzlich Zulässigen hinaus den Willen der Staatsführung vollzieht und dabei in der geschilderten Weise Menschenrechte verletzt, unterliegt keinem den Vorsatz berührenden Irrtum. Dasselbe gilt, wenn er aus Motiven der Staatsraison in einer Weise ›Recht spricht‹, welche die Grenzen aus ihm bekannten grundlegenden unverbrüchlichen Rechtsgrundsätzen offensichtlich überschreitet. [...] Es kann dahinstehen, ob Vorstellungen dieser Art als Verbotsirrtum anzusehen sind; ein solcher wäre jedenfalls weder unvermeidbar noch jemals zur Strafrahmenverschiebung geeignet. [...] Hätte sich die Rechtsprechung schon damals bei der Prüfung richterlicher [...] Todesurteile an Kriterien orientiert, wie sie der Senat in seiner heutigen Entscheidung für Recht erkennt, hätte eine Vielzahl ehemaliger NS-Richter strafrechtlich wegen Rechtsbeugung in Tateinheit mit Kapitalverbrechen zur Verantwortung gezogen werden müssen. [...] Darin dass dies nicht geschehen ist, liegt ein folgenschweres Versagen bundesdeutscher Strafjustiz. [...]«[144]

Und wir heute?

Die, die heute die Notwendigkeit der Auseinandersetzung mit der NS-Justiz vertreten, werden häufig mit der Frage konfrontiert, wie sie sich denn damals wohl verhalten hätten. Diese Frage wird in der Regel mit apologetischer Tendenz gestellt, mit dem Ziel, Unverständnis und Empörung über viele Urteile zu relativieren und der Frage nach dem richtigen Verhalten ihre Brisanz zu nehmen. Es heißt dann: Menschen seien wir alle, derjenige, der einer bestimmten Tat oder Unterlassung schuldig geworden sei, sei deshalb noch nicht schlechter als ein anderer, der nur durch die Gnade der späten Geburt vor Situationen bewahrt worden sei, in denen er vielleicht ebenso gehandelt hätte.[145]

---

[144] BGH, Urteil vom 16. November 1995 – 5 StR 747/94 –, Rn.77, 79, 87 juris, BGHSt. 41, 317, 339f., 342f.

[145] Jan Philipp REEMTSMA, »Wie hätte ich mich verhalten?« Gedanken über eine populäre Frage. In: Ders. »Wie hätte ich mich verhalten?« und andere nicht nur deutsche Fragen. Reden und Aufsätze, München 2001, S. 20.

Hinterher sei man immer klüger und niemand werfe den ersten Stein. Und dann ist der Weg nicht mehr weit zu dem Satz: »Hätte ich es nicht getan, hätte es ein anderer getan.«

Die Gefahr einer Relativierung ist in der Tat groß angesichts der Normalität vieler der richterlichen Biographien, die im Rahmen des Projekts zur Geschichte des Oberlandesgerichts Frankfurt/M. vom Verfasser ausgewertet worden sind. Und sicher ist auch: Die Versuchungen des Zeitgenössischen sind jeweils andere. Ob man Mut und Kraft hat, unangepasst zu handeln, zeigt sich erst in der konkreten Situation.

Wenn solche grundsätzlich berechtigten Selbstzweifel die Sensibilität für unser heutiges Handeln schärfen, ist das gut. Aber wir dürfen gerade als Richter schon um der Opfer willen unsere Maßstäbe nicht verlieren. Es mag schwierig gewesen sein, als Richter im NS-Staat anständig zu bleiben, sich nicht in Schuld zu verstricken. Aber gerade das Leben derer, die genau dies versucht haben, verbietet eine Relativierung und verlangt von uns klare Positionen. Es ist eine Legende, dass, wer nicht habe mitmachen wollen, habe Widerstand leisten müssen. Und es ist auch nicht wahr, dass ein Richter, der nicht alles mitzumachen bereit war, sich der Gefahr einer Bestrafung ausgesetzt hätte. Selbst der Richter am Volksgerichtshof Rehse räumte bei seiner Vernehmung vor dem Landgericht Berlin auf eine entsprechende Frage ein: »Es wäre mir vermutlich nichts weiter passiert, auch wenn ich nicht unterschrieben hätte«.[146] Widerstand haben nur wenige Richter geleistet. Der berühmteste ist der Brandenburger Vormundschaftsrichter Lothar Kreyßig, der wegen der Ermordung geistig Behinderter Strafanzeige gegen den Leiter der Reichskanzlei Martin Bormann erstattete. Auch diesem Richter ist nichts passiert. Er ist auf seinen Wunsch aus dem Dienst geschieden.[147] Das Äußerste, was resistenten Richtern oder Staatsanwälten geschehen ist, war die Versetzung an ein anderes Gericht. Das begrenzte Risiko von Verweigerung kann man auf allen Ebenen der Justiz des NS-Staates belegen. In Hanau wurde der Staatsanwalt Franz Cordier, der sich noch im Spätherbst 1939, als der NS-Staat nach Beendigung des Polenfeldzuges im Zenit seiner Machtentfaltung stand, nicht davon abhalten ließ, Nazi-Terror zu verfolgen, nach Kassel versetzt.[148] In der Schwalm in Neukirchen verurteilte der Amtsrichter Karl Steinmetz 1935 zwei SA-Leute nicht nur wegen Diebstahls, weil sie einem Juden das Schächtmesser weggenommen hatten; zusätzlich belegte er sie mit einer Ordnungsstrafe, weil sie von der Partei unterstützt nicht bei Gericht erschienen waren. Der Vorgang machte das ganze System bis ins Reichsjustizministerium vorübergehend ratlos. Schließlich versetzte man Steinmetz nach Oberhausen.[149] Widerspruch gab es auch auf der Ebene des Oberlandes-

---

146 Jörg FRIEDRICH (siehe Anm. 27), S. 589.
147 Brigitte TILMANN / Georg-Dietrich FALK, Der Richter Dr. Kreyßig und sein mutiges Eintreten gegen die NS-»Euthanasie«-Verbrechen. In: Uta GEORGE / Georg LILIENTHAL / Volker ROELCKE / Peter SANDNER / Christina VANJA (Hrsg.), Heilstätte, Tötungsanstalt, Therapiezentrum Hadamar. Marburg 2006, S. 486 ff.
148 HHStAW Abt. 505 Nr. 3366, Bl. 63 (R) und 64. Zur Person dieses Staatsanwalts darf indes nicht unerwähnt bleiben, dass er nach seiner Versetzung als Anklagevertreter an mindestens 5 Todesurteilen des Sondergerichts Kassel mitgewirkt hat, die Gegenstand eines Ermittlungsverfahrens des Generalstaatsanwalts unter dem Az. Js 88/60 wurden; Hessisches Ministerium der Justiz, Archiv, Nr. 2200-E.
149 Der Vorgang ist dokumentiert in: HStAM Best. 165 Nr. 3982, Bd. 12.

gerichts in Frankfurt/M. Bei der Feierstunde zur Eröffnung des Sondergerichts im Lichthof des Landgerichts hatte Freisler, damals noch Ministerialdirektor im Reichsjustizministerium, eine flammende Ansprache zur Notwendigkeit einer neuen Justiz und eines vom Volk ausgehenden neuen Rechts gehalten. Der Oberlandesgerichtspräsident stimmte ihm pflichtschuldig zu. Dann kam es zum Eklat. Der Vizepräsident des Oberlandesgerichts Heldmann trat ans Rednerpult und widersprach Freisler.[150] Dieser mutige Auftritt hatte vier Jahre später 1937 nur eine Konsequenz: Heldmann schied aus der Liste der Kandidaten für die Nachfolge des Frankfurter OLG-Präsidenten Stadelmann aus.[151] Ein letztes Beispiel:[152] Dr. Herbert Koeniger, Jahrgang 1886, war in der NS-Zeit zuletzt Oberlandesgerichtsrat. Im August 1944 wurde er von dem berüchtigten Münchner OLG-Präsidenten Stepp mit sofortiger Wirkung zum Vorsitzenden eines Sondergerichts bestellt. Nach der seinerzeit wegen der kriegsbedingten Personalengpässe geltenden Rechtslage war ein Richter verpflichtet, auf entsprechende Anordnung des OLG-Präsidenten jegliche richterliche Tätigkeit anzunehmen. Koeniger hatte eigentlich keine Chance, aber er weigerte sich trotzdem – trotz der Drohung, ihn zu entlassen und in die Industrie abzuschieben. Vier Wochen später machte der OLG-Präsident seine Anordnung rückgängig. Koeniger wurde kein Haar gekrümmt.[153]

Angesichts dieser eindrucksvollen Ergebnisse resistenten Verhaltens von Richtern ist Jan Philipp Reemtsma beizupflichten; die Zivilisationskatastrophe der Jahre 1933 bis 1945 hat nicht darin bestanden, dass so viele Menschen der Gewalt gewichen sind und darum das Böse geduldet haben. Sie hat in dem hohen Grad an Freiwilligkeit bei der Beteiligung an Taten bestanden, deren Amoralität ganz außer Frage stand.[154]

Selbstzweifel auf die Frage »Wie hätte ich mich verhalten?« sind aller Ehren wert. Aber nur dann, wenn sie nicht das erste und nicht das letzte Wort haben, wenn sie unser Realitätsbewusstsein steigern, uns aber nicht vergessen machen, dass moralische Ansprüche eben gerade dazu da sind, dass wir Dinge tun, die uns unbequem sind, uns anstrengen, ja vielleicht sogar in die Gefahr bringen, Nachteile zu erleiden.

Wenn unsere Juristenausbildung heute es leisten würde, dass sich nachfolgende Generationen von Richterinnen und Richtern, Staatsanwältinnen und Staatsanwälten mit Mut und Zivilcourage diesem Anspruch stellten, dann wären wir auf dem Weg der Unwiderruflichkeit der Abkehr von dem erlebten Zivilisationsverrat ein Stück weit vorangekommen.

---

150 Selmar SPIER (siehe Anm. 14), S. 61; Eduard SCHREIBER, Erlebnisse eines jüdischen Richters 1933/1934. Ebenda, (siehe Anm. 14), S. 62.
151 Arthur VON GRUENEWALDT (siehe Anm. 10), Kap. 4 §3 A. I.
152 Wiedergegeben nach Klaus-Detlev GODAU-SCHÜTTKE (siehe Anm. 133), S. 314ff.
153 Koeniger war später als Richter des 3. Strafsenats am BGH an dem respektablen Urteil aus dem Jahr 1956 (Anm. 135) beteiligt.
154 Jan Philipp REEMTSMA (siehe Anm. 145), S. 25.

Entnazifizierung in der hessischen Justiz –
am Beispiel der politischen Strafsenate der Oberlandesgerichte Kassel und Darmstadt

Theo Schiller

Die deutsche Justiz nach dem Ende der NS-Herrschaft 1945 ist umfangreich und unter verschiedenen Gesichtspunkten diskutiert worden. Zwei Themen standen dabei im Mittelpunkt: Ein Hauptthema bildet das Problem der personellen Kontinuität von Richtern und Staatsanwälten zur Justiz der Bundesrepublik. Ein zweiter Komplex betrifft die Verfolgung nationalsozialistischer Gewaltverbrechen durch die Nachkriegsjustiz und damit verbunden die Verfolgung oder Nichtverfolgung der von der Justiz selbst in der NS-Zeit begangenen Taten nach 1945.[1]

Im Mittelpunkt dieses Beitrages stehen Probleme der personellen Kontinuität in der Nachkriegsjustiz. Dazu liegen umfangreiche Forschungen und Diskussion vor, die in der Grundtendenz übereinstimmend von einem hohen Maß an Kontinuität ausgehen. Zur Erfassung von Kontinuität werden verschiedenartige Definitionen und Maßstäbe für die frühere Stellung von Justizjuristen im Herrschaftsmechanismus des NS-Regimes angewandt: Zum einen die politische Identifikation mit dem NS-Regime durch Mitgliedschaft und Amtsträgerschaft in der NSDAP, SA, SS sowie allgemeine und justizspezifische »Nebenorganisationen« (Rechtswahrerbund usw.). Zum Zweiten wird an herausgehobene Funktionen von Gerichten im NS-Apparat und konkrete Amtsstellungen in der Justiz wie Gerichtspräsidenten, Vorsitzende von Senaten oder Kammern oder leitende Staatsanwälte angeknüpft. Schließlich kann auch die konkrete Urteils- oder Anklagetätigkeit von Richtern und Staatsanwälten an NS-Gerichten den Ausgangspunkt bilden, um gegebenenfalls den mit Kontinuität thematisierten Unrechtsgehalt spezifizieren zu können. Diesem Aspekt wird hier besondere Aufmerksamkeit gewidmet.

Die Entnazifizierung allgemein und die Neuordnung der Justiz nach 1945 lag in den Jahren bis zur Gründung der Bundesrepublik 1949 primär in der Verantwortung der Be-

---

[1] Nur wenige wichtige Arbeiten seien hier genannt: Jörg FRIEDRICH, Die kalte Amnestie. NS-Täter in der Bundesrepublik, Frankfurt/M. 1984; Ingo MÜLLER, Furchtbare Juristen. Die unbewältigte Vergangenheit der deutschen Justiz. München 1987, 2. Aufl. Berlin 2014; Joachim PERELS, Das juristische Erbe des »Dritten Reiches«, Beschädigungen der demokratischen Rechtsordnung. Frankfurt/M. 1999; Norbert FREI, Vergangenheitspolitik. Die Anfänge der Bunderepublik und die NS-Vergangenheit. München 2. Aufl. 1997; Hubert ROTTLEUTHNER, Karrieren und Kontinuitäten deutscher Justizjuristen vor und nach 1945. Berlin 2010; Im Namen des deutschen Volkes. Justiz und Nationalsozialismus. Katalog zur Ausstellung des Bundesministers der Justiz. Bundesminister der Justiz (Hrsg.), Köln 1989; Marc VON MIQUEL, Juristen: Richter in eigener Sache. In: Norbert FREI (Hrsg.), Karrieren im Zwielicht. Hitlers Eliten nach 1945. Frankfurt/New York 2001, S. 181–237.

satzungsmächte und der neu errichteten Länder.² Wie hier die Weichen für oder gegen Kontinuität in der Justiz gestellt wurden, zeigen einige Studien zur Länderebene.³ Für Hessen liegen neben zahlreichen Spezialarbeiten eine Gesamtdarstellung zur Entnazifizierung⁴ sowie im Rahmen einer Biographie von Adolf Arndt ein vertiefter Einblick in die Rechts- und Entnazifizierungspolitik Hessens vor.⁵ Aus der breiten Literatur zum Wirken des hessischen Generalstaatsanwalts Fritz Bauer (ab 1956) ist die Studie von Matthias Meusch hervorzuheben, die auch den Wiederaufbau der Justiz in Hessen nach 1945 und Entwicklungen bis um 1960 untersuchte.⁶ Die Entnazifizierung im öffentlichen Dienst in Hessen diskutiert Wolf-Arno Kropat, der die Kontinuitätsthese zur Justiz für Hessen relativiert.⁷ Einen umfassenden Überblick über die Verfolgung von NS-Verbrechen in Hessen bietet schließlich Friedrich Hoffmann.⁸

Der vorliegende Beitrag skizziert zunächst den Wiederaufbau der Justiz in Hessen (1). Die Kontinuitätsfrage wird dann exemplarisch auf die Oberlandesgerichte Darmstadt und Kassel und deren politische Strafsenate konzentriert (2). Den Hauptteil bilden (3) Untersuchungen über die Entnazifizierung der Richter dieser Senate in den Spruchkammerverfahren. Die Schlussfolgerungen (4) fassen die Bewertungsmuster und Ergebnisse der Spruchkammern und ihre Wirkungen auf die Einstellungsentscheidungen für den Justizdienst Hessens zusammen.

---

2 Zur Entnazifizierung allgemein vgl. die Standardwerke Justus FÜRSTENAU, Entnazifizierung. Ein Kapitel deutscher Nachkriegspolitik. Neuwied 1969; Lutz NIETHAMMER, Die Mitläuferfabrik. Die Entnazifizierung am Beispiel Bayerns. 2. Aufl., Berlin 1982; vgl. auch Hans WROBEL, Verurteilt zur Demokratie. Justiz und Justizpolitik in Deutschland 1945–1949. Heidelberg 1989.

3 Exemplarisch seien hier nur genannt: Klaus-Detlev GODAU-SCHÜTTKE, Ich habe nur dem Recht gedient. Die »Renazifizierung« der schleswig-holsteinischen Justiz nach 1945. Baden-Baden 1993; Joachim Reinhold WENZLAU, Der Wiederaufbau der Justiz in Nordwestdeutschland 1945 bis 1949. Kronberg/Ts. 1979.

4 Armin SCHUSTER, Die Entnazifizierung in Hessen 1945–1954. Wiesbaden 1999; die Justiz findet hier keine besondere Beachtung.

5 Dieter GOSEWINKEL, Adolf ARNDT, Die Wiederbegründung des Rechtsstaats aus dem Geist der Sozialdemokratie (1945–1961). Bonn 1961; besonders Kap. 2, Rechtspolitik in Hessen 1945 bis 1949. Arndt war Leiter der Strafrechtsabteilung im hessischen Justizministerium, das von Georg August Zinn als Minister geleitet wurde.

6 Matthias MEUSCH, Von der Diktatur zur Demokratie. Fritz Bauer und die Aufarbeitung der NS-Verbrechen in Hessen (1956–1968). Wiesbaden 2001. Das Kapitel C-I. S. 213–300 bietet die bisher gründlichste Analyse zum Wiederaufbau der Justiz in Hessen. Einbezogen wird dabei auch die Studie von Andrew SZANAJDA, The Restoration of Justice in Hesse, 1945–1949. Dissertation McGill University Montreal 1997.

7 Wolf-Arno KROPAT, Entnazifizierung und Reform des öffentlichen Dienstes in Hessen (1945–1950), in: Hessisches Jahrbuch für Landesgeschichte 52 (2002), S. 145–179 (zur Justiz S. 158–166).

8 Friedrich HOFFMANN, Die Verfolgung der nationalsozialistischen Gewaltverbrechen in Hessen. Baden-Baden 2001.

Wiederaufbau der Justiz in Hessen – Kurzüberblick[9]

Die Justizorganisation des neuen Landes Hessen vereinte die ehemalige preußische Provinz Hessen-Nassau (Oberlandesgerichte Kassel und Frankfurt/M.) und den früheren Volksstaat Hessen (OLG Darmstadt) ohne Rheinhessen. Der Neuaufbau der Justiz in »Groß-Hessen« umfasste bis Oktober 1945 die Amts- und Landgerichte und am 8. März 1946 die Eröffnung des nunmehr einzigen Oberlandesgerichts in Frankfurt/M. Für diese Gebiete wurde der Personalbestand an Richtern und Staatsanwälten vor 1945 zusammen auf 583 Personen angegeben. Zum 26. Februar 1946 nannte Justizminister Zinn die Zahl von insgesamt 286 Beamten des höheren Dienstes, 233 Richter und 53 Staatsanwälte. Wie die weitere Entwicklung zeigt (Übersicht 1), hatte die Justiz in Hessen bereits im Oktober 1948 einen sehr hohen Personalstand erreicht, der nur bei den Richtern bis Januar 1950 noch einmal deutlich zunahm.

Diese Personalentwicklung wurde möglich, weil 1933 entlassene, zum Teil aus dem Exil zurückgekehrte Juristen sowie Rechtsanwälte und Juristen aus der Wirtschaft gewonnen werden konnten. Für das Kontinuitätsproblem interessiert besonders, wieweit Richter und Staatsanwälte, die während der NS-Herrschaft bereits tätig gewesen waren, wieder eingestellt wurden.

Der Zugang zur neuen Justiz in Hessen erfolgte nach Regeln, die ab Mai 1945 mehrfach gelockert wurden. Zunächst wurden durch die US-Militärregierung[10] die Gerichte geschlossen und alle Inhaber von Spitzenpositionen der Justiz entlassen und, verbunden mit ihrer Einweisung in Internierungslager, mit automatischem Arrest belegt. Alle übrigen Richter und Staatsanwälte wurden entlassen, sofern sie Mitglied der NSDAP oder einer ihrer angeschlossenen Organisationen waren.

Übersicht 1: Richter und Staatsanwälte in Hessen 1945–1950

	Vor Mai 1945	Februar 1946	Ende 1947	8. Oktober 1948	Januar 1950
Richter		233 + Hilfsrichter	395	490	595
Staatsanwälte		53	134	167	147
Gesamt	583	286	529	657	742

Quelle: Matthias MEUSCH (wie Anm. 6), S. 225 f.

Die Entnazifizierungsrichtlinie des Office of Military Government for Hesse vom 7. Juli 1945 ließ grundsätzlich eine Weiterverwendung von NSDAP-Mitgliedern ohne Leitungsfunktionen mit Eintrittsdatum nach dem 15. Mai 1937 zu, schloss dies jedoch für die Justiz aus.[11] Eine Lockerung brachte der Erlass des Hessischen Justizministeriums (HMJ) vom 8. Februar 1946 an Landgerichtspräsidenten und Oberstaatsanwälte, wonach An-

---

[9] Diese Skizze stützt sich weitgehend auf MEUSCH (wie Anm. 6).
[10] Office of Military Government for Hesse – OMGH.
[11] MEUSCH (wie Anm. 6) S. 217, 219.

träge auf Wiedereinstellung auch von Beamten gestellt werden sollten, die nach dem 1. Mai 1937 in die NSDAP eingetreten waren. Das OMGH verlangte aber generell, dass Schlüsselpositionen in der Justiz nicht mit NSDAP-Mitgliedern besetzt werden durften.[12]

Das »Gesetz zur Befreiung von Nationalsozialismus und Militarismus« (Befreiungsgesetz) vom 5. März 1946 führte die Entnazifizierung durch Spruchkammerverfahren ein (vgl. unten). Am 19. Juli 1946 wurde die Einstellung von Justizbeamten vom hessischen Ministerpräsidenten auf den Justizminister übertragen. Ab September 1946 verzichtete die Militärregierung auf die bis dahin praktizierte vorherige Genehmigung der Einstellung von Richtern und Staatsanwälten, musste aber benachrichtigt werden.[13] Die Pflicht des HMJ zur Benachrichtigung des OMGH über Einstellungen von Justizpersonal wurde ab September 1947 nur noch für Landgerichtsdirektoren und Oberstaatsanwälte und höhere Positionen aufrechterhalten.[14]

Im Weiteren sah die Verfassung des Landes Hessen (gültig ab 1. Dezember 1946) in Art. 127 vor, dass Einstellungsentscheidungen in den Justizdienst durch den Justizminister gemeinsam mit einem neugeschaffenen Richterwahlausschuss erfolgen sollten. Das Ausführungsgesetz hierzu wurde allerdings erst am 13. August 1948 vom Landtag beschlossen, der Wahlausschuss konnte somit erst danach tätig werden.[15]

Die Durchführung der Spruchkammerverfahren zielte darauf, Unterstützer der NS-Gewaltherrschaft nach dem Grad ihrer Belastung mit Sanktionen zu belegen, vor allem Aktivisten der NSDAP und ihr angeschlossener Organisationen. Für die Justiz galt speziell als belastet, »wer sein Amt als Richter oder Staatsanwalt politisch missbraucht hat« (Art. 7 II 4 BefreiungsG.).

Eine Einstufung als »Hauptschuldiger« (Gruppe 1) oder als »Belasteter/Aktivist« (Gr. 2) führte nach Art. 15 und 16 immer zu Beschäftigungsbeschränkungen (Verbot öffentlicher Ämter und damit kein Zugang zur Justiz) sowie gegebenenfalls zu weiteren Sühnemaßnahmen. »Minderbelastete/Bewährungsgruppe« (Gr. 3) konnten nur in einfachen Tätigkeiten eingesetzt werden. Für »Mitläufer« (Gr. 4) galt kein generelles Beschäftigungsverbot. Keine Sühnemaßnahmen waren für »Nicht-Betroffene« und für »Entlastete« vorgesehen. Damit war jedoch nicht automatisch eine Wiedereinstellung in den Dienst verbunden, ein Rechtsanspruch an Wiedereinstellung bestand nicht. Für frühere Richter und Staatsanwälte ging es bei dem Verfahren daher vor allem darum, nicht in die Gruppen 1 und 2 eingestuft zu werden, sondern wenigstens als Minderbelastete, besser als Mitläufer oder gar als Entlastete beurteilt zu werden.

Erleichterungen der Einstellung von Justizbeamten wurden durch die Änderungsgesetze zum Befreiungsgesetz möglich.[16] Durch das erste Änderungsgesetz vom 7. Oktober 1947 wurden nominelle Parteimitglieder mit Eintrittsdatum 1933 denjenigen mit Beitritt 1937 gleichgestellt; allerdings blieb eine Einzelgenehmigung durch OMGH er-

---

12 MEUSCH (wie Anm. 6), S. 220f.
13 MEUSCH (wie Anm. 6), S. 221f.
14 Wolf-Arno KROPAT (wie Anm. 7), S. 165.
15 Richterwahlgesetz vom 13. August 1948, GVBl. I 1948, S. 95.
16 SCHUSTER (wie Anm. 4), S. 158; MEUSCH (wie Anm. 6), S. 226.

forderlich. Das zweite Änderungsgesetz vom 9.April 1948 machte es möglich, dass auch »aktivistische« Parteigenossen mit Leitungspositionen in die niedrigere Mitläufer-Gruppe eingereiht werden konnten. Dahinter stand seit Anfang 1948 die Absicht der US-Militärregierung, die Entnazifizierung möglichst bis Mitte 1948 zum Abschluss zu bringen.[17]

Schließlich brachte die Abschlussgesetzgebung zum Befreiungsgesetz gravierende Veränderungen. Seit dem ersten Abschlussgesetz vom 30. November 1949[18] sollten neue Spruchkammerverfahren nur noch durchgeführt werden, wenn die Klage auf Einstufung in Gruppe 1 oder 2 gerichtet war.[19] Das zweite und das dritte Abschlussgesetz und die Gesetzgebung zum Art. 131 GG werden hier nicht weiter vertieft.[20]

Diese Regelungsentwicklung erwies sich zwar für den Bereich der Justiz als ziemlich restriktiv, doch konnte eine gewisse Anzahl von Richtern und Staatsanwälten mit Belastungen wieder in Justizfunktionen zurückkehren. Eine Zwischenbilanz besagt, dass im April 1947 der Anteil nomineller Mitglieder der NSDAP oder ihr verbundener Organisationen 35 Prozent ausmachte. Für den 1. Dezember 1948 wird berichtet, von 945 Personen des höheren Justizdienstes seien 582 oder 61 Prozent als Mitläufer (Gruppe 4) eingestuft gewesen.[21] In diesem Zeitraum müssten demnach viele Spruchkammerverfahren mit niedriger Einstufung beendet und die Juristen eingestellt worden sein. Eine Art »Abschlussbilanz« ergibt eine Zahlenübersicht vom Januar 1950 über den hessischen Justizdienst (Übersicht 2). Hierzu ist zu ergänzen, dass von 595 Richtern 450 auf Widerruf angestellt waren, nur 145 auf Lebenszeit; alle Einstellungen erfolgten gemäß Richterwahlgesetz von 1948 für mindestens drei Jahre auf Widerruf.[22] Ebenso ist zu berücksichtigen, dass keine Differenzierung zwischen Straf- und Zivilrechtsjustiz zugrunde liegt. Für die Strafjustiz allein war die Richterzahl geringer, die Belastungsanteile wären möglicherweise anders.

Übersicht 2: Entnazifizierung von Richtern und Staatsanwälten in Hessen (Januar 1950)

Richter	595		Staatsanwälte	147	
Nicht betroffen	228	38 %		50	34 %
Entlastet	60	10 %		16	10 %
Mitläufer	307	51 %		81	55 %

Quelle: Matthias MEUSCH (siehe Anm. 6), S. 229; ebenso Wolf-Arno KROPAT (siehe Anm. 7), S. 165. Grundlage HMJ, Verzeichnis der Gerichte, Staats- und Amtsanwaltschaften, Stand Januar 1950, Hessisches Hauptstaatsarchiv Wiesbaden (HHStAW) Abt. 1178 Nr. 207.

---

[17] SCHUSTER (siehe Anm. 4), S. 162 ff.; FÜRSTENAU (siehe Anm. 2), S. 95 ff.
[18] Hess. GVBl. 1949, Nr. 43, S. 167.
[19] MEUSCH (siehe Anm. 6), S. 228.
[20] Ausführlich SCHUSTER (siehe Anm. 4), S. 344 ff.
[21] MEUSCH (siehe Anm. 6), S. 225, 227.
[22] KROPAT (siehe Anm. 7), S. 165.

Die Frage nach Kontinuität bezieht sich grundsätzlich auf die frühere Zugehörigkeit zur Justiz des NS-Regimes. Freilich kann auch das Herkunftsgebiet relevant sein, »Kontinuität« muss nicht einfach heißen, dass Richter und Staatsanwälte früher an einem Gericht im Gebiet des nachmaligen Landes Groß-Hessen – OLG-Bezirke Darmstadt, Frankfurt/M., Kassel – tätig waren. Sie konnten auch aus anderen Gebieten des Deutschen Reiches kommen, nicht zuletzt den Gebieten jenseits von Oder und Neiße, aus der Tschechoslowakei und der Sowjetischen Besatzungszone. Für 1950 wird ein hoher Anteil solcher »Flüchtlingsjuristen« in Hessen erwähnt, bei den Richtern 42 Prozent und bei den Staatsanwälten 56 Prozent.[23] Die Einstellung politisch belasteter Flüchtlinge hatte Justizminister Zinn in einem Erlass vom 19. Dezember 1948 ausgeschlossen,[24] zumal kein Mangel an Bewerbern vorliege.

Dieser Überblick konnte die Regelungsentwicklung nur grob abstecken und erste Zahlenverhältnisse benennen. Das besagt noch nichts darüber, wie im Gang der Entnazifizierungsverfahren die Belastungen im Einzelnen festgestellt und in Einstufungen übersetzt wurden. Insbesondere: welche Bewertungskriterien lagen einer Einstufung als »Mitläufer« zugrunde? Da jedenfalls bis 1951 kein Rechtsanspruch auf Wiedereinstellung bestand, ist weiterhin zu fragen, welche Konsequenzen aus Spruchkammerentscheiden für die Einstellung in den Justizdienst gezogen wurden.

Für die Gesamtbeurteilung der Justizpolitik in den Anfängen Hessens werden kontroverse Akzente gesetzt. Im Vergleich der Bundesländer wurde für Hessen generell eine niedrigere Kontinuitätsquote festgestellt.[25] In der hessischen Diskussion hebt Matthias Meusch (Anm. 6) die Kontinuitätsmerkmale stärker hervor, während Wolf-Arno Kropat (Anm. 7) eine restriktive Einstellungspolitik der hessischen Regierung und ihres Justizministers Georg-August Zinn betont. Zu diesen Differenzen sollen die folgenden Kapitel zum Verbleib von Richtern und Staatsanwälten an den politischen Strafsenaten der Oberlandesgerichte Darmstadt und Kassel einen Beitrag leisten.

Die politischen Strafsenate der Oberlandesgerichte: erste Übersicht

Herkunft und Kontinuität hessischer Justizjuristen kann sich neben früheren Gebieten auch auf die funktionalen Bereiche der Justiz beziehen, also frühere Tätigkeitsbereiche in der Straf- und Ziviljustiz verschiedener Gerichtsebenen, aber auch die Sondergerichte und die Militärgerichtsbarkeit. Wieweit haben Richter und Staatsanwälte früherer NS-Gerichtssparten durch die Spruchkammerverfahren ihre Justizämter verloren oder behalten?

Im Rahmen dieses Beitrags kann dies nur für die politischen Strafsenate der Ober-

---

23 MEUSCH (siehe Anm. 6), S. 230; KROPAT (wie Anm. 7), S. 164. Kropat setzt den Flüchtlingsanteil bei den Richtern mit 37 Prozent etwas niedriger an. Wieweit bei Bewerbern aus diesen Gebieten besondere Schwierigkeiten der Überprüfung auftraten, wird kontrovers beurteilt.

24 KROPAT (siehe Anm. 7), S. 164; MEUSCH (siehe Anm. 6), S. 226.

25 ROTTLEUTHNER (siehe Anm. 1) setzt im Vergleich der deutschen OLG-Bezirke die Kontinuitätsrate Hessens (OLG Frankfurt/M.) mit knapp über 50 Prozent an, während die meisten anderen Bezirke über 80 Prozent liegen.

landesgerichte geprüft werden, deren Relevanz angesichts ihrer politischen Unterdrückungsfunktion auf der Hand liegt.[26] Für diese Gerichte sind Urteiltätigkeit und Personalbesetzungen bekannt. Politische Strafsenate der Oberlandesgerichte bestanden seit 1933 in Darmstadt und Kassel, wobei das OLG Darmstadt diese Funktion nur bis Ende 1936 inne hatte. Der politische Senat des OLG Kassel war von Beginn an auch für den OLG-Bezirk Frankfurt/M. zuständig und wurde mit der Übernahme der Zuständigkeit für den Bezirk Darmstadt zum einzigen Senat dieser Art für das Gebiet des späteren Hessen.[27]

Die justizielle und politische Funktion dieser Senate bestand im Kern darin, Hochverratsverfahren gegen die durch das NS-Regime 1933 sofort verbotenen Organisationen der politischen Opposition zu führen. Umfassende Untersuchungen über diese Gerichtsprozesse machten es möglich, für den Großteil dieser Verfahren die Beschuldigten, den Inhalt von Anklagen und Urteilen nach Tatvorwurf, die rechtliche Beurteilung und Strafe, sowie die Senatsbesetzung und die Ankläger, festzustellen.[28] Damit ließ sich die Häufigkeit der Verfahrensbeteiligung der Richter und Staatsanwälte und vor allem die inhaltliche Rechtsprechungspraxis analysieren.[29] Häufige Verfahrensbeteiligung kann ein erstes Indiz für eine politische Belastung bilden, und ein kurzer Überblick hierzu soll zeigen, für welchen Personenkreis sich die Frage nach Kontinuität stellt. Auf Grund seiner zentralen Funktion wird der Senat des OLG Kassel im Vordergrund stehen, der Darmstädter Senat kann nur kurz gestreift werden.

Politischer Senat des Oberlandesgerichts Darmstadt

Der politische Strafsenat des OLG Darmstadt wird hier nur kursorisch erwähnt, da er nur für relativ kurze Zeit bis Ende 1936 tätig war und über sein Personal weniger Informationen vorliegen. Dem Senat gehörten in insgesamt 100 Verfahren gegen 570 Angeklagte 33 Richter an, von denen elf an 20 bis 60 Verfahren beteiligt waren, darunter fünf als Senatsvorsitzende; weitere sechs Richter nahmen an 10 bis 19 Verfahren teil. Bei 16 Richtern sind weniger als zehn Verfahren verzeichnet. Ungeachtet der Frage nach der politischen Qualität der Urteile kann es um Kontinuität nur gehen, wenn die Richter bis 1945 im Amt und in entsprechendem Lebensalter waren. Von den elf häufigsten Verfahrensbeteiligten trifft dies nur auf einen Teil zu.

Karl Küchler (55 Verfahren) starb 1943, Karl Werner (25 V.) bereits 1938, Karl Denk (30 V.) ging 1941 in den Ruhestand. Wilhelm Bechstein (25 V.) wurde 1942 altersbedingt

---

26 Für die Sondergerichte und andere Justizbereiche sind solche Herkunftsangaben nicht geklärt. Für Richter und Staatsanwälte aus Gebieten jenseits von Oder und Neiße, der Tschechoslowakei oder der SBZ bestanden besondere Probleme, die frühere Justiztätigkeit zu beurteilen.
27 Ausführlich zu diesen Gerichten vgl. den Beitrag von Wolfgang Form in diesem Band.
28 Wolfgang FORM / Theo SCHILLER (Hrsg.), Politische NS-Justiz in Hessen. Die Verfahren des Volksgerichtshofs, der politischen Senate der Oberlandesgerichte Darmstadt und Kassel 1933–1945 sowie Sondergerichtsprozesse in Darmstadt und Frankfurt/M. (1933/34). 2 Bde, Marburg 2005.
29 Die Verfahrenshäufigkeit der Richter und Staatsanwälte und ihre beruflichen Biographien untersuchte Michael LOJOWSKY, Richter und Staatsanwälte der politischen Strafsenate der Oberlandesgerichte Darmstadt und Kassel in der Zeit des Nationalsozialismus. In: FORM / SCHILLER (siehe Anm. 28), Bd. 2, S. 1043–1103.

in den Ruhestand versetzt, amtierte aber auf Widerruf bis März 1945 weiter. Johann Gauf (11 V.) war Jahrgang 1877 und hatte bereits 1942 die Altersgrenze von 65 erreicht. Sie alle kamen für die Justiz nach 1945 nicht mehr in Frage.

Bei zwei häufig beteiligten Richtern, Robert Lanz (60 Verfahren) und Otto Hildebrandt (57 V.), ist der weitere Verbleib unklar. Ebenfalls lässt sich wenig über Wilhelm Friedrich (24 V.), Ludwig Fuchs (24 V.), Friedrich Schade (22 V.), Karl Pfannstiel (Jg. 1893, 22 V.) und Karl Lang (20 V.) sagen, die jedenfalls im Handbuch der Justiz 1953 für Hessen nicht verzeichnet sind.[30] Dies gilt im Prinzip auch für Richter wie Franz Bittel (19. V.) und Karl Jacobi (17 V.) oder Personen mit zum Teil deutlich geringerer Teilnahmehäufigkeit. Somit ist aus dieser Gruppe kaum jemand nach 1945 in der hessischen Justiz nachweisbar.

Ein deutlich anderes Bild ergibt sich für die Staatsanwälte in Darmstadt.

Während der Tätigkeitsdauer des politischen Senats des OLG Darmstadt bis Ende 1936 waren an den 100 Verfahren vier Staatsanwälte beteiligt. Besonders häufig traten als Ankläger Richard Müller in 57 Verfahren und Philipp Konrad Volk in 27 Verfahren auf, während Günther Raiß und Gerhard Eckert nur in jeweils 8 Verfahren die Anklage vertraten. Die beiden erstgenannten Staatsanwälte mit der hohen Verfahrensbeteiligung finden sich später in der hessischen Justiz wieder. Richard Müller (Jg. 1904) wurde im Dezember 1950 zum Ersten Staatsanwalt bei der Generalstaatsanwaltschaft am OLG Frankfurt/M. ernannt. Philipp Konrad Volk (Jg. 1888), NSDAP-Mitglied seit 1. Juni 1940, war bereits seit Juni 1932 Oberstaatsanwalt beim OLG Darmstadt gewesen. Nach Kriegsende wurde er zunächst im Oktober 1945 als beauftragter Richter beim Amtsgericht Bensheim eingesetzt. Im Spruchkammerverfahren lautete der Klageantrag vom 4. Juni 1947 auf Einstufung als Hauptschuldiger (Gruppe I). Die Spruchkammer Bergstraße in Heppenheim erkannte am 18. Juni 1948 lediglich auf »Mitläufer« und verhängte eine Sühne von RM 2.000. Am 28. August 1948 wurde er beauftragter Richter am AG Büdingen, am 1. November 1948 am AG Hirschhorn, am 1. Mai 1950 AG-Rat in Bensheim. Der Richterwahlausschuss stimmte der Anstellung auf Lebenszeit am 1. August 1950 zu. Eine Vertiefung wäre hier nur im Rahmen einer breiteren Personaluntersuchung sinnvoll.

Politischer Strafsenat des Oberlandesgerichts Kassel

Dieses Gericht weist wegen seiner umfassenden räumlichen Zuständigkeit und der Tätigkeitsdauer von 1933 bis 1945 eine deutlich höhere quantitative Dimension auf. Hier waren insgesamt 63 Richter in 1.043 Verfahren beteiligt, 13 davon fungierten als Senatsvorsitzende. Allein 13 Richter weisen eine Verfahrenshäufigkeit von über 100 bis knapp 300 Verfahren auf: die Spitze markiert Friedrich Wolff mit 282 Verfahren, Jakob Henseling mit 111 Verfahren den niedrigsten Wert. Auf zwischen 20 und 100 Verfahren kamen 18 Richter. Mit weniger als 20 Verfahren waren 32 Richter befasst, davon 17 mit ein bis fünf Beteiligungen.

---

30 Handbuch der Justiz, hrsg. vom Deutschen Richterbund, Hamburg et al. 1953. Bei einigen Personen bleiben Unklarheiten wegen fehlender Vornamen im HdJ. Bei eindeutiger Identifizierbarkeit (Vorname, Geburtsjahr) ist auch der Verbleib in anderen Bundesländern durchaus nachvollziehbar.

Zeitlich verteilte sich die Mitwirkung am politischen Senat sehr unterschiedlich, zahlreiche Richter waren nur wenige Jahre hier tätig, einige gehörten fast die ganze NS-Zeit über zum Senat. Auch die Altersstruktur zeigte sich dementsprechend breit gestreut. Positionen als OLG-Räte oder Senatspräsidenten hatte nur ein Teil inne, ergänzend wurden auch Richter des Landgerichts Kassel und anderer Land- oder Amtsgerichte herangezogen, die zum Teil auch am Sondergericht Kassel beteiligt waren. Insbesondere während der Kriegsjahre wurde auf solches Personal zurückgegriffen.

Für die 63 Richter ist der weitere Verbleib nicht immer klar. Dreizehn Richter wurden später in der hessischen Justiz tätig. Von den 31 Richtern, die an mehr als 20 Verfahren beteiligt waren, finden sich neun im Justizdienst Hessens wieder, also ein knappes Drittel. Hier wird ein Kontinuitätsproblem greifbar, das bei den Verfahren der Entnazifizierung und der Wiedereinstellung näher zu beleuchten ist.

Richter, die für die Justiz Hessens keine Rolle mehr spielen konnten, seien hier kurz genannt. Der Richter Karl Dithmar (94 V.) war gefallen. Ernst Heinemann, Jg. 1901 (120 V.), seit 1934 beim OLG Kassel, war seit März 1937 beim Reichsernährungsministerium im Bereich Fideikommisse tätig und im Juni 1939 zum Kammergerichtsrat in Berlin ernannt; er kam offenbar nicht zurück, die Personalunterlagen brechen hier ab. Friedrich Hermann Junghans, Jg. 1882 (48 V.), OLG-Rat in Kassel seit 1924, zugleich Vorsitzender des Erbgesundheitsobergerichts, war 1945 bereits 63 Jahre alt; Spruchkammerunterlagen oder Anträge und Entscheidungen über Wiedereinstellung liegen nicht vor. Wilhelm Bohnen (Jg. 1898, 49 V.) war zunächst Hilfsarbeiter im Preußischen Justizministerium, seit 1934 OLG-Rat und zugleich Erbhofgerichtsrat. Seine Personalakte endete 1936 mit einer eventuellen Berufung als Landgerichtsdirektor in Kassel. Er dürfte dann anderweitig tätig gewesen sein. Hermann Schenck zu Schweinsberg (Jg. 1900) nahm von April 1938 bis Februar 1939 an 35 Verfahren des Strafsenat des OLG Kassel teil, dann wurde er zum OLG-Rat in Darmstadt ernannt. Joachim Kieckebusch (Jg. 1896), zunächst LG-Rat in Kassel, ab November 1933 LG-Direktor in Marburg, wirkte am Strafsenat des OLG Kassel in 33 Verfahren mit. Er schied im Juni 1943 aus dem Justizdienst aus und wurde Universitätskurator der Universität Bonn.[31]

Ebenfalls vor Kriegsende ausgeschieden war Hans Keiser, Jg. 1879, der mit 281 Verfahren eine der höchsten Beteiligungen des politischen Senats aufwies. Er war bereits 1919 Landgerichtsdirektor in Kassel und amtierte seit 1928 zugleich als Vorsitzender des Landesarbeitsgerichts. 1936 wurde er Senatspräsident am OLG Kassel und war seitdem an politischen Strafverfahren beteiligt. Sein Ruhestandsalter war am 1. Juli 1944 erreicht; eine Verlängerung seiner Dienstzeit ist nicht ersichtlich, auch ein Spruchkammerverfahren ist unwahrscheinlich.[32] Theodor Paetsch, Jg. 1896 (233 Verf.) starb am 27. April 1945. Merkwürdigerweise gab es danach noch ein Spruchkammerverfahren,

---

[31] Herrn Georg D. Falk danke ich für wichtige Informationen zu Hermann Schenck zu Schweinsberg und Joachim Kieckebusch, ebenso zu August Auffarth, vgl. unten S. 390, 407.

[32] Seine Ernennung zum Senatspräsidenten 1935/36 war politisch höchst umstritten: gegen Einwände der Gauleitung Kurhessen und der NSDAP-Reichsleitung in München setzte Roland Freisler, Staatssekretär des Reichsjustizministeriums, die Beförderung durch.

dessen Durchführung erst am 20. Juli 1948 vom öffentlichen Kläger Kassel-Stadt abgelehnt wurde.[33] Über Heinrich Happel, von 1936 bis 1939 an 226 Verfahren beteiligt, fehlen Informationen über den weiteren Verbleib.

Von den 31 Richtern mit der Beteiligung an mehr als 20 Verfahren gehörten bei Kriegsende 1945 demnach neun nicht mehr zum Kasseler Gericht. Für sieben Richter fehlen Informationen, von den verbleibenden 15 Richtern wurden später neun in die hessische Justiz eingestellt.

Spruchkammerverfahren an Beispielen

Im Folgenden werden die Entnazifizierung und der weitere Verbleib der Kasseler Senatsmitglieder näher untersucht. Vorab eine kurze Bemerkung zur Spitze des OLG Kassel. Der Präsident des OLG, Kurt Paul Delitzsch (31. Mai 1933 bis 1945), der durchgängig als profilierter Nationalsozialist beschrieben wird, nahm sich kurz nach Kriegsende das Leben. Vizepräsident August Auffarth, im Amt von 1. Juli 1933 bis 1945, war nicht Mitglied der NSDAP gewesen, erschien wohl unbelastet und wurde von der US-Militärregierung sofort wieder mit dem Aufbau der Justiz in Kassel betraut. Beim neuen OLG Frankfurt/M. wurde er Vizepräsident für die Zweigstelle Kassel. Für die meisten Spruchkammerverfahren stellte er Personenbeurteilungen zur Verfügung.

Der Generalstaatsanwalt beim OLG Kassel, Erich Trautmann, war am 1. September 1932 ernannt worden und bis 1945 im Amt. Vor Abschluss eines Spruchkammerverfahrens starb er im Herbst 1947.

Die ersten Einstellungen in die Justiz Hessens erfolgten zunächst direkt durch die Militärregierung/OMGH, ab Herbst 1945 durch die neue Landesregierung nur mit Zustimmung von OMGH. Das Befreiungsgesetz vom März 1946 machte die Entnazifizierung durch das Spruchkammerverfahren zur Voraussetzung für Einstellungen, das reichte jedoch für die Einstellung von Richtern und Staatsanwälten noch nicht aus. Verlauf und Ergebnisse der Spruchkammerverfahren, insbesondere die Vorgänge der Beurteilung, sind somit von größtem Interesse. Zu den komplexen Belastungskriterien des Befreiungsgesetzes gehörten zum einen die allgemeinen Grundsätze:

Art. 5 Ziff. 1: *»wer aus politischen Beweggründen Verbrechen gegen Opfer oder Gegner des Nationalsozialismus begangen hat«*, das allgemeine Merkmal von Aktivisten (Art. 7 I Ziff. 1): *»wer durch seine Stellung oder Tätigkeit die Gewaltherrschaft der NSDAP wesentlich gefördert hat«*, sowie Art. 7 II Ziff. 10: *»wer durch Wort und Tat eine gehässige Haltung gegenüber Gegnern der NSDAP im In- und Ausland, [...] gegen Häftlinge oder ähnliche Personen eingenommen hat.«* Damit waren unter anderem Zugehörigkeiten und Aktivitäten in der NSDAP, der SS und der SA sowie den weiteren angeschlossenen Organisationen, justizspezifisch insbesondere im NS-Rechtswahrerbund, dem Beamtenbund et cetera angesprochen (BefrG Art. 5, 4). Zum anderen unterlag die Justiz spezifischen Regeln, wonach *»Aktivist«* ist: *»wer im*

---

33 Möglicherweise gab es offene Fragen der Witwenversorgung. Der Spruchkammer wurden einige Stellungnahmen mit sehr positiven Urteilen über die Person Paetsch eingereicht.

Dienste des Nationalsozialismus in die Rechtspflege eingegriffen oder sein Amt als Richter oder Staatsanwalt politisch missbraucht hat« (Art. 7 II Ziff. 4). Wie diese Kriterien durch die Spruchkammern angewandt wurden, ist im Weiteren genauer zu beleuchten.

Zwei Fälle im Vergleich

Zunächst werden zwei Fälle vorgestellt, die die Spannweite von Verlauf und Ergebnissen von Spruchkammerverfahren zu Richtern des politischen Senats in Kassel sichtbar machen.[34] Es geht um Friedrich Wolff, den mit 282 Verfahren am häufigsten Beteiligte, und um Wolfram Faber, mit 222 Verfahren ebenfalls ein Richter mit sehr hoher Teilnahmefrequenz.[35]

Friedrich Wolff, geboren 1894, im OLG-Bezirk Kassel 1927 zum Landrichter ernannt, wurde 1933 als jüngster Richter Oberlandesgerichtsrat in Kassel und war bald kontinuierlich bei dem politischen Strafsenat tätig, der zunächst die vom Reichsgericht und seit April 1934 die vom Volksgerichtshof abgegeben politischen Verfahren behandelte. Vorrangig ging es hier um Anklagen gegen KPD- und SPD-Angehörige wegen Hochverrats, also Verfahren zur Ausschaltung der politischen Opposition. Wolff war auch als Untersuchungsrichter tätig, auch im Auftrag des Volksgerichtshofs. Seine Kasseler Richtertätigkeit erstreckte sich bis 1940, denn 1940/41 wurde er – bereits schwer erkrankt – für kurze Zeit als Hilfsrichter zum Volksgerichtshof abgeordnet. Zum Februar 1941 wurde er dann an das OLG Beuthen versetzt, wo er Senatspräsident wurde, dort aber diverse Aufgaben wahrnahm. Kurz vor Kriegsende floh die Familie zurück nach Marburg (dem Geburtsort). An das OLG Kassel kehrte er nicht zurück, doch wurde das Spruchkammerverfahren in Kassel durchgeführt (gegen seine Präferenz für Marburg). Die Spruchkammer I Kassel-Stadt mit dem Vorsitzenden Hüpeden und dem öffentlichen Kläger Meth verhandelte zwischen April und Juni 1947 über sechs Tage.

Wolff war seit 1. Mai 1933 Mitglied der NSDAP (ohne Amt) sowie weiterer Organisationen. Er arbeitete in Ausschüssen des NS-Rechtswahrerbundes mit und erstrebte eine Funktion im Juristenschulungsdienst im Gaurechtsamt, die er zeitweise auch wahrnahm; daraus resultierte eine Belastung.

Die Spruchkammer untersuchte ausführlich seine richterliche Tätigkeit im Strafsenat. Wolff habe sehr schnell verstanden, »alle Fäden der politischen Strafverfolgung in dem ihm zugewiesenen großen Bezirk bei sich zusammenzufassen« und zusätzlich auch als Untersuchungsrichter zu fungieren (auch für den Volksgerichtshof). Die Erör-

---

34 Die folgende Analyse stützt sich auf Personalunterlagen, die von der Projektgruppe »Politische NS-Justiz in Hessen« an der Philipps-Universität Marburg (vgl. FORM/SCHILLER, wie Anm. 28) zusammengetragen wurden und dort vorliegen. Sie stammen aus dem Bundesarchiv Berlin (Personalakten des Reichsjustizministeriums), Personalakten des Hessischen Justizministeriums und hessischen Spruchkammerakten. Einzelne Personalakten sind inzwischen im HHStAW verfügbar, so zu Heinrich Dehnert (HHStAW Abt. 520 St. Kassel Nr. 205), Friedrich Frohwein (Abt. 505 Nr. 4276-4277), Alfred Keul (Abt. 505 Nr. 3440), Hans Keiser (Abt. 505 Nr. 3405), Hermann Schenck zu Schweinsberg (Abt. 631 –OLG Frankfurt/M.- Nr. 446 – 450) und Hans Staud (Abt. 505 Nr. 1459). Von Einzelzitierung und Seitennummerierung wird abgesehen.

35 Die meisten der nachfolgend erwähnten Richter waren promoviert; die Dr.-Titel werden weggelassen.

terung erstreckt sich auf drei Aspekte: Erstens wird das richterliche Verhalten von W. als Vorsitzendem erkundet. Befragt werden zunächst ehemalige Richterkollegen, die aus den Sitzungen einseitige Verhandlungsführung, Voreingenommenheit und Verkürzung der Rechte und Verteidigungsmöglichkeiten der Angeklagten bezeugen (Richter Osberghaus, Faber, Keiser). Weiterhin hörte die Kammer eine größere Zahl von früheren Angeklagten als Zeugen, die überwiegend eine extrem verletzende Verhandlungsführung, Voreingenommenheit und Einschüchterung bestätigten. Zweitens wurde die Urteilstätigkeit untersucht, die primär die Verfahren gegen KPD- und SPD-Angehörige wegen Hochverrat zur Zerschlagung der Opposition betraf. Hierzu wurden die Personalakten mit Urteilen von über 400 Verurteilten aus der Haftanstalt Kassel-Wehlheiden beigezogen und eine Reihe von betroffenen Opfern gehört. So entsteht ein erschreckendes Bild scharfer Urteile mit aufgebauschten Sachverhalten und harten Strafen, die dem Willen zu politischer Unterdrückung entspringen und von W. nicht bezweifelt werden können.[36] Drittens wurde auch ausführlich die Tätigkeit Wolffs als Untersuchungsrichter beleuchtet, über die zahlreiche Betroffene schlimme Erfahrungen und Vorwürfe bekunden, die auch die Kooperation Wolffs mit der Gestapo einschließen. Diese gesamte Untersuchung über die Amtsführung des angeklagten Richters führte zu einem klaren Ergebnis zu den spezifischen politischen Belastungen Wolffs aus dem Richteramt.

Ergänzend wurde auch die richterliche Tätigkeit Wolffs in Beuthen/Schlesien besprochen, wobei zahlreiche persönliche Bekundungen vorlagen, aber nur wenig Aktenmaterial; die Kammer bewertete die vorgebrachte Änderung der Einstellung zum NS-Regime und eine andere Amtsführung vorsichtig als Entlastungsmomente.

Die Spruchkammer begründete ihren Spruch vom 14. Juni 1947 in großer Gründlichkeit und mit systematischen Bezügen auf die justizspezifischen Vorschriften des Befreiungsgesetzes. Zur Begründung wurde insbesondere hervorgehoben:

Die Urteile richteten sich ausnahmslos gegen Angehörige der anti-nationalsozialistisch eingestellten Arbeiterorganisationen. Er sei einer der schlimmsten Feinde der Arbeiterbewegung gewesen, er habe seine Aufgabe in der Ausrottung aller Widerstandsreste innerhalb der Arbeiterbewegung gesehen. »Die Urteile zeichnen sich [...] durch die Schärfe ihres Tons und das Bemühen aus, die harmlosesten Tatbestände unter den Hochverratsparagraphen zu subsummieren und schwerstens zu bestrafen« [z.B. wer Beitragsmarken im Besitz hatte, verbotene Druckschriften besaß oder gelegentlich weitergab]. »Er hat aus politischen Beweggründen Verbrechen gegen Opfer und Gegner begangen, indem er als Mitglied des Strafsenats [...] und als Untersuchungsrichter dieses Strafsenats und des Volksgerichtshofs Angeklagte unter Anwendung in der Hauptsache der rechtswidrigen Hochverratsbestimmungen des Strafgesetzbuches mit betonter Schärfe und ohne menschliche Rücksichtnahme zu langen Freiheitsstrafen verurteilte oder verurteilen half.« Besondere Kritik erfahren seine Untersuchungsmethoden, die der Gestapo angepasst gewesen seien und dazu dienten, den Angeklagten Geständnisse, Verrätereien und Spitzeltätigkeiten zu erpressen.

---

36 Zu den Senatsbesetzungen dieser Urteile gehörten oft auch die genannten Richter Faber, Keiser und Osberghaus, die noch zu besprechen sind.

Insgesamt wurde Wolff im Spruch der Kammer in Gruppe 1 als Hauptschuldiger nach Art. 5 eingereiht, außerdem nach Art. 7 als »Aktivist« (Belasteter), »weil er durch Wort und Tat, nämlich Gerichtsurteile, zur Stärkung und Erhaltung der nationalsozialistischen Gewaltherrschaft beigetragen hat.« Zusätzlich wurde er nach Art. 8 als »Militarist« und nach Art. 9 als »Nutznießer« qualifiziert. Mildernd wurde nach Art. 19 seine Krankheit bewertet, die aber als erfolgreich operiert galt.

Als Sühnemaßnahmen wurden acht Jahre Arbeitslager verfügt, wobei sieben Monate Untersuchungshaft angerechnet wurden und bei körperlicher Behinderung die Heranziehung zu Sonderarbeit ermöglicht wurde. Das Vermögen wird einzogen, ein Unterhaltsbeitrag für die Ehefrau berücksichtigt; bei späterer Erwerbstätigkeit werden Sonderabgaben für den Wiedergutmachungsfonds festgesetzt. Hinzu kommen alle Sanktionen, die in Art. 15 BefrG vorgesehen sind, unter anderem der dauernde Ausschluss von jedem öffentlichen Amt einschließlich Notariat und Anwaltschaft (Art. 15 Ziff. 3). Damit war eine Wiedereinstellung in den Justizdienst per se ausgeschlossen.

Über eine Berufung Wolffs gegen diesen Spruch und ein Verfahren vor der Berufungskammer ist nichts bekannt. Wolff ist jedenfalls in der Justiz Hessens nicht nachweisbar.

Wolfram Faber, geboren 1887, war an 222 Verfahren des politischen Strafsenats des OLG Kassel beteiligt, meistens als Beisitzer, zum Teil Berichterstatter und einige Male als Vorsitzender. Er amtierte auch als stellvertretender Vorsitzender des Erbgesundheitsgerichts Kassel.

Faber wurde 1921 Landgerichtsrat in Kassel und 1930 zum OLG-Rat ernannt. Er war seit Beginn des politischen Senats 1933 bis Ende 1943 hier tätig. Ende 1943 folgte er den nach Marburg verlagerten Senaten, will aber nur noch in Zivilsachen tätig gewesen sein.

Der NSDAP gehörte Faber nicht an, in anderen Organisationen seit 1933 wie dem NS-Rechtswahrerbund, dem NS-Beamtenbund, der NSV, dem Reichskolonialbund besetzte er wohl keine Ämter. Als Mitglied des Stahlhelm soll seine Übernahme in die SA 1933 pauschal erfolgt sein.

In der Klageschrift (öffentlicher Kläger: Meth) vom 27. Juli 1948 wurde ihm bescheinigt, er sei als nur nominelles Mitglied in diesen Organisationen politisch nicht in Erscheinung getreten. »Durch seine Tätigkeit im Strafsenat aber hat er nicht nur die illegale Tätigkeit der Gegner des sich für das Deutsche Volk so unheilvoll ausgewirkten Naziregimes gelähmt und bekämpft, sondern auch in der Abfassung seiner Urteile markante nationalsozialistische Redensarten und Grundsätze verankert, die den Bekämpfern dieses Regimes für die Nachzeit von großem Nachteil geworden wären [...] Er hat somit den Nationalsozialismus mehr als nur unwesentlich unterstützt. Daraus ergeben sich Belastungen nach Art. 7/I/1 und 7/II/10.« Weiter wird auf seine Funktion im Erbgesundheitsobergericht verwiesen. Anderseits wird umfangreiches Entlastungsmaterial erwähnt.

Der Kläger beantragte nach Art. 11/I/1 (in Verb. mit Art. 17) eine Bewährung von einem halben Jahr und eine Geldbuße von DM 500. Das bedeutete Zuordnung zur »Gruppe III der Minderbelasteten« (so am Ende der öffentlichen Sitzung am 11. Oktober 1948 formuliert).

Was die richterliche Tätigkeit angeht, so hatte bereits am 21. Februar 1946 der Hessische Befreiungsminister Binder in einer von ihm persönlich unterschriebenen Mitteilung an den Justizminister aktenkundig gemacht, Faber sei in dem Verfahren des Strafsenats gegen Theo Hüpeden 1940 wegen Vorbereitung eines hochverräterischen Unternehmens Verfasser des Urteils gewesen.[37] »Wie Herr Hüpeden berichtet, hat sich Herr Dr. Faber in der Verhandlung als besonders gehässig erwiesen.« Dies wird mit Zitaten ausführlich belegt.

Der Spruchkammer I Kassel-Stadt lagen zur öffentlichen Sitzung am 11. Oktober 1948 (Vorsitz: Spars) neben dem Verfahren gegen Hüpeden auch Personalakten von ehemaligen Häftlingen der Strafanstalt Kassel-Wehlheiden vor, aus den Fabers Beteiligung an 45 weiteren Urteilen hervor ging. Diese wurden bezüglich der politischen Gesamttendenz, der Härte der Urteile und der richterlichen Verhaltensweisen dem Betroffenen vorgehalten und auch im Hinblick auf Entlastungsmomente erörtert. Ausführlich besprochen wurde das Verfahren Hüpeden, der zu fünf Jahren Zuchthaus verurteilt worden war, weil er mit anderen Sozialdemokraten (zugleich ISK[38]) Vorbereitung zum Hochverrat begangen habe. Hüpeden war als Zeuge geladen und konfrontierte Faber mit heftigen Vorwürfen: Er habe nicht objektiv geurteilt, es sei um einen lächerlichen Tatbestand gegangen; auch seien die Vorwürfe gar nicht bewiesen worden. Ihn selbst habe Faber gehässig behandelt und ihm ständig die Wahrhaftigkeit abgesprochen. Die Mitglieder des ISK habe man mit besonderer Schärfe angegangen.

Kurz warf der Vorsitzende auch die Frage auf, ob in dem Strafsenat auch Todesurteile gefällt wurden. Fabers Antwort: »Ja. Ich habe bei 5 Todesurteilen mitgewirkt. 2 davon waren Plünderer, die nach dem Angriff auf Kassel aus dem Gefängnis ausgebrochen waren, 2 die bereits schon einmal wegen Hochverrats verurteilt waren und der letzte war ein Händler, ein ganz übler Patron, der schon allerhand Straftaten hinter sich hatte. Dieser ging während des Krieges von Haus zu Haus und hetzte. Wie ich nun im Einzelnen darüber abgestimmt habe, kann ich nicht mehr sagen.« Die Namen der Verurteilten wurden nicht genannt; in Wirklichkeit war Faber an sieben Todesurteilen beteiligt gewesen. Mit kurzen, unergiebigen Nachfragen zu zwei anderen Fällen (mit Freiheitsstrafen) wurde das Thema übergangen.

Den Spruch der Kammer vom 11. Oktober 1948 kann man nur mit Verblüffung zur Kenntnis nehmen. Faber wird als »*vom Gesetz nicht betroffen*« erklärt, wie der Betroffene beantragt hatte.

Die Hauptverhandlung habe ergeben, dass in allen vorliegenden Urteilen »seitens des Strafsenats der Tatbestand des Hoch- und Landesverrats festgestellt und die Angeklagten nach den einschlägigen Paragraphen des Strafgesetzbuches verurteilt« worden seien. »Seine Objektivität als Richter im Strafsenat wird ihm von einer Reihe von Kasseler Straf-

---

37 Verfahren OJs 69/40, Urteil vom 20. Dezember 1940. Hüpeden war Ende 1946 Oberregierungsrat und trat bald als Vorsitzender einer Kasseler Spruchkammer hervor.
38 Internationaler Sozialistischer Kampfbund, eine Gruppe innerhalb der SPD. Vgl. Werner LINK, Die Geschichte des Internationalen Jugend-Bundes (IJB) und des Internationalen Sozialistischen Kampfbundes (ISK). Meisenheim a. Gl. 1964.

verteidigern bestätigt. [...] Es ist in keinem Fall erwiesen, dass der Betroffene sein Amt als Richter politisch missbraucht hat, sodass damit eine Belastung im Sinne des Art. 7 Absatz I Ziffer 1 und Absatz II Ziffer 4 ausscheidet, denn durch seine Stellung und Tätigkeit als Richter beim Strafsenat kann nicht ohne weiteres gefolgert werden, dass er die Gewaltherrschaft der NSDAP wesentlich förderte, sondern das könnte nur geschehen, wenn er politischen Missbrauch für den Nationalsozialismus mit seiner Stellung und Tätigkeit getrieben [hätte]. Hierbei käme es auch auf die politisch Einstellung des Betroffenen an [...] und ist einwandfrei erwiesen, dass er dem Nationalsozialismus vollkommen ablehnend gegenüber stand« [verwiesen wird auf Zeugen Dr. Auffarth, Dr. Lagreize, Dr. Kressner in der Hauptverhandlung sowie weitere »politisch einwandfreie Berufskollegen und Kasseler Anwälte«].

Auch der Zwischenfall mit Theo Hüpeden »kann nicht als gehässige Haltung nach Art. 7 Absatz II Ziffer 10 gegenüber einem Gegner der NSDAP ausgelegt werden, denn im Befr.Gesetz kommt es auf die politische Einstellung des Betroffenen an. Das Befreiungsgesetz will nur solche Täter treffen, die einen anderen deshalb verfolgt haben, weil er zu den sozial oder rechtlich vogelfreien, von der NSDAP verfolgten Menschen gehörte. Der Betroffene hat, was er auch selbst nicht bestreitet, dem damaligen Angeklagten Hüpeden in seiner Verhandlung Unwahrhaftigkeit vorgeworfen. Es ist aber nicht erwiesen, dass er es aus pronationalsozialistischen Beweggründen getan hat, denn dem steht die erwiesene antinationalsozialistische Einstellung gegenüber, sodass eine Belastung nach Artikel 7 (II, 10) des Befr.Gesetzes ebenfalls entfällt.«

Halten wir in einem vergleichenden Zwischenresümee fest:

Ein Unterschied zwischen Wolff und Faber bestand sicher darin, dass ersterer NSDAP-Mitglied war und in rechtsrelevanten Organisationen aktiv hervorgetreten ist; für Faber galt beides nicht. Bei der richterlichen Tätigkeit ist Wolff durch seine Rolle als Untersuchungsrichter zusätzlich belastet. Im Übrigen waren jedoch beide an einer Vielzahl von Hochverratsverfahren gegen KPD- und SPD-Angehörige beteiligt, mit grundsätzlich ähnlichen Vorwürfen und Urteilen, häufig im selben Senat. In beiden Verhandlungen der Spruchkammer wurden auch zahlreiche Urteile herangezogen und besprochen. Die Diskrepanz zwischen geringen Tatvorwürfen und harten Urteilen, die bei Wolff hervorgehoben wurde, hätte sich ohne weiteres auch bei Faber nachweisen lassen. Die Bewertung fällt hingegen völlig konträr aus. Selbst den Todesurteilen mit Fabers Mitwirkung wird keine Bedeutung beigemessen. Durchschlagendes Gewicht für die Sprüche der Kammern erhält die subjektive Dimension, das angenommene Verhaltens- und Persönlichkeitsprofil der Richter: bei Wolff die offen nationalsozialistische Gesinnung und daraus folgend die aggressiv-gehässigen Verhaltensweisen; Faber wird hingegen emphatisch eine »erwiesen antinationalsozialistische Einstellung« attestiert, die gehässiges Verhalten und einen Missbrauch des Richteramts per se ausschließt.

Damit wird diese Justiz in ihren »Rechtsgrundlagen«, ihrer Verfahrensweise und ihrem politischen Unterdrückungsgehalt voll legitimiert. Mit »nicht betroffen« wird nachträglich fingiert, es habe von vornherein gar keine Betroffenheit im Sinne des Befreiungsgesetzes (Art. 7) gegeben.

Gruppe mit mehr als 100 Verfahren – weitere nicht eingestellte Richter

Ebenso wie Wolff wurden aus dieser Gruppe mehrere Richter nicht in die Justiz Hessens eingestellt: Max Osberghaus, Heinrich Friedrich Dehnert, Walter Heynatz und Edmund Keßler (über Heinrich Happel ist nichts bekannt). Für diese werden kurz die wesentlichen Bewertungen der Spruchkammern zusammengefasst.

Max Osberghaus, Jg. 1882, hatte 165 Verfahrensbeteiligungen beim politischen Strafsenat aufzuweisen. Er hatte bereits 1926 den Rang eines OLG-Rates erreicht, von 1928 bis 1945 war er Oberlandesgerichtsrat in Kassel. Seine Mitwirkung am politischen Strafsenat umfasste mindestens die Zeit von September 1933 bis 1938.

Mitglied der NSDAP wurde er am 1. Mai 1933 (ohne Amt), bald auch der SA(-Reserve) mit dem Amt eines Rottenführers; 1936 oder 1937 trat er aus der SA aus. Neben weiteren Organisationen war er auch förderndes Mitglied der SS.

Das Spruchkammerverfahren begann relativ früh im Jahr 1946 und führte bereits am 6. September 1946 zur öffentlichen Sitzung und dem Spruch. Eine besonders wichtige Rolle spielte in der Verhandlung die Frage, ob die frühe Parteimitgliedschaft und die anderen Mitgliedschaften (als Rottenführer der SA-Reserve wollte O. angeblich nie tätig geworden sein) eine starke Belastung als aktive Unterstützung der NS-Gewaltherrschaft darstellen könne.[39] Dieser Bewertung des öffentlichen Klägers Schmidt und des Kammervorsitzenden Bechmann widersprachen Osberghaus und sein Anwalt in langen Ausführungen über seine inaktive und bald innerlich ablehnende Einstellung, die auch auf Enttäuschung und kirchlichem Engagement beruht habe. Zahlreiche persönliche Zeugnisse, unter anderem von OLG-Vizepräsident Auffarth, stützten dieses Bild. Zur richterlichen Amtsführung wurden Häftlingsakten aus Kassel-Wehlheiden zu 46 Verurteilten (bei 14 Angeklagten war O. Senatsvorsitzender) herbeigezogen, jedoch kaum erörtert. Gehört wurden zwei Zeuginnen, die dem Richter korrektes und objektives Verhalten bestätigten. Außerdem wertete man Hilfen für Betroffene als entlastend.

Der öffentliche Kläger beantragte Einstufung in die Gruppe 4 der Mitläufer und einen Sühnebetrag von RM 500. Der Spruch der Kammer vom 6. September 1946 fiel jedoch deutlich schärfer aus: Eine Geldsühne von RM 2000 sowie die Versetzung in den Ruhestand. Die Begründung stützte die Belastung vorwiegend auf die Partei- und Organisationsmitgliedschaften. Zur richterlichen Tätigkeit wurde vermerkt: »Die Vernehmung der Zeuginnen Wiegand und Franz-Behrend hat ergeben, dass der Betroffene im Jahr 1937 zwar mitentscheidendes Mitglied beim Strafsenat des Oberlandesgerichts in Kassel gewesen ist, sich jedoch hierbei korrekt und objektiv verhalten hat.«

Osberghaus legte Berufung ein (Schreiben vom 20. September 1946), zunächst gegen den ganzen Spruch, bald aber nur gegen die Festsetzung der hohen finanziellen Sühnemaßnahme. Bereits am 5. Dezember 1946 entschied die Berufungskammer (Vorsitzender OLG-Rat Kressner) die Abänderung des ursprünglichen Spruches dahingehend, die

---

39 Zu diesem Zeitpunkt galt noch die Regelung von OMGH und der Landesregierung, dass bei einer Parteimitgliedschaft, gar schon 1933, eine Wiedereinstellung in den Justizdienst ausgeschlossen war; vgl. oben 1. und MEUSCH (siehe Anm. 6).

Geldsühne auf RM 1.500 zu senken; die Ruhestandversetzung blieb bestehen. Die Kammer bestätigte die Einstufung als »Mitläufer« mit zahlreichen Argumenten und konstatierte, »dass dem Betroffenen eine stark betonte Mitläuferschaft zur Last gelegt werden muss.« Auf der anderen Seite »war aber zu berücksichtigen, dass der Betroffene als Richter und Mensch untadelig dasteht« und durch Kriegseinwirkung mit seiner Familie in schwieriger wirtschaftlicher Lage sei.

Es ist klar erkennbar, dass dieses Urteil primär mit der aktiven (nicht »aktivistischen«) Partei- und Organisationsunterstützung begründet wurde, während die Beteiligung an den Urteilen in den Hochverratsprozessen nicht ins Gewicht fiel. Eine Bewertung der Urteile nach ihrer Höhe und ihrer politischen Funktion zur Zerschlagung der linken Opposition ist nicht erkennbar, außerdem wurde die hohe Zahl der Verfahren und der betroffenen Opfer auch bei diesem Richter nicht erkannt. Wahrgenommen wurde nur der richterliche Verhandlungsstil als »korrekt und objektiv«, somit als entlastend.

Im Weiteren richtete Osberghaus am 2. März 1947 ein Gnadengesuch die Höhe der Geldsühne betreffend an den Befreiungsminister, das jedoch kein Gehör fand; er zog das Gesuch am 18. Oktober 1947 zurück. Die Versetzung in den Ruhestand blieb bestehen, Osberghaus wurde nicht wieder eingestellt. Da er 1947 ohnehin bereits 65 Jahre alt war, ging die Auseinandersetzung möglicherweise mehr um die Sicherung der Altersbezüge.

Heinrich Karl Dehnert, Jg. 1899, wies die Teilnahme an 226 Verfahren am politischen Strafsenat des OLG Kassel auf. Aus dem Kreis Hersfeld stammend, wurde er im April 1930 Landgerichtsrat in Stolp/Pommern und am 1. Oktober 1933 an das Landgericht Kassel versetzt. Im Kriegsdienst war er seit 26. August 1939 bis Kriegsende, während der Abwesenheit wurde er am 1. April 1941 zum LG-Direktor befördert. Nach Kriegsende folgte Gefangenschaft bis 4. August 1945, von 23. Dezember 1945 bis 24. Juni 1946 politische Haft. Bei Kriegsende war er mit 46 Jahren noch relativ jung.

Dehnert war seit 1. Mai 1933 Mitglied der NSDAP (ohne Amt), im Rechtswahrerbund und anderen NS-Organisationen seit 1934.

Zu seiner Richtertätigkeit stellte er durchgängig heraus, er sei primär Zivilrichter am LG Kassel gewesen und nur für kurze Zeit zum Strafsenat des OLG herangezogen worden, angeblich nur wenige Monate. Das stimmte mit seiner Verfahrenshäufigkeit und den Verhandlungs- beziehungsweise Urteilsdaten von 1933 bis 1938 nicht überein.

Dehnert gab eine erste Erklärung an die Spruchkammer Hersfeld ab (15. August 1946), doch das Verfahren wurde dann am früheren Dienstort von der Spruchkammer I Kassel-Stadt durchgeführt. Nachdem der Vorsitzende Hüpeden am 4. Februar 1947 Personalakten zu früheren Häftlingen bei der Strafanstalt Kassel-Wehlheiden angefordert hatte, beantragte der öffentliche Kläger Meth am 5. November 1947 die Eingruppierung in die Gruppe 3 »Verantwortliche« (das heißt Minderbelastete) und die Festsetzung einer Bewährungsfrist von einem Jahr sowie finanzielle Sühnemaßnahmen. Die öffentliche Sitzung der Spruchkammer fand am 6. Februar 1948 statt.

Zur NSDAP-Mitgliedschaft wurde Dehnert zugute gehalten, sie sei trotz des Beitritts schon 1933 eher nominell gewesen, da er kein Amt ausübte und von vielen Beobachtern bescheinigt bekam, nicht aktivistisch zugunsten des Nationalsozialismus hervorgetreten zu sein (so schon die Klageschrift).

Die Urteilstätigkeit wurde gründlich erörtert. Zwar war die Klageschrift davon ausgegangen, dass D. als Mitglied der Zivilkammer des Landgericht Kassel »gelegentlich als Beisitzer an den Strafsenat des OLG's abgeordnet [wurde]. Bei der Durchsicht eines Teils der Urteile [...] konnten Tatsachen, die auf ein nationalsozialistisches Verhalten des Betroffenen hindeuten, nicht festgestellt werden.« Gleichwohl hielt der Vorsitzende Hüpeden die Beteiligung Dehnerts am Strafsenat des OLG für entscheidend und erörterte diese Verfahren als Unterdrückungsmaßnahme mit dem Betroffenen und seinem Verteidiger ausführlich und kontrovers. Aus den aktenkundigen Urteilen gegen 66 Personen wurde ein Verfahren aus dem Jahr 1936 gegen 10 Angeklagte aus verschiedenen Arbeiterorganisationen wegen Vorbereitung zum Hochverrat herausgegriffen und dazu ein damals Verurteilter, Max Mayr, als Zeuge gehört.[40] Im Vordergrund stand, dass das Gericht hätte erkennen müssen, dass Geständnisse und gegenseitige Beschuldigungen der damaligen Angeklagten nur unter Misshandlungen und Folter durch die Gestapo zustande kommen konnten.

Der Spruch der Kammer vom 6. Februar 1948 reihte Dehnert nach Art. II, I, 2 »als Mitläufer in die Bewährungsgruppe« ein und setzte eine Bewährungsfrist von sechs Monaten fest, zusätzlich einen einmaligen Sonderbeitrag von RM 1.500 für den Wiedergutmachungsfond.

Zur Begründung wurde die Belastung betont, die sich aus der Mitwirkung als Beisitzer am Strafsenat generell und aus der Kritik an dem herangezogenen Verfahrensverlauf und Urteil ergab. Die Kammer schenkte aber seiner Versicherung Glauben »dass er auch bei seiner Betätigung im Strafsenat des hiesigen OLG auf Freisprüche und geringere Strafen hinwirkte«, wertete auch seine Unterstützung von politisch Verfolgten und Ausländern zu seinen Gunsten und hat ihn deshalb »nicht als Aktivisten oder Militaristen angesehen.«

Auf Dehnerts Berufung hin hob die Berufungskammer Kassel (I. Kammer, Vorsitz Walter Schultz) im schriftlichen Verfahren am 4. März 1949 den Spruch auf und erklärte Dehnert nur zum »Mitläufer«. Damit entfiel die Bewährung, die Geldsühne wurde fallen gelassen.

Die Kritik der Berufungskammer richtet sich im Kern dagegen, in der Tätigkeit als Richter im OLG-Strafsenat als solcher eine Belastung zu sehen; dies sei »rechtsirrtümlich«. Damit würde der Begriff der Kollektivschuld auf eine bestimmte Beamtengruppe angewendet. Es fehle die Feststellung, dass gerade der Betroffene sich »für eine nicht zu billigende Anwendung von Gesetzen [...] im Sinne des Nationalsozialismus eingesetzt« habe. Dehnert habe ohnehin dem Senat nur vier Monate angehört und sei dahin abgeordnet worden. Der Verweis auf 66 Urteile[41] besage gar nichts, und der Vorwurf zu dem Einzelfall (dass die Misshandlungen hätten bemerkt werden müssen) sei nicht überzeugend. Weder aus der Niederschrift der Verhandlung noch aus dem sonstigen Akteninhalt ergebe sich etwas Belastendes für den Betroffenen. Da Dehnert somit lediglich nominell

---

40 Verfahren mit Aktenzeichen OJs 31/36 mit der Richterbesetzung Keiser, Heynatz, Dehnert, Frohwein. Insgesamt wurden 35 Jahre Freiheitsstrafe verhängt.
41 In Wirklichkeit war Dehnert von 1933 bis 1938 insgesamt an 226 Verfahren gegen 1.000 Angeklagte beteiligt. (Datenbank Projektgruppe Form/Schiller, Politische NS-Justiz in Hessen. 2005, vgl. Anm. 28).

am Nationalsozialismus teilgenommen habe, sei er als Mitläufer einzureihen und von besonderen Sühnemaßnahmen abzusehen. Damit waren die Bewährungsauflage von sechs Monaten und die Geldsühne beseitigt. Dieser Fall zeigt wiederum klar, dass die Berufungskammer den Kern der Richtertätigkeit im Strafsenat von Belastung und Verantwortlichkeit freistellte. Dem Gesuch Dehnerts auf Einstellung in den Justizdienst Hessens vom 30. September 1950 (jetzt 51-jährig) wurde jedoch vom Justizministerium nicht stattgegeben, auch nicht, als es am 8. März 1952 erneuert wurde.

Walter J. Fr. Heynatz, Jg. 1894, war mit 196 Verfahren ebenfalls stark an der Judikatur des politischen Senats des OLG Kassel beteiligt. Zunächst war er als Amtsgerichtsrat in Potsdam, dann 1929 bis 1935 dort als Landgerichtsrat tätig. Von Januar 1935 bis April 1936 gehörte er zum Kammergericht Berlin. Ab 1. Mai 1936 war er Oberlandesgerichtsrat in Kassel und an den Verfahren des politischen Senats bis Dezember 1937 beteiligt. Nach einer Phase als Zivilrichter war er ab 30. April 1940 im Heeresdienst, von Dezember 1941 bis Mai 1945 als Kriegsgerichtsrat tätig.

Heynatz war seit 1. Mai 1933 Mitglied der NSDAP, Blockleiter von 1938 bis 1940. Dem Rechtswahrerbund, dem Beamtenbund und dem NSV gehörte er ohne Ämter an.

Im Verfahren der Spruchkammer I Kassel-Stadt (Vorsitz: Hatzfeld, öff. Kläger: Meth) kam es relativ spät erst am 9. März 1948 zur mündlichen Verhandlung mit dem Spruch, Heynatz in die Gruppe 2 der Belasteten einzureihen. Ihm wurden zwei Jahre Sonderarbeit sowie die Einziehung von 15 Prozent seines Kapitalbesitzes auferlegt, außerdem der für Belastete als Standard festgelegte Ausschluss von öffentlichen Ämtern, des Rechtsanspruchs auf eine öffentliche Pension, des Wahlrechts und anderen.

Auf seine Berufung erging der Spruch der Berufungskammer am 29. November 1949, der den Spruch der ersten Instanz aufhob, Heynatz als Mitläufer einstufte und die Geldsühne wesentlich herabsetzte. Damit war der automatische Ausschluss von einem öffentlichen Amt und der Verlust des Pensionsanspruchs beseitigt. Es erfolgte jedoch kein Wiedereintritt in den aktiven Justizdienst, sondern die Ruhestandsregelung nach dem Gesetz zu Art. 131.

Die Entscheidungen der Spruchkammer und der Berufungskammer klaffen in Inhalt und Begründung weit auseinander. Die Spruchkammer stellte lapidar fest: »Der Betroffene fällt auf Grund seiner Mitgliedschaft in der NSDAP und auf Grund seines Postens als Blockleiter in Gruppe II der Belasteten.«

Zur Urteilstätigkeit wird auf zahlreiche Verfahren (drei als Vorsitzender) gegen Angehörige der verbotenen KPD und SPD im Jahr 1936 und später verwiesen. Vorliegende Urteile und zwei Zeugen »lassen eindeutig erkennen, dass der Betr. in verantwortlicher Weise an der Fällung skrupelloser Urteile mitgewirkt hat. Insbesondere ist die Kammer zur Erkenntnis gelangt, das der Betr. Urteile aus politischen Gründen gefällt hat, beziehungsweise bei der Fällung derartiger Urteile mitgewirkt hat, deren Strafmaß nach Auffassung der Kammer in keinem Verhältnis zu den damals zur Last gelegten Delikten stehen. Die Vernehmung der vorgenannten Zeugen ergab, dass der Betr. mit den Beschuldigten in harter und rücksichtsloser Weise verfuhr und dass er sie auch wiederholt mit unsachlichen, erniedrigenden und verletzenden Anreden bedachte.« Zusätzlich wurde auf 25 Todesurteile in seiner Zeit als Vorsitzender eines Kriegsgerichts verwiesen, wobei die Bewertung unklar blieb. Ein am Kriegsende auf sein Betreiben nicht mehr vollstrecktes Urteil wurde entlastend anerkannt.

Insgesamt betonte die Kammer die Mitwirkung des Richters an »Urteilen einer unmenschlichen Justiz«, die er auch heute noch als durchaus vertretbar bezeichne. Der Betroffene solle in keinem Fall wieder den Richterberuf ausüben. Sie will »gemäß Art. 7 des Gesetzes [BefrG] zum Ausdruck bringen, dass der Betroffene durch seine Stellung und seine Tätigkeit die Gewaltherrschaft der NSDAP wesentlich gefördert hat und dass er seine Stellung [...] zur Unterdrückung insbesondere der Arbeiterbewegung ausnützte.« Er habe sich »auch nach seiner eigenen Einlassung als überzeugter Anhänger des Nationalsozialismus erwiesen.« Auch habe er »durch sein Wort eine gehässige Haltung gegenüber Gegnern der NSDAP eingenommen.«

Die Berufungskammer kam am 29. November 1949 zu ganz anderen Wertungen der Urteilstätigkeit. Zwar sah sie wie die Vorinstanz: »Die Strafen, die damals verhängt wurden, müssen vom heutigen Standpunkt aus als ungewöhnlich hart, ja mitunter als unmenschlich bezeichnet werden.« Die erste Kammer habe jedoch übersehen, »dass der Betr. als Beisitzer und in einzelnen Fällen auch als Vorsitzender des Strafsenats [...] nicht allein für die von ihm unterzeichneten Urteile verantwortlich gemacht werden kann, sondern dem Betr. jederzeit das Recht zusteht, sich auf das Beratungsgeheimnis des Gerichts und die Pflicht aller Mitglieder, bei Mehrheitsbeschluss trotz persönlicher gegenteiliger Auffassung unterzeichnen zu müssen, berufen. [Somit] würde es eine Kollektivschuld bedeuten, dass einzelne Mitglieder hierfür auch als Einzelpersonen zur Rechenschaft gezogen werden.« Eine derartige Handhabung würde bei ihrer Verallgemeinerung die gesamte richterliche Tätigkeit in Gefahr bringen. Außerdem sei der Betroffene ein Vertreter des Rechtspositivismus, »ein Erfolg der Rechtserziehung der alten Schule,« einer Auffassung, aus der kein politischer Vorwurf hergeleitet werden könne. »Aus diesen Gründen hielt sich der Senat nicht berechtigt und befugt, aus dieser Tätigkeit des Betr. eine rein politische Belastung herauszulesen.«

Zur Tätigkeit von Heynatz als Kriegsrichter wurde behauptet, bereits die erste Kammer hätte diese nicht als politische Belastung bewertet. Alle Armeen der Welt kannten eine Gerichtsbarkeit mit außergewöhnlich hohen Strafen. »Dieser Justiz zu dienen, kann nach Ansicht des Senats niemals eine Belastung im Sinne des BefrG. sein, soweit nicht [...] ausgesprochen politische Momente eine besondere Strafverschärfung zur Folge hatten. [...] Nach dieser Sachlage war dem Betr. aus seiner richterlichen Tätigkeit kein Vorwurf auf Grund des BefrG. zu machen, da nicht der Nachweis geführt werden konnte, dass er unter eigener Verantwortung das Recht gebeugt und sein Berufsethos an die Forderungen der NSDAP verraten hat.« Nach dieser Erkenntnis bleibe »lediglich seine Parteimitgliedschaft seit 1933 und sein Amt als Blockwart von 1938 bis 1940 zur Beurteilung übrig. [...] [Damit] war er gemäß Art. 12 BefrG. in die Gruppe 4 der Mitläufer einzureihen.«

Aus der Richtertätigkeit resultierte somit keinerlei Belastung, vor allem weil bei Mitwirkung an einem Kollegialgericht jede Individualverantwortung verneint wird. Außerdem sprach die Kammer nicht nur diesen Richter, sondern ohne weiteres die Kriegsgerichtsbarkeit im Ganzen von möglichen Belastungsvorwürfen frei.

Zur Wiedereinstellung in die hessische Justiz kam es jedoch nicht, das Gesuch wurde im Dezember 1949 vom Kasseler Landgerichts-Präsidenten Lewinski nicht befürwortet und vom OLG-Präsidenten dem Justizministerium »anheimgestellt«. Gemäß dem Gesetz zu Art. 131 erfolgte dann im Juni 1952 eine Ruhestandsregelung.

Übersicht 3: OLG Kassel, politischer Strafsenat, Richter nicht eingestellt

Name	Anzahl d. Verfahren, Zeitraum	Klageantrag	Spruchkammer	Berufungskammer	Justiz Hessen?
Wolff, Friedrich Jg. 1894	282 1933– 1940	(Meth) Hauptschuldiger	I Kassel-Stadt (Vors. Hüpden) Spruch 14.7.1947 Hauptschuldiger		Nein
Osberghaus, Max Jg. 1882	165 1933– 1938	(Meth/ R. Schmidt) 30.7.1946 Gr. 4/Mitläufer Sühne: RM 500	III Kassel-Stadt (Vors. Bechmann) Spruch 6.9.1946 Gr. 4/Mitläufer, Versetzung in Ruhestand Sühne: RM 2.000	5.12.1946 Gr. 4/Mitläufer, Versetz. Ruhestand, Sühne: RM 1.500 Gnadengesuch wg. Sühne 2.3.1947 Zurückgezogen 18.10.1947	Ruhestandsversetzung
Dehnert, Heinrich Jg. 1899	226 1933– 1939	(Meth) 5.11.1947 Gr. 3/Minderbelastete (Bewährung)	I Kassel-Stadt (Vors. Hüpeden) Spruch 6.2.1948 Gr. 3/Bewährung/ Minderbelastete	4.3.1949 Gr. 4/Mitläufer	Nein
Heynatz, Walter Jg. 1894	196 5/1936– 12/1937	(Meth)	I Kassel-Stadt (Vors. Hatzfeld) Spruch 9.3.1948 Gr. 2/Belastete	29.11.1949 Gr. 4/Mitläufer	Ruhestand nach G 131, Juni 1952
Keßler, Edmund Jg. 1902	198 1943– 1944	(Beschuldigung) Hauptschuldiger	I Kassel-Stadt keine Informationen		Nein

Edmund Keßler, Jg. 1902, war von 1943 bis 1944 an 198 Verfahren des politischen Strafsenats des OLG Kassel in Marburg beteiligt. Er war von 1929 bis 1931 am LG und AG Kassel und am AG Kirchhain tätig, seit Mai 1931 als Hilfsarbeiter am LG Kassel, und wurde im April 1933 LG-Rat in Kassel. Als etatmäßiger Kammergerichtsrat in Berlin wurde er im Juni 1939 an das OLG Kassel »einberufen« und schließlich im Mai 1943 an das LG Marburg abgeordnet.

Nach dem Krieg erließ die Spruchkammer I Kassel-Stadt im September 1947 einen Festnahmebefehl für die Haftanstalt Kassel-Wehlheiden, der am 9. Dezember 1947 wieder aufgehoben wurde. Der Haftbefehl und der Klageantrag beschuldigten ihn als Hauptschuldigen nach Art. 5 BefrG. Über den weiteren Verlauf des Verfahrens fehlen Unterlagen. In die hessische Justiz wurde er nicht eingestellt. Keßler erlangte traurige Berühmtheit, da er als Richter am Sondergericht Kassel ein skandalöses Todesurteil mit zu verantworten hatte. Ein Verfahren wegen Rechtsbeugung vor dem Schwurgericht Kassel 1950 führte jedoch trotz Rückverweisung durch das OLG Frankfurt/M. nicht zu einer Verurteilung.[42]

OLG Kassel, politischer Strafsenat, Richter mit 100 – 3000 Verfahren, in Hessen eingestellt

Neben dem genannten Wolfram Faber gehören zu dieser Gruppe drei weitere Richter: Werner Massengeil, Jakob Henseling und Herbert Jung.

Werner Massengeil,[43] Jg. 1895, wirkte am politischen Strafsenat in 119 Verfahren mit, die 1944 am neuen Tagungsort Marburg stattfanden.

Massengeil war seit 1927 Richter im Bezirk Limburg, ab 1931 am Landgericht Marburg und in diesem Bezirk sodann Amtsgerichtsrat in Kirchhain. Unter Beibehaltung seiner dortigen Amtsgeschäfte wurde er Ende 1943 als Hilfsrichter an das Oberlandesgericht Kassel abgeordnet, als der politische Strafsenat nach Marburg verlegt wurde. Zusätzlich war er seit 1940 vertretungsweise am Kriegsgericht der 159. beziehungsweise später 409. Division tätig, das seinen Sitz ebenfalls in Marburg hatte.

Mitglied der NSDAP war Massengeil seit dem 1. Mai 1933, außerdem gehörte er dem NS-Rechtswahrerbund, der NSV, dem NS-Kriegerbund und dem NS-Reichskolonialbund an (in letzterem als örtlicher Vorsitzender in Kirchhain). Dass er der NSDAP bereits 1923/24 angehörte hatte, wurde später unterschlagen. 1933 sei er der NSDAP nur aus Existenzangst beigetreten und habe sich nicht in Ämtern betätigt. Seine richterliche Tätigkeit beim OLG-Senat und beim Kriegsgericht erwähnte er in keinem seiner Rechtfertigungsschreiben.

---

42 Zu dem berüchtigten Fall Hassencamp und Kessler vgl. Klaus MORITZ / Ernst NOAM, Justiz und Judenverfolgung. Bd. 2, NS-Verbrechen vor Gericht 1945–1955. Dokumente aus hessischen Justizakten, Wiesbaden 1978, S. 308 ff.; auch HOFFMANN (siehe Anm. 8), S. 150 ff. Keßler war später lange Zeit als Repetitor in Marburg tätig.

43 Dieser Fall wird hier nur knapp dargestellt. Bereits ausführlich untersucht von Georg D. FALK, Taten, Rechtfertigungen und Karrieren Marburger Kriegsrichter am Beispiel des Amtsgerichtsdirektors Massengeil. In: Albrecht KIRSCHNER (Hrsg.), Deserteure, Wehrkraftzersetzer und ihre Richter. Marburger Zwischenbilanz zur NS-Militärjustiz vor und nach 1945. Marburg 2010, S. 131–147 (dort mit genauen Nachweisen).

Wie üblich wegen der Parteimitgliedschaft aus dem Dienst entlassen, begann sein Spruchkammerverfahren bereits früh im Sommer 1946 bei der Spruchkammer Marburg-Land, wohin er am 5. Juli 1946 ein Rechtfertigungsschreiben richtete. Der öffentliche Kläger Sckell beantragte am 6. August 1946, Massengeil in die Gruppe 4 der Mitläufer einzureihen und ihn mit einer Sühne von RM 2.000 zu belegen. Zur Begründung stellt er fest, ein Zwang für seinen Eintritt in die Partei habe 1933 nicht bestanden, »weder für ihn noch überhaupt für jemand.« Mit seinem durch keinen Zwang veranlassten Eintritt in die Partei habe er den Nationalsozialismus gestärkt und dazu beigetragen, dass die Partei durch den ungeheuren Zulauf gestärkt wurde und die ganze Macht im Staat an sich reißen konnte. Allerdings: »Massengeil war kein Nationalsozialist von Gesinnung oder Handlungsweise [...] er hat sich nicht aktiv oder propagandistisch für den Nationalsozialismus eingesetzt.« [...] »Er war in seinem Richteramt streng unparteiisch und hat sich nicht als ›nazistischer Richter‹ gezeigt. Er hat im Gegenteil Nichtparteigenossen geholfen, soweit er dies konnte.« Die von Massengeil angeführten Tatsachen zur Entlastung seien zwar glaubhaft, rechtfertigten jedoch nicht seine Einstufung in die Gruppe 5 der Entlasteten, da er durch diese Handlungen keine Nachteile erlitt.

Die Spruchkammer (Vorsitz: Kasperowitz), die zwischendurch wegen Mitwirkung an der Verurteilung eines KPD-Mitglieds eine Einreihung in die Gruppe 3/Minderbelastete erwogen hatte, folgte im Ergebnis der Einstufung als Mitläufer und der Geldsühne von RM 2.000, fügte jedoch die Pflicht zur Abgabe von Hausratsgegenständen hinzu (Spruch vom 22. November 1946). Deutlicher als der Kläger stellte sie fest, »dass der Betroffene nicht mehr als nominell am Nationalsozialismus teilgenommen hat...«

Dieser Spruch wurde allerdings vom Befreiungsministerium am 27. Mai 1947 aufgehoben. Die äußerst knappe Begründung nannte die Parteimitgliedschaft von 1933 und die weiteren Mitgliedschaften inklusive der Leitung der Ortsgruppe des Reichskolonialbundes, außerdem die Pflicht zur Abgabe von Sachgegenständen, die bei Mitläufern nach Art. 33 Abs. 4 BefrG unzulässig sei. Zu diesem Zeitpunkt galt eine NSDAP-Mitgliedschaft vor Mai 1937 noch nicht als nominell. Die Sache wurde an die Spruchkammer Gießen-Land überwiesen, die die Einstufung als Mitläufer und die Geldsühne bestätigte, aber auf die Abgabe von Sachwerten verzichtete.[44]

Im Gesamtergebnis stand im Mittelpunkt des Verfahrens die Mitgliedschaft in Partei und Nebenorganisationen. Aus der richterlichen Tätigkeit wurde keinerlei Belastung hergeleitet; weder der Kläger noch die Spruchkammern noch der Aufhebungsentscheid des Ministeriums thematisierten die Mitwirkung an den vielen Verfahren des politischen OLG-Senats wegen Vorbereitung von Hochverrat und Wehrkraftzersetzung. Auch die vier Todesurteile gegen Heinrich Dolde, Paul Kroll, Jakob Nester und Heinrich Wilhelm Schäfer fanden keine Beachtung.[45] Ebensowenig wurde Massengeils Mitwirkung am Marburger Kriegsgericht entscheidungsrelevant.

---

44 Vgl. FALK (siehe Anm. 43), ebenda.
45 Ein Ermittlungsverfahren im Jahr 1960 wegen Rechtsbeugung bei dem Todesurteil gegen Paul Kroll wurde eingestellt, siehe FALK (siehe Anm. 43), S. 143–147.

Dass Massengeil trotz seiner NSDAP-Mitgliedschaft seit 1933 bereits im Frühjahr 1947 beauftragter Richter am AG Biedenkopf werden konnte, ist kaum nachvollziehbar. Ab 2. November 1951 war Massengeil der erste Direktor des Amtsgerichts Marburg bis zu seiner Pensionierung am 1. Januar 1961.

Jakob Henseling, Jg. 1913, war an 111 Verfahren des OLG-Senats beteiligt, nachdem dieser Anfang 1944 nach Marburg verlegt worden war.

Im Krieg an der Westfront stark verwundet (Augenleiden), folgte bald die Entlassung aus dem Wehrdienst. Seit 1941 als Gerichtsassessor in Kirchhain und Hanau beschäftigt, wurde er 1942 zum Amtsgerichtsrat in Rotenburg/F. ernannt, war aber weiterhin beim Landgericht Hanau und als Vorsitzender des Schöffengerichts Kassel bis September 1943 tätig. Ab Januar 1944 wurde er beim Landgericht Marburg und bei den verlegten Senaten des OLG Kassel eingesetzt und im Oktober 1944 zum Landgerichtsrat beim Landgericht Marburg ernannt. Nach der Entlassung aus dem Dienst durch die Militärregierung am 5. September 1945 folgte die Internierung bis Juni 1946.

Das im Sommer 1946 eingeleitete Verfahren der Spruchkammer II Marburg-Stadt wurde am 10. April 1947 abgeschlossen. Henseling hatte bereits am 9. September 1945 einen ausführlichen »Bericht über die Abwehr parteipolitischer Eingriffe in gerichtliche Verfahren« an Prof. Heinrich Herrfahrdt gerichtet (adressiert an: Landgericht). Am 22. August 1946 beantragte er ein beschleunigtes Verfahren mit biographischen Informationen, die er am 31. Oktober 1946 mit dem Ziel ergänzte, in die Gruppe 5 der »Entlasteten« eingereiht zu werden. Der öffentliche Kläger beantragte am 27. Februar 1947 die Einstufung in die Gruppe 3 der »Minderbelasteten« und eine Sühneleistung von RM 2.000.

Die Spruchkammer entschied am 10. April 1947 die Einreihung in die Gruppe der Entlasteten, was (nach vorläufiger, dann zurückgezogener Berufung des Klägers) am 5. Juli 1947 Rechtskraft erlangte.

Politisch war Henseling (noch als Student in Marburg) seit 1933 SA-Mitglied als Rottenführer, dann 1937 Mitglied der NSDAP und weiterer Organisationen wie NSRB, NSV und anderen (jeweils ohne Amt). 1936 wurde er vertretungsweise Leiter des Außenamts der Marburger Studentenschaft, worauf der öffentliche Kläger besonders kritisch, aber erfolglos verwies.

In seinen Entlastungsschreiben betonte Henseling, der aus einer sozialdemokratischen Familie stammte, seine von Anfang an offen kritische Haltung gegenüber dem Nationalsozialismus, deren Organisationen er sich nur unter beruflichem Druck angeschlossen habe. Die Spruchkammer akzeptierte diese Darstellung von Widerstand, resultierenden Gefährdungen und Nachteilen und hielt ihn wegen nur nomineller Zugehörigkeit als entlastet.

Die richterliche Tätigkeit von Henseling wertete die Spruchkammer ebenfalls durchgängig positiv: »Vor allem kämpfte er als Richter für das Recht, wehrte in zahlreichen Fällen Einflüsse von politischen Stellen und Vorgesetzten auf die Rechtsprechung ab und trat für Angeklagte, die zu Unrecht verfolgt wurden, ein. [...] Nie ließ er sich von politischen, rassischen oder religiösen Gesichtspunkten leiten; stets war er bemüht, Härten und Ungerechtigkeiten, die sich aus der nationalsozialistischen Gesetzgebung ergaben, zu umgehen. [...]«

»Als Beisitzer im Strafsenat des Oberlandesgerichts Kassel stellte er an die Beweise [...] die allerstrengsten Anforderungen und suchte selbst entlastende Gegenbeweise gegen die Anklage zu ermitteln. So konnte er zahlreiche Todesurteile und schwere Freiheitsstrafen verhindern und viele Freisprüche erzielen. Die ›Weisungen‹ der Justizverwaltung, wonach die Urteile verschärft werden sollten, beachtete er nicht, ja, sprach sich entschieden dagegen aus und war bestrebt, die mildeste Beurteilung durchzusetzen. Während in der Regel bei politischen Delikten im Kriege die Todesstrafe angedroht war (so bei der besonders häufigen Wehrkraftzersetzung) und der Staatsanwalt in etwa 50 % der Fälle die Todesstrafe beantragt hatte, betrugen tatsächlich die Todesstrafen im Strafsenat nur etwa 2 %; dabei handelte es sich ausnahmslos um kriminelle Verbrecher und psychopathische Personen, die eine Gefahr für die öffentliche Ordnung waren.«

Bei dieser Gesamtbewertung ist festzuhalten, dass sie fast wörtlich den Entlastungsschreiben von Henseling seit 1945 und den Einwendungen des Anwalts Göbel gegen die Klageschrift entspricht. Einzelhandlungen »widerständiger« Art werden umfänglich ausgeführt. Hingegen ist nicht erkennbar, dass Urteile zur Überprüfung herangezogen worden wären. Auch fällt auf, dass die durchgängig entlastenden Aussagen zum richterlichen Verhalten sämtlich auf Henseling als Beisitzer individualisiert sind, während andere Spruchkammern bei belastenden Feststellungen meistens den Senat als Kollegialorgan ohne zurechenbare Einzelverantwortlichkeit behandelten (vgl. besonders markant im Verfahren Heynatz). Erschreckend wirkt, dass die ausgesprochenen Todesstrafen nur prozentual benannt und nur in einem Halbsatz konkretisiert werden. Ohne die Betroffenen auch nur namentlich zu erwähnen, werden sie noch nachträglich diffamiert: »handelte es sich ausnahmslos um kriminelle Verbrecher und psychopathische Personen, die eine Gefahr für die öffentliche Ordnung waren.« Henseling selbst hatte es in seinem Schreiben an Herrfahrdt (September 1945) so formuliert: Auf Veranlassung der im Senat mitwirkenden Beisitzer habe der Senat »grundsätzlich keinen anständigen Menschen zum Tode verurteilt, bei den wenigen Todesurteilen handelte es sich ausnahmslos um kriminelle Verbrecher und psychopathisch abartige Personen, die auch im heutigen Staate eine dauernde Gefahr für die öffentliche Ordnung bildeten.«

Henseling war an drei vom Senat in Marburg wegen Wehrkraftzersetzung ausgesprochenen Todesurteilen beteiligt, gegen Heinrich Dolde, Paul Kroll und Jakob Nester; alle drei wurden in Frankfurt-Preungesheim hingerichtet. Auf keinen der drei Opfer trafen die zitierten denunzierenden Charakteristiken zu.

Nachdem die vorsorgliche Berufung des öffentlichen Klägers gegen den entlastenden Spruch bereits als nicht frist- und formgerecht zurückgezogen war, übermittelte H. der Spruchkammer am 19. Juli 1947 noch seine abschließende Sicht der Dinge: »Während meiner Tätigkeit als Landgerichtsrat in Marburg wurde ich [...] nebenbei zu den Sitzungen des OLG. Kassel (dessen Senate 1944 [...] nach Marburg verlegt wurden) infolge des Richtermangels als jüngster Beisitzer herangezogen, und zwar zu den Zivil- wie Strafsachen. Der Strafsenat des OLG. war kein nat.soz., sondern ein ordentliches Gericht, bestand in dieser Form schon vor dem Dritten Reich, ist deshalb auch nicht im Anhang des

Befreiungsgesetzes aufgeführt und noch heute in allen Oberlandesgerichten tätig, zum Teil mit den alten Richtern. Zu seiner Zuständigkeit gehörten 1944 u.a. Wehrkraftzersetzungssachen von Zivilpersonen. Die Tätigkeit des Senats ist deshalb von der amerikanischen Militärregierung bereits eingehend geprüft und nicht beanstandet worden.«

Dass er im Senat an 111 Verfahren gegen 138 Angeklagte beteiligt war, 1945 entlassen und einige Zeit interniert wurde, schien demnach nicht mehr wahr zu sein. Das ihm zugerechnete positive Persönlichkeitsbild verdeckte vollständig seine Richtertätigkeit.

Henseling wurde im Januar 1949 als Hilfsrichter am LG Kassel eingestellt und im

Übersicht 4: OLG Kassel, politischer Strafsenat – Richter in Hessen eingestellt

Name	Anzahl d. Verfahren, Zeitraum	Klage-antrag	Spruch-kammer	Beru-fungs-kammer	Justiz Hessen?
Faber, Wolfram Jg. 1887	222 1933–1943	(Meth) 4.8.48 Gr. 3 schuldiger Bewährung 6 Monate Sühne: DM 500	I Kassel-Stadt (Vors. Spars) 11.10.1948 Nicht betroffen	—	AG-Rat 1951 OLG Frankfurt/M. 1951
Jung, Herbert Jg. 1903	161 1933–1942		(Spätheimkehrer Ende 1949) Zentralberuf. Kammer Süd 17.1.1950 Kein Verfahren gemäß §5 Abschluss-gesetz	—	1.2.1950 AG-Rat Frankfurt 1.8.1950 (Lebenszeit) 1.2.1951 OLG-Rat Frankfurt
Massengeil, Werner Jg. 1895	119 Ende 1943–1944	(Sckell) 6.8.1946 Gr. 4/Mit-läufer Sühne: RM 2.000	Marburg-Land (Vors. Kasperowitz) 22.11.1946 Gr. 4/Mitläufer Sühne: RM 2.000 + Sachgegenstände Aufhebung durch Befr.Min. >> Spr.K. Gießen-Land; Spruch identisch ohne Abgabe Sachgegenstände	—	Frühjahr 1947 AG Biedenkopf 2.11.1951 AG-Dir. Marburg
Henseling, Jakob Jg. 1913	111 1942–1944	(Hilberger) 27.2.1947 Gr. 3/ Minder-belastet	Marburg-Stadt (Vors. Schilling) 10.4.1947 Gr. 5/Entlastet	—	Hilfsrichter am LG Kassel (Jan. 1949) Lebens-zeit (Sept. 1949) LG-Direktor April 1952

September 1949 auf Lebenszeit ernannt. Nach Abordnungen an das OLG Frankfurt/M. und in das Ministerium erfolgte im April 1952 die Ernennung zum Landgerichtsdirektor am LG Kassel. Wegen seines Augenleidens ging er 1970 mit 57 Jahren in den vorzeitigen Ruhestand.

Herbert Jung, geboren 1903, nahm in den Jahren 1933 bis 1942 an 161 Verfahren des politischen Strafsenats teil. Er war Mitglied der NSDAP seit Mai 1933, ebenso im Rechtswahrerbund und anderen Organisationen; im Reichsluftschutzbund war er Blockleiter.

Jung war seit 1931 als Hilfsarbeiter beim Landgericht Kassel tätig und wurde Anfang 1934 Landgerichtsrat in Kassel. Ab August 1935 amtierte er als Hilfsrichter beim Strafsenat des OLG, war aber bereits seit 1933 an einer Reihe von Strafverfahren des Senats beteiligt. 1942 wirkte er an dem Todesurteil gegen Albrecht Ege mit. Seit April 1943 war er im Kriegsdienst, nach Kriegsende bis November 1949 in sowjetischer Gefangenschaft.

Als Spätheimkehrer konnte gegen ihn kein Spruchkammerverfahren mehr durchgeführt werden, denn nach dem ersten Abschlussgesetz zum Befreiungsgesetz (vom 30. November 1949) sollten Verfahren nur noch eröffnet werden, wenn die Einstufung in Gruppe 1 oder 2, als Hauptschuldiger oder Belasteter, zu erwarten war. Demzufolge lehnte die Zentralberufungskammer Hessen-Süd am 17. Januar 1950 die Eröffnung eines Verfahrens ab. In seinem Fall fand also eine Entnazifizierung und eine Überprüfung der früheren Richtertätigkeit gar nicht mehr statt. Jung wurde bereits am 1. Februar 1950 als AG-Rat in Frankfurt/M. auf Widerruf eingestellt und am 1. August 1950 auf Lebenszeit ernannt. Am 1. Februar 1951 erhielt er die Ernennung zum OLG-Rat in Frankfurt/M.

Für diese Gruppe der stark am Strafsenat Beteiligten, die in den Justizdienst Hessens eingestellt wurden, lässt sich somit zusammenfassend feststellen: Nur ein Richter wurde als »Mitläufer« eingestuft, nämlich Massengeil, der gleichwohl besonders früh (Sommer 1947) seine Einstellung erreichte. Von den anderen drei Rückkehrern wurde Faber als »nicht betroffen« erklärt, Henseling wurde »entlastet«, und Jung profitierte als Spätheimkehrer vom ersten Abschlussgesetz.

Richter des politischen Strafsenats Kassel mit 20 – 99 Verfahren

Diese Gruppe mit einer mittleren Verfahrenshäufigkeit umfasst 18 Richter. Fünf von ihnen waren 1945 nicht mehr am Gericht tätig und zu sieben Richtern fehlen jegliche Informationen.[46]

In die hessische Justiz wurden fünf Richter eingestellt (vgl. Übersicht 5). Ein weiterer Richter, Erich Bernhardt, der an 63 Verfahren beteiligt gewesen war, strebte zwar eine Rückkehr in die Justiz an, eine Einstellung wurde jedoch erst unter den Vorschriften des Gesetzes zu Art. 131 im Jahr 1951 vorbereitet. Da er schon zuvor einige Zeit beim Regierungspräsidium Kassel ohne Festanstellung gearbeitet hatte, wurde er im Ergebnis bei dieser Behörde in Kassel eingestellt.

Zu den Biographien der eingestellten Richter können nur kurz wenige Aspekte hervorgehoben werden.

---

46 Keine Informationen zu Siehr, Bulang, Münzel, Maatz, Wiegand, Steubing, Hildebrand.

August Auffarth war als Vizepräsident des OLG Kassel an 33 Verfahren des politischen Senats wegen Hochverrats gegen 241 Angeklagte beteiligt, davon 18 im Jahr 1933 und 15 bis März 1934. Nach seinen Angaben gehörte er weder der NSDAP noch ihren angeschlossenen Organisationen an. Die amerikanische Militärregierung beauftragte ihn auf Vorschlag des kommissarischen Kasseler Bürgermeisters Seidel im Mai 1945 mit dem Wiederaufbau der Justiz in Kassel. Mit der Eröffnung des neuen OLG Frankfurt wurde er, mit Genehmigung von OMGUS am Jahresende 1945, zum Vizepräsidenten für die Zweigstelle Kassel ernannt. Ein Spruchkammerverfahren wurde zwar im Frühsommer 1946 vorbereitet, aber im Oktober 1947 wegen der amerikanischen Zuverlässigkeitsentscheidungen eingestellt (erneuter Einstellungsbeschluss März 1948).

Bei vier in Hessen eingestellten Richtern liegen Ergebnisse von Spruchkammerverfahren vor. Die Richter Hans Staud und Friedrich Frohwein wurden als »Mitläufer« eingeordnet, Wilhelm Manskopf und Alfred Keul erlangten die »Entlastung«. Auch wenn es bis 1951 keinen Rechtsanspruch auf Wiedereinstellung gab, erleichterte das Ergebnis »entlastet« die Rückkehr in den Dienst erheblich. Mitläufer konnten dieses Ziel nicht so leicht erreichen, wie bereits oben bei der ersten Gruppe erkennbar, aus der drei Mitläufer nicht eingestellt wurden. Hier jedoch erreichten zwei Mitläufer die Wiedereinstellung, nämlich Staud und Frohwein.

Bereits bei den Entlasteten Manskopf (Jg. 1897, 33 Verf.) und Keul (Jg. 1889, 24 Verf.) ist die Bewertung der Spruchkammern zweifelhaft. In beiden Fällen wurden Urteile des Strafsenats nicht überprüft und bewertet, gleichwohl korrektes Richterverhalten bescheinigt. Als mögliche Belastungen ging es nur um Aktivitäten in NS-Organisationen und aggressives Richterverhalten, das nicht vorgelegen habe. Bei Alfred Keul blieb auch die Mitwirkung an dem Todesurteil gegen Heinrich Schäfer in Marburg im April 1944 außer Betracht (Spruchkammer 24. Mai 1948).

Bei Manskopf ist zu beachten, dass er von Januar 1941 bis Kriegsende auch als Kriegsrichter tätig gewesen war, jedoch ist eine kritische Überprüfung hierzu nicht ersichtlich. Wohl aber wurden einzelne Verhaltensweisen aus dieser Zeit durch Zeugenaussagen als individuell zugeordnete Entlastung herangezogen (Spruchkammer 28. November 1947).

Bei den Mitläufern werden geringe formale Belastungen aus Partei- und Organisationsmitgliedschaften gesehen, allerdings keine »konkreten« aus der Richtertätigkeit.

Hans Staud, Jg. 1900, hatte 1938/39 an 37 Urteilen mitgewirkt. Seit 1933 war er Mitglied der NSDAP und der SA (Scharführer), angeblich inaktiv. Von August 1939 bis 1942 war er an der Front, dann bis Kriegsende Heeresrichter beim Ersatzheer.

Ihm wurde schon durch die Spruchkammer im April 1948, und später durch die Berufungskammer (20. August 1948) bescheinigt, »dass der Betroffene kein aktiver oder überzeugter Anhänger des NS gewesen ist. Insbesondere verfolgte er innerhalb seiner richterlichen Tätigkeit, auch nicht als Beisitzer in politischen Verfahren oder als Oberfeldrichter, keine nazistischen oder militaristischen Tendenzen, vielmehr bemühte er sich darum, als Richter objektiv und menschlich zu verfahren. [...] [Er] hat also insofern nur formale, aber keine konkreten Belastungen aufzuweisen.«

Friedrich Frohwein, Jg. 1898, wurde schon 1928 Amts- und Landgerichtsrat am Landgericht Kassel in verschiedenen Funktionen. 1935/36 nahm er an 21 Verfahren des

OLG-Strafsenats gegen 75 Angeklagte teil. Der NSDAP gehörte er seit Mai 1937 an, auch dem Rechtswahrerbund und der Nationalsozialistischen Volkswohlfahrt (NSV).

Sein Personalbogen vermerkt »Hilfsrichter im Zivilsenat des OLG Kassel«, der Strafsenat wird nicht erwähnt. Im August 1937 wechselte er als Richter zur Luftwaffe und wurde 1944 dort Oberstrichter. Von Mai 1945 bis Januar 1949 war er nicht im Justizdienst. Während dieser Zeit fungierte er als Verteidiger am Militärtribunal in Nürnberg und an britischen Militärgerichten[47] in Italien (zu Feldmarschall Kesselring).

Vor der Spruchkammer I Kassel-Stadt (Vorsitz: Kriebel) beantragte Kläger Meth die Einstufung in Gruppe 4 / Mitläufer. Die Kammer hielt es für erwiesen, »dass er weder in seiner zivilrichterlichen Tätigkeit noch in seiner Militärzeit seit 1937 den Nationalsozialismus anders als durch seine nominelle Mitgliedschaft unterstützte. So war es insbesondere nicht möglich, dem Betroffenen aus der Tatsache, dass er in zehn Fällen als Beisitzer im Strafsenat[48] tätig war, ein persönliches politisches Verschulden nachzuweisen.« Für seine Zeit als Militärrichter seien dem Kläger keinerlei Ermittlungen möglich gewesen, jedoch wurden vom Betroffenen beigebrachte entlastende Zeugnisse akzeptiert, wenngleich nicht in durchschlagendem Sinne als aktive Widerstandshandlungen. Auch wurde der Parteibeitritt 1937, unmittelbar vor dem Wechsel in die Militärjustiz angeblich als Vorbedingung seitens des Luftfahrtministeriums verlangt, ambivalent bewertet.[49]

Die Spruchkammer bestätigte insgesamt die Einstufung als Mitläufer, mit geringer Geldsühne von RM 50 (5. Dezember 1947, Rechtskraft März 1948). Die vorläufige Einstellung in den Justizdienst Hessens erfolgte zum 13. Januar 1949 beim Amtsgericht Dillenburg, im April 1949 beim Landgericht Marburg, die Ernennung auf Lebenszeit zum 1. August 1950.

Bei Staud und Frohwein bestätigt sich das Muster, dass die Parteibelastung als nur »nominell« oder »formal« gewertet wurde, da keine Aktivität vorliege und die Person »keine Nazi-Tendenz« gezeigt habe. Die Richtertätigkeit gilt auch hier als »unpolitisch« und bleibt ohne Belang.

Richter mit weniger als 20 Verfahrensbeteiligungen

Für die Gruppe der insgesamt 32 Richter mit weniger als 20 Verfahrensbeteiligungen liegen nur wenige Informationen vor. Walter Jahr (8 Verfahren) war gefallen. Vier Richter sind im hessischen Justizdienst nachweisbar: Georg Schäfer (19 V., AG Rotenburg), Ulrich Stölzel[50] (7 V., OLG Frankfurt/M.), Heinz Schmidt (3 V., LG Kassel) und Friedrich Pfeiffer (1 V., LG Kassel).[51]

---

47 Britische Verfahren: Peter Crasmann vom 22. Mai 1947 in Padua; The National Archives Kew, London, (TNA) Record Group (RG) WO 235 Nr. 335. Max Simon vom 26. Juni 1947; TNA RG WO 235 Nr. 584-588. Albert Kesselring vom 5. Mai 1947; THA RG WO 235 Nr. 366-376.
48 Hier wird die Teilnahme am Strafsenat erwähnt. Tatsächlich war Frohwein an 21 Verfahren mit 75 Angeklagten beteiligt.
49 Generell soll der Grundsatz gegolten haben, dass Militärrichter nicht Mitglieder der Partei sein sollten. Daraus wurde später das Bild von der angeblich »unpolitischen« und neutralen Militärjustiz hergeleitet.
50 Zu U. Stölzel vgl. den Beitrag von Georg D. Falk, Justizverbrechen, in diesem Band.
51 Heinrich Nebelsieck wurde wohl schon vor Kriegsende Landgerichtspräsident in Lüneburg, Franz Rosenkranz könnte am LG Düsseldorf eingestellt worden sein.

Übersicht 5: OLG Kassel, politischer Strafsenat, Richter mit 20–99 Verfahren

	Verfahren Zeitraum	Spruchkammer Ergebnis	Justiz Hessen
Staud, Hans Jg. 1900	37 1938/39	Spr.K. Kassel-Stadt 16.4.1948 Berufungskammer Kassel 20.8.1948 Mitläufer	OLG Frankfurt/M.
Auffarth, August Jg. 1885	33 1933/34	OMGH, Spruchkammerverfahren eingestellt	OLG Frankfurt/M. / Vizepräsident
Manskopf, Wilhelm Jg. 1897	33 1934/36	Spr.K. Marburg-Stadt 28.11.1947 Entlastet	AG Treysa
Keul, Alfred Jg. 1889	24 1933/34 + 1944	Spr.K. Marburg-Stadt II 24.5.1948 Entlastet	AG Bad Homburg Nov. 1948 AG Limburg März 1949
Frohwein, Friedrich Jg. 1898	21 1935/36	Spr.K. Kassel-Stadt 5.12.1947 Mitläufer	AG Dillenburg Januar 1949 LG Marburg April 1949

Staatsanwälte

Tätigkeit und Verbleib der Staatsanwälte lassen sich hier nicht angemessen erörtern. Zu den in Darmstadt besonders häufig beteiligten Staatsanwälten wurde bereits oben kurz vermerkt, dass nach 1945 Richard Müller zur Staatsanwaltschaft Frankfurt/M. gehörte und Philipp Volk als Richter beim AG Bensheim amtierte. Zu den in Kassel hervorgetretenen Staatsanwälten liegt ausführliches Material vor, das jedoch den Rahmen dieses Beitrags sprengen würde. Manfred Gonnermann, Albert Mertens und Hans-Adolf Vornbäumen wurden ebenfalls bei der Staatsanwaltschaft Frankfurt/M. eingestellt.

Schlussfolgerungen

Die Untersuchung der Entnazifizierungsverfahren der Spruchkammern ergab ein vielschichtiges und zum Teil widersprüchliches Bild. Die zusammenfassende Auswertung konzentriert sich auf die Anwendung der Beurteilungskriterien durch die Spruchkammern und daraus resultierende Bewertungs- und Entscheidungsmuster. Zu berücksichtigen sind dabei auch die verschiedenen Zeitpunkte bis 1950 und die Funktionen der Spruchkammern erster Instanz und der Berufungskammern. Dass die Einstellungsentscheidungen des hessischen Justizministeriums durch die Spruchkammerergebnisse nur begrenzt beeinflusst wurden, hat sich bereits gezeigt. Am Ende bleiben Fragen zu den Auswahlkriterien der Justizbehörden offen.

Für die Untersuchung wurden die Richter des politischen Strafsenats nach der Häufigkeit ihrer Verfahrensbeteiligung in drei Gruppen eingeteilt, um die Darstellung übersichtlicher zu machen. Das größte Gewicht in der Rechtsprechung des Senats wird der obersten Gruppe von 13 Richtern mit 100 bis 300 Verfahren zugerechnet, von denen neun Richter für ein Spruchkammerverfahren und gegebenfalls für Einstellung in die hessische Justiz in Frage kamen.[52] Nicht eingestellt wurden fünf Richter, vier Richter erlangten die Einstellung in den hessischen Justizdienst. Als zweite Gruppe wurden 18 Richter mit 20 bis 99 Verfahren abgegrenzt. Davon verblieben 13 Richter, wobei über sieben von ihnen Informationen fehlen.[53] Fünf Richter wurden in die hessische Justiz eingestellt.[54] Insgesamt ergibt sich zu beiden Gruppen: Aus 22 in Frage kommenden Richtern wurden neun Einstellungen vorgenommen.

Für die Gruppe der insgesamt 32 Richter mit weniger als 20 Verfahrensbeteiligungen liegen nur wenige Informationen vor, so dass diese Gruppe nicht vertieft werden konnte. Vier im hessischen Justizdienst nachweisbare Richter wurden oben kurz erwähnt.[55]

Ergebnisse der Spruchkammerverfahren

Untersucht wurden die Spruchkammerverfahren für die in der jeweiligen Häufigkeitsgruppe nach 1945 noch in Frage kommenden Richter.

Aus der Gruppe mit 100 bis 300 Verfahren wurden fünf Richter nicht wieder in die Justiz Hessens eingestellt (vgl. Übersicht 3). Zu allen fanden die Entnazifizierungsverfahren bei Spruchkammern in Kassel statt. Der eindeutigste Fall war Friedrich Wolff, der im Juli 1947 als Hauptschuldiger eingestuft wurde und damit automatisch keine Einstellungschance hatte. Zu Max Osberghaus, bei Kriegsende bereits 63 Jahre alt, wurde das Spruchkammerverfahren bereits 1946 durchgeführt und am Jahresende abgeschlossen. Beide Kammern verbanden die Einstufung als »Mitläufer« mit einer recht hohen Geldsühne, vor allem aber mit der Versetzung in den Ruhestand, die auch erfolgte. Walter Heynatz wurde im Frühjahr 1948 zunächst als Gruppe 2/Belasteter eingereiht, Heinrich Dehnert in Gruppe 3/Minderbelasteter (Bewährungsgruppe). In beiden Fällen setzte die Berufungskammer Kassel im Jahr 1949 die Einstufung auf »Mitläufer« herab, womit ein Einstellungsverbot wegfiel. Gleichwohl wurden sie nicht mehr in den Justizdienst aufgenommen; die Ruhestandsregelung von Heynatz kam erst auf Grund des Gesetzes zum Art. 131 GG zustande. In diesen drei Fällen kam die endgültige Einstufung als »Mitläufer« erst durch die Berufungskammer zustande. Zu Edmund Keßler lautete

---

[52] Drei Richter waren 1945 nicht mehr am Gericht (Heinemann, Keiser, Paetsch), im Fall Happel fehlen Informationen.
[53] Vgl. oben S. 389 und 407.
[54] Der Richter Bernhardt wurde nicht in die Justiz, sondern beim Regierungspräsidium Kassel eingestellt.
[55] Siehe oben »Richter mit weniger als 20 Verfahrensbeteiligungen«. Georg Schäfer (AG Rotenburg), Ulrich Stölzel (OLG Frankfurt/M.), Heinz Schmidt (LG Kassel) und Friedrich Pfeiffer (LG Kassel). Walter Jahr war gefallen.

der Klageantrag Gruppe 1 »Hauptschuldiger«, das weitere Verfahren ist unklar; er wurde nicht mehr eingestellt.[56]

Die Fälle Osberghaus, Heynatz und Dehnert zeigen, dass eine Einstufung als »Mitläufer« nicht automatisch zu einer Wiedereinstellung in den Justizdienst Hessens führte.

In den hessischen Justizdienst eingestellt wurden hingegen vier Richter mit 100 bis 300 Verfahren am Strafsenat. Hier fanden zwei Verfahren vor Spruchkammern in Marburg statt (Marburg-Stadt und Marburg-Land), eines in Kassel-Stadt. In einem Fall wurde 1950 kein Verfahren mehr durchgeführt. In keinem dieser Fälle wurde eine Berufungskammer angerufen.

Zu Wolfram Faber war die Einstufung in Gruppe 3 als Minderbelasteter mit sechs Monaten Bewährung und Geldsühne beantragt, doch die Spruchkammer Kassel-Stadt I (Vorsitz Spars) urteilte im Oktober 1948 mit »nicht betroffen«. Nachdem das Verfahren bereits durchgeführt war, hätte das Ergebnis bei Vorliegen entsprechender Tatsachen möglicherweise auf »entlastet« lauten können. Der Spruch »nicht betroffen« bedeutete jedoch, dass nachträglich eine Rechtsgrundlage im Befreiungsgesetz negiert und das Verfahren selbst desavouiert wurde. Die Einstellung in den Justizdienst Hessen erfolgte 1951 (zunächst als AG-Rat in Frankfurt/M., dann beim OLG).

Werner Massengeil wurde zunächst im November 1946 von der Spruchkammer Marburg-Land als »Mitläufer« gewertet und mit Vermögenssanktionen belegt. Nach Aufhebung des Spruches und Neuentscheidung Mitte 1947 blieb die Einstufung als »Mitläufer« bestehen, nur die Abgabe von Hausratsvermögen wurde gestrichen. Eine Belastung als Mitläufer wegen NS-Aktivitäten ließ im ersten Halbjahr 1947 grundsätzlich noch keine Wiedereinstellung zu;[57] eine Ausnahmeentscheidung öffnete Massengeil wohl den Weg in das AG Biedenkopf. 1951 konnte er dann zum Direktor des Amtsgerichts Marburg aufsteigen.

Für Jakob Henseling lautete der Klägerantrag im Februar 1947 auf Gruppe 3/-Minderbelastete, während die Spruchkammer Marburg-Stadt (Vorsitz Schilling) ihn bereits im April 1947 als »entlastet« (Gruppe 5) erklärte. Dem lag einerseits zugrunde, dass Henseling erst nach 1937 in die NSDAP eingetreten und in NS-Organisationen nicht aktiv hervorgetreten war, somit als nur »nominell« belastet galt. Andererseits wurden ihm zahlreiche Hilfen für betroffene NS-Gegner und eine anti-nationalsozialistische Einstellung attestiert. Nach Verzögerung konnte er im Januar 1949 an das Landgericht Kassel zurückkehren, zunächst als Hilfsrichter, bereits im September 1949 auf Lebenszeit.

Bei Herbert Jung kam es nach seiner Rückkehr aus sowjetischer Gefangenschaft Ende November 1949 nicht mehr zu einem Verfahren, da nach dem ersten Abschlussgesetz zum Befreiungsgesetz (November 1949) Verfahren nur noch bei einem Klageantrag auf Hauptschuldiger (Gr. 1) oder Belasteter (Gr. 2) begonnen werden sollten. Die

---

[56] Außer am Strafsenat des OLG Kassel war Keßler auch beim Sondergericht Kassel tätig gewesen, vgl. oben Anm. 42.

[57] Erst ab 7. Oktober 1947 wurden »nominelle« Parteimitgliedschaften von 1933 denen von 1937 gleichgestellt.

Zentralberufungskammer Süd kam bereits am 17. Januar 1950 zu diesem Ergebnis. Schon zum 1. Februar 1950 erfolgte die Einstellung (auf Widerruf) zum AG-Rat in Frankfurt/M. und sechs Monate später die Ernennung auf Lebenszeit.

Die unterschiedlichen Einstufungen durch die Spruchkammern in diesen vier Fällen (nicht betroffen, Mitläufer, entlastet, kein Verfahren) verdeckten signifikante Tatsachen. Die richterliche Tätigkeit wurde in ihrem politischen Kern nicht kritisch gewürdigt, allenfalls wären nationalsozialistisch inspirierte Exzesse im Verhandlungsstil negativ gewertet worden. Vor allem wurden auch Todesstrafen wegen Wehrkraftzersetzung gegen Zivilpersonen angesichts meist harmloser Äußerungen nicht gründlich hinterfragt. Alle vier Richter hatten zwischen 1942 und 1944 an Todesurteilen mitgewirkt: Faber in sieben, Massengeil in vier und Henseling in drei Fällen sowie Jung in einem Fall.

In der Gruppe der Richter mit weniger Verfahrensbeteiligungen (20 bis 99) wurden fünf Richter in den Justizdienst Hessens eingestellt. Auffarth wurde vorab von der Militärregierung als unbelastet akzeptiert. Zwei Richter, Manskopf und Keul, wurden »entlastet«; die beiden Richter Staud und Frohwein wurden als »Mitläufer« eingereiht. Die Verfahren fanden zwischen November 1947 und Mai 1948 statt, nur im Fall Staud kam es im August 1948 zum Spruch der Berufungskammer Kassel. Entlastungen und Mitläuferstatus stützten sich jeweils darauf, dass keine oder nur eine »nominelle« Parteibelastung vorliege.

In dieser Gruppe ist schließlich darauf hinzuweisen, dass drei der fünf eingestellten Richter auch als Militärrichter im Einsatz waren, nämlich Frohwein, Manskopf und Staud. In der Gruppe mit hoher Verfahrenshäufigkeit trifft das auch auf den wieder eingestellten Richter Massengeil zu. Eine besondere Belastungsprüfung dieser Richtertätigkeit durch die Spruchkammern ist in der Regel nicht ersichtlich.

Die Bewertung als Mitläufer beruhte in der Regel auf NS-Organisationszugehörigkeiten mit nur »nomineller« Zugehörigkeit, wie bei Frohwein und Staud, zunehmend jedoch auch mit Aktivitäten. Die richterliche Urteilstätigkeit im politischen Strafsenat des OLG wurde meist nicht als Unterstützung der NS-Gewaltherrschaft oder politischer Missbrauch des Richteramts bewertet. Einen Ausnahmefall bildet Friedrich Wolff: in seinem Fall wurde die Ausübung des Richteramts zugleich als Praktizierung der NS-Gesinnung beurteilt und demzufolge als starke Belastung eingestuft.

Dass diese Feststellung im Ergebnis in all den Fällen gilt, in denen die Richter »entlastet" wurden und in den hessischen Justizdienst eingestellt wurden, ist naheliegend. Es trifft jedoch auch bei den Richtern zu, die als »Mitläufer« eingereiht wurden. Besondere Beachtung verdient, dass die richterliche Urteiltätigkeit im Prinzip auch bei Richtern nicht als Belastung gewertet wurde, die als Mitläufer bewertet und nicht in die hessische Justiz aufgenommen wurden. Offenbar stellte man also nur auf das individuelle ideologische »Exzess«-Verhalten bei der Richtertätigkeit ab, gewissermaßen auf »subjektiven Missbrauch«. Die »teilnahmslose« Teilnahme an der Justizroutine galt nicht als Belastung.

Diese Feststellungen sind allerdings für die Verfahrensstufen der Spruchkammern und der Berufungskammern zu differenzieren. Spruchkammern haben nämlich in einzelnen Fällen die Richtertätigkeit durchaus gründlich untersucht und kritisch bewertet. Das gilt ohnehin für den Fall Wolff, aber ansatzweise auch bei Walter Heynatz (eingestuft in Gr. 2, Belastete) und abgeschwächt bei Heinrich Dehnert (Gr. 3., Minderbelastete/Bewährungsgruppe). In diesen beiden Fällen wie auch bei Max Osberghaus verband die Berufungskammer Kassel die Herabstufung beziehungsweise Bestätigung als »Mitläufer« damit, die Ausübung des Richteramts im Kern dezidiert aus der Belastung auszuklammern und allenfalls Momente ideologisch aufgeladenen Verhaltens als Ausnahme zu sanktionieren. Das gilt auch unabhängig vom Zeitpunkt des Spruches, der bei Osberghaus von Dezember 1946 datierte, bei Dehnert von März 1949 und bei Heynatz von November 1949. Mit diesem Leitkriterium des »ideologisierten Exzesses«, der dann kaum einmal zu finden war, wurde ein individualistisches Schuldkonzept installiert, das die Verantwortlichkeit im Rahmen systemischer Justizverbrechen blockierte. Insofern zeigt sich nicht nur die Entstehung einer »Mitläuferfabrik«, die lässliche Sünden bescheinigte. Vielmehr wurde dem »geltenden Recht« der Diktatur und seinen Vollstreckern die volle Legitimation zugesprochen. Das war mehr als personelle Kontinuität.

Die hessische Justizpolitik ist in ihren Einstellungsentscheidungen den Spruchkammerergebnissen in mehreren Fällen nicht gefolgt. Die hierbei angelegten Maßstäbe müssen allerdings hier offen bleiben.

VERFAHREN ZU
NATIONALSOZIALISTISCHE GEWALTVERBRECHEN

Die Probleme bei der Aufarbeitung von NS-Verbrechen, dargestellt an Hand von Strafprozessen am Landgericht Darmstadt[1]

Volker Hoffmann

Einleitung

Es steht außer Frage, dass in der justiziellen Aufarbeitung der NS-Zeit zahlreiche Skandale aufgetreten sind. So wurde beispielsweise trotz zehntausender Todesurteile nicht ein Richter von einem ordentlichen Gericht verurteilt. Andererseits haben die größten Exponenten des Regimes Selbstmord begangen, wurden von den Alliierten verurteilt, teils in Nürnberg, teils im Ausland, insbesondere in Polen. Auch gibt die Zahl von knapp 7.000 in Deutschland Verurteilten nur einen Teil der Verfolgung wieder. Einschließlich der Auslandsverurteilungen liegt die Zahl bei 95.000.[2] Kurz: Wer nach gründlicher Verfolgung von NS-Tätern sucht, wird genauso fündig werden, als wenn nach Pannen oder Nachlässigkeit gefahndet wird. Der Verfasser hat daher im Rahmen einer umfangreichen Studie die vollständige Analyse eines geschlossenen Bestandes, nämlich des Landgerichts Darmstadt, vorgenommen, um Aufschluss zu erhalten, wie die Aufarbeitung des NS-Unrechts zu bewerten ist.[3] Im folgenden Teil werden nun einige problematische Fälle geschildert und bewertet, anlässlich derer die Justiz zu kritisieren ist. Um diesen Aufsatz nicht mit Fußnoten zu belasten, wird jeweils nur auf die Faszikelnummer im Staatsarchiv Darmstadt und die Fundstelle in der Studie verwiesen.[4]

Zunächst ist darauf hinzuweisen, dass das NS-Regime nicht, wie oft behauptet wird, demokratisch an die Macht gekommen ist.[5] Richtig ist, dass Hindenburg Hitler, dem der Reichsdisziplinarhof bereits am 10. Februar 1931 bescheinigte, er wolle mit Gewalt

---

[1] Der folgende Aufsatz ist die überarbeitete Fassung des Referats vom 3. Juli 2014 zu der Ausstellung im Gericht in Darmstadt, das wiederum auf meiner 2013 veröffentlichten Studie beruht, in der alle am LG Darmstadt anhängigen NS-Verfahren untersucht wurden (vgl. Anm. 3). Diese Arbeit erschien insbesondere deshalb interessant, weil an diesem Landgericht praktisch alle Formen der NS-Verbrechen abgehandelt wurden im Zusammenhang mit Machtergreifung, Reichspogromnacht, Kriegsverbrechen, Deportation, Holocaust, Endphase und Justiz.

[2] Andreas EICHMÜLLER, Die Strafverfolgung von NS-Verbrechen durch westdeutsche Justizbehörden seit 1945. Eine Zahlenbilanz. VfZ (Vierteljahresschrift für Zeitgeschichte) 4/2008, S. 62 ff.

[3] Volker HOFFMANN, Die Verfolgung der NS-Kriminalität am Landgericht Darmstadt. Berlin 2013.

[4] Es handelt sich um den Bestand »H 13 Landgericht Darmstadt« des Hessischen Staatsarchivs Darmstadt (HStAD). Die Fälle sind nummeriert. Die Landesregierung hat alle NS-Verfahren als »historisch wertvoll« deklariert und archivieren lassen. Daher besitzt das Staatsarchiv ein vollständiges Konvolut.

[5] Vgl. Irene STRENGE, Machtübernahme nach Plan (30. Januar 1933 bis 24. März 1933), in: JoJZG 2014, S. 55 f.; Volker HOFFMANN, Die Rolle des Staatsgerichtshofs in der Endphase der Weimarer Republik, in: JoJZG 2012, S. 93 ff.

die Verfassung ändern,[6] nicht zum Kanzler hätte ernennen dürfen. Unmittelbar nach der Machtergreifung wurde das gesamte Rechtssystem im Sinne der NS-Ideologie gebeugt: Das Regime wandte hierzu die gleichen Instrumente an wie in der Weimarer Zeit, verschärfte jedoch an entscheidenden Stellen die Sanktionen gegen politische Gegner, um diese völlig auszuschalten. So gab es bereits in den 1920er Jahren »Ermächtigungsgesetze« und entsprechende Verordnungen, mit denen Grundrechte zum Teil suspendiert wurden, um die inneren Unruhen zu bekämpfen. Jedoch galten diese Regelungen oft nur wenige Monate, während das Ermächtigungsgesetz vom 23./24. März 1933, das die verfassungsmäßige Ordnung und die Grundrechte weitgehend aufhob, für vier Jahre galt. Zeit genug, um alle politischen Gegner auf Grund der Ermächtigung zu beseitigen. Der Form halber wurde das Gesetz bis 1945 immer wieder verlängert. Das typische NS-Recht umfasste einige tausend Regelungen, von denen viele nur gegen die Juden gerichtet waren. Ein vorläufiger Endpunkt war die Regelung in §7 des Gestapogesetzes vom 10. Februar 1936, wonach Maßnahmen der Gestapo rechtlich nicht angegriffen werden können.[7] Damit gab es kein Mittel mehr gegen polizeiliche Willkür, deren wichtigstes Instrument für Verhaftungen bis 1945 die »Reichstagsbrandverordnung« vom 28. Februar 1933 war.

Nachkriegsjustiz. Personal und anzuwendendes Recht

Hessen wurde zum größten Teil nach dem 23. März 1945 durch US-Truppen besetzt. Auf Grund vorbereiteter Aushänge wurden zunächst alle Ämter, Behörden und Gerichte geschlossen, um dann wiederum zügig Neubesetzungen vorzunehmen, zunächst mit dem Zweck, die Versorgung der Bevölkerung sicherzustellen. In Darmstadt fragte der leitende Offizier die Stadtpfarrer der beiden Konfessionen, wen man zum Bürgermeister machen könne. Alle waren sich einig, dies solle Ludwig Metzger werden, der 1933 als Sozialdemokrat durch das Regime entlassen wurde. Sodann wurde Metzger gefragt, wer in den Justizdienst übernommen werden kann. Auch hier wurden unbelastete Kandidaten vorgeschlagen, so dass – auch auf Betreiben der Landesregierung – in der Phase bis zur Gründung der Bundesrepublik 1949 nur »handverlesenes« Personal den Weg in den Staatsdienst fand.[8]

Die nächste Frage war, welches Recht anzuwenden sei. Die Alliierten hatten hierzu ebenfalls Vorbereitungen getroffen und hoben eine Reihe von Gesetzen auf, zum Beispiel die Nürnberger Rassegesetze. Da NS-Recht jedoch vielfach nicht so offensichtlich zu orten war, wurden die Gerichte selbst in die Lage versetzt, rechtliche Bestimmungen als NS-typisch außer Kraft zu setzen.

---

6 Mit dieser Begründung hielt der Reichsdisziplinarhof am 10. März 1931 die Entlassung eines NS-Mitglieds aus dem preußischen Staatsdienst für rechtmäßig.

7 Das Preußische Oberverwaltungsgericht erkannte die Regelung als rechtmäßig an (Entscheidung vom 26. November 1936, Zeitschrift der Akademie für Deutsches Recht, 1937, Heft 16).

8 Friedrich HOFFMANN, Die Verfolgung der NS-Gewaltverbrechen in Hessen. Baden-Baden 2001, S. 32. Vgl. auch Einführungsgesetz zur Strafrechtspflegeverordnung vom 21. Februar 1946, GVBl. S. 13.

Eine besondere Hilfestellung leistete die Landesregierung beim Prozessrecht: Alle Änderungen nach dem 30. Januar 1933 wurden für ungültig erklärt, in den alten Druckfahnen geschwärzt und ein entsprechender Neudruck an die Gerichte verteilt.[9]

Schließlich sorgten die Alliierten (Kontrollratsgesetz – KRG Nr. 10, Art. II), der Landesgesetzgeber (Gesetz vom 29. Mai 1946 – GVBl. S. 136) bzw. die Bundesrepublik dafür, dass die Verjährung bis 8. Mai 1945 gehemmt war. Andernfalls wäre ein Großteil der Straftaten zum Beispiel bei der Pogromnacht 1938 wegen Körperverletzung oder einfachem Landfriedensbruch nach fünf Jahren, also im November 1943, verjährt gewesen. Das Bundesverfassungsgericht hat diese Maßnahmen ausdrücklich gebilligt.[10]

Machtergreifung

Die Endphase der Weimarer Republik war gekennzeichnet von Straßenkämpfen insbesondere zwischen NSDAP einerseits und KPD beziehungsweise SPD andererseits. Fast wöchentlich waren Todesopfer zu beklagen. Im Zusammenhang mit der Ernennung Hitlers zum Kanzler hat dieser zugleich bei Hindenburg durchgesetzt, zum 5. März 1933 Neuwahlen anzusetzen. Hitler versprach sich hiervon eine große Mehrheit; entsprechend gespannt war die politische Situation, die sich im Lautertal im Odenwald auf tragische Weise entladen sollte.[11] Dort hatte eine SA-Einheit zusammen mit Hitlerjungen einen Demonstrationsmarsch durchgeführt. Während der Mittagspause versuchten Hitlerjungen (HJ), in einer Arbeitersiedlung eine Fahne der (SPD-nahen) Eisernen Front zu rauben. Hieraus entwickelte sich eine wilde Schlägerei zwischen den Bewohnern einerseits und SA sowie HJ andererseits, an deren Ende zwei Hitlerjungen getötet wurden. In einem Fall lagen schwere innere Verletzungen vor, deren Ursache unklar blieb. Im anderen Fall des Hitlerjungen Crössmann führten Messerstiche zum Tod. Der Täter war ein junger Mann aus der Nachbarschaft, Ludwig Büchler. Dieser wurde nun wegen Totschlags angeklagt. Totschlag war damals die vorsätzliche Tötung eines Menschen; zum Mord mit der Folge der Todesstrafe wurde eine Tat, wenn sie »mit Überlegung« durchgeführt wurde.[12] Nun wurde die Tat vor einem Sondergericht verhandelt, das das Regime im Frühjahr 1933 bei allen Oberlandesgerichten eingerichtet hatte, um politische Verfahren besser zu beherrschen. Das Gericht kam zum Ergebnis, es liege trotzdem ein Mord vor und verurteilte den Betroffenen zum Tode. Die Hinrichtung, die erste seit 1924 in Hessen, erfolgte am 26. August 1933. Nahezu grotesk ist die Feststellung des Henkers: »Es war alles in Ordnung«.[13]

Büchler hätte nach geltendem Recht niemals zum Tode verurteilt werden dürfen. Er

---

9 Soweit nicht anderes vermerkt ist, wird den zitierten Rechtsvorschriften der Wortlaut zum Zeitpunkt ihrer Anwendung zugrunde gelegt.
10 BVerfGE (Entscheidungssammlung) Band 1, 418.
11 HStAD G 24, 906-7.
12 §211 StGB in der Fassung bis 1941.
13 Siehe die Fotokopie auf Seite 430.

war an einer Spontanaktion beteiligt, die das Opfer mit provoziert hatte. Es gab nach dem Krieg zwei Versuche einer Wiederaufnahme, die unter anderem daran scheiterte, dass die Akten des Sondergerichts im Krieg verbrannten. An dieser Stelle sei vermerkt, dass es gesetzlicher Regelungen bis zum Jahr 2002 bedurfte, um alle NS-Opfer zu rehabilitieren.[14]

In der Nachkriegszeit wurden im Übrigen keine Anstrengungen unternommen, die Richter für das Todesurteil zur Rechenschaft zu ziehen, obwohl die Anklageschrift den Ablauf zutreffend wiedergab und nicht für eine Tötung »mit Überlegung« sprach. Hierauf wird unten unter Abschnitt »Justiz« zurückzukommen sein.

Der Fall forderte leider mittelbar noch zwei Opfer. Nach der Beerdigung des Crössmann kamen SA-Männer unmittelbar auf den Marktplatz von Höchst im Odenwald zurück, wo eine NS-Kundgebung durch SPD-Leute gestört wurde. Statt »Heil« riefen diese unter anderem »Heul«. In der sich entwickelnden Schlägerei fielen durch SS- bzw. SA-Leute Schüsse. Ein SA-Mann wurde vermutlich versehentlich tödlich in den Rücken getroffen. Der örtliche SPD-Vorsitzende Fröhlich wurde durch einen Kopfschuss getötet. Angeblich auf Befehl von Göring wurde gegen die Nationalsozialisten nichts unternommen, während 15 SPD-Leute wegen schweren Landfriedensbruchs Freiheitsstrafen zwischen einem und acht Jahren erhielten. Nach dem Krieg erstattete ein ehemaliger SS-Mann Anzeige, weil er dem Haupttäter Emrich 1933 ein falsches Alibi gewährt hatte. Dieser war aber im Krieg gefallen, so dass lediglich Nebentäter nach intensiven Nachforschungen belangt werden konnten. Je zwei SS- und SA-Männer erhielten Gefängnisstrafen zwischen sieben und zehn Monaten. Es ist nicht auszuschließen, dass die Beteiligten die Hauptschuld auf Emrich schoben, weil dieser im Krieg geblieben war. Es ist nämlich auffällig, dass dies auch in anderen Fällen geschah.

Zum 9. November 1938, an dem reichsweit an den Marsch auf die Feldherrnhalle von 1923 gedacht wurde, erhielt Crössmann in Pfungstadt ein Ehrengrab. Mitten in die Veranstaltung mit Fanfaren und Feuerschalen platzte die Nachricht vom Tod des Diplomaten vom Rath in Paris, so dass sich die Anwesenden anschließend intensiv an den Ausschreitungen gegen Juden beteiligten. Wieso es zu keiner Strafverfolgung kam, war nicht zu klären. Verdächtigt wurde lediglich ein Polizist, dem jedoch die Juden bescheinigten, dass er jüdisches Eigentum sogar geschützt habe.[15]

Dieser Fall zeigt deutlich, wie vergiftet die Atmosphäre zwischen den NS-Anhängern und den anderen politischen Richtungen von Anfang an war, dass sich die einfachsten NS-Anhänger als die absoluten Herrscher fühlten und bei Verbrechen gegen politische Gegner nichts zu befürchten hatten. Dies sollte für die NS-Herrschaft weiter prägend sein.

---

14 Vgl. Andreas ROTH, Was damals Rechtens war, kann heute nicht Unrecht sein, In: JoJZG 2011 S. 66. Das Urteil gegen Büchler wurde auf Anregung des Verfassers durch die Staatsanwaltschaft am 4. März 2011 aufgehoben.
15 Hessisches Hauptstaatsarchiv Wiesbaden (HHStAW), 520 Da Z Nr. 515 924 – Karl Polster.

Reichspogromnacht

Die Tötung eines deutschen Diplomaten in Paris durch einen jugendlichen Juden wurde ähnlich wie schon der Reichstagsbrand zum Anlass für einschneidende »Vergeltungsmaßnahmen« genommen.[16] Im Nürnberger Prozess gegen die Hauptkriegsverbrecher wurde ein Dokument aus Darmstadt vorgelegt, das Aufschluss über die Steuerung der Aktion gibt. Der SA-Brigadeführer für Südhessen berichtete, ihm sei am 10. November 1938 der Befehl erteilt worden, alle Synagogen durch Brand oder Sprengung zu zerstören. Sodann zählte er auf, welche Schäden den Synagogen im einzelnen zugefügt wurden.

Die Gendarmerien in den Landgemeinden hatten im November 1938 häufig Akten über die Vorfälle angelegt, die nach 1945 auf Grund politischen Drucks durch den hessischen Befreiungsminister und die Justiz wieder gesichtet wurde. Ferner traten im Rahmen der Entnazifizierung zahlreiche Beweise zu Tage. Auch hatten ins Ausland emigrierte Juden an frühere Nachbarn oder die Polizei geschrieben, wer sich an den Pogromen beteiligt hatte. Darüber hinaus wurden viele Verfahren durch die örtlichen Bürgermeister veranlasst, die durchweg der SPD angehörten und unter dem NS-Regime zu leiden hatten. Ferner wurden Be- und Entlastungszeugen öffentlich aufgerufen, sich bei den Behörden zu melden. Vielfach, aber nicht immer, führten Strafverfahren und Entnazifizierung zu einer Kumulierung von Freiheitsentzug, wie folgendes Beispiel zeigen möge:

Der Bürgermeister von Klein-Krotzenburg hatte einen SA-Mann angewiesen, einen Eimer Benzin zu holen, um die Synagoge anzuzünden. Das gelang nicht; verursacht wurde eine Verpuffung, bei der sich ein SA-Mann schwer verletzte. Die Inneneinrichtung wurde demoliert. Nach dem Krieg wurde der Bürgermeister im Februar 1947 zunächst interniert, sodann im Rahmen der Entnazifizierung verhaftet und schließlich in ein Arbeitslager eingewiesen. Wegen des Freiheitsentzugs von fast vier Jahren wurde die schließlich auch noch verhängte Gefängnisstrafe von sechs Monaten nicht mehr vollstreckt und ab November 1950 zur Bewährung ausgesetzt.[17]

Unrühmliche Bedeutung erlangten die »Persilscheine«, sowohl in den Strafverfahren als auch bei der Entnazifizierung. Danach stellten frühere Kollegen, Nachbarn, aber auch Kirchen, Gewerkschaften und sonstige Körperschaften Leumundszeugnisse aus. Das konnte sich bei einem SA-Täter positiv auswirken, der nach 1935 (dem Beginn des

---

[16] Grundlegend hierzu: Wolf-Arno KROPAT, Die Reichskristallnacht. Wiesbaden 1997 / Die Reichskristallnacht in Hessen. Wiesbaden 1988. Eigentlich handelte es sich um Pogromtage. Die ersten Unruhen flackerten unmittelbar nach dem Attentat am 7. November 1938 auf, zunächst noch als spontane Einzelaktionen. Erst nach dem Tod des vom Rath gaben die obersten NS-Organe in der Nacht vom 9. auf den 10. November 1938 Weisung, der Volkszorn möge sich Luft machen. Die Aktionen wurden erst am 10. November 1938 durch eine Rundfunkdurchsage von Goebbels gegen 16 Uhr beendet, die allerdings nicht immer befolgt wurde (Fall 957; Hoffmann (2013) S. 90). Die Bezeichnung »Kristallnacht« hat sich in der Bevölkerung spontan verbreitet angesichts der vielen zerbrochenen Glasscheiben. Wegen des brutalen Vorgehens gegen die jüdische Bevölkerung erscheint der Begriff »Pogromnacht« eher angebracht.

[17] Fall 952; HOFFMANN (siehe Anm. 3), S. 351, 364.

offenen Kampfes des Regimes gegen die Kirchen) nicht aus der Kirche ausgetreten war und das Gotteshaus sogar für den Besuch des Bischofs schmückte,[18] während ein anderer mit einer SA-Gruppe dem Bischof den direkten Weg ins Pfarrhaus verstellte, so dass dieser unter einer Hakenkreuzfahne hergehen musste.[19]

Insgesamt wurden in Südhessen 336 Personen wegen der Teilnahme an der Pogromnacht zu Freiheitsstrafen zwischen einem Monat und sieben Jahren belegt. Der gewichtete Mittelwert lag bei zehn Monaten. Die Ermittlungen wurden gründlich geführt. Seitens der Militärregierung, die alle Verfahren überwachte, gab es keine Beanstandungen. Die Verfahren waren bis 1950 im Wesentlichen abgeschlossen. Die Überhänge nach 1950 wurden zum Teil sehr großzügig eingestellt, nachdem der »Kalte Krieg« ausgebrochen war und die US-Regierung schon 1948 kein Interesse mehr an den Verfahren hatte.

Bei der Pogromnacht spielte der Tatbestand des Landfriedensbruchs eine wesentliche Rolle. Danach wird mit Gefängnis bestraft, wer an einer »öffentlichen Menschenmenge« teilnimmt, die Gewalt gegen Personen oder Sachen ausübt (§ 125 Abs. 1 StGB). Wer dagegen tatsächlich Gewalt ausübt oder Rädelsführer ist, musste mit Zuchthaus bis zu zehn Jahren rechnen (§ 125 Abs. 2 StGB). Damit war schwerer Landfriedensbruch ein Verbrechen (§§ 1 und 14 StGB), bei dem kraft Gesetzes Fluchtverdacht vermutet wurde und daher Untersuchungshaft ohne Weiteres anzuordnen war, was hauptsächlich die örtlichen SA-Führer betraf, die sich am Pogrom aktiv, also mindestens als Rädelsführer, beteiligt hatten. Diese Bedrohung im Zusammenhang mit der Entnazifizierung übte auf diesen Personenkreis einen großen Druck aus, die eigenen Taten und die Verstrickung in das NS-Regime abzumildern beziehungsweise zu leugnen, so dass buchstäblich niemand mit dem Regime etwas zu tun haben wollte.

Im Gegensatz zu den Verbrechen im Ausland während des Krieges konnten die Teilnehmer an der Pogromnacht nachhaltig verfolgt werden, da die Beweise vor Ort verfügbar waren.

Kriegsverbrechen – Fall Nöll

Der Fall Nöll wurde in der berühmten Reemtsma-Ausstellung als besonderer Beleg für die Verstrickung der Wehrmacht in die NS-Verbrechen bewertet,[20] zeigt aber zunächst die Besonderheit in der Verfolgung der NS-Kriminalität. Es ist strikt zu unterscheiden zwischen lokalen Verbrechen – diese wurden schon ab 1945 verfolgt – und Verbrechen im Krieg. Bei lokalen Straftaten kannten die Opfer die Täter und mögliche Zeugen meist schon vor der Tat, so dass nach Wiederaufnahme der Rechtspflege eine zügige Verfolgung möglich war. Bei Verbrechen im Krieg, meist im Osten, führte regelmäßig nur ein Zufall Täter und Opfer zusammen. Vielfach konnten Zeugen Täter nur ganz vage be-

---

18 Fall 926 Dieburg; HOFFMANN (siehe Anm. 3), S. 190.
19 Fall 957 Ober-Roden; HOFFMANN (siehe Anm. 3), S. 352, 366.
20 Wikipedia. Wehrmachtsausstellung.

schreiben und keinerlei Angaben über die Einheit machen, so dass häufig eine Verfolgung nur durch Zufall möglich war. Dieser stellte sich im Fall des Karl Friedrich Nöll, der 1941 Kompaniechef in Russland war, ein.[21]

Ein Feldwebel wollte sich 1951 scheiden lassen und wurde deshalb von seiner Frau als Mörder beschimpft. Da er Anzeige wegen Beleidigung stellen wollte, interessierte sich die Polizei für den Grund der Beschimpfung. Der Feldwebel hatte seiner Frau von Judenerschießungen nahe Smolensk berichtet. Daraufhin wurden alle noch lebenden Mitglieder der Einheit des Nöll ermittelt und verhört, so dass die Vorgänge geklärt wurden. Nöll, von Beruf Lehrer und schon Offizier im Ersten Weltkrieg, hatte einen mündlichen Befehl erhalten, im nahe gelegenen Dorf alle Juden zu erschießen. Nöll bestand auf einen schriftlichen Befehl, der ihm, aber auch den beiden Nachbarkompanien sodann zugestellt wurde. Der eine Kompaniechef befolgte den Befehl und meldete die Ausführung. Der andere Kompaniechef weigerte sich mit der Begründung, das sei eines deutschen Soldaten nicht würdig, was für ihn keine Konsequenzen hatte. Nöll dagegen glaubte, sich heraushalten zu können und beauftragte einen Feldwebel mit der Durchführung. Dabei wurden mindestens 15 Personen getötet. Nöll wurde wegen Beihilfe zum Totschlag zu vier Jahren Gefängnis, der Feldwebel, der die Aktion durchführte, zu drei Jahren Gefängnis verurteilt. Anderen war keine Schuld nachzuweisen.

Bemerkenswert ist noch folgender Vorgang: Zwei Soldaten des Erschießungskommandos hatten sich offenbar verabredet, vorbeizuschießen. Nach dem Kommando stand das Opfer noch. Ein russischer Hilfspolizist nahm dann die Erschießung vor.

An Hand dieses Falles lässt sich zunächst zeigen, dass es offenbar möglich war, die Ausführung eines rechtswidrigen Befehls zu verweigern. Daher ließ das Gericht ein »Handeln auf Befehl« nicht zur Entlastung zu. Nach dem Militärstrafgesetzbuch (MilStGB), das seit der Kaiserzeit galt und das Nöll noch vom Ersten Weltkrieg gegenwärtig gewesen sein musste, müssen Befehle befolgt werden, es sei denn, der Soldat erkennt, dass der Befehl Unrecht ist (§ 47 MilStGB). Der Befehl zur Tötung von Juden aus rein rassistischen Gründen war danach auf jeden Fall rechtswidrig.

Auch lag kein Befehlsnotstand vor. Das hätte in Betracht kommen können, wenn die Nichtausführung für den Betroffenen eine gegenwärtige ernste Gefahr für Leib oder Leben bedeutet hätte. Im vorliegenden Fall hätte Nöll unter anderem Gegenvorstellungen erheben können, bevor er den Befehl ausführen ließ. In dieser Hinsicht waren die Gerichte konsequent. So ist kein Fall bekannt geworden, dass jemand mit ernsthaften Konsequenzen belegt wurde, weil er einen (Mord-) Befehl nicht befolgte. Die Rechtsprechung hat auch nicht, ähnlich wie bei einer fälschlich angenommenen Notwehrsituation (»Putativnotwehr«), juristische Entlastungskonstruktionen für fälschlich angenommenen Befehlsnotstand bereitgehalten. Hierzu wurden in Darmstadt 1967 immerhin Werner Best (im Krieg Reichsstatthalter in Dänemark, dort zum Tode verurteilt, 1951 begnadigt, später Chefsyndikus eines deutschen Konzerns) und Hans Globke (Mitkommentator der Nürnberger Rassengesetze, unter Adenauer Chef des Bundeskanzleramts)

---

21 Fall 979; HOFFMANN (siehe Anm. 3), S. 216 ff. Die erste Verurteilung durch das Landgericht erfolgte am 8. Mai 1954, die endgültige nach Aufhebung durch den BGH am 5. Mai 1955.

als Zeugen vernommen.[22] Beide sagten sinngemäß aus, Befehlsverweigerungen habe es nicht gegeben, weil jeder um sein Leben fürchtete. Auf Grund anderer Aussagen schloss das Gericht, dass die Angeklagten sich nicht in der irrtümlichen Annahme der Gefahr für Leib oder Leben befanden, sondern nur bestrebt waren, nicht aufzufallen.

Das Gericht hat die Tat ferner als Totschlag bewertet, weil bei den Tätern das Mordmotiv »Rassenhass« nicht vorgelegen habe. Bei der Strafzumessung wurde als mildernd berücksichtigt, dass die Angeklagten unbestrafte, gebildete Menschen seien, zivil geachtet, keine kriminelle Gesinnung besäßen und durch das Schicksal eine Lage entstanden sei, der sie menschlich nicht gewachsen gewesen wären. Diese Gesichtspunkte kamen bei fast allen NS-Tätern zum Tragen. Auch während der Strafvollstreckung wurde ihr vorbildliches Verhalten gelobt, so dass Reststrafen zur Bewährung ausgesetzt wurden und die Bewährung immer bestanden wurde.[23]

Schließlich wurde Nöll lediglich wegen Beihilfe bestraft, weil er die Tat »nicht als eigene« wollte. Die Rechtsprechung, nicht nur in Darmstadt, hatte hierzu in den Urteilen ein »Textmodul« eingestellt: »Haupttäter waren Hitler, Himmler...« (je nach Befehlsstrang wurden hier noch Göring, Heydrich und andere genannt).[24] Schließlich hatte der BGH diese stark subjektiv geprägte Auffassung gebilligt.[25] Als Konsequenz hieraus wurde das Gesetz geändert, so dass heute zunächst derjenige als Täter gilt, der die Tatbestandsmerkmale verwirklicht hat (§ 25 StGB).[26] Die Konsequenz der Bewertung als Beihilfe war eine erhebliche Strafmilderung. Für Mord wäre regelmäßig eine lebenslange Freiheitsstrafe zu verhängen gewesen (§ 211 StGB), während die Mindeststrafe für Beihilfe bei drei Jahren lag (§§ 44 Abs. 2 i.V.m. 49 Abs. 2 StGB).

Die durch höchstrichterliche Rechtsprechung immer wieder bestätigte Bewertung der »Beihilfe« sollte sich im Zusammenhang mit der Einführung eines neuen Ordnungswidrigkeitsgesetzes (OWiG) fatal auswirken. Nach der Fassung des § 50 Abs. 2 StGB ab 1. Oktober 1968 muss derjenige milder bestraft werden, bei dem dieses Merkmal nicht vorliegt als derjenige, bei dem es vorliegt.[27] Die Verjährungsfrist betrug demnach 15 Jahre

---

22 Fall 1287; HOFFMANN (siehe Anm. 3), S. 262.
23 Die Diskussion, warum jemand Täter wurde, ist äußerst umfangreich und kann hier nicht wiedergegeben werden. Wenn es jedoch so einfach ist, zum Täter zu werden, so muss es hierfür auch eine einfache Erklärung geben. Am plausibelsten erscheint hierzu die Theorie von Harald WELZER: Täter. Wie aus ganz normalen Menschen Massenmörder werden, Frankfurt 2007, S. 87 ff., wonach die Opfer zunächst ausgegrenzt werden (zum Beispiel Juden aus der »Volksgemeinschaft«) und die Vernichtung nach einem gewissen Referenzrahmen geschieht. So wurden zum Beispiel Juden durch die Einsatzgruppen wie Partisanen erschossen (Zeugenaussage im Fall 979: Bei einem Lehrgang seien die Teilnehmer instruiert worden, Juden seien Partisanen und Partisanen seien Juden).
24 Vgl. auch hierzu Fall 1287; HOFFMANN (siehe Anm. 3) S. 260.
25 Neue Juristische Wochenschrift (NJW) 1963, 355. Der Fall betraf einen russischen Agenten, der im Auftrag des KGB in der BRD Morde begangen hatte. Ob die rechtliche Bewertung auf den Zeitgeist zurückzuführen war, erscheint möglich.
26 Abs. 1: »Als Täter wird bestraft, wer die Straftat selbst oder durch einen anderen begeht«.
27 So der BGH bereits in der grundlegenden Entscheidung vom 20. Mai 1969 (NJW 1969, 1181). Die Fassung des § 50 Abs. 2 StGB wurde mit dem Einführungsgesetz zum OWiG in Kraft gesetzt. Die Konsequenz für die Organisatoren der NS-Verbrechen wurde nach Auffassung aller offiziellen Stellen übersehen. Es gibt aber viele Indizien, die darauf hindeuten, dass der zuständige Referent im Bundesminis-

und begann mit dem 9. Mai 1945, so dass eine Verfolgung nach dem 8. Mai 1960 nicht mehr möglich war. So kam Friedrich Rondholz (Mitglied eines Sicherungsregiments in Polen) frei, obwohl er zahlreiche Tötungsdelikte selbst begangen hat, aber erst 1965 erstmals richterlich vernommen wurde.[28]

Einsatzgruppen

Bereits bei dem »Anschluss« Österreichs wurden besondere Polizeieinheiten eingesetzt, um gegen mutmaßliche politische Gegner vorzugehen. Das wiederholte sich bei der Besetzung Polens und wegen des Widerstands durch die Wehrmacht in abgeschwächter Form bei der Besetzung Frankreichs. Während der Vorbereitung des Russlandfeldzugs ab Mai 1941 wurden neue Einsatzgruppen gebildet, die zunächst einige Monate ausgebildet wurden und wenige Stunden nach der Wehrmacht in Russland einfielen, um sofort mit den geplanten Massenmorden, vor allem an Juden, zu beginnen.[29] Insgesamt dürften etwa 800.000 Menschen umgebracht worden sein. Das größte Massaker ereignete sich in Babi Jar, wo innerhalb weniger Tage 33.771 Erschießungen durch die Einsatzgruppe C / Sonderkommando 4A vorgenommen wurden.[30] Dabei ging man durchweg nach dem gleichen Muster vor: Durch Aushänge wurden die Juden aufgefordert, »wegen der Umsiedlung« mit limitiertem Gepäck zu einem Sammelplatz zu kommen. Sodann wurden die Juden zu vorbereiteten Gräben gebracht und in kleinen Gruppen am Rand der Gräben von hinten erschossen.

Die Schwierigkeit bei der Strafverfolgung bestand zunächst darin, überhaupt Verdächtige zu ermitteln. Die Opfer waren fast alle getötet worden, und die Täter schwiegen. Die wenigen Zeugen konnten sich kaum an die Täter erinnern, allenfalls konnten sie angeben, ob es sich um Polizei oder Militär handelte. Die Personenbeschreibungen gaben wenig her. So war es wiederum einem Zufall zu verdanken, dass trotz allem ein Verfahren in Gang kam. In Ulm hatte ein Zeuge das Mitglied einer Einsatzgruppe wiedererkannt, der in dem folgenden Verfahren verurteilt werden konnte.[31] Die Justiz, aber auch die Politik erkannten, dass mit den bisherigen Zuständigkeiten eine Verfolgung weiter dem Zufall überlassen bliebe. Daher wurde durch die Landesjustizverwaltungen

---

terium der Justiz, Eduard Dreher (bis 1945 Strafrichter) und der Bundestagsabgeordnete Achenbach die Neufassung der Vorschrift durch Aufführung an einer unverdächtigen Stelle lanciert haben (die Entstehungsgeschichte ist umfassend beschrieben bei Michael GREVE, Der justizielle und rechtspolitische Umgang mit den NS-Gewaltverbrechern in den sechziger Jahren. Frankfurt 2001, S. 358 ff.

28 Fall 1294. Der BGH hat in der ersten Revision (13. Mai 1971 3 StR 337/68) wegen einiger Tötungsdelikte Verjährung angenommen und im Übrigen die Sache zurückverwiesen. Das Landgericht hat am 25. Februar 1977 das Verfahren eingestellt. Über die erneute Revision durch die Staatsanwaltschaft wurde wegen des Todes von Rondholz nicht mehr entschieden.

29 Grundlegend hierzu: Helmut KRAUSNICK, Hitlers Einsatzgruppen. Frankfurt 1993.

30 Fall 1291. Der Prozess geht auf die Zentrale Stelle in Ludwigsburg zurück. Der Hauptverantwortliche Blobel wurde durch die US-Militärgerichtsbarkeit 1951 hingerichtet.

31 Sog. Ulmer Einsatzgruppenprozess: Am 29. August 1958 wurden zehn Angeklagte zu 3 bis 15 Jahren Zuchthaus verurteilt.

die Zentrale Stelle in Ludwigsburg gegründet mit dem Ziel einer systematischen Erfassung aller Erkenntnisse und eines Informationsaustauschs aller an der Verfolgung von NS-Verbrechen beteiligten Institutionen. Die Zentrale Stelle führte vor allem Vorermittlungen bis zur Abgabe an die zuständigen Staatsanwaltschaften.

Ein Beispiel für Darmstadt ist der Fall Findeisen.[32] Dieser hatte bereits eine Familie und wurde 1930 während der Wirtschaftskrise arbeitslos. Ein Freund empfahl die Mitgliedschaft in der NSDAP; die würde Arbeit versprechen. Tatsächlich wurde Findeisen nach der Machtergreifung bei der Polizei als Fahrer eingestellt. Dort bewährte er sich so gut, dass er nach Berlin empfohlen und Fahrer von Heydrich wurde. Aus Anlass einer Trunkenheitsfahrt Ende 1941 wurde er allerdings vier Wochen arretiert und anschließend mit einem Gaswagen zu einer Einsatzgruppe nach Russland geschickt. Dort wehrte er sich anfänglich gegen den Befehl, vor allem Juden mit dem Gaswagen zu fahren, gab aber den Widerstand auf, weil er seine Entlassung befürchtete. Bei jedem Transport wurden etwa 60 Personen getötet. Als der Motor, dessen Gase nach ca. 10 Minuten in den Laderaum geleitet wurden, eines Tages ausfiel und das Fahrzeug liegenblieb, ließ er den LKW abschleppen. In der Kaserne wurden die Ladetüren geöffnet. Die Opfer befanden sich in einem fürchterlichen Zustand. Die noch Lebenden wurden sofort erschossen.

Findeisen weigerte sich nun endgültig, den Gaswagen weiter zu fahren. Er wurde ohne weitere Sanktionen nach Berlin zurückversetzt. Sein Fall kam im Rahmen der Ermittlungen gegen die Einsatzgruppe C heraus. Er wurde wegen Beihilfe zum Mord zu 37 Monaten Zuchthaus verurteilt. Das Mordmerkmal lag wegen der grausamen Begehungsweise vor. Beihilfe wurde angenommen, da Findeisen zwar die Taten selbst begangen habe, mit der Tat habe er aber nur dem allgemeinen Vernichtungswillen des Regimes Folge geleistet.

Dieser Fall zeigt deutlich, wie ein Familienvater in einer schwierigen Situation nach vermeintlicher Hilfe greift, sich immer mehr in das verbrecherische System verstrickt und sich erst entschieden wehrt, als es zu spät ist. Von der Einheit des Findeisen (Sonderkommando 4A) wurden über 20 Mordaktionen überwiegend an Juden begangen. Die Opferzahl je Aktion lag zwischen 17 und 3.125 Personen. Die Angeklagten wurden 1968 alle wegen Beihilfe zum Mord bestraft (sieben Mal Freiheitsstrafe zwischen 4 und 15 Jahren, je nach Intensität der Beteiligung).[33]

Polizeiverbrechen

In der Öffentlichkeit weitgehend unbekannt sind die Polizeiverbrechen, obwohl diesen ca. 800.000 Menschen zum Opfer fielen. In den besetzten Ostgebieten waren etwa 100 Polizeibataillone mit je 500 Mann zur »Sicherung« eingesetzt. Hierbei ging es vorder-

---

32 Fall 1292; HOFFMANN (siehe Anm. 3), S. 247. Das erste Urteil vom 18. April 1969 wurde vom BGH am 19. Juni 1970 aufgehoben, das Urteil des Landgerichts vom 23. Dezember 1971 wurde rechtskräftig, nachdem der BGH die erneute Revision verwarf.
33 Fall 1291; HOFFMANN (siehe Anm. 3), S. 236. Urteil vom 29. November 1968.

gründig um »normale« Polizeiaufgaben wie Bekämpfung von Verbrechen und Gewährleistung der öffentlichen Sicherheit und Ordnung. Die Polizei war aber auch eingesetzt für die systematische Erfassung von Juden und politischen Gegnern, deren Zuführung zu den Vernichtungslagern, aber auch zur Durchführung von Vernichtungsmaßnahmen in eigener Regie.

Anhand von zwei in Darmstadt entschiedenen Fällen lässt sich wiederum zeigen, wie problematisch der Umgang der Rechtsprechung mit der Abgrenzung zwischen Täterschaft und Teilnahme war. Es handelt sich zunächst um die Erschießung eines Mädchens von sechs bis sieben Jahren.[34] Dieses Kind ging weinend eine Straße im Ghetto von Tomaszow entlang. An einer Hausecke standen mehrere Polizisten. Einer von ihnen näherte sich dem Mädchen und legte die Hand auf dessen Schulter. Die anderen Polizisten lachten, weil sie bereits ahnten, was jetzt kommt. Der Polizist schoss dem Mädchen in den Kopf und ließ es auf der Straße liegen. Er wurde auch wegen zwei weiterer Fälle lediglich wegen Beihilfe zum Mord verurteilt, weil er auch dort ›nur‹ den »generellen Vernichtungswillen« des Regimes verwirklicht habe.

Eine ähnliche Ausgangssituation gab es im Ghetto von Kolomea.[35] Dort ging eine junge Frau über die Straße, hatte aber ihren Mantel über den Arm gehängt, so dass man den obligatorischen Judenstern nicht sehen konnte. Ein Polizist stellte sie zur Rede, sie gab ihm offenbar eine nicht devote Antwort, worauf er sie ebenfalls erschoss und liegen ließ. Diese Tat wurde als selbständig begangener Mord bewertet mit der Folge einer lebenslangen Freiheitsstrafe, während die übrigen Erschießungen von Juden als Beihilfe nicht mehr ins Gewicht fielen. In beiden Fällen war die 2. Schwurgerichtskammer tätig. Möglicherweise wurde zu Ungunsten des zweiten Angeklagten dessen Äußerung bewertet (»Soll ich mich für diesen Lumpen [Anm. d. Verf.: Hitler] in Gefahr begeben und vielleicht sogar meinen Beruf verlieren, wenn andere zu feige waren, als Verantwortliche aufzubegehren«), mit der er die Verantwortung auf seine Vorgesetzten abschob, ohne sich von seiner Tat zu distanzieren. Jedenfalls zeigen die beiden Fälle die Probleme bei der Abgrenzung von Täterschaft und Teilnahme.

Der umfangreichste Prozess[36] wegen Polizeiverbrechen richtete sich gegen Erich Wollschläger (geb. 1909). Dieser war 1928 in den Polizeidienst getreten, wurde im Krieg im Osten eingesetzt, wurde nach 1945 reaktiviert und war ab 1958 Polizeihauptkommissar in Bensheim. Die Zentrale Stelle hatte in diesem Verfahren ab 1960 die Vorermittlungen geführt und dann nach Darmstadt verwiesen. Von dort wurden über 150 Vernehmungen im In- und Ausland durchgeführt, unter anderem in Israel, Amerika und Australien. Die Hauptverhandlung dauerte drei Jahre (1968 bis 1971). Nach Anhörung von rund 150 Zeugen wurde Wollschläger zu einer Freiheitsstrafe von fünf Jahren verurteilt, auf die die etwa gleich lange Untersuchungshaft angerechnet wurde. Somit »verließ Wollschläger das Gericht als freier Mann«, wie die Presse schrieb. In dem außerordent-

---

34 Fall 1638; HOFFMANN (siehe Anm. 3), S. 266. Urteil vom 8. Dezember 1972
35 Fall 1287; HOFFMANN (siehe Anm. 3), S. 261. Urteil vom 28. Juli 1967
36 Fall 1293; HOFFMANN (siehe Anm. 3), S. 268. Urteil vom 27. Juli 1971. Das Prozessmaterial umfasst 240 Aktenbände und 161 Tonbänder.

lich sorgfältig verfassten Urteil von über 1.300 Seiten kam das Gericht zum Ergebnis, dass von den über 25 historisch bewiesenen Mordaktionen, die Gegenstand der Anklage waren, nur ein Mordfall Wollschläger zugerechnet werden konnte: Wollschläger hatte Juden zum Zwecke der Deportation morgens antreten lassen. Ein (freiwilliger) polnischer Ordner kam verspätet hinzu, den Wollschläger kurzerhand erschießen ließ. Obwohl Wollschläger die vollständige Tatherrschaft besaß, wurde auch hier lediglich Beihilfe angenommen.

Deportation / Holocaust

Die Lagerverbrechen waren erst in den frühen 1960er Jahren Gegenstand von systematischen Ermittlungen und führten zu einigen aufsehenerregenden Prozessen. Weniger bekannt sind die Taten in der Heimat der Opfer, um diese in die Vernichtungs- bzw. Konzentrationslager zu bringen.

Während bis 1938 etwa 40 Prozent der finanziell meist besser gestellten Juden emigrieren konnten, gelang dies bis Sommer 1941 noch etwa 33 Prozent. Einige vertrauten darauf, dass sie in einer privilegierten Mischehe mit einem »Arier« lebten und daher nicht angreifbar waren. Fiel jedoch der »arische« Partner durch Tod weg, so kannte das Regime keine Gnade, wie der folgende Fall zeigt.[37]

Ein hochangesehener »arischer« Richter am Oberlandesgericht Darmstadt, der 1933 zwangspensioniert wurde, war mit der Jüdin Auguste Jung verheiratet. Da der Ehemann verstorben war, war die Ehefrau nunmehr der Willkür der Gestapo ausgesetzt. Diese beauftragte Georg Albert Dengler, einen gering qualifizierten Mitarbeiter, der jede Gemeinheit willfährig mitmachte beziehungsweise ersann. So unternahm dieser eine »Haussuchung«, um bei dieser Gelegenheit zwei »Reichsseifenkarten« zu entdecken, wo in der Namenszeile der Zusatz »Sara« fehlte. Dieser Zusatz war seit 1941 obligatorisch (bei Männern: Israel). Vermutlich handelte es sich um die Seifenkarten, wegen denen Frau Jung Wochen vorher mit einer Buße von 50 RM belegt worden war, also auch nach Auffassung der Justiz kein schweres Vergehen.

Dengler nahm dies zum Anlass, die Frau 1943 zu verhaften und in ein Konzentrationslager einliefern zu lassen. Der Sohn, wissenschaftlicher Mitarbeiter am Kaiser-Wilhelm-Institut für Chemie in Berlin,[38] wandte sich an seinen Vorgesetzten Professor Hess um Hilfe. Doch der signalisierte ihm, man möge nichts tun, alles andere mache die Sache nur schlimmer. Einige Tage später kam die Todesnachricht.

Dengler war nach Auffassung des Gerichts nicht nachzuweisen, dass er die Verhaftung mit der Absicht vorgenommen hatte, Frau Jung töten zu lassen. Dies zeigt die Schwäche der Nachkriegsjustiz: Dengler war sich bewusst, Teil eines Gesamtsystems zu sein, das seine Gegner oder erklärte Opfer wie die Juden »ausrotten« wollte. Man konnte sich bei Gründung der Bundesrepublik nicht entschließen, für diese Tatbestände ein

---

37 Fall 1071; HOFFMANN (siehe Anm. 3), S. 115.
38 Heute: Max-Planck-Gesellschaft.

Sonderstrafrecht zu schaffen,[39] oder wenigstens aus dem Nürnberger Prozess den Tatbestand »Verbrechen gegen die Menschlichkeit« zu übernehmen. Dies hätte zu angemesseneren Strafen für den Tod eines Menschen geführt. So wurde Dengler am 14. Juli 1950 auch wegen ähnlicher Vorfälle zu sechs Jahren Freiheitsstrafe verurteilt.[40] Ihm wurde Freiheitsberaubung im Amt mit Todesfolge zu Last gelegt. Er war allerdings seit 1945 interniert beziehungsweise in Haft. Das Gericht lastete ihm an, nach fadenscheinigen Gründen gesucht zu haben, um willkürliche Verhaftungen vorzunehmen. Andere Vollzugsbeamte hätten dies nicht getan.

Vollzugsbeamte wie Dengler waren jedoch weitgehend verantwortlich dafür, dass fast alle Juden bis Kriegsende erfasst, deportiert und getötet wurden. Sein Kollege Böhm hatte 1943 anlässlich einer »Hausdurchsuchung« bei dem 1935 zwangspensionierten Richter Dr. Kallmann ein »Feindflugblatt« in eine Schublade »hineinpraktiziert« (so das Gericht) und Dr. Kallmann mit der Begründung verhaftet, er habe das Flugblatt nicht abgeliefert. Dr. Kallmann wurde deportiert und 1943 in Minsk erschossen.

Nach zwei Revisionen betrug die Freiheitsstrafe am 23. Mai 1951 noch zwei Jahre und sieben Monate.[41] Allerdings saß Böhm ab 1948 im Rahmen der Entnazifizierung im Arbeitslager.

Endphase

Während der Endphase des Kriegs bäumte sich das Regime zum letzten Mal auf. Um den Verteidigungswillen zu stärken, wurden unter anderm im Februar 1945 Standgerichte eingerichtet, die auch Zivilpersonen verurteilen konnten.[42] Obwohl die Standgerichte immer nach dem Gesetzestext die Möglichkeit hatten, den Delinquenten freizusprechen, zum Tode zu verurteilen oder den Fall an ein Gericht zu verweisen, wurde die letzten beiden Möglichkeiten nur äußerst selten gewählt. Offenbar waren alle Standrichter ideologisch fixiert oder sie hatten Angst. Jedenfalls wurde im Falle einer Anklage fast immer die Todesstrafe verhängt und sofort vollzogen.

Auch in den Wirren der Endphase führte eher der Zufall Täter und Opfer zusammen. In einem Fall, der später vom Bürgermeister in Bensheim zur Anzeige gebracht wurde,

---

39 Vgl. Art. 158 Hessische Verfassung. Dort war vorgesehen, dass Maßnahmen, „um den Nationalsozialismus und den Militarismus zu überwinden und das von ihm verschuldete Unrecht wiedergutzumachen", nicht an die verfassungsmäßigen Rechte gebunden sind. Umgesetzt wurde diese Möglichkeit nicht, wofür es durchaus auch Gründe gab.
40 Die Strafe wurde bis 1. Februar 1954 vollstreckt. Wegen guter Führung wurde ein Strafrest von 200 Tagen zur Bewährung ausgesetzt. Alle verurteilten NS-Täter haben sich im Vollzug übrigens gut geführt und die Bewährung bestanden.
41 Das erste Urteil vom 2. November 1949 und das zweite Urteil vom 27. April 1950 (jeweils 3 Jahre und 1 Monat Zuchthaus) wurde durch die Revision am 3. März 1950 bzw. 27. April 1950 wegen nicht ordnungsgemäßer Vernehmung einer kranken Zeugin aufgehoben. Dann wurde die Zeugin ordnungsgemäß vernommen, wobei die Verteidigung nicht erschien. Das letzte Urteil hatte Bestand, wobei durch Anrechnung der Haft und Aussetzung des Strafrests Böhm am 23. Mai 1951 freikam.
42 Standgerichtsordnung vom 15. Februar 1945, RBGl. I, S. 80.

wollte die Gestapo die wenigen Stunden vor Eintreffen der US-Armee[43] offenbar noch nutzen, um Regimegegner umzubringen. So gab einer der hessischen Gestapoführer (Hellenbroich oder Girke, beide durch die US-Militärjustiz hingerichtet wegen Tötung von Flugzeugbesatzungen) am 24. März 1945 den Befehl, die zwölf politischen Häftlinge im Gefängnis von Bensheim zu erschießen. Unter Leitung des Gestapomanns Raaf (ebenfalls durch die US-Justiz hingerichtet) wurden die Gefangenen zum Kirchberg geführt und durch Genickschuss von Raaf getötet. Der Gestapomann Köhler, dem nur die Mitwirkung bei dem Begleitkommando nachzuweisen war, erhielt am 22. August 1949 wegen Beihilfe zum Mord dreieinhalb Jahre Zuchthaus. Es war sich nach Beurteilung des Gerichts bewusst, an einem Mord teilzunehmen, da die Bekämpfung politischer Gegner ein niedriger Beweggrund[44] sei.

Der Fall sollte noch eine Fortsetzung erfahren. Ein politischer Häftling in Bensheim konnte am 19. Februar 1945 fliehen. Vorher hatte Köhler ihn und zwei weitere Häftlinge brutal in ihrer Zelle zusammengeschlagen. Auf die Strafanzeige dieses Häftlings wurde auch dieser Fall ab 1949 untersucht und angeklagt, aber letztlich aus nicht nachvollziehbaren Gründen erledigt. In der zweiten Revision kam das Oberlandesgericht zu dem Ergebnis, die Tat sei bereits am 19. Februar 1950 verjährt gewesen. Die erste richterliche Vernehmung in der Sache, die die Verjährung unterbrechen konnte, sei erst am 5. Mai 1950 erfolgt. Es ist zwar richtig, dass die Körperverletzung nach fünf Jahren verjährt, und damit rechnerisch am 19. Februar 1950. Die Verjährung für NS-Kriminalität begann aber erst ab 8. Mai 1945 zu laufen. Es wäre daher nur möglich gewesen, den Zeitpunkt auf den Tag der Tat vorzuverlegen, wenn es sich um allgemeine Kriminalität gehandelt hätte, die ohnehin auch während der NS-Zeit verfolgt worden wäre. So aber half sich das Gericht mit der Floskel, ein politischer Beweggrund [Anm. d. Verf.: für die Nichtverfolgung] sei nur möglich, aber nicht sicher. »Die Gestapo kann in dieser Krisenzeit möglicherweise andere Aufgaben als vordringlicher angesehen haben und den Vorfall aus diesem Grunde nicht weiter bearbeitet haben.« Dass gerade die Gestapoführung und Köhler andere Aufgaben hatten, nämlich Regimegegner umzubringen, kann diese nicht entlasten für Straftaten unterhalb der Schwelle zum Mord. Man kann daher nur vermuten, dass das Gericht keine Neigung mehr hatte, Köhler zu verfolgen, nachdem dieser lange genug im Freiheitsentzug war. Dann wäre es aber ehrlicher gewesen, eine nachträgliche Gesamtstrafe auszusprechen, die vermutlich den schon erlittenen Freiheitsentzug nicht wesentlich erhöht hätte.

---

43 Die Streitkräfte hatten den Rhein am 23. März 1945 überschritten und trafen am 25. März 1945 in Darmstadt ein (HOFFMANN, siehe Anm. 3, S. 121).

44 Hier wurde § 211 StGB in der Fassung von 1941 angewendet, der nunmehr vorsah, dass die vorsätzliche Tötung (Totschlag) zum Mord wird, wenn besondere Umstände vorliegen (Zweck, Mittel, Motive). Diese Änderung galt nicht als typisch nationalsozialistisch und wurde bis zum heutigen Tage als gültig anerkannt. Neuerdings wird über eine Neufassung nachgedacht. Die Formulierung von 1941 hatte allerdings einen wesentlichen Vorteil: Rassenhass (insbesondere gegen Juden) galt immer als niedriger Beweggrund.

Justiz

Das denkwürdigste Kapitel in der justiziellen Aufarbeitung schrieb die Justiz über sich selbst. Nicht ein Richter wurde durch ein ordentliches Gericht wegen Rechtsbeugung verurteilt, obwohl Zehntausende an Todesurteilen ergingen,[45] von denen die meisten noch fragwürdiger waren als oben unter Ziff. 2 dargestellt. Das mag auch damit zusammenhängen, dass nach Art. 131 Grundgesetz in Verbindung mit dem Ausführungsgesetz nur die Staatsdiener von der Wiederverwendung ausgeschlossen waren, denen konkret schwere Verfehlungen während der NS-Zeit nachgewiesen werden konnten. Damit konnten viele NS-Sympathisanten wieder in alte und höhere Positionen einrücken.

Man konnte zunächst den Eindruck haben, dass der BGH rücksichtslos gegen »Blutrichter« vorging. Er hat nämlich in einer Entscheidung 1951 gegen eine Denunziantin wie folgt deduziert: Das Todesurteil der NS-Justiz war eine Rechtsbeugung; wer dieser Justiz jemanden ausliefert, nutzt die Justiz zum Mord.[46] Also wurde die Denunziantin wegen eines Tötungsdelikts bestraft. Anders verhielt es sich, als die ersten Urteile gegen »Blutrichter« in die Revision kamen. Dabei wurde der Tatbestand der Rechtsbeugung (§ 336 StGB)[47] durch immer weitere Anforderungen so weit vom Wortlaut entfernt, dass dieser letztlich zum Absichtsdelikt wurde. Anders ausgedrückt: Ein Richter hätte schon sagen müssen, er habe das Recht beugen wollen. Derartige Äußerungen wurden nicht bekannt.

Vor diesem Hintergrund wundert es nicht, dass auch in Darmstadt keine Verurteilung erfolgte, obwohl dies durchaus hätte erwartet werden können. Mit Rücksicht auf diese Schwierigkeiten wurde das Gesetz geändert. Die heutige Fassung[48] erlaubt eher, nach den objektiv vorliegenden Umständen auf Vorsatz beim Richter zu schließen.[49]

Ein ähnlicher Fall wie oben bereits geschildert hat sich in Nord-Hessen zugetragen. Die in Kassel lebende Schwedin Dagmar Imgart hatte den Priester Dr. Metzger wegen Vorbereitung einer Denkschrift für die Zeit nach dem Nationalsozialismus und weitere zwei Opfer wegen Abhören von ausländischen Rundfunksendungen denunziert, die daraufhin 1943 vom Volksgerichtshof zum Tode verurteilt wurden. Nach dem Krieg hielt das Land-

---

45 Vgl. die neueste und umfassendste Darstellung der Justiz während der NS-Zeit von Ingo MÜLLER, Furchtbare Juristen. Die unbewältigte Vergangenheit der deutschen Justiz. Neuauflage, Berlin, 2014. Müller weist in hunderten von Beispielen nach, dass die Justiz die ohnehin äußerst restriktiven rechtlichen Vorschriften extrem zu Lasten der Angeklagten ausgedehnt haben. Eine wirksame Verteidigung wurde mit allen Mitteln verhindert.
46 BGH Entscheidungssammlung Strafsachen Band 3, S. 110.
47 Fassung bis zur Strafrechtsreform 1974: Ein Beamter oder Schiedsrichter, welcher sich bei der Leitung oder Entscheidung einer Rechtsfrage *vorsätzlich* zugunsten oder zum Nachteile einer Partei einer Beugung des Rechtes *schuldig macht*, wird mit Zuchthaus bis zu fünf Jahren bestraft.
48 Fassung § 339 StGB ab 1974: Ein Richter, ein anderer Amtsträger oder ein Schiedsrichter, welcher sich bei der Leitung oder Entscheidung einer Rechtssache zugunsten oder zum Nachteil einer Partei *einer Beugung des Rechts schuldig macht*, wird mit Freiheitsstrafe von einem Jahr bis zu fünf Jahren bestraft. (Hervorhebungen zugefügt).
49 BGH, Urteil vom 22. Januar 2014, Az. 2 StR 479/13.

gericht Kassel die Verurteilungen für »nicht offensichtlich unrichtig«; erst der BGH stellte 1956 fest, dass auch eine überspannte Anwendung von Gesetzen missbräuchlich sein kann und verurteilte die Denunziantin zu einer Freiheitsstrafe. Im nächsten Schritt wurde nun versucht, die am Volksgerichtshof beteiligten fünf Richter und den Staatsanwalt Harzmann zur Verantwortung zu ziehen.[50] Die Richter Hartmann, Fikeis, Hass und Keller waren verstorben, Nieder-Westermann wurde für verhandlungsunfähig befunden. So verblieb der Staatsanwalt Harzmann, der im Landgerichtsbezirk Darmstadt lebte und seit Mai 1950 wieder Richter war, für eine Verfolgung übrig. Ist schon der Nachweis der Rechtsbeugung gegen einen Richter schwierig, so stellt sich beim Staatsanwalt zusätzlich das Problem, dass er keinen direkten Einfluss auf das Urteil hat. Entlastend wirkte sich hier die Aussage des ehemaligen obersten Anklägers beim Volksgerichtshof, Ernst Lautz, aus, die Staatsanwälte wären in ihren Anträgen weisungsgebunden gewesen. Weitere Entlastung, in diesem Fall wohl zu Recht, erhielt Harzmann von einem Verteidiger, der ihn als zurückhaltend beschrieb, »während der Vorsitzende offenbar von Herrn Freisler gelernt zu haben schien«. Die Staatsanwaltschaft stellte daher, unter Berufung auf den BGH, am 28. Januar 1958 das Verfahren ein. Harzmann sei nicht nachzuweisen, dass er davon ausgegangen sei, der Volksgerichtshof »werde vorsätzlich das Recht beugen und die Angeklagten willkürlich unter Ausnutzung gerichtlicher Formen aus politischen Gründen vernichten«. Der logische Bruch, dass die Entscheidung des Volksgerichtshofs aus Sicht des Staatsanwalts nicht rechtswidrig war, während die Denunziantin die Rechtswidrigkeit voraussehen konnte, wurde ignoriert.

Ähnliche Fragen ergeben sich aus der Einstellung des Verfahrens gegen Ernst Lautz. Dieser war Dienstvorgesetzter aller Staatsanwälte beim Volksgerichtshof,[51] hat bei über 300 Todesurteilen die Anklage selbst vertreten und wurde 1946 im Nürnberger Juristenprozess durch ein US-Militärgericht zu zehn Jahren Gefängnis verurteilt, »weil er in verbrecherischer Weise in die Durchführung der Polen- und Judenstrafrechtsordnung verwickelt war«, kam aber 1951 schon wieder frei. Ohne den Einfluss des Lautz auf den Harzmann näher zu prüfen, wurde das Verfahren gegen ihn am 28. Januar 1958 eingestellt, weil er angeblich wegen des Überleitungsvertrags ohnehin nicht bestraft werden könne. Richtig ist, dass die Alliierten mit dem Überleitungsvertrag vermeiden wollten, dass deutsche Gerichte möglicherweise Urteile der Militärjustiz wieder aufhoben. Keinesfalls war gewollt, dass einmal durch US-Stellen Verurteilte immun sind gegen Verfolgungen aus anderen Gründen. Sieht man sich den Tenor des US-Urteils an, so hat dies mit der hier fraglichen Tätigkeit nichts zu tun. Hier wurde wohl eine Begründung gesucht, den Fall kurzerhand zu beenden.

Offenbar sind derartige Elemente auch im letzten Fall vorhanden, bei dem sich die Justiz mit sich selbst beschäftigen musste. Während die polnischen Behörden mit der Unterstützung der deutschen Justiz nach dem Krieg sehr zurückhaltend waren, änderte sich

---

50 Fall 991; HOFFMANN (siehe Anm. 3), S. 286.
51 Er ließ sich nach dem Krieg immer noch anreden mit »Herr Oberreichsanwalt« (Nachweise in der Prozessakte).

das in den 1970er Jahren. Der folgende Fall[52] kam über die Polnische Hauptkommission zur Untersuchung von NS-Verbrechen, die die Vorarbeiten geleistet hatte, nach Ludwigsburg. Es ging zunächst um die Tötung eines polnischen Juden durch einen Gendarmen am 1. Januar 1943 im Kreis Tomaszow. Der Gendarm konnte jedoch nicht ermittelt werden. Bekannt war aber, mutmaßlich auf Grund einer erzwungenen Aussage des Juden, dass der Jude auf der Flucht war und einen polnischen Bauer ansprach, sich in seinem Hof verstecken zu dürfen. Der Bauer wies ihn zunächst ab. Am nächsten Tag kam der Jude wieder und bot Geld an. Der Bauer ließ ihn zwei Nächte in der Scheune schlafen und verlangte dann, dass er sich entferne. Der Jude wurde später aufgegriffen und erschossen. Der polnische Bauer wurde vor das Sondergericht in Petsikau gestellt und wegen Verstoßes gegen §4b der Verordnung über Aufenthaltsbeschränkung vom 13. September 1940 in der Fassung vom 15. Oktober 1941 zum Tode verurteilt. Am 6. Mai 1943 wurde er hingerichtet, obwohl die örtliche Polizei bestätigte, er habe einen einwandfreien Leumund. Die Zentrale Stelle in Ludwigsburg legte den Fall dem BGH vor mit dem Ziel, ein Gericht zu bestimmen, das gegebenenfalls über die Einstellung des Verfahrens zu entscheiden habe. Auf diesem Wege kam der Fall an das Landgericht Darmstadt. Da das Urteil vorlag, waren auch Richter und Staatsanwalt namentlich bekannt. Die Richter wurden nicht verfolgt. Der Vorsitzende Dr. Woyke ist 1945 gefallen, der Beisitzer Schultz war nicht zu ermitteln, der Beisitzer Hill erklärte, er könne sich an das Urteil nicht erinnern. Der Staatsanwalt Holland (geb. 1898) war laut Gutachten auf Dauer vernehmungs- und verhandlungsunfähig. Somit stellte die Staatsanwaltschaft das Verfahren 1976 ein. Der mangelnden Erinnerung des Beisitzers Hill hätte die Lektüre des Urteils abhelfen können. Das Gericht wäre ja nicht gezwungen gewesen, ein Todesurteil zu erlassen. Der Bauer hat sich zunächst geweigert, dann aber offenbar aus Mitleid nachgegeben, da dem Juden mit Sicherheit die Deportation drohte. Im Urteil heißt es hierzu sinngemäß, dass ein Exempel zu statuieren war. Gründe für diese Form der Generalprävention wurden nicht angegeben. Es kann nur der Schluss gezogen werden, dass hier ein Menschenleben mit juristischen Mitteln ausgelöscht wurde.

Die Beispiele zeigen, dass die Justiz bis in die jüngste Gegenwart Schwierigkeiten hatte, wenn sie sich mit sich selbst beschäftigte und offenbar das »Richterprivileg« missbrauchte, um eine wirksame Verfolgung von Justizverbrechen zu verhindern.[53] Aus diesem Grund gab es übrigens auch kein Verfahren wegen Rechtsbeugung auf Grund der Behandlung der NS-Kriminalität in der Nachkriegszeit.

Heinz Düx, Untersuchungsrichter im Frankfurter Auschwitzprozess (1963 bis 1965) hat den Verfasser auf eine Entscheidung der Staatsanwaltschaft Frankfurt aus dem Jahr 1997 aufmerksam gemacht.[54] Düx hat zusammen mit drei Anwälten, darunter sein Sohn Henry, Strafanzeige wegen Rechtsbeugung gestellt, da einige NS-Täter, insbesondere

---

[52] Fall 2838; nach Abfassung der Studie HOFFMANN (siehe Anm. 3), bekanntgeworden.
[53] Vgl. hierzu die bereits zitierte Schrift von Ingo MÜLLER (siehe Anm. 45).
[54] Heinz DÜX, Justiz und Demokratie. Anspruch und Realität in Westdeutschland nach 1945. Bonn 2013, S. 489 f.

hinsichtlich der Euthanasie, in zweifelhafter Weise freigesprochen wurden. Die Staatsanwaltschaft hat Ermittlungen abgelehnt, weil »die Beurteilung, ob eine unter dem NS-Regime handelnde Person ›Mörder‹ ist, obliegt den ordentlichen Gerichten und nicht den Verfassern der Eingaben [...] Auch soweit es in Einzelfällen Versäumnisse und Fehlentscheidungen gegeben haben mag, indiziert dies nicht den Anfangsverdacht einer Rechtsbeugung und / oder Strafvereitelung auf Seiten der westdeutschen Juristen. Bloße Mutmaßungen rechtfertigen nicht ein Einschreiten der Strafverfolgungsbehörden [...]« Diese Stellungnahme zeigt deutlich das Vorverständnis (man könnte auch Arroganz sagen) der Justiz, dass ihre Entscheidungen nicht angreifbar seien. Entlarvend ist der Hinweis, dass auch Fehlentscheidungen keinen Anfangsverdacht begründen. Der Gesetzestext sagt etwas anderes. Danach ist eine Fehlentscheidung zunächst Tatbestandsvoraussetzung. Ist diese vorsätzlich begangen, liegt Rechtsbeugung vor. Wenigstens hierüber hätte sich die Staatsanwaltschaft Gedanken machen müssen. So aber liegt die Entscheidung auf der Linie aller Vorbehalte, die wegen der Schonung der Justiz vorgebracht wurden.

Entnazifizierung

Sofort nach dem Einmarsch begannen die Amerikaner, nach NS-Funktionären zu fahnden,[55] um diese auszuschalten. Mit einer Großaktion vom 21. bis 23. Juli 1945 setzten sie rund 80.000 ehemalige NS-Funktionäre fest und internierten diese in acht hessischen Lagern.[56] Teils wurden die Internierten den US-Militärgerichten vorgeführt und verurteilt, teils wurden sie wieder entlassen, wenn sie sich entlasten konnten. Anfang 1946 fasste man die noch Internierten in einem Lager (ehemalige Kaserne) in Darmstadt zusammen. Es handelte sich um etwa 22.000 Personen.[57] Die Alliierten drängten allerdings deutsche Behörden, die Entnazifizierung zu übernehmen, und erließen am 12. Januar 1946 entsprechende Richtlinien. Die hessische Landesregierung beschloss daher am 5. März 1946[58] das Gesetz zur Befreiung vom Nationalsozialismus und Militarismus (Befreiungsgesetz – BefrG). Das Befreiungsgesetz sah je nach Grad der Belastung »Sühnemaßnahmen« vor. Es gab vier Gruppen an Belasteten, die in der folgenden Tabelle näher dargestellt sind. Der Grad der Belastung ergibt sich aus der Bezeichnung in Spalte (4), die in Spalte (5) mit gesetzlichen Beispielen unterlegt ist. In der letzten Spalte wird die Anzahl dieser Maßnahmen in Hessen ausgewiesen,[59] in Klammern darunter die auf Darmstadt entfallende Anzahl.

---

55 Friedrich HOFFMANN (siehe Anm. 8), S. 21. Grundlegend hierzu Armin SCHUSTER, Die Entnazifizierung in Hessen 1945–1954. Wiesbaden 1999.
56 Dies wurde üblicherweise als »politische Haft« oder »automatischer Arrest« bezeichnet.
57 Karl DEMANDT, Geschichte des Landes Hessen. Kassel 1980, S. 611.
58 GVBL. 1946, S. 57–71. Es war für alle Länder der amerikanischen Besatzungszone mit der US-Militärregierung abgestimmt.
59 Zahlen nach der Aufstellung von SCHUSTER (siehe Anm. 55), S. 368; Stand 31. Oktober 1949. Danach waren in Hessen 3.222.922 Personen meldebogenpflichtig. Vom Gesetz betroffen, das heißt möglicher-

(1) Art.	(2) Sanktion	(3) Gruppe	(4) Beschreibung	(5) Beispiele	(6) Anzahl
15	2–10 Jahre Arbeitslager	1	Hauptschuldige	Aus politischen Gründen Verbrechen gegen NS-Gegner	416 (179)
16	Bis 5 Jahre Arbeitslager	2	Belastete (I,1) Aktivisten	Durch seine Stellung die Gewaltherrschaft wesentlich gefördert	5.350 (1.517)
			(I,2) Militaristen	Für Beherrschung fremder Völker eingetreten	
			(I,3) Nutznießer	Erhebliche Zuwendungen durch Partei	
17	Keine Unternehmensführung, Berufsverbote: Publizist, Prediger, Lehrer, Geldbuße	3	Minderbelastete	Milderer Beurteilung würdig	28.208 (rd. 4.000)
18	Beitrag in Wiedergutmachungsfonds	4	Mitläufer	Nicht mehr als nominell an NS teilgenommen	133.722 (rd. 44.800)
13		5	Entlastete	Nur passiv verhalten	

Zur Festlegung der Sühne wurden Spruchkammern mit je drei Personen eingerichtet. In Hessen tagten insgesamt 111 Spruchkammern[60] und acht Berufungskammern.[61] Der Vorsitzende der Spruchkammer sollte, der Vorsitzende der Berufungskammer musste die Befähigung zum Richteramt besitzen. Das Verfahren war unabhängig vom Strafverfahren, jedoch könnten Strafen bei der Festlegung der Sühne berücksichtigt werden.

Antragsberechtigt waren (Art. 32) der Minister für die politische Befreiung,[62] der öffentliche Kläger (entsprach etwa der Rolle des Staatsanwalts; Art. 33), Bürgermeister, Oberste Landesbehörden, Gewerkschaften, Parteien und Betroffene. Wenn ein Beschuldigter formell in eine der gesetzlichen Kategorien einzustufen war, so hatte er die Beweislast zu seiner Entlastung (Art. 34). Die Spruchkammer bestimmte das Verfahren

---

weise nach Gruppen 1 bis 5 einzustufen, waren 934.938 Personen. Die Spruchkammern behandelten 234.974 Fälle. Vgl. Klaus MORITZ / Ernst NOAM, NS-Verbrechen vor Gericht 1945–1955. Dokumente aus hessischen Justizakten. Wiesbaden 1978, S. 14.

60 Wegen der räumlichen Nähe wurde im Darmstädter Internierungslager eine eigene Spruchkammer eingerichtet. SCHUSTER (siehe Anm. 55), S. 333 ff.; Willi MÖRIKE, Die Spruchkammer Darmstadt-Lager. Darmstadt o.J. (um 1950), Abschnitt I Ziff. 1 und 3.

61 Zusammen mit den Hilfskräften wurden insgesamt 1.200 Personen beschäftigt. SCHUSTER (siehe Anm. 55), S. 341.

62 Erster Minister war Gottlob Binder (SPD).

nach freiem Ermessen (Art. 35). Umstände, die zugunsten oder zuungunsten des Betroffenen zu bewerten waren, waren in Art. 39 aufgeführt. Die Sühnemaßnahme verbrauchte die Strafklage nicht und umgekehrt, jedoch konnten die Sanktionen wechselseitig als mildernde Umstände bewertet werden.

Die Internierungen beziehungsweise Unterbringungen in Arbeitslagern zeigen, dass zumindest in Südhessen die folgenden NS-Funktionsträger durchweg festgesetzt wurden (in Klammer sind die entsprechenden Orte aufgeführt):
- Ortsgruppenleiter (Messel, Bensheim, Darmstadt, Groß-Bieberau, Steinheim, Schlierbach[63], Lengfeld, Urberach)
- Kreisleiter (Groß-Bieberau, Bensheim), Landrat (Heppenheim), Ortsbauernführer (Schlierbach) und ein Gestapomann (Darmstadt).[64]

Die Spruchkammerakten wurden in einigen Strafverfahren herangezogen.[65] Nur in wenigen Fällen sind die vollständigen Sprüche bei der Strafakte geblieben.

Wegen der geänderten politischen Lage und Aufkommen des Ost-West-Konflikts drängten die Amerikaner 1948 darauf, das Entnazifizierungsprogramm so schnell wie möglich abzuschließen und beendeten ihre eigene Mitwirkung daran zum 28. Mai 1948. Dies kam für die deutschen Stellen so überraschend, dass sie die anhängigen Verfahren zunächst weiterführten. Um jedoch dem Wunsch der Alliierten Rechnung zu tragen, wurde das BefrG von 1946 durch das Gesetz über den Abschluss der politischen Befreiung in Hessen vom 30. November 1949[66] (BefrAG49) wesentlich abgeschwächt.[67]

Erst Ende 1949 wurden die Spruchkammern weitgehend aufgelöst und ihre Aufgaben auf die beiden Zentralspruchkammern Frankfurt (für Südhessen) und Kassel (für Nordhessen) übertragen. Mit dem »Zweiten Gesetz zum Abschluss der politischen Befreiung in Hessen« vom 18. Oktober 1951[68] (BefrAG51) wurde die Praxis der sogenannten Entnazifizierungsverfahren beendet. Danach wurden Maßnahmen (§1) wie Arbeitslager, Sonderarbeit, Verlust von Wahlrecht, Berufs- und Aufenthaltsbeschränkungen sowie das Verbot, ein Kraftfahrzeug zu halten, aufgehoben. Nach dem 31. März 1953 sollten keine neuen Maßnahmen mehr eingeleitet werden. Sühnemaßnahmen, die nach §1 entfielen, sollten nicht mehr verhängt werden. Allerdings zogen sich Vollstreckung von Sühnemaßnahmen und Kostenfestsetzungen bis Mitte der 1950er Jahre hin.[69] Die strafrecht-

---

63 In diesem Fall 952 betrug das Arbeitslager vier Jahre, die Strafe fünf Monate. Diese wurde nach G49 (das Amnestiegesetz vom 31. Dezember 1949 amnestierte Freiheitsstrafen bis zu sechs Monaten) erlassen.
64 Dieser erhielt nach fünf Jahren Internierung und U-Haft vier Jahre Strafhaft.
65 Die Akten der Spruchkammern für ganz Hessen sind im Hauptstaatsarchiv Wiesbaden verwahrt. Die Akten der Spruchkammerverfahren hinsichtlich der örtlichen NS-Funktionäre (Partei, SA, SS und andere) wurden für die Studie ausgewertet.
66 GVBl. 1949 S. 167.
67 Danach sollten Verfahren vor der Spruchkammer nur noch durchgeführt werden, wenn eine Einstufung in die Gruppen 1 oder 2 abzusehen sei.
68 GVBl. 1951, S. 69. Das 3. Abschlussgesetz folgte 1954 (GVBl. 1954, S. 191). Danach blieben die Sanktionen gegen Hauptschuldige / Belastete hinsichtlich passivem Wahlrecht, Altersversorgung, Geldsühnen, Vermögensabgaben und Verfahrenskosten bestehen. Allerdings wurde in fast allen Fällen im Gnadenwege durch den Ministerpräsidenten Entlastungen gewährt.
69 Zum Beispiel Fall 905 (HHStAW 520 DZ 515 453): 1 Morgen Landabgabe am 25. Februar 1953 gegen

liche Verfolgung von NS-Taten war nach dem Oktober 1951 nur noch Angelegenheit der ordentlichen Gerichte.

In der Zwischenzeit war den ehemaligen Angehörigen des öffentlichen Dienstes durch das Ausführungsgesetz zu Art. 131 GG (Regelung der Rechtsverhältnisse der Personen, die am 8. Mai 1945 im öffentlichen Dienst waren) ein weitgehendes Recht auf Wiedereinstellung gewährt worden, so dass nahezu alle früheren Beamten, Richter und Staatsanwälte wieder in den Dienst aufgenommen wurden.[70]

Fazit

In Darmstadt wurde die Verfolgung der lokalen NS-Kriminalität schon ab Sommer 1945 aufgenommen. Bereits im Oktober 1945 gab es die ersten Verurteilungen. Die schnelle und gründliche Durchführung der Strafverfahren hat wesentlich dazu beigetragen, dass zunächst nationalsozialistisches Gedankengut nicht wieder aufflackern konnte. Die Entnazifizierung und der Einsatz von unbelastetem Justizpersonal haben es erleichtert, bis 1950 die Täter zahlreicher Inlandsverbrechen zu verurteilen.

Schwierigkeiten bereiteten die Verbrechen im Ausland, vor allem während des Krieges im Osten. Deutsche Behörden waren erst ab 1950 zuständig, waren aber zunächst darauf angewiesen, dass Straftaten durch Zufall bekannt wurden. Erst mit Gründung der Zentralen Stelle in Ludwigsburg 1958 setzten systematische Ermittlungen ein, die auch zu einigen Verfahren in Darmstadt geführt haben. Unabhängig davon, ob die Beweise ausreichen, einzelne Taten den Angeklagten zuzuordnen und deren persönliche Schuld festzustellen, dienten die Verfahren auch der Dokumentation von historischen Vorgängen.

Damit ist bereits eine der größten rechtlichen Schwierigkeiten bezeichnet: Täter und Opfer kannten sich nicht. Die lange Zeit zwischen Tat und Zeugenaussagen hat vielfach dazu beigetragen, dass Täter nicht überführt werden konnten, obwohl die Verbrechen unzweifelhaft stattgefunden haben.

Die deutsche Justizpolitik wurde erst durch den Ulmer Einsatzgruppenprozess 1958 dazu gebracht, Verbrechen im Ausland systematisch zu ermitteln. Dies hätte man schon 1950 veranlassen sollen.

Ferner wurde versäumt, den Tatbestand der Verbrechen gegen die Menschlichkeit aus dem Nürnberger Prozess in das deutsche Strafrecht zu überführen. Das hätte dazu geführt, dass beispielsweise die Auslieferung von politischen Gegnern oder Juden an die Justiz durch Denunziation oder durch vorgespielte Haftgründe strenger hätte bestraft werden können als lediglich mit Freiheitsberaubung. Schließlich war bekannt, wie das

---

Zahlung von 350 DM erlassen.

70 Wolf-Arno KROPAT, Hessen in der Stunde Null 1945/1946, S. 244. Das BVerfG erkannte am 17. Dezember 1953 ausdrücklich an, dass Personen, die an der Realisierung von NS-Unrecht teilgenommen hatten, von der Wiedereinstellung ausgeschlossen werden konnten (BVerfGE 3, 58; insbesondere 76 ff). Gleichwohl wurden nur etwa 2 % der Beamten nicht wieder verwendet (KROPAT a.a.O.).

Regime mit seinen Gegnern umgeht. So aber konnten die Angeklagten immer behaupten, sie hätten keine Kenntnis gehabt, dass die Opfer umgebracht werden.

Ein weiterer Schwachpunkt war die Rechtsprechung des Bundesgerichtshofs zur Beihilfe. Selbst bei groben Exzessen konnte die Rechtsprechung daher annehmen, der Betreffende habe nur zum »allgemeinen Vernichtungswillen« des Regimes Beihilfe geleistet, was zur dramatischen Verringerung des Strafrahmens führte. Dies zusammen mit der Fehlleistung des Gesetzgebers zu § 50 Abs. 2 StGB führte in einer Reihe von Fällen nicht nur zu einer geringen Strafe, sondern wegen Verjährung zur Straflosigkeit.[71]

Dies waren aber alles Gründe, die der Gesetzgeber und die höchstrichterliche Rechtsprechung herbeigeführt haben. Auch wenn es am Landgericht Darmstadt einige Mängel in der Verfolgung gab, waren diese nicht prägend. Vielmehr ist bemerkenswert, wie schnell die lokalen Verbrechen verfolgt wurden. Hinsichtlich der Verbrechen im Osten wurden die Vorermittlungen sehr gründlich geführt, um auch diese Prozesse trotz aller praktischen Schwierigkeiten zu einem fundierten Urteil zu bringen. Von Justizverweigerung kann daher keine Rede sein.[72]

---

[71] Wenn der Gehilfe eines Mordes nicht die subjektiven Mordmerkmale (i.d.R. Rassenhass) erfüllte, trat nach 15 Jahren (das ist die Verjährungsfrist für Totschlag), also am 8 Mai 1960 Verjährung ein.

[72] Dies wird im Ausland eher anerkannt als in der Bundesrepublik. Vgl. Ronald S. LAUDER (Präsident des Jüdischen Weltkongresses), der sich verschiedentlich in diesem Sinne geäußert hat (zuletzt im SPIEGEL vom 8. Dezember 2014, S. 128, über Deutschland: »Es gibt kaum ein Land auf der Erde, das sich seit 1945 so verantwortungsvoll verhalten hat.«).

Der Frankfurter Auschwitz-Prozess: »Rechtsstaatliches Verfahren« oder »Strafrechtstheater«?

Kann mithilfe der Strafjustiz politische Aufklärung geleistet werden?

Werner Renz

Vor dem Vorwurf, einen Schauprozess zu initiieren, schreckte der hessische Generalstaatsanwalt Fritz Bauer (1903–1968) nicht zurück.[1] Strafprozesse gegen NS-Täter waren dem deutschen Patrioten und jüdischen Remigranten ein legitimes Instrument, Aufklärung zu leisten, Lehren zu erteilen, modern gesprochen: Menschenrechtsbildung zu betreiben. Obschon von der Dimension und der Singularität der NS-Verbrechen zutiefst erschüttert, hielt Bauer trotz aller Zweifel und Skepsis an seinem Glauben an die Erziehbarkeit des Menschen fest. Als Humanist und Patriot wollte er die Deutschen, die sich durch ihre Untaten während des NS-Regimes aus der Völkergemeinschaft exkludiert hatten, auch mithilfe von NSG-Verfahren zu Demokraten bilden, zu rechtstreuen Staatsbürgern formen, die die Grundrechte achten und für sie einstehen.

Bauer hatte in den 1950er Jahren die von bundesdeutschen Gerichten durchgeführten NS-Prozesse[2] verfolgt und deren Unzulänglichkeit nur zu gut erkannt. Ein Mittel, künftige Verfahren auf eine solide, nicht nur am isolierten Einzelfall orientierte Grundlage zu stellen, sah er in der Erstattung von zeithistorischen Gutachten. Ende 1959, wenige Monate nach dem Beginn der staatsanwaltschaftlichen Ermittlungen in Sachen Auschwitz, erörterte Bauer mit Hermann Langbein (1912–1995), von 1954 bis 1960 Generalsekretär des Internationalen Auschwitz-Komitees, die Gutachterfrage.[3] Langbein schlug vor, Historiker der israelischen Gedenkstätte Yad Vashem (Jerusalem) und des Staatlichen Museums Auschwitz-Birkenau (Oświęcim) als Sachverständige zu bestellen. Die Vorschläge hieß Bauer gut und ergänzte, auch Wissenschaftler des Instituts für Zeitgeschichte (IfZ) in München sollten hinzugezogen werden.[4]

---

[1] Zu Bauer siehe die drei Monografien: Matthias MEUSCH, Von der Diktatur zur Demokratie. Fritz Bauer und die Aufarbeitung der NS-Verbrechen in Hessen (1956–1968). Wiesbaden 2001; Irmtrud WOJAK, Fritz Bauer 1903–1968. Eine Biographie, München 2009; Ronen STEINKE, Fritz Bauer oder Auschwitz vor Gericht. Mit einem Vorwort von Andreas VOSSKUHLE. München 2013; sowie den Sammelband Rückkehr in Feindesland? Fritz Bauer in der deutsch-jüdischen Nachkriegsgeschichte. Hrsg. im Auftrag des Fritz Bauer Instituts von Katharina RAUSCHENBERGER. Frankfurt/M. und New York 2013 und den Ausstellungskatalog Fritz Bauer. Der Staatsanwalt. NS-Verbrechen vor Gericht. Hrsg. von Fritz BACKHAUS/Monika BOLL/Raphael GROSS. Frankfurt/M. 2014.
[2] Siehe Andreas EICHMÜLLER, Keine Generalamnestie. Die strafrechtliche Verfolgung von NS-Verbrechen in der frühen Bundesrepublik. München 2012.
[3] Zu Langbein siehe Katharina STENGEL, Hermann Langbein. Ein Auschwitz-Überlebender in den erinnerungspolitischen Konflikten der Nachkriegszeit. Frankfurt/M. und New York 2012.
[4] Gedächtnisprotokoll Langbeins vom 21. Dezember 1959, Auschwitz-Museum, APMA-B Mat. Nr. 79,

Im April 1961, ein Vierteljahr vor der Einreichung des Antrags auf Eröffnung der gerichtlichen Voruntersuchung, unternahm die Staatsanwaltschaft beim Landgericht Frankfurt am Main sodann erste Schritte in Sachen Gutachten.

Hanns Großmann (1912–1999), Erster Staatsanwalt und Leiter der Politischen Abteilung, fuhr nach München und besprach mit dem Zeitgeschichtler Hans Buchheim (* 1922) die Frage, ob das IfZ für die in Hessen »anhängigen Großverfahren« Gutachten erstellen könne. Buchheim erklärte sich »hierzu grundsätzlich bereit« und Frankfurt gab ein halbes Dutzend Expertisen in Auftrag.[5]

Hinweise, warum Langbeins Vorschlag, Historiker aus Israel und Polen beizuziehen, unberücksichtigt blieb, finden sich in den Akten nicht. Israelische und polnische Historiker hätten bei der Darlegung der geschichtlichen Sachverhalte die in der Holocaust-Forschung so lange vernachlässigte Perspektive der Opfer einnehmen können.

Eineinhalb Jahre nach Großmanns Sondierung fand im November 1962 in Bauers Behörde eine Besprechung der altpolitischen Dezernenten, also der Sachbearbeiter[6] in NSG-Verfahren, statt, an der neben zwei Mitarbeitern der Ludwigsburger Zentralen Stelle, es handelte sich um Kurt Hinrichsen (1925–2011) und Manfred Blank (1928–2012), auch die Historiker Helmut Krausnick (1905–1990), Hans Buchheim, Martin Broszat (1926–1989) und Helmut Heiber (1924–2003) vom Institut für Zeitgeschichte sowie der Historiker und Archivar Hans Boberach (1929–2008) vom Bundesarchiv (Koblenz) teilnahmen.

Im Sinne der von ihm angestrebten politischen Aufklärung hatte Bauer ganz spezielle Wünsche an die potentiellen Sachverständigen. Ihre Gutachten sollten – laut Besprechungsprotokoll – »lebendig« und »auch dem breiten Publikum verständlich« sein. Ein »akademischer Vortrag« war nach Bauers Ansicht im Interesse der gewünschten Breitenwirkung »zu vermeiden«. Um die historischen Lektionen im Gerichtssaal für die Prozessbesucher und die Pressevertreter leicht nachvollziehbar zu machen, sollten darüber hinaus »wichtige Urkunden, evtl. vorhandene Bilder [...] an die Wand projiziert werden«.[7]

Wenige Wochen vor Beginn des Auschwitz-Prozesses führte Bauer auf einer Tagung der Leiter der von den Landeskriminalämtern gebildeten Sonderkommissionen, deren Aufgabe es war, im Auftrag der Staatsanwaltschaft Vernehmungen durchzuführen, sogar

---

Bd. 196, K. 178. Vgl. auch Langbein an Kurt May vom 18. Januar 1960 (United Restitution Organization), Österreichisches Staatsarchiv (ÖStA) Best. NL Langbein E/1797, Ordner 85 und sein im Mai 1960 abgefasster »Bericht des Büros des IAK zur Generalversammlung des Internationalen Auschwitz-Komitees 25.–27. Juni 1960 in Warschau«, in dem Langbein schreibt: »Es wurde ferner mit dem Generalstaatsanwalt vereinbart, dass dem Prozess Sachverständige zugezogen werden. Es ist daran gedacht, je einen Sachverständigen des Museums von Auschwitz, des Instituts Yad Vashem in Jerusalem und des Instituts für Zeitgeschichte in München heranzuziehen« (S. 4).

5 Vermerk vom 3. Mai 1961, Handakten der Staatsanwaltschaft; Hessisches Hauptstaatsarchiv Wiesbaden (HHStAW) Abt. 461 Nr. 37638, Bd. 247, Bl. 865.

6 Der Generalstaatsanwaltschaft und der Staatsanwaltschaften Frankfurt/M. und Wiesbaden.

7 Vermerk über eine Besprechung der altpolitischen Dezernenten der Staatsanwaltschaft bei dem Oberlandesgericht und der Staatsanwaltschaften Frankfurt/M. und Wiesbaden vom 7. November 1962 bei Herrn Generalstaatsanwalt Dr. Bauer; HHStAW Abt. 631a Nr. 1800, Bd. 84, Bl. 89.

aus: »Selbst auf die Gefahr hin, dass der Staatsanwaltschaft die Veranstaltung eines Schauprozesses vorgeworfen werden könnte, soll die Verhandlung ein großes Bild des Gesamtrahmens der angewandten Politik geben. Dazu würden die vorkommenden Dokumente im Gerichtssaal nicht nur vorgelesen, sondern auf eine riesige Leinwand projiziert, so dass sie von allen Anwesenden betrachtet werden könnten.«[8]

Wie ernst es Bauer war, eine Geschichtsstunde im Gerichtssaal abhalten zu lassen, zeigt auch ein Schreiben von Rechtsanwalt Henry Ormond (1901–1973), im Auschwitz-Prozess Vertreter von 15 Nebenklägern, vom Januar 1963, in dem es heißt: »Dr. Bauer möchte mit den modernsten Mitteln und allem zur Verfügung stehenden Anschauungsmaterial die Anklage geführt wissen, wobei Schaubilder, Filme etc. durchaus eine Rolle spielen sollen.«[9]

Aus dem Vorhaben, den Gerichtssaal zum »Klassenzimmer der Nation«[10] zu machen, ist aber nichts geworden. Die vier Anklagevertreter Hanns Großmann, Georg Friedrich Vogel (1926–2007), Joachim Kügler (1926–2012) und Gerhard Wiese (* 1928) haben in Interviews und Gesprächen mit dem Verfasser nicht bestätigen können, dass die Umsetzung von Bauers Konzept der didaktischen Justizveranstaltung von ihnen ernsthaft erwogen worden wäre. Von der Sicht und Prozessführung des Schwurgerichts unter Vorsitz von Hans Hofmeyer (1904–1992) ganz zu schweigen.

Die meist zu Beginn der Beweisaufnahme erstatteten Gutachten der Zeithistoriker[11] fielen nicht so aus, dass sie dem Prozesspublikum leicht eingängige Aufklärung über den NS-Staat geboten hätten. Dennoch waren sie von großer prozessualer Bedeutung. Kein Verteidiger konnte unter Hinweis auf die Begrenzung des verhandelten Gegenstands relevante historische Tatsachen aus dem Verfahren ausschließen, den Prozessstoff zu Gunsten der Angeklagten minimieren, die Erforschung der Wahrheit auf den isolierten Einzelfall reduzieren.

Als die Hauptverhandlung in der »Strafsache gegen Mulka u. a.« ab Ende Dezember 1963 im Plenarsaal des Frankfurter Rathauses und sodann ab April 1964 im Bürgerhaus Gallus bereits lief, erlegte sich der leidenschaftliche Volkserzieher Bauer keineswegs Zurückhaltung auf. Anfang 1964 hatte die Monatszeitschrift »Konkret« Prozessbeteiligten die Frage »Warum Auschwitz-Prozeß?« gestellt.

Nachdem im Februar-Heft von Klaus Rainer Röhls Polit-Postille Rechtsanwalt Friedrich Karl Kaul (1906–1981), Vertreter von sechs in der DDR lebenden Nebenklägern, einen ersten Artikel publiziert hatte, antwortete Bauer in der nachfolgenden Ausgabe auf

---

8 Protokoll der 4. Arbeitstagung der Leiter der Sonderkommissionen zur Bearbeitung von NS-Gewaltverbrechen vom 21. Oktober 1963; HHStAW Abt. 503 Nr. 1161, S. 21.

9 Henry Ormond an Jan Sehn vom 18. Januar 1963 (Nachlass Sehn – Auswahl von Kopien –, Bd. 1, Bl. 17; Fritz Bauer Institut). Der NL Sehn liegt im Instytut Pamięci Narodowej/Warszawa.

10 Siehe die Rezension von Miloš Vec von Fritz BAUER, Humanität der Rechtsordnung. Ausgewählte Schriften. Hrsg. von Joachim PERELS / Irmtrud WOJAK, Frankfurt/M. und New York 1998 (M. VEC, Der Gerichtssaal als Klassenzimmer der Nation. In: »Frankfurter Allgemeine Zeitung« vom 3. Februar 2000, Nr. 28, S. 14).

11 Die Gutachten sind veröffentlicht in: Hans BUCHHEIM / Martin BROSZAT / Hans-Adolf JACOBSEN / Helmut KRAUSNICK, Anatomie des SS-Staates. 2 Bände. Olten und Freiburg im Breisgau 1965.

die vorgegebene Frage. Sinn und Zweck des Prozesses sah er nicht in der Aburteilung der Täter. Um Schuldsühne, um Tatvergeltung ging es Bauer nicht. Sinn und Zweck der NSG-Verfahren lagen für ihn in der zu leistenden Sachaufklärung. Ihm ging es darum, die »historische Wahrheit«[12] über die NS-Verbrechen einer breiten Öffentlichkeit zu vermitteln. Eindeutig bekannte er sich zu einer instrumentalistischen Sicht auf die NS-Verfahren: die Prozesse waren ihm erklärtermaßen Mittel zu einem legitimen Zweck, hatten einen gesellschaftspolitischen Nutzen. Strafrechtliche Ahndung der NS-Verbrechen hieß für Bauer zugleich: gesellschaftliche Selbstaufklärung und individuelle Gewissenserforschung. Recht und Politik ließ sich seiner Auffassung nach nicht säuberlich trennen.

Der zivilisatorische Prozess war Fritz Bauer zufolge durch den Nazismus und seine Verbrechen unterbrochen worden. Dem deutschen Rückfall in die Barbarei der Jahre 1933 bis 1945 konnte nur von Grund auf, von den Wurzeln her, begegnet werden. Die NS-Verfahren bildeten deshalb für Bauer einen integralen Bestandteil eines von ihm als geschichtsnotwendig erachteten nationalen Projekts, nämlich die vom Nationalsozialismus infizierten Deutschen um einer besseren Zukunft willen in die Gemeinschaft der zivilisierten Völker zurückzuführen.

Ist vom Patrioten Bauer die Rede, muss beachtet werden, was er unter Vaterland verstanden hat. So meinte er: »Vaterland meint heute die Grundwerte unseres Grundgesetzes. Das ist die Würde des Menschen, die zu achten und zu schützen ist, das sind die Grundrechte, die Freiheit und Gleichheit, die Menschen- und Nächstenliebe, wie sie in den Gedanken des sozialen Rechtsstaates zum Ausdruck kommen.«[13]

Bereits in seinem im schwedischen Exil verfassten Werk »Die Kriegsverbrecher vor Gericht« (Zürich 1945)[14] legte Bauer im Stile eines gestrengen Praeceptor Germaniae dar: »Das deutsche Volk braucht eine Lektion im geltenden Völkerrecht.« Und: Die Prozesse »können und müssen dem deutschen Volk die Augen öffnen für das, was geschehen ist und ihm einprägen[,] wie man sich zu benehmen hat.«[15] Mit der ihm eigenen Emphase meinte der Exilant Bauer weiter: »Ein ehrliches deutsches ›J'accuse‹ würde das ›eigene Nest nicht beschmutzen‹ (es ist schon beschmutzt und die Solidarität mit den Verbrechern würde es noch mehr beschmutzen). Es wäre ganz im Gegenteil das Bekenntnis zu einer neuen deutschen Welt«, einem (und Bauer zitiert den Freiheitphilosophen Johann Fichte) »wahrhafte[n] Reich des Rechts«, das sich auf Freiheit, Gleichheit und Brüderlichkeit gründet.[16]

In den von den Alliierten geplanten und von Bauer gutgeheißenen Verfahren gegen deutsche Hauptkriegsverbrecher spiele – so Bauer nicht unbedingt in der Tradition von Franz von Liszt und Gustav Radbruch – der einzelne Angeklagte »nur die Rolle eines Mit-

---

12 Fritz BAUER, Warum Auschwitz-Prozeß? In: »Konkret«, Nr. 3, März 1964, S. 12.
13 Fritz BAUER, Im Mainzer Kultusministerium gilt ein merkwürdiges Geschichtsbild. In: »Frankfurter Rundschau«, Nr. 161, 14. Juli 1962.
14 Fritz BAUER, Krigs-forbrytarna inför domstol. Stockholm 1944 (schwedische Ausgabe); Fritz BAUER, Krigsforbrydere for domstolen. København 1944 (dänische Ausgabe).
15 Fritz BAUER, Die Kriegsverbrecher vor Gericht. Mit einem Nachwort von H. F. PFENNINGER. Zürich 1945, S. 211.
16 Ebenda.

tels zum Zweck«, der vor Gericht gestellte NS-Täter diene »einem höheren Ziel«.[17] Bauer zufolge sollte es in den Prozessen »um das Verbrechen als solches und die Aufrechterhaltung der Normen« gehen, »die die Gemeinschaft zum Schutz ihrer Existenz und Entwicklung aufgestellt hat. Die Wirklichkeit dieser Normen, das geltende Recht, muss unterstrichen werden.«[18] Heute würde man vom Strafzweck der positiven Generalprävention sprechen.[19]

In seinem Glauben an die Erziehbarkeit des Menschen (Bauer verstand sich fraglos in der Nachfolge von Lessing und Schiller), in seiner Hoffnung auf eine vom Gewissen diktierte Ein- und Umkehr der Deutschen, sollten ihnen die Strafverfahren »Schule«[20] und »Unterrichtsstunde«[21] sein. »Lehren«[22] waren aus der Erkenntnis der Vergangenheit zu ziehen, falls dem deutschen Volk, dem die Sieger eine noch instabile Demokratie beschert hatten, eine Zukunft in Freiheit und Frieden beschieden sein sollte.

Bauers Bestreben, den Deutschen eine rehumanisierende Edukation angedeihen zu lassen, resultierte aus seiner zutreffenden Diagnose, Hitler und die von seiner Gefolgschaft verübten Verbrechen seien kein »Betriebsunfall« der deutschen Geschichte gewesen. Bauers Geschichtsbild zufolge hatten die Deutschen einen Sonderweg eingeschlagen, waren durch »autoritäre Irrlehren«[23] auf Abwege geraten: Obrigkeitsdenken, Untertanengesinnung, Jasagertum, Kasernenhofmentalität, Gesetzesfrömmigkeit, Staatsvergottung und Machtverherrlichung waren laut Bauer die »Wurzeln« nationalsozialistischen Handelns, die – wie er es nannte – »gefährlichen Faktoren in unserer Geschichte«.[24] Der Nazismus war für den verfolgten Sozialdemokraten und Juden eine tief im deutschen Volk verankerte »Bewegung«[25] gewesen, die keineswegs mit der Niederlage Hitler-Deutschlands ihr Ende gefunden habe.

Moral und Humanität, Freiheit und Autonomie, Selbstverantwortung und Gewissen waren den Deutschen Bauer zufolge abhandengekommen. Nicht der Mensch als Ebenbild Gottes – meinte der bibelfeste Justizjurist – stand im Fokus des Handelns der Deutschen sondern die seelenlose Sache. Nicht die Menschenwürde war ihnen handlungsleitend, Sachanbetung[26] bestimmte vielmehr ihr Tun und Lassen. Um einer besseren Zu-

---

17 Ebenda, S. 205.
18 Ebenda, S 205.
19 Siehe Vasco REUSS, Zivilcourage als Strafzweck des Völkerstrafrechts. Was bedeutet positive Generalprävention in der globalen Zivilgesellschaft? Berlin u. a. 2012.
20 Fritz BAUER, Nach den Wurzeln des Bösen fragen. In: »Die Tat«, Nr. 10, vom 7. März 1964, S. 12.
21 Ebenda.
22 Fritz BAUER, Humanität der Rechtsordnung, S. 85; ebenso: Fritz BAUER, NS-Verbrechen vor deutschen Gerichten. Versuch einer Zwischenbilanz. In: »Diskussion«. Zeitschrift für Fragen der Gesellschaft und der deutsch-israelischen Beziehungen, Jg. 5 (1964) Nr. 14, S. 4; und in: »Freiheit und Recht«. Zentralorgan der Widerstandskämpfer und Verfolgtenverbände. Jg. 11 (1965), Nr. 1, S. 9.
23 Fritz BAUER, Vom Recht auf Widerstand. In: »Stuttgarter Zeitung«, Nr. 165 vom 20. Juli 1962, S. 3.
24 Fritz BAUER, Im Mainzer Kultusministerium gilt ein merkwürdiges Geschichtsbild. In: »Frankfurter Rundschau«, Nr. 161 vom 14. Juli 1962.
25 Fritz BAUER, Die Wurzeln faschistischen und nationalsozialistischen Handelns. Frankfurt/M. 1965, S. 11.
26 Ebenda, S. 27.

kunft inmitten der Völkergemeinschaft willen musste sich das deutsche Volk allererst Toleranz, Zivilcourage, Widerständigkeit, Solidarität und Brüderlichkeit aneignen.

Aus seiner Deutung des Nationalsozialismus und der konstatierten Dispositionen und Mentalitäten der einstigen Volksgenossen folgerte Bauer auch, die Deutschen seien in strafrechtlicher Hinsicht alles andere als ein Volk von Gehilfen gewesen. Die in NS-Prozessen häufig thematisierte Frage, ob bei den Angeklagten Täterschaft oder Teilnahme vorliege, war nach Bauer eindeutig zu beantworten. Die Tatbeteiligten in den Konzentrations- und Vernichtungslagern und die Angehörigen der Einsatzgruppen waren ihm allesamt eifrige und gläubige Nazis gewesen. Sie hatten sich Hitlers Überzeugungen zu Eigen gemacht, den Mord an den europäischen Juden als eigene Tat gewollt, ließen sich mithin strafrechtlich durchweg als Mittäter qualifizieren.[27]

Fritz Bauers Rechtsauffassung

Eng verknüpft mit Bauers Überlegungen zu Sinn und Zweck von NSG-Verfahren ist seine Rechtsauffassung in Sachen NS-Verbrechen.[28] Freilich ist Bauers Rechtsansicht mit seinem vergangenheitspolitischen Konzept wenig vereinbar. Bauer zufolge war die Beweisaufnahme in den Verfahren gegen nationalsozialistische Verbrecher überaus einfach. Sachverständigengutachten steckten – wie eingangs bereits erwähnt – den geschichtlichen Rahmen ab, in dem die Angeklagten agiert hatten. Das Gesamtgeschehen war somit Gegenstand des Verfahrens, verhandelbarer Prozessstoff. Urkunden, nicht Zeugen – so meinte Bauer irrigerweise –, bewiesen die Präsenz der Angeklagten in den Vernichtungszentren und an den Mordstätten.[29] Einer weiteren Wahrheitserforschung bedurfte es nach Bauer nicht. Die Angeklagten waren als Mittäter zu qualifizieren.

Auf der »4. Arbeitstagung der Leiter der Sonderkommissionen[30] zur Bearbeitung von NS-Gewaltverbrechen« führte Bauer einige Wochen vor Beginn des Auschwitz-Prozesses aus, das Verfahren könne »in drei bis vier Tagen erledigt sein«. Seine in Anbetracht einer Anklageschrift, in der 252 Zeugen benannt werden, gewiss verwunderliche Auffassung begründete er folgendermaßen: »Es gab die Wannseekonferenz mit dem Beschluss zur Endlösung der Judenfrage. Sämtliche Juden in Deutschland sollten vernichtet werden. Dazu gehörte eine gewisse Maschinerie. Alle, die an dieser Vernichtung bzw. bei der Bedienung der Vernichtungsmaschine mehr oder minder beteiligt waren, werden daher angeklagt wegen Mitwirkung an der ›Endlösung der Judenfrage‹.«[31]

---

27 BAUER (siehe Anm. 22), S. 83.
28 Siehe Fritz BAUER, Ideal- oder Realkonkurrenz bei nationalsozialistischen Verbrechen?. In: »Juristenzeitung«, Jg. 22 (1967) Nr. 20, S. 625–628.
29 BAUER (siehe Anm. 22), S. 108.
30 Beamte der Landeskriminalämter wurden abgeordnet, um im Auftrag der Staatsanwaltschaften Vernehmungen durchzuführen. Die Sonderkommission des LKA Baden-Württemberg arbeitete auch der Zentralen Stelle (Ludwigsburg) zu.
31 Protokoll der 4. Arbeitstagung der Leiter der Sonderkommissionen zur Bearbeitung von NS-Gewaltverbrechen vom 21. Oktober 1963, S. 22 f.; HHStAW Abt. 503 Nr. 1161.

Die Massenvernichtung in Auschwitz war nach Bauer als eine Tat im Rechtssinne, als natürliche Handlungseinheit zu betrachten. Wer kausal an dem Gesamtverbrechen im Wissen um den Zweck der Mordeinrichtung beteiligt war, ließ sich seiner Meinung nach ohne weitere Zurechnung von individuellen Tatbeiträgen als Mittäter qualifizieren. Die prozessökonomische Auswirkung seiner Rechtsauffassung hat Bauer hervorgehoben. Im Rückblick auf das Auschwitz-Verfahren, das nach Einschätzung vieler Prozessbeteiligter viel zu lange gedauert hatte, meinte er: »Die Annahme einer natürlichen Handlungseinheit trägt bei den sich in aller Regel über viele Monate, ja Jahre erstreckenden Prozessen zur Vereinfachung und Beschleunigung der Verfahren wesentlich bei.«[32] Bauers Konzept des kurzen Prozesses mit NS-Tätern stand ganz und gar im Gegensatz zu seinen volkspädagogischen Intentionen. Da die Verfahren – wie bereits gesagt – »Schule«[33] und »Unterricht«[34] sein sollten und den Deutschen notwendige »Lehren«[35] zu erteilen hatten, war die Zeugenschaft der Überlebenden, war die Stimme der Opfer, essentiell.

Wie wenig kompatibel Bauers Vorstellung der recht umstandslosen Aburteilung der Holocaust-Täter mit seinem Willen zur Menschenrechtserziehung durch NS-Verfahren, zur Re-Demokratisierung der Deutschen war, ist ihm durchaus bewusst gewesen. Den Widerspruch schien er aber nicht auflösen zu wollen.[36] So meinte er nach dem Verfahren gegen Mulka u.a.: »Der Auschwitzprozess war gewiss der bisher längste aller deutschen Schwurgerichtsprozesse, in Wirklichkeit hätte er einer der kürzesten sein können, womit freilich nicht gesagt sein soll, dass dies aus sozialpädagogischen Gründen auch wünschenswert gewesen wäre.«[37]

Da Bauer fest entschlossen war, mit dem Auschwitz-Prozess die Anstrengung zu unternehmen, die herrschende Rechtsprechung zu ändern, das geltende Recht durch Rechtsschöpfung so zu erweitern, dass es für eine angemessene Qualifizierung der NS-Verbrechen geeigneter war, veranlasste er am Ende der Beweisaufnahme die Anklagevertretung, seine Rechtsauffassung noch in das Verfahren einzuführen.[38] Widerstrebend

---

32 BAUER (siehe Anm. 28), S. 628.
33 Fritz BAUER, Nach den Wurzeln des Bösen fragen. In: »Die Tat« vom 7. März 1964, S. 12.
34 Fritz BAUER, Im Namen des Volkes. Die strafrechtliche Bewältigung der Vergangenheit. In: Zwanzig Jahre danach. Eine deutsche Bilanz 1945–1965. Achtunddreißig Beiträge deutsche Wissenschaftler, Schriftsteller und Publizisten. Hrsg. von Helmut HAMMERSCHMIDT, München 1965, S. 302; Nachdruck in: BAUER (siehe Anm. 10), S. 78.
35 Beitrag Bauers zum Thema NS-Verbrechen vor deutschen Gerichten. Versuch einer Zwischenbilanz. In: »Diskussion«. Zeitschrift für Fragen der Gesellschaft und der deutsch-israelischen Beziehungen, Jg. 5 (1964) Nr. 14, S. 4; ebenso in: »Freiheit und Recht«. Zentralorgan der Widerstandskämpfer und Verfolgtenverbände, Jg. 1 (1965) Nr. 1, S. 9.
36 Siehe hierzu auch Klaus LÜDERSSEN, Der Auschwitz-Prozess – Geschichte und Gegenwart. In: Heike JUNG / Bernd LUXENBURGER / Eberhard WAHLE (Hrsg.), Festschrift für Egon Müller. Baden-Baden 2008, S. 431 f.; ebenso in: Klaus LÜDERSSEN, Rechtsfreie Räume? Frankfurt/M. 2012, S. 243 f.
37 BAUER (siehe Anm. 34), S. 307; ebenso in: BAUER (siehe Anm. 10), S. 83.
38 Siehe hierzu Thilo KURZ, Paradigmenwechsel bei der Strafverfolgung des Personals in den deutschen Vernichtungslagern?, In: »Zeitschrift für Internationale Strafrechtsdogmatik«, Heft 3 (2013), S. 122–129.

folgten die Staatsanwälte der Bauer nachgeordneten Behörde seinem Wunsch.[39] Sie beantragten, das Gericht möge den Angeklagten nach §265 Strafprozessordnung die rechtliche Belehrung erteilen, dass in ihrer Anwesenheit in Auschwitz eine natürliche Handlungseinheit gesehen werden könne.[40]

Bauers Vorgehensweise muss verwundern und stieß sogar bei den Rechtsbeiständen der Opfer, bei den Nebenklagevertretern Henry Ormond und Christian Raabe (* 1934), auf rechtliche Bedenken.[41]

War die Anwesenheit in Auschwitz als natürliche Handlungseinheit (im Sinne des §73 StGB, heute §52 StGB) zu betrachten, dann hätten die durch die Beweiserhebung erbrachten Einzeltatnachweise, die allein durch intensive und belastende Zeugenbefragungen erhoben worden waren, nicht erbracht werden müssen.[42]

Für die Urteilsfindung des erkennenden Gerichts wären die Zeugenaussagen bei Zugrundelegung von Bauers Rechtsauffassung nur noch insofern von Relevanz gewesen, als sie die innere Tatseite der Angeklagten beleuchtet hätten. Freilich führte die Auffassung, die Mitwirkung an den Massenmorden in den Vernichtungslagern rechtlich als eine Handlung im Sinne einer gleichartigen Tateinheit zu betrachten, nicht dazu, wie Bauer offenbar annahm, die Angeklagten als Mittäter aburteilen zu können. Im Chełmno-Prozess vor dem Landgericht Bonn (26. November 1962 – 30. März 1963; 5. Juli 1965 – 23. Juli 1965)[43], im Düsseldorfer Treblinka-Prozess (12. Oktober 1964 – 3. September

---

39 So Joachim Kügler in Gesprächen mit dem Verf. – Nach Küglers Erinnerung hat Großmann zunächst Vogel angewiesen, den Antrag zu schreiben. Vogel bat wiederum seinen Kollegen Kügler darum. Beide haben sodann, wie Kügler sich erinnert, den Antrag vom 6. Mai 1965 abgefasst. Um eine förmliche Weisung hat es sich nicht handeln können. Der Verf. dankt GStA a. D. Dr. Hans Christoph Schaefer für seinen korrigierenden Hinweis.

40 Laut Sitzungsprotokoll vom 3. Mai 1965 (153. Verhandlungstag) beantragte die Staatsanwaltschaft, »die Angeklagten gemäß §265 StPO darauf hinzuweisen, dass nicht nur §74 StGB, sondern auch §73 StGB bei der Urteilsfindung mit herangezogen werden kann« (HHStAW Abt. 461 Nr. 37638, Bd. 125, Bl. 1445). Am darauffolgenden Verhandlungstag beantragte die Staatsanwaltschaft erneut, gemäß ihrem Schriftsatz vom 6. Mai 1965 die Angeklagten zu belehren. Der von Kügler unterzeichnete Antrag lautete: »Ich beantrage, die Angeklagten darauf hinweisen, dass in ihrer Anwesenheit in Auschwitz eine natürliche Handlungseinheit gemäß §73 StGB gesehen werden kann, die sich rechtlich, je nach den subjektiven Voraussetzungen im Einzelfall, als psychische Beihilfe oder Mittäterschaft zu einem einheitlichen Vernichtungsprogramm qualifiziert« (HHStAW Abt. 461 Nr. 37638, Bd. 125, Anl. 1 zum Protokoll vom 6. Mai 1965). Bemerkenswert ist die Differenzierung der Staatsanwaltschaft (je nach den subjektiven Voraussetzungen im Einzelfall). Anders als Bauer war die Anklagevertretung nicht der Auffassung, die Angeklagten seien per se Mittäter. Funktionsrang und innere Tatseite spielten für die Ankläger durchaus eine Rolle.

41 Plädoyer von Rechtsanwalt Raabe vom 21. Mai 1965, S. 84 (Fritz Bauer Institut, FAP-1/NK-11) und von Rechtsanwalt Henry Ormond vom 24. Mai 1965, in: »aus gestern und heute«, Sonderreihe Nr. 7 (1967), S. 53. Die Plädoyers sind auch veröffentlicht in: Der Auschwitz-Prozeß. Tonbandmitschnitte, Protokolle und Dokumente, DVD-ROM. Hrsg. vom Fritz Bauer Institut und dem Staatlichen Museum Auschwitz-Birkenau. Berlin 2004 (Digitale Bibliothek, Bd. 101), 2. durchgesehene und verbesserte Auflage, Berlin 2005, 33.854–33.981 und 33.982–34.102.

42 Siehe hierzu auch Cornelius NESTLER, Ein Mythos – das Erfordernis der »konkreten Einzeltat« bei der Verfolgung von NS-Verbrechen. Zu den aktuellen Strafverfahren wegen Beteiligung an NS-Verbrechen. In: Kriminologie – Jugendkriminalität – Strafvollzug. Gedächtnisschrift für Michael Walter. Hrsg. von Frank NEUBACHER und Michael KUBINK. Berlin 2014, S. 759–772.

43 Urteil vom 30. März 1963 und vom 23. Juli 1965. In: Justiz und NS-Verbrechen. Sammlung deutscher

1965)⁴⁴ sowie im Sobibór-Prozess in Hagen (6. September 1965 – 20. Dezember 1966)⁴⁵ qualifizierten die Tatrichter die Beteiligung an den Massenmorden als einheitliche Handlung. Sie verurteilten die Angeklagten jedoch nicht wegen täterschaftlichen Handelns, sondern wegen Beihilfe.⁴⁶

Unter Vorsitz von Hans Hofmeyer wurde die »Strafsache gegen Mulka u. a.« streng nach den Vorgaben des Strafprozessrechts, mithin als »normaler Kriminalfall«, geführt. Allein dem Gesetz sah sich der Gerichtsvorsitzende verpflichtet. Die Einzelfalluntersuchung, die erforderliche Zurechenbarkeit von Taten einzelnen Angeklagten gegenüber, führte notwendig zu einer Individualisierung des komplexen Verbrechensgeschehens. Die in der Hauptverhandlung und im Urteil⁴⁷ sich ergebende Unterdimensionierung des in Auschwitz begangenen Menschheitsverbrechens minimierte jedoch den Erkenntniswert des Auschwitz-Prozesses nicht. Die Aufhellung zeitgeschichtlicher Vorgänge hat das Verfahren gerade durch die gebotene Individualisierung der Geschichte geleistet. Der Prozess zeigte auf, dass Auschwitz kein transpersonales Geschehen war, dass es individuelle Verantwortlichkeit auch in der Vernichtungsmaschinerie, in der reibungslos funktionierenden Todesfabrik gab. Rückblickend, auch gemessen am heutigen Stand der Auschwitz-Forschung, können wir deshalb von einem beträchtlichen historiografischen Ertrag des Prozesses sprechen.

Doch zurück zu Fritz Bauer. Seine mit NS-Verfahren verbundenen volkspädagogischen Absichten erwiesen sich mit Blick auf den Adressaten, das westdeutsche Volk, als illusionär. In einer Zeit, in der eine Mehrheit sich für die Einführung der Todesstrafe und zugleich für die Beendigung der NS-Prozesse aussprach, waren die Aussichten wenig günstig, mit Hilfe der strafrechtlichen Aufklärung von Staatsverbrechen bewusstseinsbildend zu wirken. Als Ende der 1950er Jahre das Ausmaß der unaufgeklärten Verbrechen und der Kreis der ungeschoren gebliebenen Täter endlich in den Fokus von Politik und Justiz gerieten und mit der Gründung der Zentralen Stelle⁴⁸ erstmals die systematische Aufklärung der NS-Verbrechen begann, waren die Anstrengungen der punktuell durchaus ahndungswilligen Justiz bei der Bevölkerungsmehrheit wenig erwünscht.

Wollen wir Bauers aufklärerische Intentionen kritisch und nüchtern erörtern, müssen wir den vergangenheitspolitischen Horizont der Mehrheit der Bundesdeutschen ungeschminkt darlegen.

Strafurteile wegen nationalsozialistischer Tötungsverbrechen 1945–1966. Bd. XXI. Hrsg. von C. F. RÜTER u. a. Amsterdam 1981, S. 240 und 332.

44 Urteil vom 3. September 1965 in: Justiz und NS-Verbrechen« (siehe Anm. 43), Bd. XXII, S. 177.
45 Urteil vom 20. Dezember 1966 in: Justiz und NS-Verbrechen (siehe Anm. 43), Bd. XXV, S. 216.
46 Siehe hierzu KURZ (siehe Anm. 38), S. 122–129.
47 Das Urteil ist abgedruckt in: Justiz und NS-Verbrechen, Bd. XXI (siehe Anm. 43), S. 381–837 sowie in: Raphael GROSS / Werner RENZ (Hrsg.). Der Frankfurter Auschwitz-Prozess (1963–1965). Kommentierte Quellenedition. Mit Abhandlungen von Sybille STEINBACHER und Devin O. PENDAS, mit historischen Anmerkungen von Werner RENZ und juristischen Erläuterungen von Johannes SCHMIDT. Frankfurt/M. und New York 2013, Bd. 2, S. 575–1236.
48 Siehe hierzu Annette WEINKE, Eine Gesellschaft ermittelt gegen sich selbst. Die Geschichte der Zentralen Stelle Ludwigsburg 1958–2008. Darmstadt 2008.

Anfang der 1950er Jahre drangen nicht wenige darauf, die von den Alliierten verurteilten sogenannten Kriegsverbrecher zu begnadigen. Robert M. W. Kempner sprach vom »Gnadenfieber«, das viele geschichtsvergessene Deutsche und auch vom Kalten Krieg verunsicherte westalliierte Stellen befallen habe.[49]

Wenn von vielen Deutschen die als »Siegerjustiz« diffamierte Ahndungspraxis alliierten Militärgerichte abgelehnt und die Freilassung der »Kriegsverurteilten« gefordert wurden, dann kann mit gutem Grund davon gesprochen werden, dass durch die unaufgeklärt gebliebenen NS-Verbrechen das Rechtsgefühl vieler keineswegs verletzt war. Augenscheinlich betrachteten nicht wenige Bundesbürger die NS-Verbrechen nicht als Normbruch. Die Wiederherstellung der durch die Untaten verletzten Rechtsordnung war mithin nur einer Minderheit ein dringliches Bedürfnis. Trifft dieser – sicherlich bestürzende und beklagenswerte – Befund auf die 1950er/1960er Jahre zu, dann fällt es schwer, Bauers Rede vom Sinn und Zweck der NS-Prozesse nicht als bloßes Wunschdenken eines Menschen zu bewerten, der an seiner Überzeugung festzuhalten versuchte, Humanität und Gerechtigkeit ließen sich im postnazistischen Deutschland auch mithilfe der justizförmigen Bewältigung der NS-Vergangenheit praktizieren.

Gegen Bauers »Erziehungsidealismus«[50] sprechen folgende, zum Teil bereits genannte Fakten:
- Auf deutschen Druck hin wurden sogenannte Kriegsverbrecher von den Westalliierten begnadigt und nach ihrer Freilassung umstandslos in die Gesellschaft re-integriert.[51]
- Der Bonner Gesetzgeber verwarf die mit dem Kontrollratsgesetz Nr. 10 gegebene Möglichkeit, die NS-Verbrechen, eine »neue Art von Verbrechen«,[52] mit einem angemessenen Instrumentarium zu ahnden und begnügte sich mit der Anwendung der zur Tatzeit geltenden Strafgesetze. Eine »Erweiterung des Strafgesetzbuches«[53] auf der Grundlage von allgemein anerkannten Rechtsprinzipien kam für Politik und Justiz aus rechtsgrundsätzlichen Gründen (»Rückwirkungsverbot«) nicht in Frage.[54]
- Das »131er-Gesetz« von 1951 rehabilitierte und gliederte wieder diejenigen in die bundesdeutsche Gesellschaft ein, die im Zuge der Entnazifizierungsverfahren aus dem Staatsdienst entlassen worden waren.

---

49 Robert M. W. KEMPNER, Ankläger einer Epoche. Lebenserinnerungen. In Zusammenarbeit mit Jörg FRIEDRICH. Frankfurt/M., Berlin und Wien 1983, S. 386–399.
50 So treffend Miloš VEC in seiner Besprechung von Fritz Bauer (siehe Anm. 10); M. VEC, Der Gerichtssaal als Klassenzimmer der Nation. In: »Frankfurter Allgemeine Zeitung« vom 3. Februar 2000, Nr. 28, S. 14. In einem Brief vom 10. Juli 1965 an Thomas Harlan macht Bauer Ausführungen zu einem geplanten Film und nimmt Harlans Kritik an seinen Vorstellungen mit den Worten vorweg: »Ich weiß, das alles ist für Dich ›sozialistischer Idealismus‹, aber mit Demaskierungen, wie real sie auch sein mögen, ist politisch und pädagogisch nichts geschehen, nichts erreicht.« Fritz Bauer Institut, Nachlass Fritz Bauer Best. NL-08/06.
51 Siehe Norbert FREI, Vergangenheitspolitik. Die Anfänge der Bundesrepublik und die NS-Vergangenheit. München 1996.
52 Karl JASPERS, Wohin treibt die Bundesrepublik? Tatsachen, Gefahren, Chancen. München 1966, S. 58.
53 Ebenda.
54 Siehe hierzu kritisch Gerhard WERLE / Thomas WANDRES, Auschwitz vor Gericht. Völkermord und bundesdeutsche Strafjustiz. Mit einer Dokumentation des Auschwitz-Urteils. München 1995, S. 39.

- Die von den Westalliierten ungewollte Folge des Überleitungsvertrags von 1955, bereits strafrechtlich belangte NS-Verbrecher der deutschen Gerichtsbarkeit zu entziehen, wurde nicht revidiert.
- Die von den Tatgerichten praktizierte und vom BGH bestätigte Gehilfenrechtsprechung mit ihren milden Strafen blieb trotz aller Kritik weiter bestehen.[55]
- Die selektive Ahndung der NS-Verbrechen setzte sich fort. Befehlslose Verbrechen der sogenannten Exzesstäter ließen sich vergleichsweise einfach judizieren. Im Falle der Schreibtischtäter, der Entscheidungsträger und Organisatoren im Vernichtungsapparat, tat sich die Justiz hingegen schwer.
- Die Novellierung des §50 Abs. 2 StGB führte darüber hinaus zu dem Ergebnis, dass höhere, in den Zentralinstanzen tätige Chargen (»Schreibtischtäter«) ab 1969 von einer bereitwilligen, eine kalte Verjährung anstrebende Strafjustiz außer Verfolgung gesetzt wurden.[56]

Die aufgezählten Fakten beschreiben den vergangenheitspolitischen Zustand der Bundesrepublik in den zwei Jahrzehnten nach ihrer Gründung. Man setzte auf Amnestie und Integration der Täter, nicht auf ihre Verfolgung, nicht auf die Aufklärung ihrer Verbrechen.[57]

Waren die Verhältnisse so wie sie waren und gab es kein anderes Volk, dann fällt es schwer, von einer nachhaltigen Wirkung des Auschwitz-Prozesses auf die öffentliche Bewusstseinsbildung zu sprechen. Dabei hätte der Aufklärungseffekt durchaus groß sein können. Die Prozessberichterstattung war umfangreich. In den vier Qualitätszeitungen »Frankfurter Allgemeine Zeitung«, »Frankfurter Rundschau«, »Süddeutsche Zeitung« und »Die Welt« erschienen zum Beispiel nahezu 1.000 Artikel.[58] Auch Fernsehen und Hörfunk berichteten über den Prozess.

Gewiss hat die »Strafsache gegen Mulka u. a.« aufgrund guter Medienresonanz das in der Bundesrepublik vorherrschende Klima des Vergessen- und Verdrängen-Wollens zu stören vermocht. Doch in der breiten Öffentlichkeit stießen NS-Verfahren auf wenig Gegenliebe oder wurden gar nicht wahrgenommen.

Heinrich Hannover (*1925) hat die Sachlage in der gebotenen Nüchternheit ebenso gesehen: »Auch Fritz Bauer, dem Vater des Auschwitz-Prozesses, ging es um hohe Ziele. Die Prozesse gegen Nazi-Verbrecher sollten das furchtbare Tatsachenmaterial öffentlich vorführen und die Deutschen daran erinnern, dass es ein Recht auf Widerstand gegen

---

55 Siehe hierzu Kerstin FREUDIGER, Die juristische Aufarbeitung von NS-Verbrechen. Tübingen 2002.
56 Siehe Hubert ROTTLEUTHNER, Hat Dreher gedreht? Über Unverständlichkeit, Unverständnis und Nichtverstehen in Gesetzgebung und Forschung. In: Rechtshistorisches Journal 20 (2001), S. 679; Annette WEINKE, Amnestie für Schreibtischtäter. Das verhinderte Verfahren gegen die Bediensteten des Reichssicherheitshauptamtes. In: Klaus-Michael MALLMANN / Andrej ANGRICK (Hrsg.). Die Gestapo nach 1945. Karrieren, Konflikte, Konstruktionen. Darmstadt 2009, S. 200–220.
57 Siehe Marc VON MIQUEL, Ahnden oder amnestieren? Westdeutsche Justiz und Vergangenheitspolitik in den sechziger Jahren. Göttingen 2004.
58 Siehe Jürgen WILKE / Birgit SCHENK / Akiba A. COHEN / Tamar ZEMACH, Holocaust und NS-Prozesse. Die Presseberichterstattung in Israel und Deutschland zwischen Aneignung und Abwehr. Köln u. a. 1995, S. 53.

staatliches Unrecht gibt. Ihr hättet nein sagen müssen, sei das A und O dieser Prozesse. Und er hoffte, dass daraus der Sinn für Gleichheit aller Menschen, der Sinn für Toleranz, Achtung und Anerkennung gegenüber dem anderen und die Erkenntnis erwachsen werde, dass anstelle von Hass und Gewalt Brüderlichkeit und Nächstenliebe herrschen müsse. Die Prozesse haben die in sie gesetzten Hoffnungen nicht erfüllt. [...] die Lektion des Auschwitz-Prozesses ist nicht gelernt worden.«[59]

Der Volkserzieher Bauer ist mit seinem Vorhaben, durch NS-Prozesse Lektionen zu erteilen, erfolglos geblieben. Seine Zielgruppe, die Mehrheit der Bundesdeutschen, war kein gelehriger Schüler. Strafjustiz und Strafprozesse erwiesen sich als wenig taugliche Instrumente, das Geschichtsbewusstsein zu formen, Mentalitäten zu ändern, Menschenrechtsbildung zu betreiben. Bauers mit den Prozessen gegen NS-Verbrecher verfolgte außerrechtliche Zwecksetzung, für viele löblich und legitim, für nicht wenige aus rechtsstaatlichen Gründen durchaus bedenklich, war meines Erachtens wirklichkeitsfremd.

Bedeutet dieser Befund, dass die Bilanz, die sich mit Blick auf den Auschwitz-Prozess ziehen lässt, ganz und gar schlecht ausfällt? Keineswegs. Der rechtsstaatliche, von Hans Hofmeyer souverän geführte Prozess[60] hat eine umfassende Sachaufklärung geleistet, die Tatsachenfeststellungen des Frankfurter Schwurgerichts gehören gleichsam zu unserem Basiswissen. Der Mord an den europäischen Juden in Auschwitz ist rechtskräftig festgestellt. Mit Blick auf die Angeklagten hat das erkennende Gericht zweifelsfreie Schuldfeststellungen getroffen und nach Ansicht vieler eine gerechte Tatschuldbewertung vorgenommen. Doch in Frankfurt am Main wurde der Gerichtssaal nicht zum »Klassenzimmer der Nation«. Volksaufklärung vermochte der Prozess nicht zu leisten, Strafrechtstheater wollten und konnten die Prozessbeteiligten nicht inszenieren.

Bauers resignative Bilanz, die er nach dem Ende des Auschwitz-Prozesses zog, ist in seinen verfehlten Erwartungen begründet. Offenbar behielt der Moralist Bauer gegenüber dem Juristen Bauer die Oberhand. Die Deutschen hielten nicht, veranlasst durch die NS-Prozesse, Gerichtstag[61] über sich selbst. Die im Auschwitz-Prozess durch gerichtliche Wahrheitsforschung geleistete Aufklärung hat auch nicht vor Augen führen können, warum die deutsche Geschichte nach Auschwitz führte. Ein Strafprozess, dies musste auch Bauer erkennen, ist kein Geschichtskolleg, liefert keine historischen Erklärungen.

Mit Herbert Jäger (1928–2014) bleibt nüchtern festzustellen: »[...] Strafverfahren sind [...] nicht der Ort für eine politische und moralische Auseinandersetzung mit dem Unrecht und der Inhumanität als System«.[62] Freilich können Strafverfahren Jäger zufolge für die gebotene Aufarbeitung von Systemverbrechen »eine unentbehrliche Voraussetzung«[63] sein.

---

59 Heinrich HANNOVER, Vom Nürnberger Prozess zum Auschwitz-Prozess. In: Ulrich SCHNEIDER (Hrsg.), Auschwitz – ein Prozess. Geschichte – Fragen – Wirkungen. Köln 1994, S. 68.
60 Siehe zum Beispiel das Lob auf Hans Hofmeyer durch Nebenklagevertreter Henry ORMOND, Ein Wort zur Kritik am Auschwitz-Urteil. In: »Allgemeine jüdische Wochenzeitung« vom 27. August 1965, Nr. 22.
61 Fritz BAUER, Warum Auschwitz-Prozesse?. In: »Neutralität«. Kritische Zeitschrift für Kultur und Politik Heft 6–7 (1965), S. 7.
62 Herbert JÄGER, Amnestie für staatliche Verbrechen? In: »Kritische Justiz«, Jg. 23 (1990) Heft. 4, S. 472.
63 Ebenda.

Mitte der sechziger Jahre war der Auschwitz-Prozess für eine geschichtsbewusste Minorität fraglos ein wichtiger Anstoß, sich mit der NS-Vergangenheit zu beschäftigen, zweifelsfrei hinterließ er bei einigen bleibende Spuren im historischen Bewusstsein.

Erzielt ein rechtstaatliches Verfahren neben der nach Recht und Gesetz erfolgten Sachaufklärung und Schuldfeststellung diese außerrechtliche Wirkung, muss man bei aller hoffnungsfrohen aufklärerischen Absicht nicht unzufrieden sein.

DIE AUSSTELLUNG

Verstrickung der Justiz in das NS-System 1933–1945
Forschungsergebnisse für Hessen

Inhalt

Grußwort 449
Rudolf Kriszeleit

Einführung 453
Wolfgang Form

Die Ausstellung

EINFÜHRUNG 463
Wolfgang Form
Tafel 1   Das »Dritte Reich« entsteht 463

THEMENBEREICH 1: MORALITÄT DES BÖSEN 468
Werner Konitzer
Tafel 2   Moralität des Bösen 468
Tafel 3   Moral und Recht 471
Tafel 4   Antisemitismus, Moral und Rasse 474

THEMENBEREICH 2: POLITISCHE NS-STRAFJUSTIZ 477

THEMENBEREICH 2.1: STRUKTUREN 477
Wolfgang Form
Tafel 5   Struktur 477
Tafel 6   Urteilspraxis 482
Tafel 7   Der Volksgerichtshof und Hessen 486
Tafel 8   Oberlandesgerichte I 492
Tafel 9   Oberlandesgerichte II 497

THEMENBEREICH 2.2: VERFOLGTENGRUPPEN 506
Wolfgang Form
Tafel 10   Verfolgung der KPD 506
Tafel 11   Verfolgung der Sozialdemokraten 510
Tafel 12   Verfolgung von Ausländerinnen und Ausländern 517
Tafel 13   Der Schutz der »Inneren Front« – Wehrkraftzersetzer 524
Tafel 14   »Einzeltäter«, Gesprächskreise und die Verfolgung bürgerlich-ziviler
               Gruppen 530

THEMENBEREICH 2.3: SONDERGERICHTSBARKEIT 535
Peter Gast, Wolfgang Form
Tafel 15   Sondergerichte 535
Tafel 16   Zuständigkeit 540
Tafel 17   Opfer der Sondergerichtsbarkeit 546
Tafel 18   Weitere Einzelschicksale 553
Tafel 19   Plünderungs-Sondergerichte 556

THEMENBEREICH 2.4: MILITÄRJUSTIZ 563
Gerd Hankel
Tafel 20   Wehrmachtsjustiz I – Wiedereinführung, Ideologie, Akteure 563
Tafel 21   Wehrmachtsjustiz II – Zuständigkeiten 567
Tafel 22   Wehrmachtsjustiz III – Urteilspraxis 573

THEMENBEREICH 3: STRAFVOLLZUG IM NATIONALSOZIALISMUS 580
Rolf Faber
Tafel 23   Vom liberalen Strafvollzug zum »neuen Strafvollzug« und
           seinen Grundlagen 580
Tafel 24   Die Situation der Strafgefangenen im nationalsozialistischen
           Strafvollzug 583
Tafel 25   Arbeitseinsatz und Strafvollzug 587
Tafel 26   Todesurteile und Vollstreckung 591

THEMENBEREICH 4: ERBGESUNDHEITSGESETZ 595
Diether Degreif
Tafel 27   Nationalsozialistisches Denken in Rechtsprechung,
           Gesetzgebung und Justizverwaltung 595
Tafel 28   Erbgesundheitsgericht 602

THEMENBEREICH 5: AUSCHWITZ-PROZESS 609
Werner Renz
Tafel 29   Die Nürnberger Prozesse 609
Tafel 30   Auschwitz-Täter vor alliierten Gerichten 611
Tafel 31   Auschwitz-Täter vor bundesdeutschen Gerichten 614
Tafel 32   Vorgeschichten des Auschwitz-Prozesses: Das Gerechtigkeitsverlangen
           von Überlebenden und der »Staatsanwalt Zufall« 617
Tafel 33   Ermittlungsverfahren und gerichtliche Voruntersuchung 622
Tafel 34   Schwurgerichtsanklage und Eröffnung des Hauptverfahrens 625
Tafel 35   Hauptverhandlung 20. Dezember 1963 – 20. August 1965 629
Tafel 36   Revisionsverfahren und Neuverhandlung 634

THEMENBEREICH 6: NACHKRIEG 639

THEMENBEREICH 6.1: JURISTEN VOR GERICHT 639
Peter Gast
Tafel 37   Der Fall Kessler / Hassencamp I 639
Tafel 38   Der Fall Kessler / Hassencamp II 643
Tafel 39   Der Fall Kessler / Hassencamp III 648

THEMENBEREICH 6.2: AUFHEBUNG VON NS-URTEILEN 652
Wolfgang Thiele
Tafel 40   Rechtsprechung zu NS-Unrechtsurteilen 652
Tafel 41   Das NS-Aufhebungsgesetz von 1998 655
Tafel 42   Die NS-Aufhebungsgesetze nach 2000 662

THEMENBEREICH 6.3: RICHTER NACH 1945 666
Theo Schiller
Tafel 43   Richter nach 1945 666
Tafel 44   Strafverfolgung von Richtern und Staatsanwälten nach 1945 in
           Hessen? 671

Wissenschaftliche Koordination, Gesamtredaktion und Projektleitung: **Dr. Wolfgang Form**
Projektbetreuung: Rainer Jurczyk, Prof. Dr. Thorsten Weise, Ralph Hikade
Grafikkonzept & Gestaltungs-Service: Helmut Scheffer, Grafik-Atelier, Rotenburg a. d. Fulda

Grußwort

I.

Termineintrag 28. Februar 2012, 16.00 Uhr: Ausstellungseröffnung am Studienzentrum in Rotenburg »Die Verstrickung der Justiz in das NS-System 1933–1945«. Aus den Unterlagen zur Terminvorbereitung sowie aus dem Entwurf meiner Eröffnungsrede erkenne ich, dass zum einen die Ausstellung »Im Namen des Deutschen Volkes – Justiz und Nationalsozialismus« des Bundesjustizministeriums gezeigt wird – eine Ausstellung, die mir bekannt ist, deren Ausstellungskatalog zu meiner beruflichen Handbibliothek gehört und die zu Recht einen hervorragenden Ruf genießt. Und zum anderen soll eine vom Studienzentrum selbst konzipierte und in zweijähriger Arbeit unter Leitung des damaligen Direktors, Dr. Müller-Engelmann, erstellte, neue Ausstellung »Verstrickung der Justiz in das NS-System 1933–1945« präsentiert werden – »mit regionalem Bezug«, so das Ausstellungsplakat. Das war neu, das machte neugierig!

Nach der Feierstunde zur Ausstellungseröffnung, nach dem Rundgang, nach intensiver Erläuterung insbesondere der regionalen Ausstellung durch Dr. Müller-Engelmann und den Kurator der Ausstellung Dr. Form (zum Glück wartete kein Anschlusstermin, so dass ich mir Zeit nehmen konnte und nicht unter Druck stand), tauchte im Abschlussgespräch die Frage auf, was denn nach dem 16. September 2012 – dem Ausstellungsende – mit den Dokumenten und Unterlagen erfolgen sollte. Für die Bundes-Ausstellung – dies war bekannt – stellte Rotenburg den Schlusspunkt einer vieljährigen Wanderung durch die Republik dar; beschlossen war die Rückführung nach Berlin in das Oberverwaltungsgericht Berlin-Brandenburg, wo die Ausstellung als Dauer-Ausstellung gezeigt wird.

Aber was sollte das Schicksal der Rotenburger Ausstellung, der Ausstellung »mit regionalem Bezug« werden? »Ablage« im Archiv des Studienzentrums? Angesichts der Fülle des neu erarbeiteten und gezeigten Materials, angesichts der Ausdehnung der Darstellung auch auf die hessischen Oberlandesgerichte, also die »ordentliche Justiz«, und angesichts des »regionalen Bezuges« – ein echter innovativer Ansatz! – musste diese Ausstellung einem größeren Publikum zugänglich gemacht werden, so die einhellige Meinung. Warum also nicht aus der Rotenburger Ausstellung eine Wander-Ausstellung machen – ähnlich wie die Bundes-Ausstellung – und in Hessen an verschiedenen Orten – am besten bei Gerichten! – zeigen? Die Idee war geboren – Wander-Ausstellung zu allen Landgerichtsbezirken in Hessen mit jeweils »regionalem Bezug«!

II.

Was so einfach klingt, war aber in der technischen Umsetzung schwierig: Die Rotenburg-Ausstellung musste wanderfähig gemacht werden; es fehlte an Geld für Schautafeln, für zusätzliche Erläuterungstexte, für Transportkapazitäten, es fehlte an klaren Verantwortlichkeiten, an Versicherungsmöglichkeiten!, und und und …

Dank der nicht abflauenden Unterstützung durch das Studienzentrum (insbesondere durch Herrn Jurczyk), dank der Kreativität einer örtlichen Druckerei, dank des Einsatzes einiger findiger Köpfe aus dem Justizministerium (zu erwähnen sind Frau Berg sowie die Herren Pöhland-Block und Dr. Saam) sowie aus der Vorbereitungsgruppe (vor allem Herrn LOStA a.D. Gast ist herzlich zu danken!) – und dank umfänglicher finanzieller Unterstützung seitens der hessischen Justiz konnten aber alle Hindernisse beseitigt werden, so dass tatsächlich am 17. September 2012 die Ausstellung ›reisefähig‹ war und zu ihrer ersten Station im Justizzentrum Wiesbaden aufbrechen konnte. Und dank des umsichtigen Transports durch Herrn Müller-Jäger von der JVA Frankfurt III erreichten die Präsentationstafeln auch immer wohlbehalten und pünktlich die einzelnen Ausstellungsorte.

III.

Warum aber erschien und erscheint es mir so wichtig, eine Ausstellung, die sich mit der Justiz im Dritten Reich, also mit lang vergangenen Vorgängen befasst, in Gerichtsgebäuden sowohl der gerichtlichen als auch der sonstigen Öffentlichkeit zu zeigen?

Zum einen muss die Rolle der Justiz beim Übergang von der Weimarer Republik zum Dritten Reich und dann bei der Exekution der menschenunwürdigen Gesetze und Vorschriften immer wieder in Erinnerung gerufen werden – das Unrecht des Dritten Reichs ist nicht aus heiterem Himmel über das Land, über die Justiz gekommen, sondern die Menschen, die Richter, Staatsanwälte, Rechtsanwälte, Verwaltungsbeamten haben aktiv daran mitgewirkt: »Die deutsche Justiz hat zum großen Teil zu den Verbrechen des Dritten Reichs geschwiegen, sie hat zu großen Teilen die Verbrechen des Dritten Reichs gedeckt, und sie hat zu großen Teilen Verbrechen begangen« – so Heinrich von Brentano, hessisches Mitglied des Parlamentarischen Rates und erster Außenminister der Bundesrepublik Deutschland. Und: Dieses Unrecht wurde an einzelnen Menschen verübt, und diese Menschen dürfen nicht dem Vergessen anheimfallen.

Weiterhin muss der Blick weg von dem singulären Unrechts-Gericht »Volksgerichtshof« hin zu der normalen, der »ordentlichen« Justiz gelenkt werden, zu den örtlichen Strafkammern und Strafsenaten und zu den an diesen Gerichten tätigen Menschen, die durchaus bemerkenswerte Karrieren durchlaufen konnten: Einstellung in den Richterdienst in der Weimarer Zeit unter demokratischen Vorzeichen, dann Richtertätigkeit im Dritten Reich unter Anwendung sowohl der »alten« als auch der dann geltenden neuen Gesetze im Sinne des Nationalsozialismus (bis hin zu langen Haftstrafen oder gar Todesurteilen für nichtige »Vergehen«), und nach 1949 spätestens im Wege des »Huckepackverfahrens« wieder in einer demokratischen Justiz Recht sprechen, ohne dass eigene Rolle und eigenes Selbstverständnis hinterfragt wurden.

In diesem Zusammenhang spielt der »regionale Bezug« eine so große Rolle, mit dessen Hilfe – so der ursprüngliche Ansatz der Rotenburg-Ausstellung – die Auswirkungen der Unrechts-Justiz auf den Alltag im ländlichen Raum, in den einzelnen Städten hergestellt werden soll: Justiz im Dritten Reich war nicht »weit weg«, sondern wirkte sich in der direkten Nachbarschaft der Menschen aus.

Vor allem aber wollte ich erreichen, dass die heutige junge und mittlere Generation der Richter, Staatsanwälte, Rechtsanwälte, Rechtsreferendare plastisch und drastisch vor Augen geführt bekommt, wie dünn die Firnis der Zivilisation ist, welche großer Kraftanstrengung es auch heute und in der Zukunft bedarf, das »institutionelle Kunstwerk des Rechtsstaats« zu bewahren und zu sichern. Ein heute 40-jähriger Richter hat sein Studium schon im vereinten Deutschland absolviert, hat sich in diesem Studium wahrscheinlich mehr mit Maastricht, Internationalisierung sowie grenzüberschreitenden Verträgen und Rechten beschäftigt als mit der »Rechtswirklichkeit« in der Justiz 1933–1945. Für diese Generation sollte die Wanderausstellung – so war meine Hoffnung – ein Angebot darstellen, die eigene Arbeit, die Geschichte der deutschen Justiz, die eigenen ethischen Grundlagen der Rechtsfindung zu reflektieren und sich mit der Frage auseinanderzusetzen »Wie hätte ich mich verhalten?« – nicht im Sinne von Belehrung, sondern im Sinne von Warnung, im Sinne von Vorbeugung.

IV.
Sind diese Hoffnungen erfüllt worden?

Die Wanderausstellung hat einen Amtswechsel im Justizministerium überstanden – ich bin sehr froh und dankbar, dass Frau Staatsministerin Kühne-Hörmann 2014 die Schirmherrschaft über die Ausstellungen in Darmstadt, Hanau und Fulda genauso selbstverständlich und aus Überzeugung übernommen hat wie Herr Staatsminister Hahn 2012 und 2013 die Schirmherrschaft über die vorherigen Ausstellungen in Hessen.

Besonders bemerkenswert ist der »regionale Bezug« gelungen: An allen Standorten konnten im Rahmen des Begleitprogramms in Zusammenarbeit mit regionalen Geschichtsvereinen, Gesellschaften für christlich-jüdische Zusammenarbeit und anderen zivilgesellschaftlichen Gruppierungen Vorträge organisiert und durchgeführt werden, mit deren Hilfe die alltägliche Beugung und Brechung der Menschenrechte verdeutlicht wurde. Diese Veranstaltungen waren großteils hervorragend besucht; sowohl in regionaler als auch in überregionaler Presse wurde über sie berichtet, und es konnten dadurch neue Netzwerke geknüpft werden.

Konnten aber auch die jungen Juristen angesprochen werden; konnte das erhoffte »Innehalten«, die Selbstreflexion und die Auseinandersetzung mit einer Justiz, die zum erheblichen Teil die gleichen Gesetze benutzt hat wie wir heute und damit Verbrechen begangen hatte, erreicht werden? Diese Frage kann ich nicht beantworten. Ich kann dies nur hoffen; aber am 28. Februar 2012 war mir klar, dieses Ausstellungs-Geschenk des Studienzentrums Rotenburg musste genutzt werden, um der hessischen Justiz einen Blick auf sich selbst und die Chance eines kritischen Blicks zurück zu ermöglichen.

Rudolf Kriszeleit
Bis 18. Januar 2014 Staatssekretär für Justiz und Integration
im Hessischen Ministerium der Justiz, für Integration und Europa

Einführung

Wolfgang Form

Verstrickung der Justiz in das NS-System 1933–1945
Forschungsergebnisse für Hessen

Von Februar bis September 2012 wurde ein großes Ausstellungsprojekt zur Justiz im Nationalsozialismus am Hessischen Studienzentrum der Finanzverwaltung und Justiz in Rotenburg a. d. Fulda gezeigt. Ein Teil der Ausstellung mit dem Titel »Im Namen des deutschen Volkes – Justiz im Nationalsozialismus« wurde bereits 1989 vom Bundesministerium der Justiz erarbeitet und konnte mit ihren über 120 Tafeln erstmals seit vielen Jahren wieder außerhalb Berlins einem breiten Publikum zugänglich gemacht werden. In Ergänzung dazu hatte eine Arbeitsgruppe des Studienzentrums einen zweiten Ausstellungsteil mit spezifisch hessischen Bezügen erarbeitet. Die zweite, auf Hessen bezogene Ausstellung ist schließlich 2012, mit einigen thematischen Erweiterungen versehen, in eine eigenständige Wanderausstellung umgestaltet worden. Sie wurde seit November 2012 an neun Justizstandorten in Hessen präsentiert (am Oberlandesgericht Frankfurt/M. sowie an allen hessischen Landgerichtsstandorten). Im Katalogteil des Sammelbandes werden alle Schautafeln, allerdings in einem dem Buchformat angepassten Layout, abgedruckt.

Mit der Ausstellung des Bundesjustizministeriums von 1989 wurde ein Grundstein für neue und weiterführende Forschungen gelegt, sie animierte zu weiteren lokalen und überregionalen Arbeiten. Richtungsweisend waren die Aktivitäten des Instituts für Zeitgeschichte in München, das ab 1994 im großen Umfang Prozessunterlagen des Volksgerichtshofs als Mikrofiche-Edition publizierte. Zu nennen ist hier auch die Arbeit von Klaus Marxen und seinen Mitarbeitern. Sie untersuchten die Arbeit des Volksgerichtshofs erstmals in seiner Gänze und fanden unter anderem heraus, dass er bei weitem nicht nur ein Gericht gegen Deutsche war. Etwa die Hälfte der Angeklagten kam aus dem Ausland. Die vielen Arbeiten zu verschiedenen Sondergerichten können hier nicht einzeln aufgezählt werden.

Ab den späten 1980er Jahren wurden im Rahmen des maßgeblich vom verstorbenen ehemaligen Leiter des Hessischen Hauptstaatsarchivs Wiesbaden, Wolf-Arno Kropat, ins Leben gerufene Dokumentationsprojekt *Widerstand und Verfolgung in Hessen während des Nationalsozialismus* intensive Archivarbeiten durchgeführt. Sehr schnell wurde deutlich, dass politische NS-Strafjustiz nicht nur eine Domäne des Volksgerichtshofs und der Sondergerichte war. Im großen Umfang wurden politische Prozesse vor Oberlandesgerichten durchgeführt.

Ausstellungsort Frankfurt/M.

Im Rahmenprogramm der Ausstellungseröffnung in
Frankfurt/M.: Zeitzeuge Emil Mangelsdorff am Saxophon,
mit Begleitung

1998 startete ein bislang einmalig gebliebenes Forschungsvorhaben, das an der Philipps-Universität Marburg die gesamte Bandbreite der politischen NS-Strafjustiz in Hessen untersuchte. Das Hessische Ministerium für Wissenschaft und Kunst engagierte sich mit erheblichen finanziellen Mitteln an dem interdisziplinären Forschungsprojekt der Universität Marburg und der Deutschen Forschungsgemeinschaft. Als Ergebnis liegt seit

2005 eine zweibändige Publikation über alle bis dato ermittelbaren Verfahren der politischen Senate der Oberlandesgerichte Darmstadt (bis 1937) und Kassel (bis Ende 1944) sowie der beiden Sondergerichte Darmstadt und Kassel für das erste Jahr der NS-Diktatur vor.

Die Grundkonzeption der Wanderausstellung ist zunächst auf einen schwarzen Kubus fokussiert, dessen Videoinstallationen Volksgerichtshofsprozesse zeigen. Er steht – unter Einbeziehung bekannter Symbolik – für tradierte Geschichtsbilder: In den frühen Arbeiten zum obersten politischen NS-Gericht wurden die Justizopfer kaum thematisiert. Es ging vor allem um strukturelle Fragen. Die Rechtspraxis blieb weitgehend unbeachtet. Die um den Kubus mit seinen O-Tönen und schriftlichen Verfolgungsgeschichten platzierten Tafeln lassen diese »Blackbox« aufbrechen, über das scheinbar Bekannte hinauszublicken und eröffnen neue Erkenntnisebenen. Leider konnte dieser Teil der Präsentation nur in Rotenburg und Darmstadt gezeigt werden.

Die Ausstellung thematisiert den aktuellen Stand der Forschungen zur juristischen Zeitgeschichte Hessens, vornehmlich aus dem Bereich der NS-Strafjustiz. Für politische Strafsachen waren neben dem Volksgerichtshof vor allem die politischen Senate der Oberlandesgerichte und die Sondergerichte verantwortlich. Die Zuständigkeit des ehemaligen Oberlandesgerichts Darmstadt erstreckte sich bis Anfang 1937 auf das Territorium des Volksstaates Hessen. Beim Oberlandesgericht Kassel hingegen lag die Verantwortung für zwei damalige Oberlandesgerichtsbezirke (Frankfurt/M. und Kassel) sowie die Landgerichtsbezirke Erfurt und Göttingen.

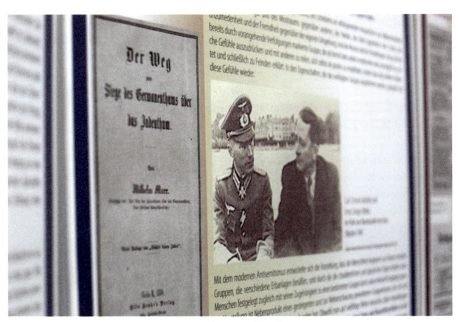

Ausstellungsort Kassel

Ausstellungsort Kassel

Der Ausstellungskatalog fokussiert die Verfolgungsstrukturen an regionalen Beispielen. So werden Verfolgtengruppen oftmals anhand von erschütternden Einzelschicksalen vorgestellt und der Umgang der Justiz mit ihrer Vergangenheit nach 1945 thematisiert. Über 3.800 Frauen und Männer aus Hessen (und heute angrenzenden Gebieten) wurden wegen politischer Delikte beim Volksgerichtshof und den politischen Senaten der Oberlandesgerichte Darmstadt und Kassel angeklagt. Die Verfolgung der politischen Opposition, politisch Andersdenkender sowie ab 1933 die Repression aus religiösen Gründen oder während des Krieges wegen so genannter öffentlicher Wehrkraftzersetzung (vom »Führer-Witz« bis zur Kritik am Kriegsverlauf) fand größtenteils im Großraum Rhein-Main statt. Rund ein Drittel der Verfahren beim Oberlandesgericht in Kassel betrafen Frauen und Männer aus Frankfurt/M.

Die Ausstellung *Verstrickung der Justiz in das NS-System 1933–1945* deckt große Bereiche der politischen NS-Justiz ab – auch die Wehrmachtsjustiz und den NS-Strafvollzug sowie darüber hinaus Zwangssterilisationen während der NS-Zeit. Vor allem thematisiert sie Opfer der NS-Justiz und ihre menschenverachtende Behandlung durch Justizorgane. Auf insgesamt 44 themenbezogenen Tafeln erfahren Leserinnen und Leser, welche Opfergruppen zu welchem Zeitpunkt und mit welcher Intensität in die Mühlen der Justiz gerieten – verknüpft mit dem Schicksal einzelner Personen. Darüber hinaus finden sich Übersichten zur Rechtssprechungspraxis und zu Organisationsstrukturen der politischen NS-Justiz. Besonderes Augenmerk wurde auf die Zeit nach 1945 gelegt. An erster Stelle erfolgt eine ausführliche Würdigung des Frankfurter Auschwitzprozesses sowie

Ausstellungsort Kassel

der gescheiterten Ahndung von NS-Unrecht, der justizpolitischen Entwicklungen im Zusammenhang mit der Aufhebung von NS-Urteilen ab dem Ende der 1990er Jahre und der Wiedereinstellungspraxis von Justizjuristen in Hessen.

Ich möchte herausstellen, dass sich hinter jedem und jeder der über 10.000 Männer und Frauen, die in Hessen in die Mühlen der politischen NS-Justiz geraten sind (Volksgerichtshof, Oberlandesgerichte und Sondergerichte sowie Wehrmachtsjustiz) ein bewegendes Schicksal verbirgt. Quantitäten können nur einen Hinweis auf das Geschehene geben, sie können Umfänge, Verhältnisse und Beziehungen von Einzelaspekten aufdecken, hingegen sagen sie nichts aus über grausame Verhörmethoden, erniedrigende Behandlungen in Gerichtssälen oder menschenverachtende Strafen für Nichtigkeiten.

Die Ausstellung ist an allen neun Standorten überaus rege besucht worden. Die Eröffnungsveranstaltungen waren jeweils ein überregional wahr genommenes Ereignis mit zum Teil über 200 Gästen. Jede lokale Präsentation wurde von einen eigenen Rahmenprogramm begleitet. Insgesamt haben über 3.500 Gäste die Vorträge besucht und eine deutlich größere Anzahl hat die Ausstellung selbst angesehen. Viele positive Rückmeldungen sind während der zwei Jahre, in denen die Ausstellung durch Hessen reiste, eingegangen. Eines wurde hingegen durchgehend angemahnt: es fehle ein Ausstellungskatalog. Wenngleich verspätet, soll diesem Desiderat nun Abhilfe geschaffen werden.

Ausstellungsort Marburg

Ausstellungsorte und Vorträge zur Wanderausstellung 2012 – 2014

Rotenburg a.d. Fulda 28. Februar bis 16. September 2012
Studienzentrum der Finanzverwaltung und Justiz in Rotenburg
– Politische Strafjustiz am Beispiel Hessen (*Prof. Dr. Theo Schiller, Marburg*)
– Militärjustiz (*Dr. Gerd Hankel, Hamburger Institut für Sozialforschung*)
– Sondergerichte während der NS-Zeit (*Dr. Harald Hirsch, Frankfurt/M.*)
– Die ungesühnten Verbrechen der NS-Justiz (*Dr. Georg D. Falk, OLG Frankfurt/M.*)

Wiesbaden 5. November 2012 – 31. Januar 2013
– Politische NS-Justiz am Beispiel Hessen (*Dr. Wolfgang Form, Universität Marburg*)
– Der Kampf gegen das NS-Regime – Beispiele aus dem Rhein-Main-Gebiet (*Dr. Axel Ulrich, Stadtarchiv Wiesbaden*)
– Ein Richter unter drei politischen Systemen. Leben und Schicksal des Wiesbadener Oberlandesgerichtsrats Dr. Wilhelm Dreyer 1882–1938 (*Dr. Rolf Faber, Wiesbaden*)

Gießen	18. Februar – 15. April 2013 – Wehrkraftzersetzung – Der Kampf gegen die »Innere Front« (*Dr. Wolfgang Form, Universität Marburg*) – Der Auschwitz-Prozess (*Werner Renz, Fritz Bauer Institut Frankfurt/M.*) – Die (bundes-)deutsche Justiz und das »Dritte Reich« (*Gerhard Fieberg, Präsident des Bundesamtes der Justiz a.D.*)
Marburg	18. April – 15. Juli 2013 – Die Wehrmachtjustiz zwischen Widerstand, Anpassung und Radikalisierung (*Dr. Gerd Hankel, Hamburger Institut für Sozialforschung*) – Die ungesühnten Verbrechen der NS-Justiz (*Dr. Georg D. Falk, OLG Frankfurt/M.*) – SS- und Polizeigerichtsbarkeit – Gerichtsbarkeit einer selbsternannten Elite (*Prof. Dr. Henning Radtke, Bundesgerichtshof Karlsruhe*) – Politische NS-Strafjustiz in Hessen – das Oberlandesgericht Kassel (*Prof. Dr. Theo Schiller, Marburg*)
Limburg	19. August – 18. Oktober 2013 – Der NS-Justizvollzug am Beispiel der JVA Diez (*Adolf Morlang, Altendiez*) – Die ungesühnten Verbrechen der NS-Justiz (*Dr. Georg D. Falk, OLG Frankfurt/M.*) – Schicksale jüdischer Juristen während der NS-Zeit (*Dr. Rolf Faber, Wiesbaden*)
Frankfurt/M.	30. Oktober 2013 – 9. Januar 2014 – Der Auschwitz-Prozess. Vorgeschichte und Ermittlungsarbeit (*Werner Renz, Fritz Bauer Institut Frankfurt/M.*) – Die ungesühnten Verbrechen der NS-Justiz (*Dr. Georg D. Falk, OLG Frankfurt/M.*) – Die Präsidenten des OLG Frankfurt a.M. 1933–1945. Erste Forschungsergebnisse (*Arthur von Gruenewaldt, Frankfurt/M.*) – Der abschüssige Weg in die Bedeutungslosigkeit. Verwaltungsgerichtsbarkeit im Nationalsozialismus (*Prof. Dr. Michael Stolleis, Frankfurt/M.*)
Kassel	15. Januar – 31. März 2014 – Schutzhaft und Lager als nationalsozialistische Elemente des Terrors (*Prof. Dr. Dietfrid Krause-Vilmar, Kassel*)

– Der politische Strafsenat des Oberlandesgerichts Kassel in der NS-Zeit (*Dr. Wolfgang Form, Universität Marburg*)
– Auf dem rechten Auge blind? Die Weimarer Justiz zwischen Kaiserreich und Nationalsozialismus (*Prof. Dr. Jens Flemming, Hamburg*)
– Zusammenwirken von Justiz und Gestapo – Arbeitserziehungslager Breitenau (*Dr. Gunnar Richter, Gedenkstätte Breitenau*)
– Der Auschwitz-Prozess (*Werner Renz, Fritz Bauer Institut Frankfurt/M.*)

Darmstadt   10. April – 11. Juli 2014
– Anklagepraxis des Oberstaatsanwalts beim Sondergericht Darmstadt (*Dr. Harald Hirsch, Frankfurt/M.*)
– Richter im NS-Staat (*Dr. Georg D. Falk, OLG Frankfurt/M.*)
– Der politische Senat des Oberlandesgerichts Darmstadt 1933-1937 (*Dr. Wolfgang Form, Universität Marburg*)
– Nationalsozialistische Gewaltverbrechen – Verfahren am Landgericht Darmstadt (*Dr. Volker Hoffmann, Rosbach*)

Hanau   15. Juli – 2. Oktober 2014
– Das Oberlandesgericht Kassel als politisches Verfolgungsorgan der NS-Diktatur (*Prof. Dr. Theo Schiller, Marburg*)
– Nach dem 20. Juli 1944 – Der Widerstandskämpfer Adam Trott zu Solz in den Fängen der NS-Willkürjustiz (*Dr. Benigna von Krusenstjern, Göttingen*)
– Die ungesühnten Verbrechen der NS-Justiz (*Dr. Georg D. Falk, OLG Frankfurt/M.*)
– Am Beispiel Dr. Elkan Sondheimer – Schicksal jüdischer Juristen im NS-Regime (*Christine Raedler, Zentrum für Regionalgeschichte des Main-Kinzig-Kreises*)

Fulda   8. Oktober – 21. Dezember 2014
– Die politische Verfolgung durch die Justiz in der NS-Zeit in Fulda und in der Region (*Dr. Wolfgang Form, Universität Marburg*)
– Der Synagogenbrand in Fulda und seine juristische Aufarbeitung nach 1945 (*Dr. Thomas Heiler, Stadt Fulda*)
– Auf dem rechten Auge blind? Die Weimarer Justiz zwischen Kaiserreich und Nationalsozialismus (*Prof. Dr. Jens Flemming, Hamburg*)
– Die Verfolgung von NS-Gewaltverbrechen in den 50er und 60er Jahren (*PD Dr. Annette Weinke, Universität Jena*)

★★★★

Besonders danken möchte ich den Mitgliedern der Arbeitsgruppe, der Leitung und den Mitarbeiterinnen und Mitarbeitern des Studienzentrums in Rotenburg, allen Leiterinnen und Leitern der hessischen Justiz sowie deren Mitarbeitern – hier vor allem auch den immer tatkräftig helfenden Wachtmeistern, die in zahlreichen Stunden die Ausstellung mit aufgebaut haben. Namentlich genannt seien an dieser Stelle Herr Müller-Jäger von der JVA III in Frankfurt/M., der den Transport der Wanderausstellung übernahm und vor allem Herr Helmut Scheffer für seine Geduld bei der graphischen Umsetzung der Ausstellung und der Werbematerialien.

Wolfgang Form
Marburg im März 2015

Einführung

[Tafel 1]

Das »Dritte Reich« entsteht

Am 30. Januar 1933 wird Adolf Hitler von der Regierungskoalition aus NSDAP und DNVP zum Reichskanzler ernannt. Nur wenige Tage später, am 4. Februar 1933 erlässt Reichspräsident Hindenburg die Notverordnung zum Schutze des deutschen Volkes.

Damit wurden die Außenwirkungen politischer Parteien und Organisationen grundlegend eingeschränkt und es begann die Verfolgung von Regimegegnern im großen Umfang.

Als zweiter Schlag gegen die Demokratie wurde die sogenannte Reichstagsbrand-Verordnung – Verordnung zum Schutze von Volk und Staat, 28. Februar 1933 – in Kraft gesetzt: Einschränkung von Grundrechten wie Freiheit der Person, Recht auf freie Meinungsäußerung, Vereins- und Versammlungsfreiheit.

Brand des Reichstags 1933
[Bayerischer Rundfunk. Schulfernen online]

Die Verordnung diente in erster Linie der Verhaftung von Kommunisten, Gewerkschaften, Sozialdemokraten, oppositionellen Mitgliedern der Kirchen und anderen »politisch verdächtigen« Personen. In den hessischen Zentren der Arbeiterbewegung – unter anderem in Frankfurt/M., Hanau und Kassel – kam es zu mehreren hundert Inhaftierungen.

Im März 1933 folgten in rascher Folge weitere Verschärfungen bei der Verfolgung politischer Aktivist/innen – vor allem auch mit juristischen Mitteln. Die Sondergerichte wurden etabliert und die politische Strafjustiz auf die Oberlandesgerichte ausgedehnt. Zudem war es dem NS-Regime mit dem so genannten Ermächtigungsgesetz seit dem 23. März 1933 möglich, ohne das Parlament zu regieren. Damit wurde ein Freibrief für die menschenverachtende Politik der kommenden zwölf Jahre ausgestellt. Eine

Verbot des Vorwärts 1933
[Bayerischer Rundfunk. Schulfernen online]

– 463 –

Verordnung des Reichspräsidenten zum Schutze des deutschen Volkes. Vom 4. Februar 1933.

Auf Grund des Artikels 48 Abs. 2 der Reichsverfassung wird folgendes verordnet:

Abschnitt I
Versammlungen und Aufzüge
§ 1

(1) Öffentliche politische Versammlungen sowie alle Versammlungen und Aufzüge unter freiem Himmel sind spätestens achtundvierzig Stunden vorher unter Angabe des Ortes, der Zeit und des Verhandlungsgegenstandes der Ortspolizeibehörde anzumelden.

(2) Sie können im Einzelfall verboten werden, wenn nach den Umständen eine unmittelbare Gefahr für die öffentliche Sicherheit zu besorgen ist. Statt des Verbots kann eine Genehmigung unter Auflagen ausgesprochen werden. Zuständig sind, soweit die obersten Landesbehörden nichts anderes bestimmen, die Ortspolizeibehörden.

(3) Ausgenommen sind Veranstaltungen nicht politischer Art.

(4) Eine Anordnung nach Abs. 2 kann nach den Bestimmungen des Landesrechts angefochten werden. Die Beschwerde hat keine aufschiebende Wirkung.

[RGBl. I, S. 35 f.]

Abschnitt II
Druckschriften
§ 7

(1) Druckschriften, deren Inhalt geeignet ist, die öffentliche Sicherheit oder Ordnung zu gefährden, können polizeilich beschlagnahmt und eingezogen werden.

(2) Zuständig sind, soweit die obersten Landesbehörden nichts anderes bestimmen, die Ortspolizeibehörden.

§ 8

Die Vorschriften des Gesetzes über die Presse vom 7. Mai 1874 (Reichsgesetzbl. I S. 65) über die Beschlagnahme von Druckschriften ohne richterliche Anordnung (§§ 23 ff. des Gesetzes) finden auf die in den §§ 81 bis 86, 92 Nr. 1 und 110 des Strafgesetzbuchs oder in den §§ 1 bis 4 des Gesetzes gegen den Verrat militärischer Geheimnisse bezeichneten strafbaren Handlungen mit der Maßgabe Anwendung, daß der Staatsanwaltschaft gegen den Beschluß des Gerichts, der die vorläufige Beschlagnahme aufhebt, die sofortige Beschwerde mit aufschiebender Wirkung zusteht.

§ 9

(1) Periodische Druckschriften können verboten werden,

---

parlamentarische Kontrolle war nicht mehr gegeben. Auf der Grundlage des Gesetzes zur Wiederherstellung des Berufsbeamtentums vom 7. April 1933 können unliebsame Beamte aus dem Dienst gedrängt werden – darunter viele jüdische Richter, Staatsanwälte, Verwaltungsjuristen, Rechtsanwälte und Notare.

In ganz Deutschland nehmen ab dem Frühjahr 1933 politisch motivierte Verhaftungen zu. Die ersten Opfer der NS-Justiz kommen vor die Sondergerichte, die politischen Senate der Oberlandesgerichte – im heutigen Bundesland Hessen in Darmstadt und Kassel – und das Reichsgericht in Leipzig. Den politischen Eliten Deutschlands war vor allem das politische Strafrecht nicht streng genug. Im April 1934 wurden Teile des StGB grundlegend überarbeitet. Dies betraf vor allem die Hoch- und Landesverratsparagraphen und darüber hinaus, mit der Einrichtung des Volksgerichtshofs, auch die Gerichtsorganisation. Die einschlägigen Delikte wurden bis zur Todesstrafe verschärft.

Eine bislang nicht gekannte Verfahrenswelle wegen politischer Strafsachen überzog Deutschland.

Reichsgesetzblatt

Teil I

| 1933 | Ausgegeben zu Berlin, den 24. März 1933 | Nr. 25 |

Inhalt: Gesetz zur Behebung der Not von Volk und Reich. Vom 24. März 1933 .... S. 141

Gesetz zur Behebung der Not von Volk und Reich.
Vom 24. März 1933.

Der Reichstag hat das folgende Gesetz beschlossen, das mit Zustimmung des Reichsrats hiermit verkündet wird, nachdem festgestellt ist, daß die Erfordernisse verfassungändernder Gesetzgebung erfüllt sind:

Artikel 1

Reichsgesetze können außer in dem in der Reichsverfassung vorgesehenen Verfahren auch durch die Reichsregierung beschlossen werden. Dies gilt auch für die in den Artikeln 85 Abs. 2 und 87 der Reichsverfassung bezeichneten Gesetze.

Artikel 2

Die von der Reichsregierung beschlossenen Reichsgesetze können von der Reichsverfassung abweichen, soweit sie nicht die Einrichtung des Reichstags und des Reichsrats als solche zum Gegenstand haben. Die Rechte des Reichspräsidenten bleiben unberührt.

Artikel 3

Die von der Reichsregierung beschlossenen Reichsgesetze werden vom Reichskanzler ausgefertigt und im Reichsgesetzblatt verkündet. Sie treten, soweit sie nichts anderes bestimmen, mit dem auf die Verkündung folgenden Tage in Kraft. Die Artikel 68 bis 77 der Reichsverfassung finden auf die von der Reichsregierung beschlossenen Gesetze keine Anwendung.

Artikel 4

Verträge des Reichs mit fremden Staaten, die sich auf Gegenstände der Reichsgesetzgebung beziehen, bedürfen nicht der Zustimmung der an der Gesetzgebung beteiligten Körperschaften. Die Reichsregierung erläßt die zur Durchführung dieser Verträge erforderlichen Vorschriften.

Artikel 5

Dieses Gesetz tritt mit dem Tage seiner Verkündung in Kraft. Es tritt mit dem 1. April 1937 außer Kraft; es tritt ferner außer Kraft, wenn die gegenwärtige Reichsregierung durch eine andere abgelöst wird.

Berlin, den 24. März 1933.

Der Reichspräsident
von Hindenburg

Der Reichskanzler
Adolf Hitler

Der Reichsminister des Innern
Frick

Der Reichsminister des Auswärtigen
Freiherr von Neurath

Der Reichsminister der Finanzen
Graf Schwerin von Krosigk

Ermächtigungsgesetz
[RGBl. I, S. 141]

Mit Kriegsbeginn kamen eine ganze Reihe neuer Gesetze zur Anwendung. Sie zielten überwiegend auf die Aufrechterhaltung des »Kriegswillens« der Bevölkerung. Zum Beispiel durften Berichte ausländischer Sender nicht mehr gehört werden, Gespräche sollten keine kriegsabträglichen Inhalte haben dürfen – Wehrkraftzersetzung –, die Kriegswirtschaft sollte nicht kritisiert werden und anderes. Vor allem in der Rechtsprechung veränderte der Krieg vieles. Zum einen übernahmen die Sondergerichte, mit ihrem beschleunigten Verfahren, im großen Umfang die Arbeit der Landgerichte. Zum anderen urteilten die Gerichte – hier vor allem die Sondergerichte, die politischen Senate der Oberlandesgerichte und der Volksgerichtshof und insbesondere auch die Militärjustiz – deutlich schärfer.

Reichsgesetzblatt
Teil I

| 1934 | Ausgegeben zu Berlin, den 30. April 1934 | Nr. 47 |

Tag	Inhalt	Seite
24. 4. 34	Gesetz zur Änderung von Vorschriften des Strafrechts und des Strafverfahrens	341
26. 4. 34	Vierte Durchführungsverordnung zur Verordnung des Reichspräsidenten über die Auszahlung von Dienstbezügen	348
27. 4. 34	Dritte Durchführungsverordnung zum Reichserbhofgesetz	349
	Druckfehlerberichtigungen	352

Gesetz zur Änderung von Vorschriften des Strafrechts und des Strafverfahrens.
Vom 24. April 1934.

Die Reichsregierung hat das folgende Gesetz beschlossen, das hiermit verkündet wird:

Artikel I

Im Zweiten Teil des Strafgesetzbuchs wird der erste Abschnitt (§§ 80 bis 93) durch folgende Vorschriften ersetzt:

1. Abschnitt

Hochverrat

§ 80

Wer es unternimmt, mit Gewalt oder durch Drohung mit Gewalt das Reichsgebiet ganz oder teilweise einem fremden Staat einzuverleiben oder ein zum Reiche gehöriges Gebiet vom Reiche loszureißen, wird mit dem Tode bestraft.

Ebenso wird bestraft, wer es unternimmt, mit Gewalt oder durch Drohung mit Gewalt die Verfassung des Reichs zu ändern.

§ 81

Wer es unternimmt, den Reichspräsidenten oder den Reichskanzler oder ein anderes Mitglied der Reichsregierung seiner verfassungsmäßigen Gewalt zu berauben oder mit Gewalt oder durch Drohung mit Gewalt oder mit einem Verbrechen oder Vergehen zu nötigen oder zu hindern, seine verfassungsmäßigen Befugnisse überhaupt oder in einem bestimmten Sinne auszuüben, wird mit dem Tode oder mit lebenslangem Zuchthaus oder mit Zuchthaus nicht unter fünf Jahren bestraft.

§ 82

Wer ein hochverräterisches Unternehmen (§§ 80, 81) mit einem anderen verabredet, wird mit dem Tode oder mit lebenslangem Zuchthaus oder mit Zuchthaus nicht unter fünf Jahren bestraft.

Ebenso wird bestraft, wer zur Vorbereitung eines hochverräterischen Unternehmens zu einer ausländischen Regierung in Beziehungen tritt oder die ihm anvertraute öffentliche Macht mißbraucht oder Mannschaften anwirbt oder in den Waffen einübt. Tritt der Täter durch eine schriftliche Erklärung zu einer ausländischen Regierung in Beziehungen, so ist die Tat vollendet, wenn er die Erklärung abgesandt hat.

Nach der Vorschrift des Abs. 1 wird nicht bestraft, wer freiwillig seine Tätigkeit aufgibt und das hochverräterische Unternehmen verhindert; auch eine Bestrafung nach § 83 tritt nicht ein.

§ 83

Wer öffentlich zu einem hochverräterischen Unternehmen auffordert oder anreizt, wird mit Zuchthaus bis zu zehn Jahren bestraft.

Ebenso wird bestraft, wer ein hochverräterisches Unternehmen in anderer Weise vorbereitet.

Auf Todesstrafe oder auf lebenslanges Zuchthaus oder auf Zuchthaus nicht unter zwei Jahren ist zu erkennen, wenn die Tat

1. darauf gerichtet war, zur Vorbereitung des Hochverrats einen organisatorischen Zusammenhalt herzustellen oder aufrechtzuerhalten, oder

2. darauf gerichtet war, die Reichswehr oder die Polizei zur Erfüllung ihrer Pflicht untauglich zu machen, das Deutsche Reich gegen Angriffe auf seinen äußeren oder inneren Bestand zu schützen, oder

3. auf Beeinflussung der Massen durch Herstellung oder Verbreitung von Schriften, Schallplatten oder bildlichen Darstellungen oder durch Ver-

Gesetz von 1934
[RGBl. I, S. 141]

EINFÜHRUNG

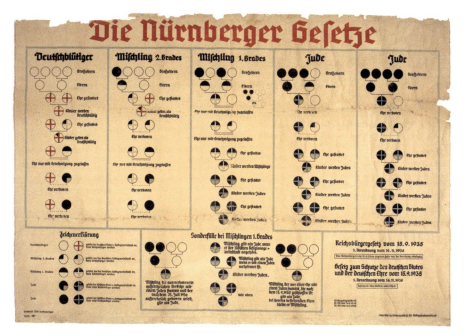

Mit den so genannten Nürnberger Gesetzen – 15. September 1935 – institutionalisierte das NS-Regime seinen Rassewahn auf juristischer Grundlage. Sie umfassen drei Gesetze: Gesetz zum Schutz des deutschen Blutes und der deutschen Ehre, Reichsbürgergesetz und Reichsflaggengesetz.

[Grafik »Blutschutz Gesetz« · United States Holocaust Memorial Museum Collection]

Verordnung über außerordentliche Rundfunkmaßnahmen
[Wikipedia]

[Tafel 2]

Der Nationalsozialismus knüpfte an Überzeugungen an, die in der deutschen Öffentlichkeit bereits vor dem Ersten Weltkrieg Zustimmung gefunden hatten. Dazu gehörten unter anderem:
1. Dem Staat oder der Nation wird für die moralische Orientierung der einzelnen Menschen große Bedeutung beigemessen.
2. Jeder schuldet sein Leben »der Gemeinschaft«.
3. Arbeit dient der Gemeinschaft und ein Leben ohne Arbeit ist sündig.
4. Menschen sind unterschiedlich gut oder schlecht, je nachdem, von wem sie abstammen oder aus welchen Verhältnissen sie kommen.

Sie bündelten sich in der Überzeugung, dass jedes Volk eine eigene Moral hätte und dass die Deutschen als kulturell hochstehendes, arbeitsames und besonders idealistisches Volk anderen Völkern moralisch überlegen seien.

Rassenschande
[Judenverfolgung in Cuxhaven]

MORALITÄT DES BÖSEN

Die Nationalsozialisten sahen den entscheidenden Grund für die Niederlage Deutschlands im fehlenden inneren Zusammenhalt des Volks. Die Moral der Deutschen sei »jüdisch« zersetzt gewesen. Die Novemberrevolution von 1918 war in ihren Augen ein Resultat moralischen Verfalls. Auch die Weimarer Republik lehnten sie ab. Gegen »Individualismus« und »Liberalismus« setzten sie die »Erneuerung« einer »ursprünglichen«, »germanischen Moral«, in deren Zentrum die Treue zur Volksgemeinschaft stehen sollte.

Maßgebliche Vorstellungen der nationalsozialistischen Moral wurden (nicht nur) in Schulungsheften gelehrt. Auch Philosophen und Theologen versuchten sich in Ethiken und Rechtfertigungslehren. Es wurden Sammlungen von Sinnsprüchen herausgegeben, Kampflieder und Gedichte waren von ihr geprägt. In Ritualen wie Totenehrungen, Flaggenweihen und Sonnenwendfeiern wurden Verpflichtungsgefühle gegenüber den für Deutschland Gefallenen inszeniert.

Geschäfte, die Juden gehörten, wurden mit Boykott belegt, die Inhaber dieser Geschäfte bedroht, beschimpft oder angegriffen; aber auch die Personen, die in diesen Geschäften einkauften, wurden an den Pranger gestellt. Bei Rassenschandepogromen in ganz Deutschland wurden Juden und nichtjüdische Deutsche öffentlich und gewaltsam vorgeführt und so dafür »bestraft«, dass sie Intimbeziehungen zu einander unterhalten hatten.

Immer sollte die Bindung an eine übergreifende Gemeinschaft der »Deutschen« als Quelle aller moralischen Empfindungen bekräftigt werden. Dieser Moralisierung der Zugehörigkeit zur deutschen Volksgemeinschaft entsprachen Inszenierungen von gewaltsamer Demütigung und »Bestrafung« derer, die man als Feinde definiert hatte.

Durch all das verschob sich der Rahmen dessen, was von den meisten bis dahin für gut und lobenswert, für verwerflich, verurteilenswert und verboten gehalten wurde.

Vor allem drei Vorstellungsbereiche waren zentral für die »nationalsozialistische Moral«. Der Erste ist umrissen durch den Gedanken, dass die Zugehörigkeit zu Völkern, nicht das Dasein als Mensch unter anderen Menschen, Quelle und Ursprung aller Verpflichtungen sei. Der Zweite war bestimmt von der Vorstellung einer kulturellen und moralischen Hierarchie unter Völkern. Dabei wurde angenommen, dass deren moralische Substanz biologisch ver-

Vorwort.

Parteigenosse, vergiß niemals und an keiner Stelle, daß Du Vertreter und Repräsentant der nationalsozialistischen Bewegung, ja unserer Weltanschauung bist!

Der Fremde beurteilt die Bewegung nach dem Bilde, das er von Dir erhält.

Sei also in Deinem ganzen Handeln, Tun und Lassen ein Nationalsozialist!

Gib den andern ein Vorbild von Kühnheit, Opferwilligkeit und Disziplin!

Sei als Mensch fleißig, arbeits- und genügsam. Behandle Deine Untergebenen als Volksgenossen und nicht als Lasttiere, erblicke in ihnen keine Ausbeutungsobjekte, sondern Mitstreiter und Mitarbeiter im Erhaltungs- und Lebenskampfe unseres gesamten Volkes! Gib ihnen keine Behandlung die Du selbst als Deutscher und Nationalsozialist nicht gerne erdulden würdest und fühle Dich deshalb nie als ihr Sklavenherr, sondern immer nur als ihr Führer. Vergiß nie, daß nicht nur die andern Dir etwas schulden, sondern, daß auch Du den andern das Gleiche schuldig bist! Handle dabei in allem, als ob das Schicksal Deines ganzen Volkes nur auf Deinen Schultern allein läge und erwarte nichts von anderen, was Du nicht selbst zu geben und zu tun bereit bist, bleibe stets das Vorbild für Deine Mitgenossen! Als Führer sei hart in Deiner eigenen Pflichterfüllung, entschlossen in der Vertretung des Notwendigen, hilfreich und gut zu Deinen Untergebenen, nie kleinlich in der Beurteilung menschlicher Schwächen, groß im Erkennen der Bedürfnisse anderer und bescheiden in Deinen eigenen! Betrinke Dich nie!

Erfülle alle Deine Verpflichtungen der Bewegung gegenüber und bedenke, daß das größte Werk nur dann von Menschen vollendet werden kann, wenn diese bereit sind, ihr eigenes Ich der größeren gemeinsamen Notwendigkeit und dem gemeinsamen Nutzen unterzuordnen. Gib dabei Deinen Volks- und Parteigenossen in allem jenes Beispiel, das Du selber gerne an ihnen sehen möchtest. Sieh' im Letzten Deiner Volksgenossen immer noch den Träger Deines Blutes, mit dem Dich das Schicksal auf dieser Erde unzertrennlich verbunden hat und schätze deshalb in Deinem Volke den letzten Straßenfeger höher, als den König eines fremden Landes!

Vergiß nie, daß die Freiheit eines Volkes das höchste Gut auf dieser Erde ist, daß es ohne diese kein Leben gibt und daß ihr Verlust nicht durch Reden und aber auch nicht allein durch Arbeit, sondern nur durch opfervollsten Kampf wieder gut gemacht werden kann. Bedenke aber, daß einen Kampf für die Freiheit niemals Klassen zu führen vermögen, sondern nur ein Volk! Die Klassen zu überwinden und ein zum Höchsten fähiges und bereites Volk zu schaffen, ist aber die Aufgabe Deiner Bewegung.

Wenn Du für die Nationalsozialistische Deutsche Arbeiterpartei kämpfst, so kämpfst Du damit für Dein Volk.

München, den 9. Januar 1927.

Adolf Hitler.

Parteibuch der NSDAP

erbt sei und sich durch »Züchtung« verbessern lasse. Der dritte Komplex stellte auf das Prinzip des Führertums ab, das die einzige angemessene Form der Herrschaft für das deutsche Volk sei.

Die Begriffe Ehre und Treue spielten eine zentrale Rolle. Beide wurden aber auch in einem spezifischen nationalsozialistischen Sinne umgeformt. Im Falle der Ehre unterscheiden wir gewöhnlich zwischen innerer und äußerer

HERR, Du siehst, wir haben uns geändert, das deutsche Volk ist nicht mehr das Volk der Ehrlosigkeit, der Schande, der Selbstzerfleischung, der Kleinmütigkeit und Kleingläubigkeit, nein, Herr, das deutsche Volk ist wieder stark geworden in seinem Geiste, stark in seinem Willen, stark in seiner Beharrlichkeit, stark im Ertragen aller Opfer. Herr, wir lassen nicht von Dir, nun segne unseren Tag und unsere Freiheit und damit unser deutsches Volk und Vaterland.

Aus der Rede des Führers am Tag der nationalen Arbeit 1. Mai 1933.

Brand der Darmstädter Synagoge
[Lagis Hessen]

[Youtube]

Ehre. Unter »innerer Ehre« versteht man die Anerkennung, was wir selbst für gut oder schlecht halten. »Äußere Ehre« nennt man die Anerkennung, die wir erhalten, weil wir allgemein geteilten Vorstellungen in einer gegebenen Gesellschaft gerecht werden.

Im Nationalsozialismus wurde der Unterschied zwischen der subjektiven, inneren Ehre und der objektiven, äußeren Ehre aufgehoben – die Gemeinschaft war das Maß aller Dinge.

Eine ähnliche Umformung erfuhr der Begriff der Treue. Treu nennen wir eine Person dann, wenn sie eine Bindung aus eigener Entscheidung, auch unter widrigen Umständen, einzuhalten in der Lage ist. Vorausgesetzt ist dabei, dass derjenige, der treu ist, eine Vorstellung von der Bedeutung der Bindung hat und aus ihr heraus handelt. Dagegen wurde im Nationalsozialismus »bedingungslose« Treue verlangt. Ihre Grenzen waren allein durch diejenigen bestimmt, die diese Treue einforderten und zur Pflicht erklärten.

Moral und Recht

[Tafel 3]

Mit der Übernahme der politischen Macht durch die Nationalsozialisten wetteiferten Staatsrechtslehrer und Juristen darum, die aus ihrer Sicht einschlägige nationalsozialistische Rechtslehre zu formulieren. Theoretischer Hauptgegner dieser nationalsozialistisch orientierten Juristen war der so genannte Rechtspositivismus. An ihm störte sie vor allem der Versuch, Recht von Moral und Politik abzugrenzen. Die nationalsozialistischen Rechtstheorien ebneten den Unterschied zwischen Moral und Recht so weit wie möglich ein. Dabei verstanden sie als Moral oder »Sittlichkeitsempfinden« die nationalsozialistisch geprägte völkische Moral, bei der die Volksgemeinschaft Quelle aller Werte und Verpflichtungen sein sollte.

Recht ist nach deutscher Auffassung nicht eine Sache willkürlichen Beliebens, auch nicht der äußeren Zweckmäßkeit und Nützlichkeit, sondern eine mit dem sittlichen und religiösen Leben der Gemeinschaft eng verbundene Lebensordnung, die den Einzelnen mit eigenem Geltungsanspruch gegenübertritt und sie innerlich bindet, so schrieb der nationalsozialistische Rechtstheoretiker Karl Larenz 1934. Und in den »Nationalsozialistischen Leitsätzen für ein neues Strafrecht« von 1938 formulierte Hans Frank nur kurz und bündig: Deutsches Rechtsgefühl und deutsches Sittlichkeitsempfinden sind eins.

> Diese Denkschrift gibt in Form einer eingehend begründeten Gliederung und in Form begründeter Leitsätze die Meinung des Preußischen Justizministers zur deutschen Strafrechtserneuerung wieder.
>
> Sie will kein Entwurf eines Strafgesetzbuches sein und ist es nicht.
>
> Sie versucht lediglich, ein Gerippe eines nationalsozialistischen deutschen Strafrechts aufzustellen
>
> und die Umhüllung dieses Gerippes mit Fleisch und Blut anzudeuten.
>
> Sie will eine Vorarbeit sein und soll nur als solche gewertet werden.
>
> Als Vorarbeit will diese Denkschrift die Verarbeitung der Erfahrungen der Preußischen Justiz unter nationalsozialistischen Gedankengängen darstellen.
>
> So wie Gliederung und Leitsätze dieser Denkschrift die Meinung des Justizministers wiedergeben, stellt die Begründung der Gliederung und der einzelnen Leitsätze die Ansicht des jeweils kenntlich gemachten Sonderbearbeiters dar.
>
> Einheitlichkeit der Führung und Mannigfaltigkeit der Einzelbearbeitung waren die Kriterien der Bearbeitung dieser Denkschrift.
>
> Einheitlichkeit der Verantwortung für den Gesamtaufbau und die Leitsätze im ganzen,
>
> Mannigfaltigkeit und doch nicht Verschwommenheit der Verantwortlichkeit für die Begründung im einzelnen ist auch das Kriterium der fertigen Denkschrift.

> - 7 -
>
> Wertung einer Tat ist nach dem nationalsozialistischen Willensstrafrecht entscheidend die Grundeinstellung des Täters und seine verbrecherische Willensrichtung. Den Ausschlag gibt also die Persönlichkeit des Täters. Dieser ist aber, wie bereits näher ausgeführt wurde, der alte verbohrte und fanatische Kommunist geblieben. Er will heute noch nichts von dem Nationalsozialismus wissen. Sein Wunsch ist heute noch der gewaltsame Umsturz des Dritten Reiches und die Aufrichtung eines kommunistischen Regimes. Das ergibt das Gesamtbild des Angeklagten und insbesondere seine politische Vergangenheit. Der Angeklagte war einer der aktivsten und revolutionärsten Führer der KAPD.in Frankfurt a/M. Er war als solcher so stadtbekannt, dass es ihm den Titel „Roter Eintags- Polizeipräsident" einbrachte. Weiter gehörte der Angeklagte der illegalen Kampforganisation an, deren Aufgabe die militärische Durchbildung ihrer Mitglieder war. Der Angeklagte war also für den illegalen Kampf mit Gewalt und Mitteln jeder Art geschult. Und dieser seiner Schulung hängt er heute noch an. Wenn ein solcher fanatischer Kommunist die festgestellten Äusserungen in der Öffentlichkeit macht, dann bezweckt er damit umstürzlerische Hetze und Propaganda, dann will er damit das Ziel des gewaltsamen Umsturzes vorbereiten und dafür Stimmung machen. Dass dieses das Ziel des Angeklagten war, ergeben im übrigen die Äusserungen selbst. Wenn es jemand im Juli 1941, also in einem Augenblick, in dem das deutsche Volk im Osten zu seinem grössten Schicksalskampf angetreten war, fertig bringt, in der geschehenen Art herabsetzend und niedrig von Deutschland und seiner Führung zu reden, so kann das nur ein ausgesprochener Staatsfeind tun.
>
> Nach alledem hat sich der Angeklagte der Vorbereitung eines hochverräterischen Unternehmens durch umstürzlerische, links-radikale Zersetzungspropaganda schuldig gemacht.
>
> Die Annahme eines minder schweren Falles scheidet schon mit Rücksicht auf den Zeitpunkt der Tat - Juli 1941 - aus.

[FORM/SCHILLER, Widerstand und Verfolgung in Hessen, Fiche 168]

Damit wurde das Gesetz zur zweitrangigen Rechtserkenntnisquelle relativiert und andere Rechtsquellen traten hinzu. Vor allem zwei Begriffe wurden hier maßgeblich, die auch eine zentrale Bedeutung in der nationalsozialistischen Moral besaßen: Das rassisch bestimmte Volkstum und das – angeblich – durch die Vorsehung bestimmte Führertum. Beide standen in einem widersprüchlichen Verhältnis zueinander: Die Vorstellung, dass das Volkstum Rechtsquelle ist, bedeutet, dass sich das Recht an den Werten des Volkstums orientieren soll. Dagegen wird durch die Bindung an das Führertum jede Wertbindung in Frage gestellt. Denn zur Idee des Führertums im nationalsozialistischen Sinne gehörte das Prinzip, dass die Entscheidungen des Führers keiner Kritik unterworfen sein durften. In diesem Sinne widersprach die Theorie des Führertums jeder Bindung, auch der Bindung an eine Weltanschauung, oder an einen bestimmten kulturellen Wert, oder sogar der Bindung an eine Ordnung einer bestimmten Gemeinschaft.

In der NS Zeit wurden sukzessive sämtliche Bereiche im nationalsozialistischen Sinne umgeformt. So etwa ganz früh das Strafrecht: Das alte, an den Rechten des Einzelnen orientierte Strafrecht hatte sich an dem Grundsatz orientiert, dass nur dann eine Handlung bestraft werden dürfe, wenn ein Gesetz ausdrücklich diese Handlung für verboten erklärt hatte: »Nulla poena sine lege«.

Das neue, nationalsozialistische Rechtsverständnis erklärte dagegen das Strafrecht zum Ausdruck des »Volksgewissens«. Das bedeutete auch, dass nicht mehr der Vollzug eines Straftatbestandes Grund der Strafe sein sollte, sondern Gesinnung, Charakter und Willen des Straftäters. Damit trat an die Stelle eines Tatstrafrechts das so genannte nationalsozialistische Willensstrafrecht. In ihm wird deutlich, wie sehr das Strafrecht moralisiert wurde.

So wie das Gewissen nicht nur die Tat, sondern auch die Absicht zu einer Tat mit Schuldgefühlen belegt, so sollte für das Strafrecht nun der Grundsatz gelten, dass schon die Absicht, sich von der Gemeinschaft zu lösen, der »Treuepflicht« ihr gegenüber nicht nachzukommen, bestraft werden sollte.

Bestraft wird nicht die bloße Verwirklichung eines gesetzlich niedergelegten strafgesetzlichen Tatbestandes, sondern das Verbrechen als Verletzung einer in der Gemeinschaft begründeten sittlichen Treuepflicht, die nicht erst durch ein Strafgesetz begründet zu werden braucht. Daher muss ein neues Strafrecht mit dem Grundsatz beginnen, dass kein Verbrechen ohne Strafe bleiben darf, hieß es in den »Nationalsozialistischen Grundsätzen für ein neues deutsches Strafrecht«.

[Tafel 4]

Antisemitismus, Moral und Rasse

Bei der Herausbildung nationalsozialistischer Moralvorstellungen spielte Antisemitismus eine entscheidende Rolle. Bereits seit Mitte des 19. Jahrhunderts wurde die Moral der Aufklärung, die sich mit der Entwicklung der modernen Gesellschaft schrittweise durchsetzte und an der Vorstellung gleicher individueller Rechte eines jeden Menschen orientierte, von antisemitischen und völkischen Autoren mit »den Juden« in Verbindung gebracht.

Autoren, wie beispielsweise Eugen Dühring oder die unbekannten Verfasser der antisemitischen Hetzschrift »Protokolle der Weisen von Zion« gingen so weit, alle Ideen der Aufklärung, insbesondere die Vorstellung, dass Menschen als solche gleiche Rechte haben, insgesamt für jüdische Erfindungen zu erklären. Diese Vorstellungen, so behaupteten sie, seien von Juden mit dem Ziel ausgedacht und verbreitet worden, die vormals gegebene natürliche Ordnung der Völker zu zerstören, die Menschen aus ihrer Bindung an ihre »angestammten« Gemeinschaften herauszulösen, zu »vereinzeln« und gegen die Führer »ihres« Volkes rebellisch zu machen. Das Ziel sei, auf diese Weise an Stelle der alten, hergebrachten christlichen Monarchien selbst die Herrschaft über die Welt übernehmen zu können. Die Idee von allgemeinen und gleichen Menschenrechten und die Vorstellung, dass alle Menschen einander Achtung und Respekt entgegenbringen sollen, denunzierten diese Autoren als Betrug, als Instrument »der Juden«. *Wer Menschheit sagt, will betrügen* – auf diese einprägsame Formel brachte der nationalsozialistische Rechtstheoretiker und Antisemit Carl Schmitt diese absonderliche Theorie.

Mit dem Ausdruck »Antisemitismus« charakterisiert man feindselige Einstellungen gegen Juden.

Gefühle der Minderwertigkeit, des Ungenügendseins, des Scheiterns an selbstgesetzten Ansprüchen von Vollkommenheit und Reinheit, der Angst und des Misstrauens gegenüber anderen, des Neides, des Ekels gegenüber dem Leben, der Unzufriedenheit und der Fremdheit gegenüber der eigenen Umgebung, sind die Wurzel solcher Einstellungen. Hass auf eine bereits durch vorangehende Verfolgungen markierte Gruppe, die als fremd oder anders emp-

Carl Schmitt (rechts) und Ernst Jünger (links) im Park von Rambouillet bei Paris, Oktober 1941
Quelle: Helmuth Kiesel: Ernst Jünger. Die Biographie, München 2007, S.483.

funden wird, ermöglicht es, solche Gefühle auszudrücken und mit anderen zu teilen, sich selbst als positiv zu empfinden, indem man die anderen abwertet und schließlich zu Feinden erklärt. In den Eigenschaften, die der verfolgten Gruppe angedichtet werden, spiegeln sich diese Gefühle wieder.

Mit dem modernen Antisemitismus entwickelte sich die Vorstellung, dass die Menschheit insgesamt aus Rassen bestehe: Gruppen, die verschiedene Erbanlagen besäßen, und durch die die charakterlichen und physischen Eigenschaften eines Menschen festgelegt und zugleich mit seiner Zugehörigkeit zu einer bestimmten Gruppe durch seine Herkunft festgelegt seien.

Die Vorstellung ist Nebenprodukt eines gesteigerten und zur Weltanschauung gewordenen Gruppenhasses, der sich mit Vorstellungen eigener Vollkommenheit verbunden hat. Obwohl man auf vielfältige Weise versuchte, diese Vorstellungen wissenschaftlich zu begründen, ist bereits ihr Grundgedanke falsch: Rassen in dem Sinne, wie Rassentheoretiker es sich vorstellten, als Gruppen, bei denen kulturelle Traditionen, moralisch-religiöse Überzeugungen mit gemeinsamer Abstammung zusammenfallen oder gar auf ihr beruhen, gibt es nicht.

»Juden sind unser Unglück«
[Mahnung gegen Rechts, Heilbronn]

»Abstammung«
[Mahnung gegen Rechts Heilbronn]

Bereits seit 1933 versuchte man, die Bevölkerung mit einem intensiven Propagandaprogramm durch Einsatz sämtlicher zur Verfügung stehenden Medien zu manipulieren.

Politische NS-Strafjustiz

[Tafel 5]

Struktur

Nachdem die NSDAP die maßgeblichen Regierungsgeschäfte am 30. Januar 1933 übernommen hatte, begann das Regime seine politische Stellung in allen Bereichen auszubauen. Die Verfolgung der politischen Opposition, spielte eine zentrale Rolle. In den ersten 14 Monaten übte das Reichsgericht in Zusammenarbeit mit Oberlandesgerichten – ab März 1933 – diese Aufgabe aus.

In die Struktur des Reichsgerichts konnte man kaum eingreifen. Das NS-Regime entschloss sich, am Reichsgericht ein besonderes Gericht anzusiedeln, den Volksgerichtshof (Art. III des Gesetzes zur Änderung des Strafrechts und des Strafverfahrens vom 24. April 1934; Reichsgesetzblatt I S. 345–346). Er war zunächst als Sondergericht geplant und hatte weder einen eigenen Etat noch eine eigene Richterbezeichnung. Die Oberreichsanwaltschaft, die Anklagebehörde bei dem Reichsgericht, war auch für den Volksgerichtshof zuständig. Bereits 1935 versuchte das Justizministerium den Volksgerichtshof zu einer eigenen Behörde umzugestalten, um das höchste politische Gericht in Deutschland nicht als »Anhängsel« des Reichsgerichts erscheinen zu lassen. Am 18. April 1936 wurde der Volksgerichtshof zu einem ordentlichen Gericht. Allerdings änderte sich an seiner Arbeitsweise und Zuständigkeit nichts.

Die Entscheidungen des Volksgerichtshofs waren mit der Urteilsverkündung rechtskräftig. Im Rahmen des Kriegsstrafrechts wurden Möglichkeiten geschaffen, auch solche Urteile zu kippen: der Außerordentliche Einspruch (Gesetz vom 16. September 1939, RGBl. I, S. 1841). Kennzeichnend für diesen Rechtsbehelf war, dass die angegriffene Entscheidung bereits mit dessen Einlegung nichtig wurde. Die neuen Verhandlungen führte der so genannte Besondere Senat des Volksgerichtshofs.

Mit der Eröffnung des Volksgerichtshofs wurde zugleich ein neues politisches Strafrecht erlassen. Auf regionaler Ebene blieben die politischen Senate der Oberlandesgerichte weiterhin zuständig.

Bis zum Ende des NS-Regimes durchlief die politische Strafjustiz noch eine Reihe weiterer Modifikationen, welche die Aufgaben des Volksgerichtshofs ausdehnten und/oder die Arbeitsteilung zwischen ihm und den Oberlandesgerichten regelten.

Der Oberreichsanwalt beim Reichsgericht am 13. Februar 1933:
Verfahrensrechtlich dürfte zu erwägen sein, ob gegenüber dem Masseneingang der hier in Rede stehenden Sachen an dem gesetzlichen Erfordernis gerichtlicher Voruntersuchung in allen, auch spruchreifen Fällen, festzuhalten sei.

Justizminister Gürtner am 1. Januar 1936:
Um der Würde und der politischen Bedeutung des Volksgerichtshofs den erforderlichen Ausdruck zu verleihen, zum anderen aber, um die Beamten, die hauptamtlich beim Volksgerichtshof tätig sind, in der Besoldung so zu stellen, wie es der Bedeutung ihres Amtes entspricht. [...] Ferner ist es nötig die StA b[eim] Volksgerichtshof, die z. Zt. ein Glied der StA b[eim] Reichsgericht bildet, zu einer selbständigen Behörde umzugestalten.
[Bundesarchiv Berlin Best. R 3001/R-22 Nr. 302, Bl. 113]

Die Kommentatoren des Deutschen Strafrechts Freisler, Grau, Krug und Rietzsch:
Einmal bieten die Kriegsverhältnisse dem Verbrechertum zahlreiche neue Möglichkeiten, deren Ausnutzung von vornherein verhindert werden muß, denn ein Verbrechen wiegt im Kriege schwerer als im Frieden und hat weitertragende und damit für die Kriegszeit umso bedenklichere Folgen. Das Strafrecht hat weiter Angriffe auf die seelische Haltung des deutschen Volkes abzuwehren und jede Zersetzung schnell und mit Härte zu ahnden. Schließlich muß das Strafrecht jeden politischen Verbrecher und jeden Saboteur an der Wehrkraft erfassen und vernichten [...].
[Deutsches Strafrecht, Bd. I (1. Aufl. 1941), Vorwort, S. V.]

Nr. 23 — Tag der Ausgabe: Berlin, den 22. März 1933   **131**

Verordnung des Reichspräsidenten zur Beschleunigung des Verfahrens in Hochverrats- und Landesverratssachen. Vom 18. März 1933.

Auf Grund des Artikels 48 Abs. 2 der Reichsverfassung wird folgendes verordnet:

Artikel 1
Überweisung von Hochverratssachen an die Oberlandesgerichte

§ 134 Abs. 2 des Gerichtsverfassungsgesetzes ist in folgender Fassung anzuwenden:

In Hochverrats- und Landesverratssachen sowie bei Verbrechen gegen die §§ 1, 3 des Gesetzes gegen den Verrat militärischer Geheimnisse kann der Oberreichsanwalt die Strafverfolgung an die Landesstaatsanwaltschaft abgeben. Es sollen nur Strafsachen von minderer Bedeutung abgegeben werden.

Artikel 2
Einschränkung der Voruntersuchung

Die Vorschrift des § 10 der Verordnung des Reichspräsidenten gegen Verrat am Deutschen Volke und hochverräterische Umtriebe vom 28. Februar 1933 (Reichsgesetzbl. I S. 85) ist in ihrer zur Zuständigkeit der Oberlandesgerichte gehörenden Strafsachen entsprechend anzuwenden.

Artikel 3
Wegfall des Eröffnungsbeschlusses

§ 1

(1) In den zur Zuständigkeit des Reichsgerichts oder der Oberlandesgerichte gehörenden Strafsachen bedarf es keines Beschlusses über die Eröffnung des Hauptverfahrens. An die Stelle des Antrags der Staatsanwaltschaft auf Eröffnung des Hauptverfahrens tritt der Antrag auf Anordnung der Hauptverhandlung.

(2) Nach Ablauf der gemäß § 201 der Strafprozeßordnung bestimmten Frist ordnet der Vorsitzende, wenn er die gesetzlichen Voraussetzungen für gegeben erachtet, die Hauptverhandlung an. Er beschließt zugleich über die Anordnung oder Fortdauer der Untersuchungshaft. Trägt der Vorsitzende Bedenken gegen die Anordnung der Hauptverhandlung, erscheint ihm insbesondere die nachträgliche Eröffnung einer Voruntersuchung geboten oder hat der Angeschuldigte die nachträgliche Eröffnung einer Voruntersuchung beantragt, so ist eine Entscheidung des Gerichts herbeizuführen.

(3) Einer Entscheidung des Gerichts bedarf es, wenn der Oberreichsanwalt die Überweisung an ein Oberlandesgericht beantragt. Das Reichsgericht ordnet in diesem Falle zugleich mit der Überweisung die Hauptverhandlung vor dem Oberlandesgericht an.

(4) Die in der Strafprozeßordnung an die Eröffnung des Hauptverfahrens geknüpften Wirkungen treten mit der Einreichung der Anklageschrift ein. Die Wirkungen, die nach der Strafprozeßordnung an die Verlesung des Eröffnungsbeschlusses geknüpft sind, treten mit dem Beginn der Vernehmung des Angeklagten zur Sache ein.

§ 2

Für die Eröffnung des Hauptverfahrens vor einem Gericht niederer Ordnung behält es bei den Vorschriften der Strafprozeßordnung über den Eröffnungsbeschluß sein Bewenden.

§ 3

In den § 120 Abs. 1 und § 134 Abs. 3 des Gerichtsverfassungsgesetzes fallen die Worte „bei der Eröffnung des Hauptverfahrens" weg.

Artikel 4
Inkrafttreten der Verordnung

Die Verordnung tritt mit dem zweiten Tage nach der Verkündung in Kraft.

Berlin, den 18. März 1933.

Der Reichspräsident
von Hindenburg

Der Reichsminister des Innern
Zugleich für den Reichsminister der Justiz
Frick

Erste Verordnung zur Neuordnung der Krankenversicherung. Vom 17. März 1933*).

Auf Grund der Verordnung des Reichspräsidenten über Krankenversicherung vom 1. März 1933 (Reichsgesetzbl. I S. 97) Artikel 2 § 2 wird folgendes verordnet:

Artikel 1
Aufsicht

§ 1

Das Oberversicherungsamt kann den Versicherungsämtern Weisungen für die Durchführung der Aufsicht über die Krankenkassen und Kassenverbände (§ 406 der Reichsversicherungsordnung) erteilen.

Der Reichsarbeitsminister kann die Aufsicht über einzelne Kassen oder Kassenverbände Mitgliedern von Versicherungsbehörden als Kommissaren übertragen

*) Veröffentlicht im Deutschen Reichsanzeiger und Preußischen Staatsanzeiger Nr. 66 vom. 18. März 1933.

VO vom 18. März 1933
[RGBl. I, S. 131]

369

Reichsgesetzblatt

Teil I

| 1936 | Ausgegeben zu Berlin, den 20. April 1936 | Nr. 40 |

Tag	Inhalt	Seite
18.4.36	Gesetz über den Volksgerichtshof und über die fünfundzwanzigste Änderung des Besoldungsgesetzes	369
18.4.36	Gesetz zur Änderung des Reichsmietengesetzes und des Mieterschutzgesetzes	371
18.4.36	Gesetz zur Änderung des Gesetzes, betreffend die Grundschulen und Aufhebung der Vorschulen	372
9.4.36	Verordnung zur Änderung der Verordnung über den Zusammenschluß der Kartoffelwirtschaft	372

Gesetz über den Volksgerichtshof und über die fünfundzwanzigste Änderung des Besoldungsgesetzes.
Vom 18. April 1936.

Die Reichsregierung hat das folgende Gesetz beschlossen, das hiermit verkündet wird:

Artikel I

§ 1

Der Volksgerichtshof ist ordentliches Gericht im Sinne des Gerichtsverfassungsgesetzes.

§ 2

Der Volksgerichtshof wird an hauptamtlichen Mitgliedern mit einem Präsidenten und der erforderlichen Zahl von Senatspräsidenten und Räten besetzt.

§ 3

Der Präsident, die Senatspräsidenten und Räte werden auf Lebenszeit ernannt. Sie müssen die Befähigung zum Richteramt besitzen und das 35. Lebensjahr vollendet haben.

§ 4

Die ehrenamtlichen Mitglieder des Volksgerichtshofs werden vom Führer und Reichskanzler auf Vorschlag des Reichsministers der Justiz für die Dauer von fünf Jahren bestellt.

§ 5

Bei dem Volksgerichtshof werden Senate gebildet, deren Zahl der Reichsminister der Justiz bestimmt.

§ 6

Bei einer Häufung der Geschäfte können ständig angestellte Richter vorübergehend als Hilfsrichter zum Volksgerichtshof zugezogen werden, wenn dies zur Sicherung eines ordnungsmäßigen Geschäftsganges erforderlich ist. Die Abordnung eines Hilfsrichters darf vor Ablauf der Zeit, für die der Hilfsrichter einberufen ist, nur widerrufen werden, wenn das Bedürfnis, durch das sie veranlaßt wurde, weggefallen ist.

§ 7

Das Amt der Staatsanwaltschaft bei dem Volksgerichtshof wird durch einen oder mehrere Reichsanwälte oder Staatsanwälte ausgeübt. Sie sind nichtrichterliche Beamte, müssen aber zum Richteramt befähigt sein.

§ 8

Bei dem Volksgerichtshof wird eine Geschäftsstelle eingerichtet, die mit der erforderlichen Zahl von Urkundsbeamten besetzt wird.

Artikel II

§ 9

Das Reichsbesoldungsgesetz vom 16. Dezember 1927 (Reichsgesetzbl. I S. 349) wird wie folgt geändert:

1. In die Besoldungsordnung A werden eingefügt:
   a) bei Besoldungsgruppe 1b hinter „Amtsgerichtsdirektoren[1]":
      „Oberstaatsanwälte beim Volksgerichtshof[1]";
   b) bei Besoldungsgruppe 10a hinter „Reichsgerichtswachtmeister":
      „Volksgerichtswachtmeister".

Reichsgesetzbl. 1936 I

Zuständigkeit des Volksgerichtshofs und der politischen Senate der Oberlandesgerichte
1934–1945
(eine Auswahl)

Volksgerichtshof — **Oberlandesgerichte**

Paragraph	Tatbestand und Strafe
§ 80 StGB	Gebiets- und Verfassungshochverrat Todesstrafe, lebenslänglich oder Zuchthaus nicht unter fünf Jahren
§ 81 StGB	Beraubung der verfassungsmäßigen Gewalt der Reichsregierung Todesstrafe, lebenslänglich; Zuchthaus nicht unter fünf Jahren
§ 82 StGB	Vorbereitung zum Hochverrat Todesstrafe, lebenslänglich; Zuchthaus nicht unter fünf Jahren
§ 83 StGB	Sonstige Vorbereitungshandlungen zum Hochverrat Zuchthaus, in besonders schweren Fällen Todesstrafe, lebenslänglich
§ 89 StGB	Landesverrat Todesstrafe, bei Ausländern auch lebenslänglich
§ 90 StGB	Ausspähung Todesstrafe, lebenslänglich, in minder schweren Fällen Zuchthaus
§ 90a StGB	Landesverräterische Fälschung Zuchthaus, in besonders schweren Fällen lebenslänglich
§ 90b StGB	Verrat früherer Staatsgeheimnisse Gefängnis nicht unter drei Monaten
§ 90c–f StGB	Weitere Landesverratstatbestände Gefängnis, in besonders schweren Fällen Zuchthaus (ab 27.09.1944)
§ 90g StGB	Landesverräterische Untreue Todesstrafe, Zuchthaus
§ 90h StGB	Landesverräterische Beweisvernichtung Zuchthaus, in besonders schweren Fällen lebenslänglich oder Zuchthaus
§ 90i StGB	Landesverräterische Bestechung Zuchthaus bis zu 10 Jahren
§ 91 StGB	Herbeiführung einer Kriegsgefahr Todesstrafe, lebenslänglich oder Zuchthaus
§ 91a StGB	Waffenhilfe Todesstrafe, lebenslänglich oder Zuchthaus
§ 91b StGB	Feindbegünstigung Abs. 1 Todesstrafe oder lebenslänglich; ab 27.09.1944 in minder schweren Fällen Zuchthaus, nicht unter zwei Jahren
§ 92 StGB	Landesverräterischer Komplott (bis 27.09.1944) Zuchthaus, in besonders schweren Fällen Todesstrafe
§ 143a StGB	Wehrmittelbeschädigung Todesstrafe, lebenslänglich oder Zuchthaus
§ 2 KSSVO	Spionage Todesstrafe
§ 5 Abs. 1 Nr. 1 KSSVO	Öffentliche Wehrkraftzersetzung (ab 29. Januar 1943) Todesstrafe, Zuchthaus oder Gefängnis (minder schwere Fälle)

Abschrift.
BS.75.44
3 J 934.44

Im Namen des Deutschen Volkes!

In der Strafsache gegen
den Kraftfahrer Paul J o h a n n z e n aus Wiesbaden, geboren am 2. Juni 1902 in Köln a.Rhein,
zur Zeit in dieser Sache in gerichtlicher Untersuchungshaft,
wegen Wehrkraftzersetzung,
hat der Volksgerichtshof, Bes.Senat, auf Grund der Hauptverhandlung vom 28. November 1944, an welcher teilgenommen haben
   als Richter :
Präsident des Volksgerichtshofs Dr. Freisler, Vorsitzer,
Volksgerichtsrat Dr. Greulich,
SS-Brigadeführer Oberst a.D. Goetze,
NSKK-Obergruppenführer Regierungsdirektor Offermann,
Reichshauptamtsleiter Giese,
   als Vertreter des Oberreichsanwalts :
Erster Staatsanwalt Nöbel
für Recht erkannt:
  Paul Johannzen, alter R-G-O-Mann, hat Jahre lang Feindfunk gehört und im Betrieb die Feindnachrichten systematisch verbreitet.
  Als für immer ehrloser Zersetzungspropagandist unserer Kriegsfeinde wird er dafür mit dem T o d e bestraft.

                Gründe:

[FORM/SCHILLER, Widerstand und Verfolgung in Hessen, Fiche 11.]

Auch im Militärstrafrecht wurden mit der außerordentlichen Wiederaufnahme auf Anordnung des Führers und Obersten Befehlshabers der Wehrmacht entsprechende Regelungen geschaffen. Danach konnte für ein durch rechtskräftiges Urteil abgeschlossenes Verfahren die Erneuerung der Hauptverhandlung angeordnet werden.

[Tafel 6]

Urteilspraxis

Otto Thierack, Präsident des Volksgerichtshofs 1934–1942
[Bundesarchiv Berlin, Bild 183-00627-0504]

§ 8
Volkstümliche Gestaltung des Urteilspruchs
§ 260 der Reichsstrafprozeßordnung erhält folgenden Abs. 4:
»Der Urteilspruch gibt die Tat, deren der Angeklagte schuldig gesprochen wird, und ihre Bezeichnung an. Strafen oder Maßregeln der Sicherung und Besserung, die neben anderen verwirkten Strafen oder Maßregeln nicht vollstreckt werden können, werden in den Urteilspruch nicht aufgenommen; sie werden nur in den Urteilsgründen aufgeführt. Im übrigen unterliegt die Fassung des Urteilsspruchs dem Ermessen des Gerichts.«

Verordnung vom 13. August 1942
[RGBl. I S. 508]

Von 1936 bis August 1942 war Otto Thierack Präsident des Volksgerichtshofs. Unter seiner Regie wurde die politische Strafjustiz »nazifiziert«. Als oberster politischer Richter des NS-Regimes sah er seine Bestimmung darin, dem Willen Adolf Hitlers verpflichtet zu sein. Trotz der zum Teil starken sprachlichen politischen Färbung, entsprachen viele der Urteile, insbesondere in der Vorkriegszeit, der Form nach bewährten Standards. Mit der so genannten volksnahen Urteilsabfassung (Verordnung zur weiteren Vereinfachung der Strafrechtspflege vom 13. August 1942) wurde auch dies aufgegeben.

Fast zeitgleich wechselte die Spitze des Volksgerichtshofs. Die Arbeit Thieracks, nun Justizminister, führte der aus dem Amt als Staatssekretär gedrängte Roland Freisler ab dem 20. August 1942 weiter. Von ihm sind vor allem die mit Hasstiraden gespickten Verhandlungen bekannt.

Der Volksgerichtshof und die Oberlandesgerichte entwickelten eine arbeitsteilige Rechtsprechung. Der Volksgerichtshof war bis in den Krieg hinein maßgeblich für die strafrechtliche Verfolgung von politischen Funktionären und anderen zentralen Akteuren im Widerstand gegen das NS-Regime zuständig.

Die Oberlandesgerichte – zumindest in Deutschland in den Grenzen von 1937 – beschäftigten sich mehrheitlich mit weniger schwerwiegenden Fällen.

Ab 1941 zogen die Strafen bei beiden Gerichten an. Beim Volksgerichtshof wurden zunehmend mehr Todesurteile verhängt und in der Region gehörten schwere Zuchthausstrafen zur Regel.

Der Überfall auf die Sowjetunion hatte einen nicht unerheblichen Einfluss auf diese Entwicklung. Der Kommunismus galt als politischer Hauptfeind und jegliche Sympathiebekundungen für die UdSSR wurden rücksichtslos verfolgt. Damit begann auch der Kampf des NS-Regimes um die so genannte »Innere Front«. Ab Januar 1943 war der Volksgerichtshof auch für öffentliche Wehrkraftzersetzung

Abschrift

3 L 131/44
3 J 208/44

IM NAMEN DES DEUTSCHEN VOLKES!

In der Strafsache gegen
den Weingutsverwalter Ludwig H a u s c h i l d aus Niederwalluf/Rheingau, geboren am 29.Mai 1891 in Mainz,
zur Zeit in dieser Sache in gerichtlicher Untersuchungshaft,
wegen Wehrkraftzersetzung
hat der Volksgerichtshof, 3. Senat, auf Grund der Hauptverhandlung vom 27.April 1944, an welcher teilgenommen haben
als Richter:

Volksgerichtsrat Lämmle, Vorsitzer,
Kammergerichtsrat Dr.Reimers,
Stadtrat Kaiser,
Bereichsleiter Fischer,
Gauorganisationsleiter Bartens,
als Vertreter des Oberreichsanwalts:
Staatsanwalt K u r t h ,
für Recht erkannt:

Der Angeklagte Ludwig Hauschild hat im September 1943 in einem Eisenbahnabteil einem Unteroffizier gegenüber seinen Unwillen darüber geäußert, daß ein Offizier einen vollbepackten Soldaten wegen schlechten Grußes angehalten habe, und dazu bemerkt, die Offiziere trieben es wieder so wie im Jahre 1918. Damit hat er öffentlich unsere Wehrmacht beschimpft.

Er wird deshalb zu einem Jahr Gefängnis verurteilt. Hierauf wird ihm die Untersuchungshaft in vollem Umfang angerechnet.

Beispiel eines »volksnahen« Urteils

[FORM/SCHILLER, Widerstand und Verfolgung in Hessen, Fiche 12]

> Geheime Kommandosache!
>
> Der Führer und Oberste Befehlshaber
> der Wehrmacht
> OKW/WFSt/Abt.L(I) Nr. 33 408/40 gK Ch
>
> F.H.Qu., den 18.12.40
>
> **Chef Sache**
> Nur durch Offizier
>
> 9 Ausfertigungen
> 2. Ausfertigung
>
> Weisung Nr. 21
>
> Fall Barbarossa.
>
> Die deutsche Wehrmacht muss darauf vorbereitet sein, auch vor Beendigung des Krieges gegen England Sowjetrussland in einem schnellen Feldzug niederzuwerfen (Fall Barbarossa).
>
> Das Heer wird hierzu alle verfügbaren Verbände einzusetzen haben mit der Einschränkung, dass die besetzten Gebiete gegen Überraschungen gesichert sein müssen.
>
> Für die Luftwaffe wird es darauf ankommen, für den Ostfeldzug so starke Kräfte zur Unterstützung des Heeres freizumachen, dass mit einem raschen Ablauf der Erdoperationen gerechnet werden kann und die Schädigung des ostdeutschen Raumes durch feindliche Luftangriffe so gering
>
> - 2 -

Der Fall Barbarossa
[Bundesarchiv Berlin RM 7/962]

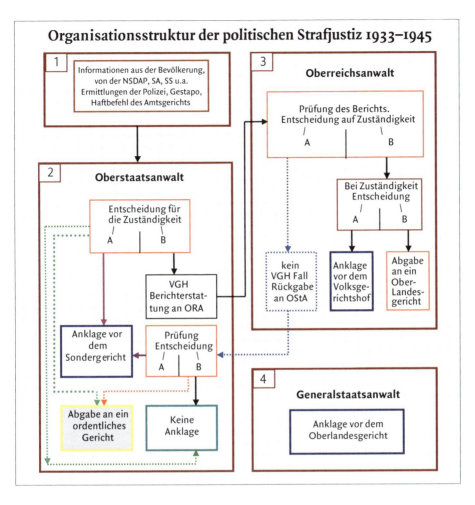

zuständig, einen Straftatbestand, der schon zu Kriegsbeginn speziell für die Aufrechterhaltung der »Wehrhaftigkeit des deutschen Volkes« geschaffen wurde.

Ein weiterer Grund für den Anstieg der Todesurteile waren die »Ermittlungserfolge« der Gestapo. Dies betraf zum Beispiel die vielen, vor allem aus Frankreich, ab 1940 abgeschobenen Exilanten, aber auch Unterwanderungen der illegalen politischen Gruppen und Zirkel. So hat ein in Österreich in die Kommunistische Partei eingeschleuster Spitzel (Kurt Koppel) zu der Enttarnung vieler Hundert Männer und Frauen beigetragen.

Die Kriegsereignisse im Sommer 1941 waren Katalysator, nicht Initiator für die Intensivierung des NS-Justizterrors. Wer an welchem politischen Gericht angeklagt werden sollte, entschied die Oberreichsanwaltschaft beim

Volksgerichtshof. Sie war das wichtigste Strafverfolgungsorgan innerhalb der politischen Strafjustiz. Der Oberreichsanwalt entschied, vor welchem Gericht eine Hauptverhandlung eröffnet werden sollte.

Damit war praktisch ein Vorentscheid auf die zu erwartende Strafe getroffen. Bei den Oberlandesgerichten lag das Strafmaß niedriger als beim Volksgerichtshof. Zu Bedenken ist, dass die Oberreichsanwaltschaft, so wie alle anderen Staatsanwaltschaften auch, eine weisungsabhängige Behörde war. Das Reichsjustizministerium konnte direkt in seine Arbeit lenkend eingreifen.

Alle Wege innerhalb der politischen Strafjustiz liefen über die Oberreichsanwaltschaft beim Volksgerichtshof in Berlin. Jeder einschlägige Fall wurde von den Staatsanwaltschaften über den zuständigen Generalstaatsanwalt an die Oberreichsanwaltschaft gemeldet. Nur einen geringen Anteil klagte sie selbst beim Volksgerichtshof an.

Die Entscheidungskriterien der Oberreichsanwaltschaft, und damit die Bewertung der politischen Bedeutung der Ermittlungen, waren allerdings nicht für alle Territorien des Großdeutschen Reiches die gleichen.

Im 1938 angeschlossenen Österreich zum Beispiel wurden vom Volksgerichtshof zeitweise ebenso viele Prozesse geführt, wie bei den politischen Senaten des Oberlandesgerichts in Wien.

[Tafel 7]

Der Volksgerichtshof und Hessen

Rechtsprechung des VGH 1934–1945 für Hessen

Sanktionsform	Anzahl
Freiheitsstrafe	168
Todesstrafe	69
Lebenslänglich	4
Freispruch	20
Einstellung	14
Unklar	9
Gesamt	284

Bei rund 16.700 Männern und Frauen hat der Oberreichsanwalt Anklage beim Volksgerichtshof erhoben. Von diesen waren 7.849 »Reichsdeutsche« beziehungsweise ehemalige Österreicher/innen. Somit war der Volksgerichtshof nicht nur ein Gericht mit Zuständigkeit für Deutsche.

Insbesondere während des Krieges kamen immer mehr Ausländer in die Mühlen der politischen Strafjustiz. Darunter finden sich überproportional viele Angeklagte aus der ehemaligen Tschechoslowakei.

Der Volksgerichtshof verhandelte zwischen dem 3. August 1934 und dem 29. März 1945 gegen insgesamt 284 Angeklagte in 135 Verfahren mit Bezug zu Hessen. Darunter befanden sich 239 Männer und 45 Frauen. Zum Zeitpunkt der Hauptverhandlung war der Jüngste 18 und der Älteste 74

> Oberreichsanwalt
> Zweigstelle Berlin
> (Bitte in der Antwort Nr. u. Betreff angeben)
>
> Berlin SW 11, den 20. August 193
> Prinz-Albrecht-Straße 5 (Preußenhaus)
> Fernsprecher: Sammel-Nummer A 2 Flora 0017
>
> 11 J 102 / 33.
> 45
>
> An
> den Herrn Oberstaatsanwalt
> in
> Gießen.
>
> Anlage : 1 Schriftstück.
>
> In der Strafsache gegen P e t z e l wegen Verrats militärischer Geheimnisse übersende ich anbei ergebenst auf das Schreiben vom 11. August 1934 - RH. 74 / 34 - eine weitere vollstreckbare Ausfertigung der Urteilsformel.
> Nach einer Mitteilung der Strafanstalt in Brandenburg/Havel - Gorden vom 14. August 1934 sitzt P e t z e l dort ein.
>
> In Vertretung
>
> [Unterschrift]

Anschreiben zum 1 Urteil des Volksgerichtshofs mit Bezug zu Hessen
[FORM/SCHILLER, Widerstand und Verfolgung in Hessen, Fiche 1]

Jahre alt. 244 Angeklagte besaßen die deutsche Staatsangehörigkeit und 40 waren Ausländer.

Knapp ein Viertel aller Angeklagten stand mindestens zum zweiten Mal vor einem politischen Gericht. Die meisten waren in einer politischen Organisation tätig oder zählten zu deren Sympathisantenkreis und über 28 Prozent übten leitende Funktionen aus. Etwa 30 Prozent aller Angeklagten wohnten in Frankfurt/M. Dies betraf sowohl die Verfolgung aus politischen Gründen als auch Anklagen wegen Wehrkraftzersetzung.

Der jährliche »Arbeitsanfall« des Volksgerichtshofs war sehr unterschiedlich. Er reichte von einem Prozess in 1945 bis zu 44 Verfahren mit 80 Angeklagten im Jahr zuvor. Bis auf neun Fälle liegen Informationen zum Urteil vor: 241 Verurteilungen, 20 Freisprüche und 14 Einstellungen. 168 zeitige Freiheitsstrafen wurden ermittelt und 69 Ange-

VERSTRICKUNG DER HESSISCHEN JUSTIZ IN DAS NS-SYSTEM 1933–1945

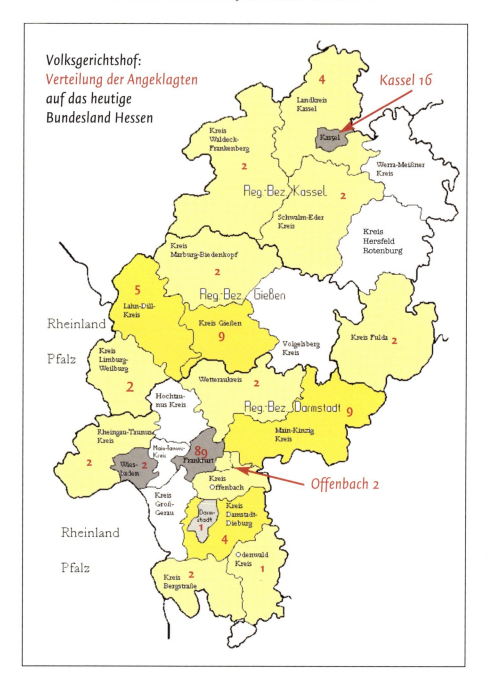

Im NAMEN DES DEUTSCHEN VOLKES

In der Strafsache gegen
den Studenten der Rechte Karl P e t z e l, geboren
am 8. April 1910 in Mainz, katholisch, hessischer Staatsangehöriger,
z.Zt. seit dem 15. April 1933 in dieser Sache in Untersuchungshaft im Untersuchungsgefängnis Berlin Moabit
wegen Landesverrats
hat der Volksgerichtshof, 3. Senat, in der Sitzung
vom 3. August 1934
für Recht erkannt:
Der Angeklagte Karl P e t z e l wird wegen Verbrechens gegen § 1 Absatz II des Reichsgesetzes gegen
den Verrat militärischer Geheimnisse vom 3. Juni 1914 zu
7 - sieben - Jahren Zuchthaus und zu den Kosten des
Verfahrens verurteilt.
Dem Angeklagten werden die bürgerlichen Ehrenrechte
auf die Dauer von 5 - fünf - Jahren aberkannt.
Die vom Angeklagten empfangenen 350.-
- dreihundertfünfzig - Mark oder deren Wert sind der
Reichskasse verfallen.
1 - ein - Jahr der erlittenen Untersuchungshaft
ist auf die zu vollstreckende Strafe anzurechnen.
Von Rechts wegen.
Die Richtigkeit der vorstehenden Abschrift wird
beglaubigt und die Vollstreckbarkeit des Urteils bescheinigt.
Berlin, den 6. August 1934.
gez. H. Schmidt
Justiz-Sekretär
als Urkundsbeamter der Geschäftsstelle
des 3. Senats.

Erstes Urteil des Volksgerichtshofs mit Bezug zu Hessen

[FORM/SCHILLER, Widerstand und Verfolgung in Hessen, Fiche 1]

13 ....
....2.../56/45
5 J 311/45

2

Im Namen
des Deutschen Volks!
In der Strafsache gegen

1.) die Ehefrau Lieny Katharina Adriana Antonia B e h l a u geborene Fentener van Vlissingen aus Wiesbaden, geboren am 29. April 1914 in Utrecht,

2.) die Säuglingsschwester Hedwig F i g g e aus Wiesbaden, geboren am 27. März 1913 in Hagen i.W.,

3.) die Sprechstundenhilfe Elisabeth C o n r a d i aus Wiesbaden, geboren am 29. Mai 1907 in Hirschberg (Krs. Unterlahn),

4.) die Witwe Maria-Luise S t r a c k e r j a n geborene Pannes aus Wiesbaden, geboren am 7. April 1893 in Krefeld,

5.) die Witwe Elsa R u d o l p h geborene Müller aus Wiesbaden, geboren am 19. Oktober 1905 in Amsterdam,

6.) die Ehefrau Margarethe van R e e s geborene Banis aus Wiesbaden, geboren am 3. Januar 1892 in Bosson (Holland), niederländische Staatsangehörige,

7.) den Geschäftsführer Assessor Freiherr Gerhard Helfrich von P r e u c c h e n aus Wiesbaden, geboren am 27. Januar 1901 in Aachen,

8.) den Rentner Octavian Robert Louis Julius M a g n é e aus Wiesbaden, geboren am 27. Juni 1870 in Remond/Holland, niederländischen Staatsangehörigen,

9.) die Ehefrau Ruth S t r i t t e r geborene Bosse aus Wiesbaden, geboren am 30. September 1914 in Linz/Rhein,

sämtlich zur Zeit in dieser Sache in Haft,

wegen Wehrkraftzersetzung

hat der Volksgerichtshof, 3. Senat, auf Grund der Hauptverhandlung vom 29. März 1945, an welcher teilgenommen haben

als Richter:

Oberlandesgerichtspräsident Froboß, Vorsitzer,
Kammergerichtsrat Köhler,
Generalleutnant Cabanis,

als Vertreter des Oberreichsanwalts:
Erster Staatsanwalt Jaeger,

für Recht erkannt:

Die Angeklagten Behlau, Figge, Conradi, Strackerjahn, Rudolph, von Preuschen und Magnée haben im Jahre 1944 in Wiesbaden Auslandssender abgehört. Es werden verurteilt:

die Angeklagte Behlau zu neun Monaten Gefängnis,
die Angeklagte Figge zu sechs Monaten Gefängnis,
die Angeklagte Conradi zu neun Monaten Gefängnis,
die Angeklagte Strackerjan zu einem Jahr Gefängnis,
die Angeklagte Rudolph zu neun Monaten Gefängnis,
der Angeklagte Magnée zu neun Monaten Gefängnis,
der Angeklagte von Preuschen zu einem Jahr sechs Monaten Zuchthaus.

Diesem

[FORM/SCHILLER, Widerstand und Verfolgung in Hessen, Fiche 14]

Letztes Urteil des Volksgerichtshofs mit Bezug zu Hessen

klagte sind zum Tode verurteilt worden – das entspricht einem Viertel für den gesamten Zeitraum und 41 Prozent während des Krieges. Mit rund 16 Prozent war der Anteil der Frauen aus Hessen in politischen Strafsachen recht hoch – verglichen mit den Oberlandesgerichten Darmstadt und Kassel (unter 10 Prozent). Zwei Drittel der Anklagen wurden während des Kriegs erhoben und rund die Hälfte ab 1943 wegen öffentlicher Wehrkraftzersetzung.

Die Richter am Volksgerichtshof bewerteten die Beteiligung von Frauen in Prozessen wegen illegaler Parteiarbeit anders, als die der Männer. Oftmals wurde Frauen ein weniger ausgeprägtes eigenes politisches Bewusstsein unterstellt. Entsprechend niedriger fielen die Strafen aus. Andererseits hat es schwere Strafen gegen Frauen gegeben. Die Richter ließen sich bei der Strafzumessung oftmals davon leiten, dass Frauen nicht nur gegen Gesetze verstoßen hätten, sondern auch ihrer gesellschaftlichen Rolle als Frau nicht gerecht geworden wären.

Der Volksgerichtshof begann ab 1942 mit der massenhaften Verhängung von Todesstrafen.

In den Urteilen finden sich mehrere Begründungen für die Verhängung der Todesstrafe:
– Der Aufbau von kommunistischen Betriebszellen.
– Schutz der Inneren Front: *Sodann hat er seine hochverräterische Tätigkeit während des gegenwärtigen Krieges ausgeübt, d. h. zu einer Zeit, in der das deutsche Volk um seine Existenz zu kämpfen gezwungen ist* (Urteil gegen Wilhelm Klöppinger vom 25. Juni 1942).
– In Anlehnung an § 211 StGB (Mord) wurde als weiteres Merkmal für die Verhängung der Todesstrafe die *niedrige Gesinnung* benannt.
– Das Ausmaß und die Kontinuität der »staatsfeindlichen Aktivitäten« über viele Jahre hinweg entsprach für die Richter zudem einer nicht tolerierbaren Ignoranz gegenüber dem *inzwischen in Deutschland durchgeführten Aufbauwerk des Führers* (Urteil gegen Oskar Hübschmann vom 20. Oktober 1941).
– Nur die Todesstrafe sahen die Richter dazu geeignet, um in Zukunft vor ähnlichen Taten abzuschrecken.

Aus dem Urteil gegen Wilhelm Klöppinger vom 25. Juni 1942:
Gelingt es nicht, diese Staatsfeinde rechtzeitig unschädlich zu machen, so steht plötzlich ein Feind im Rücken der kämpfenden Front.

[Tafel 8] ## Oberlandesgerichte

Schon am 21. März 1933 wurden an bestimmten Oberlandesgerichten politische Senate eingerichtet. Damals gab es auf dem Gebiet des heutigen Bundeslandes Hessen drei Oberlandesgerichtsbezirke: Darmstadt, Frankfurt/M. und Kassel.

Das Oberlandesgericht in Darmstadt war bis Anfang 1937 für politische Strafsachen zuständig und dasjenige in Kassel für seinen und den Frankfurter Oberlandesgerichtsbezirk. Nachdem der politische Senat in Darmstadt geschlossen wurde, übernahm das Kasseler Gericht seine Aufgaben. Vom 1. Oktober 1944 an sollten alle neuen Prozesse entweder in Stuttgart (Darmstadt und Frankfurt) oder in Jena (Kassel) verhandelt werden.

Die Errichtung des Volksgerichtshofs in 1934 war zwar keine »Stunde-Null« in der Verfolgung von politisch unliebsamen Bürgern und Bürgerinnen, jedoch der Beginn einer noch exzessiveren Staatswillkür. Weniger bekannt ist, dass die politischen Senate der Oberlandesgerichte im Zentrum der Anwendung von Feindstrafrecht standen. Sie konnten bereits auf ein komplettes Jahr Spruchpraxis zurückblicken. Bis in den Krieg hinein bleibt die strafrechtliche Verfolgung der politischen Opposition eine Domäne der Oberlandesgerichte. Die beiden politischen Senate an den Oberlandesgerichten Darmstadt (570) und Kassel (2.980) verhandelten gegen mindestens 3.550 Angeklagte (3.328 Männer und 322 Frauen).

Im Juli 1933 verurteilte der Kasseler Strafsenat Hans Siebert zu 2 Jahren Zuchthaus. Dabei ging das Gericht über die von der Staatsanwaltschaft geforderte Freiheitsstrafe hinaus.
Es argumentierte: *Bei ihm galt es, die Volksgemeinschaft solange wie möglich vor seinem Treiben zu bewahren und gleichzeitig zu zeigen, dass die Zeit unangebrachter Milde für derartige Volksfeinde vorbei ist.*

1933 und 1934 erhoben die Generalstaatsanwälte in Darmstadt und Kassel in mindestens 235 politischen Verfahren Anklage. Davon fielen 141 Verfahren in den Zeitraum zwischen dem 1. April 1933 und Mai/ Juni 1934. Bis April 1934 sind nur wenige Hochverratsverfahren aus Hessen beim Reichsgericht anhängig geworden.
Bis Ende 1934 hatte der Volksgerichtshof sieben Verfahren (17 Angeklagte) abgeschlossen. Dieses Ergebnis lässt

Zuständigkeit der Oberlandesgerichte in politischen Strafsachen vom 1. Feb. 1937/Juni 1938, 3. Sept. 1941 und 1. Okt. 1944

	Zuständig 1937	Zuständig 1941/1944
Berlin	Kammergericht, OLG Stettin u. Braunschweig (o. AG Thedinghausen), LG Meseritz u. Schneidemühl (OLG-Bez. Marienwerder), LG Hildesheim u. Lüneburg (OLG-Bez. Celle), LG Dessau, Halberstadt, Halle, Magdeburg, Naumburg, Stendal u. Torgau (OLG-Bez. Naumburg)	o. LG Hildesheim u. Lüneburg (OLG-Bez. Celle)
Breslau	Oberlandesgericht Breslau	zusätzl. 1941: dt. LG Brünn (OLG-Bez. Prag); 1944: LG Mährisch Schönberg, Neutitschein u. Troppau (OLG-Bez. Leitmeritz)
Danzig	Obergericht Danzig	Obergericht Danzig 4 (ab 1.5.1942 mit LG Elbing)
Dresden	Oberlandesgericht Dresden	zusätzl. OLG Leitmeritz (o. LG Mährisch Schönberg, Neutitschein u. Troppau)
Graz	—	Oberlandesgericht Graz (10.1944)
Hamburg	OLG Hamburg, Kiel, Oldenburg u. Rostock, LG Stade u. Verden (OLG-Bez. Celle); AG Thedinghausen (LG-Bez. Braunschweig) u. Wilhelmshaven (LG-Bez. Aurich)	zusätzl. LG Lüneburg (OLG-Bez. Celle); LG Aurich u. Osnabrück (OLG-Bez. Oldenburg)
Hamm	OLG Düsseldorf, Hamm u. Köln; LG Aurich (o. AG Wilhelmshaven), Bückeburg, Detmold, Hannover u. Osnabrück (OLG-Bez. Celle)	zusätzl. LG Göttingen u. Hildesheim (OLG-Bez. Celle) – o. LG Aurich u. Osnabrück (OLG-Bez. Oldenburg)
Jena	OLG Jena, einschl. AG Brotterode, Schleusingen, Schmalkalden, Steinbach-Hallenberg u. Suhl (LG-Bez. Meiningen) sowie AG Ranis u. Ziegenrück (LG-Bez. Weimar)	OLG Jena (einschl. der LG Erfurt und Nordhausen) u. Kassel, LG Halle, Naumburg und Torgau (OLG-Bez. Naumburg)
Kassel	OLG Frankfurt/M. (o. LG Hechingen), Darmstadt (o. AG Bad Wimpfen) u. Kassel; LG Göttingen (OLG-Bez. Celle); LG Erfurt (einschl. Bez. der Strafkammer Sondershausen) u. LG Nordhausen (OLG-Bez. Naumburg)	wurde auf andere OLG-Bez. aufgeteilt (1944)
Kattowitz		OLG Kattowitz (ab 3.9.1941)
Königsberg	OLG Königsberg u. LG Elbing (OLG-Bez. Marienwerder)	o. LG Elbing (OLG-Bez. Danzig)
München	OLG Bamberg, München u. Nürnberg (Oberstes Bayerisches Landesgericht)	wievor
Posen	Oberlandesgericht Posen	Oberlandesgericht Posen
Stuttgart	OLG Stuttgart (einschl. LG-Bez. Hechingen), Karlsruhe u. Zweibrücken u. AG Bad Wimpfen (LG-Bez. Darmstadt)	OLG Darmstadt, Frankfurt/M., Karlsruhe, Stuttgart u. Zweibrücken (1944)
Wien	OLG Graz, Innsbruck, Linz und Wien	Oberlandesgericht Innsbruck, Linz und Wien

Der Generalstaatsanwalt.   Kassel, den 6. April 1933.
O.J. 3/33.   Fernsprecher 6706.

Haft!

Anklageschrift.

Bl.5   Der Heizer Friedrich Schulz in Korbach, geboren am 17. November 1894 in Falkenhagen Kreis Osthavelland, zur Zeit in dieser Sache seit 3. März 1933 im Gerichtsgefängnis

vor Bl.1 in Korbach in Untersuchungshaft, verheiratet, unbestraft,

wird angeklagt,

zu Korbach

im Februar und März 1933

durch Verbreitung von Schriften zur Ausführung eines Unternehmens, die Verfassung des Deutschen Reiches gewaltsam zu ändern, aufgefordert zu haben,

Verbrechen strafbar nach §§ 85 Absatz 1, 82, 81 Ziff.2 StGB.

Beweismittel:

    I. Die Zeugen:

Bl.2r   1) Landjägermeister Kallienke in Korbach,
Bl.10r   2) Polizeihauptwachtmeister Thiele ebenda.

    II. Urkunden:

Anlage   Zwei Bände Druckschriften.

Wesentliches Ergebnis der Ermittlungen:

Der Angeschuldigte ist Führer der Kommunistischen Partei Deutschlands in Korbach. Gelegentlich einer am 2. März 1933

Bl.1   durch Landjägereibeamte vorgenommenen Durchsuchung in seiner
Bl.4   Gartenlaube, Flechtdorferstraße 23, wurde eine erhebliche An-
Bl.6r zahl verbotener Druckschriften gefunden und von dem Angeschuldigten

                                                          richt

[FORM/SCHILLER, Widerstand und Verfolgung in Hessen, Fiche 35]   Erstes Verfahren des Oberlandesgerichts Kassel

sich in der Tendenz durchaus verallgemeinern. Damit wirkte politische NS-Strafjustiz überwiegend regional.

Das Oberlandesgericht verhängte 15 Todesstrafen. Fünf davon 1944, und dies nicht in Kassel, sondern in Marburg an der Lahn, wohin der politische Senat ausgelagert wurde.

In mindestens vier Fällen leitete als Vorsitzender Richter der Kammergerichtsrat Dr. Edmund Keßler die Hauptverhandlungen. NSDAP-Mitglied seit dem 1. Mai 1933, hatte er sich bereits vor seiner Marburger Zeit seine »Meriten« als Richter am Sondergericht Kassel verdient. Als Beisitzer fungierten der Kirchhainer Amtsgerichtsrat Werner Massengeil – Kriegsgerichtsrichter und NSDAP-Mitglied ab 30. April 1933 – und der Landgerichtsrat Dr. Jakob Henseling, NSDAP-Mitglied seit dem 1. Mai 1935.

Die Oberlandesgerichte sollten weniger »ausmerzen« als abschrecken. In Darmstadt und Kassel wurden 1.659 Gefängnis- und 1.277 Zuchthausstrafen verhängt, aber auch 372 Freisprüche. Die Regelstrafe bei den Oberlandesgerichten war zu Beginn der NS-Zeit Gefängnis. Später nahmen Zuchthausstrafen zu.

Oben links im Bild das Landgerichtsgebäude in Marburg, in dem von Anfang Januar bis Dezember 1944 der politische Senat des Kasseler Oberlandesgerichts tagte.
[Bildarchiv Foto Marburg]

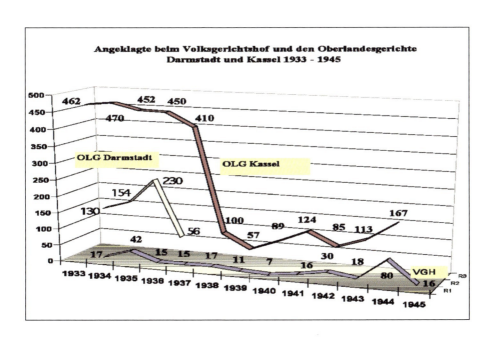

Landgerichtsgefängnis Marburg/Lahn	(Rufname)	(Familienname)		Gefangenenbuch nummer: **A₁**
Eingeliefert X Gef. X am 17.10. 19 44 13.45 Uhr Haftanstalt von: Darmstadt	Betty Theresia geb. am 26.8.1921 bei Groß-Gerau Bekenntnis: kath. Zuletzt polizeilich gemeldet:	Rick geb. Metzger in Gernsheim Beruf: Ehefrau Wohnung: Gernsheim a. Rhein Wüstengasse 21		497 / 44 Unterbringung: Erkenn.- Marke Nr. 137.
Vorstrafen usw.: × Zuchthaus, × Gefängnis, × Haft, × Geldstrafe, × Sicherungsverwahrung, × Arbeitshaus, × Unterbringung in Heil- und Pflegeanstalt, × Unterbringung in Trinkerheilanstalt Letztmalig entlassen im Jahre: in:	Ruf- und gegebenenfalls Geburtsname des Ehegatten: Karl Josef Rick z.Zt.Soldat Name und Wohnung des nächsten Angehörigen (Eltern, Ehegatte usw.): Vater:Karl Metzger,Geb.Dat.unbek. Mutter:Magdalene geb.Fries, Geb. Dat.unbek. ~~Eltern wohnen wie oben.~~ Verteidiger: Tatgenossen:		Zahl der Kinder: 1	

	Vollstreckungs- behörde oder sonstige um Aufnahme ersuchende Behörde Geschäftszeichen	Straf- entschei- dung usw.	Straftat · Tatverdacht ·	a) Art und soweit mög- lich Dauer bzw. Höchst- dauer der zu voll- streckenden Strafe, Maßregel der Sicherung u. Besserung oder sonstigen Freiheitsentziehung b) Anzurechnende Untersuchungshaft	Straf- oder Verwahrungszeit		Neues Ende der Straf- oder Verwah- rungszeit Tag und Tageszeit	Austritts- tag und Tageszeit	Grund des Austritts
					Beginn Tag und Tageszeit	Ende Tag und Tageszeit			
	G.St.A. Kassel O.Js. 140/44	=Hch=	Hochverrat ab 10.11.44 Po	U.Haft. lizeihaft für	Gestapo Darmst	adt.	24.Nov. 1944 Uhr Min.	15 Uhr 30 Min.	entlassen weil wie oben.
					Uhr Min.	Uhr Min.	Uhr Min.	Uhr Min.	
					Uhr Min.	Uhr Min.	Uhr Min.	Uhr Min.	

Vermerke:

Urteil rechtskräftig seit: .... 19 .... Uhr.

[FORM/SCHILLER, Widerstand und Verfolgung in Hessen, Fiche 194]

> In Marburg wurden zum Tode verurteilt
> **Heinrich Dolde**
> Urteil vom 11. Februar 1944 .... hingerichtet am 28. März 1944
> **Paul Kroll**
> Urteil vom 7. Juli 1944 .... hingerichtet am 29. August 1944
> **Jakob Nester**
> Urteil vom 13. Dezember 1944 .... hingerichtet am 6. März 1945
> **Heinrich Schäfer**
> Urteil vom 27. April 1944 .... hingerichtet am 6. Juni 1944
> **Ernst Schmidtseifer**
> Urteil vom 7. Oktober 1944 .... hingerichtet am 22. November 1944
> Alle wurden in Frankfurt/M.-Preungesheim hingerichtet.

Politische Strafjustiz traf im Deutschen Reich Zehntausende Männer und Frauen

[Tafel 9]

Die Zahlen können Auffälligkeiten und Beziehungen von Einzelaspekten aufzeigen. Es liegt hingegen nicht in ihrer Natur die mit politischen Prozessen oftmals verbundenen grausamen Verhörmethoden oder die erniedrigende Behandlung in den Gerichtssälen sichtbar zu machen. Viele Angeklagte mussten für Geringfügigkeiten brachiale Strafen auf sich nehmen, die keinem rechtstaatlichen Maß entsprachen. Dies galt vor allem während des Zweiten Weltkriegs. Je weiter er fortschritt, desto spürbarer wurde der paranoide Verfolgungswahn des NS-Regimes. So wurde zum Beispiel Hero Hazelhof wegen seiner Bemerkung, *das »3. Reich« werde den Krieg verlieren*, vom Oberlandesgericht Kassel zu drei Jahren Gefängnis verurteilt.

Ein weiteres Beispiel unter vielen ist das Schicksal von Wilhelm Kafka, dessen Vater als Jude verfolgt und im Konzentrationslager Auschwitz ermordet wurde. Kafka kam zunächst in die Wehrmacht und musste am Angriff auf Polen teilnehmen. Im Oktober 1941 wurde er wegen seiner jüdischen Abstammung entlassen. Wilhelm Kafka soll Ende Mai 1944 in Frankfurt/M. während einer Unterhaltung unter anderem geäußert haben: *man hole jetzt auch die Mischlinge*. Das Oberlandesgericht in Kassel verurteilte ihn am 15. Dezember 1944 wegen Wehrkraftzersetzung zu einer Zuchthausstrafe von einem Jahr und sechs Monaten.

Es darf nicht vergessen werden, dass Staatsanwälte die Anklagen formulierten und Richter ihre Unterschriften unter die Urteile setzten. Sie waren es, die den Widerstand

Der Fall Hero Hazelhof
[FORM/SCHILLER, Widerstand und Verfolgung in Hessen, Fiche 96]

gegen das NS-Regime mit juristischen Mitteln verfolgten. Schon früh gaben sie Zeugnis davon, wie sie die politische Opposition bewerteten. Im Prozess gegen Franz Xaver Liebl und drei weitere Angeklagte Anfang 1934 kam das Richterkollegium des Oberlandesgerichts in Kassel zu dem Schluss, dass sich der nationalsozialistische Staat bereits im Herbst 1933 restlos durchgesetzt hatte und nur noch hartnäckigster verbrecherischer Wille glauben konnte, gegen ihn vorgehen zu können.

Vorsitzender Richter war der Vizepräsident des Oberlandesgerichts August Konrad Auffahrt und als Beisitzer fungierten Wolfram Bruno Faber, Friedrich Hermann Junghans, Friedrich Wolff sowie Heinrich Karl Dehnert. Friedrich Wolff wirkte an insgesamt 282 Verfahren mit, Karl Dehnert an 226 und Wolfram Bruno Faber an 222. Zusammen entschieden sie über rund zwei Drittel aller Angeklagten (1.855). Zusammen verhängten sie 44.046 Monate oder 3.670 Jahre Freiheitsentzug. Sie gehörten zu den Richtern mit der höchsten »Tagungsquote«. Mit ihrem Selbstverständnis richteten sie über Jahre: Friedrich Wolff bis zum 28. Januar 1941 und Karl Dehnert bis zum 26. Februar 1938. Die letzte bekannte Hauptverhandlung unter Beteiligung von Wolfram Bruno Faber fand am 22. Oktober 1943 statt. Faber konnte damit auf eine über zehnjährige Praxis in politischen Strafsachen zurückblicken.

Selbst ein Freispruch bedeutete für einen Betroffenen zumindest die Stigmatisierung. Es ist kaum ein Fall bekannt, bei dem ein Beschuldigter nicht für längere Zeit in Schutz- oder Untersuchungshaft gesessen war. Das wohl schlimmste Beispiel ist das Schicksal von Käthe Westhoff. Sie wurde am 23. Juli 1935 verhaftet und am 20. September in Untersuchungshaft genommen. Als Lebensgefährtin des Kasseler Linksintellektuellen Kurt Finkenstein soll sie sich seit 1933 an Treffen von führenden Mitgliedern der illegalen KPD in Kassel beteiligt haben, die sich in einem »Intelligenzzirkel« organisierten, dem unter anderem die Familie Lohagen und die KPD-Funktionäre Nadler, Joerg, Eschke und andere angehörten. Das Oberlandesgericht Kassel sprach Käthe Westhoff am 21. Mai 1937, nach 669 Tagen in Haft »mangels Beweises« frei. Im Oktober 1937 wurde sie in das Konzentrationslager Moringen gebracht.

Das Beispiel zeigt aber auch, was geschah, wenn die Justiz nicht im Sinne des Regimes funktionierte – dann übernahm eine mit fast unbegrenzten Machtbefugnissen ausgestattete Polizei die Schmutzarbeit, um den Willen des Regimes umzusetzen. Die Verfolgungsmaschinerie brauchte vor einem scheinbaren Misserfolg nicht zu kapitulieren. Dem eng geknüpften Netz der Verfolgung konnte kaum jemand entkommen.

O.Js 196/44

IM NAMEN DES DEUTSCHEN VOLKES !

Strafsache

gegen **Kafka, Wilhelm**, Kraftfahrer aus Frankfurt/Main, Heiligkreuzgasse 20, ledig, katholisch, geboren am 22. März 1914 in Frankfurt/Main, bestraft,
festgenommen am 8. Juni 1944, seit dem 14. Juni 1944 in Untersuchungshaft, zuletzt im Landgerichtsgefängnis in Marburg/Lahn,

wegen

Wehrkraftzersetzung.

Der Strafsenat des Oberlandesgerichts Kassel, z.Zt. in Marburg/Lahn, hat in der Sitzung vom 15. Dezember 1944, an der teilgenommen haben:

    Kammergerichtsrat Dr. Keßler
      als Vorsitzer,
    Amtsgerichtsrat Massengeil
    Landgerichtsrat Dr. Henseling
      als beisitzende Richter,
    Staatsanwalt Dr. Vornbäumen
      als Beamter der Staatsanwaltschaft,
    Justizsekretär Keil
      als Urkundsbeamter der Geschäftsstelle

für Recht erkannt:

    Der Angeklagte wird wegen Wehrkraftzersetzung zu 1 -einem- Jahr 6 -sechs- Monaten Zuchthaus verurteilt.

    Gleichzeitig wird auf 2 -zwei- Jahre Ehrverlust erkannt.

    Die Polizei-, Schutz- und Untersuchungshaft wird angerechnet.

    Die Kosten des Verfahrens trägt der Angeklagte.

[FORM/SCHILLER, Widerstand und Verfolgung in Hessen, Fiche 196]

Der Fall Wilhelm Kafka

Vorstehenden Sachverhalt gibt der Angeklagte glaubwürdig zu. Er erfüllt den Tatbestand der Wehrkraftzersetzung (§ 5 Abs. I Ziff.1 der Kriegssonderstrafrechtsverordnung). Die Worte -Angriffe gegen die staatliche Ordnungsgewalt- waren geeignet, den Willen des Deutschen Volkes zur wehrhaften Selbstbehauptung zu lähmen und zu zersetzen. Diese Wirkung wollte der Angeklagte nicht, nahm sie aber in Kauf. Die Äußerungen fielen auch öffentlich -auf offener Straße-, zudem war bei den beiden Frauen keine Gewähr für ein Nichtweiterverbreiten gegeben.

Bei der Strafbemessung war folgendes zu erwägen: Der Angeklagte ist Mischling 1.Grades. Als solcher hatte er die besondere Pflicht, die Staatsautorität zu achten und die Person des Führers aus seinen Äußerungen herauszulassen. Andererseits ist zu berücksichtigen, daß er als Mischling gewissen Zwiespältigkeiten ausgesetzt war. Seine Worte sind Großsprechereien und nicht ernst zu nehmen. Durch die törichten Äußerungen der Zeugin Görland wurde er hierzu verleitet. Von sich aus hätte er die Worte nicht gebraucht. Kafka hat als Soldat voll und ganz seine Pflicht getan und wurde sogar -trotz seiner Mischlingseigenschaft- befördert. Im Arbeitseinsatz hat er sich bewährt. Seine Tat hat Kafka reuemütig eingestanden. Danach erschien -unter Annahme eines minderschweren Falles i.S. § 5 Abs.2 a.a.O.- die erkannte Zuchthausstrafe von 1 Jahr 6 Monaten die gerechte Sühne.

Die Haft wurde angerechnet, da Kafka voll geständig war. Die weiteren Entscheidungen beruhen auf §§ 32 ff. Reichsstrafgesetzbuchs, 465 der Strafprozeßordnung.

gez.Dr.Keßler, gez.Massengeil, gez.Dr.Henseling.

Ausgefertigt:

Keil Marburg/Lahn, den 11. Dezember 1944.
,Justizsekretär
als Urkundsbeamter der Geschäftsstelle des Oberlandesgerichts Kassel.

[FORM/SCHILLER, Widerstand und Verfolgung in Hessen, Fiche 196]

O.J. 6/34.

JM NAMEN DES DEUTSCHEN VOLKES !

Strafsache gegen

1.) den einschlägig vorbestraften Dreher Franz **Liebl**,
geboren am 3.1.1887 in Heinrichs, Kreis Schleusingen,

2.) den Schmelzer Wilhelm **Herbert**, geboren am 16.4.1893 in Frankfurt a/Main,

3.) den Friseur Wilhelm **Zieres**, geboren am 11.7.1901 in Heubach, Kreis Dieburg (Hessen),

4.) die Ehefrau Sofie **Blum**, geb. List, geboren am 11.7.1902 in Frankfurt a/Main,

zu Nr. 1 - 3 seit dem 14.11.1933, 15,25 Uhr,
zu Nr. 4 seit in den Akten nicht ermittelten
Zeitpunkt (Haftbefehl vom 3.2.1934)
in Untersuchungshaft,
sämtlich zur Zeit im Gerichtsgefängnis in Kassel.

— · — · — · —

Der II.Strafsenat des Oberlandesgerichts in Kassel hat in der Sitzung vom 23. Februar 1934, an der teilgenommen haben :

Vizepräsident Dr. Auffarth
      als Vorsitzender,
Oberlandesgerichtsrat Junghans,
Oberlandesgerichtsrat Dr. Faber,
Oberlandesgerichtsrat Wolff,
Landgerichtsrat Dr. Dehnert
      als beisitzende Richter,
Staatsanwaltschaftsrat Dr. Hennings
      als Beamter der Staatsanwaltschaft,
Referendar Veidt
      als Protokollführer,

für Recht erkannt :

[FORM/SCHILLER, Widerstand und Verfolgung in Hessen, Fiche 49]

Der Fall Franz Xaver Liebl und drei weitere Angeklagte

Oberlandesgericht Strafsenat.
Geschäftsnummer:
OJs 160/43.

In Namen des Deutschen
Volkes!

Strafsache gegen den Maurerpolier i.R. Heinrich K r a m e r
aus Vilbel, Krs. Friedberg/Hessen), Heinrichstr. 1, verheiratet,
katholisch, deutscher reichsangehöriger, geb. 10.5.1874, in Vilbel, z.Zt. in Untersuchungshaft
wegen
 Wehrkraftzersetzung pp.

Der Strafsenat des Oberlandesgerichts in Kassel
hat in der Sitzung vom 22. Oktober 1943, an der teilgenommen
haben:

 Oberlandesgerichtsrat Dr. Faber
  als Vorsitzender,
 Landgerichtsdirektor Dr. Hildebrandt
 Landgerichtsdirektor Dr. Xeuthen
  als beisitzende Richter,
 beauftragter Staatsanwalt Dr. Trautmann
  als Beamter der Staatsanwaltschaft,
 Justizangestellter Posselt
  als Urkundsbeamter der Geschäftsstelle,
für Recht erkannt:
 Der Angeklagte wird wegen Wehrkraftzersetzung zu einer
 Gefängnisstrafe von 1 Jahr verurteilt.
 Die erlittene polizeiliche- und Untersuchungshaft wird
 auf die Strafe angerechnet.
 Die Kosten des Verfahrens trägt der Angeklagte.

Letztes Urteil von Wolfgang Bruno Faber [FORM/SCHILLER, Widerstand und Verfolgung in Hessen, Fiche 183]

```
8.58/37
```

                    Im Namen des Deutschen Volkes!
                            In der Strafsache
                                gegen
die Stenotypistin, jetzige Haushälterin Käthe Westhoff
in Kassel, Karthäuserstraße 5 1/2 bei Finkenstein, ledig,
evangelisch, geboren am 26. Dezember 1903 in Berlin-Reinhoken-
dorf,
        am 23. Juli 1935 vorläufig festgenommen und seit dem
        20. September 1935 in Untersuchungshaft im Gefängnis
        in Kassel,
wegen Vorbereitung eines hochverräterischen Unternehmens
hat der Strafsenat des Oberlandesgerichts in K a s s e l
in der Sitzung vom 21. Mai 1937, an der teilgenommen haben:
            Oberlandesgerichtsrat Heynatz
                als Vorsitzender,
            Oberlandesgerichtsrat Dr. Münzel
            Oberlandesgerichtsrat Dr. Dithmar,
            Landgerichtsrat Dr. Keßler,
            Amtsgerichtsrat Bulang
                als beisitzende Richter,
            Gerichtsassessor Dr. Gonnermann
                als Beamter der Staatsanwaltschaft,
            Referendar Krause
                als Urkundsbeamter der Geschäftsstelle
für Recht erkannt:
        Die Angeklagte wird freigesprochen.
        Die Kosten des Verfahrens fallen der Staatskasse zur
        Last.

[FORM/SCHILLER, Widerstand und Verfolgung in Hessen, Fiche 113]

– 6 –

über beeinflußt waren. Wie weit diese Hörigkeit geht, zeigt sich darin, daß sie sich von Finkenstein als seine Geliebte aushalten ließ, daß sie ihre Stellung und ihre Ehre ihm zuliebe preisgab, daß sie in der Hauptverhandlung erklärte, sie werde niemals von Finkenstein lassen, daß sie sich sogar nicht einmal scheut, die Ehre ihrer verstorbenen Mutter preiszugeben, indem sie sich als uneheliches, in ehebrecherischem Verkehr von einem Juden gezeugtes Kind ausgibt. Es besteht der Verdacht, daß sie das nur tu', um ihren artfremden Verkehr mit dem Juden Finkenstein ungestört durch die Nürnberger Gesetze fortsetzen zu können. Diese ihre Einstellung läßt es möglich erscheinen, daß sie sich so an Finkenstein gebunden fühlt, daß sie alles, was er wünschte, tat, ohne sich über die Folgen Gedanken zu machen und ohne das Bewußtsein zu haben, daß sie durch die Bewirtung der Gäste und ihre Anwesenheit bei den Zusammenkünften möglicherweise hochverräterischen Zielen Vorschub leistete.

Die Angeklagte war daher trotz der nicht unerheblichen Verdachtsmomente mangels hinreichenden Beweises freizusprechen.

Die Kostenentscheidung beruht auf §§ 465, 467 der Strafprozeßordnung.

gez. Heynatz, Dr. Münzel, Dr. Vithmar, Dr. Keßler, Bulang.

Ausgefertigt: Kassel, den 3. Juni 1937

Schäfer
Justizsekretär
als Urkundsbeamter der Geschäftsstelle.

Der Fall Käthe Westhoff [FORM/SCHILLER, Widerstand und Verfolgung in Hessen, Fiche 113]

[Tafel 10]

Verfolgung der KPD

Das NS-Regime begann im Februar 1933 mit der Bekämpfung der politischen Linken.
Der Kommissar des Reichs beim Preußischen Innenministerium schickte einen Funkspruch an Polizeibehörden und rief zu umfassenden Verbots- und Überwachungsmaßnahmen gegen die KPD auf. Im Main-Taunus-Kreis fand die letzte Versammlung der KPD am 23. Februar 1933 in Eppstein zum Thema »Einheitsfront und der neue Reichstag« statt.
Nachdem der Redner Wilhelm Höhn (Frankfurt/M.) die Hitler-Regierung als Lakaien des Großkapitals bezeichnet hatte, gegen die eine »Einheitsfront auf kommunistischer Grundlage« geführt werden müsse, löste der protokollierende Landjäger die Versammlung auf.
Damit begann eine bislang nicht gekannte Verfolgungswelle gegen Mitglieder und Sympathisanten der KPD und ihrer Unterorganisationen auch mit den Mitteln der Justiz. Die Verfolgung fand auf zwei Ebenen statt: Reichsgericht (bis April 1934) / Volksgerichtshof

Im ehemaligen Volksstaat Hessen erging am 1. März 1933 auf Weisung des Reichsinnenministers ein Erlass, der jedes Auftreten der KPD im Wahlkampf verbot und die Kreisämter damit beauftragte, kommunistische Publikationen und Plakate einzuziehen. Die Landesgendarmerie des Kreisamts Friedberg zum Beispiel führte in 25 Gemeinden am 2. und 3. März bei über 70 Personen, zumeist örtlich bekannten KPD-Mitgliedern und Gemeinderatskandidaten, intensive Durchsuchungsaktionen durch. Mitte März 1933 wurden auf Anordnung des Staatskommissars für das Polizeiwesen in Hessen, Werner Best, Schutzhaftbefehle gegen alle kommunistischen Reichs- und Landtagswahlkandidaten erlassen. In Kassel besetzte man das Büro der KPD-Bezirksleitung und beschlagnahmte einige Zentner Flugschriften, Plakate und Zeitungen. In Südhessen sollen im März und April 1933 60 bis 70 Personen verhaftet worden sein.

In den folgenden Wochen und Monaten wurden viele Tausend Mitglieder der KPD in Schutzhaft genommen und in Konzentrationslagern inhaftiert. Für das Gebiet des Bundeslandes Hessen waren das die Konzentrationslager Osthofen und Breitenau.

Noch deutlicher wird die Stoßrichtung der politischen NS-Justiz bei der Rechtsprechung der politischen Senate der Oberlandesgerichte Darmstadt und Kassel.

Der Darmstädter Senat (1933–1937) befasste sich überwiegend mit der Verfolgung der KPD und ihrer Unterorganisationen.

Während des Krieges verschärfte sich die Verfolgung der

Konzentrationslager Osthofen
[Gedenkstätte Osthofen]

Konzentrationslager Breitenau
[Gedenkstätte Breitenau]

in der Illegalität lebenden oder im Zuge von Auslieferungen aus den von Deutschland besetzten Gebieten abgeschobenen Kommunisten. Die Strafen wurden schärfer, vor allem seit dem Angriff auf die Sowjetunion.

Ab Sommer 1941 galt:
Das Deutsche Reich kann unter keinen Umständen dulden, dass, während seine besten Söhne im Kampfe auf Leben und Tod gegen den Bolschewismus in Russland stehen (...), im Rücken dieser Front der Kommunismus sein Haupt erhebt und bestrebt ist, die Früchte dieses heldenhaften Einsatzes der besten Deutschen zu vereiteln. Es muss deshalb jedem, der es wagen sollte, auch nur im Geringsten den Kommunismus im Reich zu fördern, auf das Nachdrücklichste klar gemacht werden, dass er damit sein Leben verwirkt hat. (...) Kommunisten, die sich (...) noch nach Kriegsausbruch mit der Sowjetunion hoch- und landesverräterisch betätigt haben, haben sich im Übrigen als so gefährliche Feinde des Staates und des Nationalsozialismus erwiesen, dass sie für alle Zeiten unschädlich gemacht werden müssen. [Urteil v. 29. Juli 1942 gegen Oldrich Veäera]

Volksgerichtshof
Prozesse gesamt: 135 davon KPD: 48
Angeklagte gesamt: 284 davon KPD: 132 = 46,5 %

Oberlandesgericht Darmstadt
Prozesse gesamt: 113 davon KPD: 96
Angeklagte gesamt: 570 davon KPD: 498 = 87,4 %

Oberlandesgericht Kassel
Prozesse gesamt: 1038 davon KPD: 670
Angeklagte gesamt: 2980 davon KPD: 2230 = 74,8 %

Ab Januar 1943 überantwortete das NS-Regime der politischen Strafjustiz die Ahndung öffentlicher Wehrkraftzersetzung. Darauf stand die Todesstrafe. Für Hessen sind 11 Verfahren bekannt, in denen 10 Angeklagte zum Tode verurteilt wurden.

(ab Mai 1934 bis Kriegsende) und ab April 1933 durch die politischen Senate der Oberlandesgerichte. Von den 135 Prozessen des Volksgerichtshofs mit Bezug zu Hessen betrafen 48 die KPD oder parteinahe Organisationen. Fast die Hälfte aller beim Volksgerichtshof angeklagten Männer und Frauen wurden im Zusammenhang mit der Verfolgung der KPD vor Gericht gestellt.
Vor dem Krieg waren es in der Regel Parteifunktionäre und deren aktive UnterstützerInnen, wie etwa Willy Alfred Richard Zimmerlich (Kassel), Bernhard Bästlein (Frankfurt/M.) oder Maria Krollmann (Frankfurt/M.).

Bernhard Bästlein
[Internet – Gedenkstätte Deutscher Widerstand, Berlin]

Abschrift (von Abschrift).

Der Preußische Minister
des Innern.
II.G.1946/19.9.33.

Berlin, den 19.September 1933.
NW7.

S c h n e l l b r i e f.

Betrifft: Nachprüfung der gemäss § 1 der Notverordnung
vom 28.II.1933 erlassenen Schutzhaftanordnungen.

Es ist der Wille des Herrn Ministerpräsidenten, dass
die verbrecherischen marxistischen Umtriebe in rücksichtsloser Weise bekämpft und diese Gefahrenquelle
völlig beseitigt wird. Dieser Kampf muss mit uner-
bittlicher Schärfe geführt werden; denn, wie die Beobachtungen noch der jüngsten Zeit gezeigt haben,
setzen die illegal weiterbestehenden marxistischen
Organisationen ihre hochverräterischen Bestrebungen
fort und bemühen sich, ihre Anstrengungen für den
kommenden Winter noch zu steigern. Den Versuchen,
die Aufbauarbeit der nationalsozialistischen Regierung
zu stören, kann nur dann erfolgreich begegnet werden,
wenn bereits jetzt die Polizeibehörden alle Vorkehrungen treffen, um den zu erwartenden erhöhten
Anforderungen gerecht werden zu können.
   Im Zuge der zu veranlassenden Massnahmen wird
insbesondere eine Überprüfung aller Schutzhaftsachen
notwendig sein, wenn nicht durch vorzeitige Überlastung der Konzentrationslager und sonstigen Gefangenenanstalten mit politisch unbedeutenden Persönlichkeiten und die damit verbundene Überinanspruchnahme
der zuständigen Dienststelle durch Schreibarbeit die
erforderliche Bewegungsfreiheit der Polizeibehörden
im entscheidenden Zeitpunkt Schaden leiden soll.
Ich habe feststellen müssen, dass in zahlreichen Fällen
Schutzhaft angeordnet worden ist, obwohl weder der
zugrundeliegende Tatbestand, noch die objektive Gefährlichkeit der in Haft genommenen Personen ein der-
artiges Einschreiten erfordert hätte.
                                        Wiederholt

[Hess. Hauptstaatsarchiv Wiesbaden
Abt.461/Nr. 11038]

O.Js 212/44

IM NAMEN DES DEUTSCHEN VOLKES !

Strafsache

gegen 1.) den Dreher Jakob N e s t e r aus Fulda, Weserstraße 4, gottgläubig (früher katholisch), verheiratet, geboren am 2. November 1905 in München,

2.) seine Ehefrau Helene N e s t e r, geb. Schmitt aus Fulda, Weserstraße 4, gottgläubig, (früher katholisch), geboren am 29. Mai 1905 in Fulda,

3.) die Witwe Betty K u m m e r, geb. Hirsch aus Fulda, Mainstraße 1, katholisch, geboren am 11. April 1917 in Fulda,
sämtlich festgenommen am 18. Juli 1944 und seit dem 4. August 1944 in Untersuchungshaft -Jakob Nester mit Unterbrechung vom 12. bis 20. September 1944- zu 1.) im Gerichtsgefängnis in Fulda, zu 2.) und 3.) im Frauenstrafgefängnis in Frankfurt/Main-Höchst, alle 3 zuletzt im Landgerichtsgefängnis in Marburg/Lahn,

w e g e n

Wehrkraftzersetzung, Rundfunkverbrechens u.a.

Der Strafsenat des Oberlandesgerichts Kassel, z.Zt. in Marburg/Lahn, hat in der Sitzung vom 13. Dezember 1944, an der teilgenommen haben:

Kammergerichtsrat Dr. Keßler
als Vorsitzer,
Amtsgerichtsrat Massengeil
Landgerichtsrat Dr. Henseling
als beisitzende Richter,
Staatsanwalt Dr. Gonnermann
als Beamter der Staatsanwaltschaft,
Justizsekretär Keil
als Urkundsbeamter der Geschäftsstelle

für Recht erkannt:

1.) Der Angeklagte Jakob N e s t e r ist der Wehrkraftzersetzung, zugleich des Rundfunkverbrechens und der Vorbereitung eines hoch-

[FORM/SCHILLER: Widerstand und Verfolgung in Hessen, Fiche 16]

[Tafel 11]

Verfolgung von Sozialdemokraten

Was wurde der Sozialdemokratie vorgeworfen?
Das Urteil des Volksgerichtshofs gegen Hermann Ernst Bärtschi und Andere vom 12. Oktober 1938 geht darauf ein:
*Das sich hieraus ergebende Gesamtbild entspricht der Feststellung, die der Volksgerichtshof bereits zu wiederholten Malen getroffen hat und die dahin geht, dass sowohl die SPD (...) nur das eine Ziel verfolgen, mit allen Mitteln, insbesondere auch mit Gewalt, die nationalsozialistische Regierung zu stürzen. Ausgangspunkt für die politische Zielsetzung der SPD in der Illegalität ist ihr in der »Sozialistischen Aktion« (...) veröffentlichtes Programm. (...) Im Kampf gegen die nationalsozialistische Diktatur gibt es kein Kompromiss, ist Reformismus und Legalität keine Stätte.
Der Sturz der Despotie wird sich, wenn nicht äußere Katastrophen ihn herbeiführen, nur in der gewaltsamen Niederringung, nur durch den Sieg im revolutionären Kampfe vollziehen. (...)
Die SPD hat (...) von vornherein auf eine illegale Organisation verzichtet und ihr ausschließliches Augenmerk darauf gerichtet, die arbeitenden Volksgenossen im Betriebe zu erfassen und in ihrem Sinne zu beeinflussen.
Eine geeignete Plattform für diese illegale Arbeit waren ihr von Anfang an die Freien Gewerkschaften, die ihr schon vor der Machtübernahme in ihrer politischen Zielsetzung innerlich verbunden waren; denn sie waren schon damals ausgesprochen sozialistisch orientiert.*

Im Fokus des NS-Regimes stand von Beginn an die Sozialdemokratie.

Die Aktivisten wurden polizeilich überwacht und auch in Schutzhaft genommen. In der öffentlichen Verwaltung drängte man Sozialdemokraten nach und nach aus ihren Ämtern. Zum Beispiel verlor der Frankfurter Sozialdemokrat Paul Kirchhof im September 1933 seine Stellung bei der städtischen Straßenbahn aufgrund des Gesetzes zur Wiederherstellung des Berufsbeamtentums.

Vor dem Volksgerichtshof kam es ab 1935 zu Verfahren gegen SPD Mitglieder. In einem der ersten Prozesse stand, neben Camill Wilhelm Eisengrein, Karl Albert Mayer vor Gericht. Ihm wurde vorgeworfen, als Funktionär der illegalen SPD ab 1934 im Raum Frankfurt/M., Bensheim und Darmstadt die Zeitung »Sozialistische Aktion« verteilt zu haben. Am 13. April 1935 kam er in Untersuchungshaft. Verurteilt wurde er wegen Vorbereitung zum Hochverrat am 26. November 1935 zu einer Zuchthausstrafe von 6 Jahren.

Am 13. April 1943 fand der Prozess gegen den ehemaligen politischen Emigranten Heinrich Becker statt. Becker war bis zum 22. Juni 1933 SPD-Reichstagsabgeordneter. Er wurde am 15. Juni 1933 als Bezirksleiter des Bergarbeiterverbandes in Gießen entlassen und emigrierte ins Saargebiet. Von 1935 an lebte er mit seiner Familie in Frankreich. Dort bemühte er sich 1935/36 mit anderen Emigranten um die Vorbereitung einer »deutschen Volksfront«. Im Dezember 1937 entzog ihm das NS-Regime die deutsche Staatsangehörigkeit. Der Volksgerichtshof verurteilte Becker am 13. April 1943 wegen »Vorbereitung zum Hochverrat« zu fünf Jahren Zuchthaus.

Es kam zu mindestens 10 Todesurteilen gegen Mitglieder der SPD, ihre Unterorganisationen oder illegale Tätigkeit für Sozialdemokraten aus dem Gebiet des heutigen Bundeslandes Hessen. Alle wurden während des Krieges ausgesprochen.

Auch bei den Oberlandesgerichten Darmstadt und Kassel fanden Prozesse gegen Sozialdemokraten statt – allerdings deutlich mehr als beim Volksgerichtshof. Ab 1935 wurden in 47 Prozessen (von insgesamt über 1150) 19 Frauen und 201 Männer angeklagt. Zudem finden sich in weiteren Verfahren Hinweise auf SPD-Mitgliedschaften oder politische Nähe zur Sozialdemokratie. In den Urteilen

des Oberlandesgerichts Kassel wurde zum Beispiel über 500-mal eine Mitgliedschaft in der SPD vermerkt. Die beschuldigten Sozialdemokraten sind zum überwiegenden Teil zusammen mit Kommunisten angeklagt worden. In vielen Verfahren ging es nicht nur um politische Tätigkeit im engeren Sinn. Insbesondere ab 1940 mussten sich Angeklagte auch wegen des Hörens und Weiterverbreitens von ausländischen Rundfunkmeldungen verantworten.

Heinrich Becker

<u>Abschrift</u>
6 J 114/ 41
2 H 210/ 42

Jm Namen
des Deutschen Volkes

In der Strafsache gegen
den früheren Gewerkschaftssekretär Heinrich B e c k e r aus
Herborn, ohne feste Wohnung , zuletzt in Coulgens in Frankreich
wohnhaft gewesen, geboren am 5. Juni 1877 in Holten bei Dinslaken,
staatenlos, zur Zeit in dieser Sache in gerichtlicher Untersuchungshaft ,

wegen Vorbereitung zum Hochverrat
hat der Volksgerichtshof , 2. Senat , auf Grund der Hauptverhandlung vom 13. April 1943, an welcher teilgenommen haben
als Richter :
Volksgerichtsrat Dr. Löhmann , Vorsitzer,
Kammergerichtsrat Diescher,
SS-Brigadeführer Bauszus ,
NSKK- Obergruppenführer Offermann ,
HJ-Obergebietsführer Reckewerth,
als Vertreter des Oberreichsanwalts :
Landgerichtsrat Geisler,
für Recht erkannt :
Der Angeklagte hat von 1934 - 1938 in Frankreich die Ziele
der illegalen SPD organisatorisch und propagandistisch gefördert.
Er wird daher wegen Vorbereitung zum Hochverrat zu 5-fünf -
Jahren Zuchthaus verurteilt.
Ein Jahr und sieben Monate der erlittenen Untersuchungshaft
werden auf die Strafe angerechnet.
Der Angeklagte trägt die Kosten des Verfahrens .
Von Rechts wegen .

[FORM/SCHILLER: Widerstand und Verfolgung in Hessen, Fiche 9]

Abschrift.
8 J 252 / 38
2 H 68/ 38.

Im Namen des Deutschen Volkes

In der Strafsache gegen

1.) den Aluminiumarbeiter Ernst B ä r t s c h i , geboren am 2.Mai 1903 in Dulliken Kanton Solothurn, <u>schweizerischen Staatsangehöriger</u>,

2.) den Schreiner Andreas P l e i g , geboren am 26.Januar 1884 in Sulz, Bezirksamt Lahr,

3.) den Schreiner Karl D u r s t , geboren am 23.Juni 1903 in Nürnberg,

sämtlich in dieser Sache in gerichtlicher Untersuchungshaft,

wegen Vorbereitung zum Hochverrat

hat der Volksgerichtshof, 2. Senat, in der öffentlichen Sitzung vom <u>12. Oktober 1938</u> auf Grund der mündlichen Verhandlung , an welcher teilgenommen haben

als Richter :

Vizepräsident des Volksgerichtshofs Engert

als Vorsitzender,

Volksgerichtsrat Hartmann ,

SA -Brigadeführer Hauer,

SS-Obergruppenführer Freiherr von Eberstein,

SS-Standartenführer Katzmann ,

als Beamter der Reichsanwaltschaft:

Staatsanwalt Dr. Meier,

als Urkundsbeamter der Geschäftsstelle:

Sekretär Schmidt .

für Recht erkannt :

Die Angeklagten werden wegen Vorbereitung eines hochverräterischen Unternehmens unter erschwerenden Umständen verurteilt und zwar :

der Angeklagte B ä r t s c h i zu <u>13 -dreizehn - Jahren Zuchthaus und 10 - zehn - Jahren Ehrverlust</u>

[Edition Widerstand als Hochverrat, Fiche 278]

84/40.   18

IM NAMEN DES DEUTSCHEN VOLKES !

In der Strafsache gegen

die Schneiderin Luise S c h w a r z geb. Schwalbach, aus Wiesbaden-
Dotzheim, Frauensteinerstrasse Nr.32, verwitwet, glaubenslos, geboren
am 31. Januar 1897 in Wiesbaden-Dotzheim, nicht vorbestraft,

> in dieser Sache polizeilich festgenommen am
> 29.8.1940, 11$\frac{45}{}$ Uhr und seit dem 12.9.1940 in
> Untersuchungshaft, z.Zt. im Gefängnis in
> Wiesbaden,

den Bergmann Albert M ü l l e r, aus Wiesbaden-Dotzheim, Wilhelmstrasse Nr.38, verheiratet, evangelisch, geboren am 1. Juni 1890 in
Wahlbach, Kreis Siegen/Westf., nicht vorbestraft,

> in dieser Sache polizeilich festgenommen am
> 28.8.1940, 17$\frac{15}{}$ Uhr/ und seit dem 12.9.1940 in Un-
> tersuchungshaft, z.Zt. im Gefängnis in Wies-
> baden,

den Schuhmachermeister Karl H ö l z e l, aus Wiesbaden-Dotzheim,
Mühlgasse Nr.30, verheiratet, gottgläubig, geboren am 14. Oktober 1883
in Wiesbaden-Dotzheim, nicht vorbestraft,

> in dieser Sache polizeilich festgenommen am
> 28.8.1940, 18 Uhr und seit dem 12.9.1940 in
> Untersuchungshaft, z.Zt. im Gefängnis in
> Wiesbaden,

den Zementeur und Vorarbeiter Karl M a n n, aus Wiesbaden-Dotzheim,
Idsteinerstrasse Nr.15, verheiratet, glaubenslos, geboren am 25.12.
1887 in Wiesbaden-Dotzheim, nicht vorbestraft,

> in dieser Sache polizeilich festgenommen am
> 6.9.1940, 11 Uhr bis zum 12.9.1940, 12 Uhr
> und wieder in Haft genommen am 1.12.1940, 11
> Uhr und seit dem 2.12.1940 in Untersuchungs-
> haft seit 2.12.

– 3 –

die Angeklagten Frau S c h w a r z , Albert M ü l l e r und Karl
H ö l z e l wegen Vorbereitung eines hochverräterischen Unternehmens
in Tateinheit mit Rundfunkverbrechen

    a)   Frau S c h w a r z zu 3 – d r e i – Jahren Zuchthaus und
           5 – f ü n f – Jahren Ehrverlust,

    b)   M ü l l e r zu 5 – f ü n f – Jahren Zuchthaus und 5 –
           f ü n f – Jahren Ehrverlust,

    c)   H ö l z e l zu 5 – f ü n f – Jahren Zuchthaus und 5 –
           f ü n f – Jahren Ehrverlust;

die Angeklagten M a n n und F u c h s wegen Vorbereitung eines
hochverräterischen Unternehmens zu je 2 – z w e i – Jahren Gefängnis.

    Den Angeklagten S c h w a r z , M ü l l e r und H ö l –
z e l werden je 2 – z w e i – Monate der erlittenen Untersuchungshaft auf die erkannte Strafe angerechnet.

    Der R u n d f u n k a p p a r a t des Angeklagten H ö l –
z e l wird eingezogen.

    Die Kosten des Verfahrens haben die Angeklagten zu tragen.

                                                              Gründe:

[FORM/SCHILLER: Widerstand und Verfolgung in Hessen, Fiche 157]

4 J 127/ 44
3 L 19/ 44

IM NAMEN DES DEUTSCHEN VOLKES

In der Strafsache gegen
den Arbeiter Wilhelm K ö l s c h aus Frankfurt a.M., geboren am
23. November 1879 in Wiesbaden, zur Zeit in dieser Sache in gerichtlicher Untersuchungshaft,
wegen Wehrkraftzersetzung
hat der Volksgerichtshof, 3. Senat, auf Grund der Hauptverhandlung
vom 8. März 1944, an welcher teilgenommen haben
als Richter :
Volksgerichtsrat Lämmle, Vorsitzer,
Kammergerichtsrat Dr. Reimers,
SA-Brigadeführer Hauer,
Regierungsdirektor Offermann,
Gebietsführer Noka,
als Vertreter des Oberreichsanwalts:
Landgerichtsrat Welp,
für Recht erkannt :
Der Angeklagte Wilhelm Kölsch, ein sozial minderwertiger Mensch,
hat sich im Juli 1943 einem Soldaten gegenüber defaitistisch geäußert und die Person des Führers in übelster Weise verunglimpft.
Er wird deshalb zum Tode verurteilt. Die Ehrenrechte werden ihm
für immer aberkannt.

———

Der Angeklagte ist alter Marxist und gehörte von
1929 bis 1931 der SPD an. Noch im März 1933 wählte er
sozialdemokratisch. Seit Jahren ist er nun keiner geregelten Arbeit mehr nachgegangen. Er bewegte sich vorwiegend
in Dirnenkreisen und war in der Bordellgasse seines Wohnortes Frankfurt a/M. als wilder Händler bekannt. Im
gegenwärtigen Krieg er sich insbesondere mit
Schleichhandelsgeschäften

[FORM/SCHILLER: Widerstand und Verfolgung in Hessen, Fiche 11]

Verfolgung von Ausländerinnen und Ausländern

[Tafel 12]

Nachdem das NS-Regime die politische Macht in Deutschland übernommen hatte, richteten sich staatliche Verfolgungsmaßnahmen auch gegen in Deutschland lebende Ausländer.

Zum einen ging es um politische Aktivisten, die vornehmlich in den Parteien der Arbeiterbewegung engagiert waren. Als einen der ersten traf es Karl-Heinz Zucker, einen Kaufmannslehrling mit polnischer Staatsangehörigkeit aus Frankfurt/M. Er war nicht nur an der Arbeit des kommunistischen Jugendverbandes interessiert, sondern auch Jude. In der Anklage wird darauf explizit hingewiesen: *Die Angeschuldigten, sämtlich Juden, versuchten nach Auflösung der KPD und ihrer Nebenorganisationen, in Frankfurt a/M. die RGO [Rote Gewerkschaftsoppostion] bis zu ihrer Festnahme weiterzuführen und durch illegale Schriften für sie zu werben.* Das Oberlandesgericht Kassel verurteilte ihn am 27. April 1934 zu zehn Monaten Gefängnis.

Mit Beginn des Kriegs änderte sich der Fokus der politischen Strafjustiz merklich. Auslöser war der massenhafte Einsatz von ausländischen zivilen Zwangsarbeitern und Kriegsgefangenen. Ging die Staatsanwaltschaft davon aus, dass ein Hochverrats-, Landesverrats- oder Wehrkraftzersetzungsdelikt vorlag, dann wurde ein Verfahren vor dem Volksgerichtshof oder Oberlandesgericht angestrengt. Beim Kasseler Senat sind zwischen 1933 und Ende 1944 80 Männer und Frauen aus Bulgarien, England, Frankreich, den Niederlanden, der Schweiz und der Tschechoslowakei angeklagt worden (darunter 55 ab Kriegsbeginn).

Nach der Verschärfung der Hochverratsparagraphen 1934 wurde z. B. der polnische Arbeiter Bernhard Schreier aus Frankfurt/M. angeklagt. Er wurde beschuldigt für die Rote Gewerkschaftsopposition (RGO) geworben zu haben, als Kassierer tätig gewesen zu sein, illegales Material (»Der Rote Gewerkschafter«) verbreitet sowie spätestens seit Anfang 1935 die Funktion des Bezirksleiters übernommen zu haben. Es wog in den Augen der Richter besonders schwer (Dr. Kurt Robert Siehr war der Vorsitzende Richter), dass Schreier mit lokalen KPD-Funktionären persönlich bekannt war. Das Oberlandesgericht Kassel verurteilte Schreier am 8. November 1935 wegen Vorbereitung eines hochverräterischen Unternehmens zu einer Zuchthausstrafe von acht Jahren. Bis 1939 verbüßte er seine Strafe im Zuchthaus Kas-

```
Der Generalstaatsanwalt.                    Kassel, den 12. März 1934.
O.J. 22/34.                                 Fernsprecher 6705.

                         Anklageschrift.

.44    1) Der kaufmännische Angestellte Fritz Epomer aus Frank-
          furt a/M., Mainzerstraße 6, geb. am 24. November 1912 in
          Frankfurt, polnischer Staatsangehöriger.

.32    2) der kaufmännische Angestellte Emil Carlebach aus Frank-
          furt a/M., Gaußstraße 16, geb. am 10. Juli 1914 in Frank-
          furt a/M., wegen eines politischen Vergehens vorbestraft.

.36    3) das Lehrmädchen Gertrud Ellenadörfer aus Frankfurt a/M.
          Königswarterstraße 23, geb. am 5. November 1915 in Ste-
          fansöhr in der Oberpfalz,

.40    4) der kaufmännische Lehrling Karl-Heinz Lasker aus Frank-
          furt a/M., Cronbergerstraße 13, geb. am 24. April 1915
          in Nürnberg, polnischer Staatsangehöriger.

          sämtlich in dieser Sache in Untersuchungshaft seit dem
          26. Januar 1934, die Angeschuldigten zu 1/, 2/ und 4/
          in Gerichtsgefängnis in Frankfurt a/M., die Angeschul-
          digte zu 3/ in Strafgefängnis in Frankfurt a/M.-Preun-
          gesheim,
          werden angeklagt,
          zu Frankfurt a/M.
          in den Jahren 1933/34
          ein hochverräterisches Unternehmen vorbereitet zu haben.
          Verbrechen, strafbar nach den §§ 86, 82, 81 Ziffer 2 StGB.
          Beweismittel:
              I. Eigene Angaben der Angeschuldigten.
              II. Die Zeugen:
                  1. Kaufmann Hans Schmidt aus Frankfurt a/M., dessen
                                                              nähere
```

[FORM/SCHILLER: Widerstand und Verfolgung in Hessen, Fiche 51]

```
Name:           Motuska
Vorname:        Wilhelm
Beruf:          Fabrikspitzen u. ?
geboren         am 6.10.1898 in Blanz        ; Relig.: /
Wohnort:        Brünn

Straftat:       Hochverrat

Erkennendes     V. G. V. 1 Senat    Tag des Urteils : 23. 10. 82.
Gericht:                            Eingang des Gnadenber7; 12. 42.
                                    Aktenzeichen    12. J. 31/42.

Erkannte        Todesstrafe und zum Verlust der bürgerlichen Ehren=
Strafe          rechte auf Lebenszeit
```

Mitverurteilte: 3 Andere

```
Mordregister
Buchstabe M    Nr. 939
```

[Bundesarchiv Berlin Best. R 3001-Mordregister 1942]

sel-Wehlheiden, danach im Zuchthaus Herford. Nach seiner Entlassung wurde Schreier von der Gestapo verhaftet und als Schutzhäftling nach Auschwitz deportiert. Vermutlich ist er in einem Konzentrationslager ums Leben gekommen.

In einem weiteren Vorkriegsverfahren ging es um Spionage. Ein überregional bekannt gewordener Fall war der Prozess gegen den Schauspieler Willi Zizold de Valdez. Ein Engagement führte ihn 1934 nach Kassel. Zizold de Valdez gab Informationen – zumeist über Kasseler Rüstungswerke – an französische Nachrichtendienstmitarbeiter weiter. Er wurde vom Volksgerichtshof am 3. November 1936 zu einer sechsjährigen Zuchthausstrafe verurteilt.

Auch Zwangsarbeiter kamen in die Mühlen der Justiz. Wladyslaw Orlik war im »Polenlager« in Wattenbach bei Kassel interniert. Die Staatsanwaltschaft warf im vor, dass er sich von seinen Landsleuten Nachrichten aus englischen Rund-

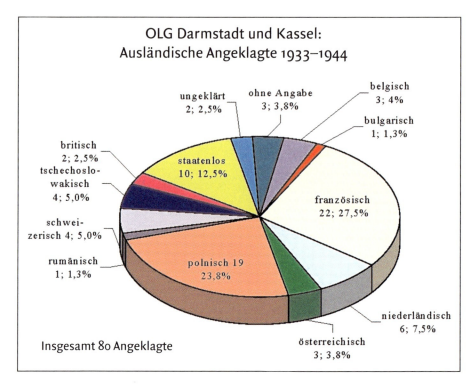

funksendungen weitergeben ließ und diese dann selbst an andere Polen – an seine Schwester in Warschau und an Zwangsarbeiter an einem früheren Einsatzort – weitererzählt habe. Am 26. Februar 1941 wurde er festgenommen. Das Oberlandesgericht Kassel verurteilte ihn zu einer Zuchthausstrafe von sechs Jahren.

Der Anteil der Todesstrafen lag bei den vom Volksgerichtshof verurteilten Ausländern und Staatenlosen mit Bezug zum Gebiet des heutigen Bundeslandes Hessen höher als bei deutschen Angeklagten. Unter den zwölf zum Tode Verurteilten befinden sich fünf politische Emigranten, denen die deutsche Staatsangehörigkeit während ihrer Emigration aberkannt worden war. Die anderen sieben Todesstrafen richteten sich gegen Zwangsarbeiter aus Polen, Frankreich und den Niederlanden.

> S. 59 oben:
[FORM/SCHILLER: Widerstand und Verfolgung in Hessen, Fiche 75]

> S. 59 unten:
[FORM/SCHILLER: Widerstand und Verfolgung in Hessen, Fiche 163]

19.) Der Angeklagte S c h r e i e r

ist in Polen geboren und polnischer Staatsangehöriger. Mit 13 Jahren kam er nach Deutschland, wo er zunächst als Tabaksarbeiter in Berlin tätig war. Nach dem Kriege siedelte er nach Frankfurt a/Main über, wo er zunächst einen Zigarrenladen betrieb und sich dann bis zu seiner Festnahme als Kassierer betätigte. Früher gehörte er der Freien Arbeiter-Union an und war vor der Machtübernahme durch die NSDAP. lange in der Gewerkschaftsbewegung tätig. Mitglied einer politischen Partei will er vor der nationalsozialistischen Revolution nicht gewesen sein.

Er behauptet, im Sommer 1934 durch List, den er von früher her kennen will, aufgefordert worden zu sein, aktiv in der illegal-kommunistischen Organisation mitzuarbeiten. Er habe diese Aufforderung aber abgelehnt, sich jedoch bereit erklärt, freiwillig Mitgliedsbeiträge für die RGO. zu leisten. So habe er dann mehrfach Geldspenden gegeben. Als Funktionär der illegalen RGO. habe er sich nie betätigt. Diese Einlassung des Angeklagten Schreier ist aber restlos widerlegt worden. Die Hauptverhandlung hat auf Grund der eigenen Angaben des Angeklagten und auf Grund der Beweisaufnahme ergeben, dass Schreier eine umfangreiche und auch richtunggebende Tätigkeit in der RGO. entfaltet hat.

In einem weiteren Briefe vom 12.Januar 1941 an Kaminski äusserte ch O r l i k wie folgt:
> Die politische Situation ist folgende: Laut Londoner Rundfunk: In Afrika haben die englischen Abteilungen Bardia eingenommen, ein wichtiger italienischer strategischer Punkt, wobei sie 80 000 Gefangene machten. „Eiserne Klösse", denn so nennen wir jetzt die Makkaronimänner. Die griechische Armee ist in Albanien weiter vorwärts gegangen. Der Hafen Valona ist schon eingeschlossen, jeden Augenblick kann man die Kapitulation erwarten. In der Tschechei und in Österreich sind grosse Verschwörungen gegen die Deutschen entstanden. In Wien fand man Plakate mit folgender Aufschrift: „Die Niederlage Hitlers ist unsere Freiheit." In Warschau und im Lubliner Lande kam es zu förmlichen Erhebungen gegen die Deutschen. Auf den Strassen Warschaus kam es während der Kundgebungen zum Kampf, viele Tote und Verwundete, dasselbe im Lubliner Lande. Es ist dies ein Beweis, dass das polnische Volk wacht und bereit ist, zu entsprechender Zeit die Fesseln des Feindes abzustreifen. Und deshalb, Richard, den Kopf hoch, sei guten Mutes, das Blut der polnischen Helden wird sich selbst

Der Reichsanwalt
beim Volksgerichtshof.

Berlin, den 27. Juli 1936.

5 J 186 / 35 g .

J

Haft! Ausländer zu Ziff.1 !

Geheim!
L.V.=Sache

Anklageschrift.

Bd. I Bl. 12.

1. Den Schauspieler Willi Zizold de Valdez aus Kassel, Schöne Aussicht 12 , geboren am 10. Oktober 1884 in Eisleben, verheiratet, peruanischen Staatsangehörigen ,

Strafregisterauszug
in Hülle Bd. I Bl.1a.
Bd. III Bl. 167 ;
Bd. II Bl. 197, 199, 203.

nicht bestraft ,
in dieser Sache vom 8. Dezember 1934 bis zum 15. September 1935 in Schutzhaft gewesen und seit diesem Tage im Gerichtsgefängnis in Kassel in Untersuchungshaft ,

Bd. I Bl. 79.

2. die Schauspielerin und Vorsagerin geschiedene Ehefrau Dolores Lange , genannt Winter, geborene Zizold de Valdez , aus Kassel , Schöne Aussicht 12, geboren am 15. Februar 1897 in Köln a./Rh., deutsche Reichsangehörige ,

vgl.Strafregisterauszug in Hülle Bd.I Bl. 1a .
Bd. III Bl. 167,
Bd. II Bl. 192, 194, 195.

nicht bestraft,
in dieser Sache vom 15. Dezember 1934 bis zum 13. September 1935 in Schutzhaft gewesen und seit diesem Tage im Gerichtsgefängnis in Kassel in Untersuchungshaft,

Bd. III Bl. 82,128.

- genehmigter Wahlverteidiger für beide Angeschuldigte : Rechtsanwalt Dr. Kurt Heermann in Kassel , Humboldtstraße 33 -

klage ich an ,
I. den Angeschuldigten Zizold de Valdez :

vom Juni bis zum August 1934 im In- und Auslande , nämlich in Kassel, Saarbrücken und Forbach, durch

[FORM/SCHILLER: Widerstand und Verfolgung in Hessen, Fiche 9]

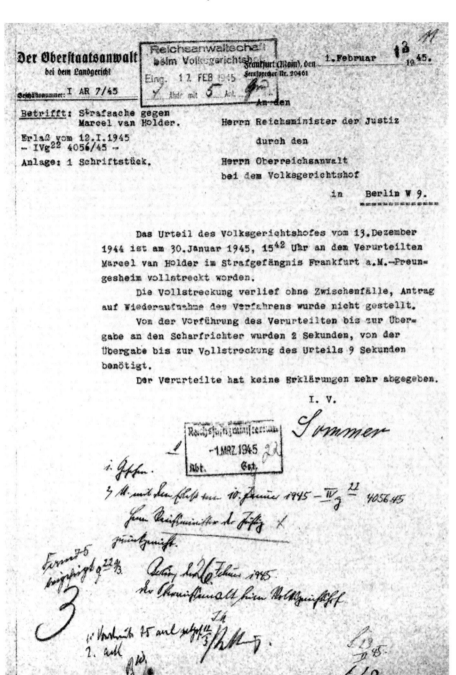

[Tafel 13]

Der Schutz der »Inneren Front« – Wehrkraftzersetzer –

Nach dem Ersten Weltkrieg entstand in konservativ-nationalen Kreisen der Mythos, nicht die Wehrmacht habe den Krieg verloren, sondern der Durchhaltewille an der »Heimatfront« habe gefehlt. Es wurde behauptet, dass so dem kämpfenden Heer in den Rücken gefallen worden sei. Dahinter verbarg sich die weitläufig akzeptierte Überzeugung, dass der Erste Weltkrieg u. a. durch negative Mundpropaganda im Inneren verloren worden sei.
Die so genannte »Dolch-Stoß-Legende« war geboren.
Den Kampf wieder an der Heimatfront zu verlieren, sollte in den Augen des NS-Regimes im Zweiten Weltkrieg mit allen Mitteln, auch mit der Strafjustiz, verhindert werden. Dazu wurde ein eigenes Kriegsstrafrecht ausgearbeitet. Eine der wichtigsten Regelungen war die Kriegssonderstrafrechtsverordnung – KSSVO.
Sie wurde bereits am 17. August 1938 verabschiedet und wenige Tage vor dem Angriff auf Polen (26. August 1939) in Kraft gesetzt.

Den NS-Juristen, wie zum Beispiel dem in Marburg lehrenden Prof. Erich Schwinge, ging es nicht ausschließlich um eine Brutalisierung der Strafandrohung. Kriegsstrafrecht hatte einen präventiven Charakter. Schon im Vorfeld sollten *die Hintermänner gefasst und jede wehrfeindliche Agitation [...] im Keime erstickt werden. Die in dieser Hinsicht bestehenden Lücken zur Ausfüllung zu bringen, ist die besondere Aufgabe des § 5 KSSVO.* (Schwinge, Militärstrafgesetzbuch nebst Kriegssonderstrafrechtsverordnung, Berlin 1944, S.426).

Zunächst war für die Ahndung ausschließlich das Reichskriegsgericht zuständig. Die ersten Urteile wegen Wehrkraftzersetzung wurden bereits Ende 1939 gefällt.
Voraussetzung für die Strafverfolgung war die öffentliche Begehung der Straftat. In der Praxis verfestigte sich zunehmend eine Vorstellung von Öffentlichkeit, die kaum eine Äußerung als privat zuließ. Das Reichskriegsgericht entschied am 2. April 1940: *Wohl mögen Äußerungen straffrei gelassen werden können, welche im engsten Kreise fallen, aber nur dann, wenn gleichzeitig die Gewähr besteht, dass die Äußerungen über den betreffenden Kreis nicht hinaus dringen. Ist eine solche Gewähr nicht vorhanden und rechnet der Täter damit, dass seine Bemerkungen weitergegeben werden, so ist die Sachlage nicht anders, als wenn er von vornherein außerhalb eines geschlossenen Kreises und damit öffentlich auch im Sinne der bisherigen Auffassung gehandelt hat.*
Ab Mai 1940 konnten auch die Sondergerichte öffentliche Wehrkraftzersetzung aburteilen. Für Hessen sind nur wenige Fälle bislang bekannt. Die Anklagebehörden entschieden sich eher für eine Anklage wegen Verstoßes gegen das Heimtückegesetz.
Dies änderte sich im Januar 1943. Von nun an waren der Volksgerichtshof und die Oberlandesgerichte für die strafrechtliche Verfolgung von öffentlicher Wehrkraftzersetzung zuständig.
Der Volksgerichtshof führte 47 einschlägige Prozesse – mit Bezug zur preußischen Provinz Hessen-Nassau und dem Volksstaat Hessen – gegen 87 Frauen und Männer. 33 von ihnen wurden mit dem Tode bestraft.

Verordnung zur Ergänzung und Änderung der Zuständigkeitsverordnung.
Vom 29. Januar 1943.

Auf Grund gesetzlicher Ermächtigung wird mit Zustimmung des Beauftragten für den Vierjahresplan und des Oberkommandos der Wehrmacht folgendes verordnet:

Artikel 1

Die Zuständigkeit des Volksgerichtshofs wird dahin erweitert, daß in § 5 Abs. 1 der Verordnung vom 21. Februar 1940 (Reichsgesetzbl. I S. 405) folgende Nummern 8 und 9 eingefügt werden:
»8. öffentliche Zersetzung der Wehrkraft (§ 5 Abs. 1 Nr. 1, Abs. 2 der Kriegssonderstrafrechtsverordnung vom 17. August 1938, Reichsgesetzbl. 1939 I S. 1455),
9. vorsätzliche Wehrdienstentziehung (§ 5 Abs. 1 Nr. 3, Abs. 2 der Kriegssonderstrafrechtsverordnung vom 17. August 1938, Reichsgesetzbl. 1939 I S. 1455), wenn der Oberreichsanwalt beim Volksgerichtshof die Aburteilung durch dieses Gericht für geboten hält.«

Artikel 2

§ 5 Abs. 2 der Verordnung vom 21. Februar 1940 (Reichsgesetzbl. I S. 405) erhält folgende Fassung:
»(2) Bei Taten, die nach den §§ 82, 83, 90b bis 90f, 91b, 92 des Reichsstrafgesetzbuchs oder nach § 5 Abs. 1 Nr. 1, Abs. 2 der Kriegssonderstrafrechtsverordnung vom 17. August 1938 strafbar sind, kann der Oberreichsanwalt beim Volksgerichtshof die Strafverfolgung an den Generalstaatsanwalt abgeben.«

Artikel 3

§ 26 Abs. 2 der Verordnung vom 21. Februar 1940 (Reichsgesetzbl. I S. 405) erhält folgende Fassung:
»(2) Die Wiederaufnahme des Verfahrens zu Gunsten des Verurteilten findet auch dann statt, wenn besondere Umstände vorliegen, die eine nochmalige Verhandlung vor dem Sondergericht erforderlich erscheinen lassen.«

Berlin, den 29. Januar 1943.

Der Generalbevollmächtigte für die Reichsverwaltung
Frick

[RGBl. I, S. 76]

Es lassen sich zwei große Gruppen feststellen:
1.) Personen mit einem weltanschaulichen Anklagehintergrund (62 Angeklagte) und
2.) Personen, die in der Regel aufgrund unbedachter Äußerungen in die Mühlen der politischen Justiz gerieten – 20 Männer und 5 Frauen. Der Anteil der Todesurteile war hier besonders hoch: von den 25 Angeklagten wurden 11 zum Tode verurteilt.

Bei der ersten Gruppe handelte es sich regelmäßig um Hochverratsprozesse, wie sie seit Beginn des NS-Regimes geführt wurden und bei denen verbotene politische Schriften, Weiterverbreitung von ausländischen Rundfunksendungen oder andere politische Äußerungen eine Rolle spielten. Öffentliche Wehrkraftzersetzung wurde zusätzlich angeklagt, vor allem um die Strafen zu verschärfen.

Die zweite Gruppe umfasste die gesamte Bevölkerung, die ungeachtet ihrer politischen Einstellungen vor Gericht kam, weil sie in den Augen der NS-Strafverfolgungsbehörden die »Innere Front« gefährdete. Sehr häufig spielte auch hier das Hören und Verbreiten von ausländischen Radiomeldungen eine Rolle.

Die KSSVO stellte neben der Spionage, der Freischärlerei, der Verleitung zur unerlaubten Entfernung von der Truppe sowie der Fahnenflucht, Handlungen unter Strafe, die dazu geeignet waren, die »Wehrkraft des Deutschen Volkes« zu zersetzen (§ 5 Abs. 1 Nr. 1-3 KSSVO).
Es wurden bestehende Regelungen verschärft und die Todesstrafe zur Regel gemacht.
Die KSSVO betraf die gesamte Bevölkerung, Soldaten wie auch Zivilisten.

> **Betr.:** Strafsache gegen den Schulrat Adam B o r n aus Darmstadt, wegen Vergehens gegen das Heimtückgesetz.
>
> Auftrag vom 31. März 1943 - IV g 13 3070/42 -.
>
> Sachbearbeiter: Landgerichtsrat Frey.
> Fernsprecher: 7711; Nebenstelle: 573.
> Anlagen: -
>
> Nach Erlass der Verordnung zur Ergänzung und Änderung der Zuständigkeits-Verordnung vom 29.Januar 1943, hat das Sondergericht den auf 9.März 1943 anberaumten Termin abgesetzt und mir die Akten zurückgegeben, da ein Verbrechen nach § 5 Abs. 1 Ziffer 1 der Kriegs-Sonder-Strafrechts-VO in Betracht kommt. Ich habe daraufhin die Vorgänge mit Bericht vom 23.Februar 1943 dem Herrn Oberreichsanwalt bei dem Volksgerichtshof in Berlin zur Entschliessung bezgl. der Übernahme des Verfahrens vorgelegt. Der Herr Oberreichsanwalt hat die Strafverfolgung an den Herrn Generalstaatsanwalt Kassel bei dem Oberlandesgericht Kassel abgegeben, bei welchem das Strafverfahren nach der heute hier eingegangenen Mitteilung unter dem Aktenzeichen O.Js. 44/43 anhängig ist.

[Bundesarchiv Berlin Best. R 3001 Nr. IVg1 5163/43]

Der größte Teil der wegen öffentlicher Wehrkraftzersetzung Angeklagten kamen vor die Oberlandesgerichte. Für den Kasseler Senat sind 174 Prozesse gegen 222 Personen überliefert. Todesurteile waren die Ausnahme (6). Überwiegend wurden Zuchthausstrafen zwischen 1 und 10 Jahren verhängt.

- 2 -

Die Angeklagten Johannzen und Schlosser sind der Wehrkraftzersetzung -zugleich der Vorbereitung eines hochverräterischen Unternehmens, des Abhörens feindlicher Sender und des Verbreitens ihrer Nachrichten-,

der Angeklagte Widemeyer der Wehrkraftzersetzung in Tateinheit mit Vorbereitung eines hochverräterischen Unternehmens,

und der Angeklagte Reinhardt der Beihilfe zur Vorbereitung eines hochverräterischen Unternehmens schuldig.

Es werden verurteilt:

Johannzen zu 10 Jahren Zuchthaus und 10 Jahren Ehrverlust,

Widemeyer zu 4 Jahren Zuchthaus und 5 Jahren Ehrverlust,

Schlosser zu 3 Jahren Zuchthaus und 5 Jahren Ehrverlust,

Reinhardt zu 2 Jahren Gefängnis.

Die Untersuchungshaft wird den Angeklagten Johannzen, Widemeyer und Schlosser voll, dem Angeklagten Reinhardt in Höhe von 4 Monaten angerechnet.

Das bei dem Angeklagten Schlosser beschlagnahmte Rundfunkgerät wird eingezogen.

Die Kosten des Verfahrens tragen die Angeklagten.

[Bundesarchiv Berlin Best. R 3001 Nr. IVg1 5163/43]

Abschrift.
2 L 208 / 43
3 J 255 / 44.

Im Namen
des Deutschen Volkes
In der Strafsache gegen
die berufslose Ehefrau Elisabeth G r o ß geborene Geiberger aus
Worms, dort geboren am 24. Juli 1899,
zur Zeit in dieser Sache in gerichtlicher Untersuchungshaft

wegen Landesverrats

hat der Volksgerichtshof, 2. Senat, auf Grund der Hauptverhandlung
vom 21. Juli 1944, an welcher teilgenommen haben
als Richter :
Vizepräsident des Volksgerichtshofs, Dr.Crohne, Vorsitzer,
Landgerichtsrat Noetzold,
Generalarbeitsführer von Wenkstern ,
Generalarbeitsführer von Mangold,
Polizeipräsident von Dolega Kozierowski,
als Vertreter des Oberreichsanwalts :
Landgerichtsdirektor Dr. Renz,
für Recht erkannt :

Die Angeklagte hat im Juli 1943 einen auf Urlaub
befindlichen Unteroffizier der Wehrmacht zur Fahnenflucht zu
verleiten gesucht, außerdem sich für die Ermordung des Führers
eingesetzt.

Sie leidet zwar unter seelischen Depressionen, zur Tatzeit aber nicht so stark, daß dadurch ihre Zurechnungsfähigkeit
maßgeblich beeinflußt wurde.

Sie wird daher wegen Wehrkraftzersetzung und Feindbegünstigung
zum T o d e
verurteilt und ist für immer ehrlos.

Die Kosten des Verfahrens trägt die Angeklagte.

———————

Die

[FORM/SCHILLER: Widerstand und Verfolgung in Hessen, Fiche .10 und .14]

- 6 -

Wenn die Angeklagten sich trotzdem noch im Kriege in der angegebenen Weise für die IBV. betätigten, so haben sie sich selbst der Wehrkraftzersetzung schuldig gemacht (§ 5 Abs.1 Ziff. 1 KSSVO.).

Auf Wehrkraftzersetzung steht grundsätzlich die Todesstrafe, auf die der Senat auch gegen die Angeklagte Duchmann erkannt hat. Ihre Tätigkeit für die IBV. ist umfangreich. Sie hat in Mainz eine funktionärmässige Stellung gehabt und von dort aus zahlreiche Gesinnungsgenossen lange Jahre hindurch mit Schriften beliefert. Sie kannte nach der Überzeugung des Senats die Tragweite ihrer Tat in vollen Ausmaße. Ein minder schwerer Fall (§ 5 Abs.2), der eine mildere Strafe rechtfertigen könnte, liegt daher bei ihr nicht vor. Anders verhält es sich bei den Angeklagten Scherhag, Glasner und Wilhelm. Sie sind zwar vor dem Kriege schon wegen illegaler Betätigung für die IBV. verurteilt worden. Es handelt sich bei ihnen aber um Mitläuferinnen, die eine ganz erheblich geringere Tätigkeit ausgeübt haben. Der Senat hat ihnen geglaubt, daß sie nur aus religiösen Gründen Bibelforscher waren und sich die reichsfeindlichen Grundsätze der IBV. nicht zu eigen gemacht, sondern lediglich als einen Teil der IBV.-Irrlehre in Kauf genommen haben. Wenn sie ihren flüchtigen Gesinnungsfreunden halfen, so taten sie das, weil sie sich als Glaubensschwestern hierzu verpflichtet glaubten. Der Senat hat unter diesen Umständen festgestellt, daß bei den Angeklagten Scherhag, Glasner und Wilhelm noch ein minder schwerer Fall der Wehrkraftzersetzung gegeben ist, und hat sie - hinsichtlich der Glasner und Wilhelm in Übereinstimmung mit dem Antrag des Vertreters des Oberreichsanwalts - zu sieben Jahren Zuchthaus verurteilt. Diese Strafen waren in Ansehung der Person und der Tat der Angeklagten zum Schutze des Reichs ausreichend und entsprachen auch der Schuld der Angeklagten.

Da die Angeklagten ihre Treupflicht gegenüber Führer und Volk in ehrloser Weise verletzt haben, hat der Senat ihnen auch die Ehrenrechte aberkannt (§ 32 StGB.), und zwar der zum Tode verurteilten Duchmann für immer und den Angeklagten Scherhag, Glasner und Wilhelm für eine ihrer

Straf-

[Tafel 14]

»Einzeltäter«, Gesprächskreise und die Verfolgung bürgerlich-ziviler Gruppen

In den ersten fünf Jahren der NS-Herrschaft in Deutschland standen fast ausnahmslos politische Gegner des NS-Regimes vor dem Volksgerichtshof und den Oberlandesgerichten Darmstadt und Kassel. Es wurde vor allem Vorbereitung zum Hochverrat angeklagt.

Während des Kriegs mehrten sich die Verfahren gegen Einzelpersonen oder Gruppen, denen kein dezidiert politischer Verfolgungshintergrund nachzuweisen war. Darunter fielen zum Beispiel die Zeugen Jehovas. Andere Verfahren hatten Verstöße gegen so genannte wehrwirtschaftliche Belange des NS-Regimes zum Inhalt.

Nur wenige Verfahren sind für das Oberlandesgericht Kassel nachgewiesen, in denen es um den Verrat militärischer Geheimnisse ging. Zum Beispiel der Fall Gerhard Pullwitz. Er wohnte im Herbst 1933 als Arbeitsuchender und ohne festen Wohnsitz freiwillig im Arbeitsdienstlager Langenselbold. Am 7. November 1933 wurde Pullwitz festgenommen, weil er mit einem französischen Geheimdienstmitarbeiter in Kontakt stand. Er soll versucht haben, Pläne und Stärkemeldungen von Arbeitsdienstlagern in Erfahrung zu bringen und gegen Geld ins Ausland zu schaffen. Das Oberlandesgericht Kassel verurteilte Pullwitz am 3. August 1934 wegen versuchten Verrats militärischer Geheimnisse zu einer Zuchthausstrafe von drei Jahren. Er verbüßte die Strafe im Zuchthaus Kassel-Wehlheiden bis zum 7. November 1936.

Aus dem Jahre 1934 ist ein Verfahren dokumentiert, das anschaulich den Einsatz von Richtern für das NS-Regime verdeutlicht. Karl August Kremer aus Wiesbaden wurde am 10. Januar 1934 wegen »deutschfeindlicher Betätigung während des Saarabstimmungskampfes« festgenommen und am 24. Januar 1934 in das Gerichtsgefängnis Wiesbaden eingeliefert. Kremer hatte im Dezember 1933 ein Schreiben an die Regierung des Saargebietes gerichtet, in dem er vor einem Anschluss des Saarlands an das Deutsche Reich warnte. Er erklärte darin, er habe am eigenen Leib erfahren müssen, wie *die Hitler-Regierung mit den einzelnen Existenzen umgeht*. Angeklagt wurde er wegen gewaltsamer Einverleibung des Staatsgebietes oder eines seiner Teile in einen anderen Staat – so genannter »Äußerer Gebietshochverrat«.

> Der Angeklagte hat in Saarbrücken einen gewissen Lehmann kennengelernt, der sich bei ihm nach verschiedenen deutschen Industriewerken und deren Fabrikation für evtl. militärische Zwecke erkundigte. Der Angeklagte war sich auch, wie seine Einlassung beweist, über den Zweck dieser und der weiter an ihn gerichteten Fragen im Klaren, daß nämlich Lehmann militärische Dinge erfahren wollte, deren Geheimhaltung im Interesse der Landesverteidigung erforderlich ist, ebenso darüber, daß der angebliche Lehmann für eine fremde Macht tätig war. Lehmann hat dem Angeklagten auch nahegelegt, zur Beschaffung von Material für den französischen Nachrichtendienst nach Möglichkeit eine Stelle in einem der dem Angeklagten bekannten Truppenübungslager anzunehmen. Der Angeklagte erhielt von Lehmann mindestens zwanzig Reichsmark für Reisegeld und Verpflegung, auch die Adresse des Lehmann in Diedenhofen. Es mag sein, daß sich der Angeklagte zunächst in Saarbrücken gegen die Vorschläge des Lehmann ablehnend verhalten hat. Jedenfalls hat er nach seiner Rückkehr nach Deutschland die Verbindung mit Lehmann wieder aufgenommen. Er hat einen Brief des Lehmann erhalten, diesen beantwortet, während ein weiterer Brief des Lehmann beschlagnahmt wurde. Der Angeklagte hat also den Auftrag des Lehmann angenommen, sich mit ihm zur Beschaffung von Nachrichten aus Deutschland in Verbindung zu setzen, die im Interesse der Landesverteidigung geheimzuhalten sind.

Auszug aus dem Urteil gegen Pullwitz

[FORM/SCHILLER: Widerstand und Verfolgung in Hessen, Fiche 45]

> 6 H 298/44
> 11 J 586/43
>
> Im Namen
> des Deutschen Völkes
>
> In der Strafsache gegen
> die Betriebsleiterin Hedwig Hasenfuß aus Frankfurt
> a.Main, Hanauer Landstraße 475, geboren am 17.Juli 1894
> in Osterburg (Altmark),
> hat der 6. Senat des Volksgerichtshof
> in der Sitzung vom 1. Februar 1945,
> an welcher teilgenommen haben
>   als Richter:
>   Volksgerichtsrat Dr. Koehler   als Vorsitzer,
>   Landgerichtsdirektor Dr. Lorenz,
>   SS-Brigadeführer Bauszus,
>   SA-Brigadeführer Hauer,
>   Generalleutnant Cabanis,
>   als Vertreter des Oberreichsanwalts:
>   Erster Staatsanwalt Jaager,
> für Recht erkannt:
>
> Hedwig Hasenfuß hat von 1940 bis April 1942 Eisen und
> sonstige Werkstoffe, die ihrem Betriebe für Fertigungszwecke
> zugewiesen waren, für Erweiterungsbauten verwandt. Außer-
> dem hat sie bis 1943 wiederholt über den Bestand und den
> Bedarf an Metallen und Werkzeugen falsche Meldungen abge-
> geben oder abgeben lassen.
>
> Sie wird deswegen zu drei Jahren Gefängnis verurteilt.
> Die erlittene Untersuchungshaft wird ihr voll ange-
> rechnet.
>
> Sie trägt auch die Kosten des Verfahrens.

[FORM/SCHILLER: Widerstand und Verfolgung in Hessen, Fiche 12]

Die Richter sahen dies als nicht erwiesen an, bewerteten aber das Schreiben Kremers *als gröbliche Entstellung, die »das Ansehen der Reichsregierung schwer schädigen würde«*. Am 27. April 1934 verurteilte ihn das Oberlandesgericht Kassel zu zwei Jahren Gefängnis.

Ein für Hessen prominentes Beispiel der nicht unmittelbar politisch motivierten Verfolgung ist der Prozess gegen das so genannte »Giessener Freitagskränzchen«. Seit Frühjahr 1941 hörten Renate Roese, Alfred Kaufmann, Heinrich Will,

> "An die hohe Saar-Regierung !
> Wenn das Saarland nicht zum Reich zurück soll, dann bedarf es eines Propaganda-Chefs (à la Goebbels), und zwar eines Mannes, der am eigenen Leib erfahren hat, wie die Hitler-Regierung mit den einzelnen Existenzen umgeht.
> Ich hatte mich in meiner Not an Hitler gewandt, bin aber mit Drucksachen abgefertigt worden.
> Noch ist es Zeit ! Stehe sofort zwecks Rücksprache zu Ihrer Verfügung und sehe Ihrem Bescheid, falls Interesse vorhanden, gern entgegen. "

Brief von Karl August Kremer an die Saar-Regierung vom Dezember 1933

[FORM/SCHILLER: Widerstand und Verfolgung in Hessen, Fiche 50]

Elisabeth Will, Emilie Wilhelmine Maria Schmidt, Stefanie Hawryskow und Hildegard Anna Mathilde Falckenberg ausländische Rundfunkberichte.

Alle wurden verhaftet und vom Volksgerichtshof wegen Vorbereitung zum Hochverrat und Verstoß gegen die Rundfunkverordnung angeklagt. Alfred Kaufmann und Heinrich Will sind zum Tode verurteilt worden.

Die Petition Alfred Kaufmanns hatte Erfolg, er wurde zu acht Jahren Zuchthaus begnadigt.

Der Kunstmaler Heinrich Will hingegen wurde trotz einer Unterschriftensammlung in seiner Heimatgemeinde und zahlreicher Bittschriften nach Ablehnung seines Gnadengesuchs am 2. Februar 1942 (Reichsjustizminister Thierack) im Strafgefängnis Frankfurt-Preungesheim am 19. Februar 1943 hingerichtet.

Seine Frau Elisabeth Will war Jüdin. Bereits 1941 war sie im Visier der Justiz. Das Amtsgericht Gießen verurteilte Elisabeth Will im August 1941 zu 100 RM, weil sie den Zwangsvornamen »Sara« nicht geführt hatte. Nachdem der Volksgerichtshof sie zu sechs Jahren Zuchthaus verurteilt hatte, kam sie zunächst ins Frauenzuchthaus Ziegenhain und wurde am 7. Dezember 1942 ins Konzentrationslager Auschwitz deportiert, wo sie ums Leben kam.

Heinrich Will und seine Frau Elisabeth Will
[Privatbesitz Gaby Rehnelt, Berlin]

Schließlich müssen in der Gruppe der sonstigen Verfolgten auch alle diejenigen genannt werden, die aus zumeist sehr persönlichen Gründen oder aus Verzweiflung über den Kriegsverlauf gegen das NS-Regime opponierten. Wie zum Beispiel der Widerstand aus den Reihen des Militärs oder aus dem Kreisauer Kreis, in dem Persönlichkeiten aus dem Bürgertum, dem Adel, der Arbeiterbewegung, dem Katholizismus und dem Protestantismus zusammen arbeiteten.

> Heinrich Will hat sich, wie ihm der Senat glaubt, bis zum Jahre 1930 für den Nationalsozialismus eingesetzt. Da ihm dies geglaubt wird, war es entbehrlich, hierüber die von dem Verteidiger in der Hauptverhandlung beantragten Zeugen zu vernehmen. Er ist aber seit seiner Ehe, wie er angegeben hat, "allmählich abgeglitten". Dazu kommt, daß er zufolge der Ehe mit einer Jüdin materielle Nachteile auf sich nehmen, aus der Kulturkammer ausscheiden mußte, in seiner künstlerischen Tätigkeit behindert war und daß ihn dies innerlich schwer betroffen haben mag, zumal die beiden Eheleute anscheinend im besten Einvernehmen leben. Auch er stand schließlich im Lager der Gegner des Nationalsozialismus, und es ist klar, daß er und Kaufmann, mag sich auch in der Hauptverhandlung jeder auf den anderen herausgeredet haben, sich durch ihre Gegnerschaft gegen den Nationalsozialismus verbunden gefühlt haben.

[FORM/SCHILLER: Widerstand und Verfolgung in Hessen, Fiche 9]

Auszug Urteil gegen Heinrich Will

Sondergerichtsbarkeit [Tafel 15]

Sondergerichte

Die Regierung Hitler-Papen war erst wenige Wochen im Amt, als für ganz Deutschland ein bereits bekanntes Mittel »politischer Krisenbewältigung« etabliert wurde: Die Sondergerichtsbarkeit (21. März 1933).

Im Gegensatz zu ihren Vorläufern in der Weimarer Republik waren die Sondergerichte im »Dritten Reich« eine Dauereinrichtung.

Regelmäßig wurden sie am Landgericht eines Oberlandesgerichtsstandorts eröffnet und waren für den gesamten Oberlandesgerichtsbezirk zuständig.

In Hessen gab es demzufolge bei den Landgerichten Darmstadt, Frankfurt/M. und Kassel ein Sondergericht.

In Frankfurt fand die erste Hauptverhandlung bereits am 1. April und in Darmstadt am 4. April 1933 statt.

Im Urteil des Nürnberger Juristenprozesses (17. Februar bis 4. Dezember 1947) wurde ausführlich auf die Sondergerichte eingegangen:

[...] wurden Sondergerichte im Bezirk eines jeden Oberlandesgerichts errichtet. [...] Sie schlossen die Verhandlung von Fällen ein, die sich gemäß der Verordnung zur Abwehr heimtückischer Angriffe gegen die Regierung der nationalen Erhebung ergaben. Die Verordnung [...] bestimmte folgendes:

[...] § 13 Das Sondergericht kann eine Beweiserhebung ablehnen, wenn es die Überzeugung gewonnen hat, dass die Beweiserhebung für die Aufklärung der Sache nicht erforderlich ist. [...] § 16 (1) Gegen Entscheidungen der Sondergerichte ist kein Rechtsmittel zulässig. (...) Am 1. September 1939 wurde den Sondergerichten für Sachen, die unter die Verordnung über außerordentliche Rundfunkmaßnahmen fielen, die Zuständigkeit verliehen und in bestimmten Fällen die Todesstrafe als zulässig erklärt. Am 5. September 1939 wurde die Zuständigkeit des Sondergerichts auf Fälle von Plünderung ausgedehnt und die Todesstrafe als zulässig erklärt. Ihre Zuständigkeit wurde auch auf strafbare Handlungen ausgedehnt, die unter Ausnutzung kriegsbedingter Zustände begangen wurden. [...] In allen Verfahren vor den Sondergerichten muss die Aburteilung sofort ohne Einhaltung von Fristen erfolgen, wenn der Täter auf frischer Tat betroffen ist [...].

Am 21. Februar 1940 wurde den Sondergerichten ausdrücklich die Zuständigkeit verliehen für: 1. Verbrechen und Vergehen nach dem Gesetz gegen heimtückische Angriffe auf Staat und Partei und zum Schutz der Parteiuniformen vom 20. Dezember 1934 [...] 5. Verbrechen nach § 1 der Verordnung gegen Volksschädlinge vom

---

Dr. Ludwig Scriba, der Präsident des Oberlandesgerichts Darmstadt, in einem Bericht an den Reichsjustizminister:
Bei der Aburteilung der als Volksschädigungstaten sich darstellenden Diebstähle hat das hiesige Sondergericht in zwei Fällen auf Todesstrafe erkannt, und zwar am 10.9.1940 gegen die 39 Jahre alte K. B. aus Mainz und am 11.10. 1940 gegen den 35 Jahre alten G. Ch. aus Offenbach am M. Die verurteilte B., eine in schlechtem Ruf stehende und in jungen Jahren mehrmals wegen Diebstahls bestrafte Frau, hat in der Zeit von November 1939 bis Juni 1940 fortgesetzt die Verdunkelung zur Begehung von Diebstählen ausgenutzt, u. a. im März 1940 einer Rückwandererfamilie mittels Nachschlüssels aus einer Mansarde einen Korb mit Wäsche und Federbetten gestohlen.

Geschäftsnummer:

(4) 1 SLs.14/44

Im Namen des Deutschen Volkes!

In der Strafsache gegen den Hilfsarbeiter Christian Wilhelm E i d , geboren am 29. April 1922 in Mainz-Kastel, ledig, bestraft,
z.Zt. in anderer Sache in Strafhaft in der Haftanstalt Darmstadt,

wegen Verbrechens gegen §§ 2 und 4 der Volksschädlings=
verordnung
hat das Sondergericht Darmstadt in der Sitzung vom 19. April 1944 in Mainz, an der teilgenommen haben:

    Oberlandesgerichtsrat Dr. Wellmann
        als Vorsitzender,
    Oberlandesgerichtsrat Dr. Trieb,
    Landgerichtsrat Dr. Lamb
        als beisitzende Richter,
    Staatsanwalt Mayer
        als Beamter der Staatsanwaltschaft,
    Justizobersekretär Lotz
        als Urkundsbeamter der
        Geschäftsstelle,

für Recht erkannt:

    Der Angeklagte hat unter Ausnutzung der Verdunkelung und sonstiger Kriegsverhältnisse zwei schwere Diebstähle begangen und sich ausserdem zwei schwere Diebstähle und einen einfachen Diebstahl zuschulden kommen lassen.
Er wird als Volksschädling und als gefährlicher Gewohnheits=
verbrecher

        zum T o d e

und zu dauerndem Ehrverlust verurteilt.
    Der Angeklagte trägt die Kosten des Verfahrens.

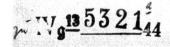

[Bundesarchiv Best. R 3001 Nr. IVg13 5321/44]

Verordnung der Reichsregierung über die Bildung von Sondergerichten. Vom 21. März 1933.

Auf Grund von Kapitel II des Sechsten Teils der Dritten Verordnung des Reichspräsidenten zur Sicherung von Wirtschaft und Finanzen und zur Bekämpfung politischer Ausschreitungen vom 6. Oktober 1931 (Reichsgesetzbl. I S. 537, 565) wird folgendes verordnet:

§ 1

(1) Für den Bezirk jedes Oberlandesgerichts wird ein Sondergericht gebildet.

(2) Die Sondergerichte sind Gerichte des Landes.

(3) Die Landesjustizverwaltung bestimmt den Sitz der Sondergerichte.

§ 2

Die Sondergerichte sind zuständig für die in der Verordnung des Reichspräsidenten zum Schutz von Volk und Staat vom 28. Februar 1933 (Reichsgesetzbl. I S. 83) und der Verordnung zur Abwehr heimtückischer Angriffe gegen die Regierung der nationalen Erhebung vom 21. März 1933 (Reichsgesetzbl. I S. 135) bezeichneten Verbrechen und Vergehen, soweit nicht die Zuständigkeit des Reichsgerichts oder der Oberlandesgerichte begründet ist.

§ 3

(1) Die Sondergerichte sind auch dann zuständig, wenn ein zu ihrer Zuständigkeit gehörendes Verbrechen oder Vergehen zugleich den Tatbestand einer anderen strafbaren Handlung erfüllt.

(2) Steht mit einem Verbrechen oder Vergehen, das zur Zuständigkeit der Sondergerichte gehört, eine andere strafbare Handlung in tatsächlichem Zusammenhang, so kann das Verfahren wegen der anderen strafbaren Handlung gegen Täter und Teilnehmer im Wege der Verbindung bei dem Sondergericht anhängig gemacht werden.

(3) Die Erstreckung der Zuständigkeit nach Abs. 1, 2 gilt nicht für Handlungen, die zur Zuständigkeit des Reichsgerichts oder der Oberlandesgerichte gehören.

§ 4

(1) Die Sondergerichte entscheiden in der Besetzung mit einem Vorsitzenden und zwei Beisitzern. Für jedes Mitglied ist für den Fall seiner Behinderung ein Vertreter zu bestellen.

(2) Die Mitglieder und ihre Vertreter müssen ständig angestellte Richter des Bezirks sein, für den das Sondergericht berufen ist.

(3) Die Berufung der Mitglieder und die Geschäftsverteilung erfolgt durch das Präsidium des Landgerichts, in dessen Bezirk das Sondergericht seinen Sitz hat.

§ 5

Die Vertreter der Anklagebehörde werden von der Landesjustizverwaltung aus der Zahl der zum Richteramt befähigten Beamten der Staatsanwaltschaft berufen.

§ 6

Auf das Verfahren finden, soweit nicht etwas anderes bestimmt ist, die Vorschriften der Strafprozeßordnung und des Gerichtsverfassungsgesetzes entsprechende Anwendung.

§ 7

Ein Gerichtsstand ist auch bei dem Sondergericht begründet, in dessen Bezirk der Beschuldigte ergriffen wird oder sich in Haft befindet. Die einmal begründete Zuständigkeit wird durch die Freilassung des Beschuldigten nicht berührt.

§ 8

Über die Ablehnung eines Richters entscheidet das Sondergericht, dem der Abgelehnte angehört; für die Entscheidung tritt an die Stelle des abgelehnten Richters sein Vertreter. Eine Ablehnung des Vertreters ist unzulässig.

§ 9

(1) Eine mündliche Verhandlung über den Haftbefehl findet nicht statt.

(2) Die auf die Untersuchungshaft bezüglichen Entscheidungen werden von dem Vorsitzenden des Sondergerichts erlassen. Für die nach §§ 125, 128 der Strafprozeßordnung dem Amtsrichter zustehenden Entscheidungen ist unbeschadet der Zuständigkeit des Amtsrichters auch der Vorsitzende des Sondergerichts zuständig. Über Beschwerden gegen die Entscheidungen des Vorsitzenden und des Amtsrichters entscheidet das Sondergericht.

(3) Der Vorsitzende des Sondergerichts kann mit seiner Vertretung bei der Vernehmung des Beschuldigten oder der Entscheidung über den Erlaß des Haftbefehls einen Beisitzer beauftragen. Das gleiche gilt für die nach §§ 116, 148 der Strafprozeßordnung zu treffenden Entscheidungen.

§ 10

Dem Angeschuldigten, der noch keinen Verteidiger gewählt hat, ist ein Verteidiger von Amts wegen bei der Anordnung der Hauptverhandlung zu bestellen.

Sondergerichtsverordnung vom März 1933

V.

Was die Konsequenzen anlangt, die aus der Gewohnheitsverbrechereigenschaft des Angeklagten zu ziehen sind, so gehen sie zunächst dahin, daß ein besonders schwerer Fall des Verbrechens nach § 2 der Volksschädlingsverordnung vorliegt. Ein derartiger Fall ist gegeben, wenn sich der Hergang deutlich zum Nachteil des Täters vom gewöhnlichen Bild der Straftat abhebt, wobei die Unterscheidungsmerkmale sowohl in der Persönlichkeit des Täters als auch in der Tat selbst und ihrer Begehung gefunden werden können. Gehört nun die Beraubung von Luftschutzgepäck ohnehin schon zu den schwereren Begehungsformen des Verbrechens nach § 2 aaO., so steigert sich, falls die Tat von einem gefährlichen Gewohnheitsverbrecher vom Schlage des Angeklagten verübt wird, ihre Verwerflichkeit so weit, daß die schwerste Strafe am Platze ist.

Im übrigen ist aber auch nach § 1 des Gesetzes vom 4. 9. 1941 auf die Todesstrafe zu erkennen. Wenn ein gefährlicher Gewohnheitsverbrecher im Kriege nicht an dem Platze bleibt, auf den er wegen seiner ständigen Verfehlungen gestellt worden ist, sondern den Bann der Sicherungsverwahrung bricht und von neuem straffällig wird, so hat er, selbst wenn die neuen Verfehlungen für sich allein betrachtet nicht besonders schwer wiegen sollten, unter dem Gesichtspunkt der gerechten Sühne und erst recht im Interesse des Schutzes der Volksgemeinschaft das Leben verwirkt. Er kann nicht erwarten, daß in der Kriegszeit seinetwegen das Bewachungspersonal verstärkt wird, er muß es sich vielmehr gefallen lassen, daß die Volksgemeinschaft den Rechtsfrieden durch Verhängung der Todesstrafe vor seinen weiteren Störungsversuchen schützt.

Als Gewohnheitsverbrecher hat der Angeklagte ehrlos gehandelt und sich außerhalb der Volksgemeinschaft gestellt. Zum Zeichen dessen werden ihm die Ehrenrechte eines deutschen Volksgenossen endgültig aberkannt.

VI.

Im Kostenpunkt stützt sich die Entscheidung auf § 465 StPO.

(gez.) Dr. Wellmann   Dr. Trieb   Dr. Lamb

Für die Ausfertigung:

Justizobersekretär

Der Oberstaatsanwalt
als Leiter der Anklagebehörde
bei dem Sondergericht in Darmstadt.

Darmstadt, den 19. Juni 1944.

1 SLs.47/44

An
den Herrn Reichsminister der Justiz
in B e r l i n
~~durch den Herrn Generalstaatsanwalt~~
~~in D a r m s t a d t.~~

Betrifft: Strafsache gegen Jakob D a h l e n in Mainz,
wegen Volksschädlingsverbrechens pp.
Auftrag: RV. des RJM. vom 26.8.1941 -3234-IIIa 4 1187/41.
Vorbericht vom 16. Mai 1944, dortiges Aktenzeichen unbekannt.
Sachbearbeiter: Staatsanwalt Dr.Specht.
Telefon: 7711 Nebenstelle: 571.
Anlage: 1 Doppel.

   Das Sondergericht für den Oberlandesgerichtsbezirk Darmstadt hat in der heutigen Sitzung für Recht erkannt:
   Der Angeklagte hat als Reserve=Lokomotivführer unter Ausnutzung der Verdunklung und der sonstigen Kriegs=verhältnisse im Reichsbahnbetrieb fortgesetzt Koffer und Expreßsendungen gestohlen. Er wird daher als Volksschäd=ling zum Tode verurteilt. Die Ehrenrechte werden ihm aber=kannt.
   Er trägt die Kosten des Verfahrens.
   Die Überführung des Dahlen in das Strafgefängnis Frankfurt a/Main = Preungesheim wurde sogleich veranlasst.
   Nach Urteilseingang werde ich die Akten unverzüg=lich vorlegen.

Schreiben vom 19. Juni 1944

< li.: Urteilsauszug gegen Walter Voigt, 28. juni 1944
[Bundesarchiv Best. R 3001 Nr. IVg 5811/44]

5. September 1939. 6. Verbrechen nach § 1, 2 der Verordnung gegen Gewaltverbrecher vom 5. Dezember 1939 [...] § 14 (1) [...] Das Sondergericht ist auch für andere Verbrechen und Vergehen zuständig, wenn die Anklagebehörde der Auffassung ist, dass die sofortige Aburteilung durch das Sondergericht [...] geboten ist.

Die Aufgaben der Sondergerichte waren nicht überall gleich. Das Sondergericht Darmstadt zum Beispiel verhandelte bis Ende April 1934 (515 Männer und Frauen) gegen mehr als viermal so viele Angeklagte wie das in Frankfurt/M. (111). In Darmstadt wurden im ersten Jahr deutlich mehr Anhänger der politischen Linken vor Gericht gestellt. Das lag vor allem an der Gesetzeslage im ehemaligen Volksstaat Hessen. Hier konnte der NS-Staat noch nicht so ungehindert durchgreifen, wie dies in Preußen (dazu gehörte Frankfurt/M.) bereits der Fall war.

Mit dem »Anschluss« Österreichs im März 1938, der Annektion Böhmen und Mährens im September 1938 sowie dem Überfall auf Polen gab es die erste große Erweiterungswelle von Sondergerichten. (Bis 1942 hatte sich die Zahl auf über 70 erhöht.) Während des Kriegs übernahmen sie das Gros der zivilen Strafgerichtsbarkeit und fällten, neben unzähligen Gefängnis- und Zuchthausstrafen, tausende von Todesurteilen.

[Tafel 16]

Zuständigkeit

Zunächst waren die Sondergerichte für Verstöße gegen die so genannte Reichstagsbrand-Verordnung (28. Februar 1933) und gegen die Heimtücke-Verordnung (21. März 1933) bzw. gegen das Heimtücke-Gesetz (20. Dezember 1934) zuständig.

Nach und nach kamen weitere Straftatbestände hinzu:
§ 239a StGB   Gesetz gegen Straßenraub mittels Autofallen (22. Juni 1938)
Verordnung über außerordentliche Rundfunkmaßnahmen (1. September 1939)
§ 1   Kriegswirtschafts-Verordnung (4. September 1939)
§ 1   Verordnung gegen Volksschädlinge (5. September 1939)
§§ 1, 2   Verordnung gegen Gewaltverbrecher (5. Dezember 1939)
§ 5 Nr. 1 KSSVO   Öffentliche Wehrkraftzersetzung (ab 27. Mai 1940 bis Januar 1943)

> **Gesetz gegen heimtückische Angriffe auf Staat und Partei und zum Schutz der Parteiuniformen.**
> **Vom 20. Dezember 1934.**
>
> Die Reichsregierung hat das folgende Gesetz beschlossen, das hiermit verkündet wird:
>
> Artikel 1
> § 1
> (1) Wer vorsätzlich eine unwahre oder gröblich entstellte Behauptung tatsächlicher Art aufstellt oder verbreitet, die geeignet ist, das Wohl des Reichs oder das Ansehen der Reichsregierung oder das der Nationalsozialistischen Deutschen Arbeiterpartei oder ihrer Gliederungen schwer zu schädigen, wird, soweit nicht in anderen Vorschriften eine schwerere Strafe angedroht ist, mit Gefängnis bis zu zwei Jahren und, wenn er die Behauptung öffentlich aufstellt oder verbreitet, mit Gefängnis nicht unter drei Monaten bestraft.
>
> (2) Wer die Tat grob fahrlässig begeht, wird mit Gefängnis bis zu drei Monaten oder mit Geldstrafe bestraft.
>
> (3) Richtet sich die Tat ausschließlich gegen das Ansehen der NSDAP. oder ihrer Gliederungen, so wird sie nur mit Zustimmung des Stellvertreters des Führers oder der von ihm bestimmten Stelle verfolgt.
>
> § 2
> (1) Wer öffentlich gehässige, hetzerische oder von niedriger Gesinnung zeugende Äußerungen über leitende Persönlichkeiten des Staates oder der NSDAP., über ihre Anordnungen oder die von ihnen geschaffenen Einrichtungen macht, die geeignet sind, das Vertrauen des Volkes zur politischen Führung zu untergraben, wird mit Gefängnis bestraft.
>
> (2) Den öffentlichen Äußerungen stehen nichtöffentliche böswillige Äußerungen gleich, wenn der Täter damit rechnet oder damit rechnen muß, daß die Äußerung in die Öffentlichkeit dringen werde.
>
> [RGBl. I, S. 1269]

Ab Februar 1940 konnte jedes Verbrechen und Vergehen, wenn die Staatsanwaltschaft es wollte, vor den Sondergerichten angeklagt werden.

Eine Anklage beim Sondergericht hatte Vorrang vor der Strafverfolgung der Land- und Amtsgerichte. Nur wenn die Zuständigkeit des Reichsgerichts und ab April 1934 des Volksgerichtshofs oder der politischen Senate der Oberlandesgerichte gegeben waren, kamen sie nicht zum Zug.

Das Verfahren vor den Sondergerichten stand unter der Maxime äußerster Schnelligkeit. Dazu wurde die aus rechtsstaatlichen Gründen eingeführten Voruntersuchung und der Eröffnungsbeschluss ausgehebelt sowie die Ladungsfrist auf bis zu 24 Stunden verkürzt. Als weiteres Repressionsmittel konnte das Sondergericht selbst gegen einen Beschuldigten Haftbefehl erlassen. Für die Opfer der NS-Justiz am schwerwiegendsten war die sofortige Rechts-

> § 14
> Begründung der Zuständigkeit
> durch die Anklagebehörde.
>
> (1) Das Sondergericht ist auch für andere Verbrechen und Vergehen zuständig, wenn die Anklagebehörde der Auffassung ist, daß die sofortige Aburteilung durch das Sondergericht mit Rücksicht auf die Schwere oder die Verwerflichkeit der Tat, wegen der in der Öffentlichkeit hervorgerufenen Erregung oder wegen ernster Gefährdung der öffentlichen Ordnung oder Sicherheit geboten ist.

> Artikel V
> Nichtigkeitsbeschwerde des Oberreichsanwalts
> § 34
> Voraussetzungen der Nichtigkeitsbeschwerde
>
> Gegen rechtskräftige Urteile des Amtsrichters, der Strafkammer und des Sondergerichts kann der Oberreichsanwalt beim Reichsgericht binnen einem Jahr nach Eintritt der Rechtskraft Nichtigkeitsbeschwerde erheben, wenn das Urteil wegen eines Fehlers bei der Anwendung des Rechts auf die festgestellten Tatsachen ungerecht ist.

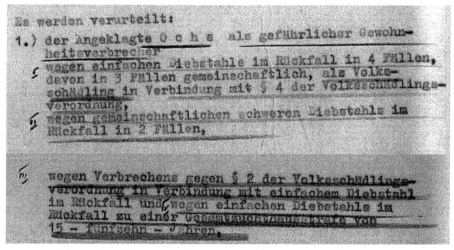

Urteil gegen Friedrich Ochs vom 2. Juli 1941

[Bundesarchiv Berlin Best. R 3003/NB Nr. 1002]

kraft der Urteile. Ein Rechtsmittel konnte nicht eingelegt werden.

Bis zum Februar 1940 änderte sich an dieser Situation nichts mehr. Dann allerdings gab sich das NS-Regime mit der Nichtigkeitsbeschwerde die Möglichkeit, selbst ein rechtskräftiges Urteil zu kippen. Der Verurteilte und die Staatsanwaltschaft konnte die Nichtigkeitsbeschwerde beim Reichsgericht in Leipzig einlegen. Doch in aller Regel wurden nur diejenigen der Anklagebehörde weiter verfolgt. Zumeist wurden die Strafen erhöht.

Für das Sondergericht Darmstadt liegen vier Nichtigkeitsbeschwerden vor, für das in Frankfurt/M. zwanzig und das in Kassel acht. Alle darunter befindlichen Anträge der Verteidiger wurden vom der Oberreichsanwaltschaft abgelehnt. Von den zwanzig eingegangenen Urteilen wurden siebzehn ganz oder teilweise aufgehoben und zur erneuten Verhandlung an Sondergerichte zurück verwiesen.

In allen bekannten Fällen für Hessen führte die erneute Verhandlung zu einer Verschärfung des Strafausspruchs.

Der Verurteilte ist nach seiner ganzen Persönlichkeit für die Volksgemeinschaft so wertlos, daß er für immer aus ihr ausgeschlossen werden muß ...

Begründung für die Einlegung der Nichtigkeitsbeschwerde gegen Hermann Höger, Staatsanwaltschaft Frankfurt vom 28. November 1942. Das Sondergericht Frankfurt erhöhte am 29. November 1943 die sieben-jährige Zuchthausstrafe Högers auf acht Jahre.

6 S.Ls.67/41

Im Namen des Deutschen Volkes !

Strafsache gegen den Arbeiter und Sattler **Friedrich O c h s**,

geboren am 24.August 1892 in Frankfurt a.M.,
zuletzt wohnhaft gewesen in Frankfurt a.M., Obermainanlage 3, verheiratet, vorbestraft,
zur Zeit in Strafhaft,

wegen Verbrechen und Vergehen nach §§ 2 und 4 der VO. gegen
Volksschädlinge vom 5.9.1939 (RGBl.I S.1679),
§§ 242, 243 Ziff.2.3, 244, 245, 20d, 42e, 74 StGB.

Das Sondergericht für den Bezirk des Oberlandesgerichts
Frankfurt a.M. hat in der Sitzung vom 16.Februar 1942, an
der teilgenommen haben

Landgerichtsdirektor E l d r a c h e r
als Vorsitzender,
Amtsgerichtsrat Dr. K r a f t,
Amtsgerichtsrat W i l l e r
als beisitzende Richter,
Staatsanwalt E w e r t
als Beamter der Staatsanwaltschaft,
Justizobersekretär P a p i e'r
als Urkundsbeamter der Geschäftsstelle,

für Recht erkannt:

Das Urteil des Sondergerichts vom 2.Juli 1941
wird im Strafausspruch dahin abgeändert:
Der Angeklagte wird als gefährlicher Gewohnheitsverbrecher wegen vier Verbrechen gegen den § 4
der Volksschädlingsverordnung jeweils in Verbindung
mit einfachem Diebstahl im Rückfall, wegen eines
Verbrechens gegen den § 2 der Volksschädlingsverordnung in Verbindung mit einfachem Diebstahl im Rückfall,
wegen gemeinschaftlichen schweren Diebstahls im Rückfall in 2 Fällen und wegen einfachen Diebstahls im
Rückfall zum Tode und zu einer Gesamtzuchthausstrafe
von 4 – vier – Jahren verurteilt.

2. Urteil gegen Friedrich Ochs nach der Nichtigkeitsbechwerde

Reichsgesetzblatt
Teil I

| 1939 | Ausgegeben zu Berlin, den 6. September 1939 | Nr. 168 |

Tag	Inhalt	Seite
5. 9. 39	Verordnung gegen Volksschädlinge.................................	1679

Verordnung gegen Volksschädlinge.
Vom 5. September 1939.

Der Ministerrat für die Reichsverteidigung verordnet mit Gesetzeskraft:

§ 1
Plünderung im frei gemachten Gebiet

(1) Wer im frei gemachten Gebiet oder in freiwillig geräumten Gebäuden oder Räumen plündert, wird mit dem Tode bestraft.

(2) Die Aburteilung erfolgt, soweit nicht die Feldkriegsgerichte zuständig sind, durch die Sondergerichte.

(3) Die Todesstrafe kann durch Erhängen vollzogen werden.

§ 2
Verbrechen bei Fliegergefahr

Wer unter Ausnutzung der zur Abwehr von Fliegergefahr getroffenen Maßnahmen ein Verbrechen oder Vergehen gegen Leib, Leben oder Eigentum begeht, wird mit Zuchthaus bis zu 15 Jahren oder mit lebenslangem Zuchthaus, in besonders schweren Fällen mit dem Tode bestraft.

§ 3
Gemeingefährliche Verbrechen

Wer eine Brandstiftung oder ein sonstiges gemeingefährliches Verbrechen begeht und dadurch die Widerstandskraft des deutschen Volkes schädigt, wird mit dem Tode bestraft.

§ 4
Ausnutzung des Kriegszustandes als Strafschärfung

Wer vorsätzlich unter Ausnutzung der durch den Kriegszustand verursachten außergewöhnlichen Verhältnisse eine sonstige Straftat begeht, wird unter Überschreitung des regelmäßigen Strafrahmens mit Zuchthaus bis zu 15 Jahren, mit lebenslangem Zuchthaus oder mit dem Tode bestraft, wenn dies das gesunde Volksempfinden wegen der besonderen Verwerflichkeit der Straftat erfordert.

§ 5
Beschleunigung des sondergerichtlichen Verfahrens

In allen Verfahren vor den Sondergerichten muß die Aburteilung sofort ohne Einhaltung von Fristen erfolgen, wenn der Täter auf frischer Tat betroffen ist oder sonst seine Schuld offen zutage liegt.

§ 6
Geltungsbereich

Die Vorschriften dieser Verordnung gelten auch im Protektorat Böhmen und Mähren, und zwar auch für Personen, die nicht deutsche Staatsangehörige sind.

§ 7
Schlußbestimmungen

Der Reichsminister der Justiz erläßt die zur Durchführung und Ergänzung dieser Verordnung erforderlichen Rechts- und Verwaltungsvorschriften.

Berlin, den 5. September 1939.

Der Vorsitzende
des Ministerrats für die Reichsverteidigung
Göring
Generalfeldmarschall

Der Generalbeauftragte für die Reichsverwaltung
Frick

Der Reichsminister und Chef der Reichskanzlei
Dr. Lammers

Herausgegeben vom Reichsministerium des Innern. — Gedruckt in der Reichsdruckerei, Berlin.

Der Oberreichsanwalt　　　　Leipzig, den　　　Mai 1942.
beim Reichsgericht

1 C 291/42

1.) Vermerk:

2.) Zu schreiben: An

Betrifft: Strafsache
gegen Gieg (Menges u.a.)
Anlagen:

Auf Ihre Eingabe vom 10. April 1942 habe ich den Sachverhalt geprüft. Die Prüfung gibt mir keinen Anlaß, gegen das rechtskräftige Urteil des _____ vom 28.1.1942 die Nichtigkeitsbeschwerde ~~oder den außerordentlichen Einspruch zu~~ erheben.
~~Die Anlagen der Eingabe sind beigefügt.~~

3.) Unter Abschrift des Bescheides zu 2.) ist zu setzen:
　　An den Herrn Oberstaatsanwalt als Leiter der
　　Anklagebehörde bei dem Sondergericht
　　　　in _____

Betrifft: Strafsache
gegen Menges u.a.
Auf den Bericht vom 1.5.42
Anlagen:
2 Band
1 Heft,
~~Schriftstücke~~

Vorstehende Abschrift übersende ich zur Kenntnisnahme. Die Akten sind wieder beigefügt.

4.) Weglegen.

B 14. VII.41 (500)

Nichtigkeitsbeschwerde eingelegt durch den Rechtsanwalt Dr. Schwarz aus Bad Homburg (Urteil des Sondergerichts Frankfurt/M. gegen Else Gieg, Wilhelm Menges und Elisabeth Schaub vom 10. April 1942). Ablehnung der Nichtigkeitsbeschwerde durch den Oberreichsanwalt vom Mai 1942.

[Bundesarchiv Berlin Best. R 3003/NB Nr. 1441]

[Tafel 17]

Opfer der Sondergerichtsbarkeit

Die Geschichte der drei hessischen Sondergerichte Darmstadt, Frankfurt/M. und Kassel ist sehr unterschiedlich erforscht. Am wenigsten kennt man die Spruchpraxis in Kassel. Nur wenige Originalquellen sind erhalten geblieben. Die Verfahrensakten der beiden anderen Gerichte hingegen liegen fast vollständig vor.

In den ersten beiden Jahren des NS-Regimes hatten die Sondergerichte Darmstadt und Frankfurt/M. sehr unterschiedliche Aufgaben. Die Darmstädter Kammern erledigten eine ganze Reihe von politischen Strafsachen, die in Frankfurt/M. fast gänzlich fehlten. Eines der prominentesten Darmstädter Justizopfer war die für die KPD in den hessischen Landtag gewählte Cäcilie Schaefer. Am 10. März 1933 wurde sie in Bad Nauheim verhaftet und am 5. April 1933 vom Sondergericht Darmstadt zu einem Jahr Gefängnis verurteilt. Nach ihrer Entlassung lebte sie einige Jahre in Marburg. Im August 1944 wurde Cäcilie Schaefer erneut festgenommen und in das KZ Ravensbrück eingeliefert. Sie konnte beim Todesmarsch im April 1945 fliehen und gelangte im Mai 1945 nach Hessen.

Cäcilie Schaefer
[Hess. Landesamt für geschichtliche Landeskunde]

BEISPIEL: SONDERGERICHT FRANKFURT/M.
Durch die umfangreiche Studie von Gerd Weckbecker (1998) ist das Sondergericht Frankfurt/M. am besten untersucht. Sie erschließt das gesamte Prozessmaterial. Mindestens 2.338 Entscheidungen hat das Sondergericht Frankfurt/M. während des NS-Regimes gefällt. Vor dem 1. September 1939 wurden 1.034 und während der Kriegszeit 1.304 Frauen und Männer vor Gericht gestellt. Mit rund 27 Prozent war der Frauenanteil vergleichsweise hoch (633 Frauen und 1.705 Männer).

Bekannt sind 55 Todesurteile (7 Frauen und 47 Männer). Es ging hierbei in aller Regel um Mord und Totschlag, Raub, Notzucht oder Betrug und damit nicht um originäre Zuständigkeiten der Sondergerichte. Die Staatsanwaltschaft hatte in allen diesen Fällen entschieden, die Beschuldigten nicht vor dem eigentlich zuständigen Landgericht anzuklagen. Nur ein Todesurteil fällt in die Zeit vor dem Krieg. Rund 30 Prozent der zum Tode Verurteilten waren Ausländer – ein vergleichsweise hoher Prozentsatz.

Fast die Hälfte aller Entscheidungen des Sondergerichts Frankfurt/M. waren Gefängnisstrafen. Während des Krieges wurden zunehmend mehr Angeklagte zu Zuchthaus verurteilt. In diesem Zeitraum sind auch das Gros der Aus-

> I.
>
> Es wird zu dieser Entwicklung wie folgt Stellung genommen:
> 1) Die Verurteilung durch das Sondergericht hatte in den ersten Jahren nach ihrer Errichtung eine stark abschreckende Wirkung. Die schnelle und harte Bestrafung durch das Sondergericht war gefürchtet. Es galt zudem als besondere Schande, durch das Sondergericht abgeurteilt worden zu sein. Dadurch, daß sich das Schwergewicht der gesamten Strafrechtspflege inzwischen von den ordentlichen Gerichten (Amtsgerichte, Strafkammern der Landgerichte)

Aus einem Schreiben des Reichsjustizministers Thierack an die Oberlandesgerichtspräsidenten und Generalstaatsanwälte vom 5. Juli 1943.

[Hessisches Hauptstaatsarchiv Wiesbaden Abt. 463 Nr. 933]

länder vor Gericht gestellt worden – fast ausnahmslos Zwangsarbeiter; vor allem aus Frankreich, Polen, der ehemaligen Tschechoslowakei, den Niederlanden und Belgien.

Über Äußerungsdelikte (Heimtückeverordnung bzw. Heimtückegesetz) entschied das Sondergericht Frankfurt/M. während der gesamten NS-Zeit – insgesamt 677 Fälle. Allerdings variierten die Tatvorwürfe im Laufe der Jahre. Was 1933 noch als so genannte heimtückische Äußerung angesehen wurde, konnte wenige Jahre später schon kommunistische Mundpropaganda werden und vor den politischen Senaten der Oberlandesgerichte kommen. Während des Krieges indes war die Gefahr groß, dass vergleichbare Äußerungen als öffentliche Wehrkraftzersetzung beim Volksgerichtshof angeklagt wurden.

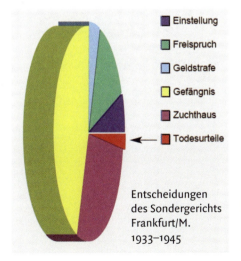

Entscheidungen des Sondergerichts Frankfurt/M. 1933–1945
[Nach Gerd WECKBECKER, Zwischen Freispruch und Todesstrafe, Baden-Baden 1998, S. 71]

IM NAMEN DES DEUTSCHEN VOLKES!

In der Strafsache
gegen
den Lokomotivführer Wilhelm Backer , zuletzt im Gemeinschaftslager in Niederklein bei Marburg (Lahn), geboren am 23.März 1897 in Obertiefenbach,Kreis Weilburg (Lahn), ledig, katholisch,Reichsdeutscher,einmal vorbestraft,
vorläufig festenommen am 8.April 1941 und in dieser Sache in Untersuchungshaft auf Grund Haftbefehls des Amtsgerichts Marburg (Lahn) vom 10.April 1941- 4 Gs 43/41 zur Zeit in Unterbrechung der Untersuchungshaft in anderer Sache in Strafhaft im Gefängnis in Marburg (Lahn),
wegen Vergehens gegen §2 des Gesetzes gegen heimtückische Angriffe auf Staat und Partei usw. vom 20.12.1934
hat das Sondergericht für den Oberlandesgerichtsbezirk Kassel in Kassel in seiner Sitzung vom 5.November 1941, an der teilgenommen haben
Landgerichtsdirektor Hassencamp
als Vorsitzender,
Kammergerichtsrat Dr.Magaler
Amtsgerichtsrat Dr.Wagner
als beisitzende Richter,
Staatsanwalt Cordier
als Beamter der Staatsanwaltschaft,
Justizobersekretär Decher
als Urkundsbeamter der Geschäftsstelle,
für Recht erkannt:
Der Angeklagte wird wegen Vergehens gegen §2 des Heimtückegesetzes zu einer Gefängnisstrafe von zwei Jahren und sechs Monaten verurteilt.
Die erlittene Untersuchungshaft wird dem Angeklagten angerechnet.

[Bundesarchiv Berlin Best. R 3001 Nr. 110518]

> Bei der Strafzumessung musste strafschärfend berücksichtigt werden die Hartnäckigkeit, mit der der Angeklagte allen Mahnungen und Warnungen seiner Arbeitskameraden zuwider seine staatfeindlichen Äusserungen immer wiederholt hat. Gerade im Kriege stellen derartige üble Hetzereien eine schwere Gefahr dar. Sie zermürben die innere Front und sind ein Dolchstoss in den Rücken des Volkes. Das Verhalten des Angeklagten ist auch deshalb besonders gefährlich, weil es in einem für die Reichsverteidigung wichtigen Betriebe an den Tag legte. Strafmildernd war zu beachten dass der Angeklagte im Weltkrieg seinen Mann gestanden hat, dass er auch das EK II erhalten hat und dass er jetzt an den Folgen des im Weltkriege zugezogenen Leidens zu tragen hat. Es ist auch berücksichtigt, dass der Angeklagte, der im übrigen geistig gesund und für seine Taten voll verantwortlich ist, etwas leicht erregbar ist und dann mehr sagt, als er verantworten kann. Unter Berücksichtigung all dieser Umstände erschien dem Gericht eine Gefängnisstrafe von zwei Jahren und sechs Monaten notwendig, um dem Angeklagten klarzumachen, dass er in Zukunft derart törichte und gefährliche Rederien über die führenden Männer des dritten Reiches zu unterlassen hat. Diese Strafe erschien aber auch als ausreichend, wenn man berücksichtigt, dass der Angeklagte mit Rücksicht auf sein Kriegsleiden durch diese Strafe härter betroffen wird als ein völlig gesunder Mensch.

Eine weitere Opfergruppe stand wegen Verstöße gegen die Reichstagsbrand-Verordnung (Verordnung zum Schutz von Volk und Staat vom 28. Februar 1933) vor Gericht. 283 Entscheidungen des Sondergerichts Frankfurt/M. sind hier einschlägig. Dies betraf u. a. auch Zeugen Jehovas (Vereinigung ernster Bibelforscher). Mit Beginn des Krieges spitzte sich die Verfolgungsintensität immer mehr zu, was zum Teil daran lag, dass neben der Reichstagsbrand-Verordnung noch weitere Delikte angeklagt wurden. Die Tatvorwürfe in solchen Fällen unterschieden sich oftmals nicht von denen vor Beginn des Krieges. Verschiedene »Kriegsgesetze« (u. a. illegales Rundfunkhören, Wehrkraftzersetzung) wurden zusätzlich angewandt, was regelmäßig zu einer Verschärfung der Strafen führte.

IM NAMEN DES DEUTSCHEN VOLKES !

In der Strafsache

gegen den Kaufmann Karl S c h o l z in Fulda,
geboren am 6. November 1877 in Sandberg,
verheiratet, evgl., nicht vorbestraft,
in dieser Sache in Untersuchungshaft seit dem
2. Dezember 1939 im Gerichtsgefängnis in Fulda

wegen Vergehens gegen das Gesetz vom 20.Dezember 1934

hat das Sondergericht für den Oberlandesgerichtsbezirk Kassel in Kassel in seiner Sitzung vom 28. Februar 1940, an der teilgenommen haben :

Landgerichtsdirektor Hassencamp
als Vorsitzender,

Kammergerichtsrat Dr. Keßler,
Landgerichtsrat Stölzel
als beisitzende Richter,

Staatsanwalt Niebecke
als Beamter der Staatsanwaltschaft,

Justizsekretär Groll
als Urkundsbeamter der Geschäftsstelle

für Recht erkannt :

Der Angeklagte wird wegen Vergehens gegen § 2 des Heimtückegesetzes zu einem Jahr drei Monaten Gefängnis verurteilt.

[Bundesarchiv Berlin Best. R 3001 Nr. 110518]

Bei der Strafzumessung mußte strafschärfend die besondere Niedrigkeit der Äußerungen berücksichtigt werden. Wenn e. möglich ist, eine Äußerung, die gelegentlich einmal geschieht, milder zu beurteilen, so muß auf der anderen Seite der Umstand, daß der Angeklagte die abfällige Bemerkung in einer Stunde machte, als das gesamte deutsche Volk geschlossen und aufs tiefste erschüttert einmütig zusammenstand, erschwerend ~~für ihn~~ gewertet werden. Weiter war zu Ungunste des Angeklagten in Rechnung zu ziehen, daß er nach wie vor seine Schuld leugnet, also nicht den Mut besitzt, für seine Tat einzustehen und darüber hinaus noch die Stirn hat, den Zeugen Heeger grundlos anzugreifen und die Wahrheitsmäßigkeit seiner Aussage in Zweifel zu ziehen.

> die Angeklagte Auguste Godglück ist schuldig des Vergehens gegen § 1 der Verordnung über ausserordent= liche Rundfunkmaßnahmen vom 1. 9. 1939 und des fort= gesetzten Vergehens gegen §§ 1 und 4 der Verordnung des Reichspräsidenten zum Schutze von Volk und Staat vom 28. 2. 1933 in Verbindung mit der Anordnung des Preussi= schen Ministers des Innern vom 26. 6. 1933 und der ent= sprechenden Anordnung der hessischen Landesregierung aus der gleichen Zeit betreffend das Verbot der Internatio= nalen Bibelforscher-Vereinigung, § 74 StrGB.
>
> Sie hat im Herbst 1940 dem Landwirt Fabel in Krof= dorf das Buch "Rechtfertigung" gegeben, das dem Zeugnis für Jehova dient. Sie hat die Zeugin Frau Backfisch, die ihr täglich die Milch brachte, zur Lehre der JBV. beleh= ren wollen, indem sie ständig dieser Zeugin von Jehova und seinem tausendjährigen Reich predigte. Sie hat mit dem im Konzentrationslager befindlichen Bibelforscher Hassler in Briefwechsel gestanden und mit ihm nach Art und im Sinne der ernsten Bibelforscher Briefe gewechselt und dadurch den Zusammenhalt gepflegt. Sie hat weiter versucht, Verbindung mit ernsten Bibelforschern in Berlin aufzunehmen, wie der Brief von H.Schneider an sie vom 16.Juni 1940 bezeugt. Durch diesen Briefwechsel suchte sie Verbindung mit dem Bibelforscher Winkler aufzunehmen, wie sie selbst zugibt.

[Bundesarchiv Berlin Best. R 3001 Nr. 110889]

Auszug aus dem Urteil des Sondergerichts Frankfurt/M. gegen Auguste Godglück vom 10. November 1941.

2). Auguste Godglück wegen Vergehens gegen § 1 der Verordnung über ausserordentliche Rundfunkmaßnahmen vom 1.9.1939 und wegen Vergehens gegen §§ 1 und 4 der Verordnung des Reichspräsidenten zum Schutze von Volk und Staat vom 28.2.1933 zu einer Gesamtgefängnis= strafe von einem Jahr.

Opfer der Sondergerichtsbarkeit – weitere Einzelschicksale

[Tafel 18]

Nicht nur Mitglieder von weltlichen und religiösen Gruppen, Organisationen oder Vereinen kamen in den Fokus der Sondergerichte, sondern auch Einzelpersonen. Das Spektrum reichte von ›einfachen‹ Kriminellen, über Kritiker des NS-Regimes, religiös motivierter Renitenz, Jugendprotesten bis hin zu rassistisch motivierter Verfolgung.

[Die Stimme vom 27. April 1933, jüdische Zeitung, Wien, S. 6]

Elisabeth Bieber gehörte der Religionsgemeinschaft »Christliche Wissenschaft« (»Erste Leserin«) in Bad Homburg an.

Im Sommer 1941 beschlagnahmte die Gestapo ihre Bibliothek. Am 4. Dezember 1941 wurde sie festgenommen, da sie sich mehrmals mit früheren Mitgliedern der verbotenen Gruppierung getroffen und Heilbehandlungen (»Gesundbeten«) vorgenommen haben soll.

Das Sondergericht Frankfurt/M. verurteilte Elisabeth Bieber am 2. Februar 1942 zu einer Gefängnisstrafe von zwei Monaten. Sie verbüßte ihre Strafe in der Frauenstrafanstalt Frankfurt-Höchst.

Am 4. Februar 1942 wurde sie aus der Haft entlassen und in Schutzhaft genommen. Sie starb am 14. April 1942 an einem Blasenleiden.

[Hessisches Staatsarchiv Marburg Best. 251 Ziegenhain Nr. 2302]

Margarethe Büttner wurde am 16. Januar 1942 festgenommen und in die Untersuchungshaftanstalt Kassel überstellt. Ihr wurde vorgeworfen, sich unter anderem über den weiblichen Arbeitsdienst in »staatsabträglicher Weise« geäußert und die Haltung des NS-Regimes zur katholischen Kirche kritisiert zu haben.

Das Sondergericht Kassel verurteilte sie am 11. Februar 1942 zu einer Zuchthausstrafe von zwei Jahren.

Gleichzeitig wurde Margarethe Büttner aus dem Beamtenverhältnis bei der Post entlassen. Ihre Strafe saß sie ab dem 20. März 1942 im Zuchthaus Ziegenhain ab und kam am 11. Februar 1944 frei.

Georg Schröter wurde 1938 in Wien wegen Spionageverdacht festgenommen. Er soll während eines Parisaufenthaltes in Kontakt mit Emigranten, Kommunisten und Juden gestanden und »hetzerische Äußerungen über Deutschland« getätigt haben.

Wegen »fortgesetzter Heimtücke« verurteilte ihn das Sondergericht Kassel am 25. September 1940 zu einer Zuchthausstrafe von fünf Jahren, die er bis zum 27. November 1942 im Zuchthaus Kassel-Wehlheiden verbüßte.

Nach seiner Entlassung wurde Georg Schröter in das Konzentrationslager Mauthausen eingeliefert und verstarb dort am 1. März 1943.

[Hessisches Staatsarchiv Marburg Best. 251 Ziegenhain Nr. 2213]

Hans Blumensatt wurde am 28. Februar 1941 verhaftet. Er soll mit mehreren befreundeten Jugendlichen im November 1940 und im Februar 1941 in Ober- und Niederlahnstein unter anderem Aushängekästen von NS-Organisationen und Presseorganen (»Schwarzes Korps«, Nassauer Volksblatt), Fensterscheiben von öffentlichen und Parteigebäuden sowie von Wohnungen führender Nationalsozialisten von Oberlahnstein und einige Gartenhäuschen in der Nähe des Ortes zerstört haben.

Am 25. Juli 1941 wurde er vom Sondergericht Frankfurt am Main als »Haupturheber« der Aktion zu einer Gefängnisstrafe von drei Jahren verurteilt. Die Strafe verbüßte er überwiegend im Jugendgefängnis Marienschloß (Rockenberg). Nach seiner Entlassung wurde er sofort zur Wehrmacht eingezogen. Am 21. März 1945 ist Blumensatt vermutlich gefallen.

Jugendgefängnis Marienschloß (Rockenberg)
[Kultur- und Geschichtsverein e.V. Historica studia colimus]

Es werden verurteilt:

1.) **B l u m e n s a t t** wegen fortgesetzten und gemeinschaftlichen Vergehens gegen § 133, teilweise in Tateinheit mit § 304 StGB. in einem Falle, wegen eines fortgesetzten teilweise gemeinschaftlichen Vergehens gegen § 304 StGB., wegen eines weiteren fortgesetzten gemeinschaftlichen Vergehens gegen § 305 StGB., wegen Diebstahls in 2 Fällen, davon einen gemeinschaftlich, wegen eines schweren Einbruchdiebstahls, wegen gemeinschaftlichen Vergehens gegen § 1 HTG., sowie wegen Vergehens gegen §§ 11, 14, 26 Abs.1 Ziff. 1 und 2 des Waffengesetzes, zu einer Gefängnisstrafe von drei Jahren,

Für das Vergehen nach § 1 HTG. schien es wegen der besonderen Schwere der von dem Angeklagten BLUMENSATT gemachten Äusserungen, die nicht einmal vor der Person des Führers halt machten, angemessen, die höchstzulässige Strafe von 2 Jahren Gefängnis als Einsatzstrafe zugrunde zu legen. Denn nur durch eine solche Strafe kann die Niedrigkeit der Gesinnung des Angeklagten BLUMENSATT und die Gehässigkeit, die in seinen Worten zum Ausdruck gekommen ist, annähernd gesühnt werden.

Urteil gegen Hans Blumensatt aus Oberlahnstein. Sein Wohnort lag nicht im heutigen Hessen. Die Zuständigkeit des Sondergerichts Frankfurt/M. erstreckte sich bis Kriegsende auch auf heute zur Rheinland-Pfalz gehörende Gebiete.

[Hess. Hauptstaatsarchiv Wiesbaden Abt. 461 Nr. 8262]

[Tafel 19] **Plünderungs-Sondergerichte**

Mit Kriegsbeginn wurde das so genannte Kriegsstrafrecht eingeführt. Eine zentrale Neuerung war die »Verordnung gegen Volksschädlinge« vom 5. September 1939 (RGBL. I S. 1679).

§ 1 stellte Plünderungen unter besondere Strafe. Für die Ahndung waren die Sondergerichte zuständig. Als einzige Strafe war die Todesstrafe vorgesehen. An allen drei hessischen Sondergerichten wurden Plünderungsfälle verhandelt. Die Verhandlungen in Plünderungssachen wurden regelmäßig am Ort des Geschehens abgehalten. Das Sondergericht Darmstadt tagte zum Beispiel am 28. Dezember 1943 in Offenbach/M.

Wenn, aus welchen Gründen auch immer, das Sondergericht nicht auswärts tagte, konnte ab 1942 bei einem Landgericht von Fall zu Fall ein temporäres Sondergericht für Plünderungsfälle (Plünderungssondergericht) eröffnet werden, sofern es Straftaten nach Luftangriffen abzuurteilen galt. Wer als Richter tätig werden sollte, verfügten die Oberlandesgerichtspräsidenten aufgrund einer Ermächtigung des Reichsjustizministers im Voraus.

Der Präventivcharakter des Feindstrafrechts stand hier an erster Stelle. Die (Plünderungs-)Sondergerichte waren zudem eine Schnittstelle zum politischen Strafrecht.

Volksgerichtshof und die Oberlandesgerichte sollten ab Januar 1943 alle kriegskritischen Äußerungen als Wehrkraftzersetzung verfolgen, die Sondergerichte hingegen der sinkenden Kriegsmoral nach Bombenangriffen entgegenwirken.

Eine Ausnahme bei der Verhängung der Todesstrafe war nur bei jugendlichen Angeklagten möglich: Höchststrafe 10 Jahre Zuchthaus. Allerdings wurde auch diese Hürde mit zunehmendem Kriegsverlauf übersprungen – insbesondere, wenn es sich um jugendliche Zwangsarbeiter handelte.

Der Ministerrat für die Reichsverteidigung verordnet mit Gesetzeskraft:

§ 1
Plünderung im frei gemachten Gebiet

(1) Wer im frei gemachten Gebiet oder in freiwillig geräumten Gebäuden oder Räumen plündert, wird mit dem Tode bestraft.

(2) Die Aburteilung erfolgt, soweit nicht die Feldkriegsgerichte zuständig sind, durch die Sondergerichte.

(3) Die Todesstrafe kann durch Erhängen vollzogen werden.

1679

Reichsgesetzblatt
Teil I

| 1939 | Ausgegeben zu Berlin, den 6. September 1939 | Nr. 168 |

Tag | Inhalt | Seite
5. 9. 39 | Verordnung gegen Volksschädlinge .... | 1679

Verordnung gegen Volksschädlinge.
Vom 5. September 1939.

Der Ministerrat für die Reichsverteidigung verordnet mit Gesetzeskraft:

§ 1
Plünderung im frei gemachten Gebiet

(1) Wer im frei gemachten Gebiet oder in freiwillig geräumten Gebäuden oder Räumen plündert, wird mit dem Tode bestraft.

(2) Die Aburteilung erfolgt, soweit nicht die Feldkriegsgerichte zuständig sind, durch die Sondergerichte.

(3) Die Todesstrafe kann durch Erhängen vollzogen werden.

§ 2
Verbrechen bei Fliegergefahr

Wer unter Ausnutzung der zur Abwehr von Fliegergefahr getroffenen Maßnahmen ein Verbrechen oder Vergehen gegen Leib, Leben oder Eigentum begeht, wird mit Zuchthaus bis zu 15 Jahren oder mit lebenslangem Zuchthaus, in besonders schweren Fällen mit dem Tode bestraft.

§ 3
Gemeingefährliche Verbrechen

Wer eine Brandstiftung oder ein sonstiges gemeingefährliches Verbrechen begeht und dadurch die Widerstandskraft des deutschen Volkes schädigt, wird mit dem Tode bestraft.

§ 4
Ausnutzung des Kriegszustandes als Strafschärfung

Wer vorsätzlich unter Ausnutzung der durch den Kriegszustand verursachten außergewöhnlichen Verhältnisse eine sonstige Straftat begeht, wird unter Überschreitung des regelmäßigen Strafrahmens mit Zuchthaus bis zu 15 Jahren, mit lebenslangem Zuchthaus oder mit dem Tode bestraft, wenn dies das gesunde Volksempfinden wegen der besonderen Verwerflichkeit der Straftat erfordert.

§ 5
Beschleunigung des sondergerichtlichen Verfahrens

In allen Verfahren vor den Sondergerichten muß die Aburteilung sofort ohne Einhaltung von Fristen erfolgen, wenn der Täter auf frischer Tat betroffen ist oder sonst seine Schuld offen zutage liegt.

§ 6
Geltungsbereich

Die Vorschriften dieser Verordnung gelten auch im Protektorat Böhmen und Mähren, und zwar auch für Personen, die nicht deutsche Staatsangehörige sind.

§ 7
Schlußbestimmungen

Der Reichsminister der Justiz erläßt die zur Durchführung und Ergänzung dieser Verordnung erforderlichen Rechts- und Verwaltungsvorschriften.

Berlin, den 5. September 1939.

Der Vorsitzende
des Ministerrats für die Reichsverteidigung
Göring
Generalfeldmarschall

Der Generalbeauftragte für die Reichsverwaltung
Frick

Der Reichsminister und Chef der Reichskanzlei
Dr. Lammers

Geschäftsnummer:
(4) 1 Sls.117/43

10

Es wird gebeten, bei allen Eingaben die Geschäftsnummer anzugeben

Im Namen des Deutschen Volkes!

Strafsache gegen den Gärtner Friedrich Wilhelm H a r t u n g aus Offenbach am Main, Biebererstrasse 32, geboren am 20. April 1909 zu Oppenheim, verheiratet, bestraft, in Untersuchungshaft seit 28. 12. 1943,
wegen   P l ü n d e r n s .

Das ~~Schöffengericht~~ Sondergericht für den Oberlandesgerichtsbezirk Darmstadt in Offenbach am Main
hat in der Sitzung vom 28. Dezember 1943 an der teilgenommen haben:

Oberlandesgerichtsrat Dr. Wellmann
als Vorsitzender,

Oberlandesgerichtsrat Dr. Trieb,

Landgerichtsrat Dr. Lamb
als ~~Schöffen,~~ beisitzende Richter,

Gerichtsassessor Dr. Feigel
als Beamter der Staatsanwaltschaft,

Justizassistent Brauch
als Urkundsbeamter der Geschäftsstelle,

für Recht erkannt:
Der Angeklagte hat nach einem Terrorangriff der feindlichen Luftwaffe geplündert. Er wird zum Tode und zu dauerndem Ehrverlust verurteilt.
Die Kosten des Verfahrens fallen dem Angeklagten zur Last.

zu IVg 13 6946a/43

StP 43 a. Urteilsausfertigung (§ 275 StPO.) — Schöffengericht.

[Bundesarchiv Berlin Bestand R 3001
Nr. IVg 13 6946a/43]

Aktenzeichen: IV g¹³ 6657/44	Sachbearbeiter: AGr.Dr.Dernedde
Name, Vorname, Volkstum, Beruf, Alter des Vu.: R u t h a r d , Ludwig, Deutscher, Brückenwart, 55 Jahre alt	Gericht, Datum des Urteils: Sondergericht Mainz; 30.11.1944
Persönliche Verhältnisse: Sohn eines Baggermeisters. Als Maurer gelernt u. bis 1935 vorwiegend in diesem Beruf gearbeitet. Seitdem wegen Magen- und Lungenleidens Invalidenrentner. Seit 1939 Brückenwart in Mainz.- Erste Ehe, (7 Kinder) wegen Ehebruchs des Vu. geschieden. Zweite Ehe kinderlos.	**Vorstrafen (evtl. Strafreg. Auszug beifügen):** 3 (bereits getilgte) Vorstrafen wegen Diebstahls. 1911: 1 Mon.Gef. 1919: 1 Jahr Gef. 1924: 7 Mon.Gef. Seitdem straffrei geführt.

Tat:
Der Vu. bewohnte, nachdem er 1942 seine frühere Wohnung bei einem Luftangriff verloren hatte, eine Notwohnung im Hause der Schuhmacher-Einkaufsgemeinschaft in Mainz. Als dieses Haus durch den Luftangriff auf Mainz am 8.9.1944 teilweise zerstört und von den Bewohnern geräumt wurde, entwendete er aus dem Büroraum der Einkaufsgemeinschaft einen Karton Filzstoff und 1 Ballen weißen Schuhfutterstoff im Gesamtwerte von etwa 200.-RM. Die geplünderten Stoffe wurden, in 2 Säcken verpackt und in einem Wandschrank verstaut, in seiner neuen Wohnung sichergestellt.

Angewandtes Strafgesetz: § 1 VVO.

Begründung der Gnadenbitte:
Der Vu. sei herz-, lungen und magenkrank und 2 mal ausgebombt. Einwandfreie Führung seit 20 Jahren. 1 Sohn sei vermißt. 2 Söhne ständen an der Front und 2 weitere Söhne hätten sich freiwillig zur Wehrmacht gemeldet.

Vorschläge:

Gericht, Staatsanwaltschaft:	---
Sachbearbeiter:	Vollstreckung
Referent:	
Abt.Leiter:	

Ergebnis:

[Bundesarchiv Berlin Bestand R 3001
Nr. IVg 13 6374/44]

Abschrift des letzten Briefes des Verurteilten Ludwig R u t h a r d aus Mainz nach Bekanntgabe des Termins zur Vollstreckung der Todesstrafe, gerichtet an Familie Adam Ruthard (16) Mainz, Zeughausgasse 2   1/10:

       Meine Lieben !

Kurz vor meinem Tode schreibe ich Euch noch ein paar Zeilen.
Es geschah momentan. Ich büße für alles.
Lieber Sohn ! lebe wohl auch alle meine Kinder

1000 Grüße u. Küsse an meine Hermine von Ihrem Ludwig

    Euer unglücklicher
    Vater.

    Für die Richtigkeit der Abschrift :
    Justizsekretär
    bei Staatsanwaltschaft M a i n z .

Bekanntmachung

Am 9. Januar 1945 ist der 55jährige **Ludwig Ruthard** aus Mainz hingerichtet worden, den das Sondergericht in Mainz als Volksschädling zum Tode verurteilt hat. Ruthard hatte nach einem Luftangriff auf Mainz geplündert.

Mainz, 10. Januar 1945.

Der Oberstaatsanwalt
als Leiter der Anklagebehörde bei dem Sondergericht

Josef Geib

Geschäftsnummer: SLS. 1/44

Es wird gebeten bei allen Eingaben die Geschäftsnummer anzugeben

Im Namen des Deutschen Volkes!

In der Strafsache gegen den Arbeiter Josef G e i b, geb. am 2. April 1924 in Mainz, wohnhaft in Mainz, Stefan- Karl- Michel- Str. 9, ledig, vorbestraft, z.Zt. in Haft in der Haftanstalt Mainz.

wegen Plünderung

hat die ~~das Sondergericht beim~~ ~~Xxxxxxxxxxxxxxxxxxxxxxxxxxxxxx~~ große Strafkammer des Landgerichts in Mainz

in der Sitzung vom 20. September 1944 an der Teilgenommen haben:

~~Landgerichtsdirektor Dr. Schmidt~~
als Vorsitzender,

Landgerichtsrat Dr. Koch

× ~~Amtsgerichtsrat Sielaff~~
als beisitzende Richter,

- . -

als Schöffen,

~~Erster Staatsanwalt Heinrichs~~
als Beamter der Staatsanwaltschaft,

Justizobersekretär Orth
als Urkundsbeamter der Geschäftsstelle,

für Recht erkannt:

Der Angeklagte hat am 8. September 1944 unmittelbar nach einem Luftangriff aus dem Zigarrengeschäft Bok, das durch eine Sprengbombe schwer beschädigt war, 15 Päckchen Tabak, 80 Zigarren, 12 Tabakspfeifen, 19 Schachteln Zigaretten und 8 Rollen Kautabak geplündert. Er wird deshalb zum Tode verurteilt.

Die Ehrenrechte werden ihm für immer aberkannt.

[Bundesarchiv Berlin Bestand R 3001 Nr. IVg 13 66576/44]

Der Darmstädter Oberlandesgerichtspräsident Scriba in einem Bericht an das Reichsjustizministerium in Berlin vom 12. September 1942: Bei der Polizei sind etwa 60 Anzeigen wegen Plünderung eingegangen. An die Staatsanwaltschaft sind bis jetzt nur 3 Fälle gelangt, in denen weitere Erhebungen nötig sind. Anscheinend können die meisten Fälle mangels Ermittlung des Täters nicht weiterverfolgt werden. Gerichtlich geahndet wurden bisher 3 Plünderungsfälle. In einem Fall hat das Kriegsgericht der zuständigen Division in Wiesbaden die Strafsache einschließlich der beteiligten Zivilisten an sich gezogen. Der beteiligte Soldat ist vom Kriegsgericht zum Tode verurteilt worden, während die beiden Zivilisten freigesprochen wurden. Die übrigen zwei Straffälle sind durch das Sondergericht in Mainz abgeurteilt worden. Dabei ist der jugendliche Täter E. aus Mainz-Bretzenheim wegen Verbrechen gegen §§ 2 und 4 Volksschädlings-VO zu der nach dem Jugendgesetz zulässigen Höchststrafe von 10 Jahren Gefängnis verurteilt worden. Der Täter hatte in der Angriffsnacht bei der Bergung der Lagervorräte eines Lebensmittelgeschäfts aus dem brennenden Haus geringfügige Mengen und Werte von Lagerbeständen entwendet. Der Verhandlung habe ich beigewohnt; ich halte das Urteil mit Rücksicht auf die besonderen Tatumstände für angemessen.

Militärjustiz

[Tafel 20]

Wehrmachtjustiz I –
Wiedereinführung, Ideologie, Akteure

Am 12. Mai 1933 wurde die Militärgerichtsbarkeit wieder eingeführt. Sie war nach dem Ersten Weltkrieg aufgehoben worden, um rechtspolitisch den Weg für die Durchführung der so genannten Leipziger Prozesse zu ebnen. Dabei handelte es sich um die Prozesse, die 1921/22 vor dem Reichsgericht in Leipzig, der damals höchsten zivilen Rechtsinstanz Deutschlands, stattfanden. Angeklagt waren deutsche Militärangehörige, die nach Überzeugung alliierter Siegermächte während des Ersten Weltkriegs Kriegsverbrechen begangen hatten.

Das Gebäude des Reichskriegsgerichts in der Witzlebenstraße in Berlin. 1943 zog das Gericht nach Torgau um.

Die Prozesse, die unter erheblichem Druck der Alliierten zustande kamen, stießen in Deutschland auf großen Widerstand. Vor allem republikfeindliche Kräfte forderten vehement dazu auf, eine »Wiederholung so unwürdiger Vorgänge« zu verhindern. In diesem Sinne schrieb der Völkische Beobachter am 17. März 1931: *Dabei ist die Wiederherstellung einer besonderen Wehrgerichtsbarkeit, die den eigenen Lebensgesetzen des Soldatentums Rechnung trägt, nur ein Teil. Die Hauptarbeit liegt auch hier auf erzieherischem Gebiet. Das nationale Prinzip muss das Primat erhalten, und der deutsche Richter muss lernen, die Ehre und das Wohl seines Volkes unter allen Umständen höher zu bewerten als formaljuristische Bedenken und Triebfedern.*

Fort Zinna (Mitte) mit Zietenkaserne (Sitz des Reichskriegsgerichts ab 1943, links).
[Aufnahme vom 20. April 1945. © Luftbilddatenbank Wurzburg]

An der Spitze der wieder eingeführten Militärgerichtsbarkeit und damit an besonderer Stelle bei der unbedingten Verfechtung des »nationalen Prinzips« stand das am 1. Oktober 1936 gegründete Reichskriegsgericht. Ihm untergeordnet waren Oberkriegsgerichte und Kriegsgerichte. Mit Beginn des Zweiten Weltkriegs fiel dieser Instanzenzug jedoch weg. Kriegsgerichtliche Entscheidungen sollten nicht mehr mit Rechtsmitteln angefochten werden können. Erst- und zugleich letztinstanzliche Militärgerichte waren nunmehr allein das Reichskriegsgericht und die Kriegsgerichte, deren Zahl während des Kriegs auf ca. 1.000 ansteigen sollte. Die Urteile, die sie auswarfen, hießen Feldurteile oder Bordurteile.

> **II. Abschnitt**
> **Ausübung der Kriegsgerichtsbarkeit**
> § 4
> Organe der Rechtspflege
>
> (1) Die Kriegsgerichtsbarkeit üben aus:
> die Gerichtsherrn mit den ihnen zugewiesenen richterlichen Militärjustizbeamten unter der Bezeichnung „Gericht" mit Angabe der militärischen Dienststelle;
> und als erkennende Gerichte:
> die Feldkriegsgerichte,
> bei den schwimmenden Verbänden der Kriegsmarine die Bordkriegsgerichte,
> das Reichskriegsgericht.
> Die Urteile heißen Feld- oder Bordurteile.
>
> (2) Jede Handlung, die ein militärisches Gericht oder ein Untersuchungsführer oder der Vertreter der Anklage wegen der Tat gegen den Täter richtet, unterbricht die Verjährung (§ 68 des Strafgesetzbuchs).
>
> (3) Den Beurkundungsdienst versehen Urkundsbeamte.
>
> (4) Soweit es die Umstände erfordern und nicht ausdrücklich etwas anderes bestimmt ist (z. B. in §§ 9, 10, 83), können die richterlichen Militärjustizbeamten durch Offiziere, die Urkundsbeamten durch andere geeignete Personen ersetzt oder vertreten werden.

Regelungen in der KStVO zur Ausübung der Kriegsgerichtsbarkeit, zum Gerichtsherrn sowie zum Nachprüfungsverfahren.

> § 5
> Gerichtsherrn
>
> (1) Oberster Gerichtsherr der Wehrmacht ist der Führer und Reichskanzler.
>
> (2) Gerichtsherrn sind der Präsident des Reichskriegsgerichts und die Befehlshaber und Kommandeure, die der Chef des Oberkommandos der Wehrmacht oder die Oberbefehlshaber der Wehrmachtteile für ihren Befehlsbereich dazu bestimmen.
>
> (3) Bei Verhinderung des Gerichtsherrn gehen die Befugnisse auf den Stellvertreter im Kommando über. Den Vertreter des Präsidenten des Reichskriegsgerichts bestimmt der Chef des Oberkommandos der Wehrmacht.

> **F. Das Nachprüfungsverfahren.**
> **Aufhebung und Bestätigung**
>
> § 76
> Unanfechtbarkeit der Entscheidungen
>
> Die Entscheidungen des Kriegsverfahrens sind mit Rechtsmitteln nicht anfechtbar.
>
> § 77
> Nachprüfen der Urteile
>
> (1) Die Urteile unterliegen einer Nachprüfung, die zur Bestätigung oder Aufhebung führt.
>
> (2) Die Bestätigung macht die Urteile rechtskräftig und vollstreckbar.
>
> § 78

Eine besondere Stellung im Militärstrafverfahren hatte der Gerichtsherr. Oberster Gerichtsherr war Adolf Hitler, weitere Gerichtsherren waren der Präsident des Reichskriegsgerichts sowie Befehlshaber und Kommandeure der Wehrmacht, in der Regel im Rang eines Generals oder Admirals. Sie konnten die Durchführung eines gerichtlichen Verfahrens verfügen, Vertreter der Anklage bestimmen oder Richter berufen. Urteile mussten, damit sie rechtskräftig wurden, von ihnen bestätigt werden. Die Gerichtsherren hatten auch das Recht, ein Urteil zu mildern, zur Bewährung auszusetzen oder vollständig aufzuheben und ein neues Gericht zu berufen.

Auf diese Weise wurde die Militärgerichtsbarkeit trotz der richterlichen Unabhängigkeit in der Hauptverhandlung zu einem Bestandteil der militärischen Führung. Zusammen mit dem Gerichtsherrn versuchte sie sicherzustellen, dass die Wehrmacht ein möglichst gut funktionierendes Instrument der NS-Aggressionspolitik war. Wenn dabei durch den Kriegsverlauf angeblich bedingte Notwendig-

Wehrdienst als Hilfsarbeiter in der Expedition der Buch- und Kunstdruckerei Steyrermühl in Wien VI tätig.

Am 20.6.1942 wurde der Angeklagte zum Bau-Ers.Batl.17 in Engerau (Niederdonau) eingezogen und kam am 28.9.1942 zur 3./Bau-Pionier-Batl.129. Mit seiner Truppe war er als Bausoldat in verschiedenen Abschnitten der Ostfront unmittelbar hinter der Hauptkampflinie eingesetzt und hat öfters unter Feindbeschuß gearbeitet.

Nach der Beurteilung durch seinen Kompaniechef ist er geistig rege und besitzt eine schnelle Auffassungsgabe. Die ihm übertragenen Aufgaben hat er zur vollen Zufriedenheit gelöst und auch im Fronteinsatz seine Pflichten wie jeder seiner Kameraden erfüllt. Charakterlich wird er als kameradschaftlich, hilfsbereit, schweigsam, in sich verschlossen geschildert. Seine Führung wird als »vorzüglich« bezeichnet.

Von 1923 bis 1927 gehörte er der Sozialistischen Arbeiterjugend an und war anschließend bis zum Jahre 1932 Mitglied der Sozialdemokratischen Partei und des Republikanischen Schutzbundes, außerdem von 1924 bis 1934 der Freien Gewerkschaft seines Berufszweiges. Später trat er der Einheits-Gewerkschaft und der Vaterländischen Front bei. Nach einer Auskunft der Geheimen Staatspolizei wurde er am 11.1.1935 wegen illegaler sozialdemokratischer Betätigung mit 14 Tagen Arrest polizeilich bestraft und im Anschluß daran aus der Vaterländischen Front ausgeschlossen.

Von 1938 an war er Mitglied der Deutschen Arbeitsfront. Der Partei oder einer ihrer Gliederungen gehört er nicht an. Gerichtlich oder disziplinarisch ist er nicht vorbestraft.

II.

Der Angeklagte ist durch das am 18.4.1944 vom Gerichtsherrn bestätigte Urteil des Reichskriegsgerichts 2.Senat – vom 6.4.1944 wegen erschwerter Vorbereitung zum Hochverrat zu 3 Jahren Zuchthaus, zum Verlust der Wehrwürdigkeit und zum Ehrverlust auf die Dauer von 3 Jahren verurteilt worden. Dieses Urteil hat der Chef des OKH. aufgrund des Führererlasses über die Aufhebung rechtskräftiger Urteile von Wehrmachtgerichten vom 6.1.1942 mit Verfügung vom 25.11.1944 aufgehoben und eine nochmalige Hauptverhandlung vor dem Reichskriegsgericht angeordnet.

Die erneute Hauptverhandlung hat auf Grund der eigenen Angaben des Angeklagten, den auszugsweise verlesenen polizeilichen Aussagen des Bönisch und Haslauer vom 21. bzw. 27.10.1943 sowie der sonstigen in der Hauptverhandlung verwerteten Ergebnisse des Ermittlungsverfahrens folgenden Sachverhalt ergeben:

Ende 1940 oder spätestens Anfang 1941 lernte der Angeklagte bei der Firma Steyrermühl den dort gleichfalls in der Expedition als Hilfsarbeiter beschäftigten Karl Hodac kennen. Hodac war, was dem Angeklagten jedoch damals noch nicht bekannt war, Stadtleitungsmitglied der KPÖ. und ist am 25.9.1942 vom Volksgerichtshof wegen Vorbereitung zum Hochverrat und Zersetzung der Wehrkraft zum Tode verurteilt worden. Das Urteil ist vollstreckt.

204

Aufhebung eines Urteils
Passage aus einem Urteil des Reichskriegsgerichts vom
11. Januar 1945. Das erste Urteil wurde aufgehoben und der
Angeklagte schließlich zum Tode verurteilt.

Der Chef
des Oberkommandos der Wehrmacht
14 n 19 WR (II/7) Tgb.Nr. 926/42 g
[...]

Berlin W 35, den 26. September 1942.
Tirpitzufer 72-76
Fernsprecher: Ortsverkehr 21 81 91
Fernverkehr 21 80 91

Geheim
An
den Chef des Heeresjustizwesens - persönlich -
über
den Chef der Heeresrüstung und
Befehlshaber des Ersatzheeres
(mit einem Nebenabdruck)

Nachrichtlich:
an den
Oberbefehlshaber der Kriegsmarine,
den Reichsminister der Luftfahrt und
Oberbefehlshaber der Luftwaffe,
den Präsidenten des Reichskriegsgerichts.

 Der Führer hat bei der Berufung des Reichministers der Justiz darauf hingewiesen, daß zur Erfüllung der Aufgaben des Großdeutschen Reiches eine starke Rechtspflege erforderlich ist. Diese Parole gilt auch für die Justiz der Wehrmacht.
 Mit der Arbeit der Heeresjustiz im gegenwärtigen Schicksalskampf unseres Volkes bin ich im allgemeinen zufrieden. Sie hat ihre Aufgabe erkannt und ihren Teil dazu beigetragen, Zersetzungserscheinungen im Keime zu ersticken, die bei längerer Dauer eines Krieges unvermeidlich sind.
 Der Wechsel in der Stellung des Chefs des Heeresjustizwesens gibt mir jedoch Anlaß, im Auftrag des Oberbefehlshabers des Heeres Aufgaben und Stellung der Heeresjustiz noch einmal zu umreißen:
 Die militärische Strafrechtspflege ist ein Teil der gesamten Strafrechtspflege und hat mit mit ihr Fühlung zu halten. Darüber hinaus ist sie aber ein **Organ der militärischen Führung**. Ihre Hauptaufgabe ist die Aufrechterhaltung der Disziplin in der Wehrmacht. Die Erfüllung dieser Aufgabe geht allen anderen Interessen vor. Mitleid mit dem Einzelschicksal hat vor den harten Notwendigkeiten des Krieges zurückzutreten. Das unglückliche Ende des ersten Weltkrieges hat gezeigt, welche bedeutsamen Aufgaben der Rechtspflege vornehmlich in Kriegszeiten zugewiesen sind. Damit rede ich nicht einer Rechtspflege das Wort, die ein Menschenleben gering achtet.
[...]
 Besonderes Augenmerk ist der **Abfassung der Urteile** zu widmen. Ich verlange einen knappen und klaren Stil, der für die Truppe verständlich ist. Unnötige Länge schadet; sie verleitet dazu, sich mit Dingen zu befassen, die neben der Sache liegen und Anlaß zu Mißverständnissen geben. Takt ist auch in dieser Beziehung wichtiges Gebot.
[...]
 Nicht zuletzt setze ich als selbstverständlich voraus, daß der Richter jeden Ranges fest in der **nationalsozialistischen Weltanschauung** wurzelt und seine Arbeit danach ausrichtet. Dieses Gedankengut weiter zu vertiefen, ist eine Aufgabe, die ich dem Chef des Heeresjustizwesens besonders ans Herz lege. Die richtige Auswahl der Persönlichkeiten, die zu Heeresrichtern oder in verantwortlichen Stellen berufen werden, ständige Erziehung und entschlossene Steuerung der Rechtspflege schaffen die Grundlage für ein Richterkorps, das durch Haltung und Leistung hervorragt. Das Dienstalter allein gewährt keinerlei Anspruch auf Beförderung; besondere Bewährung wird aber von mir stets anerkannt und entsprechend gewürdigt werden.
[...]

gez. Keitel
Für die Richtigkeit:
Frerenz
Amtsrat

keiten mit Autoritätsgläubigkeit und/oder ideologischen Überzeugungen zusammen fielen, kam es häufig zu einer menschenverachtenden Radikalisierung.

Ohnehin schon harte Strafvorschriften wurden extensiv ausgelegt und die Urteilsfindung steuerte direkt auf die Verhängung der Höchststrafe zu. Insgesamt fällten die Gerichte der Wehrmachtjustiz ca. 30.000 Todesurteile, von denen etwa 20.000 vollstreckt wurden. (Rein rechnerisch entfielen damit auf jeden Wehrmachtrichter zehn verhängte und sieben vollstreckte Todesurteile.)

< [S. 572] Generalfeldmarschall Wilhelm Keitel, Chef des Oberkommandos der Wehrmacht, zur Bedeutung der militärischen Strafrechtspflege.

Wehrmachtjustiz II – Zuständigkeiten [Tafel 21]

Die personelle und materielle Zuständigkeit der Kriegsgerichte ergab sich in erster Linie aus dem Militärstrafgesetzbuch (MStGB), aus der Kriegsstrafverfahrensordnung (KStVO) und der Kriegssonderstrafrechtsverordnung (KSSVO). Die beiden letztgenannten Verordnungen verschärften das bestehende Militärstrafrecht und das dazugehörige Verfahrensrecht erheblich. Am 26. August 1939, kurz bevor mit dem Angriff auf Polen der Zweite Weltkrieg begann, traten sie in Kraft.

In personeller Hinsicht erstreckte sich die Wehrmachtjustiz im Wesentlichen auf zwei Personengruppen:
– auf Soldaten und Wehrmachtbeamte wegen aller Straftaten;
– auf alle anderen Personen, mithin auch auf Zivilisten und Ausländer, wegen einer Tat nach den §§ 2–5 KSSVO sowie wegen Hoch-, Landes- und Kriegsverrats.

In materieller Hinsicht waren die Gerichte der Wehrmachtjustiz folglich für alle Straftaten zuständig. Im Zentrum ihrer Tätigkeit stand jedoch die Befassung mit Taten nach §3 KSSVO (Freischärlerei), §5 KSSVO (Wehrkraftzersetzung), §§ 64, 69, 70 MStGB (unerlaubte Entfernung, Fahnenflucht) und nach den §§ 57, 59 und 60 MStGB (Kriegsverrat).

Bei Freischärlerei, das heißt bei der Teilnahme von Zivilisten an Kampfhandlungen oder Sabotageakten, sah die Verordnung die Todesstrafe vor. Zusätzlich konnte noch die Vermögenseinziehung angeordnet werden. Wehrkraftzersetzung, worunter eine Vielzahl einzelner Tatbestände wie zum Beispiel Kriegsdienstverweigerung, »defaitistische Äußerungen« oder »Selbstverstümmelung« subsumiert wurde, konnte mit einer Gefängnis- oder Zuchthausstrafe oder mit dem Tod bestraft werden. Bei der unerlaubten Entfernung – bis zu einem Tag Abwesenheit – und Fahnen-

Reichsgesetzblatt

Teil I

| 1939 | Ausgegeben zu Berlin, den 4. November 1939 | Nr. 218 |

Tag	Inhalt	Seite
1. 11. 39	Erste Verordnung zur Ergänzung der Kriegssonderstrafrechtsverordnung..	2131
1. 11. 39	Vierte Verordnung zur Durchführung und Ergänzung der Verordnung über das militärische Strafverfahren im Kriege und bei besonderem Einsatz...	2132
2. 11. 39	Zweite Verordnung zur Durchführung des Erlasses des Führers und Reichskanzlers über Gliederung und Verwaltung der Ostgebiete...........	2133

Erste Verordnung zur Ergänzung der Kriegssonderstrafrechtsverordnung.

Vom 1. November 1939.

Auf Grund des § 10 der Verordnung über das Sonderstrafrecht im Kriege und bei besonderem Einsatz (Kriegssonderstrafrechtsverordnung) vom 17. August 1938 (Reichsgesetzbl. 1939 I S. 1455) wird verordnet:

Artikel I

Hinter § 5 der Kriegssonderstrafrechtsverordnung wird folgende Vorschrift eingefügt:

„§ 5 a

Überschreitung des regelmäßigen Strafrahmens

Personen, die dem Kriegsverfahren unterliegen, sind wegen strafbarer Handlungen gegen die Mannszucht oder das Gebot soldatischen Mutes unter Überschreitung des regelmäßigen Strafrahmens mit Zuchthaus bis zu fünfzehn Jahren, mit lebenslangem Zuchthaus oder mit dem Tode zu bestrafen, wenn es die Aufrechterhaltung der Mannszucht oder die Sicherheit der Truppe erfordert."

Artikel II

§ 6 der Kriegssonderstrafrechtsverordnung erhält folgende Fassung:

„§ 6

Unerlaubte Entfernung, Fahnenflucht und Plünderung

I. Die §§ 64, 67, 70, 129 des Militärstrafgesetzbuchs sind in folgender Fassung anzuwenden:

§ 64

Wer unbefugt seine Truppe oder Dienststelle verläßt oder ihr fernbleibt und vorsätzlich oder fahrlässig länger als einen Tag abwesend ist, wird wegen unerlaubter Entfernung mit Gefängnis oder Festungshaft bis zu zehn Jahren bestraft. In minder schweren Fällen kann die Strafe bis auf vierzehn Tage geschärften Arrest ermäßigt werden.

§ 67

Freiheitsstrafe von einem Jahr bis zu zehn Jahren tritt ein, wenn die unbefugte Abwesenheit länger als drei Tage dauert.

§ 70

Bei Fahnenflucht ist auf Todesstrafe oder auf lebenslanges oder zeitiges Zuchthaus zu erkennen.

§ 129

(1) Wer im Felde unter Ausnutzung der Kriegsverhältnisse oder unter Mißbrauch der militärischen Überlegenheit

1. eine Sache eines Einwohners an sich nimmt oder jemandem abnötigt, um sie sich oder einem anderen rechtswidrig zuzueignen, oder

2. unbefugt Zwangsauflagen oder Beitreibungen vornimmt,

wird wegen Plünderung mit Gefängnis oder Festungshaft bestraft. Zugleich ist gegen Offiziere und Unteroffiziere auf Rangverlust zu erkennen.

oder mit Gefängnis oder Festungshaft bis zu zehn Jahren zu bestrafen. In minder schweren Fällen oder wenn die Verletzung der Dienstpflicht fahrlässig geschehen ist, tritt Freiheitsstrafe bis zu drei Jahren ein.

§ 63
Übergabe an den Feind

(1) Mit dem Tode wird bestraft:
1. der Kommandant eines festen Platzes, der ihn dem Feinde übergibt, ohne zuvor alle Mittel zur Verteidigung des Platzes erschöpft zu haben;
2. der Befehlshaber, der im Felde mit Vernachlässigung der ihm zu Gebote stehenden Verteidigungsmittel den ihm anvertrauten Posten verläßt oder dem Feinde übergibt;
3. der Befehlshaber, der auf freiem Felde kapituliert, wenn dies das Strecken der Waffen für die ihm untergebenen Truppen zur Folge gehabt und er nicht zuvor alles getan hat, was die Pflicht von ihm erfordert;
4. der Befehlshaber eines Schiffes der Kriegsmarine, der dieses oder seine Bemannung dem Feinde übergibt, ohne zuvor zur Vermeidung dieser Übergabe alles getan zu haben, was die Pflicht von ihm erfordert.

(2) In minder schweren Fällen des Abs. 1 Nrn. 2 und 3 tritt Zuchthaus, Gefängnis oder Festungshaft nicht unter fünf Jahren ein.

Dritter Abschnitt
Unerlaubte Entfernung und Fahnenflucht

Unerlaubte Entfernung

§ 64

Wer unbefugt seine Truppe oder Dienststelle verläßt oder ihnen fernbleibt und vorsätzlich oder fahrlässig länger als drei Tage, im Felde länger als einen Tag, abwesend ist, wird mit Gefängnis oder Festungshaft bis zu zehn Jahren bestraft. In minder schweren Fällen kann die Strafe bis auf vierzehn Tage geschärften Arrests ermäßigt werden.

§ 65

(1) Ebenso (§ 64) wird bestraft, wer im Felde es vorsätzlich oder fahrlässig unterläßt, binnen drei Tagen
1. sich der Truppe, von der er abgekommen ist, oder einer anderen Truppe wieder anzuschließen, oder
2. sich nach beendeter Kriegsgefangenschaft bei einem Truppenteil zu melden.

(2) Dasselbe gilt für den, der außerhalb der deutschen Hoheitsgrenzen von seiner Dienststelle abgekommen ist und es vorsätzlich oder fahrlässig unterläßt, sich bei ihr, bei einer anderen Dienststelle oder bei einer deutschen Behörde binnen drei Tagen zu melden.

§§ 66 bis 68
(weggefallen)

Fahnenflucht
§ 69

(1) Wer in der Absicht, sich der Verpflichtung zum Dienste in der Wehrmacht dauernd zu entziehen oder die Auflösung des Dienstverhältnisses zu erreichen, seine Truppe oder Dienststelle verläßt oder ihnen fernbleibt, wird wegen Fahnenflucht bestraft.

(2) Der Fahnenflucht steht es gleich, wenn der Täter in der Absicht seine Truppe oder Dienststelle verläßt oder ihnen fernbleibt, sich für die Dauer eines Krieges, kriegerischer Unternehmungen oder innerer Unruhen der Verpflichtung zum Dienste in der Wehrmacht überhaupt oder in den mobilen Teilen der Wehrmacht zu entziehen.

§ 70
Strafe für Fahnenflucht

(1) Die Strafe für Fahnenflucht ist Gefängnis nicht unter sechs Monaten.

(2) Wird die Tat im Felde begangen oder liegt ein besonders schwerer Fall vor, so ist auf Todesstrafe oder auf lebenslanges oder zeitiges Zuchthaus zu erkennen*).

---

*) Richtlinien des Führers und Obersten Befehlshabers der Wehrmacht für die Strafzumessung bei Fahnenflucht vom 14. April 1940:

I.

Die Todesstrafe ist geboten, wenn der Täter aus Furcht vor persönlicher Gefahr gehandelt hat oder wenn sie nach der besonderen Lage des Einzelfalles unerläßlich ist, um die Mannszucht aufrechtzuerhalten.
Die Todesstrafe ist im allgemeinen angebracht bei wiederholter oder gemeinschaftlicher Fahnenflucht und bei Flucht oder versuchter Flucht ins Ausland. Das gleiche gilt, wenn der Täter erheblich vorbestraft ist oder sich während der Fahnenflucht verbrecherisch betätigt hat.

II.

In allen anderen Fällen der Fahnenflucht muß unter Berücksichtigung der gesamten Umstände geprüft werden, ob Todesstrafe oder Zuchthausstrafe angemessen ist.
Eine Zuchthausstrafe wird in diesen Fällen im allgemeinen als ausreichende Sühne anzusehen sein, wenn jugendliche Unüberlegtheit, falsche dienstliche Behandlung, schwierige häusliche Verhältnisse oder andere nicht unehrenhafte Beweggründe für den Täter hauptsächlich bestimmend waren.

III.

Diese Grundsätze gelten auch für die Fälle, in denen das Ausbrechen aus einer Strafanstalt als Fahnenflucht anzusehen ist.

Oberkommando der Wehrmacht Berlin W 35, den 21.Dezember 1939.
14 n 16 WR (2) Tirpitzufer 72/76.
2113/39

An

den Oberbefehlshaber des Heeres,
den Chef der Heeresrüstung und
  Befehlshaber des Ersatzheeres,
den Oberbefehlshaber der Kriegsmarine,
den Reichsminister der Luftfahrt und
  Oberbefehlshaber der Luftwaffe,
den Präsidenten des Reichskriegsgerichts,
den Wehrmachtbevollmächtigten in Böhmen
  und Mähren, Prag.

Betr.: Kriegsstrafrechtspflege.

    Der Führer hat bei einer Besprechung über den neuen
§ 5a der Kriegssonderstrafrechtsverordnung folgende Gesichtspunkte entwickelt:
    Er halte grundsätzlich für bestimmte schwere Verfehlungen die ausschließliche Androhung der Todesstrafe im Gesetz für angemessen. Darunter rechne er unter anderem schwere Delikte gegen die Mannszucht, wenn sie geeignet seien, das innere Gefüge der Truppe zu zerstören, ferner Handlungen, die aus Feigheit begangen sind.
    Wenn die Durchführung dieses Gedankens bei der Vielgestaltigkeit der Fälle, die zur gerichtlichen Aburteilung kommen können, nicht ratsam sei, so sei es um so wichtiger, dass die Handhabung der Gesetze im Kriege in der richtigen Weise erfolge. Er sei der Meinung, dass im Kriege, und zwar schon am Anfang des Krieges, mit den härtesten Mitteln durchgegriffen werden müsse, um die Mannszucht innerhalb der Truppe zu erhalten und um jeden Versuch einer Feigheit von vorn herein zu unterdrücken. Wenn an der Front gerade die Besten ihr Leben für das Vaterland lassen müßten, könne niemand es verstehen, daß man zur gleichen Zeit Feiglinge und Saboteure in Zuchthäusern konserviere. Die Gerichtsherrn und Richter müßten berücksichtigen, daß größte Härte

                                                    gegen

[Bundesarchiv Zentralnachweisstelle, Aufruf zur Härte in der Wehrmachtjustiz
Kornelimunster, RH 14/30.
Hervorhebungen in der Vorlage]

gegen solche Elemente, staatspolitisch gesehen, die größte Milde sei; denn die abschreckende Wirkung, die von einer rücksichtslosen Anwendung der Todesstrafe strahle, werde viele hundert und tausend andere Soldaten daran hindern, den Versuchungen zu erliegen, die der mit sich bringe.

Der Chef des Oberkommandos der Wehrmacht
im Entwurf gez.: K e i t e l .

Oberkommando des Heeres   Berlin W 35, den 28. Dez.
(Ch H Rüst u. B d E)   Tirpitzufer 72/76.

B 14 g 15 HR III
2927/39

An
die Oberstkriegsgerichtsräte
der Dienstaufsichtsbezirke 1 - 4
mit Abdrucken für die Gerichte
des Ersatzheeres

Dienstaufsichtsbezirk 1 =	40 Abdr.
Dienstaufsichtsbezirk 2 =	25 "
Dienstaufsichtsbezirk 3 =	40 "
Dienstaufsichtsbezirk 4 =	20 "

Nachrichtlich an:
das Hauptamt SS-Gericht in München,
  Wagmüllerstr. 16 =   10 "
H R und Vorrat =   65 "
       zus. 200 Abdr.

A b d r u c k zur Kenntnis.
Den Gerichtsherrn ist Vortrag zu halten.

Im Auftrage
gez. B a r w i n s k i .

Für die Richtigkeit:
Piethammer
Ministerialregistrator.

flucht reichte der Strafrahmen von der Verhängung einer Arreststrafe bis zur Todesstrafe. Und Kriegsverrat, nach einer zeitgenössischen Kommentierung gleichzusetzen mit *dem Feind vorsätzlich Vorschub [zu] leisten oder der Kriegsmacht des Reiches vorsätzlich Nachteile [zu] bereiten,* wurde mit Zuchthaus oder dem Tod bestraft.

Im Laufe des Kriegs wurden die Kriterien für die Strafzumessung mehrfach geändert. Ziel war, das Strafmaß zu verschärfen und die Todesstrafe für eine Reihe von Tatbeständen zur Regelstrafe zu machen. So hieß es zum neu eingefügten §5a KSSVO, der mit »Überschreitung des regelmäßigen Strafrahmens« überschrieben war, in einem militärrechtlichen Kommentar zustimmend: *[E]r gestattet, ohne Rücksicht auf den Unrechtsgehalt der Grundtat (...) lediglich zur Aufrechterhaltung der Manneszucht oder zur Sicherheit der Truppe schwerste Strafe zu verhängen, mag damit der Täter auch härter bestraft werden, als es das Maß seiner persönlichen Schuld sonst erfordert hätte.*

Die derart konstruierten Strafzwecke der »Aufrechterhaltung der Manneszucht« und der »Sicherheit der Truppe« hatten noch in anderer Hinsicht eine verhängnisvolle und oft tödliche Wirkung.

Der unter maßgeblicher Beteiligung von Wehrmachtjuristen ergangene so genannte Kriegsgerichtsbarkeitserlass bestimmte, dass im Vernichtungskrieg gegen die Sowjetunion die Kriegsgerichtsbarkeit nur dann tätig werden sollte, wenn die »Aufrechterhaltung der Manneszucht« oder die »Sicherung der Truppe« es erforderten.

Im Klartext bedeutete dies: Der Krieg der Wehrmacht im Osten fand praktisch in einem rechtsfreien Raum statt. Erlaubt war alles, auch die Begehung von Verbrechen an der sowjetischen Zivilbevölkerung, solange Manneszucht oder Truppensicherheit nicht gefährdet waren. Jetzt jedoch wurde eine solche Gefährdung von den zuständigen Gerichtsherrn und Militärjuristen beinahe durchweg verneint.

Rudolf Lehmann, ehemals Generaloberstabsrichter und Chef der Rechtsabteilung des Oberkommandos der Wehrmacht, war wesentlich am Zustandekommen des Kriegsgerichtsbarkeitserlasses beteiligt. In einem Schreiben vom 9. Mai 1941 stellte er den »Vorzug« des Kriegsgerichtsbarkeitserlasses mit den Worten heraus: *Wenn wir nun schon einmal diesen Schritt tun, dann muss er auch ganz getan werden. Es besteht sonst die Gefahr, dass die Truppe die Sachen, die ihr unbequem sind, an die Gerichte abschiebt und dass so [...] das Gegenteil von dem eintritt, was erreicht werden soll.*

Rudolf Lehmann
[Stadtarchiv Nürnberg, A 65/III/RA-120-D]

Wehrmachtjustiz III – Urteilspraxis [Tafel 22]

Nach der Kriegsstrafverfahrensordnung (KStVO) war das Reichskriegsgericht zuständig in verschiedenen Strafvorschriften von in erster Linie staatspolitischer Bedeutung. Dazu zählten insbesondere Hoch-, Landes- und Kriegsverrat sowie Zersetzung der Wehrkraft, soweit letztere den eigentlich politischen Tatbestand des § 5 Abs. 1 Ziff. 1 KSSVO und die Eides- und Kriegsdienstverweigerung aus religiösen Gründen betraf.

Die Feldkriegsgerichte und die Bordkriegsgerichte waren zuständig für das Feldheer und die schwimmenden Verbände der Kriegsmarine, das heißt für Straftaten in einem engeren militärischen Kontext.

Das Reichskriegsgericht bestand aus drei, ab November 1941 aus vier Senaten. Die Senate entschieden in der Besetzung mit einem Senatspräsidenten, einem Kriegsgerichtsrat und drei Offizieren. Feldkriegsgerichte und Bordkriegsgerichte hatten drei Richter, einen richterlichen Militärjustizbeamten als Verhandlungsleiter und zwei Beisitzer, von denen einer Offizier sein und einen höheren Dienstgrad als der Angeklagte haben musste.

Einen Anspruch auf einen Verteidiger hatte ein Angeklagter lediglich in den Verfahren vor dem Reichskriegsgericht, und das auch nur bis Januar 1945. Danach war seine Verteidigung abhängig vom Ermessen des Gerichtsherrn beziehungsweise des Verhandlungsleiters, das heißt der Angeklagte war wie zuvor schon in den Verfahren vor den Feld- und Bordkriegsgerichten in der Regel auf sich selbst gestellt, auch wenn ihm eine langjährige Haft oder Todesstrafe drohte.

Admiral Max Bastian, von September 1939 bis zu seiner ehrenvollen Entlassung im November 1944 Präsident des Reichskriegsgerichts, meinte rückblickend zur Rechtsprechung des Gerichts, dass dessen Richter behutsam und verantwortungsvoll Recht gesprochen hätten. Bastian wörtlich: *Die persönliche innere Unabhängigkeit in der Urteilsfindung und -fällung blieb gewahrt [...] und jeder von ihnen wäre lieber in eine noch so schmerzliche Verbannung gegangen, als dass er sich in Gegensatz zu Eid, Gewissen und ethischen Grundsätzen gesetzt hätte.*

In scharfem Kontrast dazu stehen die Zahlen der Todesurteile. Eine interne Übersicht des Reichskriegsgerichts gibt für die Zeit vom 26. August 1939 bis zum 7. Februar 1945 insgesamt 1.049 vollstreckte Todesurteile an. Bis

Admiral Max Bastian, langjähriger Präsident des Reichskriegsgerichts

Reichskriegsgericht
StPL $\frac{\text{4. Sen. 83/43}}{\text{RKA I 334/43}}$

31

Im Namen des Deutschen Volkes!

Feldurteil

In der Strafsache gegen
  den Grenadier Adolf Zanker,
  Stammkompanie Grenadier-Ersatz- und Ausbildungs-Bataillon 14,
  geboren am 13. 2. 1910 in Gruibingen, Kreis Göppingen,
wegen Zersetzung der Wehrkraft
hat das Reichskriegsgericht, 4. Senat, in der Sitzung vom 2. Dezember 1943,
an der teilgenommen haben
  als Richter:
    Reichskriegsgerichtsrat Dr. Lattmann, Verhandlungsleiter,
    Generalleutnant Meissner,
    Generalmajor Dr. Grobholz,
    Oberst Sachs,
    Oberkriegsgerichtsrat Kaehler,
  als Vertreter der Anklage:
    Oberkriegsgerichtsrat Wodtke,
  als Urkundsbeamter:
    Reichskriegsgerichtsoberinspektor Frey,
ür Recht erkannt:
  Der Angeklagte wird wegen Verweigerung des Wehrdienstes zum
  ˉod, zum Verlust der Wehrwürdigkeit und zum dauernden Verlust der
  Ξhrenrechte verurteilt.
  Von Rechts wegen.

Gründe

Der bisher unbestrafte Angeklagte Adolf Zanker ist am 13. 2. 1910 in
ƒruibingen, Kreis Göppingen (Württemberg) als Sohn eines Landwirts
ƒeboren. Er ist verheiratet und hat zwei Töchter. Nach Besuch der
ƒolksschule arbeitete er auf dem väterlichen Anwesen und übernahm
s nach dem Tode seiner Eltern. Durch seine Mutter wurde er etwa im
ƒahre 1930 auf die „Lehre der Ernsten Bibelforscher" aufmerksam ge-
ƒacht, las die Bibel und deren Schriften und besuchte ihre Versamm-
ƒngen, bis diese verboten wurden. Auch seine Ehefrau ist Bibelforscherin.

53

[Otto GRITSCHNEDER, Furchtbare Juristen. Verbrecherische Todesurteile deutscher Kriegsgerichte. München 1998, S. 53 f.]

Todesurteil des RKG gegen Adolf Zanker wegen Kriegsdienstverweigerung aus religiösen Gründen

Im September 1943 erhielt der Angeklagte vom Wehrmeldeamt Göppingen einen Einberufungsbefehl zur Wehrmacht. Danach hatte er sich am 10. 9. 1943 beim Grenadier-Ersatz- und Ausbildungs-Bataillon 14 in Mülhausen/Elsaß zu melden. Er befolgte diesen Befehl und rückte ein. Am folgenden Tag übergab er jedoch dem Hauptfeldwebel seiner Kompanie eine bereits zu Hause verfaßte schriftliche Erklärung. In dieser lehnt er es auf Grund der Heiligen Schrift und als Christ ab, an einer militärischen Ausbildung mit Waffen teilzunehmen und eine Uniform anzulegen. Er beruft sich insbesondere auf das Gebot, daß man nicht töten solle. Diesen ablehnenden Standpunkt hat der Angeklagte beibehalten, insbesondere auch bei seiner Vernehmung durch den Untersuchungsführer des Reichskriegsgerichts und in der Hauptverhandlung. Er hat erklärt, er habe sich alles reiflich überlegt und sei sich über die Folgen seiner Haltung klar, wisse insbesondere, daß er mit Sicherheit die Todesstrafe zu erwarten habe, wenn er seinen Sinn nicht ändere.

Als 33jähriger Reichsdeutscher ist der Angeklagte wehrpflichtig. Er ist mit dem Tage seiner Einberufung Soldat geworden und als solcher verpflichtet, Wehrdienst in jeder von ihm verlangten Form zu leisten. Er ist sich auch, wie er zugibt, dieser Pflichten bewußt. Da er den Wehrdienst seit dem 11. 9. 1943 verweigert, hat er es vorsätzlich unternommen, sich der Erfüllung des Wehrdienstes ganz zu entziehen. Hieran ändert die Tatsache nichts, daß er sein Verhalten aus religiöser Überzeugung für geboten erachtet (§ 48 Militärstrafgesetzbuch). Bedenken, daß er für seine Taten nicht oder nicht voll verantwortlich ist, haben sich nicht ergeben. Der Angeklagte ist daher wegen Verbrechens gegen § 5 Absatz 1 Nummer 3 Kriegssonderstrafrechtsverordnung zu bestrafen.

Wer seinem Volk in schwerster Kriegszeit den Wehrdienst hartnäckig und unbelehrbar verweigert, kann nur zum Tod verurteilt werden. Der Senat hat darauf erkannt.

Die Verhängung der Ehrenstrafen beruht auf § 31 Nummer 1 Militärstrafgesetzbuch und § 32 Strafgesetzbuch.

Dr. Lattmann   Meissner   Sachs   Kaehler

zugleich für den beurlaubten General Dr. Grobholz

Kriegsende ist diese Zahl noch einmal deutlich angestiegen. Vollends als ein williges Instrument des NS-Staats erweist sich das Gericht, wenn zudem noch auf die Taten, die den Todesurteilen zugrunde lagen, abgestellt wird. Dazu zählten auch Verfahren wegen Vorbereitung zum Hochverrat.

Kriegsdienstverweigerung aus religiösen Gründen galt durchweg als ein besonders verwerflicher Fall der Wehrkraftzersetzung; harmlose, aus Mitleid oder Menschlichkeit erbrachte Unterstützungsleistungen wurden als Hochverrat oder Kriegsverrat gewertet; Urteile erfuhren im Nachprüfungsverfahren so lange eine Verschlimmerung, bis das gewünschte Ergebnis – die Todesstrafe – erreicht war. Die Zusammenarbeit mit dem Volksgerichtshof wurde als »ausgezeichnet« gerühmt.

Die Feld- und Bordkriegsgerichte, für die die Entscheidungen des Reichskriegsgerichts bindendes Recht waren, folgten dieser harten Linie nicht nur, sondern verschärften sie noch in vielen Fällen. Akte der Verzweiflung von Wehrmachtssoldaten wurden so zu todeswürdigen Verbrechen, unachtsames Verhalten zur verbrecherischen Sicherheitsgefährdung und Bagatelldelikte zu einem heimtückischen Anschlag auf den Wehrwillen und die immer wieder bemühte »Manneszucht«. Dieser brutalen Härte stand hingegen übergroße Nachsicht gegenüber, sobald tatsächliche Verbrechen an feindlichen Soldaten oder an der Zivilbevölkerung zur Verhandlung standen. Dann wurde die Schwere des Verbrechens ideologisch wegdefiniert oder ganz erheblich reduziert.

Die Wehrmachtjustiz war eine Willkürjustiz. Dieser Befund schließt nicht aus, dass es auch rechtlich vertretbare Entscheidungen gegeben hat. Im Ergebnis aber gilt: Wo nur zufällig und vereinzelt Recht gesprochen wurde, wurde letztlich kein Recht gesprochen.

> (Seite 583)
Todesurteil eines Feldkriegsgerichts gegen Karl Gerhold
In einem Zustand der Niedergeschlagenheit und Sorge um seine Familie hatte sich Karl Gerhold in die linke Hand geschossen.

Gericht
der 329. Infanterie-Division
St.P.L. Nr. 104/1943

Feldurteil
im Namen des Deutschen Volkes!

In der Strafsache gegen
    den Gefreiten Karl Gerhold
    3. Grenadier-Regiment 36,
geboren am 23. April 1913 in Ehlen, Kreis Wolfhagen
wegen Zersetzung der Wehrkraft (Selbstverstümmelung)
hat das am 12. April 1943 in Rußland
zusammengetretene Feldkriegsgericht,
an dem teilgenommen haben
    als Richter:
        Kriegsgerichtsrat Dr. Sinn als Verhandlungsleiter,
        Hauptmann Gladen, Division Nachschub Führer 329,
        Infanterie-Division,
        Gefreiter Koch, Stab 329. Infanterie-Division
    als Beisitzer,
    als Vertreter der Anklage:
        Leutnant Heubach, Nachrichtenabteilung 329,
    als Urkundsbeamter der Geschäftsstelle:
        Unteroffizier Ero,
    für Recht erkannt:
Der Angeklagte wird wegen Zersetzung der Wehrkraft (Selbstverstümmelung) *zum Tode verurteilt*. Es wird auf Verlust der Wehrwürdigkeit erkannt. Dem Angeklagten werden die bürgerlichen Ehrenrechte für dauernd aberkannt.

Gründe

Der Angeklagte ist am 23. 4. 1913 in Ehlen Kreis Wolfhagen geboren; er ist evangelisch und seit 1935 verheiratet; er hat ein Kind im Alter von sieben Jahren. Seine Eltern, die Bauerseheleute Heinrich und Luise Gerhold, sind Eigentümer eines Erbhofes in der Größe von 44 Morgen; die Ehefrau des Angeklagten hat in die Ehe 16 Morgen Grundbesitz eingebracht, die zusammen mit dem Erbhof bewirtschaftet werden. Bis Kriegsausbruch hat der Angeklagte, obwohl er den Hof noch nicht übernommen hatte, den Betrieb geführt; Dienstboten wurden keine gehalten. An Stelle des eingezogenen Angeklagten ist dem Betrieb nach dem Frankreichfeldzug ein französischer Kriegsgefangener zugewiesen worden, der noch heute dort arbeitet.

122

> Feldurteil!
> Im Namen des Deutschen Volkes!
> In der Strafsache gegen
> den technischen Kriegsverw.-Inspektor Alwin Gustav Hugo Weisheit, Führer der J-Staffel III./W. R. 52, geb. am 25. August 1904 in Floh/Schmalkalden,
> wegen Unterschlagung, Mißhandlung Untergebener u. a.
>
> hat das am 29. September 1942 in Pjatigorsk zusammengetretene Feldgericht, an dem teilgenommen haben
>
> als Richter
> Kriegsgerichtsrat Dittmann, Korück 531 als Verhandlungsleiter,
> Major Zabel, Stab/Pz. AOK. 1,
> KVOb.Insp. Eggert, Stab/Pz. AOK. 1
> als Vertreter der Anklage
> Oberstkriegsgerichtsrat Rittau, Stab/PZ. AOK 1
> als Urkundsbeamter der Geschäftsstelle:
> Heeresjustizoberinspektor Massmann, Korück 531
>
> für Recht erkannt:
> Der Angeklagte wird unter Freisprechung im übrigen wegen Totschlags, versuchter Notzucht in zwei Fällen, fortgesetzter Mißhandlung eines Untergebenen und wegen Tierquälerei zu einer Gesamtstrafe von
>
> > 2 — zwei — Jahren Gefängnis
>
> verurteilt,
> Zugleich wird auf Rangverlust erkannt,
>
> 248

[Ilse STAFF, Justiz im Dritten Reich. Frankfurt 1964, S. 248f.]

Feldurteil gegen Alwin Weisheit
Weisheit war verschiedener Taten angeklagt, für die er eine Gesamtstrafe erhielt. Für die Ermordung von 75 Juden (»bis herab zu 2 Jahren«) erhielt er lediglich eine Strafe von einem Jahr Gefängnis, für die Misshandlung seines Hundes jedoch eine dreimonatige Strafe.

Reichskriegsgericht
2. Senat
StPL (HLS) II 4/43
StPL (RKA) III 525/42

Geheime Kommandosache 3 Abschriften

Im Namen des Deutschen Volkes!

Feldurteil.

In der Strafsache gegen
1.) den Unteroffizier Heinz S t r e h l o w ,
2.) die Keramikerin Cato Bontjes van B e e k ,
3.) den Justierer Fritz T h i e l ,
4.) die Ehefrau Hannelore T h i e l ,
5.) den Schützen Friedrich R e h m e r ,
6.) die Schülerin Liane B e r k o w i t z ,
7.) den Gefreiten Prof. Dr. Werner K r a u ß ,
8.) die Studentin Ursula G ö t z e ,
9.) den Landesschützen Otto G o l l n o w

wegen Vorbereitung zum Hochverrat u.a.
hat das Reichskriegsgericht, 2. Senat, in der Sitzung 18. Januar 1943
auf Grund der mündlichen Hauptverhandlung vom 14., 15. und 18. Januar
1943, an der teilgenommen haben

als Richter:
  Senatspräsident Dr. Kraell, Verhandlungsleiter,
  General Mußhoff,
  Vizeadmiral Arps,
  Generalleutnant Bertram,
  Reichskriegsgerichtsrat Dr. Ernst,
als Vertreter der Anklage:
  Oberstkriegsgerichtsrat Dr. Roeder,
als Urkundsbeamter:
  Reichskriegsgerichtsoberinspektor Wagner,
für Recht erkannt:
  Es werden verurteilt:
1.) Der Unteroffizier Heinz S t r e h l o w und der Schütze Fritz
    R e h m e r wegen Vorbereitung zum Hochverrat und wegen Kriegs-
    verrats zum Tode, zum Verlust der Wehrwürdigkeit und zum dauern-
    den Verlust der bürgerlichen Ehrenrechte.

Feldurteil gegen Werner Krauss und andere

[Tafel 23]

STRAFVOLLZUG IM NATIONALSOZIALISMUS

Vom liberalen Strafvollzug zum »neuen Strafvollzug« und seinen Grundlagen

Der Strafvollzug war Teil der Diktatur des NS-Regimes. Mit dem Übergang der Hoheitsrechte der Länder auf das Reich war ab 1935 das Reichsjustizministerium für den Strafvollzug zuständig. Damit unterstanden ihm auf dem Gebiet des Deutschen Reiches 167 größere Vollzugsanstalten sowie zahlreiche kleinere Zuchthäuser, Gefängnisse und Gerichtsgefängnisse. Tausende von Männern und Frauen waren dort in der Zeit zwischen 1933 und 1945 inhaftiert.

Auf dem Territorium des heutigen Bundeslandes Hessen bestanden neben den Gerichtsgefängnissen folgende Zuchthäuser und Gefängnisse:
- Butzbach
  Gefängnis und Zuchthaus
- Kassel-Wehlheiden
  Zuchthaus
- Offenbach am Main
  Gefängnis
- Preungesheim Strafanstalt
  »Strafgefängnis und Frauenjugendgefängnis Preungesheim«
- Rockenberg
  Zuchthaus Marienschloß
- Ziegenhain
  Frauenzuchthaus
- Ziegenhain
  Zuchthaus und »Männersicherungsanstalt«

Mit der Machtübernahme durch die Nationalsozialisten erfuhren die Justizreformen der Weimarer Republik ein jähes Ende.

Wenige fortschrittliche Juristen und Verwaltungsbeamte hatten versucht, den von militärischem Drill bestimmten Gefängnisalltag der Kaiserzeit zu einem an Humanität und Besserungsgedanken orientierten Strafvollzug umzugestalten.

Unter der nationalsozialistischen Gewaltherrschaft wurden die in der Weimarer Republik entstandenen Reformansätze im Strafvollzug abgeschafft.

Dem Weimarer Strafvollzug wurde von der NS-Justiz vorgeworfen, dass er die Strafzwecke Erziehung und Besserung absolut gesetzt und damit dem Strafvollzug seinen eigentlichen Charakter als Strafe enthoben habe. In der Bevölkerung hätten die Gefängnisse den Ruf von Sanatorien gehabt, so Staatssekretär Roland Freisler 1933 in einer Denkschrift zum NS-Strafrecht. Die bisher vorhandene Rechtsstaatlichkeit im Strafvollzug wurde außer Kraft gesetzt.

»Sühnen soll der Rechtsbrecher, sich beugen unter der Rechtsordnung oder, wenn er nicht will, gebeugt werden«, war das neue Credo. Die Strafe zielte nicht mehr auf Besserung des Verurteilten durch Erziehung, sondern war nur noch Sühne für die begangene Tat und diente der Abschreckung potentieller Straftäter. Darüber hinaus wurde der »Schutz der Volksgemeinschaft« als Zweck der Strafe hervorgehoben.

Hans Frank, Bayerischer Justizminister und Präsident der Akademie fur Deutsches Recht, nannte 1937 als Motto für den »neuen Strafvollzug«: *Der Strafvollzug im nationalsozialistischen Staat wird streng und gerecht, aber im Einklang mit dem Volksgewissen durchzuführen sein. Er teilt sich in drei große Gebiete: Vernichtung des gemeinen Verbrechers, Strafe des straffällig Gewordenen und Erziehung des Besserungsfähigen.*

Die abschreckende Wirkung von Freiheitsstrafen wurde durch verschärfte Vollzugsbedingungen ab 1933 verstärkt.

Die Haftbedingungen in den Strafanstalten wurden durch Überbelegung, durch Senkung der Kosten für die

ND# Reichsgesetzblatt
Teil I

1933 — Ausgegeben zu Berlin, den 31. März 1933 — **Nr. 28**

Inhalt: Gesetz über Verhängung und Vollzug der Todesstrafe. Vom 29. März 1933 .... S. 151
Gesetz über Erteilung von Kreditermächtigungen. Vom 30. März 1933 .... S. 151
Verordnung über das Inkrafttreten des Artikels 6 der Notverordnung vom 23. März 1933. Vom 29. März 1933 .... S. 151
Verordnung zur Aufrechterhaltung von Vorschriften über die Höhe der Arbeitslosenunterstützung. Vom 30. März 1933 .... S. 152
Zweite Verordnung zur Änderung der Durchführungsbestimmungen zur Steuergutscheinverordnung. Vom 27. März 1933 .... S. 152

Gesetz über Verhängung und Vollzug der Todesstrafe. Vom 29. März 1933.

Die Reichsregierung hat das folgende Gesetz beschlossen, das hiermit verkündet wird:

§ 1

§ 5 der Verordnung des Reichspräsidenten zum Schutz von Volk und Staat vom 28. Februar 1933 (Reichsgesetzbl. I S. 83) gilt auch für Taten, die in der Zeit zwischen dem 31. Januar und dem 28. Februar 1933 begangen sind.

§ 2

Ist jemand wegen eines gegen die öffentliche Sicherheit gerichteten Verbrechens zum Tode verurteilt, so kann die Regierung des Reichs oder des Landes, durch deren Behörden das Urteil zu vollstrecken ist, anordnen, daß die Vollstreckung durch Erhängen erfolgt.

Berlin, den 29. März 1933.

Der Reichskanzler
Adolf Hitler

Für den Reichsminister der Justiz
Der Stellvertreter des Reichskanzlers
von Papen

Gesetz über Erteilung von Kreditermächtigungen. Vom 30. März 1933.

Die Reichsregierung hat das folgende Gesetz beschlossen, das hiermit verkündet wird:

§ 1

(1) Der Reichsminister der Finanzen wird ermächtigt, zur Finanzierung des voraussichtlichen Fehlbetrags des Rechnungsjahres 1932 bis zu 850 Millionen Reichsmark im Wege des Kredits zu beschaffen.

(2) Die dem Reichsminister der Finanzen durch § 6 des Gesetzes über Schuldentilgung und Kreditermächtigungen vom 12. Mai 1932 (Reichsgesetzbl. I S. 191) erteilte Ermächtigung, zur Aufrechterhaltung des Betriebes der Reichshauptkasse bis zu 600 Millionen Reichsmark im Wege des Kredits flüssig zu machen, gilt weiter.

§ 2

In § 1 des Gesetzes über Schuldentilgung und Kreditermächtigungen vom 12. Mai 1932 (Reichsgesetzbl. I S. 191) ist statt der Worte „daß der Kredit bis zum 15. November 1933 laufen darf" zu setzen: „daß der Kredit in Höhe von 430 Millionen Reichsmark über den 15. November 1933 hinaus laufen darf".

§ 3

§ 2 des Gesetzes über Schuldentilgung vom 23. Oktober 1930 (Reichsgesetzbl. I S. 467) und § 2 des Gesetzes über Schuldentilgung und Kreditermächtigungen vom 12. Mai 1932 (Reichsgesetzbl. I S. 191) werden dahin geändert, daß in den Haushaltsplan für das Rechnungsjahr 1933 100 Millionen Reichsmark zur Tilgung der schwebenden Schuld des Reichs einzusetzen sind.

§ 4

Das Gesetz tritt mit dem Tage seiner Verkündung in Kraft.

Berlin, den 30. März 1933.

Der Reichskanzler
Adolf Hitler
Der Reichsminister der Finanzen
Graf Schwerin von Krosigk

Verordnung über das Inkrafttreten des Artikels 6 der Notverordnung vom 23. März 1933. Vom 29. März 1933*).

Auf Grund der Zweiten Verordnung des Reichspräsidenten zur Förderung der Verwendung inländischer tierischer Fette und inländischer Futtermittel

*) Veröffentlicht im Deutschen Reichsanzeiger und Preußischen Staatsanzeiger Nr. 75 vom 29. März 1933.

(Vierzehnter Tag nach Ablauf des Ausgabetags: 14. April 1933)
Reichsgesetzbl. 1933 I

Zuchthaus Kassel-Wehlheiden
[JVA Kassel I; Stadtarchiv Kassel]

Postkarte Zuchthaus Kassel-Wehlheiden
[JVA Kassel I]

Ansicht Zuchthaus Butzbach
[JVA Butzbach]

Versorgung der Gefangenen und durch verstärkten Arbeitseinsatz verschärft; Gefangenenrechte wurden abgeschafft.

Zum Anstieg der Gefangenenzahlen trug insbesondere der Terror gegen politisch Andersdenkende bei, der seit 1933 vor allem gegen Kommunisten, Sozialdemokraten und Gewerkschafter ausgeübt wurde.

Auch die Justiz leistete nicht nur durch die ordentlichen Gerichte, sondern auch durch die Sondergerichte, den berüchtigten Volksgerichtshof und die politischen Senate bei den Oberlandesgerichten ihren Beitrag.

Mit ungeahnter Bereitschaft wurden auch bei geringfügigen, nicht politischen Straftaten lange Freiheitsstrafen verhängt.

Die Situation der Strafgefangenen im nationalsozialistischen Strafvollzug

[Tafel 24]

Das Reichsjustizministerium setzte bis April 1935 eine einheitliche Regelung für alle Länder durch.

Grundlage für den »neuen Strafvollzug« bildete die Strafvollzugsverordnung von 1934.

In dieser Verordnung wurden die Dienst- und Vollzugsvorschriften für den Strafvollzug vereinheitlicht. Sie bestimmten Sühne und Abschreckung zu den Vollzugszielen, wie beispielsweise in §48: *Durch die Verbüßung der Freiheitsstrafe sollen die Gefangenen das begangene Unrecht sühnen [...] Die Freiheitsentziehung ist so zu gestalten, daß sie für den Gefangenen ein empfindliches Übel ist und auch bei denen, die einer inneren Erziehung nicht zugänglich sind, nachhaltige Hemmungen gegenüber der Versuchung, neue strafbare Handlungen zu begehen, erzeugt.*

Eine weitere gesetzliche Grundlage für den Strafvollzug bildete u. a. das »Gesetz gegen gefährliche Gewohnheitsverbrechen und über Maßregeln der Sicherung und Besserung« vom 24. November 1933 (RGBl. I S. 995). Darin waren die Einführung der Sicherungsverwahrung (Art. 5 Nr. 2) und der Entmannung (Art. 2 Nr. 1a) geregelt.

Die Justiz arbeitete eng mit der Polizei und der Gestapo zusammen.

Von Beginn des NS-Regimes an hatte das Reichsjustizministerium außerrechtliche Maßnahmen der Polizei und der Gestapo unterstützt.

Dazu gehörte auch, dass Strafgefangene nach der Verbüßung ihrer Strafe der Gestapo übergeben, in »Schutzhaft« genommen und grundsätzlich in Konzentrationslager eingeliefert wurden.

Dies betraf bei hohen Strafen und in Fällen mehrerer Verhaftungen insbesondere die politischen Gefangenen.

Dasselbe Verfahren galt auch bei wegen Homosexualität verfolgten Männern. Waren ihnen mehrere Sexualkontakte vorgeworfen worden, so wurden sie kurz vor der anstehenden Entlassung der Gestapo gemeldet, dieser übergeben und in ein Konzentrationslager eingewiesen.

Allerdings gab es Unterschiede zu den Gefangenen in den Konzentrationslagern: Bei der Verbüßung von Freiheitsstrafen war eine gerichtliche Verurteilung vorausgegangen oder diese stand – im Falle der Untersuchungshäftlinge – noch aus. Jeder Gefangene in den Zuchthäusern und Ge-

Reichsgesetzblatt

Teil I

| 1934 | Ausgegeben zu Berlin, den 17. Mai 1934 | Nr. 53 |

Tag	Inhalt	Seite
14. 5. 34	Verordnung über den Vollzug von Freiheitsstrafen und von Maßregeln der Sicherung und Besserung, die mit Freiheitsentziehung verbunden sind	383
15. 5. 34	Verordnung zur Änderung der Verordnung über Bilanzierungserleichterungen für eingetragene Genossenschaften	389
16. 5. 34	Verordnung gegen Preissteigerungen	389

In Teil II Nr. 23, ausgegeben am 12. Mai 1934, ist veröffentlicht: Verordnung über die vorläufige Anwendung eines deutsch-ungarischen Notenwechsels über die Einfuhr von Schilfrohr. — Bekanntmachung über das deutsch-ungarische Luftverkehrsabkommen. — Bekanntmachung über den Schutz von Erfindungen, Mustern und Warenzeichen auf einer Ausstellung. — Bekanntmachung über ein Meistbegünstigungsabkommen zwischen Deutschland und Uruguay.
In Teil II Nr. 24, ausgegeben am 17. Mai 1934, ist veröffentlicht: Bekanntmachung über die Ratifikation des deutsch-finnischen Handelsvertrags.

Verordnung über den Vollzug von Freiheitsstrafen und von Maßregeln der Sicherung und Besserung, die mit Freiheitsentziehung verbunden sind.
Vom 14. Mai 1934.

Auf Grund des Artikels 5 des Ersten Gesetzes zur Überleitung der Rechtspflege auf das Reich vom 16. Februar 1934 (Reichsgesetzbl. I S. 91) wird folgendes verordnet:

Artikel 1
Reichsrechtliche Vollzugsgrundsätze

Bis ein Reichsgesetz erlassen und in Kraft getreten ist, das den Vollzug von Freiheitsstrafen und von Maßregeln der Sicherung und Besserung, die mit Freiheitsentziehung verbunden sind, regelt, gelten die von den Landesregierungen am 7. Juni 1923 vereinbarten Grundsätze für den Vollzug von Freiheitsstrafen — Reichsgesetzbl. II S. 263 — (Grundsätze von 1923) mit den in den Artikeln 2 und 3 dieser Verordnung enthaltenen Änderungen und Ergänzungen als reichsrechtliche Grundlage des Vollzugs.

Artikel 2
Änderung der Grundsätze von 1923

I

Strafanstaltsbeiräte

Im 1. Abschnitt wird der IV. Unterabschnitt (Strafanstaltsbeiräte, §§ 17 bis 23) gestrichen.

II

Ziele des Vollzugs der Freiheitsstrafen. Richtlinien für die Behandlung der Gefangenen

Die §§ 48 und 49 erhalten folgende Fassung:

§ 48

Durch die Verbüßung der Freiheitsstrafe sollen die Gefangenen das begangene Unrecht sühnen.

Die Freiheitsentziehung ist so zu gestalten, daß sie für die Gefangenen ein empfindliches Übel ist und auch bei denen, die einer inneren Erziehung nicht zugänglich sind, nachhaltige Hemmungen gegenüber der Versuchung, neue strafbare Handlungen zu begehen, erzeugt.

Die Gefangenen sind zu Zucht und Ordnung anzuhalten, an Arbeit und Pflichterfüllung zu gewöhnen und sittlich zu festigen.

§ 49

Die Ziele des Strafvollzugs sind mit Ernst und gerechter Strenge zu verfolgen. Unnötige Härten sind dabei zu vermeiden. Das Ehrgefühl der Gefangenen ist zu wecken, zu schonen und zu stärken.

Nr. 70 — Tag der Ausgabe: Berlin, den 5. Juli 1935   841

Gemeingefahr bedeutet eine Gefahr für Leib oder Leben, sei es auch nur eines einzelnen Menschen, oder für bedeutende Sachwerte, die in fremdem Eigentum stehen oder deren Vernichtung gegen das Gemeinwohl verstößt.

§ 316

Wer fahrlässig eine der im § 315 Abs. 1 bezeichneten Taten begeht, wird mit Gefängnis nicht unter einem Monat bestraft.

Wer fahrlässig eine der im § 315 Abs. 2 bezeichneten Taten begeht, wird mit Gefängnis bis zu drei Jahren oder mit Geldstrafe bestraft.

2. Die §§ 319, 320, 322 und 323 des Strafgesetzbuchs werden gestrichen.

3. Im § 321 des Strafgesetzbuchs werden die Worte „, oder in schiffbaren Strömen, Flüssen oder Kanälen das Fahrwasser stört" gestrichen.

4. Im § 5 der Verordnung des Reichspräsidenten zum Schutze von Volk und Staat vom 28. Februar 1933 (Reichsgesetzbl. I S. 83) wird der Absatz 1 gestrichen.

5. Im § 1 Nr. 3 des Gesetzes zur Abwehr politischer Gewalttaten vom 4. April 1933 (Reichsgesetzbl. I S. 162) werden die Verweisung „315 Abs. 2, §" sowie die Worte „Beschädigung von Eisenbahnanlagen," gestrichen.

6. Der § 33 des Luftverkehrsgesetzes vom 1. August 1922 (Reichsgesetzbl. I S. 681) wird gestrichen.

Artikel 5
Beschimpfung der NSDAP

Hinter § 134a des Strafgesetzbuchs wird als § 134b folgende Vorschrift eingefügt:

§ 134b

Wer öffentlich die NSDAP, ihre Gliederungen, ihre Hoheitszeichen, ihre Standarten oder Fahnen, ihre Abzeichen oder Auszeichnungen beschimpft oder böswillig und mit Überlegung verächtlich macht, wird mit Gefängnis bestraft.

Die Tat wird nur auf Anordnung des Reichsministers der Justiz verfolgt, der die Anordnung im Einvernehmen mit dem Stellvertreter des Führers trifft.

Artikel 6
Unzucht zwischen Männern

1. § 175 des Strafgesetzbuchs erhält folgende Fassung:

§ 175

Ein Mann, der mit einem anderen Mann Unzucht treibt oder sich von ihm zur Unzucht mißbrauchen läßt, wird mit Gefängnis bestraft.

Bei einem Beteiligten, der zur Zeit der Tat noch nicht einundzwanzig Jahre alt war, kann das Gericht in besonders leichten Fällen von Strafe absehen.

2. Hinter § 175 des Strafgesetzbuchs wird als § 175a folgende Vorschrift eingefügt:

§ 175a

Mit Zuchthaus bis zu zehn Jahren, bei mildernden Umständen mit Gefängnis nicht unter drei Monaten wird bestraft:

1. ein Mann, der einen anderen Mann mit Gewalt oder durch Drohung mit gegenwärtiger Gefahr für Leib oder Leben nötigt, mit ihm Unzucht zu treiben oder sich von ihm zur Unzucht mißbrauchen zu lassen;

2. ein Mann, der einen anderen Mann unter Mißbrauch einer durch ein Dienst-, Arbeits- oder Unterordnungsverhältnis begründeten Abhängigkeit bestimmt, mit ihm Unzucht zu treiben oder sich von ihm zur Unzucht mißbrauchen zu lassen;

3. ein Mann über einundzwanzig Jahre, der eine männliche Person unter einundzwanzig Jahren verführt, mit ihm Unzucht zu treiben oder sich von ihm zur Unzucht mißbrauchen zu lassen;

4. ein Mann, der gewerbsmäßig mit Männern Unzucht treibt oder von Männern sich zur Unzucht mißbrauchen läßt oder sich dazu anbietet.

3. Der bisherige § 175 des Strafgesetzbuchs wird unter Streichung der Worte „zwischen Personen männlichen Geschlechts oder" als § 175b eingefügt.

Artikel 7
Schutz vor Waldbränden

1. Hinter § 310 des Strafgesetzbuchs wird als § 310a folgende Vorschrift eingefügt:

§ 310a

Wer Wald-, Heide- oder Moorflächen durch verbotenes Rauchen oder Anzünden von Feuer, durch ungenügende Beaufsichtigung angezündeten Feuers, durch Fortwerfen brennender oder glimmender Gegenstände oder in sonstiger Weise in Brandgefahr bringt, wird mit Gefängnis bis zu drei Monaten und mit Geldstrafe oder mit einer dieser Strafen bestraft.

2. Im § 310 des Strafgesetzbuchs werden die Worte „tritt Straflosigkeit ein" durch die Worte ersetzt „wird er nicht wegen Brandstiftung bestraft".

3. Im § 368 Nr. 6 des Strafgesetzbuchs werden die Worte „an gefährlichen Stellen in Wäldern oder Heiden, oder" gestrichen.

»Verordnung über den Vollzug von Freiheitsstrafen und von Maßregeln der Sicherung und Besserung, die mit Freiheitsentziehung verbunden sind« vom 14. Mai 1934

[RGBl. I, S. 383]

Strafanstalt Diez

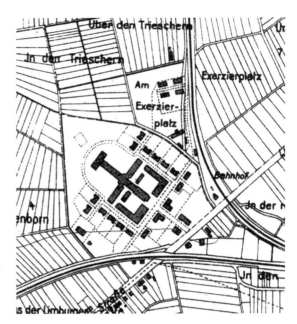

Schreiben Freisler zum Arbeitseinsatz
von Gefangenen

[aus: Zum Strafvollzug 1933–1945 und seiner
Vorgeschichte in der Weimarer Republik.
Quellen und Materialien der Dokumentations-
und Forschungsstelle Justiz im Nationalsozialismus, Recklinghausen o.J, S. 26e]

Reichsminister der Justiz　　　Berlin W.8, den 29.Januar 1941.
III III s 1 145.　　　　　　　　Wilhelmstrasse 65.

Beschäftigung von pol.Strafgefangenen mit
kriegs-und wehrwirtschaftlich wichtigen Arbeiten.

Bezug zu meiner RV. vom 23.7.1937
4533 - III s 1 946 -.

Politische Strafgefangene müssen wie alle anderen Gefangenen mit kriegs-und wehrwirtschaftlich wichtigen Arbeiten
beschäftigt werden. Doch dürfen eingefleischte Staatsfeinde
nicht zu Arbeiten herangezogen werden,bei denen sich für
sie eine Gelegenheit zur Verübung von Sabotageakten bieten
kann. Auch bestehen keine Bedenken,politische Gefangene für
kriegs- und wehrwirtschaftlich wichtige Arbeiten ausserhalb der
Anstalt, z.B.in Tongruben, Stein-und Kalkbrüchen beim Strassen-,
Schienen-und Autobahnbau, zu verwenden,wenn die Unterbringung jede Berührungsmöglichkeit mit anderen Personen aus-
schliesst und sichere Überwachung gewährleistet ist.Dabei sind
möglichst Arbeitskolonnen zu bilden,die ausschliesslich aus
politischen Gefangenen bestehen.Den Staatspolizeileitstellen,
die das Vorverfahren durchgeführt haben,bitte ich von jedem
Falle der Heranziehung von politischen Gefangenen zu kriegs-
und wehrwirtschaftlich wichtigen Aussenarbeiten Mitteilung zu
machen,wenn es sich nicht um bloße Mitläufer handelt.
　　　　　　　　　　In Vertretung:
　　　　　　　　　　gez.Dr.Freisler.
An 1)die Herren Generalstaatsanwälte, 2. den Herrn Beauftragten
des Reichsministers der Justiz für die Straf.Gef.Lager im Emsland.

> Der Kommunist Emil Carlebach berichtete in seiner 1988 erschienenen Autobiographie über seinen Aufenthalt im Gefängnis in Hameln 1934/35:
> Für mich war Hameln eine Erleichterung. Solange ich bei SA und Gestapo war, konnte ich jeden Moment totgeschlagen oder mindestens gefoltert werden. Die Strafjustiz, die Justiz, d. h. die Herren Richter und Staatsanwälte, waren inzwischen alle Naziverbrecher geworden. [...] Aber im Strafvollzug hat sich dies kaum ausgewirkt. Da lief alles, so wie vorher auch, bürokratisch, primitiv, menschenunwürdig, aber nicht lebensgefährlich.
> Emil Carlebach, »Am Anfang stand ein Doppelmord«. Kommunist in Deutschland, Autobiographie Band 1 (bis 1937), Köln 1988.

Emil Carlebach
* 10. Juli 1914 in Frankfurt am Main
† 9. April 2001.

fängnissen kannte seinen Entlassungstag. In den Strafvollzugsanstalten herrschten klare und strikte Regeln – insbesondere vor dem Krieg. Die Gefangenen hatten den Anspruch, für ihre Arbeitsleistung entlohnt zu werden. Es waren Besuche von Angehörigen möglich. Freizeitaktivitäten (Lesen, Spielen) konnte nachgegangen werden. Gewalttätige Angriffe auf Gefangene gehörten nicht zwangsweise zur Tagesordnung.

Trotzdem darf man nicht vergessen, dass es sich um Freiheitsentzug handelte und ein mehrjähriger Zuchthausaufenthalt keine Bagatelle darstellt. Zudem gab es Hierarchien unter den Gefangenen. Politische Häftlinge hatten es besonders schwer, vor allem was den Arbeitszwang anbelangt.

Arbeitseinsatz und Strafvollzug [Tafel 25]

Da der nationalsozialistische Strafvollzug als »Krieg gegen die Verbrecherwelt« (Hans Frank) angesehen wurde, wurde das Leben in den Gefängnissen und Zuchthäusern ab 1933 immer härter.

Politische Gefangene beschrieben den harten Umgangston der Strafvollzugsbediensteten, tätliche Übergriffe, Demütigungen und strenge Disziplinarmaßnahmen. Entsprechend den Forderungen nach einem strengeren und eng disziplinierten Strafvollzug galt als Leitbild der gehorsame, saubere, fleißige Gefangene. Verstöße gegen die »Hausordnung« wurden streng bestraft.

Die Verschärfung der Haftbedingungen traf insbesondere die Gefangenen, die zu Zuchthausstrafen verurteilt worden waren. Sie hatten besondere Kleidung zu tragen, sie durften keine Tageszeitung beziehen, ihre Arbeitszeit

Blick in eine Drei-Mann-Zelle des Zuchthauses in Butzbach
[JVA Butzbach]

betrug 10 Stunden, sie durften nur alle drei Monate Besuche empfangen und alle zwei Monate Briefe schreiben.

Der enorme Anstieg der Gefangenenzahlen nach 1933 bewirkte eine Überbelegung der Anstalten. Die Folgen waren knappe, einfachste Ernährung, unzureichende ärztliche und medizinische Betreuung, schlechte Arbeitsbedingungen zur Ausbeutung der Arbeitskraft der Gefangenen. Unter anderem stieg die Zahl der Arbeitskommandos außerhalb der Strafanstalten.

Ab September 1944 waren fast neunzig Prozent der Häftlinge, darunter 73.000 Ausländer, im Arbeitseinsatz für die Rüstungsindustrie tätig.

Nach 1939 führte die wachsende Überbelegung zur weiteren Verschlechterung der Verhältnisse. Durch die sich daraus ergebende mangelnde einfachste Hygiene kam es zum Auftreten von Ungeziefer, das wegen fehlender finanzieller Mittel nicht ausreichend bekämpft werden konnte.
Dadurch drohten Seuchen, unter anderem das gefürchtete Fleckfieber. Zudem wurden die Lebensmittelrationen verringert.
Bei allen Häftlingen herrschte ständig Hunger: viele verstarben an Tuberculose. Bei Luftangriffen mussten die Häftlinge in ihren abgeschlossenen Zellen bleiben und waren so völlig ungeschützt den Bomben ausgesetzt.

KZ-Gefangene beim Räumen von Bombenschäden
[Staatsarchiv Bremen 4,77/1-2485]

BEISPIEL: ALLENDORF – HEUTE STADTALLENDORF

Ab 1942 kamen Zuchthausgefangene in den Sprengstoffwerken im hessischen Allendorf im Lager Falkenhahn zum Einsatz.

Im Mai 1942 wurde das Lager Falkenhahn mit 100 polnischen Strafgefangenen eröffnet. Im September 1942 waren im Lager 72 Strafgefangene untergebracht. Für die Monate Januar bis August 1944 schwankte die Zahl der männlichen und weiblichen Strafgefangenen zwischen ca. 69 und 329 Menschen.

Im März 1944 waren 79 polnische Strafgefangene für Erdarbeiten unter anderem bei den Entwässerungsanlagen eingesetzt. 41 deutsche männliche und 32 weibliche Zuchthausgefangene waren mit der Herstellung von Granaten

[Staatsarchiv Marburg Best. 251 Ziegenhain Acc. 1984 Nr.41]

und Sprengstoffen beschäftigt, 6 Polen arbeiteten als Metallfacharbeiter.

Zur gleichen Zeit beantragte die Verwert-Chemie – eine der Betreiberfirmen der Allendorfer Sprengstoffwerke – die Zuweisung von weiteren 200 weiblichen Zuchthausgefangenen für die Munitionsanfertigung. Die Aufnahmekapazität des Lagers Falkenhahn betrug im März 1944 500 Personen.

Ihre Anzahl betrug mit Stichtag 10. Mai 1944: 88 Männer und 35 Frauen. Am 12. April 1944 erließ der Reichsminister der Justiz, dass auch weibliche Gefängnisinsassen mit Strafen über drei Monaten zur Arbeit eingesetzt werden sollten.

Daraufhin beantragte der Generalstaatsanwalt in Kassel bei den Generalstaatsanwälten in Danzig, Hamburg, Braunschweig und Oldenburg Ende April 1944 die Zuführung von weiblichen Gefangenen.

Gegen Ende des Krieges wurde nochmals eine Ausdehnung der zum Arbeitseinsatz bestimmten Personengruppen vorgenommen. So forderte der Generalstaatsanwalt in Kassel am 24. Februar 1945 das Landgerichtsgefängnis Marburg auf, weibliche Gefangene mit einem Strafrest von mehr als einem Monat in das Lager Allendorf zu überführen.

Das Treppenhaus im Zuchthaus Butzbach

[JVA Butzbach]

1
Abschrift.

Der Generalstaatsanwalt   Kassel, den 4. März 1942
443 Sieg.-I- 2.351

Vermerk.

    Im Anschluss an den letzten Absatz des Erlasses des Reichsministers der Justiz vom 24. Februar 1942 (III a 2 625/42) betr. Einsatz von polnischen Gefangenen wurde am 2. März 1942 mit der Leitung der Deutschen Sprengstoff-AG. in Allendorf fernmündlich eine Besprechung der notwendigen Vorfragen auf den 3.3.1942 im Hauptverwaltungsgebäude des Werkes Allendorf vereinbart. Diese Besprechung hat stattgefunden. Auf ihr wurde mit dem eiltenden Direktor von Hörmann die z.Zt. ersichtlichen Einzelfragen erörtert, die anschliessend auch mit Verwaltungsoberinspektor Lömker und Strafanstaltsinspektor Schwedes von der Männersicherungsanstalt in Ziegenhain besprochen wurden. Es ist nämlich beabsichtigt, den Einsatz der 100 polnischen Strafgefangenen für das Werk in Allendorf verwaltungsmässig gleichsam als Aussenarbeitskommando der Anstalt in Ziegenhain anzugliedern und die weiteren vorbereitenden Massnahmen den beiden Beamten der Anstalt vorläufig zu übertragen.

    I). Von der Werksleitung aus wurde erklärt, dass zunächst die Frage geprüft werden müsse, ob von der zuständigen Abwehrstelle aus keine Bedenken gegen den Arbeitseinsatz der polnischen Strafgefangenen auf dem Allendorfer Werk geltend gemacht werden. Dieserhalb findet am Donnerstag, den 5.3.1942 eine Besprechung der Werksleitung mit der zuständigen Abwehrnebenstelle Giessen statt, über deren Ergebnis vom Werk sofort fernmündlich nach hier Mitteilung gegeben werden wird. Ich selbst werde mit der Abwehrstelle in Kassel (Hauptmann Staab) ebenfalls fernmündlich Fühlung aufnehmen.

    II) Stellung des Aufsichtspersonals.

    In dem Erlass ist gesagt, dass zur Bewachung von je 100 Gefangenen 3 Aufsichtskräfte des Strafvollzugsdienstes und 10 Mann zusätzliches Bewachungspersonal vorgesehen sind. Das Werk stellt das zusätzliche Bewachungspersonal.

    Wie sich bei der Besprechung ergab, ist das Werk in Allendorf nicht in der Lage, diese 10 Mann zusätzliches Bewachungspersonal aus seinem Personalbestand zu stellen. Andere geeignete Kräfte als die Werkselbstschutzkräfte würden ohnehin nicht vorhanden sein. Der Werkschutz, der 16 km. Werkaussengrenze zu überwachen hat ohne die Bewachung innerhalb dieser Grenze, müsste den bestehenden Anforderungen entsprechend etwa 150 Mann stark sein. Er ist aber in der letzten Zeit durch Einberufung usw. auf 83 Mann vermindert worden, ohne dass Möglichkeiten zur Neuauffüllung gegeben oder ersichtlich sind,

[Staatsarchiv Marburg Best. 251 Ziegenhain
Acc. 1984 Nr.41]

Todesurteile und Vollstreckung [Tafel 26]

Zwischen 1933 und 1945 wurden mehr als 16.000 Todesurteile vollstreckt.

In über 40 Gesetzen und Verordnungen waren Tatbestände enthalten, die mit der Todesstrafe bedroht waren. So wurde bereits 1933 beispielsweise in folgenden Gesetzen die Todesstrafe angedroht:
- Verordnung des Reichspräsidenten zum Schutz von Volk und Staat vom 28. Februar 1933 (RGBl. I S. 83.)
- Verordnung des Reichspräsidenten zur Abwehr heimtückischer Angriffe gegen die Regierung der nationalen Einheit vom 21. März 1933 (RGBl. I S. 135.)
- Gesetz über Verhängung und Vollzug der Todesstrafe vom 29. März 1933 (RGBl. I S. 151.)
- Gesetz zur Gewährleistung des Rechtsfriedens vom 13. Oktober 1933 (RGBl. I S. 723.)

Während des Zweiten Weltkrieges wurden vermehrt Todesurteile verhängt, unter anderem
- aufgrund der Verordnung über das Sonderstrafrecht im Kriege und bei besonderem Einsatz – Kriegsstrafrechtsverordnung – vom 17. August 1938 (RGBl. I 1939 S. 1455.)
- der Verordnung gegen Volksschädlinge vom 5. September 1939 (RGBl. I S. 1679.)
- und der Verordnung über die Strafrechtspflege gegen Polen und Juden in den eingegliederten Ostgebieten vom 4. Dezember 1941 – Polenstrafrechtsverordnung – (RGBl. I S. 759.)

Zunächst fand die Vollstreckung der Todesstrafe durch Enthauptung statt. Die Vollstreckung konnte durch Handbeil oder durch Fallbeil erfolgen. Ab April 1933 wurde die Vollstreckung durch Erhängen als zusätzliche Hinrichtungsart eingeführt. Durch eine weitere Rundverfügung des Reichsjustizministeriums vom 28. Dezember 1936 wurde die Vollstreckung ausschließlich durch das Fallbeil angeordnet.

Als Begründung wurde angeführt, dass diese Hinrichtungsart einen geringeren körperlichen Kraftaufwand erfordere und außerdem zahlreiche Hinrichtungen hintereinander ermögliche.

Das Fallbeil war 4,80 Meter hoch. Beim Vollzug raste der Schlitten unter lautem Getöse ca. 2,90 Meter nach unten und trennte mit einem glatten Schnitt den Kopf, der in einen Korb fiel, vom Körper. Der Vorgang dauerte vom Anschnallen des Körpers bis zum Tod meist weniger als eine Minute.

Die Scharfrichter erhielten jährlich 3.000 Reichsmark als feste Vergütung und pro Hinrichtung bis zu 65 Reichsmark.

Nr. 112 — Tag der Ausgabe: Berlin, den 13. Oktober 1933   **723**

S. 1205) enthalten ist, so findet der § 4 der genannten Verordnung mit der Maßgabe entsprechende Anwendung, daß die Frist zur Anrufung des Reichswirtschaftsgerichts nicht vor dem 28. Februar 1934 endet.

Ist das Reich nach Beginn des schiedsgerichtlichen Verfahrens zurückgetreten, so hat es die durch dieses Verfahren entstandenen Kosten zu tragen.

§ 3

Die Vorschriften der §§ 1 und 2 finden auf Vereinbarungen der Länder über die schiedsgerichtliche Erledigung privatrechtlicher Streitigkeiten entsprechende Anwendung. Sie gelten ferner entsprechend für Verträge, die ein Dritter im Auftrage oder für Rechnung des Reiches oder eines Landes abgeschlossen hat, sofern dem Vertragsgegner bei Abschluß des Vertrages das Innenverhältnis zwischen dem Dritten und dem Reiche oder dem Lande bekannt war.

Soweit nach Abs. 1 ein Land beteiligt ist, hat die im § 1 bestimmten Befugnisse die oberste Landesfinanzbehörde.

Berlin, den 10. Oktober 1933.

Der Reichskanzler
Adolf Hitler

Der Reichsminister der Justiz
Dr. Gürtner

Der Reichsminister der Finanzen
Graf Schwerin von Krosigk

Gesetz zur Gewährleistung des Rechtsfriedens.
Vom 13. Oktober 1933.

Die Reichsregierung hat das folgende Gesetz beschlossen, das hiermit verkündet wird:

§ 1

(1) Mit dem Tode oder, soweit nicht bisher eine schwerere Strafe angedroht ist, mit lebenslangem Zuchthaus oder mit Zuchthaus bis zu fünfzehn Jahren wird bestraft:

1. wer es unternimmt, einen Richter oder einen Staatsanwalt oder einen mit Aufgaben der politischen, Kriminal-, Bahn-, Forst-, Zoll-, Schutz- oder Sicherheitspolizei betrauten Beamten oder einen Angehörigen der Wehrmacht oder der Sturmabteilungen (einschließlich des Stahlhelms) oder der Schutzstaffeln der N. S. D. A. P., einen Amtswalter der N. S. D. A. P. oder einen Angehörigen des Deutschen Luftsportverbandes aus politischen Beweggründen oder wegen ihrer amtlichen oder dienstlichen Tätigkeit zu töten, oder wer zu einer solchen Tötung auffordert, sich erbietet, ein solches Erbieten annimmt oder eine solche Tötung mit einem anderen verabredet;

2. wer es unternimmt, einen Schöffen oder Geschworenen wegen seiner Tätigkeit als Schöffe oder Geschworener oder einen Zeugen oder Sachverständigen wegen einer von ihm in Erfüllung seiner Zeugen- oder Sachverständigenpflicht gemachten Bekundung zu töten, oder wer zu einer solchen Tötung auffordert, sich erbietet, ein solches Erbieten annimmt oder eine solche Tötung mit einem anderen verabredet;

3. wer im Ausland eine Druckschrift, durch die der Tatbestand des Hochverrats (§§ 81 bis 86 des Strafgesetzbuchs) begründet wird, herstellt, verbreitet oder zum Zwecke der Verbreitung bereithält oder sonst ein Verbrechen des Hochverrats begeht;

4. wer es unternimmt, eine der in Nr. 3 bezeichneten Druckschriften in Kenntnis ihres hochverräterischen Inhalts zum Zwecke der Verbreitung in das Inland einzuführen, oder wer eine solche Druckschrift nach ihrer Einführung im Inland verbreitet oder wer sonst ein im Ausland begangenes Verbrechen des Hochverrats im Inland fördert.

(2) Die Vorschriften des § 86a des Strafgesetzbuchs über Einziehung und Unbrauchbarmachung finden entsprechende Anwendung.

§ 2

Mit Zuchthaus bis zu fünf Jahren wird bestraft, wer es unternimmt, in das Inland in der Absicht der Verbreitung zu staatsgefährdenden Zwecken eine Druckschrift einzuführen, durch die der äußere Tatbestand

1. eines nach dem Gesetz gegen die Neubildung von Parteien vom 14. Juli 1933 (Reichsgesetzbl. I S. 479) strafbaren Verbrechens oder

2. einer nach den §§ 110 bis 112 des Strafgesetzbuchs strafbaren Aufforderung oder Anreizung oder

3. einer nach § 3 der Verordnung des Reichspräsidenten zur Abwehr heimtückischer Angriffe gegen die Regierung der nationalen Erhebung vom 21. März 1933 (Reichsgesetzbl. I S. 135) strafbaren Lügenmeldung

begründet wird.

Reichsgesetzblatt

Teil I

| 1939 | Ausgegeben zu Berlin, den 26. August 1939 | Nr. 147 |

Tag	Inhalt	Seite
17. 8. 38	Verordnung über das Sonderstrafrecht im Kriege und bei besonderem Einsatz (Kriegssonderstrafrechtsverordnung)	1455
17. 8. 38	Verordnung über das militärische Strafverfahren im Kriege und bei besonderem Einsatz (Kriegsstrafverfahrensordnung — KStVO)	1457
19. 9. 38	Erste Verordnung zur Durchführung der Verordnung über das militärische Strafverfahren im Kriege und bei besonderem Einsatz	1477
26. 9. 38	Zweite Verordnung zur Durchführung und Ergänzung der Verordnung über das militärische Strafverfahren im Kriege und bei besonderem Einsatz	1479
11. 8. 39	Dritte Verordnung zur Durchführung und Ergänzung der Verordnung über das militärische Strafverfahren im Kriege und bei besonderem Einsatz	1482
26. 8. 39	Verordnung über das Inkrafttreten der Verordnung über das Sonderstrafrecht im Kriege und bei besonderem Einsatz und der Verordnung über das militärische Strafverfahren im Kriege und bei besonderem Einsatz	1482

Verordnung
über das Sonderstrafrecht im Kriege und bei besonderem Einsatz
(Kriegssonderstrafrechtsverordnung).
Vom 17. August 1938.

Kriegssonderstrafrecht

§ 1
Das sachliche Strafrecht

(1) Für alle Personen, die dem Militärstrafgesetzbuch unterworfen sind, gilt auch das Strafgesetzbuch für das Deutsche Reich.

(2) Auf diese Personen ist das für sie geltende Strafrecht auch dann anzuwenden, wenn sie die Tat im Ausland begehen.

Sondertatbestände

§ 2
Spionage

(1) Wegen Spionage wird mit dem Tode bestraft, wer heimlich oder unter falschem Vorwand in dem Kriegsgebiet der deutschen oder einer verbündeten Wehrmacht Nachrichten einzieht oder einzuziehen sucht in der Absicht, sie dem Feinde oder zu dessen Nutzen einem anderen mitzuteilen. Daneben kann auf Einziehung des Vermögens erkannt werden.

(2) Keine Spione sind:

1. Militärpersonen in Uniform, die in das Kriegsgebiet der deutschen oder einer verbündeten Wehrmacht eingedrungen sind, um sich Nachrichten zu verschaffen.

2. Personen, die den ihnen erteilten Auftrag, Mitteilungen an ihre eigene oder an die feindliche Wehrmacht zu überbringen, offen ausführen.

3. Personen, die in Luftfahrzeugen befördert werden, um offen:

   a) Mitteilungen zu überbringen oder

   b) überhaupt Verbindungen zwischen den verschiedenen Teilen der feindlichen Wehrmacht oder eines Gebietes aufrechtzuerhalten.

(3) Ein Spion, der zur feindlichen Wehrmacht zurückgekehrt ist und später gefangengenommen wird, ist als Kriegsgefangener zu behandeln und kann für frühere Spionage nicht verantwortlich gemacht werden.

(4) Abs. 2 und 3 gelten nicht für Deutsche und die Angehörigen eines verbündeten Volkes oder einer verbündeten Wehrmacht.

§ 3
Freischärlerei

(1) Wegen Freischärlerei wird mit dem Tode bestraft, wer, ohne als Angehöriger der bewaffneten feindlichen Macht durch die völkerrechtlich vorgeschriebenen äußeren Abzeichen der Zugehörigkeit erkennbar zu sein, Waffen oder andere Kampfmittel

Bis Ende des Krieges verwendete Guillotinen
[Süddeutscher Verlag – sz-photo-Archiv]

Die Angehörigen der Hingerichteten mussten eine »Kostenrechnung« bezahlen. Die Staatsanwaltschaft forderte für jeden Hafttag 1,50 Reichsmark, für die Hinrichtung 300 Reichsmark und für das Porto zur Übersendung der »Kostenrechnung« 12 Pfennig.

Der Scharfrichter Johann Baptist Reichhart (* 1895 – † 1972)
[Süddeutscher Verlag – sz-photo-Archiv]

Von den vollstreckten Todesurteilen wurden ca. 3.000 von Johann Baptist Reichhart vollzogen.
Er war Scharfrichter aus München, arbeitete in ganz Deutschland und in Österreich vor und während der Nazidiktatur.
Die Geschwister Sophie und Hans Scholl – die bekannten Mitglieder der Widerstandsgruppe Weiße Rose – wurden von Reichhart hingerichtet.
Die anderen beiden bekannten Henker im »Dritten Reich« waren Wilhelm Röttger (Berlin) und Wilhelm Reindel (Magdeburg).

ERBGESUNDHEITSGESETZ [Tafel 27]

Nationalsozialistisches Denken in Rechtsprechung, Gesetzgebung und Justizverwaltung

Am 1. Januar 1934 trat das im Reichsministerium des Innern unter Leitung von Medizinalreferent Arthur Gütt ausgearbeitete »Gesetz zur Verhütung erbkranken Nachwuchses« vom 14. Juli 1933 in Kraft. Bei Durchführung und Umsetzung der Vorstellungen vom neuen Menschen griff das NS-Regime auf eine Institution mit langer Tradition zurück: die Justiz.

Die Idee einer qualitativen Bevölkerungspolitik war keine Erfindung der Nationalsozialisten; auf den sozialdarwinistischen Ideen aufbauende rassenhygienische Diskurse wurden nach dem Ersten Weltkrieg – nicht nur in Deutschland – verstärkt geführt. Bereits 1923 hatte sich Karl Bonhoeffer, Ordinarius und Direktor der Psychiatrischen Klinik der Charité in Berlin, für die »Aufbesserung der genischen Erbwerte des Volkes« und die Unfruchtbarmachung »geistig Minderwertiger« ausgesprochen und eingesetzt. Ein 1932 entstandener Entwurf des Preußischen Landesgesundheitsrats bildete die Grundlage des NS-Gesetzes.

Erklärtes Ziel des Erbgesundheitsgesetzes war es, als minderwertig definierte Menschen von der Fortpflanzung auszuschließen, zugleich aber die Zahl der als hochwertig Bezeichneten zu vermehren. Auf der Grundlage eines Kataloges an Erbkrankheiten konnte die Sterilisation beantragt werden: angeborener Schwachsinn, Schizophrenie, zirkuläres (manisch-depressives) Irresein, erbliche Fallsucht, erblicher Veitstanz (Huntingtonsche Chorea), erbliche Blindheit, erbliche Taubheit, schwere körperliche Missbildung und schwerer Alkoholismus.

Im heutigen Bundesland Hessen bestanden insgesamt drei Erbgesundheitsobergerichte in Darmstadt, Frankfurt/M. und Kassel mit den Erbgesundheitsgerichten (EGG) in Darmstadt, Gießen und Offenbach, in Frankfurt/M., Limburg und Wiesbaden sowie in Hanau, Kassel und Marburg. Die EGG waren den jeweiligen Amtsgerichten angegliedert und setzten sich zusammen aus einem Amtsrichter als Vorsitzendem, einem beamteten Arzt und einem weiteren approbierten Arzt, der mit der Erbgesundheitslehre besonders vertraut war. Die Verfahren waren grundsätzlich nicht

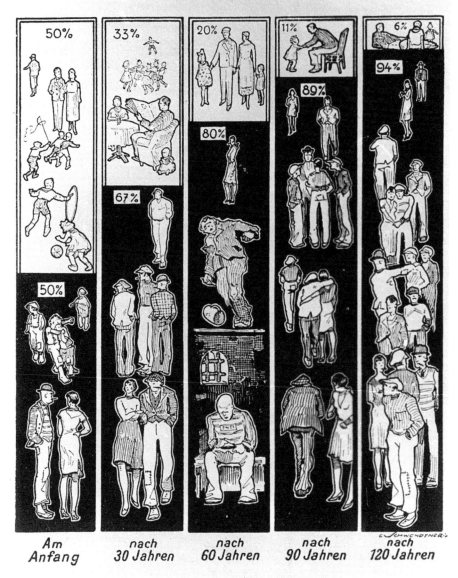

Sammlung von wichtigen Gesetzesabdrucken und Verordnungen von Reich und Staat

Erscheinen jeweilig für den Handgebrauch sofort nach Veröffentlichung in den Gesetzblättern.
Preis der Einzelnummer RM 0,15, bei regelmäßigem Bezug RM 0,10.
Verlag von J. Meincke (Louis Heuferſche Buchdruckerei), Neuwied a. Rh. / Fernſpr. 2992.

Verordnung zur Ausführung des Geſetzes zur Verhütung erbkranken Nachwuchſes.

Vom 5. Dezember 1933. — Reichsgeſetzbl. S. 1021/1022.

Auf Grund des § 17 des Geſetzes zur Verhütung erbkranken Nachwuchſes vom 14. Juli 1933 (Reichsgeſetzbl. I S. 529 — Sammlg. Nr. 6638 —) wird hiermit verordnet:

Artikel 1

(zu § 1 Abſ. 1, 2 des Geſetzes).

Die Unfruchtbarmachung ſetzt voraus, daß die Krankheit durch einen für das Deutſche Reich approbierten Arzt einwandfrei feſtgeſtellt iſt, mag ſie auch nur vorübergehend aus einer verborgenen Anlage ſichtbar geworden ſein.

Der Antrag auf Unfruchtbarmachung ſoll nicht geſtellt werden, wenn der Erbkranke infolge hohen Alters oder aus anderen Gründen nicht fortpflanzungsfähig iſt, oder wenn der zuſtändige Amtsarzt beſcheinigt hat, daß der Eingriff eine Gefahr für das Leben des Erbkranken bedeuten würde, oder wenn er wegen Anſtaltsbedürftigkeit in einer geſchloſſenen Anſtalt dauernd verwahrt wird. Die Anſtalt muß volle Gewähr dafür bieten, daß die Fortpflanzung unterbleibt. Ein fortpflanzungsfähiger Erbkranker, der in einer geſchloſſenen Anſtalt verwahrt wird, darf nicht entlaſſen oder beurlaubt werden, bevor der Antrag geſtellt und über ihn entſchieden iſt.

Die Unfruchtbarmachung ſoll nicht vor Vollendung des zehnten Lebensjahres vorgenommen werden.

Die Unfruchtbarmachung erfolgt in der Weiſe, daß ohne Entfernung der Hoden oder Eierſtöcke die Samenſtränge oder Eileiter verlegt, undurchgängig gemacht oder durchgetrennt werden.

Artikel 2

(zu § 2 Abſ. 2).

Wird der Antrag von dem geſetzlichen Vertreter geſtellt, ſo iſt ärztlich zu beſcheinigen, daß dieſer über das Weſen und die Folgen der Unfruchtbarmachung aufgeklärt worden iſt.

Für die Beſcheinigung iſt der Vordruck Anlage 1*) zu verwenden.

Dem Unfruchtbarzumachenden oder ſeinem geſetzlichen Vertreter iſt ein Merkblatt nach Vordruck Anlage 2*) auszuhändigen.

Artikel 3

(zu §§ 3, 4).

Als beamtete Ärzte im Sinne des Geſetzes gelten
a) der örtlich zuſtändige Amtsarzt (Kreisarzt, Bezirksarzt uſw.) und ſein Stellvertreter,
b) der Gerichtsarzt und ſein Stellvertreter für die von ihnen amtlich unterſuchten Perſonen.

Strafanſtalten im Sinne des Geſetzes ſind Anſtalten, in denen Strafgefangene oder Unterſuchungsgefangene untergebracht oder in denen mit Freiheitsentziehung verbundene Maßregeln der Sicherung und Beſſerung vollzogen werden. Als Pflegeanſtalten gelten auch Fürſorgeerziehungsanſtalten.

Iſt der Anſtaltsleiter nicht ſelbſt Arzt, ſo bedarf ſein Antrag auf Unfruchtbarmachung der Zuſtimmung des leitenden Anſtaltsarztes.

Wird einem approbierten Arzt in ſeiner Berufstätigkeit eine Perſon bekannt, die an einer Erbkrankheit (§ 1 Abſ. 1, 2) oder an ſchwerem Alkoholismus leidet, ſo hat er dem zuſtändigen Amtsarzt hierüber nach Vordruck Anlage 3*) unverzüglich Anzeige zu erſtatten. Die gleiche Verpflichtung haben ſonſtige Perſonen, die ſich mit der Heilbehandlung, Unterſuchung oder Beratung von Kranken befaſſen. Bei Inſaſſen von Anſtalten trifft den Anſtaltsleiter die Anzeigepflicht.

Hält der beamtete Arzt die Unfruchtbarmachung für geboten, ſo ſoll er dahin wirken, daß der Unfruchtbarzumachende ſelbſt oder ſein geſetzlicher Vertreter den Antrag ſtellt. Unterbleibt dies, ſo hat er ſelbſt den Antrag zu ſtellen.

Für den Antrag iſt der Vordruck Anlage 4*); für das nach § 4 Satz 2 des Geſetzes zu erſtattende ärztliche Gutachten von beamteten Ärzten der Vordruck Anlage 5*) zu verwenden.

Artikel 4

(zu §§ 6 bis 10, 16).

Die oberſten Landesbehörden können die Befugnis zur Beſtellung der Mitglieder der Erbgeſundheitsgerichte und der Erbgeſundheitsobergerichte anderen Stellen übertragen. Die Beſtellung erfolgt auf die Dauer von mindeſtens einem Jahre.

Soweit nicht in dem Geſetz oder in dieſer Verordnung etwas anderes beſtimmt iſt, finden auf das Verfahren vor den Erbgeſundheitsgerichten und den Erbgeſundheitsobergerichten die Vorſchriften des Reichsgeſetzes über die Angelegenheiten der freiwilligen Gerichtsbarkeit entſprechende Anwendung.

Das Erbgeſundheitsgericht und das Erbgeſundheitsobergericht können nach Anhörung des beamteten Arztes die Unterbringung des Unfruchtbarzumachenden in einer geeigneten Krankenanſtalt bis zur Dauer von ſechs Wochen anordnen.

Verordnung zur Ausführung des Gesetzes zur Verhütung erbkranken Nachwuchses vom 5. Dezember 1933

öffentlich und die Beschlussfassung erfolgte nach mündlicher Beratung mit Stimmenmehrheit.

Ausgangspunkt eines Sterilisationsverfahrens bildete eine Anzeige bzw. die Meldung Erbkranker beim Amtsarzt. Auf die Anzeige erfolgte der Antrag auf Unfruchtbarmachung beim EGG, in dessen Bezirk die betroffene Person ihren Gerichtsstand hatte. Der schriftliche Beschluss wurde dem Betroffenen, dem zuständigen Amtsarzt und dem Antragsteller zugestellt. Über eine mögliche Beschwerde entschied das Erbgesundheitsobergericht, dessen Entscheidung dann endgültig war. In vorgeschriebener Frist musste sich der Betroffene in einer vorgegebenen Klinik vorstellen. Über die erfolgte Unfruchtbarmachung stellte der ausführende Arzt dem Amtsarzt einen schriftlichen Bericht zu.

Die bis 1939 gerichtlich angeordneten und durchgeführten Zwangssterilisationen beliefen sich auf ca. 380.000 bis 400.000; mit Kriegsausbruch sollten nur noch bei besonders großer Fortpflanzungsgefahr Neuanträge auf Unfruchtbarmachung gestellt werden. Bis Kriegsende kamen so nochmals ca. 60.000 Sterilisationen hinzu. An den vorgenommenen Eingriffen starben bis zu 6.000 Frauen und etwa 600 Männer. Heute leben noch weniger als 50.000 unmittelbar Betroffene.

Vor allem in der katholischen Kirche regte sich Widerstand gegen das Gesetz. In einem an den Reichsminister des Innern gerichteten Brief betonte Adolf Kardinal Bertram in seiner Eigenschaft als Vorsitzender der Fuldaer Bischofskonferenz im September 1933, dass die »kirchliche« Lehre sich nicht in Gegensatz zu den hohen Zielen der

[Hessisches Hauptstaatsarchiv Wiesbaden Abt. 3008/1 Nr. 1012]

Busse der »Gemeinnützigen Krankentransport GmbH« (Gekrat) mit verhängten Fenstern
Die Gekrat organisierte mit den »Grauen Bussen« den Transport kranker und behinderter Menschen zu den festgelegten Tötungsanstalten im Reich.

Schulungsblätter der NSDAP im Rhein-Main-Gebiet

Gründer: F. H. Woweries, M. d. R.
Herausgeber: NSDAP, Gauleitung Hessen-Nassau / Hauptschriftleiter: Willi Ruder, Gauschulungsleiter, Frankfurt a. M., Gutleutstraße 8–12 (Adolf-Hitler-Haus); Fernruf 30381
Postscheckkonto: NS-Briefe, Frankfurt a. M. 8051 / Der Nachdruck ist nur mit ausdrücklicher Genehmigung gestattet

4. Jahrgang
Folge 44 / März 1936

Warum Rassen- und Bevölkerungspolitik?

Ein Staat, der im Zeitalter der Rassenvergiftung sich der Pflege seiner besten rassischen Elemente widmet, muß eines Tages zum Herrn der Welt werden.
Adolf Hitler, „Mein Kampf", Schlußwort.

Der völkische Staat hat die Rasse in den Mittelpunkt des allgemeinen Lebens zu setzen. Er hat für ihre Reinerhaltung zu sorgen. Er hat das Kind zum kostbarsten Gut seines Volkes zu erklären. Er muß dafür Sorge tragen, daß nur wer gesund ist, Kinder zeugt; daß es nur eine Schande gibt: bei eigener Krankheit und eigenen Mängeln dennoch Kinder in die Welt zu setzen, doch eine höchste Ehre: darauf zu verzichten. Umgekehrt aber muß es als verwerflich gelten, gesunde Kinder der Nation vorzuenthalten. Der Staat muß dabei als Wahrer einer tausendjährigen Zukunft auftreten, der gegenüber der Wunsch und die Eigensucht des einzelnen als nichts erscheinen und sich zu beugen haben. Er hat die modernsten ärztlichen Hilfsmittel in den Dienst dieser Erkenntnis zu stellen. Er hat, was irgendwie ersichtlich krank und erblich belastet ist und damit weiter belastet ist, zeugungsunfähig zu erklären und dies praktisch auch durchzusetzen. Er hat umgekehrt dafür zu sorgen, daß die Fruchtbarkeit des gesunden Weibes nicht beschränkt wird durch die finanzielle Luderwirtschaft eines Staatsregiments, das den Kindersegen zu einem Fluch für die Eltern gestaltet. Er hat mit jener faulen, ja verbrecherischen Gleichgültigkeit, mit der man heute die sozialen Voraussetzungen einer kinderreichen Familie behandelt, aufzuräumen und muß sich an Stelle dessen als oberster Schirmherr dieses köstlichen Segens eines Volkes fühlen. Seine Sorge gehört mehr dem Kinde als dem Erwachsenen.

Wer körperlich und geistig nicht gesund und würdig ist, darf sein Leid nicht im Körper seines Kindes verewigen. Der völkische Staat hat hier die ungeheuerste Erziehungsarbeit zu leisten. Sie wird aber dereinst auch als eine größere Tat erscheinen, als die siegreichsten Kriege unseres heutigen bürgerlichen Zeitalters sind. Er hat durch Erziehung zu belehren, daß es keine Schande, sondern nur ein bedauernswertes Unglück ist, krank und schwächlich zu sein, daß es aber ein Verbrechen und daher zugleich eine Schande ist, dieses Unglück durch eigenen Egoismus zu entehren, indem man es unschuldigen Wesen wieder aufbürdet; daß es demgegenüber von einem Adel höchster Gesinnung und bewundernswertester Menschlichkeit zeugt, wenn der unschuldig Kranke, unter Verzicht auf ein eigenes Kind, seine Liebe und Zärtlichkeit einem unbekannten armen, jungen Sprossen seines Volkstums schenkt, der in seiner Gesundheit verspricht, dereinst ein kraftvolles Glied einer kraftvollen Gemeinschaft zu werden.
Adolf Hitler, „Mein Kampf", S. 447/48.

Eugenik stellt, *soweit diese mit sittlich erlaubten Mitteln erstrebt werden. Das gesetzlich vorgesehene Mittel der Sterilisierung lehne sie aber ab als schwere Verletzung des naturgegebenen Rechtes fruchtbarer Ehebetätigung, als Verstoß gegen das unabänderliche natürliche Sittengesetz.*

Im September 1945 geißelten die Besatzungsmächte das Erbgesundheitsgesetz zwar als NS-Unrecht und setzten es außer Kraft, hoben es jedoch nicht auf. Folglich kam es in den Besatzungszonen und den einzelnen Ländern zu unterschiedlichen Vorgehensweisen. Mit der Verordnung vom

Mit der Folge 44 der im März 1936 als Schulungsblätter der NSDAP im Rhein-Main-Gebiet publizierten »NS-Briefe« befasste sich unter der Federführung des Rassenpolitischen Amtes der NSDAP/Gau Hessen-Nassau mit dem Thema »Warum Rassen- und Bevölkerungs-Politik?«

Abschrift

Wg. 234/35

18.II.36.

Beschluss.

In der Erbgesundheitssache K ö n i g
wegen Unfruchtbarmachung
werden dem Sachverständigen Professor Dr. Kleist in
Frankfurt a.M. für die in seiner Rechnung vom 21.1.36 /
29.1.36 aufgeführten Leistungen folgende Stundensätze festgesetzt:

a) Für Aktenstudium und Diktat zus. 3 Stunden je 3 RM.

b) Für Untersuchungen und für Ausarbeitung des Gutachtens zus. 14 Stunden je 4 RM.

c) Für Vornahme der Encephalographie (Luftfüllung der Gehirnkammern mit nachfolgender Röntgenaufnahme) 3 Stunden a 6 RM.

Die teilweise Überschreitung des normalen Höchstsatzes ist gemäss § 3 Abs.1 Satz 2 der Geb.Ordng.f.Zeugen und Sachverständige begründet. Es handelt sich zu b) um besonders verwickelte zeitraubende Untersuchungen und Ermittlungen, da hier ein Grenzfall vorliegt, während die Tätigkeit zu c) sogar als eine aussergewöhnlich schwerige und seltene Leistung zu betrachten ist.

Frankfurt a.M., den 10.Februar 1936

Erbgesundheits - Obergericht.

gez.Dr.Führ   Dr.Plato   Dr.Henkel

Ausgefertigt

Herrn
Universitäts.Prof.Dr.Kleist
Ffm.-Niederrad.

gez.Bernhard
Justizangestellter
als Urkundsbeamter der Geschäftsstelle.

[Hessisches Hauptstaatsarchiv Wiesbaden Abt. 1069 Nr. 233/1]

Berechnung Prof. Dr. Karl Kleists für seine Gutachtertätigkeit in einem Sterilisationsfall

Erbgesundheitsgericht. Wiesbaden, den 20. März 1934.

An

den Herrn Landgerichtspräsidenten

in W i e s b a d e n.

Betr.: II D. 2² - Verfügung vom 5. März 1934 -.

I. Stand der Durchführung des Gesetzes:

Bis zum 20. März 1934 sind beim hiesigen Erb=
gesundheitsgericht 18 Sachen anhängig geworden.

Die erste Sitzung hat am 7. März 1934 statt=
gefunden. In ihr ist in zwei Fällen die Unfruchtbar=
machung angeordnet worden. In drei Fällen ist der Antrag
zurückgewiesen worden. In einer weiteren Sache ist Be=
weiserhebung beschlossen worden. Drei Sachen haben sich
anderweitig erledigt.

Vorläufig sind für jeden ersten und dritten
Mittwoch im Monat Sitzungen vorgesehen. In der nächsten
Sitzung am 21. d.Mts. stehen drei Sachen an.

Beim hiesigen Kreisarzt liegen z.Zt. 35 An=
träge vor, mit 15 weiteren ist in Kürze zu rechnen.
Dem Kreisarzt in Rüdesheim liegen z.Zt. drei Anzeigen
vor.

Die Anstalt Eichberg hat mitgeteilt, in den
beiden nächsten Jahren könne jährlich mit rund 100-120
Anträgen über Anstaltsinsassen gerechnet werden.

II. Besondere Beobachtungen:

1) In einigen Fällen hatten Gefängnisanstalten oder
Heilanstalten Anzeigen über erbkranke Insassen
an das Erbgesundheitsgericht gerichtet, ohne daß
ein Antrag gestellt war. Ich mußte die Sachen dem
zuständigen Kreisarzt weitergeben zwecks etwaiger
Antragstellung. Dabei konnte zweifelhaft sein, wel=
cher Amtsarzt als der örtlich zuständige im Sinne
des Art. 3 der Ausf.V.O. vom 5.12.1933 (RGBl.1933 I
Seite 1021) anzusehen sei; der Amtsarzt, in dessen

Bericht des Vorsitzenden des Erbgesundheitsgerichts Wiesbaden vom 20. März 1934 über den Stand der Durchführung des Gesetzes

[Hessisches Hauptstaatsarchiv Wiesbaden Abt. 458 Nr. 982]

16. Mai 1946 war das Gesetz in Hessen bis auf weiteres lediglich nicht mehr anzuwenden.

Erst durch das Gesetz zur Aufhebung von Sterilisationsentscheidungen der ehemaligen EGG vom 25. August 1998 wurden sämtliche, eine Sterilisierung anordnenden Beschlüsse aufgehoben. Im Mai 2007 ächtete der Deutsche Bundestag das Gesetz zur Verhütung erbkranken Nachwuchses vom 14. Juli 1933 als typisches NS-Unrechtsgesetz, das mit dem Grundgesetz unvereinbar sei. Seit 1980 konnten Zwangssterilisierte in der Bundesrepublik Deutschland eine einmalige Beihilfe von 5.000 DM beantragen; von 1990 an stand allen Betroffenen eine monatliche Rente von 100 DM zu.

Erbgesundheitsgericht

[Tafel 28]

Mit Jahresbeginn 1934 wurde das Gesetz zur »Verhütung erbkranken Nachwuchses« in die Praxis umgesetzt. In Preußen, wozu der größte Teil des heutigen Bundeslandes Hessen gehörte, wurde am Sitz eines jeden Landgerichts und zuständig für dessen Bezirk ein Erbgesundheitsgericht eingerichtet. Auf dem Gebiet des ehemaligen Volksstaates Hessen verfuhr man anders.

Hier eröffnete man in Darmstadt und Gießen (hier gab es jeweils ein Landgericht) sowie in Offenbach und Worms (ohne Sitz eines Landgerichts) Erbgesundheitsgerichte.

Sie bestanden aus einem Richter als Vorsitzenden, einem beamteten und einem weiteren für das deutsche Reich approbierten Arzt. Das Verfahren war nicht öffentlich. Das Gericht beschloss mit Stimmenmehrheit, was bedeutete, dass der Ausgang eines Verfahrens von den betei-

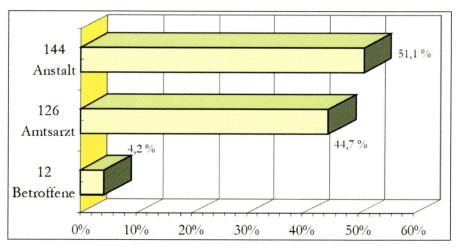

Antragsteller beim Erbgesundheitsgericht Frankfurt/M. Ergebnisse einer Stichprobe von 282 Verfahren.

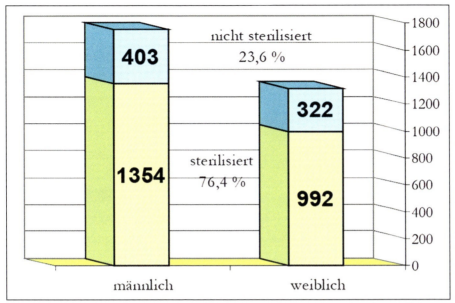

Spruchpraxis des Erbgesundheitsgerichts Frankfurt/M. 1934–1945
[Nach DAUM/DEPPE: »Zwangssterilisation in Frankfurt am Main 1933–1945. Frankfurt/M. 1991, S. 173. Hessisches Hauptstaatsarchiv Abt. 473 Nr. 1]

ligten Ärzten dominiert wurde. Gegen einen Beschluss konnte Beschwerde eingelegt werden, über die ein beim zuständigen Oberlandesgericht (in Hessen: Darmstadt, Frankfurt/M. und Kassel) angesiedeltes Erbgesundheitsobergericht endgültig entschied.

ZWANGSSTERILISATION: NATIONALSOZIALISTISCHES DENKEN IN GESETZGEBUNG UND PRAXIS IN HESSEN

Der Kreis der Anzeigeberechtigten umfasste praktisch die gesamte Bevölkerung, was der Denunziation Tür und Tor öffnete. Bestimmte Berufsgruppen unterlagen einer Meldepflicht (alle Heil- und Pflegeberufe, sowie bestimmte Behörden und Institutionen wie Wehrmachtsdienststellen, Schulen, Kindergärten). Der Amtsarzt entschied, ob ein Verfahren eingeleitet werden sollte. Er verfasste ein ärztliches Gutachten, das genealogische Angaben, Anamnese sowie den allgemeinen körperlichen und psychischen Befund enthielt. Dann fehlte nur noch ein formaler Antrag auf Unfruchtbarmachung, der zusammen mit den übrigen Unterlagen beim zuständigen Erbgesundheitsgericht eingereicht wurde.

In Hessen sind mehr als 8.500 Sterilisationen belegt. Die Erbgesundheitsgerichte in Frankfurt/M. und Wiesbaden zum Beispiel hatten 2.346 bzw. 1.439 Sterilisationen beschlossen und im Reg.-Bez. Kassel (ohne Stadt- und Landkreis Fulda und Landkreis Kassel) sind 3.686 NS-Opfer zwangssterilisiert worden. Die meisten Beschlüsse sind in

Bürgermeister-Amt
Delkenheim
J.-Nr. 1615

Delkenheim, den 2. Dezember 1933.

An

den Herrn Kreisarzt des Main-Taunus-Kreises,

Frankfurt/M. - Höchst.

Die ledige landwirtschaftliche Arbeiterin ▇▇▇▇▇
▇▇▇▇▇, geb. am 12.2.1906 ▇▇▇▇▇ ist geistig sehr
minderwertig und leidet an einem krankhaften geschlechtlichen Triebe,
wie sich daraus ergibt, dass sie bereits 3 uneheliche Kinder hat,
deren Vaterschaft nicht nachzuweisen ist. Dieser starke Geschlechtstrieb ist eine Familienbelastung, die vom Vater ererbt sein soll.
Ihre übrigen Geschwister befänden sich wahrscheinlich in der gleichen
Lage wie sie, wenn sie nicht geistig etwas höher entwickelt wären.

[Hessisches Hauptstaatsarchiv Wiesbaden
Abt. 425 Nr. 2511]

der Zeit zwischen 1933 und dem Beginn des Zweiten Weltkrieges ausgesprochen worden.

»Ermittlungen« wurden zum Teil bereits vor 1934 begonnen, wie das Beispiel von Katharina B. aus Delkenheim belegt. Auf Anraten des Bürgermeisters erstellt der Amtsarzt
ein erbgesundheitliches »Gutachten« anhand eines stan-
dardisierten Tests.

Im August des darauffolgenden Jahres wird der Antrag
auf Unfruchtbarmachung vom Kreisgesundheitsamt
Frankfurt/M.-Höchst wegen »angeborenem Schwachsinn«
beim zuständigen Erbgesundheitsgericht in Wiesbaden
gestellt. Am 12. September 1934 beschließt das Gericht die
Zwangssterilisierung und am 17. Oktober wurde die Operation angeordnet.

Die städtische Frauenklinik Wiesbaden sterilisierte
Katharine B. am 15. November 1934. Im ärztlichen Bericht
wird davon ausgegangen, dass sie an »angeborenem
Schwachsinn« leiden würde. Eine Diagnose, die offenkundig falsch war, denn eine solche »Erbkrankheit« hatte es
nicht gegeben. Sie war vielmehr ein Ergebnis so genannter
nationalsozialistischer »Sozialhygiene«.

ERBGESUNDHEITSGESETZ

Der Kreisarzt　　　　　　Ffm.- Höchst, den 6.12.33.

Kreisärztliches Gutachten.

    Auf Ersuchen des Herrn Bürgermeisters in Delkenheim habe ich heute in meiner Sprechstunde die ledige landwirtschaftliche Arbeiterin ███████████, geboren am 12.2.1906 zu ███████ zurzeit in ███████-strasse 1, auf ihren Geisteszustand untersucht und erstatte nachstehendes Gutachten:

    Meine eigenen Wahrnehmungen: Sie ist in der Schule zurückgeblieben. Für ihre berufliche Stellung verfügt sie über ein ausreichendes Erfahrungswissen. Sie weiss auch über den Geldverkehr ausreichend Bescheid(Sparkasse,Zinsen usw.).Dagegen beantwortet sie alle bestimmt gestellten Fragen unrichtig oder überhaupt nicht.Zum Beispiel: 5+6=8.- 3x4 = (die Aufgabe kann ich nicht mehr lösen). Wie hoch ist der monatliche Lohn? Mk.5,00 Die anwesende Arbeitgeberin sagt"im Sommer 20,im Winter 15 Mark" An welchem Fluss liegt Frankfurt? Keine Antwort.Waren SIE schon in Mainz? Ja! An welchem Fluss liegt Mainz? Schweigt. Mit Nachhülfe der Arbeitgeberin: Wie heisst der grosse Bach,über den man in Mainz geht? Schliesslich antwortet sie: "Der Main".Endlich dämmert es ihr: Sie sagt,es könnte auch der Rhein sein. Sie macht einen launischen Eindruck.Die Sprache ist etwas unartikuliert

Antrag auf Unfruchtbarmachung.

Auf Grund der §§ 1-3 des Gesetzes zur verhütung erbkranken Nachwuchses vom 14. Juli 1933 (Reichsgesetzblatt I.S.529) beantrage ich - meine ynfruchtbarmachung - ~~3. N.~~ *wohnhaft* ~~die Unfruchtbarmachung - des - der~~ - *in Dallenheim*..........

Ich - ~~Der - Die~~ - Genannte leide~~t~~ an. *Augenbrennen Pfropfen*......

Zur Claubhaftmachung der vorstehenden Angaben beziehe ich mich -
auf ---- anliegende (s) ~~ärztliche~~ -amtsärztiche - Gutachten - das
~~mein~~
auf das Zeugnis der nachbezeichneten Personen :

.... *siehe 2 Schreiben des Bürgermeisters* ....
.... *von Dallenheim*. ....
....
....
....
....

Ort : *Roßdorf-Darmstadt* den ..10.8..... 193.4.

4 XIII 137/34.

Beschluß.

In dem Verfahren betr. die Unfruchtbarmachung der ▓▓▓▓▓▓▓▓▓▓▓▓▓▓▓▓▓▓▓▓▓▓▓▓▓▓▓▓▓▓▓▓ hat das Erbgesundheitsgericht zu W i e s b a d e n in der Sitzung vom 12. September 1934 an welcher teilgenommen haben:
    Amtsgerichtsrat Franke als Vorsitzender,
    Kreisarzt Medizinalrat Dr. Gronemann, Wiesbaden,
    der praktische Arzt Professor Dr. Gierlich, Wiesbaden
beschlossen:
    Die am ▓▓▓▓▓▓▓▓▓▓▓▓▓▓▓▓▓▓▓▓▓▓▓▓▓▓▓▓ ist auf Grund des Gesetzes zur Verhütung erbkranken Nachwuchses vom 14.7.1933 unfruchtbar zu machen, wegen angeborenen Schwachsinns. Die Kosten des gerichtlichen Verfahrens trägt die Staatskasse. Die Kosten des ärztlichen Eingriffs trägt bei den der Krankenversicherung angehörenden Personen die Krankenkasse, bei anderen Personen im Falle der Hilfsbedürftigkeit der Fürsorgeverband, in allen anderen Fällen trägt die Kosten bis zur Höhe der Mindestsätze der ärztlichen Gebührenordnung und der durchschnittlichen Pflegesätze in den öffentlichen Krankenanstalten die Staatskasse, darüber hinaus die unfruchtbar gemachte.

[Hessisches Hauptstaatsarchiv Wiesbaden Abt. 425 Nr. 2511]

Vordruck 6

Ärztlicher Bericht

(gemäß § 11 Abs. 2 des Gesetzes zur Verhütung erbkranken Nachwuchses vom 14. Juli 1933 — Reichsgesetzbl. I S. 529)

Der⁾ — Die — an ___angeborenem Schwachsinn___ leidende ▇▇▇▇▇▇▇▇▇▇ aus ▇▇▇▇▇▇▇▇ Straße: – ist auf Grund der Entscheidung des Erbgesundheitsgerichts — ~~Erbgesundheitsobergerichts~~ — zu ___Wiesbaden___ vom ___17. Oktober___ 19___34___, Aktenzeichen ___ am ___15. November___ 19___34___ von mir unfruchtbar gemacht worden.

Art der Unfruchtbarmachung:

Bei dem Eingriff wurden die ~~Samenleiter~~ — Eileiter — ___unterbunden und ein Stück Eileiter reseciert___

Die Operation verlief regelrecht — ~~Während nicht regelrecht~~, als ___

Die Wunde heilte in ___8___ Tagen, ohne — ~~mit~~ — Nebenerscheinungen ___

Der — Die — Operierte wurde am ___29. November___ 19___34___ als geheilt entlassen.

Sonstige Bemerkungen: ___

Ort: ___Wiesbaden___, den ___29. XI.___ 19___34___.
Straße: ___Städt. Frauenklinik.___

[Hessisches Hauptstaatsarchiv Wiesbaden
Abt. 425 Nr. 2511]

AUSCHWITZ-PROZESS [Tafel 29]

Die Nürnberger Prozesse

Die Bestrafung der Kriegsverbrecher der Achsenmächte war die erklärte Absicht der Alliierten

Die ersten Überlegungen, summarische Hinrichtungen ohne Gerichtsverfahren durchzuführen, wurden verworfen. Die USA, die Sowjetunion und Großbritannien verständigten sich im Frühjahr 1945 auf ein Programm gegen die NS-Hauptkriegsverbrecher. Vor einem internationalen Militärtribunal (IMT) sollten sich die Repräsentanten des NS-Regimes verantworten müssen.

Unter Einbeziehung von Frankreich wurde im Sommer 1945 das so genannte Londoner Abkommen und das Statut des IMT ausgearbeitet. Die »Siegermächte« einigten sich auf eine Verfahrensordnung und auf einzelne Anklagepunkte. *»Verschwörung zu einem Verbrechen gegen den Frieden«*, *»Verbrechen gegen den Frieden«*, *»Kriegsverbrechen«* und *»Verbrechen gegen die Menschlichkeit«* sollten Gegenstand des Gerichtsverfahrens sein.

Die Auswahl der Angeklagten und die Beischaffung von Beweismitteln gestalteten sich schwierig.
Durch Suizid hatten sich Adolf Hitler, Joseph Goebbels und Heinrich Himmler der Strafverfolgung entzogen.
Als im November 1945 in Nürnberg – in Berlin war einen Monat zuvor das Internationale Militärtribunal formell eröffnet worden – der Prozess begann, standen 21 NS-Verbrecher vor ihren Richtern.
Der Angeklagte Martin Bormann war nicht zu ermitteln.
Der vormalige Führer der Deutschen Arbeitsfront, Robert Ley, hatte vor Verfahrensbeginn Selbstmord begangen.
Der Großindustrielle Gustav Krupp von Bohlen und Halbach war verhandlungsunfähig.

Die vier Alliierten einigten sich auf 24 Vertreter aus Politik, Militär und Wirtschaft.

Die kodifizierten Straftatbestände schöpften sich aus dem Kriegsvölkerrecht und dem humanitären Völkerrecht. Einen Verstoß gegen das Rückwirkungsverbot sahen die Alliierten im ex post factum geschaffenen *»Nürnberger Recht«* deshalb nicht.
Nicht wenige Deutsche sahen in Nürnberg hingegen »Siegerjustiz« praktiziert, führten das Prinzip »Tu-quoque« an und kritisierten vehement die Anwendung rückwirkenden Rechts.

Rechtsgrundlage des Nürnberger Prozesses war das Londoner Statut.

[Bundesarchiv, Bild 183-H27798 / Foto: ohne Angabe / 30. September 1946]

Verhandlungssaal (30. September 1946): die veränderte Anordnung der Richterbank rechts; an der Stirnwand des Saals wurden Schaubilder und Filme gezeigt, Sitzplatz für den Zeugen; links die Bank der Angeklagten und deren Rechtsanwälte. Im Vordergrund die Tische der Klagevertreter, von links nach rechts: Frankreich, UdSSR, USA, GB.

Für die Strafverfolgung durch die Justizbehörden der alliierten Militärregierungen wurde im Dezember 1945 das Kontrollratsgesetz Nr. 10 (KRG 10) geschaffen. In den 12 Nürnberger Nachfolgeprozessen vor amerikanischen Militärgerichten und in Verfahren vor britischen Militärgerichtshöfen fand das KRG 10 Anwendung.

Auch deutsche Gerichte, die in den ersten Jahren nach Kriegsende ausschließlich NS-Täter wegen an Deutschen und Staatenlosen verübten Verbrechen zur Verantwortung ziehen konnten, wandten zum Teil das KRG 10 an.

Nach der Gründung der Bundesrepublik Deutschland war es der bundesdeutschen Justiz gemäß Gesetz Nr. 13 des Alliierten Hohen Kontrollrats (1.1.1950) ohne Einschränkung möglich, auch die NS-Untaten zu verfolgen, deren Opfer Angehörige der im Zweiten Weltkrieg von Nazi-Deutschland unterworfenen Länder waren. Als Rechtsgrundlage diente das Strafgesetzbuch von 1871, die alliierte Gesetzgebung lehnte die deutsche Justiz ab.

Auschwitz-Täter vor alliierten Gerichten [Tafel 30]

Im Konzentrations- und Vernichtungslager Auschwitz taten in der Zeit von Mai 1940 bis Januar 1945 insgesamt etwa 8.200 SS-Männer und ca. 200 SS-Aufseherinnen (»SS-Gefolge«) Dienst.

Am Ende des Zweiten Weltkriegs lebten noch schätzungsweise 6.500 Mitglieder der SS-Besatzung.

Etwa 800, darunter ranghohe Funktionsträger, wurden gerichtlich zur Verantwortung gezogen.

Auch vor britischen, amerikanischen, französischen und sowjetischen Militärtribunalen wurden vormalige Angehörige des SS-Personals von Auschwitz zur Verantwortung gezogen. Angeklagt waren sie in den Verfahren jedoch meist wegen in anderen Lagern verübten Verbrechen.

Hervorzuheben sind die Bergen-Belsen-Prozesse vor britischen Militärgerichten in Lüneburg (September–November 1945 und Mai 1946). Unter anderem wurden zum Tode verurteilt:
- Auschwitz-Kommandant Josef Kramer
- der Schutzhaftlagerführer Franz Hössler
- der SS-Arzt Fritz Klein
- der Leiter der Krematorien von Birkenau Walter Quakernack
- die SS-Oberaufseherin Elisabeth Volkenrath
- und die SS-Aufseherinnen Johanna Bormann und Irma Grese.

Vor polnischen Gerichten standen ca. 650 Angehörige des Auschwitz-Personals. Hervorzuheben sind der Prozess gegen den ersten Kommandanten Rudolf Höß vor dem Obersten Gerichtshof der Volksrepublik Polen in Warschau (März/April 1947) und das Verfahren gegen den Kommandanten Arthur Liebehenschel und andere (40 SS-Männer und Frauen) in Krakau (November/Dezember 1947).

Höß und 21 Angeklagte des Krakauer Prozesses wurden zum Tode verurteilt und hingerichtet. Die meisten der übrigen etwa 600 Auschwitz-Täter verurteilten die polnischen Gerichte zu Haftstrafen unter zehn Jahren.

Im Neuengamme-Prozess in Hamburg (März–Mai 1946) verhängte ein britisches Militärgericht gegen den Auschwitz-Arzt Dr. Bruno Kitt die Todesstrafe.

Im Ravensbrück-Prozess in Lüneburg (Dezember 1946–Februar 1947) wurde der Lagerführer von Birkenau, Johann Schwarzhuber, zum Tode verurteilt.

SS-Obersturmbannführer Rudolf Höß (1901–1947)
[Staatliches Museum Auschwitz-Birkenau]

SS-Obersturmführer Arthur Liebehenschel (1901–1947)
[Bundesarchiv (ehem.BDC) RS, Kramer, Josef, 10.11.1906]

SS-Hauptsturmführer Josef Kramer (1906–1945)
[Bundesarchiv (ehem.BDC) RS, Kramer, Josef, 10.11.1906[

SS-Obersturmführer Franz Hössler (1906–1945)
[Bundesarchiv (ehem. BDC) RS, Hössler, Franz, 04.02.1906]

SS-Hauptsturmführer Bruno Kitt (1906–1946)
[Bundesarchiv (ehem.BDC) RS, Kitt, Bruno, 09.08.1906]

SS-Obersturmführer Johann Schwarzhuber (1904–1947)
[Bundesarchiv (ehem.BDC) RS, Schwarzhuber, Johann, 29.08.1904]

SS-Hauptscharführer Otto Moll (1915–1946)
[Bundesarchiv (ehem. BDC) RS, Moll, Otto, 04.03.1915]

SS-Sturmbannführer Heinrich Schwarz (1906–1947)
[Bundesarchiv (ehem. BDC) RS, Schwarz, Heinrich, 14.06.1906]

Der Schutzhaftlagerführer des IG Farben-eigenen KZ Buna/Monowitz, Vinzenz Schöttl, der zeitweilige Chef der Krematorien in Auschwitz-Birkenau, Otto Moll, der Lagerführer von Auschwitz, Josef Remmele (12. August 1945) und der Lager-Arzt Dr. Hellmuth Vetter wurden in den Dachauer-Prozessen (15. September 1945) sowie der Auschwitz-Arzt Dr. Friedrich Entress im Mauthausener-Hauptprozess (13. Mai 1946) von amerikanischen General Military Government Courts zum Tode verurteilt.

Französische Militärgerichte verhängten gegen die beiden Auschwitz-Kommandanten Fritz Hartjenstein und Heinrich Schwarz ebenso wie gegen den SS-Arzt Dr. Werner Rohde die Todesstrafe.

[Tafel 31]

Auschwitz-Täter vor bundesdeutschen Gerichten

Die bundesdeutsche Justiz sah im zur Tatzeit geltenden Recht das alleinige rechtsstaatliche Mittel, das NS-Unrecht, mithin auch die Massenverbrechen in den nationalsozialistischen Vernichtungslagern, zu ahnden.

Ausmaß und Umfang der Staatsverbrechen, von einem arbeitsteilig organisierten Apparat ausgeführt, waren strafrechtlich im jeweils zu verhandelnden Einzelfall als Mord beziehungsweise Mordbeihilfe – Totschlag war seit 1960 verjährt – zu qualifizieren.

Im Rückwirkungsverbot (Art. 103 GG und § 1 StGB) sahen Politik und Justiz die rechtsstaatliche Begründung, die von den Alliierten ex post factum geschaffenen Gesetze nicht anzuwenden.

In den ersten Jahren nach 1945 hat es in der britischen und französischen Zone eine große Zahl von Verfahren gegeben, in denen das Kontrollratsgesetz Nr. 10 zur Anwendung kam.

Es handelte sich jedoch ausschließlich um Taten, die in Deutschland und gegen Deutsche oder Staatenlose begangen wurden. Prozesse wegen Verbrechen in Auschwitz konnten bis zu Beginn der 1950er Jahre nicht vor deutschen Gerichten verhandelt werden.

Die zum Beispiel von dem Philosophen Karl Jaspers vertretene Auffassung, die »neue Art von Verbrechen« bedürfe »einer Erweiterung des Strafgesetzbuches« nach Maßgabe der gultigen und »allgemein von zivilisierten Völkern anerkannten Rechtsgrundsätze«, fand in der Bundesrepublik Deutschland weder beim Gesetzgeber noch in der Rechtspflege Unterstützung.

Die Forderung Jaspers, »ein neues Gesetz zu schaffen für den neuen Tatbestand des neuen Verbrechens des staatlichen Massenmordes«, blieb ungehört. Die bundesdeutsche Justiz war der Ansicht, die Holocaust-Verbrechen unter § 211 StGB subsumieren zu können.

Bis zur Gründung der Zentralen Stelle zur Aufklärung der nationalsozialistischen Gewaltverbrechen im Herbst 1958 gab es keine systematischen Ermittlungen gegen NS-Verbrecher. Im Fall des in Polen gelegenen Tatortes Auschwitz ermittelte wegen fehlender Zuständigkeit keine Strafverfolgungsbehörde von Amts wegen. Des Mordes dringend Verdächtige gab es, da die Verbrechen unaufgeklärt blieben, für die bundesdeutsche Justiz nicht. Kam ein Verfahren gegen einen Auschwitz-Täter doch zustande, war es auf Anzeigen zurückzuführen, die meist die Opfer der NS-Verfolgungspolitik erstattet hatten.

In den Jahren vor dem Frankfurter Auschwitz-Prozess (1963–1965) fanden nur wenige Verfahren gegen kleine SS-Leute und Funktionshäftlinge statt.

Bernhard Rakers (Landgericht Osnabruck, 1952–1953, 1958, 1959), unter anderem Rapportführer des von der IG Farbenindustrie AG neben seinem Werk IG Auschwitz erbauten Lagers Buna/Monowitz, wurde wegen Mordes zu lebenslangem Zuchthaus verurteilt.

Wilhelm Reischenbeck, seit Herbst 1944 Führer einer Wachkompanie, überführte das Landgericht München I (1958), auf Todesmärschen Anfang 1945 Beihilfe zum Totschlag geleistet zu haben. Sein Strafmaß betrug zehn Jahre Zuchthaus.

SS-Hauptscharführer Bernhard Rakers (1905–1980)
[Bundesarchiv (ehem. BDC) RS, Rakers, Bernhard, 06.03.1905]

SS-Obersturmführer Wilhelm Reischenbeck (1902–1962)
[Bundesarchiv (ehem.BDC) RS, Reischenbeck, Wilhelm, 23.06.1902]

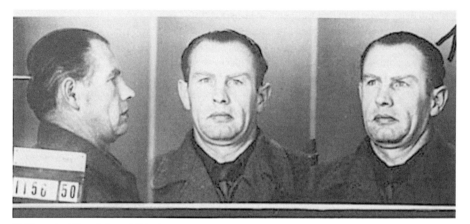

SS-Oberscharführer Johann Mirbeth
(1905–1975)
[Fritz Bauer Institut]

SS-Arzt Johann Paul Kremer (1883–1965) im Juni 1964 als Zeuge im Auschwitz-Prozess
[Fritz Bauer Institut / Schindler-Foto-Report]

Johann Mirbeth (Landgericht Bremen, 1953), Kommandoführer und Chef einer Wacheinheit im Nebenlager Golleschau, verurteilte ein Bremer Schwurgericht wegen Totschlags zu sechs Jahren Zuchthaus.

Seine Mitangeklagten, die ehemaligen Auschwitz-Häftlinge Joseph Kierspel und Helmrich Heilmann, wurden zu lebenslangem bzw. zu sechs Jahren Zuchthaus verurteilt.

Der ehemalige SS-Arzt Johann Paul Kremer, von Ende August 1942 bis Mitte November 1942 in Auschwitz als Lagerarzt tätig, wurde wegen Beihilfe zum Mord in zwei Fällen zu zehn Jahren Zuchthaus verurteilt. Die erkannte Strafe galt durch die in Polen bis 1958 abgesessene Haft als verbüßt. Kremer war im Krakauer Prozess gegen Liebehenschel u. a. (1947) zum Tode verurteilt, später begnadigt und 1958 aus der Haft in die Bundesrepublik entlassen worden.

Den Funktionshäftling Erich T. sprach das Landgericht Osnabrück 1953 vom Vorwurf des Mordes und des Mordversuchs frei.

Wegen Totschlagversuchs in zwei Fällen verurteilte das Landgericht Göttingen im Jahr 1953 den früheren Kommando- und Rapportführer des Lagers Buna/Monowitz Gerhard H. zu einem Jahr Gefängnis.

Otto Locke, von August 1940 bis Juli 1944 Funktionshäftling in Auschwitz, wurde vom Landgericht Berlin 1957 wegen Mordes in sieben Fällen zu lebenslangem Zuchthaus verurteilt.

Vorgeschichten des Auschwitz-Prozesses: Das Gerechtigkeitsverlangen von Überlebenden und der »Staatsanwalt Zufall«

[Tafel 32]

Organisationen von Überlebenden der NS-Konzentrations- und Vernichtungslager gründeten sich in vielen Ländern Europas.

Auch in den beiden deutschen Staaten fanden sich so genannte Lagergemeinschaften und Komitees zusammen, die sich unter anderem zum Ziel setzten, NS-Täter zur Rechenschaft zu ziehen.

Die einstigen Häftlinge stellten Listen von Lagerpersonal zusammen und versuchten, den Aufenthalt ihrer Peiniger zu ermitteln und Belastungszeugen zu finden.

Anzeigen von Überlebenden gingen bei den Staatsanwaltschaften ein, von Amts wegen sahen deutsche Strafverfolgungsbehörden meist keine Handhabe, gegen NS-Verbrecher zu ermitteln.

Die Anzeige des früheren Auschwitz-Häftlings Adolf Rögner bei der Staatanwaltschaft des Landgerichts Stuttgart im März 1958 gegen den Angehörigen der Lagergestapo von Auschwitz, Wilhelm Boger, und der zufällige Fund von Auschwitz-Dokumenten, den ein engagierter Journalist, Thomas Gnielka, im Januar 1959 dem hessischen Generalstaatsanwalt Fritz Bauer zusandte, führten zum Auschwitz-Verfahren.

Die Ermittlungen der Stuttgarter Staatsanwaltschaft dehnten sich im Verlauf des Jahres 1958 auf weitere Angehörige der so genannten Politischen Abteilung von Auschwitz aus. Die im Herbst 1958 gegründete Zentrale Stelle zur Aufklärung der nationalsozialistischen Gewaltverbrechen leitete umfangreiche Vorermittlungsverfahren gegen Auschwitz-Personal ein.

Fritz Bauer (* 1903, † 1968) von 1956 bis 1968 hessischer Generalstaatsanwalt
[Fritz Bauer Institut]

Adolf Rögner, z. Zt.
Bruchsal- Schönbornstr. 32   Den 1.3.58

An die
            Staatsanwaltschaft, zu Hd von Herrn
            Staatsanwalt Dr Talpa,
            Stuttgart

Betreff: Freigabe v. Medikamenten u.a.

Sie teilten mir einmal mit, dass sie veranlasst haben, dass ich auf von Ihnen beschlagnahmten Medikamente frei bekomme, sofern Sie v. Gesundheitsamt entsprechende Nachricht bekommen, dies dürfte längst erledigt sein. Auch das Verfahren unter Aktz: 33 Js 5063/57 ist eingestellt, es hat den Nachweis erbracht, dass ich mich hier nicht strafbar gemacht habe. Inzwischen habe ich auf Umwegen erfahren, dass sie, H. St. A. die Medikamente bereits an d. L- Krankenhaus Hohenasperg gesandt haben, auf d. ausdrücklicher Weisung, dass es mir eröffnet wird, dass d. Medikamente eingetroffen sind. Mein ehem. Stationsarzt Dr Pfahler hätte dies vornehmen müssen, denn d. Medikamente müssen zu meinen Effekten kommen, ich stelle sie dem Krankenhaus nicht zur Verfügung. Warum verschweigt mir dies Dr Pfahler ???.—
Ich bitte Sie H. St. A. höfl. der Sache nachzugehen, ich selbst kann es nicht.

Brief des früheren Auschwitz-Häftlings Adolf Rögner vom 1. März 1958 an die Staatsanwaltschaft Stuttgart

[Hauptstaatsarchiv Wiesbaden Abt. 461 Nr. 37638]

1R

Ich bitte höfl. mir dann Mitteilung zu geben

Beifolgende Sache bitte ich an den zuständigen Herrn
d. Staatsanwalt statt abzugeben, wie folgt:

„Dringend".

Im Jahre 1946 ist der ehem. SS Oberscharführer Boger
aus dem Auslieferungstransport nach Polen geflüchtet,
der Transport war v. War liner Camp zg Dachau
zusammengestellt.
Boger ist schwerstens belastet, durch seine i. ehem.
K-J Auschwitz I u II begangenen Verbrechen
gg. die Menschlichkeit (Massenmord, Selektionen,
Totschlag, Geständniserpressungen mit u. ohne Anwendung d. Schaukel u. s. w.
Boger war damals der Politischen Abteilung zugeteilt, sein Chef war SS Untersturmführer Grabner,
letzterer ist 1948 in Polen zum Tode verurteilt u.
bereits hingerichtet worden.
Ich kenne eine Reihe seiner Verbrechen, welche ich
selbst gesehen habe. Ich bezeichne ihn als ein menschliches phensal.
Ich selbst war als Häftling v. 0.5.47 bis 10.1.45
unter der Lagernummer: 15465 i. K-J Lager Auschwitz I, wir kamen v. K-J Dachau.
Ich habe nunmehr folgendes i. Erfahrung gebracht:
Ein Boger soll sich bis 1948 versteckt gehalten
haben, i. Unterrath bei Schwäbisch Hall, er ist
dann aus der bekannten Versenkung auf-

Kommandantur
Konzentrationslager Auschwitz

Az: KL 14 f 3 /1o./42./Ka.

Auschwitz, den 8. Oktober 1942.
Telefon Nr. 65.

Inhalt aus Hülle Bl. 2 /12

Betr.: Erschießungen von Häftlingen auf der Flucht.
 Häftling Nr. 54 636, Engers, Heinz Gustav   geb. 4. 6.08.
 Häftling Nr. 52 169, Guttmann, Herbert   geb. 21. 4.91.
 Häftling Nr. 66 627, Zondervan, Bernhard   geb. 31. 5.90.
 Häftling Nr. 66 721, Fuhrer, Israel   geb. 30. 9.83.
 Häftling Nr. 45 9o5, Mortureux, Andreas   geb. 19. 9.01.
 Häftling Nr. 66 637, Jacobs, Jonas   geb. 8. 7.00.
 Häftling Nr. 66 o1o, Vreeland, Isac   geb. 18. 1.19.
 Häftling Nr. 57 258, Rajchman, Aron   geb. 9.12.21.
 Häftling Nr. 7 o46, Schwarz, Irene   geb. 9. 7.90.
 Häftling Nr. 8 69o, Schwarz, Helene   geb. 25.12.10.

Bezug: -o-
Anl.: 1o Vorgänge

An das
SS- und Polizeigericht XV.
B r e s l a u

In der Anlage überreicht die Kommandantur des KL.Auschwitz
1o Berichte gegen

 SS-Schütze   Wirth, Alexander   1./SS-T-Stuba.
 SS-Strm.   Lariviere, Heinz   Hundeführer-Staffel
 SS-Schütze   Koch, Josef   1./SS-T-Stuba.
 SS-Schütze   Ensin, Hermann   1./SS-T-Stuba.
 SS-Rottf.   Stadler, Max.   Hundeführer-Staffel
 SS-Schütze   Semmler, Arnold   2./SS-T-Stuba.
 SS-Schütze   Harandt, Josef   2./SS-T-Stuba.
 SS-Schütze   Schmidt, Ludwig   1./SS-T-Stuba.
 SS-Schütze   Brucker, August   1./SS-T-Stuba.

wegen Erschießung der obengenannten Häftlinge auf der Flucht.

Es wird um Einstellung der Ermittlungsverfahren und um Freigabe der Leichen zur Feuerbestattung gebeten, da die Posten gemäß ihren Dienstanweisungen und nicht rechtswidrig handelten.

Der Lagerkommandant
i.V.
SS-Hauptsturmführer.

[Hauptstaatsarchiv Wiesbaden Abt. 461 Nr. 37638]

Schreiben der Kommandantur des Konzentrationslagers Auschwitz an das SS- und Polizeigericht Breslau vom 8. Oktober 1942

```
aR-Z 13/59
```

Zentrale Stelle
26. JAN. 1959
Ludwigsburg

THOMAS GNIELKA
WIESBADEN · PANORAMAWEG 3
15 - 1 - 59

Sehr geehrter Herr Generalstaatsanwalt,

anbei, wie telefonisch angekündigt, die Briefe der Kommandantur des KZ-Lagers Auschwitz an das SS und Pol.Gericht Breslau. Die Unterlagen wurden mir zu treuen Händen von Herrn Emil Wulkan, Frankfurt, Görresstr.8 am 14.1.59 anlässlich eines Gespräches in Sachen Wiesbadener Wiedergutmachung übergeben. Herr Wulkan, ehem. KZ-Häftling, heute Mitglied des Gemeinderates der jüdischen Gemeinde in Frankfurt, war nach seiner Befreiung kurz nach dem Fall Breslaus mit anderen Häftlingen vorübergehend in der Stadt und nahm sich die Papiere als "Andenken" von dem brennenden Polizei-Gericht mit. Er ist bis heute nicht auf die Idee gekommen, dass das Material von Bedeutung für die Justiz sein könnte.

An dieser Stelle eine kurze Bitte: wäre es Ihnen möglich, mir von den Unterlagen Fotokopien herstellen zu lassen? Ich denke daran, dass im Falle einer strafrechtlichen Verfolgung der beteiligten SS-Leute durch die Justiz der Inhalt der Papiere für eine Berichterstattung durch die FR von Wichtigkeit sein könnte.

Mit freundlichen Grüssen auch von meiner Frau

Ihr

Brief des Journalisten Thomas Gnielka (* 1928, † 1965) an Fritz Bauer (* 1903, † 1968)

[Hauptstaatsarchiv Wiesbaden Abt. 461 Nr. 37638]

Die Auschwitz-Dokumente veranlassten Bauer, beim Bundesgerichtshof nach §13a StPO einen Zuständigkeitsbeschluss – Gerichtsstandsbestimmung – herbeiführen zu lassen. Der Bundesgerichtshof entschied im April 1959, die Untersuchung und Entscheidung in der Strafsache gegen 94 SS-Angehörige von Auschwitz dem Landgericht Frankfurt/M. zu übertragen. Bauer hatte die Bundesgerichtshof-Entscheidung angestrebt.

Der hessische Generalstaatsanwalt – seit seinem Amtsantritt im Jahr 1956 um die Ahndung der NS-Verbrechen bemüht – wollte von der ihm unterstellten Staatsanwaltschaft beim Landgericht Frankfurt/M. das Ermittlungsverfahren gegen Auschwitz-Täter führen lassen.

[Tafel 33]

Ermittlungsverfahren und gerichtliche Voruntersuchung

Auschwitz war im Jahr 1959 für die Frankfurter Justiz »terra incognita«.
Obschon
- in deutscher Sprache publizierte Broschüren und Studien von polnischen Stellen vorlagen,
- Tatbeteiligte – wie der Kommandant von Auschwitz, Rudolf Höß – autobiographische Aufzeichnungen hinterließen,

Die Krematorien II bzw. III im Vernichtungslager Birkenau. Im März/Juni 1943 »in Betrieb« genommen. Die Verbrennungsöfen baute die Firma Topf & Söhne, Erfurt.
[Staatliches Museum Auschwitz-Birkenau]

- Überlebende zahlreiche Zeugnisse und Berichte veröffentlichten,
- das Todeslager Auschwitz im internationalen Nürnberger Hauptkriegsverbrecherprozess und in anderen Gerichtsverfahren Verhandlungsgegenstand gewesen ist,

war das Wissen um Auschwitz gering.

Beweismittel galt es erst durch umfangreiche Archivrecherchen und durch Zeugensuche zu ermitteln.

Im Sommer 1959 beauftragte Fritz Bauer zwei junge Staatsanwälte, Georg Friedrich Vogel und Joachim Kügler (beide Jg. 1926), mit der Sachbearbeitung des Auschwitz-Komplexes.

Die Ermittler erstellten Beschuldigtenlisten, forschten in Archiven, suchten nach Auschwitz-Überlebenden im In- und Ausland, erbaten sich Rechtshilfe in Israel und in Warschauer-Pakt-Staaten.

Der Kalte Krieg war für die Sachbearbeiter, die von Wiesbaden und der Generalstaatsanwaltschaft freie Hand erhielten, kein Hinderungsgrund. Der »Eiserne Vorhang« erwies sich trotz erheblicher Bedenken in Bonn als nicht undurchdringlich. Die Staatsanwälte luden Zeugen aus Polen zur Vernehmung nach Frankfurt/M., fuhren im Sommer 1960 nach Warschau und Oświęcim/Auschwitz.

Sie kooperierten mit Bevollmächtigten des polnischen Justizministeriums, verschickten Fragebögen an Auschwitz-Überlebende in aller Welt, arbeiteten mit Häftlingsorganisationen, mit dem Zentralrat der Juden in Deutschland und dem World Jewish Congress zusammen. Sie lobten Belohnungen für Hinweise auf gesuchte Auschwitz-Täter aus.

Nach zweijährigen intensiven Ermittlungen stellte die Staatsanwaltschaft Antrag auf Eröffnung der gerichtlichen Voruntersuchung beim Landgericht Frankfurt/M. Der Voruntersuchungsantrag enthält einen umfangreichen historischen Teil, in dem erstmals durch die deutsche Justiz der Tatort Auschwitz dargestellt wurde. Die Frankfurter Staatsanwaltschaft strebte ein Komplexverfahren an und führte 24 Beschuldigte auf, unter ihnen der letzte Kommandant von Auschwitz, Richard Baer.

Im August 1961 eröffnete das Landgericht Frankfurt/M. die gerichtliche Voruntersuchung.

Die »Neue Rampe« im Vernichtungslager Birkenau, im Mai 1944 fertiggestellt.
[Staatliches Museum Auschwitz-Birkenau]

Untersuchungsrichter Heinz Düx machte sich mit großem Engagement an Beweissicherung und Beweisermittlung.

Düx vernahm auf der breiten Grundlage der staatsanwaltschaftlichen Ermittlungsergebnisse erneut die Beschuldigten, stellte sie Überlebenden gegenüber, konfron-

Staatsanwalt Joachim Kügler in seinem Dienstzimmer 1960
[Fritz Bauer Institut / Privatbesitz]

Staatsanwalt Georg Friedrich Vogel (1926–2007) vor dem Haus Gallus (Frankfurt/M.) in dem ab April 1964 der Auschwitz-Prozess stattfand
[Fritz Bauer Institut / Schindler-Foto-Report]

tierte die verdächtigen Auschwitz-Täter mit den Aussagen der vormaligen Häftlinge. Bis zur Schließung der Voruntersuchung im Oktober 1962 führte Düx weitere rund 125 Zeugenvernehmungen durch und verbesserte für die Anklagebehörde, die sich an die Ausarbeitung der Schwurgerichtsanklage machte, die Beweislage beträchtlich.

Sowohl für die Staatsanwälte als auch für den Untersuchungsrichter war das erste Auschwitz-Verfahren kein isolierter Vorgang. Im Sommer 1961 leitete die Staatsan-

Untersuchungsrichter Heinz Düx 1964
[Fritz Bauer Institut / Schindler-Foto-Report]

waltschaft ein zweites Ermittlungsverfahren gegen Auschwitz-Täter ein, das Landgericht Frankfurt/M. eröffnete im Oktober 1962 eine zweite gerichtliche Voruntersuchung.

Die parallel verlaufenden Verfahren ermöglichen eine fortwährende Ergänzung und Erweiterung der Beweismittel. Das von Fritz Bauer angestrebte Konzept, Komplexverfahren durchzuführen, um den in Auschwitz verübten Massenmord systematisch und umfassend aufzuklären, erwies sich als sehr ergiebig.

Insgesamt führte die Frankfurter Justiz sechs Auschwitz-Verfahren durch.

Schwurgerichtsanklage und Eröffnung des Hauptverfahrens

[Tafel 34]

Im April 1963 legte die Strafverfolgungsbehörde ihre 700 Blatt umfassende Schwurgerichtsanklage vor.

Angeklagt waren:
1. Richard Baer *1911
   SS-Sturmbannführer, Kommandant: Tötung einer Vielzahl von Menschen
2. Robert Mulka *1895
   SS-Hauptsturmführer, Adjutant: Beschaffung von Zyklon B, Transport von Juden zu den Gaskammern
3. Karl Höcker *1911
   SS-Obersturmführer, Adjutant: Mitwirkung am Vernichtungsprogramm
4. Franz Hofmann *1906
   SS-Hauptsturmführer, Schutzhaftlagerführer: Rampen- und Lagerselektionen, Exekutionen, Einzeltötungen
5. Dr. Franz Lucas *1911
   SS-Obersturmführer, SS-Arzt: Rampenselektionen

SS-Sturmbannführer Richard Baer (1911–1963)
[Bundesarchiv (ehem. BDC) RS, Baer, Richard, 9. September 1911]

Richard Baer
Erkennungsdienstfoto · Frankfurt am Main 1962

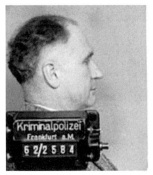

SS-Obersturmführer Robert Mulka
(1895–1969)

Robert Mulka
Erkennungsdienstfoto • Hamburg
1962

6. Dr. Willy Frank *1903
   SS-Hauptsturmführer, SS-Zahnarzt: Rampenselektionen
7. Dr. Willi Schatz *1905
   SS-Untersturmführer, SS-Zahnarzt: Rampenselektionen
8. Dr. Victor Capesius *1907
   SS-Sturmbannführer, SS-Apotheker: Rampenselektionen
9. Wilhelm Boger *1906
   SS-Oberscharführer: Rampen- und Lagerselektionen, Erschießungen, Tötungen durch Folter
10. Pery Broad *1921
    SS-Rottenführer: Rampenselektionen, Erschießungen, Tötungen durch Folter
11. Klaus Dylewski *1916
    SS-Oberscharführer: Rampenselektionen, Erschießungen
12. Hans Stark *1921
    SS-Oberscharführer: Rampenselektionen, Vergasungen, Erschießungen

SS-Oberscharführer Wilhelm Boger
(1906–1977)
[Fritz Bauer Institut]

Wilhelm Boger
Erkennungsdienstfoto • Stuttgart
1958

13. Johann Schoberth *1922
    SS-Unterscharführer: Mitwirkung an Selektion, Vergasungsaktion, Erschießung
14. Oswald Kaduk *1906
    SS-Hauptscharführer: Lagerselektionen, Vielzahl von Einzeltötungen
15. Stefan Baretzki *1919
    SS-Rottenführer: Teilnahme an Selektionen, Einzeltötungen
16. Heinrich Bischoff *1904
    SS-Unterscharführer: Einzeltötungen
17. Josef Klehr *1904
    SS-Oberscharführer: Mitwirkung an Rampenselektionen und Selektionen im Häftlingskrankenbau, Tötungen durch Phenolinjektionen
18. Emil Hantl *1902
    SS-Unterscharführer: Mitwirkung an Selektionen im Häftlingskrankenbau, Tötung durch Phenolinjektionen
19. Herbert Scherpe *1907
    SS-Oberscharführer: Mitwirkung an Selektionen im Häftlingskrankenbau, Tötung durch Phenolinjektionen

20. Gerhard Neubert *1909
    SS-Unterscharführer: Mitwirkung an Selektionen im Häftlingskrankenbau
21. Hans Nierzwicki *1905
    SS-Hauptscharführer: Mitwirkung an Selektionen im Häftlingskrankenbau
22. Arthur Breitwieser *1910
    SS-Unterscharführer: Teilnahme an der sog. Probevergasung im September 1941
23. Bruno Schlage *1903
    SS-Oberscharführer: Mitwirkung an Erschießungen
24. Emil Bednarek *1907
    Funktionshäftling: Einzeltötungen

Als Beweismittel führte die Staatsanwaltschaft die Einlassungen der Angeschuldigten, die Vernehmungsniederschriften von 252 Zeugen, 17 Anlagebände mit Urkunden, Lagerpläne, Fotos sowie eine Anzahl von Beiakten auf.

Die Eröffnungskammer beim Landgericht Frankfurt/M. nahm in ihrem Beschluss vom Oktober 1963 eine von der Anklageschrift abweichende Qualifizierung der den Angeklagten zur Last gelegten Taten vor.

Die Staatsanwaltschaft hatte durchweg Anklage wegen Mordes erhoben.

Das Landgericht qualifizierte 12 Angeschuldigte lediglich als Gehilfen.

SS-Obersturmführer Dr. Franz Lucas
(1911–1994)

Dr. Franz Lucas
Erkennungsdienstfoto · Pinneberg
1962

Hauptverhandlung
20. Dezember 1963 – 20. August 1965

[Tafel 35]

Das Frankfurter Schwurgericht verhandelte an 183 Sitzungen gegen zunächst 24, später noch gegen 20 Angeklagte. Der Hauptangeklagte Richard Baer war im Sommer 1963 in der Untersuchungshaft verstorben, der Angeklagte Hans Nierzwicki war verhandlungsunfähig. Im Verlauf des Prozesses schieden die Angeklagten Heinrich Bischoff und Gerhard Neubert wegen Krankheit aus dem Verfahren aus.

Zu Beginn der Beweisaufnahme und noch im Verlauf des Prozesses erstatteten Sachverständige historische Gutachten
- über die Organisation von SS und Polizei, über die NS-Politik gegen Juden und Polen,
- über die Entwicklung des KZ-Systems,
- über den Kommissarbefehl (Liquidierung von politischen Kommissaren der Roten Armee)
- und Fragen des Befehlsnotstands.

Die Sachverständigengutachten steckten den historischen Rahmen ab, in dem die Angeklagten gehandelt hatten.

360 Zeugen wurden gehört, darunter 211 Auschwitz-Überlebende. Zeugen – wie der Arzt Dr. Mauritius Berner – hatten bei der Selektion auf der Rampe ihre ganze Familie – Ehefrau und drei Töchter – verloren.

Eine Besonderheit des Verfahrens war, dass die Zeugenvernehmungen »zur Stützung des Gedächtnisses des Gerichts« auf Tonband aufgenommen wurden. Der 430-stündige Mitschnitt sollte dem Gericht bei den Beratungen und bei der Abfassung des Urteils als Hilfsmittel dienen. Die Tonbandaufzeichnungen enthalten neben der Vernehmung von 320 Zeugen die Plädoyers von Staatsanwalt Kügler, von Nebenklagevertreter Kaul und von zehn Verteidigern, die Replik von Kaul, die »Letzten Worte« der 20 Angeklagten sowie die zehneinhalbstündige mündliche Urteilsbegründung.

Um Fragen zu klären, reiste im Dezember 1964 ein beauftragter Richter zusammen mit Prozessbeteiligten nach Auschwitz. Die zweitägige Ortsbesichtigung erwies sich für die richterliche Wahrheitserforschung als sehr ergiebig.

Urteil im Frankfurter Auschwitz-Prozess – 19./20. August 1965 –

1.	Klehr, Josef	Mord in mind. 475 Fällen gemein. Beihilfe z. gemein. Mord in mind. 6 Fällen: in 2 Fällen an mind. je 750 Menschen; in 1 Fall an mind. 700 Menschen; in 1 Fall an mind. 280 Menschen; in 1 Fall an mind. 200 Menschen; in 1 Fall an mind. 50 Menschen	lebenslanges + 15 Jahre Zuchthaus
2.	Baretzki, Stefan	Mord in mind. 5 Fällen gemein. Beihilfe z. gemein. Mord in mind. 11 Fällen: in 1 Fall an mind. 3000 Menschen; in 5 Fällen an mind. je 1000 Menschen; in 5 Fällen an mind. je 50 Menschen	lebenslanges + 8 Jahre Zuchthaus
3.	Boger, Wilhelm	Mord in mind. 114 Fällen gemein. Beihilfe z. gemein. Mord an mind. 1000 Menschen; gemein. Beihilfe z. gemein. Mord an mind. 10 Menschen	lebenslanges + 5 Jahre Zuchthaus
4.	Bednarek, Emil	Mord in 14 Fällen	lebenslanges Zuchthaus
5.	Kaduk, Oswald	Mord in 10 Fällen gemein. Mord in mind. 2 Fällen: in 1 Fall an mind. 1000 Menschen; in 1 Fall an mind. 2 Menschen	lebenslanges Zuchthaus
6.	Hofmann, Franz	Mord in 1 Fall gemein. Mord in mind. 30 Fällen; gemein. Mord in mind. 3 Fällen an je mind. 750 Menschen	lebenslanges Zuchthaus
7.	Mulka, Robert	gemein. Beihilfe z. gemein. Mord in mind. 4 Fällen: an mind. je 750 Menschen	14 Jahre Zuchthaus
8.	Stark, Hans	gemein. Mord in mind. 44 Fällen: davon in 1 Fall an mind. 200 Menschen und in 1 Fall an mind. 100 Menschen	10 Jahre Jugendstrafe
9.	Capesius, Victor	gemein. Beihilfe z. gemein. Mord in mind. 4 Fällen: an mind. je 2000 Menschen	9 Jahre Zuchthaus
10.	Höcker, Karl	gemein. Beihilfe z. gemein. Mord in mind. 3 Fällen: an mind. je 1000 Menschen	7 Jahre Zuchthaus
11.	Frank, Willy	gemein. Beihilfe z. gemein. Mord in mind. 6 Fällen: an mind. je 1000 Menschen	7 Jahre Zuchthaus
12.	Schlage, Bruno	gemein. Beihilfe z. gemein. Mord in mind. 80 Fällen	6 Jahre Zuchthaus
13.	Dylewski, Klaus	gemein. Beihilfe z. gemein. Mord in mind. 32 Fällen: davon in 2 Fällen an mind. je 750 Menschen	5 Jahre Zuchthaus
14.	Scherpe, Herbert	gemein. Beihilfe z. gemein. Mord in mind. 200 Fällen gemein. Beihilfe z. gemein. Mord in einem Fall: an mind. 700 Menschen	4½ Jahre Zuchthaus
15.	Broad, Pery	gemein. Beihilfe z. gemein. Mord in mind. 22 Fällen: davon in 2 Fällen an mind. je 1000 Menschen	4 Jahre Zuchthaus
16.	Hantl, Emil	gemein. Beihilfe z. gemein. Mord in mind. 40 Fällen gemein. Beihilfe z. gemein. Mord in 2 Fällen: an mind. je 170 Menschen	3½ Jahre Zuchthaus

17. Lucas, Franz	gemein. Beihilfe z. gemein. Mord in mind. 4 Fällen: an mind. je 1000 Menschen	3½ Jahre Zuchthaus
18. Schoberth, Johann		Freispruch
19. Breitwieser, Arthur		Freispruch
20. Schatz, Willi		Freispruch

Im Urteil qualifizierte das Schwurgericht befehlslose, eigenmächtige Tötungen von Häftlingen – meist so genannte Exzess-Taten – als Mord.

Auch die Mitwirkung am staatlich befohlenen Massenmord bewerteten die Richter in den Fällen Hofmann, Stark und Kaduk als gemeinschaftlichen Mord. Nach Erkenntnis des Gerichts hatten sich die drei Angeklagten die ihnen erteilten Befehle zu eigen gemacht. Sie handelten im Konsens mit der verbrecherischen Staatsführung und waren deshalb als Mittäter zu qualifizieren.

Bei insgesamt zehn Angeklagten erkannte das Gericht lediglich auf Mordbeihilfe.

In Anwendung der subjektiven Teilnahmetheorie – *nur wer die Tat als eigene will, nur wer mit Täterwillen handelt, ist Täter* – erachteten die Richter ihre Mitwirkung an den befohlenen Verbrechen als wissentliche Unterstützung einer fremden Tat.

Die Angeklagten hatten – so das Gericht – nicht mit Täterwillen gehandelt. Drei Angeklagte wurden aus Mangel an Beweisen freigesprochen. Unzählige Urkunden wurden verlesen.

Der Angeklagte Dr. Franz Lucas während der »Augenscheinseinnahme« in Auschwitz-Birkenau, Dezember 1964
[Fritz Bauer Institut / Georg Burger]

»Auschwitz-Album«
[Staatliches Museum Auschwitz-Birkenau]

Die SS dokumentierte im Sommer 1944 die Ankunft von Transporten mit Juden aus Ungarn

Dr. Mauritius Berner, Zeuge im Auschwitz-Prozess, identifizierte den Angeklagten Dr. Victor Capesius als »Selekteur« auf der Rampe.
[Hauptstaatsarchiv Wiesbaden Abt. 461 Nr. 37638]

Helga und Nora Berner, im Juni 1944 auf der Rampe in Birkenau von dem Angeklagten Dr. Victor Capesius für die Gaskammer selektiert
[Hauptstaatsarchiv Abt. 461 Nr. 37638]

Das SS-Wirtschaftsverwaltungshauptamt erteilt der Kommandantur des KL Auschwitz die Genehmigung zur Abholung von Zyklon B »Materialien für die Judenumsiedlung« in Dessau – Dessauer Werke für Zucker und Chemische Industrie

[Hauptstaatsarchiv Wiesbaden Abt. 461 Nr. 37638]

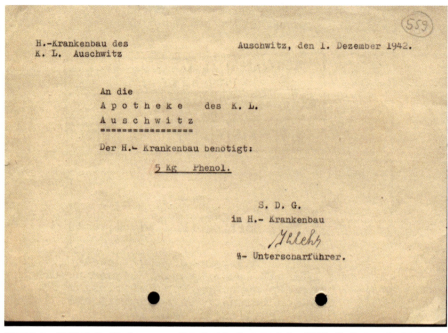

[Hauptstaatsarchiv Wiesbaden Abt. 461 Nr. 37638]

Der »Sanitätsdienstgrad« Josef Klehr fordert von der SS-Apotheke des KL Auschwitz Phenol an. Mit intrakardialen Phenolinjektionen tötete Klehr Lagerinsassen im »Häftlingskrankenbau«.

[Tafel 36]

Revisionsverfahren und Neuverhandlung

Revisionsverfahren und Neuverhandlung im Fall Lucas sowie Strafverbüßung

Der Bundesgerichtshof (Februar 1969) wies die Revisionen der Angeklagten, der Staatsanwaltschaft und der Nebenkläger ab. Nur im Fall Lucas hob der BGH das Urteil auf.

Die von dem Beschwerdeführer Lucas erhobene Rüge der »Nicht-Anwendung der Bestimmung des Putativnotstandes« hatte nach Ansicht des Revisionsgerichts Erfolg, weil das Schwurgericht Lucas' Einlassung, unter Zwang und Drohungen auf der Rampe selektiert zu haben, nicht lückenlos widerlegt habe. Die Tatrichter – so der Bundesgerichtshof – hatten unter Zugrundelegung der Feststellungen über die innere Einstellung von Lucas und bei Ausschließung des vom Angeklagten behaupteten Notstands nicht einleuchtend und schlüssig im Urteil vom 19./20. August 1965 begründet, warum Lucas sich an Selektionen beteiligt habe. Die Bekundung des Revidenten, im Putativnotstand gehandelt zu haben, musste mithin nach dem

Dr. Franz Lucas
[Fritz Bauer Institut / Schindler-Foto-Report]

BGH zugunsten des Angeklagten Lucas angenommen werden.

Im Oktober 1970 verhandelte das LG Frankfurt/M. den Fall Lucas neu und sprach den einstigen SS-Arzt vom Vorwurf der Mordbeihilfe frei.

In seiner Entscheidung wies der BGH auch die von der Staatsanwaltschaft vertretene Rechtsauffassung zurück, die in Auschwitz begangenen Verbrechen als eine Tat im Sinne einer natürlichen Handlungseinheit zu betrachten und nicht als eine Vielzahl von – einzelnen Tätern jeweils zurechenbaren – Einzelhandlungen. Der BGH bewertete ebenso wie das Frankfurter Schwurgericht nur die »Abwicklung« (Rampenselektion und Vergasung) von einzelnen Transporten des SS-Reichssicherheitshauptamtes mit Juden aus ganz Europa rechtlich als eine Tat, als natürliche Handlungseinheit. Die Annahme eines in Auschwitz begangenen Massenverbrechens lehnte der BGH jedoch ab.

Im Revisionsurteil heißt es: »In Auschwitz handelte es sich, was die Angeklagten betrifft, nicht um einen fest umgrenzten, abgeschlossenen Tatkomplex eines einzigen bestimmten Täters, sondern um Tötungen aus den verschiedensten Beweggründen, zum Teil auf Befehl, zum Teil durch eigenmächtiges Handeln, zum Teil als Täter, zum Teil als Gehilfe, wobei zwischen den Tatkomplexen oft große Zeiträume liegen und die Tatkomplexe sich wesentlich voneinander unterscheiden.«

In der Rechtsauffassung der Staatsanwaltschaft sah der BGH eine unzulässige Ausweitung des Begriffs der natürlichen Handlungseinheit. Nicht jeder SS-Angehörige, der Teil der Vernichtungsmaschinerie in Auschwitz gewesen war, ließ sich nach Ansicht der Bundesrichter als Mittäter oder Beihelfer qualifizieren. Tatbeteiligung und Mitverantwortung war jeweils im Einzelfall in Bezug auf klar festgestellte Tatsachen zu prüfen. Die Annahme eines Massenverbrechens, an dem das Auschwitz-Personal funktional und somit verantwortlich und schuldhaft mitwirkte, erachtete die höchstrichterliche Rechtsprechung als ein summarisches Verfahren, das mit rechtsstaatlichen Grundsätzen unvereinbar war.

ANGABEN ZU STRAFVERBÜSSUNGEN

1. Klehr, Josef
   *1904, Langenau/Oberschlesien – †1988, Leiferde
   Untersuchungshaft – U-Haft – seit 17.9.1960; Strafhaft seit Rechtskraft des Urteils im Februar 1969; 25.1.1988: Strafvollstreckung wegen Vollzugsuntauglichkeit unterbrochen; Beschluss des LG Marburg vom 10.6.1988: Aussetzung der Vollstreckung des Strafrests zur Bewährung.

2. Baretzki, Stefan
   *1919, Czernowitz/Polen – †1988, Bad Nauheim
   U-Haft seit 12.4.1960; Strafhaft seit Rechtskraft des Urteils im Februar 1969; 21.6.1988: Selbstmord in Strafhaft.

3. Boger, Wilhelm
   *1906, Stuttgart-Zuffenhausen – †1977, Bietigheim-Bissingen
   U-Haft seit 8.10.1958; Strafhaft seit Rechtskraft des Urteils im Februar 1969; 3.4.1977: im Haftkrankenhaus Bietigheim-Bissingen (in Strafhaft) verstorben.

4. Bednarek, Emil
   *1907, Königshütte/Oberschlesien – †2001, Waldsassen/Oberpfalz
   U-Haft seit 25.11.1960; Strafhaft seit Rechtskraft des Urteils im Februar 1969; Gnadenentscheidung (Mai 1975): Umwandlung der lebenslangen Freiheitsstrafe in eine zeitige von 20 Jahren; 1.12.1975: Entlassung aus der Justizvollzugsanstalt Butzbach.

5. Kaduk, Oswald
   *1906, Königshütte/Oberschlesien – †1997, Langelsheim-Lautenthal/Harz
   U-Haft seit 21.7.1959; Strafhaft seit Rechtskraft des Urteils im Februar 1969; Strafunterbrechung seit 7.9.1989; Entlassung am 6.11.1990; Reststrafe für die Dauer von fünf Jahren zur Bewährung ausgesetzt; mit Beschluss des LG Marburg vom 20.2.1996 wird der Strafrest erlassen.
6. Hofmann, Franz
   *1906, Hof a. d. Saale – †1973, Straubing
   19.12.1961: durch Urteil des LG München II zu lebenslangem Zuchthaus verurteilt; Rechtskraft des Urteils am 28.5.1962; Hofmann in Strafhaft verstorben.
7. Mulka, Robert
   *1895, Hamburg – †1969, Hamburg
   U-Haft von 8.11.1960 bis 6.3.1961, von 29.5.1961 bis 13.12.1961, von 22.2.1964 bis 23.10.1964 und von 3.12.1964 bis 6.1.1966; 6.1.1966: Entlassung wegen Haftunfähigkeit aus der U-Haft; 23.3.1967: erneut U-Haft; 20.2.1968: endgültige Entlassung wegen Haftunfähigkeit.
8. Stark, Hans
   *1921, Darmstadt – †1991, Darmstadt
   U-Haft von 23.4.1959 bis 3.10.1963, von 15.5.1964 bis 21.2.1966; 21.2.1966: Haftverschonung durch Beschluss des LG Frankfurt/M.; Entlassung aus der U-Haft; 18.4.1966: Aufhebung des Haftverschonungsbeschlusses durch Beschluss des OLG Frankfurt/M.; 20.4.1966: Verhaftung Starks; 16.8.1968: die Verbüßung der Restjugendstrafe zur Bewährung ausgesetzt; Stark wird aus der U-Haft entlassen.
9. Capesius, Victor
   *1907, Reußmarkt, Krs. Hermannstadt/Rumänien – †1985, Göppingen
   U-Haft seit 4.12.1959; 17.1.1968: Entlassung aus der U-Haft.
10. Höcker, Karl
    *1911, Engershausen, Krs. Lübbecke – †2000, Lübbecke
    U-Haft seit 25.3.1965; Strafhaft seit Rechtskraft des Urteils im Februar 1969; 1970: auf Bewährung aus der Strafhaft entlassen.
11. Frank, Willy
    *1903, Regensburg – †1989, München
    U-Haft seit 5.10.1964; Strafhaft seit Rechtskraft des Urteils im Februar 1969; 1970 aus der Strafhaft entlassen.

12. Schlage, Bruno
    *1903, Truttenau, Krs. Königsberg – †1977, Minden
    U-Haft seit 19.8.1965; 1969 entlassen.
13. Dylewski, Klaus
    *1916, Finkenwalde, Krs. Stettin
    U-Haft von 24.4.1959 bis 25.5.1959, von 16.12.1960 bis 22.3.1961 und erneut ab 5.10.1964; 1968: Entlassung aus der U-Haft; lebt in Hilden.
14. Scherpe, Herbert
    *1907, Gleiwitz/Oberschlesien – †1997, Mannheim
    U-Haft von 15.8.1961 bis 20.8.1965; am 20.8.1965 zunächst auf freien Fuß gesetzt; seit 7.4.1967 erneut in U-Haft; 1.10.1967 aus U-Haft entlassen.
15. Broad, Pery
    *1921, Rio de Janeiro/Brasilien – †1993, Düsseldorf
    U-Haft von 30.4.1959 bis 23.12.1960, von 6.11.1964 bis 21.2.1966; Haftbefehl mit Beschluss des LG Frankfurt am Main vom 21.2.1966 aufgehoben; am selben Tage Entlassung aus der U-Haft.
16. Hantl, Emil
    *1902, Mährisch-Lotschnau – †1984, Plochingen
    U-Haft seit 26.5.1961; am 19.8.1965 (Verkündung des Urteils des LG Frankfurt/M.) auf freien Fuß gesetzt.
17. Lucas, Franz
    *1911, Osnabrück – †1994, Elmshorn
    U-Haft seit 24.3.1965; 26.3.1968: Aufhebung des Haftbefehls des OLG Frankfurt/M. vom 23.3.1965 durch das LG Frankfurt/M. und Entlassung aus U-Haft; Oktober 1970 vom LG Frankfurt/M. freigesprochen.
18. Schoberth, Johann
    *1922, Aufseß, Krs. Ebermannstadt – †1988, Hollfeld
19. Breitwieser, Arthur
    *1910, Lemberg/Polen – †1978, Bonn
    U-Haft von 9.6.1961 bis 22.6.1961.
20. Schatz, Willi
    *1905, Hannover – †1985, Hannover

Nachkrieg – Juristen vor Gericht

[Tafel 37]

Der Fall Kessler / Hassencamp I

Ein typisches Zeichen jüdischer Frechheit
Der Fall Hassencamp/Kessler
Am 20 April 1943 verurteilte das Sondergericht Kassel den Ingenieur Werner Holländer wegen Rassenschande zum Tode.

Er war evangelisch getauft und hatte erst 1941 erfahren, dass er jüdische Vorfahren hatte und so unter die Nürnberger Rassegesetze fiel.

Seine in Brasilien lebende Mutter legte Anfang 1944 ein Gnadengesuch für ihren Sohn ein. Es wurde abgelehnt und Werner Holländer am 30. Mai 1944 enthauptet.

Es war eines von vielen »Blutschutzurteilen« deutscher Sondergerichtsrichter. Aber es sollte eines der wenigen werden, für das sich nach dem Ende des NS-Regimes die Richter selbst vor Gericht haben verantworten müssen.

Am 28. Februar 1950 wurden unter dem Aktenzeichen 3a Ks 3/50 Fritz Hassencamp und Edmund Kessler von der Staatsanwaltschaft Kassel wegen des Verdachts der Rechtsbeugung in Tateinheit mit Totschlag angeklagt.

Die Anklageerhebung erfolgte nur wegen Totschlags und nicht wegen Mordes aus niedrigen Beweggründen, wie es das Hessische Ministerium der Justiz vorgeschlagen hatte.

Während der Ermittlungen und dem Gerichtsverfahren waren Kessler und Hassencamp ohne jede Einsicht. Ganz im Gegenteil, wie ein Auszug aus der Vernehmung des Kessler anschaulich dokumentiert.

Trotz der Überzeugung der Richter von einem zu harten Fehlurteil, wurden beide Angeklagte am 28. Juni 1950 freigesprochen.

Die Richter sahen eine Rechtsbeugung als nicht nachgewiesen an, damit entfiel auch die Anklage wegen Totschlags.

Die Richter wiesen darauf hin, dass der Freispruch aus juristischen Gründen erfolgt sei, moralisch trugen die Angeklagten jedoch die Schuld am Tode Werner Holländers.

Die Richter Hassencamp, Kessler und Bernhardt über Werner Holländer:
Der Angeklagte war aber auch, obwohl er bisher [...] unbestraft ist, nach § 20a Absatz 2 des Strafgesetzbuches als gefährlicher Gewohnheitsverbrecher zu brandmarken. Dass der Angeklagte seine geschlechtlichen Beziehungen zu der Zeugin W., die er vor 1941 schon jahrelang unterhalten hatte, auch nach Kenntniserhalt von seiner jüdischen Abstammung fortsetzte, wiegt nicht allzu schwer. [...] Dass der Angeklagte aber trotz seiner hohen Intelligenz und seines Bildungsgrades und trotz eindeutiger Kenntnis seines Volljudentums in mehreren Fällen neue geschlechtliche Beziehungen zu deutschen Frauen anknüpfte, lässt seine Hemmungslosigkeit und seinen verbrecherischen Hang für derartige Straftaten erkennen. [...]
Die Gefährlichkeit des Angeklagten geht aber aus dem unverantwortlichen und besonders schwerwiegenden Fall Wd. hervor. Wenn es auch schon sehr verwerflich ist, dass der Angeklagte den Fragebogen bei der Firma Henschel & Sohn nicht richtig stellte und er sich trotz seiner jüdischen Abstammung in den Kasseler Tennisklub einschmuggelte, so bedeutete es aber den Gipfel der Gemeinheit – und ist ein typisches Zeichen jüdischer Frechheit –, wenn er sich nun weiter in das Vertrauen der völlig gutgläubigen Zeugin Wd. einschlich, ihr ehrliche Heiratsabsichten vorspiegelte, seine Einführung in die Familie der Wd. erzwang und so erreichte, dass sich das Mädchen ihm im Vertrauen auf eine künftige Eheschließung hingab.

SCHWURGERICHT KASSEL
Auszug aus der Vernehmung des Kessler

Vorsitzender: Sie würden also heute noch sagen: »Das Urteil halte ich für richtig?«
Kessler: Jawohl! Wir standen auch auf dem Standpunkt, dass im Kriege, wo die deutschen Männer an der Front kämpften und wir in der Heimat unseren Mann stehen mussten, ohne Rücksicht auf Vorleben und Herkunft bestraft werden musste. Im Übrigen bin ich der Meinung, dass die Verurteilung des Holländers als Gewohnheitsverbrecher eine Ermessensfrage ist, die man nur beurteilen kann, wenn man der Hauptverhandlung von Anfang bis Ende beigewohnt hat. [...] Ich hielt den angeklagten Holländer für einen Gewohnheitsverbrecher, weil er sein Judentum verschwieg [...].

Vorsitzender: Wie standen sie zur Todesstrafe?
Kessler: Ich bejahe unbedingt die Todesstrafe.

Vorsitzender: Haben Sie es nicht bei der Frage, ob die Todesstrafe zu verhängen sei, für nötig gehalten, sich weiter mit der Persönlichkeit des Angeklagten zu befassen?
Kessler: Nach dem, was er getan hatte, bewies er, dass er charakterlich minderwertig war. Deshalb habe ich ihn ja auch zum gefährlichen Gewohnheitsverbrecher erklärt. [...] Das Blutschutzgesetz war ein Grundgesetz des Staates. [...] Ich hatte die richterliche Überzeugung, dass die Tat [...] so schwer wog und mit den Begleitumständen aus Gründen der Gerechtigkeit die letzte Sühne erforderte.

Vorsitzender: Vertreten sie diese Auffassung auch heute noch?
Kessler: Ich halte das Urteil, das ich damals gefällt habe, auch heute noch aufrecht, bedauere aber, dass dieses Urteil nötig war. [...]

Vorsitzender: Der letzte Teil des Urteils zeigt eine starke Einstellung gegen das Judentum. Sind Sie der Auffassung gewesen, dass Deutschland einen Kampf gegen das Judentum führen musste?
Kessler: Ich musste mich bemühen, meine Urteile in der Sprache etwas volkstümlicher und kürzer zu halten. Das Blutschutzgesetz war vom Judentum nicht zu trennen.

Schw 3/50
3 a Ks 3/50
Gr.

IM NAMEN DES GESETZES !

In der Strafsache

gegen

1.) den ehemaligen Landgerichtsdirektor Fritz H a s s e n c a m p, geb. am 18.9.1878 in Frankenberg/Eder, wohnhaft in Rotenburg/F., Untertor 10, deutsch, verh., nicht vorbestraft,

2.) den ehemaligen Kammergerichtsrat Edmund K e s s l e r , geb. am 19.Sept.1902 in Kassel, wohnhaft in Rauschenberg, Krs.Marburg/Lahn, Landhaus Nr.272, deutsch, verh., nicht vorbestraft,

w e g e n Rechtsbeugung und Totschlag

hat das Schwurgericht des Landgerichts in K a s s e l
in der Sitzung vom 26., 27. und 28.Juni 1950, an der teilgenommen haben:

Landgerichtspräsident Scharnitzky
als Vorsitzer,
Landgerichtsrat Simon
als Beisitzer,
Verw.Angest.August Hessler, Rotenburg,
Diakon Georg Döring, Kassel,
Schreinermeister Gustav Seitz, Immenhausen,
Reg.Rat Christian Dörsch, Kassel,
Bergmann Wilhelm Stremme, Willingen,
Stadtoberinspektor Hans Lenzen, Bad Wildungen,
Angestellter Walter Bosse, Eschwege,
als Geschworene,
Oberstaatsanwalt Borbein,
Staatsanwalt Dr.Thill
als Beamte der Staatsanwaltschaft,
Referendar Kühn
als Urkundsbeamter der Geschäftsstelle,

am 28.Juni 1950

für Recht erkannt:

Die Angeklagten werden auf Kosten der Staatskasse freigesprochen.

Gründe :

[Staatsarchiv Marburg Best. 274 Kassel Nr. 127]

Hassencamp und Keßler juristisch freigesprochen, moralisch schuldig

Kassel (gm). Am dritten Tage eines Schwurgerichtsprozesses gegen Fritz Hassencamp (geb. 1878 in Frankenberg/Eder, wohnhaft in Rotenburg/Fulda) und Dr. Edmund Keßler (geb. 1902 in Kassel, wohnhaft in Rauschenberg, Kr. Marburg) beantragte Oberstaatsanwalt Borbein gegen die beiden Angeklagten wegen Rechtsbeugung und vorsätzlicher Tötung fünf und sechs Jahre Zuchthaus sowie Ehrverlust. Das vom Vorsitzenden, Landgerichtspräsident Scharnitzky, um 20 Uhr verkündete Urteil lautete: „Die Angeklagten werden auf Kosten der Staatskasse freigesprochen." Es entstand Unruhe im Saal.

In der Urteilsbegründung wurde ausgeführt, daß das Sondergericht, bei dem die Angeklagten im Jahre 1943 als Vorsitzender und Berichterstatter fungierten, bei der Verurteilung des Dipl.-Ing. Werner Holländer zum Tode seine Pflicht nicht erfüllt und sehr leichtfertig geurteilt habe. Wegen eines Fehlurteils aber sei eine Bestrafung der Richter nicht möglich. Trotz des juristischen Freispruches sei das Schwurgericht aber von der moralischen Schuld der Angeklagten überzeugt.

„Sie haben vergessen", hieß es, „daß mit Gesetzespositivismus nicht alles getan ist. Sie haben vergessen, daß sie Menschen sein mußten."

Die Verhandlungen an den beiden Vortagen ergaben noch einmal ein Bild jener Vorfälle vom Dezember 1942. Wegen „Rassenschande in vier Fällen" wurde der bei Henschel in der Rüstungsindustrie beschäftigte Dipl.-Ing. Werner Holländer in einer Drei-Stunden-Sondergerichtsverhandlung zum Tode verurteilt und später hingerichtet.

In der Urteilsbegründung aus dem Jahre 1943 heißt es u. a.: „Es läßt sich nicht beweisen, daß der Angeklagte vor dem Jahre 1941 über seine Rassenzugehörigkeit im Bilde war".

Der Mann, an dem „nach gesundem deutschen Rechtsempfinden" und „zum Schutze der Volksgemeinschaft" die schwerste Strafe zu vollstrecken war, gehörte der evangelischen Kirche an. Seine Eltern waren emigriert.

Die Frauen, zu denen er in Beziehung getreten war, sagten am ersten Tage in der Stadthalle als Zeuginnen aus. Sie schilderten den Hingerichteten als klugen, sympathischen Menschen.

Das „Sondergericht" bestand aus den beiden heutigen Angeklagten, 38er Parteigenossen, und aus dem jetzigen Hilfsarbeiter in einem Anwaltsbüro, Dr. B., der damals gegen das Todesurteil stimmte, weil er es als zu hart empfand.

„Es tut mir leid, Herr Dr. B.; wir würden Ihnen gerne folgen, aber das Volk würde es nicht verstehen!" argumentierte seinerzeit Keßler gegen Ende der Urteilsberatung, die etwa eine Stunde in Anspruch genommen hatte. Damit war das Schicksal Holländers besiegelt.

Das Schwurgericht versucht zu ergründen, ob vom Sondergericht Ermittlungen über die allgemeine Haltung und Charaktereigenschaften Holländers angestellt worden seien.

Eine „einseitige Beurteilung" kann der Vorsitzende am ersten Verhandlungstage bei verschiedenen Gelegenheiten feststellen. Aber auch der „dritte Mann" des Sonder-Richterkollegiums von 1943, der seinerzeit gegen das Todesurteil war, hatte nicht das Gefühl, daß eine Rechtsbeugung vorliege.

Ueber 45 Zeugen, darunter eine Reihe Rechtsanwälte, Gerichtsräte und -präsidenten, wurden am zweiten Verhandlungstage vernommen. Viele von ihnen äußerten sich nach der Frage des Vorsitzenden nach dem Ruf und den richterlichen Eigenschaften der Angeklagten positiv.

Der Oberstaatsanwalt, der seinerzeit für das Sondergericht zuständig war, gibt auf die Frage von Oberstaatsanwalt Borbein „Was hätten Sie empfunden, wenn Sie in der Urteilsbegründung Keßlers gelesen hätten: ‚... Gipfel der Gemeinheit, typisches Zeichen jüdischer Frechheit'?" die Antwort: „Ich hätte das als unsachlich empfunden, mich aber deshalb nicht veranlaßt gesehen, gegen das Urteil anzugehen."

Für eine zweite Gruppe von juristischen Zeugen ist die Ansicht charakteristisch: „Hassencamps positive Einstellung zum Nationalsozialismus ließ ihn den Einwirkungen des Parteidenkens geneigt werden, soweit sich das mit seinem Rechtsempfinden vertrug. Die Richter wurden erheblich suggestiv beeinflußt; besonders bei der Strafzumessung machte sich das bemerkbar. Es wäre besser gewesen, er wäre nicht Direktor geworden, sondern Amtsrichter geblieben."

Eine dritte Zeugengruppe besteht aus Opfern des Sondergerichts unter Hassencamps Vorsitz. Sie sagen u. a. aus:

„Ich wurde von ihm immer wieder als Jude beschimpft, als „niederträchtiger Charakter" und „hemmungsloses Individuum", weil ich vorausgesagt hatte, daß der Krieg eine Pleite sein würde. Die Infamie der Verhandlungsführung hat mich stärker getroffen, als die dreieinhalb Jahre, die ich wegen „Heimtücke" erhielt."

„Hassencamp drohte mir: ‚Wenn Sie lange Einwendungen machen, spreche ich das Urteil, ohne Sie gehört zu haben.' Ich erhielt sechs Jahre Zuchthaus als Volksschädling. Fünf waren beantragt worden."

Kommentar des Sondergerichts-Vorsitzenden Hassencamp: „Ich kann das nur als geistesgestört bezeichnen!"

Kommentar des Sondergerichts-Beisitzers Dr. B.: „Es kam schon vor, daß Hassencamp einmal eine brüske Bemerkung machte".

Der Fall Kessler / Hassencamp II   [Tafel 38]

Die Staatsanwaltschaft Kassel legte gegen das Schwurgerichtsurteil Revision beim Oberlandesgericht in Frankfurt/M. ein.

Am 7. Februar 1951 wurde der Revision stattgegeben, das Urteil aufgehoben und das Verfahren zur erneuten Verhandlung an der Schwurgericht in Kassel zurück verwiesen.

Das Oberlandesgericht argumentierte: [...] das Schwurgericht ist seiner Aufklärungspflicht in zahlreichen erheblichen Punkten nicht nachgekommen [...] Es wird [...] mit besonderer Sorgfalt geprüft werden müssen, ob die Angeklagten

a) die Todesstrafe gegen Holländer aus sachlichen Rechtserwägungen für angemessen gehalten haben oder
b) zur Verhängung der Todesstrafe aufgrund ihrer politischen Einstellung gelangt sind, obgleich sie die Taten sachlich nicht für so schwerwiegend, nicht für todeswürdig gehalten haben. [...]

Über diese Gesichtspunkte besagt das Urteil bisher nichts Ausreichendes. Bei der Prüfung dieser Fragen können möglicherweise die unsachlichen und judenfeindlichen Ausführungen im schriftlichen Sondergerichtsurteil ein beachtliches Indiz sein. Ferner wird das Schwurgerichtsurteil auch den bisher völlig unberücksichtigt gebliebenen Umstand würdigen müssen, dass beide Angeklagte [...] überzeugte, ja fanatische Nationalsozialisten gewesen sind. [...]

Der festgestellte Sachverhalt hätte dem Schwurgericht um so mehr zu einer Nachprüfung auf vorsätzlich unsachliche Anwendung formellen Rechtes Veranlassung geben müssen, als das angefochtene Urteil selbst feststellt, dass das Sondergericht im Verfahren gegen Holländer seiner Aufklärungspflicht in zahlreichen erheblichen Punkten nicht nachgekommen ist.

Durch Unterlassung der erforderlichen und möglichen weiteren Sachaufklärung kann das Verbrechen der Rechtsbeugung – bei Vorliegen der subjektiven Tatbestandsmerkmale – sehr wohl begangen werden (vgl. RGSt 57 31).

Das Schwurgericht wird deshalb aufklären müssen, warum die weiteren Ermittlungen unterblieben sind und was die Angeklagten bestimmt hat, diese Nachforschungen zu unterlassen. Nur dann, wenn die Angeklagten – sei es auch leichtfertig – angenommen haben sollten, weitere Ermittlungen würden nicht zu einer besseren Aufklärung führen können, läge Rechtsbeugung nicht vor (RGSt 69, 213). Darüber ist jedoch dem Urteil bisher nichts zu entnehmen.

Wenngleich die Richter des Schwurgerichtes in Kassel im Juni 1950 sich nicht durchringen konnten, Hassencamp und Kessler wegen Rechtsbeugung zu verurteilen, enthält die Urteilsbegründung einen interessanten Hinweis auf die Urteilspraxis in der nur wenige Kilometer von Kassel entfernten Britischen Besatzungszone.

Dort hatte die Militärregierung es den Landgerichten erlaubt, Verbrechen gegen die Menschlichkeit zu ahnden. Das deutsche Strafgesetzbuch kannte keinen solchen Straftatbestand. Angewendet wurde das alliierte Kontrollratsgesetz Nr. 10 vom 20. Dezember 1945.

Auf diesen Sachzusammenhang nahmen die Kasseler Richter direkt Bezug:

„Die Verkennung der dem Recht innewohnenden Menschlichkeitsidee durch Kessler und Hassencamp im Falle Holländer steht nicht zur Aburteilung, da eine Anwendung des Kontrollratsgesetzes Nr. 10 über Verbrechen gegen die Menschlichkeit mangels Zuständigkeit des Schwurgerichts ausscheidet. Hier war nur zu prüfen, ob das unmenschliche Ergebnis nicht Rückschlüsse auf einen Rechtsbeugungsvorsatz der Angeklagten zulässt."

Daraus kann durchaus geschlossen werden, dass das Schwurgericht möglicherweise nicht zu einem Freispruch gelangt wäre, hätten sie Verbrechen gegen die Menschlichkeit ahnden können.

Schleswig-Holsteinische Anzeigen
Amtsblatt der Justizverwaltung für den Bezirk des Oberlandesgerichts Kiel

Herausgegeben mit Genehmigung der Militär-Regierung von der Verwaltung des Oberlandesgerichts Kiel — Druck und Verteilung durch J. J. Augustin in Glückstadt
(Abdruck unter Angabe der Quelle gestattet. Abkürzung: SchlHA.)

151. JAHRGANG	1. FEBRUAR 1946	NUMMER 3

I. Gesetze und Anordnungen der Militärregierung.

Alliierte Kontrollbehörde. Kontrollrat.

Gesetz Nr. 10
über die einheitliche Strafverfolgung von Kriegsverbrechen.

Bestrafung von Personen, die sich durch Kriegsverbrechen oder Verbrechen gegen Frieden oder Menschlichkeit schuldig gemacht haben.

Um die Bestimmungen der Moskauer Deklaration vom 30. Oktober 1943 und des Londoner Abkommens vom 8. August 1945 sowie des im Anschluß daran erlassenen Grundgesetzes zur Ausführung zu bringen, und um in Deutschland eine einheitliche Rechtsgrundlage zu schaffen, welche die Strafverfolgung von Kriegsverbrechern und anderen Missetätern dieser Art mit Ausnahme derer, die von dem internationalen Militärgerichtshof abgeurteilt werden, ermöglicht, erläßt der Kontrollrat das folgende Gesetz:

Artikel I: Die Moskauer Deklaration vom 30. Oktober 1943, betreffend die Verantwortlichkeit der Hitleranhänger für begangene Greueltaten, und das Londoner Abkommen vom 8. August 1945, betreffend Verfolgung und Bestrafung von Hauptkriegsverbrechern der europäischen Achse, werden als untrennbare Bestandteile in das gegenwärtige Gesetz aufgenommen. Die Tatsache, daß eine der Vereinten Nationen den Bestimmungen des Londoner Abkommens beitritt, wie dies in seinem Artikel 5 vorgesehen ist, berechtigt diese Nation nicht, an der Ausführung des gegenwärtigen Gesetzes in dem Hoheitsgebiet des Kontrollrates in Deutschland teilzunehmen oder in seinen Vollzug einzugreifen.

Artikel II: 1. Jeder der folgenden Tatbestände stellt ein Verbrechen dar:

A. Verbrechen gegen den Frieden.

Das Unternehmen des Einfalls in andere Länder und des Angriffskrieges unter Verletzung des Völkerrechts und internationaler Verträge einschließlich der folgenden den obigen Tatbestand jedoch nicht erschöpfenden Beispiele:

Planung, Vorbereitung, Beginn oder Führung eines Angriffskrieges oder eines Krieges unter Verletzung von internationalen Verträgen, Abkommen oder Zusicherungen, Teilnahme an einem gemeinsamen Plan oder einer Verschwörung zum Zwecke der Ausführung einer der vorstehend aufgeführten Verbrechen.

B. Kriegsverbrechen.

Gewalttaten oder Vergehen gegen Leib, Leben oder Eigentum, begangen unter Verletzung der Kriegsgesetze oder -Gebräuche, einschließlich der folgenden, den obigen Tatbestand jedoch nicht erschöpfenden Beispiele:

Mord, Mißhandlungen der Zivilbevölkerung der besetzten Gebiete oder ihre Verschleppung zur Zwangsarbeit oder anderen Zwecken, Mord oder Mißhandlung von Kriegsgefangenen oder Personen auf hoher See, Tötung von Geiseln, Plünderung von öffentlichem oder privatem Eigentum, mutwillige Zerstörung von Stadt oder Land, oder Verwüstungen, die nicht durch militärische Notwendigkeiten gerechtfertigt sind.

C. Verbrechen gegen die Menschlichkeit.

Gewalttaten und Vergehen, einschließlich der folgenden, den obigen Tatbestand jedoch nicht erschöpfenden Beispiele:

Mord, Ausrottung, Versklavung, Zwangsverschleppung, Freiheitsberaubung, Folterung, Vergewaltigung oder andere an der Zivilbevölkerung begangene unmenschliche Handlungen, Verfolgung aus politischen, rassischen oder religiösen Gründen, ohne Rücksicht darauf, daß sie das nationale Recht des Landes, in welchem die Handlung begangen worden ist, verletzten.

D. Zugehörigkeit zu gewissen Kategorien von Verbrechervereinigungen oder Organisationen, deren verbrecherischer Charakter vom internationalen Militärgerichtshof festgestellt worden ist.

2. Ohne Rücksicht auf seine Staatszugehörigkeit oder die Eigenschaft in der er handelte, wird eines

Verbrechen gegen die Menschlichkeit nach dem Kontrollratsgesetz Nr. 10.

> Rechtsbeugung bedeutet eine Handhabung bei der Verhandlungsleitung oder Entscheidung einer Rechtssache durch Richter, die ihre Handlungsweise selbst für unrichtig und gesetzwidrig halten. Dies hat zutreffend auch der OGH Köln (MDR 49, 570) hervorgehoben. Im Gegensatz zum Verbrechen gegen die Menschlichkeit im Sinne des Art. 2 KG Nr. 10 ist es bei dem Verbrechen der Rechtsbeugung ausschlaggebend, ob die Angeklagten ihr Verfahren und ihre Entscheidung unter Anwendung von Gesetzen für Recht gehalten haben oder nicht. Haben sie das Todesurteil für Recht gehalten, so ist der Vorsatz, den der Tatbestand der Rechtsbeugung bei einer Entscheidung erfordert, nicht gegeben.

Ausriss aus dem Urteil Schwurgericht Kassel – Seiten 19 und 20.

> Wie die Geschichte lehrt, hat es immer wieder Völker- meist solche unentwickelter Kulturstufe - gegeben, die Handlungen unter Todesstrafe stellten, welche dem Empfinden der Kulturvölker nach entweder überhaupt nicht oder als wenig strafwürdig, erscheinen. Hierbei spielten besonders religiöse Momente (Hexenprozesse) oder staatspolitische Gründe (Diktaturrecht) eine besondere Rolle. Da in der Welt - nicht nur in Deutschland - immer wieder Rückfälle in Bezug auf die darin bestehende Missachtung der Menschenwürde vorkommen, beginnt sich allmählich die Ansicht durchzusetzen, dass ein Richter nicht das Diktaturgesetz anwenden darf, das derartige grundlegende Verstösse in sich birgt, sondern dass es im Wesen der Tätigkeit eines Richters liegt, Gesetz <u>und Recht</u> zur Grundlage seiner Entscheidung zu machen, d.h. kein gesetzliches Unrecht zur Anwendung zu bringen. Sonst kann er nicht für sich in Anspruch nehmen, als "Richter" angesehen zu werden. Der Urteilsspruch des Richters darf bei aller formell fehlerlos erfolgten Gesetzesanwendung nicht darunter kranken, dass der Richter zwar dem Gesetz Rechnung trägt, im übrigen aber dem Recht, das ein gewisses Minimum an Sittlichkeitsgrundsätzen verlangt, blind gegenüber steht. Das Ordnungsprinzip, das auch dem Rechte innewohnt, kann nie hinter der Idee der Einhaltung eines Mindestmasses von Sittlichkeit, insbesondere von Achtung der Menschenwürde zurücktreten. Ist dies doch der Fall, so begeht der Richter eine Handlung, die jetzt allgemein als Verbrechen gegen die Menschlichkeit bezeichnet wird. Es wird auch viel von "Verstoss gegen das Naturrecht" gesprochen. Im vorliegenden Falle Holländer handelt es sich nach Auffassung des Sondergerichts um einen Urteilsspruch, dessen Ergebnis als unmenschlich anzusehen ist. Der Spruch lässt sich weder durch die damalige Kriegssituation

[Staatsarchiv Marburg Best. 274 Kassel Nr. 127]   Ausriss aus dem Urteil des Schwurgerichts Kassel – Seite 44

Abschrift!

Geschäftsnummer:
Ss 374/50
3a Ks 3/50 Kassel

Frankfurt/Main, den 7. Februar 1951

IM NAMEN DES VOLKES!

Strafsache gegen

1) den ehemaligen Landgerichtsdirektor Fritz **Hassencamp**,
geb. 18.9.1878 in Frankenberg/Eder,
wohnhaft in Rotenburg/Fulda, Untertor 10,

2) den ehemaligen Kammergerichtsrat Dr. Edmund **Kessler**,
geb. 19.9.1902 in Kassel,
wohnhaft in Rauschenberg, Kr. Marburg/L., Landhaus 272,

wegen Rechtsbeugung und Totschlags.

Auf die Revisionen der Staatsanwaltschaft
gegen das Urteil des Schwurgerichts bei dem Landgericht
in Kassel vom 28. Juni 1950
hat der Strafsenat des Oberlandesgerichts
in Frankfurt/Main
in der Sitzung vom 7. Februar 1951,
an der teilgenommen haben:

Senatspräsident Pawlik,
    als Vorsitzender,
Oberlandesgerichtsrat Dr. Raschik,
Oberlandesgerichtsrat Weil
    als beisitzende Richter,
Erster Staatsanwalt Dr. Metzner,
    als Beamter der Staatsanwaltschaft,
Referendar Reutler
    als Urkundsbeamter der Geschäftsstelle,

für Recht erkannt:

Das Urteil wird mit den zu Grunde liegenden Feststellungen aufgehoben.

Die Sache wird zur erneuten Verhandlung und Entscheidung, auch über die Kosten der Revision, an das Schwurgericht in Kassel zurückverwiesen.

Gründe:

Nach den Feststellungen des Schwurgerichts haben die Angeklagten – und zwar Hassencamp als Vorsitzender, Kessler als Beisitzer und damaliger Berichterstatter des Sondergerichts in

Urteil des Oberlandesgerichts Frankfurt – 1. Seite   [Staatsarchiv Marburg Best. 274 Kassel Nr. 127]

[Tafel 39]

Der Fall Kessler / Hassencamp III

Das Schwurgericht in Kassel tagte vom 17. bis zum 28. März 1952.

Nach insgesamt neun Verhandlungstagen kam es zum gleichen Ergebnis wie das erste Urteil vom 28. Juni 1950.

»*Freispruch, da Rechtsbeugung nicht zweifelsfrei nachzuweisen sei.*«

Gründe:
[...] Die Feststellungen des Sondergerichts tragen [...] nicht eine Verurteilung Holländers als gefährlicher Gewohnheitsverbrecher (...)

Auffallend ist, dass Kessler, obwohl er angibt, kein Antisemit gewesen zu sein, gerade hinsichtlich der Aufklärung der Persönlichkeit des Juden Holländer nicht eine hinreichende Aufklärung veranlasst hat. [...]

Ferner enthalten die Urteilsgründe eine Redewendung, die auf den »Kampf Deutschlands mit dem Weltjudentum« hinweist. Der Gesichtspunkt der Gesamtverantwortung des Judentums enthält den Gedanken einer Kollektivhaftung, der im deutschen Strafrecht nicht vorgesehen ist. Die praktische Durchführung dieser Kollektivhaftung ist ein Zeichen von Antisemitismus.

Wenn Kessler sich bei der Entscheidung, insbesondere bei der Verhängung der Todesstrafe, bewusst hiervon hat leiten lassen, so liegt der Verdacht der Rechtsbeugung besonders nahe.

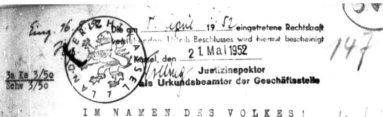

3a Ks 3/50
Schw 3/50

IM NAMEN DES VOLKES!

In der Strafsache

gegen 1) den ehem. Landgerichtsdirektor Fritz H a s s e n -
c a m p, geb. am 18.9.1878 in Frankenberg, wohnhaft
in Rotenburg, Untertor 10, Deutscher, verheiratet,
nicht vorbestraft;

2) den ehem. Kammergerichtsrat Edmund K e s s l e r,
Dr. jur., geb. am 19.9.1902 in Kassel, wohnhaft in
Rauschenberg Krs. Marburg, Deutscher, verheiratet,
nicht vorbestraft,

wegen Rechtsbeugung in Tateinheit mit vorsätzlicher Tötung

hat das Schwurgericht bei dem Landgericht in Kassel
auf Grund der Sitzung vom 17.3., 18.3., 19.3., 20.3.,
21.3., 24.3., 25.3., 26.3., und 28.3.1952
an der teilgenommen haben:

    Landgerichtsrat Joachim
        als Vorsitzender,
    Landgerichtsrat Dr. Schulenburg
    Landgerichtsrat Dr. Biechtler
        als beisitzende Richter,

    Landwirt Willi Beyer, Reichensachsen,
    Landwirt Johann Bubenheim, Sand,
    Verw.-Angest. Walter Georgi, Kassel,
    Verw.-Angest. Edmund Guthardt, Kassel,
    Bürgermeister Karl Hesse, Goddelsheim,
    Betriebstechniker Wilhelm Wolfram, Niedervellmar
        als Geschworene,

    Oberstaatsanwalt Borbein,
    Staatsanwalt Dr. Till
        als Beamte der Staatsanwaltschaft,

    Referendar Wolf
        als Urkundsbeamter der Geschäftsstelle,

für Recht erkannt:

Die Angeklagten werden auf Kosten der Staatskasse freigesprochen.

<u>G r ü n d e :</u>

Die Anklage legt den Angeklagten zur Last, als Richter in dem
Strafverfahren des Sondergerichts in Kassel gegen Holländer –

Urteil des Schwurgerichts Kassel – Seite 1   [Staatsarchiv Marburg Best. 274 Kassel Nr. 127]

[...] Das Schwurgericht [...] ist zu dem Ergebnis gekommen, dass rechtsfremde Judenvernichtungsabsichten eine Rolle gespielt haben können, aber nicht müssen. [...] Es kann aber nicht ausgeschlossen werden, dass es ihrer Überzeugung entsprach, durch diese rohe Ausdrucksweise im Dienste des Diktaturrechts gehandelt zu haben. [...]

Im vorliegenden Fall handelt es sich nach Auffassung des Schwurgerichts um einen Urteilsspruch, dessen Ergebnis als unmenschlich anzusehen ist. [...] Trotz erheblicher Bedenken musste das Schwurgericht die Frage, ob aus der unmenschlich harten Strafe auf einen Rechtsbeugungsvorsatz der Angeklagten zuverlässig geschlossen werden kann, verneinen.

[...] Berücksichtigt man, dass die Angeklagten [...] möglicherweise »überzeugte« Nationalsozialistischen waren, Kessler außerdem davon überzeugt war, dass in Sittlichkeitssachen strengste Strafen zu verhängen seien [...], so ist nicht auszuschließen, dass sie positiv geglaubt haben, ihre Entscheidung entspreche dem Gesetz und enthalte kein Unrecht. [...]

Keiner der zahlreichen Zeugen aus Richter-, Anwalts- und Staatsanwaltskreisen traut Kessler eine Rechtsbeugung zu, aber sein blinder Glaube an die Notwendigkeit der rücksichtslosen Durchführung nationalsozialistischer Gesetze, ohne Prüfung ihres sittlichen Gehaltes und trotz Möglichkeit der Linderung von Härten, mag ihn großer Wahrscheinlichkeit nach zu dem Fehlurteil bewogen haben.

Er mag nicht gegen seine bessere Überzeugung gehandelt haben, sondern aufgrund seiner fehlerhaften Einstellung als nationalsozialistischer Richter.
 Auch die Zusammenfassung sämtlicher festgestellten Fehler der damaligen Verhandlung lässt einen Rechtsbeugungswillen Kesslers nicht mit der erforderlichen Sicherheit erkennen. [...]

Nach alledem ergibt [...] die Gesamtwürdigung des Verhaltens der Angeklagten, dass die Möglichkeit der Rechtsblindheit, basierend auf politischer Verblendung [...] oder menschlicher Unzulänglichkeit, nicht auszuschließen ist.
 Ohne Feststellung des unbedingten Rechtsbeugungsvorsatzes war aber eine Verurteilung wegen Rechtsbeugung nicht möglich [...]

Die Ausführungen im umfangreichen, insgesamt 50-seitigen Urteil lassen erkennen, dass der Gesichtspunkt der »Vernichtung« eines Angehörigen der jüdischen Bevölkerung »unter dem Deckmantel der Strafrechtspflege« wohl nicht ergebnisoffen und unvoreingenommen geprüft wurde, sondern dass ihm letztlich nur im Sinne beschönigender, entlastender Überlegungen nachgegangen worden ist.

Auch im Fall Hassencamp und Kessler ist – wie in so vielen Unrechtsurteilen während der NS-Zeit – der Beurteilung des Nürnberger Juristenurteils vom 4. Dezember 1947 beizupflichten: »*Der Dolch des Mörders war unter der Robe des Juristen verborgen*«.

immensity that mere specific instances of criminality appear insignificant by comparison. The charge, in brief, is that of conscious participation in a nation wide government-organized system of cruelty and injustice, in violation of the laws of war and of humanity, and perpetrated in the name of law by the authority of the Ministry of Justice, and through the instrumentality of the courts. The dagger of the assassin was concealed beneath the robe of the jurist. The record is replete with evidence of specific criminal acts, but they are not the crimes charged in the indictment. They constitute evidence of the intentional participation of the defendants and serve as illustrations of the nature and effect of the greater crimes charged in the indictment. Thus it is that the apparent generality of the indictment was not only necessary but proper. No indictment couched in specific terms and in the manner of the common law could have encompassed within practicable limits the generality of the offense with which these defendants stand charged.

Zitat aus dem Juristenprozess. Aus:
TRIALS OF WAR CRIMINALS
BEFORE THE NUERNBERG
MILITARY TRIBUNALS UNDER
CONTROL COUNCIL LAW No. 10,
Bd. 3, S. 985.

[Tafel 40]

NACHKRIEG – AUFHEBUNG VON
NS-URTEILEN

Rechtsprechung zu NS-Unrechtsurteilen

»Verflucht sei, der das Recht [...] beugt«
– 5. Buch Mose, Kapitel 28.

Die Rechtsbeugung ist nur vorsätzlich begehbar. Im Strafrecht gibt es zwei gleichberechtigte Formen des Vorsatzes. Bei dem direkten Vorsatz muss der Täter jedes einzelne Tatbestandsmerkmal erfüllen wollen; hier die »Beugung des Rechts« und dies erkennen.

Bei dem bedingten Vorsatz genügt es, dass der Täter die »Beugung des Rechts« als möglich erkennt, sich aber zur Erreichung seines Zieles, zum Beispiel Vernichtung eines Rassenschänders, damit abfindet.

Letztere Vorsatzform reicht zum Beispiel für die Verurteilung wegen Tötungsdelikten aus. Der BGH hat schon 1956 – ohne dass dies das Gesetz gefordert hätte – festgelegt, dass für die Rechtsbeugung durch Richter der Nachweis des direkten Vorsatzes erforderlich ist.

Dieser Richtschnur entsprechend folgten regelmäßig Urteilsaufhebungen durch den BGH und nachfolgend Freisprüche durch die Gerichte, da unter dieser Voraussetzung der Nachweis der Rechtsbeugung praktisch nicht zu führen war.

Je nationalsozialistisch-fanatischer ein Richter war, desto eher wurde ihm die Überzeugung abgenommen, dass er sein nach damaligem Recht gefälltes Urteil für gesetzmäßig und richtig hielt.

Die Wende dieser Rechtsprechung wurde vom Bundessozialgericht in seiner Entscheidung vom 11. September 1991 eingeleitet (Az. 9a RV 11/90).

Der Witwe eines im März 1945 in der »Festung Breslau« hingerichteten Soldaten wurde eine Rente zugesprochen. Über die Tat und das Urteil war nichts bekannt.

BSG, Entscheidung vom 11. September 1991 - 9a RV 11/90
Die Todesurteile der Militärstrafjustiz während des 2. Weltkriegs schließen die Hinterbliebenen der von ihnen betroffenen Soldaten in der Regel nicht von allen Leistungen des BVG aus, weil angesichts der Gesamtumstände die Rechtswidrigkeit der Urteile zu vermuten ist.

Das Gericht stützte sich auf § 1 Abs. 1 und 2d des Bundesversorgungsgesetztes, wonach eine Versorgung zugesichert wird, wenn die Straf- oder Zwangsmaßnahme den Umständen nach als ein offensichtliches Unrecht anzusehen ist. Diesen Schluss zog das Gericht aus den bekannten Gesamtumständen in der von der Sowjetarmee eingeschlossenen »Festung Breslau« im März 1945 mit der ausschließlichen Androhung der Todesstrafe im Standgerichtsverfahren.

Das Gericht wendete die Klausel erstmals zugunsten der Opfer der NS-Justiz an.

Bundesgerichtshof in Karlsruhe

DIE WENDE IM STRAFRECHT
Nach vorbereitenden Einzelentscheidungen entschied der Bundesgerichtshof für Todesurteile durch DDR-Richter mit Urteil vom 16. November 1995 (Az. 5 StR 747/94): Wenngleich die Todesstrafe für sich genommen, gemessen am Maßstab unerträglicher Menschenrechtsverletzung, zur damaligen Zeit nicht als schlechthin unzulässige Reaktion auf eine Straftat zu werten sein mag, kann keinem Zweifel unterliegen, dass ein so irreparabler fundamentaler Eingriff in das Rechtsgut Leben, wie ihn die Anordnung und Vollstreckung dieser Rechtsfolge bedeutet, nach diesem Maßstab nur in aufs engste begrenzten Ausnahmefällen hinnehmbar sein kann.

Dem Angeklagten wurde Rechtsbeugung in Tateinheit mit Totschlag zur Last gelegt. Er war an drei Todesurteilen in den Jahren 1954 und 1955 am Obersten Gericht der DDR beteiligt. Bei den Taten des Angeklagten handelte es sich in einem Fall um ein Todesurteil wegen Spionagetätigkeit minderer Bedeutung für den britischen Geheimdienst.

Leitsatz des BGH Urteils vom 16. November 1995
Für die Feststellung einer durch Willkur gekennzeichneten offensichtlichen schweren Menschenrechtsverletzung als mögliche Rechtsbeugungstatbestände können drei Fallgruppen herangezogen werden:
(1) Fälle, in denen Straftatbestände überdehnt worden sind;
(2) Fälle, in denen die verhängte Strafe in einem unerträg-

lichen Missverhältnis zu der abgeurteilten Handlung gestanden hat;
(3) schwere Menschenrechtsverletzungen durch die Art und Weise des Verfahrens.

Insbesondere die im Leitsatz aufgestellte Fallgruppe 2 trifft wohl für eine Vielzahl von NS-Urteilen zu.

Auszug aus dem Urteil des BGH vom 16. November 1995
Die Verhängung der Todesstrafe im Fall F. lässt sich nur als willkürlicher Gewaltakt gegenüber einem »Staatsfeind« und als gewollte Schreckensherrschaft zur Unterstützung der staatlichen Machthaber durch massive Abschreckung deuten. [...]
Der Senat verkennt nicht, dass Maßstäbe, wie sie in der Bundesrepublik Deutschland bei der Beurteilung von NS-Justizunrecht angewandt worden sind, weit weniger streng waren. Die Erkenntnis, dass eine Todesstrafe nur dann als nicht rechtsbeugerisch anzusehen ist, wenn sie der Bestrafung schwersten Unrechts dienen sollte, hätte in einer Vielzahl von Fällen zur Verurteilung von Richtern und Staatsanwälten des nationalsozialistischen Gewaltregimes führen müssen.

Diese Erkenntnis kommt für die Verfahren gegen NS-Richter zu spät.

Die strafgerichtliche Verurteilung ist offensichtlich an einer zu weit gehenden Einschränkung der subjektiven Voraussetzungen des Rechtsbeugungstatbestandes gescheitert.

Das bedeutet im Umkehrschluss, dass die bundesdeutsche Justiz es den NS-Richtern nicht hätte abnehmen dürfen, dass sie ihre Urteilspraxis, vor allem bei der Verhängung der Todesstrafe, für rechtens hielten.

Dass der BGH ihnen bis Mitte der 1990er Jahre im wahrsten Sinne des Wortes Glauben schenkte, ist aus heutiger Sicht ein Justizskandal.

Aus humanitären Gründen kann keinem Staat das Recht zustehen, durch diese Sanktion über das Leben seiner Bürger zu verfügen.

Fehlurteile sind niemals auszuschließen.

Die staatliche Organisation einer Vollstreckung der Todesstrafe ist schließlich, gemessen am Ideal der Menschenwürde, ein schlechterdings unzumutbares und unerträgliches Unterfangen.
Auszug aus dem Urteil des BGH vom 16. November 1995

Das NS-Aufhebungsgesetz von 1998   [Tafel 41]

Am 25. Januar 1985 verabschiedete der Deutsche Bundestag eine Entschließung, *dass die als Volksgerichtshof bezeichnete Institution kein Gericht im rechtsstaatlichen Sinne, sondern ein Terrorinstrument zur Durchsetzung der nationalsozialistischen Willkürherrschaft war.*

Den Entscheidungen des Volksgerichtshofs komme deshalb nach Überzeugung des Deutschen Bundestages keine Rechtswirkung zu.

Zu diesem Zeitpunkt waren noch 3 Urteile des Volksgerichtshofes und 339 Urteile von Sondergerichten im Bundeszentralregister eingetragen.

Der Bundestag stellte in seiner Entschließung vom 15. Mai 1997 im Rahmen der Auseinandersetzung um das NS-Aufhebungsgesetz fest: *Der Zweite Weltkrieg war ein Angriffs- und Vernichtungskrieg, ein vom nationalsozialistischen Deutschland verschuldetes Verbrechen.* [Bundestagsdrucksache 13/7669]

Nach weiteren Auseinandersetzungen, an denen insbesondere Ludwig Baumann und der von ihm geleitete Verein »Bundesvereinigung Opfer der NS- Militärjustiz« beteiligt war, verabschiedete der Bundestag am 25. August 1998 das von der CDU/CSU/FDP-Fraktion eingebrachte Gesetz zur Aufhebung nationalsozialistischer Unrechtsurteile in der Strafrechtspflege.

Die Anlage umfasste eine Liste von 58 Rechtsquellen. Von diesem Gesetz waren die Verurteilungen wegen Fahnenflucht – Desertion –, Kriegsdienstverweigerung, Befehlsverweigerung, Homosexualität und Verurteilungen wegen Kriegsverrats noch ausgenommen.

Ludwig Baumann

Abschrift. 19
8 J 120/42g
7 J 111/42

Jm Namen
des Deutschen Volkes

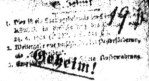

Jn der Strafsache gegen

1.) den wissenschaftlichen Schriftsteller Dr.phil. <u>Alfred</u> Emil
   K a u f m a n n , geboren am 20.Dezember 1868 in Külbertshausen,
   Amt Mosbach (Baden),
2.) den Kunstmaler Heinrich W i l l , geboren am 27.August 1895 in
   Trais an der Lumda,
3.) die Ehefrau <u>Elisabeth</u> Henriette Sara W i l l geborene Klein,
   geboren am 2.November 1901 in Wien,
4.) die technische <u>Lehrerin Emilie</u> S c h m i d t , geboren am
   2.April 1904 in Mannheim,
5.) die Filialleiterin Stefanie H a w r y s k o w , geboren am
   17.Juni 1911 in Wien,
6.) die Ehefrau <u>Hildegard</u> Anna Mathilde F a l c k e n b e r g
   geborene Allfeld, geboren am 17.Oktober 1891 in München,
7.) die Studentin der Medizin Renate R o e s e , geboren am 13.
   August 1920 in Gießen,
       sämtlich aus Gießen und in dieser Sache in gericht-
       licher Untersuchungshaft,
wegen Vorbereitung zum Hochverrat u.a.
hat der Volksgerichtshof, 2. Senat, auf Grund der Hauptverhandlung
vom 20.und 21.Juli 1942, an welcher teilgenommen haben
       als Richter :
   Volksgerichtsrat Hartmann, Vorsitzer,
   Oberlandesgerichtsrat Pikeis,
   SA-Gruppenführer Haas,
   NSKK-Obergruppenführer Nieder-Westermann,
   SA-Brigadeführer Keller,
       als Vertreter des Oberreichsanwalts:
   Staatsanwalt Harzmann,
       als Urkundsbeamter der Geschäftsstelle:
   Justizsekretär Juhle,
für Recht erkannt:
   Es werden verurteilt :

Das Gesetz sah eine Bescheinigung der Aufhebung eines NS-Unrechturteils auf Antrag vor, und galt nur für die aufgelisteten NS-Gesetze, Verordnungen und Erlasse.

Ein Beispiel aus Hessen ist der Fall Renate Fulle, geb. Roese. Die historischen Hintergründe waren die vieler vergleichbarer Prozesse. Während des Krieges hörte eine kleine Gruppe illegale ausländische Sender, besprachen das Gehörte und erzählten es zum Teil auch weiter. Darauf konnte nach der so genannten Rundfunkverordnung die Todesstrafe stehen.

Renate Roese war eine der Angeklagten.

Eine Gestapo-Informantin verriet das so genannte »Gießener-Freitagskränschen«, woraufhin alle Beteiligten verhaftet und angeklagt wurden.

Am 21. Juli 1942 wurde Frau Roese, zusammen mit noch weiteren sechs Angeklagten vom Volksgerichtshof wegen eines »Rundfunkverbrechens« zu drei Jahren Gefängnis verurteilt.

Leider konnte die Betroffene die Aufhebung ihres Urteils nicht mehr selbst erleben, da sie bereits 1982 verstorben war. Aber Ihre Schwester konnte den juristischen Vorgang in die Wege leiten und reichte über ihre Anwältin am 4. Juli 2001 einen Antrag auf Aufhebung des Volksgerichtshofsurteils bei der Staatsanwaltschaft in Gießen ein.

Ein Zeitungsartikel im Gießener Anzeiger vom 30. Januar 2002 informiert über die Geschehnisse und die Anstrengungen von Renate Roeses Schwester, um ihre Rehabilitierung.

Am 8. November 2001 hob die Staatsanwaltschaft Gießen das Volksgerichtsurteils mit der Begründung auf, dass es auf einer Verordnung beruht, die offensichtlich gegen die grundlegenden Prinzipien jedes Rechtsstaates verstoßen habe.

Die Medizin war ihre Berufung

Urteil von 1942 gegen Renate Roese aufgehoben – Festnahme des Kaufmann-Will-Kreises jährt sich zum 60. Mal

Von Heidrun Helwig

GIESSEN. Am frühen Morgen haben sie die Medizinstudentin aus dem Bett geholt. Haben sie gepackt und zum Verhör zur Gestapo-Stelle in die Neuen Bäue gebracht. Denn die 21-Jährige gehörte zum Freundeskreis um den Gelehrten Dr. Alfred Kaufmann und den Maler Heinrich Will. Und mehrfach hatte Renate Roese an den Treffen im ersten Stock an der Johanneskirche 5 teilgenommen, bei denen von den Nationalsozialisten verbotene ausländische Rundfunksendungen gehört wurden. Im Juli 1942 verhängte der Volksgerichtshof deshalb eine dreijährige Gefängnisstrafe gegen die junge Gießenerin. Ein Unrechtsurteil, das keinen Bestand mehr hat. Rund 60 Jahre nach der Festnahme von Renate Roese hat die Staatsanwaltschaft festgestellt, dass das Urteil aufgehoben ist.

Ende Mai 1998 hat der Deutsche Bundestag – nach langem Ringen – das „Gesetz zur Aufhebung nationalsozialistischer Unrechtsurteile in der Strafrechtspflege" verabschiedet. Und damit Entscheidungen von NS-Gerichten, die „unter Verstoß gegen elementare Gedanken der Gerechtigkeit" ergangen sind, pauschal annulliert. Ob nun ein zwischen 1933 und 1945 verhängtes Urteil auch tatsächlich unter dieses Gesetz fällt und damit aufgehoben ist, stellt die Staatsanwaltschaft fest. Allerdings nur auf Antrag. Den konnte Renate Roese nicht mehr stellen. Sie erlag im Jahre 1981 einem Krebsleiden, im Alter von 60 Jahren. Die Feststellung hat ihre Schwester Gisela Ludwig-Roese erwirkt. Dabei stand ihr die Rechtsanwältin Inge Erb zur Seite. „Für mich ist das eine Genugtuung", sagt die 79-jährige Klavierlehrerin, die in Bruchsal lebt, im Gespräch mit dem Anzeiger.

„Circus Roese"

Gemeinsam mit ihrer zwei Jahre älteren Schwester Renate ist sie in Gießen aufgewachsen. Der Vater ist Musikpädagoge, die Mutter Pianistin und gemeinsam lebt die Familie zunächst in der Goethestraße 34. 1927 trennen sich die Eltern und Helene Roese zieht mit ihren sieben und fünf Jahre alten Töchtern in eine kleine Wohnung im Hinterhaus der Südanlage 22. „Wir wohnten dort über einer Schlosserei und konnten Tag und Nacht Musik machen", erzählt Gisela Ludwig-Roese. Die Mutter eröffnet eine Schneiderei, verdient damit den Lebensunterhalt. Und nach wie vor gibt es einen großen Freundeskreis, zu dem Maler, Schriftsteller und Musiker gehören, auch Heinrich Will und Dr. Alfred Kaufmann. „Wir wurden Circus Roese genannt", wegen der ständigen Kommens und Gehens im Hinterhaus. Die beiden Schwestern – vor allem aber Renate – sind auch häufig bei dem „hoch verehrten" Alfred Kaufmann an der Johanneskirche zu Gast. Im Frühjahr 1939 bekommt der von seinem Sohn ein Radiogerät geschenkt und Renate und Gisela lauschen bei ihren Besuchen den Nachrichten ausländischer Sender. „Das war unsere Quelle der Wirklichkeit", sagt Gisela Ludwig-Roese.

Gestapo-Agentin Imgart

1939 beginnt Renate dann mit dem Studium der Medizin an der Gießener Universität. „Medizin war ihre Berufung." Und die Berufung der jüngeren Schwester ist die Musik. Sie geht zum Studium nach München. Hat dort für kurze Zeit ein Studentenzimmer im gleichen Haus wie die Geschwister Scholl. Schon bald folgt ihr die Mutter Helene. Renate Roese wohnt nun allein in der Bergstraße 30, einem kleinen alten Häuschen, ihrer „Spelunke". Oft besucht sie Heinrich Will und seine Frau Elisabeth, eine Jüdin. Auch bei Alfred Kaufmann ist sie häufig zu Gast. Hin und wieder nimmt sie in dessen Wohnung auch am Treffen des Freundeskreis teil, der sich meist freitags vor dem Radio versammelt, um Nachrichten der BBC oder vom Schweizer Radio Beromünster zu hören.

Dazu gesellt sich Ende 1941 auch Dagmar Imgart. Eine aus Schweden stammende Gestapo-Agentin. Sie verrät Details über die Teilnehmer der Zusammenkünfte und über die geführten Diskussionen. Am 6. Februar 1942 gegen 22 Uhr schlägt die Gestapo zu, nimmt Kaufmann und seine Gäste fest. Als am folgenden Morgen auch Renate Roese in die Gestapo-Stelle gebracht wird, erkennt sie Dr. Bachenheimer, ein jüdischer Bekannter, der zum Schneeschippen abkommandiert wurde. Er veranlasst, dass Gisela Roese in München telefonisch informiert wird. Und die beginnt dort sofort, alle kompromittierenden Papiere zu verbrennen. „Das war sehr schwierig, denn ich hatte keinen richtigen Ofen." Ein Kochtopf muss deshalb als Feuerstelle herhalten. Tatsächlich kommt die Gestapo zu ihr. Verhört sie. Ansonsten aber bleibt die jüngere Schwester unbehelligt. Zum Schicksal des Kaufmann-Will-Kreises gibt es inzwischen mehrere Veröffentlichungen. An dieser Stelle nur so viel: Nach etlichen Verhören werden sie in die Gestapo-Zentrale nach Darmstadt transportiert. Und in Darmstadt verhandelt es am 20. und 21. Juli 1942 der Zweite Senat des Volksgerichtshofs. Heinrich Will und Alfred Kaufmann werden wegen „landesverräterischer Begünstigung des Feindes" und eines Rundfunkverbrechens zum Tode verurteilt – das Urteil gegen Will wird am 19. Februar 1943 vollstreckt, Kaufmann war wenige Tage zuvor zu acht Jahren Zuchthaus begnadigt worden. Die fünf Frauen erhalten wegen Abhörens von „Feindpropaganda" lange Freiheitsstrafen. Darunter Liesl Will, die im Dezember aus dem Gefängnis ins Vernichtungslager Auschwitz transportiert und ermordet werden wird. Gegen Renate Roese werden drei Jahre Gefängnis verhängt. Zwei Jahre davon verbüßt sie in der Vollzugsanstalt in Darmstadt. Das war eine sehr schlimme Zeit für sie", sagt Gisela Ludwig-Roese, die ihre Schwester mehrfach besucht hat und der sie auch geschrieben hat. „Pro Monat durfte sie einen Brief empfangen und

Die Studentin: Renate Roese in den Jahren 1939/40.

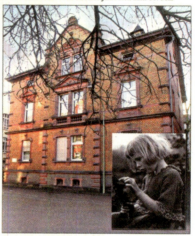

Die Assistenzärztin: Renate Roese (links) mit einer Krankenschwester im Jahre 1961.

einen Brief schreiben." Und die Briefe von Renate Roese zeigen bereits kurz nach der Festnahme, wie wichtig für sie ihr Studium ist. „Dass mir bloß dieses Wintersemester nicht anerkannt wird", schreibt sie am 25. Februar 1942 an ihren Vater. Und fügt hinzu: „Es gibt nur noch eine, zurückzudürfen zur Medizin." Sie lässt sich Bücher in die Haft schicken, „zur Repetition". Ihr sehnlicher Wunsch aber bleibt unerfüllt. Die Hochschule nämlich entscheidet „auf Entfernung von der Universität Gießen, verbunden mit Nichtanrechnung des Wintersemesters 1941/42". Es hätte noch schlimmer kommen können. Der Ausschluss von allen deutschen Universitäten. Doch die Hochschullehrer Ferdinand Wagenseil und Ernst Albert von Herrath haben sich sehr für sie eingesetzt, so Gisela Ludwig-Roese.

Im Februar 1944 wird die inzwischen 23-Jährige aus der Haft entlassen und zieht zunächst in das Haus ihres Vaters, in die Goethestraße 34 nach Gießen. Schließlich kann sie ihr Medizinstudium an der Universität Bonn fortsetzen. Auch das auf Vermittlung von Prof. Wagenseil. Als die Fakultät dort geschlossen wird, geht sie nach Marburg. Legt ihr Staatsexamen ab und wird Anfang 1949 promoviert mit der Arbeit: „Der fieberhafte Abort – beobachtet von Dezember 1944 bis September 1946."

Und dann kehrt Renate Roese nach Gießen zurück. Denn: Schon unmittelbar nach dem Krieg wurde die Relegation als Medizinstudentin uni-intern aufgehoben, berichtet Dr. Eva-Marie Felschow vom Universitätsarchiv.

1948 wird sie zunächst Assistentin am Hygieneinstitut, 1951 bis 1953 absolviert sie die Ausbildung in Chirurgie und Anästhesie am Uniklinikum. Danach arbeitet sie an verschiedenen Krankenhäusern, 1957 beendet sie in Heidelberg die Ausbildung zur Fachärztin in Anästhesie. „Es hat sie nach dem Krieg unheimlich verbittert, dass viele Mediziner und Juristen in Amt und Würden geblieben sind", beschreibt ihre Schwester. Und schließlich kehrt sie dem Krankenhaus auf den Rücken – „Ihr wurde immer am meisten Arbeit aufgebürdet" – und übernimmt 1964 in Brome bei Wolfsburg die Praxis eines Landarztes. In Brome lernt sie auch Aloys Fulle kennen, ihren späteren Mann. Neben der Medizin gibt es in den folgenden Jahren eine zweite Leidenschaft: Die Landärztin züchtet Siam-Katzen. 40 davon leben in ihrem Haus, zudem drei Ozelots und vier Hunde. Ab 1972 engagiert sie sich auch in der SPD. Am 2. August 1981 stirbt Dr. Renate Fulle, geborene Roese.

Schmerzhafte Erinnerungen

„Ich halte es für sehr wichtig, dass wir uns daran erinnern, was Menschen durchmachen mussten", sagt Gisela Ludwig-Roese. Gleichwohl zögerte sie anfangs, den Antrag bei der Staatsanwaltschaft zu stellen. Denn das bedeutete auch, dass schmerzhafte Erinnerungen wieder ganz nah kommen. Stadträtin Monika Graulich, den die Klavierlehrerin seit Jahren freundschaftlich verbunden ist, hat sie dazu ermutigt. Weil sie im Verein „Gegen Vergessen – Für Demokratie" mitarbeitet. „Das ist auch eine Sache der juristischen Moral." Und eine entsprechende Eingabe können nach dem Tode der Betroffenen nur nahe Verwandte machen, erläutert Rechtsanwalt Martin Nattermann, der wie seine Kollegin Inge Erb mit dem Fall betraut war.

Das Schicksal von Renate Roese soll auch im Mittelpunkt eines Podiumsgesprächs stehen, das auf Initiative von Monika Graulich an der Justus-Liebig-Universität vorbereitet wird. Zudem sollen Aspekte der NS-Justiz und Bedingungen des Medizinstudiums im Nationalsozialismus beleuchtet werden.

Der Antrag von Gisela Ludwig-Roese ist bislang der einzige, der bei der Gießener Staatsanwaltschaft gestellt wurde.

Elternhaus: Zunächst lebte die Familie Roese in der Goethestraße 34. Als Renate sieben Jahre alt war, trennten sich Vater und Mutter. *Bild: Möller*

Die Landärztin: Renate Roese während ihrer Zeit in Brome.

An der Universität: Renate Roese beim Präparieren während ihres Studiums. *Bilder: Privat*

ANWALTSKANZLEI · BLEICHSTRASSE 28 · 35390 GIESSEN

Staatsanwaltschaft
bei dem Landgericht Gießen
Marburger Straße 2

53390 Gießen

04.07.2001
308/01E01 E/k
(Bitte stets angeben)

Inge Erb
Fachanwältin für Familienrecht

Bernd Jung
Rechtsanwalt

~~Volker Reibeling~~
Rechtsanwalt

Matthias Bender
Rechtsanwalt

**Antrag
gemäß § 6 Gesetz zur Aufhebung nationalsozialistischer
Unrechtsurteile in der Strafrechtspflege (NS-AufhG)**

Sehr geehrte Damen und Herren,

hiermit zeigen wir an, dass wir Frau Gisela Ludwig-Roese anwaltlich vertreten.

Namens und im Auftrag unserer Mandantin beantragen wir,

die Feststellung, dass das Urteil des Volksgerichtshofes, 2. Senat, vom 21.07.1942 gegen Frau Dr. Renate Maria Fulle, geb. Roese, geboren am 13.08.1920, verstorben 02.08.1982, aufgehoben ist und die Erteilung einer Bescheinigung über diese Aufhebung.

Begründung:

Die Antragstellerin, Frau Gisela Ludwig-Roese, ist die Schwester der Frau Dr. Renate Maria Fulle, geb. Roese, geboren am 13.08.1920, verstorben am 02.08.1982.

Die Antragstellerin ist damit gemäß § 6 Abs. 1 Satz 2 NS-AufhG antragsberechtigt.

Bleichstraße 28

D-35390 Gießen

Tel. 0641 / 79 21 21

Fax 0641 / 79 23 79

e-mail: info@rae-erb.de

Bankverbindung

Deutsche Bank 24
BLZ 513 700 24
KTO 014 857 700

Postbank Frankfurt/Main
BLZ 500 100 60
KTO 4098 38 - 606

Hinweis gem. § 33 BDSG:
Ihre fallbezogenen Daten
werden gespeichert.

Parkplätze im Hof

- Seite 3 -

Dieses Urteil stellt gemäß § 2 Nr. 1 und Nr. 3 in Verbindung mit Nr. 31 der Anlage zu Artikel 1 § 2 Nr. 3 NS-AufhG eine Entscheidung im Sinne des § 1 NS-AufhG dar.

Es ist daher gemäß Artikel 3 NS-AufhG mit dessen Inkrafttreten am 01.09.1998 aufgehoben worden.

Gemäß § 6 Abs. 1 Satz 1 NS-AufhG stellt die Staatsanwaltschaft die Aufhebung des Urteils fest und erteilt hierüber eine Bescheinigung.

Die Zuständigkeit der Staatsanwaltschaft Gießen ergibt sich aus § 6 Abs. 2 Satz 3, 2 Alternative NS-AufhG.

Es läßt sich nicht ermitteln, welche Staatsanwaltschaft die Ermittlungen seinerzeit eingeleitet hat.

Es ist lediglich bekannt, daß die Verhaftung von Frau Dr. Renate Maria Fulle, geb. Roese, sowie der anderen Mitglieder des Kaufmann-Will-Kreises nach dem Verrat der Agentin Dagmar Ingart durch die Gestapo vorgenommen worden ist.

Die anschließenden Verhöre wurden ebenfalls von der Gestapo durchgeführt.

Erb
Rechtsanwältin

Anlagen:

1. NS-AufhG vom 31.08.1998, in Kopie
2. Anklageschrift des Oberreichsanwaltes beim Volksgerichtshof vom 14.05.1942, in Kopie
3. Sitzungsprotokoll des 2. Senates des Volksgerichtshofes vom 20. und 21.07.1942, in Kopie
4. Urteil des 2. Senates des Volksgerichtshofes vom 21.07.1942, in Kopie
   (Kopie hergestellt im Bundesarchiv, Abt. Potsdam) sowie in Abschrift
   aus dem Buch "Das Giessener Freitagskränzchen" von Jörg Peter Jatho,
   Fulda Ulenspiegelverlag 1995

Staatsanwaltschaft
bei dem Landgericht Gießen

Marburger Straße 2 (PLZ 35390)
Telefon: (0641) 934 - 0
Telefax: (0641) 934 - , Fax-Nebenstelle
Konto der Gerichtskasse Gießen
LZB Gießen 513 015 11 (BLZ 513 000 00)

Postanschrift: StA b.d. LG Gießen, Marburger Straße 2, 35390 Gießen

Aktenzeichen (Bitte stets angeben !)	Nebenstelle	Fax-Nebenstelle	Datum
10 AR 768/01	3304	3302	08.11.2001

Frau
Gisela Ludwig-Roese
Ulmenweg 20

76646 Bruchsal

Auf den Antrag von Frau Gisela Ludwig-Roese - vertreten durch Frau Rechtsanwältin Erb in Gießen - vom 04.07.2001 wird gem. §§ 1, 2 Nr. 1 des Gesetzes zur Aufhebung national-sozialistischer Unrechtsurteile in der Strafrechtspflege (NS-AufhG)

f e s t g e s t e l l t ,

dass das Urteil des Volksgerichtshofs, 2. Senat, in Darmstadt vom 21.07.1942 - 8 J 120/42g - 2 H 111/42 - gegen Renate Roese, geb. 13.08.1920 in Gießen, aufgehoben ist.
Die dem Urteil zugrunde liegenden Verfahren werden eingestellt.

Gründe:

Durch das o.a. Urteil des Volksgerichtshofs wurde die Studentin der Medizin Renate Roese, geb. 13.08.1920 in Gießen, wegen eines Verbrechens nach § 1 der Verordnung über außerordentliche Rundfunkmaßnahmen vom 01.09.1939 zu 3 Jahren Gefängnis verurteilt.
Dieses Urteil ist gem. §§ 1, 2 Nr. 1 NS-AufhG aufgehoben. Nach § 1 NS-AufhG werden straf-gerichtliche Entscheidungen aufgehoben, die unter Verstoß gegen elementare Gedanken der Gerechtigkeit nach dem 30.01.1933 zur Durchsetzung oder Aufrechterhaltung des national-sozialistischen Unrechtsregimes u.a. aus politischen oder militärischen Gründen ergangen sind, wozu nach § 2 Nr. 1 NS-AufhG insbesondere Entscheidungen des Volksgerichtshofs gehören.
Die o.a. Verurteilung des Volksgerichtshofs vom 21.07.1942 erfüllt diese Voraussetzungen. Sie beruht auf einer Verordnung, die offensichtlich gegen die grundlegenden Prinzipien jedes Rechts-staates verstößt.

(Krämer)
Leitender Oberstaatsanwalt

[Tafel 42]

Die NS-Aufhebungsgesetze nach 2000

ÄNDERUNGSGESETZ VOM 17. MAI 2002

Die Aufhebungspraxis der deutschen Staatsanwaltschaften brachte die Diskussion um NS-Unrechtsurteile bei weitem nicht zum Erliegen. Kritisiert wurde an dem Gesetz von 1998 vor allem, dass es eine Einzelfallprüfung vorsah – insbesondere auch bei Urteilen der Militärjustiz. Der Argumentationsbogen im Bundestag und außerhalb spannte sich von der Position der Regierungskoalition, dass Fahnenflucht, Kriegsdienstverweigerung u.ä. in einem verbrecherischen Angriffskrieg keine Straftat sein konnten, bis zur Position der Opposition, dass zum Beispiel Fahnenflucht in allen Armeen der Welt strafbar sei und dass es deshalb einer Einzelfallprüfung nach der Motivation des Verurteilten auch in Hinblick auf eine Gefährdung anderer Soldaten bedürfe.

Die Koalition aus SPD und Bündnis 90/Die Grünen, die seit Herbst 1998 die Regierung stellte, brachte 2001 ein Änderungsgesetz zu dem NS-Aufhebungsgesetz 1998 ein, das am 23. Juli 2002 in Kraft trat. Mit dem Änderungsgesetz sollte die pauschale Aufhebung der Verurteilungen wegen der noch nicht in dem Gesetz von 1998 aufgehobenen Verurteilungen – mit Ausnahme des Kriegsverrats – erfolgen. Das Gesetz wurde mit den Stimmen der Regierungskoalition und der PDS gegen die Stimmen der CDU/CSU/FDP-Opposition verabschiedet.

Stolperstein für einen Deserteur in Wuppertal

Marburger Denkmal für Deserteure
[Foto: Wolfgang Form]

ÄNDERUNGSGESETZ VOM 24. SEPTEMBER 2009

Mit einem Gesetzgebungsvorschlag der Partei Die Linke vom 25. Oktober 2006 wurde angestrebt, auch die Verurteilungen nach diesem Gesetz pauschal aufzuheben. In kontroversen Debatten sprach sich die damalige Justizministerin Zypries – auf ein Schreiben des Deserteurs Ludwig Baumann hin – gegen eine pauschale Aufhebung und für eine Einzelfallprüfung aus, weil »nicht auszuschließen sei, dass es in den Fällen des Kriegsverrates zu einer Lebensgefährdung für eine Vielzahl von Soldaten« gekommen sein könnte. [BT-Drucksache 16/.9971 vom 10.5.2007]

Trotz der sehr weit gefassten neuen Regelungen blieb immer noch die Frage des Kriegsverrats offen. Bewegung in die politischen Entscheidungsprozesse brachte ein viel beachtetes Buch von Wette und Vogel: »Das letzte Tabu« aus dem Jahre 2007.

Bundesgesetzblatt Jahrgang 2002 Teil I Nr. 51, ausgegeben zu Bonn am 26. Juli 2002

Gesetz
zur Änderung des Gesetzes zur Aufhebung nationalsozialistischer Unrechtsurteile in der Strafrechtspflege (NS-AufhGÄndG)

Vom 23. Juli 2002

Der Bundestag hat das folgende Gesetz beschlossen:

Artikel 1

Die Anlage zu § 2 Nr. 3 des Gesetzes zur Aufhebung nationalsozialistischer Unrechtsurteile in der Stafrechtspflege vom 25. August 1998 (BGBl. I S. 2501) wird wie folgt geändert:

1. In Nummer 26 wird nach der Angabe „143a," die Angabe „175, 175a Nr. 4 in der Fassung des Gesetzes zur Änderung des Strafgesetzbuchs vom 28. Juni 1935 (RGBl. I S. 839)," eingefügt.

2. Nach Nummer 26 wird folgende Nummer 26a eingefügt:

   „26a. §§ 62 bis 65, 67, 69, 71 bis 73, 77, 78, 80 bis 85, 87, 89, 91, 92, 94 bis 97, 99 bis 104, 106 bis 108, 110 bis 112, 139, 141, 144, 147, 147a, 150 des Militärstrafgesetzbuches in den Fassungen der Gesetze vom 16. Juni 1926 (RGBl. I S. 275), 16. Juli 1935 (RGBl. I S. 1021) und 10. Oktober 1940 (RGBl. I S. 1347)".

Artikel 2
Inkrafttreten

Dieses Gesetz tritt am Tage nach der Verkündung in Kraft.

Die verfassungsmäßigen Rechte des Bundesrates sind gewahrt.

Das vorstehende Gesetz wird hiermit ausgefertigt. Es ist im Bundesgesetzblatt zu verkünden.

Berlin, den 23. Juli 2002

Der Bundespräsident
Johannes Rau

Der Bundeskanzler
Gerhard Schröder

Die Bundesministerin der Justiz
Däubler-Gmelin

> **§ 57**
>
> Wer im Felde einen Landesverrat nach § 91 b des Strafgesetzbuchs begeht, wird wegen Kriegsverrats mit dem Tode bestraft.
>
> **§ 59**
>
> Haben mehrere einen Kriegsverrat verabredet, ohne daß es zum Unternehmen eines solchen gekommen ist, so tritt Zuchthaus nicht unter fünf Jahren ein.

§ 91 b RStGB lautete wie folgt:
Wer im Inland oder als Deutscher im Ausland es unternimmt, während eines Krieges gegen das Reich oder in Beziehung auf einen drohenden Krieg der feindlichen Macht Vorschub zu leisten oder der Kriegsmacht des Reiches oder seiner Bundesgenossen einen Nachteil zuzufügen, wird mit dem Tode oder mit lebenslangem Zuchthaus bestraft.
In geringfügigen Fällen konnte auf Zuchthaus nicht unter zwei Jahren erkannt werden.

Die Forscher wiesen nach, dass sowohl Soldaten als auch Zivilisten, für die § 91b des RStGB unmittelbar galt, wegen einfachster Delikte – wie »widerständiges Verhalten«, Solidarität mit verfolgten Juden, Hilfe für Kriegsgefangene u. ä. – zu Todesstrafen verurteilt wurden. Fälle, in denen die Kriegsverräter zum Nachteil Dritter gehandelt hätten, waren nicht nachweisbar.

Dies wurde in einem Gutachten des ehemaligen Bundesverfassungsrichters Hans Hugo Klein bestätigt. Er kam zu dem Ergebnis, dass der Straftatbestand des Kriegsverrats in § 57 des Militärstrafgesetzbuchs in Verbindung mit § 91b RStGB nach der Verschärfung 1934 mit der Todesstrafe als Regelstrafe und der erweiterten Fassung mit rechtsstaatlichen Grundsätzen schlechthin unvereinbar sei.

[BT-Drucksache 16/13654 vom 1. Juli 2009]

Am 1. Juli 2009 brachte dann die große Koalition aus CDU/CSU und SPD mit Unterstützung der FDP und der Partei Bündnis 90/Die Grünen einen praktisch gleichlautenden Entwurf ein, der dann mit den Stimmen der genannten Parteien am 9. September 2009 verabschiedet wurde und am 24. September 2009 in Kraft trat.

Danach ist zur Aufhebung von Urteilen wegen „Kriegsverrats" keine Einzelfallprüfung mehr erforderlich.

Für Bundesjustizministerin Brigitte Zypries war durch diese Entscheidung die Ehre und Würde so genannter Kriegsverräter als lang vergessene Gruppe von Opfern der NS-Justiz wiederhergestellt. Damit werde der Widerstand einfacher Soldaten anerkannt, die die häufigsten Opfer dieser Vorschrift gewesen seien.

Bundesgesetzblatt Jahrgang 2009 Teil I Nr. 63, ausgegeben zu Bonn am 29. September 2009

Zweites Gesetz
zur Änderung des Gesetzes zur Aufhebung
nationalsozialistischer Unrechtsurteile in der Strafrechtspflege

Vom 24. September 2009

Der Bundestag hat das folgende Gesetz beschlossen:

Artikel 1

In Nummer 26a der Anlage des Gesetzes zur Aufhebung nationalsozialistischer Unrechtsurteile in der Strafrechtspflege vom 25. August 1998 (BGBl. I S. 2501), das durch das Gesetz vom 23. Juli 2002 (BGBl. I S. 2714) geändert worden ist, werden vor der Angabe „62 bis 65" die Angabe „57, 59, 60," und nach den Wörtern „des Militärstrafgesetzbuches in den Fassungen der Gesetze vom 16. Juni 1926 (RGBl. I S. 275)," die Wörter „26. Mai 1933 (RGBl. I S. 295), 23. November 1934 (RGBl. I S. 1165)," eingefügt.

Artikel 2

Dieses Gesetz tritt am Tag nach der Verkündung in Kraft.

Die verfassungsmäßigen Rechte des Bundesrates sind gewahrt.

Das vorstehende Gesetz wird hiermit ausgefertigt. Es ist im Bundesgesetzblatt zu verkünden.

Berlin, den 24. September 2009

Der Bundespräsident
Horst Köhler

Die Bundeskanzlerin
Dr. Angela Merkel

Die Bundesministerin der Justiz
Brigitte Zypries

[Tafel 43]

RICHTER NACH 1945

Mit Kriegsende am 8. Mai 1945 wurden durch die amerikanische Besatzungsmacht die Gerichte geschlossen und die Richter und Staatsanwälte entlassen.

Neueinstellungen in den Justizdienst erfolgten nach Einzelfallprüfung durch den Justizminister (Georg August Zinn) und nach Inkrafttreten der Hessischen Verfassung durch den Minister gemeinsam mit dem Richterwahlausschuss.

Mitglieder der NSDAP konnten bis zum Abschluss des Entnazifizierungsverfahrens zunächst nicht wieder eingestellt werden.

Während 1939 in den hessischen Gebieten 583 Richter und Staatsanwälte tätig waren, gab es bis Februar 1946 nur 235 Einstellungen und dringenden Bedarf für weitere 220 Stellen. In den deutschen Ländern wurde die Wiederverwendung von Justizbeamten unterschiedlich grosszügig behandelt. Der Anteil der Richter und Staatsanwälte, die schon während der NS-Zeit im Dienst waren, zeigte 1953 starke Unterschiede zwischen den OLG-Bezirken. Im OLG-Bezirk Frankfurt/M. – seit 1945 zuständig für ganz Hessen – lag der Anteil deutlich niedriger als in den meisten anderen Bezirken, aber immer noch über 50 Prozent.

In dem besonderen Bereich der politischen NS-Strafjustiz des Oberlandesgerichts Kassel waren 63 Richter und 21 Staatsanwälte beteiligt gewesen. Von diesen Richtern wurden 11 wieder in den hessischen Justizdienst eingestellt.

Darunter befanden sich auch Richter, die an Todesurteilen mitgewirkt hatten.

> (Seite 673)
[Nach Hubert ROTTLEUTHNER, Karrieren und Kontinuitäten deutscher Justizjuristen vor und nach 1945. Berlin 2010, S. 67]

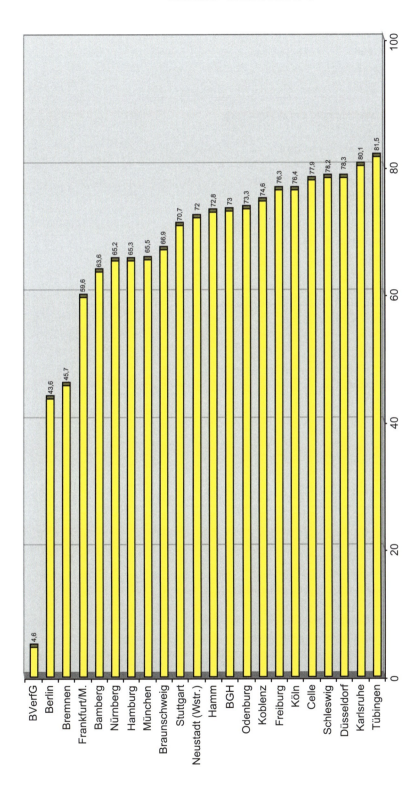

Dr. Alfred F. J. Th. Keul
Richter am OLG Kassel
24 Hauptverhandlungen
Todesurteil gegen:
Heinrich Wilhelm Schäfer, Marburg, am 27. April 1944

1930 – 1942 LG Marburg
1942 – 1944 LG Hannover (LG-Direktor)
1944 – Gerichtsschließung LG Marburg
Mai 1948 Spruchkammerentscheid: entlastet
Nov. 1948 Amtsgericht Bad Homburg
März 1949 Amtsgericht Limburg

Dr. Wilhelm Herbert Jung
Richter am OLG Kassel
161 Hauptverhandlungen
Auch Todesurteile gegen:
Albrecht Ege, Frankfurt am Main, am 18. November 1942
Philipp Reitz, Wiesbaden am 10. Juli 1942

Seit 1931 LG Kassel
Mitglied der NSDAP seit 1933
Dezember 1949 Rückkehr aus sowjetischer Kriegsgefangenschaft
1950 Amtsgericht Frankfurt/M.
1951 OLG Frankfurt/M.

Werner Massengeil
Richter am OLG Kassel
119 Hauptverhandlungen
Todesurteile gegen:
Heinrich Dolde, Frankfurt am Main, am 11. Februar 1944
Heinrich Wilhelm Schäfer, Marburg, am 27. April 1944
Paul Kroll, Göttingen, am 7. Juli 1944
Jakob Nester, Fulda, am 13. Dezember 1944

1931 Amtsgerichtsrat in Kirchhain
Dezember 1943 Hilfsrichter OLG Kassel
1944 zugleich Richter am Kriegsgericht Marburg
1923/24 und ab 1933 NSDAP-Mitglied
22. November 1946 Spruchkammerentscheid: Mitläufer
Richter auf Widerruf, Amtsgericht Biedenkopf
2. November 1951 – 1. 1. 1961 Direktor des Amtsgerichts Marburg

- 3 -

Senatspräsident Dr. Keiser
    als Vorsitzender,
Oberlandesgerichtsrat Dr. Faber,
Oberlandesgerichtsrat Dr. Jung
    als beisitzende Richter,
Staatsanwalt Dr. Gonnermann
    als Beamter der Staatsanwaltschaft,
Referendar Kratz
    als Urkundsbeamter der Geschäftsstelle

für Recht erkannt:

Der Angeklagte B u n d s c h u h wird f r e i g e = sprochen.

Die Angeklagten Ege, Hofmann, Wündisch, Kaiser, Winterlin-Emden, Sauder, Röckl und Manthey sind der Vorbereitung eines hochverräterischen Unternehmens schuldig und zwar Ege in Tateinheit mit Verbrechen gegen §§ 1 und 2 der Rundfunkverordnung, Hofmann in Tateinheit mit Verbrechen gegen § 1 dieser Verordnung.

Es werden deshalb verurteilt:

E g e   zum   T o d e,
H o f m a n   zu   a c h t   Jahren Zuchthaus,
W ü n d i s c h   zu   d r e i Jahren sechs Monaten Zuchthaus,
K a i s e r   zu   z w e i   Jahren sechs Monaten Zuchthaus,
W i n t e r l i n g - Emden zu z w e i   Jahren Zuchthaus,
S a u d e r   zu   z w e i   Jahren Zuchthaus,
R ö c k l   zu   a c h t   Jahren Zuchthaus,
M a n t h e y zu a c h t   Jahren Zuchthaus.

Dem Angeklagten Ege werden die bürgerlichen Ehrenrechte dauernd, den Angeklagten Hofmann, Röckl und Manthey auf die Dauer von je zehn Jahren, den Angeklagten Wündisch, Kaiser, Winterlin-Emden und Sauder auf die Dauer von je fünf Jahren aberkannt.

Auf

[Hessisches Justizministerium]

> Der Angeklagte Ege hat sich somit durch das ständige Abhören der ausländischen Sender des Verbrechens gegen § 1 der Rundfunkverordnung und durch das Weitererzählen der von ihm gehörten Nachrichten, die, wie einer weiteren Darlegung nicht bedarf, geeignet waren, die Widerstandskraft des deutschen Volkes zu gefährden, gegen § 2 der gleichen Verordnung schuldig gemacht. Der erforderliche Strafantrag der zuständigen Staatspolizeistelle liegt vor. Und zwar ist ein besonders schwerer Fall gegeben. Das folgt einmal aus der langen Zeit, in der der Angeklagte seine Tat verübt hat, sowie insbesondere daraus, dass er es zum Zwecke der Vorbereitung eines gewaltsamen Umsturzes getan hat, noch dazu nachdem er wegen eines letzteren Verbrechens bereits vorbestraft ist.

> Die über Ege zu verhängende Strafe konnte bei der Intensität seines verbrecherischen Willens wie sie aus der langen Dauer seiner strafbaren Tätigkeit und aus dem Umstand hervorgeht, dass er sich seine Vorstrafen nicht hat zur Warnung dienen lassen, vielmehr unmittelbar nach seiner Entlassung aus der Strafhaft mit seiner Straftat eingesetzt hat, ferner bei Berücksichtigung dieser Vorstrafen und der besonderen Gefährlichkeit jeder hochverräterischen Betätigung während des Krieges nur die T o d e s s t r a f e sein.

Entnazifizierung der Richter und Staatsanwälte in Hessen

	Richter (611)		Staatsanwälte (143)	
Nicht betroffen	189	(30,9 %)	39	(27,3 %)
Entlastet	66	(10,8 %)	16	(11,2 %)
Amnestiert	112	(18,3 %)	22	(15,4 %)
Mitläufer	238	(39,0 %)	64	(44,8 %)
Ohne Einstufung	6	(1,0 %)	2	(1,3 %)

[Nach Matthias MEUSCH, Von der Diktatur zur Demokratie. Fritz Bauer und die Aufarbeitung der NS-Verbrechen in Hessen (1956–1968). Wiesbaden 2001, S. 229]

Strafverfolgung von Richtern und Staatsanwälten nach 1945 in Hessen?

[Tafel 44]

Kein Mensch wird heute aus der Bewusstseinsspaltung der Juristen klug. In den Entnazifizierungsakten lesen wir, dass alle samt und sonders ›dagegen‹ waren.
 Sollen aber Staatsanwälte und Richter etwa wegen exzessiver Todesurteile zur Rechenschaft gezogen werden, so beteuern sie, seinerzeit in ungetrübter Übereinstimmung mit ihrem Gewissen verfolgt und gerichtet zu haben, womit nach herrschendem Juristenrecht Rechtsbeugung und Totschlag entfallen.

[Fritz BAUER, Bestandsaufnahme – Eine deutsche Bilanz. 1962, S. 227]

Gegen 124 in Hessen wohnhafte Richter und Staatsanwälte aus der NS-Zeit wurden wegen ihrer Tätigkeit bei Sondergerichten, bei dem Volksgerichtshof und in Einzelfällen auch bei Kriegsgerichten Ermittlungsverfahren geführt.[1]

Die Überprüfung der Urteile ergab, dass von 124 beschuldigten Richtern und Staatsanwälten 74 an Urteilen beteiligt waren, die auch nach dem damals geltenden Recht objektiv als rechtswidrig anzusehen waren. Nach der Rechtsprechung des BGH war eine Verurteilung wegen Rechtsbeugung jedoch nur möglich, wenn dem Beschuldigten nachgewiesen werden konnte, dass er wider besseres Wissen, das heißt mit direktem Vorsatz gehandelt hatte.[2]

In keinem der in Hessen wegen des Verdachts einer Straftat im Bereich der NS-Justiz geführten Verfahren ist eine Verurteilung erfolgt. In den 2 Verfahren, in denen Anklage erhoben worden war, wurden die 9 Angeklagten freigesprochen.[3]

[Friedrich HOFFMANN: Die Verfolgung der nationalsozialistischen Gewaltverbrechen in Hessen. Baden-Baden 2001, 1. S. 164; 2. S. 165; 3. S. 168/69]

Der Fall Nester
Urteil von Dr. Kessler als Vorsitzender, Amtsgerichtsrat Massengail, Landgerichtsrat Dr. Henseling als beisitzende Richter vom 13. Dezember 1944 gegen den Dreher Jakob Nester aus Fulda wegen Wehrkraftzersetzung, Rundfunkverbrechens u. a. Der Angeklagte Nester wurde zum Tode verurteilt:
Angesichts der Schwere, der Tatzeit und des Umfangs der festgestellten Tat wie der jahrelangen Dauer konnte ein minderschwerer Fall gemäß § 5 Abs. 2 KSSVO nicht angenommen werden. N.[ester] hat nicht nur seine frühere kommunistische Gesinnung bis heute beibehalten, er hat sich auch [...] als ein unversöhnlicher Gegner des nationalsozialistischen Staates gezeigt. Bei allen festgestellten Vorgängen hat der Angeklagte eine äußerst niedrige Gesinnung an den Tag gelegt, er scheint nach seinem Auftreten vor dem Senat, besonders seinem hartnäckigen – typisch kommunistischen – Bestreiten gänzlich uneinsichtig und aufgrund seiner Äußerungen wie seiner Persönlichkeit auch in Krisenzeiten besonders gefährlich. Er ist in seinem Gesamtpersönlichkeitsbild asozial und in seiner kommunistischen Verbohrtheit und Unbelehrbarkeit der Typ des gefährlichen politischen Verbrechers, der im Ernstfalle nach der Überzeugung des Senats vor nichts zurückschrecken würde.
[FORM/SCHILLER, Widerstand und Verfolgung in Hessen. Fiche 197 f.]

```
. - 112/43
```

IM NAMEN DES DEUTSCHEN VOLKES !

Strafsache

gegen den Hilfsarbeiter Heinrich D e l d e aus Frankfurt a.M.,
Philipp Reißstraße 64, verh., glaubenslos, Reichsangehöriger, geboren am 12.April 1896 in Frankfurt/M.-Hedderheim, mehrfach vorbestraft, festgenommen am 31.Mai 1943 und in Untersuchungshaft seit dem 6. Juni 1943 in der Untersuchungshaftanstalt in Frankfurt/Main,

w e g e n

Zersetzung der Wehrkraft u.a.
Der Strafsenat des Oberlandesgerichts in Kassel hat in der Sitzung vom 11. Februar 1944, an der teilgenommen haben:

   Kammergerichtsrat Dr. Aessler
    als Vorsitzer,
   Amtsgerichtsrat Massengeil,
   Amtsgerichtsrat Dr. Henseling
    als beisitzende Richter,
   Staatsanwalt Dr. Vornbäumen
   als Beamter der Staatsanwaltschaft,
   Referendarin Techmer
   als Urkundsbeamter der Geschäftsstelle,
für Recht erkannt:
   Der Angeklagte wird wegen Zersetzung der Wehrkraft
   -zugleich Vorbereitung eines hochverräterischen Unternehmens- zum Tode verurteilt.
   Die Ehrenrechte eines Deutschen hat er verwirkt.

[FORM/SCHILLER, Widerstand und Verfolgung in Hessen. Fiche 181]

> (SEITE 679)
[FORM/SCHILLER, Widerstand und Verfolgung in Hessen. Fiche 181]

Der Angeklagte hat sich durch seine Handlungen und Äußerungen, vor allem durch die Bemerkung, die seine Hoffnung auf einen Mord am Führer ausdrückte, selbst aus der deutschen Volksgemeinschaft ausgeschlossen. Besonders charakteristisch für ihn und schwerwiegend war weiter die schmutzige Weise, wie er sich dem Führerbild und den Hoheitsabzeichen des nationalsozialistischen Staates gegenüber verhalten hat, die dauernden Freudenausdrücke, wenn für Deutschland nachteilige Nachrichten bekannt wurden, ebenso die schamlosen Versuche, ausländische Zivilarbeiter gegen Deutschland zu beeinflussen, sodaß diese sich ihrerseits schämten, mit einem Deutschen, der sich so benahm, zusammen sein zu müssen. Zu berücksichtigen war weiter die Häufigkeit und Hartnäckigkeit seiner Hetze und propagandistischen Beeinflussungsversuche gegenüber den anderen Gefolgschaftsmitgliedern im Betrieb, seine dauernden Versuche, darin Unfrieden zu stiften und aufzuwiegeln und schließlich das raffiniert lügnerische und feige Verhalten während des Verfahrens und der Hauptverhandlung. Demgegenüber konnte die von der Verteidigung geltend gemachten Milderungsgründe -sein gutes Privatleben, seine Tüchtigkeit am Arbeitsplatz und seine gewisse erbliche Belastung- nicht ins Gewicht fallen. Aus all diesen Gründen und mit Rücksicht auf den schweren Schicksalskampf des deutschen Volkes, in dem die Sicherheit der inneren Front wie der äußeren von entscheidender Wichtigkeit ist, kam als Sühne für seine Tat nur die Todesstrafe in Betracht.

Gleichzeitig war auszusprechen, daß der Angeklagte die Ehrenrechte eines Deutschen gemäß § 32 StGB. auf Lebenszeit verwirkt hat.

Der Senat hat es grundsätzlich nicht für angebracht erachtet, neben einer Verurteilung zum Tode eine Kostenentscheidung in der Urteilsformel zum Ausdruck zu bringen, zumal der Angeklagte hier ohnehin vermögenslos ist, hält vielmehr ihre Wiedergabe in den Gründen in diesen Fällen für angezeigt. Nach Gesetz (§ 465 Strafprozeßordnung) fallen die Kosten des Verfahrens dem Angeklagten zur Last.

gez.Dr. Kessler, gez.Massengeil, gez.Dr.Henseling.

Ausgefertigt:
Heil Marburg/Lahn, den 9. Februar 1944.
,Justizsekretär
als Urkundsbeamter der Geschäftsstelle
des Oberlandesgerichts Kassel.

/ 575   <u>E n t w u r f</u>

Der Direktor des LPA. Hessen   Wiesbaden, den 6. Dez. 1954
    III/11 - LS 1741 -   Be/Fl.

- 6. Dez. 1954

1.) Herrn
    Dr. Alfred K e u l
    Oberamtsrichter

    <u>L i m b u r g / Lahn</u>
    Parkstraße 15

<u>Betr.:</u> Durchführung des Gesetzes zu Artikel 131 GG.

Sehr geehrter Herr Dr. Keul!

Der Herr Hessische Minister der Justiz teilt mir unter dem 23.11.1954 mit, daß Sie durch Erlaß vom 1o. November 1954 gemäß §§ 35 Abs. 1 Satz 1, 63 des Gesetzes zu Artikel 131 GG aus Ihrem Amt als Oberamtsrichter z.Wv. der Besoldungsgruppe A 2 c 1 mit Ablauf des 3o. November 1954 in den Ruhestand versetzt worden sind.

Ihr Rechtsstand als Beamter zur Wiederverwendung ist damit erloschen.

                          Im Auftrage:

2.) Herrn VA. E n g e l s z.entspr. Vermerk in der 63er Kartei
3.) Z.d.A.

[Hessisches Justizministerium]

Aktenzeichen des RJM.: I p =	II g J 990 pers.	1/

1. Vor- und Zuname: (akademischer Grad)	Wilhelm Herbert Jung Dr. jur.	
2. Geburtstag und -ort:	22. 5. 1903 Fechenheim a. Main	
3. Arische Abstammung: (wodurch nachgewiesen?)	dienstlich versichert	
4. Glaubensbekenntnis:	evangelisch	
5. Beruf des Vaters:	Kaufmann (Betriebsleiter)	
6. Vermögensverhältnisse des Beamten:	geordnet	
7. Frühere Zugehörigkeit (mit genauer Zeitangabe) a) zu politischen Parteien: b) zu politischen Verbänden: c) zu Freimaurerlogen: (mit Angabe des Grades) d) zu politischen oder konfessionellen Beamtenvereinen:	a) bis d) n e i n	

8. Zugehörigkeit
(mit genauer Zeitangabe)
a) zur NSDAP.:
(Mitgliedsnummer, Amt?)
b) zu einer Gliederung:
(Dienstrang und Führerstelle?)
c) zu einem angeschlossenem Verband:
(Amt?)
d) zum Luftschutzbund, BDM., Kolonialverband oder ähnlichen Verbänden:
	a) seit 1. 5. 1933 Nr. 3 216 918
	
	b)
	
	c) NSRB. seit April 1933
	  RDB. seit April 1933
	  NSV. seit Mitte 1933
	
	d) RLB. seit 1935
	  VDA. seit 1935	

Vordruck Nr. 188. Personalbogen

[Hessisches Justizministerium]

21. Dienstlaufbahn:

~~Juni~~ 1924: Ger.Referendar.
(Amtsgericht in Hanau u.Bad Orb;Landgericht Hanau; RA u.Notar Dr. Nussbaum - Hanau; OLGer. Frankfurt a/M.)
10.10.1928: Gerichtsassessor
 (Amts- und Landgericht Kassel)
1. 7.1931: Landrichter b.LG. Kassel
1. 2.1934: Amts- und Landgerichtsrat b.LG. Kassel
1. 7.1940: Oberlandesgerichtsrat b.OLG. in Kassel
1. 2.1950: Amtsgerichtsrat (Bl. 11)
1. 8.1950: Amtsgerichtsrat auf Lebenszeit b.d.AG.in Frankfurt/M. (Bl. 32)
1. 2.1951: Oberlandesgerichtsrat bei dem OLG.Frankfurt(Main) (Bl. 41)

[Hessisches Justizministerium]

INDEX

Das Personen- und Ortsregister erschließt den vorliegenden Band sowie den Ausstellungskatalog einschließlich der dort abgedruckten Faksimiles (nicht jedoch die Anmerkungen und die Grußworte).

Das Personenregister wirft alle Personen aus, die Bedeutung für die themenbezogenen Ereignisse oder die justiziellen Verfahren (einschl. Spruchkammern o.ä.) haben; Autorinnen oder Autoren von Publikationen zur NS-Justiz blieben unberücksichtigt. Sofern die Quellen keine Vornamen angeben, wurden sie nachrecherchiert; da dies nicht in allen Fällen erfolgreich war, führt das Register einige Familiennamen ohne dazugehörige Vornamen.

Das Ortsnamenregister enthält alle Ortsnamen, außer die der Gerichtsorte; in Fällen wie »Breitenau« oder »Osthofen« ist regelmäßig die »Einrichtung« gemeint.

Personen

Adelung, Bernhard 112, 301–304, 321
Adenauer, Konrad 364, 415
Ahl, Heinrich 313
Albrecht, Gerhard 321
Althaus, Paul 6
Altmeier, Peter 208
D'Angelo, Karl 261, 273
Appel, Adolf 87
Arndgen, Josef 321, 332, 334
Arndt, Adolf 36
Arps, Theodor 579
Auffarth, August Konrad 84, 382, 387f., 400, 402, 405, 499, 502

Backfisch 552
Bäcker, Wilhelm 548
Baer, Richard 623, 625, 629
Bärtschi, Hermann Ernst 510, 513
Bästlein, Bernhard 507
Bahlau, Lieny 490
Baretzki, Stefan 627, 630, 636
Bartens 483
Barwinski 571

Bastian, Max 159, 573
Bauch, Bruno 6
Bauer, Fritz 359, 374, 431–442, 617, 621–623, 625
Bauer, Walter 317
Baumann, Ludwig 655, 662
Bauszus, Hans 512, 532
Bechmann 388, 393
Bechstein, Wilhelm 379
Beck, Ludwig 314f., 325, 327, 330f.
Becker, Heinrich 510–512
Becker, Johannes 341
Becker, Karl 272
Bednarek, Emil 628, 630, 636
Beer, Martha 248
Belz, Konrad 241
Belz, Willi 241f.
Bergsträsser, Ludwig 293–295, 318f., 324, 328, 334
Berkowitz, Liane 579
Berner, Mauritius 629, 632
Berner, Helga 632
Berner, Nora 632
Bernhardt, Erich 399, 639
Bernhard 600
Bertram, Adolf 598

Bertram, Oskar 579
Best, Werner 37f., 85, 112, 114, 122, 137, 240, 257–261, 263–265, 271–273, 279, 283f., 301, 415, 506
Beuttel, Friedrich Wilhelm 92
Beyer, Willi 649
Bieber, Elisabeth 553
Biechtler, Hans 649
Biese, Louis Philipp 91
Billion, Oskar 92
Binder, Gottlob 386
Binder, Julius 6
Birck, Louis 92
Bischoff, Heinrich 627, 629
Bittel, Franz 380
Blank, Manfred 432
Blüm, Georg 261
Blum, Sofie 502
Blumensatt, Hans 555
Boberach, Hans 432
Böcker, Gustav 92
Böhm 421
Börner, Christoph 218
Börner, Paul 343f., 347
Boesebeck 67
Bösel, Hans Rudolph 261

Bohnen, Wilhelm 381
Boger, Wilhelm 617, 626 f., 630, 636
Bollnow, Otto Friedrich 6
Bonhoeffer, Karl 595
Bonhoeffer, Klaus 314
Bontjes van Beek, Cato 579
Borbein, Volker 641, 649
Borch, Herbert von 6
Bormann, Johanna 611
Bormann, Martin 370, 609
Born, Adam 526
Bosch, Robert 317
Bosse, Walter 641
Brandt, Willy 364, 368
Brauch 558
Brauchitsch, Walther von 315
Braun, Otto 303
Brehm, Georg 276 f.
Breitinger, Anton 91
Breitwieser, Arthur 628, 631, 638
Brezina, Anton 161
Broad, Pery 626, 630, 638
Bromm 205 f.
Broszat, Martin 432
Brucker, August 620
Brunke, Thaddäus 253
Bubenheim, Johann 649
Buchheim, Hans 432
Büchler, Josef 279
Büchler, Ludwig 117, 147, 278 f., 411
Büttner, Margarethe 554
Bulang, Gerhard 504 f.
Bundschuh, Emil 669
Burmann, Ulrich 71

Cabanis, Ernst 490, 532
Capesius, Victor 626, 630, 637
Carlebach, Emil 179, 587
Conradi, Elisabeth 490
Cordier, Franz Werner 370, 548
Coy, Friedrich Johannes 92
Crössmann, Christian 411 f.
Crohne, Wilhelm 528

Däubler-Gmelin, Herta 663
Dahlen, Jakob 539

Dahm, Georg 87
Dahrendorf, Gustav 332
Dahrendorf, Wilhelm 332
Decher 548
Degen, Johannes 284 f.
Dehm, Firnim 253
Dehnert, Heinrich Karl 84, 388–391, 403 f., 406, 499, 502
Deibel, Emil Erich 91
Delitzsch, Kurt 45, 99, 382
Delp V., Jakob 281
Demjanjuk, John 365
Dengler, Georg Albert 420 f.
Denk, Karl 379
Diels, Rudolf 227 f.
Diescher, Georg Ernst 512
Dingler, Hugo 6
Dithmar, Karl 381, 504 f.
Dittmann 578
Döring, Georg 641
Dolde, Heinrich 100, 395, 397, 497, 668, 672
Dolega Kozierowski, Heinrich von 528
Dommes, Werner 189
Dreyer, Wilhelm 56 f., 60, 458
Dronke, Ernst 47
Duchmann, Eva Katharina 92
Dühring, Eugen 474
Durst, Karl 513
Düx, Heinz 425, 623 f.
Düx, Henry 425
Dylewski, Klaus 626, 630, 638

Eberstein, Friedrich Karl Frhr. Von 513
Ebert 347
Eckert, Gerhard 97, 135, 380
Ege, Albrecht 399, 668–670
Eggert 578
Egle, Franz 284
Eicke, Theodor 289
Eid, Christian 536
Eisengrein, Camill Wilhelm 510
Eldracher, Franz 543
Elze, Fritz 237 f.
Emrich 412

Engel, Wilhelm 87
Engert, Karl 513
Engers, Heinz Gustav 620
Ensin, Hermann 620
Entress, Friedrich 614
Ernst 579
Ero 577
Eschke, Traugott 499
Ewert, Werner 543

Fabel 552
Faber, Wolfram Bruno 84 f., 383–387, 394, 398 f., 404 f., 499, 502 f., 669
Falckenberg, Hildegard Anna Mathilde 533, 656
Feigel 558
Feller 206 f.
Figge, Hedwig 490
Fikeis, Franz 424, 656
Findeisen 418
Finkenstein, Kurt 239, 242 f., 245, 499
Fischer 483
Fischer, Hildegard 248 f.
Fleig, Andreas 513
Flessa, Wilhelmine 62
Fleury 136
Frank, Hans 41, 172, 175, 471, 580, 587
Frank, Willy 626, 630, 637
Franke 607
Frankfurter, Bernhard 285
Franz-Behrend 388
Freisler, Roland 39, 49–54, 60 f., 68, 172, 175, 177, 179, 184, 351, 362, 371, 424, 477, 481 f., 580, 586
Freitag, Alfred 321
Frenz, Heinrich 87
Frey 574
Frey, Fritz 526
Freyer, Hans 6
Frick, Wilhelm 112, 264
Friedrich, Wilhelm 380
Fries, Christian 320
Froböß, Helmut 490
Fröba, Georg Johann 92
Fröhlich, Wilhelm 279, 412
Frölich, August 326

Frohwein, Friedrich 400–402, 405
Fuchs, Franz 515
Fuchs, Ludwig 380
Führ, Bernd 600
Fuhrmann, August 242
Fuhrer, Israel 620
Funk, Alois Josef 92

Gamradt, Ernst 189, 199, 204–208
Garbarini, Kurt 91
Gauf, Johann Georg Ludwig 83, 380
Gegenbach 142
Geib, Josef 561
Geisen, Hermann 91
Geisler 512
Georgi, Walter 649
Gerhold, Karl 159, 576 f.
Germann, Edmund 91
Gieg, Else 545
Gierlich 607
Giese, Kurt 481
Giordano, Ralph 367
Girke 422
Gladen 577
Glasner, Katharina 529
Gleitze, Bruno 305
Globke, Hans 415
Gnielka, Thomas 617, 621
Godglück, Auguste 552 f.
Goebbels, Joseph 77, 150, 609
Göbel 397
Goerdeler, Carl 293, 313, 315, 317, 325–328, 331
Goetze, Friedemann 481
Göring, Hermann 172, 219, 226 f., 412, 416
Götze, Ursula 149 f., 579
Gogarten, Friedrich 6
Gollnow, Otto 579
Gonnermann, Manfred 101, 402, 504, 509, 669
Gottfurcht, Hans 312
Gramm 72
Granget, Emma 92
Granget, Erwin Karl 92
Granzow, Kurt Erich 92
Graßmann, Peter 305

Grau, Fritz 477
Grauert, Ludwig 219, 220
Grein, Gerhard 92
Grese, Irma 611
Greulich, Hermann Richard 481
Grimme, Adolf 231
Grobholz, Franz-Josef 574 f.
Groll 550
Gronemann 607
Groß, Elisabeth 92, 528
Großmann, Hanns 432 f.
Grosz, Georg 36
Gürtner, Franz 58, 65, 68, 185, 477
Gütt, Arthur 595
Gumbel, Emil Julius 32
Guthardt, Edmund 649
Guttmann, Herbert 620

Haas, Emil 190, 197
Haas, Karl Erwin 656
Haas, Ludwig 30
Haber, Heinrich 359
Habermann, Max 313, 316, 323, 326 f., 331
Halder, Franz 156
Hannover, Heinrich 441
Hantl, Emil 627, 630, 638
Happel, Heinrich 382. 388
Harandt, Josef 620
Hardt 343 f.
Harnack, Ernst von 314 f., 331
Hartjenstein, Fritz 614
Hartmann, Walter 513, 656
Hartung, Friedrich Wilhelm 556
Harzmann 424, 656
Hasenfuß, Hedwig 532
Hass 424
Hassell, Ulrich von 330
Hassencamp, Friedrich 548, 550, 639, 642–651
Hassler 552
Hatzfeld 391, 393
Haubach, Theodor 325, 327, 329
Hauer, Daniel 513, 516, 532
Häuslein, Otto Oskar Hermann 91
Hauschild, Ludwig 483

Hawryskow, Stefanie 533, 656
Hazelhof, Hero 497 f.
Heckler, Karl 106, 118, 131, 142
Heermann, Kurt 522
Heiber, Helmut 432
Heilmann, Helmrich 616
Heinemann, Ernst 381
Heinrichs, Fritz 561
Heldmann, Heinrich 53, 371
Helldorf, Wolf-Heinrich Graf von 330
Hellenbroich 422
Hempen, Bernhard 45–56
Henk, Emil 322
Henkel 600
Hennings, Otto 502
Henschel, Oscar 317
Henschel, Reinhard 317
Henseling, Jakob 97, 99, 102, 380, 394, 396–399, 404 f., 495, 500, 509, 671–673
Herbers, Hein 231
Herbert, Wilhelm 502
Hermes, Andreas 327
Herrfahrdt, Heinrich 396 f.
Herrmann, Günther 237 f.
Herrmann, Matthäus 325, 331
Hess 420
Hesse, Karl 649
Hessler, August 641
Heubach 577
Heuser, Georg 209, 365
Heydrich, Reinhard 37, 88, 219, 416, 418
Heynatz, Walter 388, 391–393, 397, 403 f., 406, 504 f.
Hilberger 398
Hildebrand, Karl 97
Hildebrandt, Otto 83, 380, 503
Hill 425
Himmler, Heinrich 7, 12, 219, 234, 289, 294, 416, 609
Hindenburg, Paul von 77, 213, 257, 304, 338, 409, 411, 463
Hinrichsen, Kurt 432
Hirsch 273, 275

Hirsch, Ernst Eduard 51 f.
Hitler, Adolf 3, 11, 34, 77, 82 f., 100, 103, 106, 115, 118, 125, 145, 151, 153–155, 158, 161, 163, 184, 190, 196, 217 f., 263, 273, 276 f., 286, 294, 296, 299, 301, 303 f., 309–311, 314, 318, 322, 328, 331, 338, 352, 409, 411, 416, 419, 435 f., 463, 469 f., 482, 506, 564, 609
Hodac, Karl 565
Höcker, Karl 625, 630, 637
Höger, Holger 542
Höhn, Wilhelm 506
Hölscher, Heinrich 50 f.
Hölzel, Karl 514 f.
Hössler, Franz 611 f.
Höß, Rudolf 611 f., 622
Höxter, Siegfried 307 f.
Hoffmann, Karl 97
Hofmann, Franz 625, 630 f., 637
Hofmann, Johann Leonard 669
Hofmeyer, Hans 433, 439, 442
Holder, Marcel van 92, 523
Holland 425
Holländer, Werner 348 f., 361, 639 f., 643 f., 648
Hollbach, Wilhelm 71
Holz, Georg 92
Hübner, Konrad 354
Hübschmann, Oskar 91, 93, 491
Hülle, Werner 155
Hüpeden, Theo 383, 386 f., 389, 393
Hütteroth, Ferdinand 237
Hütteroth, Oskar 237
Hugo, Kurt von 221
Hugo, Wilhelm Adam 91

Imgart, Dagmar 351, 423

Jaager 490, 532
Jacobi, Karl 380
Jacobs, Jonas 620
Jäger, Herbert 442
Jahn, Lilli 235, 239

Jahr, Walter 401
Jakobs, Georg 269
Janke, Paul Heinrich Karl 92
Janz, Christian 261
Jaspers, Karl 615
Joachim, Berthold 649
Joerg, Paul 229, 245 f., 499
Jörg, Philipp 246
Johannes, Johann 261
Johannzen, Paul 92, 481, 527
John, Otto 314
Jünger, Ernst 475
Jung, Auguste 420
Jung, Herbert 394, 398 f., 404, 668 f., 675 f.
Jung, Philipp Wilhelm 265, 286, 288
Junghans, Friedrich Hermann 84, 381, 499, 502

Kaehler 574 f.
Kaduk, Oswald 627, 630 f., 637
Käß, Wilhelm 92
Kafka, Wilhelm 497, 500 f.
Kaiser 201 (aus Luxemburg), 483 (Stadtrat)
Kaiser, August 669
Kaiser, Hermann 92
Kaiser, Jakob 312 f., 315 f., 323, 326, 328, 331
Kalb, Leonhard 343 f., 347
Kallienke 494
Kallmann 421
Kamradt, Albert 92
Karg, Adam 83
Karg V., Phil. 279
Kasperowitz 395, 398
Katzmann, Fritz 513
Kaufmann, Alfred Emil 91, 532 f., 656
Kaul, Friedrich Karl 433, 629
Keil 500 f., 509
Keiser, Hans 381, 669
Keitel, Wilhelm 150, 158, 162, 566 f., 571
Keller 424
Keller, Hans 656
Keller, Simon Friedrich 83
Kempf, Wilhelm 200

Kempner, Robert M. W. 37, 440
Kerrl, Hanns 48, 52
Kesselring, Albert 401
Keßler (Kessler), Edmund 97, 99, 102, 349–351, 359, 361, 388, 393 f., 403, 448, 495, 500, 504 f., 509, 550, 639 f., 642–651, 671–673
Keul, Alfred F. J. Th. 400, 402, 405, 668, 674
Keuthen, Werner 503
Kierspel, Joseph 616
Kilb, Ernst 322
Kirchhof, Paul 510
Kitt, Bruno 611, 613
Knapp 140
Klehr, Josef 627, 630, 634, 636
Klein, Fritz 611
Klein, Hans Hugo 664
Kleist, Karl 600
Klöppinger, Wilhelm 91, 491
Kluge, Erna 250
Kluge, Lilli 250
Kluge, Paul 250
Kneip, Friedrich 198–200, 202, 206, 212
Knothe, Willi 320, 327, 331, 334
Koch, Paul 561, 577
Koch, Josef 620
Koch, Philipp 279 f.
Koch, Wilhelm 279
Köhler 422,
Köhler, Johannes 490
Köhler, Horst 665
Koehler, Johannes 532
Kölsch, Wilhelm 92, 516
König 600
Koeniger, Herbert 371
Köthe, Paul 252
Kohl, Helmut 209
Koppel, Kurt 485
Korndörfer, Rudolf 237 f.
Koßmann, Bartholomäus 326, 331
Kraell, Alexander 579
Kraft 543
Kramer, Alfred 92
Kramer, Heinrich 503

Kramer, Josef 611 f.
Kratz 669
Krause 504
Krausnick, Helmut 432
Krauß (Krauss), Werner 149 f., 161 f., 579
Krebs, Albert 170, 327
Krebs, Friedrich 64, 71 f., 341
Kremer, Johann Paul 616
Kremer, Johannes Leodegar 92
Kremer, Karl August 530, 532 f.
Kressner, Walter 387
Kreyßig, Lothar 370
Kriebel 401
Kröning, Wilhelm 216
Kroll, Paul 100, 395, 397, 497, 668
Krollmann, Maria 507
Krska, Josef 91
Krug, Karl 477
Krupp von Bohlen und Halbach, Gustav 609
Kube, Wilhelm 40
Küchler, Karl 379
Kügler, Joachim 433, 623 f., 629
Kühn 641
Küllmer, Karl 215
Kulenkamp, Richard 65
Kummer, Betty 509
Kunz, Georg Viktor 91
Kurth 483

Lämmle, Paul 483, 516
Lagreize 387
Lai, Wilhelm 92
Lamb, Ludwig 536 f.
Lang, Georg 211
Lang, Karl 380
Langbein, Hermann 431 f.
Lange, Dolores 522
Langhoff, Wolfgang 310
Lanz, Robert 380
Larenz, Karl 471
Lariviere, Heinz 620
Lattmann 574 f.
Laupheimer, Friedrich 189
Lautz, Ernst 424

Leber, Julius 314 f., 320, 325, 327, 331
Lebherz, Gottfried 272
Lehmann 531
Lehmann, Rudolf 156, 162, 572
Lehr, Karl 62
Leinweber, Karl 87
Leipart, Theodor 303, 305, 319
Leis, Adam 91
Lejeune-Jung, Paul 330
Lemmer, Ernst 313, 325
Lengemann, Fritz 216
Lenzen, Hans 642
Leuschner, Wilhelm 38, 112, 259, 264, 293–334
Lewinski, Erich 393
Ley, Robert 309 f., 609
Liebehenschel, Arthur 611 f., 616, 633
Liebl, Franz Xaver 498, 502
Lindenborn, Walter Adolf Wilhelm 237
Linder, Karl 66
Linz, Karl 32, 41, 340
Liszt, Franz von 434
Locke, Otto 616
Löbe, Paul 325
Löhmann, Günther 512
Löser, Walter 359
Lohagen, Ernst 227, 499
Lorenz, Hans 532
Lotz 536 f.
Lubbe, Marinus van der 147
Lucas, Franz 625, 628, 631, 634 f., 638
Ludwig-Roese, Gisela 657–659
Lüdcke, Karl 237–239
Lüdemann, Hermann 310

Maaß, Hermann 315, 327, 331
Magnée, Octavian 490
Mai, Willi 246–248
Maier, Max Hermann 71
Malter, Rudolf 92
Mangold, von 528
Mann, Karl 514 f.
Mann, Philipp Ludwig 92

Manskopf, Wilhelm 400, 402, 405
Manthey, Hugo 669
Marchand, Alfred 310
Marmon, Franz 237, 239
Marquardt, Hugo 273
Marr, Wilhelm 475
Martinek, Jan 91
Maschke, Walter 296, 306
Maschmeyer, Heinrich 322
Massengeil, Werner 97, 99, 102, 394–396, 398 f., 404 f., 495, 500, 509, 668, 672 f.
Massmann 578
Matuska, Milan 91, 519
Mayer 536
Mayer, Karl Albert 510
Mayr 103
Mayr, Max 390
Mehm, Wilhelm 283
Meier 513
Meier, Gustav 261
Meissner 574 f.
Menges, Hans 92
Menges, Wilhelm 545
Merkel, Angela 665
Mersmann, Alfons 253 f.
Mertens, Albert 402
Meth, Jean 383, 385, 389, 391, 393, 398, 401
Metzger, Ludwig 318, 334, 410
Metzger, Max Josef 351, 360, 366, 423
Metzner, Hans 647
Mickel, Ernst 106
Mierendorff, Carlo 259, 301, 307 f., 310, 315, 321, 323
Mirbreth, Johann 616
Moka 516
Moll, Otto 613 f.
Moltke, Helmuth James Graf von 315
Monbart, Konrad von 215, 220
Mook, Martin 87
Mortureux, Andreas 620
Müller, Adolf 83
Müller, Albert 514 f.
Müller, Heinrich 106, 112, 279

Müller, Heinz 91
Müller, K. 205 f.
Müller, Paul 261
Müller, Richard 380, 402
Münzel, Karl Peter Wilhelm 504 f.
Mulka, Robert 433, 437, 439, 441, 625 f., 630, 637
Mussolini, Benito 100, 203
Mußhoff, Walter 579

Nadler 64
Nadler, August 499
Nebel, Georg 92
Nebgen, Elfriede 312 f., 328
Nedwed, Max 237, 239
Nees, Julius 91
Nester, Helene 509
Nester, Jakob 101, 395, 397, 497, 509, 671
Neubert, Gerhard 628 f.
Nickels, Georg 284
Niebecke (Wiebecke) 550
Nieder-Westermann 424
Niekisch, Ernst 35
Niemöller, Martin 146
Nierzwicki, Hans 628 f.
Nikolay, Philipp 87
Nöbel 481
Nöll 414, 416 f.
Noetzold 528
Noske, Gustav 314, 326, 331

Ochs, Friedrich 542 f.
Offermann 516
Offermann Karl 512,
Olbricht, Friedrich 330
Orlik, Wladyslaw 519, 521
Ormond, Henry 433, 438
Orth 561
Osberghaus, Max 384, 388 f., 393, 403 f., 406
Otte, Bernhard 309

Paetsch, Theodor 381
Papen, Franz von 77, 83, 303
Papier 543
Pappenheim, Ludwig 227
Papsdorf, Rudolf 92
Paul, Erna 247 f.
Paul, Willi 247

Paustian, Gustav Heinrich 92
Pawlik, Engelbert 647
Petzel, Karl 487, 489
Pfannstiel, Karl 380
Pfeffer, Fritz von / Pfeffer von Salomon, Friedrich 215, 219–221, 233, 237 f.
Pfeiffer, Friedrich 401
Plato 600
Posselt 503
Preuschen, Gerhard Frhr. von 490
Pullwitz, Gerhard 530

Quakernack, Walter 611

Raabe, Christian 438
Raaf 422
Rabold, Karl 92
Radbruch, Gustav 32, 187, 434
Raiß, Günther 380
Rajchman, Aron 620
Rakers, Bernhard 615
Raschik, Friedrich 647
Rath, Ernst Eduard vom 412
Rathenau, Walther 31–33
Rau, Johannes 663
Rauschdorf, Alfred 87
Reckewerth, Richard 512
Rees, Margarethe van 490
Rehmer, Friedrich 579
Rehorn, Fritz 338
Rehse, Hans-Joachim 360–362, 366 f., 370
Reichert, Wilhelm 31 f.
Reichhart, Johann Baptist 185, 594
Reichwein, Adolf 325, 331
Reimers, Paul 483, 516
Reindel, Wilhelm 185, 594
Reinhard, Friedrich Wilhelm 527
Reischenbeck, Wilhelm 615
Reith, Alfred 359
Remmele, Josef 614
Renz 528
Reuter, Ernst 310
Reutler 647
Richter, Willi 316, 320 f., 325, 331, 334

Rick, Betty 496
Rick, Karl Josef 496
Rickert, Heinrich 6
Rietig, Walter Hermann Erich 91
Rietzsch, Otto 477
Ringshausen, Friedrich 283
Rittau, Martin 578
Ritzel, Heinrich G. 307 f.
Röckl, Leonard 669
Roeder, Manfred 579
Rögner, Adolf 617–619
Röhl, Klaus Rainer 433
Roese, Renate 532, 656–659
Röttger, Wilhelm 185, 594
Rohde, Werner 614
Rondholz, Friedrich 417
Rosener, Josef 243 f.
Rothenberger, Curt Ferdinand 72
Rudolph, Else 490
Rust, Bernhard 231
Ruthard, Ludwig 559–561

Sachs 574 f.
Sack, Carl 150
Sarstedt, Werner 367
Sarzynski, Edward 342–347, 361
Sauder, Ludwig Wilhelm 669
Schacht, Hjalmar 125
Schade, Friedrich 83, 380
Schädler, Ernst 227, 229
Schäf, Wilhelm 190, 193, 205–207, 211
Schäfer, Cäcilie 107, 112, 546
Schäfer, Georg 401
Schäfer, Heinrich Wilhelm 99, 102 f., 395, 400, 497
Schäffner, Heinrich Johannes 91 f.
Scharnitzky 641
Schatz, Willi 626, 631, 638
Schaub, Elisabeth 545
Scheidemann, Philipp 230
Scheidler, Wilhelm 279 f.
Schenck zu Schweinsberg, Hermann 381
Schenckendorff, Max von 155 f.
Scherhag, Elisabeth 529

Scherpe, Herbert 627, 630, 638
Schilling 398, 404
Schlage, Bruno 628, 630, 638
Schlegelberger, Franz 66
Schliefer, Wilhelm 205 f.
Schliestedt, Heinrich 303, 311
Schlimme, Hermann 305 f., 328
Schlosser, Johann 527
Schmellenkamp, Gustav Adolf 97
Schmidt 205 f. (Beamter im Strafvollzug, Diez), 513 (Sekretär, Volksgerichtshof), 561 (Justizobersekretär, Landgericht Mainz)
Schmidt, Emilie 533, 656
Schmidt, Gustav Paul 276
Schmidt, Heinz 401
Schmidt, Johanna 92
Schmidt, Ludwig 620
Schmidt, Maria 533
Schmidt, R. 388, 393
Schmidt, Valentin 92
Schmidtseifer, Ernst 100, 497
Schmitt, Carl 39, 78 f., 474 f.
Schmitz, Wilhelm 40
Schneider, H. 552
Schneider, Josef 197
Schneider, Wilhelm 260
Schneppenhorst, Ernst 332
Schnitzspahn, Friedrich 83
Schoberth, Johann 627, 631, 638
Schöttl, Vinzenz 614
Scholl, Hans 185, 239, 594
Scholl, Sophie 185, 239, 594
Scholz, Karl 550
Schramm, Hans 227
Schreier, Bernhard 517, 521
Schriever 189
Schröder, Gerhard 663
Schröter, Georg 554
Schubert 221
Schulenburg, Franz 649
Schulz, Friedrich 494
Schultz 425
Schultz, Walter 390
Schulze, Richard 260
Schumacher, Kurt 307, 334

Schurr, Paul Georg 91 f.
Schwamb, Ludwig 92, 304, 320 f., 325–327, 331
Schwarz 545
Schwarz, Heinrich 613 f.
Schwarz, Helene 620
Schwarz, Irene 620
Schwarz, Luise 514 f.
Schwarzhuber, Johann 611, 613
Schwinge, Erich 155, 524
Sckell 395, 398
Scriba, Ludwig 80, 130, 338, 535, 562
Segui 136
Seitz, Gustav 641
Semmler, Arnold 620
Seng, Willi 92
Severing, Carl 294, 301
Siebert, Hans 84, 492
Siegel, Karl 65
Siehr, Kurt Robert 517
Siellaff 561
Simon 641
Sinn 577
Sonntag, Paul Gustav Anton 92
Spars 386, 398, 404
Sperzel, Friedrich 91 f.
Sprenger, Jakob 64 f., 72, 272
Stadelmann, Otto 46, 55–61, 65, 69, 73, 371
Stadler, Max 620
Staff, Curt 339
Stark, Hans 626, 630 f., 637
Staud, Hans 400–402, 405
Stauffenberg, Claus Graf Schenk von 322, 330 f.
Steffan, Jakob 321, 327, 331
Stehl, Reinhold 245 f.
Steigner, Wilhelm 87
Steimer, Paul 216
Steinmetz, Karl 370
Stepp, Walter 371
Stock, Christian 321, 333
Stölzel, Ulrich Heinrich 352–354, 356–359, 401, 550
Strackerjahn, Maria-Luise 490
Strehlow, Heinz 579
Steinmetz, Karl 370

Streiter, Emil 92
Stremme, Wilhelm 641
Stritter, Ruth 490
Strnad, Antonin 91
Stuckart, Wilhelm 45
Suhrkamp, Peter 35

Tarnow, Fritz 294, 306, 309, 311, 326
Tarnow, Reinhold 309
Techmer 672
Tellgmann, Gustav Oskar 92
Thewellis, Robert 205 f.
Thiel, Fritz 579
Thiele 494
Thierack, Otto 482, 547
Thoma, Busso 92
Tiffert, Wolfgang 53
Thill 641, 649
Trautmann, Erich 101, 382, 503
Trieb, Karl Otto 536 f., 558
Trott zu Solz, Adam von 330, 358 f., 460

Ungewitter, Arthur Sigismund 46, 61–73
Ungewitter, Gustav 61
Usadel, Georg 7–19

Večera, Oldrich 94
Veidt 502
Vetter, Hermann 69, 89
Vetter, Helmut 614
Vogel, Georg Friedrich 433, 623 f.
Voigt, Walter 539
Volk, Philipp Konrad 380, 402
Volkenrath, Elisabeth 611
Volz, Johannes 92
Vornbäumen, Hans-Adolf 101, 402, 500, 672
Vreeland, Isac 620

Wackermann, Kurt 69
Wagner 579
Wagner, Heini 359
Walberg, Willi 227
Wandel, Karl 71

Wartenburg, Peter Graf Yorck von 315
Weber, Eduard 56 f., 65
Weber, Wilhelm 321, 332
Wedekind, Arndt 92
Weigert, Karl 56, 60
Weigold, Ludwig 272 f.
Weil, Heinz-Gustav 647
Welb 516
Weinel, Johannes 277 f.
Weisheit, Alwin 157, 578
Weisheit, Hugo 578
Weiß, Gustav 106
Weitzel, Georg Wilhelm 92
Wellmann, Willy 108, 131, 143, 536 f., 558
Wels, Walter 306
Wende, Gerda 102
Wendel, Karl 87
Wenckstern (in der Quelle Wenkstern), Hermann von 528
Wenzl, Josef 159
Werner, Ferdinand 300
Werner, Karl 379
Werner, Karl August 38

Westhoff, Käthe 499, 504
Widenmeyer, Karl Wilhelm 527
Widmann, Wilhelm 321
Wiegand 388
Wiese, Gerhard 433
Wiesel, Hulda 251 f.
Wilhelm, Lina 529
Will, Elisabeth 533, 656
Will, Heinrich 91, 532–534, 656
Willer 543
Windelband, Wilhelm 6
Winkler 552
Winnen, Peter 275 f.
Winterlin-Emden, Johann Friedrich 669
Wirmer, Josef 328, 330
Wirth, Alexander 620
Wirth, Joseph 31
Wodtke 574
Wolf 140, 649
Wolff, Friedrich 84, 380, 383–385, 387 f., 393, 403, 405 f., 499, 502
Wolf, Herbert 206

Wolfram, Wilhelm 649
Wollschläger, Erich 419 f.
Woyke 425
Wündisch, Heinrich Konrad 669
Wulkan, Emil 621
Wundt, Max 6

Zabel 578
Zanger, Wilhelm 245 f.
Zanker, Adolf 161, 574
Zieres, Wilhelm 502
Zimmerlich, Willy 507
Zimmermann, Johann 92
Zinn, Georg August 334, 375, 378, 666
Zinnkann, Heinrich 318, 321, 333
Zizold de Valdez, Willi 519, 522
Zondervan, Bernhard 620
Zucker, Karl-Heinz 517
Zwehl, Hans Wilhem Bernhard 92
Zwilling, Wilhelm 92
Zypries, Brigitte 662, 664 f.

Orte

Allendorf (heute Stadtallendorf) 177 f., 588–590
Alsfeld 112, 133
Amsterdam (Niederlande) 248, 312
Aufseß/Krs. Ebermannsstadt 638
Auschwitz (Auschwitz-Birkenau, Auschwitz-Monowitz, Oświęcim, Polen) 194, 225, 235, 243, 252, 286, 431, 437 f., 439, 442, 533, 611, 614–620, 622 f., 629
Australien 419

Babi Jar (Ukraine) 417
Bad Homburg v.d.H. 498, 545, 553
Bad Nauheim 107, 112, 546
Bad Orb 209
Bayreuth 297
Belfort (Frankreich) 202
Belgien 192, 200, 206, 353, 355, 547
Bensheim 284, 321, 380, 402, 419, 421 f., 428, 510
Berlin 27, 36 f., 46–51, 53–55, 77, 80, 91, 111, 119, 146, 149 f., 174, 184 f., 213, 219, 222, 226 f., 230, 235, 238, 304 f., 307, 309–312, 315–318, 320, 322, 326 f., 329, 331, 340, 418, 420, 449, 453, 562 f., 563, 594 f., 603
Berlin-Charlottenburg 237, 328
Berlin-Moabit 93
Berlin-Plötzensee 92, 94, 183 f., 294, 305, 312, 331
Berlin-Tegel 210
Bielefeld 322
Bingen 321
Böhmen 540
Bonn 438, 623, 638
Börgermoor 219, 227, 245, 310
Brandenburg-Görden 183 f.
Breitenau 175, 214, 219–223, 225–230, 232–256, 506

Breslau (Wrocław heute Polen) 183, 322, 652
Bruchsal 183
Brüssel (Belgien) 93, 202 f.
Buchenwald bei Weimar 235, 254 f.
Büdingen 82, 278
Bürstadt 301
Bulgarien 517
Butzbach 170, 183, 195, 205, 246, 272, 277–281, 286, 310, 321, 580, 582, 589, 588 f., 636

Crumbach 217

Dachau 66, 219, 235, 246 f., 253, 285, 289, 321, 339
Dänemark 312, 415
Danzig (Gdańsk heute Polen) 177, 183, 589
Darmstadt 45, 66, 81, 83, 85, 106, 108, 123, 137, 145, 191, 257. 259 f., 265, 273, 277, 279 f., 295, 297, 304, 317 f., 320, 322, 334, 348, 410, 413, 426, 428, 464, 470, 510, 526, 637
Delkenheim 604
Dessau 633
Diez 187 f., 190–195, 202, 204–211, 586
Dreibergen-Bützow 183
Dortmund 183
Dresden 183, 238, 322
Düsseldorf 48, 438, 638

Elmshorn 638
Emsland 179, 190 f., 219, 227, 310
England (siehe auch Großbritannien) 22 f., 354, 517
Eppstein 506
Erfurt 83, 102, 310, 622
Eschhofen 192 f.
Eschwege 215
Esterwegen 100, 219, 227, 245

Finkenwalde/Krs. Stettin 638
Flossenbürg 100
Frankfurt/M. 47, 50 f. 53, 57, 63–67, 71 f., 83, 89 f., 92 f., 99 f., 180, 183, 199, 201, 239, 298, 307 f., 314, 317, 319–322, 326, 331, 337, 341, 386 f., 433, 450, 456, 463, 487, 497, 500, 506 f., 510, 517, 540, 587, 623–625, 668
Frankfurt/M.-Preungesheim 100 f., 129, 170, 183, 198, 346–348, 397, 497, 533, 580
Frankreich 485, 510, 517, 520
Freiendiez (siehe auch Diez) 187, 189–192, 195–198, 200, 204 f., 208, 210 f.
Friedberg 321, 506
Frommershausen 217
Fulda 101, 243, 252 f., 550, 598, 668
Fulda, Landkreis 603
Fuldaberg 224

Genf (Schweiz) 304, 308 f.
Gernsheim a. R. 496
Gießen 55, 92, 99, 133, 138, 183, 237, 260 f., 275, 285, 321, 351, 510
Gleiwitz/Oberschlesien 638
Göppingen 574 f.
Görlitz 322
Göttingen 83, 237 f., 455, 668
Goslar 209
Gotha 38
Graz (Österreich) 183
Greiz/Thüringen 248
Greven/Westfalen 253
Griechenland 312
Großbritannien (siehe auch England) 154, 312, 609
Groß-Bieberau 428
Groß-Gerau 297, 321
Guxhagen (siehe auch Breitenau) 214, 233, 254

Hagen 439
Haingründen 278

Halle/Saale 183, 236, 238, 241
Hallein (Österreich) 239
Hameln 179, 245, 587
Hamburg 177, 183, 311, 322, 326, 332, 589, 617, 626
Hanau 45, 101, 233 f., 246, 278, 370, 396, 463
Hannover 311, 322, 326, 638
Heidelberg 320, 322
Heiligenrode 217
Heppenheim 380, 428
Hessen-Nassau (Gau) 45, 51, 64, 68, 70, 219, 252, 320, 326, 375, 524, 599
Heusenstamm 285
Hilden 638
Höchst im Odenwald 117 f., 412
Hofgeismar 217 f., 230
Holland (siehe auch Niederlande) 192, 247
Hollfeld 638

Ihringshausen 217
Immenhausen 217
Ingelheim 321
Innsbruck 239, 253
Israel 419, 431 f., 623

Jerusalem (Israel) 431

Kaiserslautern 209
Karlsruhe 202, 653
Kassel 98 f., 175, 213–223, 225, 227, 229–231, 233 f., 236–248, 250–252, 254, 317, 320 f., 326, 348, 353, 370, 382, 386 f., 400, 423, 463, 499, 506 f., 519, 554, 639
Kassel-Wehlheiden 170, 216, 220, 223, 229, 236, 239, 242 f., 254, 259, 384, 386, 388 f., 394, 518 f., 530, 554, 580, 580, 582
Kassel-Wilhelmshöhe 239
Kassel- Niederzwehren 217, 245
Kassel, Landkreis 603
Kattowitz (Polen) 183
Kaufungen 230

Kirchhain b. Marburg 394, 396
Klagenfurt (Österreich) 239
Kleinauheim 246
Klein-Krotzenburg 413
Koblenz 47, 55, 208 f., 326
Köln 49, 98, 106, 183, 193, 348
König/Odenwald 246
Königsberg (Kaliningrad heute Russland) 115, 118, 183, 322
Kolomea (Ukraine) 419
Kopenhagen 311
Korbach 494
Krakau (Polen) 611
Krofdorf 552

Lampertheim 37, 275
Langenleuba-Niederhain 250
Lautertal im Odenwald 411
Lemberg (Lwiw heute Ukraine) 638
Lengfeld 428
Leipzig 41, 87, 162, 238, 297, 315, 322, 340, 353
Lichtenburg 99, 219 f., 227, 241 f., 310
Limburg 45, 68, 102, 189, 193 f., 196, 198, 200, 202, 204 f., 338, 394
Lindenfels 117, 278
London (Großbritannien) 312, 609
Lorsch 284
Lublin (Polen) 245
Lübeck 248
Ludwigsburg 193, 246, 418, 425, 429, 432
Ludwigshafen 209
Lüneburg 611
Luxemburg 93, 144, 193, 200–202, 210

Mähren (Tschechoslowakei heute Tschechische Republik) 540
Mährisch-Lotschnau (Tschechoslowakei heute Tschechische Republik) 638
Main-Taunus-Kreis 506

Mainz 125, 127, 137, 183, 260 f., 263, 272, 281, 284, 317, 321 f., 331, 487, 529, 535, 539
Mainz-Bretzenheim 562
Mainz-Kastel 281
Mainz-Mombach 281
Mainz-Weisenau 83
Mannheim 320, 638
Marburg 55, 98–103, 107, 149, 162, 178, 183, 193, 237, 313, 317, 321, 353, 361, 383, 394, 396, 400, 406, 454, 495, 524, 546, 589, 662, 668
Mecklenburg 314, 326
Melsungen 217, 222
Messel 428
Metz 202
Minden 238, 638
Minsk (Weißrussland) 209, 421
Montabaur 188
Moringen 219, 499
München 185, 239, 297, 322, 365, 431 f., 453, 594
München-Stadelheim 183

Nancy 202
Neu-Isenburg 321
Neukirchen 370
Neusustrum 219, 229, 245
Nidda 131
Niedererbach 192
Niederkaufungen 217
Niederlahnstein 555
Niederlande (siehe auch Holland) 248, 312, 517, 520, 547
Nieder-Roden-Lager Rollwald (heute Rodgau) 143
Niedervellmar 217
Niederzwehren 217
Nierstein 261, 321
Nürnberg 162, 297, 322, 332, 359, 401, 409

Obbornhofen 276
Oberhausen 370
Oberkaufungen 217
Oberlahnstein 555
Obertiefenbach 195 f.
Obervellmar 218

Oestrich 202
Offenbach/M. 113, 170, 180, 246, 260 f., 271 f., 275, 278, 281 f., 284, 321, 326, 535, 556, 580
Oldenburg 177, 326, 589
Oppenheim 261, 321
Oranienburg 219
Osnabrück 638
Österreich 236, 239, 417, 485 f., 540, 594
Osthofen 114, 175, 219, 234, 256–261, 263–265, 267–273, 275–281, 283–286, 289, 308, 506

Papenburg-Walchum/Ems 119
Paris (Frankreich) 200, 304, 312, 412 f., 475, 554
Pjatigorsk (Russland) 578
Petsikau (Russland) 425
Plochingen 638
Polen 94, 163, 243, 365, 409, 417, 432, 497, 520, 524, 540, 547, 567, 615 f., 623, 638
Posen 183
Potsdam 55 f., 106, 196, 227, 236, 322, 338, 391
Potsdam-Babelsberg 331
Prag (Tschechoslowakei, heute Tschechische Republik) 209, 304, 311 f.
Prag-Pankratz (Tschechoslowakei, heute Tschechische Republik) 183
Preußen 29, 48, 83, 189, 218, 302 f., 540, 602

Rastatt 206, 208, 210
Ratibor (Polen) 193
Ravensbrück 235, 243, 248–250, 252, 546

Remagen 205
Riga (Lettland) 209
Rio de Janeiro (Brasilien) 638
Rockenberg 555, 580
Rostock 47, 322
Russland 94, 140, 149, 154, 159, 163, 243, 415, 417 f., 507

Saarbrücken 326, 531
Saarland/Saargebiet 63, 93, 187, 281, 326, 510, 530
Sachsenhausen 100, 175, 229, 235, 242, 245
Sandershausen 217
Schlierbach 428
Schneidemühl/Posen 253
Schweden 160, 294, 312, 351
Schweiz 27, 125, 198, 309, 312, 517
Siefersheim 115
Simmern/Hunsrück 282
Smolensk (Russland) 415
Sonnenburg 219 f., 227
Sowjetunion 83, 94, 101, 149, 154, 156, 162, 482, 507, 572, 609
Spanien (auch Iberische Halbinsel) 248, 312
Staden/Wetterau 80
Stalingrad (Russland) 146, 154
Starkenburg 146, 294, 298
Steinheim 428
Stettin 65, 326, 638
Straßburg (Frankreich) 202, 242 f., 282
Stuttgart 183, 304, 317, 627
Stuttgart-Zuffenhausen 636

Tomaszow 419, 425
Treysa 237, 254
Trier 200 f., 210, 326

Truttenau/Krs. Königsberg (heute Kreis Kaliningrad, Rußland) 638
Tschechoslowakei 236, 311, 314, 486, 517, 546

Villach 239
Ulm 417, 429
Ungarn 348, 632
Untermaßfeld/Thüringen 170 f.
Urberach 428
USA 154, 253, 428, 609 f.
Usingen/Taunus 342

Wabern 217
Waldheim (Sachsen) 248
Warschau (Polen) 368, 520, 611, 623
Weilburg 194, 200
Weimar 28 f., 36, 39 f., 183, 233 f., 248, 250
Westerwald 196, 205
Wien (Österreich) 183, 239, 322, 326, 348, 486, 553 f., 565
Wiesbaden 45, 196, 238, 307 f., 320 - 322, 530, 604, 668
Wiesbaden-Dotzheim 514 f.
Wittlich 198, 207, 210 f.
Witzenhausen 229, 245
Wolfenbüttel 183
Wolfsanger 216
Worms 97, 119, 147, 219, 234, 260 f., 264, 299, 318, 322, 338
Wuppertal 125, 662

Ziegenhain 170, 243, 533, 580, 590

Autorinnen und Autoren

Angelika Arenz-Morch (Jg. 1953), Studium der Soziologie, Germanistik und Politikwissenschaften an den Universitäten Mainz und Frankfurt; Abschluss Diplom. Seit 1986 zuerst für den Förderverein Projekt Osthofen e.V. und ab 1994 für die Landeszentrale für politische Bildung im Bereich der Gedenkarbeit tätig. Arbeitsschwerpunkte: Aufbau und Leitung des Archivs im NS-Dokumentationszentrum in Rheinland-Pfalz. Veröffentlichungen vor allem zum KZ Osthofen und zum politischen Widerstand gegen das NS-Regime.

Jens-Daniel Braun, geb. 1974. Studium der Rechtswissenschaften an der Philipps-Universität Marburg und der University of Kent at Canterbury. Erstes Staatsexamen 2001; zweites Staatsexamen 2005. 2001–2006 wissenschaftlicher Mitarbeiter am Zentrum für Europäische Integrationsforschung (Rheinische Friedrich-Wilhelms-Universität Bonn); seit dem 14. August 2006 Richter in der hessischen Justiz, zunächst am Amtsgericht Marburg und am Amtsgericht Biedenkopf. 2010 Ernennung zum Richter am Landgericht. Januar 2011 bis Mitte Februar 2013 Abordnung als wissenschaftlicher Mitarbeiter an den Staatsgerichtshof des Landes Hessen; anschließend bis Mitte November 2013 Abordnung an das Oberlandesgericht Frankfurt am Main, anschließend Richter am Landgericht Marburg, zum 1. April 2015 Ernennung zum Richter am Oberlandesgericht.

Rolf Faber, Dr. iur; Leitender Ministerialrat a. D., Vorsitzender des Vereins für Nassauische Altertumskunde und Geschichtsforschung e.V.; Mitglied der Historischen Kommission für Nassau und der Kommission für die Geschichte der Juden in Hessen; zahlr. Veröffentlichungen zur Wiesbadener Stadtgeschichte sowie zur nassauischen und hessischen Landesgeschichte.

Georg D. Falk, Dr. jur. h.c. (Jg. 1949). Vorsitzender Richter am Oberlandesgericht Frankfurt am Main a.D. In verschiedenen Funktionen tätig im Bereich der Studenten- und Referendarausbildung, seit 1985 Lehrbeauftragter an der Philipps-Universität in Marburg. Seit 1990 Mitglied des Justizprüfungsamtes des Landes Hessen und ab 1997 stellvertretendes und seit 2006 ordentliches Mitglied des Hessischen Staatsgerichtshofs. Leiter der Fortbildungstagungen für Referendare und Richter des Landes Hessen »Justiz im NS-Staat«. Zahlreiche Veröffentlichungen zu diesem Thema.

Wolfgang Form, Dr. phil. (Jg. 1959). Politikwissenschaftler und Historiker; Mitbegründer des Internationalen Forschungs- und Dokumentationszentrums Kriegsverbrecherprozesse (Philipps-Universität Marburg). Lehrbeauftragter an der Universität Marburg (Institut für Politikwissenschaft und am Zentrum für Konfliktforschung). Forschungsgebiete: Entwicklung des Völkerstrafrechts, sexualisierte Gewalt als Kriegsverbrechen und Zwangsarbeit im Zweiten Weltkrieg. Neuere Veröffentlichungen: Der Oberste Gerichtshof für die Britische Zone: Gründung, Besetzung und Rechtsprechung in Strafsachen wegen Verbrechen gegen die Menschlichkeit. In: Verbrechen gegen die Menschlichkeit – Der Oberste Gerichtshof der Britischen Zone. Düsseldorf 2012, S. 8–63. Wolfgang FORM/ Theo SCHILLER/ Karin BRANDES (Hrsg.): Die Verfolgten der politischen NS-Strafjustiz in Hessen – Ein Gedenkbuch. Veröffentlichungen der Historischen Kommission für Hessen Bd. 65,3. Marburg 2012, 2. erweiterte Auflage.

Arthur von Gruenewaldt Dr. iur. (Jg. 1983). Studium der Rechtswissenschaften an den Universitäten Bonn, Lausanne und Münster; Referendariat im Oberlandesgerichtsbezirk Frankfurt am Main; 2014 Promotion an der Universität Kiel.

Gerd Hankel, Dr. jur. (Jg.1957). Völkerrechtler am Hamburger Institut für Sozialforschung. Autor zahlreicher Publikationen zum humanitären Völkerrecht und zum Völkerstrafrecht; zurzeit Arbeit an einer Untersuchung über den Umgang Ruandas und der internationalen Gemeinschaft mit dem Völkermord in Ruanda 1994 (erscheint 2015). Letzte Buchveröffentlichungen: Das Tötungsverbot im Krieg; Ein Interventionsversuch, Hamburg 2011; The Leipzig Trials: German War Crimes and their Legal Consequences after World War I, Dordrecht 2014.

Harald Hirsch, Dr. iur (Jg. 1963). Studium der Rechtswissenschaften in Frankfurt/M. 1987–1995, Stipendiat des Graduiertenkollegs Europäische mittelalterliche Rechtsgeschichte, neuzeitliche Rechtsgeschichte und juristische Zeitgeschichte 1996–1998 sowie wissenschaftlicher Mitarbeiter des interdisziplinären Forschungsprojekts »NS-Justiz in Hessen«, Universität Marburg von 1998 bis 2003. Dissertation: Bestand- und Vertrauensschutz. Die regional unterschiedliche Funktion von Sondergerichten bei der nationalsozialistischen Machtformierung (1933/34). Referendariat am Landgericht Wiesbaden mit dem Schwerpunkt Strafrechtspflege. 2007 Zulassung als Rechtsanwalt. 2011 Gründung der Kanzlei lawfactory, Britanow & Dr. Hirsch, Rechtsanwälte in Partnerschaft in Frankfurt/M.

Volker Hoffmann, Dr. iur, ist in Friedberg (Hessen) geboren und aufgewachsen. Nach der Schule, der Bundeswehr und dem Studium in Frankfurt war er bis zur Pensionierung als Syndikusanwalt in der Industrie tätig. Danach hat er auf Anregung von Prof. Dr. Battenberg (Leiter des Staatsarchivs in Darmstadt) eine umfangreiche Studie über alle am Landgericht Darmstadt anhängigen Verfahren wegen NS-Kriminalität geschrieben.

Dietfrid Krause-Vilmar, Dr. phil. (Jg. 1939). Professor für Erziehungswissenschaft an der Universität Kassel 1975–2005, Forschungen zur regionalen Zeitgeschichte.

Werner Konitzer, Dr. phil. (Jg. 1955), arbeitete lange Zeit zu Themen im Bereich der Medienphilosophie. Seit Ende der 90er-Jahre forscht er zum Themenbereich Moral und Nationalsozialismus und arbeitete unter anderem am Hamburger Institut für Sozialforschung. Er ist außerplanmäßiger Professor an der Europa-Universität Viadrina in Frankfurt an der Oder und seit 2007 stellvertretender Direktor des Fritz Bauer Instituts in Frankfurt/M. Veröffentlichungen (u. a.): Antisemitismus und Moral, in: Mittelweg 36, Zeitschrift des

Hamburger Instituts für Sozialforschung, 2/2005; zusammen mit Raphael GROSS (Hrsg.) Moralität des Bösen, Jahrbuch des Fritz Bauer Instituts, Frankfurt/M. 2009, Moralisierung des Rechts, Jahrbuch des Fritz Bauer Instituts, Frankfurt/M. 2013.

Rudolf Kriszeleit, Dr. iur (Jg. 1955). Jurist und Dipl.-Volkswirt, war unter anderem als Staatsanwalt für Wirtschaftsstrafsachen, als Finanzreferent der Ev. Kirche in Hessen und Nassau sowie als Vorstand der Investitionsbank Hessen IBH tätig, bevor er von 2009 bis 2014 als Staatssekretär für Justiz und Integration im Hessischen Ministerium der Justiz, für Integration und Europa arbeitete. Er ist jetzt als Rechtsanwalt in Frankfurt am Main zugelassen. Er engagiert sich ehrenamtlich unter anderem im Präsidium des Ev. Kirchentages.

Adolf Morlang (Jg. 1941), wohnt seit 1973 in Altendiez (bei Limburg/Lahn). Nach Abitur und Wehrdienst Studium der Fächer Latein, Geschichte und Politik an den Universitäten Marburg, Freiburg und Kiel, Examina in Marburg, danach Studienseminar Bad Kreuznach und erste Stelle am Gymnasium Hermeskeil/Hunsrück. 1971 bis 2004 Lehrer am Gymnasium in Diez. Verschiedene heimatkundliche Veröffentlichungen, Spezialgebiet: »Das Dritte Reich in der Heimat«.

Werner Renz, M.A. Studium der Germanistik, Linguistik und Philosophie an der Goethe-Universität Frankfurt am Main. Seit 1995 wissenschaftlicher Mitarbeiter am Fritz Bauer Institut (Frankfurt/M.), Leiter des Archivs und der Bibliothek des Instituts. Veröffentlichungen u.a. zur Geschichte des Lagers Auschwitz und zu den Frankfurter Auschwitz-Prozessen.

Gunnar Richter, Dr. phil. Leiter und Mitbegründer der Gedenkstätte Breitenau. Ausgebildeter Lehrer für die Fächer Gesellschaftslehre und Kunst; Promotion an der Universität Kassel über die Geschichte des Arbeitserziehungslagers Breitenau (1940/45). Arbeitsschwerpunkte sind Forschungen zur Geschichte Breitenaus und der nordhessischen Region während der NS-Zeit sowie Fragen des späteren Umgangs mit diesem Geschehen und Fragen der pädagogischen Vermittlung. Mitglied in verschiedenen regionalen und überregionalen Arbeitsgruppen von Gedenkstätten für die Opfer des Nationalsozialismus.

Lothar Seitz (Jg. 1952), studierte an der Justus-Liebig-Universität Gießen Rechtswissenschaften. Nach dem zweiten Staatsexamen trat er in den höheren Dienst der Hessischen Finanzverwaltung ein. 1985 kam er an die Verwaltungsfachhochschule in Rotenburg a. d. Fulda. 1995 wurde er zum Professor berufen und leitet seit 2001 den Fachbereich Steuer. 2012 wurde er zum Rektor der Hessischen Hochschule für Finanzen und Rechtspflege und zugleich zum Direktor des Studienzentrums der Finanzverwaltung und Justiz Rotenburg a. d. Fulda bestellt.

Schiller, Theo, Dr. phil. (Jg. 1942). Seit 1974 Professor für Politikwissenschaft an der Philipps Universität Marburg, Emeritierung 2007. Forschungs- und Publikationsgebiete: Deutsche und europäische Politik, politische NS-Justiz; Demokratieforschung/Direkte Demokratie; Parteien und Verbände; hessische Landespolitik; Kanada. Herausgeber (mit W. FORM): »Politische NS-Justiz in Hessen«, 2005; (mit W. FORM und W. NEUGEBAUER): »NS-Justiz und politische Verfolgung in Österreich«, 2006.

Axel Ulrich, Dr. phil. Politologe, wissenschaftlicher Mitarbeiter des Stadtarchivs Wiesbaden und Leiter der dortigen KZ-Gedenkstätte »Unter den Eichen«, Mitglied der Forschungsgemeinschaft »20. Juli 1944« sowie des Stiftungsrats der Wilhelm-Leuschner-Gedenkstätte in Bayreuth, zahlreiche Publikationen vor allem zum antinazistischen Widerstand in Hessen und Rheinland-Pfalz.

Stephanie Zibell, Dr. phil. (Jg. 1966). Studium der Politikwissenschaft, Germanistik und Publizistik; 1992 Magister Artium, 1999 Promotion, 2003 Habilitation. Seither Privatdozentin sowohl am Institut für Politikwissenschaft als auch am Historischen Seminar/Abteilung Zeitgeschichte der Johannes Gutenberg-Universität Mainz. Schwerpunkt: Regionale Zeitgeschichte. Auseinandersetzung mit der Zeit des Nationalsozialismus und den Anfängen der Bundesrepublik Deutschland, zum Beispiel »Jakob Sprenger (1884–1945). NS-Gauleiter und Reichsstatthalter in Hessen« (Darmstadt 1999) und »Politische Bildung und demokratische Verfassung – Ludwig Bergsträsser (1883–1960)« (Bonn 2006).